云南大学 中国边疆研究丛书

林文勋 主编

腾冲契约文书资料整理与汇编

第一编

（上）

吴晓亮
贾志伟 主编

人民出版社

前 言

为进一步加强人们对云南社会历史的了解，对云南边疆民族地区的认识，继 2013 年人民出版社出版《云南省博物馆馆藏契约文书整理与汇编》之后，[1] 我们在总结其整理汇编经验的基础上，对云南颇具边疆特色区域——腾冲的资料进行选编，最终形成了这部《腾冲契约文书资料整理与汇编》。

腾冲位于中国西南边陲，云南省西部，国土面积 5845 平方公里。其北部、西北部与缅甸接壤，国境线长 148.075 公里。[2] 腾冲是中国西南地区对外连接和交往的重要通道，不仅在云南古代社会发展史上占据重要地位，而且在中国近代史上，成为早期经济全球化背景下云南面向东南亚、南亚，面向世界的重要舞台。

腾冲历史悠久，史书中有“腾充”、“藤充”、“藤越”、“腾越”等记载。从建置上看，西汉时称滇越，东汉属永昌郡，唐代有越赕之称。大理国时期，置腾冲府。元至元年间先改藤越州，置藤越县；后又改腾冲府，置顺江州、腾越、越甸、古勇 3 县。明代先后置腾冲守御千户所、腾冲军民指挥使司、腾越州、腾冲卫等。[3] 清顺治年间仍置腾越州；嘉庆二十五年（1820 年）改腾越州为直隶厅；道光二年（1822 年）改置腾越厅。1913 年，改为腾冲县。1949 年 12 月 15 日腾冲和平解放，于 1950 年成立腾冲县人民政府，隶保

---

① 吴晓亮、徐政芸主编：《云南省博物馆馆藏契约文书整理与汇编》，人民出版社 2013 年版。

② 腾冲县志编纂委员会编纂：《腾冲县志》卷 1《地理》，中华书局 1995 年版，第 49 页。

③ （清）屠述濂修，文明元、马勇点校：《云南腾越州志点校》卷 1《建置》，云南美术出版社 2006 年版，第 1-12 页。

山人民行政专员公署。此后，腾冲县先后隶属保山专区、德宏州、保山地区。[①] 2015 年，经中华人民共和国国务院批准，同意撤腾冲县，设县级腾冲市，以原腾冲县的行政区域为腾冲市的行政区域，辖 11 镇,7 乡，政府驻腾越镇。腾冲市由云南省直辖，保山市代管。

腾冲是中国西南通往缅甸、印度的交通要枢和对外贸易的重要地区。早在公元前 4 世纪，“蜀身毒道”从成都出西昌或宜宾，经大理、保山、腾冲到缅甸、印度。[②] 腾冲是这条交通要道的重要节点，也由此成为云南与内地、国外交往的重要通道。清《腾越厅志·序》载：“腾越去京师万里，为滇西极边要地。厅治幅员辽阔，外环土夷，交通缅猛，向来珍异岔集，商贾之捆载前来者，辐辏于道。而此邦人民亦多工计然、陶朱之术，以故市镇乡场栉比鳞次，洵西南一巨区也。”[③] 千百年来，腾冲是南方丝绸之路上外通印、缅，内联四川、贵州、西藏的重镇。四川出产的生丝、绸缎，康藏出产的生牛羊皮、药材，云南出产的石磺、麻线，经由腾越口岸输出，销往印、缅等国。而缅甸出产进入腾冲加工的琥珀、玉雕，以及由印、缅输入的以滇西、四川和康藏为市场的洋货也经腾越输入。[④] 近代以来，西方殖民势力不断深入，加速了腾冲的变化。光绪二十三年（1897 年）中英《中缅条约附款》十三条规定开埠，光绪二十五年（1899 年）腾越被列为通商口岸，光绪二十八年（1902 年）正式开关设埠。[⑤] 由此，腾冲不仅是近代云南重要的外贸通道之一，也成为云南面向世界的前沿；同时，作为滇西贸易中心的地位更加突

---

① 腾冲县志编纂委员会编纂：《腾冲县志》卷 1《地理》，中华书局 1995 年版，第 50-51 页。

② 腾冲县志编纂委员会编纂：《腾冲县志》卷 9《商业》，中华书局 1995 年版，第 367 页。

③ （清）陈宗海修、（清）赵端礼纂：《腾越厅志·序》，成文出版社 1967 年版，第 1 页。

④ 董孟雄、郭亚非：《云南地区对外贸易史》，云南人民出版社 1998 年版，第 47 页。

⑤ 董孟雄、郭亚非：《云南地区对外贸易史》，云南人民出版社 1998 年版，第 44 页。

出。据学者研究，近代腾越关的贸易量约占全省外贸总量的10%—20%左右。[①] 由于长期对外交往和较开放的历史环境，腾冲也成为云南省一个著名的侨乡。

由于地形复杂、地势险要、毗邻缅甸，腾冲虽为边地，不乏与中央政权的互动，历史上多次凸显其政治地缘的重要性。在明正统年间的“麓川之役”中，腾越虽然只是其中一个小小的点，但却从一个侧面体现出中央王朝统治与边地土府之间的关系；明万历年间腾越的“八关之设”，又体现出明王朝的治边政策以及中国版图的伸缩；20世纪40年代，中国军民投入缅北滇西战役，英勇抗击日本侵略者，在世界反法西斯战争的历史上留下了光辉的一页。

历史的足迹被古人写进了官修史书与地方志，也在民间的契约文书中留下印记。《腾冲契约文书资料整理与汇编》是我们对腾冲贾志伟先生私人藏品中部分资料选编的成果。这批资料虽然数量不多，仅345件，但文书涉及的时间跨度长，最早的一件是雍正八年（1730年），最晚的一件是1965年；大多是清至民国的资料。特别要说明的是，这批资料因聚焦腾冲玉璧村、聚焦玉璧村黄氏家族、聚焦近代腾冲商业，地域特色突出，其文书的价值正在于此。

为充分体现这批资料的特色和价值，我们根据文书的来源地和类型，分作三编。第一编集中收集腾冲玉璧村文书，包括黄氏家族文书、黄氏文书抄录册、玉璧村分关书和玉璧村综合文书。第二编是腾冲商业文书的集合，有电码书、调拨单、发单、各式凭据等。第三编收录腾冲龙川江曩姓文书及腾冲其他文书。

现将其特色分述如下：

第一、聚焦腾冲玉璧村文书，以黄氏家族文书为主，较丰富地展现清至民国年间一个村落、一个家族的经济活动资料。人们可由边疆地区的一个小小村落、一个家族的点滴活动观察云南，乃至中

① 董孟雄、郭亚非：《云南地区对外贸易史》，云南人民出版社1998年版，第37页。

国社会的变迁。

《腾冲契约文书资料整理与汇编》第一编“腾冲玉璧村文书”，共计249件，分上、下卷。文书涉及的时间最早可以追溯到雍正八年（1730年），最晚的是一件1965年的文书。具体从时间上看，清朝文书有204件，占8成；民国文书33件；未确认具体年份的文书8件；还有3件抄录册和1件1965年文书。这批文书中又以黄氏家族的文书最具代表性，上卷是单契，下卷是抄录册；下卷还包括玉璧村分关书、玉璧村综合文书等。

玉璧村，位于今腾冲市腾越镇东郊，距县城4公里。根据20世纪80年代腾冲县地名普查资料记录，玉璧村是当时洞山公社下的一个大队。洞山本是汉语地名，但南诏时这里曾有少数民族居住，今日尚有“矣比”、“矣罗”等民族语地名。玉璧即从“矣比”演化而来，含义待考。洞山公社是一个地势平展，土地肥沃，主产水稻、小麦、包谷的地方，故是腾冲城郊粮、油的产区。而且这一地区在历史上旅缅者多，是一个仅次于和顺的华侨之乡。民国中期，这一地区置洞山镇；1949年曾属腾冲县第一区所辖，1959年为洞山公社所辖。[①] 由此可知，无论从自然环境还是人们的经济生活，玉璧村是腾冲的一个缩影。

第一编“腾冲玉璧村文书”以黄氏文书最集中，最具代表性。所谓“黄氏家族文书”，指玉璧村所有与黄姓家族有关的文书，共170件。分为黄氏家族文书（单契）和黄氏家族文书抄录册两 种，分属第一编上卷和第一编下卷。

在整理黄氏家族文书的单契时，我们并未依照文书的具体内容分类，而是将所有文书（单契）按照其落款时间的先后顺序编排，方便研究者看到玉璧村黄氏经济活动的延续性，特别是那些在契约中经常出现的人名，他们的经济活动给人留下深刻的印象：如嘉庆

① 腾冲县人民政府编：《云南省腾冲县地名志》，内部资料1982年版，第104-105页。

二年（1797年）至道光六年（1826年）出现24次的事主黄登鹤，道光五年（1825年）至民国五年（1916年）出现23次的黄凤池，道光二十五年(1845年）至光绪二年(1876年）出现14次的黄朝勷，同治六年（1867年）至光绪二十五年（1899年）出现16次的黄朝贵，光绪二十九年（1903年）至民国二十九年（1940年）出现16次的黄增元等。“黄氏家族文书抄录册”则是黄氏家族成员对照契约原件抄录的文字资料，共3件。这些抄录的材料保存完好，内容连贯。它们虽是后人抄录而来，并非第一手资料，但所记事务相对集中的特点为研究者提供了有价值的参考（抄录册的情况待后文详述）。黄氏家族的经济活动集中于土地与财产关系的转变，涵盖买卖、加找、典当、租佃、分关等多种形式。

据《腾冲县志》记载，明代至清初，县城城内土地不得私有，不得买卖转让。城外土地最初除了开发者、分封者所有外，其余皆为公地。清代中期，城内外土地逐步转为私有，百姓可以买官地建盖私房。民国初年，私买私卖的土地要订立契约，请中证人作证。官署、衙门、学校、会馆、宗祠、寺庙、保甲都有房地产和田产出租出佃。房产由业主自管，除自用外，还可以出租、典当、建房抵租。① 这与玉璧村契约文书的记录相符。

这些地域集中、时间连贯的资料反映了清至民国玉璧村及其周边地区土地与财产关系的变化情况，为研究者梳理腾冲社会经济发展的脉络提供了线索。以时间为序编排，人们可以看到黄氏家族连续、多样而生动的经济生活，也能够看到不同时期玉璧村经济发展的概况。②

此外，腾冲玉璧村文书中除了上述黄姓家族的资料外，还收录有9件“玉璧村分关书”和67件“玉璧村综合文书”，这些文书的

---

① 腾冲县志编纂委员会编纂:《腾冲县志》卷14《城乡建设》，中华书局1995年版，第561页。

② 需要说明的是，这些契约中有几件事主双方皆非黄姓，但从行文中能够看出他们购置的财产曾经与黄姓有所关联，我们也将其收录其中。

共同特点即事主皆非黄姓。考虑到查阅和研究便利等因素，我们将非黄氏的分关文书划为一类，名为“玉璧村分关书”；其9件中有3件可单独成册。其他类型的67件文书划为一类，名为“玉璧村综合文书”；仍然以时间为序，集中排列。两种类型的资料共同呈现清至民国玉璧村经济和社会生活发展的面貌。

在分关书中，有一件文书比较特殊，落款时间为1965年。之所以将其收录，是因为它与另一件民国年间订立的分关草稿有着承续关系。同时呈现这两份文书，人们可以看到一份最初只是口语化的草稿，最终成为一份用书面语呈现给世人的正式文书的过程，作这样的对比研究是非常有意思的。

第二、将本属于第二手资料的“成册文书”，视为拓展家族史、区域史、经济史、社会史、边疆史等研究领域的重要参考。

“成册文书”与单张契约文书相比，多是后人对照原契抄录而来，或是将前人的文书合并装订而成，并非传统意义上的第一手资料。但是，其信息集中、连贯的特点又为研究者查阅、分析原始资料和展开研究提供了重要参考。因此，我们仍然将其收录并加以汇编，以供研究。

《腾冲契约文书资料整理与汇编》中共有“抄录册”7件，其中3件黄氏家族文书抄录册、1件腾冲龙川江曩姓文书，皆是其后人对照原契抄录而来。另有3件分关文书单独成册，分别为宣统二年（1910年）王姓，民国二十二年（1933年）番姓和民国二十八年（1939年）王姓分关书。

3件黄氏家族抄录册收入《腾冲契约文书资料整理与汇编》第一编下卷。这些文册与上卷黄氏家族文书的170件单契共同组成了研究玉璧村黄氏经济活动的重要资料。

“黄氏家族文书抄录册1”记录了道光十三年（1833年）至咸丰三年（1853年），黄凤池、黄朝勷、黄朝贵买得龙江田亩的情况，以及道光十七年（1837年）和道光二十年（1840年）出当到黄凤池名下的田亩。值得注意的是，黄氏家族在抄录原始契文时，详细地梳理了所得田产的历史渊源，最早的土地产权记录可以追溯到清朝嘉庆年间，十分珍贵。从中我们可以了解该块田产转移到黄氏家族前后的情况，了解产权经历过哪些形式的转移与变更。

“黄氏家族文书抄录册 2”中落款时间最早的记录是雍正八年（1730 年），为黄氏家族后人抄录的印寨山祖茔甘结合同。这份甘结合同的母本正是本套书落款时间最早的文书——“雍正八年十一月十九日黄正存等坟地甘结合同”，可以在第一编“黄氏家族文书”中找到，二者具有互参的价值。另一件落款时间较早的记录发生在乾隆十八年（1753 年），抄录黄正君买得横坡山祖茔地契。这本抄录册的其余部分简要记述清朝中后期黄氏家族买田产、批铺子、放账物的情况。语言简洁，但事项颇多，包括嘉庆十五年（1810 年）至戊辰年（1868 年）买得、当得各处田产；道光十三年（1833 年）至咸丰四年（1854 年）卖得龙江田亩；道光二十五年（1845 年）至道光二十六年（1846 年）所批得街保铺子；道光二十年（1840 年）至咸丰五年（1855 年）的借银、收息数目；以及黄氏每年所应完粮之数、完粮起科正额等情况。

“黄氏家族文书抄录册 3”首先誊抄了两份黄氏家族分关合同，分别为先祖黄登鹤、黄登雄、黄登程、黄登彩于嘉庆十二年（1807 年）订立的分关合同和先父黄凤诏、黄凤池，同侄子黄朝辅、黄朝栋等于道光二十一年（1841 年）订立的分关合同。这对探究黄氏家族内的财产继承与分配提供了帮助。接着照契抄录嘉庆五年（1800 年）至道光二十七年（1847 年）黄登鹤、黄凤池、黄朝勷、黄朝贵买得之地，道光二十五年（1845 年）至道光二十九年（1849 年）黄朝勷、黄朝贵当得之房地契，以及道光十六年（1836 年）至道光二十七年（1847 年）黄凤池、黄朝勷、黄朝泰、黄朝辅批当之铺子的信息。抄录涉及的内容跨越了黄氏三代人，为我们研究黄氏家族经济提供了参考。

需要补充说明的是，《腾冲契约文书资料整理与汇编》内容涉及分关的文书共 23 件，全部来自腾冲玉璧村。我们把其中 14 件涉及黄氏家族的分关书归至“黄氏家族文书”中，按时间顺序与该系列其他内容的文书混合排列，便于研究者以时间为序看到黄氏家族内部的财产变化。其余 9 件文书归至“玉璧村分关书”中，其中宣统二年（1910 年）王姓，民国二十二年（1933 年）番姓和民国二十八年（1939 年）王姓分关书单独成册。与单契文书相较，成册的分关书对家族财产的继承、分配等记述更为详细，对家族财产分配前后的基本情况以及家庭债务等问题也有记载。

在《腾冲契约文书资料整理与汇编》第三编中还收录了 1 件较为特殊的“成册文书”，它是戍守腾冲龙川江渡口曩姓契约、执照等文书的抄录册。龙川江发源于高黎贡山，属伊洛瓦底江水系。在腾冲境内长 193 公里，“若龙骧然”。[①] 据抄录册记载，明三征麓川的战事平息后，朝廷设置龙川江土驿丞，责成百夫长“刀乌猛”和指挥佥事“曩忠”戍守龙川江渡口。此二人皆来自江南，为表彰他们的战功，朝廷赐姓“刀”和“曩”。此后，他们的后代也戍守着这片土地，曩忠之孙曩尚还曾参与朝廷的平叛活动。清顺治十八年（1661 年），朝廷改土驿设巡检。这件文书就是记录自康熙四十七年（1708 年）至民国十六年（1927 年）间曩姓土地与财产关系的变动情况，包括买卖、归并、吐退、典当、分关等类型。通过这本抄录册，我们可以了解清至民国腾冲龙川江曩姓的社会经济生活概况，其中改土驿设巡检等资料就具有较明显的边疆特色，可窥边地与中央王朝关系之一斑。

第三、收集了一些较为难得的商业文书，可见中国西南边疆城镇腾冲的近代商业特色及对外贸易情况。

前文说过，腾冲作为边陲小镇，紧邻缅甸，是我国西南通往缅甸、印度的交通要枢，历史上著名的“南方丝绸之路”途经于此。绵延千年的贸易往来，为近代腾冲及其周边地区商业提供了深厚的发展基础。特别是 1902 年开埠后，作为云南近现代商业、进出口

① 腾冲县人民政府编：《云南省腾冲县地名志》，内部资料 1982 年版，第 236 页。

贸易的重要口岸之一，腾冲商业活跃、商号云集。对外贸易繁盛，腾冲也因此成为著名的侨乡。在《腾冲契约文书资料整理与汇编》第二编中，我们收录了 84 件清至民国腾冲的商业文书，粗略地分为电码书、调拨单、发单、凭据类商业文书和其他商业文书 5 类。内容涉及 16 个商号及数十种商品，与国内的商业交往多集中在滇西，与国外的商业往来集中在缅甸。

1、电码书 1 件

电码书是伴随近代电报事业发展而来的。传统社会中，民间商业往来多依靠书信传递信息。19 世纪七八十年代，中国出现了最早的有线电报。政府创办电报最初是为了军务、外交需要，随着近代通讯业的发展，电报也开始在商业领域得到运用。在 1881 年—1899 年间，云南已有三地接通电报线路，其中蒙自、思茅与法线相接，腾越与英线相接。[①] 由于生意往来涉及买卖、行情涨跌、收汇等重要信息，加之发电报需要按字数计价，因此编制暗码不仅简明、快捷，而且增强了商业往来的安全性与保密性。“荣昌公电码书”就是在这样的背景下出现的。

“荣昌公电码书”编制于光绪二十九年（1903 年）。“荣昌公”很可能是一位商人。在电码书的序言中，对此书的编制缘由和使用方法作了简要说明，从“初立生易，打算由瓦至省，其中路隔千层”，商业收入之“纹银”或汇永、腾，或汇“汉地”、“夷地”等字样中看出，他的生意往来于云南多地以及缅甸瓦城（今缅甸曼德勒）。

该电码书备注了各栈通用的电码及各类货品的暗号。在 16 种常见的货品中，它们的暗号与这些物品惯常的形态特征有所不同，如洋线用“丝”字打之，黄丝用“洋”字打之，燕窝用“钱”字打之，牛角用“毡”字打之，红毡用“纸”字打之，蜂蜜用“锅”字

① 徐元基:《论晚清通讯业的近代化》,《上海社会科学院学术季刊》，1987 年第 4 期。

打之，纹银用“棉”字打之。如遇各栈赶办赶发洋线，不同号数的洋线也有各自的简写方式。电码书用28个字指代常见的商务事项，如“赊”代表有涨无跌，“多”代表无货可办，“完”代表请速采办，“松”代表打算销售，“售”代表存数稀少，“卖”代表打算采办等等。各栈通用汇兑银两或电报由何处发至何栈也有专门的代码，如“便”代表腾汇永收，“伏”代表腾汇永开，“似”代表永汇腾收，“使”代表永汇腾开等，共计40个字。各栈通报汇兑以及买卖货物价值数目也有编码，电码书将其整理开列。

这份电码书充分表现出滇缅贸易中商人追求信息快速传递、成本节约、商业保密等特点，中国实现近代化的努力也在商业活动中得以体现。

2、调拨单42件

调拨单涉及“仁裕合”、“元升恒”等商号，反映了光绪十四年（1888年）至光绪三十三年（1907年）腾冲等地方民间商号货物流转的情况。从中我们可以看到，货物调拨多采用牲口驮运的方式，单据作为凭证供查收时使用。为保险起见，运输过程中若出现差斤、水渍等情况，则需追究运输一方的责任并按市场行情予以赔偿。商号常见调运的货品有棉花、大盐、熟铁、黄丝，此外还有白线、檀香、洋钉、牙粉、硼砂、牛乳、干鱼、洋油等货品，可谓种类丰富、中西结合，也反映近代中国百姓的日常生活受到洋货的影响。计量方面，货品多用“驮”、“它”，应与牲畜运输有关。一些调拨单兼有书信的功能，如告知对方“干鱼”这种物品见利即可卖出，不必久存，日后有质量好的干鱼会再行发货等等。

3、发单23件

其中有20件是“仁裕合”商号在光绪十四年（1888年）至光绪十五年(1889年）间的发单。所发货品以大盐为主，还涉及棉花、草药、粉丝、橘饼、缎子等物品。这些货品从永昌“仁裕合”发往龙陵“仁裕合”，一般用牲口或老牛运送。发单上有商号的自编号，从这些编号中我们可看出“仁裕合”的商业活动是比较频繁的。

另有3件发单是光绪三十年（1904年）至民国八年（1919年）的资料，涉及“美兴祥”、“元升恒”、“凤廷”等商号，有煤油、鹿茸、线等货品。与那些完全手写的发单相比，这3件文书均是在印刷了边框的纸张上填用。尤其是光绪三十年（1904年）的“元升恒”发单，纸张上的蓝色字体为印刷好的内容，商号只需用笔在空白处填写货品、时间等信息即可。这应是商业活动频繁，经营管理日益规范、完善的结果。

4、凭据类文书9件

这里所说的“凭据”，实际上是排除了调拨单和发单的凭据类文书，如还款收据、契纸费收据、汇票存根、存货单等。其中还包括1件民国九年（1920年）颁发的“腾越关土货出口正税单”。这件正税单由腾越关颁给中国商人杨子先收执，是杨子先向腾越关缴纳出口土炮、生牛皮正税的凭证。税单按照光绪二十年（1894年）《中英续议滇缅界务商务》的征税办法征税，七驮土炮和生牛皮共征得正税银二两二钱二分。这件文书对我们研究清至民国腾越关贸易及税收等有一定的帮助。

5、其他商业文书9件

这些文书从不同侧面反映近代腾冲商业发展的状况。如“凤廷”、“盛裕兴”等商号记录的清单，杉阳边盐分局转运腾冲永济公司的清册，为合伙经营“朝盛昌”而订立的合同等。有的文书呈现了腾冲商业组织发展状况。如1件旅缅云南同乡会的公断词就记录了商会参与调解民间纠纷的案例；1张腾冲官绅结束平粜的留影反映的是商会组织马帮从缅甸运输大米用以赈灾的事迹；1件腾冲丝绵同业公会启事记录了腾冲沦陷时期商会组织同行聚会商议要事的事件等。最后，我们收录了1件“华盛荣”商号总结的《生意锦囊》。在这份为商之人总结的生意要诀里，接人待物的准则、贸易处事的规律、需要留意的事项行云流水般地呈现在我们眼前，近代腾冲商业发展的基层动力，就这样浓缩在了一个商号的生意要诀中。

《腾冲契约文书资料整理与汇编》是我们对云南民间历史资料的再一次整理与爬梳。

希望这些来自西南边疆、极富特色的民间文书，能为相关领域的学术研究提供可以参考的资料，补充来自边疆的目光。

期待这批资料的出版能够拓展我们对云南历史与社会、边疆与民族的认识，开拓新的对云南历史的研究。

编辑说明

一、《腾冲契约文书资料整理与汇编》是贾志伟先生私人藏品中部分资料选编的成果。

二、《腾冲契约文书资料整理与汇编》共345件，561张图片。一般情况下，1张单契文书对应1张图片，是为1件；装订成一册的文书，无论其内有多少张契约图或文，不再单独统计，皆作为1件，全编共有7件成册文书。详见目录。

三、《腾冲契约文书资料整理与汇编》共分三编：第一编“腾冲玉璧村文书”，分为上、下两卷；第二编“腾冲商业文书”；第三编“腾冲曩姓文书及其他”。各编按文书特点分类，其下以文书落款日期先后排序。详见目录。

四、《腾冲契约文书资料整理与汇编》各级标题的命名，主要考虑时间、人物、事件三大要素，基本依据契约主旨及时间命名并排序。

五、《腾冲契约文书资料整理与汇编》尽量遵照文书原样，采取文字直排的方式；以图文对照的方式排版，即左文右图，先排编者录入并整理过的文字，再排印文书的图片；文字以错就错，不作改正（在条件许可的情况下，尽量做到编者录入整理的文字与文书手迹一致）。

六、《腾冲契约文书资料整理与汇编》的细节处理：

1. 分类下的目录以文书落款时间的先后顺序进行排列；未注明年代信息及我们认为有一定价值的文书排列最后。

2、文书手迹若有更正，在“{}”内录入更正后的文字，原字不再录入；若有增补，在“[ ]”内录入增补的文字；若有缺损或不能识别的文字，用“□”表示。

3、文书中的别字、异体字尽量保留原字；无法保留的，录入规范字。

4、文书中的花押，其手迹若能识读，在“( )”内录入相应文字，如：十字花押，录入“(十)”；押字花押，录入“(押)”；无法识读的，以(花押)代指。

5、文书中的苏州码多手迹潦草，难以逐一准确辨认，故一般作截图排印或从略处理。

6、部分文书有红色、蓝色手迹，未做特殊处理。

7、文书中的印章多，形制多样，字形复杂，故未作处理。

8、文书中有“帮”“砤”等计量单位，有地方特色，一般三升为一“帮”；在缅甸，三斤二两为一“砤”。仅供参考。

《腾冲契约文书资料整理与汇编》的完成历时四年多，因水平所限，难免错误和疏漏，敬祈方家见谅。

总 目 录

目　录

第一编　腾冲玉璧村文书　（上）

黄氏家族文书（单契）

黄氏家族文书（单契）

1 雍正八年十一月十九日黃正存等坟地甘结合同

立合同甘結人黃正存黃正㽞黃瑷爲因有印寨山壹處有黃正鼎父故欲葬此山在正存
以爲己業正鼎以爲官山正存聞知阻住告正鼎盜葬正鼎告正存掘塚抛棺控經
本府本州本縣學師争訟不已有族人黃石裔黃龍昇黃龍門等念祖宗一脉不忍二比相傷在中
勸解同詣 隍祠明誓將此地與正鼎葬父週圍肆丈任從正鼎安葬正存日後不得
阻撓正鼎亦不得侵佔係是合族讁議二比情愿中間並無逼勒等情日後二比拜
掃不得異言參傷恐後無憑立此合同爲照
雍正八年十一月十九日立合同甘結人
黃龍門（花押）
黃龍昇（花押）
黃石裔（花押）
黃正存（花押）
黃正鼎（花押）
黃　瑷（花押）

合同永遠□□

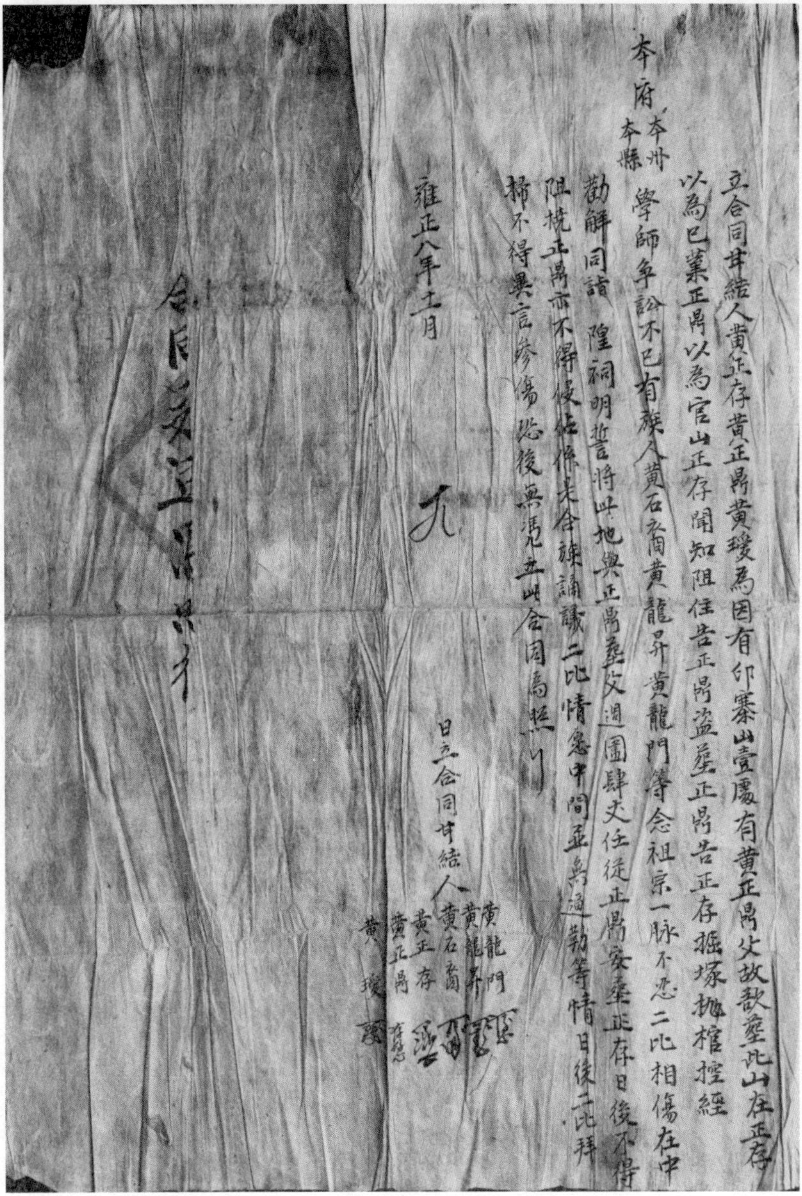

立合同甘結人黃正存黃正昺黃璦爲因有卯寨山壹處有黃正昺父故欵葬此山在正存
以爲巳業正昺以爲官山正存聞知阻住告正昺盜塟正昺告正存掘塜拋棺控經
本府、本州
本縣學師爭訟不巳有族人黃石裔黃龍昇黃龍門等念祖宗一脉不忍二比相傷在中
勸解同詣　隍祠明誓將此地與正昺塟父週圍肆丈任從正昺安塟正存日後不得
阻撓正昺亦不得侵佔係是合族諭議二比情愿中間並無逼勒等情日後二比拜
掃不得異言參傷恐後無憑立此合同爲照
雍正八年十一月　九　日立合同甘結人　黃龍門　黃龍昇　黃石裔　黃正存　黃正昺　黃璦

2 乾隆十八年三月十八日杨先彩等卖坟地与黄正君的地契

立實賣墳地人楊先彩先位先學先科先周先魁文啓文秀文煥文贊等
有祖遺山地一處爲族中糧務多端年需應酬缺點邊因黃姓禮求義
讓只得憑中出賣與
黃正君名下接受時值價銀伍兩整其地東至凹南至岩西至凹北至古塚五丈外四
至開明在契自賣之後落筆無踪任從扦葬不致異言倘有族內人等爭
競出契人等一面承當恐後無憑立此實賣墳地文約永遠存照〇
實賣墳山一處實接受銀伍兩整

科（花押）
學十 煥十
乾隆十八年三月 十八日立實賣墳地人楊先位十文啓十
彩十 秀十
周十 贊十
魁十
生黃欽聘（花押）
憑中
人李春芳十
螽斯千古
代字生黃開泰（花押）
富貴萬年

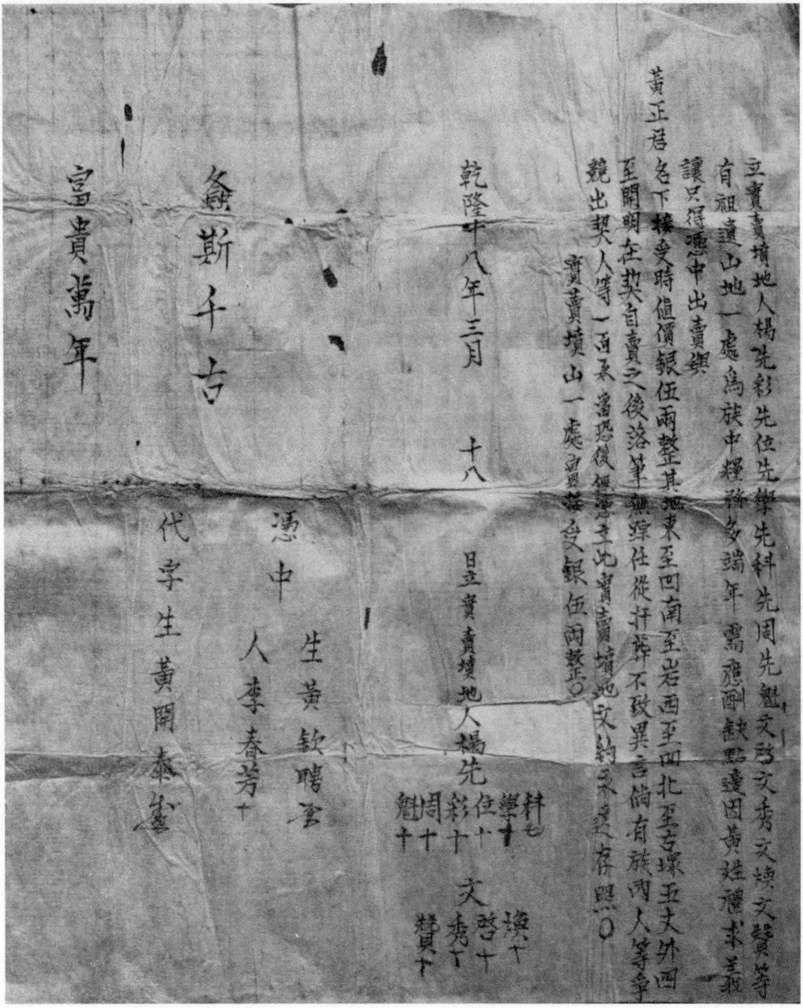
立賣墳地人楊先彩先位先學先科先周先魁文啓文秀文煥文贊等
有祖遺山地一處爲族中糧務多端年需應酬缺點遂因黄廷禮求若敵
讓只得憑中出賣與
黄正君名下承受時值價銀伍兩整其地東至回南至岩西至田北至古塚玉丈外回
至開明在契自賣之後落筆無踪任從扦葬不致異言倘有族内人等爭
競出契人等一面承當恐後無憑立此賣墳地文約存照
實賣墳山一處實受銀伍兩整
乾隆十八年三月　十八　日立賣墳地人楊先科學位彩周魁　文煥啓秀贊
憑中　生黄欽聘
　　　人李春芳
代字生黄開泰
螽斯千古
富貴萬年

3

乾隆四十年十一月十八日黃允中等加找塘子与（黄）金锐大叔的加找塘子契约

立加找塘子契約人黃允中黃原中爲因應用情愿有祖先年将自己塘子出賣與叔祖公諱名下爲
業今允中原中二人復加找一次凴中立契找到
金鋭大叔名下塘子價銀壹兩柒錢整前後共合陸兩柒錢之数其有四至前契已經書明日後有力取
贖無力不得再找倘有内外人等争競出契人一面承當恐後無凴立此找契爲據
实加找銀壹兩柒錢前後共合陸兩柒錢之数

在中（十）
用中（十）
位中（十）

乾隆四十年十一月十八日立加找塘子契約人　黃允中（花押）
原中（花押）

允中親筆

找契爲據

叔　黃運全（十）

凴中　黃漢哲（十）

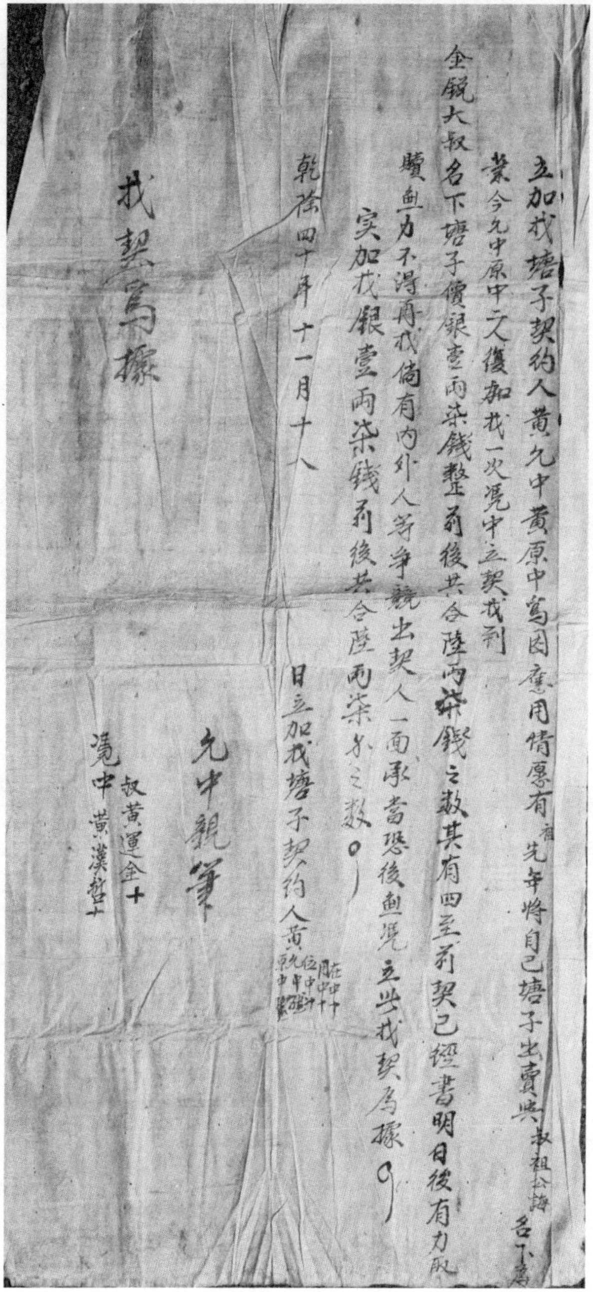
立加找塘子契約人黃允中黃原中爲因應用情愿有 有 先年將自己塘子出賣與 叔祖公海 名下爲
業今允中原中二人復加找一次凴中立契找到
金銳大叔名下塘子價銀壹兩柒錢整前後共合陸兩柒錢之數其有四至前契已經書明日後有力取
贖無力不得再找倘有內外人等爭競出契人一面承當恐後無凴立此找契爲據
实加找銀壹兩柒錢前後共合陸兩柒錢之數
乾隆四十年十一月十八日立加找塘子契約人黃 在中十 周中十 位中 允中 原中
允中親筆
凴中 叔黃運金十 黃漢哲十
找契爲據

4 乾隆四十九年二月初二日吴起学卖住地等与张维汉的地契

立實出賣住地契文約人吳起學爲因移基乏用情愿將祖父遺留住地壹段其
有地內塘子弍个香樟樹壹棵以及竹木圍墻等項其地東至張廷委路南至溝西至楊
家井横路北至李姓巷道今四至開明在契情愿凴親族人等主約实出賣與
維漢張二兄基下爲業實接受價銀叁拾陸兩整自賣之後任從買主圍欄住坐賣主永遠不得沾
找絲毫係是二比情愿並無異言私弊等情日後倘有親族人等争竟有賣主一
力承當今恐人心不古立此实賣地契永遠存照

實賣住地壹段接受價銀叁拾陸兩整

乾隆四十九年二月初二日立實出賣地契文約人　吳起學（十）

族侄吳　應聖（十）
　　　　法聖（十）
凴　親　謝儒珍（十）
　　兄　張名世（花押）
代字族兄　吳保国（花押）

嘉慶七年路下之地出賣與
黃姓是實

地契永遠存照

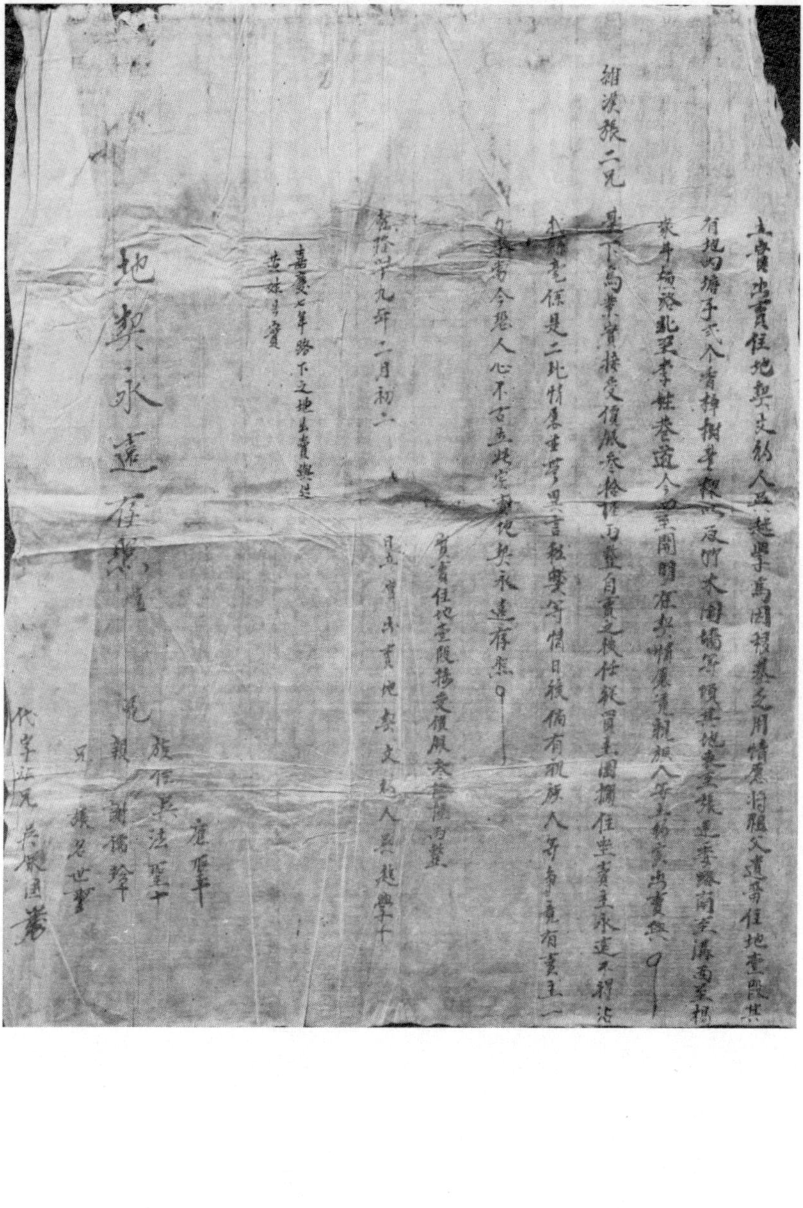
立賣出實住地契文約人吳兆學爲因移（[illegible]）之用，情愿將祖父遺留住地壹段，其
有地內塘子弍個，[illegible]樹木[illegible]，後竹木園墻，寫明其地東至張足季路，南至溝，西至[illegible]
泉井[illegible]路，北至李姓巷道，今凴中開明在契，情愿請親族人等立約實出賣與
堂下爲業，實接受價銀叁拾柒兩整，自賣之後，任從買主園[illegible]住坐，賣主永遠不得[illegible]
[illegible]，惟是二比情愿，並無異言，[illegible]要勒寫情，日後倘有親族人等[illegible]，有賣主一
力承當。今恐人心不古，立此賣住地契文約永遠存照。
維[illegible]張二兄
實賣住地壹段接受價銀叁拾柒兩整
嘉慶拾九年二月初二 日立實出賣地契文約人吳兆學十
嘉慶七年[illegible]下之地未賣[illegible]
[illegible]妹[illegible]賣
地契永遠存照
族侄吳法聖十
憑親謝瑞璋十
張名世十
代字江[illegible]吳[illegible]

立租田契文約人畨廷伊今租到

黃登雲名下田三坵自租之後每年行租谷貳拾四籮俟秋收之期將一色好谷歸清不致短

少拖欠如有此情別招佃種今恐人心不古立此租約爲據ഗ

ഗ租約是實○

乾隆四十九年六月初一日立租約文人　畨廷伊

乾隆伍十三年又加租谷十四籮四邦前后共合三十八籮四邦○畨廷漢（十）

畨如梅（十）

租約爲據

憑中　何寬（十）

畨如蘭（十）

代字　黃会五（花押）

5 乾隆四十九年六月初一日吴番廷伊向（黄）登云租田的租约

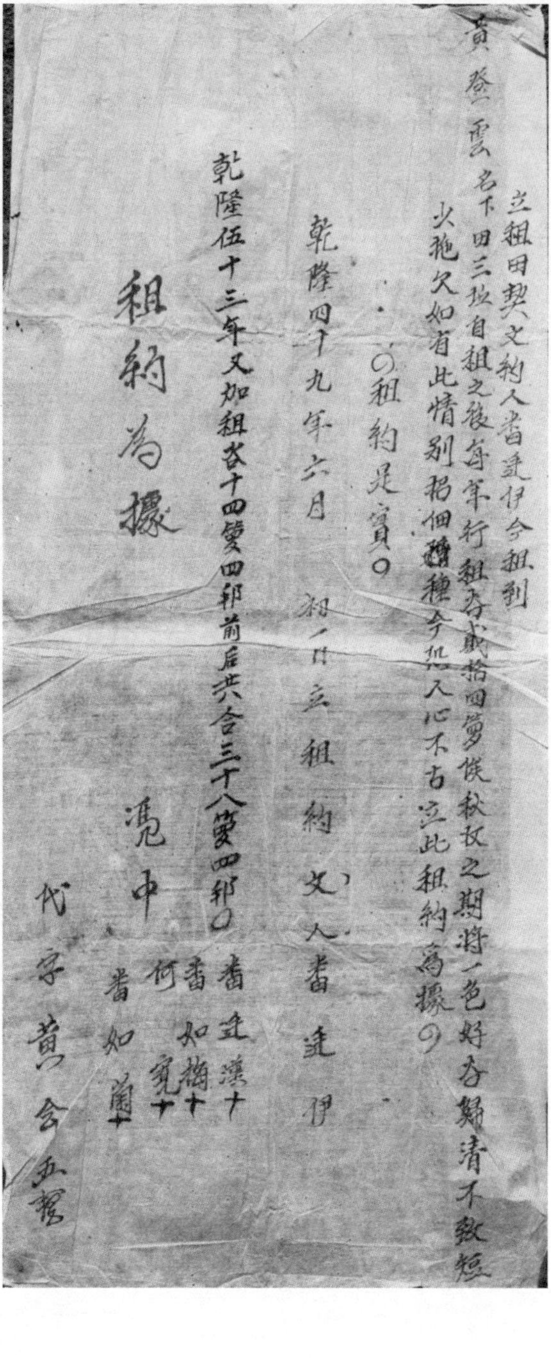

立租田契文約人番廷伊今租到
黄登雲名下田三坵自租之後每年行租谷貳拾四籮候秋收之期將一色好谷歸清不致短
少拖欠如有此情別招佃種今恐人心不古立此租約為據〇
〇租約是實〇
乾隆四十九年六月　初一日立租約文人番廷伊
乾隆伍十三年又加租谷十四籮四斗前后共合三十八籮四斗〇　番廷漢十
憑中　番如樹十　何宽十　番如蘭十
租約為據
代字　黄含五書

6 乾隆五十六年二月十二日黄金锐将田当与（黄）公侯的当契

立實當田契文約人黄金鋭爲因乏用情愿將祖遺秋糧田頭壹坵坐落大擺東至李家田
南北至溝西至金鋪田該糧玖升壹合在來二甲黄時安户下上納四至糧数坐落開明在
契今憑中立契出當與〇
公侯三叔名下實接受净銀肆拾伍兩整自當之後任從買主管業耕種納糧田有好歹買主
自見倘有家族人等異言争競賣主一力承當係是二比情愿中間並無強逼等情恐
後人心不古立此實當文約爲據〇
〇實當秋糧田壹坵佈種壹籮伍帮受净價銀肆拾伍兩整〇
同子　黄汝健（十）
乾隆伍拾陸年二月十二日立當田契文約人　黄金鋭（花押）
〇外有秧田壹坵坐落宗堂門首東至李家秧田南北至溝西至金鋪秧田〇
〇其銀伍兩壹稱係平〇
憑中人　黄金柱（十）
代字生　畨毓川（花押）
當契爲據

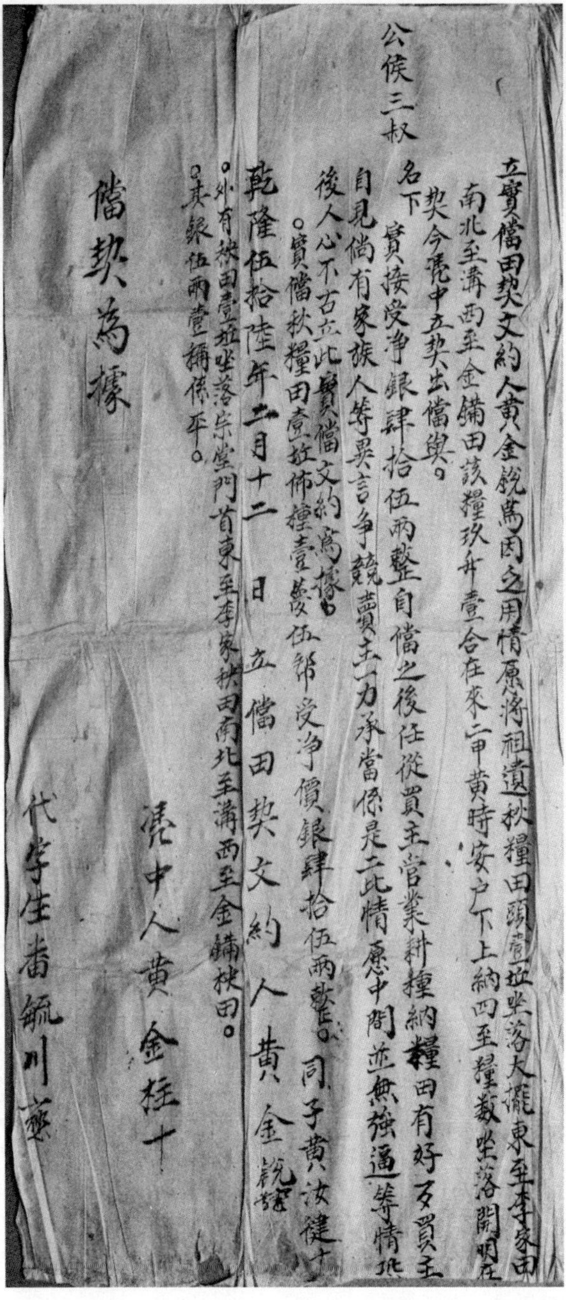
立賣當田契文約人黄金毓爲因乏用情原將祖遺秋糧田頭壹坵坐落大壠東至李家田南北至溝西至金鏞田該糧玖升壹合在本二甲黄時安户下上納四至糧数坐落開明在契今憑中立契出當與

公侯三叔 名下

實接受淨銀肆拾伍兩整自當之後任從買主管業耕種納糧田有好歹買主自見倘有家族人等異言争競賣主一力承當係是二比情愿中間並無強逼等情恐後人心不古立此賣當文約爲據。

。賣當秋糧田壹坵佈種壹蔞伍𥫗受淨價銀肆拾伍兩整。 同子黄汝健十

乾隆伍拾陸年二月十二 日 立當田契文約人黄金毓押

。外有秧田壹坵坐落宗堂門首東至李家秧田南北至溝西至金鏞秧田。

。其銀伍兩壹稱係平。

憑中人 黄金柱十

當契爲據

代字生黄毓川

7 乾隆五十七年二月十六日番子康将卖田与黄登云的田契

立實賣田契文約人畨子康仝弟子見爲因乏用情愿將祖遺老墾田二坵坐落河邊該種三箩東至王家田南北至溝西至本家田帶秧田三箩坐落下路門首四至開明載契其粮乙斗八升入禾三甲畨起寬户下上納情愿立契出賣與

黄登雲名下接受價銀伍拾刄净整自賣之後任隨銀主耕種收租納粮係是二比情愿中間並無逼迫成交日後有力取贖不俱年月遠近艮到田歸二比不得刁难倘有內外人等異言争競有賣主一面承當恐後無凴立此賣契爲據是實。9

實賣田二坵接受價艮伍拾刄净整〇9

乾隆五十七年二月十六日立實賣田契文約人　畨子　康（十）

見（十）

畨濟寬（十）

其銀伍兩乙戳係云平契中改成字一個〇9　凴叔　畨起寬（十）凴胞弟　畨子芳（十）

畨慶寬（十）　貞（十）

凴中　黄登貴（十）　黄順国

代筆　陳聯魁（花押）

賣契爲據

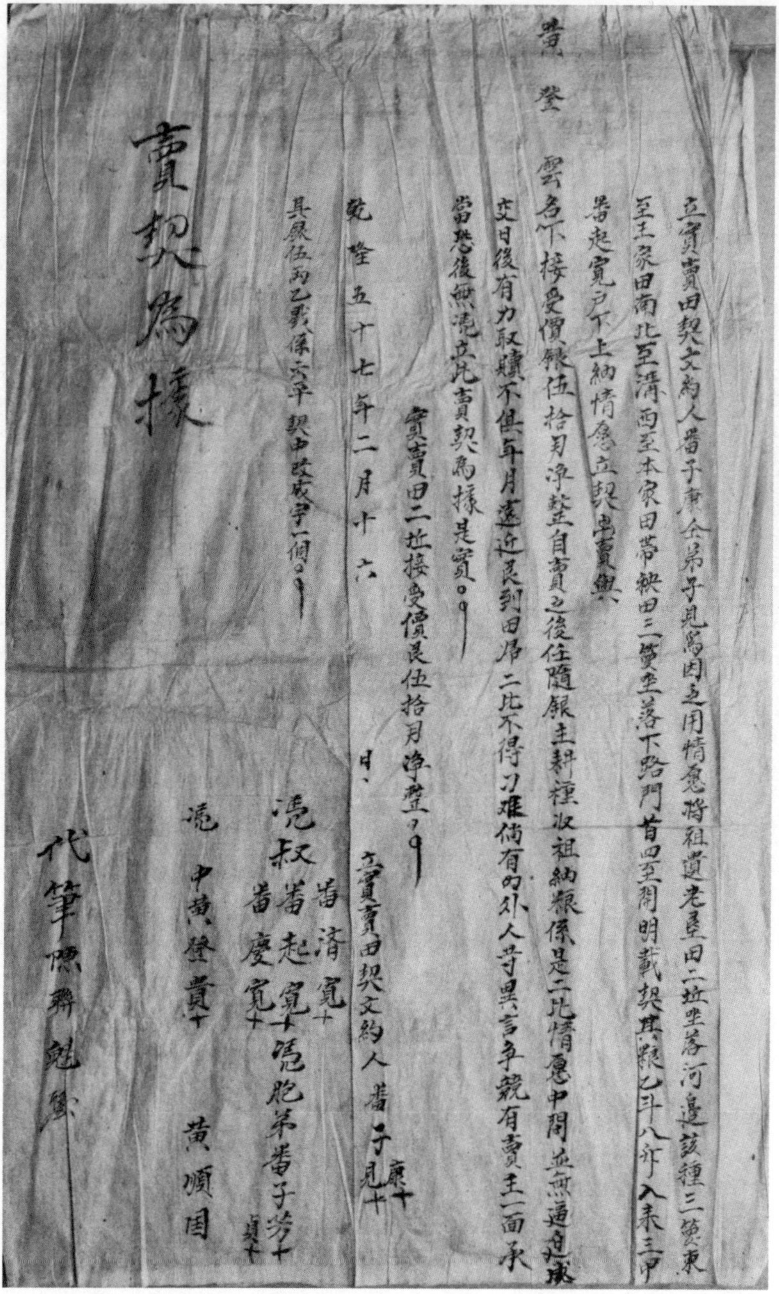
立實賣田契文約人黄子庚仝弟子見爲因乏用情愿將祖遺老䓁田二坵坐落河邊該種三簑東
至王家田南北至溝西至本家田帶秧田二簑坐落下路門首四至開明載契其糧乙斗八升入未三甲
黄起寬戶下上納情愿立契出賣與
黄登雲名下接受價銀伍拾兩净整自賣之後任隨銀主耕種收租納糧係是二比情愿中間並無逼迫成
交日後有力取贖不拘年月遠近憑到田價二比不得刁難倘有內外人等異言爭競有賣主一面承
當恐後無憑立此賣契爲據是實。
實賣田二坵接受價艮伍拾兩净整。
乾隆五十七年二月十六日
其糧伍兩乙錢係□平 契中改成字一個。
賣契爲據
立實賣田契文約人 黄子庚十 子見十
憑族 黄清寬十
憑叔 黄起寬十 黄慶寬十
憑胞弟 黄子芳十 貞十
憑中 黄登貴十 黄順国
代筆 陳舜魁

8 乾隆五十七年二月十六日番子康向黄登云租田的租约

立租約人沓子康爲因無田耕種情愿立約租到黄登雲名下田三箩自租之後遞年拗租谷四十箩□秋收之日將一色好谷拗清不至短少粿粒如有短少任隨田主別招耕種子康不敢異言恐後無凴立此租約爲據

實租田三箩遞年拗租谷肆拾箩整

乾隆五十七年二月十六日　立租約人　沓子康（十）

憑叔　沓起寬（十）

借筆

租約爲據

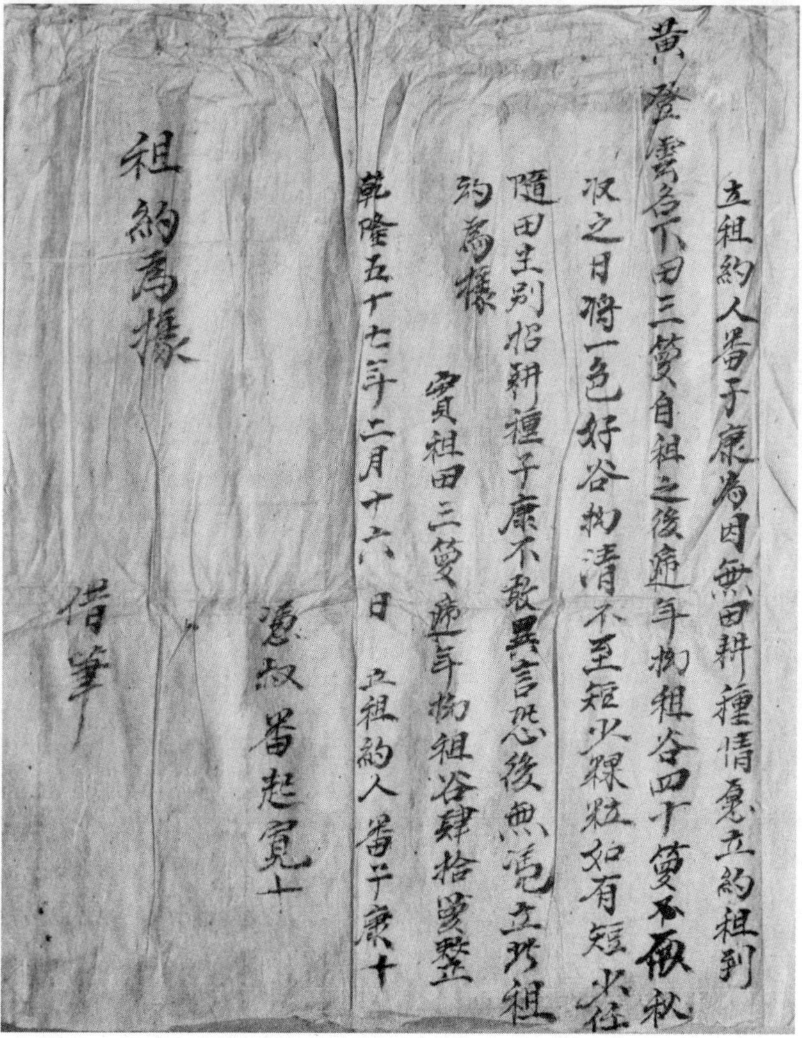
立祖約人黄子康為因無田耕種情愿立約祖到
黄登雲名下田三簍自祖之後遞年納祖谷四十簍不敢秋
收之日將一色好谷納清不至短少粿粒如有短少任
随田主另招耕種子康不敢異言恐後無憑立此祖
約為據
實祖田三簍遞年納祖谷肆拾簍整
乾隆五十七年二月十六日　立祖約人黄子康十
憑叔　黄起寬十
祖約為據
借筆

9　乾隆五十七年六月十五日王在邦将塘子卖与黄蕃戊的卖契

立實賣塘子文約人王在邦爲因應用情愿將自己面分塘子一個坐落楊家井對面東至井南至荒塘子西至登雄塘子北至巷口四至開明在契立約出賣與9戊蕃黄大叔名下實接受價銀貳两伍錢净整自賣之後任從買主耕種日後不拘年月遠近有力取贖無力不得加找係是二比情愿中間並無逼迫成交亦無私債準折等情恐後人心不古立此賣契爲據○9

○實賣塘子一個接受價銀貳两伍錢净整○9

乾隆五十七年六月十五日立賣塘子文約人　王在邦（十）

○其戥係雲平○

賣契爲據　憑中代字　黄萬開（花押）

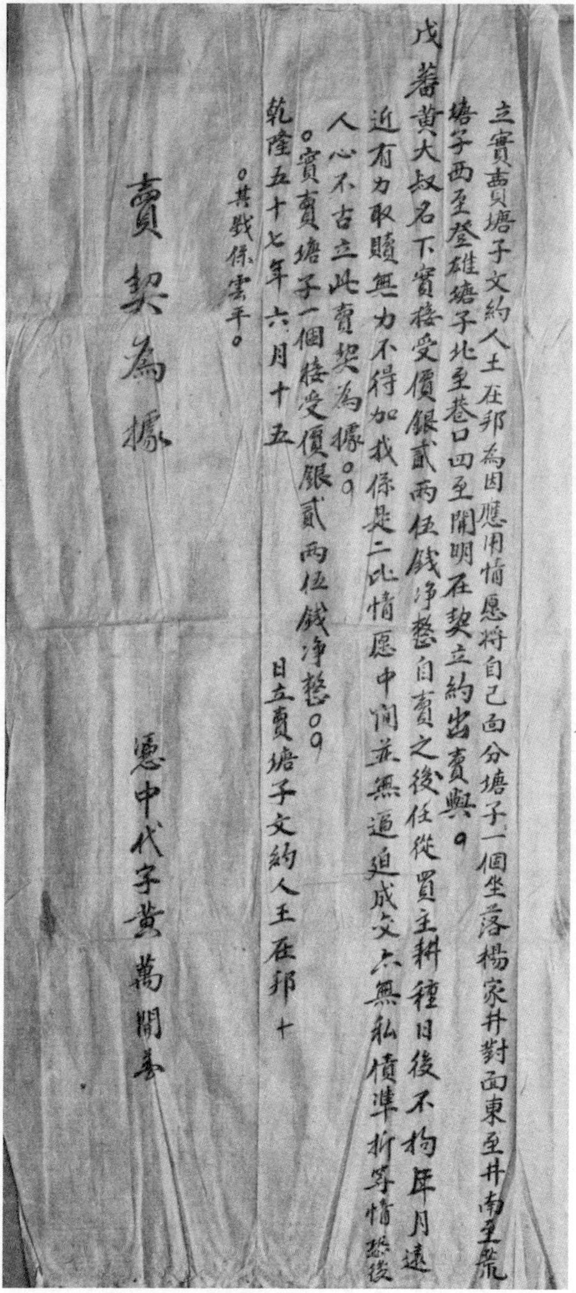
立賣塘子文約人王在邦爲因應用情愿將自己面分塘子一個坐落楊家井對面東至井南至荒

塘子西至登雄塘子北至巷口四至開明在契立約出賣與

戊蕃黄大叔名下實接受價銀貳兩伍錢淨整自賣之後任從買主耕種日後不拘年月遠

近有力取贖無力不得加找係是二比情愿中間並無逼迫成文亦無私債準折等情恐後

人心不古立此賣契爲據。。

。實賣塘子一個接受價銀貳兩伍錢淨整。。

乾隆五十七年六月十五　日立賣塘子文約人王在邦　十

。其戥係寔平。

賣契爲據

憑中代字黄萬開押

10

乾隆六十年正月初六日尚德宽将卖田与黄茂得的卖田契

立實賣田契文約人尙得寬仝胞弟周保爲因應用情愿将祖父遺留自己面分新垦田乙叚坐落
青荒埧河邊東至河南至畨姓田西北至本家田該新垦粮拾伍畝在尙從禄户下上納四至粮
数開明在契情愿立契出賣與‖
黃茂得名下爲業接受價銀壹百叁拾两净整自賣之後任從買主照契管業耕種完粮二十年
之內不得加找[不得]取贖弍十年之外只荣有力取贖無力加找艮到田歸二比不得刁难係是二比情
愿中間並無強買押賣亦無私債準折等情田有好歹買主自見當日艮田兩相交割
明白倘有親族內外人等異言争競有賣主一面承當今恐人心不古立此賣契存照
實賣新垦田乙叚接受價銀壹百叁拾两净整〇

仝胞弟　周　保（十）
乾隆六十年正月初六日立　實賣田契文約人　尙得寬（十）
其艮平对

榜（十）
憑堂叔　尙登荣（十）
卓（十）
尙安邦（十）
田苗茂盛
憑堂兄　黃茂常（十）
五谷豐登
憑中人　黃登弟（十）
黃登鶴（十）
李錦鰲（十）
代字人　尙兆林（花押）

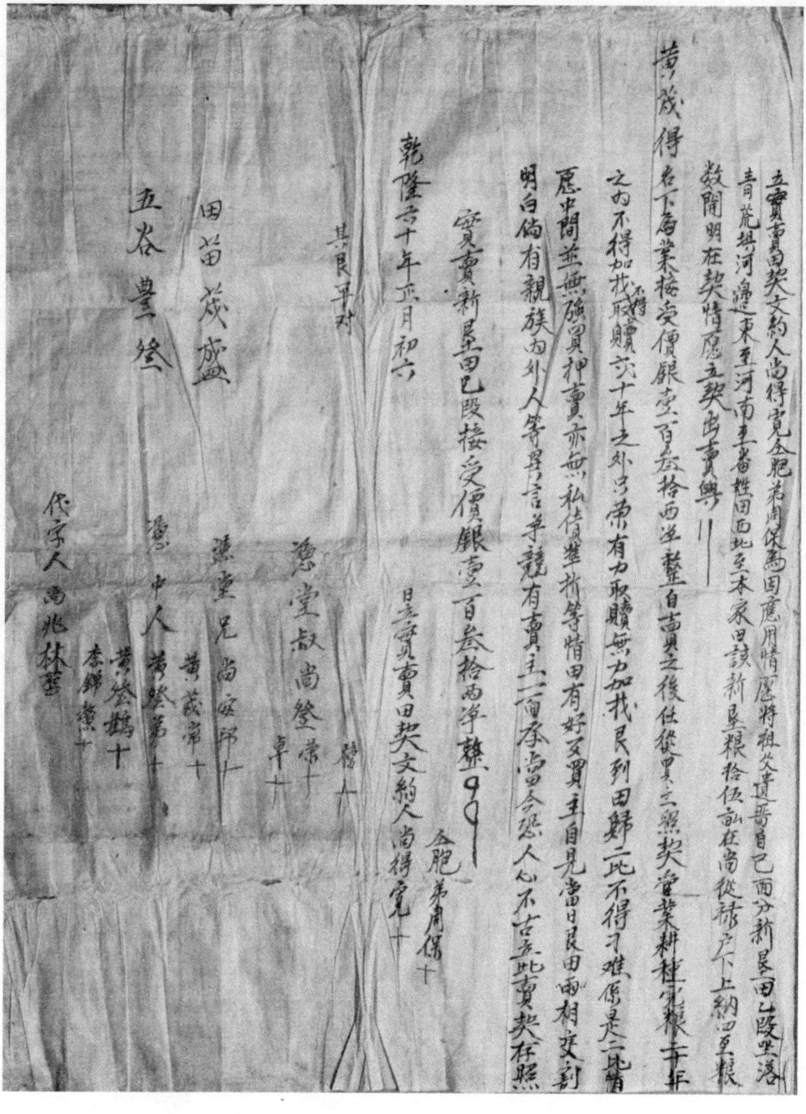
立實賣荒田契文約人尚得寬仝胞弟周保，爲因應用，情愿將祖父遺留自己酉分新艮田乙段，坐落
青龍場河邊，東至河，南至黃姓田，西北至本家田，該新墾粮拾伍畝，在尚從祿户下上納，四至粮
数開明在契，情愿立契出賣與
黃茂得名下爲業，接受價銀壹百叁拾兩逕整。自賣之後，任從買主照契管業耕種完粮。十年
之内不得加找取贖，六十年之外，只准有力取贖，無力加找，艮到田歸，二比不得刁難，係是二比情
愿，中間並無強買抑賣，亦無私債准折等情。田有好歹，買主自見，當日艮田兩相交割
明白。倘有親族内外人等異言爭競，有賣主一面承當。今恐人心不古，立此賣契存照。
實賣新墾田乙段，接受價銀壹百叁拾兩淨整。
日立實賣田契文約人尚得寬 十 仝胞弟周保 十
乾隆六十年正月初六
其艮平对
稽 十
憑堂叔尚登帶 十 卓 十
憑堂兄尚安邦 十 黃茂常 十
憑中人黃燈第 十 黃燈鵲 十 李錫燾 十
代字人尚兆林筆
田苗茂盛
五谷豐登

第一编　腾冲玉璧村文书（上）·黄氏家族文书（单契）

11 乾隆六十一年三月十八日黄金锐与（黄）定国的加找田契

立加找田契文約人黄金鋭爲因應用情愿憑中立約找到〇
族弟定國名下净銀伍兩整其有田明粮数四至坐落俱在前[契]書明自找之後有力取贖無力再不致
異言加找恐後無憑立此加找文約爲據

〇實加找净銀伍兩整

乾隆六十一年三月十八日立加找田契文約人　黄金鋭（花押）
其戥係平　親筆
生沓毓川
憑　族叔　黄加儀
找契爲據

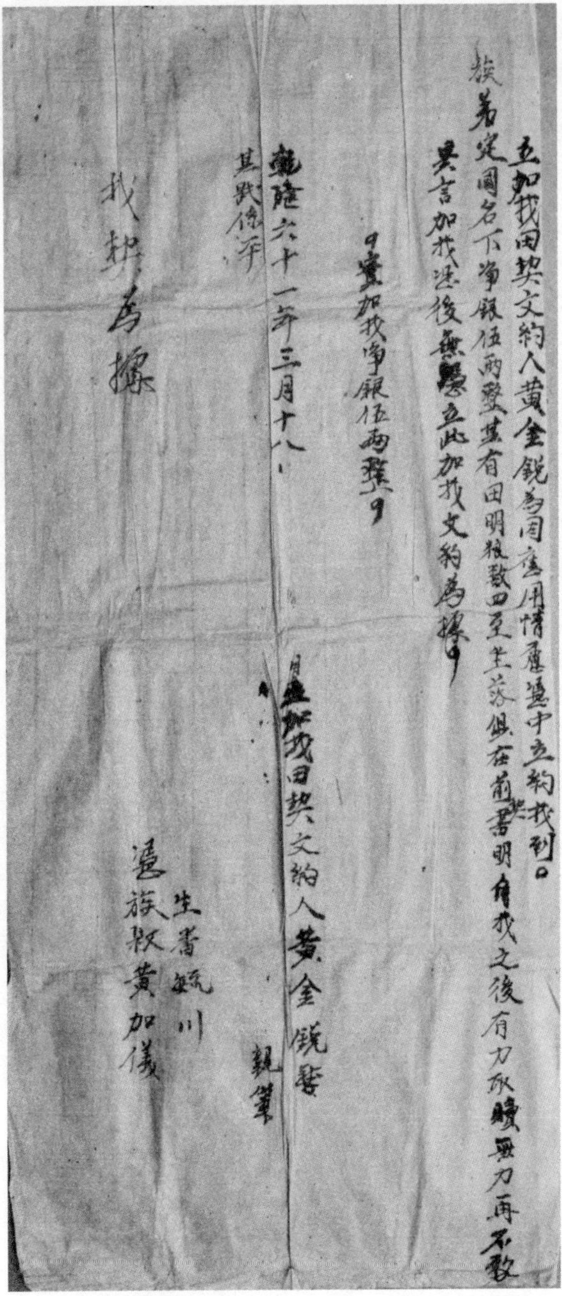
立加找田契文約人黃金銳為因應用，情愿憑中立約找到□
族着定國名下淨銀伍兩整。其有田明粮數四至坐落俱在前契書明，自找之後有力取贖，無力再不敢
異言加找。恐後無憑，立此加找文約為據。
實加找淨銀伍兩整。
乾隆六十一年三月十八日
其戥係平
找契為據
立加找田契文約人黃金銳　親筆
憑族叔黃加儀
生書嫺川

12 嘉庆元年二月二十九日黄金锐与黄定国的加找田契

立杜加不杜贖文約人黄金鋭今因官欸虧空無處出辦情愿將先年出賣與族叔秋粮田一坵價已受明今經無奈浼請親鄰情愿寫立杜加不杜贖立約與

族弟定國名下實找銀拾兩自找之後有力任從取贖無力永不得加找異言彼時心服情愿已出過杜加之字其中並無壓逼等情恐後異言加找任凴買主執據理論恐後人心不古立此杜加文約爲據。

〇實加找銀拾兩净整

嘉慶元年二月卄九日立杜加不杜贖文約人　黄金鋭親筆

其戳平戳

叔登鶴

找契爲據　　凴中生畨達道

叔加儀

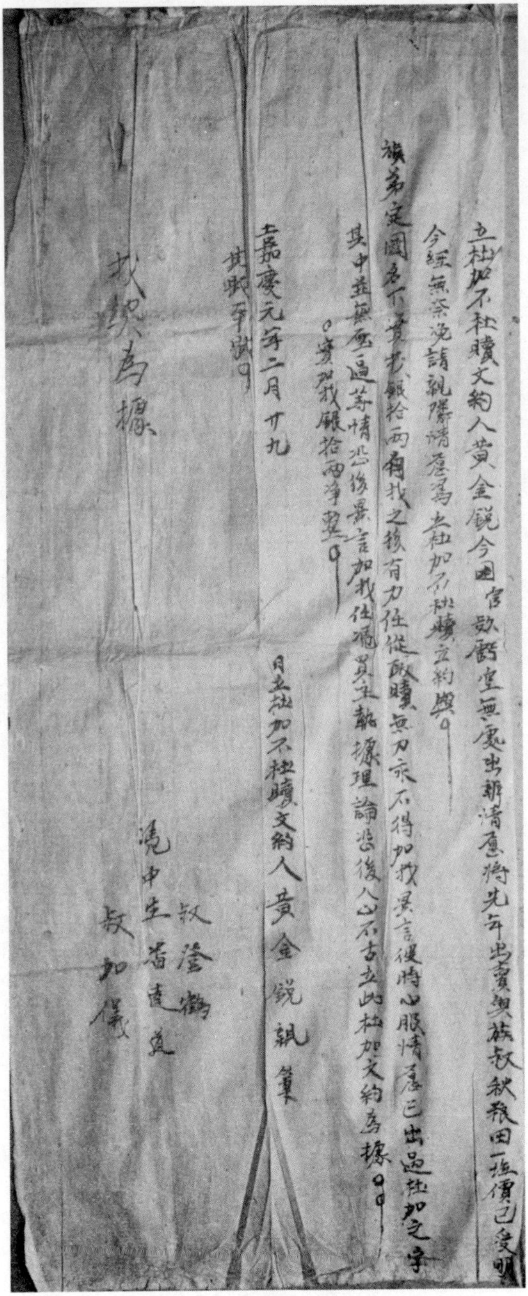

立杜加不杜贖文約人黄金鋭今因官欵嚴急無處出辦情愿將先年出賣與族叔秋飛田一坵價已受明
今經無奈憑請親隣情愿寫立杜加不杜贖立約與
族弟定國名下實找銀拾兩當找之後有力任從取贖無力亦不得加找異言從時心服情愿已出過杜加之字
其中並無逼勒等情恐後異言加找任憑買主執據理論恐後人心不古立此杜加文約為據
○實卻找銀拾兩淨整○
嘉慶元年二月廿九日立杜加不杜贖文約人黄金鋭親筆
其戥平□
叔 登鶴
憑中 生 當達良
叔 加儀
找契為據

13 嘉庆元年三月二十二日黄李氏等卖地与族兄（黄）载嵩的杜卖地契

立杜賣地契文約婦黃李氏仝男開國仝孫發林爲因應用情愿將自己面分祖遺分受後地壹塊情愿立約杜

賣與

族兄載嵩崙二位員下實接受價銀拾兩净整其地東南至買主地西北至賣主地自賣之後任从買主圍欄住坐日後永遠不得加找取贖亦不得藉事生端係是二比情愿中間並無逼迫成交亦無私債準折等情倘有親族內外人等異言争競

賣主一面承當恐後無憑立此杜賣地契爲據○

○實杜賣後地壹塊實接受價銀拾兩净整○○

孫　發林（十）

仝　男開國（十）

立杜賣地契文約婦黃李氏（十）

嘉慶元年三月二十二日

堂姪有國（十）

堂姪定國（十）

憑䛅叔嘉儀（十）

姪體國（十）

杜契爲據

代字翊國（花押）

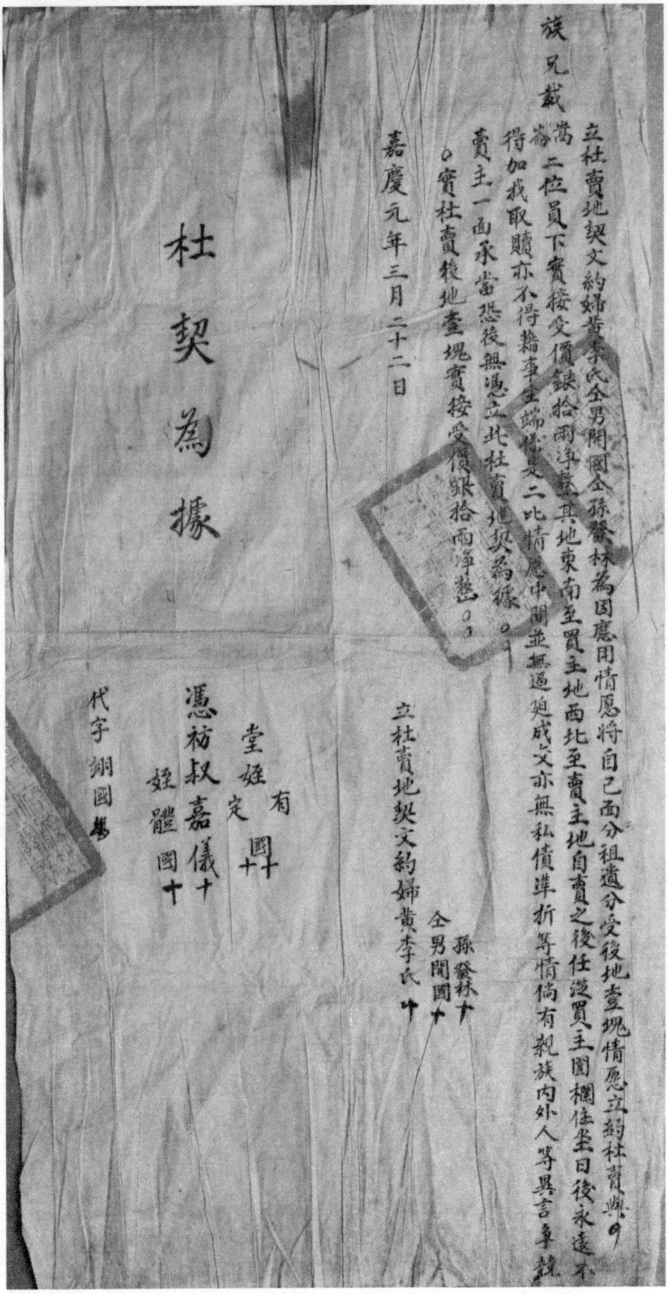

立杜賣地契文約婦黄李氏仝男開國仝孫發林爲因應用情愿將自己面分祖遺分受後地壹塊情愿立約杜賣與
族兄載嵩爺二位員下實接受價銀拾兩淨整其地東南至買主地西北至賣主地自賣之後任從買主圍欄住坐日後永遠不
得加找取贖亦不得藉事生端[illegible]二比情愿中間並無逼迫成文亦無私債準折等情倘有親族內外人等異言爭競
賣主一面承當恐後無憑立此杜賣地契爲據。
。實杜賣後地壹塊實接受價銀拾兩淨整。

嘉慶元年三月二十二日

杜契爲據

立杜賣地契文約婦黄李氏 叶
仝男開國 十
孫發林 十

堂姪 有國 十
定國 十
憑族叔嘉儀 十
姪體國 十
代字翊國 筆

14 嘉庆二年正月二十日黄戊得卖地与黄登鹤的卖田契

立實賣田契文約人堂叔戊得同男登廣奇 爲因乏用情愿將自己承買得尙姓田壹叚坐落馬班溝脚名換河田大小伍坵河內叁坵東至番尙二姓田南西至河北至尙姓田外有河外田貳坵其壹坵東南至番姓田西至尙姓田北至河又壹坵東至河南至尙姓田西至沙溝北至闔姓田該秋粮米叁斗在丰三甲尙從祿户下上納其田四至粮数開明在契情[愿]凴中立約出賣與

堂侄登鶴名下實接授價銀玖拾兩净整自賣之後任從買主管業完粮耕種賣主不得異言日後有力取贖無力不致加找係是二比心服情愿其中並無壓逼等情不拘年月遠近銀到田歸二比不得刁難倘有親族內外人等争競賣主一面承當恐后人心不古立此賣約爲據

實賣秋粮田壹叚大小伍坵接授價銀玖拾兩净整實是

大清嘉慶 貳 年正月 貳 拾日立賣田契文約人堂叔戊得同男登廣（十）奇（十）

其銀係是雲平兑內添愿字壹個有老契帋壹張買主收存

弟（十）

賣約爲據 凴中 侄登秀（十）

玉（十）

代字人 王在國（花押）

立賣賣田契文約人堂叔戊得同男登廣、登奇，為因乏用，情愿将自己承買得呙姓田壹段，坐落馬班溝脚，名換河田大小伍坵，河内叁坵，東至番、尚二姓田，南西至河，北至尚姓田；外有河外田貳坵，其壹坵東南至番姓田，西至尚姓田，北至河；又壹坵東至河，南至尚姓田，西至沙溝，北至閻姓田。該秋粮米叁斗，在未三甲尚從禄户下上納。其田四至粮数開明在契，情愿凭中立約出賣與

堂侄登鶴名下，賣接授價銀玖拾兩净盤。自賣之後，任從買主管業充頓耕種，賣主不得異言。日後有力取贖，無力不致加找，係是二比心服情愿，其中並無壓逼等情，不拘年月遠近，銀到田歸，二比不得刁难。倘有親族内外人等争競，賣主一面承當。恐后人心不古，立此賣約為據。

實賣秋粮田壹段，大小伍坵，接授價銀玖拾兩净盤實是。

大清嘉慶貳年正月貳拾日立賣田契文約人堂叔戊得同男登廣 十 登奇 十

其銀係是雲平兑，內添歷字壹個，有老契帋壹張，買主收存。

凭中 侄登第 十 登秀 十 登玉 十

代字人王在國 筆

賣約為據

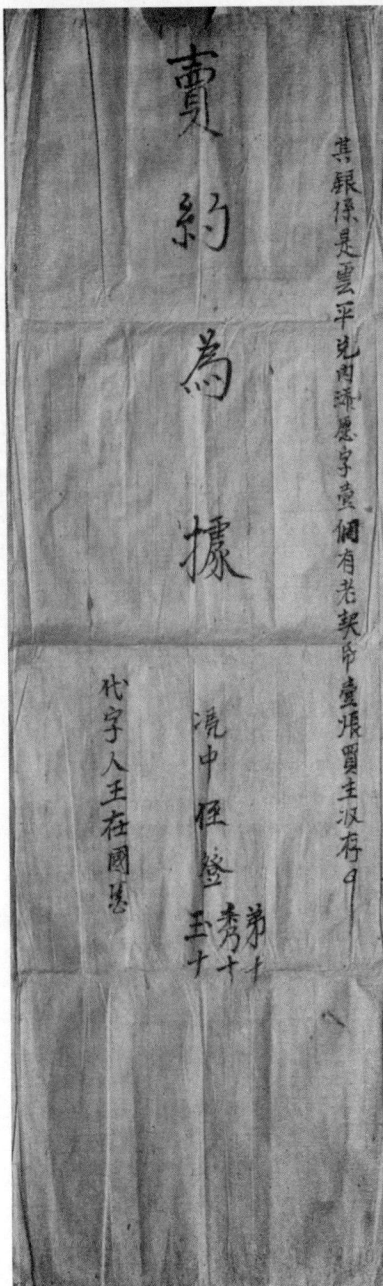

15 嘉庆二年正月二十日黄登广与堂兄（黄）登鹤的租田契

立租田契文約人堂弟登廣情愿立約租到
堂兄登鶴名下田壹分自租之後遞年扺租谷伍拾捌籮伍帮
除上粮應餘谷陸籮實扺租谷伍拾貳籮俟
秋收之日將一色好谷扺清不致短少粿粒如有短少
粿粒任從田主別招佃種不得異言恐后無凴立此
租約爲據
實租田壹叚扺租谷伍拾弍籮整
嘉慶貳年正月弍拾日立租田契文約人堂弟　登廣
內添田字壹字分字
憑中代字　王在國（花押）
租約爲據

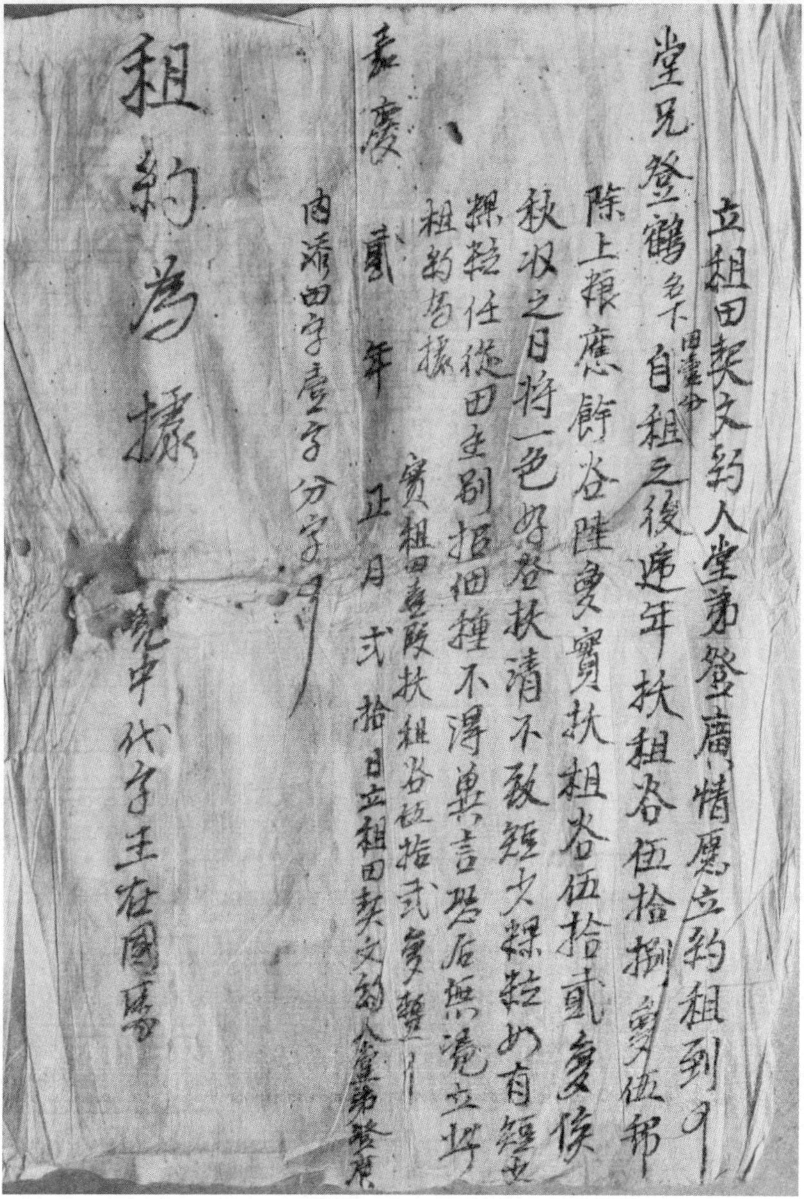

立租田契文約人堂弟登廣，情愿立約租到
堂兄登鶴名下田壹分，自租之後，逐年秋租谷伍拾捌籮伍邦，
除上粮應餘谷陸籮，實秋租谷伍拾貳籮，係
秋收之日將一色好谷秋清，不致短少粿粒，如有短少
粿粒，任從田主別招佃種，不得異言。恐后無憑，立此
租約爲據。
實租田壹段，秋租谷伍拾貳籮整。
嘉慶貳年正月式拾日立租田契文約人堂弟登廣
内添田字壹字，分字壹字
租約爲據
憑中代字王在國

16　嘉庆三年正月二十日黄登广与堂兄（黄）登鹤的租田契

立租田種文約人黄登廣情愿約租到

堂兄登鶴名下實租河田壹坵自租之後遞年扶租谷貳拾壹籮陸帮俟秋收之後將乙色好谷扶清不致短少粿粒如有短少粿粒任從田主别招佃種不得異言恐后無憑立此租約爲據

實租河田壹坵扶租谷貳拾壹籮陸帮實是

嘉慶叁年正月二十日立租田種　黄登廣（十）

王在能（十）

租約爲據

憑中　黄登玉（十）

代字　王在國（花押）

立

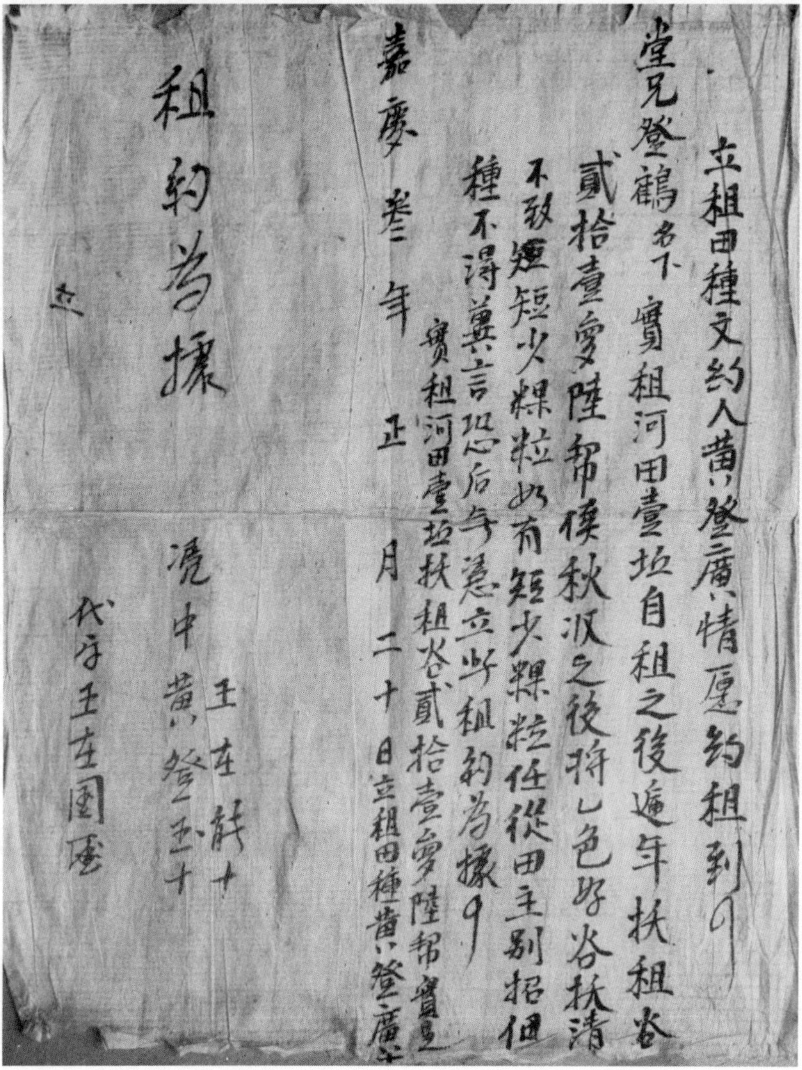
立租田種文約人黄登廣情愿約租到
堂兄登鶴名下實租河田壹坵自租之後遞年扶租谷
貳拾壹箩陸帋樸秋收之後將〻色好谷扶清
不致短少粿粒如有短少粿粒任從田主别招佃
種不得異言恐后無憑立此租約為據
實租河田壹坵扶租谷貳拾壹箩陸帋實是
嘉慶叁年正月二十日立租田種黄登廣
憑中 王在龢十
黄登玉十
代字 王在園
租約為據 立

17 嘉庆五年十月初三日张廷韶等卖地与黄登鹤的地契、嘉庆六年八月初五日张廷彩等卖地与黄登鹤的地契、嘉庆七年十一月初二十九日张廷韶等卖地与黄登鹤的地契3张

立實永遠杜賣地契文約人張廷韶興爲因乏用情愿將父買到吳姓地壹叚大塘子壹個坐落車家巷東至黃家墻脚南至廷彩地廷彩路出買主地塘子上边寬捌尺爲定西至畨姓塘子北至巷口四至開明載契情愿凴中立約出賣與登鶴黃大哥名下爲業實接受價銀肆拾玖兩整自賣之後任從買主圍欄住坐永遠爲業賣主不致異言有力不致取贖無力不致加找恐有家族內外人等争競賣主一力承當古云賣田千年有分賣地落筆無踪恐後人心不古立此出賣地契永遠爲拠

立實賣杜契地壹叚大塘子壹坵接受價銀肆拾玖兩净整

嘉慶五年十月初二日立實賣[地]契文約人張廷韶（十）興（十）

凴堂兄張廷彩（十）

凴中 者鳳王約尊（十）

沛堯尹四哥（花押）

代字生張品一（花押）

地契壹紙

永遠爲拠

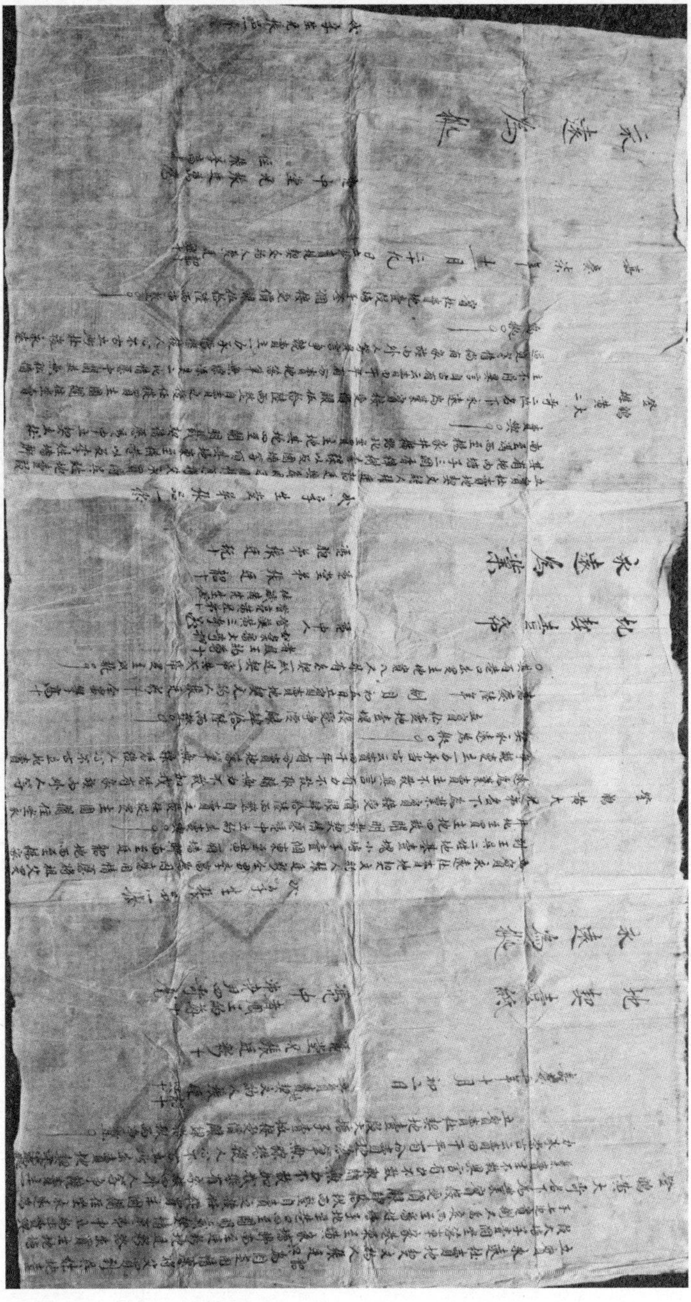

立賣永遠杜賣地契文約人張廷彩仝男李高爲因應用情愿將祖父買
到王吳二姓地基壹塊小塘子壹個東至黄厢墻脚南至廷韶地西至楊家
井北至買主地四致開明載契情愿凴中立約出賣與〇
登鶴黄大兄弟名下爲業實接受價銀肆拾陸兩整自賣之後任從買主圍欄住坐永
遠爲業賣主不致異言有力不致取贖無力不致加找恐有家族内外人等
争競賣主一力承当古云賣田千年有分賣地落筆無踪恐後人心不古立此賣
契永遠爲據。

立實杜賣地壹塊接受浄價銀肆拾陸兩整。

嘉慶陸年捌月初五日立實賣地契文約人張廷彩（十）仝男學高（十）
〇其有巷口出買主地寛八尺外有老契一紙过契一帋共弍帋買主收執〇

者鳳王約尊（十）
如棠畨大哥（押）
凴中人登漢黄三哥（花押）
登亮黄兄弟（十）
仕斌黄先生（花押）
凴堂弟張廷韶（十）
凴胞弟張廷玩（十）

地契壹帋

永遠爲業

代字生堂弟张品一（花押）

立實杜賣地契文約人張廷韶廷興爲因乏用情愿將父承買得吴姓地壹段
其有地内塘子三個香樟樹壹棵以及圍墻等項其地東至横巷以及李姓墻脚
南至溝西至楊家井横路北至買主地其地四至開明載契情愿凴中立契出杜
賣與ºº
黄大登鶴
二哥雄二位名下永遠爲業實接受價銀伍拾陸兩整自賣之後任從買主圍欄住坐賣
主不得異言自古有云賣田千年有分賣地落筆無踪係是二比情愿中間並無私債
逼迫等情倘有家族内外人等異言争競賣主一力承當恐後人心不古立此杜後永遠
爲拠ºº

實杜賣地壹段塘子叁個接受價銀伍拾陸兩净整〇ℓ

嘉慶柒年十一月二十九日立杜賣地契文約人張廷韶（十）
興（十）

凴中堂兄張廷萬（花押）

侄張孝高（十）

代字生兄張品一（花押）

永遠爲拠

18

嘉庆六年八月十九日王在邦与黄茂蕃的加找塘子文约

立加找塘子文約人王在邦爲因短少應用情愿立約找到
茂蕃黄大叔名下凈銀壹兩整自加找之後言定日後有力取贖無力不得加找
此係二比情愿中間並無逼迫成交亦無私債準折等情恐後人
心不古立此加找契約爲據〇9
立實加找塘子銀壹兩凈整〇9
嘉慶六年八月十九　日立加找塘子銀文約人　王在邦（十）
憑中族兄　王翠显（十）
代子人　張廷偉（花押）
加找塘子文約

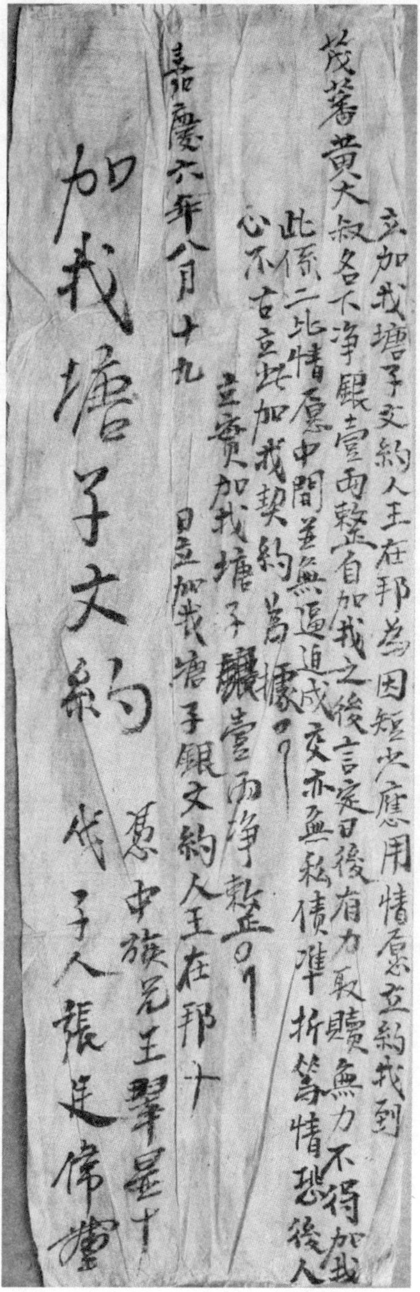
立加找塘子文約人王在邦，為因短少應用，情愿立約找到
茂蕃黄大叔名下净銀壹兩整。自加找之後，言定日後有力取贖，無力不得加找，
此係二比情愿，中間並無逼迫成交，亦無私債准折等情，恐後人
心不古，立此加找契約爲據。
立實加找塘子銀壹兩净整。
嘉慶六年八月十九　日立加找塘子銀文約人王在邦　十
憑中族兄王翠昆　十
加找塘子文約
代字人張廷偉　書

19 嘉庆七年正月十九日王美度将田地典与黄仕华的典契

立典田契文約生王美度今將已面粮田一分坐落四至粮數俱載老契情愿凴中儅與
仕華黄表兄名下爲業實接受底面净銀前後共壹百叁拾兩整自儅之後任凴黄姓耕種管業
收租納粮日後王姓取贖銀到田歸黄姓不得刁難當日銀田兩相交明並無私折等弊此係
王美度□□之產倘有内外親族人等異言美度一面承當恐後無凴親筆立此典契爲據
實典粮田一分老契一紙實接受典價前後共銀壹百叁拾兩整
嘉慶七年正月十九日立典契文約生王美度親筆（花押）仝男三　錫（花押）
銓（花押）
凴中　載嵩新爺黄　二表兄（花押）
象離先生　段大哥（花押）
典契爲據

立典田契文約生王美度今將己面粮田一分坐落四至粮數俱載老契情愿凭中儅與
仕華黄表兄名下為業實接受倣面净銀前後共壹百叁拾兩整自儅之後任凭黄姓耕種管業
收租納粮日後王姓取贖銀到田歸黄姓不得刁難當日銀田兩相交明並無私折等弊此係
王美度[illegible]之產倘有内外親族人等異言　美度一面承當恐後無凭親筆立此典契為據
實典粮田一分老契一紙實接受典價前後共銀壹百叁拾兩整
嘉慶七年正月十九　日立典契文約生王美度親筆書　仝男三錫[illegible]　銓[illegible]
凭中　戴嵩新爺　黄二表兄[illegible]
袁雛先生　段大哥[illegible]

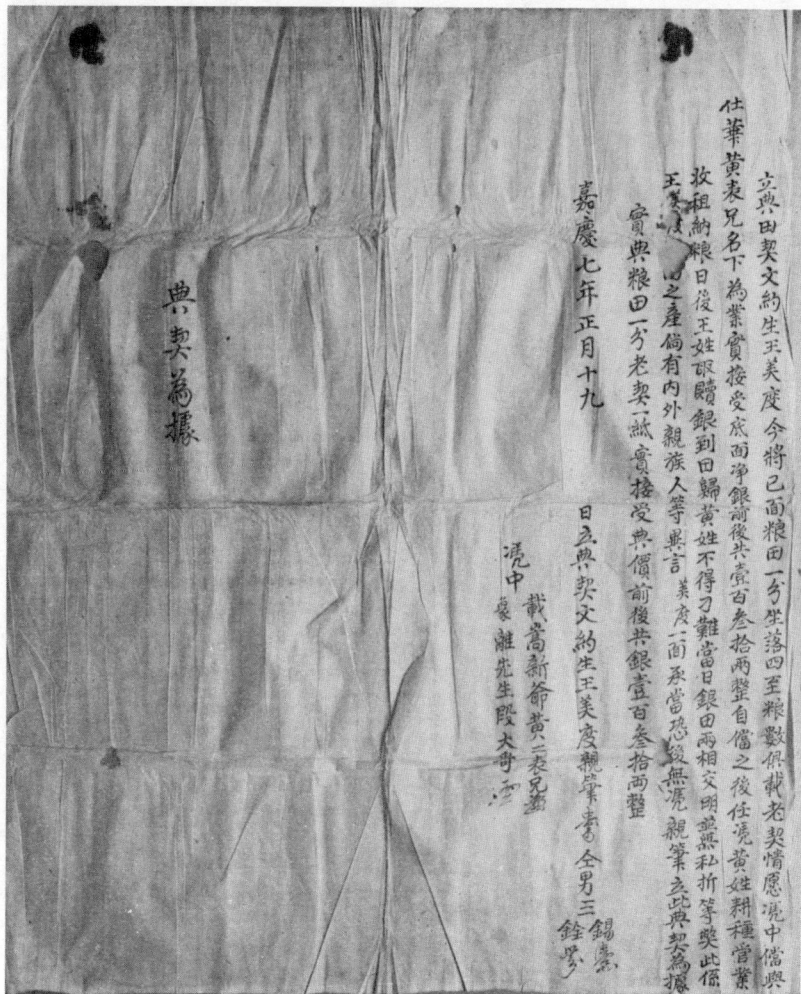

典契為據

20 嘉庆七年五月十七日王在邦等卖塘子与黄登鹤的杜卖契

立賣杜賣塘契文約人王在邦仝男文德爲因乏用情愿將祖父遺留自己面分塘子壹個坐落楊家井東至井南至小溝西至買主塘子北至買主塘子四至開明在契情愿憑中立約出杜與ᑫ

登鶴黄大哥名下實接受價銀陸兩净整自杜之後任從買主永遠圍欄耕種管業日後在邦子孫有力不得取贖無力不得加找永遠不得異言係是落筆無踪係是二比情愿中間並無逼迫成交亦無私債準折等[情]恐有家族內外人等争競賣主一力承當恐後人心不古立此杜賣永遠文約爲據ᑫ

○實杜賣塘子壹個接受價銀陸兩净整ᑫ

仝男文德（十）

嘉慶七年五月十七日立實杜賣塘契文約人　王在邦（十）

杜賣壹帋　憑中人族兄　王翠顯（十）

永遠爲據　代字　黄金釪（花押）

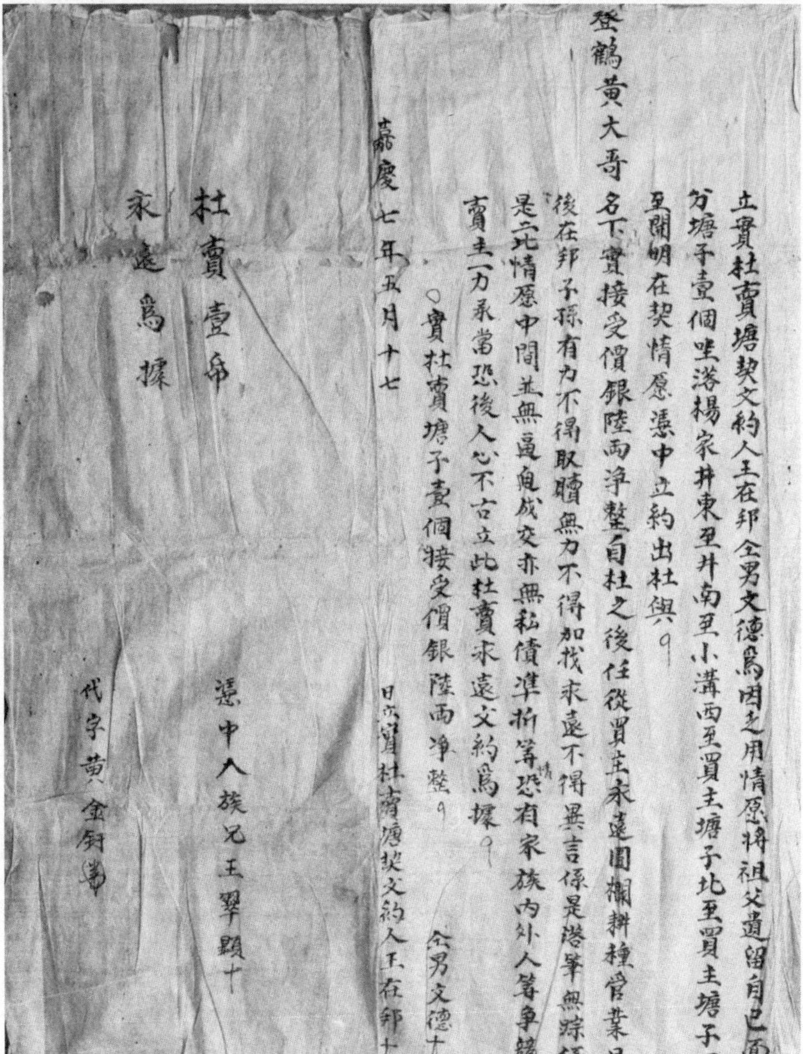
立賣杜賣塘契文約人王在鄆仝男文德爲因乏用情愿將祖父遺留自己面
分塘子壹個坐落楊家井東至井南至小溝西至買主塘子北至買主塘子四
至開明在契情愿憑中立約出杜與
登鶴黃大哥名下實接受價銀陸兩淨整自杜之後任從買主永遠圍欄耕種管業日
後在鄆子孫有力不得取贖無力不得加找永遠不得異言係是落筆無悰係
是二比情愿中間並無逼勒成交亦無私債準折等情恐有家族內外人等爭競
賣主一力承當恐後人心不古立此杜賣永遠文約爲據
實杜賣塘子壹個接受價銀陸兩淨整　　仝男文德十
日立實杜賣塘契文約人王在鄆十
嘉慶七年五月十七
憑中人族兄王翠顯十
杜賣壹帋
永遠爲據
代字黃金尉筆

21

嘉庆七年六月二十六日黄仕连当秧田与黄登鹤的当契

立儅秧田文約生黄士連爲因乏用情愿將祖父遺留分受自己面分秧田叁坵

坐落四至俱在老契情愿立約儅到

登鶴大叔名下實儅銀陸兩净整自儅之後定数每年實扙租谷肆箩整侯至秋收之

日將一色好谷入数扙清不致短少粿粒如有短少粿粒任從銀主耕種儅主

不致異言恐後無憑立此儅契爲據

實儅銀陸兩净整

嘉慶七年六月二十六日立儅秧田文約生　黄士連（花押）

有老契壹紙交銀主收執

憑中　黄載寬（十）

親筆

儅契爲據

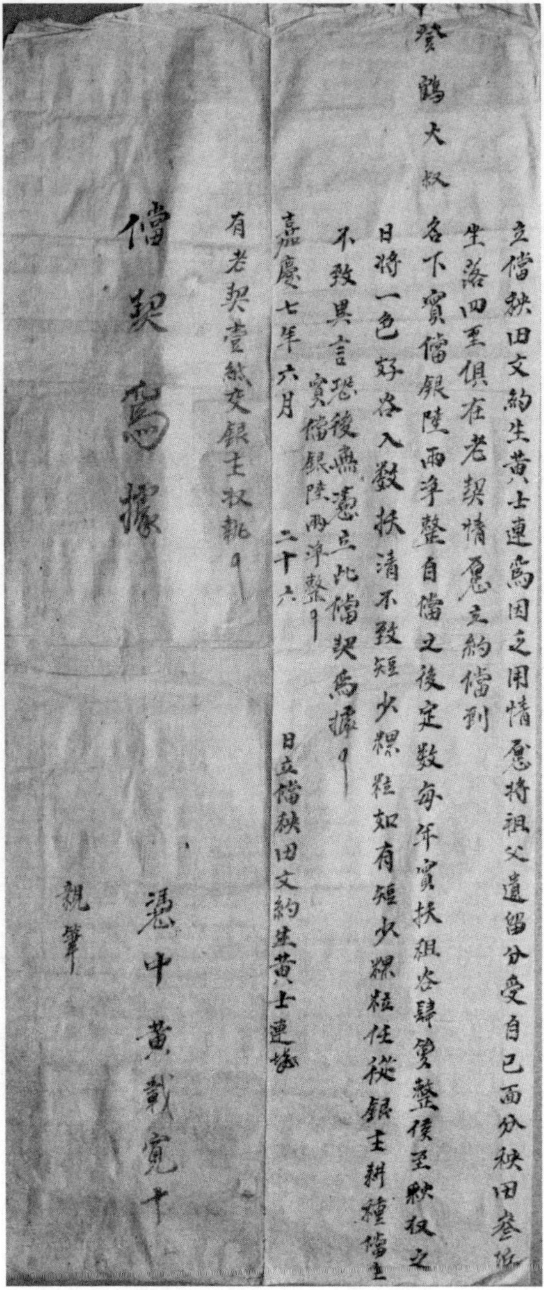

立當秧田文約生黄士連爲因乏用情愿將祖父遺留分受自己面分秧田叁坵

生落四至俱在老契情愿立約當到

登鶴大叔名下實當銀陸兩淨整自當之後定數每年實扶租谷肆斗整候至秋收之

日將一色好谷入數扶清不致短少粿粒如有短少粿粒任從銀主耕種當主

不致異言恐後無憑立此當契爲據

實當銀陸兩淨整

嘉慶七年六月二十六日立當秧田文約生黄士連押

有老契壹紙交銀主收執

當契爲據

憑中　黄載寬十

親筆

22 嘉庆七年十一月二十六日黄仕达等卖田地与黄登鹤的卖契（附民国五年十二月二十五日的验契1份）

立賣田契文約人黄士斌士遠爲因乏用情愿將自己面分秋粮田壹叚大小叁坵坐落下村門首名喚楊老虎田東至段家田南北至溝西至王家田該粮壹斗伍升在來二甲黄璥户下上納其田四至粮数坐落開明在契情愿憑中立契出賣與

族叔登鶴員下實接受價銀捌拾兩净整自賣之後任從買主管業耕種完粮賣主不致異言當日銀田兩相交明日後有力取贖無力不得加找係是二比情愿其中並無逼迫成交一無私債準折等情倘有內外人等一言翰競賣主一力成當恐後人心不古立此賣契爲據

實賣秋粮田壹叚大小叁坵接受價銀捌拾兩净整

嘉慶七年十一月二十六日立賣田契文約人黄士斌（花押）

達（十）

賣契爲據

憑中人　黄士華（十）

黄士珍（十）

黄士鵷（十）

代字生　兄陞三（花押）

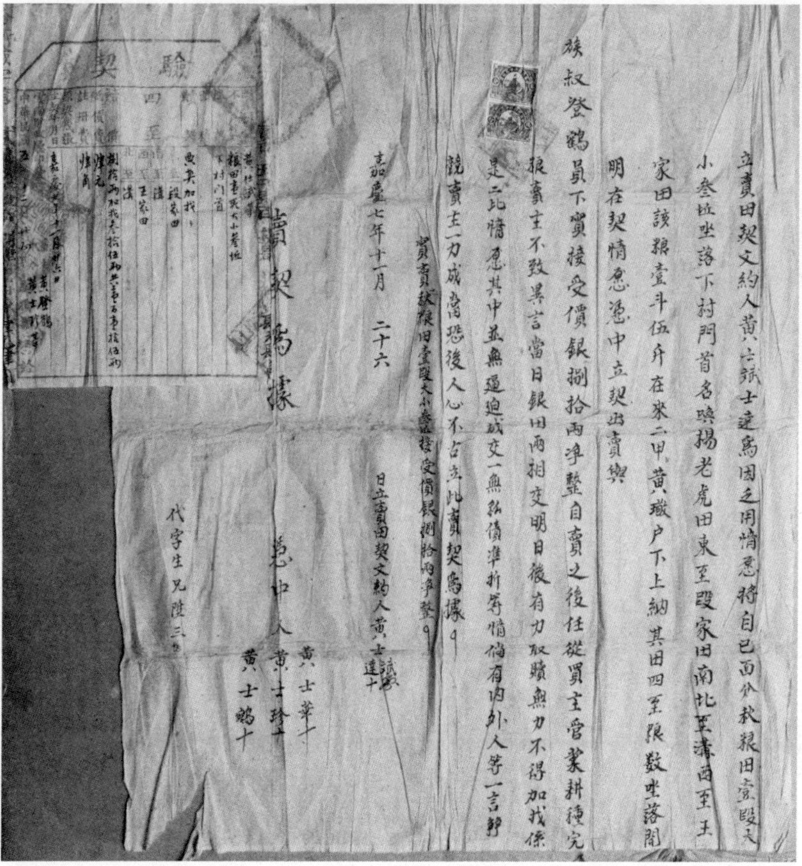

立賣田契文約人黃士述，為因乏用，情愿將自己面分秋粮田壹段，大
小叁坵，坐落下村門首，名喚揚老虎田。東至段家田，南北至溝，西至王
家田。該粮壹斗伍升，在來二甲黃璣戶下上納。其田四至限數坐落開
明。在契情愿憑中立契出賣與
族叔登鶴㞐下實接受價銀捌拾兩淨整，自賣之後，任從買主管業耕種，完
粮。賣主不致異言。當日銀田兩相交明，日後有力取贖，無力不得加找。係
是二比情愿，其中並無逼迫成交，亦無私債準折等情。倘有內外人等一言，
說賣主一力成當。恐後人心不古，立此賣契為據。
實賣秋粮田壹段大小叁坵，接受價銀捌拾兩淨整。
嘉慶七年十一月二十六日立賣田契文約人黃士述 十
賣契為據
憑中人 黃士華 十 黃士珍 十 黃士鶴 十
代字生 兄陞三 書

驗契

賣主出典人姓名	黃仕斌等
不動産種類	粮田壹段大小叁坵
座落	下村门首
面積	
賣典契	典契加找
四至	東至段家田
	南至溝
	西至王家田
	北至溝
賣典價	捌拾兩加找叁拾伍兩 共壹百壹拾伍兩
紙價費	肆元
註冊費	肆角
原契幾張	
立契年月日	嘉慶七年十一月廿六日

雲南財政廳印發　業主黃登鶴
中人黃士珍等
中華民國五年十二月廿五日　給

立實杜賣地契文約人李聯標仝母倪氏爲因乏用情愿將祖
父遺留坐地壹截其地寬伍丈壹尺常壹丈捌尺东至賣主天井地
南至巷口西至買主地北至與黄相墻四至開明情愿凴中立約杜賣與
登鶴黄大先生名下實爲業實接授價銀肆兩净整自賣之後任從買主
圍欄住坐賣主不得異言古云賣田千年有分賣地落筆無
踪係是二比情愿中間並無逼迫成交亦無私債準折等情倘
有內外親族人等異言争競賣主一面承當恐後人心不古立
此杜後永遠文約爲據

實杜賣地壹截接授價銀肆兩净整

嘉慶七年十二月初二日立杜賣地契文約人　李聯標（十）仝母倪氏（十）

契內添壹字一個〇

凴中人　黄登第（十）
黄登廣（十）
李占科（十）

地契永遠爲據

代字人　張廷偉（花押）

23 嘉庆七年十二月初二日李联标卖坐地与黄登鹤的地契、嘉庆九年二月十一日张廷兴卖地与黄登鹤的杜契

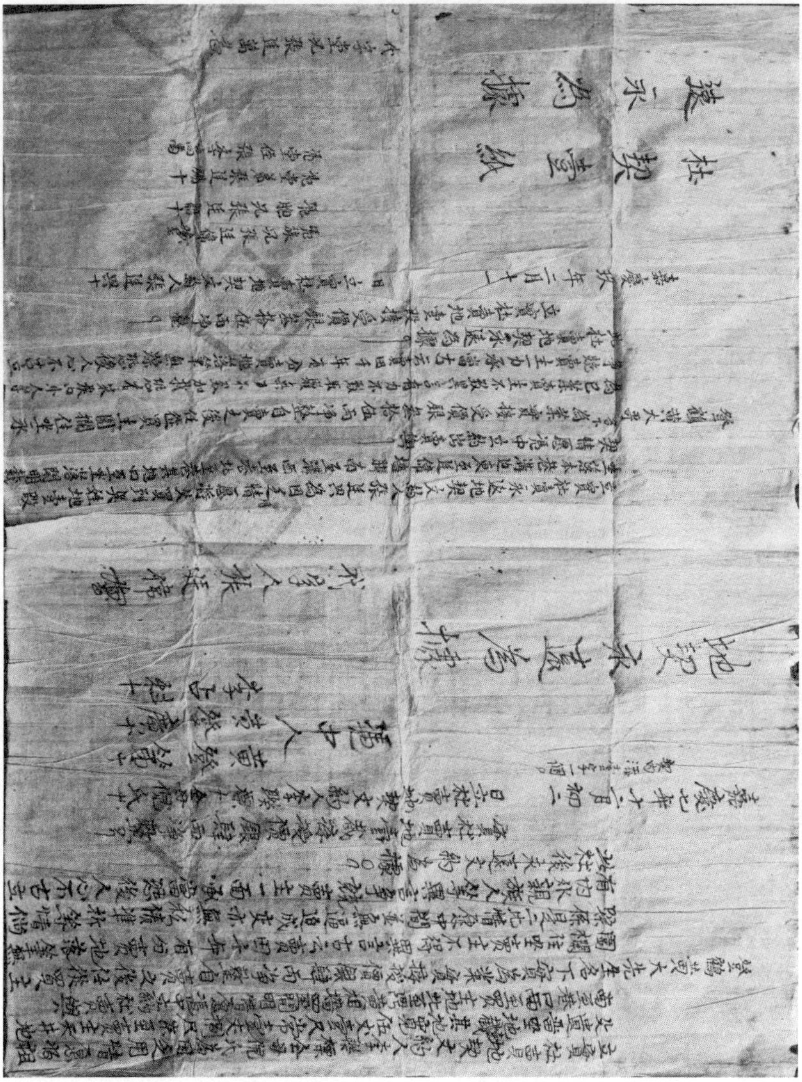

立實杜賣永遠地契文約人張廷㬚爲因乏用情愿將父買到吴姓地壹段
坐落本巷溝边東至廷偉墻脚南至溝西至巷北至巷其地四至坐落開明載
契情愿凴中立約出賣與
登鶴黄大哥名下爲業實接受價銀叁拾伍兩净整自賣之後任從買主圍攔住坐永
爲己業賣主不致異言有力不致取贖無力不致加找恐有家族内外人等
争競賣主一力承當古云賣田千年有分賣地落筆無踪恐後人心不古立
此杜賣地契永遠爲據
立實杜賣地壹段接受價銀叁拾伍兩净整
嘉慶玖年二月十一日立實杜賣地契文約人　張廷㬚（十）
凴族兄　張廷偉（花押）
凴胞兄　張廷韶（十）
凴堂弟　張廷錫（十）
凴堂侄　張孝高（花押）
杜契壹紙
遠永爲據
代字堂兄　張廷萬（花押）

24 嘉庆七年十二月初九日番元聪等卖铺子等与黄登鹤的杜契

立實杜賣鋪子壹間簡朋壹間地壹塊扳壁墻园各色等巷文約人畨元聰仝男畨自有畨自閏有祖父成買得李信鋪子地簡朋墻苑扳壁各色等巷其鋪子地坐落塘房下東至鶴鳳房地南至畨信秧田西至黄信秧田北至大路四至坐落開明在契情愿凴中立約杜賣與登鶴黄大先生名下爲業實接授價銀拾貳兩净整其鋪地自賣之後任從買主圍欄住坐賣主永遠不得異言古云賣田千年有分賣房地落筆無踪係是二比情愿中間並無逼迫成交亦無私債準折等情恐有内外人等異言爭競賣主一面承當恐後人心不古立此杜賣永遠爲據〇٩

立實杜賣鋪子壹間簡朋壹間地一塊墻园各色等巷實接授價銀拾貳兩净整〇

嘉慶七年十二月初九日立實杜賣房地文約人　畨元聰（十）　仝畨自有（十）　男畨自閏（十）

其契内添主字一個〇٩　凴中堂侄　畨自榮（十）

杜約爲據　代字人　張廷偉（花押）

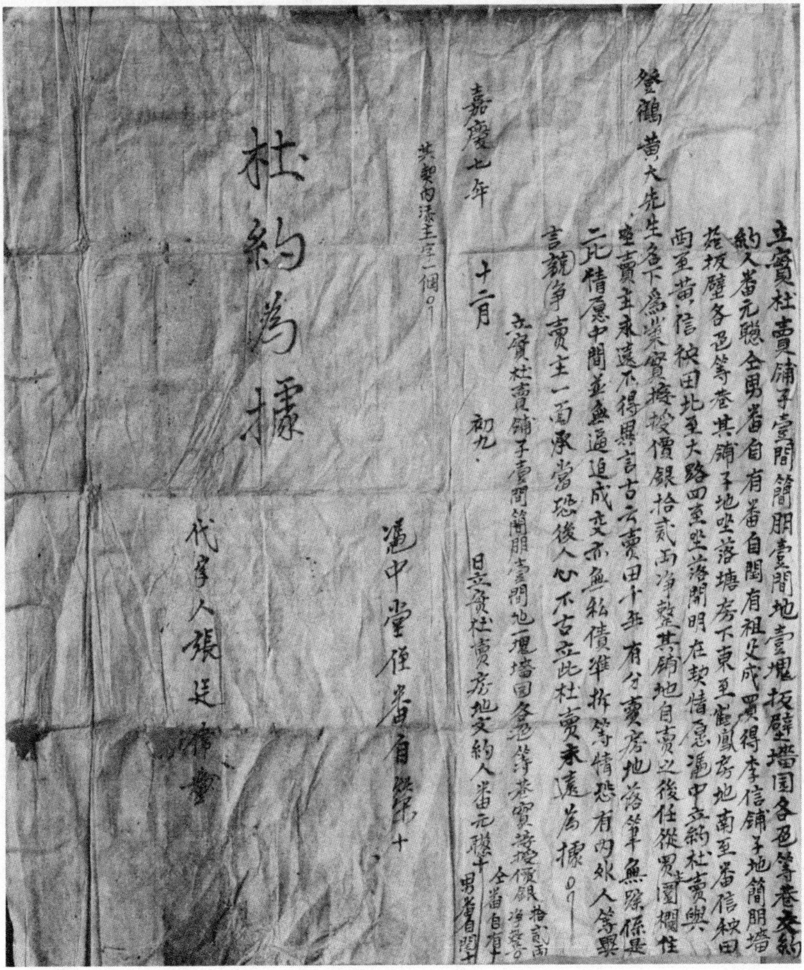

立賣杜賣舖子壹間簡朋壹間地壹塊板壁墻圍各色等巷文約
約人番元聡仝男番自有番自閣有祖父戌買得李信舖子地簡朋墻
垣板壁各色等巷其舖子地坐落塘房下東至番廣房地南至番信秧田
西至黄信秧田北至大路四至坐落開明在契情愿憑中立約杜賣與
登鶴黄大先生名下為業實接授價銀拾貳両净整其舖地自賣之後任從買主圍欄住
坐賣主永遠不得異言古云賣田不絶有分賣房地落筆無踪係是
二比情愿中間並無逼迫成交亦無私債准折等情恐有内外人等異
言競争賣主一面承當恐後人心不古立此杜賣永遠為據。

立賣杜賣舖子壹間簡朋壹間地一塊墻圍各色等巷實接授價銀拾貳両净整。

日立賣杜賣房地文約人番元聡十

仝番自有

男番自閣十

嘉慶七年 十月 初九

共契內添主字一個。

憑中 堂侄番自照十

杜約為據

代字人張廷澤書

契

府字一萬五千一百二十四號

雲南等處承宣布政使司爲遵

旨議奏事奉准　戶部咨開議覆河南布政使富明條奏買賣田產應請嗣後布政司頒發給民契尾格式編列號數前半幅照常細書業戶等姓名買賣田房數目價銀税銀若干後半幅於空白處預鈐司印以備投税時將契價税銀數目大字塡寫鈐印之處令業戶看明當面騎字截開前幅給業戶收執後幅同季冊彙送布政司查核等因奉

旨依議欽遵咨院行司奉此今據騰越廳請頒契尾前來合就編號同簿印發凡有典當活契仍欽遵

上諭不必投税外其杜賣田房產業永不加找取贖者照例眼同買主投税按價每兩收税銀叁分將契尾前幅塡給業戶收執後幅截繳查核須至契尾者

計開

業戶黃鳳池買地壹塊坐落用價銀肆拾伍兩錢乄分納税銀　壹　兩叁錢伍分乄釐

布字壹萬伍千壹百貳拾肆號右給業戶　黃鳳池　准此

25 嘉庆八年六月二十五日云南等处承宣布政使司给黄凤池的契尾（附民国五年十二月二十五日的验契1份）

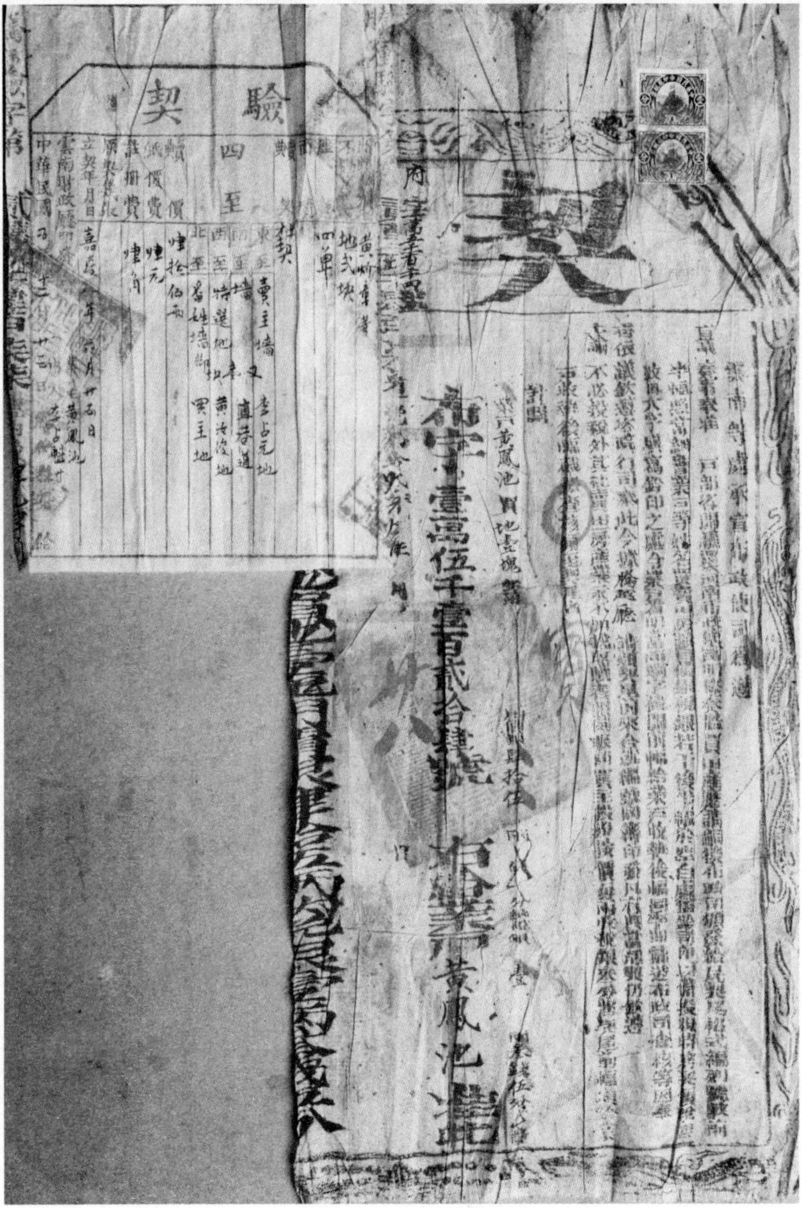
驗契
四至
雲南財政廳
中華民國
黃鳳池
契

驗契

賣主出典人姓名	黃炌章等
不動産種類	地弍坵
座落	四单
面積	
賣典契	杜契
四至	東至賣主墻 又李占元地 南至墻 壹直巷道 西至特選地 坵 黃汝俊地 北至番姓墻脚 買主地
賣典價	肆拾伍兩
紙價費	肆元
註冊費	肆角
原契幾張	
立契年月日	嘉慶八年六月廿五日

雲南財政廳印發 業主黃鳳池

中人李占魁等

中華民國五年十二月廿五日 給

26 嘉庆九年正月二十七日番子康等与黄登云的加找田契

立加找田契文約人畨子康子芳爲因缺少應用將祖父遺留秋粮田壹分大小弍坵

坐落河邊四至粮数俱在前契今情愿立約憑中加找到

登雲黄旧爹名下實加找銀弍拾兩净整自加之後不拘年月遠近有力取贖無力不得加找

係是二比情愿中間並無逼迫成交亦無私債準折等情恐後無憑立此加

找爲據

〇實加找銀弍拾兩净整

子芳（十）

嘉慶九年正月二十七日立加找田契文約人　畨子康（十）

貞（十）

憑中堂兄　畨子恒（十）

男保仲（十）

加找爲據

代字　黄金釪（花押）

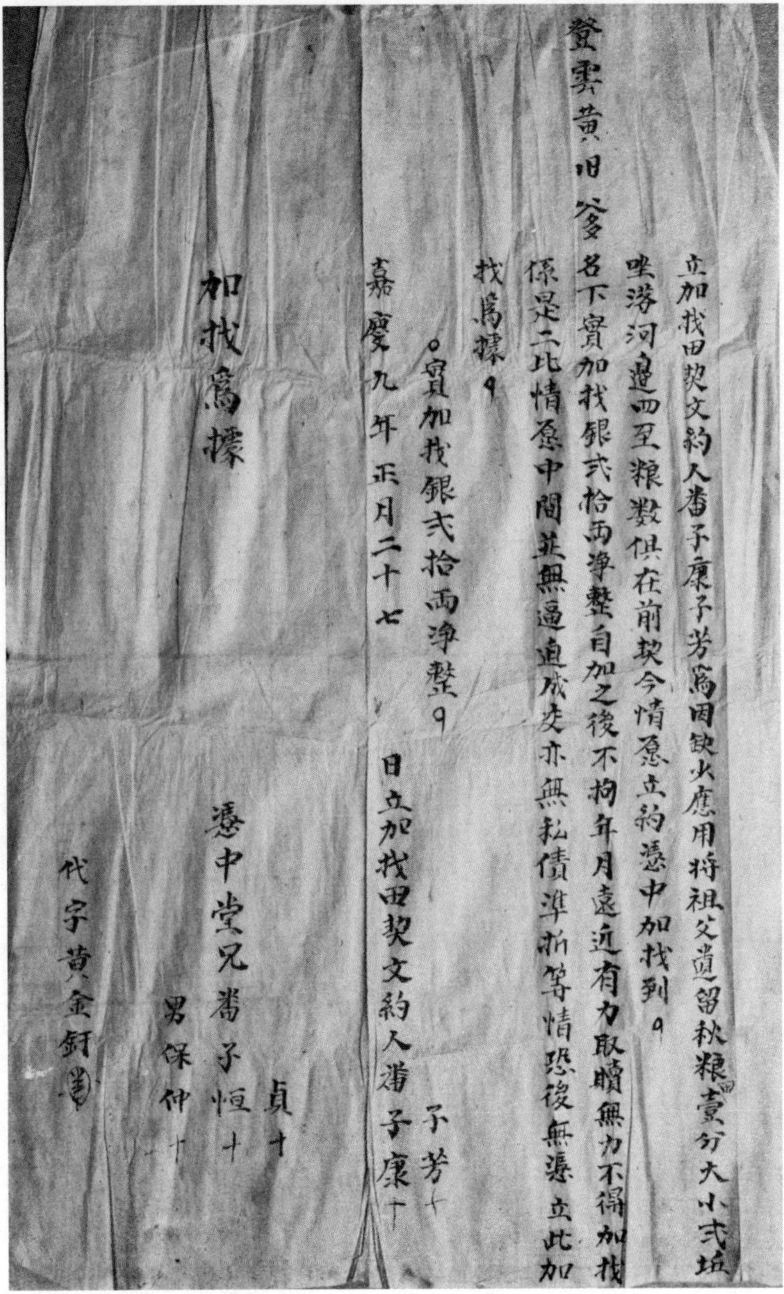
立加找田契文約人黃子康子芳爲因缺少應用將祖父遺留秋粮田壹分大小弍坵
坐落河邊四至粮數俱在前契今情愿立約憑中加找到
登雲黃旧爹名下實加找銀弍拾兩净整自加之後不拘年月遠近有力取贖無力不得加找
係是二比情愿中間並無逼迫成交亦無私債準折等情恐後無憑立此加
找爲據
實加找銀弍拾兩净整
嘉慶九年正月二十七日立加找田契文約人黃子康 十
子芳 十
憑中堂兄黃子恒 十
貞 十
男保仲 十
加找爲據
代字黃金錫（押）

27 嘉庆九年三月十五日黄启凤等典田与黄登和的典田契

立典田契文約人黄啓鳳同母何氏爲因父故缺乏用費情愿將已面老垦粮田叁箩
出立契抵其田坐落四至粮数俱在原契情愿凂中出典與
登和黄大叔名下實典價銀貳拾兩整净自典之後言定遞年納租谷拾肆罗到冬收之日
將一色好谷量清不致短少粿粒如有短少任從銀主將田別招佃種自耕典主家族
內外人等不致異言倘有外人争競有子母一力承當年月不俱遠近銀到契還彼
此不得刁难俱係二比情愿于中並無強逼等恐後人心不古立此典契爲抵是实
实典價銀貳拾兩整净年納租谷拾肆罗其有上粮应役俱在儅主完納不得扳扯承主
典契壹帋老契壹共弍帋是实☆
嘉慶九年三月十五日立典契文約人　黄啓鳳（十）同母何氏（十）
典　契
徐大興（花押）
爲　抵
凂在人　畨子珍（十）
堂叔　黄登貴（十）
代字人　段　枚（花押）

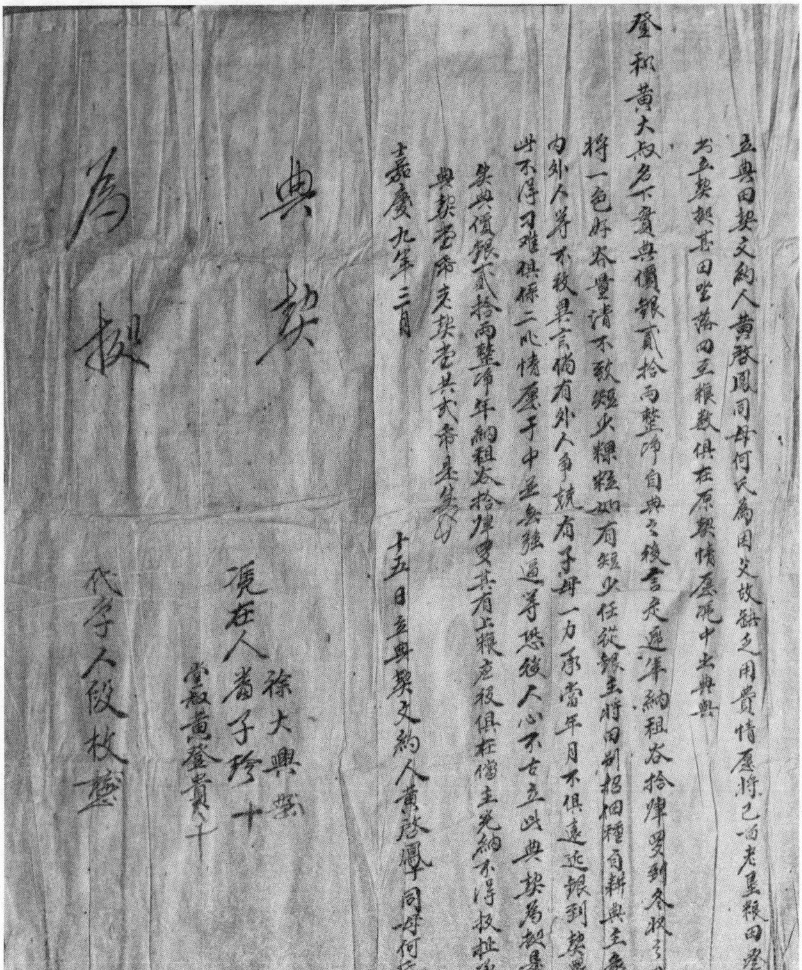
立典田契文約人黄啟鳳同母何氏，為因父故缺乏用費，情愿將己面老墓糧田壹段，
出立契載其田坐落田至糧數俱在原契，情愿憑中出典與
登秋黄大叔名下，實典價銀貳拾兩整，即日典之後，言定逐年納租谷拾肆籮，到冬收了日
將一色好谷量請，不致短少粿粒。如有短少，任從銀主將田別招佃種自耕，典主無辭。
內外人等不敢異言。倘有外人爭執，有子母一力承當。年月不俱遠近，銀到契贖，
此不得刁難。俱係二比情愿，于中並無強逼等情。恐後人心不古，立此典契為據。其
契典價銀貳拾兩整，即年納租谷拾肆籮。其有上糧應役，俱在當主完納，不得推扯錢主。
典契老帋交契壹共貳帋是实。
嘉慶九年二月十五日立典契文約人黄啟鳳同母何氏十
憑在人 徐大興押
蕃子珍十
堂叔黄登貴十
代字人段枚押
典契
為據

立加找田契文約人黃何氏同子黃啓鳳爲因缺乏應用情愿立約加到
登和大叔名下實加銀拾伍兩净整每年納租谷十弍[箩]至冬收之日將一色好谷粮清
其粮数四至具在前契書明合共銀叁拾伍兩契紙三張共合前租弍拾
[陸箩]年月不致遠近銀到田歸二比不得刁難恐口無凴立此加找田契爲據
是實
实加找銀拾伍兩净整是实　内添三字〇

嘉慶拾年四月二十伍日立加找契文約人　黃何氏（十）同子啟鳳（十）

凴在伯父　黃登貴（十）

依口代字　釧宗佑（押）

加找爲凴

28 嘉庆十年四月二十五日黃何氏等与黃登和的加找田契

立加找田契文約人黄何氏同子黄啟鳳為因缺乏應用情愿立約加到

登和大

叔名下實加銀拾伍兩淨整每年納租谷十弍（貸）至冬收之日將一色好谷粮清

其粮數四至具在前契書明合共銀叁拾伍兩契紙三張共合前租弍拾

（陸籮）年月不敢遠近銀到田歸二比不得刁難恐口無憑立此加找田契為據

是實

實加找銀拾伍兩淨整是實

嘉慶拾年四月二十伍日立加找契文約人黄何氏同子啟鳳十

憑在伯父黄登貴十

依口代筆劉系佑押

加找

永憑

立加找田價銀約生王美度今立約找到
啓祥黄大相公名下銀貳拾兩净整連前共合銀壹百伍拾兩日後有力取贖無力不致
異言恐口無凴立此加找銀約爲據所找是實
實找銀貳拾兩净整
嘉慶十年六月十六日立加找田價銀約生　王美度（花押）
親筆
凴中象純白二老先生（花押）
六月二十日實手收到
黄大相公净银捌兩整
凴白二先生度親批
找約爲據

29

嘉庆十年六月十六日番王美度与黄启祥的加找田契

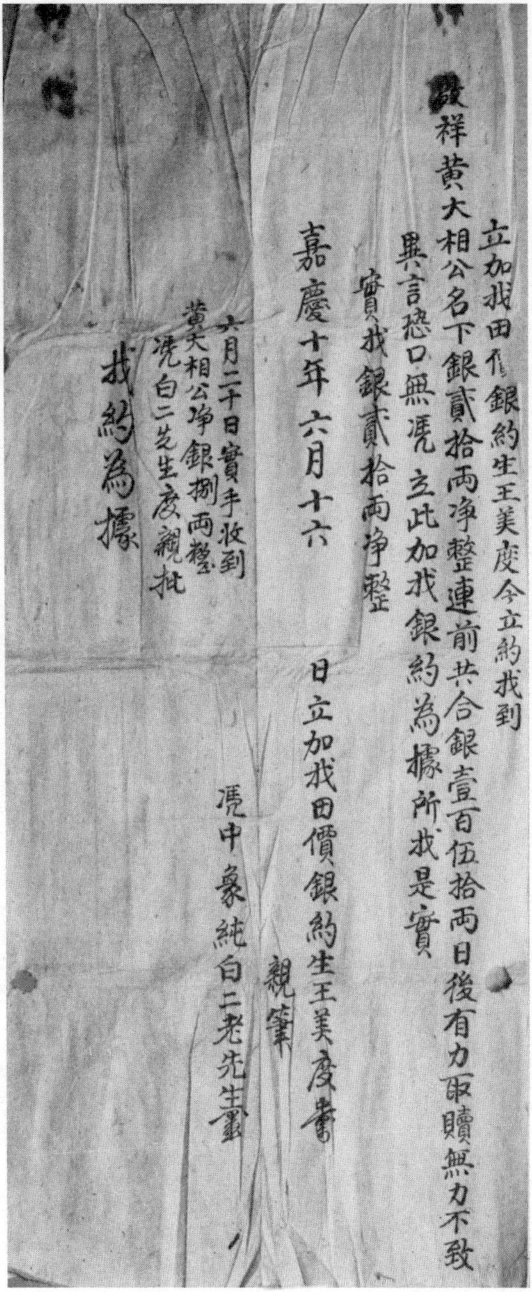
立加找田價銀約生王美度今立約找到
殿祥黄大相公名下銀貳拾兩净整連前共合銀壹百伍拾兩日後有力取贖無力不致
異言憑口無憑立此加找銀約為據所找是實
實找銀貳拾兩净整
嘉慶十年六月十六日立加找田價銀約生王美度書
親筆
憑中象純白二老先生畫
六月二十日實手收到
黄大相公净銀捌兩整
憑白二先生度親批
找約為據

30 嘉庆十年六月二十一日黄启凤与黄登和的加找田契

立加找田契文約人黄啓鳳爲因母故乏用情愿將父登雲承買湏畨姓田二坵坐落
矣比河边播種三萝該秋粮一斗八升在来三甲如畨啓寛户下上納其田東至王家
田南北至溝西至本姓田又秧田三萝坐落下路門首四至粮数坐落開明在契情愿立約
凴中出加找到
族叔登和名下實加找銀叁拾伍兩净整前後三紙共實接授原價銀柒拾兩净整其價以今授足自
賣之後任從買主管業耕種完粮收租當日銀田兩相交明日後畨姓有力向族叔
登和取贖係是二比情愿中間並無逼迫等情恐有内外人等異言争競有賣一面
成當恐後人心不古立此加找文約爲凴是實○
實加找田價銀叁拾五兩前後共合原價銀柒拾兩净整○
嘉慶十年六月二十一日立加找田契文約人黄啓鳳（十）
外有畨姓契紙二張買主收存○
田契爲據

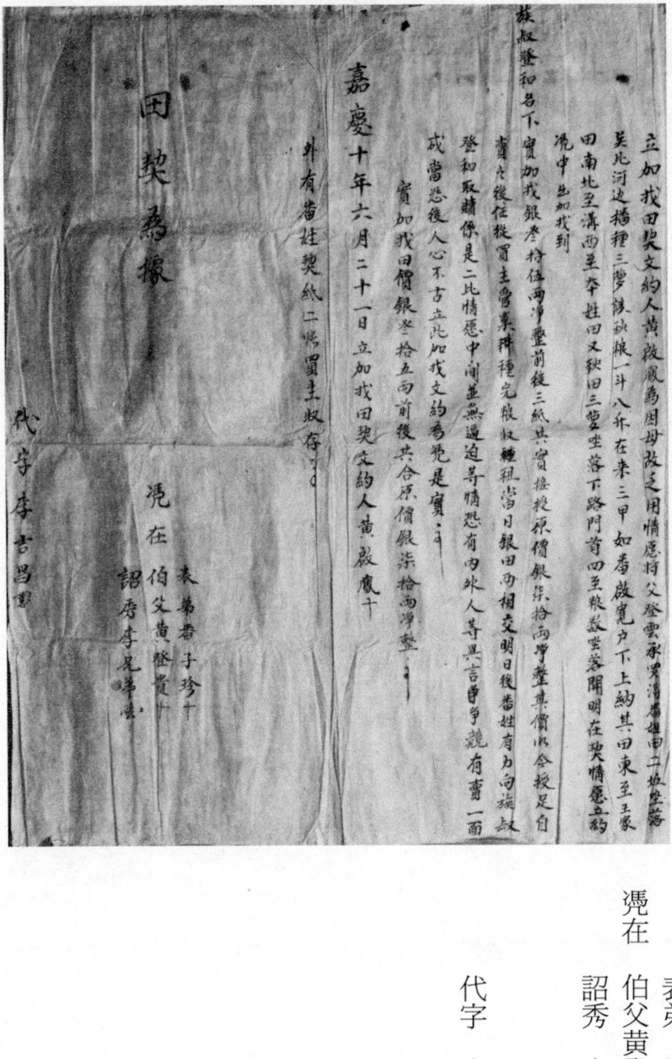

立加找田契文約人黃啟鳳為因母故乏用情愿將父登雲承買得畨姓田二坵坐落
吴北河边播種三萝該秧粮一斗八升在本三甲如畨啟寬户下上納其田東至王家
田南北至溝西至李姓田又秧田三堂坐落下路門首四至粮数坐落開明在契情愿立約
凴中出加找到
族叔登和名下實加找銀叁拾伍兩淨整前後三紙共實接收原價銀柒拾兩淨整其價收合授足自
賣之後任從買主管業耕種完粮收種租当日銀田兩相交明日後畨姓有力向族叔
登和取贖係是二比情愿中间並無逼迫等情恐有内外人等異言争競有賣一面
成當恐後人心不古立此加找文約為凴是實
實加找田價銀叁拾五兩前後共合原價銀柒拾兩淨整
嘉慶十年六月二十一日立加找田契文約人黃啟鳳十
外有畨姓契紙二張買主收存
田契為據
凴在　表弟畨子珍十　伯父黃登貴十　詔秀李兄弟
代字李吉昌

凴在　表弟　畨子珍（十）
伯父黄登貴（十）
詔秀　李兄弟（花押）

代字　李吉昌（花押）

31 嘉庆十一年十月十八日黄登俊抵当田与张廷杰的当契

立抵儅田文約生黄登俊爲因應用情愿將自己面分本田一分坐落龍華寺村脚東至張姓田南至溝西至溝北至楊姓田佈種四籮該粮二斗四升任歸原主上納四至粮数開明載契情愿凴中立約儅到廷傑張老鐸尊名下實接受價銀壹百兩净整自儅之後其銀每年納租陸拾籮似秋收之後將一色好穀扶清不致短少粿粒如有短少任從銀主將田耕種儅主不得異言此係二比情愿中間並無逼迫成交亦無私債準折等情恐有親族內外人等異言争競儅主一面成當今恐人心不古立此儅契爲據

實儅田一分接受價銀壹百兩是實

嘉慶拾壹年拾月十八日立實儅田契文約生　黄登俊（花押）

其銀係銀主平

祖業未有老契若有老契以爲故紙

凴　胞兄　黄　掄（花押）

堂兄　升俊（十）

朝俊（十）

儅契爲據

親筆　黄登俊（花押）

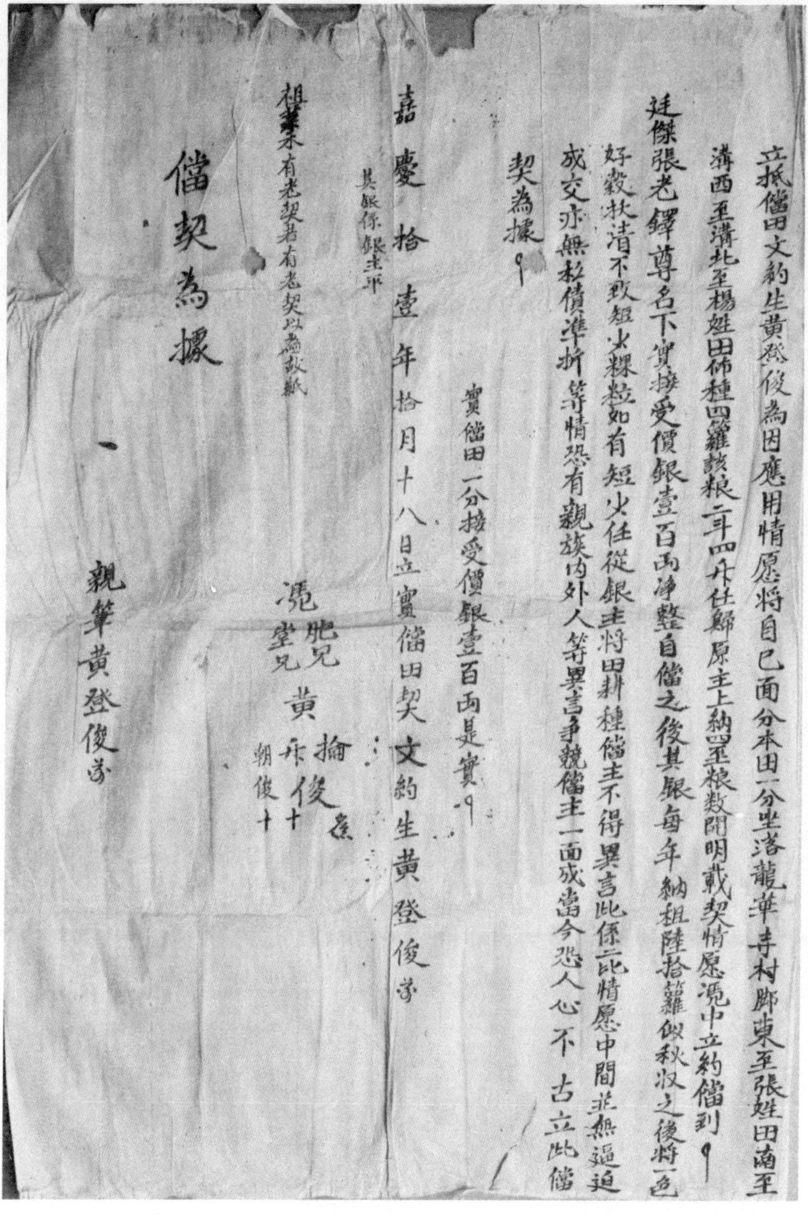

立抵當田文約生黃登俊為因應用情愿將自己面分本田一分坐落龍潭寺村腳東至張姓田南至
溝西至溝北至楊姓田佈種四籮該粮二斗四升任歸原主上納四至粮数開明載契情愿憑中立約當到
廷傑張老爺尊名下實接受價銀壹百両淨整自當之後其銀每年納租陸拾籮俟秋收之後將一色
好穀狀清不致短少粿粒如有短少任從銀主將田耕種當主不得異言此係二比情愿中間並無逼迫
成交亦無私債準折等情恐有親族內外人等異言爭競當主一面成當今恐人心不古立此當
契為據。

實當田一分接受價銀壹百両是實。

其銀係銀主平

祖業未有老契若有老契以為故紙

嘉慶拾壹年拾月十八日立實當田契文約生黃登俊（押）

憑 肥兄 黃摛（押）
堂兄 黃乖俊十 朝俊十

當契為據

親筆 黃登俊（押）

32

嘉庆十二年正月二十八日黄登鹤等分关合同

立分關合同文約人黄登鶴登雄登程登彩等荷天地之生成延祖宗之發越先考戉達公誕育予弟兄四人少植産業而椿庭早寂賴先妣程氏撫育維持創刱婚娶家業初安田荆秀發詎忍分金公藝同居難言析爨但食口日增子姓日熾欲全手足之誼惟和氣以致祥所有公治産業和同分析各自支持管業庶始終和氣克全天倫者也一登鶴面分分得外首新製房地壹所計正房三格廳房一座厢楼二間厢房两格大門壹座大□□□□□□糧田叁拾伍籮其田糧数坐落價値各照契紙清单数目管業又木倉壹聯石杠壹個水牛壹支使男壹口至家居動用器皿什物彼時一一四分均分此係上同

天地神明祖宗拈鬮日後子孫各管各業務敦雍睦當念創業之維艱而守成者亦不易也是以凴家族寫立分關合同永遠至囑

嘉慶十二年正月二十八日立分關合同文約人黄登鶴　同立
程
雄
彩

登鶴收執

子孫發達
富貴榮昌

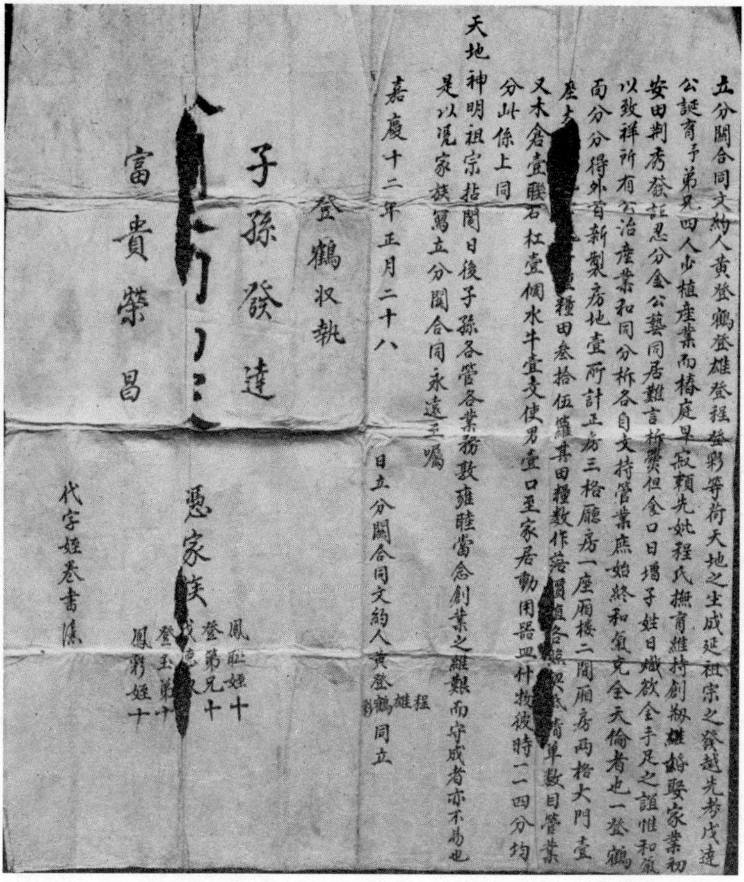
立分關合同文約人黃登鶴登雄登程登彩等荷天地之生成延祖宗之發越先考戊達
公誕育子弟兄四人少植產業而椿庭早殁賴先妣程氏撫育維持創[illegible]雄婚娶家業初
安田判旁發詎忍分金公藝同居難言析[illegible]但食口日增子姪日熾欲全手足之誼惟和氣
以致祥所有公治產業和同分析各自支持管業庶始終和氣克全天倫者也一登鶴
而分分得外首新製房地壹所計正房三格廳房一座廂樓二間廂房兩格大門壹
座大[illegible]種田叁拾伍籮其田糧數作[illegible]清單數目管業
又木倉壹眼石杠壹個水牛壹支使男壹口至家居動用器皿什物彼時一一四分均
分此係上同
天地神明祖宗指閫日後子孫各管各業務敦雍睦當念創業之維艱而守成者亦不易也
是以憑家族寫立分關合同永遠為囑
嘉慶十二年正月二十八 日立分關合同文約人黃登鶴 雄 程 彩 同立
登鶴收執
子孫發達
富貴榮昌
憑家族 鳳聯姪十 登第兄十 [illegible] 登玉弟十 鳳彩姪十
代字姪卷書

憑家族
鳳聯姪（十）
登第兄（十）
□德□□
登玉弟（十）
鳳彩姪（十）
代字　姪卷書（花押）

33 嘉庆十二年四月初四日张廷伟卖地与黄登鹤的地契

立實杜賣永遠地契文約人張廷偉仝男張文品情爲因應用情
愿將祖父遺留自己面分面地壹塊其地東至賣主巷口薗子石庄南
至買主地西至買主地北至畨黄二姓直巷四至開明在契情愿憑中立契出
杜賣與○
登鶴黄兄弟台名下永遠爲業實接授價銀拾伍兩浄整自杜賣之後任從買主闌
欄住座起房盖屋永遠爲業賣主子孫永不得異言過問古云賣田千年
有分賣地落筆無踪係是二比情愿中間並無逼迫私債等情恐有内外
家族人等異言争競賣主一面承當恐後人心不古立此杜賣地契永遠爲據。

實杜賣地壹塊接授價銀拾伍兩浄整○

嘉慶十二年四月初四日立實杜賣永遠文約地契人 張廷偉（花押）仝男 張文品（十）

憑中堂 兄 張廷楊（十）
弟 張廷竒（十）

福如东海
地契永遠爲據
親筆
寿比南山

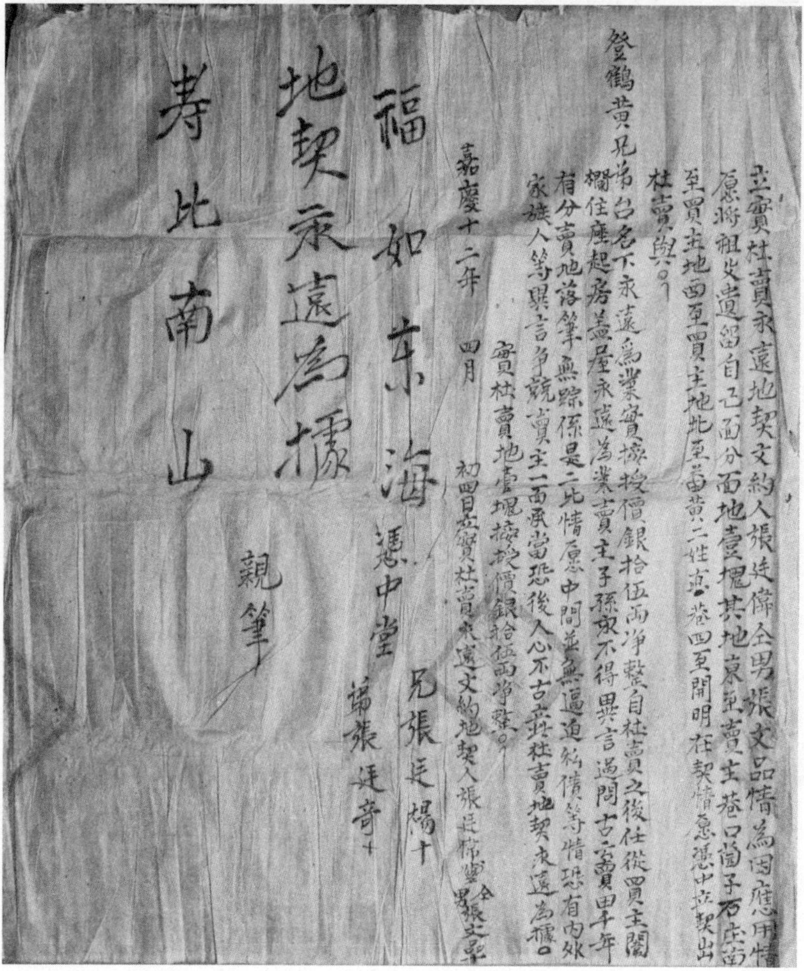

立賣杜賣永遠地契文約人張廷儒仝男張文品情爲因應用情
愿將祖父遺留自己面分面地壹塊其地東至賣主巷口當子石庄南
至買主地西至買主地北至當黃二姓真巷四至開明在契情愿憑中立契出
杜賣與
登鶴黃兄弟台名下永遠爲業實授授價銀拾伍兩淨整自杜賣之後任從買主闔
爛住座起房蓋屋永遠爲業賣主子孫叔不得異言過問古云賣田千年
有分賣地落筆無踪係是二比情愿中間並無逼迫私債等情恐有内外
家族人等異言爭競賣主一面承當恐後人心不古立此杜賣地契永遠爲據
賣杜賣地壹塊授授價銀拾伍兩淨整
嘉慶十二年　四月　初四日立賣杜賣永遠文約地契人張廷儒仝男張文品
憑中堂　兄張廷燭十　弟張廷奇十
福如東海
地契永遠爲據
親筆
壽比南山

契

雲南等處承宣布 政使司爲遵

旨議奏事奉准戶部咨開議覆河南布政使富明條奏買賣田產應請嗣後布政司頒發給民契尾格式編列號數前半幅照常細書業戶等姓名買賣田房數目價銀稅銀若干後半幅於空白處預鈐司印以備投稅時將契價稅銀數目大字填寫鈐印之處令業戶書明當面騎字截開前幅給業戶收執後幅同季開彙送布政司查核等因奉

旨依議欽遵咨院行司奉此今據騰越州請頒契尾前來合就編號同簿印發凡有典當活契仍欽遵

上諭不必投稅外其杜賣田房產業永不加找取贖者照例眼同買主投稅按價每兩收稅銀叁分將契尾前幅填給業戶收執後幅截繳查核須至契尾者

計開

黄登成
業戶黄登雄買地陸處坐落用價銀貳百零伍兩　錢　分納稅銀　陸兩壹錢伍分　釐
黄登彩

布字捌千壹百伍拾壹號右給業户黄登成
黄登雄　准此
黄登彩

□□□□□□月初九　日

34 嘉庆十三年六月初九日云南等处承宣布政使司给黄登成等的契尾（附民国五年十二月二十五日的验契1份）

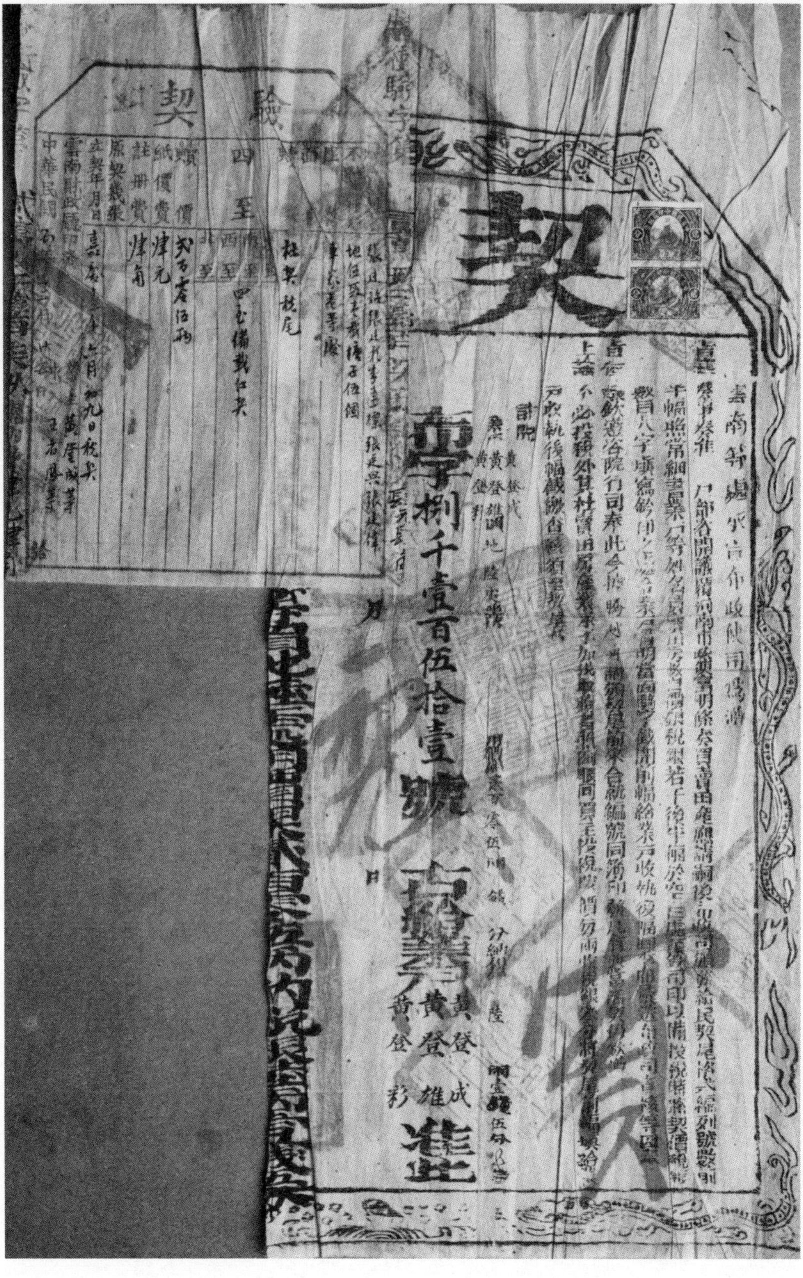

契

驗契

四至

壹千壹百伍拾壹號

黃登成

黃登雄

黃登彩

驗契

賣主出典人姓名	張廷韶張廷彩李連標張廷興張廷偉
不動産種類	地伍段壹截塘子伍個
座落	車家巷等處
面積	
賣典契	杜契稅尾
四至	東至 南至 西至 北至 四至備載紅契
賣典價	弍百零伍兩
紙價費	肆元
註冊費	肆角
原契幾張	
立契年月日	嘉慶十三年六月初九日稅契

雲南財政廳印發　業主黃登成等

中人王者鳳等

中華民國五年十二月廿五日　給

35 嘉庆十四年五月初四日番品重与黄登鹤的加找田契

立加找田契文約人畨品重畨文德爲因父故情愿將先年祖父出賣與黄登雲秋

粮田一分接授過價銀柒拾兩其田四至粮數坐落俱在登雲契內書明今憑家族情愿

立约加找到

登鶴黄大公名下實加找净銀伍两净整前后共合價銀柒拾伍两净整自找之后有力取贖無力不得加

找恐後無憑立此加爲據

實加找銀伍兩整前後带賣與登雲價銀共合銀柒拾伍两净整

嘉慶十四年五月初四日立加找田契文约人畨　品重（十）

文德（十）

加契　憑中　族祖畨　志寬（十）

慶寬（十）

珍（十）

子楊（十）

叔畨　錦爵（十）

爲據　代字　畨子恒（花押）

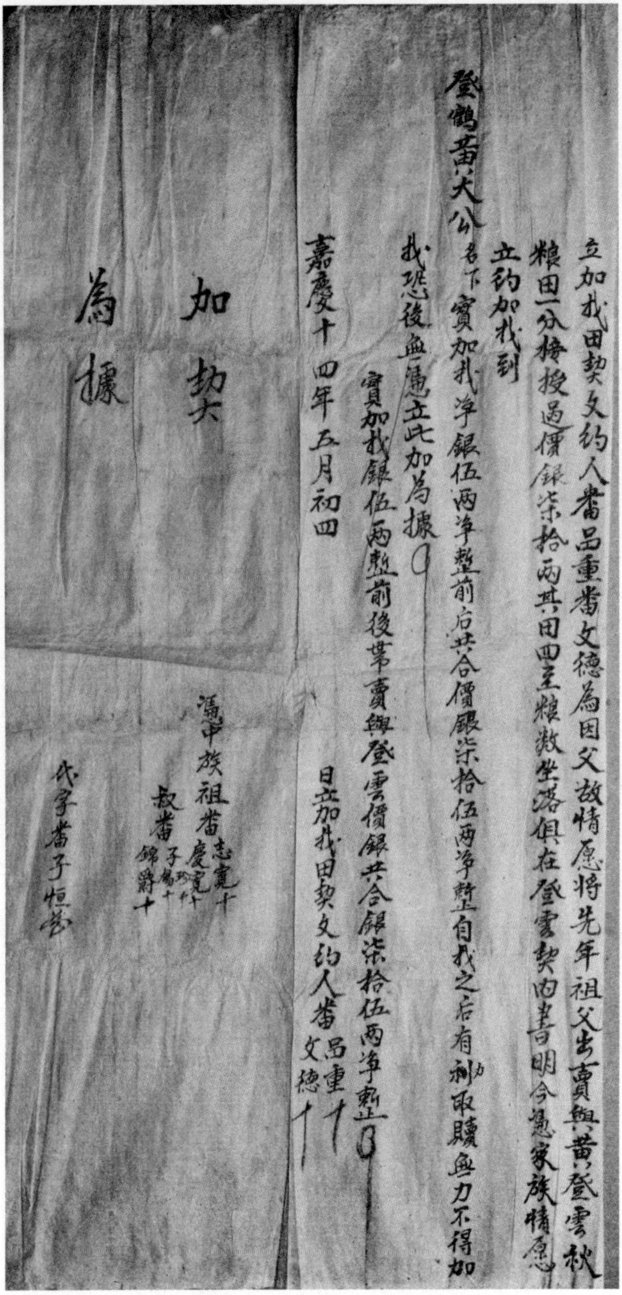
立加找田契文約人黄品重黄文德為因父故情愿將先年祖父出賣與黄〻登雲秋
粮田一分椅捘過價銀柒拾兩其田四至粮數坐落俱在登雲契内書明今憑家族情愿
立約加找到
登鶴黄〻大公名下實加找淨銀伍兩淨整前后共合價銀柒拾伍兩淨整自找之后有补取贖無力不得加
找恐後無憑立此加為據
實加找銀伍兩整前後業賣與登雲價銀共合銀柒拾伍兩淨整
嘉慶十四年五月初四日立加找田契文約人黄品重 十
文德 十
憑中族祖黄志寬 十
叔黄慶寬 十
子鵬 十
錦爵 十
代字黄子恒
加契為據

36 嘉庆十六年正月二十日徐联朝卖田与黄自用的卖田契

開明在契出賣與ᑫ
黄自用名下實接受價銀陸拾叁兩净整自賣之後任從買主完粮耕種賣主
不致異言係是二比情愿中間並無逼迫等情不俱年月遠近銀到田
归買主不得刁難今恐人心不古立此賣契爲據ᑫ
實賣田二坵接授價銀陸拾叁兩净整ᑫ
嘉慶十六年正月二十日立賣田契文約人徐聯朝（花押）仝侄身潛修（十）
〇内有楊姓過契稅尾新契共三張恐有內外人等異言争競賣一面承當
〇其艮係艮平五兩一戥
〇立加找文約人徐連朝仝侄徐潛修加到ᑫ 陞 敏
〇自用大哥名下净艮伍兩整ᑫ
〇嘉慶十七年五月初弍日實加找艮寔實ᑫ
賣契爲據
憑中人徐 慎修（十）
自修（十）
聯朝清筆

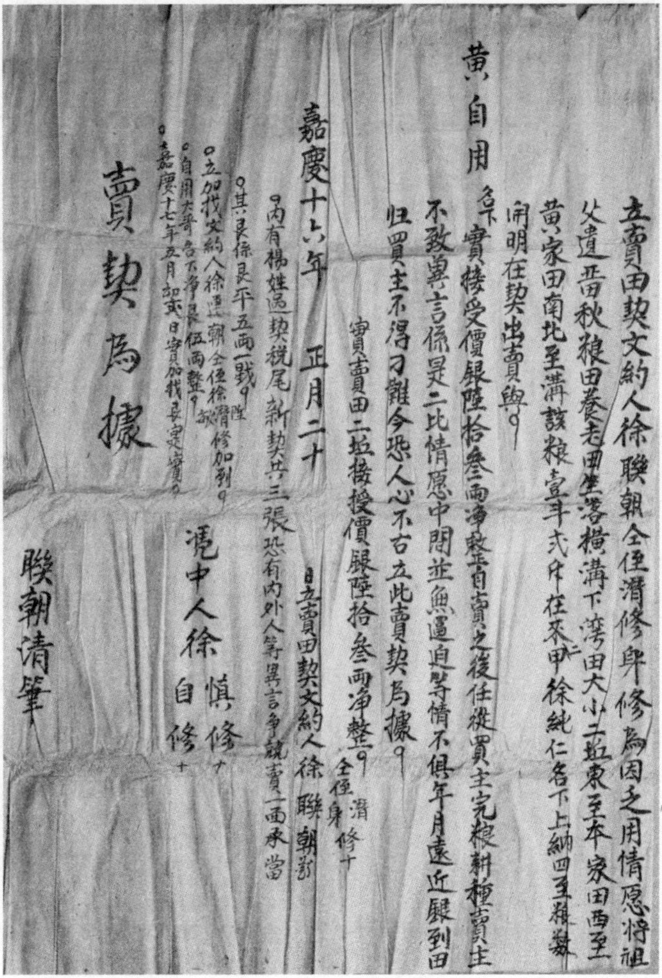

立賣田契文約人徐聯朝仝侄潛修身修爲因乏用情愿將祖
父遺畱秋粮田養老田坐落横溝下灣田大小二坵東至本家田西至
黄家田南北至溝該粮壹斗弍升在來二甲徐純仁名下上納四至粮数

37 嘉庆十六年十月十六日黄登俊卖田与黄峙南的卖契

立實賣田契文約血侄黄登俊爲因應用情愿將自己面分凹子田一分坐落龍華寺門首其有四至粮数俱在老契書明今情愿憑中立約出賣與ᑫ

峙南二伯父員下接受價銀壹百伍拾兩净整自賣之後任從伯父完粮耕種日後有力取贖無力不致加找不論年月遠近銀到田歸二比不得刁難此係心悦誠服中間並無迫逼成交亦無私債準折等情今恐人心不古立此賣契文約爲據ᑫ

〇實賣凹子田一分接受價銀壹百伍拾两净整是實ᑫ

嘉慶拾陸年十月十六日立實賣田契文約侄登俊（花押）

隨田秧田一坵坐落徐家門首東至徐家秧田南至溝西至黄家秧田北至徐家秧田ᑫ

接受價銀伍兩净整ᑫ

族伯淳武（十）

賣契爲據　憑中堂叔崑峯（花押）憑胞兄掄俊（花押）

弟選俊（花押）

親筆

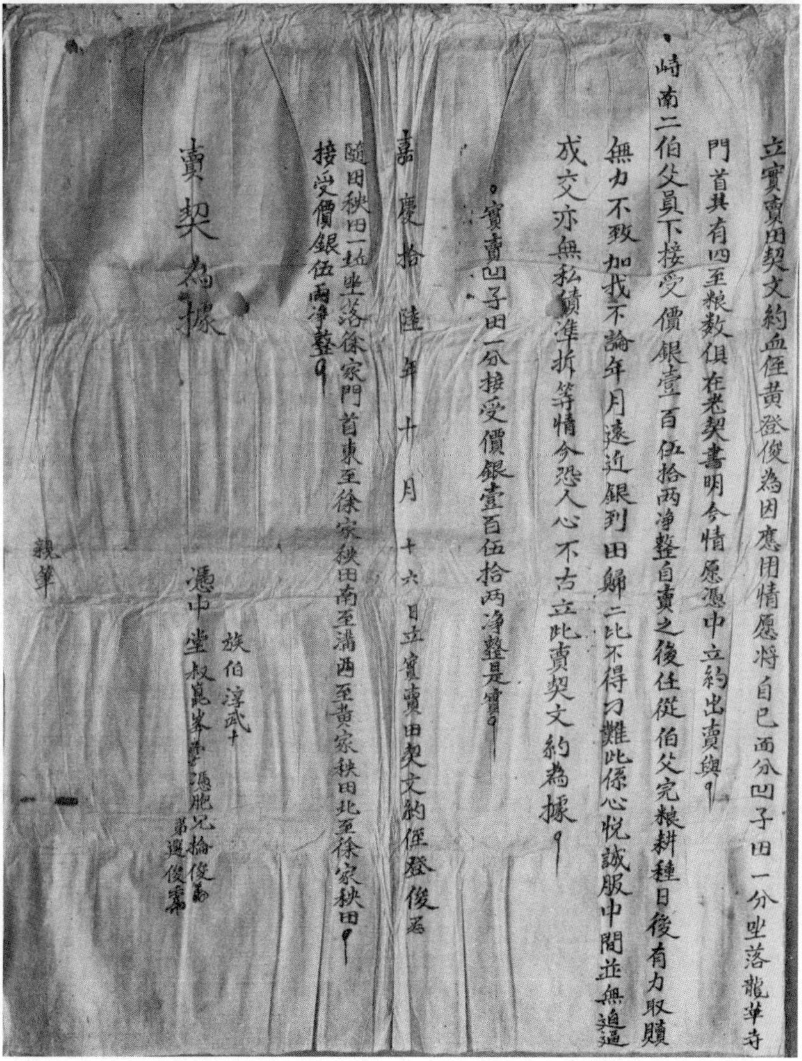
立實賣田契文約血侄黄登俊為因應用情愿将自己面分凹子田一分坐落龍華寺
門首其有四至粮数俱在老契書明今情愿憑中立約出賣與
峙南二伯父名下接受價銀壹百伍拾两净整自賣之後任從伯父完粮耕種日後有力取贖
無力不致加找不論年月遠近銀到田歸二比不得刁難此係心悦誠服中間並無逼
成交亦無私債準折等情今恐人心不古立此賣契文約為據。
實賣凹子田一分接受價銀壹百伍拾两净整是實。
嘉慶拾陸年十月十六日立實賣田契文約侄登俊（押）
隨田秧田一坵坐落徐家門首東至徐家秧田南至溝西至黄家秧田北至徐家秧田。
接受價銀伍两净整。
憑中　族伯　淳武（十）
堂叔　崑岑（押）
胞兄　倫俊（押）
弟　選俊（押）
親筆
賣契為據

38

嘉庆十八年六月十五日黄自用等将田地分授与女小杨的分授遗言文约

立分授遺言文約黄自用黄畨氏同男有業今有自己向徐姓承買得秋粮壹段坐落下村門首名喚灣田佈種弎箩其田四至粮数坐落俱在分與契內開明其田價銀陸拾捌兩又塘子壹個係向尹鳳成買得坐落下村門首價銀拾弎兩二共合銀捌拾兩今情願分[授]與女小楊名下管業耕種完粮日後田主塘主贖田之日其銀小楊收用不得刁難係是自用父子心服情願其中並無強逼等情日後自用子孫不得異言藉事生端恐後無凴立此分授爲據

所分是實

同男有業（十）

嘉慶十八年六月十五日立分授文約人黄自用（十）黄畨氏（十）

凴中祖黄登鰲（十）

鶴（花押）

亮（十）

凴中叔黄鳳連（十）

春（十）

鳳剛（花押）

羣（十）

代字黄金釪（花押）

分授是實爲據

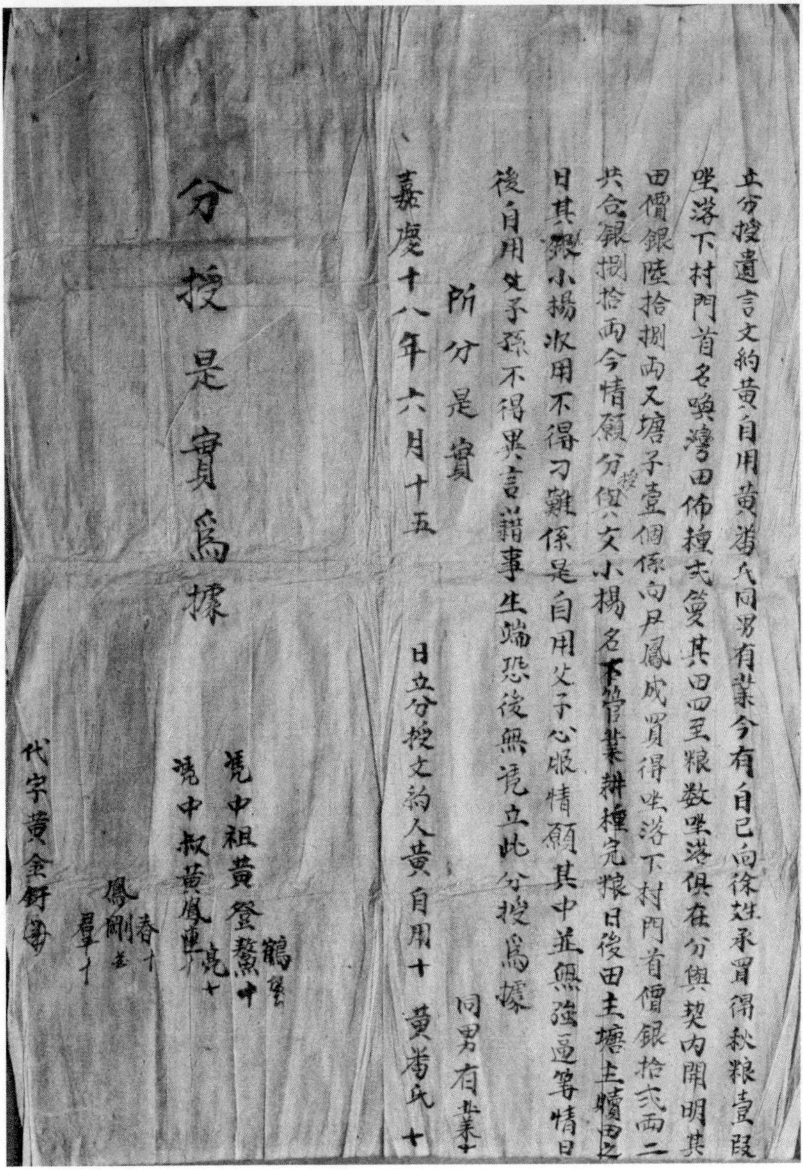
立分授遺言文約黄自用黄番氏同男有業今有自己向徐姓承買得秋粮壹段
坐落下村門首名喚灣田佈種弍籮其田四至粮数坐落俱在分與契内開明其
田價銀陸拾捌兩又塘子壹個係向尹鳳成買得坐落下村門首價銀拾弍兩二
共合銀捌拾兩今情願分授與文小楊名下管業耕種完粮日後田主塘主續田之
日其銀小楊收用不得刁難係是自用父子心服情願其中並無強逼等情日
後自用父子孫不得異言藉事生端恐後無憑立此分授為據

所分是實

嘉慶十八年六月十五 日立分授文約人黄自用十 黄番氏十 同男有業十

憑中祖黄登鰲中 鶴登

憑中叔黄鳳連 亮十 鳳剛 春十 羣十

代字黄金鈃

分授是實為據

39 嘉庆十八年六月十六日徐联朝与黄自用的加找田契

立加找文約人徐聯朝仝侄潛修身修爲因乏用情愿立約加到ꝯ

黄自用名下實加找艮伍兩净整其有粮数坐落進在老契田有好歹買主自

見日後有力取贖無力不得加找今恐人心不古立此加找爲據ꝯ

實加找艮伍兩净整ꝯ

嘉慶十八年六月十六日立加找文約人徐聯朝（花押）仝侄徐 潛修（十）

身修（十）

憑中人徐聯魁（十）

親筆

加找爲據

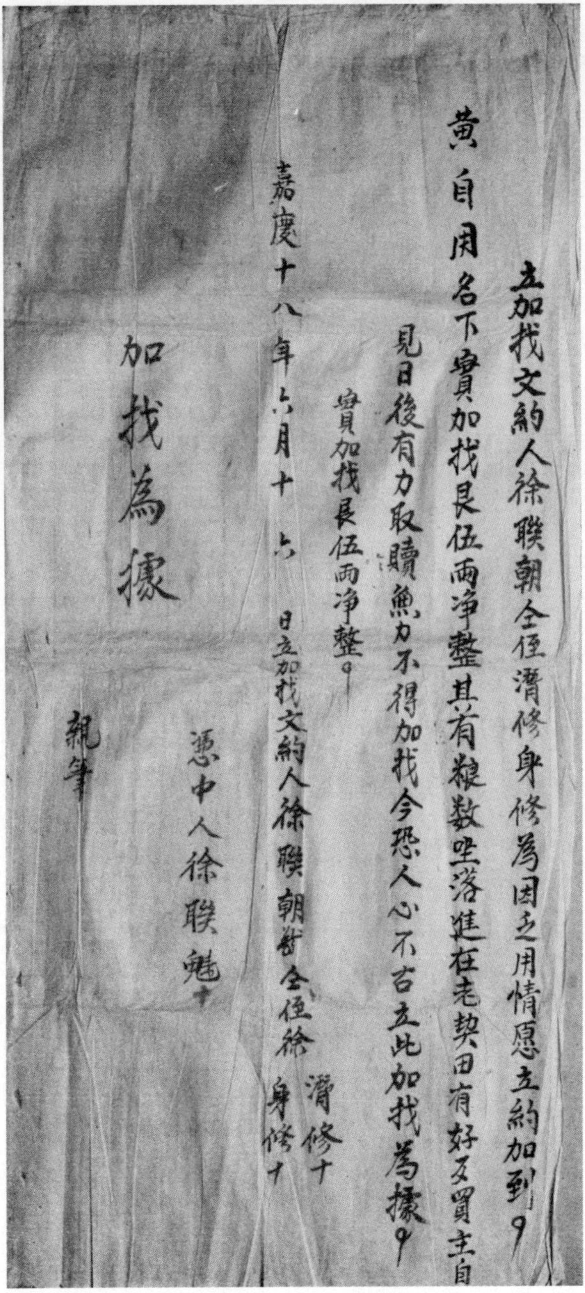
立加找文約人徐聯朝仝侄濬修身修爲因乏用情愿立約加到
黄自用名下實加找艮伍両凈整其有粮数坐落進在老契田有好歹買主自
見日後有力取贖無力不得加找今恐人心不古立此加找為據
實加找艮伍両凈整
嘉慶十八年六月十六日立加找文約人徐聯朝 仝侄徐濬修十 身修十
憑中人徐聯魁十
加找為據
親筆

40

嘉庆十八年六月二十五日李占元等卖地与黄经国的卖地契

立實永遠杜賣地契文約人李占元同子小六爲因應用情願將祖父遺留自

己面分前地壹塊東至賣主墻南至墻西至特選地北至畨姓墻脚四至開明在契

情願憑中立約永遠出杜賣與

黄經國名下永遠爲業實接受價銀拾叁兩净整自杜之後任從買主闉欄住坐日後賣

主子孫不得異言過問其賣地落筆無踪係是二比情願中間並無逼迫成交

亦無私債準折等情倘有家族內外人等争競賣主一力承當恐後人心不古立

此永遠杜賣爲據

〇實賣杜契地壹塊接受價銀拾叁兩净整　同子小六（十）

嘉慶十八年六月二十五日立實永遠杜賣地契文約人李占元（十）

憑中堂兄李占榮（十）

弟李占魁（十）

李占富（十）

永遠杜賣地契存照

代字李景建（押）

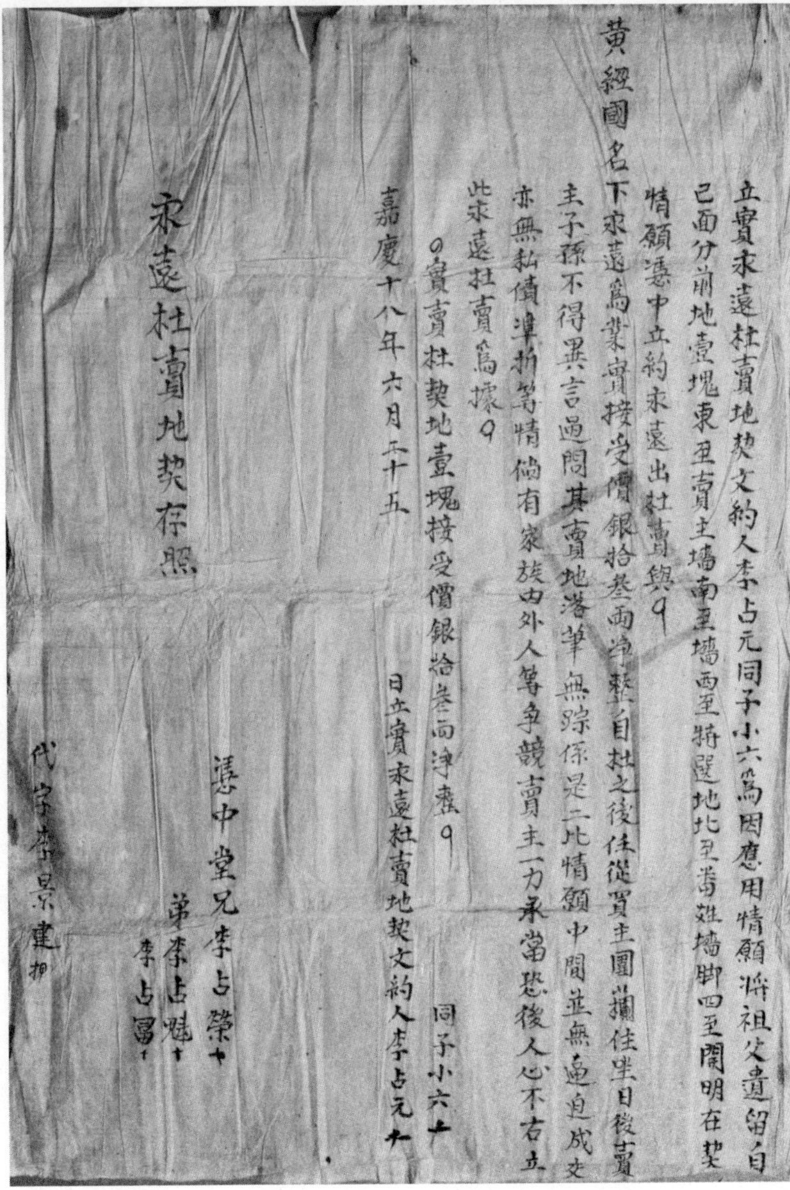

立賣永遠杜賣地契文約人李占元同子小六爲因應用情願將祖父遺留自
己面分前地壹塊東至賣主墻南至墻西至將退地北至黃姓墻脚四至開明在契
情願憑中立約永遠出杜賣與
黃經國名下永遠爲業實接受價銀拾叁兩淨整自杜之後任從買主圍攔住坐日後賣
主子孫不得異言過問其賣地落筆無踪係是二比情願中間並無逼迫成交
亦無私債準折等情倘有家族內外人等爭競賣主一力承當恐後人心不古立
此永遠杜賣爲據。
〇實賣杜契地壹塊接受價銀拾叁兩淨整。
嘉慶十八年六月二十五日立賣永遠杜賣地契文約人李占元十
同子小六十
憑中堂兄李占榮十
弟李占魁十
李占富十
代字李景建押
永遠杜賣地契存照

41

嘉庆二十一年二月三十日黄汝亮等当塘子与黄登鹤的当塘契

立當塘契文約人黃汝亮芳爲因乏用情愿自己分受塘子壹個坐落門首路下

東至路南至溝西南至畨姓塘子北至黃姓塘子四至開明在契情愿出當與

族祖登鶴名下接授銀伍兩净整自當之後言定每年納租谷肆箩俟秋收之日將一色

好谷摙清不得短少粿粒如有短少拖欠任從銀主耕種管業當主不致異言

恐有內外人等異言争競當主一面承當恐後無凴立此當契爲據

实當塘子壹個接授銀伍兩净整每年納租谷肆箩

嘉慶二十一年二月三十日立當塘契文約人　黃汝亮（十）

芳（十）

學（十）

△有加找契壹契銀主收執〇　內添西字一个

憑中李錦健（十）

代字黃汝翼（花押）

當契

爲據

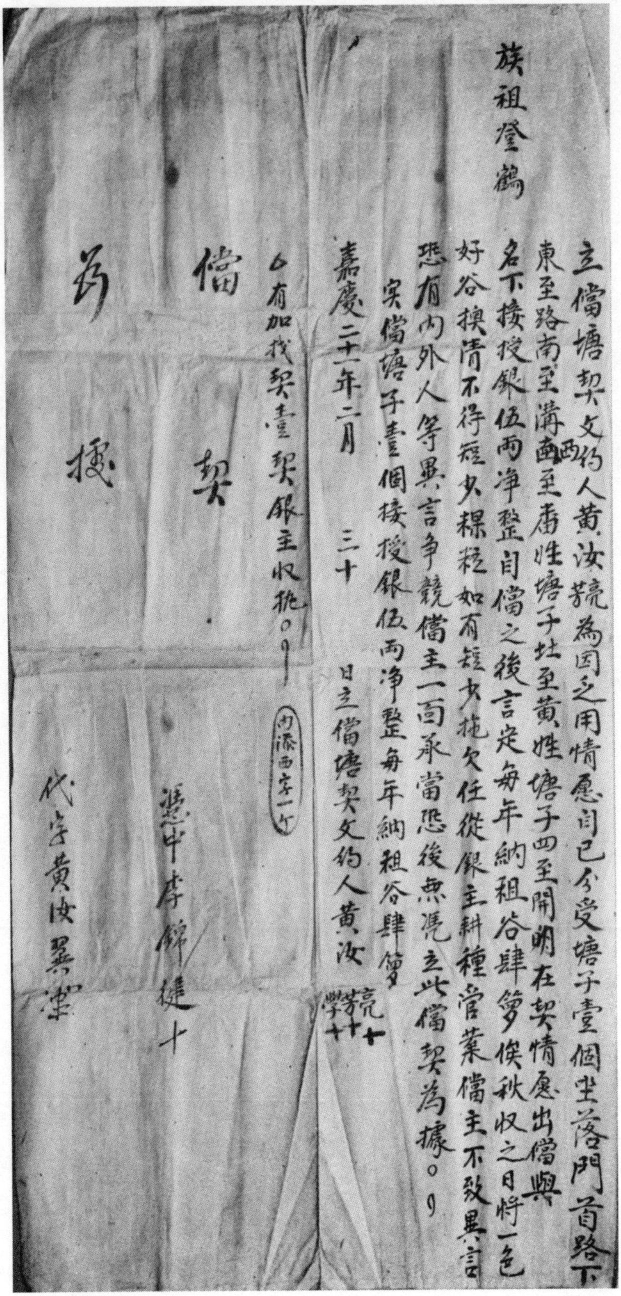
族祖登鶴

立當塘契文約人黃汝銑為因乏用情愿自己分受塘子壹個坐落門首路下
東至路南至滿西至(西)唐姓塘子北至黃姓塘子四至開明在契情愿出當與
名下接授銀伍兩净整自當之後言定每年納租谷肆箩俟秋收之日將一色
好谷挨清不得短少粿粃如有短少拖欠任從銀主耕種管業當主不致異言
恐有內外人等異言爭競當主一面承當恐後無憑立此當契為據。
實當塘子壹個接授銀伍兩净整每年納租谷肆箩

嘉慶二十一年二月　三十　日立當塘契文約人黃汝
亮十　芳十　學十

今有加找契壹紙，契銀主收執。
(外添西字一个)
憑中李錦緹十

當契
為據

代字黃汝翼筆

42 嘉庆二十二年二月初一日番锦耀卖田与黄茂猷的卖契

立實賣田契文約人沯錦耀爲因應用情愿將祖父遺留自己面分秋粮田壹坵坐落楊家井門首佈種壹箩該粮伍升在沯錦耀户下上納東至錦佩田南至溝西北至賣主田四至開名在契情愿憑中出賣與ᓂ

黄茂猷名下實接授價銀貳拾柒兩净整自賣之後任從買主耕種管業日後有力取贖無力不得[加]找不據年月遠近銀到田还二比不得刁难買主耕種完粮管業賣主不得異言係是二比情愿中間並無逼迫成交亦無私債準折等情倘有内外人等異言争競有賣主一力承當恐後無憑立此賣契爲據實是ᓂ

ᓂ實賣秋粮田壹坵接授田價銀貳拾柒兩净整ᓂ

嘉慶二十二年貳月初壹日立賣頭壹坵沯錦耀親筆（花押）

憑中　坤（十）
　　　沯如春（十）
　　　瑛（十）

賣契爲據

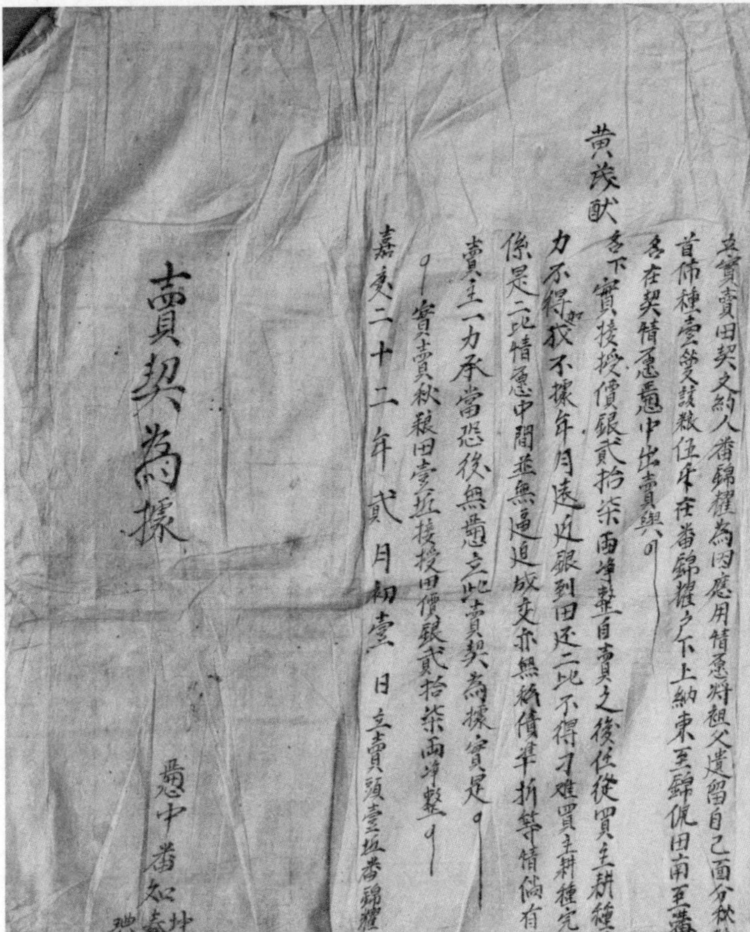

立賣田契文約人番錦耀為因應用情愿將祖父遺留自己面分秋粮田壹塅坐落楊家井門
首佈種壹斗伍升載粮伍升在番錦耀户下上納東至錦俍田南至蕃西北至賣主田四至開
各在契情愿憑中出賣與
黄茂猷名下實接授價銀貳拾柒兩整自賣之後任從買主耕種管業日後有力取贖無
力不得取不據年月遠近銀到田還二比不得刁難買主耕種完粮管業賣主不得異言
係是二比情愿中間並無逼迫成交亦無私債準折等情倘有内外人等異言爭競有
賣主一力承當恐後無憑立此賣契為據實是
實賣秋粮田壹坵接授田價銀貳拾柒兩整
嘉慶二十二年貳月初壹日立賣頭壹坵番錦耀親筆

賣契為據

憑中　番知春　押十
　　　瑛　十

立實賣田契文約人畨錦耀爲因應用不扶情愿將祖父遺留自己面分秋粮田一分大小五坵佈種叁籮其田坐落楊家井門首該粮一斗在來三甲畨锦耀户下上納東至錦沛田南至溝西至黄姓田北至溝四至開名在契情愿憑中出賣與

黄茂猷名下實接授價名銀壹百貳拾兩净整自賣之後任從買主耕種完粮管業日後有力取贖無力不得加找不據年月遠近銀到田还二比不得刁难賣主不得異言係是二比情愿中間並無逼迫成交亦無私債準折等情倘有內外人等異言争競有賣主一力承當恐口無憑立此賣契爲據實是

中 實賣秋粮田壹分大小五坵實接授價銀壹百貳拾兩净整

嘉慶二十二年貳月初十日立賣秋粮田三籮畨锦耀親筆（花押）

內添二字

其銀係黍平兑

賣契爲據

憑中 伯叔畨如春（十）

坤（十）

琠（十）

代字畨錦耀親筆

43 嘉庆二十二年二月初十日番锦耀卖田与黄茂猷的卖契

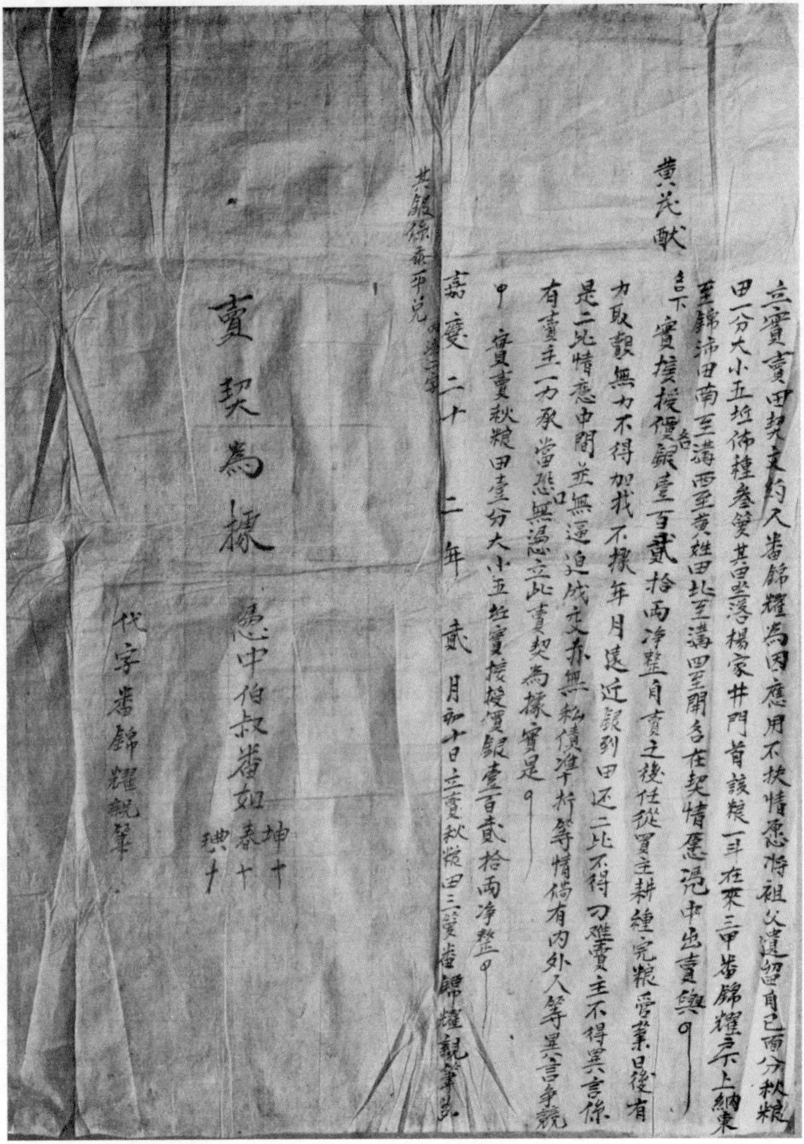
立賣賣田契文約人黄錦耀為因應用不扶情愿將祖父遺留自己面分秋粮田一分大小五坵佈種叁簍其田坐落楊家井門首該粮一斗在東三甲黄錦耀戶下上納東至錦沛田南至溝西至黄姓田北至溝四至開明在契情愿憑中出賣與黄八茂猷名下實接授價銀壹百貳拾兩净整自賣之後任從買主耕種完粮管業日後有力取贖無力不得加找不限年月遠近銀到田还二比不得刁難賣主不得異言係是二比情愿中間並無逼迫成交亦無私債準折等情倘有内外人等異言爭競有賣主一力承當憑口無憑立此賣契為據實是
中 實賣秋粮田壹分大小五坵實接授價銀壹百貳拾兩净整
嘉慶二十二年貳月初十日立賣秋粮田三簍黄錦耀親筆立
其銀係乘平兑
賣契為據
憑中伯叔黄如坤 十
黄如春 十
黄如典 十
代字黄錦耀親筆

44 嘉庆二十二年十月初六日王三锡等卖田与黄登鹤的卖契（附民国三年十月三日的验契1份）

立賣田契文約人王三錫三銓三鎭三鑑爲因乏用情願將祖父遺留向吳姓杜買得兎粮一段坐落矣比馬班门首横溝下名喚大擺田大小七坵播種伍籮東至李家田南至溝西至李家田北至溝該粮六畝八分在兎五单董恩户下上納其田四至粮数坐落開明在契情願憑中立約出賣與

登鶴黄大舅公名下實□受價銀壹百陸拾兩净整自賣之後任從買主耕種管業完粮賣主不得異言日後有力取贖無力不得加找係是二比情愿其中並無逼迫成交亦無私債准折等情倘有家族內外人等異言争競有賣主一力承當恐後人心不古立此賣契文據∞

实賣兎粮田一段播種伍籮接受價銀壹百陸拾兩净整∞

鎭（花押）

嘉慶二十二年十月初六日立賣田契文約人王三錫（花押）

銓（花押）

鑑（花押）

憑中 發俊黄先生

啓祥黄表兄（十）

三鑑親筆

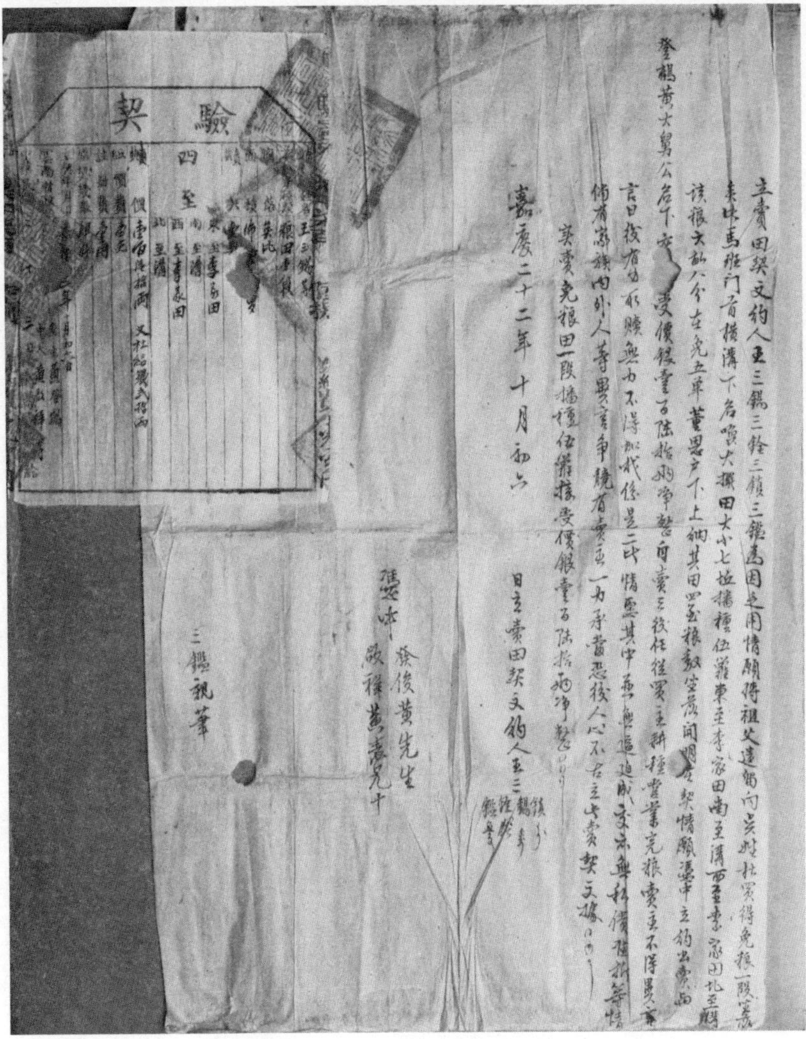

立賣田契文約人王三錫三銓三鎮三鑑爲因急用情願將祖父遺留面岗地杜賣得免粮田一段坐落東林馬班門首橫溝下名喚大撥田大小七坵播種伍籮東至李家田南至溝西至李家田北至

該粮大畝八分在免五草董思户下上納其田四至粮數坐落開明在契情願憑中立約出賣與

登鶴黃大舅公名下承受價銀壹百陸拾兩淨整自賣之後任從買主耕種管業完粮賣主不得異言

言日後有力取贖無力不得加找係是二比情愿其中並無逼迫成交亦無折償准折等情

倘有房族內外人等異言爭競有賣主一力承當恐後人心不古立此賣契文據存照

實賣免粮田一段播種伍籮接受價銀壹百陸拾兩淨整

嘉慶二十二年 十月 初六 日立賣田契文約人王三錫 銓 鎮 鑑

憑中 孫俊 黃先生 啟祿 萬壽 先十

三鑑親筆

契驗

賣主出典人姓名	王三锡等
不動産種類	粮田壹段
座落	矣比
面積	佈種□箩
賣典契	賣契
四至	東至李家田
	南至溝
	西至李家田
	北至溝
賣典價	壹百陸拾兩　又杜結銀弍拾兩
紙價費	壹元
註冊費	壹角
原契幾張	肆張
立契年月日	嘉慶□□二年十月初六日

雲南財政廳印發　業主黃登鶴

中人黃啓祥等

中華民國三年十月三日　給

45 嘉庆二十二年十一月二十一日黄氏小阳同夫徐长春卖田与黄登鹤的卖契（附民国三年十月三日的验契1份）

立賣田契文約人徐黄氏小陽仝夫徐長春爲因乏用情願將父黄自用分受與秋粮田壹叚大小弍坵佈種弍籮坐落本村横溝下名喚灣田東至本家田南北至溝西至黄家田該粮壹斗弍升在耒二甲徐純仁户下上納又將自己向尹姓買得塘子壹坵坐落頭单門首東至路南至張姓秧田北至陳家塘子西至任姓塘子其田塘子四至坐落粮数開明在契情願憑中立約出賣與登鶴黄大公員下實接受價銀玖拾兩净整自賣之後任從買主耕種管業完粮賣主不得異言當日銀田两相交明日後有力取贖無力不得加找此係二比情願其中並無逼迫成交亦無私債準折等情倘有内外人等異言争競賣主一面承當恐後人心不古立此賣契文約爲據

〇實賣秋粮田壹叚大小弍坵塘子壹坵接受[原]價銀玖拾兩净整

嘉慶二十二年十一月二十一日立賣田契文約人 徐長春（十）

徐黄氏小陽（十）

其銀實帋接受價銀捌拾陸兩净整是實

係平兑新旧共柒帋買主收存

契內添從原弍字

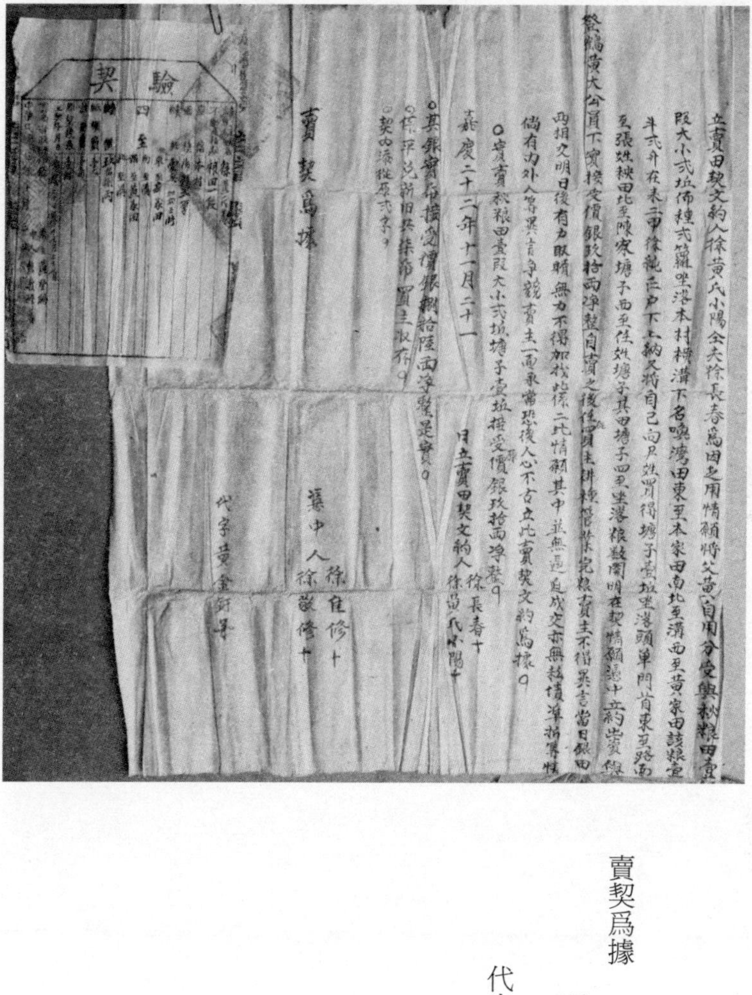
驗契

立賣田契文約人徐黄氏小陽仝夫徐長春爲因乏用情願將父當自用分受與秋粮田壹
段大小弍坵佈種弍籮坐落本村楊溝下名喚灣田東至本家田南北至溝西至黄家田該粮壹
斗弍升在未二甲徐親臣户下上納又將自己向尹姓買得塘子壹坵坐落頭單門首東至路南
至張姓秧田北至陳家塘子西至任姓塘子其田塘子四至坐落粮數開明在契情願憑中立約出賣與
黄大公員下實接受價銀玖拾兩淨整自賣之後任從買主耕種管業[illegible]買主不得異言當日銀田
兩相交明日後有力取贖無力不得加找此係二比情願其中並無逼迫成交亦無[illegible]債準折等情
倘有內外人等異言爭競賣主一面承當恐後人心不古立此賣契文約爲據
○實賣秋粮田壹段大小弍坵塘子壹坵接受價銀玖拾兩淨整
嘉慶二十二年十一月二十一日立賣田契文約人 徐長春十 徐黄氏小陽十
○其銀實系接受價銀捌拾陸兩淨整是實
○[illegible]
○契内添從原式字
賣契爲據
憑中人 徐佳修十 徐敬修十
代字黄金釬押

賣契爲據

憑中人 徐佳修（十）

徐敬修（十）

代字黄金釬（花押）

驗契

賣主出典人姓名	徐黃氏等
不動産種類	粮田一段
座落	本村
面積	佈種弍箩
賣典契	賣契 加找三張
四至	東至本家田
	南至溝
	西至黃家田
	北至溝
賣典價	玖拾捌兩
纸價費	壹元
註冊費	壹角
原契幾張	叁張
立契年月日	嘉慶二十二年十一月二十一日

雲南財政廳印發 業主黃登鶴

中人徐敬修等

中華民國三年十月三日 給

46 嘉庆二十二年十一月二十一日王三锡将田地杜结与黄登鹤的杜结据

具杜結人王三錫三銓三鎮三鑑情有祖父遺留向吳姓杜買得免粮田一段坐落矣比馬班門首横溝下名喚大擺田播種伍籮大小七坵其田四至粮数價銀俱在原契書明情願憑中立约出杜结與登鶴黄大舅公名下永遠爲業實接受杜结銀貳拾兩净整自杜结之後任從買主耕種管業完粮招佃更名入册投稅永爲黄姓子孫之業其價當日已经受足賣主子孫永不得異言過問係是落筆無踪恐後人心不古所结是實

實杜结如前

嘉慶二十二年十一月二十一日具杜结人王三鎮（花押）

錫（花押）

銓（花押）

鑑（花押）

吳啓鳳杜賣與王姓老契一聯杜結一紙王姓典契[一紙]加找一紙實賣契壹紙杜賣契壹紙共伍紙當日杜賣田時憑中人黄發俊黄啓祥代字王三鑑皆親筆畫押

嘉慶二十二年十一月二十一日

杜結爲據

憑中 發俊黄先生（花押）

啓祥黄表兄（十）

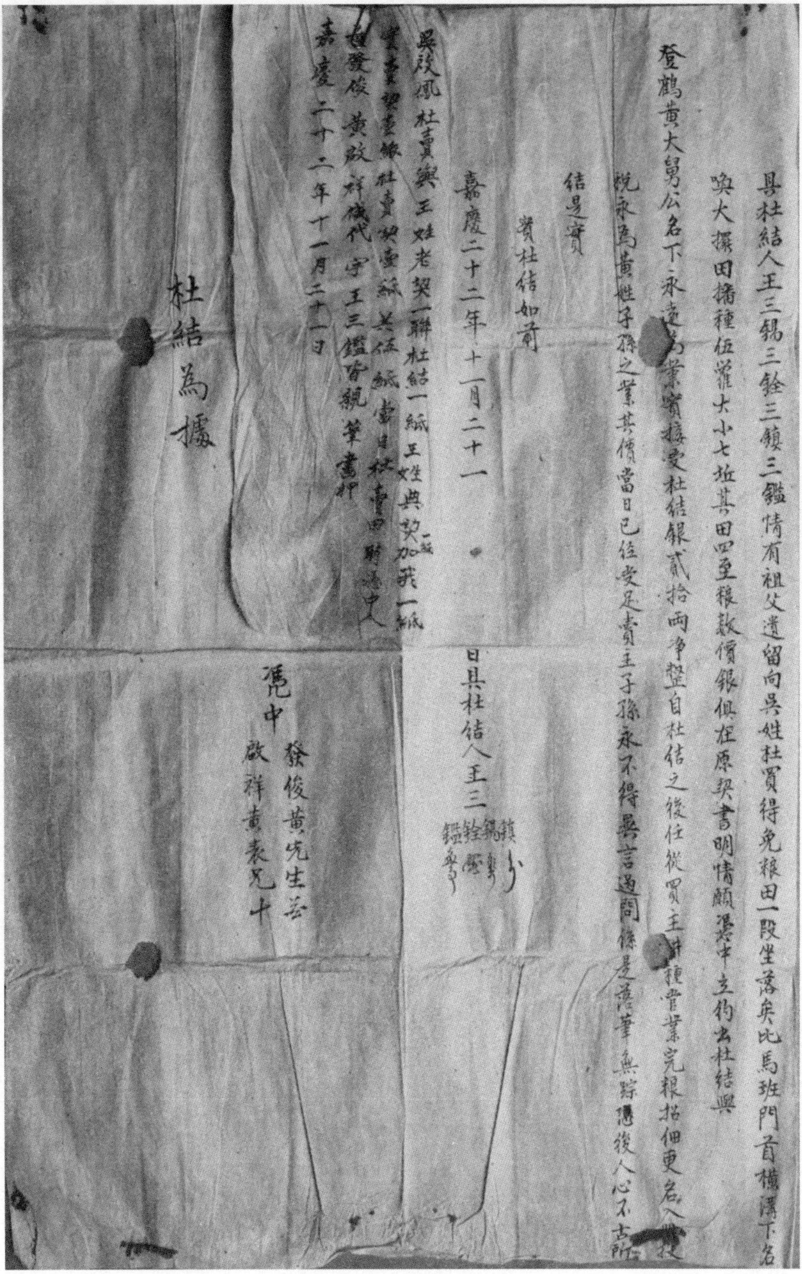

具杜結人王三錫三銓三額三鑑情有祖父遺留向吳姓杜買得免粮田一段坐落吳比馬班門首橫溝下名

喚大擺田播種伍籮大小七坵其田四至粮數價銀俱在原契書明情願憑中立仍出杜結與

登鶴黃大舅公名下永遠為業實接受杜結銀貳拾兩淨盤自杜結之後任從買主耕種管業完粮拈佃更名入冊投

稅永為黃姓子孫之業其價當日已經受足責主子孫永不得異言逞問係是清革無踪恐後人心不古所

結是實

資杜結如前

嘉慶二十二年十一月二十一

日具杜結人王三額押 錫押 銓押 鑑押

吳姓鳳杜賣與王姓老契一聯杜結一紙王姓典契一紙加找一紙

並書契壹紙杜賣契壹紙共伍紙當日杜賣田時憑中人

自發俊 黃啟祥代字王三鑑當親筆畫押

嘉慶二十二年十一月二十一日

憑中 發俊黃先生押

啟祥黃表兄十

杜結為據

47

嘉庆二十三年二月十三日黄定国卖田与许廷献的卖契

立實賣田契文约人黄定國爲因乏用情愿將先年向族兄金税承買秋粮田壹坵佈
種壹箩伍榜隨田秧田壹坵[坐]落四至粮数俱在老契書明今立約出賣與。
廷獻許先生員下接授價銀陸拾兩净整自賣之後任從買主耕種完粮賣主家族人等不得
異言日後有力取贖無力不得加找係是二比情愿中間不致異言亦無私債準折恐後
無憑立此賣契爲據○
△實賣秋粮田壹坵佈種壹箩伍旁接受净銀陸拾兩整○
嘉慶二十三年二月十三日立賣田契文约人黄定國（花押）
△其有老契叁帋交買主收執内添坐字一个言字一个其艮天平兑○

憑中黄 汝亮（十）
　　　 雲倬（十）

代字黄佑廷（花押）

賣契
爲據

立賣賣田契文約人黄定國爲因乏用情愿将先年向族兄金税承買秋粮田壹坵佈
種壹箩伍榜隨田秧田壹坵坐落四至粮数俱在老契書明今立約出賣與
廷献許先生㒷下接授價銀陸拾兩净整自賣之後任從買主耕種完粮賣主家族人等不得
異言日後有力取贖無力不得加找係是二比情愿中間不致異言亦無私債準折恐後
無憑立此賣契爲據。
又賣賣秋粮田壹坵佈種壹箩伍旁接受净銀陸拾兩整。
嘉慶二十三年二月 十三 日立賣田契文約人黄定國（押）
又其有老契叁帋交買主收執内添坐字一个言字一个共艮天平兑。

凴中 黄汝亮十 黄雲偉十

代字 黄佑廷书

賣契

爲據

48 嘉庆二十三年五月二十日番锦耀卖田与黄茂猷的卖契

立賣田契文約人畨錦耀爲因乏用情愿將祖父遺留自己面分秋粮田壹分大小叁坵布種弍箩該粮壹斗壹升在畨錦耀户下上納東至買主田南至溝西至黄信田北至溝四至開明在契其田坐落祠堂門首情愿立約出賣與

茂猷大公名下實接授田價銀伍拾柒兩净整二比言定每兩每月行息弍分按月算还壹年壹交息如息不青任從艮主耕種[管]業完粮買主不至異言有力取贖無無力不致加找二比情愿中間並無逼迫成交亦無私債準折等情倘有家族人等異言争競賣主一力承當恐後無憑立此賣契爲據是實

〇實賣秋粮田壹分大小叁坵佈種弍箩接受價銀伍拾[柒]兩净整

嘉慶弍拾叁年五月二十日立賣田契文約人畨錦耀親筆（花押）

〇契內添管不二个其艮添平对

柒字

瑛（十）

賣契爲據

憑中畨如椿（十）

〇其心旧弍[田]乕賣銀六十八兩

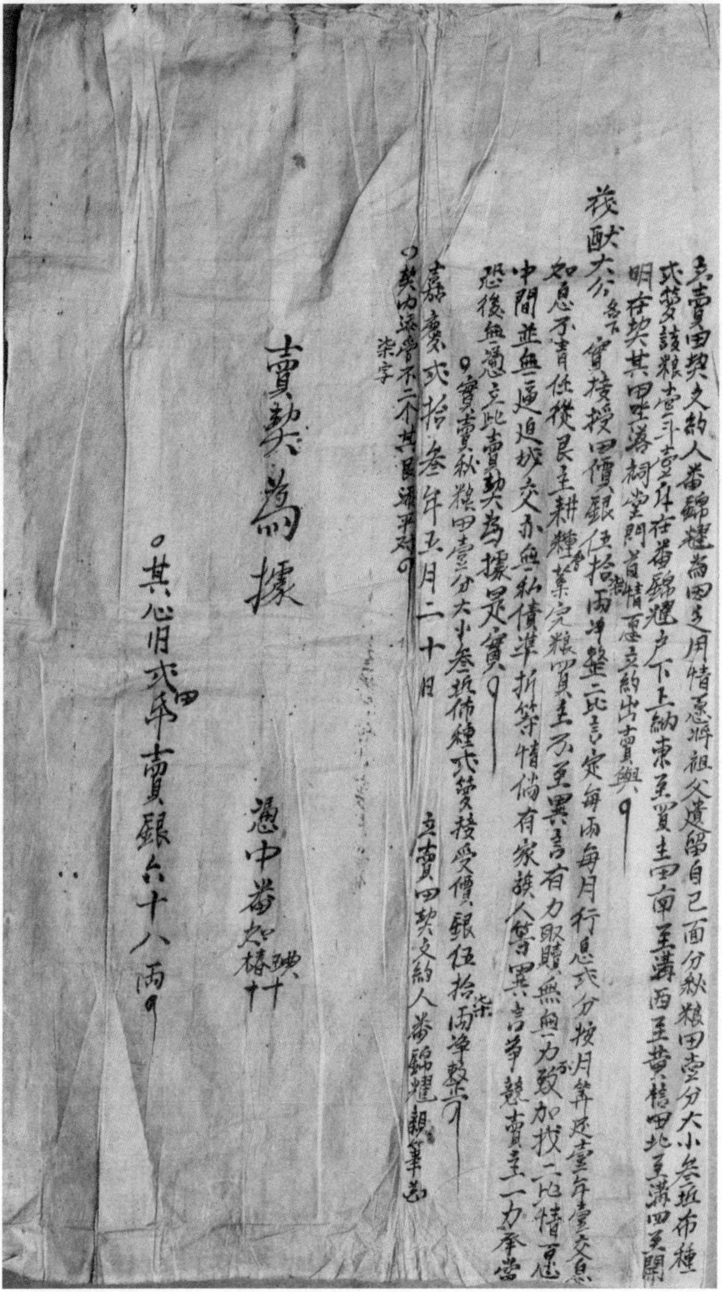
立賣田契文約人黄錦煡爲因乏用情愿將祖父遺留自己面分秋粮田壹分大小叁坵布種
弍斗該粮壹斗壹升在黄錦煡户下上納東至買主田南至溝西至黄桂田北至溝四至開
明在契其田坐落祠堂門首情愿立約出賣與
族叔大分名下實接授田價銀伍拾(柒)兩淨整二比言定每兩每月行息弍分按月算至壹年壹交息
如息不清任從艮主耕種管業完粮買主不至異言有力取贖無力加找二比情愿
中間並無逼迫成交亦無私債準折等情倘有家族人等異言爭競賣主一力承當
恐後無憑立此賣契爲據是實
實賣秋粮田壹分大小叁坵佈種弍斗接受價銀伍拾柒兩淨整
嘉慶弍拾叁年五月二十日　立賣田契文約人黄錦煡親筆立
契內添字不二个其艮淨平对
柒字
賣契爲據
憑中黄如椿　十
其心月弍厘賣艮六十八兩

49　嘉庆二十四年三月初二日番子年卖地与黄登鹤的杜卖契

立實杜賣永遠地契文約人畨子年爲因乏用情願將自己杜買得座地壹塊坐落四单畨家巷東至巷道南至李景相地其南至之直墻係是畨姓之墻日後李姓若有一言賣主一力承當西至自文地北至品朝墻達巷口四至開明在契情願凴中立約出杜賣與登鶴黃大舅父名下爲業實接受價銀叁拾叁兩净整自杜賣之後任從買主圍攔住坐永遠管業日後賣主子孫不得一言過問此係落筆無踪倘有家族內外人等異言争競賣主一力承當係是二比情願其中並無逼迫成交亦無私債準折等情恐後人心不古立此杜賣永遠地契文約爲據

○實杜賣地壹塊實接受價銀叁拾叁兩净整

嘉慶二十四年三月初二日立實杜賣永遠地契文約人畨子年（花押）

○其巷口出捴巷同畨姓衆等同走

○內添字三個

族叔畨自文（花押）

凴中胞弟畨子全（十）

族侄畨品朝（十）

代字生畨著美（花押）

杜契爲據

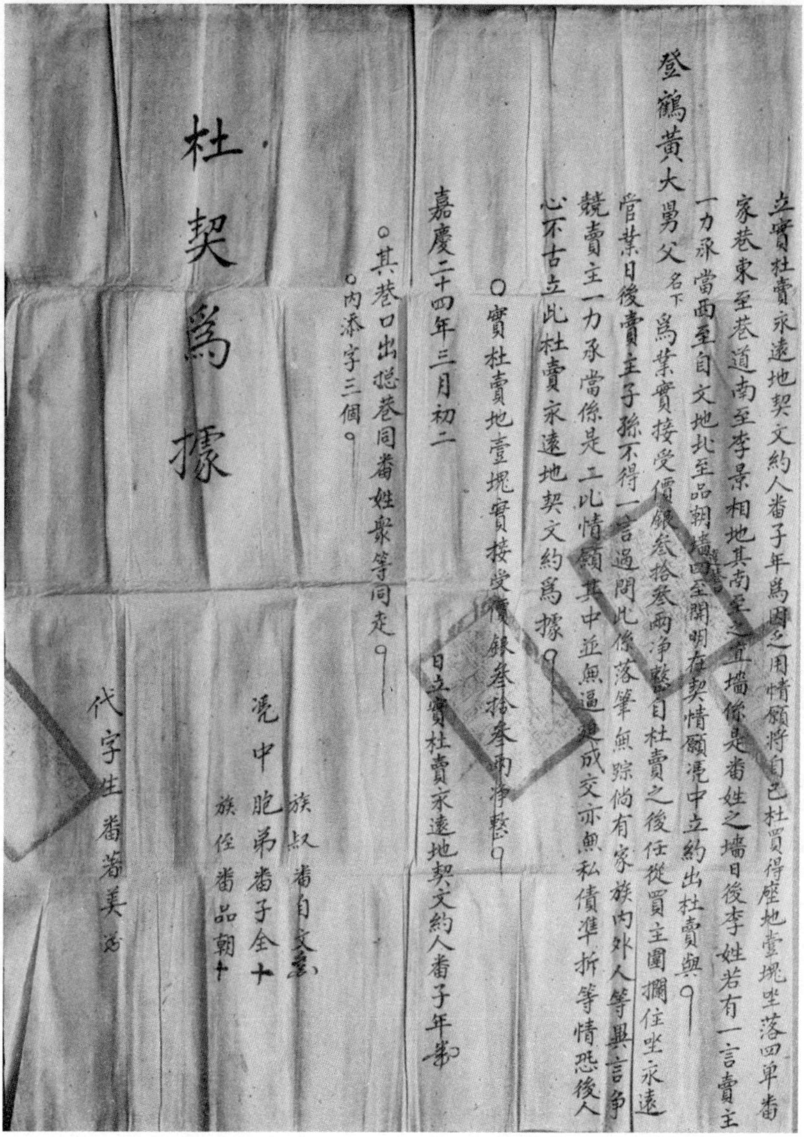

立賣杜賣永遠地契文約人番子年爲因乏用情願將自己杜買得座地壹塊坐落四单番家巷東至巷道南至李景相地其南至之土墻係是番姓之墻日後李姓若有一言賣主一力承當西至自文地北至品朝墻四至開明在契情願凴中立約出杜賣與

登鶴黄大舅父名下爲業實接受價銀叁拾叁兩净整自杜賣之後任從買主圍攔住坐永遠管業日後賣主子孫不得一言過問此係落筆無踪倘有家族内外人等興言爭競賣主一力承當係是二比情願其中並無逼迫成交亦無私債準折等情恐後人心不古立此杜賣永遠地契文約爲據

〇實杜賣地壹塊實接受價銀叁拾叁兩净整

嘉慶二十四年三月初二 日立賣杜賣永遠地契文約人番子年

〇其巷口出攏巷同番姓衆等同走

〇内添字三個

族叔 番自文

凴中 胞弟 番子全十

族侄 番品朝十

代字生 番著美

杜契爲據

50 嘉庆二十四年三月初二日番自文卖地与黄登鹤的杜卖契

立實杜賣地契永遠文約人畨自文爲因乏用情願將祖父遺留自己分受座地壹塊常六丈寬六丈其地坐落四单畨家巷東至畨子年地南至黄李二姓地其南至之直墻係是畨姓之墻日後黄李姓若有異言賣主一力承當西至胞兄自儒地北至巷道其巷口出揔巷同畨姓衆等同走日後衆等不得異言阻撓其地四至坐落開明在契情願憑中立約出杜賣與○登鶴黄大叔名下爲業實接受價銀貳拾叁兩净整自杜賣之後任從買主圍攔住坐永遠管業日後賣主子孫不得異言過問此係落筆無踪日後恐有家族内外人等一言争競賣主一力承當係是二比情願其中並無逼迫成交亦無私債準折等情恐後人心不古立此杜賣永遠文約爲據○

○實杜賣地壹塊實接受價銀貳拾叁兩净整○

嘉慶二十四年三月初二日立實杜賣地契永遠文約人畨自文（花押）

畨子年（花押）

侄畨錦璧（十）

憑中堂兄畨自發（十）

族孫畨品朝（十）

代字生畨著美（花押）

杜契爲據

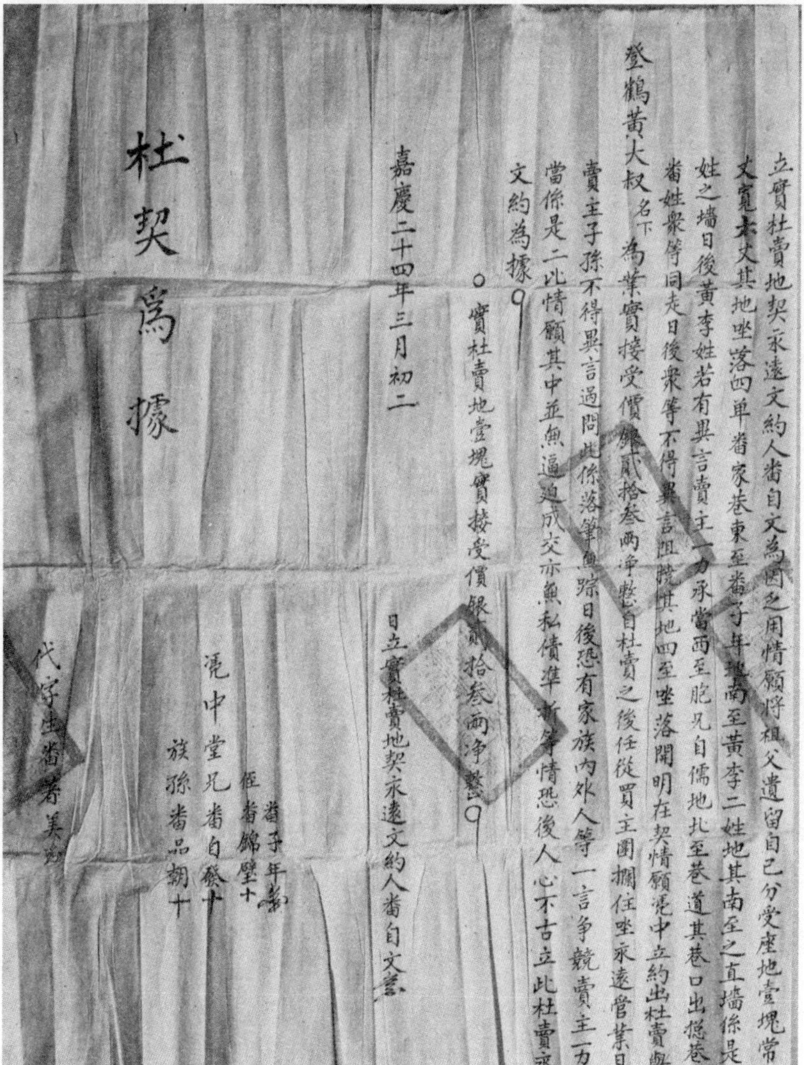
立賣杜賣地契永遠文約人耇自文爲因乏用情願将祖父遺留自己分受屋地壹塊常六
文寬七丈其地坐落四单耇家巷東至耇子年地南至黄李二姓地其南至之直墻係是耇
姓之墻日後黄李姓若有異言賣主一力承當西至肥兒自儒地北至巷道其巷口出總巷同
耇姓衆等同走日後衆等不得異言阻撓其地四至坐落開明在契情願凭中立約出杜賣與
登鶴黄大叔名下爲業實接受價銀貳拾叁兩净整自杜賣之後任從買主圍攔住坐永遠管業日後
賣主子孫不得異言過問此係落筆無踪日後恐有家族内外人等一言争競賣主一力承
當係是二比情願其中並無逼迫成交亦無私債準折等情恐後人心不古立此杜賣永遠
文約爲據
。實杜賣地壹塊實接受價銀貳拾叁兩净整
嘉慶二十四年三月初二日立實杜賣地契永遠文約人耇自文（押）
耇子年（押）
侄耇錦壁十
凭中堂兄耇自發十
族孫耇品朝十
代字生耇者美（押）
杜契爲據

51

嘉庆二十五年七月二十一日番锦耀与黄茂猷的加找银文

〇立加找文約人畨錦耀同子聯元爲因乏用情愿加找到〇

茂猷黄大公名下前後带息共加找銀叁拾弍两净整自加找之後有力取贖無力不得加找係是二比情愿中間並

無逼迫成交亦無私債準等情恐後無憑立此加找爲據是實〇

實加找前後带息共加找銀叁拾弍两净整〇

嘉慶二十五年七月二十一日立加找文約人畨錦耀（十）同子聯元（十）

〇其銀係是添平兑其伍拾两的老帋息銀算清统在十月二十一日

〇带加找老帋共二帋銀主收存〇

伯如春（十）

加找爲據　　憑中　叔如璵（十）

枝（十）

代字畨錦爵（花押）

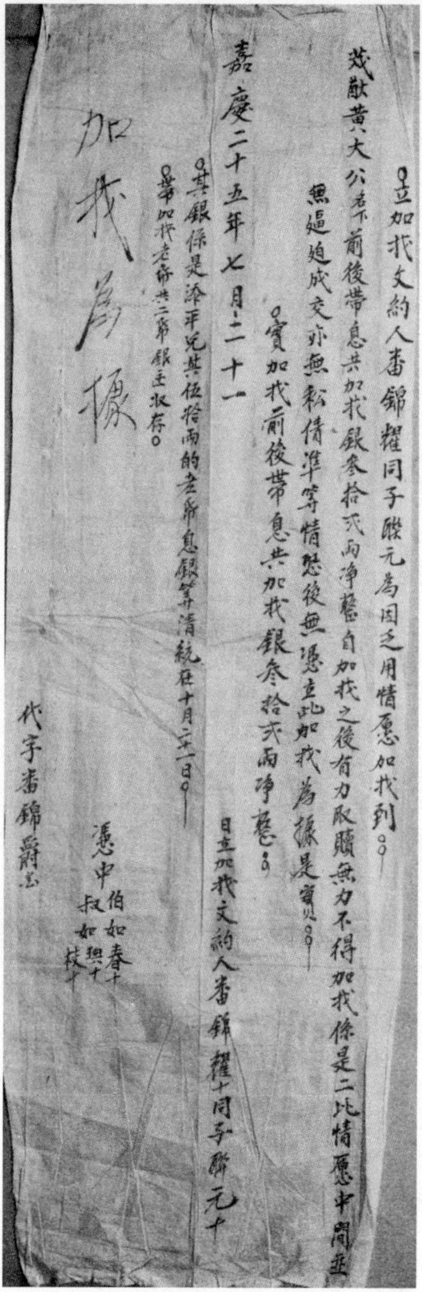
立加找文約人番錦耀同子聯元為因乏用情愿加找到
茂猷黄大公老下前後帶息共加找銀叁拾弍兩净整自加找之後有力取贖無力不得加找係是二比情愿中間並
無逼迫成交亦無私債準算情然後無憑立此加找為據是實○
實加找前後帶息共加找銀叁拾弍兩净整○
嘉慶二十五年七月二十一日立加找文約人番錦耀十同子聯元十
其銀係是添平兑共伍拾兩的老本息銀算清紱在十月二十一日○
帶加找老本共二宗銀主收存○
憑中 伯如春十
叔如槐十
枝十
加找為據
代字番錦爵

52 嘉庆三十一年二月三十日黄汝□当塘子与黄登鹤的当契

立儅塘契文约人黄汝□爲因乏用情願自己分受塘子弍個□□子坐落門首路下東至路南至溝西至畨姓塘子北至黄姓塘□□子東至汝建塘子南□□□□□竹林路邊北至黄姓塘子塘□□四至書明在契情愿□□□□與○○□祖登鶴名下接授價銀肆拾伍□□□自儅之後言定每年納租谷□□陸㪷俟秋收之日將一□□□清不得短少粿粒如有短少□□任從銀主耕種管業□□□□異言恐有內外人等異言争□□主一面承當恐後□□□□□□爲據○○○实當塘子弍個接□□□□□拾伍兩净整○○○

亮（十）

嘉慶三十一年二月三十日立儅契文约人黄汝芳（十）

學（十）

□□李錦健（十）

○批者老紙失落日後找出作爲廢紙○○

□□□□翼（花押）

儅契
爲據

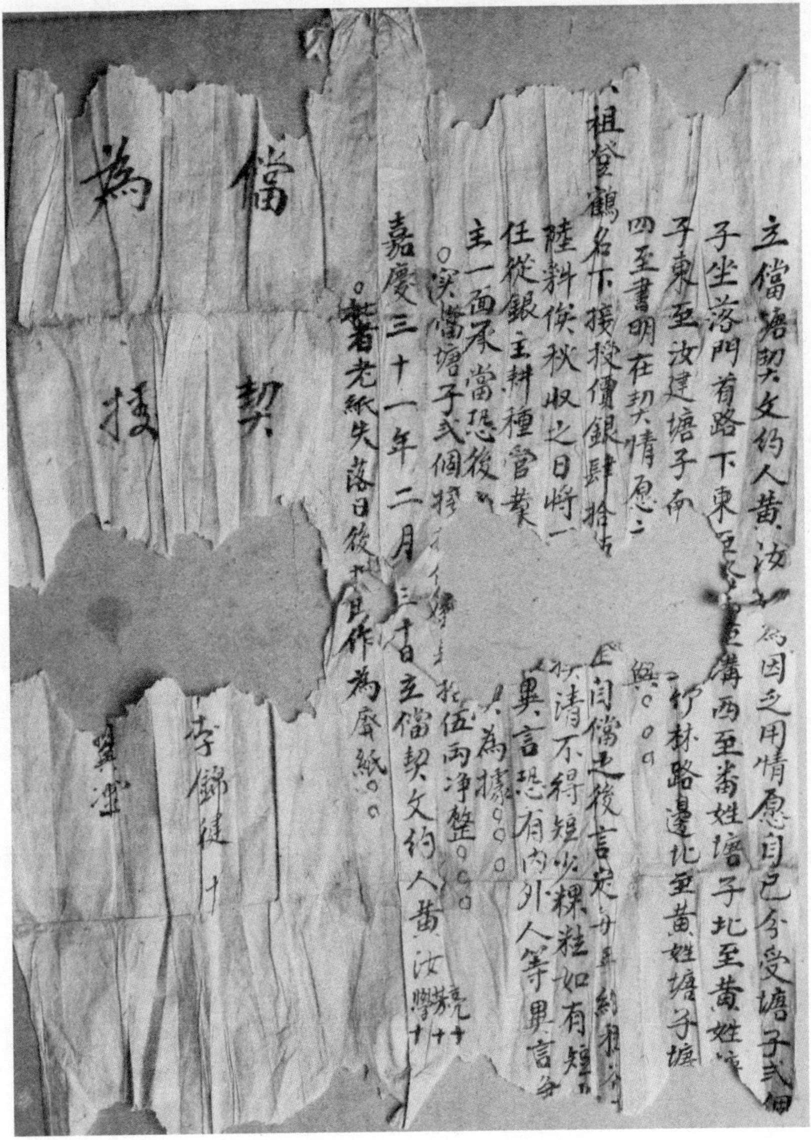

立當塘契文約人黃汝[illegible]，為因乏用，情愿自己分受塘子弍個
子坐落門首路下，東至汝[illegible]，[illegible]至溝，西至黃姓塘子，北至黃姓塘
子，東至汝建塘子，南[illegible]竹林路邊，北至黃姓塘子墟
四至書明在契，情愿[illegible]與。○○○
祖登鶴名下，接授價銀肆拾[illegible]，自當之後，言定每[illegible]約粮
陸斛，俟秋收之日將一[illegible]清，不得短少粿粒，如有短
任從銀主耕種管業，[illegible]異言，恐有內外人等異言，每
主一面承當。恐後[illegible]為據。○○○
○實當塘子弍個，接[illegible]伍兩淨盤。○○○
嘉慶三十一年二月三十日立當契文約人黃汝[illegible]
○其老紙失落，日後[illegible]作為廢紙。○○
李錫[illegible] 十
[illegible]
當 為
契 接

53

道光三年十一月初六日番如璵卖田与黄登鹤的卖契

立賣秧田文約人畨如璵爲因乏用情愿将祖父遺留自己分□秧田半

節佈種弍籮坐落下路門首東至黄姓秧田南至陳姓塘子西至李姓秧

田北至買主秧田四至開明在契情愿憑中立約出賣與◦◦

登鶴黄大先生員下實接受價銀肆两净整自賣之後任從耕種管業賣主不得異言日後

有力取贖無力不得加找係是二比情愿其中並無私债準折等情倘有内外人

等異言争兢賣主一面承當恐後人心不古立此賣契爲據◦◦

○實賣秧田半節佈種弍籮接受價銀肆两净整

道光三年十一月初六日立賣秧田文約人畨如璵（十）

○契内添坐落二字○其放水往賣主塘子□□不得異言阻撓○

堂兄如志□□

憑中　景建李□□

李□□□□

賣契爲據

代字侄錦爵（花押）

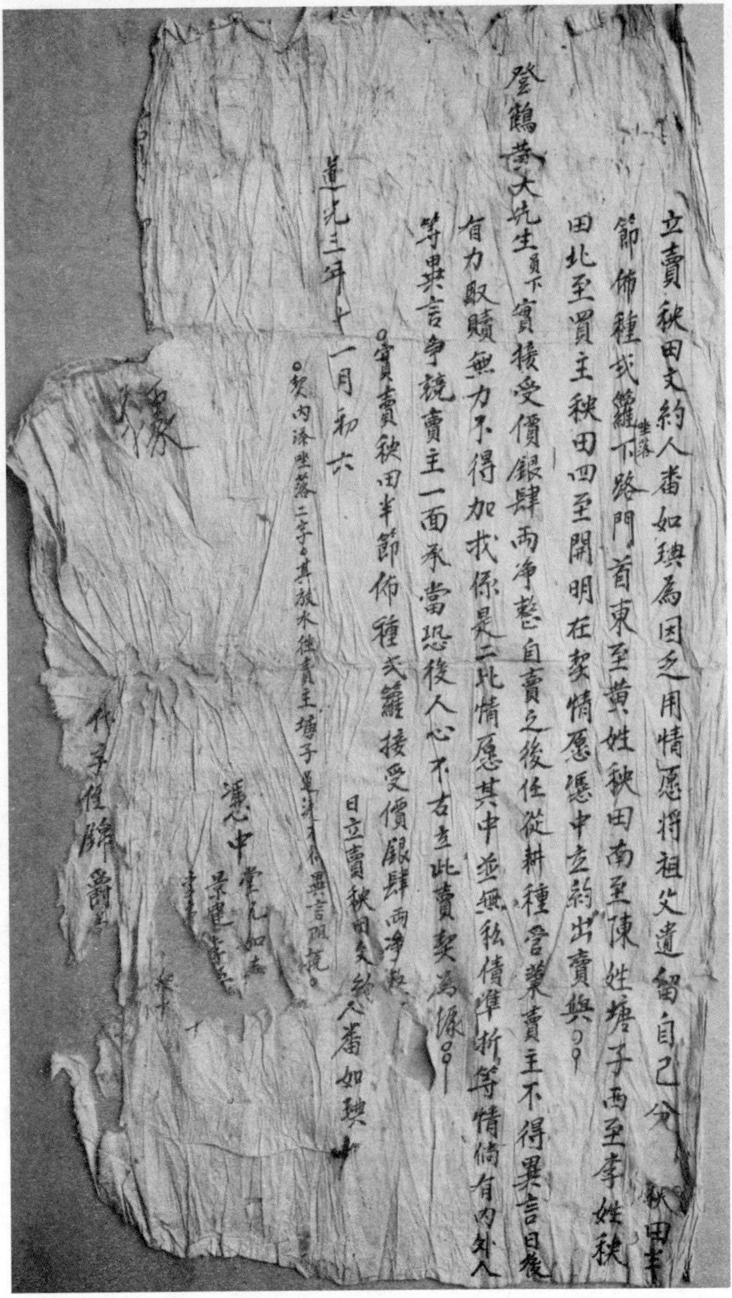
立賣秋田文約人黃如瑛爲因乏用情愿將祖父遺留自己分秋田半
節佈種弍籮坐落下路門首東至黃姓秋田南至陳姓塘子西至李姓秋
田北至買主秋田四至開明在契情愿憑中立約出賣與
登鶴黃大先生員下實接受價銀肆兩净整自賣之後任從耕種管業賣主不得異言日後
有力取贖無力不得加找係是二比情愿其中並無私債準折等情倘有內外人
等異言爭競賣主一面承當恐後人心不古立此賣契爲據
實賣秋田半節佈種弍籮接受價銀肆兩净整
契内添坐落二字其放水經賣主塘子過決不得異言阻攔
道光三年十一月初六日立賣秋田文約人黃如瑛 十
憑中 黃元如 景運
作字侄 黃錫爵

54 道光三年十一月初十日黄汝华当塘子与黄汝亮的当契

立儅塘契文约人黄汝華爲因接親應用情愿将自己貼淂塘子贰個大塘子坐落門首路下
東至路南至溝西至畨姓塘子北至黄姓塘子小塘子東至汝建塘子南至巷口西至竹林路邉北
至黄姓塘子塘子二个四至書明在契情愿立約出㑭與
胞兄汝亮名下接授净銀贰拾两整自儅之後言定每年納租谷拾籮俟秋收之日将一色好谷扶清不
淂短少粿粒如有短少拖欠任從銀主耕種管業㑭主不致異言日後銀到塘歸銀主不淂刁难
恐有内外人等異言争競有㑭主一靣承當恐口無凴立此契爲據
實儅塘子二個接授價銀贰拾两净整每年納租谷拾箩足
道光三年十一月初十日立㑭塘契文约人黄汝華（十）
新旧三紙銀主收執
凴中母畨氏（十）
儅契爲據
代字黄美章（花押）

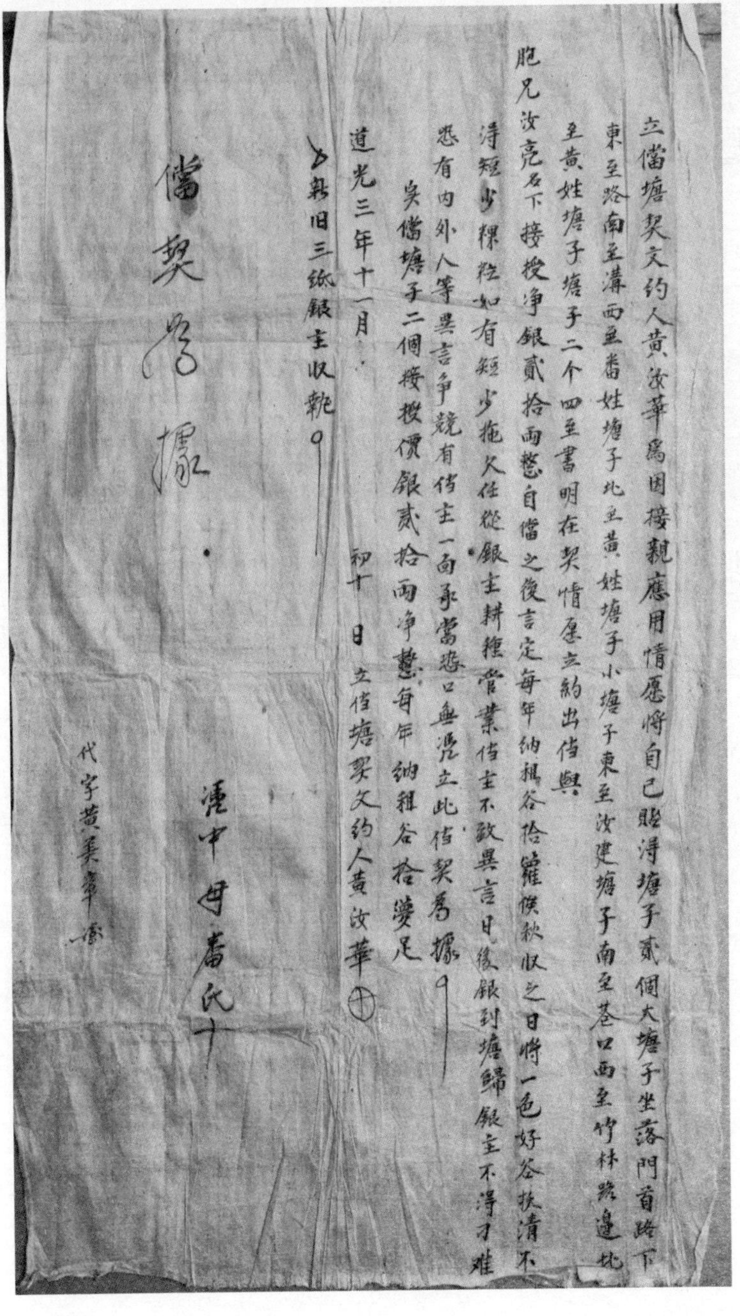

立當塘契文約人黄汝華爲因接親應用情愿將自己賍淂塘子貳個大塘子坐落門首路下
東至路南至溝西至番姓塘子北至黄姓塘子小塘子東至汝建塘子南至巷口西至竹林路邊北
至黄姓塘子塘子二个四至書明在契情愿立約出佁與
胞兄汝亮名下接授淨銀貳拾兩整自當之後言定每年納租谷拾籮俟秋收之日將一色好谷扶清不
淂短少粿粒如有短少拖欠任從銀主耕種管業佁主不敢異言日後銀到塘歸銀主不淂刁難
恐有内外人等異言争競有佁主一面承當恐口無憑立此佁契爲據
實當塘子二個接授價銀貳拾兩淨整每年納租谷拾籮足
道光三年十一月初十日　立佁塘契文約人黄汝華 ⊕
又粘旧三紙銀主收執
當契爲據
憑中　母番氏 十
代字黄美章[illegible]

55 道光四年十二月二十日番锦耀与黄茂猷的加找田契

○立加找田契文约人畨錦耀仝子聯元爲因乏用情愿加找到○
茂猷黄大公名下實加找銀弍两净整自加之後有力取贖無力不至加找其田四至粮数俱
在原契書明恐口無凴立此加找契爲據
○實加找銀貳两净整
道光四年十二月二十日立加找田契文约人畨錦耀（十）仝子聯元（十）
○其銀天平兑○
叔如典（十）
凴中 弟錦祥（十）
加找爲據
代字畨錦爵（花押）

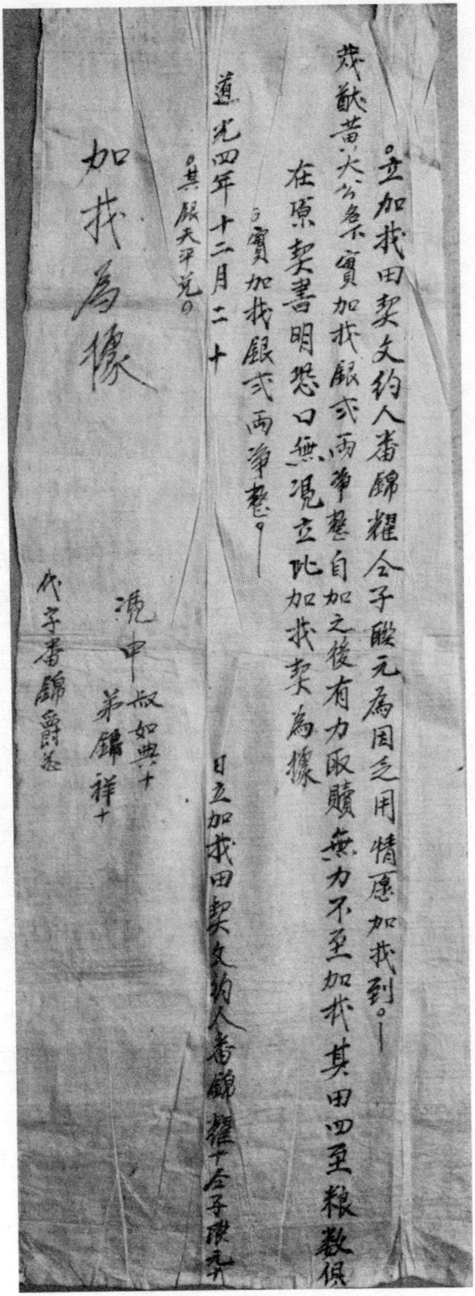

立加找田契文约人黄錦耀仝子殿元為因乏用情愿加找到
族叔黄大公名下實加找銀弍兩整自加之後有力取贖無力不至加找其田四至粮數俱
在原契書明恐口無憑立此加找契為據
實加找銀弍兩整
其銀天平兑
道光四年十二月二十日立加找田契文约人黄錦耀十仝子殿元十
加找為據
憑中　叔　如典十
弟　錦祥十
代字黄錦爵筆

56

道光五年十二月初八日赵占嵩卖田与黄凤池等的卖契

立實賣田契文約人趙占嵩爲因應用情願将祖父遺留自己面分職粮田壹叚大小七渡佈種肆籮坐落吴邑大水溝邊名喚楊家田東至趙占華田南至短埧田西至買主田北至溝該粮五斗在西单趙密户下完納四至坐落粮数開明載契情願凴中立約出賣與

鳳池
詔黄新爺

員下實接受價銀壹百肆拾两净整自賣之後任從買主管業耕種完粮招佃收租賣主不致異言當日銀田两相交明日後有力取贖無力不得加找係是二比情願其中併無逼迫私債準折等情倘有内外人等異言争競占嵩一力躭擔無論年月遠近銀到田歸不得刁難恐後無凴立此賣契爲據

實賣職粮田大小柒渡佈種肆籮接受價銀壹百肆拾两净整〇

道光五年十二月初八日立實賣田契人趙占嵩（十）

〇其田並無老纸日後尋出一纸一字以爲費紙銀係天秤兑〇

吉亨趙三貢爺（花押）

憑中　族叔　學文（十）

堂兄　占華（十）

賣契爲據

代字李剛體（花押）

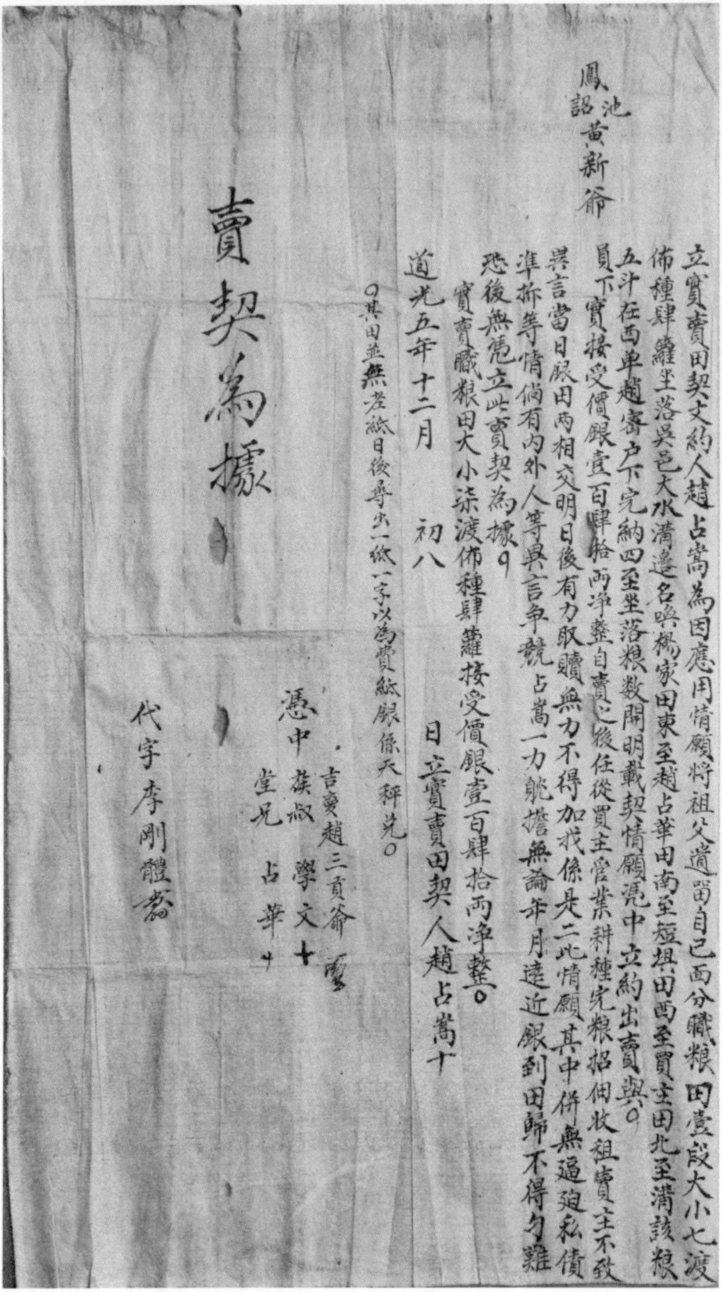

池黄新爺
鳳詔

立賣賣田契文約人趙占嵩為因應用情願將祖父遺留自己面分贓粮田壹段大小七渡
佈種肆籮坐落吳邑大水溝邊名喚楊家田東至趙占華田南至短埂田西至買主田北至溝該粮
五升在西串趙寄户下完納四至坐落粮數開明載契情願憑中立約出賣與○
員下實接受價銀壹百肆拾兩淨整自賣之後任從買主管業耕種完粮招佃收租賣主不致
異言當日銀田兩相交明日後有力取贖無力不得加找係是二比情願其中併無逼迫私債
準折等情倘有內外人等異言爭競占嵩一力䏻擔無論年月遠近銀到田歸不得勺難
恐後無憑立此賣契為據○
實賣贓粮田大小柒渡佈種肆籮接受價銀壹百肆拾兩淨整○
道光五年十二月　初八　日立賣賣田契人趙占嵩十
○其田並無差欵日後尋出一紙一字以為廢紙銀係天秤兑○
吉𦹛趙三貢爺
憑中　族叔　學文十
堂兄　占華十
代字李剛體畫

賣契為據

計批者其李家田分着緯堂兄管業因此田係先年向李姓杜買有先父分受得之尖角田壹籮伍斜同税契内
未便分拆爲此批明照紙録列於後

立賣永遠杜賣田契文約人李兆元李兆吉爲因应用不敷情願将先祖遺留秋粮田壹分佈種壹籮伍斜坐落吴邑門首東南北至溝西至進文田大小叁坵該粮壹斗在来一甲李錦繡户下完納今仍撥在来一甲黄登鹤户下上納隨田秧田壹坵佈種壹籮伍斜坐落吴邑門首大路下其田坐落四至粮数開明載契情願請憑立約出
杜賣与
登鹤黄大新爺員下永遠爲業實接受杜價銀壹佰肆拾伍两净整自杜之後任隨買主耕種收租完粮管業更名入冊賣主子孫不得過問一言有力不致取贖無力不致加找倘有内外人等異言争競有賣主一面承當此係
二比
情願於中並無逼迫成交抑無私債準折等情恐後人心不古立此永遠杜賣田契文約爲據是實

實杜賣秋粮田壹分佈種壹籮伍斜實接受杜價銀壹佰肆拾伍两净整

道光六年十月廿五日立賣杜賣田契文約人李兆元李兆吉

李世春
憑中 李發廣
趙明文
代字李剛直皆親筆畫押

杜契存照

57 道光六年十月二十五日李兆元等卖田与黄登鹤的卖契

計批者其李家田分着緯堂兄管業因此田係先年向李姓杜買有先父分受得之尖角田壹籮伍斛同稅契內未便分析為此批明照𥿄錄列於後

立賣永遠杜賣田契文約人李兆元李兆吉為因應用不敷情願將先祖遺留秋粮田壹分佈種壹籮伍斛坐落吳邑門首東南北至溝西至進文田大小叁坵該粮壹斗在本一甲李錦繡户下完納今仍撥在本一甲黃登鶴户下上納隨田秋田壹坵佈種壹籮伍斛坐落吳邑門首大路下其田坐落四至粮數開明載契情願請憑立約出杜賣與

登鶴黄大新爺名下永遠為業實接受杜價銀壹佰肆拾伍兩淨整自杜之後任隨買主耕種収租完粮管業更名入冊賣主子孫不得過問一言有力不致取贖無力不致加找倘有内外人等異言爭競有賣主一面承當此係二比情願於中並無逼迫成交抑無私債准折等情恐後人心不古立此永遠杜賣田契文約為據是實

實杜賣秋粮田壹分佈種壹籮伍斛實接受杜價銀壹佰肆拾伍兩淨整

道光六年十月廿五　日立實杜賣田契文約人李兆元李兆吉

憑中　李世春　李發廣　趙明文

代字李剛直皆親筆畫押

杜契存照

58 道光七年十月二十日黄凤腾归并田与黄凤池的归并田契

立實永遠歸併田契文約人黄鳳騰爲[因]乏用情願将先祖遺畱粮田壹分佈種肆箩坐落龍華寺門首名喚凹子田東至張姓田南至溝西至溝北至楊姓田該粮弍斗肆升在来二甲黄逢聖户下上納今將四至粮[数]開明在契隨田秧田壹坵坐落徐家門首東至徐家秧田南至溝北至徐家秧田西至黄家秧田今情願請憑立約永遠出歸併與○

族兄鳳池黄四新爺員下永遠爲業實接受歸價銀叁佰兩整自[歸]之後任從銀主耕種管業完粮收租日後有力不得取贖無力不得加找永遠子孫不得過問係是二比情願於中並無逼迫相强亦無私債準折恐後人心不古立此歸賣田契爲據是實○

○實歸併粮田壹分佈種肆箩並秧田壹坵接受價銀叁佰兩整○

道光七年十月二十日立實永遠歸併田契人黄鳳騰（花押）

○批者添因字一个數字一个歸字一个○

黄聯章（十）

憑中人　黄秀彩（花押）

黄因進（十）

黄鳳苞（花押）

歸契爲據

代字親筆

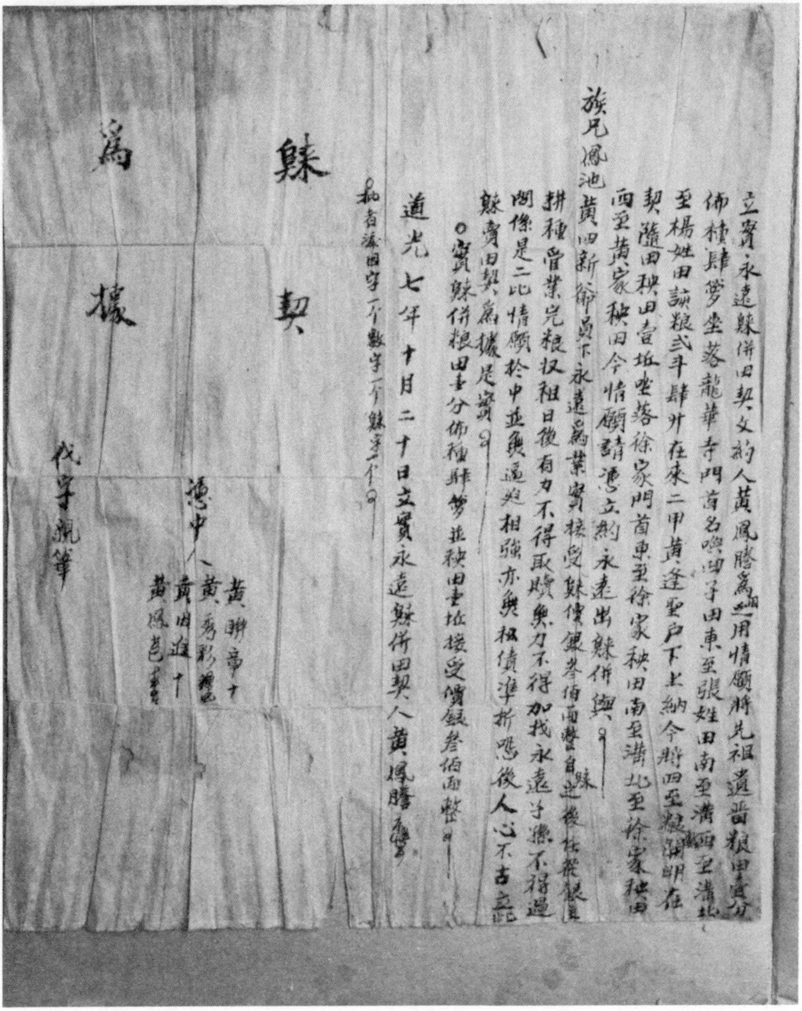

立賣永遠杜併田契文約人黃鳳騰爲因[illegible]用情願將先祖遺留粮田壹分佛種肆箩坐落龍華寺門首名喚田子田東至張姓田南至溝西至溝北至楊姓田該粮弍斗肆升在來二甲黃逢聖戶下上納今將四至[illegible]明在契隨田秧田壹坵坐落徐家門首東至徐家秧田南至溝北至徐家秧田西至黃家秧田今情願請憑立約永遠出杜併與

族兄鳳池黃田新爺台名下永遠爲業實接受杜價銀叁佰兩整自杜之後任從銀主耕種管業完粮收租日後有力不得取贖無力不得加找永遠子孫不得過問係是二比情願於中並無逼迫相強亦無抵債準折憑後人心不古立此杜賣田契爲據是實

○實杜併粮田壹分佛種肆箩並秧田壹坵接受價銀叁佰兩整

道光七年十月二十日立賣永遠杜併田契人黃鳳騰

補者添田字一个數字一个杜字一个

憑中人 黃聯章 黃秀彩 黃田迎 黃鳳邑

代字親筆

杜契

爲據

59 道光七年十月二十日黄登俊卖田与番锦绶的卖契

立實賣田契文約生黄登俊仝男名燕爲因應用情愿將祖遺自己面分秋粮田一分坐落龍華寺門首名喚凹子田東至張姓田南至溝西至溝北至楊姓田佈種四羅該粮貳斗四升在来二甲黄逢聖户下上納四至粮数開明載契隨田秧田一坵坐落徐家門首東至徐家秧田南至溝北至徐家秧田西至黄家秧田四至開明載契今情愿憑中立約綬出賣與

錦綬畨大表弟名下接受價銀壹百捌拾两净整自賣之後任從銀主耕種完粮日後有力取贖無力不致加找不論年月遠近銀到田歸二比不得刁難此係心悦誠服中間並無逼迫成交亦無私債準折等情今恐人心不古立此賣契爲據

實賣秋粮田一分實接受價銀壹百捌拾两净整是實

道光七年十月二　十日立約實賣田契生黄登俊（花押）

〇内添二字

〇其銀係人名平啓順号天平对

〇新旧三帋銀主收執其田本田日後有老帋以爲故帋

賣契爲據

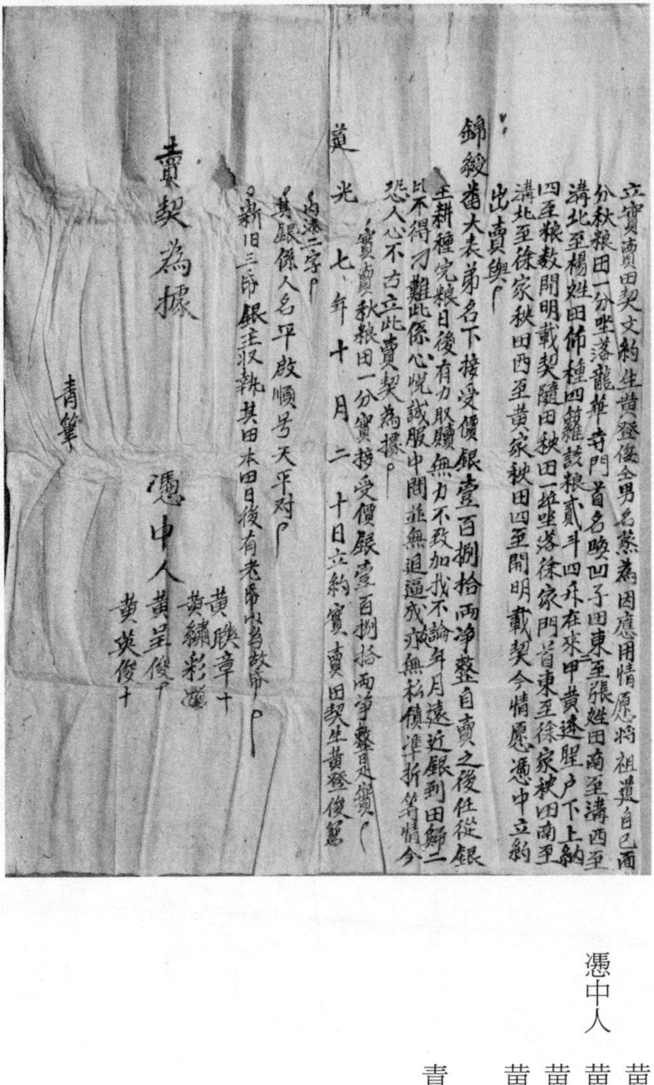
立賣賣田契文約生黄登俊仝男名燾為因應用情愿將祖遺自己面
分秋粮田一分坐落龍華寺門首名喚凹子田東至張姓田南至溝西至
溝北至楊姓田佈種四籮該粮貳斗四升在來甲黄逢腥户下上納
四至粮數開明載契隨田秋田一坵坐落徐家門首東至徐家秋田南至
溝北至徐家秋田西至黄家秋田四至開明載契今情愿憑中立約
出賣與
錦毅翁大表弟名下接受價銀壹百捌拾兩淨整自賣之後任從銀
主耕種完粮日後有力取贖無力不致加找不論年月遠近銀到田歸二
比不得刁難此係心悦誠服中間並無逼迫成交亦無私債準折等情今
恐人心不古立此賣契為據。
實賣秋粮田一分實接受價銀壹百捌拾兩淨整是實
道光七年十月二十日立約賣田契生黄登俊筆
内塗二字
其銀係人名平啟順号天平對
新旧三帋銀主収執其田本田日後有老帋以為故帋
賣契為據
憑中人　黄聯章十
黄繡彩
黄呈俊
黄英俊十
青筆

憑中人　黄聯章（十）
黄繡彩（花押）
黄呈俊（十）
黄英俊（十）

青筆

60 道光九年二月十九日黄生俊卖地与黄凤池的杜卖契

立實永遠杜賣地契文約生黄生俊仝胞弟呈俊爲因應用情願将祖父遺留二人自己分受得坐地貳塊坐落三单横巷其地壹塊東至横路南至直路西至巷道路北至黄自科地又壹塊東至横路南至黄毓俊墙脚西至黄開國李占仝地北至路溝其巷道同毓俊自科同走其地貳塊坐落四至開明在契今情願憑中立約出杜賣與

族叔鳳池詔岐名下爲業實接受杜價銀貳百陸拾两净整自杜賣之後任從買主圍欄住坐起房盖屋永爲子孫世守基業賣主子孫永遠不得異言過問當日地價已經受足此係落筆無踪係是二比情願中間並無逼迫成交亦無私債準折等情倘有家族内外人等異言争競有賣主一力承當彼時銀地两相交明其銀二人當面均分各自受囬恐後人心不古立此實杜賣地契文約永遠爲據

實杜賣地貳塊實同受杜價銀貳百陸拾两净整是實

道光九年二月十九日立實永遠杜賣地契文約生黄生俊（花押）仝弟呈俊（十）

杜契爲據

子孫發達

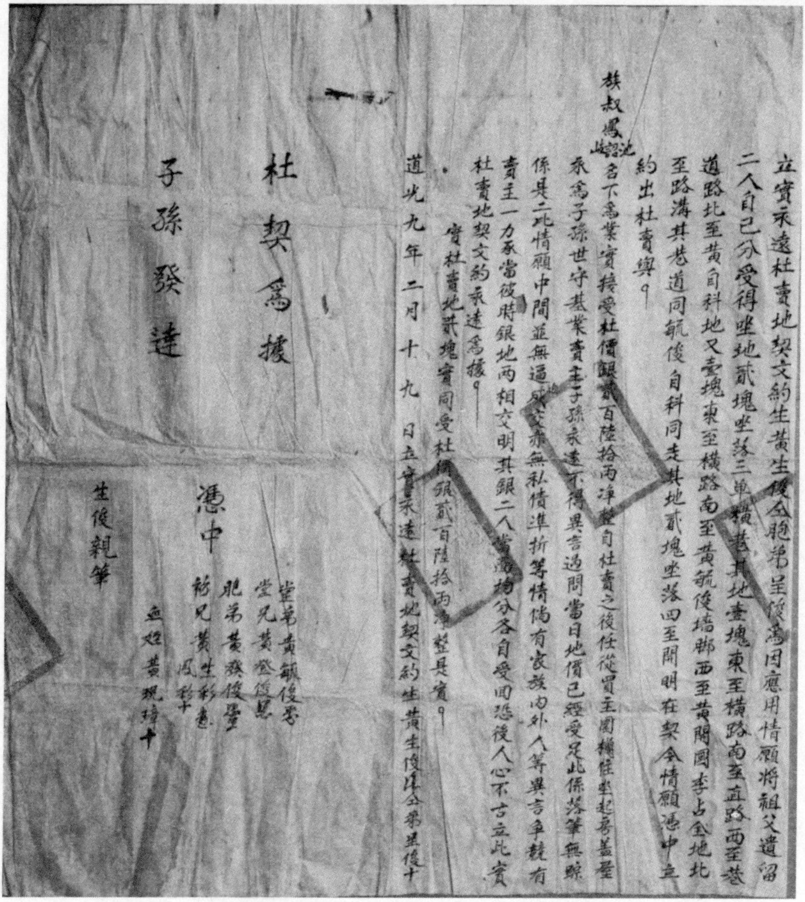
立賣永遠杜賣地契文約生黄生俊仝胞弟呈俊為因應用情願將祖父遺留
二人自己分受得坐地貳塊坐落三单横巷其地壹塊東至横路南至直路西至巷
道路北至黄自科地又壹塊東至横路南至黄毓俊墻脚西至黄開國李占全地北
至路溝其巷道同毓俊自科同走其地貳塊坐落四至開明在契今情願憑中立
約出杜賣與
族叔鳳彩、鳳詔、池名下為業實接受杜價銀貳百陸拾両浄整自杜賣之後任從買主園耕種坐起房蓋屋
永為子孫世守基業賣主子孫永遠不得異言過問當日地價已經受足此係落筆無踪
係是二比情願中間並無逼成交亦無私情準折等情倘有家族内外人等異言爭競有
賣主一力承當彼時銀地兩相交明其銀二人當場均分各自受回恐後人心不古立此賣
杜賣地契文約永遠為據。
實杜賣地貳塊實同受杜價銀貳百陸拾両浄整是實。
道光九年二月十九日立賣永遠杜賣地契文約生黄生俊仝弟呈俊十
杜契為據
子孫發達
憑中
堂弟黄毓俊
堂兄黄登俊
胞弟黄發俊
祊兄黄生彩
鳳彩十
血姪黄現璋十
生俊親筆

憑中　堂弟黄毓俊（花押）
堂兄黄登俊（花押）
胞弟黄發俊（花押）
祊兄黄生彩（花押）
鳳彩（十）
血姪黄現璋（十）
生俊親筆

61 道光九年二月二十日徐全修与黄凤池的加找田契

立加找田契文约人徐全修仝侄文慶爲因弟故無處出辨情愿立约加找
到
鳳池黄四新爷名下實加找銀叁两伍錢净整自加之後日後有力取贖無力不淂再
加其田名焕濟田坐落四至俱在老契書明恐後人心不古立此加找爲據
實加找銀叁两伍錢净整
道光九年二月二十　日立加找田契文约人徐全修（十）仝侄文慶（十）

楊應才（十）
凴中　徐正修（十）
任朝剛（十）

加找爲據

代字　侯開国（花押）

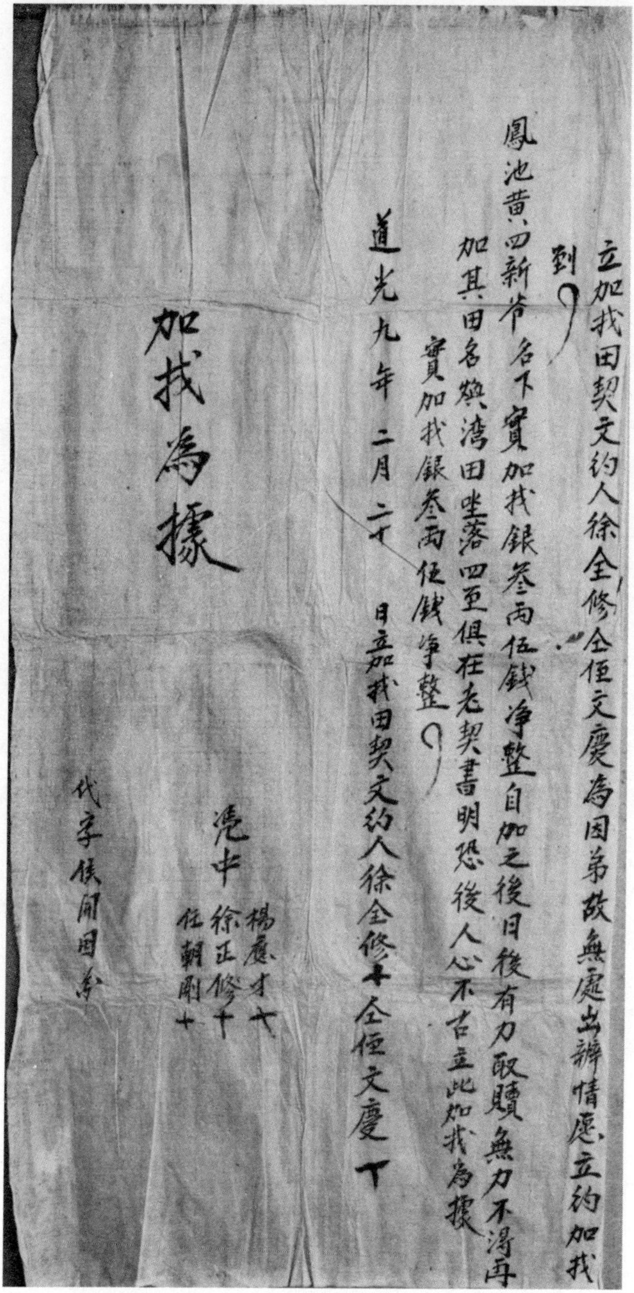

立加找田契文约人徐全修仝侄文慶為因弟故無處出辦情愿立约加找
到
鳳池黄四新爷名下實加找銀叁两伍錢凈整自加之後日後有力取贖無力不得再
加其田名燕湾田坐落四至俱在老契書明恐後人心不古立此加找為據
實加找銀叁两伍錢凈整
道光九年二月二十日立加找田契文约人徐全修十仝侄文慶下
憑中 楊慶才十 徐正修十 任朝剛十
代字侯開国
加找為據

62

道光九年六月二十八日番锦耀与黄茂猷的加找田契

立加找文約人畨錦耀爲因母親身上有疾情愿立约加找到〇ᑫ
茂猷黃大公名下實加找銀伍两净整其田四至粮数俱在老契書明自加找之後有力取贖無
力不淂在加此係二比情愿其中並無逼迫承交亦無私債準折等情恐後人心
不古立此加找爲據〇ᑫ
〇實加找銀伍两净整〇ᑫ
道光九年六月二十八日立加找文約人畨錦耀（花押）
〇〇其纸新旧共四帋〇〇

憑中　叔畨如璵（十）
　　　弟畨錦昆（花押）

加找爲據

代字畨錦爵（花押）

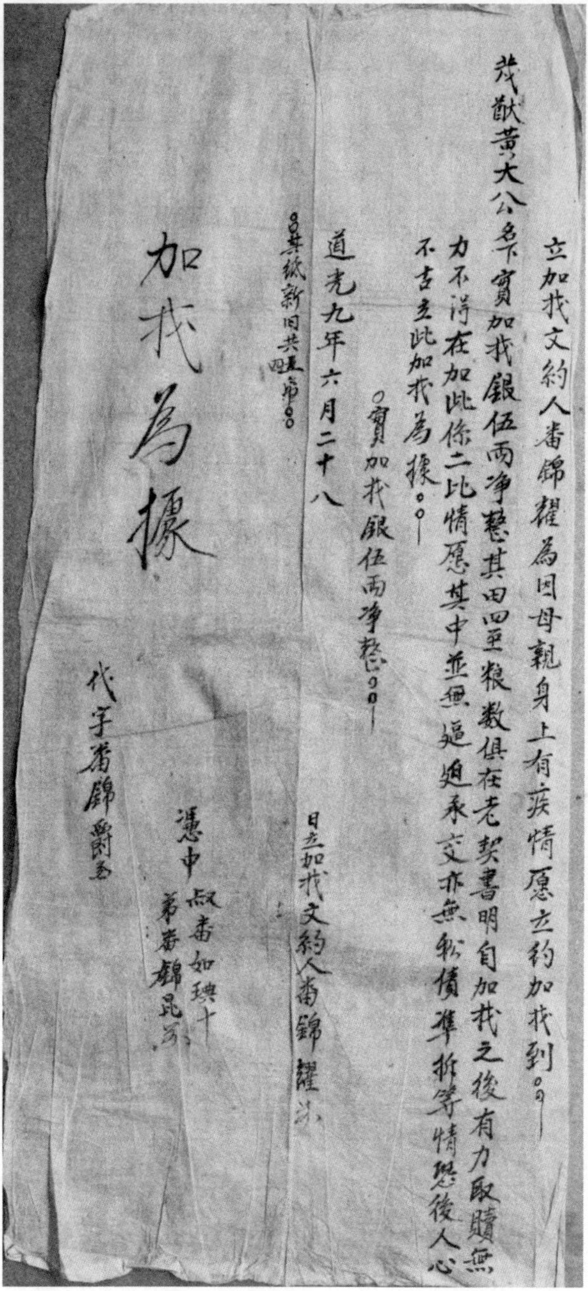
立加找文約人黄錦耀爲因母親身上有疾情愿立約加找到
茂猷黄大公名下實加找銀伍兩净慭其田四至粮数俱在老契書明自加找之後有力取贖無
力不得在加此係二比情愿其中並無逼迫承交亦無私債準折等情恐後人心
不古立此加找爲據。
實加找銀伍兩净慭。
道光九年六月二十八日立加找文約人黄錦耀
具紙新旧共四帋
憑中 叔黄如璵
弟黄錦昆
代字黄錦爵
加找爲據

63 道光十一年二月十六日番泽洋等卖地基与黄凤池的卖契

立實永遠杜賣地契文約生畓澤洋仝子錦茂仝孫畓品榮爲因應用情願将先祖向黄姓杜買
得荒地壹塊坐落四单其地東至畓姓墻脚南至黄汝憲汝林墻脚西至路北至溝路四至開明在契
情願憑中立約出杜賣與
鳳詔岐池三位黄相公員下實接受杜價銀壹百叁拾兩净整自杜賣之後任從買主壐□住坐亦或耕種永爲
黄姓子孫之業賣主子孫不得異言過問當日地價已經受足日後有力不得取贖無力不得加找係是
落筆無踪二比情願中間並無逼迫成交亦無私債准折等情倘有内外家族人等異言争競有賣主一
力承當恐後人心不古立此杜賣永遠爲據

實杜賣地基壹塊實接受杜價銀壹百叁拾兩净整

道光拾壹年二月十六　日立實永遠杜賣地契文約生畓澤洋（十）仝子錦茂（花押）仝孫品荣（花押）

憑親鄰　經國黄先生（花押）
胞　畓澤潭（十）
憑中　畓澤沛（十）
弟　生畓仁山（花押）
地契存照
血姪生畓物會（花押）
畓品荣親筆

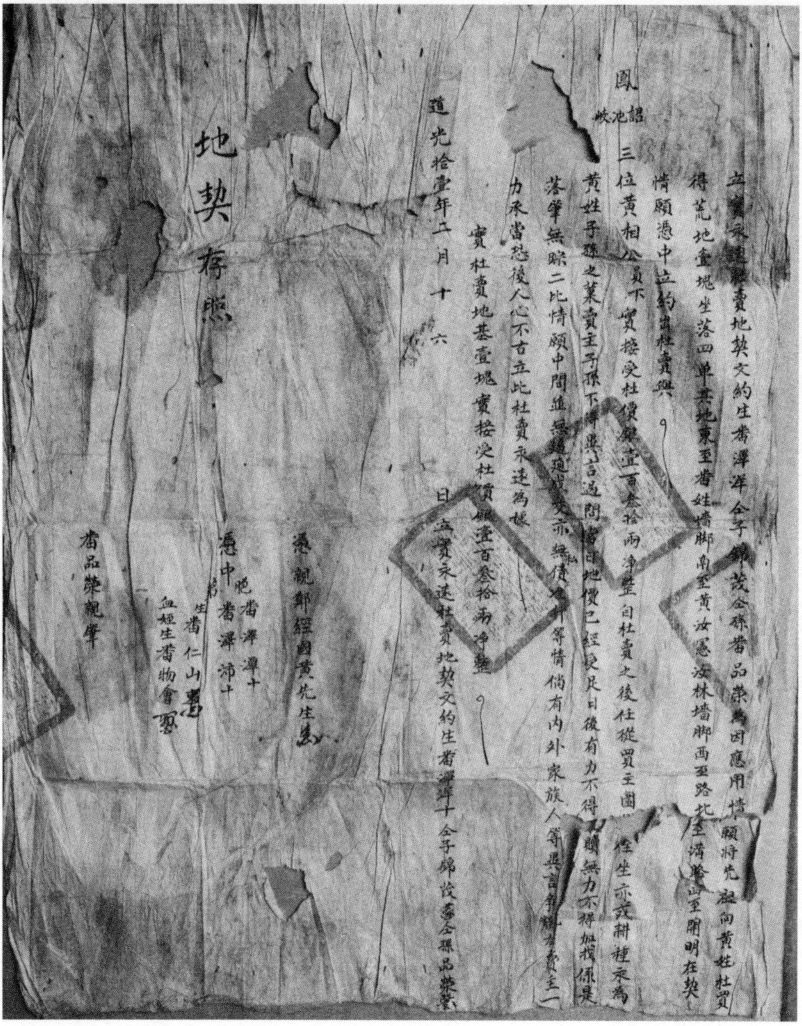
立賣永遠杜賣地契文約生番澤洋仝子錦茂仝孫番品榮爲因應用情願將先祖向黄姓杜買
得荒地壹塊坐落四單其地東至番姓墻脚南至黄汝恩汝林墻脚西至路北至溝邊山至開明在契
情願憑中立約出杜賣與
鳳鳴池岐三位黄相公員下實接受杜價銀壹百叁拾兩净整自杜賣之後任從買主園住生亦或耕種永爲
黄姓子孫之業賣主子孫下得異言過問當日地價已經交足日後有力不得取贖無力不得加找係是
落筆無踪二比情願中間並無逼迫成交亦無私債准折等情倘有内外家族人等異言有賣主一
力承當恐後人心不古立此杜賣永遠爲據
實杜賣地基壹塊實接受杜價銀壹百叁拾兩净整
道光拾壹年二月十六日立賣永遠杜賣地契文約生番澤洋十仝子錦茂仝孫品榮
憑親鄰經國黄先生
憑中 胞番澤澤十 弟番澤沛十 生番仁山
血姪生番物會
番品榮親筆
地契存照

64 道光十二年十月二十六日赵占嵩卖田与黄凤池的卖契

立實永遠杜賣田契文約人趙占嵩爲因正用情願将祖父遺留直粮田一段大
小八度佈種肆籮名喚楊家田坐落吴邑門首東至趙占華田南至短埧田
西至買主田北至溝該粮肆斗柒升壹在西单趙密户下完納今將四至粮數開
明在契情愿請憑立約出杜賣與〇
鳳池黄新爺員下永遠爲業實接受杜價銀壹佰捌拾两净整自杜之後任隨
買主耕種管業完粮收租賣主子孫永遠不致一言過問日後有力不致取贖
無力不致加找倘有内外人等一言争競有賣主一面承當恐後人心不古立
此杜賣田契爲據是實〇
〇實杜賣粮田壹段佈種肆箩實接受杜價銀壹佰捌拾两整
道光十二年十月二十六日立實杜賣田契文約人趙占嵩（花押）

母旧張文魁（花押）
憑中　伯父趙鳳孫（花押）
堂兄趙占華（十）

賣契
爲據

占嵩親筆（花押）

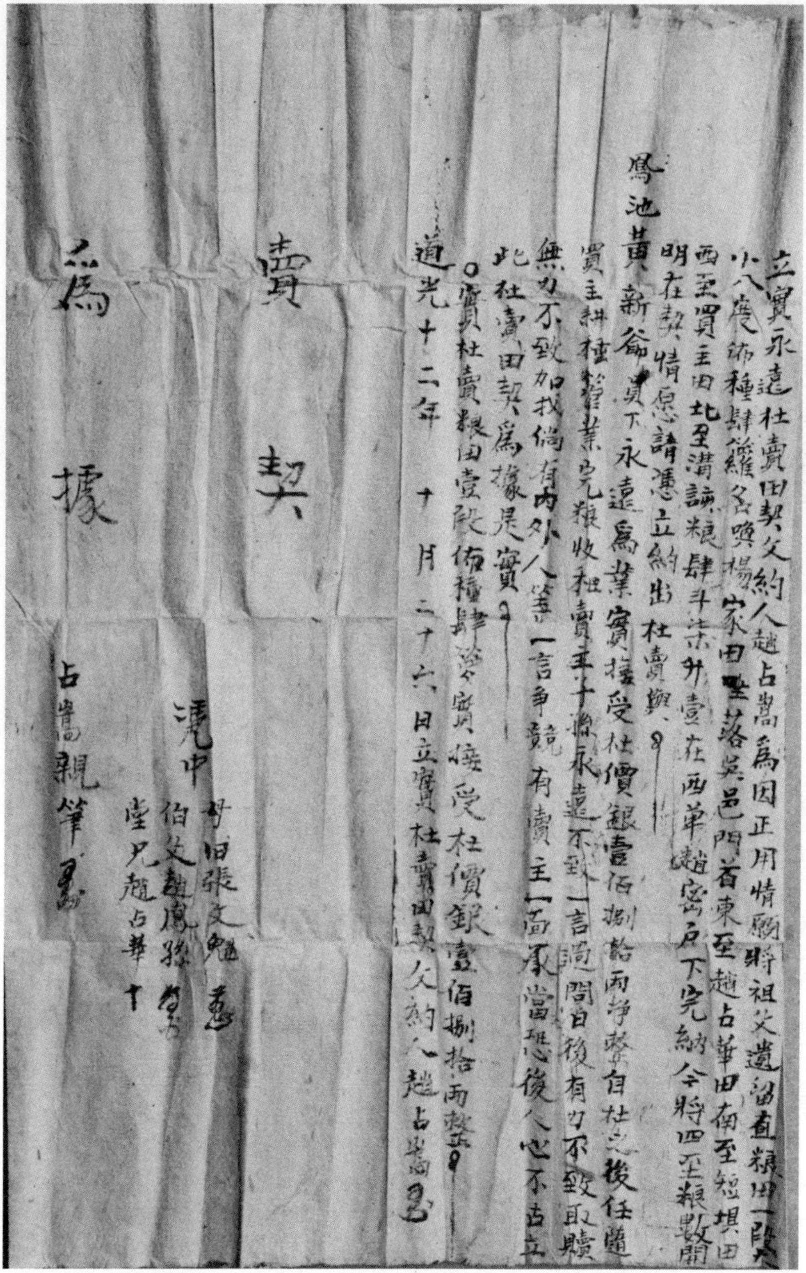

立賣永遠杜賣田契文約人趙占嵩為因正用情願將祖父遺留直糧田一段
小八丘佈種肆籮名喚楊家田坐落吳邑門首東至趙占華田南至短埂田
西至買主田北至溝諭糧肆斗柒升壹合在西華趙密戶下完納今將四至糧數開
明在契情愿請憑立約出杜賣與
爲池黄新爺名下永遠爲業實接受杜價銀壹佰捌拾兩整自杜之後任隨
買主耕種管業完糧收租賣主子孫永遠不致一言滋閙日後有力不致取贖
無力不致加找倘有內外人等一言爭競有賣主一面承當恐後人心不古立
此杜賣田契爲據是實
○實賣杜賣糧田壹段佈種肆籮實接受杜價銀壹佰捌拾兩整
道光十二年 十月二十六日立實賣杜賣田契文約人趙占嵩

賣契

憑中 母舅張文魁
伯父趙鳳翔
堂兄趙占華 十

爲據

占嵩親筆

65

道光十三年正月二十日番胡氏等与黄登美的加找田契

立加找田契文約人孀婦畨胡氏仝孫畨立起爲因男亡在外孫亦人在外家下缺少應用情愿凴中加到黄登美名下實加找人名銀柒两净整自找之後其田任從買主耕種管業完粮賣主不致異言倘有内外人等異言争兢賣主一力承當其有田各坐落四至粮数俱載原契書明日後有力取贖無力不致加找恐後人心不古立此加找爲據

實加找人名銀柒两净整

道光拾叁年正月二十日立加找文約人孀婦畨胡氏孫畨立起（十）

其帋新旧六紙

田（十）

祥（花押）

加找爲據　凴中人畨錦達（十）

禄（十）

代字人寸圜初（花押）

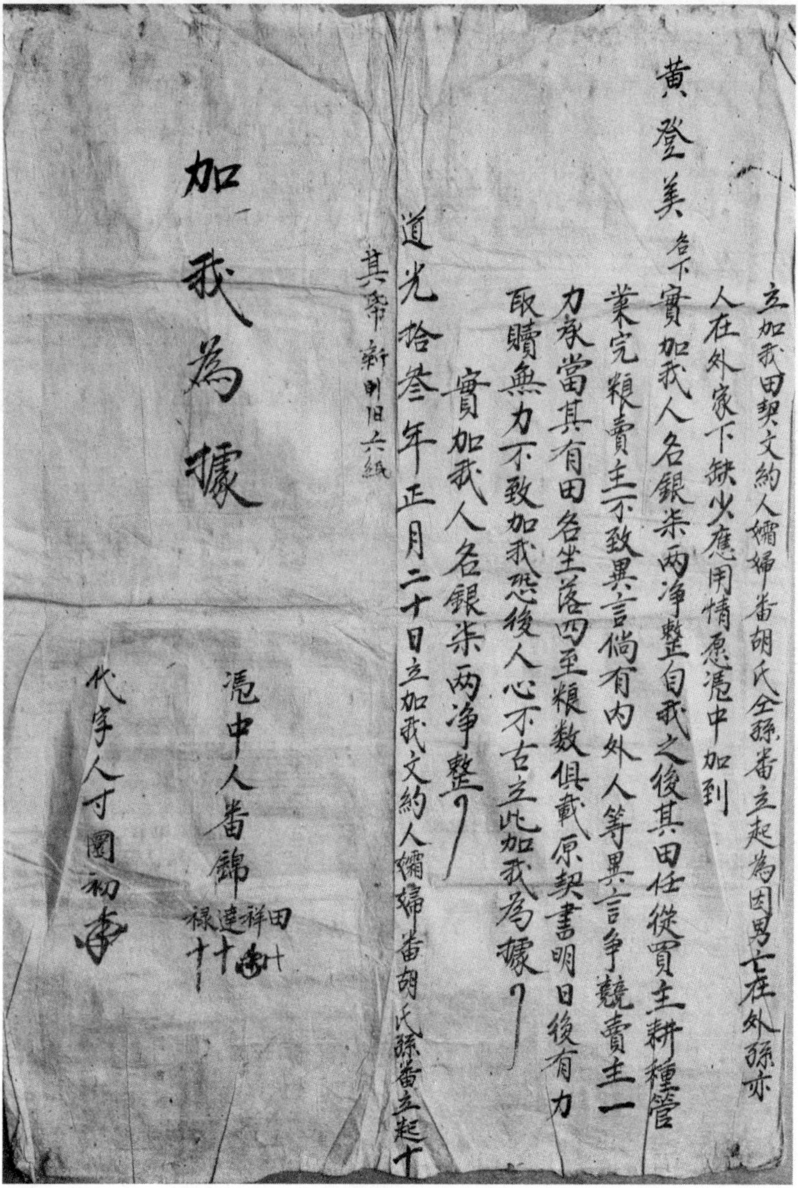
立加找田契文約人孀婦畨胡氏仝孫畨立起爲因男亡在外孫亦
人在外家下缺少應用情愿凭中加到
黄登美名下實加找人名銀柒兩淨整自找之後其田任從買主耕種管
業完粮賣主不致異言倘有内外人等異言争競賣主一
力承當其有田名坐落四至粮数俱載原契書明日後有力
取贖無力不致加找恐後人心不古立此加找爲據
實加找人名銀柒兩淨整
其帶新明旧六紙
道光拾叁年正月二十日立加找文約人孀婦畨胡氏孫畨立起十
凭中人畨錦田十
祥
達十
祿十
代字人寸圖初
加找爲據

66 道光十三年三月初八日彭泽延等卖田与黄凤池等筹祠堂维修款的卖田契（民国三年十月三日黄凤池验契1张、民国五年十二月四日黄凤池杜契1张）

立實賣田契文約人彭澤延彭奎南彭慶延彭生才爲因合族人等建修祠堂缺乏修理費用情願将族内先祖天華公先年向晏名高承買得遺留歸祠堂用六甲粮田壹段其田坐落龍江上营名喚河口田该粮叁畝在晏加陞户下完納其田四至俱在老契書明又将杜興石軍粮田分着天華公中分弍箩坐落上营東至彭成玉田南至晏姓田西至彭倫田北至路並坎该粮乙斗弍升在彭加年户下完納其田弍分坐落四至開明在契情願仝合族人等出立賣契與

鳳池詔黄新爺二位員下實接受田價銀壹百伍拾两净整自賣之後任從買主招佃耕種完粮管業賣主不致異言係是二比情願中间並無逼迫私债等情倘有内外人等一言争競有賣主一面承當日後有力取贖無力永遠不致加找年月不拘遠近銀到田歸二比不得刁难恐後人心不古立此賣契爲據〇

实賣粮田弍叚接受價銀壹百伍拾两净整是实〇

道光十三年三月初八日立實賣田契文約人彭

慶延（花押）

澤延（花押）

奎南（花押）

生才（十）

其銀係買主天平兑有晏姓原賣契壹紙天華公
憑據壹紙交買主收执又向白姓贖囬壹紙亦交買主
收存此批〇
契内共田弍叚其晏姓所賣河口田壹叚粮田買
主上納租谷玖拾捌箩亦归買主收納此批〇
其軍粮田壹叚粮归賣主上納租谷亦仍归賣主
收纳此批〇

憑中　族内彭生林（十）
　　　　　　　　華（十）

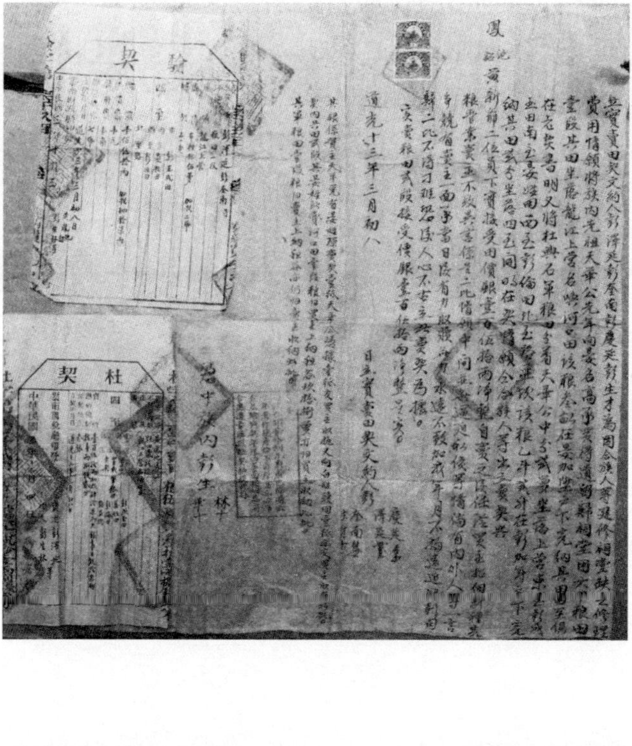

遵奉
司法部颁發條例凡典産已經過六
十年者作絶産論不許原業主告争
查□驗典契年限四至面積均属符
合應遵章准照杜契納税此據

驗契

賣主出典人 姓名	彭澤延彭奎南等
不動産種類	粮田一段
座落	龍江上营
面積	布種拾伍箩 加找二帋
贖契	賣契
四至	東至 彭玉成田 南至 晏姓田 西至 彭姓田 北至 路
典賣價	壹佰伍拾两加找□拾柒两
纸價費	壹元
注册費	壹角
原契幾張	七帋
立契年月日	道光十三年三月初八日

雲南財政廳印發 業主黄鳳池 詔 中人彭生林等

中華民國三年十月三日騰衝縣署 給

杜契

買主姓名	黄鳳池鳳詔
不動産種類	粮田貳段
座落	龍江上营名喚河口田
面積	
典賣契	
四至	東至 河口田 彭成玉田 南至 四至載軍粮田 晏姓田 西至 老契 彭倫田 北至 路並坎
賣價	壹百伍拾两加找肆拾柒两共銀壹百玖拾柒两
应纳税額	拾壹两捌錢貳分
原契幾張	叁張
立契年月日	道光十三年三月初八日

雲南國税廳印發 賣主彭澤延 等 中人彭生林

中華民國五年十二月四日騰衝縣署 給

67 道光十三年五月初六日徐潜修与黄凤池的加找田契文约

立加找田契文约人徐潜修仝侄國慶國才國彩爲因堂弟正修身故無有應用情
愿立约加找到ᑫ
鳯池黄四新爺名下銀弍两伍錢浄整其田布種二箩四至粮数俱在老契書明自加之後任從
銀主耕種完粮不致異言係是二比情愿恐口無憑立此加找爲據ᑫ
實加找田契銀弍两伍錢整ᑫ
道光十三年五月初六　日立加找田契文约人徐潜修（十）仝侄國慶十　才（十）　國彩（十）
加找爲據
憑中　徐城修（十）
代字侯開国（花押）

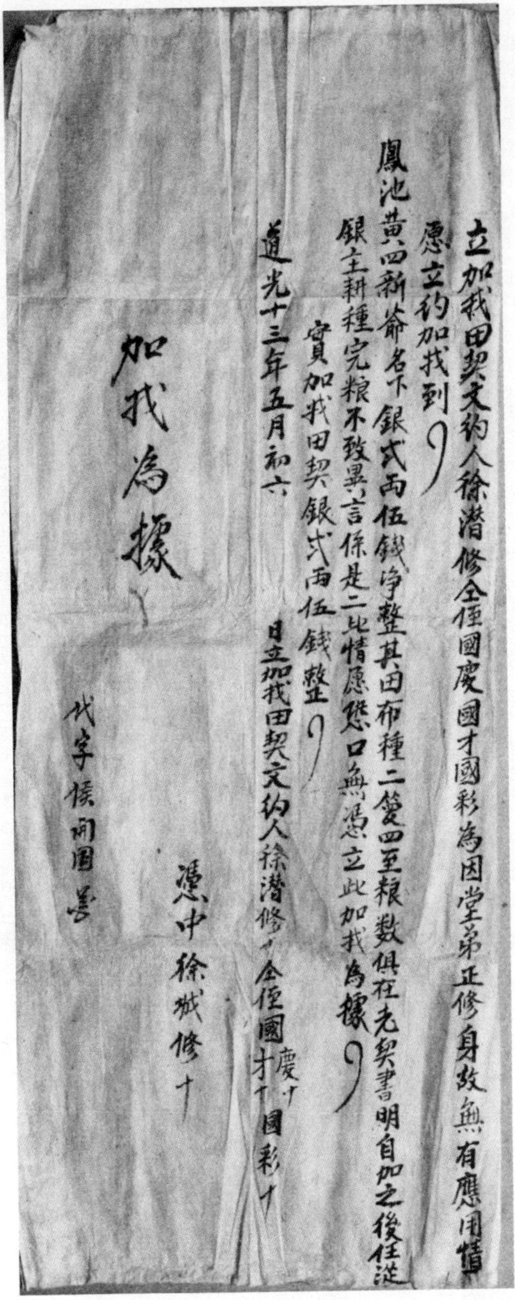
立加找田契文約人徐潛修仝侄國慶國才國彩為因堂弟正修身故無有應用[illegible]
愿立約加找到
鳳池黃四新爺名下銀弍兩伍錢凈整其田布種二籮四至粮數俱在老契書明自加之後任從
銀主耕種完粮不致異言係是二比情愿憑口無憑立此加找為據
實加找田契銀弍兩伍錢整
道光十三年五月初六日立加找田契文約人徐潛修十仝侄國慶十國才十國彩十
憑中徐斌修十
代字侯雨圖書
加找為據

68　道光十四年八月初八日黄开国等卖地与黄凤诏的的卖地契

立實杜賣永遠地契文約人黄開國仝男發章爲因應用情願将祖父遺留自己面分後地壹塊東至買主地南至安國地西至賣主地北至李姓地四至開明在契情願凴中立約出杜賣與族弟鳳詔池名下爲業實接受杜價銀貳拾陸两净整自杜賣之後任從買主圍欄住座起房盖屋出水永爲子孫基業賣主不得異言過問當日地價已經受足此係落筆無踪係是二比情願中間並無逼迫私債准折等情倘有家族内外人等異言争競有賣主一力承當恐後人心不古立此杜賣地契文約永遠爲據

〇實杜賣地壹塊實接受地價銀貳拾陸两净整

道光十四年八月初八　日立實杜賣永遠地契文約人黄開國（十）仝男發章（十）

地契永遠杜賣爲據

兄　經國

凴族　弟　鳳騰（十）

侄　秀章（十）

代字　美章（花押）

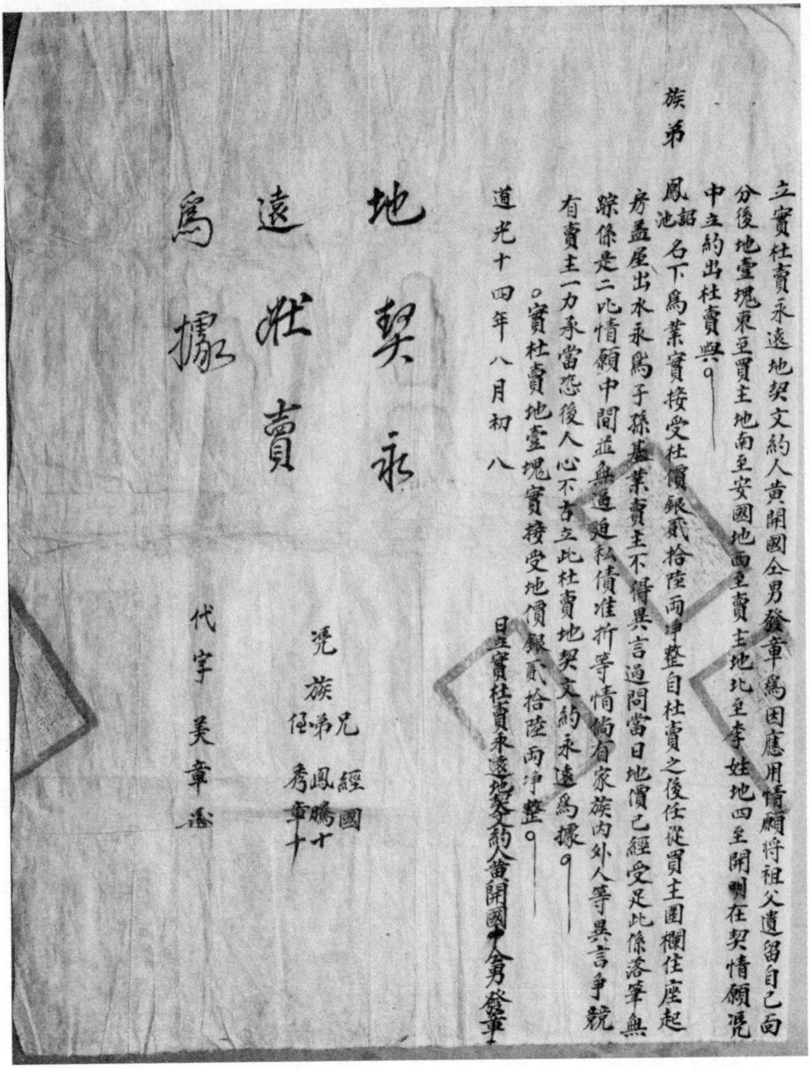
立實杜賣永遠地契文約人黃開國仝男發章爲因應用情願將祖父遺留自己面
分後地壹塊東至買主地南至安國地西至賣主地北至李姓地四至開明在契情願凴
中立約出杜賣與○
族弟
鳳詔池名下爲業實接受杜價銀貳拾陸兩净整自杜賣之後任從買主圍欄住座起
房盖屋出水永爲子孫基業賣主不得異言過問當日地價已經受足此係落筆無
踪係是二比情願中間並無逼迫私債准折等情倘有家族内外人等異言爭競
有賣主一力承當恐後人心不古立此杜賣地契文約永遠爲據○
○實杜賣地壹塊實接受地價銀貳拾陸兩净整○
凴族兄 經國
族弟 鳳騰十
侄 秀章十
代字 美章筆
道光十四年八月初八日立實杜賣永遠地契文約人黃開國仝男發章十
地契永遠杜賣爲據

立加找田契文约生黄登俊爲因應用情愿立约加到ｏ
錦綬沓新爺名下實加找銀伍两净整自找之後其田任從買主
完粮耕種管業賣主不致異言其有田名坐落四至粮数俱
載愿契書明恐後無憑立此加找爲據ｏ
實加找銀伍两净整ｏ
道光十五年正月二十八日立加找文约生黄登俊
加找爲據
憑中　黄英俊（十）
黄升俊（十）
黄名俊（十）
黄登俊親筆

69 道光十五年正月二十八日黄登俊等与番锦绶的加找田契

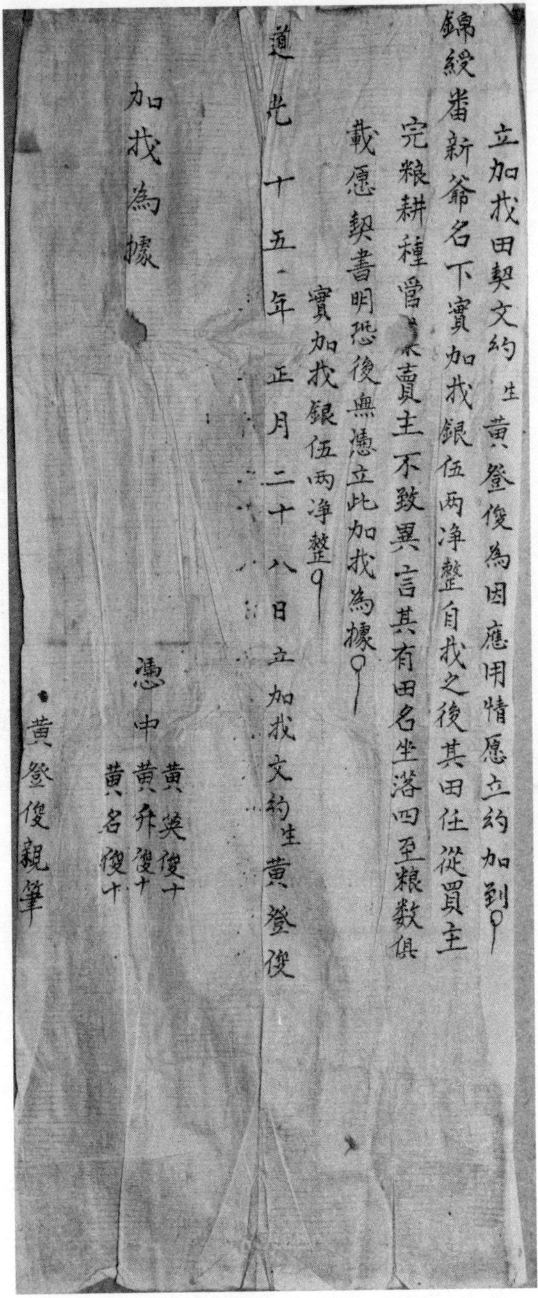

立加找田契文約生黄登俊為因應用情愿立約加到
錦綬甾新爺名下實加找銀伍兩淨整自找之後其田任從買主
完粮耕種管業賣主不致異言其有田名坐落四至粮数俱
載原契書明恐後無憑立此加找為據
實加找銀伍兩淨整
道光十五年正月二十八日立加找文約生黄登俊
憑中　黄英俊十　黄升俊十　黄名俊十
加找為據
黄登俊親筆

70 道光十六年正月二十三日黃汝丰等归并田与黃云开的归并田契文

立歸併田契文約人黃汝豊 玥 爲因乏用情愿将祖父遺晋屯租田壹分坐落大官田大小陸坵佈種叁箩該粮柒斗伍升其田東至本家田南至楊姓田西至張姓田北至溝四至開明在契情愿立約歸併與堂姪雲開名下永爲己業實接授價銀壹百两净整自歸之後任從銀主管業完粮日後有力不得取贖此係二比情願中間並無逼迫等情亦無私債準折恐後人心不古立此歸併文約永遠爲據

實歸併田壹分佈種叁箩接授價銀壹百两净整

道光十六年正月 二十三 日立歸併田契黃汝豊（花押）黃汝玥（押）

弟黃雲成（花押）

叔黃汝華（十）

憑中 兄黃雲書（十）

弟黃雲泰（十）

永遠

歸併

代字黃佑廷（花押）

立歸併田契文約人黃汝豐珊爲因乏用情愿將祖父遺晋屯租田壹分
坐落大官田大小陸坵佈種叁箩該粮柒斗伍升其田東至本家田南至
楊姓田西至張姓田北至溝四至開明在契情愿立約歸併與
堂姪雲開名下永爲己業實接授價銀壹百两淨整自歸之後任從銀主管業
完粮日後有力不得取贖此係二比情願中間並無逼迫等情亦無私債準
折恐後人心不古立此歸併文約永遠爲據

實歸併田壹分佈種叁箩接授價銀壹百两淨整

道光十六年正月　二十三　日立歸併田契黃汝豐押　黃汝珊押

永　遠

憑中　叔黃汝華十
兄黃雲書
弟黃雲成
弟黃雲泰十

歸　併

代字黃佑廷押

71 道光十六年二月初八日黄云开卖田与黄凤池的卖契（附民国四年正月黄凤池的典契1张）

立賣田契文約人黃雲開爲因乏用情愿将承買得秋粮田壹坵佈種壹籮伍㪷
坐落大擺名喚大擺田東至李家田南北至溝西至賣主田該粮九升弍合在
来二甲黄世安户下上納四至粮数開明在契情愿出賣與
族祖鳳照池二位名下實接授價銀伍拾两净整自賣之後任從買主耕種管業完
粮收租賣主不致異言當日銀田两相交明日後有力取贖無力不得加找係是
二比情愿中間並無逼迫承交亦無私債準折等情倘有内外人等異言争競
有賣主一面承當恐後人心不古立此賣契爲據〇
實賣秋粮田壹坵佈種壹籮伍㪷實接受價銀伍拾两净整〇
道光拾六年二月初八日立賣田契文約人黃雲開（十）
△其銀係天平兑新旧共五㪷交買主收存　批其粮米有玖升八合此批
〇隨田秧田一坵坐落宗堂門首東至李家秧田南北至溝西至賣主秧田道光十八年
□□□加找銀拾两净整合前後共合原價銀陸拾两雲開親筆批
憑中人叔黄汝華（十）
代字黄朝陞（花押）

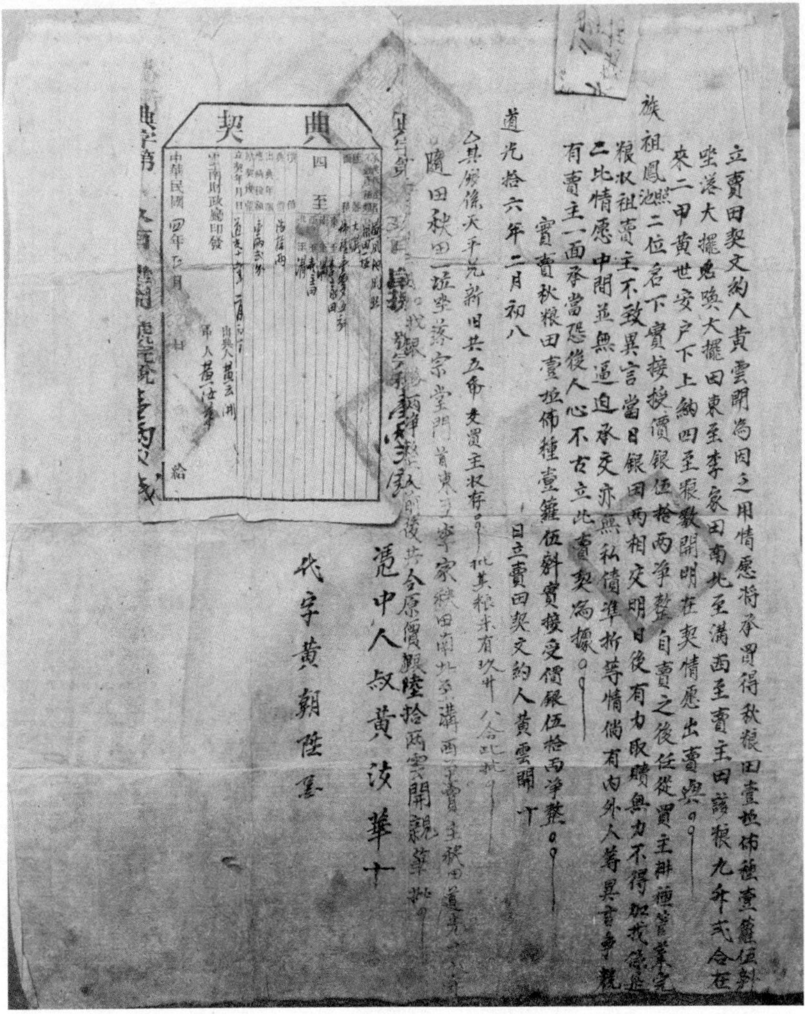

立賣田契文約人黃雲開為因乏用情愿將承買得秋粮田壹坵佈種壹籮伍斛坐落大擺兔喚大擺田東至李家田南北至溝西至賣主田該粮九升弍合在來二甲黃世安戶下上納四至粮數開明在契情愿出賣與族祖鳳池照二位名下實接授價銀伍拾兩淨整自賣之後任從買主耕種管業完粮收租賣主不致異言當日銀田兩相交明日後有力取贖無力不得加找續典二比情愿中間並無逼迫承交亦無私債準折等情倘有內外人等異言爭競有賣主一面承當恐後人心不古立此賣契為據

實賣秋粮田壹坵佈種壹籮伍斛實接受價銀伍拾兩淨整

道光拾六年二月初八　日立賣田契文約人黃雲開　十

隨田秋田一坵坐落宗堂門首東至李家秋田南北至溝西至賣主秋田

[illegible]前後共合原價銀陸拾兩雲開親筆批

憑中人叔黃汝華　十

代字黃朝陞　書

典契

承典人姓名	黄凤池凤照
不動産種類	粮田一坵
座落	大擺
面積	佈種壹箩伍㪷
四至	東至李家田
	南至溝
	西至賣主田
	北至溝
價値	
典價	陸拾两
出典年限	
應纳税額	壹两弍分
原契幾張	
立契年月日	道光十六年二月初八日

雲南財政廳印發　出典人　黄云開

中人　黄汝華

中華民國　四年正月　日　給

72　道光十六年二月初八日黄云开卖田与黄凤池等的卖契（附民国四年正月黄凤池的典契）

立賣田契文約人黄雲開爲因乏用情愿将承買得秋粮田壹坵佈種壹籮伍斘
坐落大擺名唤大擺田東至李家田南北至溝西至賣主田該粮九升弍合在
来二甲黄世安户下上納四至粮数開明在契情愿出賣與∘∘
族祖鳳照池二位名下實接授價銀伍拾两净整自賣之後任從買主耕種管業完
粮收租賣主不致異言當日銀田兩相交明日後有力取贖無力不得加找係是
典加找　□□情愿中間並無逼迫承交亦無私債準折等情倘有内外人等異言争兢
□□□□賣主一面承當恐後人心不古立此賣契爲據∘∘
實賣秋粮田壹坵佈種壹籮伍斘實接受價銀伍拾两净整∘∘
道光拾六年二月初八日立賣田契文約人黄雲開十
△其銀係天平兑新旧共五脋交買主收存　批其粮米有玖升八合此批∘
□隨田秧田一坵坐落宗堂門首東至李家秧田南北至溝西至賣主秧田道光十八年
□□加找銀拾两净整合前後共合原價銀陸拾两雲開親筆批∘
憑中人叔黄汝華（十）
代字黄朝陞（花押）

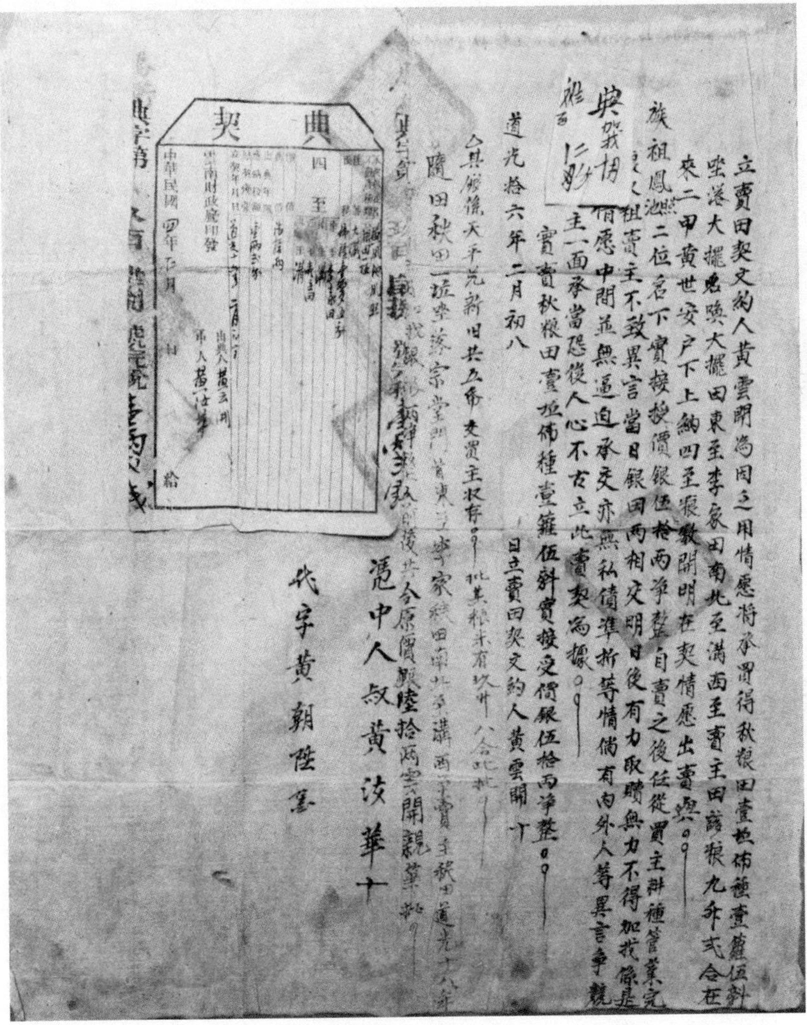
立賣田契文約人黄雲開為因乏用情愿將承買得秋粮田壹坵佈種壹籮伍斛
坐落大擺鬼嘆大擺田東至李家田南北至溝西至賣主田該粮九升弍合在
來二甲黄世安户下上納四至粮數開明在契情愿出賣與
族祖鳳池照二位名下實接接價銀伍拾兩淨整自賣之後任從買主耕種管業完
粮文人祖賣主不致異言當日銀田兩相交明日後有力取贖無力不得加找係是
情愿中間並無逼迫承交亦無私債準折等情倘有內外人等異言爭競
主一面承當恐後人心不古立此賣契為據
實賣秋粮田壹坵佈種壹籮伍斛實接受價銀伍拾兩淨整
道光拾六年二月初八日立賣田契文約人黄雲開 十
憑中人 叔 黄汝華 十
代字 黄朝陞 筆

典契

承典人姓名	黃凤池凤照
不動産種類	粮田一坵
座落	大擺
面積	佈種壹箩伍斗
四至	東至 李家田
	南至 溝
	西至 賣主田
	北至 溝
價值	
典價	陸拾两
出典年限	
應納税額	壹两弍分
原契幾張	
立契年月日	道光十六年二月初八日

雲南財政廳印發　出典人 黃云開

中人 黃汝華

中華民國 四年正月　日

給

73 道光十六年二月十八日晏逢时等与黄凤诏等的租田文约

立租田文约人晏逢時遇時迎時姪國華爲因乏田耕種情愿立约租到

鳳詔

池黄新爺員下六甲粮田壹分坐落龍江河边名唤河[口]田自租之後當日言定每年

納租谷玖拾玖箩俟秋收之日将一色好谷入数扶清不得短少粿粒如有短少拖欠

任從田主别招佃種将家下値銭物件变賣償租租人不致異言阻撓恐口無

憑立此租约爲據

〇實租河[口]田一分每年實納租谷玖拾玖箩。9

道光十六年二月十八日立租田文约人晏逢時（十）同姪國華（十）

遇（十）

迎（十）

租约爲據

憑中　堂弟　晏運時（十）

晏如山（十）

代字人尙璽（花押）

立租田文约人晏逵時、遏時、迎時、侄國華，為因乏田耕種，情愿立约租到

寫池詔黄新爺頁下六甲粮田壹分，坐落龍江河边，名唤河口田。自租之後，當日言定，每年

納租谷玖拾玖籮，候秋收之日，將上色好谷入數挑清，不得短少粿粃。如有短少拖欠，

任從田主別招佃種，將家下值錢物件變賣償租，租人不敢異言阻挠。恐口無

憑，立此租约為据。

實租河口田一分，每年實納租谷玖拾玖籮。

道光十六年二月十八日立租田文约人晏逵時十、遏時十、迎時十、同侄國華十

憑中堂弟晏運時十、晏如山十

代字人尚璽

租约為据

74　道光十六年二月十八日晏逢时等与黄凤诏等的加找田契文约

立加找田契文約人晏逢時遇時迎時姪國華情有祖遺六甲粮田一段先祖
出賣與彭姓今彭姓又轉賣與黄姓其田名喚河口田坐落粮数四至俱在老
契書明今情愿凴中立約加找到○

鳳照
池黄新爺員下實加找銀拾伍两净整自加之後當日言定每年加納租谷八籮
俟秋收之日将一色好谷扶清不得短少粿粒如有短少拖欠任從照至耕種管業
招佃不致異言阻撓恐後無凴立此加找爲據是實○

實加找銀拾伍两净整言定每年加租谷捌籮是實○

道光拾陸年二月十八　日立加找田契文約人晏逢時（十）遇時（十）迎時（十）姪國華（十）

△有歸[併]壹帋交買主收存○

晏運時（十）
凴中　晏如山（十）
晏容時（十）

加找爲據

代字黄連陞（花押）

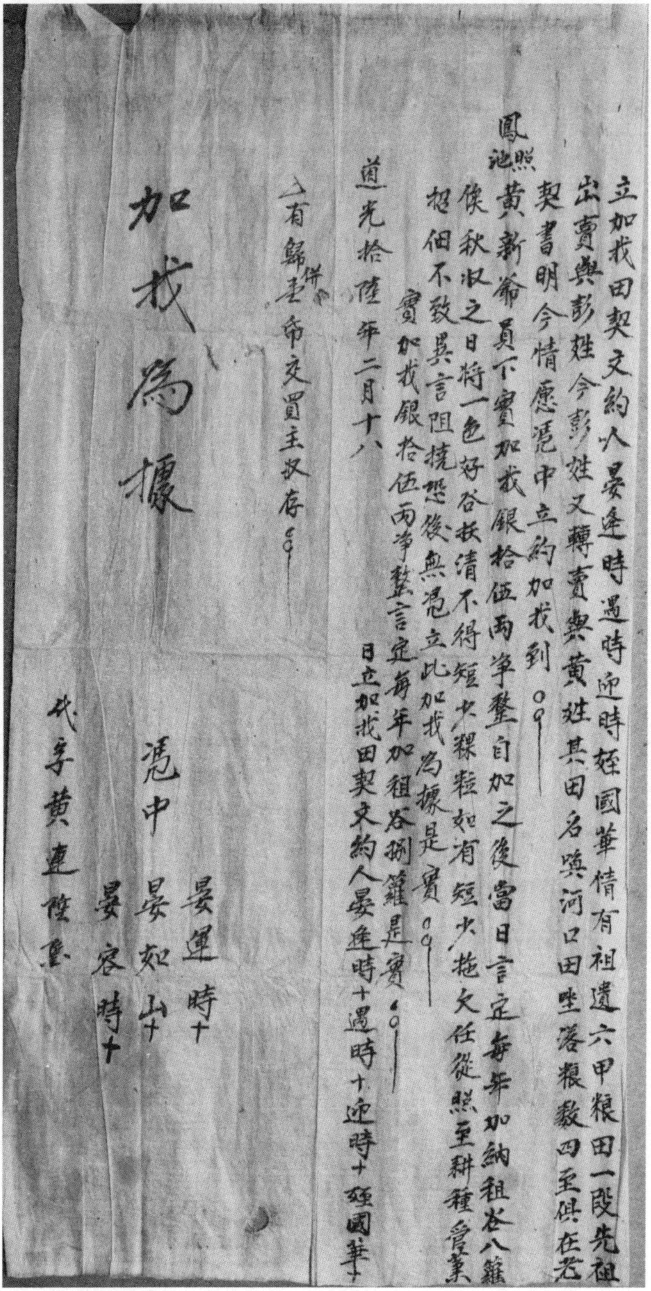
立加找田契文約人晏逢時遇時逈時姪國華情有祖遺六甲粮田一段先祖
出賣與彭姓今彭姓又轉賣與黄姓其田名嶺河口田坐落粮數四至俱在老
契書明今情愿凴中立約加找到
鳳池照
黄新爺員下實加找銀拾伍兩净整自加之後當日言定每年加納租谷八籮
俟秋收之日將一色好谷交清不得短少粿粒如有短少拖欠任從照主耕種管業
想佃不致異言阻撓恐後無凴立此加找為據是實
實加找銀拾伍兩净整言定每年加租谷捌籮是實
道光拾陸年二月十八日立加找田契文約人晏逢時十遇時十逈時十姪國華十
併有歸老帋交買主收存
加找為據
凴中 晏運時十 晏如山十 晏容時十
代字黄連陞書

75 道光十六年二月十八日彭庆延等与黄凤诏等的加找田契文约

立實加找文約人彭慶延奎南生才澤延等爲因晏姓出當與彭姓河口田壹

段四至坐落粮数俱在原契書明今晏姓仍向彭姓加找彭姓又復向

鳳詔池黄新爺員下實加找銀叁拾貳兩净整自加之後任從黄姓收租納粮管業日後有力取

贖無力不致加找係是二比情愿恐口無憑立此加找爲據。

〇實加找河口田價銀叁拾貳兩净整。 生彭奎南（花押） 彭澤延（花押）

道光十六年二月十八 日立加找文約 人彭慶延（花押） 彭生才（十）

加找爲據 憑中人 周浩（花押）

澤延親筆

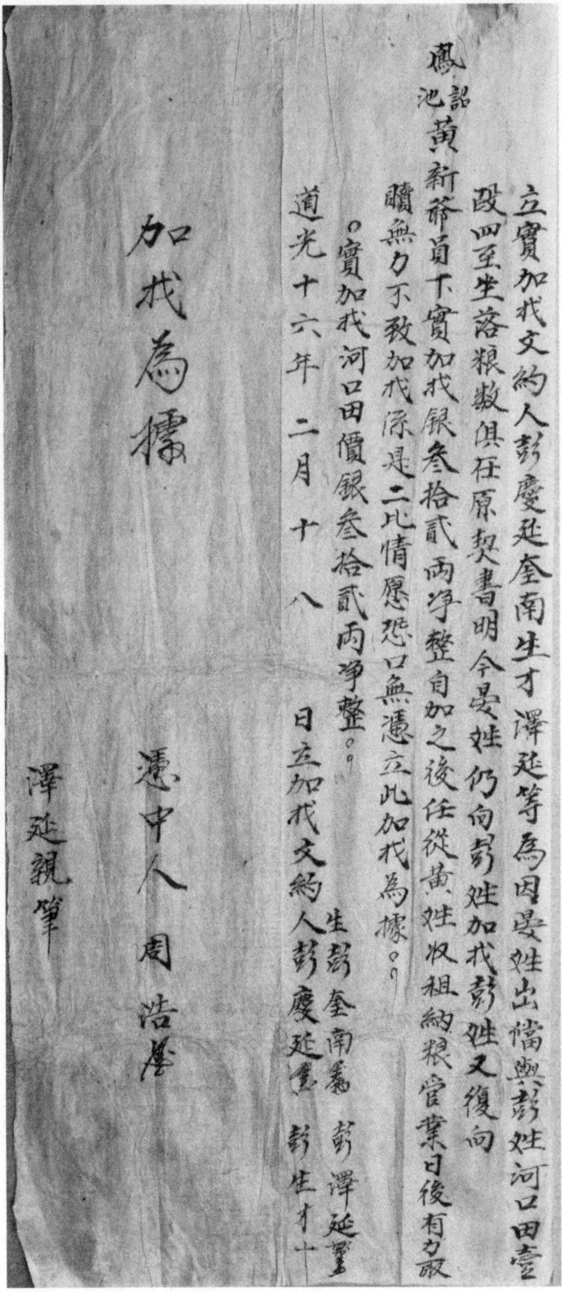

立實加找文約人彭慶延奎南生才澤延等為因晏姓出當與彭姓河口田壹段四至坐落粮數俱在原契書明今晏姓仍向彭姓加找彭姓又復向鳳詔池黃新爺首下實加找銀叁拾貳兩淨整自加之後任從黃姓收租納粮管業日後有力取贖無力不敢加找係是二比情愿恐口無憑立此加找為據。

。實加找河口田價銀叁拾貳兩淨整。

道光十六年二月十八日立加找文約人彭慶延 生彭奎南 彭澤延 彭生才

加找為據

憑中人周浩

澤延親筆

76

道光十八年腊月初九日黄云开卖田与黄凤诏等的卖契

立賣田契文約人黄雲開爲因乏用情願将承買得秋粮田貳段其壹段
坐落大擺計壹坵佈種壹籮伍㪷東至李家田南北至溝西至賣主
田該粮九升贰合在来二甲黄世菴户下上納又壹段坐落大官
溝名喚大官溝田大小陸坵佈種叁籮東至汝豊田南至楊姓田西至
張姓田北至溝該粮柒斗伍升在屯租黄公錫户下上納又塘
子弍個坐落本家門首其壹個東至路南至溝西至番姓塘子北
至路黄姓塘子又壹個東至汝建塘子南至巷口西至竹林路
邊北至黄姓塘子四至粮數開明在契情願立約出賣與
族祖　鳳詔
　　　鳳池　二位名下實接受價𥿄贰百叁拾伍两净整自賣之後
有力取贖無力不致加找此係二比情願於中並無逼迫等情
抑無私債準折恐有内外人等異言爭競有賣
主一力成當今恐人心不古立此賣契爲據是实
实賣粮田弍段实接受價銀贰百叁拾伍两净整
道光十八年腊月初九日立实賣田契文約人黄雲開成

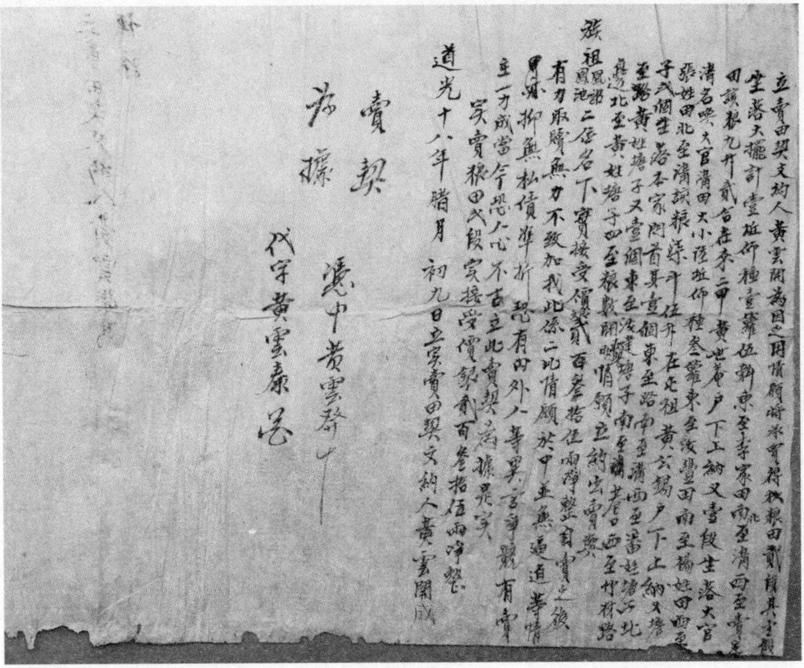

賣契
爲據

憑中黄雲發（十）
代字黄雲泰（花押）

77 道光十八年腊月初九日黄云开等当田与黄凤诏的当契（附民国四年正月黄凤池的典契）

立當田契文約人黄雲開仝母许氏爲因乏用情愿将歸併得屯租田壹分
坐落大官溝名唤大官田大小陸坵佈種叁箩東至汝豊田南至楊姓田西至張
姓田北至溝該粮柒斗伍升在黄公錫户下上納又塘子二个坐落本家門首
其塘子四至俱在老契書明情愿立約出當與
族祖鳳詔
池二位名下實當銀壹百两净整自當之後每年納租谷伍拾叁箩除下上
粮運役八箩每年實納租谷肆拾伍箩俟秋收之日将一色好谷如数扶清
典 不得短少粿粒如有短少拖欠任從銀主耕種管業完粮招佃當主不致
□□ 一言係是二比情愿中間並無逼迫等情恐後人心不古立此當契爲據
○實當屯租田壹分佈種叁箩又塘子二個實當銀壹百两净整
道光拾捌年腊月 初九 日立當田契文約人黄雲開成仝母許氏（十）
其銀係天平兑有歸併壹紙有塘子壹紙新旧共叁紙交銀主收存

雲發（十）
雲泰（花押）

當 契

立當田契文約人黃雲開共承許氏滿田運二處情願[得]伐包[...]田[...]分坐落大官[...]至大官田大小陂[...]各[...]至[...]豐田南至[...]田[...][...]坵田址至[...]滿該糧[...]斗[...]在[...]戶[...]上[...]又[...]于二[個][...]各[...]

其[...]承當[...]在[...]契[...]情[...]愿立[...]當[...]

族祖廠記二區名不賣錢銀[...]言百兩[...][...]兩[...]當[...]後兩年[...]

不得[...][...]如[...][...]次任從[...]愿[...]

一[...]是[...]情願[...]中間[...][...]等情[...]

典
證明

光拾[...]年臘月初九日[...][...]文約人黃雲開[...][...]

其殷係[天]光有[...]餅[...]舊[...]酌定[...]

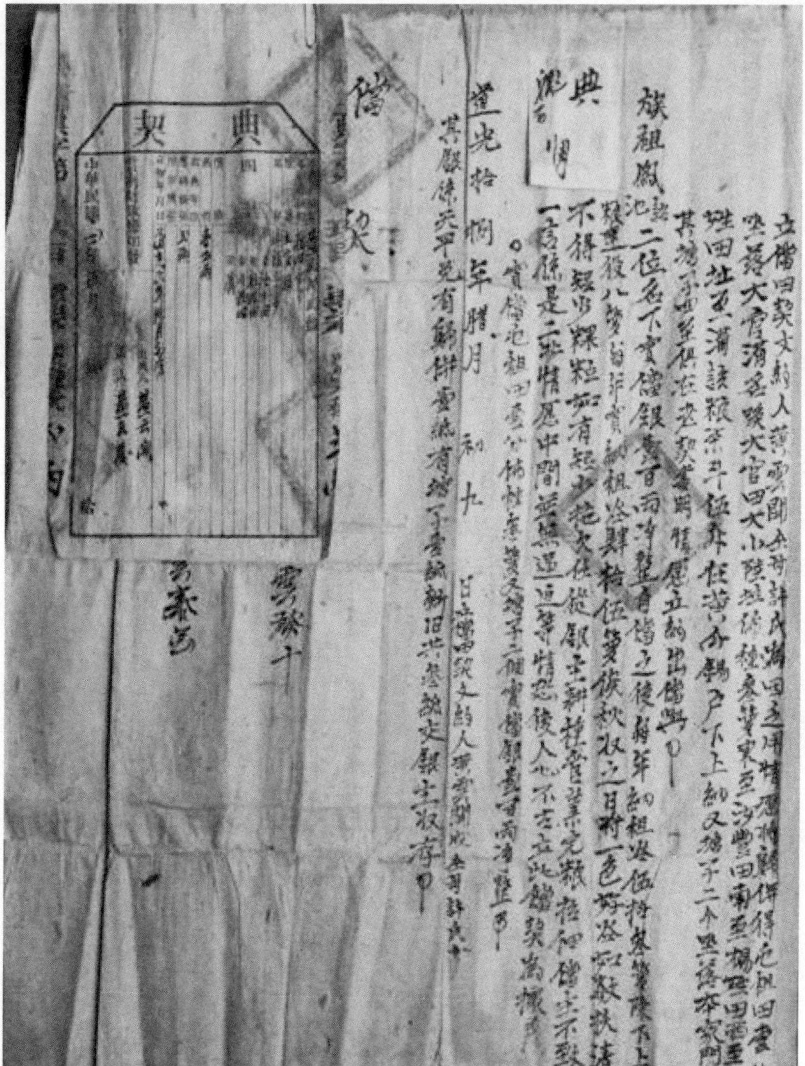

典契	
承典人姓名	黃鳳池鳳詔
不動產種類	粮田壹分
座落	大官溝
面積	佈種三箩
四至	東至汝丰田
	南至楊姓田
	西至張姓田
	北至溝
價值	
典價	壹百兩
出典年限	
應納稅額	弍兩
原契幾張	
立契年月日	道光十八年腊月初九日

雲南財政廳印發　出典人黃云開

中　人黃云潑

中華民國四年正月　日　給

78 道光二十一年正月二十四日番锦沺卖田与黄登举的卖契

立賣田文約人畨錦沺爲因乏用情願将祖父遺留名喚羅趙賜田壹分大小三坵佈種三箩該粮乙斗零伍合在如蘭户下上納東至畨姓田南至陳家田西至王姓田北至溝四至粮数開明在契情願凴中立约出賣與登舉黄三叔名下實接受價銀壹百两净整自賣之後任從買主耕種管業完粮當日銀契相交係是二比情願恐有家族人等争競賣主一面承當有力取贖無力不得加找恐後無凴立此賣契爲據

〇實接受價銀壹百两净整

道光二十一年正月二十四日立賣田契人畨錦沺（十）

〇其銀係天平兑

〇新旧共二帋銀主收执

賣契爲據

礽弟 錦祥（十）

凴 堂兄 錦佩（十）

姪 聯陞（十）

代字黄美□（花押）

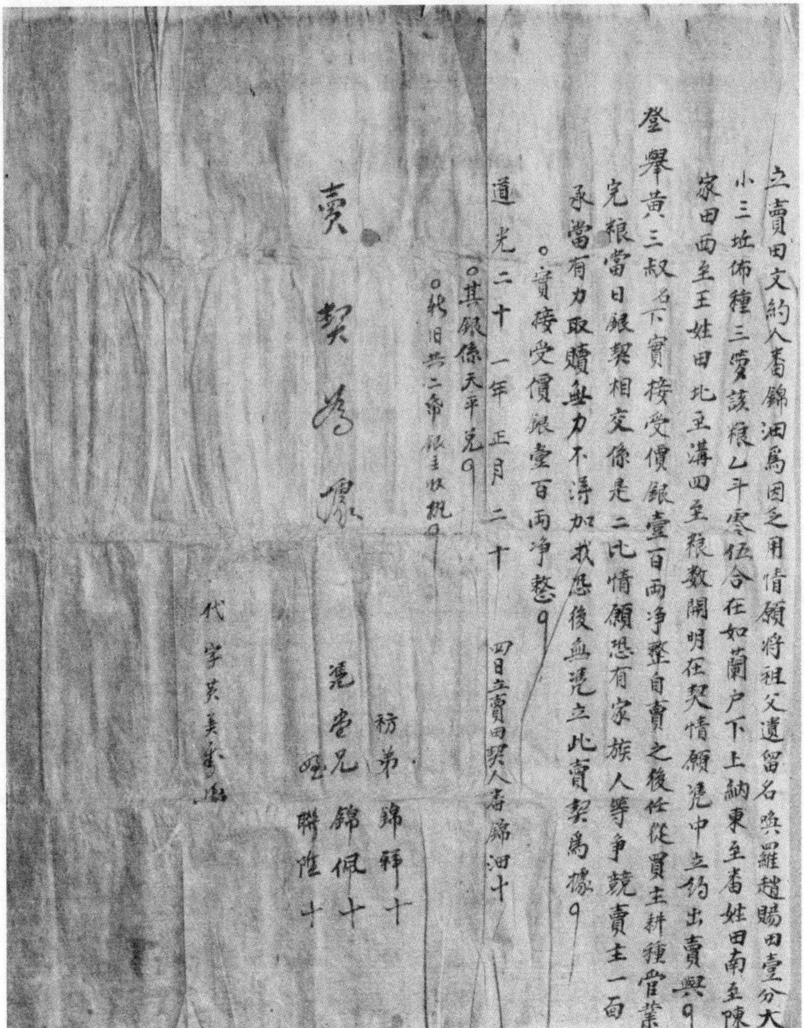
立賣田文約人黃錦洄爲因乏用情願将祖父遺留名與羅趙賜田壹分大
小三坵佈種三贾該粮㐅升零伍合在如蘭户下上納東至黃姓田南至陳
家田西至王姓田北至溝四至粮数開明在契情願浼中立約出賣與
登舉黃三叔名下實接受價銀壹百兩净整自賣之後任從買主耕種管業
完粮當日銀契相交係是二比情願恐有家族人等争競賣主一面
承當有力取贖無力不淂加找恐後無凴立此賣契爲據
。實接受價銀壹百两净整
道光二十一年正月二十四日立賣田契人黃錦洄十
。其銀係天平兑
。紙旧共二帝銀主收執
賣契爲據
族弟錦輝十
浼堂兄錦佩十
姪聯陞十
代字英美峯筆

79 道光二十一年七月二十日黄灼章等卖坐地与黄凤池的杜契

立賣永遠杜賣地契文約人黄炌章炘章灼章仝母寸氏爲因應用情愿将父向李姓
杜買得坐地壹塊坐落四单東至李占元地南至直巷道西至黄汝峻地北至買主地其巷道
仝李占奎等打合同走其地坐落四至開明在契情愿憑中立約出杜賣與
族叔鳳池名下實接受杜價銀肆拾兩净整自杜賣之後任從買主圍欄住坐起房盖屋永爲子孫
世守基業賣主子孫永遠不得異言過問當日地價已經受足此係落筆無踪彼時銀地兩
相交明係是二比情愿中間並無逼迫成交亦無私債準折等情倘有内外人等異言争競
有賣主一力承當恐後人心不古立此杜賣地契文約永遠爲據𠄌

實杜賣地基壹塊實接受杜價銀肆拾兩净整𠄌

炘章（十）

道光二十一年七月二十五日立實永遠杜賣地契文約人黄炌章（花押）仝母寸氏（十）

灼章（十）

杜契

爲據

憑　叔父觀國（十）
伯父濟國（一）
祊兄美章（花押）

炌章親筆

立實永遠杜賣地契文約人黄炌章炘章灼章仝母寸氏為因應用情愿將父向李姓

杜買得坐地壹塊坐落四址東至李占元地南至直巷道西至黄汝峻地北至買主地其巷道

仝李占奎等打合同走其地坐落四至開明在契情愿憑中立約出杜賣與

族叔鳳池名下實接受杜價銀肆拾兩淨整自杜賣之後任從買主團欄住坐起房蓋屋永為子孫

世守基業賣主子孫永遠不得異言過問當日地價已經受足此係落筆無賒彼時銀地兩

相交明係是二比情愿中間並無逼迫成交亦無私債準折等情倘有内外人等異言爭競

有賣主一力承當恐後人心不古立此杜賣地契文約永遠為據

實杜賣地基壹塊實接受杜價銀肆拾兩淨整

道光二十一年七月二十五日立實永遠杜賣地契文約人黄炘章十

炌章笔 仝母寸氏十

灼章十

杜契

為據

叔父親國十

憑伯父濬國一

族兄美章澇

炌章親筆

80

道光二十一年七月二十五日黄灼章等给腾越厅同知的杜结

具杜結東練住民黄炌章炘章灼章仝母寸氏令於

本府大老爺　台前與結壯依奉結得情有小的父遺坐地壹塊令出杜賣與黄鳳池其價已經受足又

受杜結銀伍两整自杜結之後任從買主請尾圍欄住坐日後不致異言過問小的心已悦服如

有翻悔甘罪無辭所結是實

實杜結如前

炘章（十）

道光二十一年七月二十五日立杜結人黄炌章（十）　仝母寸氏（十）

灼章（十）

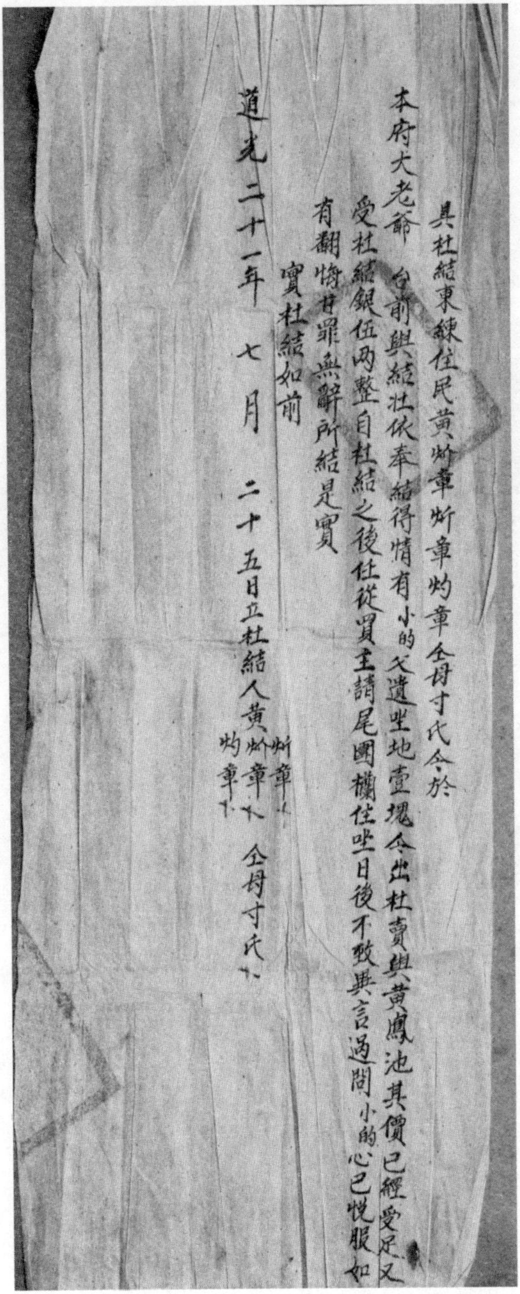
具杜結東練住民黄炌章炘章灼章仝母寸氏今於
本府大老爺台前與結杜依奉結得情有小的父遺坐地壹塊今出杜賣與黄鳳池其價已經受足又
受杜結銀伍兩整自杜結之後任從買主請尾團欄住坐日後不致異言過問小的心已悅服如
有翻悔甘罪無辭所結是實
實杜結如前
道光二十一年七月二十五日立杜結人黄炌章十 炘章十 灼章十 仝母寸氏十

81 道光二十一年十月二十日黄凤诏黄凤池同侄朝辅朝栋分关合同

立分關合同文约人黄鳳詔鳳池仝姪朝輔朝棟等荷　天地之生成延。。
祖宗之發越　先考登鶴公誕育兄弟四人胞兄鳳儀早逝朝輔承嗣胞弟鳳岐亦早逝朝棟承嗣
億　先考精勤創業裕後有基而　堂母内助經營光前攸賴擬梁孟之高雅效向平之完成復
念剏業艱辛守成不易襲先業而少潤籯餘愧象賢而畧增齒積田荊秀發詎忍分金公藝同
居難言晰爨但食口日增子姓日熾欲全手足之誼和氣致祥宜敦友于之風公心造福所有公
治産業均匀分晰各自支持管理庶始終和气克全天倫者也鳳池面分分得外首新修右邊房
地壹所並後花園灶房空地二小塊在内計正房三格左邊厢楼二格與鳳詔的同樑共柱上下
以中柱爲隔界右邊厢楼三格廳房三格廳房外面楼子三格廳房外右邊楼子三格其正房
山尖兩夾界壹圤直通後椦棚分入鳳池面上其廳房山尖兩夾界一圤面楼山尖兩夾界壹
圤自楼梯上下俱分入鳳詔面上其廳房面前路與鳳詔同走大门並巷道亦與鳳詔打合同
走又花園中間隔心墙壹垜亦與鳳詔打合又分得畨子年賣四单地壹塊畨自文賣四单地
壹塊畨品琮賣四单地壹塊使女一口名蓮香其有各人面分分得之田各照清单契據管業
分得放借在外之銀兩銀會亦各照分得銀兩賑簿收取至於家居什物動用器皿牛馬彼時
俱一一四分分清自分之後務要克勤克儉積少成多曰富曰貴綿遠悠長此係闔室老幼
公同歡悦分晰其中並無偏袒恐後無憑立此四分分關永遠爲據。。
〇〇實分如前
道光二十一年十月二十日立分關合同文約人黄鳳詔（花押）鳳池（花押）仝姪朝輔（花押）朝棟
（花押）

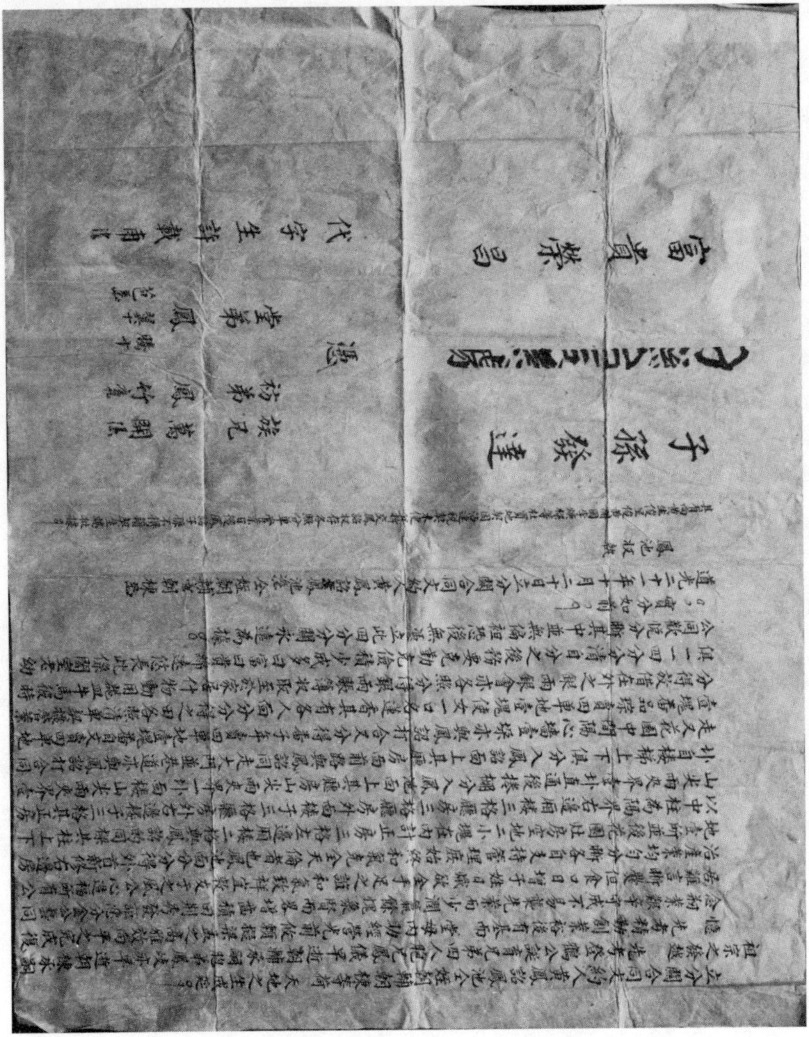
子孫發達
富貴榮昌
代字生 許載甫

鳳池收執

其有向黄生俊呈俊黄開国李焕樑等杜買地契因沾連税契未便分拆交鳳詔收存各照分单管業日後鳳詔子孫不得藉契生端批據。

子孫發達

富贵榮昌

族兄 萬 開（花押）

憑 祊弟 鳳 竹（花押）

騰（十）

堂弟 鳳 翼（十）

苞（花押）

代字生許載甫（花押）

82 道光二十二年二月十七日黄登俊与番锦绶的加找田价文约

立加找凹子田契文约生黄登俊爲因應用情愿扰到

錦綬番二表兄名下寔找銀拾两整其田名色坐落四至糧数俱已載明前契

日後不拘年月遠近銀到田歸二比不得刁難恐後無憑立此扰约爲據

寔找銀拾两整

道光二十二年二月十七日立加找田契文约[生]黄登俊（画押）

加约爲據

胞弟黄國俊（十）

憑中　堂弟黄庭俊（十）

義弟番錦祥（十）

代字親筆

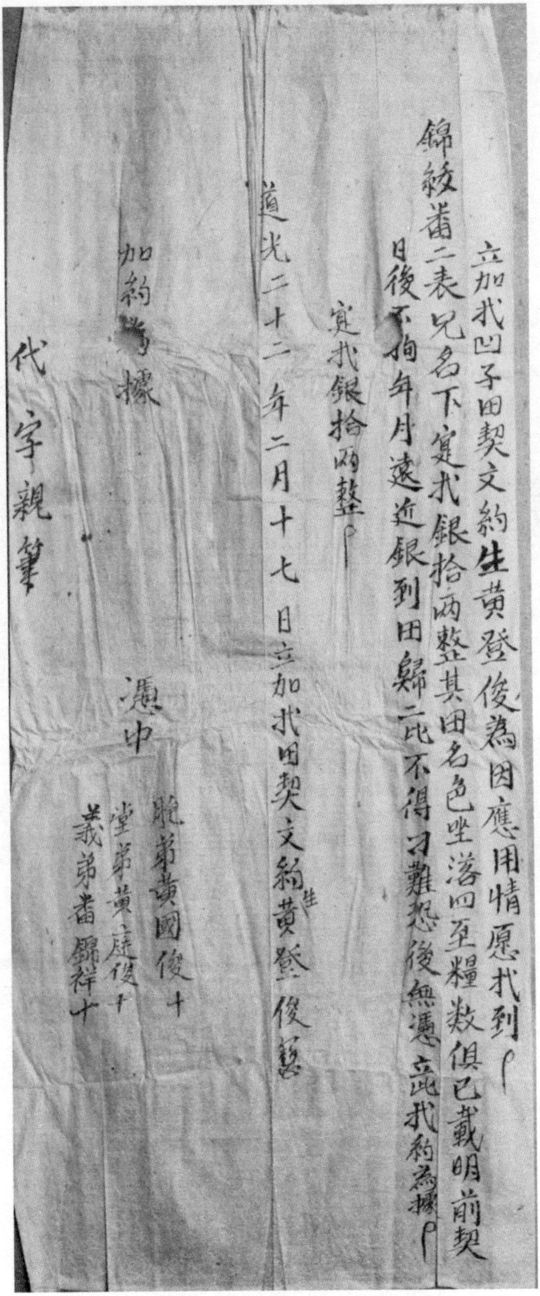
立加找凹子田契文約生黄登俊為因應用情愿找到
錦綬畨二表兄名下實找銀拾兩整其田名色坐落四至糧數俱已載明前契
日後不拘年月遠近銀到田歸二比不得刁難恐後無憑立此找約為據
實找銀拾兩整
道光二十二年二月十七日立加找田契文約生黄登俊（押）
加約為據
憑中
胞弟黄國俊十
堂弟黄庭俊十
義弟畨錦祥十
代字親筆

雲南等處承宣布布政使司爲遵
旨議奏事奉准 戶部咨開議覆河南布政使富明條奏置買田產應請嗣後布政司頒發給民契尾格式編列號數前
半幅照常納書業戶等姓名買賣田房數目價銀稅銀皆于後半幅於空白處預鈐司印以備投稅時将契價稅銀
數目大字塡寫鈐印之處令業户書明當面騎字截開前幅給業戶收執後幅同季開彙送布政司查核等因奉
旨依議欽遵咨院行司奉此今據騰越廳請頒契尾前来合就編號同簿印發凡有典當活契仍欽遵
上諭 不必投稅外具杜賣田房產業永不加找取贖者照例眼同買主投稅按價每两收稅銀叁分将契尾前幅塡
給業
戶收執後幅截繳查核須至契尾者實
計開
黄鳳岐
業戶 黄鳳詔 買地貳塊坐落 用價銀伍拾陸两&錢&分納稅銀 壹 两陸錢捌分&釐
黄鳳池
黄鳳儀
壹萬肆千陸百拾捌號 右給業户 黄鳳岐 准此
黄鳳詔
黄鳳池
黄鳳儀
壹拾 貳拾玖

83 道光二十二年十一月二十九日云南等处承宣布政使司给黄凤池等的契尾（附民国五年十二月二十五日的验契1份）

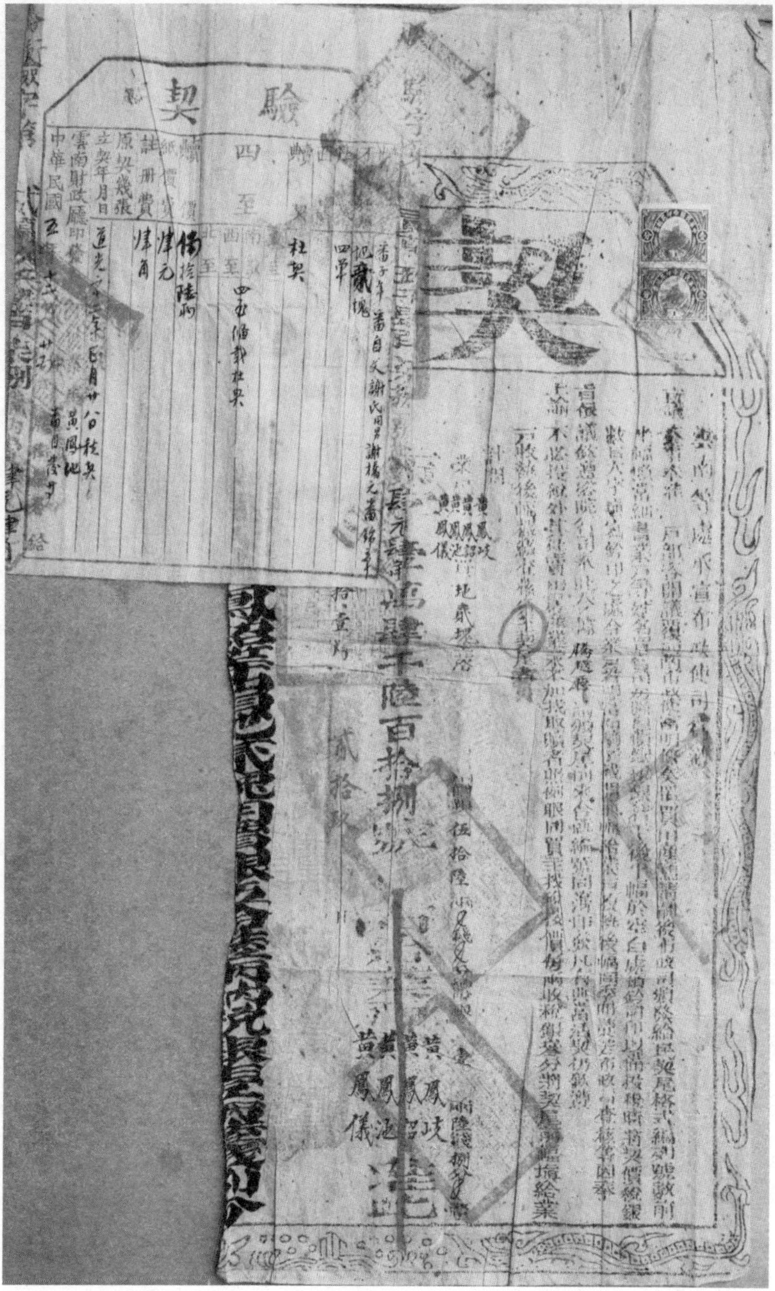

驗契

賣主 出典人 姓名	畨子年畨自文谢氏同男謝橋元 畨錦章
不動産種類	地贰塊
座落	四単
面積	
典賣契	杜契
四至 東至	四至俻载杜契
南至	
西至	
北至	
典賣價	伍拾陸两
纸價費	肆元
注册費	肆角
原契幾張	
立契年月日	道光二十二年正月廿八日税契

雲南財政廳印發 業主 黃鳳池

中人 畨自潑等

中華民國五年十二月廿五日 給

84 道光二十三年八月初八日番子正卖田与黄凤诏等的卖契（附民国三年十月三日验契1张）

立賣田契文约人畨子正爲因乏用情愿将自己分授得直粮田壹坵坐落陳家溝東至
其璉田南至宗睿西至其瑗田北至溝該粮一斗七升在職粮畨維章户下上纳又自己分授得
瓦磘田壹坵播種壹箩伍㪷坐落門首東至畨元鳳田南至溝西至畨品忠田北至畨以熙田該粮伍
升在来三甲番能修户下上納隨田秧田壹坵坐落黄家巷門首仝胞兄子開侄品忠三分均洒四
至粮数開明在契情愿憑中立约出賣與
鳳詔、池黄老表二位員下實接授價銀壹百肆拾叁两净整自賣之後任從買主耕種管業完粮有力取贖無力不
致加找當日銀田两相交明係是二比情愿中間並無逼迫承交亦無私債凖折等情恐後人心
不古立此實契爲據

實賣粮田贰坵秧田壹坵三分均洒實接授價銀壹百肆拾叁两净整

道光二十三年八月初八日立實賣田契文约人畨子正（花押）

其銀係天平兑新舊共陸纸交買主收执

咸豐五年十一月初一日加找銀壹两親筆

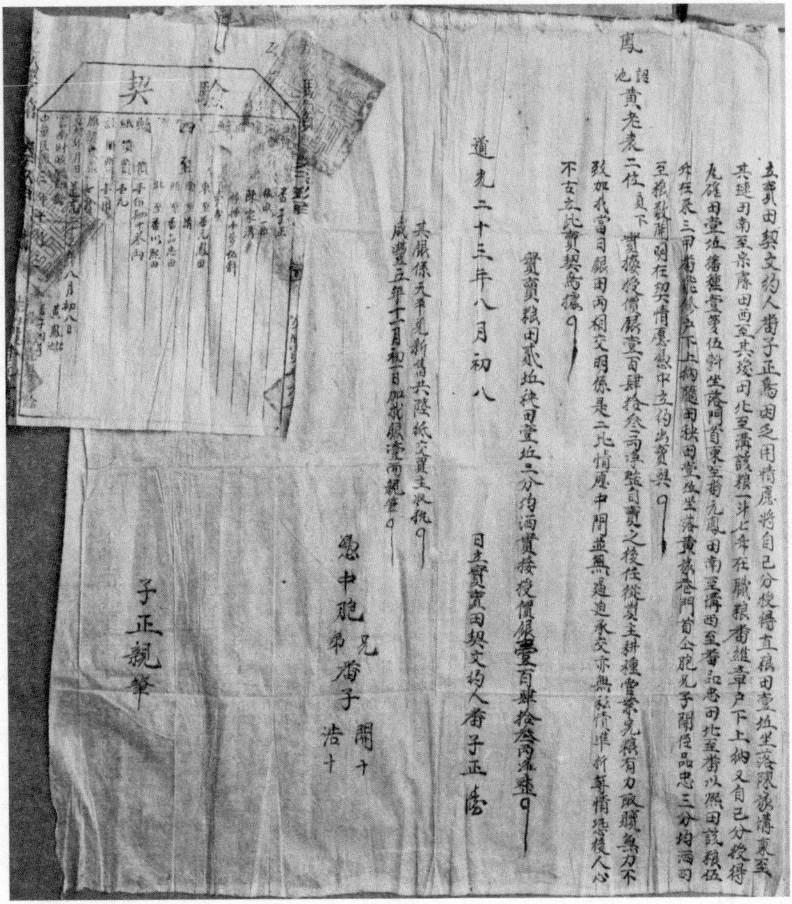

憑中胞兄畓子開（十）
弟畓子浩（十）

子正親筆

驗契	
賣主 出典人　姓名	畨子正
不動産種類	粮田一坵
座落	陳家溝
面積	佈種壹篰伍斘
典賣契	賣契
四至	東至畨元鳳田 南至溝 西至畨品忠田 北至畨以熙田
典賣價	壹佰䦉十叁两
紙價費	壹元
注册費	壹角
原契幾張	七張
立契年月日	道光二十三年八月初八日

雲南財政廳印發　　業主　黄鳳詔
池

中人　畨子開等

中華民國三年十月三日　騰衝縣驗契　給

85　道光二十三年十一月二十六日尚直当田与黄凤池的当契

立實儅田契文約人尙直爲因應用情原将凶登閣承買得屯粮田一段
大小三坵坐落老丁溝又秧田一坵坐落村前其有四至粮数俱在老契書明
情愿憑中立約出儅與
鳳池黄親叔員下實接授價銀伍拾[柒]两净整自賣之後當日言定每年纳租
谷弍拾陸箩除下上粮運役三箩每年實纳租谷弍拾叁箩俟秋收之日将
一色好谷如数抅清不得短少科粒如有短少拖欠任從銀主另招佃種儅主[不]
致一言係是二比情愿中間並無逼迫成交亦無私債准折等情倘有内外人等
異言争兢有儅主一力承當恐後人心不古立此儅契爲據〇〇
實儅屯粮田一段大小三坵又秧田一坵實接授價銀伍拾柒两净整〇〇
道光二十三年十一月　二十六日　立儅田契文約人尙直（十）
其銀係天秤兑内添柒字一个有老契税尾一聯凶大林承買一紙凶登閣承買一紙交買主
收存〇

儅契
爲據

憑胞弟尙翠（十）

代字尙有（花押）

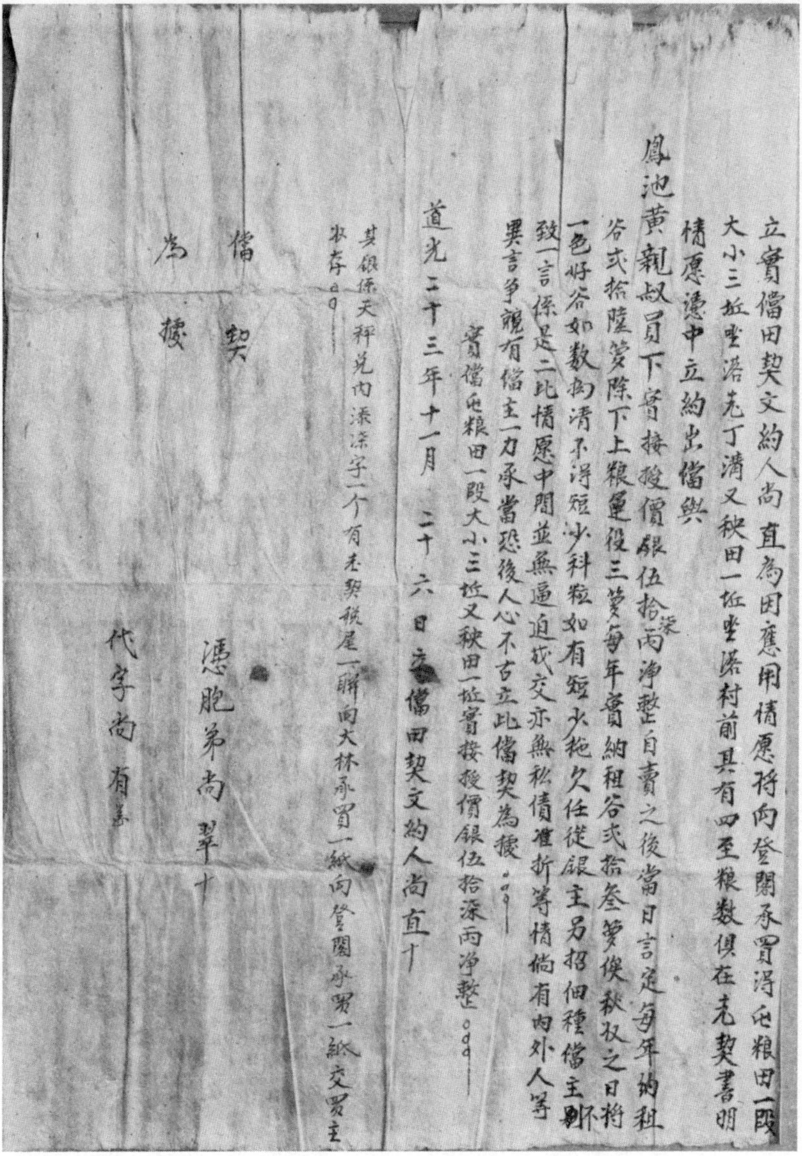

立賣當田契文約人尚直為因應用情愿將向登閣承買得𠂢粮田一段
大小三坵坐落老丁清又秋田一坵坐落村前其有四至粮数俱在老契書明
情愿憑中立約出當與
鳳池黄親叔名下賣接授價銀伍拾柒兩淨整自賣之後當日言定每年納租
谷弍拾陸籮除下上粮差役三籮每年實納租谷弍拾叁籮俟秋收之日將
一色好谷如数細清不得短少斛粒如有短少拖欠任從銀主另招佃種當主不敢
致一言係是二比情愿中間並無逼迫成交亦無私債準折等情倘有內外人等
異言爭競有當主一力承當恐後人心不古立此當契為據。
賣當𠂢粮田一段大小三坵又秋田一坵賣接授價銀伍拾柒兩淨整。
道光二十三年十一月　二十六日　立賣當田契文約人尚直十
其銀係天秤兑內添添字一个有老契稅尾一聯向大林承買一紙向登閣承買一紙交買主收存。
當契　憑胞弟尚翠十
為據　代字尚有筆

86 道光二十三年十一月二十八日黄启时等与黄凤池的加找田契文约

立加找田契文約人黄啓時啓順啓坤啓忠仝侄懷元爲因乏用情愿

立約加找到

族叔鳳池員下實加找銀叁拾伍两净整自加之後日後有立取贖無力

不致再加其田名喚楊老虎田前後共合價銀壹百壹拾伍两整

任從耕種完粮不致異言恐後無憑立此加找爲據

實加找銀叁拾伍两净整

道光二十三年十一月廿八日立加找田契文約人黄啓順（十）仝侄懷元（十）

時（十）

坤（十）

忠（十）

憑中　兄黄啓萬（花押）

代字兄黄啓芳（花押）

加找爲據

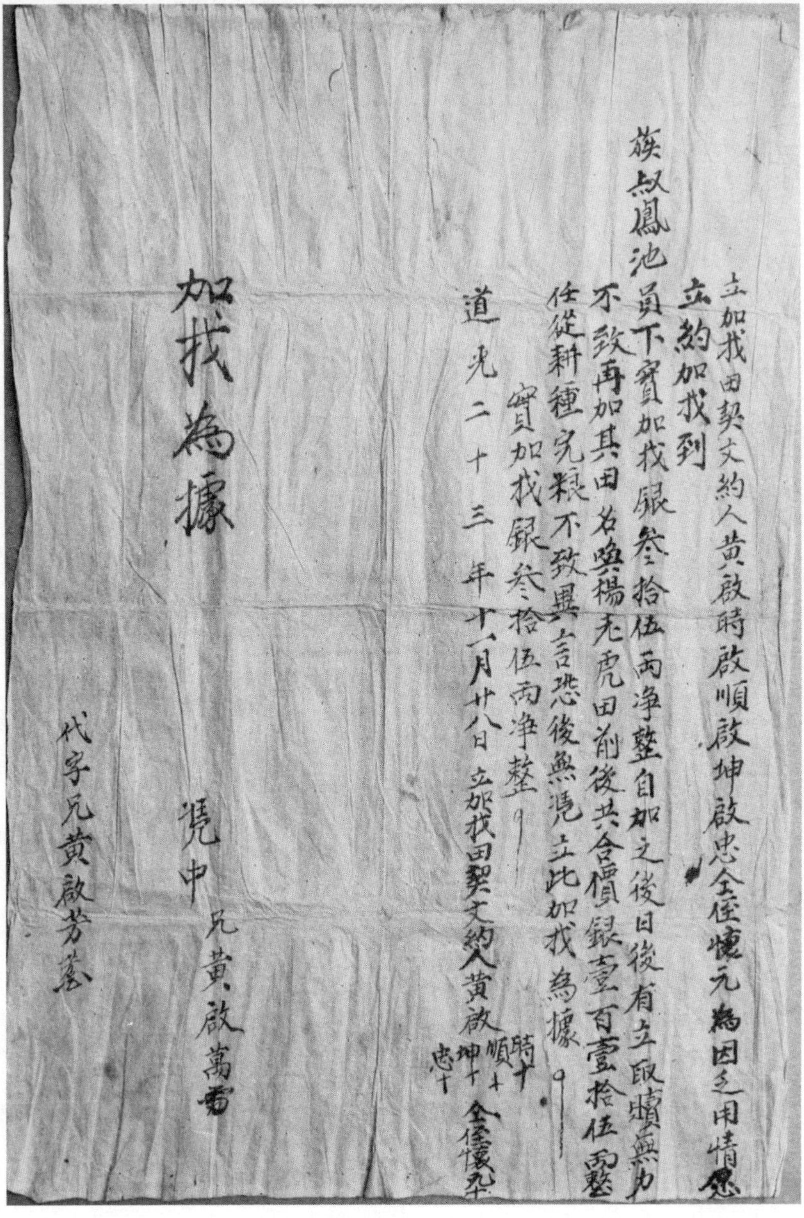
立加找田契文約人黄啟時、啟順、啟坤、啟忠仝侄懷元，為因乏用，情愿

立約加找到

族叔鳳池員下實加找銀叁拾伍兩净整，自加之後，日後有立取贖無力，

不致再加。其田名喚楊老虎田，前後共合價銀壹百壹拾伍兩整，

任從耕種完粮，不致異言。恐後無憑，立此加找為據。

實加找銀叁拾伍兩净整

道光二十三年十一月廿八日　立加找田契文約人黄啟時十　順十　坤十　忠十　仝侄懷元十

加找為據

憑中　兄黄啟萬畫

代字兄黄啟芳筆

87 道光二十三年十二月十五日周文科向黄凤池借银的借约

立實借銀文約人周文科爲因應用情愿立约借致
□□□新爺員下實借本銀拾伍两净整自借之後言定每两每月行息壹
分伍不至短少如有短少拖欠分厘任隨銀主将家下値銀物件並代畜養耕
牛取拿变賣準还借銀之人不致異言恐後無憑立此借约爲據
實借本銀拾伍两整净　每两每月行息壹分伍是實
道光二十三年十二月十五　日立實借銀文約人周文科（十）

硬保　周順先（十）
憑中人　萬荣興（花押）
代字人周子純（花押）

借約
爲據

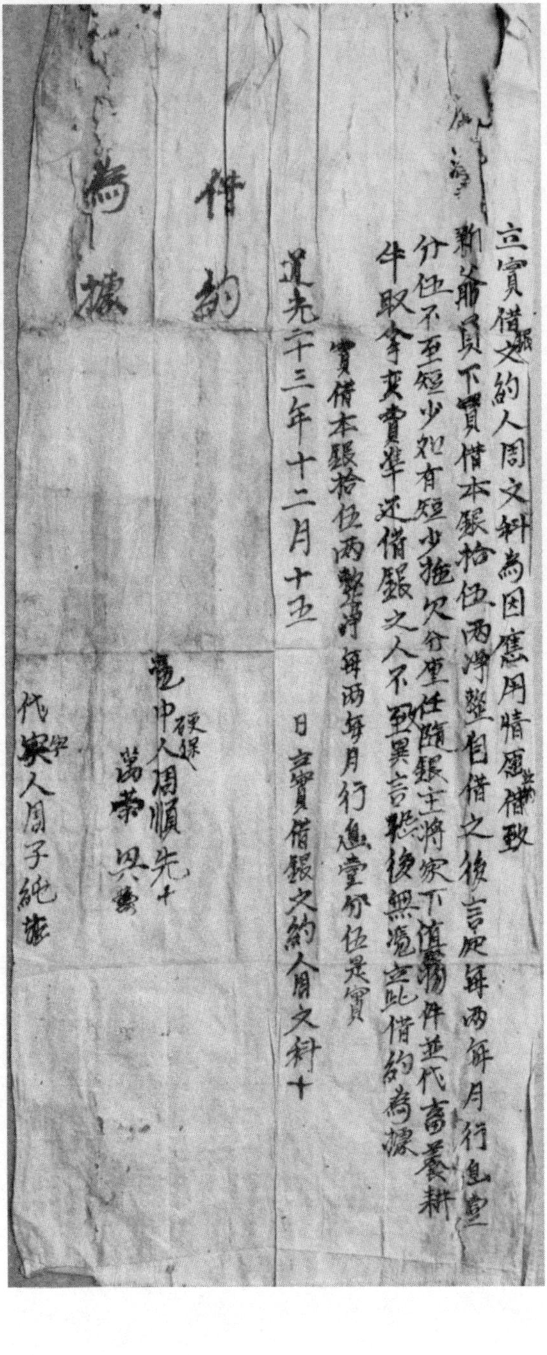

立實借銀文約人周文科為因應用情愿借到
新爺名下實借本銀拾伍兩淨整自借之後言定每兩每月行息壹
分伍不至短少如有短少拖欠分厘任隨銀主將家下滇物件並代畜養耕
牛取拿變賣準還借銀之人不致異言恐後無憑立此借約為據
實借本銀拾伍兩整淨每兩每月行息壹分伍是實
道光二十三年十二月十五日立實借銀文約人周文科十
憑中人硬保周順先十
萬帶興
代字人周子純據
借約為據

88 道光二十四年二月初八日番锦崑卖田与黄凤池等的卖契

立賣田契文约人畨錦崑爲因應用情愿将贖得錦耀秋粮田一分大小五坵佈種三箩坐落楊家井門首横溝下東至錦沛田南北至溝西至黄姓田該粮壹斗陸升在来三甲畨錦耀户下上納四至開明在契情愿憑中立約出賣與

鳳池黄新爺員下實接受價䊵壹百壹拾两净整自賣之後任從買主耕種完粮管業日後有力取贖無力不得加找當日銀田两相交明係是二比情愿中間並無逼迫成交亦無私債準折等情倘有内外人等異言争兢有賣主一力承當恐口無憑立此賣契爲據

實賣秋粮田一分大小五坵實接受價䊵壹百壹拾两净整

道光二十四年二月初八日立賣田契文約人畨錦崑（花押）

其銀係天平兑新旧共七纸田主收存

憑中　侄畨立興（十）

親筆

賣契爲據

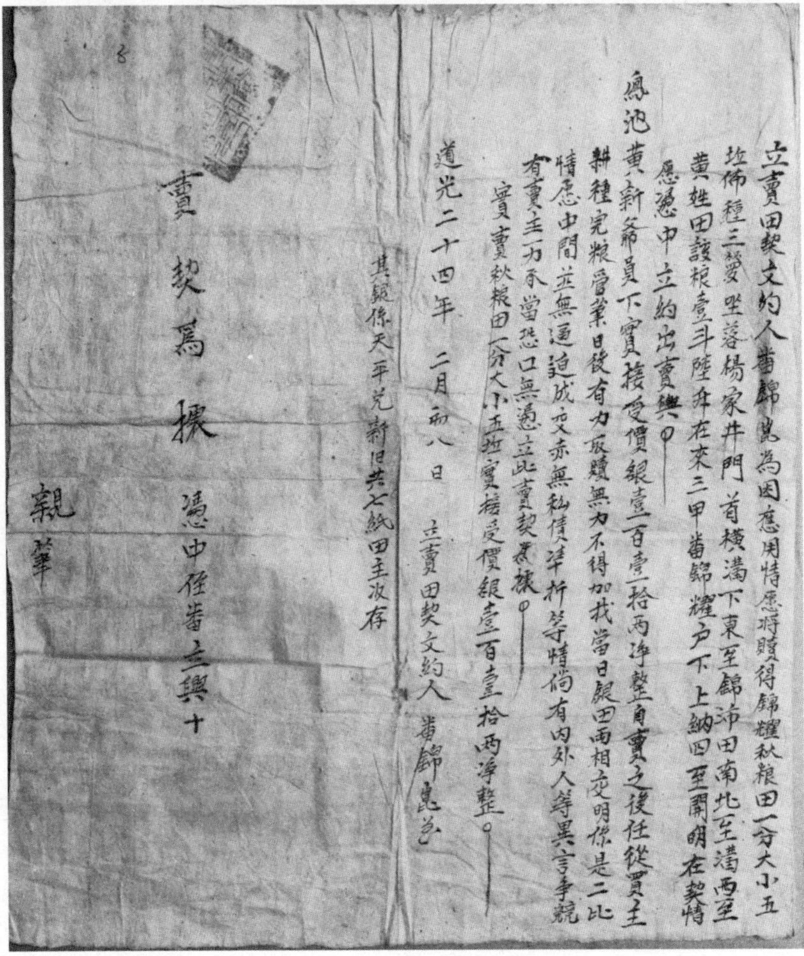

立賣田契文約人黃錦崑為因應用情愿將買得錦耀秋粮田一分大小五坵佈種三籮坐落楊家井門首橫溝下東至錦沛田南北至溝西至黃姓田該粮壹斗陸升在本三甲黃錦耀户下上納四至開明在契情愿憑中立約出賣與

鳳池黃新爺名下實接受價銀壹百壹拾兩淨整自賣之後任從買主耕種完粮管業日後有力取贖無力不得加找當日銀田兩相交明係是二比情愿中間並無逼迫成交亦無私債準折等情倘有內外人等異言爭競有賣主一力承當恐口無憑立此賣契爲據

實賣秋粮田一分大小五坵實接受價銀壹百壹拾兩淨整

道光二十四年 二月初八日 立賣田契文約人 黃錦崑 押

其銀係天平兌新旧共七紙田主收存

賣契爲據 憑中侄黃立興 十

親筆

89 道光二十四年十月初二日张启林当田与黄凤池的当契（附民国十五年六月十一日杜契1张、契纸费收据1张）

立當田契文約人張啓林爲因應用情愿向龐尹性承買得粮田二分
其田二分坐落四至粮数俱在老契書明情愿憑中立約出當與
鳳池黄四新爺員下實當銀〔壹〕百兩净整自當之後當日言定每月每兩行息
壹分伍厘俟週年之日本息一並清還不得短少分厘如有短少拖欠任從
銀主耕種管業完粮別招佃種當主不致異言係是二比情愿中間並無
逼迫等情倘有内外人等異言争競有當主一力承當恐後人心不古立此當
契爲據實當粮田二分實當銀壹百兩净整〇〇〇
道光二十四年十月初二日立當田契文約人張啓林（十）
其銀係天平兑有老契加找共陸紙交銀主收存〇
其銀實當銀伍拾兩銀伍拾兩實是〇
批者於光绪二十二年三月十一日張開明請憑族兄張開富張開榮
向黄幼良取回尹姓賣契壹紙其先年出價銀壹百兩俟贖龐家田之日一併清歸不致短少分厘開明爲此特
批親筆〇〇

憑中人張開林（十）
代字人張啓照（押）

當契
爲據

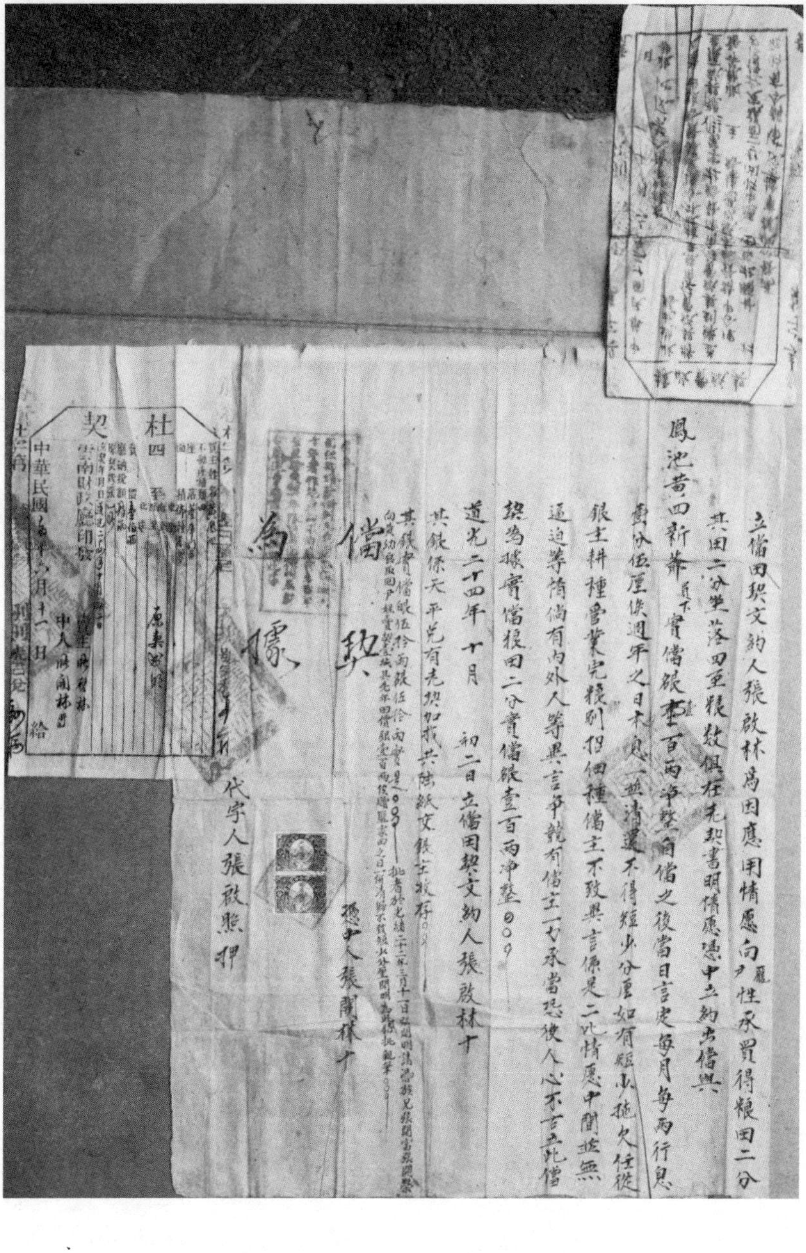

立當田契文約人張啟林為因應用情愿向 戶性承買得粮田二分
共田二分坐落田至粮數俱在老契書明情愿憑中立約出當與
鳳池黃四新爺名下實當銀壹百兩平整自當之後當日言定每月每兩行息
貳分伍厘俟週年之日本息一並清還不得短少分厘如有短少拖欠任從
銀主耕種當業完粮別佃種當主不致異言係是二比情愿中間並無
逼迫等情倘有內外人等異言爭競有當主一力承當恐後人心不古立此當
契為據實當粮田二分實當銀壹百兩平整〇〇
道光二十四年 十月 初二日 立當田契文約人張啟林十
共銀係天平兑有老契加找共陆紙交銀主收存
憑中人張開林十
代字人張啟照押
當契
為據
杜契
中華民國
雲南財政廳印發

杜契

買主姓名	黃鳳池
不動産種類	田
座落	董庫门首
面積	佈種叁箩
四至	東至 南至 西至 北至 原契成照
賣價	壹佰兩
應纳税額	肆兩
原契幾張	乙張
立契年月日	道光二十四年十月初二日

雲南財政廳印發　賣主張啓林

中人張開林等

中華民國十五年六月十一日　給

契紙費收據

爲發給收據事據黃凤池申稱今有張□
林　甘願杜與田憑中張開林二面議定杜價佰冄
理合申請發給契紙以憑塡給　主　收執等語
並繳到契紙費伍角除發給杜字第〤〣號契紙一張並
将契紙費伍角照章核收外合塡收據發給該申請人
收執此給
右據給申請人黃凤池收執
中華民國十五年六月十一　日

90 道光二十五年七月二十六日徐步华与黄朝勷的加找银文约

立加找契人徐步華爲因乏用情願請中隨田加找到°

朝勷黄先生名下 實加銀贰两净整自加之後有力取贖無力不致加找恐口

無憑立此加找文约爲據〇

〇〇實加找銀贰两□□〇

道光二十五年七月二十六日立加找契人徐步華（十）

叔 成 修（十）
大（十）

憑 堂兄 步網（十）

代字生许載甫（花押）

加找爲據

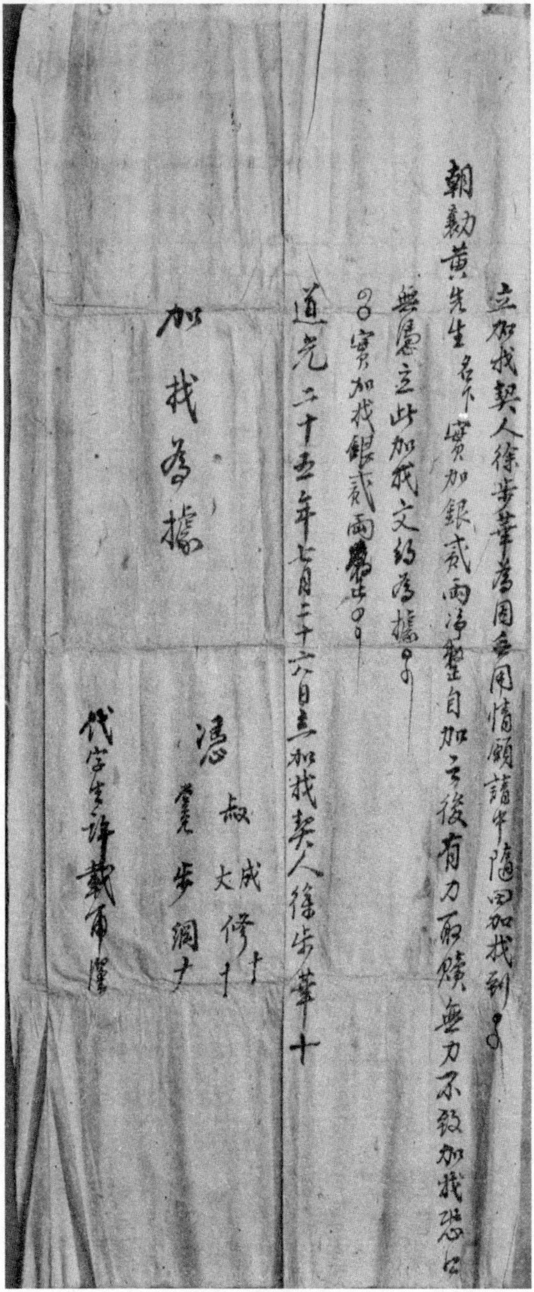
立加找契人徐步華爲因無用情願請中隨田加找到
朝勅黄先生名下實加銀貳兩净整自加之後有力取贖無力不致加找恐後
無憑立此加找文約爲據
實加找銀貳兩整
道光二十五年七月二十六日立加找契人徐步華十
加找爲據
憑 叔 成大修十
叢 步綱十
代字生許載甫

91 道光二十五年九月二十七日吴家山等批铺面伙房给黄朝泰等批约

立實批舖面伙房文約人吳象山同男元魁爲因年邁固籍情願將先年領得 萬壽宫管家會舖面樓子壹所澤枯會伙房樓子壹所坐落六保街心貳所相連從舖面直通至伙房格界止併家居什物等項在內情愿憑中立約出批與

黄朝泰勷輔三位名下實接受價白銀貳佰柒拾伍两净整自批之後任從黄姓住坐領管開張貿易吳姓不致異言係是二比情願中间並無逼迫承交亦無包偹準折等情恐有內外人等異言争競有吳姓一面承當

議定每年至四十月兩月共交管家會租銀陸兩五錢又伙房每年至清明日期交澤枯會租銀玖兩正不得短少分厘管家澤枯二會亦不得加租上漏下濕自有會首修整不干黄姓之事其舖面內家居什物另有批单開明恐口無憑立此批約爲據

立批舖面伙房實接受批價白銀貳佰柒拾五两整是寔

立批舖面伙房文約人吳象山（十）同男元魁（╲）

憑中人
夏承禹兄（花押）番品俊兄（十）
張昆璧兄（花押）家鎮安姪（花押）
家永清姪（花押）（仝押）
張東銘兄（花押）李煥玉兄（十）
黃鐘鳴兄（花押）李梓先生（花押）
代筆人胞姪吳梅占（花押）

批約
存照

道光廿五年玖月廿七日吉立

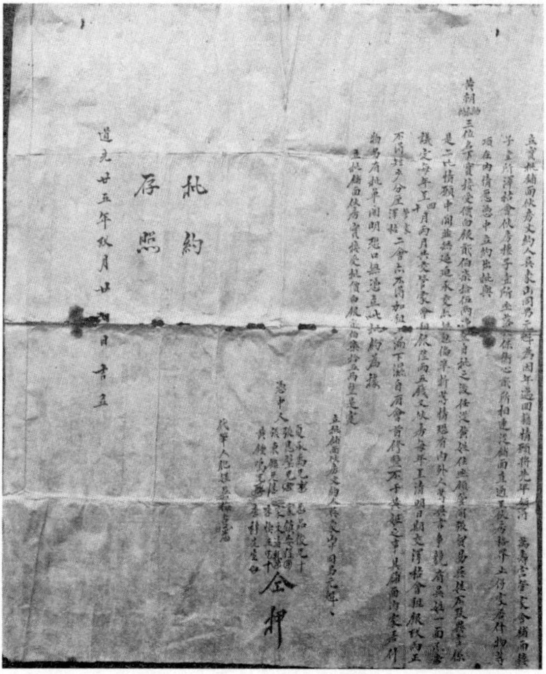

92 道光二十六年正月十八日徐常春卖秧田与黄凤诏的卖契

立實杜賣秧田契文約人徐常春爲因應用不敷有祖遺分綬自己面分秧田壹坵播種二簩五斘坐落三單門首東至黄姓秧田南至溝西至李姓秧田北至溝四至開明在契情愿請憑家敖立約出杜賣與○ƍ

黄鳳昭名下實接授杜價艮拾四两净整自賣之後任銀主管業以後賣主子孫不致異言過問係是二比心服情愿於中並無逼迫等情亦無私責準折今恐人心不古立此杜賣實是○ƍ

○實杜賣秧田壹坵實接授價艮拾四两净整○ƍ

道光二十六年正月十八日立賣秧田文約人徐常春（花押）

杜賣　　　　　　　　楊　興（花押）

爲據　　　憑中人　　徐連朝（花押）

　　　　　　　　　　陳　倫（十）

　　　　　　親筆

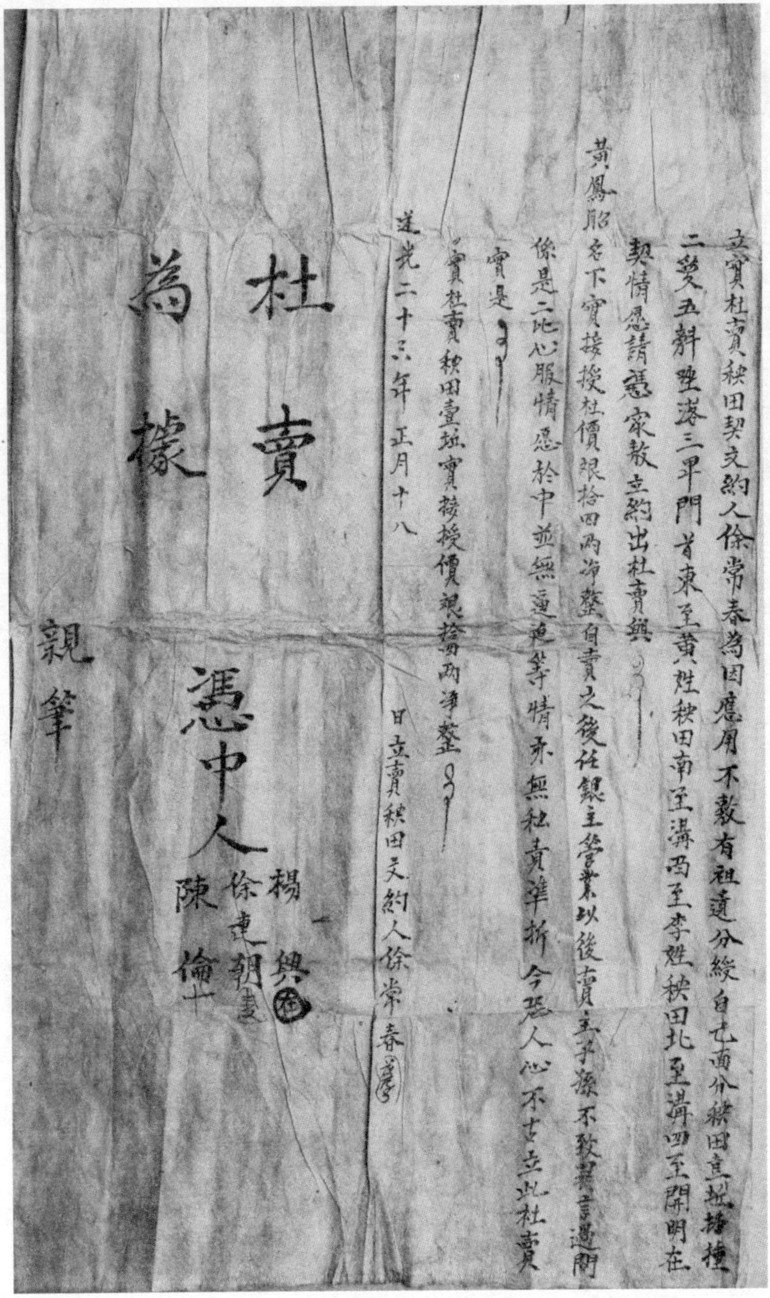

立賣杜賣秧田契文約人徐常春為因應用不敷有祖遺分綫自己面分秧田壹坵播種二斗五斛坐落三甲門首東至黃姓秧田南至溝西至李姓秧田北至溝四至開明在契情愿請憑家族立約出杜賣與黃鳳昭名下實接授杜價銀拾四兩淨整自賣之後任銀主管業以後賣主子孫不致異言遺係是二比心服情愿於中並無逼迫等情亦無私債準折今恐人心不古立此杜賣實是

賣杜賣秧田壹坵實接授價銀拾四兩淨整

道光二十三年正月十八日立賣杜賣秧田文約人徐常春

杜賣為據

憑中人 楊興 徐連朝 陳倫

親筆

93 道光二十六年二月初六日韦启运等卖田与黄朝勷等的卖契（附民国三年十月三日黄朝勷验契1张）

立轉賣□契文約人□□啓運啓泰爲因應用情愿□□□□□□□粮田一段大小八度佈
種四籮名喚楊家田坐落呉邑門首其田東至占華田南至短垻田北至溝西至買主田該
粮四斗七斤一合在西单趙密户下上納四至粮数開明在契情愿憑中出賣與
朝勷黄先生名下爲業實接受價銀貳百貳拾叁两净整自賣之後任□□□業耕種完粮比時銀
田两相交明日後有力取贖無力不得加找此係二比情愿中間並無逼迫成交亦無私債準折
等情倘有内外人等異言争競有韋姓一面承當恐後無憑立此賣契爲據〇
〇實賣直粮田一段小大八度實接受價銀貳百貳拾叁两整〇
道光二十六年二月初六日立實轉賣田契文約生韋啓運（画押）啓泰（画押）
〇其有贖回黄姓賣契一纸又轉契二纸加找一纸新轉契一纸共四纸銀主收執

朝泰黄先生（画押）
登先侯表兄（十）
趙宗大叔（十）
憑中　占先侯表兄（画押）
啓雲弟（画押）
□□□□
啓泰親筆

轉契

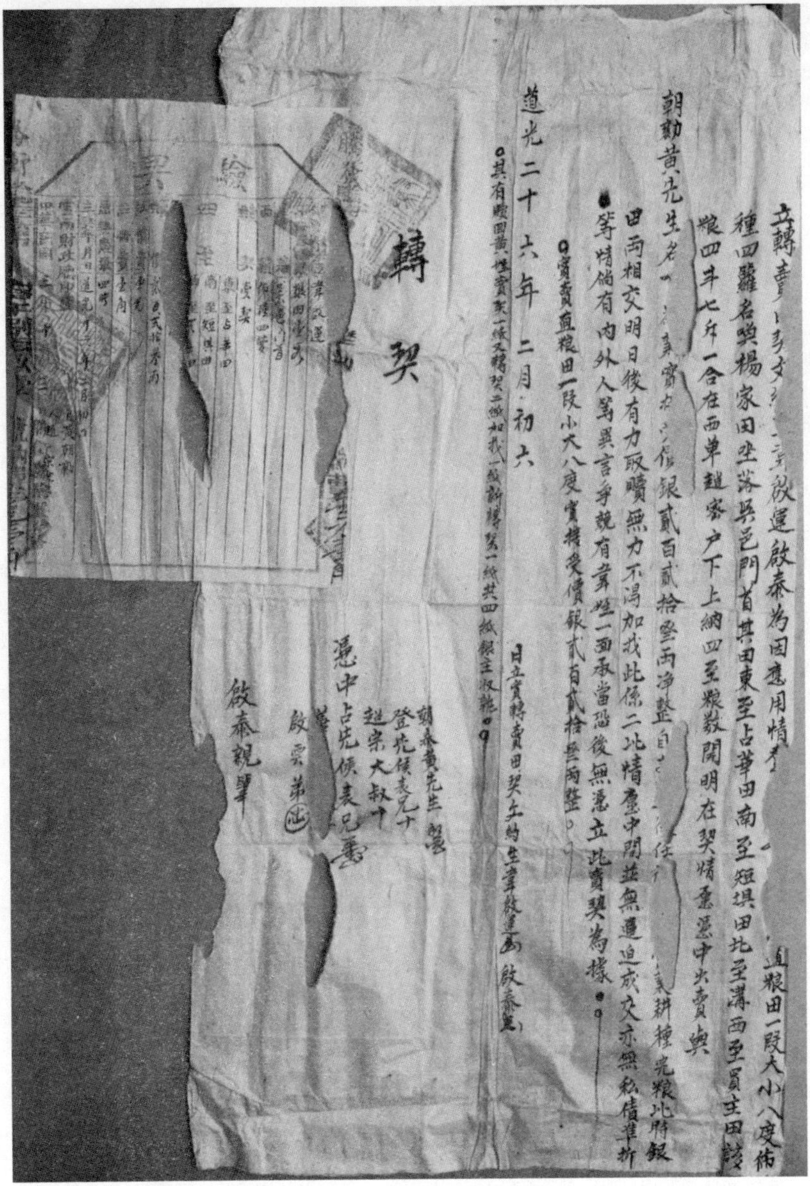

立轉賣[illegible]字[illegible]敘運啟泰為因應用情[illegible]直糧田一段大小八度佑
種四羅名喚楊家田坐落吳邑門首其田東至占華田南至短撰田北至溝西至買主田該
糧四斗七升一合在西単趙客户下上納四至糧數開明在契情愿憑中出賣與
朝勳黃先生名下[illegible]實出[illegible]價銀貳百貳拾叁兩淨整自[illegible]任[illegible]耕種完糧此時銀
田兩相交明日後有力取贖無力不渴加找此係二比情愿中間並無逼迫成交亦無私債準折
等情倘有內外人等異言爭競有賣姓一面承當恐後無憑立此賣契為據。
實賣直糧田一段小大八度實接受價銀貳百貳拾叁兩整。
其有贖田黃姓賣契一張又轉契二紙加找一紙新轉契一紙共四紙銀主收執。
道光二十六年二月初六 日立實轉賣田契文約[illegible] 敘運 啟泰
轉契
憑中占先侯表兄
朝泰黃先生
登先侯表兄
趙宗大叔
啟雲 弟
啟泰親筆

驗契

賣主出典人 姓名	韋啟運
不動産種類	粮田壹□
座落	吴邑門首
面積	佈種四箩
典賣契	賣契
四至	東至 占華田 南至 短垻田 西至 買主田
典賣價	貳百弍拾叁两
紙價費	壹元
注册費	壹角
原契幾張	四張
立契年月日	道光廿六年二月初六

雲南財政廳印發　業主黄朝勷

中人趙宗等

中華民國三年十月三日騰衝縣驗契　給

94 道光二十六年二月初六日张中和等向黄朝泰等租铺面的租约

立租鋪文约人張中和張景和黄朝泰爲因三人貿易情愿立约租到
朝勷泰輔三位黄先生員下實租鋪子鋪面後楼壹間面楼壹間齊街心通長至周姓墻
脚坐落六保街心二比當面言定每年交鋪租銀肆拾弍丮比時收過鋪租銀肆
拾弍丮其每年祠內租銀仍歸鋪主上納俟週年期到之日租銀如数交清不致
短少分厘如有短少拖欠任從鋪主另招客座不致異言阻撓其鋪二比言定
遞年先銀後坐不致異言其鋪日後不坐恐有賬物等項不得壓與鋪主又
不得私借與人其有鋪內家居動用器皿在內仍照清单交還今恐人心不
古立租鋪爲據实是
實租如前

張中和（花押）
道光弍拾陸年二月初六日立實租鋪文約人張景和（十）
黄朝泰（花押）

租約爲據

憑中人黄鳳竹（花押）
黄啓章（十）
朝泰親筆（花押）

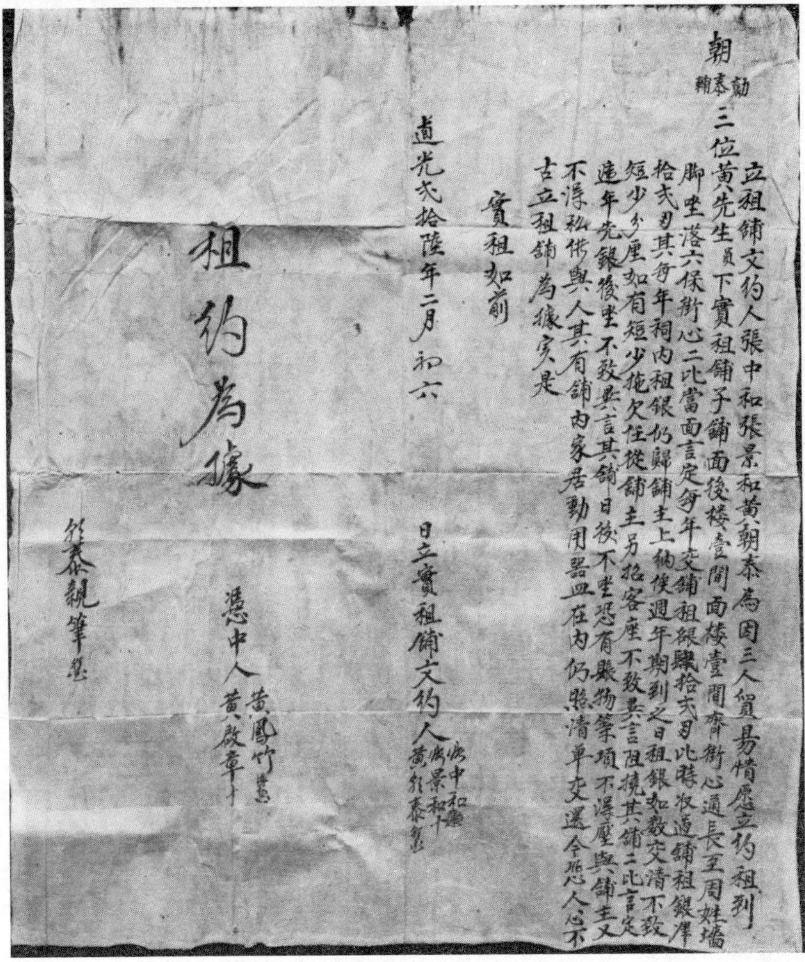

立祖鋪文约人張中和張景和黃朝泰為因三人貿易情愿立约祖到
朝勷泰輔三位黃先生員下實祖鋪子鋪面後樓壹間面樓壹間齊街心通長至周姓墻
腳坐落六保街心二比當面言定每年交鋪祖銀肆拾弍両比時收過鋪祖銀肆
拾弍両其每年祠内祖銀仍歸鋪主上納俟週年期到之日祖銀如數交清不致
短少分厘如有短少拖欠任從鋪主另招客座不致異言阻撓其鋪二比言定
遠年先銀後坐不致異言其鋪日後不坐恐有雜物等項不得壓與鋪主又
不得私借與人其有鋪内家居動用器皿在内仍照清單交還今恐人心不
古立祖鋪為據實是

實祖如前

道光弍拾陸年二月初六日立實祖鋪文约人 張中和 押 張景和 十 黃朝泰 押

祖约為據

憑中人 黃國竹 押 黃啟章 十

朝泰親筆 押

95 道光二十六年四月二十四日番锦池卖地基与黄朝勷等的卖地契（附民国五年十二月二十五日黄朝勷验契1张）

立實永遠杜賣地契文約人畨錦池仝姪畨玉品爲因應用情愿将祖父遺留
坐地壹塊坐落四单東至買主地南至黄汝俊地西至賣主地北至巷道
路坐落四至開明在契情愿憑中立約出杜賣與
朝勷黄先生員下實接受杜價銀拾捌两净整自杜賣之後任從買主圍欄住坐起
房盖屋出水永爲黄姓子孫世守基業賣主子孫永遠不得異言過問當
日地價已經受足此係落筆無踪彼峙銀地两相交明係是二比情愿中間並無逼迫
成交亦無私債準折等情倘有内外人等異言争競有賣主壹力承當恐後
人心不古立此杜賣地契文約永遠爲據

△實杜賣地基壹塊實接受杜價銀拾捌两净整

道光二十六年四月二十四日立實永遠杜賣地契文約人畨錦池（十）姪畨玉品（十）

憑中　堂弟畨錦忠（十）
　　　族姪畨品胡（十）

杜　契

代字　黄雲泰（花押）

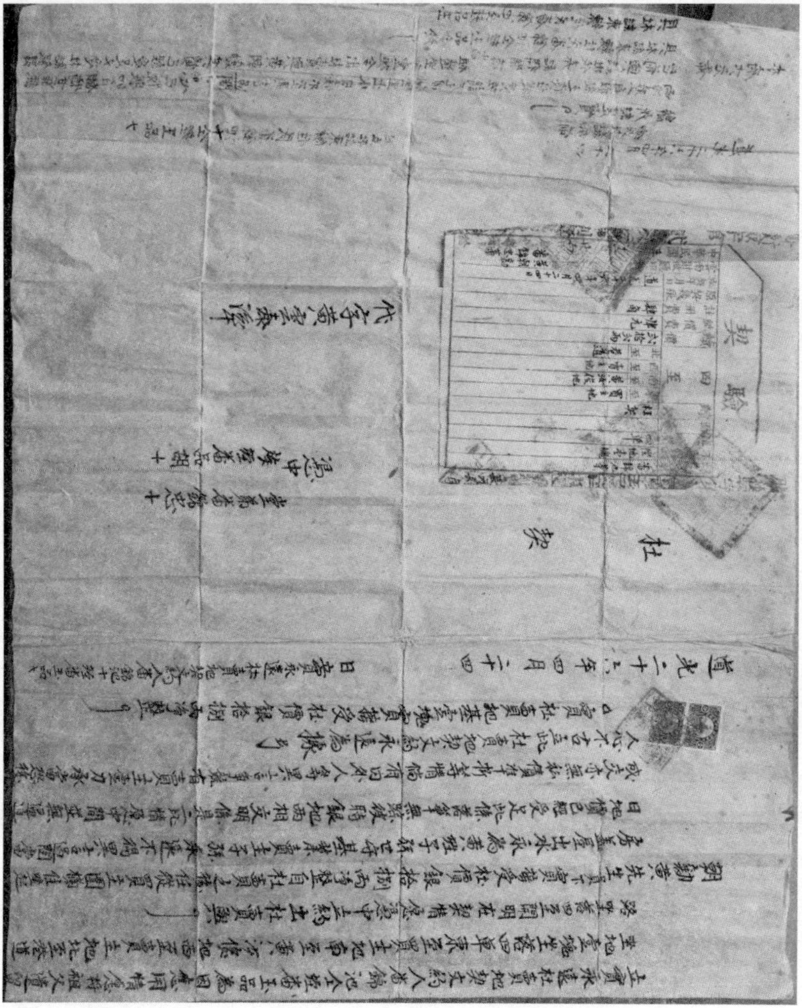

驗契

賣主出典人　姓名	畨錦池等
不動産種類	坐地壹塊
座落	四单
面積	
典賣契	杜契
四至	東至買主地
	南至黄汝俊地
	西至賣主地
	北至巷道
典賣價	弍拾弍两
纸價費	伻元
注冊費	肆角
原契幾張	
立契年月日	道光二十六年四月二十四日

雲南財政廳印發　業户黄朝勷

中人　畨錦忠等

中華民國五年十二月廿五日　給

96

道光二十六年四月二十四日番锦池等给腾越厅同知的杜结

具杜結柬練住民畨錦池仝姪品玉

具杜結柬練住民畨錦池仝姪玉品今於

本府大老爺　台前與結壯依奉結得情有小的祖遺坐地壹塊今出杜賣與黄朝勷其價已經受足又受杜結銀肆两净整自杜結之後任從黄姓請尾圍欄住坐出水日後不至異言過問小的心已悦服如有翻悔甘罪無辭所結是實

實杜結如前

道光二十六年四月二十四日立杜結柬練住民畨錦池（十）仝姪玉品（十）

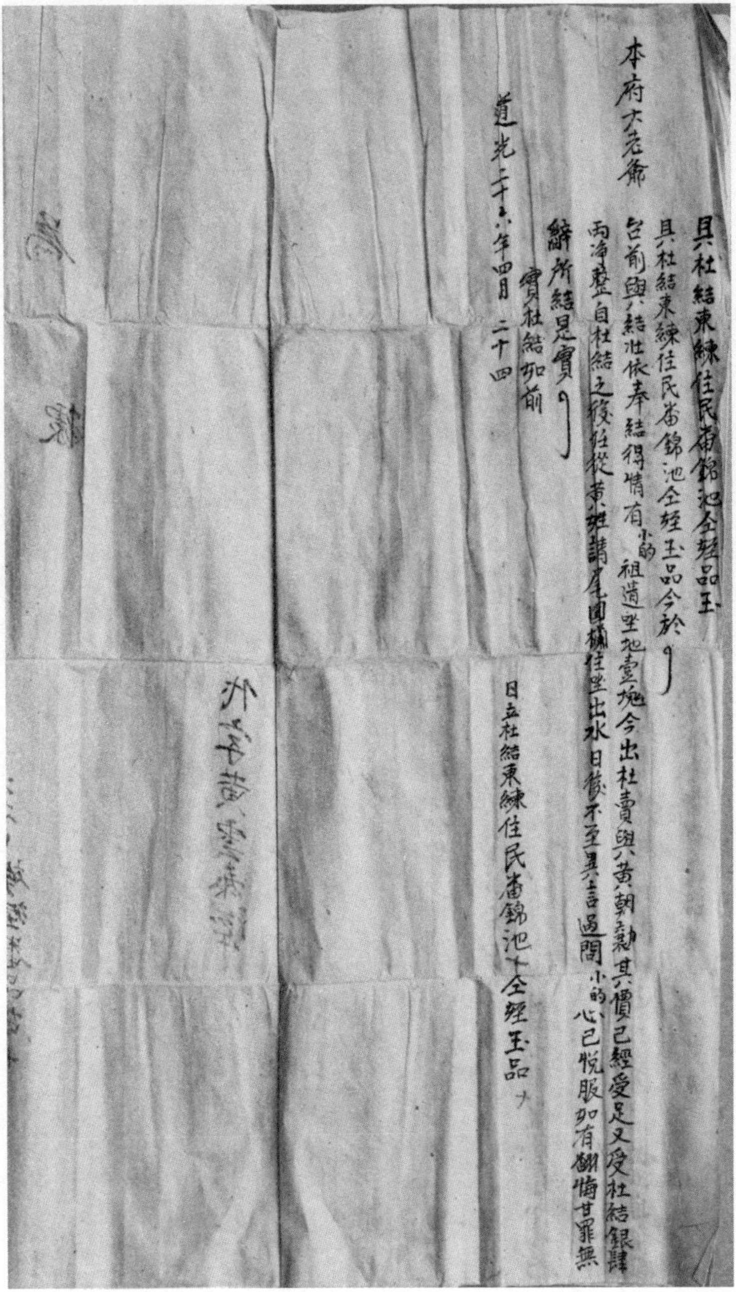
具杜結東練住民黄錦池仝姪品玉
具杜結東練住民黄錦池仝姪玉品今於
台前與結狀依奉結得情有小的祖遺壁池壹塊今出杜賣與黄朝勳其價已經受足又受杜結銀肆
兩凈盡自杜結之後任從黄姓請匠圍積住壁出水日後不至異言過問小的心已悦服如有翻悔甘罪無
辭所結是實
實杜結如前
本府大老爺
道光二十六年四月二十四日立杜結東練住民黄錦池仝姪玉品 十

97

道光二十六年十月初二日番锦崑与黄朝勳的加找田契文约

加找爲據

錦崑親筆

立加找田契文約人番錦崑爲因應用不扶情愿立約加找到〻〻
朝勳黃相公名下實加銀捌兩净整自加之後有力取贖無力不致在加
祈有老紙□在言契書明恐口無凴立此加找寔實〻〻

道光貳拾陸年十月初二日立加找人番錦崑（十）仝侄番立成（十）

其銀係天平兑

內忝一字

加找爲據

凴中人番立成（十）

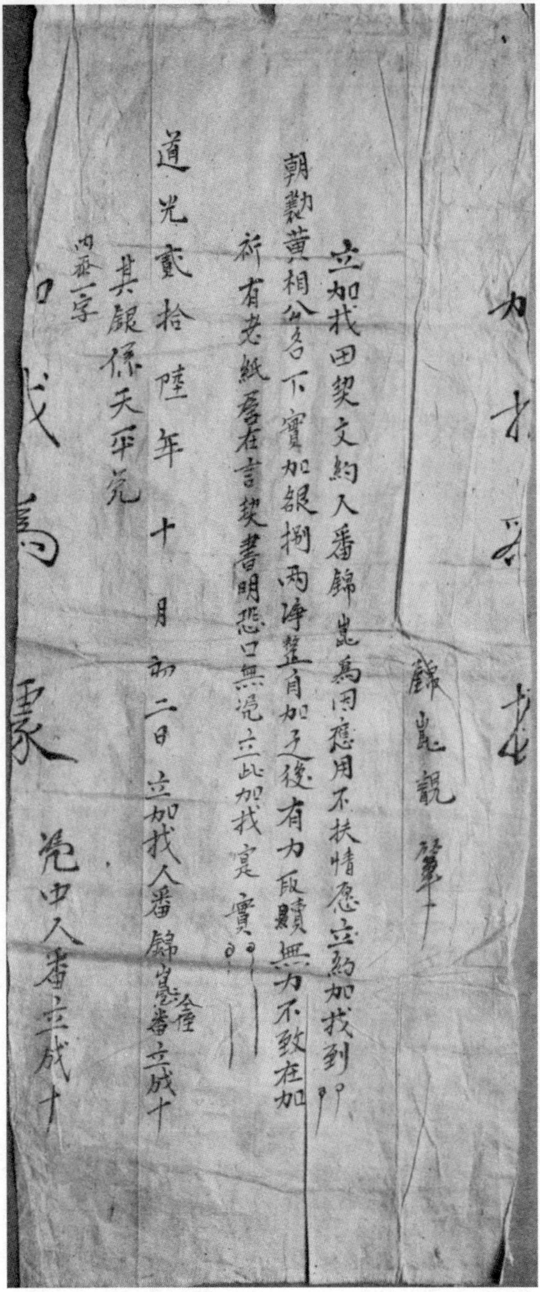

加找田契

歸崑親筆十

立加找田契文約人番歸崑，爲因應用不扶，情愿立約加找到
朝勤黄相公名下實加銀捌兩，净整。自加之後，有力取贖，無力不致在加，
所有老紙契在，言契書明，恐口無憑，立此加找是實。
道光貳拾陸年十月初二日　立加找人番歸崑　立成十
其銀係天平兑
內添一字

加找爲據

憑中人番立成十

儅契
爲據

憑中人堂侄鳳陞（十）
堂孫朝刚（十）

依口代筆堂侄鳳朝（花押）

98

道光二十七年十一月初四日黄熊氏同子当房与黄朝勷的当房契

立儅房地文約人黃熊氏仝子鳳華情因有王氏伯母身故氏仝夫安埋
用去銀拾壹兩其房地氏仝子住坐今因氏有病家中一無出辨情愿[将]房地
轉儅與
族孫朝勷相公名下實儅名銀拾两整其銀當日言定每年行息伍錢不致短少
不論年月遠近銀到契歸二比不得刁難係是二比情愿其中並無壓逼等情
恐後人心[不]古立此儅契爲據

實儅房地一塊實儅銀拾兩整

道光二十七年十一月初四日立儅房地文約人黃熊氏仝子鳳華（十）

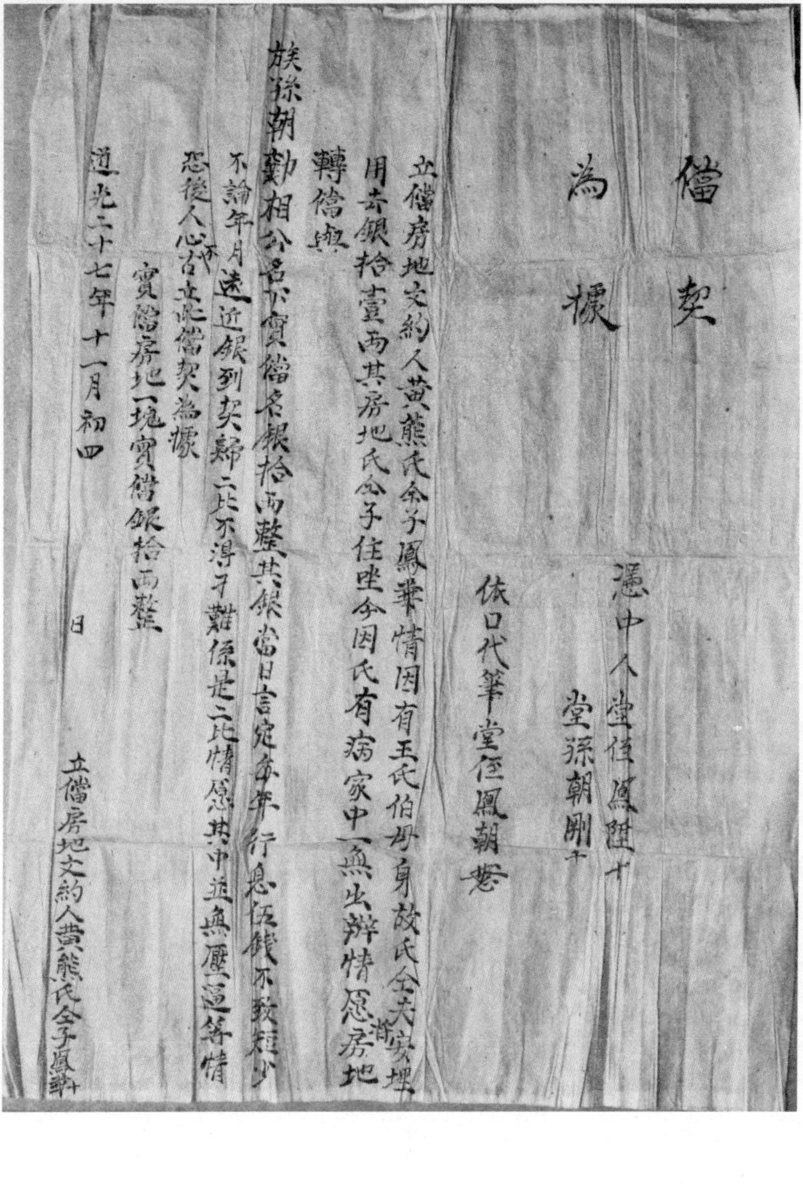
儅契
為據

憑中人堂侄鳳陞十
堂孫朝剛十
依口代筆堂侄鳳朝押

立儅房地文約人黃熊氏仝子鳳華情因有玉氏伯母身故氏仝夫將安埋
用去銀拾壹兩其房地氏仝子住坐今因氏有病家中一無出辦情愿房地
轉儅與
族孫朝勳相公名下實儅名銀拾兩整其銀當日言定每年行息伍錢不致短少
不論年月遠近銀到契歸二比不得刁難係是二比情愿其中並無壓逼等情
恐後人心不古立此儅契為據
實儅房地一塊實儅銀拾兩整
道光二十七年十一月初四日
立儅房地文約人黃熊氏仝子鳳華十

99

道光二十七年十二月初二日番锦崑与黄朝勷的加找田契文

立實加找田契文約人番錦崑爲因應用不敷情愿凴中立約加找到

朝勷黄先生名下實加找州名銀拾貳兩净整自加之後有力取贖無力不至在找恐後人

心不古立此加找爲據 實加找州名銀拾貳兩净整寔實

大清道光二十七年十二月初二日立實[加]找田契文約人番錦崑（花押）

其銀添平兑 内添州[加]字壹个

文（十）

堂 勷（十）

凴中 伯侄番立成（十）

紀（十）

代字番錦崑親筆（花押）

加找

爲據

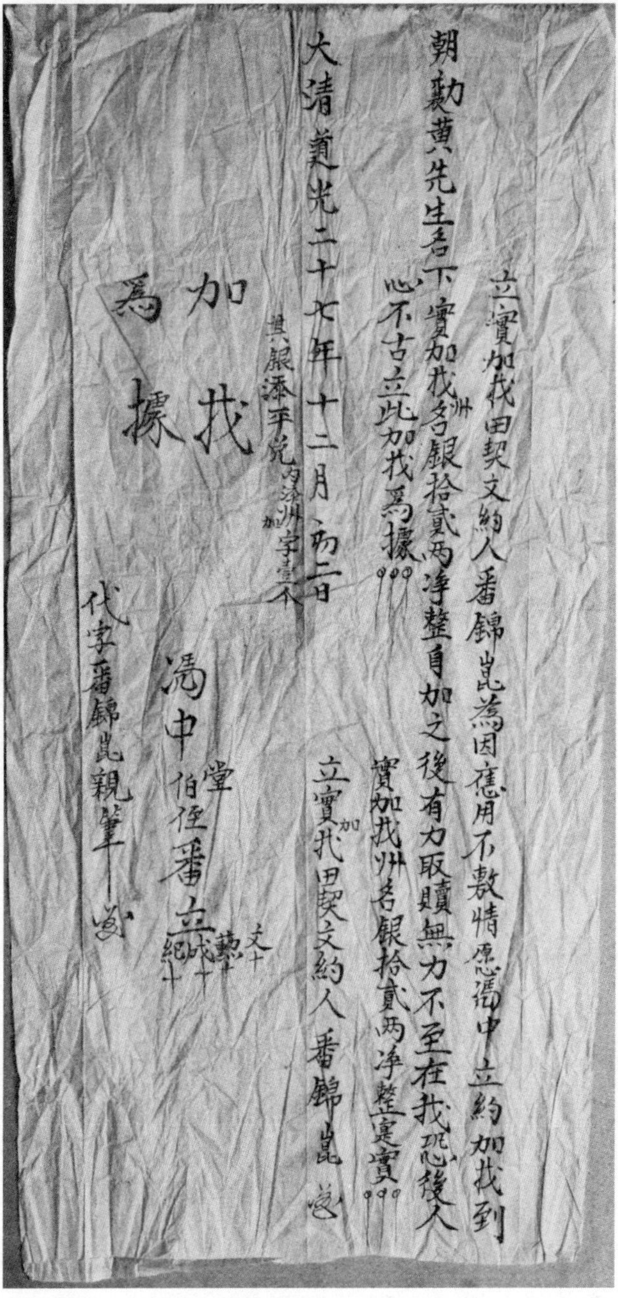
立實加找田契文約人番錦崑爲因急用不敷情愿憑中立約加找到
朝勅黄△先生名下實加找卅名銀拾貳兩淨整自加之後有力取贖無力不至在找恐後人
心不古立此加找爲據。。。
實加找卅名銀拾貳兩淨整是實。。。
立實加找田契文約人番錦崑 押
大清道光二十七年十二月初二日
其服添平兑内添卅字壹个 加
加找爲據
憑中 堂伯侄番立紀+ 立成+ 立藝+ 立文+
代字番錦崑親筆 押

立實永遠歸併地契文约堂叔鳳騰鳳翔爲因正用情愿将父遺留自己分受得坐地壹塊坐落三单東至朝品地南至張家巷石頭堆濠溝西至井並畨姓塘子北至朝勷地併樹木塘子等項在内其有坐落四至開明載契情愿凴中立永遠歸併與ↄ

堂姪朝勷貴名下永遠爲業其地價已經受足如手應用比時銀地两相交明此係落筆無踪有力不得取贖無力不致加找係是二比情愿中間並無逼迫成交亦無私債準折等情自歸並之後仍從朝勷貴園欄住坐起房盖屋管業鳳騰弟兄不致一言日後子孫亦不得異言过問倘有内外人等異言争競有鳳騰翔一力承當恐後人心不古立此永遠歸併地契爲據ↄ

△實永遠歸併坐地壹塊其價受足是實ↄ

道光弎拾柒年十二月初四日立歸併地契文约堂叔鳳騰（花押）

翔（花押）

歸併爲據

100 道光二十七年十二月初四日黄凤腾归并地与黄朝勷的归并地契文约（附民国五年十二月二十五日黄朝勷验契1张）

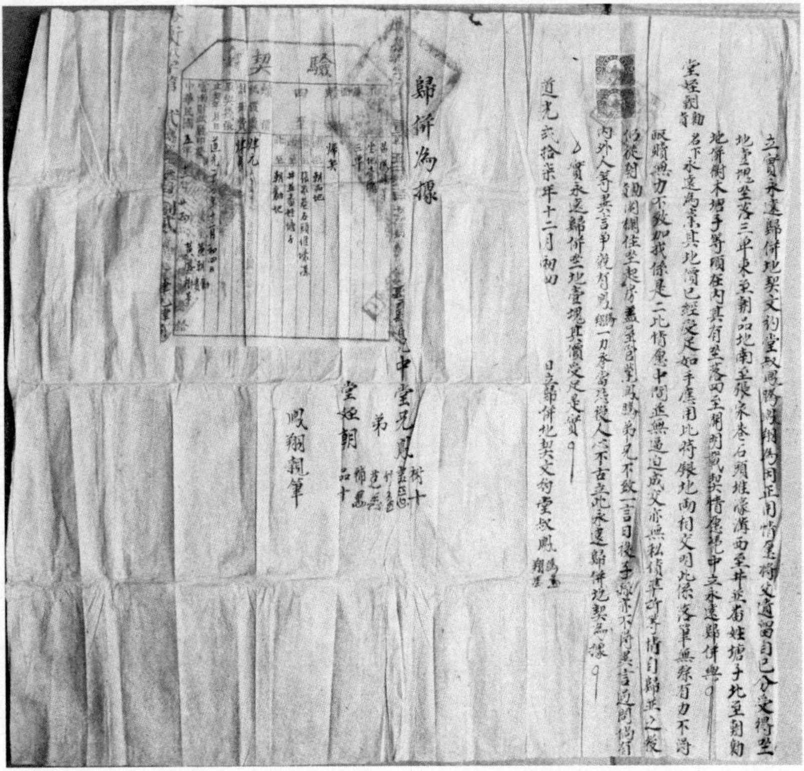

凴中　堂兄鳳樹（十）
　　　　　　詔（花押）
　　　弟　竹（花押）
　　　　　　苞（花押）

契驗

賣主 出典人 姓名	黃鳳騰等
不動產種類	坐地壹塊
座落	三单
面積	
典賣契	歸契
四至	東至 朝品地 南至 張家巷石頭堆壕溝 西至 井並畬姓塘子 北至 朝勳地
典賣價	
紙價費	煒元
注册費	煒角
原契幾張	
立契年月日	道光二十七年十二月初四日

雲南財政廳印發　業主 黃朝勳 貴

中人黃鳳樹等

中華民國五年十二月廿五日騰衝縣署　給

101 道光二十七年十二月初十日番泽澎卖田与黄朝勷等的卖契（附民国五年十二月二十五日黄朝勷验契1张）

立實賣田契文約人畨澤澎仝堂姪錦烺堂孫三多三級爲因乏用情[願]将曾
祖遺留秋粮田弍坵佈種叁箩半落老丁溝名焕楊家田該粮六升其粮先
年已經撥歸本家賣與中山寺楊家田尚納上一坵東至本家田南北至溝西至本
家田下一坵東北至本家田南至溝西至畨姓田四至粮数開明在契其田澤深先
年倫價向元臣贖囬其贖囬之價銀已經如数找清今情願合家請憑立契
出賣與
朝勷黄先生員下實接受價銀壹百两净整自賣之後任從買主耕種管業招佃
賣主不致異言係是二比情願中間並無逼迫成交亦無私債準折等情倘有
内外人等異言争競有賣主一力承當恐後無憑立此賣契爲據○
△實賣秋粮田弍坵佈種叁箩接受價銀壹百两净整○
道光二十七年十二月初十日立實賣田契文約人畨澤澎（十）錦烺（花押）三級（十）
多（十）
△向畨元臣贖囬一紙新老共二紙交銀主收存○○
△其銀係天平兑○

憑中人 族姪畨焕揚（花押）
紡姪畨錦愷（十）
錦烺親筆（花押）

賣契爲據

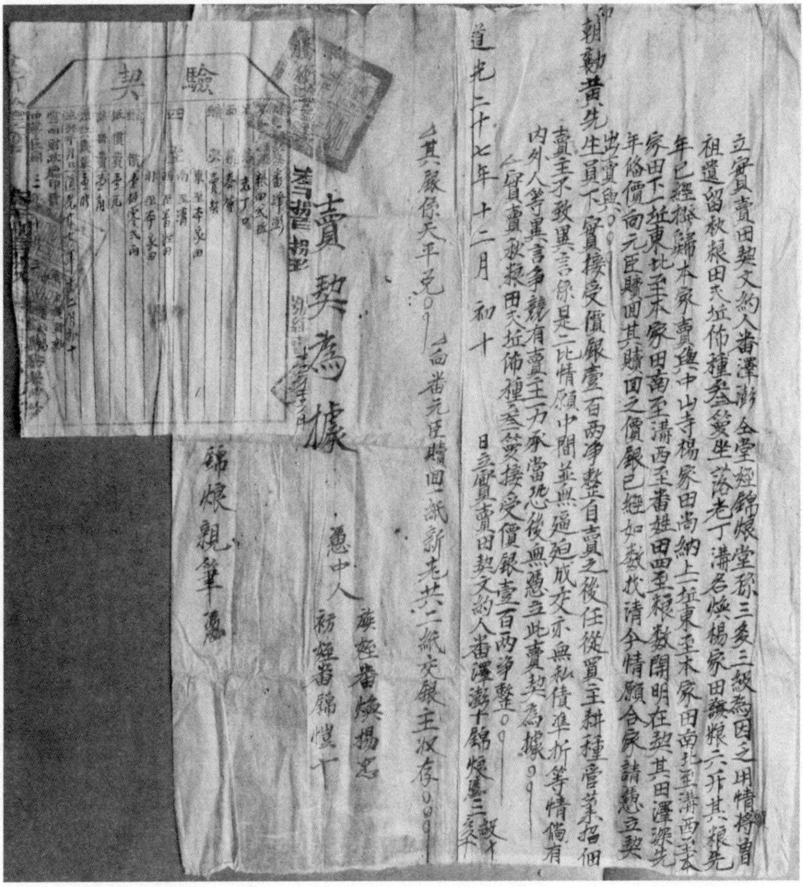

立寫實賣田契文約人番澤澈仝堂姪錦煥堂孫三爱三緻為因乏用情將曾
祖遺留秋粮田弍坵佈種叁箩坐落老丁溝名煥楊家田該粮六升其粮先
年已經撥歸本家賣與中山寺楊家田南納上一坵東至本家田南北至溝西至本
家田下一坵東北至本家田南至溝西至番姓田四至粮數開明在契其田澤澈先
年將價向元臣贖回其贖回之價銀已經如數找清今情願合家請憑立契
出賣與
朝勳黃先生耳下實買接受價銀壹百兩淨整自賣之後任從買主耕種管業招佃
賣主不敢異言係是二比情願中間並無逼迫成交亦無私債準折等情倘有
內外人等異言爭競有賣主一力承當恐後無憑立此賣契為據
實賣秋粮田弍坵佈種叁箩接受價銀壹百兩淨整
道光二十七年十二月初十日立寫實賣田契文約人番澤澈仝錦煥愛三緻

其銀係天平兑
番元臣贖回一紙新老共二紙交銀主收存

憑中人 族姪番煥揚
親姪番錦

賣契為據

錦煥親筆

驗契

賣主出典人姓名	畨澤澎
不動産種類	粮田弍坵
座落	老丁口
面積	叁箩
典賣契	賣契
四至	東至本家田
	南至溝
	西至畨姓田
	北至本家田
典賣價	壹佰零弍两
紙價費	壹元
注冊費	壹角
原契幾張	壹張
立契年月日	道光廿七年十二月初十

雲南財政廳印發　　業主黃朝勷

中人畨焕陽

中華民國三年十月三日騰衝縣驗契所給

102 道光三十年二月初八日番锦纮卖田与黄朝勷等的卖契（附民国三年十月三日黄朝勷验契1张）

立實賣田契文約人畨錦纮爲因應用情愿将承買得黄姓秋粮田一分坐落龍華寺門首名唤凹子田東至張姓田南至溝西至溝北至楊姓田佈種四箩該粮貳斗四升在来二甲黄逢聖户下上納四至粮数開明在契随田秧田一坵坐落徐家門首又向錦[田]歸併得秋粮田壹分照唤箩照土田大小五坵佈種叁箩該粮壹斗零伍合在来二甲畨如蘭户下上納東至畨姓田南至陳姓田西至畨姓田北至溝随田秧田二坵坐落下村門首四至粮数開明在契情愿請憑立契出賣與

朝勷黄表弟名下實接授價銀叁百两净整自賣之後任從銀主耕種管業完粮收租招佃不論年月遠近銀到田歸係是二比情愿中間並無逼迫成交並無私債準折等情倘有内外人等異言争競有賣主一力承當恐後人心不古立此賣契爲據

△實賣秋粮田貳分實接授價銀叁百两净整是實

道光三拾年二月初八日立實賣田契文約人畨錦纮（十）

△其銀係是添平兑新旧共九呇交銀收執

△其有黄姓賣凹子田一分日後黄姓贖田銀到田歸銀主不得刁難批明〇

憑中人畨立生（十）

賣契爲據

□泰（花押）

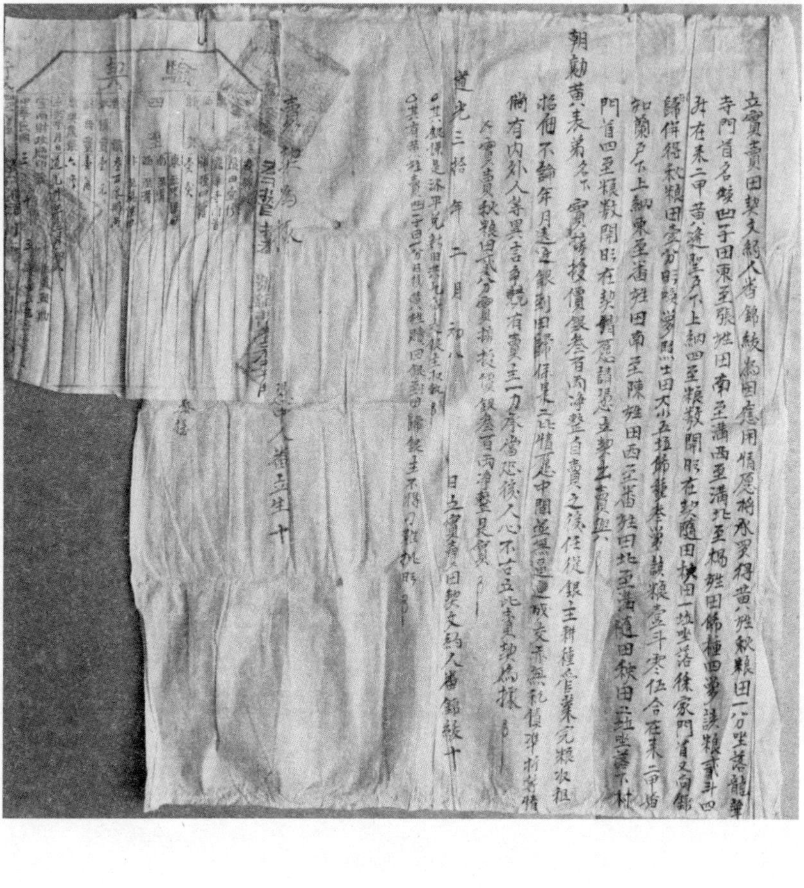
朝勅黃表弟名下
道光三拾年二月初八日立賣黃田契文約人耆錦綾十

驗契

賣主出典人 姓名	沓錦紱
不動産種類	粮田壹份
座落	龍華寺门首
面積	佈種四羅
典賣契	賣契
四至	東至 張姓田
	南至 溝
	西至 溝
	北至 楊姓田
典賣價	叁百零捌兩
紙價費	壹元
注册費	壹角
原契幾張	六張
立契年月日	道光卅年二月初八

雲南財政廳印發　業主黃朝勳

中人沓立生

中華民國三年十月三日騰衝縣驗契　給

立加找田契文約畨錦烺仝堂姪畨三多爲因乏用不敷情愿將祖父遺
留養老田壹分名換楊家田其四至粮数俱載源契書明今請憑中人立
卯
約加找到ȣ
朝勷黃大新爺員下實加找名銀弍內淨整自加之後有力取贖無力不致在加不
拘年月遠近銀到契歸弍比不得刁难係是弍比情愿中间並無逼迫承交
異無私債準折等情倘有內外異言争競錦烺一面承當恐口無憑立此加
找實寔

△實加找名字銀弍两淨整ȣ

咸豐元年拾弍月弍拾陸日立加找田契文約人畨錦烺（花押）仝堂姪三多（十）

△契內添字一個塗字一個ȣ

加找
爲據

憑中人祊弟畨錦龍（十）
旄（十）

錦烺親筆

103

咸丰元年十二月二十六日番锦烺与黄朝勷的加找田契文约

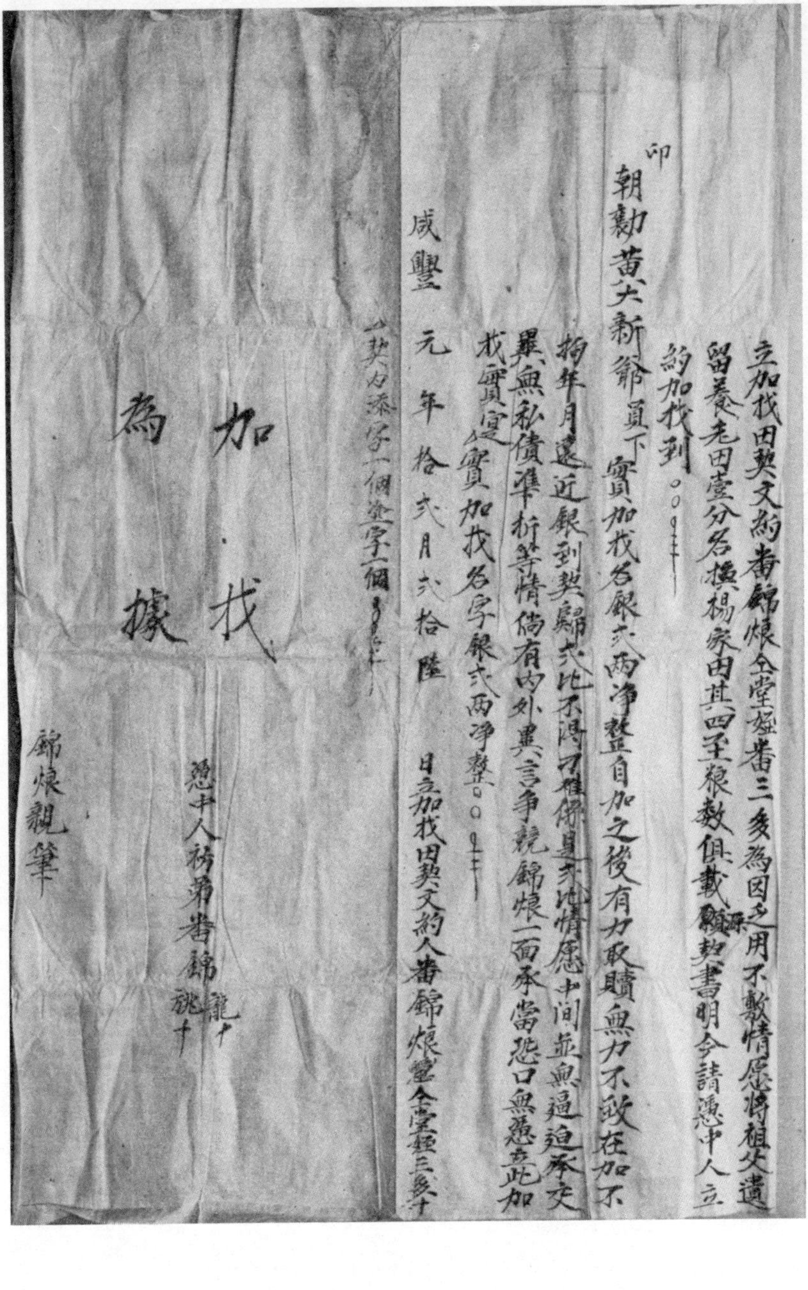

立加找田契文約黄錦焜仝堂姪黄三爻為因乏用不敷情愿將祖父遺
留養老田壹分名換楊家田其四至粮数俱載源契書明今請憑中人立
約加找到
朝勳黄大新爺名下實加找名銀弍兩净整自加之後有力取贖無力不致在加不
拘年月遠近銀到契歸弍比不得刁難係是二比情愿中间並無逼迫等交
易無私債準折等情倘有内外異言爭競錦焜一面承當恐口無憑立此加
找實是　實加找名字銀弍兩净整
咸豐　元年拾弍月弍拾陸　日立加找田契文約人黄錦焜仝堂姪黄三爻十
契内添字一個塗字一個
加找　為據
憑中人祐弟黄錦龍十
　　　　　　錦[illegible]十
錦焜親筆

104

咸丰二年三月初五日番锦纮与黄朝勷的加找田契文约

立加找田契文約人番錦纮爲因應用不敷情愿將前此所儅之田加找到

朝勷黄新爺員下實加銀捌两凈整自加之後有力取贖無力不致再加其有四至粮數幾載老契書明今恐人心不古立此加找實是

實加銀捌两凈整

大清咸豐弎年三月初五日立加找田契文約人番錦纮

憑中人　錦祥兄（十）

加　契

爲　據

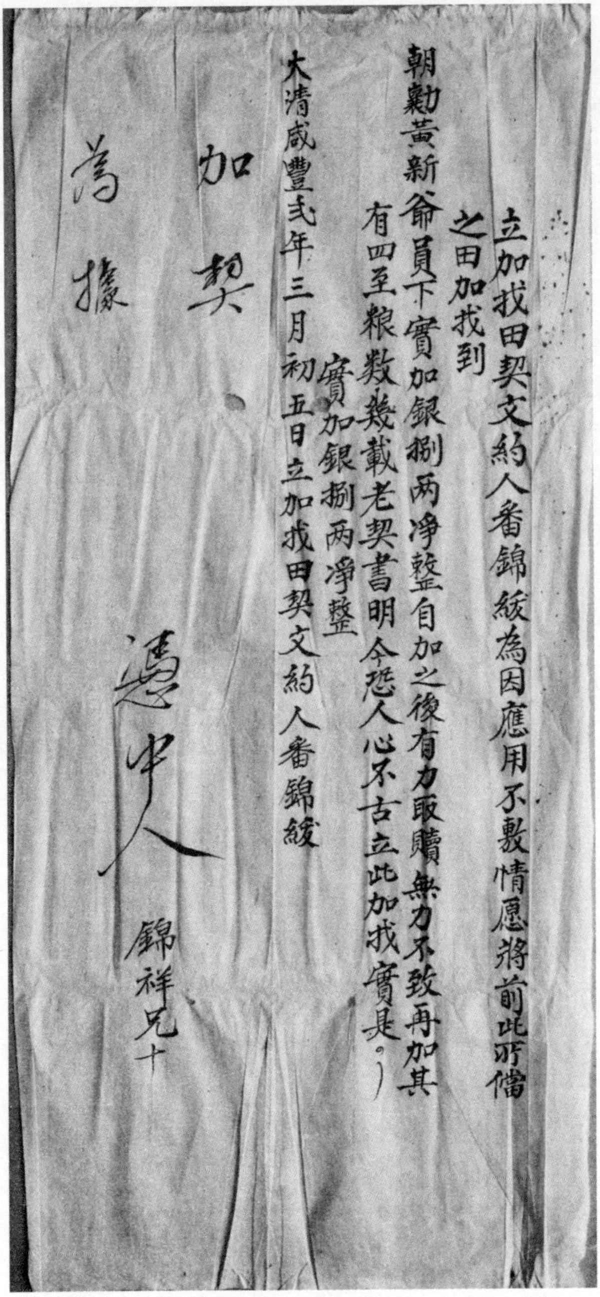

立加找田契文約人番錦紱為因應用不敷情愿將前此所儅
之田加找到
朝勳黃新爺員下實加銀捌兩淨整自加之後有力取贖無力不致再加其
有四至粮数幾載老契書明今恐人心不古立此加找實是
實加銀捌兩淨整
大清咸豐弍年三月初五日立加找田契文約人番錦紱
加契
憑中人 錦祥兄十
為據

105

咸丰二年三月初五日黄登俊与番锦绂的加找田契文约

立加找田契文約生黄登俊爲因應用不敷情愿將凹子田加找到

錦绂番表弟名下實加銀捌两凈整自加之後目下有力取贖無力不致再

加其有四至粮数幾載老契書明今恐人心不古立此加找實是٩

實加銀捌两凈整٩

大清咸豐弍年三月初五日立加找田契文約生黄登俊親筆（花押）

加　找　　黄名俊（十）

憑中人　堂弟黄元俊（十）

爲　據　　番錦祥（十）

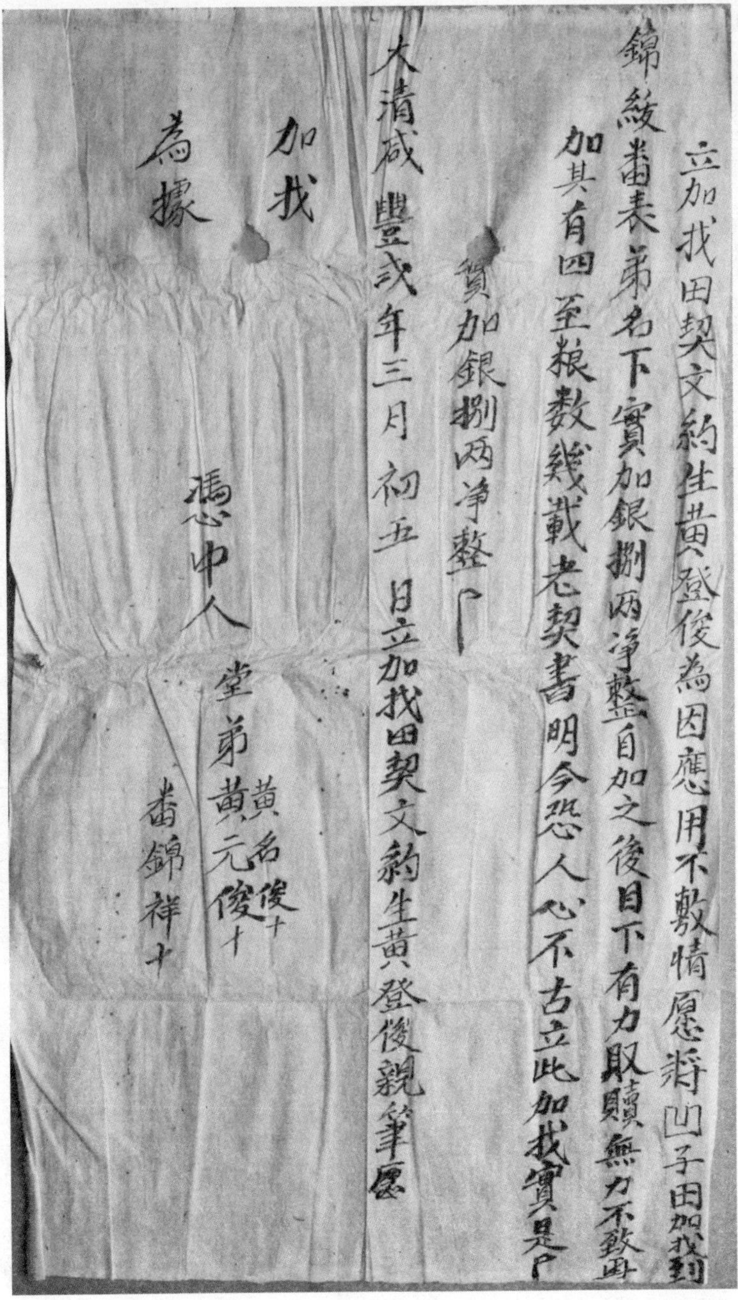

立加找田契文約生黄登俊為因應用不敷情愿將凹子田加找對
錦綏番表弟名下實加銀捌兩淨整自加之後日下有力取贖無力不致再
加其有四至粮数錢載老契書明今恐人心不古立此加找實是
實加銀捌兩淨整
大清咸豐弍年三月初五日立加找田契文約生黄登俊親筆書
憑中人 堂弟黄名俊十 黄元俊十 番錦祥十
加找
為據

第一编 腾冲玉璧村文书（上）·黄氏家族文书（单契）

106

咸丰三年十月十六日周建猷卖田与黄朝勷的卖契

立實賣田契文約人周建猷同子傳法先孫才順爲因乏用情願將歸併得軍粮田壹叚佈種貳篓坐落龍江上營寨左名喚圍子田又將歸併得屯粮田壹叚佈種貳篓伍斜坐落上營名喚黃落池田又將歸併得軍粮田壹叚佈種叁篓坐落上营名喚小流田又將承買得六甲粮田壹叚佈種壹篓坐落上營名喚門前田又將承買得軍粮田壹叚佈種貳篓坐落上营名喚龍窝子田其田共伍叚坐落四至粮数俱在老契書明情願凴中立契出賣與ꝗ

朝勷黃新爺員下實接受價銀叁百壹拾兩淨整自賣之後任從買主收租管業其田賣主仍租佃佃種言定每年扙租谷壹百陸拾篓除下上粮運役貳拾伍篓之外每年實納租谷壹百叁拾伍篓俟冬收之日將一色好谷如数扙清不得短少粿粒如有短少拖欠任從買主別招佃種賣主不得異言係是二比情願中間並無逼迫等情倘有内外人等異言争競有賣主一力承當恐後無凴立此賣契爲據ꝗ

實賣粮田伍叚實接受價銀叁百壹拾兩淨整ꝗ

咸豐三年十月十六日立實賣田契文約人周建猷（十）仝子傳（花押）法（十）先　仝孫才順（十）

其銀係天平兑新旧共九紙交賣主收存内添田字一個

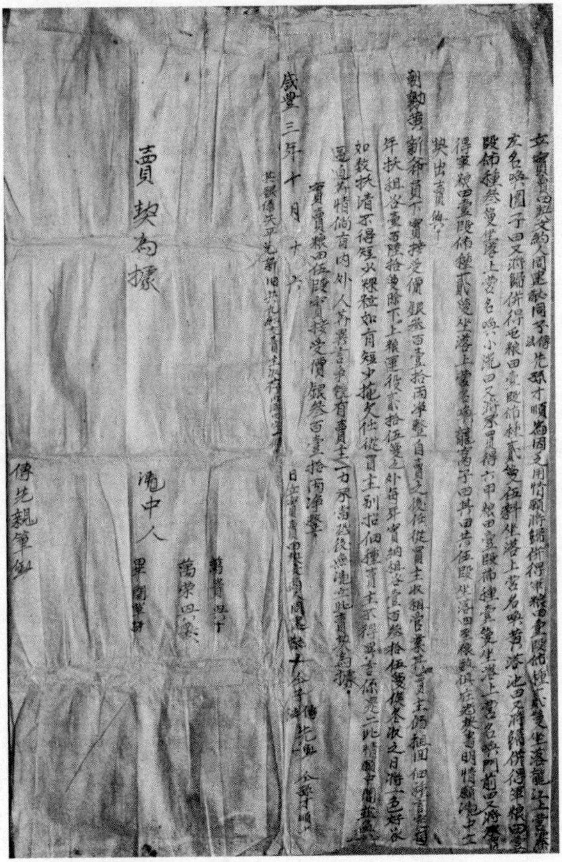

賣契爲據

憑中人　萬貴興（十）
萬荣興（花押）
畢開華（花押）

傳先親筆（花押）

107 丁卯年二月初八日尚启发等出卖粮田与黄朝贵等的归并田地契（附民国三年十月三日腾冲县验契）

立實歸併田契文約人尚啓發運爲因先祖在時借用銀兩不能償還今情愿
將祖父遺留屯粮田壹叚坐落本村名喚五坵田佈種叁籮大小四坵東至槽田
南至尚志科田西至溝北至尚春田隨田秧田弍坵坐落本村門首名喚三坵秧
田該粮叁斗在下五尚邦顯户下完納四至粮数開明在契情愿請憑立約出賣
與〻〻
黄勷大朝貴三公二位名下爲業實接授價名銀陸拾貳兩净整其田自賣之後任從買主耕種
管業完粮收租賣主不至異言倘有内外人等[一言]争競有賣主一力承當日後有力取贖無
力不致加找銀到契歸二比不得刁難係是二比情愿並無逼迫成交恐後人心不古立此賣契爲據
實賣屯粮田壹叚佈種叁籮大小四坵隨田秧田二坵實接授價名銀陸拾貳兩净整〻〻
丁卯年二月初八日立實歸併田契文約人尚啓發（十）運（十）
〇隨田借黄朝輔名下名銀拾伍兩整俟至有力取贖將此項銀兩一並清還〻〻
〇内添一言此三字改俟字一个

歸併

二公尚國（十）

憑中人族叔尚之芳（十）

文（十）

代字人尚之魁（花押）

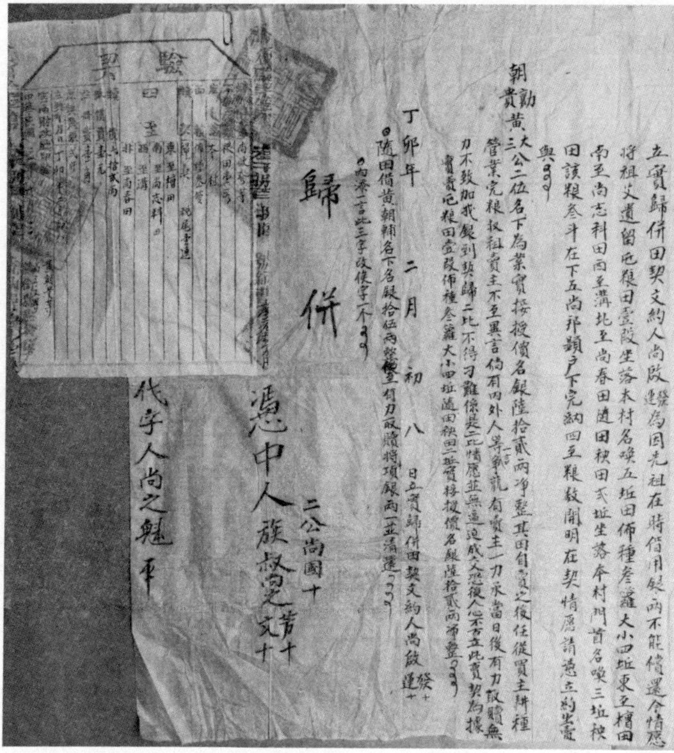

驗契

賣主出典人　姓名	尙啓發等
不動産種類	粮田壹段
座落	本村
面積	佈種叁箩
賣典　契	歸契税尾壹連
四至	東至槽田　南至尙志科田　西至溝　北至尙春田
賣典價	六拾弍兩
紙價費	壹元
注册費	壹角
原契幾張	弍張
立契年月日	丁卯年二月初八

雲南財政廳印發　業主黃朝貴等

中人尙之文等

中華民國三年十月三日　給

108

丁卯年十一月十二日尚启发与黄朝贵租田的租约

立實租田文約人尚啓發爲因乏種今情愿租到〻〻
朝貴黄三公名下五坵田壹段佈種叁箩大小四坵言定每年上納租谷拾陸箩隨田秧田二坵在内
俟至秋收之日將一色好谷清交租主不得短少粿粒如有短少將佃户家下値錢之物办
賣償還今恐人心不古立此租约爲據是實〻〻
實租如前
丁卯年十一月十二日立租约人尚啟發（十）
租約
爲據
憑中人　尚國（十）
尚之芳（十）
文（十）
代字人尚之魁（花押）

立賓租田文約人尚啟發為因乏種今情愿租到

朝貴黃三公名下五坵田壹段佈種叁箩大小四坵言定每年上納租谷拾箩實随田秧田二坵在内

候至秋收之日將一色好谷清交租主不得短少粮粒　如有短少將佃户述下值錢之物办

賣償還今憑人心不古立此租約為據是實

賓租如前

丁卯年　十一月　十二日　立租約人尚啟發十

租約

為據

憑中人　尚國十　尚普十　尚之文十

代字人　尚之魁筆

109 戊辰年四月十九日何氏同子卖田与黄朝贵的卖契（附民国三年十月三日腾冲县验契）

立實賣田契文約人何氏仝子尹立昌爲因先祖在時借用銀兩不能償還情愿將已面分受得屯粮田壹坵佈種弍箩東至黄姓田南至尚姓田西至尚姓田北至黄姓田坐落尚家寨海糞塘該粮壹斗捌升在阙金美户下上納四至粮数開明在契情愿請憑立約出賣與〻

朝貴黄表叔名下爲業實接受田價名銀壹百零伍两凈整自賣之後任從銀主耕種管業完粮收租賣主不至異言倘有内外人等異言争競有賣主一力承當此係二比情愿中間並無逼迫成交今恐人心不古立此賣契爲據是實〻

實賣屯粮田弍箩接受價銀壹百零伍两净整〻

戊辰年四月十九日立實賣田契文約人何氏仝子尹立昌（十）

〇批者其粮在下伍尚邦顯户下上納

賣契

爲據

憑中人族叔尹文富（十）

陳上才（押）

代字人尹至堯（忠）

内改文字一個

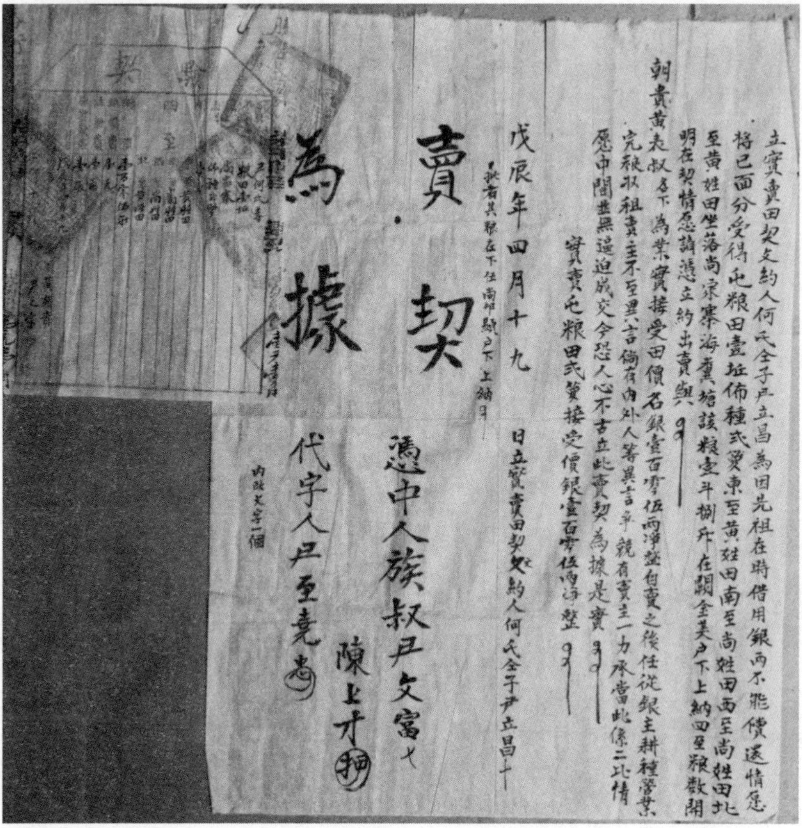

立賣田契文約人何氏全子尹立昌為因先祖在時借用銀兩不能償還情愿
將已面分受得屯粮田壹坵佈種弍籮東至黄姓田南至尚姓田西至尚姓田北
至黄姓田坐落尚家寨海棗塘該粮壹斗捌升在闞金美戶下上納四至粮數開
明在契情愿請憑立約出賣與
朝貴黄表叔名下為業實接受田價名銀壹百零伍兩淨整自賣之後任從銀主耕種營業
完粮叔祖賣主不至異言倘有内外人等異言爭競有賣主一力承當此係二比情
愿中間並無逼迫成交今恐人心不古立此賣契為據是實
實賣屯粮田弍籮接受價銀壹百零伍兩淨整
日立賣田契文約人何氏全子尹立昌十
戊辰年四月十九
此者其粮在下任南甲闞户下上納
賣契
為據
憑中人族叔尹文富七
陳上才押
代字人尹至堯押
内改文字一個

驗契

賣主出典人 姓名	尹何氏等
不動産種類	粮田壹坵
座落	尙家寨
面積	佈種弍箩
賣典契	賣契
四至	東至黄姓田
	南至尙姓田
	西至尙姓田
	北至黄姓田
賣典價	壹百零伍兩
紙價費	壹元
註册費	壹角
原契幾張	壹張
立契年月日	戊辰年四月十九日

雲南財政廳印發　業主黄朝貴

中人尹文富

中華民國三年十月三日　給

110

戊辰年十月十一日尚之仁同弟卖田与黄朝勷的卖契

立實賣田契文约人尙之仁同弟尙發文爲因乏用情愿將先祖父承買得秋粮田壹叚坐落毛家村名喚小海田佈種四箩大小叁坵該粮弍斗在来三甲趙奇即尙登榜户下上納其四至俱在老契書明情愿請憑家族人等出賣與

表叔朝勷大

貴黄三新爺名下爲業實接授價銀叁拾伍两净整自賣之後任從買主耕種完粮招佃收租賣主不得異言日後有力取贖無力不致加找係是二比情愿中間並無私債準拆逼迫等情倘有家族內外人等争競一言有賣主一力承當今恐人心不古立此賣契爲據是實

實賣秋粮田壹叚佈種四箩實接授價銀叁拾伍两净整

實賣如前

戊辰年十月十一日立實賣田契文约人尙之仁（十）同堂弟尙發文（十）

內添祖字一个其天平兑新旧伍帋內改喚字一个

賣契　　　　張連俊（十）

爲據　　請憑中尙大春（十）

尙生春（十）

代字人尙之文（花押）

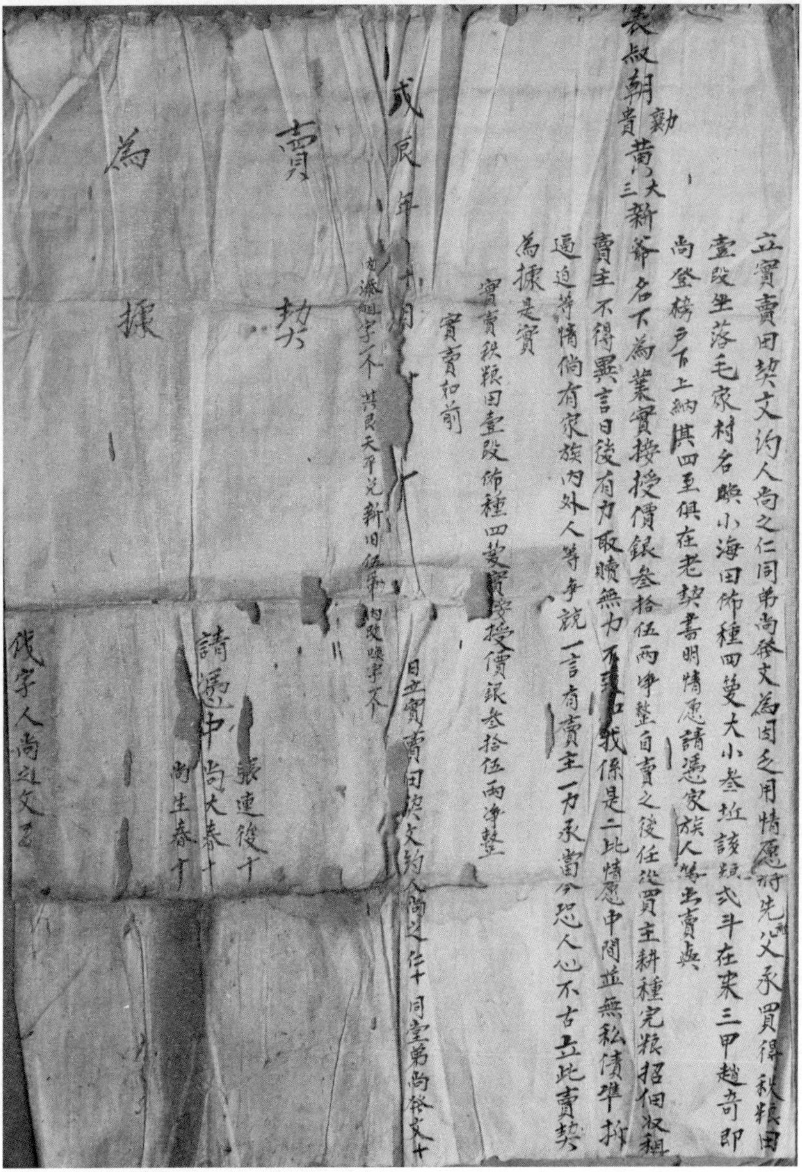
立賣賣田契文約人尚之仁同弟尚發文爲因乏用情愿將先父承買得秋粮田
壹段坐落毛家村名𡿨小海田佈種四斗大小叁坵該粮弍斗在東三甲趙奇郎
尚登榜户下上納其四至俱在老契書明情愿請憑家族人等出賣與
表叔朝勳貴黄大三新爺名下爲業實授授價銀叁拾伍兩净整自賣之後任從買主耕種完粮招佃収租
賣主不得異言日後有力取贖無力不得[illegible]找係是二比情愿中間並無私債準折
逼迫等情倘有家族内外人等争說一言有賣主一力承當今恐人心不古立此賣契
爲據是實
實賣和前
實賣秋粮田壹段佈種四斗實受授價銀叁拾伍兩净整
戊辰年十一月　日立賣賣田契文約人尚之仁十　同堂弟尚發文十
内添祖字一个　共改天字兒新旧伍字　内改唤字一个
請憑中　尚大春十　張連役十　尚生春十
代字人尚廷文　押
賣契
爲據

111 光绪二年二月初八日黄朝勷黄朝贵分关合同

立分關合仝文約人黄朝勷貴 荷 天地之生成延 祖宗之發越 先考諱鳳池誕育弟兄三人長曰朝勷次曰朝輔次曰朝貴其朝輔已承 先伯諱鳳儀祧嗣前已分晰各管各業億 先考諱鳳池精勤創業裕後有基而堂母内助經營先前有賴與孟梁之高雅效向平之完成復念創業維艱守成不易後因地方變亂房屋坵墟兹幸地方成平各營起盖但念食口日增子孫日熾欲全手足之誼和氣致祥宜敦友愛高風公心造福所有公治産業均平分晰各自支持管理庶幾始終和氣克全天倫者也朝勷應分産業朝貴應分産業所有坐落四至粮數銀價立有分簿弍本俱倫細載明各執壹本爲憑至於各人分受産業均係憑神拈鬮各照分部管業自分爨之後務須克勤克儉積少成□□□□綿衍攸長此係閤家老少公仝歡悦分晰其中並無偏袒恐後無憑立此分關永遠爲據

光緒二年二月初八日立分關合仝人黄朝勷（花押）

貴（花押）

既富且貴

明之李姑相公在

憑中人 柱國 弟（花押）

分關爲據

堂姪三元（花押）

俾熾而昌

代字姪映珍（花押）

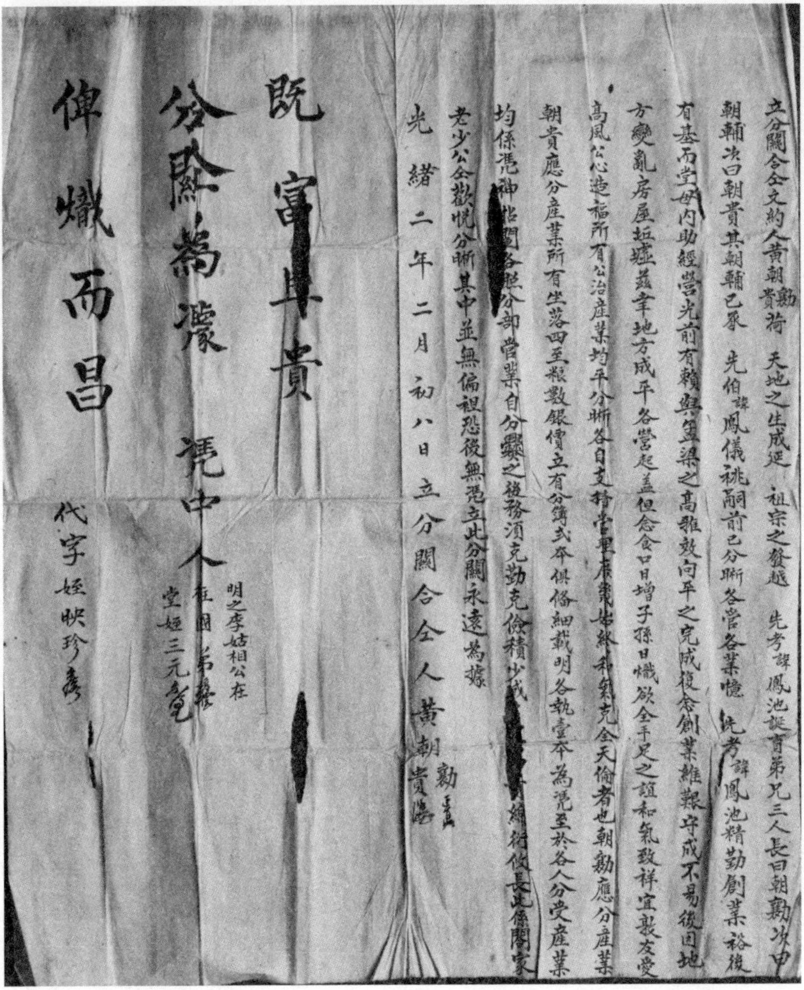

立分關合仝文約人黄朝勳、朝貴荷 天地之生成，延 祖宗之發越，先考諱鳳池誕育弟兄三人，長曰朝勳，次中

朝輔，次曰朝貴，其朝輔已歿。先伯諱鳳儀祧嗣，前已分晰，各管各業。憶 先考諱鳳池精勤創業，裕後

有基，而堂母内助經營，先前有賴與置業之高雅，效向平之完成，復念創業維艱，守成不易，後因地

方變亂，房屋坵墟，茲幸地方成平，各營起蓋，但念食口日增，子孫日熾，欲全手足之誼，和氣致祥，宜敦友愛

高風，公心造福，所有公治產業，均平分晰，各自支持，當[illegible]始終和氣，克全天倫者也。朝勳應分產業

朝貴應分產業，所有坐落四至、粮數、銀價，立有分簿式本，俱備細載明，各執壹本為凴。至於各人分受產業，

均係憑神拈鬮，各照分部管業，自分鬮之後，務須克勤克儉，積少成[illegible]緒衍後長，此係鬮家

老少公仝歡悦分晰，其中並無偏袒，恐後無凴，立此分關永遠為據。

光緒二年二月初八日立分關合仝人黄朝勳 書、朝貴 書

既富且貴

分鬮為據

凴中人 明之李姑相公在 在團弟[illegible] 堂姪三元筆

俾熾而昌

代字姪映珍書

112

光緒九年正月十六日黃幼良等立拆伙文约

立拆夥文約人黃幼良張德本寸齊國張復本爲因仝做義盛興記生易自光緒元年仝夥貿易仝做騰永闗瓦九崖花布雜貨等項生易竟做至光緒九年正月止共做八年生易近因生易無益各夥俱願拆夥自做所有向張姓借用貯本以及生易往來併向外所借銀兩以及生易去來俱已照数歸清並無差欠株連至於永中內欠外以及外欠內賬物除拋浮賬外有張復本一力經收經還不干各夥之事至於騰中內欠外以及外欠內賬物除拋浮賬外有寸齊國一力經收經還亦不干各夥之事其有接年賬物俱已當面結算清白並無遺漏至於各夥應進長項本金以及應抬拆項俱已當面算明補[找]清楚並無差少分厘自拆夥之後各尋生理日後生易長拆不干各夥之事亦不得籍事生端只有接年來所放在外之賬以及浮賬未有收穫俱各有公簿各爲收執一本日後收得不拘多寡俱摟四均分不得隱匿係毫至於義盛興所仝富三美共做美義合生易所有貯本以及賬物往來俱已算明歸清其義盛興自做生易以來所有一切生易以及仝外人合夥生易俱已掃数算明歸補清白並無差欠恐後人心不古立此拆夥文約爲據

光緒九年正月十六日立拆夥文約人黃幼良（花押）張德本（押）寸齊國（押）張復本（押）

〇批者其有同治十四年貯本簿壹本張姓收執其貯本息銀如数歸清日後尋出簿子以爲故紙此批

拆夥文約□□

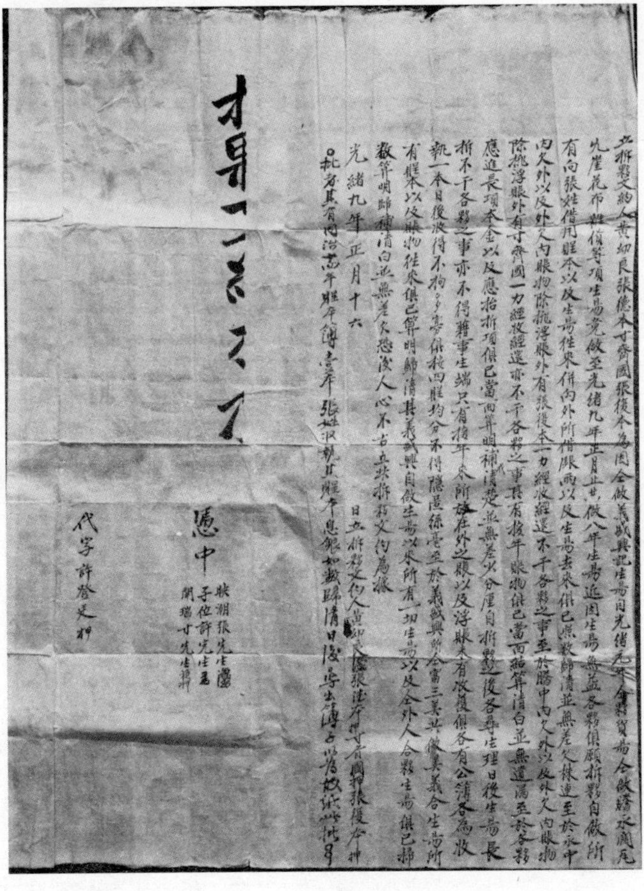

憑中　映潮張先生（花押）
子位許先生（花押）
開瑞寸先生（花押）

代字許登廷（押）

113 光绪十年二月初六日周时贵吐退田与黄朝贵的吐退田契文约

立实吐退田契文约人周時貴爲因先年先祖建猷公出賣與黄姓粮田伍段俱坐落上营其壹段名唤凰子田佈種弍籮東至坡南至文富田隔埂西至張姓田隔埂北至溝该粮弍升伍合在左下周于憲户下完纳又壹段名唤黄落池田佈種弍籮伍㪷東至溝南至張姓田隔埂西至溝北至周建有田隔埂该粮伍升在左下周于憲户下完纳又壹段名唤小荒田佈種叁籮東至和尚田隔埂南至□十五田隔埂西至周姓併余姓田隔埂北至挾溝该粮柒升叁合在左下周于憲户下完纳又壹段名唤龍窝子田佈種弍籮東南至本軍田西至北至溝该粮柒升叁合在左下周于憲户下完纳又壹段名唤门前田佈種壹籮東至周姓田隔埂南西至路北至周姓田隔埂併溝该粮伍升在用六甲周世進户下完纳其田共伍段共佈種拾籮零伍㪷先祖出賣與黄姓之時曾經受過價銀叁百壹拾兩因仍租佃種□年共欠租穀壹百弍拾捌籮合艮拾壹兩今因拖欠無處出辦情願请凴親族立约吐退與

朝貴黄先生　員下自吐之後任隨黄姓照契管業别招佃種收租完粮周姓不致異言阻撓日後有力取贖無力永遠不得加找倘有内外人等一言争競有周姓一力承當其所欠租俟贖田之日一併清歸此係心悦诚服扵中並無勉强恐口無凴立此吐退交约爲抝是实8

〇〇实吐如前8

光緒十年二月初六日立吐退田契文约人周時貴（十）

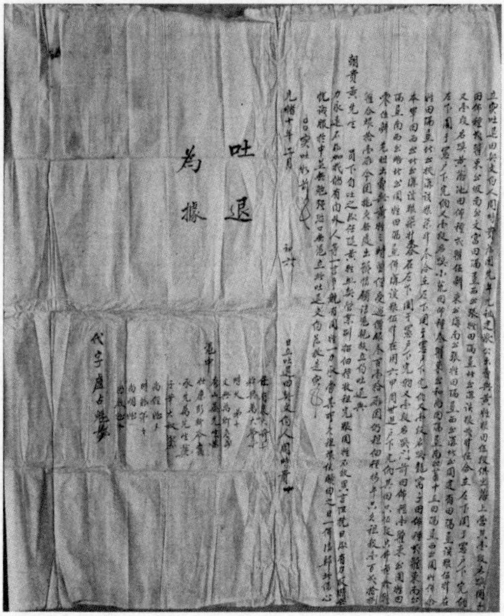

吐退
爲據

仕有康大哥（十）
必興萬大爺（十）
時夂弟（十）
文興萬鄉老（花押）
憑中　秀山晏先生（花押）
仕廉彭新爷（花押）
承先萬先生（花押）
于華大叔（花押）
尚經姪（十）
時能弟（十）
尚明姪（十）
尚啓姪（十）
代字盧占魁（花押）

114

光绪十年二月初七日周尚贵向黄朝贵租田的租约

立租田文约人周尚啓爲因乏種情愿租到
朝貴黄先生　員下粮田弍段其壹段名喚门前田佈種壹籮又壹段名喚小荒田佈種叁
箩其田弍段共佈種肆籮當面言定至秋收之日交上好租穀拾伍籮不致短少粿粒
如有短少任隨田主另招佃種恐口無凴立此租約爲據 𠄡
光绪十年二月初七日立租田文約人周尚啓（十）

憑中人彭仕儒（十）

代字盧星楼（花押）

租　約

爲　據

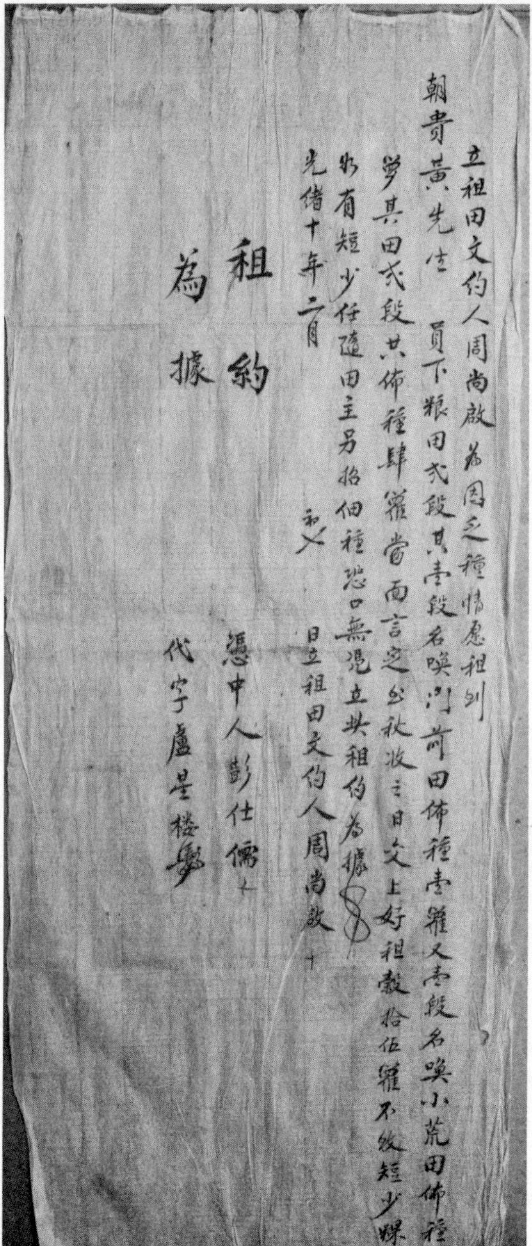
立租田文約人周尚啟為因乏種情愿租到
朝貴黄先生買下粮田弍段其壹段名喚門前田佈種壹籮又壹段名喚小荒田佈種叁
籮其田弍段共佈種肆籮當面言定每秋收之日交上好租穀拾伍籮不敢短少粿粒
如有短少任隨田主另招佃種恐口無凴立此租約為據
光緒十年二月初八日立租田文約人周尚啟 十
租約
為據
凴中人彭仕儒 乙
代字盧星樓

115

光绪十年八月初二日黄朝贵等卖倪家铺田与贾绍周等的卖契

立賣田契文約人黃朝貴仝姪福元爲因應用情願將先年承買得粮田貳分俱坐落倪家鋪其壹分係向楊姓承買得官庄田佈種肆籮大小肆坵隨田秧田壹坵大薗子秧田壹□□□□俱在老契書明該粮壹錢七分在官庄高□□□完納又壹分係向孫姓承買得官庄田佈種貳籮大小貳坵佈種貳籮其有四至俱在老契書明該粮八升伍合在官庄高成周户下完納今情願請憑立約賣與

如金李
紹周賈先生
明元李
德聚張
培之毛

先生名下爲業寔接受田價净紋銀壹百貳拾兩整自賣之後任從買主耕種管業完粮收租賣主不致異言日後有力取贖不拘年月遠近銀到契歸二比不得刁難此係二比情願中間並無逼迫成交倘有内外人等一言争競有賣主一力承當恐後人心不古立此賣契爲據

○寔賣官庄粮田貳分佈種陸籮寔接受價净紋銀壹百貳拾兩整。

光緒拾年八月初二日　　立賣田契文約人黃朝貴憑仝姪福元（花押）

○其銀係天秤兑其楊姓老契肆紙又孫姓老契[加找]伍紙新立賣契壹紙共拾紙交銀主收執。

○批者如有原主向黃姓取贖不拘銀数多寡將原價兑至必須捲還原契買主不得刁難此批

○再[批]者□□□□□箩四字賣田之年買主收租俟贖田之年賣□□租此批。

○再批者又添加找二字

○批者其此田弍分於光緒二十六年三月初八日黃姓備價贖回特批。

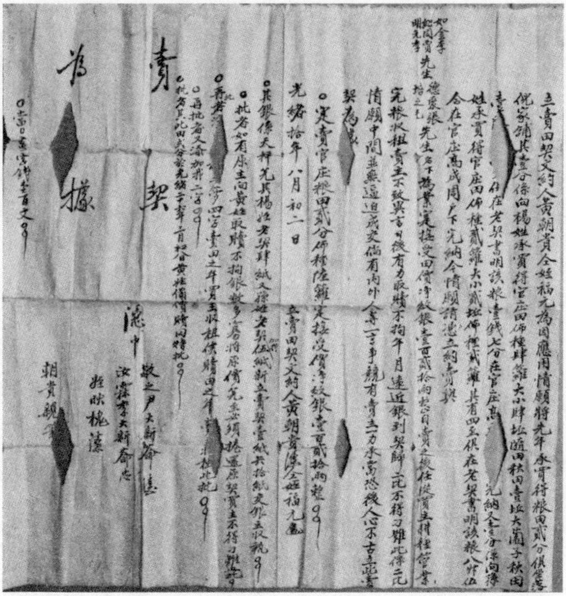

賣契

爲據

憑中 敬之尹大新爺（花押）

汝霖李大新爺（花押）

姪映槐（花押）

朝貴親筆

○當日畫字錢壹百文○

116

光绪十年八月初二日黄朝贵等卖田与贾紹周等的卖契

立賣田契文約人黃朝貴仝姪福元爲因應用情願將祖父遺留向王姓杜買
得粮田壹段佈種伍籮大小七坵其有四至坐落俱在老契書明該粮陸畝捌分四
厘在局料先祖登鶴□□□□□□今情願請憑立約賣與○
□金李
紹周賈先生德聚張
培之毛　先生爲業寔接受田價净艮壹百兩整自賣之後任從買主耕種管業
明元李
完粮收租賣主不致異言日後有力取贖無論年月遠近銀到契歸二比
不得刁難此係二比情願中間並無逼迫成交倘有内外人等一言争競有賣
主一力承當恐後人心不古立此賣契爲據○
○寔賣粮田壹段佈種伍籮寔接受田價净艮壹百兩整○
光緒十年八月初二日立賣田契文約人黃朝貴（花押）仝姪福元（花押）
○其銀係天秤兑有王姓老契伍紙新立賣契壹紙共陸紙交銀主收執○
○批者均添坐落弍字其賣田之年買主收租俟贖田之年賣主收租此批○
○再批者添加找二字○
○批者此田於光緒二十六年三月初八日黃姓備價贖回特批○

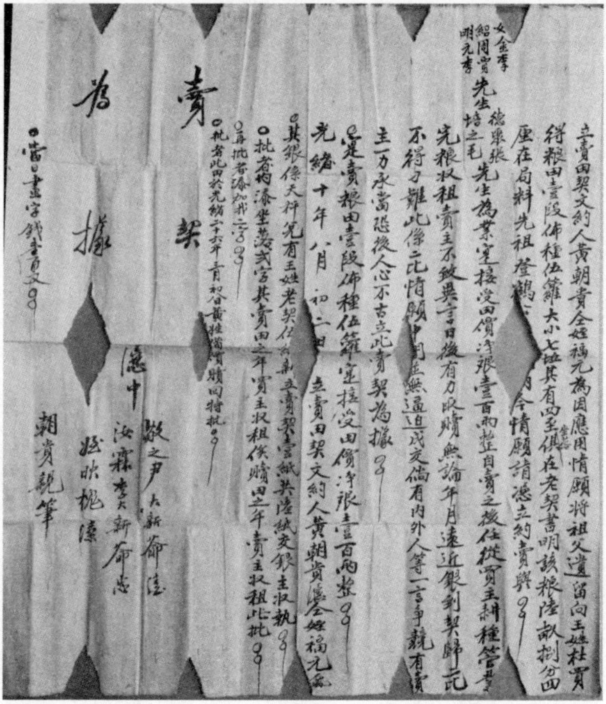

賣　契

爲　據

憑中　敬之尹大新爺（花押）

汝霖李大新爺忠

姪映槐（花押）

朝貴親筆

○當日畫字錢壹百文○9

117 光绪十四年二月二十六日黄朝贵等卖田与□□□的卖契

立賣田契文約人黄朝貴仝姪福□□□□□□□將先年承買得秋粮田壹分佈種伍籮名喚李家田坐落□邑横溝下併秧田貳坵坐落吴邑廟門首該粮貳斗叁升弍合在來一甲趙良英即趙武才户下完納其粮米有貳斗四升至於四至俱在老契書明今情願請憑立約出賣與

□□□大老爺名下爲業實接受田價浄艰柒拾兩整自賣之後任從買主耕種管業完粮收租賣主不致異言日後有□□□□

到契歸二比不得刁難倘有内外人等一言争競有賣主一力承當此係二比情願中間並無逼迫成交恐後人□□□□

賣契爲據ꝗ

○實賣秋粮田壹分佈種伍籮秧田弍坵實接受田價浄娘柒拾兩整ꝗ

光緒十四年二月二十六□□□□□文約人黄朝貴（花押）仝姪福元（花押）

○其有老契伍紙係與沙田仝契新立賣契壹□□□帋交銀主收執

○批者其銀係天秤兑黄朝貴黄福元均分用訖

○今批者於光緒二十六年二月初九日黄幼良備價贖回特批ꝗ

賣契

爲據

脧中姪（花押）

□□人濟衆施貢爺（憑）

三元姪（花押）

朝貴親筆

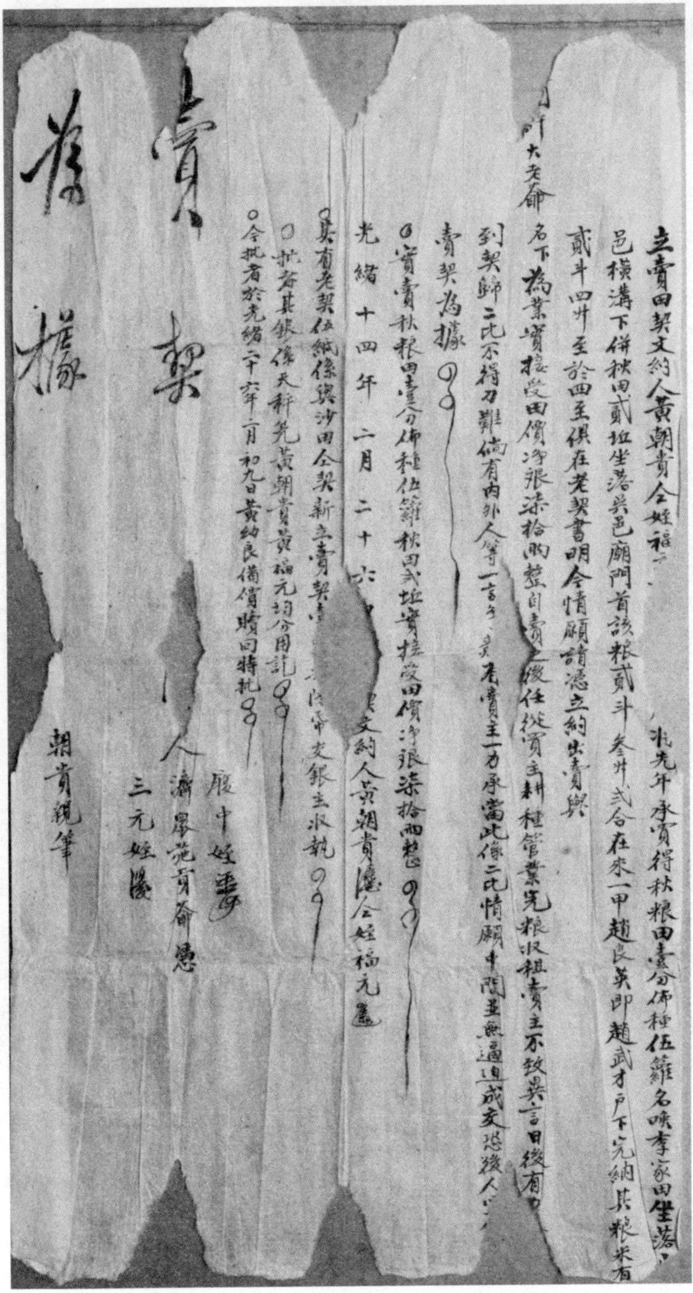
立賣田契文約人黃朝貴仝姪福元 ……米先年承買得秋粮田壹分佈種伍籮名喚李家田坐落
邑橫溝下併秋田貳坵坐落吳邑廟門首該粮貳斗叁升弍合在來一甲趙良英即趙武才戶下完納其粮米有
貳斗四升至於四至俱在老契書明仝情願請憑立約出賣與
……大老爺名下為業實接受田價淨銀柒拾兩整自賣之後任從買主耕種管業完粮收租賣主不致異言日後有……
到契歸二比不得刁難倘有內外人等一言多……賣主一力承當此係二比情願中間並無逼迫成交恐後人心……
賣契為據
○實賣秋粮田壹分佈種伍籮秋田弍坵實接受田價淨銀柒拾兩整
光緒十四年二月二十六日……賣文約人黃朝貴仝姪福元
○其有老契伍紙係與沙田仝契新立賣契……內帶交銀主收執
○批當其銀係天新先黃朝貴黃福元均分用訖
○今批者於光緒二十六年二月初九日黃幼良備價贖回特批
賣契
憑中姪……
濟學苑……
三元姪……
朝貴親筆
存據

118

光绪二十年三月二十九日黄武元归并坐地与黄幼良等的归并地契文约（附民国五年十二月二十五日验契1张）

立實歸併地契文約人黃武元爲因應用情願將已面分受得坐地壹塊坐落四單東至李姓地南至直巷道西至黄汝峻地北至叔父地其巷道仝李占奎等仝走坐落四至開明在契情願請憑家族立約杜歸與

幼良叔台名下爲業實接受杜價净銀拾玖兩整自杜歸之後任從叔台園欄住坐起房盖屋永爲叔台世守基業歸主子孫不得異言過問當日地價已經受足此係落筆無踪彼時銀地兩相交明係是二比情願中間並無逼迫成交亦無私債準折等情倘有内外人等異言争競有歸主一力承當恐後人心不古立此杜歸地契文約永遠爲據

實杜歸地基壹塊實接受杜價銀拾玖兩整

光緒二十年三月二十九日立實永遠杜歸地契文約人黄武元（花押）

歸 併

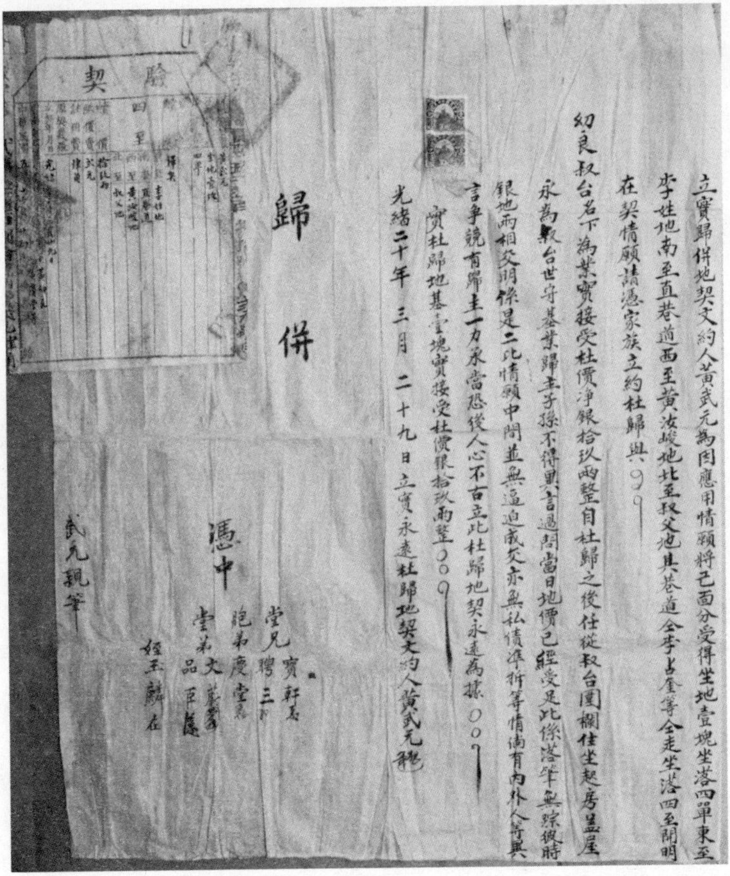
立賣歸併地契文約人黃武元為因應用情願將己面分受併坐地壹塊坐落四單東至
李姓地南至直巷道西至黃汝峻地北至叔父地其巷道仝李占奎等仝走坐落四至開明
在契情願請憑家族立約杜歸與
幼良叔台名下為業實接受杜價凈銀拾玖兩整自杜歸之後任從叔台圍?住坐起房蓋屋
永為叔台世守基業歸主子孫不得異言過問當日地價已經受足比係落筆無蹤候時
銀地兩相交明係是二比情願中間並無逼迫成交亦無私債準折等情倘有內外人等異
言爭競有歸主一力承當恐後人心不古立此杜歸地契永遠為據
實杜歸地基壹塊實接受杜價銀拾玖兩整
光緒二十年三月二十九日立賣永遠杜歸地契文約人黃武元
歸併
憑中 堂兄寶軒 聘三 胞弟慶堂 堂弟文蔚 品臣 姪王麟在
武元親筆

堂兄寶軒（花押）
聘三（花押）

憑中 胞弟慶堂（花押）

堂弟文蔚（花押）
品臣（花押）

姪王麟在

武元親筆

驗契

賣主 出典人 姓名	黃武元
不動産種類	坐地壹塊
座落	四单
面積	
賣典 契	歸契
四至	東至李姓地
	南至直巷道
	西至黃汝峻地
	北至叔父地
賣典價	拾玖兩
紙價費	弎元
註冊費	肆角
原契幾張	
立契年月日	光緒二十年三月廿九日

雲南財政廳印發　業主黃幼良

中人黃慶堂等

中華民國五年十二月廿五日　給

119

光绪二十一年十一月三十日周时贵与黄朝贵的加找田契文约

實立加找文約人周時貴仝子尙雲原因先祖建猷公將门前田壹分佈種一籮又圍子田壹分佈種式籮又小荒田一分佈種叁籮又龍窝子一分佈種式籮又黃樂池一分佈種式籮伍舛其田共伍分共佈種拾籮零伍舛先祖共作一紙曾經備價賣與黃姓至軍需平定之後時貴租回佃種因欠租甚多又立吐退一紙黃姓別招佃種時貴復行估犁田訁今请凴寨内紳耆禮講念及時貴夫婦年老無靠鈌乏棺木情願請凴家族鄉鄰立約加找到

朝貴黃三老爺員下净銀柒两整入手應用自加找之後任隨買主耕種管業完糧收租再不致異言阻撓其日伍段好醜不一因先祖共作一契賣與黃姓日後有力一概取贖無力不致籍事生端永遠不得再加分厘倘有再行估種估加等情向族人周時李周尙朝試問其田五分日後一並仝贖不得拆分取贖此係二比心服情願於中並無逼迫等情恐後人心不古立此加找爲據

。〇。實隨田加找净銀柒兩整

光緒二十一年十一月三十　日立加找文約人周時貴（十）　同子尙雲（十）

。〇。批明添寫一概買其四字

加找

爲據

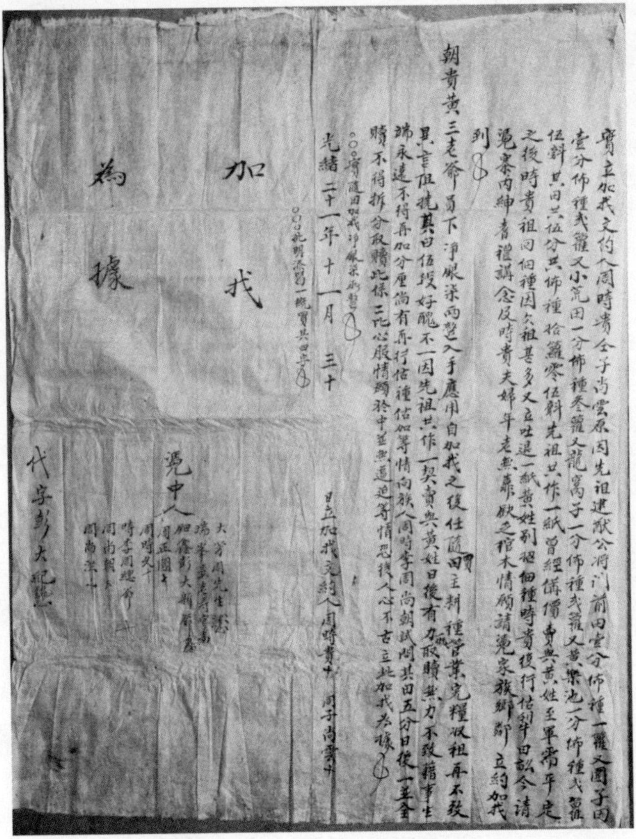

大芳周先生（花押）
瑞峯晏老寿官（花押）
鈿鑫彭大新爺（花押）
凴中人周正國（十）
周時允（十）
時李周總爺（十）
周尚朝（十）
周尚洪（十）
代字彭大紀（花押）

120

光绪二十一年十二月初六日周尚有向黄朝贵租田的租约

實立租约人周尙有爲因乏種情願立约租到
朝貴黄先生名下粮田二段其壹段名唤小河邊田佈種壹籮又壹段名唤
小荒田佈種叁籮二分佈種共肆籮二比言定每年交租穀弍拾叁籮
言定伍年[後]照市加租壹色好穀至冬收如数交清不得拖欠倘有拖欠任從
田主別招佃種情願將家下値錢之物任隨田主取納辦賣償還租主不致
異言反覆係是二比情願其中並無逼迫等情今恐人心不古立此租約爲
據是實 8

〇實租粮田二分共佈種肆籮每年交租穀弍拾叁籮是實 8

光绪二十一年十二月初六　日立實租约人周尙有（十）

租约

爲據

張占品（花押）

凴中人周時夂（十）

楊高林（十）

代字人郭文耀（花押）

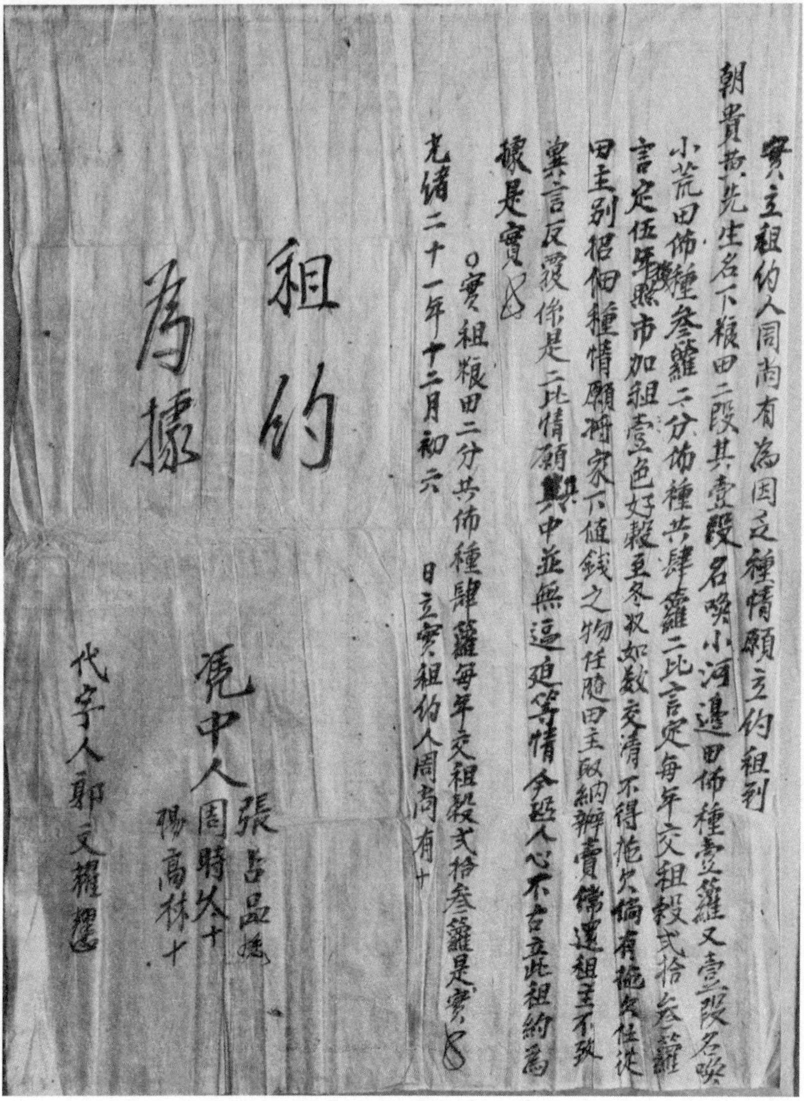
實立租約人周尚有為因乏種情願立約租到
朝貴黃先生名下粮田二段共壹段名喚小河邊田佈種壹籮又壹段名喚
小荒田佈種叁籮二分佈種共肆籮二比言定每年交租穀弍拾叁籮
言定伍年照市加租壹色好穀至冬收如數交清不得拖欠倘有拖欠任從
田主別招佃種情願將家下值錢之物任隨田主取納辦賣歸還租主不致
異言反覆係是二比情願其中並無逼迫等情今恐人心不古立此租約為
據是實

實租粮田二分共佈種肆籮每年交租穀弍拾叁籮是實

光緒二十一年十二月初六　日立實租約人周尚有十

租約為據

憑中人　張呂品　周時久十　楊高林十

代字人郭文耀

121

光绪二十一年买得（黄）朝望兄等坐地壹块等银两开计

今將四家公買得朝望兄彥弟坐地壹块薗地壹块塘子

壹段舖地伍格所出銀兩開計

幼良面出艰弍兩伍錢七分

武元面出銀壹兩弍錢八卜　[illegible]共出[illegible]

福元面出銀壹兩弍錢八卜

映珍面出銀壹兩七錢壹卜

玉燦面出銀壹兩七錢壹卜　[illegible]共出[illegible]

玉燭面出艰壹兩七錢壹卜

錕面出艰弍兩伍錢陸分

錦面出銀弍兩伍錢七卜　[illegible]共出[illegible]

三元面出艰伍兩壹錢叁卜

以上𣲍共銀弍拾兩零伍錢二卜

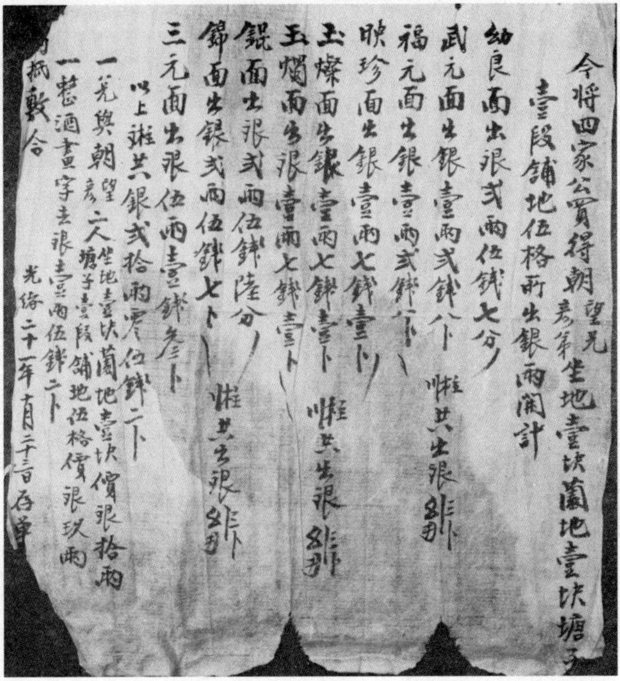

今将四家公賣得朝望元彦等坐地壹块蘭地壹块塘
臺段舖地伍格而出銀兩開計
幼良面出艰贰兩伍钱七分
武元面出銀壹兩贰钱八卜
福元面出銀壹兩贰钱八卜
暎珍面出銀壹兩七钱壹卜
玉燦面出銀壹兩七钱壹卜
玉焗面出艰壹兩七钱壹卜
锐面出艰贰兩伍钱陆分
錦面出銀贰兩伍钱七卜
三元面出艰伍兩壹钱叁卜
以上班共銀贰拾兩贰伍钱贰卜
一光與朝望二人坐地壹块蘭地壹块價艰拾兩
一整酒畫字去艰壹兩伍钱贰卜
光绪二十一年十月二十三日存单

一　兑與朝望彦二人　坐地壹块蘭地壹块價艰拾兩　塘子壹段舖地伍格價艰玖兩

一　整酒畫字去艰壹兩伍钱二卜

□抵敷合　　光绪二十一年十月二十三日存单

122 光绪二十二年正月二十四日黄朝贵等卖田与陈启口的卖契

立賣田契文約生黄朝贵爲因應用情願將己面分受得秋粮田壹分大小貳坵坐落本村横溝下名喚灣田佈種貳籮　其田大田壹坵東至徐姓田南北至溝西至張姓田□田壹坵東南至張姓田西至黄姓田北至溝該粮壹斗貳升撥入來一甲徐□續回以爲費　仁户下完納又塘子壹坵坐落頭单門首東至路南至張姓秧田西至任姓塘子北至陳姓塘子坐落四至粮數開清載契情紙　願請憑家族立約出賣與□□陳大相公名下爲業實接受田價净紋銀肆拾兩整自賣之後任從買主耕種管業完粮收租賣主不致異言日後有力言定至柒年後取贖銀到契歸二比不得刁難倘有内外人等一言争競有賣主一力承當此係二比情願中間並無逼迫等情恐後人心不古立此賣契爲據

○實賣秋粮田壹段佈種貳籮又塘子壹坵實接受田價净紋銀肆拾兩整

光緒二十二年正月二十四日立賣田契文約生黄朝貴（花押）

○批者其銀係天秤兑有老契柒紙新立賣契壹紙共捌紙交銀主收執

○又批者賣田之年穀槎未犁此批○

賣　契

爲　據

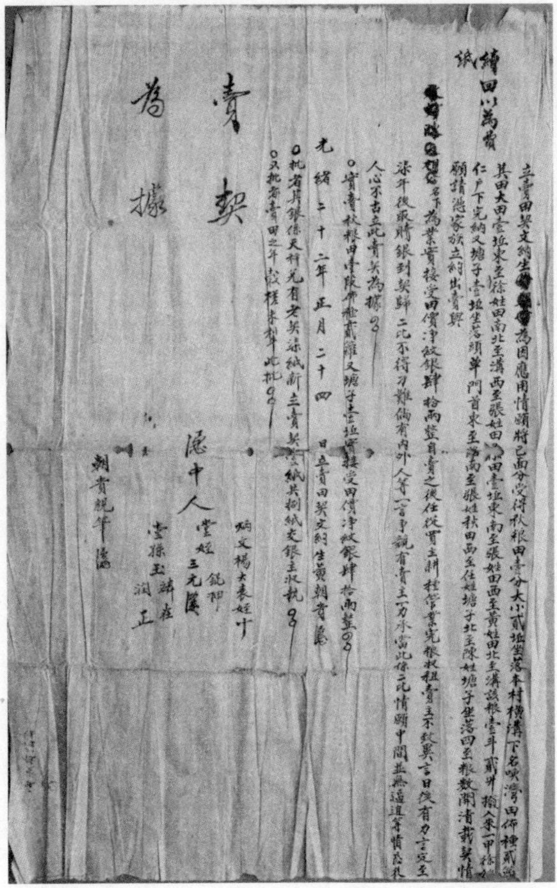

炳文楊大表姪（十）

憑中人　堂姪　錕押

　　　　　三元（花押）

　　　堂孫玉　麟在

　　　　　　　润正

朝貴親筆（花押）

123

光绪二十二年正月二十五日周明向黄朝贵租田的租约

立實租約人尙明爲因乏田耕種情願立約租到ρρ|
朝貴黃老先生名下粮田二坵佈種叁箩每年納租谷十二箩俟秋收之日將一色好谷如数量交
亦不得以糠粃充塞年清年租若有差少粿粒認將家下値錢什物取納償租佃人不致
異言又言起海糞一事認承十五年之期起平前陸年不加租後每年加租谷叁箩始終如一
不能移佃倘若前言不合後語有佃人一力承當恐後人心不古立此[租約]爲據

光緒弍拾弍年正月廿五日立實租約人尙明（十）

租約爲據

憑中人尙慶（十）
玉（十）
聘（十）
代字人尙孝（中）

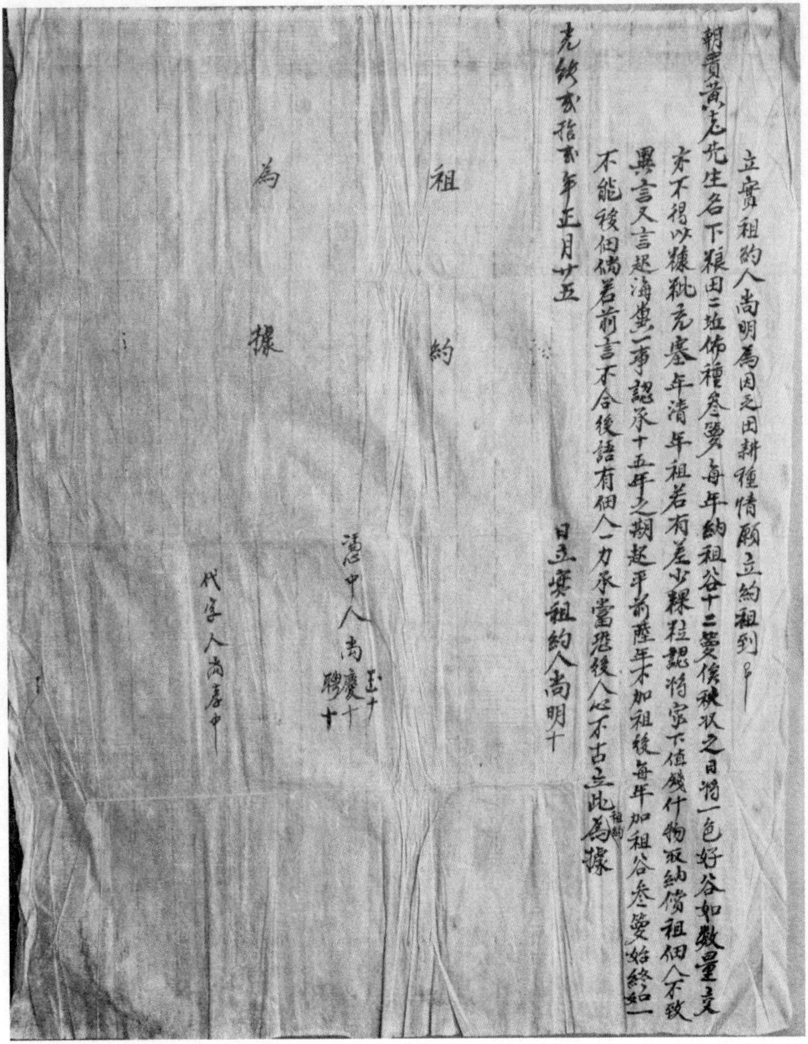

立賣租約人尚明為因无田耕種情願立約租到

朝貴黃老先生名下糧田二坵佈種叁籮每年納租谷十二籮候秋收之日將一色好谷如數量交

亦不得以糠秕充塞年清年租若有差少粿粒認將家下值錢什物變納償租佃人不致

異言又言起海堆一事認承十五年之期起平前歷年不加租後每年加租谷叁籮始終如一

不能移佃倘若前言不合後語有佃人一力承當恐後人心不古立此租約為據

光緒貳拾貳年正月廿五日立賣租約人尚明十

租約為據

憑中人尚慶十 尚玉十 尚勝十

代字人尚春中

124 光绪二十二年正月二十五日尚玉等六人向黄朝贵揽到粮田挖海粪的揽约

立攬約人尙玉尙慶尙聘尙明尙孝尙之祥爲因情投意合情願請憑立約攬到
朝貴黄老先生員下粮田壹分計弍坵佈種叁箩有[尙]玉慶聘明孝尙之祥等六人同心合意認承將田
内海糞挖完一律起平一者光將田内活發子孢成堆数二者量其田之高矮酌量起平其塡塘子
只宜用黑泥塡平然後用活發子鋪平以便栽揷各夥友須廳佃種人尙明指示不得横行其
其田弍坵自認承挖起之後無論有海糞之處無海糞之處概行挖起挑平不致因無海糞
藉故鬆懈言定十五年之内起平如有始勤終怠違約之處有尙玉慶聘明孝之祥等情願
認倍田價銀兩不致差少分厘倘有異言任從田主禮質將家下値錢什物变賣倍償
田價此係二比人人心服意願於中並無逼迫成交恐後人心不古立此攬約爲據實

光緒弍拾弍年正月廿五日立實攬約人尙玉（十）慶（十）聘（十）明（十）孝（十）尙之祥等（十）

批者以放徹水爲主不得高矮此批

攬約爲據

景韓（花押）

憑中人黄三元（花押）

玉麟（中）

代字人尙孝（中）

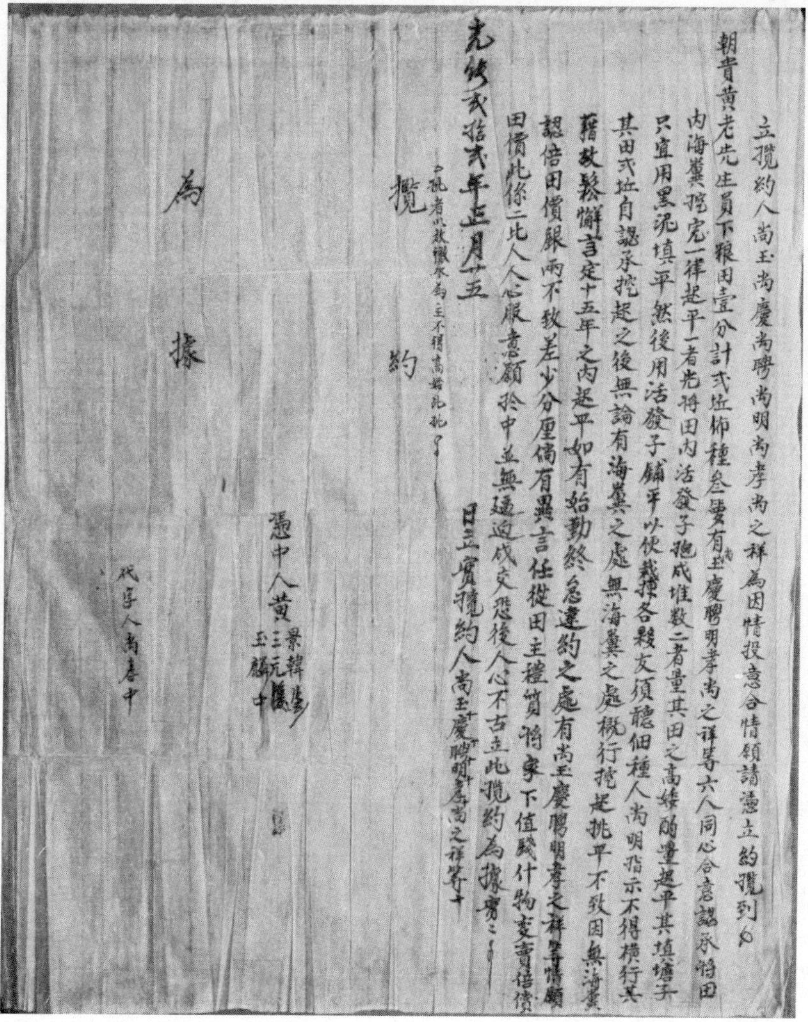
立攬約人尚玉尚慶尚聘尚明尚孝尚之祥為因情投意合情願請憑立約攬到
朝貴黄老先生員下粮田壹分計弍坵佈種叁斗有玉慶聘明孝尚之祥等六人同心合意認承將田
内海羹窪宕一律起平一者先將田内活發子拖成堆數二者量其田之高矮酌量起平其填塘子
只宜用黑泥填平然後用活發子鋪平以使栽插各穀支須聽佃種人尚明指示不得橫行其
其田弍坵自認承挖起之後無論有海羹之處無海羹之處概行挖起挑平不致因無海羹
藉故騷擾言定十五年之内起平如有始勤終怠違約之處有尚玉慶聘明孝之祥等情願
認倍田價銀兩不致差少分厘倘有異言任從田主稟官將家下值錢什物變賣倍償
田價此係二比人人心服意願於中並無逼迫成交恐後人心不古立此攬約為據實一
日立實攬約人尚玉慶聘明孝尚之祥等十
光緒弍拾弍年正月十五
中批者以秋收冬為主不得高增此批了
攬約
憑中人黄景韓 三元 玉麟 十
為據
代字人尚春中

125

光绪二十三年冬月二十二日刀必成向黄幼良租田的租约

立實租田文約人刀必成爲因缺少耕種情願立約租到⁰⁹

幼良黄三先生名下粮田壹叚名喚蠻崗田坐落蠻崗河两邊佈種叁籮每年言定納租谷叁拾貳籮秋收之後將壹色好穀如數抚清不得短少升合如有短少任從田主納田年歲抚清佃户常年耕種照市加租此係二比情願於中並無逼迫等情今恐人心不古立此租爲據是實ડ

實租田壹叚佈種叁籮每年言定納租穀叁拾貳籮是實ડ

光緒貳拾叁年冬月貳拾日立租約人刀必成（十）

租　約　　　代字人曩成美（花押）

爲　據　　　憑中人刀有亮（十）

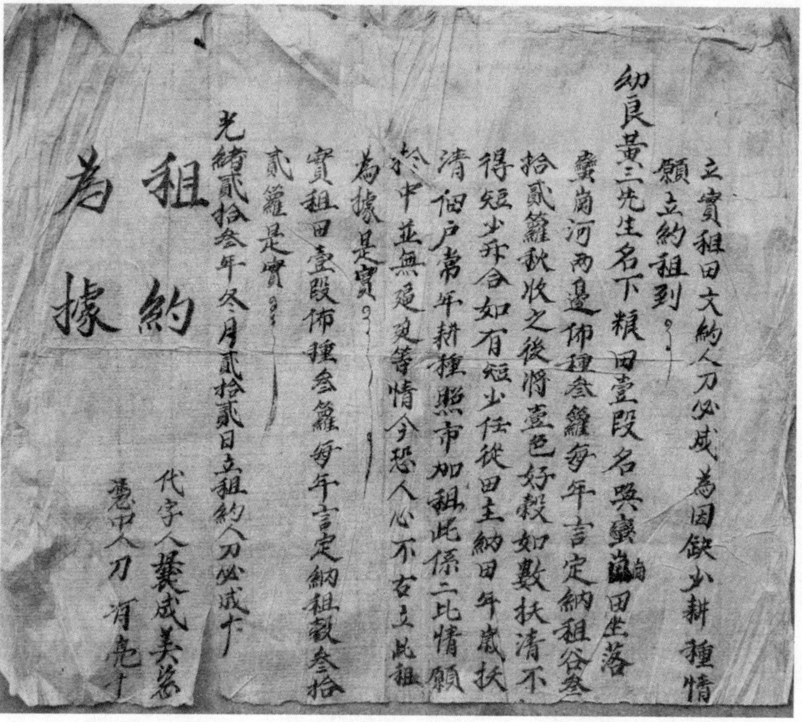

立實租田文約人刀必成為因缺少耕種情
願立約租到
幼良黃三先生名下粮田壹段名與蠻崗田坐落
蠻崗河兩邊佈種叁籮每年言定納租谷叁
拾貳籮秋收之後將壹色好穀如數挑清不
得短少升合如有短少任從田主納田年歲挑
清佃戶常年耕種照市加租此係二比情願
於中並無逼迫等情今恐人心不古立此租
為據是實
實租田壹段佈種叁籮每年言定納租穀叁拾
貳籮是實
光緒貳拾叁年冬月貳拾貳日立租約人刀必成十
代字人龔成美
憑中人刀有亮十

租約
為據

126

光绪二十四年十一月十一日黄朝贵典当田与尚德森的典当契

立典儅田契文約生黄朝貴爲因應用不敷情願將己面分受得向張姓儅得屯粮田式坵今改爲壹坵名喚

此契贖回

龐家田佈種叁籮坐落董庫門首東至尚姓田南至半節田西至張姓田北至溝該粮貳斗玖升叁合額銀貳錢弍分在後所龐宗保户下完納四至粮数開明載契情願請憑立約出典儅與德森尚先生名下爲業實接受田價净紋銀柒拾兩整自儅之後任從銀主耕種管業完粮收租儅主不致異言當日銀契两相交明日後有力取贖銀到契歸二比不得刁難倘有内外人等一言争競有儅主一力承當此係二比情願中間並無逼迫等情今恐人心不古立此儅契爲據

不宜作用

〇實儅屯粮田壹坵佈種叁籮實接受田價净紋銀柒拾兩整

光緒二十四年十一月十一日立儅田契文約生黄朝貴（花押）

〇批者其銀係天平兑其有老契共陸紙新立儅契壹紙共柒紙交銀主收執

批者此契係是先君所立於民國五年黄福堂將此田贖回因不舍先君故筆不肯消毁此契留作閒看亦恐後有舛錯是以批明日後不可以此契作証福堂手批

之瑞尚表姪（花押）

儅契

爲據

憑中　姪孫　黄玉麟（正）

黄玉燭（押）

朝貴親筆

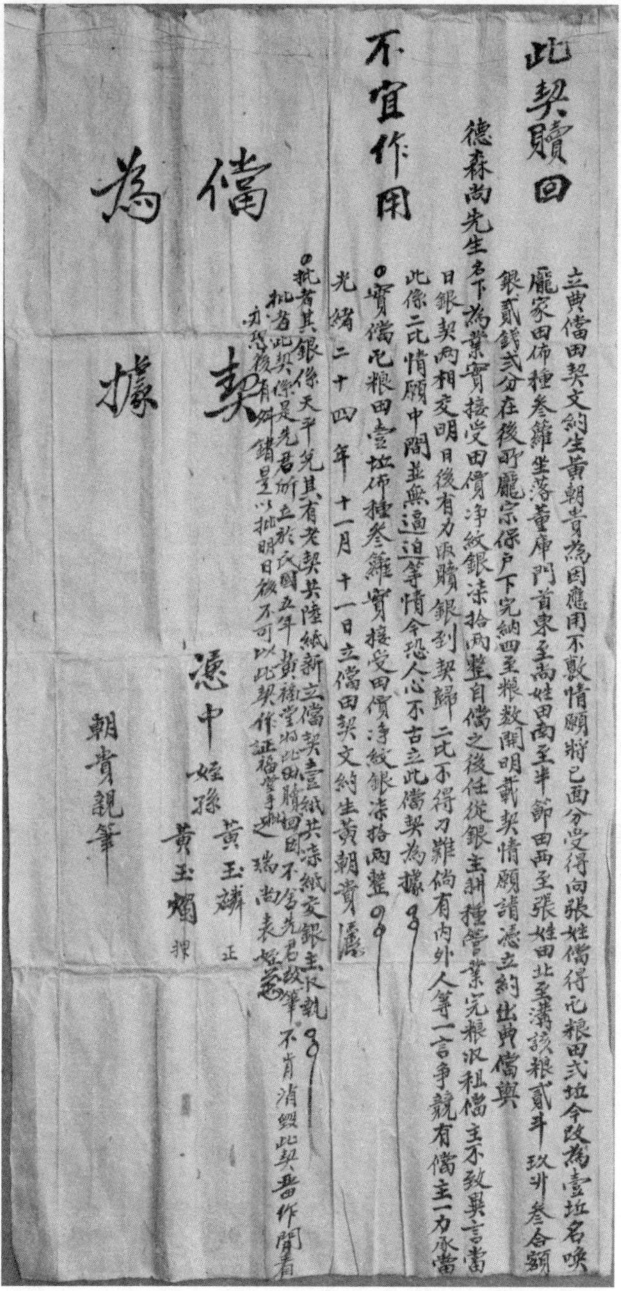
此契贖回

德森尚先生名下

不宜作用

備為契據

立典儅田契文約生黃朝貴為因應用不敷情願將已面分受得向張姓儅得己粮田弍坵今改為壹坵名喚
龐家田佈種叄籮生落董庫門首東至高姓田南至半節田西至張姓田北至溝該粮貳斗玖升叄合額
銀貳錢弍分在後町龐宗保戶下完納四至粮數開明載契情願請憑立約出典儅與
德森尚先生名下為業實接受田價淨紋銀柒拾兩整自儅之後任從銀主耕種管業完粮收租儅主不致異言當
日銀契兩相交明日後有力取贖銀到契歸二比不得刁難倘有內外人等一言爭競有儅主一力承當
此係二比情願中間並無逼迫等情今恐人心不古立此儅契為據
○實儅己粮田壹坵佈種叄籮實接受田價淨紋銀柒拾兩整
光緒二十四年十一月十一日立儅田契文約生黃朝貴（押）
○批者其銀係天平兑其有老契共陸紙新立儅契壹紙共柒紙交銀主收執
批者此契係是先君所立於民國五年黃福堂將此田贖回因不答先君放筆不肯消毀此契番作閒着
又恐後有舛錯是以批明日後不可以此契作証福堂手批之
瑞尚表姪筆

憑中 姪孫 黃玉璘 正
黃玉燭 押

朝貴親筆

127 光绪二十五年正月十二日林朝樑向黄朝贵租田的租约

立租約人林朝樑爲因耕種情願立約租到○

朝貴黄三先生　名下　尖角田壹分佈種壹籮五㪷自租之

後當面言定每年納租穀拾式籮俟至秋收之日將

田中一色好穀如数量交不至短少升合如有短少

任隨田主別招佃種不致異言恐口無憑立此租約

爲據是實

○○實租如前

光緒二十五年正月十二日立租約人林朝樑（十）

租　約

爲　據

憑中人　林朝泰（花押）

趙国興（花押）

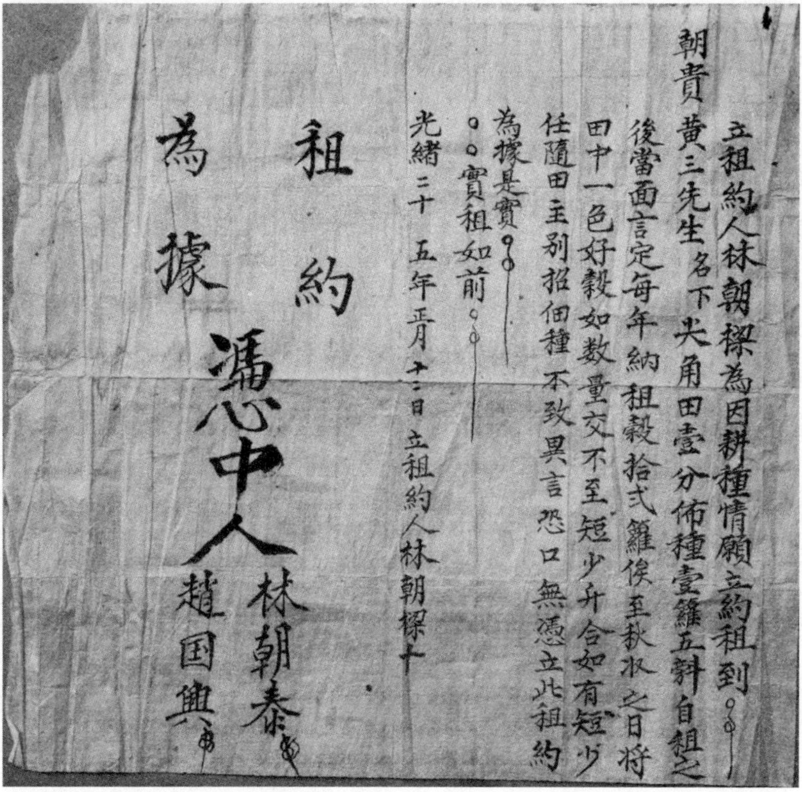

立租約人林朝樑為因耕種情願立約租到
朝貴黄三先生名下尖角田壹分佈種壹籮五斛自租之
後當面言定每年納租穀拾弍籮俟至秋收之日将
田中一色好穀如数量交不至短少升合如有短少
任隨田主别招佃種不致異言恐口無憑立此租約
為據是實
實租如前
光緒三十五年五月十二日 立租約人林朝樑十
租約
為據
憑中人 林朝泰
趙国興

128

光绪二十八年四月二十八日黃礼义由腾冲汇至下关义泰昌宝号的汇票

△今由騰滙用到　銷记
義泰昌寶號員下關平〻色□叁伯關正在騰言明
至關兑還俟该號执票來取请　關翁照数
抽票兑给□□拖欠短少分厘如□金恐一時不便
説明上下□把清兑恐口無凴立此滙票爲據
△实滙如前此五月初七日關收票兑
上　　　　　　　　　　　　　清
德興祥關栈子清李先生　台前抽票兑给
光绪弍拾八年四月廿八日關事黄履義　滙票

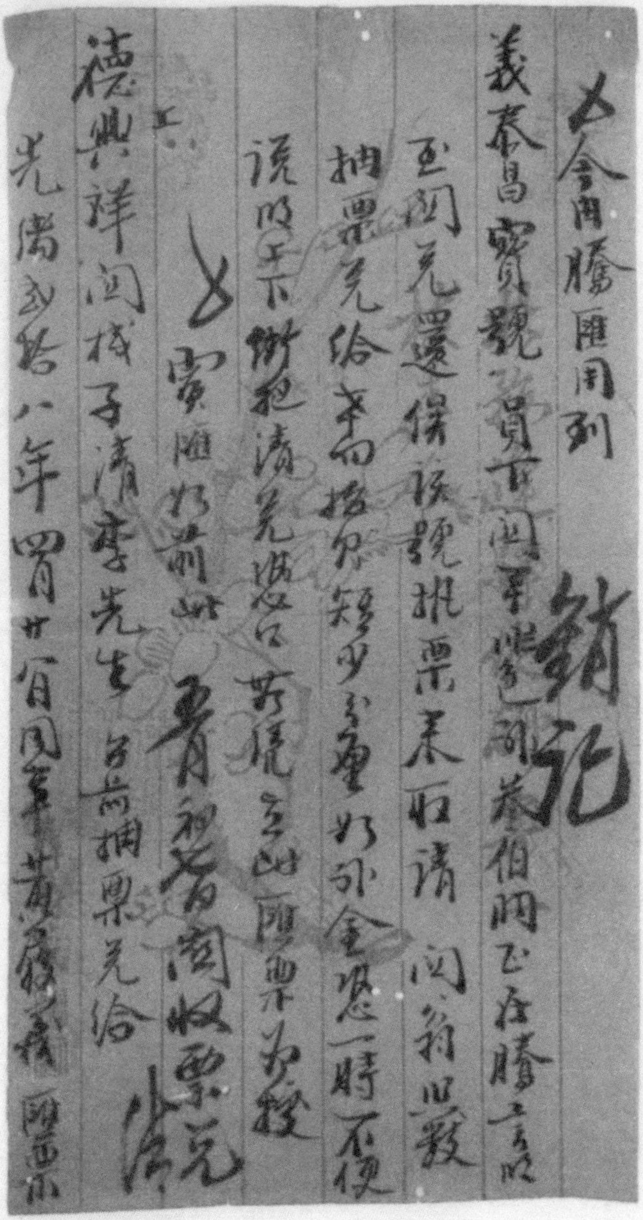
立合同騰匯開列 銷訖
義泰昌寶號買下[illegible]茶伯兩正在騰交收
至期兑還保號執票來取請問翁照數
執票兑給本[illegible]按照[illegible]多寡另[illegible]金恐一時不便
議明上下辦清兑照立票交此匯票為據
立 寶匯號前批 買和[illegible]收票兑清
德興祥閏棧子清齋先生 另前執票兑給
光緒弍拾八年四月廿一日同[illegible]黄[illegible] 匯票

129

光绪二十八年八月二十六日黄王氏与子因贸易立满贯收敷文约

立满貫收敷文約人黄王氏同子黄熙正直增廉爲因先夫黄森達於光緒二年十月初一日同族祖黄天命由瓦合花合夥發騰永關省消售所到各地行情不遇折本消賣且外賬未有收清於光緒十六年曾經請人公論黄緯堂不招此賬因伊等弟兄叔侄分家合仝内黄緯堂曾承頂李若遽李天聰显廷刁之賬其数上下不多蒙各位再三開道先夫黄森達曾经棄世但是憑伊二人所言該伊家所欠李若遽李天聰显廷刁之賬又欠我家之賬當仝各位绅耆說明分歸黄慶堂承頂一半黄慶堂當衆即遵將此黄森達未清之項移作二分均拈各面分拈尨銀壹仟零陆拾陆兩壹錢即當衆將森達家之賬簿批明黄緯堂面上應拈欠尨銀壹仟零陆拾陆兩壹錢自移賬之後言定量力陸續歸缴今因日需緊急是以再三追催爰請家族親朋公論情屬一脉深蒙相勸二比今二比遵從了结將黄纬堂已面分拈之欠項尨銀壹仟零陆拾陆兩壹錢當仝二面說明本息如数收清是實日後黄森達之子孫並内外人等永遠不得異言過問黄緯堂之子孫亦不得過問[緯堂之侄]黄玉麟之子孫其有子黄正直廉貿易在外未

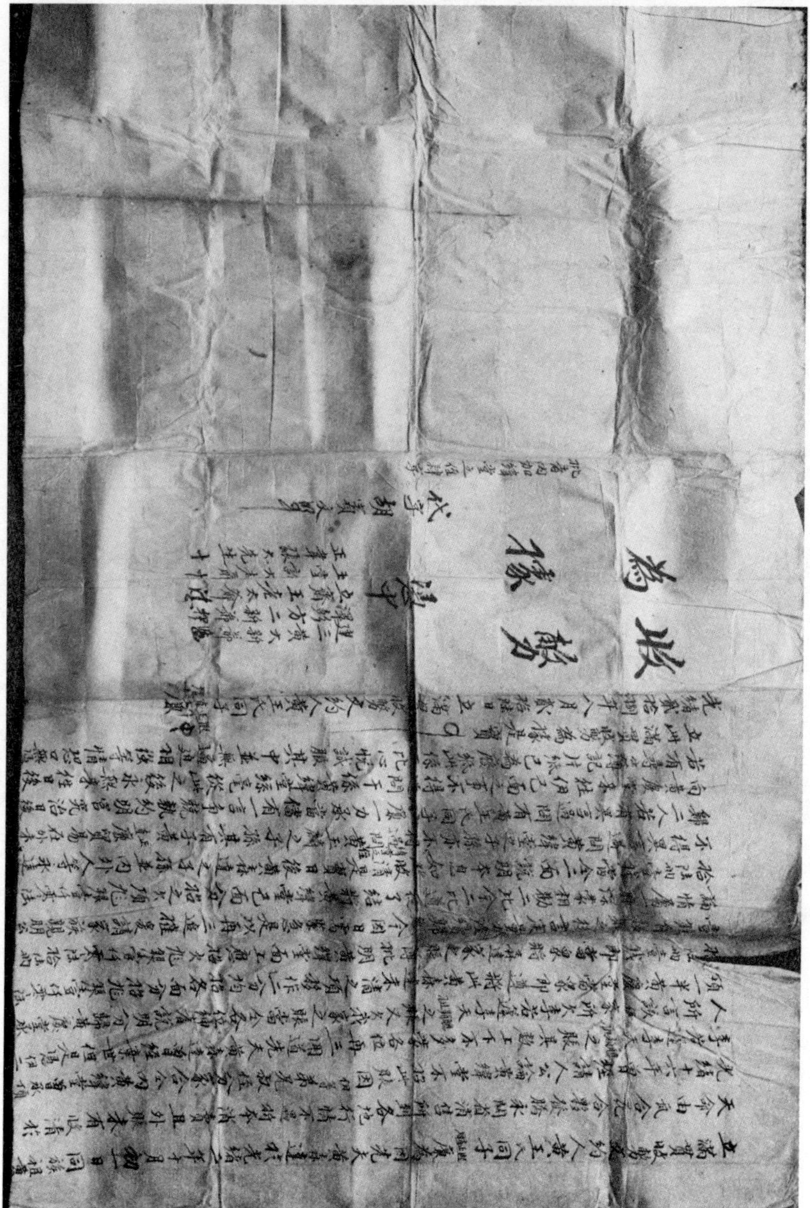

歸二人若有異言過問有黄王氏同子熙廉增愿一力承當倘有一言争兢執约明官究治日後
向黄慶堂来往伊已面之事不得過問干係黄緯堂絲毫從此之後永無來往日後
若有尋出簿記片纸已爲廢纸此係二比心悦誠服其中並無逼迫相强等情恐口無憑
立此滿貫收敷爲據是實

光绪貳拾捌年八月貳拾陆日立满貫收敷文约人黄王氏同子熙（花押）
正（花押）
直（廉）
增（十）

收　敷

爲　據

建三黄大新爺（花押）
澤彭方二新爺（押）
憑中　立齊王老太爺（花押）
玉堂許大老爺（十）
正韋張大先生（十）
代字胡寶文（花押）

批者内加緯堂之侄肆字

130

光绪二十九年九月初二日黄庆堂借四家公众银的借约

今借到໑

四家公衆銀弍佰玖拾柒两零柒分整当衆議定不出光绪叁拾年七月三十日照

数清交不致短少拖欠如有拖欠遲延願情將家下什物變賣償还此係人

人情願並無逼迫等情恐口無憑立此借约爲據是实໑

〇实借如前໑

光绪弍拾玖年九月初二日立借约人黄慶堂親筆（花押）

〇内添九月二字批者增元面應進銀玖拾刄捌钱九分玉燭面應進銀柒拾刄〇五钱七分三厘

〇安元面應進銀伍拾刄〇五钱五分兑銀時扣艮弍刄五钱度亡用象乾面應銀肆拾壹刄七钱二

〇分寶軒面應進艮叁拾刄〇七钱六分玉璨面應進艮柒捌钱一分六厘文蔚面應進艮四刄七钱六

〇分至期各照数收訖特此批明爲據໑

借约爲據

憑中 聘三兄（押）

緯堂兄（十）

〇批者外給葵花艮肆两度亡銀弍刄五钱批明是实໑

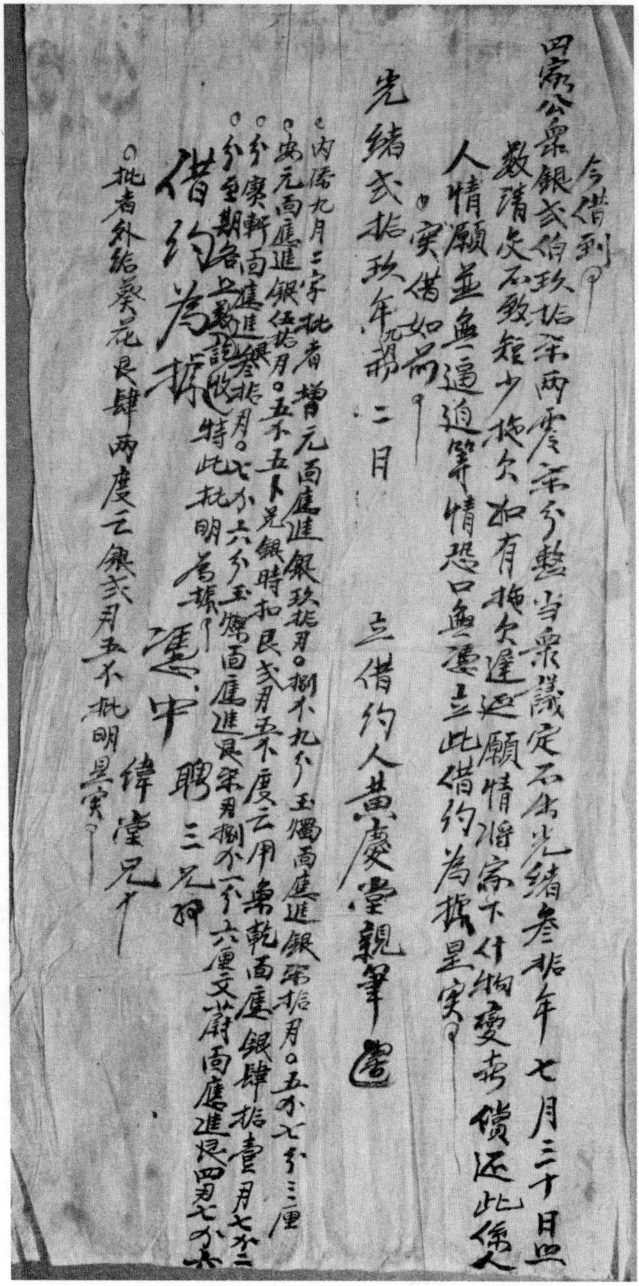
今借到
四家公衆銀弍佰玖拾柒两零柒分整，当衆議定，不出光緒叁拾年七月二十日照
數清交，不致短少拖欠。如有拖欠遲延，願情將家下什物變賣償還。此係人
情願，並無逼迫等情，恐口無憑，立此借約為據是實。
實借如前。
光緒弍拾玖年九月 二月
立借約人黃慶堂親筆 押
內除九月二字批者，增元商庭進銀玖拾月，捌不九分，玉燭商庭進銀柒拾月，五不七分三厘
安元商庭進銀伍拾月，五不五卜，兌銀時和良弍月五不，度云用，集乾商庭銀肆拾壹月七分三
分，寶軒商庭進銀叁拾月，七分六分，玉燦商庭進艮柒月，捌分一分六厘，文蔚商庭進艮四月七分
分，至期各上叅進，逾期特此批明為據。
借約為據
憑中 聘三兄押 緯堂兄十
批者外給癸花艮肆两度云銀弍月五不批明是實

第一编 腾冲玉璧村文书（上）·黄氏家族文书（单契）

131 光绪二十九年九月初二日黄象乾等立明心净身与黄宝轩等的凭据

立明心净身憑據人堂姪象乾象候象禄爲因先高曾祖在時所放外賬甚多而外人
所抵契據亦復不少迄今人口繁盛性情各異已將遺留地基外賬及各家所抵現
在契據估價均分其老賬簿不知遺失何方而未在契據不知流落何地是以不能全
数交出难免衆疑今情愿請憑家族立契与○

緯堂
堂伯寶軒
聘三
文蔚
慶堂堂兄玉燭
燦名下永遠爲憑象乾弟兄倘若日後尋出仍然交還不致隱匿至于外賬一層
倘被各位查出象乾弟兄及先父收着壹分半厘甘願加倍賠出如有虚言甘罪無辭

光緒弎拾九年九月初二日立明心净身憑據人堂姪黄象乾（十）象候（十）象禄（十）

明心净身
憑據爲契

弟瑞芳（十）
憑中人堂叔安元（押）
弟澤芳（十）

代字黄建勳（花押）

立明心凈身憑據人堂姪象乾象𠈣象祿為因先高曾祖在時所放外賬甚多而外人
所抵契據亦復不少迄今人口繁盛性情各異已將遺留地基外賬及各家所抵現
在契據估價均分其老賬簿不知遺失何方而未在契據不知流落何地是以不能全
數交出難免衆擬今情愿請憑家族立契與
堂伯緯堂 實新 聘三 文蔚 燮堂 堂兄玉燭 燦名下永遠為憑象乾弟兄倘若日後尋出仍然交還不致隱匿至于外賬一層
倘被各位查出象乾弟兄及先父收着壹分半厘甘願加倍賠出如有虛言甘罪無辭
光緒弍拾九年九月初二 日立明心凈身憑據人堂姪黄象乾十 象𠈣十 象祿十

明心凈身

憑中人 堂叔安元押 弟瑞芳十 弟澤芳十

憑據為契

代字黄建勳（印）

132

光绪二十九年十二月初三日周上择向黄幼良租田的租约

立租约人周上擇爲因乏種情願請憑立约租到

幼良黄先生員下粮田壹段坐落上營江边名喚河口田其田東至江边南至鐵場坡併硝塘西至坡脚北至田頭当面言定至光绪廿五年交上好租谷陸拾箩自廿五年後言定又租種捌年每年交上好租谷柒拾肆箩至冬收之日將一色好谷如数清交不至以糠粃充塞如有糠粃任從田主重過軒揚不致異言自租之後年清年欵不致短少粒合如有短少情愿將家下値錢牛馬什物变賣償租不致阻攩任從田主別招佃種亦不致異言俟交租之日人供飯食係是二比情願言定在田边起盖牛檻二格係由田主領来銀肆兩買辦木料所需招工修建木工歸租人應爲不干田主之事日後還田之日其牛檻二格歸田主之面租人不得折搬等情倘遇天災不得異言此係二比情愿中同並無逼迫等情今恐無憑立此租约爲據

實租爲前

光绪廿玖年十二月初三日立租约人周上擇（花押）

租约

爲據

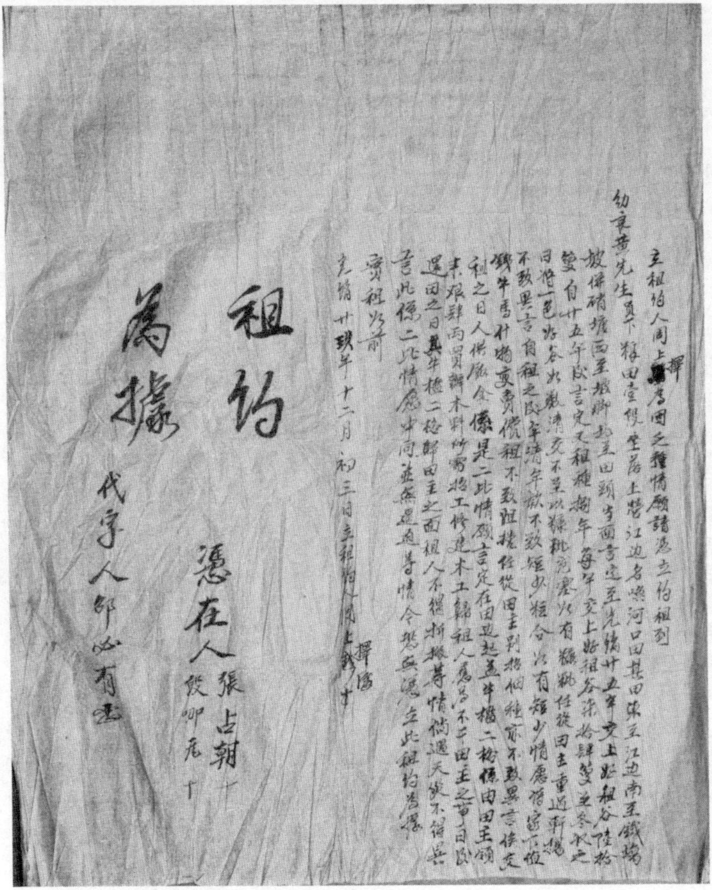
立租約人周上[illegible]為因乏種情願請憑立約租到　押
幼京黄先生員下粮田壹併坐落上營江边名喚河口田其田東至江边南至鐵墻
坡保硝塘西至坡脚北至田頭当面言定至光緒廿五年交上脚租谷陸拾
斗自廿五年以言定又租種拗年每年交上好租谷柒拾肆斗至冬收之
日將一色好谷如數清交不至以糠粃充塞如有糠粃任從田主重返斬風
不致異言自租之後年清年欸不致短少粗合如有短少情愿將家下所有
銭牛馬什物变賣償租不致短橫任從田主另招佃種亦不致異言倘交
租之日人供飯食係是二比情願言定在田边起盖牛欄二格係由田主領
来银肆丙買辦木料所需將工修建木工歸租人為另不干田主之事日後
退田之日其牛欄二格歸田主之面租人不得拆搬等情倘遇天收不得異
言此係二比情愿中间并無逼迫等情今恐無凭立此租約為據
賞租以前
光緒廿玖年十二月初三日立租約人周上錢 十　押
租約
為據
憑在人張占朝 十
段哪瓦 十
代字人邵必有 押

憑在人 張占朝（十）

段哪瓦（十）

代字人邵必有（花押）

133

光绪二十九年腊月十九日周时贵同子卖田与黄增元的卖田契（附民国三年十月三日验契1张、民国五年十二月十六日黄福堂批条1份）

立實杜賣田契文約人周時貴同子尙雲爲因家下應用不敷情愿將祖父遺留歸併得軍粮田一段佈種弍籮坐落龍江上營寨左名喚圍子田又將歸併得屯粮一段佈種弍籮伍斘坐落上營名喚黄落池田又將歸併得粮田一段佈種叄籮坐落上營名喚小慌田又將承買得六甲粮田一段佈種壹籮坐落上營名喚門前田又將承買得軍粮田一段坐落上營佈種弍籮名喚龍窩子田其田共五段坐落四至粮數俱在老契書明情愿請凴中立約杜賣與仐

增元黄先生　名下永遠爲業實接授價銀叄百叄拾叄兩整入手應用自杜賣之後任從𣎴主完粮收祖管業杜主不致異言日後有力不得取贖無力不得加找永遠子孫不得過問倘有外人等一言争競有杜主一力承當係是二比心服情願中間並無逼迫等情恐口無憑立此杜契爲據 8

〇〇〇實杜賣粮田五段接授價𣎴叄百叄拾叄兩净整是實 8

光緒二十九年腊月十九日立實杜賣田契文約人周時貴（十）同子尙雲（花押）

内黍子□□□

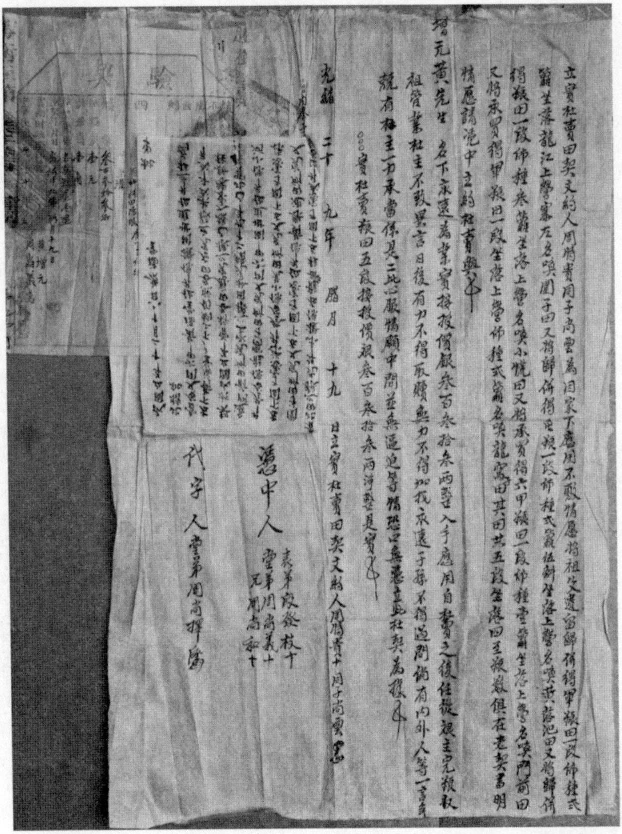

者此田之粮先年未撥係在龍江
冊柱左下周于憲弍升伍合係
　圍子田所完又左下周于憲伍升
係黃樂池田所完又
　　表弟段發枝（十）
憑中人　堂弟周尚義（十）
　　兄周尚和（十）
代字人　堂弟周尚擇（花押）

左下周于憲柒升叁合係小荒田所完又左下周于憲柒
升叁合係龍窝子所完又用六甲周世進伍升係小河
邊門前田所完以上之粮因於光緒二十九年已此買作杜
契於民國五年曾將各田应完之粮已撥入東練册柱
左下黄福堂户下上納仍照各田应完之粮共弍斗弍升
壹合又用六甲黄福堂伍升係撥周世進伍升之柱爲
此特批
民國五年十二月十六日黄福堂　　　批单

契驗

賣主 出典人 姓名	
不動産種類	
座	
面	
賣典	
四	
	西至□姪田□垠餘四至付纸
	北至溝
賣典價	叁百叁拾叁兩
紙價費	壹元
註冊費	壹角
原契幾張	老契税尾壹連
立契年月日	光绪廿九年腊月十九日

雲南財政廳印發 □黄增元

□周尚義等

中華民國三年十月三 給

立實杜賣田契文約人周時貴同子尙雲爲因家下應用不敷情愿將祖父遺留歸併得軍粮田一段佈種弍籮坐落龍江上營寨左名喚圍子田又將歸併得屯粮一段佈種弍籮伍斘坐落上營名喚黄落池田又將歸併得粮田一段佈種叁籮坐落上營名喚小慌田又將承買得六甲粮田一段佈種壹籮坐落上營名喚門前田又將承買得軍粮田一段坐落上營佈種弍籮名喚龍窝子田其田共五段坐落四至粮數俱在老契書明情愿請凴中立約杜賣與仐

增元黄先生　名下永遠爲業實接授價銀叁百叁拾叁两整入手應用自杜賣之後任從主完粮收祖管業杜主不致異言日後有力不得取贖無力不得加找永遠子孫不得過問倘有外人等一言争競有杜主一力承當係是二比心服情願中間並無逼迫等情恐口無憑立此杜契爲據 8

〇〇〇實杜賣粮田五段接授價艮叁百叁拾叁两浄整是實 8

光緒二十九年腊月十九日立實杜賣田契文約人周時貴（十）同子尙雲（花押）

〇〇内叅子字一個〇〇

杜契

爲據

134

光绪二十九年腊月十九日周时贵同子卖田与黄增元的卖田契（附民国三年十月三日验契1张、民国五年十二月十六日黄福堂批条1份）

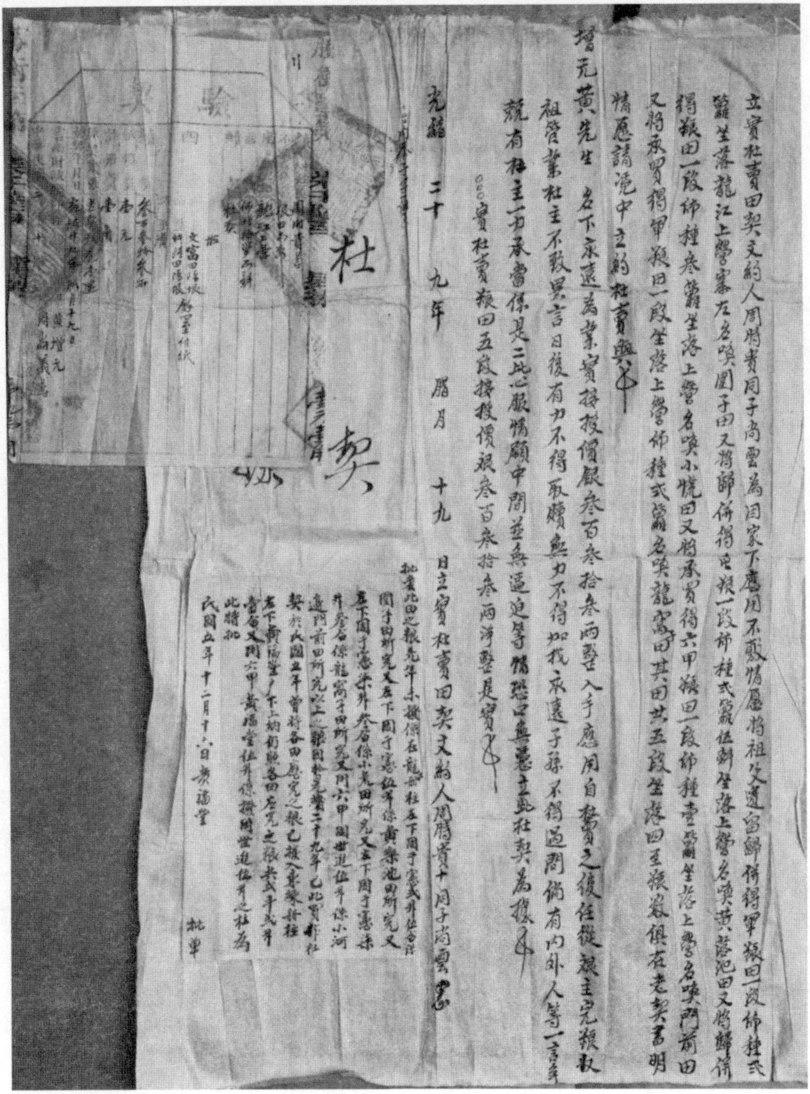
立賣杜賣田契文約人周將貴周子尚雲為因家下應用不敷情愿將祖父遺留歸份得甲報田一段佈種弍
籮坐落龍江上營寨左名喚園子田又將歸份得屯報一段佈種弍籮伍斗坐落上營名喚黃落池田又將歸份
得報田一段佈種叁籮坐落上營名喚小梘田又將承買得六甲報田一段佈種壹籮五斗坐落上營名喚門前田
又將承買得甲報田一段坐落上營佈種弍籮名喚龍窩田其田共五段坐落四至報載俱在老契書明
情愿請憑中立約杜賣與
增元黃先生名下永遠為業實接授價銀叁百叁拾叁兩整入手應用自賣之後任從銀主完報較
祖管業杜主不敢異言日後有力不得取贖無力不得加找永遠子孫不得過問倘有內外人等一言異
競有杜主一力承當係是二比心服情願中間並無逼迫等情恐口無憑立此杜契為據
實杜賣報田五段接授價銀叁百叁拾叁兩整是實
光緒二十九年臘月十九日立賣杜賣田契文約人周將貴周子尚雲

批賣此田之報先年小撥係在龍井杜主下開子寫弍升伍合係
開子田所完又在下開子寫伍升係黃樂池田所完又
在下開子寫柒升叁合係小梘田所完又在下開子寫柒
升叁合係龍窩子田所完又開六甲開甘退伍升係小河
邊門前田所完以上之報因於光緒二十九年已此買甘杜
契於民國五年曾將各田應完之報已撥入黃樂甘
名下黃福堂戶下上納前照各田應完之報共弍斗弍升
壹合又開六甲黃福堂伍升係撥開甘退伍升之杜為
此特批
民國五年十二月十六日黃福堂
批筆

杜契

批賣者此田之粮先年未撥係在龍江冊柱左下周于憲弍升伍合係圍子田所完又左下周于憲伍升係黄樂池田所完又左下周于憲柒升叁合係小荒田所完又左下周于憲柒升叁合係龍窩子田所完又用六甲周世進伍升係小河邊門前田所完以上之粮因於光緒二十九年已此買作杜契於民國五年曾將各田應完之粮已撥入東練冊柱左下黄福堂户下上納仍照各田应完之粮共弍斗弍升壹合又用六甲黄福堂伍升係撥周世進伍升之柱爲此特批

民國五年十二月十六日黄福堂　批单

驗契

賣主 出典人　姓名	周时貴等
不動産種類	粮田五□
座落	龍江上营
面積	佈種拾箩五㪷
賣典　契	杜契
四　至	東至坡 南至文富田□埂 西至張姓田□埂 北至溝 餘四至付紙
賣典價	叁百叁拾叁兩
紙價費	壹元
註冊費	壹角
原契幾張	老契税尾壹連
立契年月日	光绪廿九年腊月十九日

雲南財政廳印發　□黄增元

□周尚義等

中華民國三年十月三　給

135 光绪三十四年正月二十八日尚德勋转卖粮田与张德育的转契（附民国三年九月初八日验契1张）

立实轉賣田契文约人尙德勳仝侄立元爲因胞兄德森出门貿易正用借欠到〻
鄰租育萬張二公本息裉柒拾餘两情愿將先军兄向黄姓買得粮田叁籮□於大垦
尾名曰龐家田诶粮弍斗九升叁合在後所龐宗保户下完納兑去價裉柒拾两兹因負欠
本息不能歸趙是己原價如数立约轉賣與〻
育萬張二老爺　阁前实接授用原價净裉柒拾两正四至在老契載明任從買主完粮招佃
管業無力不能加找倘如胞兄回家有力言定俟後五年之期取贖設若原主備價来贖不
論年月遠近裉到契歸不得刁難此係二比心甘意愿其中毫無逼迫相强等情恐有内
外人等争兢應歸賣主一力承當今恐人心不古特立轉賣田契爲據是实〻

ꙮ实賣粮田叁籮接授纹銀柒拾两净整〻

光绪三十四年正月弍拾捌日立实轉賣田契文约人尙德勳（花押）仝侄尙立元（十）

憑中人　尙云荣（十）　堂叔尙自禮（十）　尙云珍（十）

代字人尙德溶（花押）

轉契

爲據

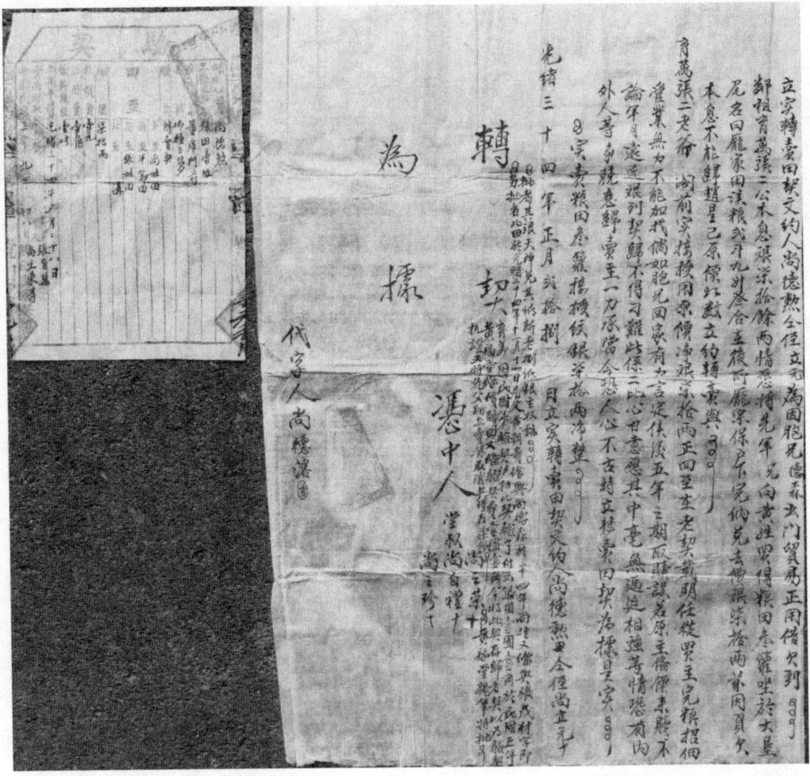

立实转卖田契文约人尚德勋仝侄立元，为因胞兄德森出门贸易，正用借欠到邓祖育万张二公本息银柒拾余两，情愿将先年兄向黄姓买得粮田叁箩，坐落大垦尾，名曰雁家田，该粮贰斗九升叁合五勺，所雁家保户下完纳，兄去价银柒拾两，兹因负欠本息不能归赵，是已原价如数立约转卖与育万张二老爷名下，实接授用原价净银柒拾两正，四至查老契载明，任从买主兑粮耕佃管业。无力不能加找，倘如胞兄回家有力，言定俟后五年之期取赎，议着原主备价来赎，不论年月远近，照列契归，不得刁难。此系二比心甘意愿，其中毫无逼迫相强等情。恐有内外人等争执，惟卖主一力承当。今恐人心不古，特立转卖田契为据是实。

实卖粮田叁箩，接授纹银柒拾两净整。

光绪三十四年正月贰拾捌日立实转卖田契文约人尚德勋同全侄尚立元十

转契

为标

凭中人 堂叔尚自礼十 尚立珍十 尚立荣十

代字人尚德沛

第一编 腾冲玉璧村文书（上）·黄氏家族文书（单契）

○批者其[氵艮]天秤兑其紙新老捌紙銀主收執〻

○另批者此田於光緒二十四年十一月十一日先父黄朝貴儅與尙德森於三十四年尙姓又儅與張茂材字即育美因民國年驗契伊將此契驗了付去銀圓壹圓壹角於民國五年黄福堂備價贖回又備驗契費壹圓壹角今將此契存歸老契以爲驗契執證又將先父所立賣契取消共僅存柒紙〻黄福堂親筆特批〻

驗　契

賣主出典人　姓名	尙德勳
不動産種類	粮田壹坵
座　落	董庫門前
面　積	佈種三簩
賣典　契	轉賣契
四　至	東至尙姓田
	南至半節田
	西至張姓田
	北至　溝
賣典價	柒拾両
紙價費	壹元
註冊費	壹角
原契幾張	壹張
立契年月日	光緒三十四年正月二十八日

雲南財政廳印發　業主张育萬

中人尙云荣等

中華民國三年九月初八日　給

136 宣统三年五月初四日黄象乾等卖秧田与黄增元的卖田契

立實賣秧田文約人黄象乾象候爲因正用情有先祖向徐姓承買秧田壹坵佈種弍籮伍斜坐落三单門首詞堂面前東至黄世成珍秧田南至溝西至李姓秧田北至溝四至坐落書明載契情愿請憑中証立約出賣與
增元叔名下爲業實接受田價足水紋銀捌兩净整自賣之後任従銀主管業耕種收租賣主不致異言無論年月遠近銀到契归不得刁难念属家族因正用逼迫情懼無処倘有内外人等争競有賣主一面承当若有一田二契賣主干願每兩每月三分息还償倘有吱唔拖欠任随銀主將家中値價什物變賣償还賣主不致另生枝節比此心悦成服並無逼迫私債等情恐口無憑立此賣契爲據
〇實賣秧田壹坵佈種弍籮伍斜實接授田價足水紋銀捌兩整
宣統三年五月初四日立賣田契文約人黄象乾（十）象候（十）
〇有向徐姓賣契壹帋新立壹帋銀主收執

憑中人彩廷（十）
開盛兄（十）

代字黄祥元（花押）

賣契
爲據

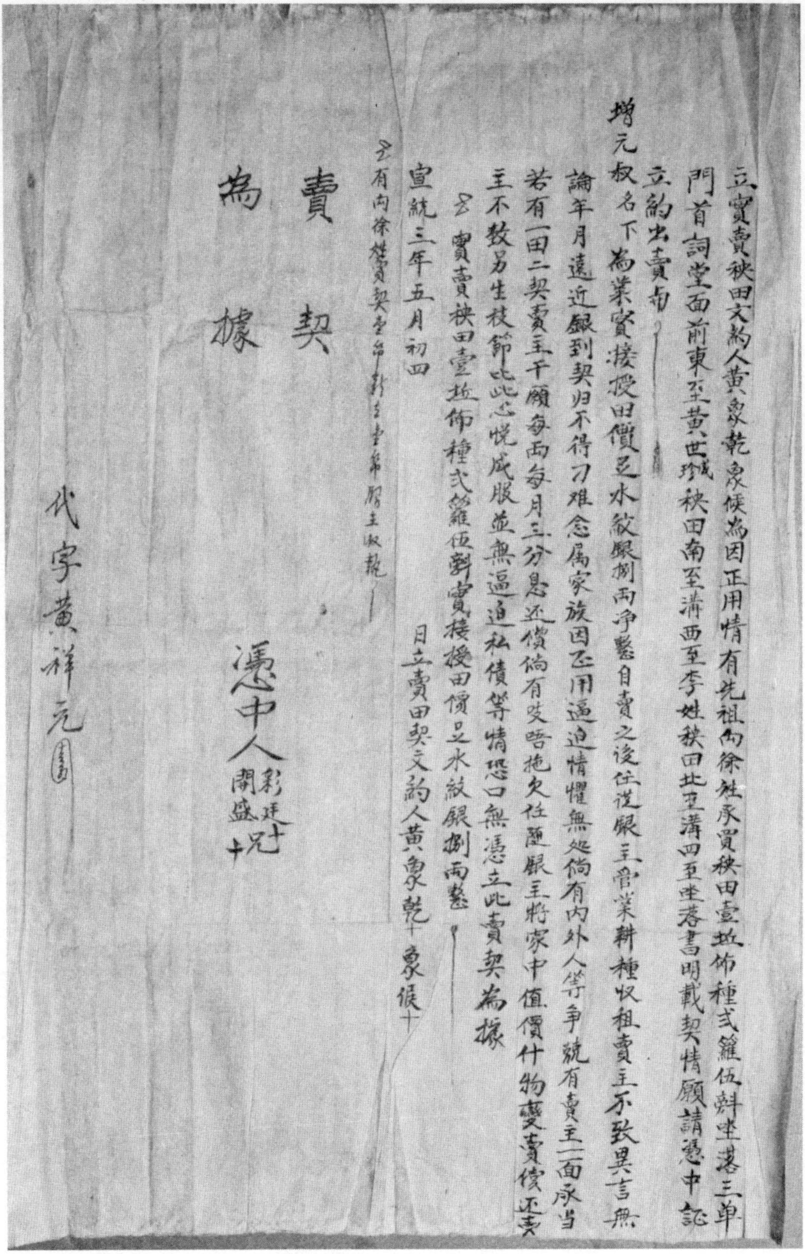

立實賣秧田文約人黃象乾、象候，為因正用，情有先祖向徐姓承買秧田壹坵，佈種弍籮伍斛，坐落三单
門首詞堂面前，東至黃世珍秧田，南至溝，西至李姓秧田，北至溝，四至坐落書明，載契情願請憑中証
立約出賣与
增元叔名下為業，實接授田價足水紋銀捌兩爭鑿，自賣之後，任從銀主管業耕種收租，賣主不致異言，無
論年月遠近，銀到契归，不得刁难。念属家族，因正用逼迫，情懼無處，倘有內外人等爭競，有賣主一面承当；
若有一田二契，賣主干顾，每两每月三分息还償；倘有支唔拖欠，任随銀主將家中值價什物變賣償还。賣
主不致另生枝節，此此心悅诚服，並無逼迫私債等情，恐口無憑，立此賣契為據。
又 實賣秧田壹坵，佈種弍籮伍斛，實接授田價足水紋銀捌兩整
宣統三年五月初四日立賣田契文約人黃象乾十 象候十
又有向徐姓賣契壹紙彭上壹并附主收執
賣契為據
憑中人 彭廷兄十 闞盛十
代字 黃祥元

137

辛亥年十月二十八日黄朝位卖秧田与黄增元的卖契

立實賣秧田契文約人黄朝位爲因應用不敷情愿將向黄朝與歸併得秧田壹坵佈種弍籮坐落本村四单門首東至溝南至溝西至黄景韓田北至溝今坐落四至概已書明在契情愿請凴立約出賣與

增元族侄名下爲業實接受價紋銀捌兩净整自賣之後認從買主招佃收租管業賣主不致異言係是二比情願中間並無逼迫等情倘有内外人等一言爭兢有賣主一力承當日後有力取贖無力不致加找其有歸併因有地契連内任存賣主恐後無凴立此賣契爲據是實

實賣秧田壹坵佈種弍籮實接受價紋銀捌兩净整

辛亥年十月廿八日立賣田契文約人黄朝位（十）

賣契

爲據

憑中黄朝德（十）

黄朝有（花押）

代字黄祥元（花押）

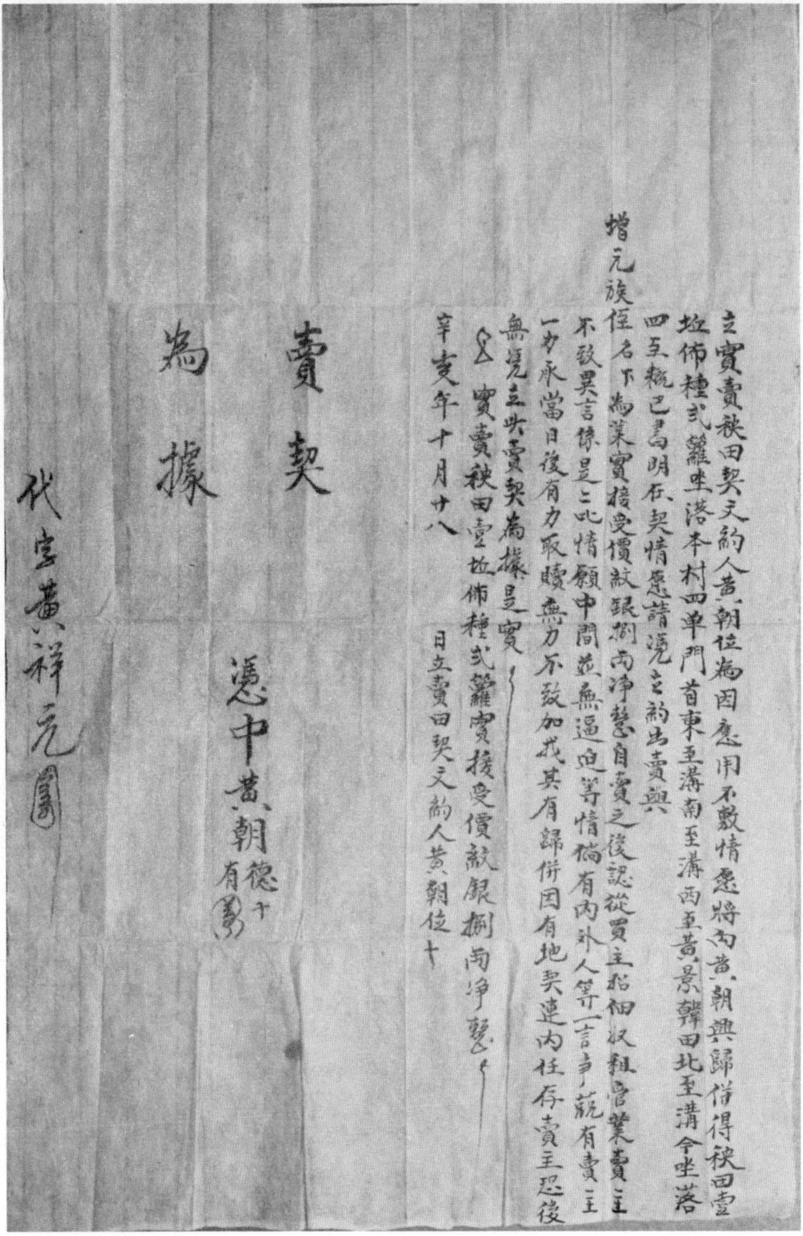
立實賣秧田契文約人黄朝位為因急用不敷情愿將分黄朝興歸併得秧田壹
坵佈種弍籮坐落本村四单門首東至溝南至溝西至黄景韓田北至溝令坐落
四至概已書明在契情愿請憑立約出賣與
增元族侄名下為業實接受價款銀捌両净整自賣之後認從買主掐佃収租管業賣主
不致異言係是二比情願中間並無逼迫等情倘有內外人等一言爭競有賣主
一力承當日後有力取贖無力不致加找其有歸併因有地契連內任存賣主照後
無憑立此賣契為據是實
又 實賣秧田壹坵佈種弍籮實接受價款銀捌両净整
辛亥年十月廿八 日立賣田契文約人黄朝位 十
賣契
為據
憑中黄朝德 十
有
代字黄祥元

138

民国五年十二月四日黄凤池契纸费收据

契紙費收據

騰衝縣署爲發給收據事據黄鳳池申稱今有彭澤延
甘願杜與田弍段憑中彭生林三面議定杜價壹百玖
拾柒两理合申請發給契紙以憑塡給銀主黄鳳池收執等語
並繳到契紙費伍角除發給杜字第□號契紙一張並
将契紙費伍角照章核收外合塡收據發給該申請人
收執此給

右據給申請人黄鳳池收執

中華民國五年十二月四日

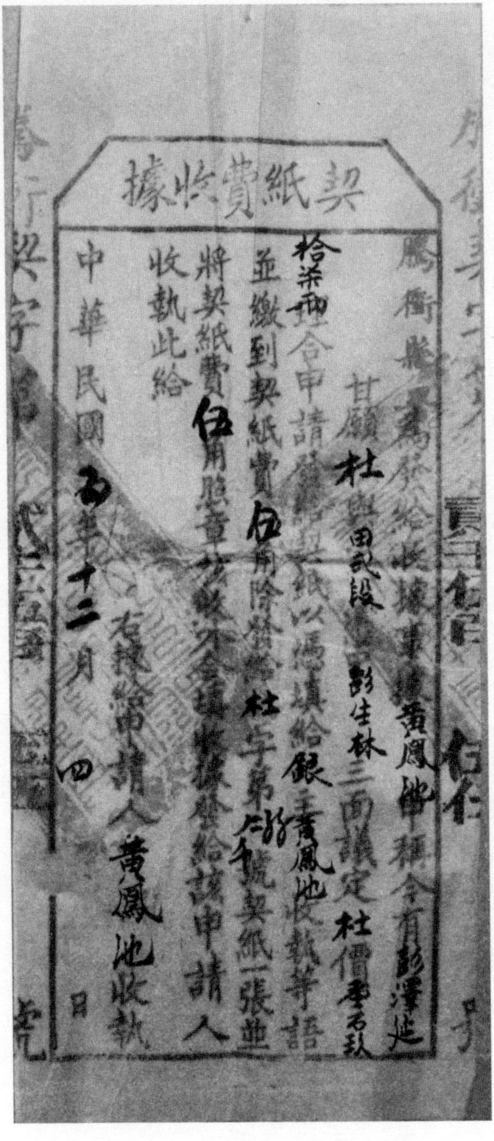
契紙費收據

騰衝縣署為發給收據事據黃鳳池稱今有彭澤延
甘願杜與田貳段彭生林三面議定杜價壹石玖
拾柒兩整合申請發給契紙以憑填給銀三黃鳳池收執等語
並繳到契紙費伍角除發給杜字第仁字號契紙一張並
將契紙費伍角照章歸入會計據發給該申請人
收執此給

中華民國五年十二月四日

右據給申請人黃鳳池收執

139

民国五年十二月十六日黄福堂批条

批者此田之粮先年未撥係在龍[江]冊柱左下周于憲弍升伍合係
圍子田所完又左下周于憲伍升係黄樂池田所完又
左下周于憲柒升叁合係小荒田所完又左下周于憲柒
升叁合係龍窩子田所完又用六甲周世進伍升係小河
邊門前田所完以上之粮因於光緒二十九年已此買作杜
契於民國五年曾將各田應完之粮已撥入東練冊柱
左下黄福堂户下上納仍照各田应完之粮共弍斗弍升
壹合又用六甲黄福堂伍升係撥周世進伍升之柱爲
此特批

民國五年十二月十六日黄福堂　　批单

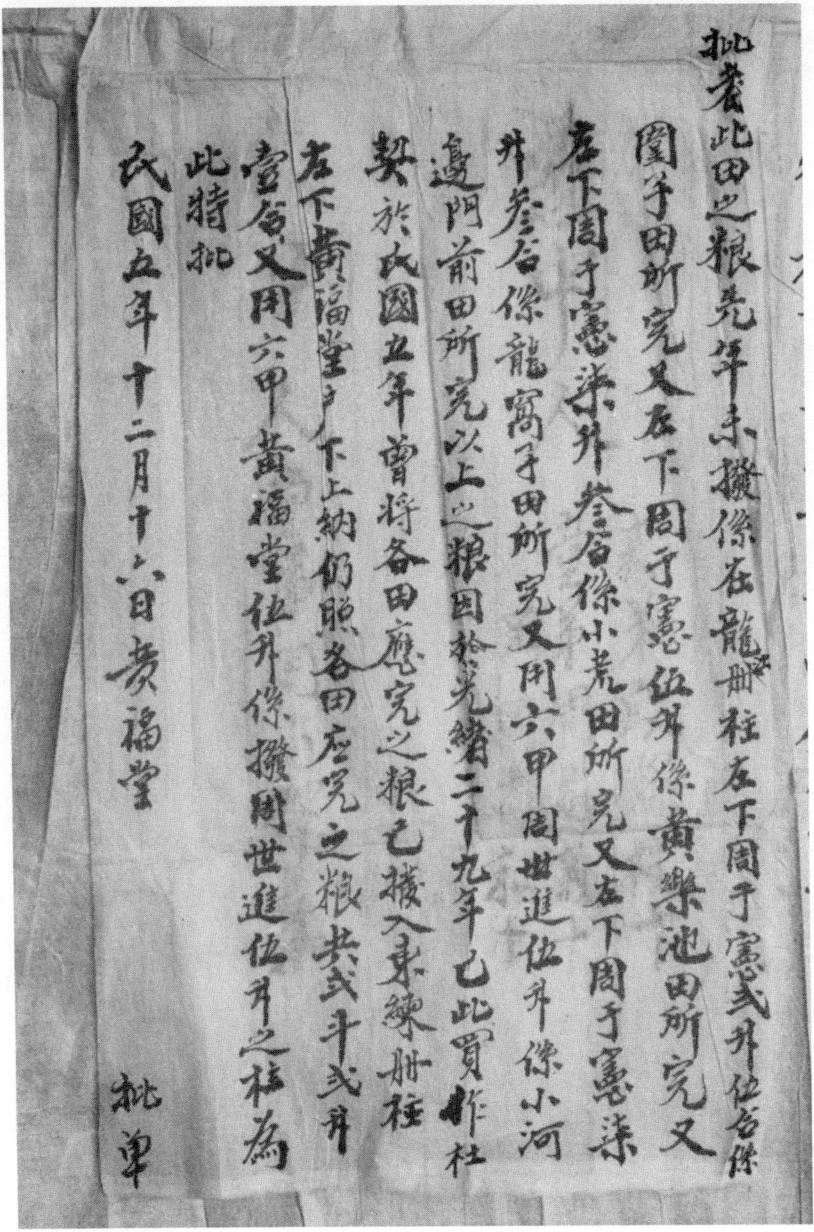

批
叅此田之粮先年未撥係在龍冊柱左下周于寔弍升伍合係
園子田所完又左下周于寔伍升係黄樂池田所完又
左下周于寔柒升叅合係小荒田所完又左下周于寔柒
升叅合係龍窩子田所完又用六甲周世進伍升係小河
邊門前田所完以上之粮因於光緒二十九年已此買作杜
契於民國五年曾将各田應完之粮已撥入隶練冊柱
左下黄福堂户下上納仍照各田應完之粮共弍斗弍升
壹合又用六甲黄福堂伍升係撥周世進伍升之柱為
此特批
民國五年十二月十六日 黄福堂
批单

140

民国五年黄福堂特批条

批者此田之粮先年未撥係在龍江册柱用六甲晏加陞叁畝共合陸升因此田已過六十年中央法律以爲杜産論於民國五年將契約當官納税遂更名入册以爲已業不許原業主争告取贖今此田之粮已撥入東練册柱仍在用六甲黄福堂户下上納仍有叁畝共合陸升之數爲此特批

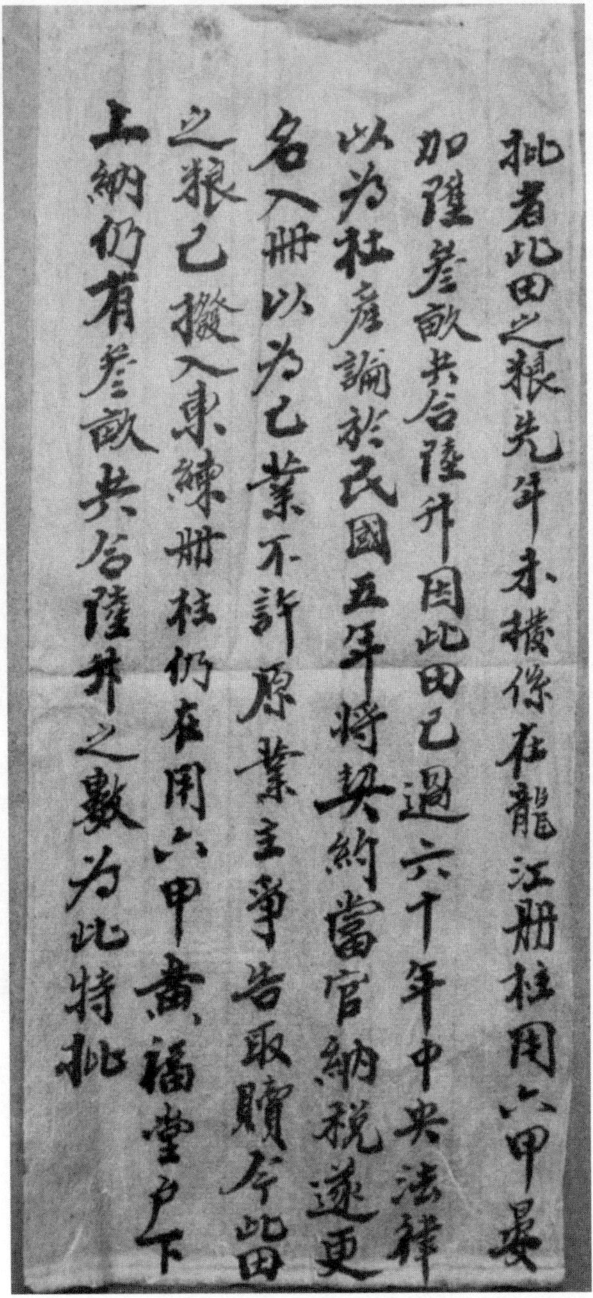
批着此田之粮先年未撥係在龍江册柱閏六甲晏
加陞叁畝共谷陸升因此田已過六十年中央法律
以為杜產論於民國五年將契約當官納稅遂更
名入册以為己業不許原業主爭告取贖今此田
之粮已撥入東練册柱仍在閏六甲黃福堂户下
上納仍有叁畝共谷陸升之數為此特批

141

民国六年润二月十六日黄武元黄增元田地分关合同

立合同文約人黄武元黄增元爲因祖母遺有養老田伍分共佈種拾玖籮前因祖母喪
事應用賣去粮田三分共佈種拾壹籮伍斢係賣與毛應福李德全曾經受過田
價净銀貳百貳拾兩前因祖母在時因應用賣與陳樹粮田壹分佈種貳籮伍斢受過田
價净銀叁拾伍兩又加找銀叁拾伍兩後因两家應用不敷同爲賣與許定國粮田壹分佈種
伍籮受過田價净銀柒拾兩今於光緒二十六年有楊發忠贖去倪家舖田壹分佈種肆
籮得田價净銀壹佰陸拾壹兩伍錢照原價作㨿算讓去净銀叁兩貳錢又楊發新
贖去倪家舖田壹分佈種貳籮伍斢得田價净銀柒拾陸兩伍錢作㨿算合原價不讓
一除向毛應福贖田叁分共計□□□□伍斢兑去净銀貳佰貳拾兩一入毛應福補來
半年租穀銀玖兩一除向許定國□□田壹分佈種伍籮兑去田價净銀柒拾兩两抵通
盤除兑外先叔父黄幼良墊去净銀肆拾叁兩僅賸得吳邑李家田壹分佈種伍籮
又矣比黄姓宗祠門首大擺田壹分佈種伍籮今因分爨日久別户分門多年除前者
將田地分清之外僅下賸此田二分於光緒二十六年先叔父已欲提倡分拆後因家務冗繁
分
未曾分清今武元增元當同商議將此田作貳清分免使子孫後有争論光陰易度
恐日度日深是以在今不得不將此田分拆清楚其田共佈種拾籮其一分名喚李

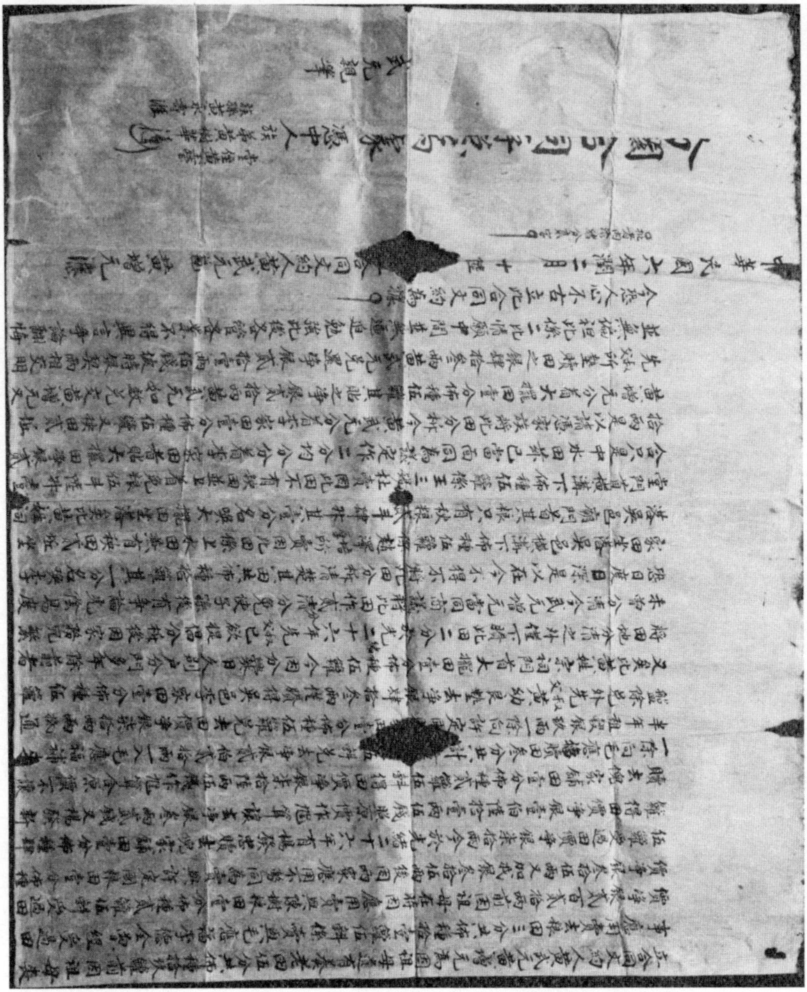

家田坐落吳邑橫溝下佈種伍籮係趙澤培厚所賣因此田係上水田兼有秧田貳坵坐
落吳邑廟門首其粮只有秋粮貳斗肆升其壹分名喚大擺田坐落矣比黃姓祠
堂門首橫溝下佈種伍籮係王三錫杜賣因此田不有秧田並上着免粮伍斗陸升壹
合只是中水田兹已當面同爲議定作二分均分分着李家田者貼大擺田净銀貳
拾兩是以請憑家族將此田分析今黃武元分着李家田壹分佈種伍籮又秧田貳坵
黃增元分着大擺田壹分佈種伍籮其貼之净銀貳拾兩黃武元如数兑交黃增元又
先叔父所墊贖田之銀肆拾叁兩黃武元兑還净銀貳拾壹兩伍錢彼時銀契兩相交明
並無偏袒此係二比情願中間並無逼迫勉强此後各管各業不得異言争論翻悔
今恐人心不古立此合同文約爲據
中華民國六年潤二月　十陸□□　合同文約人黃武元（花押）黃增元（花押）
○批者内添緒分貳字

分關合同存照爲據

憑中人　堂侄黃玉瑩
族弟黃樹華（花押）
族孫黃永壽（花押）

武元親筆

142 民国六年润二月十六日黄武元与黄增元的田地负任凭据

立負任憑據文約人黄武元同侄玉麟同子玉寶情有先祖母遺留養老田貳分早欲與增元貳分均分是以各管各業因胞弟素行懞混肥己多端迄今遠處浮流久未歸家未便分拆今恐年深日久免使子孫紛争是爲和美後人之事兹向增元取出此田以作二分均分情願請憑中証立此憑據與

增元名下爲憑日後恐有胞弟及其子孫異言争競自有武元一力承當此係同胞弟雖有分之田自有武元同伊理處分後各管各業决不致使增元有艱難之處恐口無憑立此負任憑據是實

中華民國六年潤二月十六日立負任憑據人黄武元（花押）　姪玉麟（押）　男玉寶（在）

憑據

爲証

憑中人　堂姪黄玉瑩　族弟黄樹華（花押）　族孫黄永壽（花押）

親筆

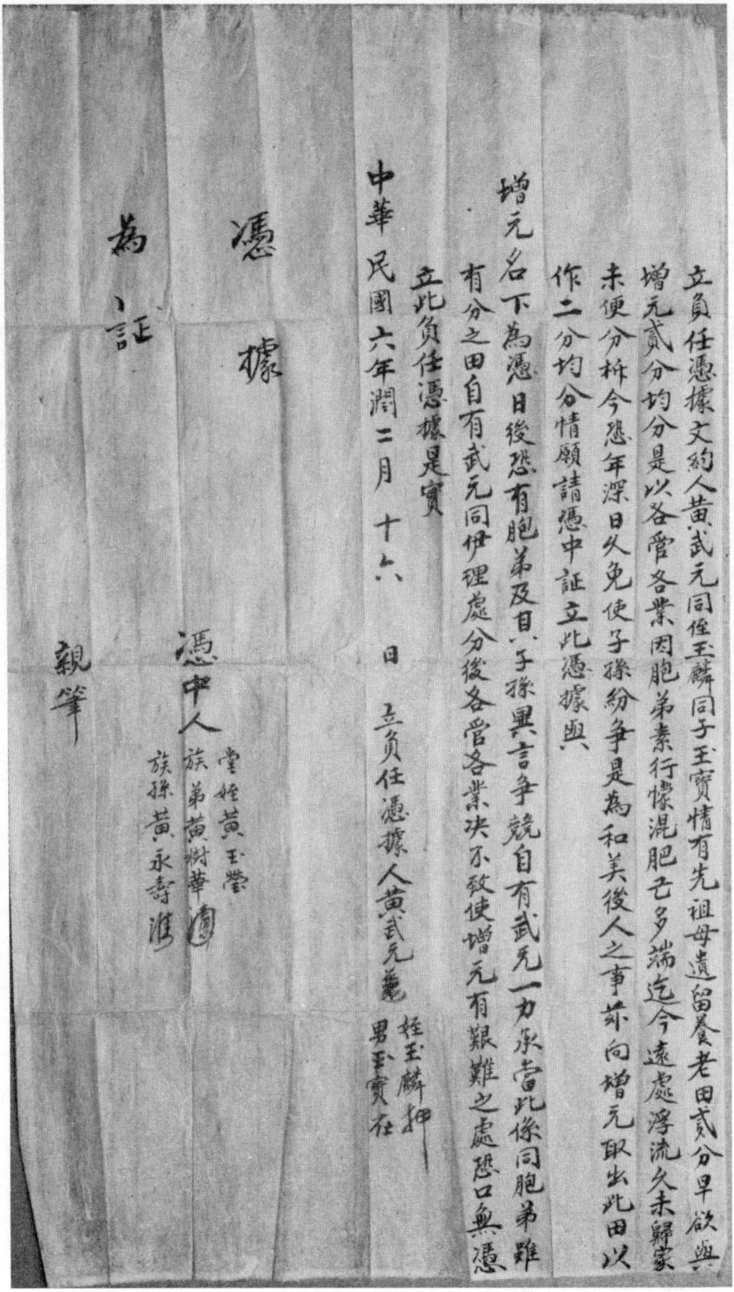
立負任憑據文約人黃武元同侄玉麟同子玉寶情有先祖母遺留養老田貳分早欲與
增元貳分均分是以各管各業因胞弟素行懞混肥己多端迄今遠處浮流久未歸家
未便分析今恐年深日久免使子孫紛爭是為和美後人之事亦向增元取出此田以
作二分均分情願請憑中証立此憑據與
增元名下為憑日後恐有胞弟及其子孫異言爭競自有武元一力承當此係同胞弟雖
有分之田自有武元同伊理處分後各管各業決不致使增元有艱難之處恐口無憑
立此負任憑據是實

中華民國六年潤二月十六日　立負任憑據人黃武元
侄玉麟押
男玉寶在

憑中人　堂姪黃玉瑩
族弟黃樹華
族孫黃永壽

憑據

為証

親筆

143

民国七年三月黄增元典给刘开泰粮田契纸费收据

契紙費收據

爲發給收據事據刘開泰申稱今有黄增元甘願典與粮田壹份憑中高成斋三面議定典價伍百元理合申請□□□發給契紙以憑塡給銀主刘姓收執等語並繳到契紙費伍角除發給典字第卌千號契紙一張並將契紙費伍角照章核收外合塡收據發給該申請人收執此給

右據給申請人劉開泰收執

中華民國七年三月　日

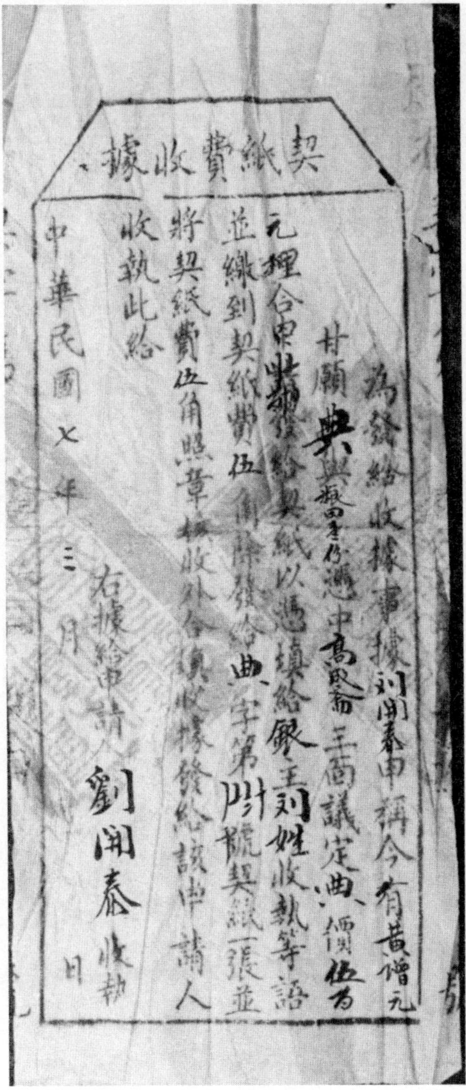

契紙費收據

為發給收據事據刘開春申稱今有黃僧元
甘願典與孫四季仍憑中高殿翁三面議定典價伍万
元理合申懇發給契紙以憑填給縣王刘姓收執等語
並繳到契紙費伍角除發給典字第附號契紙一張並
將契紙費伍角照章收外合填收據發給該申請人
收執此給

右據給申請人劉開春收執

中華民國七年三月　日

144

民国七年七月二十日黄象乾与黄增元加找田契文约

立加找田契文约人黄象乾爲因正用不敷因有先祖分受得向徐姓買之
秧田壹坵坐落矣比三单祠堂門首佈種弍籮伍斘其四至係載賣契書明
今情願請凴立約與
增元堂叔名下實加找到大龍圓伍圓整自加找應用之後言定于伍年爲期伍年内
不得加找不得取贖俟伍年滿有力方能取贖無力不致加找此係二比心服
情願于中並無逼迫等情恐後人心不古立此加找爲據是實

△實加找大龍圓伍圓整

民國七年七月二十　日立加找文約人黄象乾（在）

加找

爲據

憑中　開盛兄（花押）
　　　永寿姪（花押）

代字黄祥元（花押）

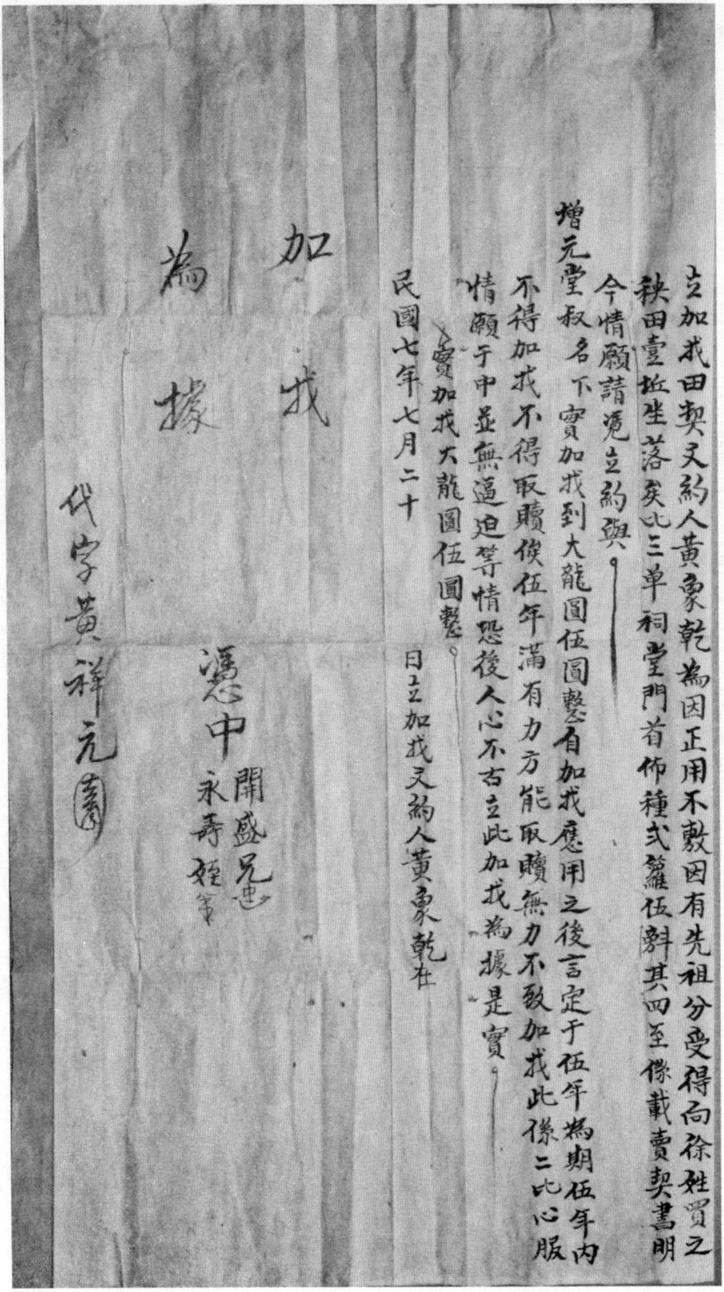

立加找田契文約人黄象乾爲因正用不敷因有先祖分受得向徐姓買之
秧田壹坵坐落葵比三单祠堂門首佈種弍籮伍斛其四至僟載賣契書明
今情願請憑立約與
增元堂叔名下實加找到大龍圓伍圓整自加找應用之後言定于伍年爲期伍年内
不得加找不得取贖俟伍年滿有力方能取贖無力不致加找此係二比心服
情願于中並無逼迫等情恐後人心不古立此加找爲據是實
賣加找大龍圓伍圓整
民國七年七月二十　日立加找文約人黄象乾在

憑中　開盛兄忠
　　　永壽姪筆

加找爲據

代字黄祥元（押）

145

民国十一年阴历四月初二日黄增元将粮田典与万朝正的典田契文约

立典田契文约人黄增元爲因应用情願將向段姓杜買得粮田叁段坐落上營義家寨左其田坐落名喚四至[種頭]俱載原契書明該粮壹斗肆升在左下周于憲户下完納今撥在東練冊内黄福堂户下上納今情願請憑中証立约出典賣與朝正萬君名下爲業接受典價大銀圓伍佰元整自典之後任從銀主耕種管理收租完粮日後無論年月遠近銀到契歸二比不得刁難倘有内外人等異言爭競有賣主一面承當恐後人心不古立此典契爲據是实

实典賣粮田叁段佈種伍箩实接受典價大銀元伍佰元整

民國拾壹年[陰曆]四月初二　日立典田契文约人黄增元

批者有原契壹纸新立典契壹纸共弍纸交銀主收存

朝銓萬君

榮昌萬君

憑中仁卿彭君

瑞卿堂侄

代字親筆

典契

爲據

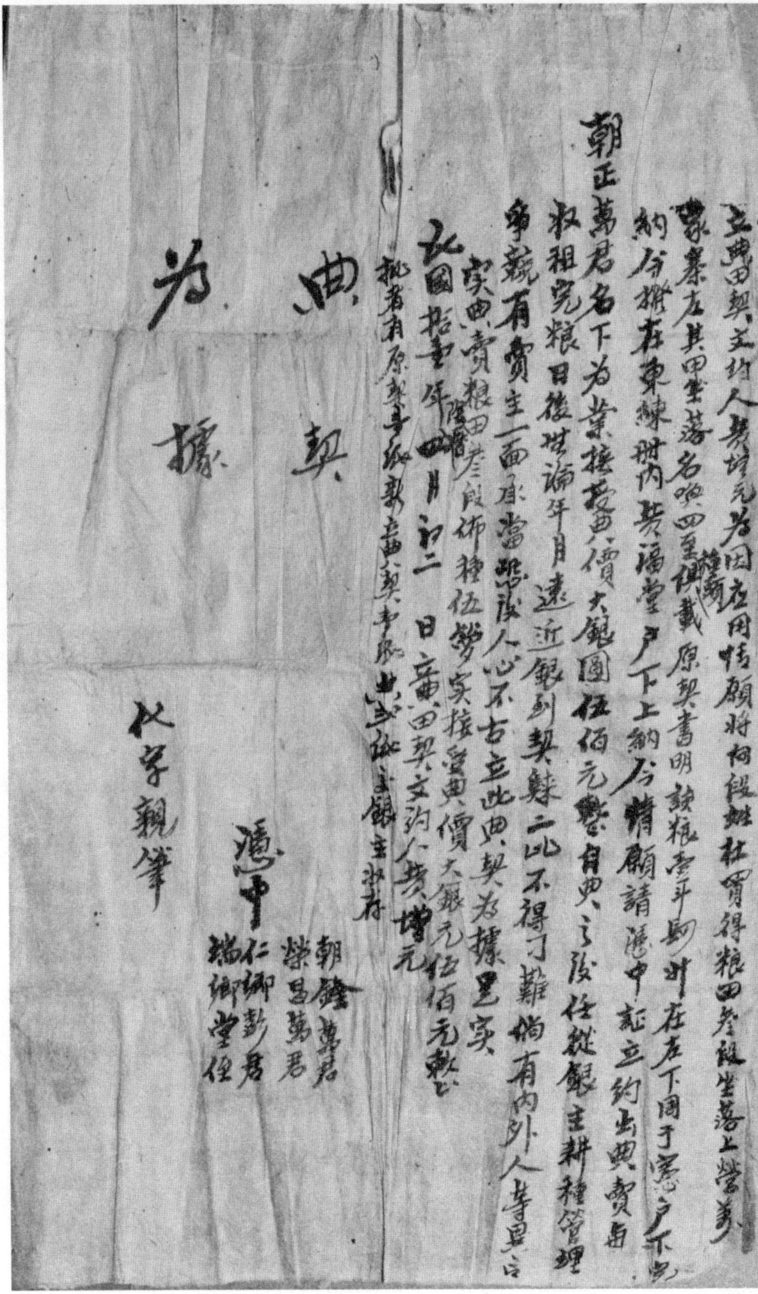
立典田契文約人黄增元為因在用情願將向段姓杜買得粮田叁段坐落上營壩
東寨左其田坐落名喚四至俱載原契書明該粮壹升貳斗在左下甲[illegible]戶下出
納今撥在東練冊內黄福堂戶下上納今情願請憑中証立約出典賣與
朝正萬君名下為業接授典價大銀圓伍佰元整自典之後任從銀主耕種管理
收租完粮日後無論年月遠近銀到契贖二比不得刁難倘有內外人等異言
爭競有賣主一面承當恐後人心不古立此典契為據是實
實典賣粮田叁段佈種伍斗實接受典價大銀元伍佰元整
民國拾壹年陰曆四月初二　日立典田契文約人黄增元
批者有原契壹紙、契[illegible]、[illegible]銀主收存

憑中　朝鑑萬君
榮昌萬君
仁卿彭君
瑞卿堂侄

典契為據

代字親筆

146 民国十一年十二月二十七日周国美等暨周姓阖族满门人与黄福堂永远杜绝过问事凭据

立實永遠杜絶過問田事憑據人周國旺美華暨周姓閤族滿門人等情因族內周建猷向族內歸併得糧田伍段共計拾籮零伍㪷已經出賣與黄姓後因伊家乏嗣周姓人等不時往来問闻今予等又詣黄姓跟尋請中向黄姓借纸出觀看明此田於光緒二十九年分周建猷之後人周時貴周尙雲請憑族人周尙澤立有杜契杜賣與黄姓永遠不得過问今既看明恐後再有人造次過问予等甘願立约與

福堂黄大叔名下爲憑自此以後永遠杜絶周姓人等不許再到黄姓家下過問一言日後不論隨時隨人如再向黄姓過問一言半語任隨黄姓辱駡驅逐抑或鳴官究治甘願重處重罰周姓不致異言恐口無憑故立此杜絶此田憑據爲據是實

民國十一年十二月二十七日立契人周國旺（花押）國美（十）國華（十）

憑中人周氏閤族

憑據

是實

代筆人彭啓定（花押）

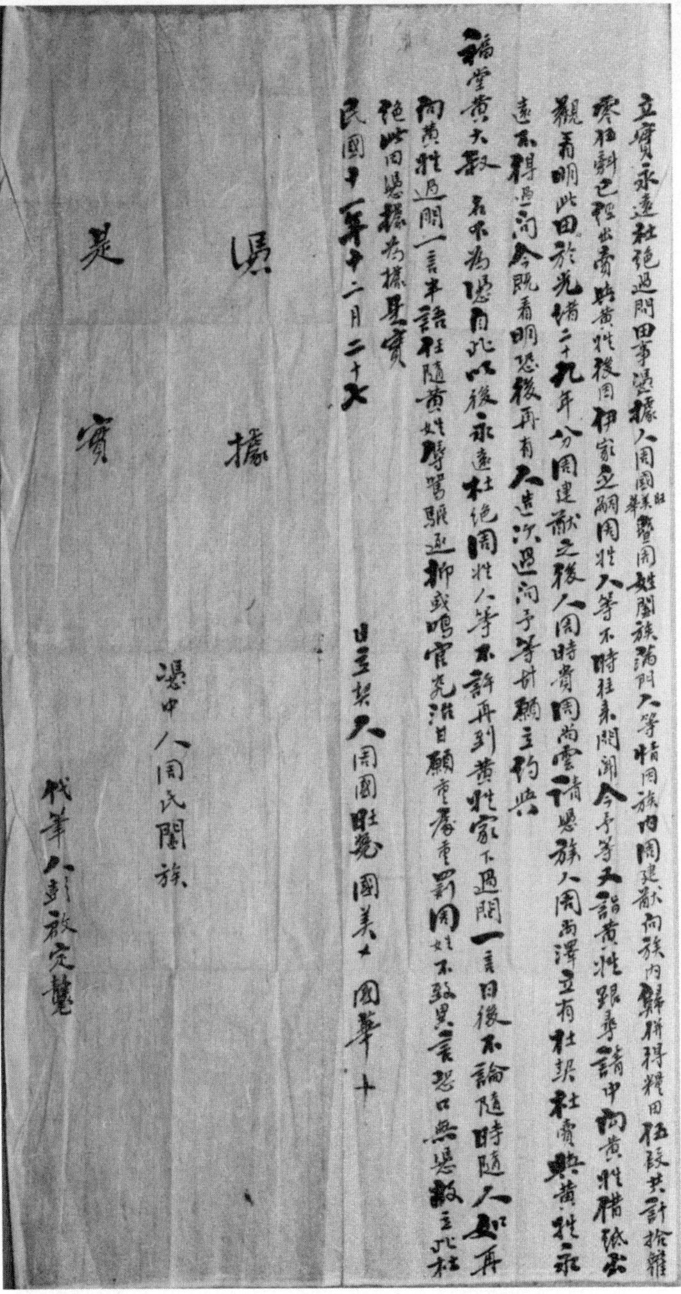

立賣永遠杜絕過閘田事憑據人周國華、旺、周國美、周姓闔族諸附人等，情因族內周建猷向族內歸耕糧田伍段，共計捻雜零柒斛，已經出賣與黃姓，後周伊家並嗣周姓人等不時往來閘鬧，今子等又詣黃姓跟尋，請中向黃姓措錢出觀看明此田於光緒二十九年分周建猷之孫人周時貴、周尚雲請憑族人周尚澤立有杜契，杜賣與黃姓永遠為業，不得過閘，今既看明，恐後再有人生事過閘，子等甘願立約與

福堂黃大叔 名下為憑，自此以後，永遠杜絕周姓人等，不許再到黃姓家下過閘，一言日後不論隨時隨人，如再向黃姓過閘一言半語，任隨黃姓將警驅逐、執或鳴官究治，甘願受罰，周姓不敢異言。恐口無憑，故立此杜絕此田憑據為據是實。

民國十一年十二月二十六日 立契人 周國旺 周國華 周國美 十

憑據

是實

憑中人 周氏闔族

代筆人 彭啟定

147 民国十五年阴历二月十六日黄增元与杨大昌的加用田契文约

立加用田契文約人黄增元爲贖他處之田應用情願由前年所曲之尖角田
壹籮伍㪷其田之坐落種頭粮数四至俱在老契明今情願請凴立約
向吳邑○
大昌楊先生昆玉加用到銀圓壹佰圓整自加之後任隨銀主照契管業日
後無論年月遠近有力取贖銀到契歸二比不得刁难恐口無憑立
此加找爲據○
△实加如前○

民國十五年陰歷二月十六日立加用田契文約人黄增元

△批者有老契加找曲契新立加找共肆紙○

憑中 明鄉舫侄 永祚舫孫

加契爲據

代字親筆

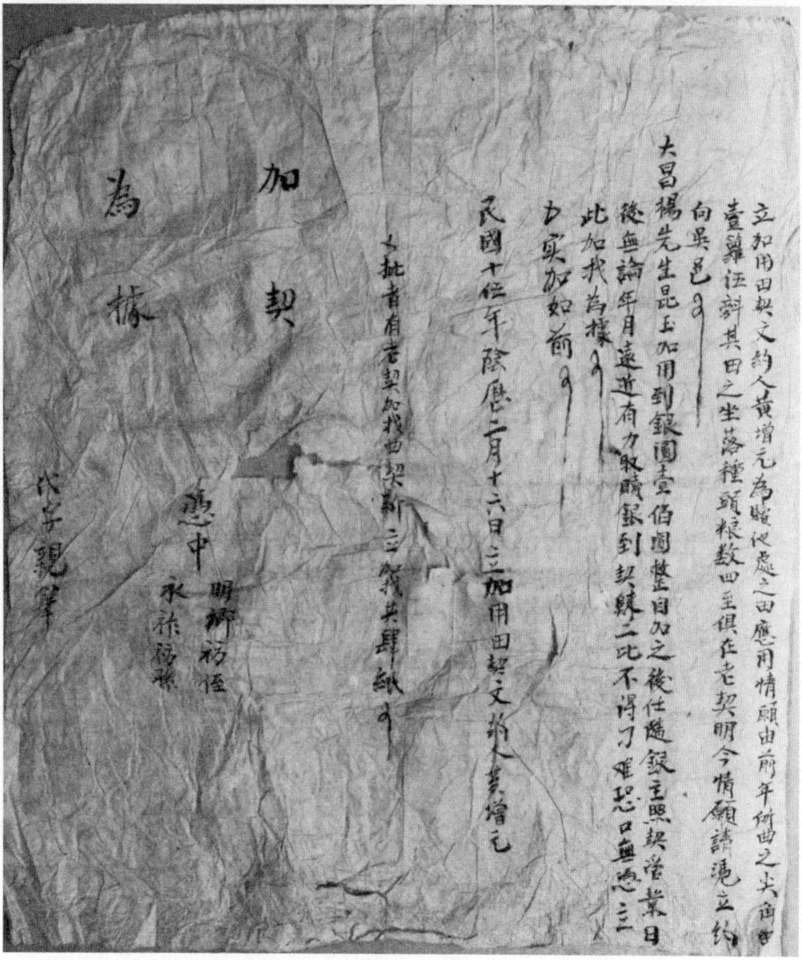
立加用田契文约人黄增元為啟池處之田應用情願由前年所西之尖[illegible]
壹籮伍斛其田之坐落種頭粮数四至俱在老契明今情願請憑立约
向吴邑
大昌楊先生昆玉加用到銀圓壹佰圓整自加之後任隨銀主照契當業日
後無論年月遠近有力取贖銀到契歸二比不得刁難恐口無憑立
此加找為據
实加如前
民國十伍年陰歷二月十六日立加用田契文約人黄增元
又批：者有老契加找田契壹張三紙共肆紙
加契為據
憑中 明卿 胞侄
永祥 胞孫
代字 親筆

148 民国十六年十月二十三日孟曰华等六人所立山地合同凭据

立合同憑據人孟日華黃本榮楊茂禮黃鋭中孟厚興吳廷綱孟品興吳廷芳

王定寵孟永定王正華黃志荣孟永潤等情因黃楊二姓之先祖承报河頭膏伙山地一帶

坐落地名馬鹿硝塘東至登更交界分水嶺南至大塘分水嶺交界西至隔界溝名喚打

伙石處北至片馬分水嶺交界其至內楊思仁分頂肆拾畝坐落棚子山窩五畝黑泥河边数拾

伍畝大钭水拾伍畝小黑河五畝各姓分頂弍拾伍分納粮壹佰弍拾弍畝肆分招有𤞤戶居住代傳

無異近因人心不古無賴者眾希圖魚利借未粮而若收其租居民受害者多更有越例賣粮者强横佔

界者往往不一眾聞之不忍兼慮民走地荒之憂時此約眾□場公同妥酌重立凴據議定條程自後

凡找分均之人不準那人再行私相賣粮收租威逼住民等弊如有此情罰銀元弍拾元充归公用又恐分內分

外之人

有越至争霸強佔至內山地務宜同心同德争先理論勿得闪縮不前自今选舉殷实得人充当管事收租經

理稳民安客爲宗必須眾心一舉如有那人上楼拔梯臨事抽征执據理論若能左心勿怠自獲民安物

阜世享昇平炙恐後人心不古爲此書立合同凴據壹樣六帋各执爲証是实

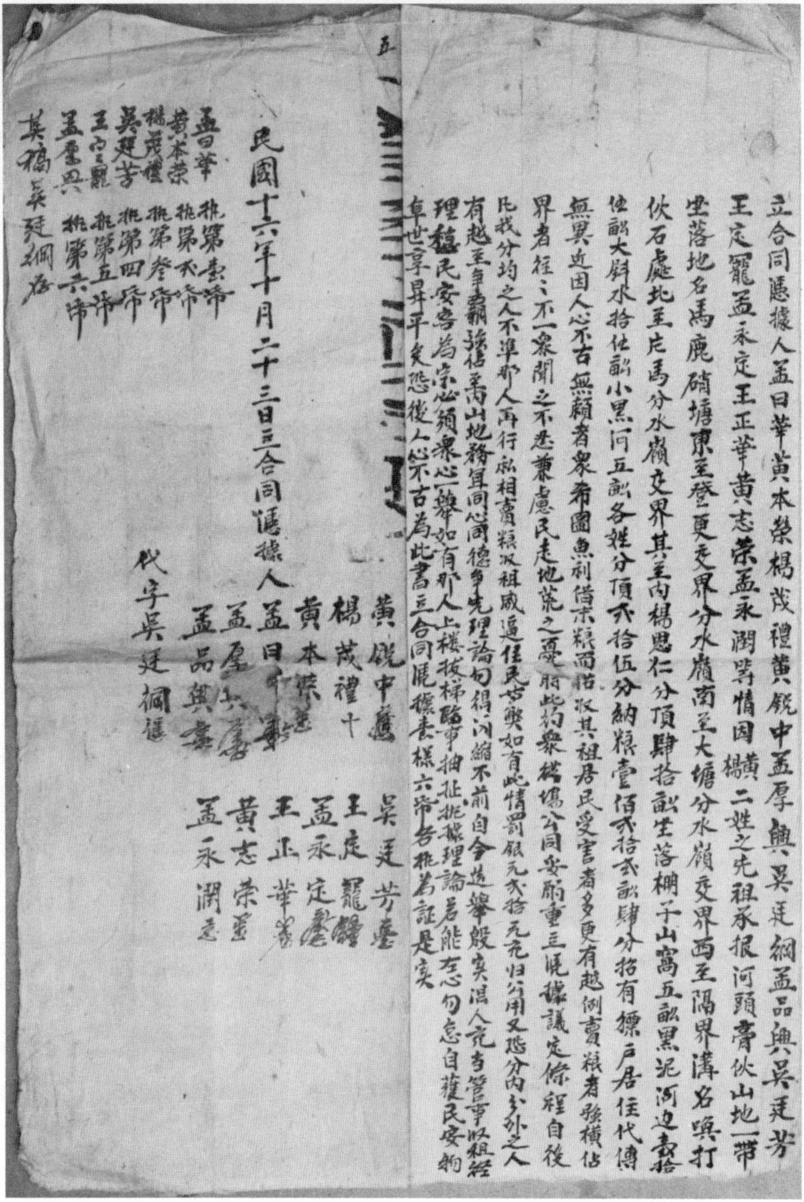

立合同憑據人孟日華黄本榮楊茂禮黄鋭中孟厚輿吴廷綱孟品輿吴廷芳
王定龍孟永定王正華黄志榮孟永潤等情因楊黄二姓之先祖承報河頭青伙山地一帶
坐落地名馬鹿硝塘東至登更交界分水嶺南至大塘分水嶺交界西至隔界溝名嗅打
伙石處北至卮馬分水嶺交界其至内楊思仁分頂肆拾畝坐落棚子山窩五畝黑泥河边叁拾
伍畝大斜水拾伍畝小黑河五畝各姓分頂弍拾伍分納粮壹佰弍拾弍畝肆分粮有標戸居住代傳
無異近因人心不古無賴者衆希圖漁利借宗粮而拈收其租居民受害者多更有越例賣粮者發横佔
界者往往不一衆聞之不悉兼慮民走地荒之憂將此約衆議場公同妥商重立憑據議定條程自後
民戎分均之人不準外人再行私相賣粮收租威逼住民等弊如有此情罰銀元弍拾元充归公用又恐分内分外之人
有越至争霸強佔吾山地務宜同心同德争先理論勿得退縮不前自含造擎般窦混人充当管事收租經
理藉民安害為宗必須衆心一擎如有外人上樓拔梯臨事抽扯扯據理論者能存心勿怠自獲民安物
阜世享昇平矣恐後人心不古為此書立合同憑據壹樣六帋各執為証是实

民國十六年十月二十三日立合同憑據人

黄鋭中（押） 吴廷芳（押）
楊茂禮十 王定龍（押）
黄本榮（押） 孟永定（押）
孟日華（押） 王正華（押）
孟厚輿（押） 黄志榮（押）
孟品輿（押） 孟永潤（押）

代字吴廷綱（押）

孟日華 執第壹帋
黄本榮 執第弍帋
楊茂禮 吴廷芳 執第叁帋
王定龍 執第四帋
孟厚輿 執第五帋
執第六帋
其稿吴廷綱存

黄銳中（花押）　吴廷芳（花押）
楊茂禮（十）　王定寵（花押）
黄本荣（花押）　孟永定（花押）
民國十六年十月二十三日立合同憑據人孟日□（花押）　王正華（花押）
孟厚□（花押）　黄志荣（花押）
孟品興（花押）　孟永潤（花押）
代字吴廷綱（花押）

孟日華　执第壹帋
黄本荣　执第弍帋
楊茂禮　执第叁帋
吴廷芳　执第四帋
王空罷　执第五帋
孟厚興　执第六帋
其稿吴廷綱存

149 民国十七年二月十八日黄广森等出卖坐地与黄福堂的归并杜卖地契

立實永遠歸併杜賣地契文约人黄柊森黄廣森黄荣森爲因柊森完婚應用又因廣森不成刁拐人物攘成禍端無處筹办惟有先祖遺留己面分受得之面楼坐地壹塊坐落三单東至巷道路南至総大门並巷道西至黄李二姓地北至銀主與柊森公共墻角今將坐落四至書明載契情願請憑家族立约永遠出歸併與○ϙ

福堂堂祖員下永爲己業實接受歸併杜價大銀圓壹佰伍拾伍元自歸之後任隨銀主圍檻栽種起房盖屋柊森弟兄不致異言日後永遠子孫不得過问此係落筆無踪二比心情意願於中並無逼迫等情倘有内外人等一言争競自有柊森弟兄一面承當恐後人心不古特立此永远歸併杜賣地契爲據是实

△實歸併面楼地基壹塊並牆垣石脚一概在内實受大洋壹佰伍拾伍元净整

民国十七年二月十八日　立實永远歸併地契文约人黄柊森（十）黄廣森（十）黄榮森（十）

批者有老契叁帋新立歸併壹帋共肆帋交買主收执○ϙ

再批在其有正房廳房地契與買主之坐地仝爲壹契计肆帋仍歸買主收存日後亦係兩家共有之契此批

歸併　堂叔柊芳（十）

爲據　憑中堂叔泽芳（花押）

族祖恕中（十）

代字堂叔雨田（花押）

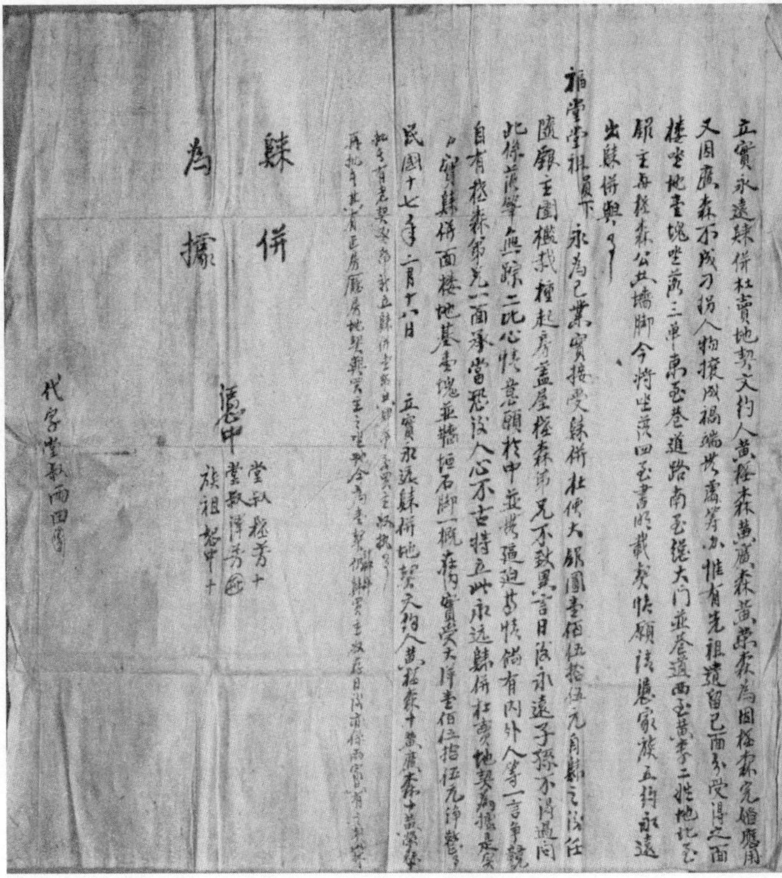
立賣永遠𨽻併杜賣地契文約人黄桂森、黄廣森、黄榮森，為因桂森完婚應用，
又因廣森不成刀拐人物，撩成禍端，此需等办。惟有先祖遺留己面分受得之面
樓坐地壹塊，坐落三单，東至巷道路，南至總大门並巷道，西至黄、李二姓地，北至
師主母桂森公共墻脚。今將坐落四至書明，載兌，情願請憑家族立約，永遠
出𨽻併與
福堂堂祖員下 永為己業。實接受𨽻併杜價大滇圓壹佰伍拾伍元，自㒸之後，任
随㒸主围樾栽種，起房盖屋，桂森弟兄不致異言，日後永遠子孫不得過問。
此係甘願無踪，二比心快，意愿於中，並無強迫等情。倘有内外人等一言争競，
自有桂森弟兄一面承當。恐後人心不古，特立此永遠𨽻併杜賣地契為據是实。
户：賣𨽻併面樓地基壹塊，並牆垣石脚一概在内，實受大洋壹佰伍拾伍元，淨盡。
民國十七年二月十八日 立賣永遠𨽻併地契文约人黄桂森十、黄廣森十、黄榮森十
批：查有老契交存，永立𨽻併壹張，立即[illegible]交與買主收執。了
再批：其有正房、厢房地契與買主之地，今為壹契，[illegible]
𨽻併為據
憑中 堂叔 桂秀十 堂叔 澤秀（押） 族祖 懿中十
代字 堂叔 雨田（押）

150 民国十七年阴历二月二十四日黄增元典卖毛家村田与刘开泰的典契

立典賣田契文约人黄增元爲因應用情願將先父遺留粮田壹分坐落毛家村佈
種肆籮該粮弍斗在來三甲趙奇即佁登舁户下完納其田東至杜姓田
南至溝西至毛姓田北至洗布河名喚小海田今情愿請憑立约出典賣與
泰劉二員下接受典價大銀圓陸佰元整自典之後任隨銀主耕種管業完
粮收租賣主不致一言日後無論年月遠近有力取贖銀到契歸二比不
得刁難倘有内外人等異言争競有賣主一面承當此係二比情願於中並
無逼迫等情恐後無憑立此典賣田契爲據是實○9

△實典賣粮田壹分佈種肆籮接受大銀元陸佰圓整○9

民国拾柒年陰曆二月二十四日立典賣田契文約人黄增元（花押）

△批者有老契壹紙新立典契壹紙共貳紙交銀收执○9

△再批者因買主多方在外言定於拾年之後方可取贖如買在宅任照前言可也此批○9

批者此契於民國二十九年
三月十三日遵省政府通
令以新滇幣贖回此批

永祚族孫在
憑中明卿祊侄（花押）
聯陞族孫（押）
代字親筆

典契
爲據

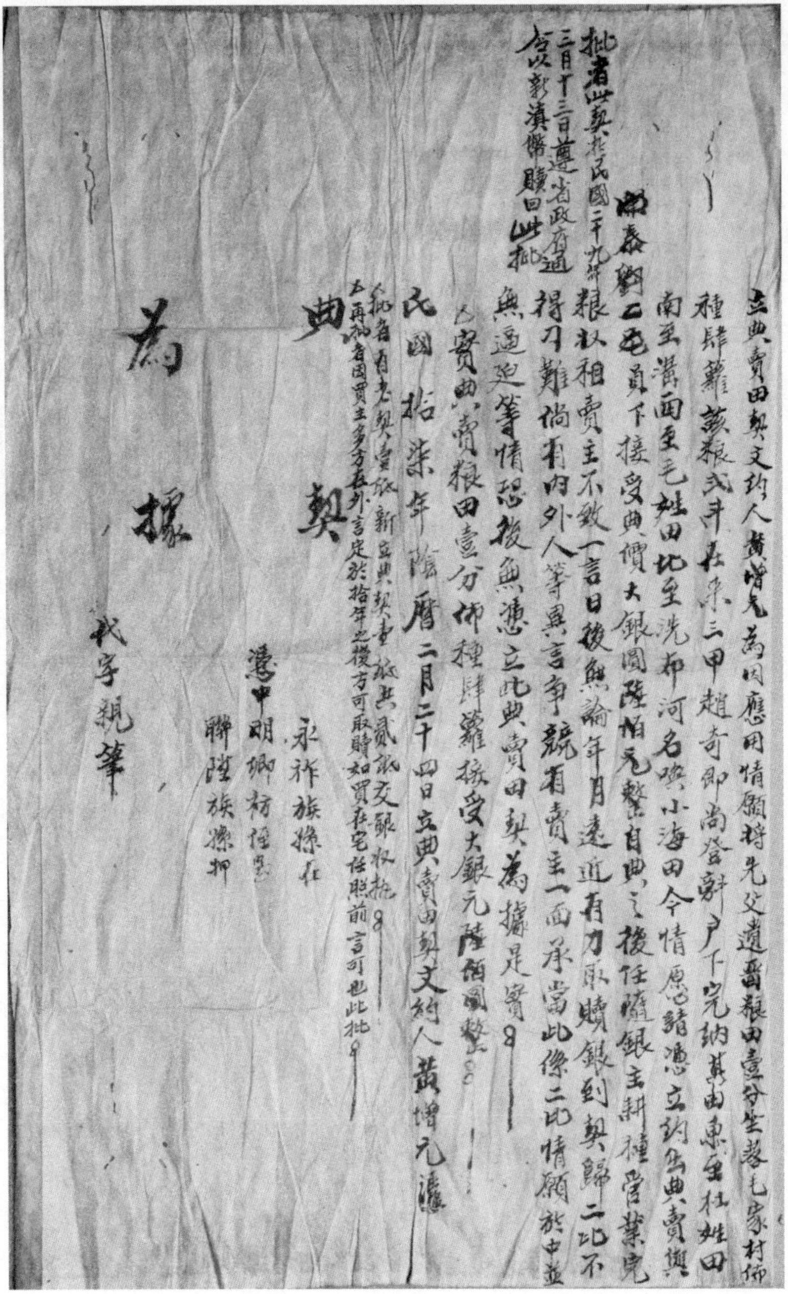

立典賣田契文約人黃增元爲因應用情願將先父遺留粮田壹分坐落毛家村佈種肆籮該粮弍升在東三甲趙奇卿尚登爵户下完納其田東至杜姓田南至溝西至毛姓田北至洗布河名喚小海田今情愿請憑立約出典賣與南泰劉二老員下接受典價大銀圓陸佰元整自典之後任隨銀主耕種管業完粮收租賣主不致一言日後無論年月遠近有力取贖銀到契歸二比不得刁難倘有内外人等異言爭競有賣主一面承當此係二比情願於中並無逼迫等情恐後無憑立此典賣田契爲據是實

又實典賣粮田壹分佈種肆籮接受大銀元陸佰圓整

民國拾柒年陰曆二月二十四日立典賣田契文約人黃增元

永祚族孫在

憑中明卿材侄

聯陞族孫押

批今有老契壹紙新立典契壹紙共貳紙交銀收執

又再批倘買主多方在外言定於拾年之後方可取贖如買在宅任照前言可也此批

典契

爲據

代字親筆

批查此契於民國二十九年三月十三日遵省政府通令以新滇幣贖回此批

151 民国十八年十二月初二日彭启润杜卖地铺给黄福堂的杜契

實立永遠杜賣杜结地鋪文约人彭啓潤爲因正用情願將先父向堂叔换來已𠀠分受得之鋪地壹塊鋪子壹間所有至內地上之墻垣木石瓴瓦材料並欄櫃壹間壹槪在內其鋪地坐落四至俱在老契書名今情願請憑親族立约永遠杜賣與8

福堂黄老师　名下永爲己業實接授杜價銀圓壹佰零肆塊整入手應用自杜賣之後任從買主住坐圍欄修造貿易賣主及後嗣永遠再不致異言過問此係落筆無踪倘有內外人等爭競阻撓自有賣主一力承當係是二比心服情願於中並無逼迫相强抑無私債準折等情恐口無憑立此杜賣地鋪文約爲據是實8

實杜賣鋪地壹塊鋪子壹間接授杜價銀圓壹佰零肆塊是實9

民國十八年十二月初二日立杜賣地鋪文约人彭啓潤（十）

杜賣地鋪

永遠爲據

憑中人

仕儒叔祖（十）

啓澤胞兄（押）

啓亮胞弟（十）

鴻綱晏新爺（花押）

朝清萬先生（十）

家昌萬表叔（花押）

代筆彭啓定（花押）

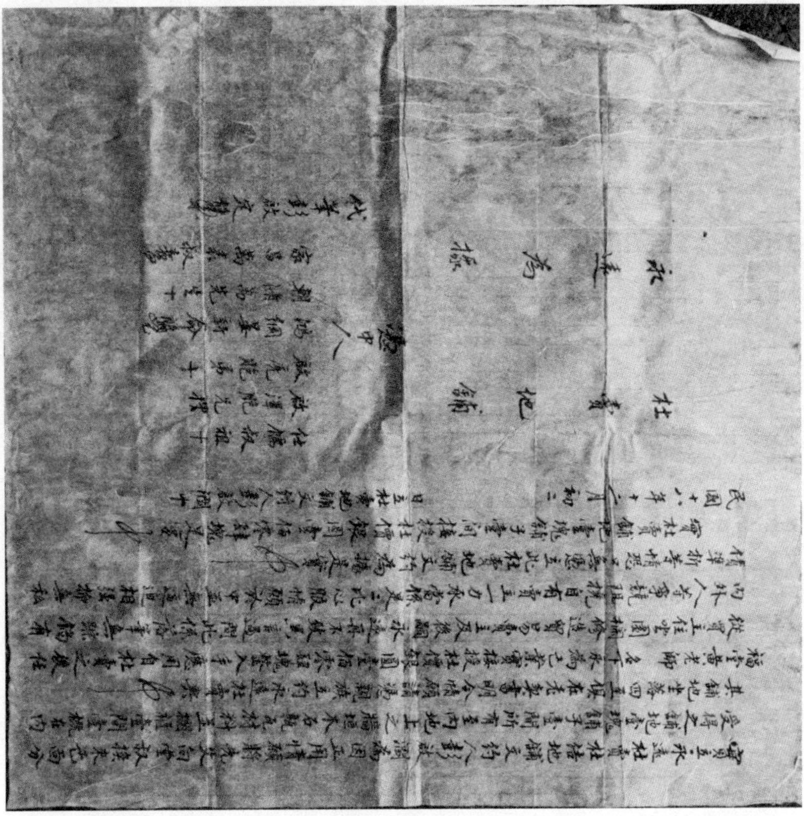

152 民国十九年夏历二月十六日黄增元典当田与信馨等的典契

典賣與

信伯佐馨三位先生员下实接受典價净半圆大洋壹仟玖佰元整自典之後任從銀主耕種管業完粮收租言定於伍年之内不致取贖俟伍年之後無論年月遠近銀到契歸比此不得刁难倘有内外人等異言争競有當主一面承當此係二比心服情願於中並無逼迫相强等情恐口無憑立此典當田契爲據是实

实典當粮田伍分共计佈種拾叁箩实接受典價淨半元大洋壹仟玖佰元整

民國十九年夏歷二月十六日立典當田契文约人黄增元

批者粮田伍分有肆張之老契因軍需失落日後尋出以爲廢紙其壹分老契柒纸新立典契壹纸交銀主收执爲此特批

典契爲據

明卿祊侄

憑中錦章番居

永祚族孙

代字親筆

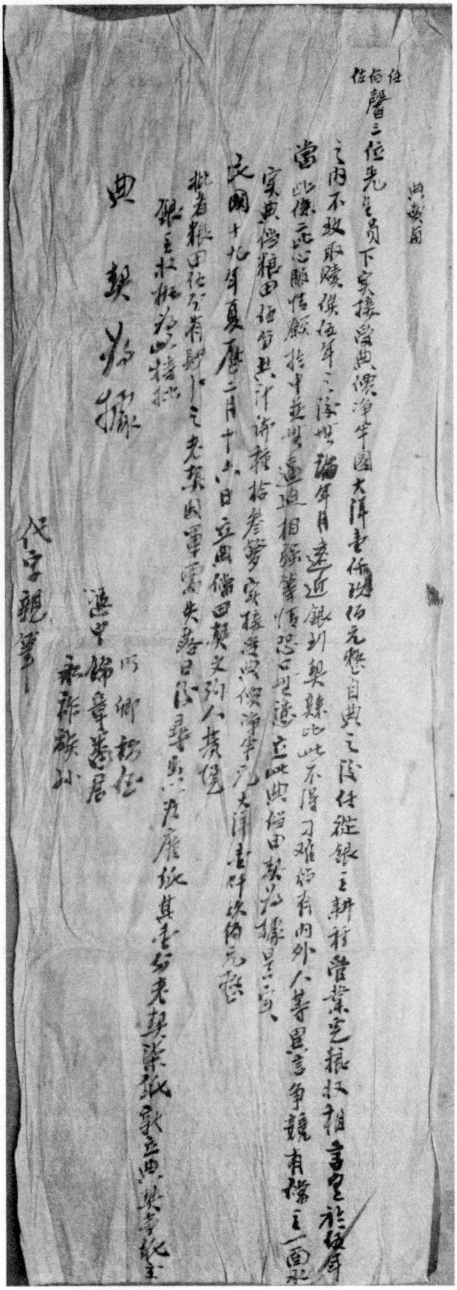

153

民国二十二年十月二十八日黄增元因贸易与万朝政的加找田契文

立加找田契人黃增元爲因貿易正用情願將自己所有之糧田三叚共佈種陸籮其田坐落四
至糧數俱在典契書明今情願請憑立約向
朝政萬先生員下加找到市用大銀圓伍佰圓整自加用之後[任從銀主耕種完糧管業]日後無論年月遠近有力取贖
銀到契歸二比不得異言刁難倘有內外人等一言爭競有當主一面承當恐後人心不古立
此加找爲據是实
民國貳拾弍年拾月二十八日立加找田契人黃增元
批者內添易字壹個連老契典契共三紙交銀主收執此批

加找

爲據

憑中 朝清萬先生
朝國萬甲長
仁鄉彭尧師

代字增元親筆

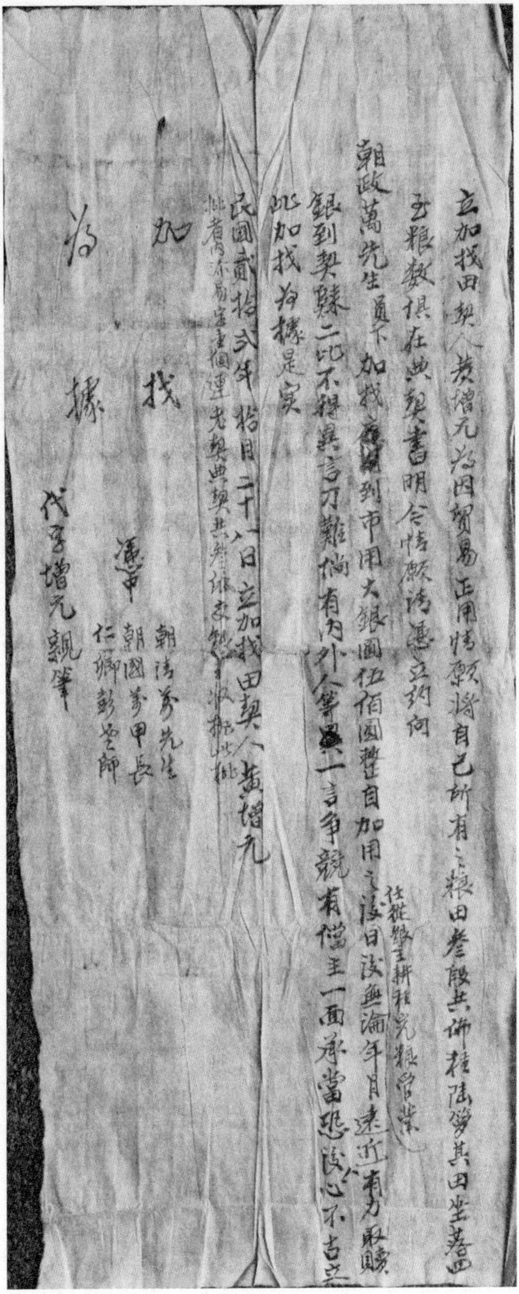

立加找田契人黄增元為因貿易正用情願將自己所有之糧田叁段共佈種陸籮其田坐落西

至糧數俱在典契書明今情願請憑立约向

朝政萬先生員下加找[illegible]到市用大銀圓伍佰圓整自加用之後日後無論年月遠近有力取贖（任從繳主耕種完糧管業）

銀到契贖二比不得異言刁難倘有內外人等異一言爭競有當主一面承當恐後人心不古立

此加找為據是實

民國貳拾弍年拾月二十八日立加找田契人黄增元

批者內添易字壹個連先契典契共叁紙交鋇收執此批

加找為據

憑中 朝陽蕃先生 朝國蕃甲長 仁鄉彭堂師

代字增元親筆

154

民国二十五年春三月初六日黄增元卖田与黄姓合族祖祠的典契

立典田契文约人黄增元為因負久公債無處酬还今情願將祖遺自己分受得
之粮田壹份佈種叁箩坐落頭单门首名喚楊尧虎田其田东至段姓田南
[北]至溝西至王姓田該粮壹斗伍升在來一甲黄登鶴户下上納今將四至坐落
粮数书明載契情願請憑立约出典與
黄姓閤族祖祠之下接受典價大洋肆佰元整自典之後任隨買主收租管業
粮耕理無論年月遠近有力取贖銀到契归二比不得刁难此係二比心悦成
服於中並無相強等情恐口無憑立此典契爲據是实
实典賣[粮]田壹份佈種叁箩接受價銀元肆佰元整
民國二十五年春三月初六日立典田契文约人黄增元

雨田侄
憑中明斋侄
秀□侄

代字增元親筆

典契为據

有老契壹纸加找
壹纸新立典
壹纸共叁纸交
管事收執

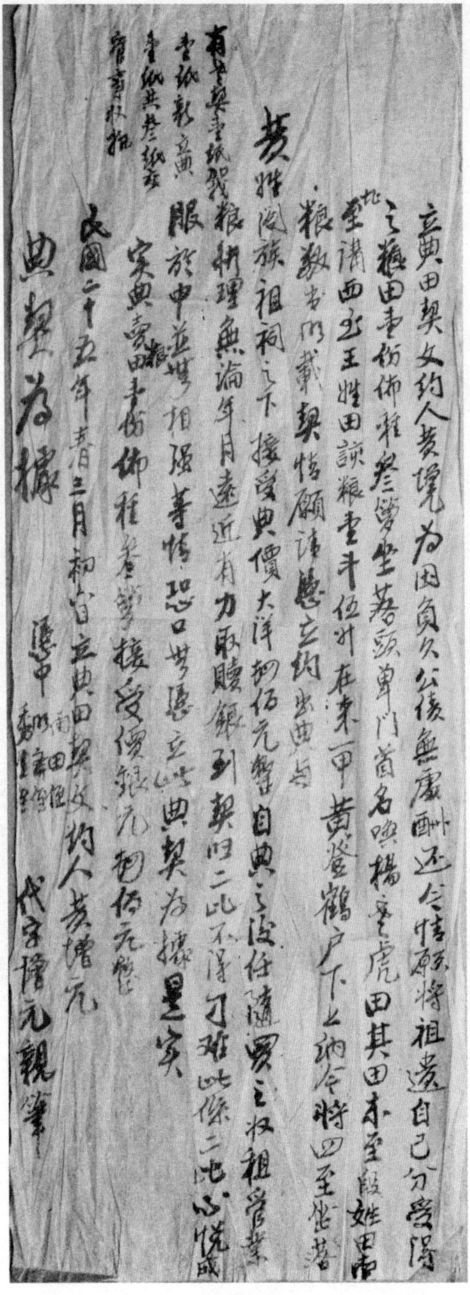
立典田契文约人黄境元为因负欠公债無處酬还今情愿将祖遗自己分受得
之粮田壹份佈种叁箩坐落頭䑓门首名唤播老虎田其田东至段姓田南
北至沟西至王姓田該粮壹斗伍升在朱一甲黄登鹤户下上纳今将四至俱落
粮数出内载契情愿请憑立约出典与
黄姓阖族祖祠之下接受典價大洋捌拾元整自典之後任随買主收租管業
纳粮料理無論年月远近有力取赎银到契回二比不得刁难此係二比心悦诚
服於中並無相强等情恐口無憑立此典契為據是实
实典壹田壹份佈种叁箩接受價银元捌拾元整
有老契壹纸賀粮壹纸新立典壹纸共叁纸交實賣收執
民國二十五年春三月初十日立典田契文约人黄境元
憑中
代字增元親筆
典契為據

155

民国二十五年二月十二日黄福堂立遗嘱分关合同玉辉收执

立遺囑分闗合同文約人黄福堂同子玉光玉輝玉瓊玉瑶荷　上帝之生成延祖宗之發越　先考幼良公精勤創守裕後有基娶先慈德配寸氏庶配王氏皆內佐經營年俱晚王母誕予兄妹兩人予以年幼多疾三老憂心撫育年四歲寸母棄養遵禮成服又九齡慈父見背王母寡居躬扶孤子弱女勉當大事送終後命予從師肄業謹以寒窗苦讀磨硯將穿年及弱冠慈恩命配楊氏越年政令改辦新學予受任教職歷有年所爾兄弟次第生成王母年高棄養予親當大事年餘弱妹及笄于歸李府予以肅備裝篋歡送歸閣旋命爾弟兄入塾修業就市經商以希承先啓後燕翼貽謀奈何世衰道危生計日艱自恨命途多乖時運不齊而今子性日熾家政突摧幸蒙　耶穌搭救渡過迷津感想樹大枝分果蕃葉茂務望爾弟兄各立志向各謀枝棲今特將　神賜田地產業一經調提以作四份均分立有分簿四本照各人所得細備載明各執壹本爲憑至於各人所得均係憑　神拈鬮並無偏袒自分爨之後務須各遵　神道常存仁愛喜樂和平忍耐恩慈良善信實温柔節制之心但願兄友弟恭孫賢子孝克勤克儉綿遠悠長此係閤宅老少男女公同歡悅共祝平安立此遺囑分闗永遠爲據玉輝收執

民國二十五年二月十二日立遺囑分闗合同文約人黄福堂（花押）同子　玉光（花押）

玉輝（花押）

玉瓊（花押）

玉瑶（花押）

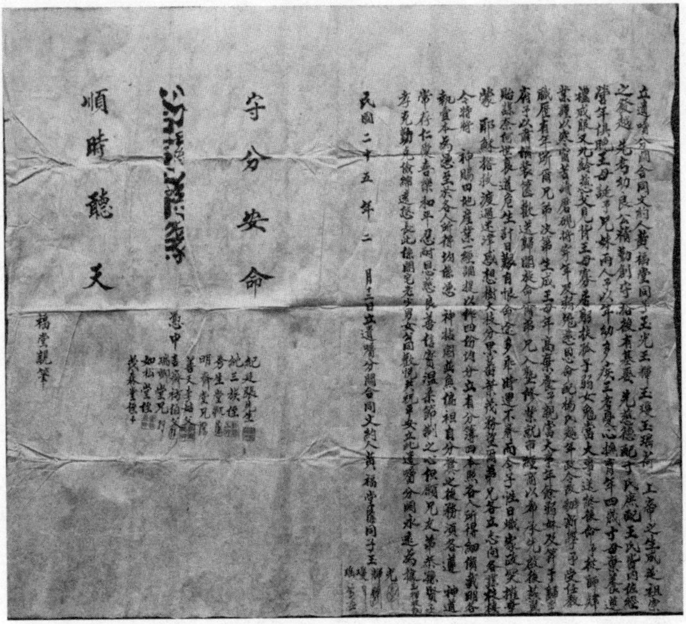

紀廷張先生（印）
純三族侄（印）
秀生堂兄弟（花押）
明齊堂兄（花押）
善天李姑父（印）
憑中　吉齊葯伯父（花押）
瑞卿堂兄（花押）
如松堂侄（印）
茂森堂侄（十）

守分安命
順時聽天

福堂親筆

156

民国二十五年二月十二日黄福堂立遗嘱分关合同玉光收执

立遺囑分關合同文約人黃福堂同子玉光玉輝玉瓊玉瑶荷　上帝之生成延祖宗之發越　先考幼良公精勤創守裕後有基娶先慈德配寸氏庶配王氏皆内佐經營年俱晚王母誕予兄妹兩人予以年幼多疾三老憂心撫育年四歲寸母棄養遵禮成服又九齡慈父見背王母寡居躬扶孤子弱女勉當大事送終後命予從師肄業謹以寒窗苦讀磨硯將穿年及弱冠慈恩命配楊氏越年政令改辦新學予受任教職曆有年所爾兄弟次第生成王母年高棄養予親當大事年餘弱妹及笄于歸李府予以肅備裝篋歡送歸閣旋命爾弟兄入塾修業就市經商以希承先啓後燕翼貽謀奈何世衰道危生計日艱自恨命途多乖時運不齊而今子性日熾家政突摧幸蒙耶穌搭救渡過迷津感想樹大枝分果蕃葉茂務望爾弟兄各立志向各謀枝棲今特將神賜田地産業一經調提以作四份均分立有分簿四本照各人所得細傳載明各執壹本爲憑至於各人所得均係憑　神　拈鬮並無偏袒自分爨之後務須各遵　神道常存仁愛喜樂和平忍耐恩慈良善信實温柔節制之心但願兄友弟恭孫賢子孝克勤克儉綿遠悠長此係闔宅老少男女公同歡悦共祝平安立此遺囑分關永遠爲據玉光收執

民國二十五年二月十二日立遺囑分關合同文約人黃福堂（花押）同子玉光（花押）

輝（花押）

瓊（花押）

瑶（花押）

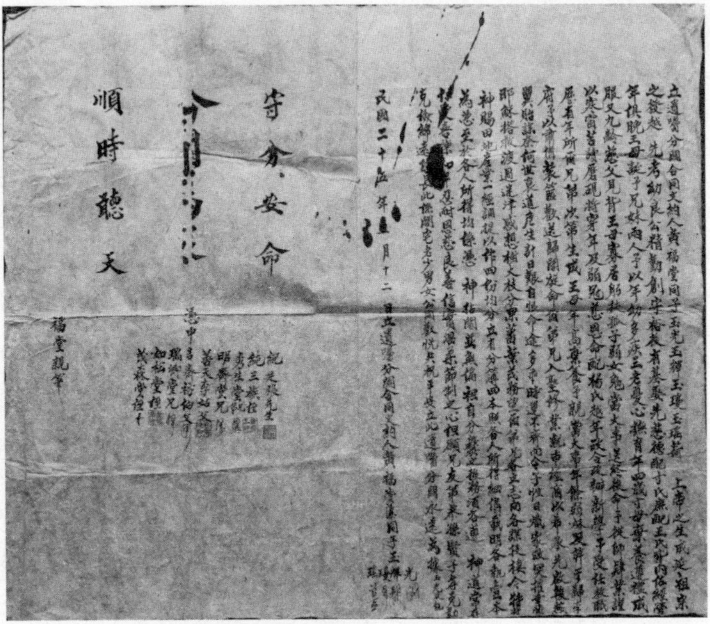

紀廷張先生（印）
純三族侄（印）
秀生堂兄弟（花押）
明齊堂兄（花押）
憑中　善天李姑父（印）
吉齊祊伯父（花押）
瑞卿堂兄（花押）
如松堂侄（印）
茂森堂侄（十）

守分安命
順時聽天

福堂親筆

157

民国二十七年四月二十六日段宗开向黄福堂租铺子贸易的租约

实立租鋪子園地文約人段荣開爲因貿易情願請凴中証立約租到

福堂黄老师　名下鋪楼两間園地壹堂言定每年行租洋拾弍元壹俟年滿月足照数清交不致拖欠短少分釐设有此情任將家下値銀什物取拿变賣以償此租立租約人不致異言其有鋪内用具什物存留借用另單開載立租約人當力爲保存若有遺失甘負賠償之責恐後無凴立此租約爲據是实

租约如前

民國二十七年四月二十六日立租鋪子園地文約人段荣開

租　字

爲　証

管事王炳興（十）

憑中人執中彭卿長（花押）

貴三龍老販（花押）

代書人段荣開親筆

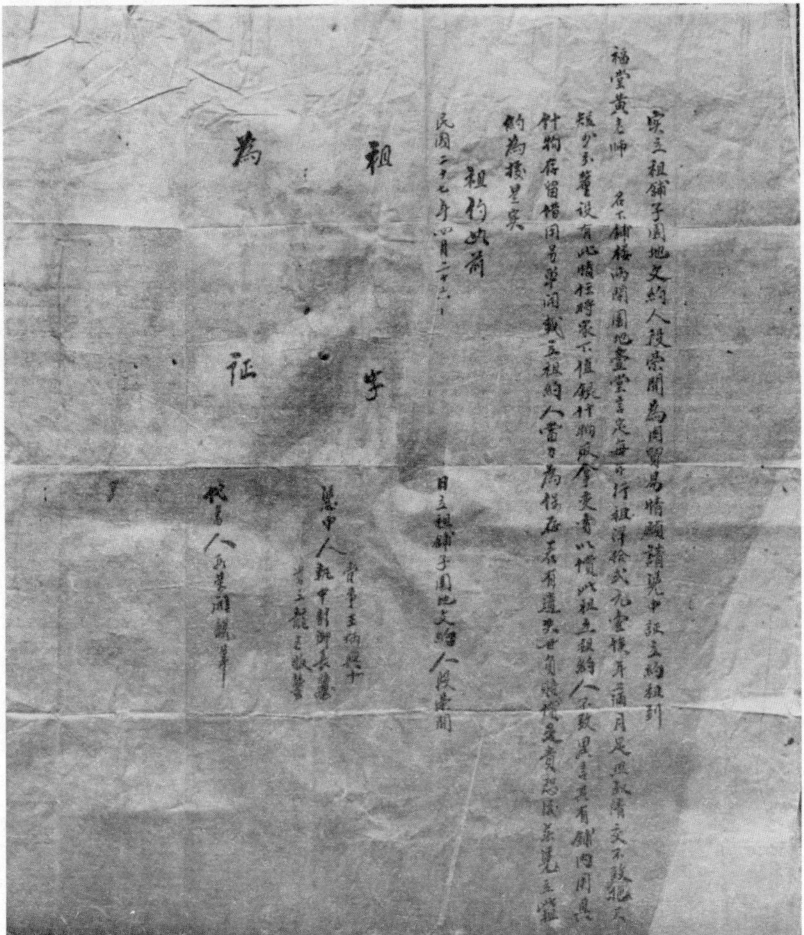

實立租鋪子園地文約人段崇開，為因貿易情願請憑中証立約租到

福堂黃老師名下鋪樓兩間、園地壹堂，言定每年行租洋拾弍元，壹併年滿月足，照數清交，不致短欠

短少。亦筆設有此情，任聽家下值錢什物承拿變賣，以償此租。立租約人不致異言。其有鋪內用具

什物存留樓內，另單開載。立租約人當日為據，若有遺失，世自認照賠，若憑立租

約為據是實。

租約此甫

民國二十七年四月二十六日

立租鋪子園地文約人段崇開

憑中人 黃季玉 親中 彭卿長 黃三龍

代筆人 段基潤

租字為証

158 民国二十九年阴历二月初二日黄增元典卖田与李治洲妹婿的典契

立典田契文约人黄增元爲因应用情願將已有之粮田壹份計壹坵坐落前董庫名喚三條溝田佈種叁籮新定上中則計肆畝陆分捌厘照壹張列壹陆伍號又壹份計壹坵坐落尙家寨門首名喚大溝田佈種弍籮新定上中則計伍畝壹分照壹張列尙字陆陆陆號其田坐落四至粮數號碼俱在新照書明情願請憑立约出典與○٩

治洲李妹婿員下實接受典價國幣票洋壹仟圓整自典之後任從幣主收租完粮管理日後有力取贖幣到△契歸二比不得刁難倘有内外人等一言争競有典主一面承當恐口無憑立此典契为據是实○٩

△實典粮田弍份共佈種伍籮接受典價國幣壹仟元整○٩

民國弍拾玖年陰曆弍月初二日立典契文约人黄增元

△批者有新照弍纸新立典契壹纸共叁纸交幣主收執典田之年幣主收租贖田之年典主收租此批○٩

典契

爲據

純三族孫（十）

憑中　善天李先生（押）

紀廷張先生

代字親筆

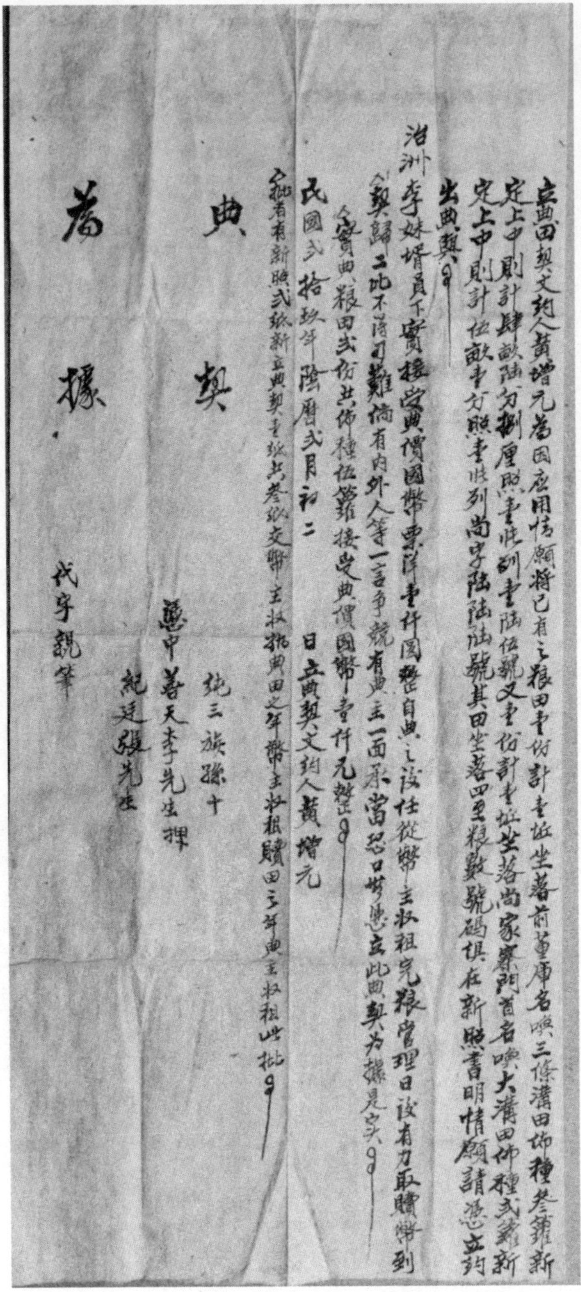
立出典田契文約人黃增元，爲因應用，情願將已有之糧田壹份，計壹坵，坐落前董庫，名喚三條溝田，佈種叁籮，新定上中則，計肆畝陸分捌厘，照壹號列壹陸伍號；又壹份，計壹坵，坐落尚家寨門首，名喚大溝田，佈種弍籮，新定上中則，計伍畝壹分，照壹號列尚字陸陸陸號，其田坐落四至、糧數號碼，俱在新照書明，情願請憑立約出典與
治洲李妹婿員下，實接受典價國幣票洋壹仟國幣整，自典之後，任從幣主收租完糧管理，日後有力取贖，幣到契歸，二比不得刁難，倘有內外人等一言爭競，有典主一面承當，恐口無憑，立此典契爲據，是實。
實典糧田弍份，共佈種伍籮，接受典價國幣壹仟元整。
批有新照弍張，新立典契壹張，共叁紙，交幣主收執；典田之年，幣主收租，贖田之年，典主收租，此批。
民國弍拾玖年陰曆弍月初二日立典契文約人黃增元
姚三族孫十
憑中 善天李先生 押
紀廷弼先生
代字 親筆
典契
爲據

159

民国二十九年阴历四月初十日黄增元典田与李治洲妹婿的典契

立典田契文约人黄增元爲因应用情願將已有之粮田壹份計叁坵坐落尙家寨門首名喚窑堆田佈種叁籮新定上中則照叁張㈠伍伍壹號計弍畝玖分捌厘㈡伍伍弍號計玖分㈢伍伍叁號計壹畝壹分又秧田弍坵坐落尙家寨新定中下則照弍張㈠柒肆號計叁分㈡柒伍號計壹分今將田名坐落粮數四至號碼俱在新照書明请憑立约出典與○9

治洲李妹埍員下实接受國幣票洋伍佰圓整自典之後任從幣主收租完粮管理日後有力取贖幣到契歸二比不得刁難倘有内外人等一言争競有典主一面承當恐口無憑立此典契爲據是实○9

△實典粮田壹分佈種叁簩接受典價國幣票洋伍佰圓整

民國弍拾玖年陰曆四月初十日立典田契文约人黄增元

△批者有新照伍纸新立典契壹纸共陆纸交幣主收執典田之年幣主收租贖田之年典主收租此批○9

憑中善天先生（押）

純三族孫（十）

紀廷張先生

典契

爲據

代字親筆

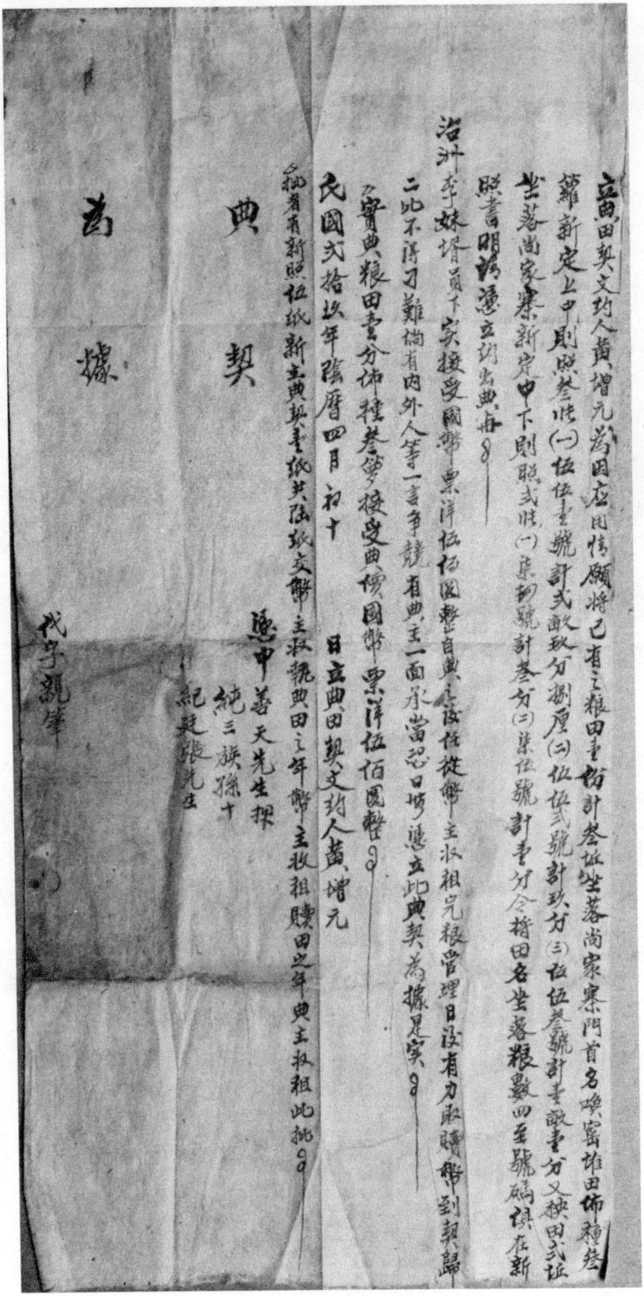

立當田契文約人黄增元為因應用情願將已有之粮田壹份計叁坵坐落尚家寨門首名喚窑堆田佈種叁
籮新定上中則照叁號（一）伍伍壹號計式畝玖分捌厘（二）伍伍式號計玖分（三）伍伍叁號計壹畝壹分又秧田式坵
坐落尚家寨新定中下則照式號（一）柒捌號計叁分（二）柒伍號計壹分令將田名坐落粮數四至號碼填在新
照書明請憑立約出典與
治卅李妹婿員下 實接受國幣票洋伍佰圓整自典之後任從幣主收租完粮管理日後有力取贖幣到契歸
二比不得刁難倘有内外人等一言爭競有典主一面承當恐口無憑立此典契為據是實
實典粮田壹分佈種叁籮接受典價國幣票洋伍佰圓整
民國式拾玖年陰曆四月初十　　日立典田契文約人黄增元
外批有新照伍紙新立典契壹紙共陸紙交幣主收執典田之年幣主收租贖田之年典主收租此批
憑中　善天先生　押
　　純三族孫　十
　　紀廷張先生
代字親筆

典契

為據

160 民国三十年一月二十五日保莲公路委员会给黄福堂的田亩借款收据

保蓮公路委員會
田畝借款收據

茲收到　鄉鎮　村業戶
黃福堂先生交來公路借款新幣〇千〇百弍拾弎元
六角特給此劵收執爲據
主任委員徐宗稱（印章）
征集股主任寸時久（印章）
經收人（印章）
民國卅年一月年廿五日

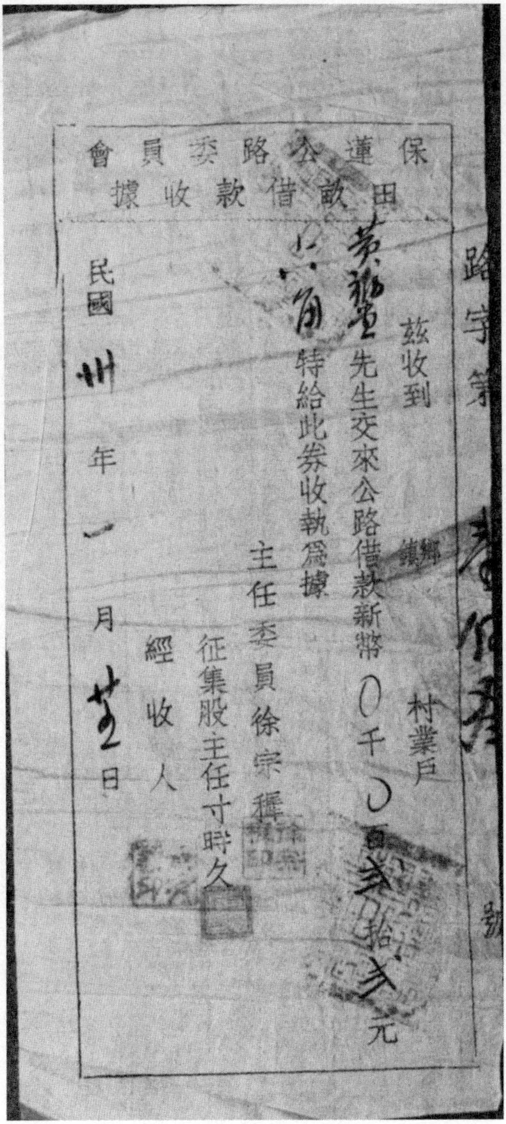

保蓮公路委員會

田畝借款收據

路字第　號

茲收到　鄉鎮　村業戶

黃藝堂先生交來公路借款新幣〇千〇百叁拾弍元

[illegible]特給此券收執爲據

主任委員徐宗稱

征集股主任寸時久

經收人

民國卅年一月廿五日

161

民国三十四年旧历四月二十日李氏同子黄双荣等卖房子与（李）济森卖房契

立賣房屋借地文约人李氏仝子黄双荣家荣官荣爲因正用不敷情愿將先父遺留已面分受得之後園内之楼房壹間内中所有之裝圍［瓦塊］壹概在内當面言定後園地扯借與罗主仍在此地住坐六年情願请憑立约出賣與～

濟森舫兄員下永爲已業接受賣價國幣拾捌萬元自賣之後任隨買主住坐遷徙拆毁应用賣主不致異言俟六年期满之後買主湏要遷屋还地如不遷開或出地租與否二比又由和美相商不得彼此非分刁難倘有内外人等異言争競有賣主一面承當恐後人心不古立此賣房借地爲據是实～

实賣如前～

内添瓦塊二字

民国卅四年舊曆四月廿日立賣房借地文约人李氏仝子双荣（押）

家（押）

官（十）

憑中人

發科（押）

金廷（押）

福堂（花押）

茂如（花押）

思荣（十）

代字黄向荣（花押）

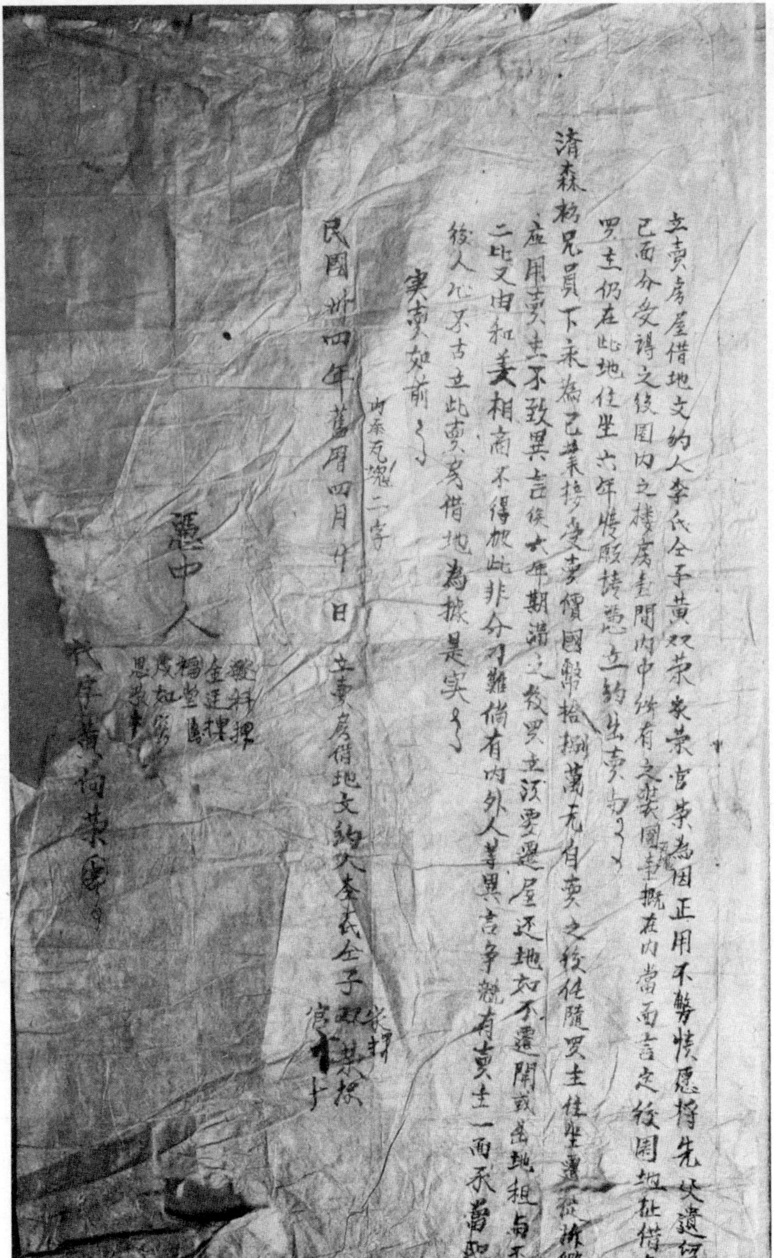
立賣房屋借地文約人李氏仝子黄双荣、家荣、宦荣為因正用不够，情愿將先夫遺留
已面分受得之後園内之樓房壹間，内中所有之装修壹概在内，當面言定，後園地址借与
買主仍在此地住坐六年，修殿請憑中立約出賣与
清森、松兄員下承為己業，接受賣價國幣拾捌萬元，自賣之後任随買主住坐遷移拆毁
應用，賣主不致異言。俟六年期滿之後，買主須要還屋还地，如不還開，或出地租与否
二比又由和美相商，不得彼此非分刁難。倘有内外人等異言争執，有賣主一面承當。恐
後人心不古，立此賣房借地為據是实。
实賣如前。
内添瓦塊二字
民國卅四年舊曆四月廿日　立賣房借地文約人李氏仝子双荣押　家荣押　宦荣十
憑中人　鄧科押　金廷押　楊堂恩　李如彩　恩彬押
代字黄向荣（押）

162 黄玉光应分受田亩备录

今將玉光應分受田畝傳録於後

分受得黄福堂坐落玉璧頭单門首之壹零肆柒 壹零肆陆號計壹畝柒分 弍畝柒分上中

佈種叁籮名喚羅照仕田

三五一 捌分

三五二 壹畝叁分弍

分受得黄福堂坐落大吴邑村三五零號計陆分柒厘 佈種叁籮名

三四九 壹畝零八厘

三五八 壹畝弍分肆

小官田係中上則

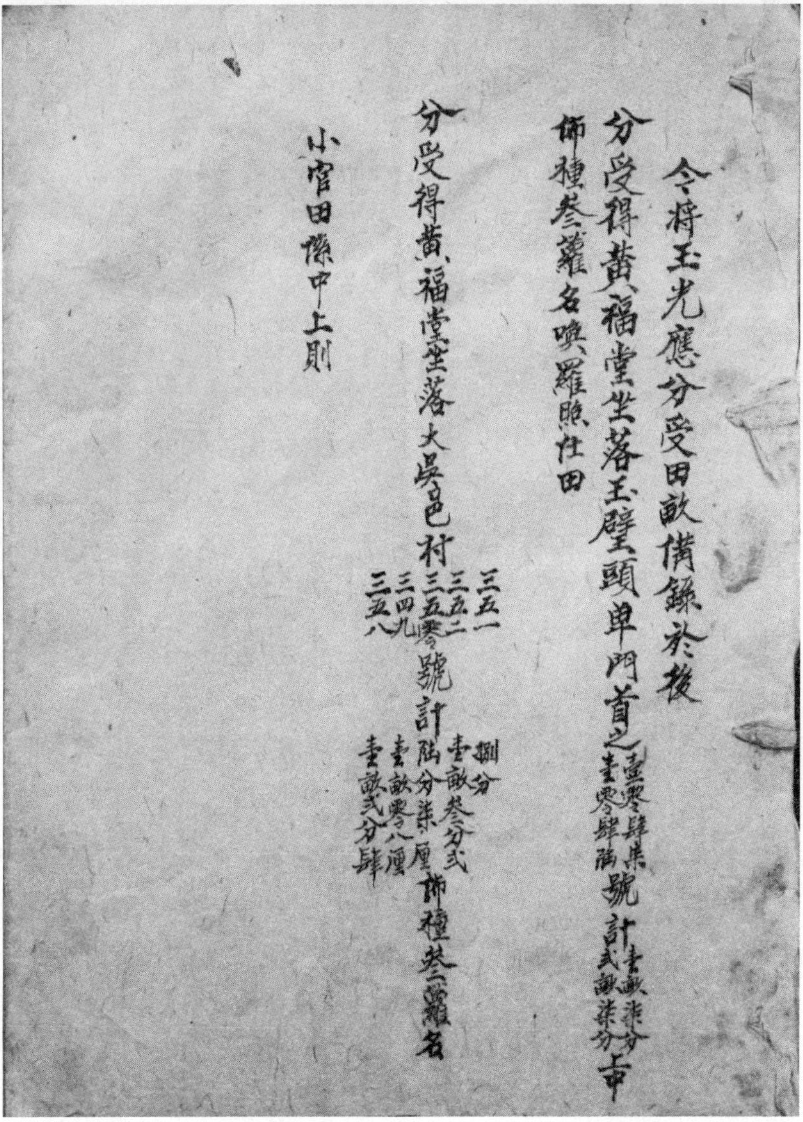

今將玉光應分受田畝備錄於後

分受得黄、福堂坐落玉璧頭卑門首之壹零肆柒 壹零肆陆號 計壹畝柒分 貳畝柒分 中

佛種叁籮名喚、羅照性田

分受得黄、福堂坐落大吳邑村三五一 三五二 三五零 三四九 三五八號 計捌分 壹畝叁分貳 陆分柒厘 壹畝零八厘 壹畝貳分肆 佛種叁籮名

小官田係中上則

163

黄玉辉应分受田亩备录1

今將玉輝應分受田畝備録於後
分受得黄福堂坐落玉璧村三单祠堂門首之秧田壹坵照列
柒壹柒號計壹分伍厘中下則東至　　南至溝
西至　　北至　　佈種貳籮
分受得黄福堂坐落玉璧村四单門首之小塘秧田壹坵照列
叁捌玖號計壹分弍厘中下則東至　　南至溝
西至　　北至　　佈種
分受得黄福堂坐落玉璧村三单祠堂門首之秧田壹坵照列
柒壹玖號計壹分弍厘中下則東至李姓秧田718号南至溝
西至黄姓秧田720号北至溝佈種壹籮伍[illegible]係大擺田之秧田

今將玉輝應分受田畝備錄於後

分受得黃福堂坐落玉壁村三单祠堂門首之秧田壹坵照列

柒壹柒號計壹分伍厘中下則東至　南至溝

西至　北至　坲種貳籮

分受得黃福堂坐落玉壁村四单門首之小塘秧田壹坵照列

叁捌玖號計壹分式厘中下則東至　南至溝

西至　北至　坲種

分受得黃福堂坐落玉壁村三单祠堂門首之秧田壹坵照列

柒壹玖號計壹分式厘中下則東至李姓秧田718号南至溝

西至黃姓秧田720号北至溝坲種壹籮伍斛係大擺田之秧田

164

黄玉辉应分受田亩备录2

分受得黃福堂坐落玉璧村三单門首横溝下之伍玖肆號
計貳畝上下則計壹坵佈種壹籮伍斛東至李姓田
南至溝　西至黃姓田　北至溝　名喚大擺田
叁叁　壹畝肆分肆厘
分受得黃福堂坐落大吳邑門首之叁肆號計貳畝肆捌厘
叁伍　貳畝肆分肆厘
上中則計捌坵佈種肆籮東至趙姓田　号南至短埧田　号
西至黃姓田　号北至溝名喚楊家田
分受得黃福堂坐落玉璧村五单門首横溝下之肆柒捌
肆捌零號
計弍分
壹畝伍分　上中則計弍坵佈壹籮並秧田壹節叁叁玖號計壹分

分受得黄福堂坐落玉璧村三单門首横溝下之伍玖肆號

計貳畝上下則計壹坵佈種壹籮伍斛東至李姓田

南至溝　西至黄姓田　北至溝　名喚大擺田

分受得黄福堂坐落大吳邑門首之叁叁/叁肆/叁伍號計壹畝肆分肆厘/貳畝肆捌厘/貳畝肆分肆厘

上中則計捌坵佈種肆籮東至趙姓田　号南至短塡田　号

西至黄姓田　号北至溝名喚楊家田

分受得黄福堂坐落玉璧村五单門首横溝下之肆柒捌/肆捌零號

計弍分/壹畝伍分上中則計弍坵佈壹籮並秧田壹節叁叁玖號計壹分

165

黄氏分爨合同

今因分爨日久分□□户多年除前□□田地分清
之外僅下□此田□□□佈種十箩其一分□□□邑季
家田係趙澤培厚所□□□邑横溝下佈種五箩因此田係上水田兼有秧田
二坵坐落吴邑廓□□其粮只有二斗四升　其
一分名唤大擺田係王之錫杜賣坐落矣□黄□祠
堂门首横溝下佈種五箩因無秧田兼上着
兒粮五斗二升□□是中水田兹巳當面□
着議定作二分均分□季家田出貼大擺田净艰
弍拾两又將壹與陳樹之田尙有田價艰六两□分未取□
貼在大擺田□以请憑家族將此粮田分晰今
黄幼良分着大擺田□□種伍箩黄武福元分着季
家一分佈種伍箩□秧田□□□其□□銀廿两黄武元如数兑
交又黄幼良所□□□□田艰四十三两黄武元已复
□□□□两相交明□□偏袒
還艰弍拾一两五钱此係二比情願中间並無逼迫勉
强此後各管各業不得異言争論□□此合同文约□

今周凢□□目大分□□
□外僅下晴以□
家田傷□□澤□□四
二坦里落三□二□
□名喚大概田□□
堂實橫澤下伍□
免稅五斗□毌□
日謙定作二石□
武楼兩□□□陳
□在大概田□□
黄細目分着大概
家二石□□□
□非武塘□
強□□□□□

尸多年□前□田地俱□
□□□□黄□□□
□□□上□田黄□□□
其粮□□二石四升□□□
□□□黄□□□
因無□□□
□水田□□□
田□家田貼大概田□□
族□□□田分□□
銀□□黄□□□□
□黄□元□□□
□□三□□□□
□□□□□

166

黄氏分地合同

立合同文约人△△△△△△△△□爲因祖母有養老田五分共□佈種十八籮□
前因祖母喪事[应用]賣□□田三分共佈種十一籮五斜係賣
[與]毛应福李□□曾□□□田價艮弍百卄ㄗ前者祖
母在時爲因应用賣照陳□粮田一分佈種弍籮五斜
□□□□□□□□□
受過價□□□後因家務应用不敷ㄗ□□□□
粮田一分佈種伍籮受遇□□七十□今於光绪廿□年
有楊發忠贖去倪家舖田一分佈種肆籮得田價净
艮壹百六十壹兩伍□□原價作𧻓□去伊年艮三
ㄗ二分又楊發新贖去倪家舖田一分佈種弍籮伍斜
得田□净艮七十六ㄗ五錢□原價作算□□□出白百毛
应福贖田三分共计佈種十一籮五斜□□田價净艮弍
百卄ㄗ一分毛应福補來半年租穀艮玖ㄗ一
出向许家國贖□□分佈種五籮兑去田價□
七十ㄗ两找通般出兑外黄幼良墊去净艮
四十□□僅贖得吴邑李家田一分佈種伍籮
□比黄□□祠门首大擺田一分佈種五籮

立合同文约人黄……

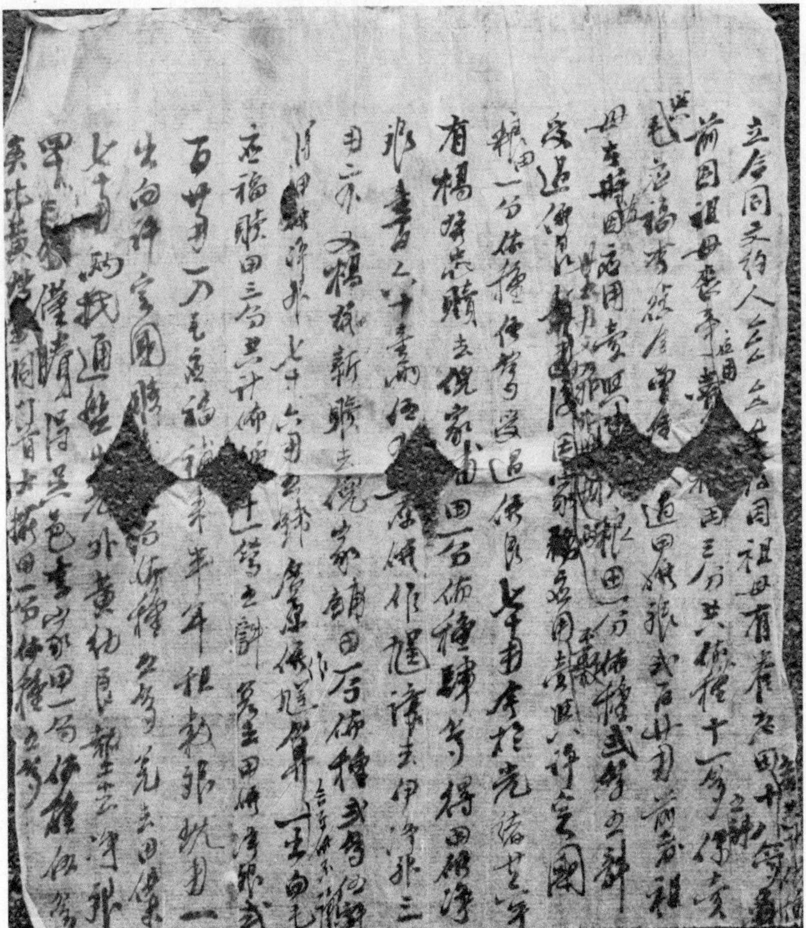

167

黄玉明黄玉桂黄玉馥分关合同草稿

□將家庭方□□列於後

立分關合同文约人黄玉明仝侄子忠等荷天地之生成延祖宗之發越□先祖精

桂

馥

勤創業立志守成遺有房屋住宅壹院请憑鄰里家族以作四份均分

（一）解决方面正房上下都不動（二）左相楼出去一□老□□□□

大房子上札的東西壹力不動下札的東西各人修整的壹力

都係仁風礼節栾意分析□□各人分受所得一一載録於後

不動（二）廁湘房必须□过溝□□誰廁誰負□墙头瓦盖

好□□石对牆脚有彰□的一力不能動□园走郎不能動

（二） 老□（大房子）即□四格左湘房楼上下二格老□□□□和左相房

黄玉明

老弟兄三人在裡面住（黄玉贵）玉福不論多時回□任遂

玉福

他佔有房间四格先□他喜欢住那一格任遂他任一格另外左湘房下

部上墙下格分给做灶房正中廳房位留给玉明

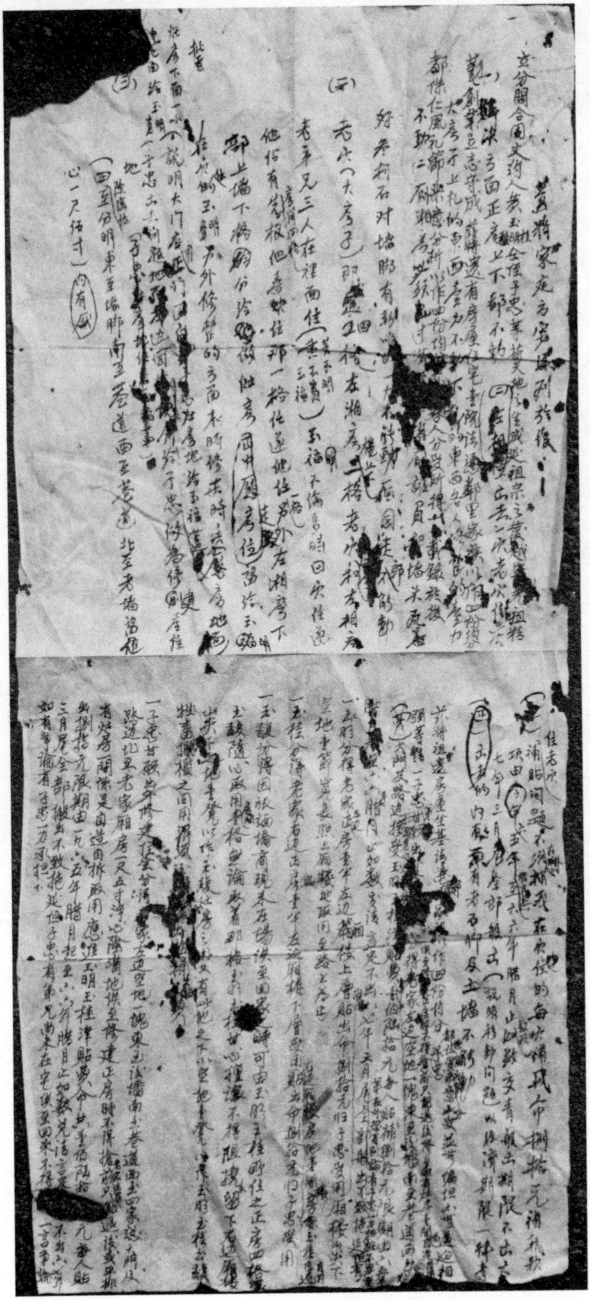

在□住的玉明贵另外修整的方面來時修去時丟□房地面
批者
灶房下面一小（説明大门应用正门□□□□灶房地给玉福蓋
塊地面给玉明贵（□忠出去问题地面左边园地□□给子忠做爲修建居住
（三）　地　（子忠灶房地□给□□蓋）
（四[除溝位]至分明東至墻脚南至巷道西至巷道北至老墻□□
心一尺伍寸）内有□
住老□補貼问題不在外的须補找在□住的每□補找□捌拾元補找款
项由今年六五年腊月起至六六年腊月止款项如数交青般出期限不出六
七年三月□全部般出（説明移動問題以□□期限一律青
（四）出去的内有原有老石脚及土墻不能動
都係仁爱分受並無偏坦亦無逼迫相
兹將祖遺房屋坐基请憑鄰里家族以作四份均分
□□□□正房时不得搶前只能退後修蓋有灶房壹间□自造自用
强等情□一子忠□甘願出□□□□分得老家左边空地一塊東至後墻南至巷道西至□□□
大門及路边接受玉明玉□津貼费□共壹佰陆拾元每人貼補捌拾元限期由六五年
弟在外恐有别論有子忠一力担挑不異意

臘月□至六六年臘月止如数交清言定不出六七年六月尾全部般出不致拖延但有
一玉明分得老家左边正房壹半左边厢楼上層厢楼山尖下
空地壹節寬長照上厢楼地取用至路上爲止貼出命捌拾元归子忠受用
右边厢楼房地壹□楼房係玉桂自造自用
一玉桂分得老家右边正房壹半左边厢楼下層受用貼出□捌拾元归子忠受用
一玉馥分得因旅緬僑商現未在場俟至回家之時可由玉明玉桂所住之正房四格讓
玉馥隨心取用房間壹格無論取着那格玉明玉桂甘心擅讓不得阻挠又留下右边厢楼
山尖下之地壹凳以作玉馥灶房之用又有此地之下小空地壹凳以作玉明玉桂玉馥
牲畜欄檻之同用□□□□□貼補□□
一子忠甘願出外修建住坐分得□家左边空地一塊東至後牆南至巷道西至四家総大門及
路边北至老家厢房一尺五寸浄心陰溝地俟至修建正房時不得搶老家正房前只能退後或平排
有灶房一間係是自造自拆取用應進玉明玉桂津貼费□共壹佰陆拾□元每人貼
出捌拾元限期由一九六五年臘月起至六六年臘月止如数兑清言定□□不出六七年
三月尾全部搬出不致拖延但子忠有弟兄尚未在宅俟至回来不得□□一言争論
如有争論有子忠一力承担

168

一九六五年八月黃玉明黃玉桂黃玉馥分关合同

立分闗合同文约人黃玉明玉桂玉馥仝侄子忠兄弟等荷天地之生成延祖
宗之發越窃以　先祖精勤創業立志守成遺有房屋住宅壹院予兄弟
叔侄公同妥商情願请憑鄰里家族以作肆支均分都係仁風禮節栾意
分析茲將各人分受所得一一載明於後
一黃子忠弟兄甘願出外修建住坐分得老家左邊空地一塊東至後牆南至
巷道西至四家総大門及路邊北至老家廂房壹尺伍寸浄心陰溝地[陰溝通後牆]俟至修
建正房時不得搶出老家正房前只能退後或平排有灶房一間[计二格]係是自造可□□
拆取用原有[砌妥]石料不得拆取[隨後挑來者可以自便]應進玉明玉桂津貼費佘共壹佰陆[拾]元每人貼出
捌拾元限由一九六五年腊月起至六六年腊月止如數兑清言定不出六七年
三月尾全部搬出不致拖延但子忠有弟兄尚未在宅俟至回來不得一言争
論如有争論有子忠一力承當
一黃玉明分得老家左邊正房壹半又左邊廂楼上[栖壹層][又]廂楼山牆下空地壹
節照上廂楼地取用至路上爲止貼出币佘捌拾元归子忠受用[不出六六年腊月兑清]
一黃玉桂分得老家右邊正房壹半[又]左邊廂楼下□壹層[又]右邊廂楼房地壹間
係玉桂自造自用貼出佘捌拾元归子忠受用[不出六六年腊月兑清]又去歲新修在巷邊之草房
五格[亦不出六六年腊月早先]概行拆讓子忠[方便建造玉桂]材料自用

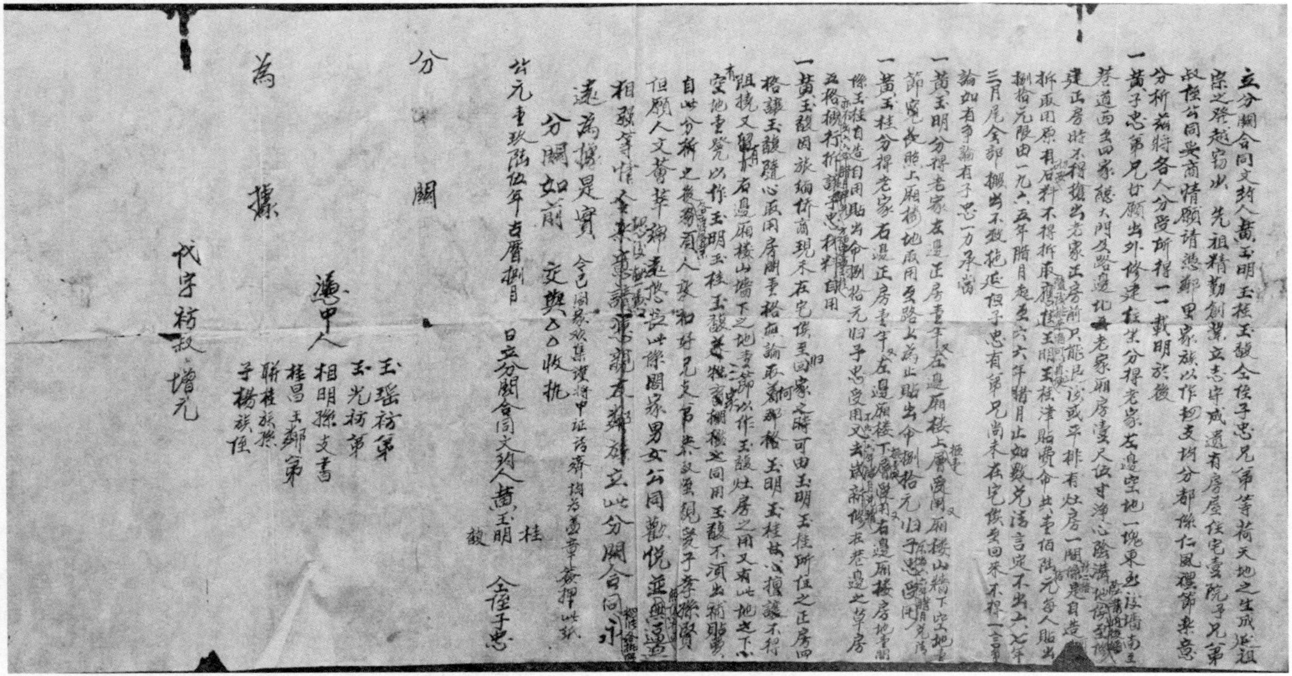
立分關合同文約人黃玉明、玉桂、玉馥仝侄子忠兄弟等，荷天地之生成，延祖宗之發越，竊以先祖精勤創業，立志成遺有房屋住宅壹院，子兄弟叔侄公同央商，情願請憑鄉里家族，以作抄支均分，都係仁風禮節樂意分析，茲特各人分受所得一一載明於後：

一黃子忠弟兄甘願出外修建，杜坐分得老家左邊空地一塊，東至[illegible]墻，南至巷道，西至四家總大門及路邊，北至老家廂房壹尺伍寸，淨心陰溝[illegible]建正房時不得攬出老家正房前，只能[illegible]或平排，有灶房一間[illegible]自造[illegible]拆取用，原有石料不得拆取[illegible]玉桂津貼[illegible]命共壹佰陸元，當人貼出捌拾元，限由一九六五年臘月起至六六年臘月止，如數兌清，言定不出六、七年三月尾全部搬出，不致拖延，但子忠有弟兄尚未在家，候回來不得一言[illegible]論，如有爭論，有子忠一力承當。

一黃玉明分得老家左邊正房壹半，又右邊廂樓上層[illegible]廂樓山墻下空地[illegible]節[illegible]上廂樓地[illegible]用及路上為止，貼出命捌拾元，歸子忠[illegible]

一黃玉桂分得老家右邊正房壹半，又左邊廂樓下層[illegible]右邊廂樓房[illegible]係玉桂自造自用，貼出命捌拾元，歸子忠受用，又[illegible]新修[illegible]巷邊之草房五格[illegible]行折讓[illegible]子忠[illegible]料自用

一黃玉馥因旅緬僑商，現未在家，俟至回歸家之時，可由玉明、玉桂所住之正房四格歸玉馥隨心取用，房間壹格，無論取新何格，玉明、玉桂甘心禮讓，不得阻撓，又留有右邊廂樓山墻下之地壹節，以作玉馥灶房之用，又有此地之下[illegible]空地壹塊，以作玉明、玉桂、玉馥[illegible]共同用，玉馥不須出補貼費。

自此分析之後，各房人等，和好兄友弟恭，[illegible]子孝孫賢，但願人文薈萃，錦遠悠長，此係闔家男女公同歡悅，並無逼[illegible]相強等情，[illegible]故立此分關合同[illegible]遠為據是實。　今已闔家歡集，懇將中証[illegible]當面畫押此據

分關如前　交與△△收執

公元壹玖陆伍年古曆捌月　日立分關合同文約人黃玉明　桂　馥　仝侄子忠

為　據

分　關

憑中人　玉瑶[illegible]　玉光[illegible]　相明孫文書　桂昌玉卿弟　聯桂族孫　子楊族侄

代字[illegible]增元

一黄玉馥因旅缅侨商現未在宅俟至[归]回家之時可由玉明玉桂所住之正房四
格讓玉馥隨心取用房間壹格無論取何玉明玉桂甘心擅讓不得
阻撓又有右邊厢楼山牆下之地壹節以作玉馥灶房之用又此地之下
[有]空地壹凳以作玉明玉桂玉馥三家养牲畜欄檻之同用玉馥不須出補貼费
自此分析之後[各管各業]務須人敦和好兄友弟恭叔侄親愛子孝孫賢
但願人文薈萃绵遠悠長此係閤家男女公同歡悦並[無□□□]無逼迫
相强等情[恐後無憑]令栾意請憑親友鄰族立此分關合同[肆張各执□]永
遠爲據是實　今已閤家欢集謹將中证请齊均爲盖章簽押此纸
分關如前　交與△△收执

公元壹玖陸伍年古曆捌月　日立分關合同文约人黄玉桂 明 馥　仝侄子忠

分關

爲據

玉瑶 䄻弟
玉光 䄻弟
相明 孫 支書
憑中人
桂昌 玉鄰弟
瑚桂 族孫
子楊 族侄

代字 䄻叔　增元

图书在版编目（CIP）数据
腾冲契约文书资料整理与汇编（全三编）/ 吴晓亮，贾志伟主编．
-- 北京：人民出版社，2018
ISBN 978-7-01-020053-8
Ⅰ．①腾… Ⅱ．①吴… ②贾… Ⅲ．①契约–文书–汇编–腾冲
Ⅳ．① D927.744.36
中国版本图书馆 CIP 数据核字 (2018) 第 264512 号

腾冲契约文书资料整理与汇编（全三编）

TENGCHONG QIYUE WENSHU ZILIAO ZHENGLI YU HUIBIAN

主　　编：吴晓亮　贾志伟主编
策划编辑：关　宏
责任编辑：关　宏
封面设计：徐　晖

人民出版社出版发行
地　　址：北京市东城区隆福寺街 99 号金隆基大厦
邮　　编：100706　http://www.peoplepress.net
经　　销：新华书店总店北京发行所经销
印 刷 厂：北京中科印刷有限公司
版　　次：2019 年 11 月第 1 版　　2019 年 11 月第 1 次印刷
开　　本：880 毫米 ×1230 毫米　1/32
印　　张：39.125
字　　数：1200 千字
书　　号：ISBN 978-7-01-020053-8
全书定价：198.00 元

云南大学 中国边疆研究丛书

林文勋 主编

腾冲契约文书资料整理与汇编

第一编（下）

吴晓亮
贾志伟 主编

人民出版社

目录

第一编　腾冲玉璧村文书（下）

黄氏家族文书抄录册

民国二十二年番姓分关文书

民国二十八年王姓分关文书

玉璧村综合文书

黄氏家族文书抄录册

黄氏家族文书抄录册 1（1–19）

黄氏家族文书抄录册 1–01

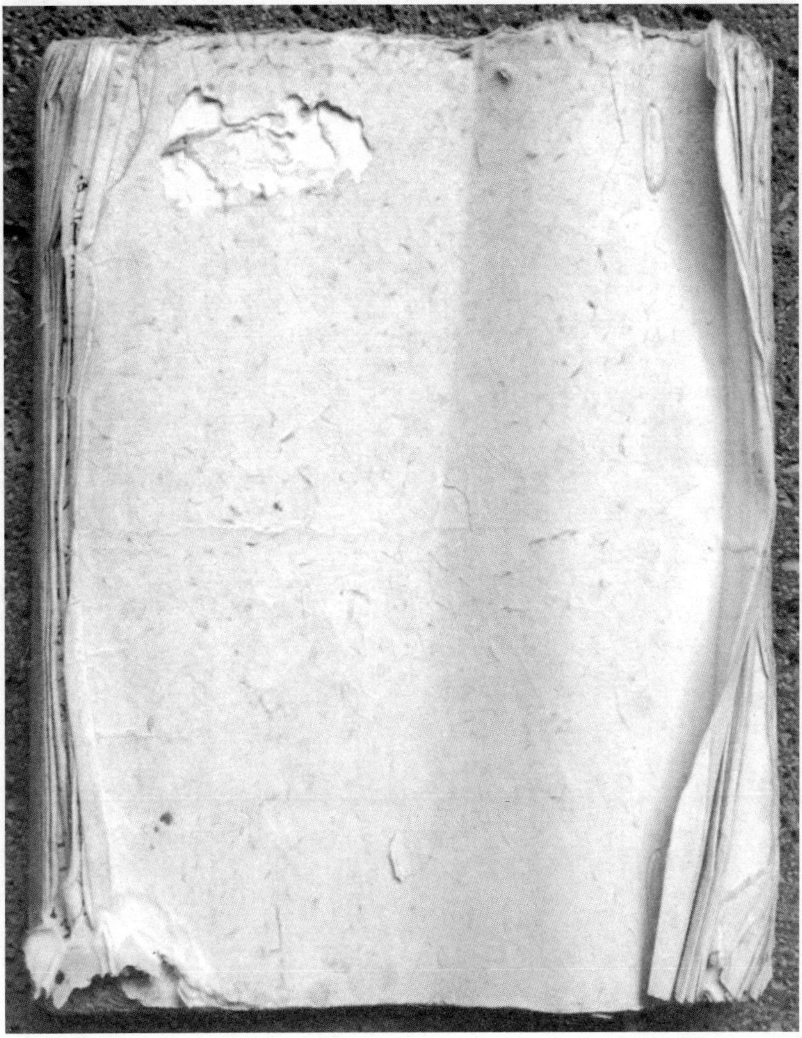

今將所買龍江田畝抄録於後
立實賣田契文約人彭澤延彭奎南彭慶延彭生才
爲因合族人等建　修祠堂缺乏修理費用情愿將族
内先祖天華公先年向晏名高承買得遺留歸祠堂
用六甲粮田壹叚坐落上營名喚河口田東至江邊
南至鐵廠坡並消塘西至坡脚北至田頭該粮叁畝
在晏加陞户下完納又將杜與石軍粮田分着天華
晏
公中分弍籮坐落上營東至彭成玉田南至彭姓田
西至彭倫田北至路並坎該粮壹斗弍升在彭加年
户下完納其田弍分坐落四至開明在契情願［仝］合族

今將所買龍江田畝抄錄於後
立實賣田契文約人彭澤延彭奎南彭慶延彭生才
為因合族人等建修祠堂缺乏修理費用情愿將族
內先祖天華公先年向姜名高承買得遺留歸祠堂
用六甲粮田壹段坐落上營名喚河口田東至江邊
南至鐵廠坡並消塘西至坡脚北至田頭該粮叁畝
在姜如陞戶下完納又將杜興石車粮田分着天華
公中分弍籮坐落上營東至彭成玉田南至彭姜姓田
西至彭倫田北至路並坎該粮壹斗弍升在彭加年
戶下完納其田弍分坐落四至開明在契情願合族

人等出立賣契與
鳳池黄新爺員下爲業實接受田價銀壹百伍拾兩净整
自賣之後任從買主招田耕種完粮管業賣主不至
異言係是二比情願中間並無逼迫私債等情倘有
内外人等一言争競有賣主一面承當日後有力取
贖無力不至加找不拘年月遠近銀到田歸二比不
得刁難今恐人心不古立此賣契爲據
實賣粮田弍叚實接受價銀壹百伍拾兩净整
道光十三年三月初八日立實賣田契文約人彭澤延彭
奎南彭慶延彭生才皆親筆畫押
憑中族内彭生林彭生華寫契彭奎南皆親筆
畫押
其銀係天秤兑有晏名高於乾隆六十年「十月初十日」賣於彭天
華賣契壹紙價銀壹百兩晏名高於嘉慶十三年
三月二十日向彭天華加找壹紙加找銀弍拾捌
兩晏志珍於嘉慶十五年「二月二十日」向彭天華加找銀拾壹
兩晏志科於嘉慶二十一年十一月二十六日向

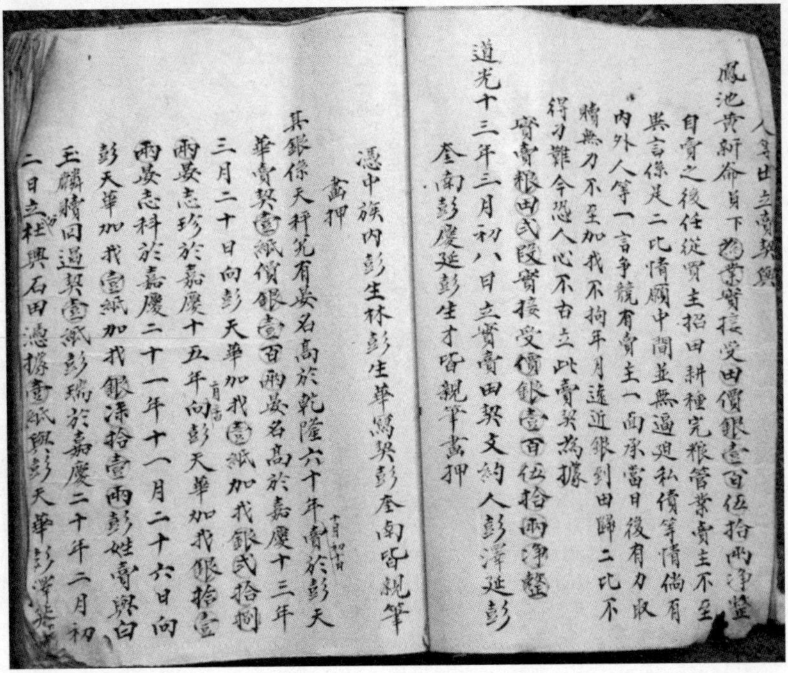

彭天華加找壹紙加找銀柒拾壹兩彭姓賣與白玉麟贖回過契壹紙彭瑞於嘉慶二十年二月初二日立[分]杜與石田憑據壹紙與彭天華彭澤延

新立賣契壹紙彭澤延等於道光十六年二月□
八日加找去銀叁拾弍兩整加找壹紙新舊共捌
紙
其田共弍段其河口田壹段其粮歸買主上納每年
實收租穀玖拾捌籮又加找穀捌籮其軍粮田壹
段其粮租穀仍［歸］賣主收納
其河口田有晏連　逢　運［時］歸併與晏遇時歸契壹紙晏遇於　逢
云　云
道光十六年二月十八日向我家加找去銀拾伍
兩加找壹紙因晏名高係伊之祖人故伊得向我
家加找耳

立實賣田契文約人郭進堭爲因贖田應用情願將
向族内郭仲選承買得自己分受龍江跕赤粮田上
下叁段坐落蠻崗河兩邊東至尹家田南至蠻崗小
溝西至尹家田北至舊溝高埂該跕赤粮壹錢伍分
在自首郭志蒼户下完納其田四至粮数開明在契

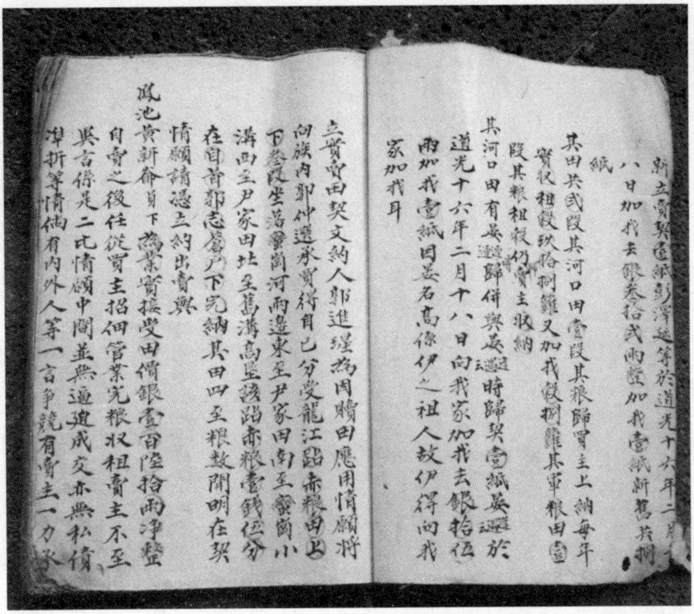

情願請憑立約出賣與
鳳池黄新爺員下爲業實接受田價銀壹百陸拾兩净整
自賣之後任從買主招佃管業完粮收租賣主不至
異言係是二比情願中間並無逼迫成交亦無私價
準折等情倘有内外人等一言争競有賣主一力承

當恐後人心不古立此賣契爲據
實賣錠粮田上下叁叚實接受田價銀壹百陸拾
兩净整
道光二十年七月十八日立賣田契文約人郭進瑆親筆
畫押憑中人郭進林代字伊叔郭志相皆親筆
畫押
其銀係天秤兑其老紙係郭超文遠杜賣與郭宗尭於
乾隆叁十六年八月二十一日受杜價銀壹百壹拾
兩郭志元遠於道光伍年二月十七日投税請尾共粘
税尾壹聯郭仲選仝子志元遠於嘉慶十五年二月初
三日賣與郭位第選賣契壹紙價銀壹百兩郭志元遠於

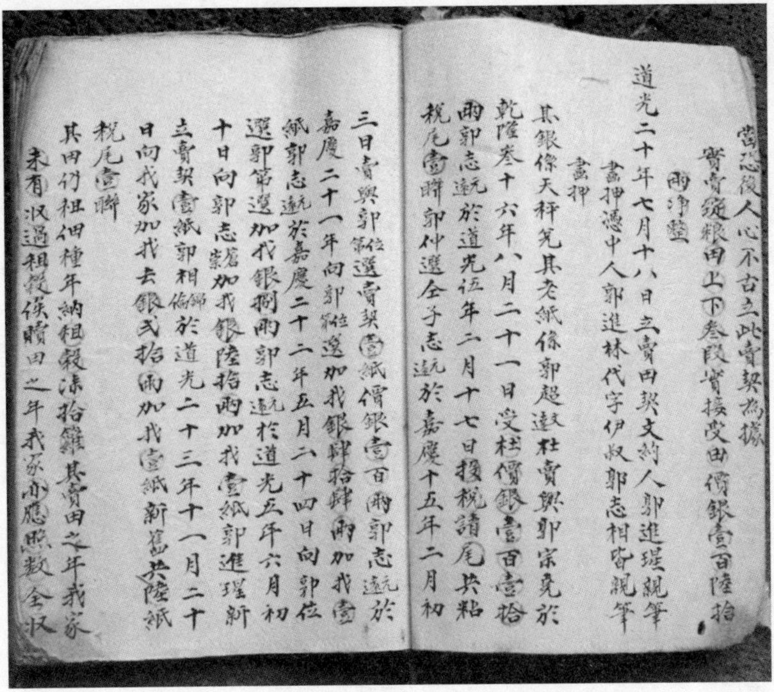

嘉慶二十一年向郭位第選加找銀肆拾肆兩加找壹
紙郭志元遠於嘉慶二十二年五月二十四日向郭位
選郭第選加找銀捌兩郭志元遠於道光五年六月初
十日向郭志蒼崇加找銀陸拾兩加找壹紙郭進瑆新
立賣契壹紙郭相歸倫於道光二十三年十一月二十
日向我家加找去銀弍拾兩加找壹紙新舊共陸紙
稅尾壹聯
其田仍租佃種年納租穀柒拾籮其賣田之年我家
未有收過租穀俟贖田之年我家亦應照数全收

立賣田契文約人張啓焕張啓佑张啓後爲因應用
情願將祖承買得任姓錠粮田壹段坐落蠻丙名喚
那號田其田籽種肆籮伍㪷居於下半分東至河南
至處木田垦界西至養客田進水溝北至周家田小
凹垦界隨田該跕赤銀壹錢柒分伍厘在龍十錠尹
崑羣
特選户下完納其四至粮数書明在契今情願立約
出賣與
鳳池黃四新爺員下爲業實接受價銀壹百陸拾两净整
自賣之後任從「銀主」耕種管業完粮收租賣主不至異言
此係二比情願中間並無逼迫成交亦無私價準折
等情倘有内外人等一言争競有賣主一力承當日
後有力取贖無力不至加找今恐人心不古立此賣
契爲據
實賣錠粮田壹段籽種肆籮伍㪷實接受價銀壹
百陸拾兩整

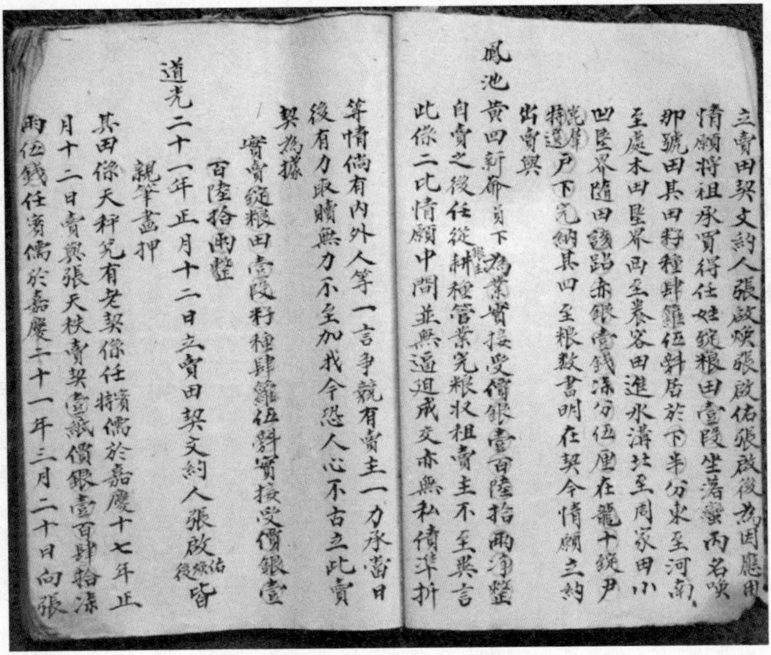

道光二十一年正月十二日立賣田契文約人張啓焕佑後皆

親筆畫押

其田係天秤兑有老契係任賓特儒於嘉慶十七年正
月十二日賣與張天秩賣契壹紙價銀壹百肆拾柒
兩伍銭任賓儒於嘉慶二十一年三月二十日向張

元良加找銀伍两加找壹紙任賓儒於嘉慶二十三
年四月十八日因官事無處出辦向張元良借銀肆
兩借契壹紙新立賣契壹紙共肆紙
年收租穀陸拾肆籮
立賣抵當田契文約人周宗林爲因乏用情願將自
己向堂兄應林承買得六甲粮田壹叚佈種叁籮坐
落上營東南至秀林田隔埂西至萬姓田隔埂北至
當主田隔埂該粮半畝在用六甲上納又將向文明
茂林應林承［買］得自首粮田壹叚佈種弍籮坐落上營
東至晏家田隔埂並路南至河西至净水應林田隔
埂北至應林田隔埂該粮壹畝在自首世曾祖户下
完納其田四至粮数開明在契情願請憑立約抵借
到
鳳池黄新爺員下實抵借本銀伍拾兩净整入手應用自
抵之後當面言定每年交穀息弍拾伍籮除上粮壹
籮每年實交租穀弍拾肆籮至秋收之日將一色好
穀如数清交不至短少升合如有短少任從銀主將

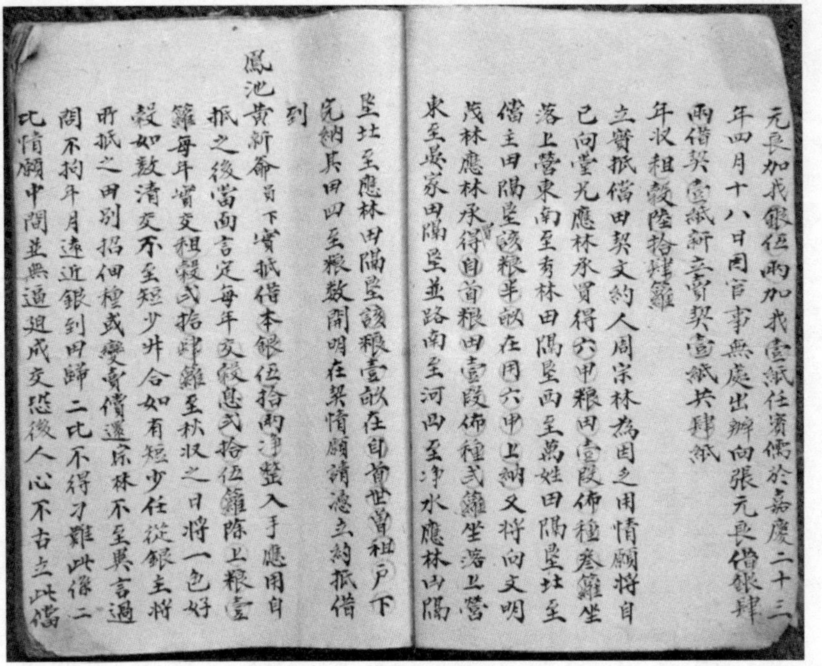
元長加找銀伍兩加找壹紙任資儒於嘉慶二十三
年四月十八日因官事無處出辦向張元長借銀肆
兩借契壹紙新立賣契壹紙共肆紙
年收租穀陸拾肆籮
立賣抵借田契文約人周宗林為因乏用情願將自
己向堂兄應林承買得六甲糧田壹段佈種叁籮坐
落上營東南至秀林田隔埂西至萬姓田隔埂北至
借主田隔埂該糧半畝在因六甲上納又將向文明
茂林應林承得自首糧田壹段佈種弍籮坐落上營
東至吳家田隔埂並路南至河西至凈水應林山隔
埂北至應林田隔埂該糧壹畝在邱首世曾祖戶下
完納其田四至糧數開明在契情願請憑立約抵借
到
鳳池黃新爺員下實抵借本銀伍拾兩凈整入手應用自
抵之後當面言定每年交穀息弍拾伍籮除上糧壹
籮每年實交租穀弍拾肆籮至秋收之日將一色好
穀如數清交不至短少升合如有短少任從銀主將
所抵之田別招佃種或變賣價還宗林不至異言過
問不拘年月遠近銀到田歸二比不得刁難此係二
比情願中間並無逼迫成交恐後人心不古立此借

所抵之田別招佃種或變賣價還宗林不至異言過
問不拘年月遠近銀到田歸二比不得刁難此係二
比情願中間並無逼迫成交恐後人心不古立此借

契爲據
實償粮田弍段佈種伍籮實償銀伍拾兩年交租
穀弍拾肆籮
道光二十一年十一月初十日立償田契文約人周宗林
皆親筆畫押憑中人桂锺崑伊胞弟周秀林代
字人彭顯南亦皆親筆畫押
其銀係天秤兑有老契稅尾壹聯係周文明文美仝
姪茂林應林等於道光十八年二月十二日歸併與
周宗林價銀叁拾兩周應林於道光十九年十月十
二日歸併與周宗林價銀陸拾伍兩周宗林於道光
二十年閏三月二十八日投稅請尾共粘壹聯新立
償
賣契壹紙周宗林於道光二十二年四月初十日加
找銀拾兩納租穀伍籮又於道光二十三年七月二
十日加找銀肆兩納租穀弍籮又於道光二十五年
三月初四日加找銀捌兩納租穀肆籮以上原借代
加找共借去銀柒拾弍兩每年交租穀叁拾伍籮俱

黃氏家族文书抄录册 1-08

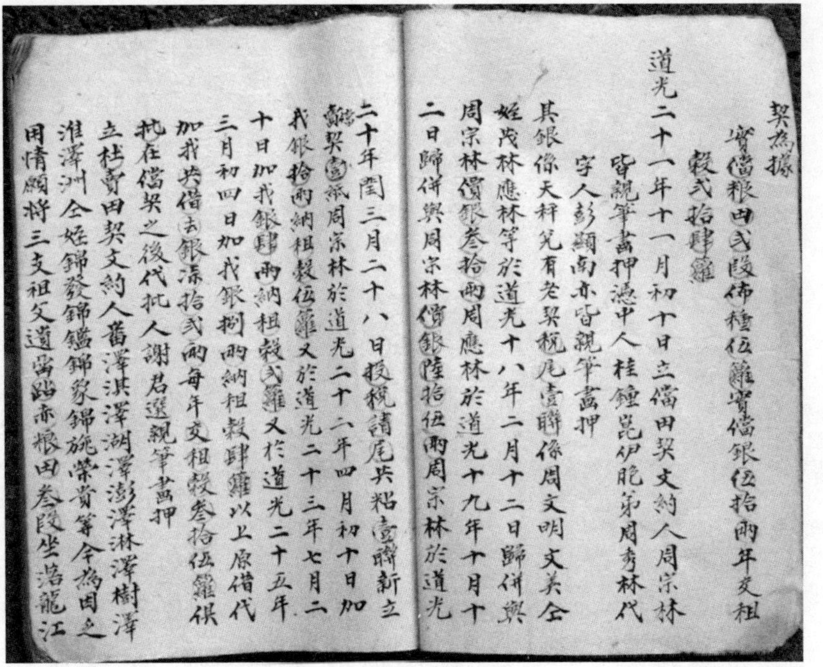

批在儅契之後代批人謝君選親筆畫押
立杜賣田契文約人番澤淇澤湖澤澎澤淋澤澍澤
淮澤洲仝姪錦發錦鑑錦象錦旃榮貴等今爲因乏
用情願將三支祖父遺畱跕赤粮田叁叚坐落龍江

蠻蚌其壹叚名唤大硝塘田佈種陸籮東南至賣主田西至坡北至大河又壹叚名唤那亂田佈種壹籮東至河南西至溝北至坡又壹叚名唤小河田佈種壹籮東西至坡南至河北至張姓田該粮跕赤銀叁錢在太三甲内龍十筵番念修户下完納其田名四至粮数書明載契情願請憑立約杜賣與

鳳池黄四新爺員下爲業實接受杜價銀伍百伍拾两整自杜賣之後任從買主招佃耕種納粮收租更名入册投税請尾賣主子孫永遠不得異言過問永爲黄姓子孫之業此係二比情願中間並無逼迫成交亦無私債準折等情倘有内外人等一言争競有杜賣人一力承當日後有力不得取贖無力不得加找係是落筆無踪永斷割藤恐後人心不古立此杜價契爲據

道光二十一年十二月初十日立杜賣田契文約人番澤淇澤湖澤澎澤淋澤樹澤淮澤洲仝姪錦發錦鑑錦象錦旒等皆親筆畫押憑中人番澤水番子成

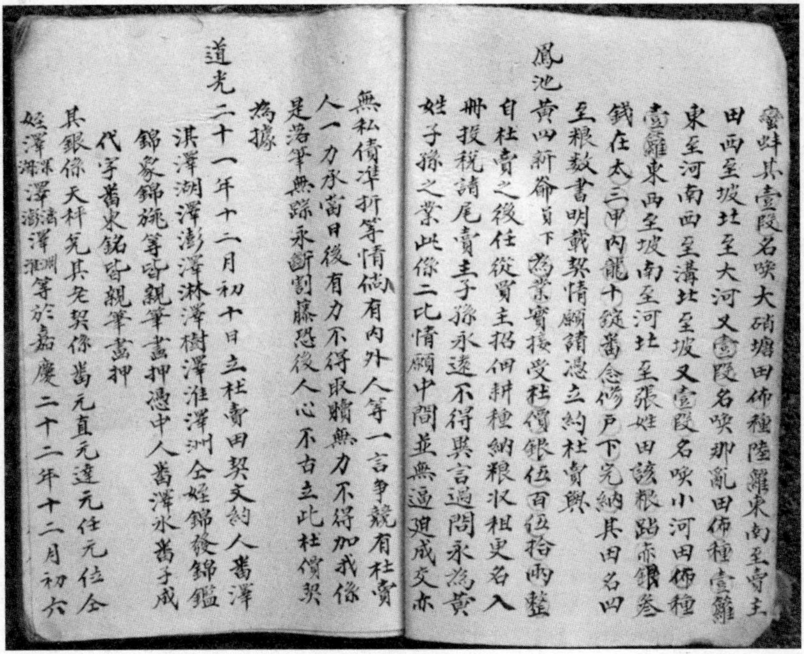

代字番東銘皆親筆畫押

其銀係天秤兑其老契係番元直元達元任元位仝

姪澤深海澤濟澎澤淵淮等於嘉慶二十二年十二月初六

柒
日賣與趙本睿賣契壹紙價銀肆百壹拾壹兩賣契
壹紙趙本睿於嘉慶二十四年二月初八日賣與我
家照原價賣契壹紙番澤淇澎淋發
湖澤洲澤淮錦培榮貴等
於道光十九年［正月十八日］向我家加找壹紙加找去銀叁拾陸
兩澤淇
湖等仝立杜賣契壹紙杜結壹紙共伍紙

立實賣田契文約人萬國賢爲因應用情願將自己
向彭姓杜買得屯粮田壹叚佈種叁籮坐落龍江上
營花椒樹田脚名喚楊先田東至彭慶延田隔埂南
至溝西至彭天科田隔埂北至彭榮田隔埂該粮壹
斗式升在彭加年户下完納其田四至粮数開明載
契情願請憑立約出賣與
鳳池黄新爺員下爲業實接受田價銀陸拾兩整自賣之
後任從買主管業收租賣主不至異言倘有内外人
等一言争競有賣主一力承當其田賣主仍租佃種

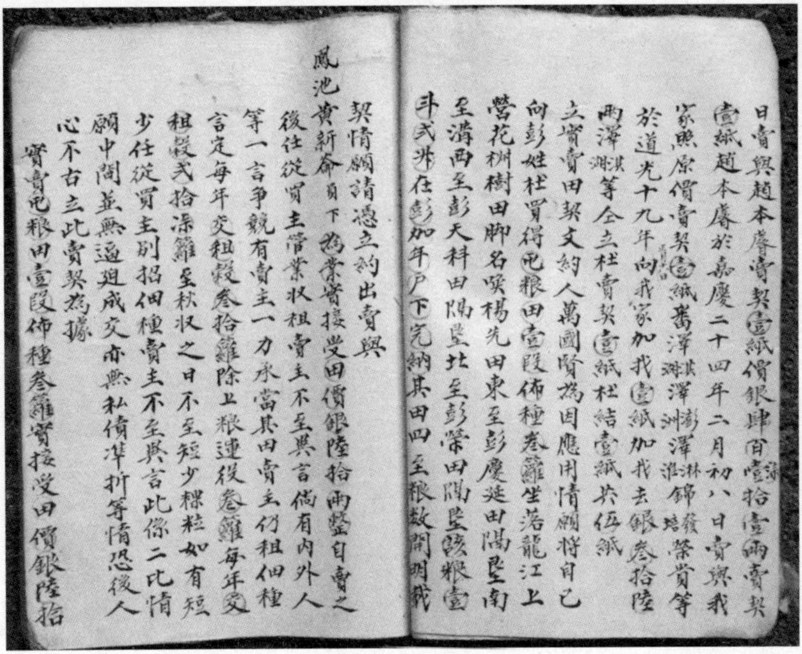

日賣與趙本膺賣契壹紙價銀肆百壹拾壹兩賣契
壹紙趙本膺於嘉慶二十四年二月初八日賣與我
家照原價賣契壹紙當澤洪澤洲澤彬澤淋錦發培榮貴等
於道光十九年向我家加我壹紙加我去銀叁拾陸
兩澤洲洪等全立杜賣契壹紙杜結壹紙共伍紙
立實賣田契文約人萬國賢為因應用情願將自己
向彭姓杜買得屯粮田壹段佈種叁籮坐落龍江上
營花椒樹田脚名喚楊先田東至彭慶延田隔埂南
至濟西至彭天科田隔埂北至彭榮田隔埂該粮壹
斗弍升在彭加年戶下完納其田四至根敘開明我
契情願請憑立約出賣與
鳳池黃新命目下為業嘗接受田價銀陸拾兩整自賣之
後任從買主管業收租賣主不至異言倘有內外人
等一言爭競有賣主一力承當其田賣主仍租佃種
言定每年交租穀叁拾籮除上粮運役叁籮每年交
租穀弍拾柒籮至秋收之日不至短少粿粒如有短
少任從買主別招佃種賣主不至異言此係二比情
願中間並無逼迫成交亦無私債準折等情恐後人
心不古立此賣契為據
實賣屯粮田壹段佈種叁籮實接受田價銀陸拾

言定每年交租穀叁拾籮除上粮運役叁籮每年交
租穀弍拾柒籮至秋收之日不至短少粿粒如有短
少任從買主別招佃種賣主不至異言此係二比情
願中間並無逼迫成交亦無私債準折等情恐後人
心不古立此賣契爲據
實賣屯粮田壹段佈種叁籮實接受田價銀陸拾

两净整
道光二十三年八月二十日立賣田契文約人萬國賢親
筆畫押憑中人周建猷伊堂弟萬國亮代字萬榮
勲皆親筆畫押
其銀係天秤兑有老契税尾壹聨係彭大山彭成山
彭嵩山於道光二十三年二月初十日杜賣與萬國
賢萬國賢於是月即爲投税請尾新立賣契壹紙共
弍紙
立賣田契文約人叚　綉爲因應田不敷情願［將］祖父
遺畱向周姓杜買得軍粮田弍分坐落龍江上營共
佈種伍籮其壹分名唤黄樂池厤栗樹田佈種肆籮
住宅後弍籮東至溝南至張姓田隔埾西至常住田
西北至坡住宅前弍籮東南至溝西至周建猷有田
隔埾北至溝該粮壹斗在左下周于憲户下完納又
壹叚名唤壹籮種坐落維子田脚佈種壹籮東至溝
南至溝西至進水溝並維子田脚北至馬家田隔埾
該粮四升在左下周于憲户下完納其田四至粮数

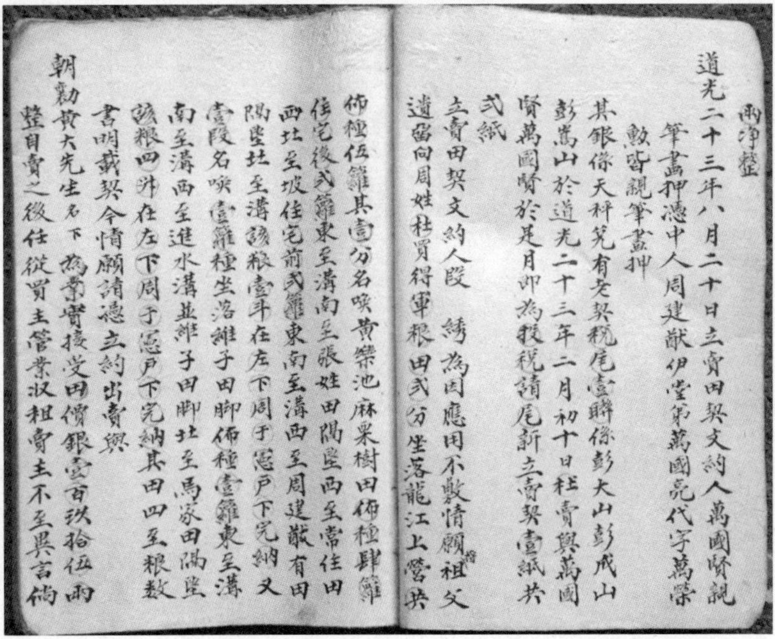
兩淨整
道光二十三年八月二十日立賣田契文約人萬國賢親
筆畫押憑中人周建猷伊堂弟萬國亮代字萬榮
勲皆親筆畫押
其銀係天秤兌有老契稅尾壹聯係彭大山彭戍山
彭嵩山於道光二十三年二月初十日杜賣與萬國
賢萬國賢於是月即為投稅請尾新立賣契壹紙共
弍紙
立賣田契文約人段　綉　為因應用不敷情願祖父
遺留向周姓杜買得軍粮田弍分坐落龍江上營共
佈種伍籮其壹分名喚黄槃池麻栗樹田佈種肆籮
住宅後弍籮東至溝南至張姓田隔埂西至當住田
西北至坡住宅前弍籮東南至溝西至周建猷有田
隔埂北至溝該粮壹升在左下周子憑戶下完納又
壹段名喚壹籮種坐落雞子田脚佈種壹籮東至溝
南至溝西至進水溝並雞子田脚北至馬家田隔埂
該粮四升在左下周子憑戶下完納其田四至粮數
書明載契今情願請憑立約出賣與
朝勷黄大先生名下為業實接受田價銀壹百玖拾伍兩
整自賣之後任從買主管業收租賣主不至異言倘

書明載契今情願請憑立約出賣與
朝勷黄大先生名下爲業實接受田價銀壹百玖拾伍兩
整自賣之後任從買主管業收租賣主不至異言倘

有内外人等一言争競有賣主一力承當其田賣主
仍租佃種言定至秋收之日納租穀柒拾捌籮不至
短少粿粒如有短少任從田主別招佃種賣主不至
[異言] 此係二比情願中間並無逼迫成交恐后人心不古
立此賣契爲據
道光二十六年十一月二十日立賣田契文約人叚　綉
仝男成鳳親筆畫押憑中人黄廷璽黄廷攢萬榮
興萬順興代字黄德萬皆親筆畫押
其銀係天秤兑有老契稅尾壹叚聯係周德富仝孫
國興國彦國望於道光三年十二月初十日杜賣與
叚永清杜契壹紙佈種肆籮周建有仝姪國治於道
光三年十二月二十八日杜賣與叚　綉杜契壹紙
佈種壹籮叚　綉於道光四年正月二十八日共粘
作壹聯投稅請尾二叚共杜價銀壹百陸拾玖兩叚
綉新立賣契壹紙共弍紙
立實賣田文約人周建猷仝子傳先法先孫才順爲
因乏用情願將歸併得軍粮田壹叚佈種弍籮坐落

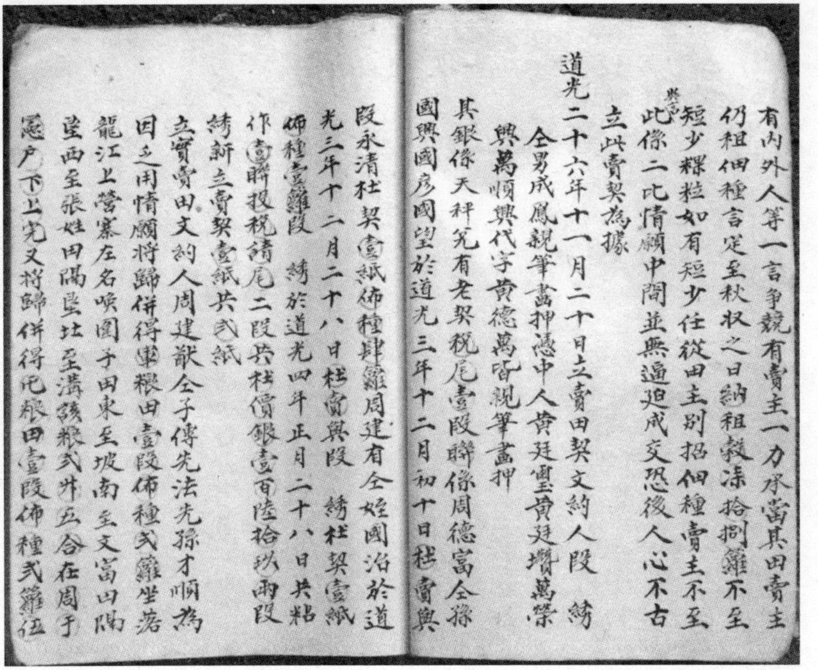
有内外人等一言争競有賣主一力承當其田賣主
仍租佃種言定至秋收之日納租穀柒拾捌籮不至
短少粿粒如有短少任從田主別招佃種賣主不至
此係二比情願中間並無逼迫成交恐後人心不古
立此賣契為據
道光二十六年十一月二十日立賣田契文約人段　綺
全男成鳳親筆畫押憑中人黄廷璽黄廷璸萬榮
興萬順興代字黄德萬當親筆畫押
其銀係天祥兄有老契税尾壹段聯係周德富全孫
國興國彦國望於道光三年十二月初十日杜賣與
段永清杜契壹紙佈種肆籮周建有全姪國治於道
光三年十二月二十八日杜當與段　綺杜契壹紙
佈種壹籮段　綺於道光四年正月二十八日共粘
作壹聯投税請尾二段共杜價銀壹百陸拾玖兩段
綺新立賣契壹紙共弍紙
立實賣田文約人周建猷仝子傳先法先孫才順為
因乏用情願將歸併得屯糧田壹段佈種弍籮坐落
龍江上營寨左名喚園子田東至坡南至文當田隔
埂西至張姓田隔埂北至溝該糧弍升五合在周于
憲户下上完又將歸併得屯糧田壹段佈種弍籮伍

龍江上營寨左名喚園子田東至坡南至文當田隔
埂西至張姓田隔埂北至溝該糧弍升五合在周于
憲户下上完又將歸併得屯糧田壹段佈種弍籮伍

弅坐落上營名喚黃落池田東至溝南至張姓田隔
埂西至溝北至周建有田隔埂該粮伍升在周于憲
户下上納又將歸併得軍粮田壹叚佈種叁籮坐落
上營名喚小荒田東至和尙田隔埂南至肖十五田
隔埂西至于姓田隔埂北至挾溝該粮七升三合在
周于憲户下上納又將承買得六甲粮田佈種壹籮
坐落上營名喚門前田東至周姓田隔埂南至□□
西至路北至周姓田隔埂□□該粮□□
在用六甲周世俊户下完納又將承買得軍粮田
壹叚佈種弍籮坐落上營名喚龍窝子田東南至本
軍田西北至溝該粮七升三合在周于憲户下上納
其田共伍叚共佈種拾籮零伍其四至粮数書明
載契情願請憑立約出賣與
朝貴勷黃新爺員下爲業實接受田價銀叁百壹拾两净整
自賣之後任從買主管業收租賣主不至異言其田
賣主仍租佃種言定每年交租穀壹百陸拾两除上

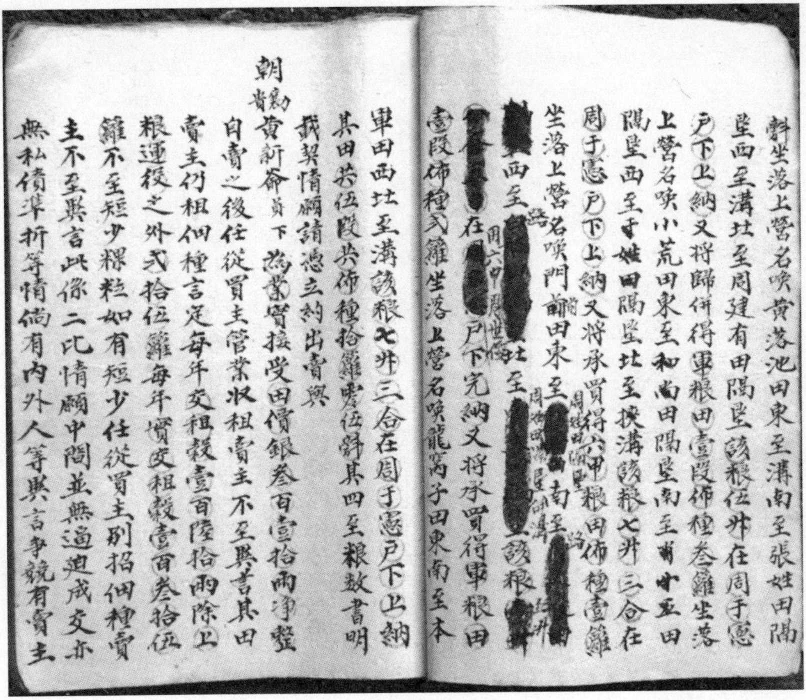
對坐落上營名喚黄落池田東至溝南至張姓田隔
埂西至溝北至周建有田隔埂該粮伍升在周于憲
戶下上納又将歸併得軍粮田壹段佈種叁籮坐落
上營名喚小荒田東至和尚田隔埂南至[illegible]田
隔埂西至于姓田隔埂北至挟溝該粮七升三合在
周于憲戶下上納又将承買得六甲粮田佈種壹籮
坐落上營名喚門前田東至[redacted]南至[redacted]
[redacted]西至[redacted]北至[redacted]該粮[redacted]
[redacted]在[redacted]戶下完納又将承買得軍粮田
壹段佈種弍籮坐落上營名喚龍窝子田東南至本
東田西北至溝該粮七升三合在周于憲戶下上納
其田共伍段共佈種拾籮實伍斗其四至粮数書明
我契情願請憑立約出賣與
朝貴勳 貴新名下為業實接受田價銀叁百壹拾兩淨整
自賣之後任從買主管業收租賣主不至異言其田
賣主仍租佃種言定每年交租穀壹百陸拾伍除上
粮運役之外弍拾伍籮每年實交租穀壹百叁拾伍
籮不至短少粿粒如有短少任從買主別招佃種賣
主不至異言此係二比情願中間並無逼迫成交亦
無私債準折等情倘有内外人等異言争競有賣主

粮運役之外弍拾伍籮每年實交租穀壹百叁拾伍
籮不至短少粿粒如有短少任從買主别招佃種賣
主不至異言此係二比情願中間並無逼迫成交亦
無私債準折等情倘有内外人等異言争競有賣主

一力承當恐後人心不古立此賣契爲據
實賣粮田伍段共佈種拾籮零伍斛實接受田價
銀叁百壹拾兩整
咸豐三年十月十六日立賣田契文約人周建猷仝子傳
先法先孫才順皆親筆畫押憑中人萬榮興萬
貴興畢開華寫契周傳先俱親筆畫押
其銀係天秤兑其園子田老契係周文明於道光十
九年十月十六日杜賣與周建猷杜價銀伍拾弍兩
周建猷於道光二十四年正月二十八日投税請尾
有税尾壹聯其黄落池田老契係周德富仝孫國興彦
於道光十年十一月十六日歸併於周建猷價銀陸
拾捌兩歸契壹紙其小荒田老契係周建侯建高典於
道光二年十月十八日歸併與周建猷杜歸價銀陸
拾叁兩杜歸契壹紙其門前田老契係周學先於道
光十七年九月二十六日賣與周建猷價銀弍拾兩
賣契壹紙其龍窝子田老契係周德順於乾隆四十

黄氏家族文书抄录册 1-14

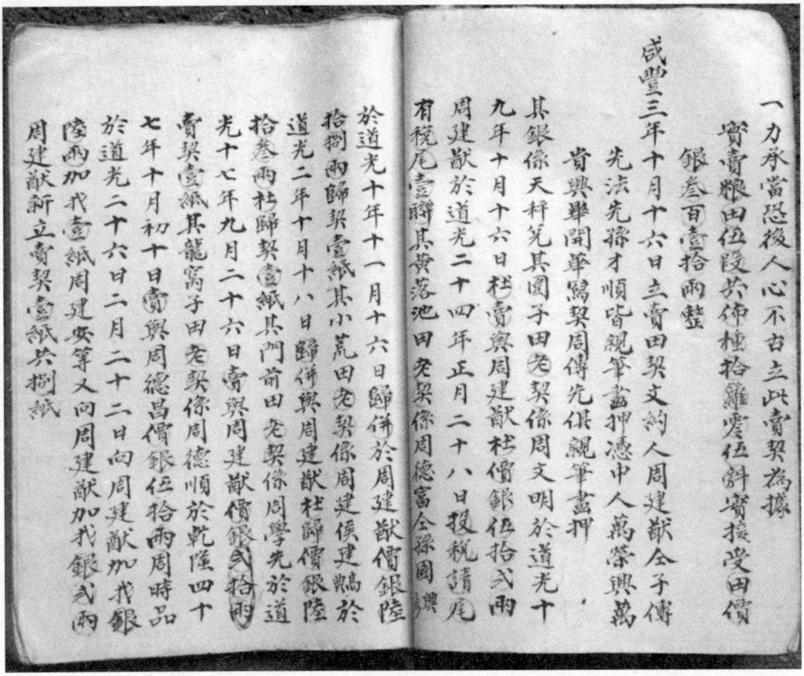

一力承當恐後人心不古立此賣契為據
實賣糧田伍段共佈種拾籮零伍斛實接受田價
銀叁百壹拾兩整
咸豐三年十月十六日立賣田契文約人周建猷仝子傳
先法先孫才順皆親筆畫押憑中人萬榮興萬
貴興畢開華寫契周傳先俱親筆畫押
其銀係天秤兑其園子田老契係周文明於道光十
九年十月十六日杜賣與周建猷杜價銀伍拾弍兩
周建猷於道光二十四年正月二十八日投稅請尾
有稅尾壹聯其黄落池田老契係周德富仝孫周興
於道光十年十一月十六日歸併於周建猷價銀陸
拾捌兩歸契壹紙其小荒田老契係周建侯建鵬於
道光二年十月十八日歸併與周建猷杜歸價銀陸
拾叁兩杜歸契壹紙其門前田老契係周學先於道
光十七年九月二十六日賣與周建猷價銀弍拾兩
賣契壹紙其龍窩子田老契係周德順於乾隆四十
七年十月初十日賣與周德昌價銀伍拾兩周時品
於道光二十六日二月二十二日向周建猷加找銀
陸兩加找壹紙周建安等又向周建猷加找銀弍兩
周建猷新立賣契壹紙共捌紙

七年十月初十日賣與周德昌價銀伍拾两周時品
於道光二十六日二月二十二日向周建猷加找銀
陸两加找壹紙周建安等又向周建猷加找銀弍两
周建猷新立賣契壹紙共捌紙

今將所有各處抵當田地照原契開録於后

立當田山庄寨文約人夏承虞鑽虞相虞爲因應用情願將向锺姓杜買得庄田壹處名唤弄令其田壹叚名唤户隴田東至大路南至萬锺田隔埂西至山邊北至溝又壹叚名唤那竹田東至户戞寨後大溝南至瑞田隔埂西至山邊北至龍井水溝共籽種拾伍籮該粮壹錢弍分入龍八錠上納其山寨五分之壹今情願立約出當與

鳳池黄新爺員下實當净銄銀肆百两整自當之後當日言定每月每两行銀息分半俟週年之日本息一並

今将所有各處抵當田地照原契開錄於后
立當田山庄寨文約人夏承廣鑽廣相廣為因應用
情願將向鐘姓杜買得庄田壹處名喚弄令其田壹
段名喚戶隴田東至大路南至萬鐘田隅墨西至山
邊北至溝又壹段名喚那竹田東至戶戞寨後大溝
南至瑞田隅墨西至山邊北至龍井水溝共籽種拾
伍籮該粮壹錢弍分入龍八鎚工納其山寨五分之
壹今情願立約出當與
鳳池黃新畬 員下 實當淨銅銀肆百兩整自當之後當日
言定每月每兩行銀息分半俟週年之日本息一並

清還不至短少拖欠如有短少拖欠任從銀主照契
管業納粮收租儅主不至異言今恐人心不古立此
儅契爲據
實儅庄寨壹處粮田弍分共籽種拾伍籮實儅净
鉤銀肆百兩整言定每兩每月行銀息分半
相虞皆親筆畫押憑中黄存新寫儅契承虞親
筆
道光二十年十二月初四日立儅契文約人夏承虞鑽虞
其老契税尾壹聯係谷麟聚仝姪萬理 陽 財 萬
有 萬 廂 萬 鑑
能 倉
經萬奇等情有祖遺田山庄寨憑親族分爲五分麟
聚等所分受之壹分山寨田名四至粮数前已書明
於嘉慶十六年十二月十六日杜賣與鍾國依 鍾瑞璧
偉 璋
爲業接受杜價銀伍百伍拾兩鍾國依 璧
偉鍾瑞璋於嘉慶

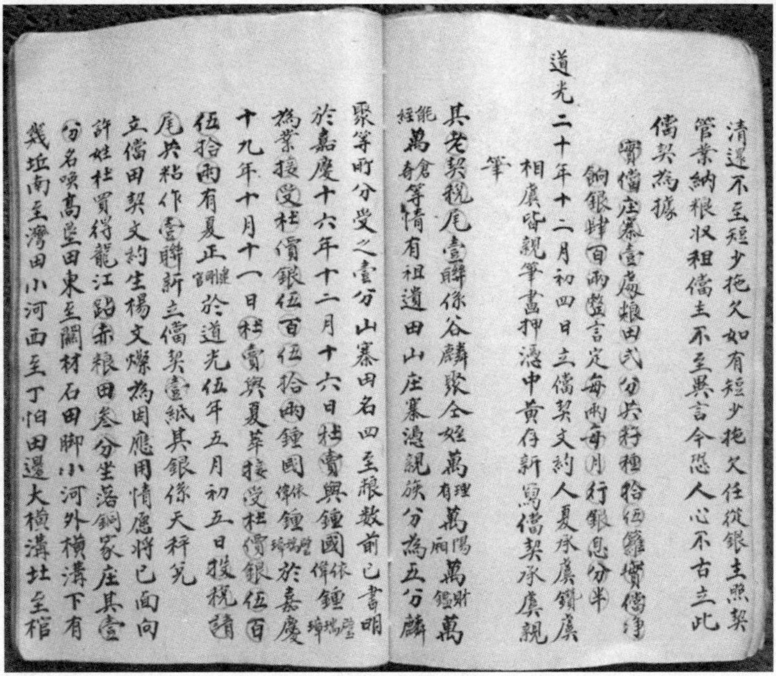

十九年十月十一日杜賣與夏萃接受杜價銀伍百
建
伍拾兩有夏正剛於道光伍年五月初五日投税請
官
尾共粘作壹聯新立當契壹紙其銀係秤兑
立當田契文約生楊文燦爲因應用情愿將已面向
許姓杜買得龍江跕赤粮田叁分坐落銅家庄其壹
分名唤高垦田東至闖材石田脚小河外横溝下有
幾坵南至灣田小河西至丁怕田邊大横溝北至棺

材石田叟垦又壹分名唤舊寨東至梯子田頭隔垦南至棺材石田隔垦西至張姓小凹田脚小叠水北至小箐田上凹田邊又壹分名唤小箐田東至石頭田隔垦南至梯子田挾溝西至龍水井横溝北至囊姓田邊隔垦該粮九錢伍分［在龍三竌許翼廷户下上納］四至粮数開明載情願

憑中立約出儅與

鳳池黄親家員下實儅九人名印銀叁百伍拾兩整自儅之後當日言定每年去丁［家］寨山倉内納租穀壹百肆拾籮至秋收之日將一色好穀如数清交不至短少粿粒如有短少任從銀主照契管業完粮收租儅主不至異言外有寨子荒山任從銀主同蔡姓管業收租儅主亦不至異言此係二比情願中間並無逼迫成交倘有内外人等一言争競有儅主一力承當恐後無憑立此儅契爲據

實儅跕赤粮田叁段實儅九名銀叁百伍拾兩整

實去丁家山倉内每年納租穀壹百肆拾籮

道光十七年九月十八日立儅田契文約生楊文燦親筆

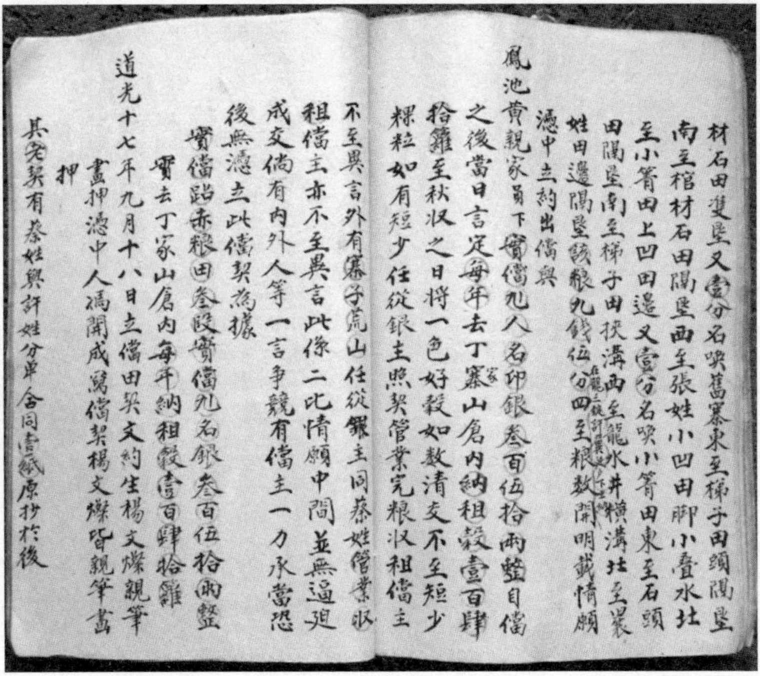
材石田叟埂又壹分名喚舊寨東至梯子田頭隔埂
南至棺材石田隔埂西至張姓小凹田脚小疊水坵
至小箐田上凹田邊又壹分名喚小箐田東至石頭
田隔埂南至梯子田扶溝西至龍水井横溝坵至蔡
姓田邊隔埂該糧九錢伍分四至糧數開明載情願
憑中立約出儅與
鳳池黄親家員下實儅九八名印銀叁百伍拾兩整自儅
之後當日言定每年去丁寨山倉内納租穀壹百肆
拾籮至秋收之日將一色好穀如數清交不至短少
粿粒如有短少任從銀主照契管業完糧收租儅主
不至異言外有寨子荒山任從銀主同蔡姓管業收
租儅主亦不至異言此係二比情願中間並無逼迫
成交倘有内外人等一言爭競有儅主一力承當恐
後無憑立此儅契為據
實儅踏赤糧田叁段實儅九八名銀叁百伍拾兩整
實去丁家山倉内每年納租穀壹百肆拾籮
道光十七年九月十八日立儅田契文約生楊文燦親筆
畫押憑中人馮開成寫儅契楊文燦皆親筆畫
押
其老契有蔡姓與許姓分单合同壹紙原抄於後

畫押憑中人馮開成寫儅契楊文燦皆親筆畫

押

其老契有蔡姓與許姓分单合同壹紙原抄於後

立合同分单文約生蔡庭香同弟蔡名瑒侄蔡健新聿新有祖先年同許姓杜買得鋌粮田壹寨坐落銅家庄四至俱載老契該粮銀肆两玖銭陸分捌厘在龍三鋌上納今同年遠蔡許二姓憑佃均分斷分之田以小河溝右左爲界當日二姓憑親族佃户憑神拈鬮有許姓拈着溝左棺材石田壹分高埾田壹分小阱田壹分梯子田壹分平田壹分舊寨田壹分河尾田壹半寫立分单憑據將溝左之田清分與許姓管業係是憑神拈定其中並無偏僻欺瞞等弊日後

姓

二姓子孫不得異言争競其有寨子荒山牧厰二信

佃户同居同牧其粮銀各完弍两肆銭捌分四厘恐後無憑立此［合］同分单爲據因此寫立着實契據憑佃交與

元鼎許二先生桂許大相公收執

所分是實

嘉慶八年二月十二日立合同分单文約生蔡庭香蔡名

黃氏家族文书抄录册 1–18

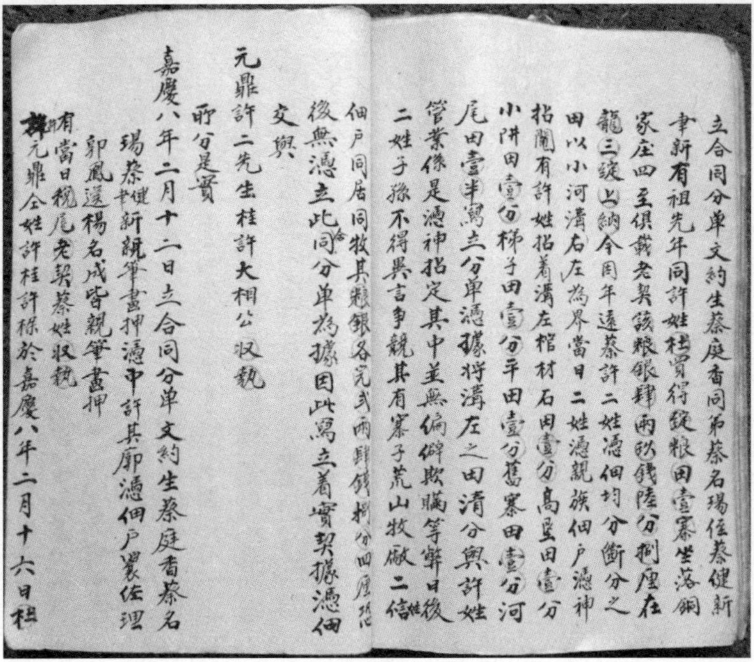
立合同分单文約生蔡庭香同弟蔡名瑒侄蔡健新
聿新有祖先年同許姓杜買得鋛粮田壹寨坐落銅
家庄四至俱載老契該粮銀肆兩玖錢陸分捌厘在
龍三綫上納今同年邀蔡許二姓憑佃均分斷分之
田以小河清右左為界當日二姓憑親族佃户憑神
指閫有許姓指着溝左棺材石田壹分島崀田壹分
小阱田壹分梯子田壹分平田壹分舊寨田壹分河
尾田壹半寫立分单憑據將溝左之田清分與許姓
管業係是憑神指定其中並無偏俾欺瞞等弊日後
二姓子孫不得異言爭競其有寨子荒山牧廠二姓
佃户同居同牧其粮銀各完弍兩肆錢捌分四厘他
後無憑立此合同分单為據因此寫立着實契據憑佃
交與
元鼎許二先生桂許大棵公收執
所分是實
嘉慶八年二月十二日立合同分单文約生蔡庭香蔡名
瑒蔡健聿新親筆畫押憑中許其廓憑佃户嚢佐理
郭鳳選楊名成皆親筆畫押
有當日稅尾老契蔡姓收執
許元鼎仝姓許桂許棵於嘉慶八年二月十六日杜

瑒蔡健聿新親筆畫押憑中許其廓憑佃户嚢佐理
郭鳳選楊名成皆親筆畫押
有當日税尾老契蔡姓收執
許元鼎仝姓許桂許棵於嘉慶八年二月十六日杜

賣與楊廷選杜契壹紙杜價銀伍百陸拾两楊廷選於嘉慶八年六月十七日投税請尾連分单共粘作壹紙楊文燦新立當契壹紙

文燦楊親家於道光十七年九月十八日將跕赤粮田弍分秋粮田弍分俱坐落五板橋官溝下有老契税尾壹聯當去名銀弍百两年納租谷捌拾籮後因至内之秧田與人争角楊親家將此老契税尾拿去係憑文典楊親家長子拿去後屡要不還又將向許元鼎等杜賣銅家庄田三分借去名銀壹百伍拾两年納租谷陸拾籮係有可証其此銅家庄田三分共

抵當名銀叁百伍拾两共老契税尾壹聯每年實納租谷壹百肆拾籮日後叁百伍拾两之銀還清方還此老契税尾爲此特記 此係 父親濟升在時恐日後錯亂故此親筆批明存據特批

黄氏家族文书抄录册 1–19

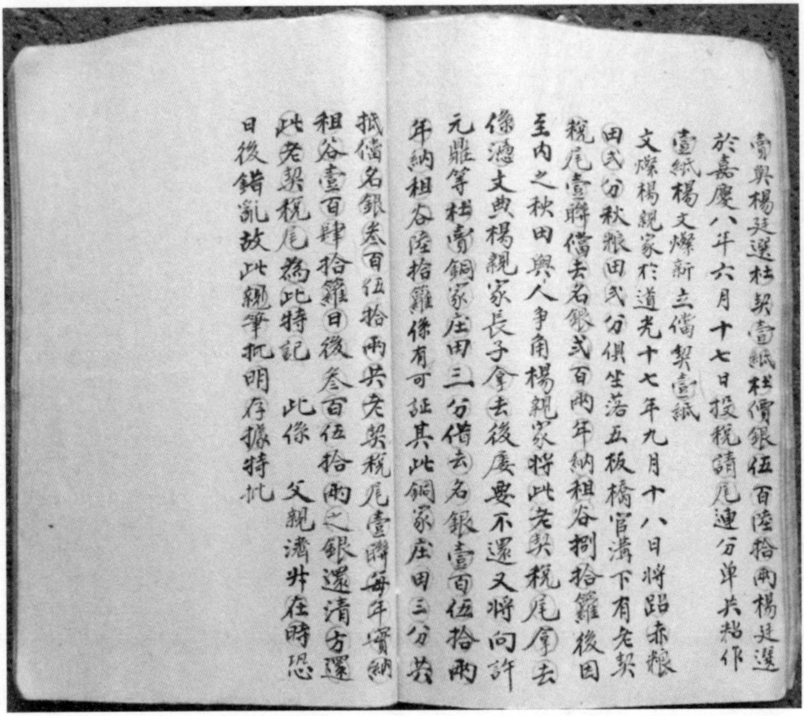
賣與楊廷選杜契壹紙杜價銀伍百陸拾兩楊廷選
於嘉慶八年六月十七日投稅請尾連分单共粘作
壹紙楊文燦新立備契壹紙
文燦楊親家於道光十七年九月十八日將踏赤粮
田弍分秋粮田弍分俱坐落五板橋官溝下有老契
稅尾壹聯備去名銀弍百兩年納租谷捌拾籮後因
至內之秋田與人爭角楊親家將此老契稅尾拿去
係濾丈與楊親家長子拿去後屢要不還又將向許
元鼎等杜賣銅家庄田三分借去名銀壹百伍拾兩
年納租谷陸拾籮係有可証其此銅家庄田三分共
抵備名銀叁百伍拾兩共老契稅尾壹聯每年實納
租谷壹百肆拾籮日後叁百伍拾兩之銀還清方還
此老契稅尾為此特記　此係　父親濬卅在時恐
日後錯亂故此親筆批明存據特批

黄氏家族文书抄录册 2–01

黄氏家族文书抄录册 2（1–81）

嘉慶十五年十月初二日

杜買得番品重文德仝杜賣祖父遺留的新墾粮田一分佈種叁籮坐落馬班溝脚河邊大小貳坵名喚河田其田河外壹坵東至河南至王姓田西至小溝北至番姓田河内壹坵東至番姓田南至王姓田西至河北至番姓田該粮玖畂共合壹斗捌升在來三甲番啓寬户下上納今撥入來一甲祖 登鶴户下完納随田秧田壹坵佈種叁籮坐落下路巷照壁脚下東至番□□南至番姓田西至番姓田北至溝其田自杜賣吴啓□□□主耕種管業完粮收租更名入□□□

黃氏家族文书抄录册 2-02

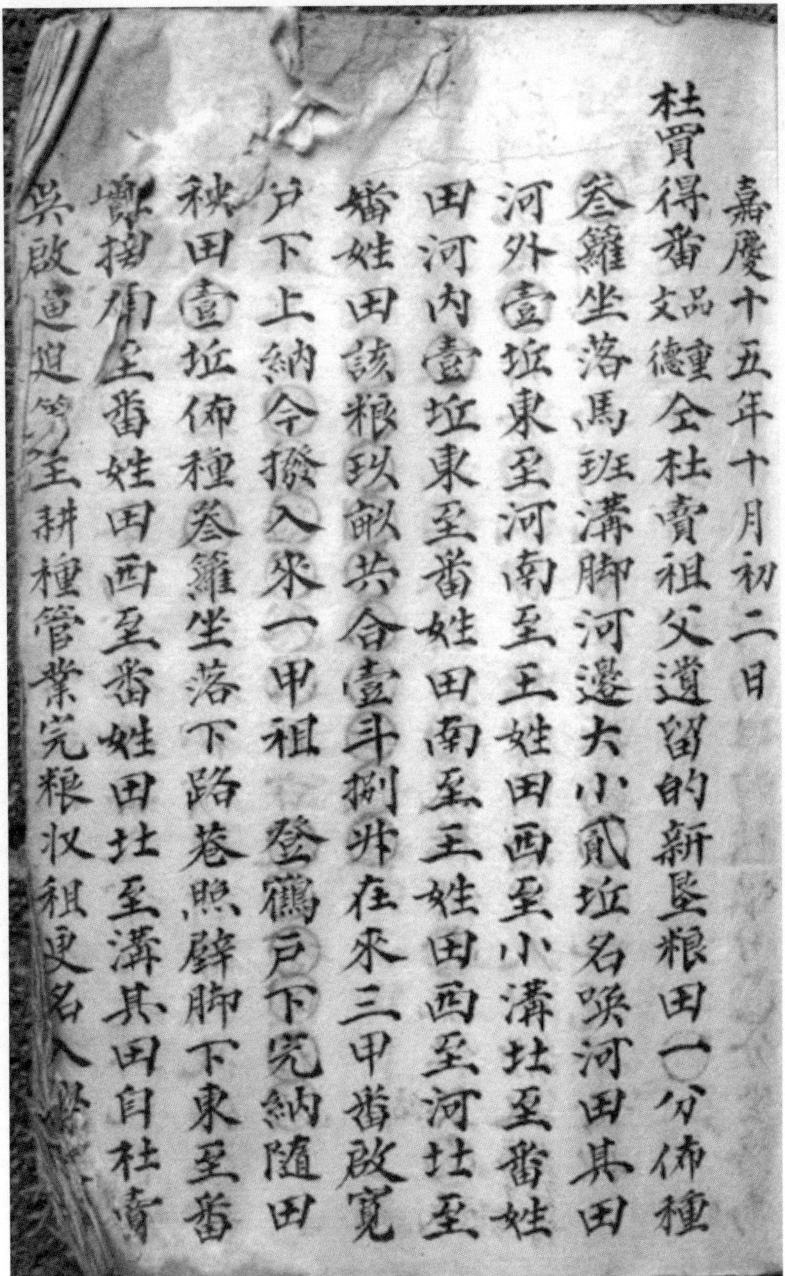
嘉慶十五年十月初二日
杜買得番品重文德仝杜賣祖父遺留的新墾粮田一分佈種
叁籮坐落馬班溝脚河邊大小貳坵名唤河田其田
河外壹坵東至河南至王姓田西至小溝北至番姓
田河内壹坵東至番姓田南至王姓田西至河北至
番姓田該粮玖畝共合壹斗捌升在本三甲番啟寬
户下上納令撥入本一甲祖 登鶴户下完納隨田
秧田壹坵佈種叁籮坐落下路巷照壁脚下東至番
姓田南至番姓田西至番姓田北至溝其田自杜賣
與啟道逍等至耕種管業完粮收租更名入[illegible]

□□□□□孫不得一言過問日後有力不得□□
無□不得加找永爲黄姓子孫之業係是二比情愿
中間并無逼迫成交亦無私債準折等情此係落筆
無踪永斷割藤恐後人心不古概已書明在契
實接受杜價銀捌拾叁兩伍錢整
老契壹紙加找伍紙典契壹紙杜契壹紙杜契［結］壹紙
稅尾壹聯共拾紙當日杜賣時憑中人伊 堂叔 番子珍
族叔 番錦爵

□田拎光
緒十八年
正月廿八日
杜賣與
楊啓潤矣

伊隣祖黄安国代字伊堂叔番子恒皆親筆畫押
嘉慶十九年正月二十六日

杜買得黄戊德賣伊杜買得尙姓的秋粮田壹分坐落馬
班溝脚名喚河田大小伍坵佈種肆籮其田河內叁
坵東至番尙二姓田南西至河北至尙姓田河外貳
坵其壹坵東南至番姓田西至尙姓田北至河又壹
坵東至河南至尙姓田西至沙溝北至闞姓田該粮
新垦十五畒共合三斗在來三甲尙從禄户下上納
今撥入來一甲祖　登鶴户下上納其田自賣之後

黄氏家族文书抄录册 2–03

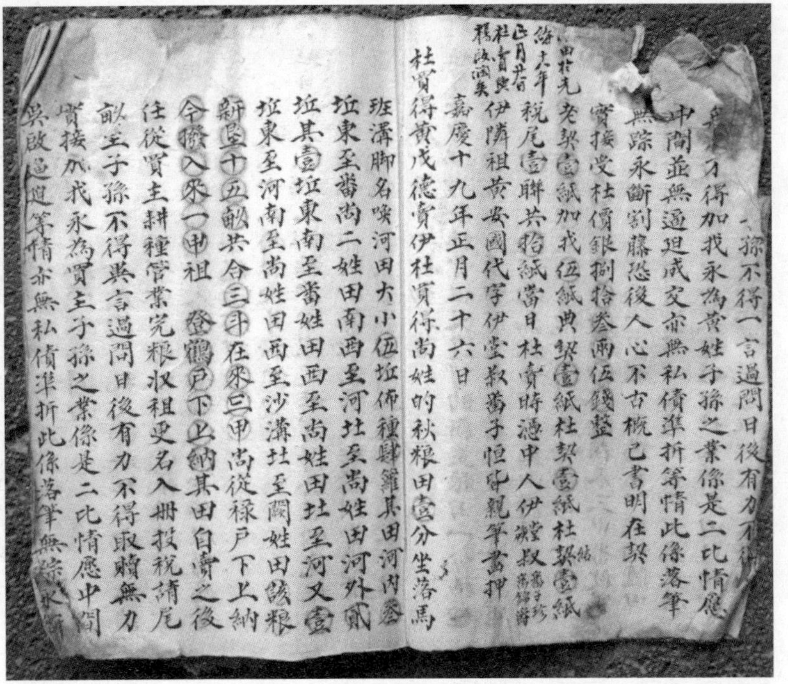

任從買主耕種管業完粮收租更名入册投税請尾
畝主子孫不得異言過問日後有力不得取贖無力
□□加找永爲買主子孫之業係是二比情愿中間
□□逼迫等情亦無私債準折此係落筆無踪□□

□□□
正月廿八日
杜賣與
楊啓潤矣

□□後人心不古概已書明在契
□□杜價銀壹百叁拾捌兩整
□得寛杜賣於黄戊德之税尾壹聯杜契壹紙杜結
壹紙黄戊德的實賣契壹紙杜契壹紙杜結壹紙當
日杜賣田時憑中人王者貴黄戊藩黄登雄楊應貴
代字黄金釪皆親筆畫押
嘉庆二十二年十一月二十一日

杜買得王三錫鑑王三銓鎭杜賣伊祖父杜買得吴姓的免粮田
壹叚佈種伍籮大小柒坵坐落馬班溝門首横溝下
名喚大擺田東至李家田南至溝西至李家田北至
溝該粮六畝八分四厘在免五单董恩户下上納今
撥入局料祖　登鶴户下上納其田自杜賣之後任
從買主永遠耕種管業完粮收租更名入册投税請
尾賣主子孫不得異言過問係是二比情愿中间並
無逼迫成交亦無私債準折等情此係落筆無踪永
斷割藤日後有力不得取贖無力不得加找永爲買
主子孫之業恐後人心不古概已書明在契其粮六

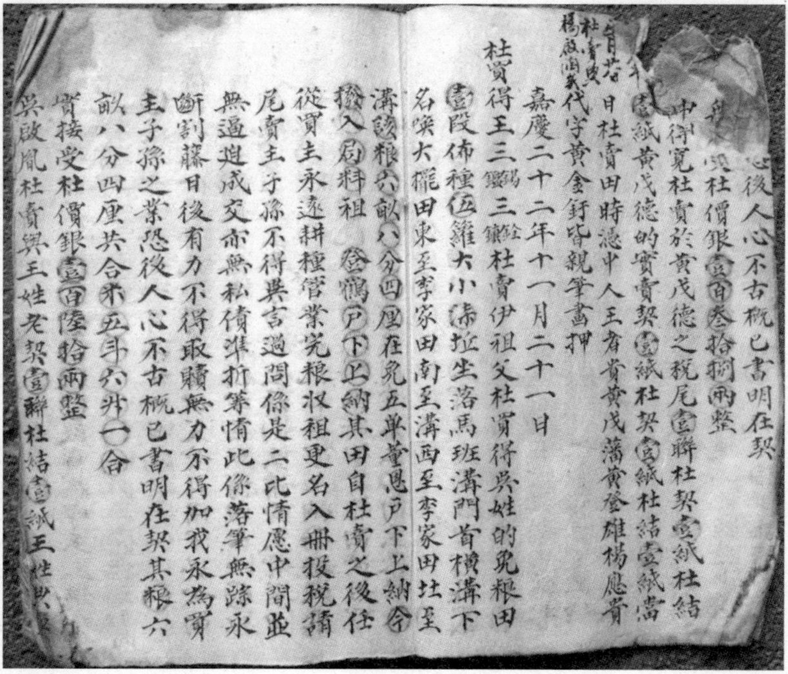
後人心不古槪已書明在契
與杜價銀壹百叁拾捌兩整
中得覔杜賣於黃戊德之稅尾壹聯杜契壹紙杜結
壹紙黃戊德的實賣契壹紙杜契壹紙杜結壹紙當
日杜賣田時憑中人王有貴黃戊藩黃登雄楊應貴
楊啟周　代字黃金釪皆親筆畫押
嘉慶二十二年十一月二十一日
杜買得王三錫三鎰杜賣伊祖父杜買得吳姓的兑粮田
壹段佈種伍籮大小柒坵坐落馬班溝門首横溝下
名喚大擺田東至李家田南至溝西至李家田北至
溝該粮六畝八分四厘在兑五单董恩戶下上納令
撥入局料祖　叁鶴戶下上納其田自杜賣之後任
從買主永遠耕種管業完粮收租更名入冊投稅請
尾賣主子孫不得異言迴問係是二比情愿中間並
無逼迫成交亦無私債準折等情此係落筆無蹤永
斷割藤日後有力不得取贖無力不得加找永為買
主子孫之業恐後人心不古槪已書明在契其粮六
畝八分四厘共合米五斗六升一合
實接受杜價銀壹百陸拾兩整
吳啟胤杜賣與王姓老契壹聯杜結壹紙王姓

畝八分四厘共合米五斗六升一合
實接受杜價銀壹百陸拾兩整
吳啓胤杜賣與王姓老契壹聯杜結壹紙王姓□

壹紙加找壹紙實賣契壹紙杜賣契壹紙共伍紙□
日杜賣田時憑中人黄發俊黄啓祥代字王三鑑皆
親筆畫押
嘉庆二十二年十一月二十一日
買得徐长春仝妻黄氏小陽仝賣伊父黄自用分與女的
秋粮田壹叚坐落本村横溝下名唤灣田大小贰坵
佈種贰籮東至本家田北至溝南至溝西至黄家田
該粮壹斗贰升在「來」二甲徐純仁户下上納今撥入來
一甲仍立徐純仁户下上納又將伊自己向尹姓買
得的塘子壹坵坐落頭单門首東至路南至張姓秧
田北至陳家塘子西至任家塘子其田自賣之後任
從買主耕種管業完粮收租賣主不至異言倘有内
外人等一言争競有賣主一力承當此係二比情愿
中間並無逼迫成交亦無私債準折等情日後銀到
田歸二比不得刁難恐後人心不古槪已書明在契
實接受價銀捌拾陸兩整
道光九年二月二十日徐全修加找銀叁兩伍錢
道光十三年五月初六日徐潛修加找銀贰兩伍錢

黄氏家族文书抄录册 2–05

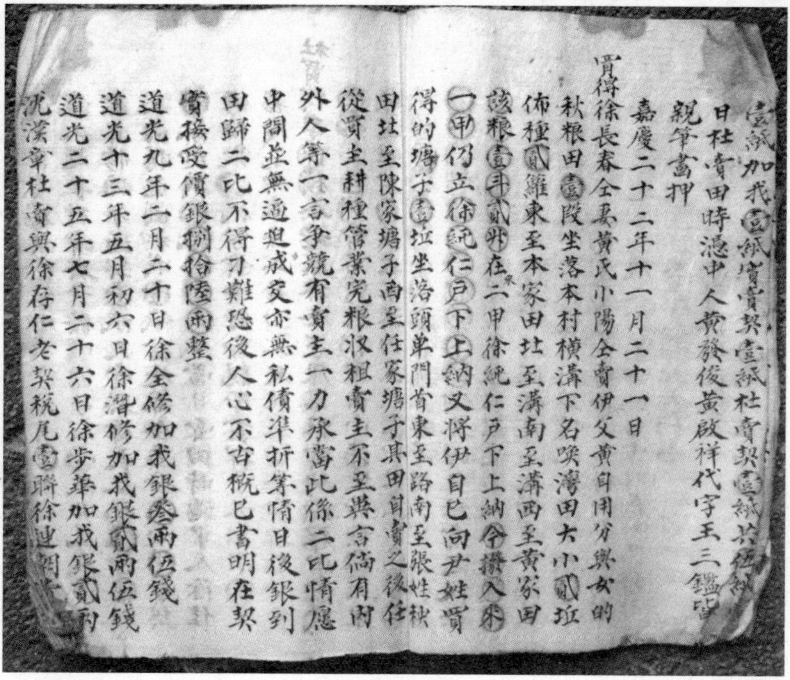
壹紙加找壹紙賣契壹紙杜賣契壹紙共伍紙
日杜賣田時憑中人黃發俊黃啟祥代字王三鑑留
親筆畫押
嘉慶二十二年十一月二十一日
買得徐長春仝妻黃氏小陽仝賣伊父黃自开分與女的
秋粮田壹段坐落本村橫溝下名喚灣田大小貳坵
佈種貳籮東至本家田北至溝南至溝西至黃家田
該粮壹升貳升在二甲徐純仁戶下上納今撥入水
一甲仍立徐純仁戶下上納又將伊自己向尹姓買
得的塘子壹坵坐落頭道門首東至路南至張姓秧
田北至陳家塘子西至任家塘子其田自賣之後任
從買主耕種管業完粮収租賣主不至與言倘有內
外人等一言爭競有賣主一力承當此係二比情愿
中間並無逼迫成交亦無私債準折等情日後銀到
田歸二比不得刁難恐後人心不古概已書明在契
實授受價銀捌拾陸兩整
道光九年二月二十日徐全修加找銀叁兩伍錢
道光十三年五月初六日徐潛修加找銀貳兩伍錢
道光二十五年七月二十六日徐步華加找銀貳兩
沈漢章杜賣與徐存仁老契稅尾壹聯徐連朝壹□

道光二十五年七月二十六日徐步華加找銀貳兩
沈漢章杜賣與徐存仁老契稅尾壹聯徐連朝壹□

黄自用賣與契壹紙加找壹紙黄自用分受田□
紙又趙良材賣與尹發順塘子契壹紙尹鳳成賣與
徐自修塘子過契壹紙又賣與徐長春壹紙徐連朝
又向楊應國加找壹紙徐長春仝妻黄氏小陽賣契
壹紙加找叁紙共十二紙當日賣田時憑中人徐佳
修徐敬修代字黄金釬皆親筆畫押
嘉慶二十三年二月十三日

杜買得李作楨仝姪康林仝子康泰杜賣的職粮田壹段
坐落昊邑門首名喚尖担田大小柒坵佈種叁籮東
至趙姓田南至大水溝西至趙家田北至溝該粮三
斗二升在李之茂户下上納今撥入局料租　登鶴
户下上納随田秧田貳坵坐落賣主門首東至徐家
塘子南至張家秧田西至黄家秧田北至買主秧田
其田自杜賣之後任從買主耕種管業完粮收租更
名入册投税請尾永爲黄姓子孫之業其價銀當日
已經受足賣主子孫不得異言過問日後有力不得
取贖無力不得加找係是二比情愿中間並無逼迫
成交亦無私債準折等［情］此係落筆無踪永斷割藤恐

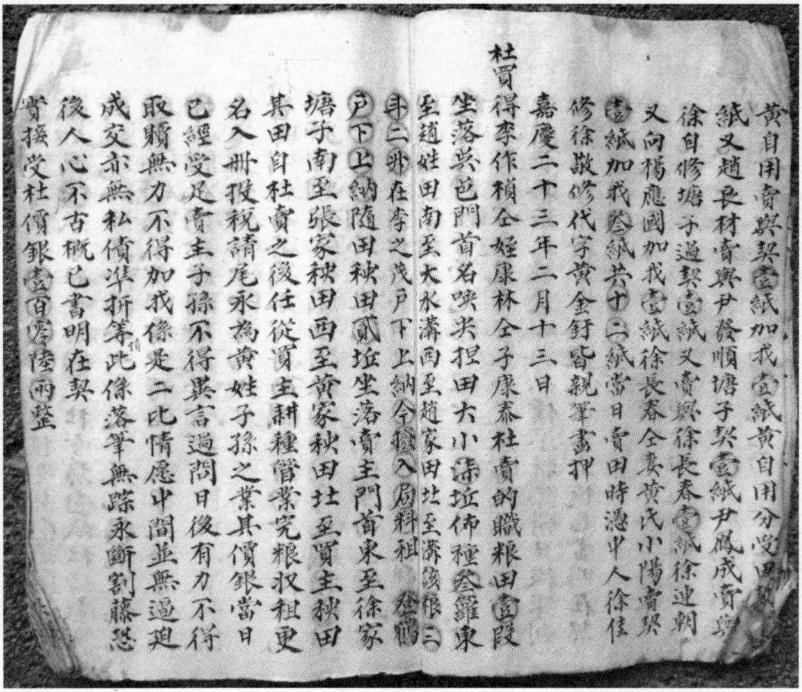

黄自用賣與契壹紙加找壹紙黄自用分受田契[illegible]
紙又趙長材賣與尹發順塘子契壹紙尹鳳成賣與
徐自修塘子過契壹紙又賣與徐長春壹紙徐延朝
又向楊應國加找壹紙徐長春仝妻黄氏小陽賣契
壹紙加找叁紙共十二紙當日賣田時憑中人徐佳
修徐敬修代字黄金鈳皆親筆畫押
杜買得李作楨仝姪康林仝子康泰杜賣的職粮田壹段
嘉慶二十三年二月十三日
坐落㘭邑門首名喚尖担田大小柒坵佈種叁籮東
至趙姓田南至大水溝西至趙家田北至溝後根三
升二升在李之茂戶下上納今撥入局料租　叁鶴
戶下上納隨田秋田貳坵坐落賣主門首東至徐家
塘子南至張家秋田西至黄家秋田北至買主秋田
其田自杜賣之後任從買主耕種管業完粮收租更
名入冊投税請尾永為黄姓子孫之業其價銀當日
已經受足賣主子孫不得異言過問日後有力不得
取贖無力不得加找係是二比情愿中間並無逼廹
成交亦無私債準折等此係落筆無踪永斷割藤恐
後人心不古概已書明在契
實接受杜價銀壹百零陸兩整

後人心不古概已書明在契
實接受杜價銀壹百零陸兩整

趙烱杜賣與李作楨之租李品植老契壹紙過契□
紙加找柒紙李姓賣契壹紙杜賣契壹紙杜結壹紙
於道光二十年八月二十日父 鳳池投税有税尾
壹聯共十五紙當日賣田時憑中人李之華李作舟
李作陞代字徐聯朝皆親筆畫押

嘉慶二十四年十一月初十日

買得番自明向番其蘭承買得的職粮田壹分坐落青荒
垻佈種肆籮大小貳坵該粮二斗八升在職粮番維
章户下上納其田東至番其品［田］南至溝西至番其英
田北至番國均田其田自賣之後任從買主耕種管
業完粮收租賣主不得異言倘有内外人等一言争
競有賣主一力承當此係二比情愿中間並無逼迫
成交亦無私債準折等情日後銀到田歸二比不得
刁難恐後人心不古概已書明在契
實接受價銀伍拾兩整
番其蘭賣與番自明賣契壹紙番自明新立賣契壹
紙共貳紙當日賣田憑中人番自沛番自新寫契番
自明［皆］親筆畫押

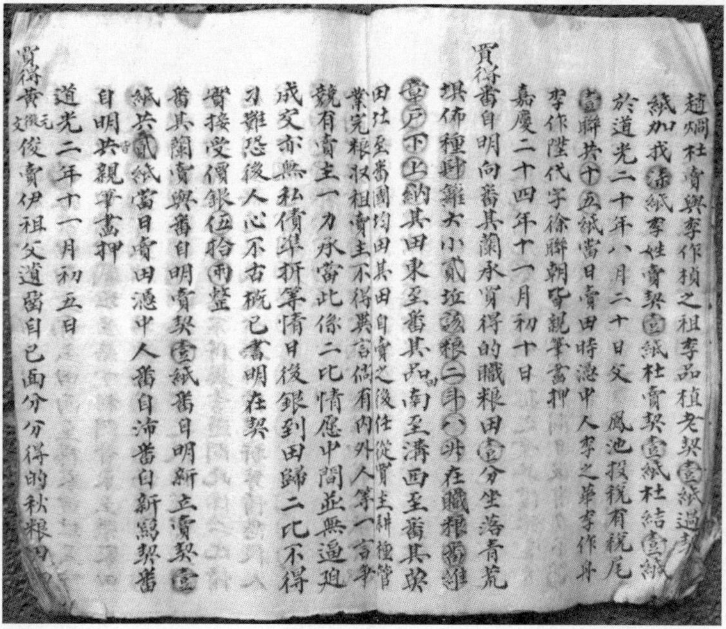
趙焗杜賣與李作禎之祖李品植老契壹紙過契
紙加我柒紙李姓賣契壹紙杜賣契壹紙杜結壹紙
於道光二十年八月二十日父 鳳池投稅有稅尾
壹聯共十五紙當日賣田時憑中人李之華李作舟
李作陞代字徐聯朝□親筆畫押
嘉慶二十四年十一月初十日
買得番自明向番其蘭承買得的職粮田壹分坐落青荒
堪佈種籽雜大小貳坵該粮二斗八升在職粮番維
壹戶下上納其田東至番其品南至溝西至番其蘭
田北至番園均田其田自賣之後任從買主耕種管
業完粮收租賣主不得異言倘有內外人等一言爭
競有賣主一力承當此係二比情愿中間並無逼迫
成交亦無私債準折等情日後銀到田歸二比不得
反難恐後人心不古兹已書明在契
實接受價銀伍拾兩整
番其蘭賣與番自明賣契壹紙番自明新立賣契壹
紙共貳紙當日賣田憑中人番自沛番自新寫契番
自明共親筆畫押
道光二年十一月初五日
買得黄元徵文俊賣伊祖父遺留自己面分分得的秋粮田

道光二年十一月初五日

買得黄元徵文俊賣伊祖父遺畱自己面分分得的秋粮田□

分坐落下村門首名喚凹子田大小拾肆坵佈種□籮東至張張家田南至賣主田西至楊家田北至林家秧田随田秧田贰坵坐落下村門首東至張家田南至溝西至賣主秧田北至路該粮一斗六升在來二甲尹國甫户下完納其田自賣之後任從買主耕種管業完粮收租賣主不得異言過問此係二比情愿中間並無逼迫成交亦無私債準折等情恐後人心不古概已書明在契

實接受價銀壹百兩整

黄剛賣與黄時清賣契壹紙黄金桂加找五紙黄文徵元俊賣契壹紙共柒紙當日賣田時憑中人黄籲俊黄毓俊黄偉俊寫契黄元俊皆親筆畫押

道光五年十二月初八日

買得趙占嵩賣伊向趙進文承買得的秋粮田壹分佈種壹籮伍斘坐落旲邑門首名喚尖角田大小叁坵東南北至溝西至趙進文田該粮六升二合在來一甲趙踐行户下上納随田秧田壹截坐落旲邑門首大

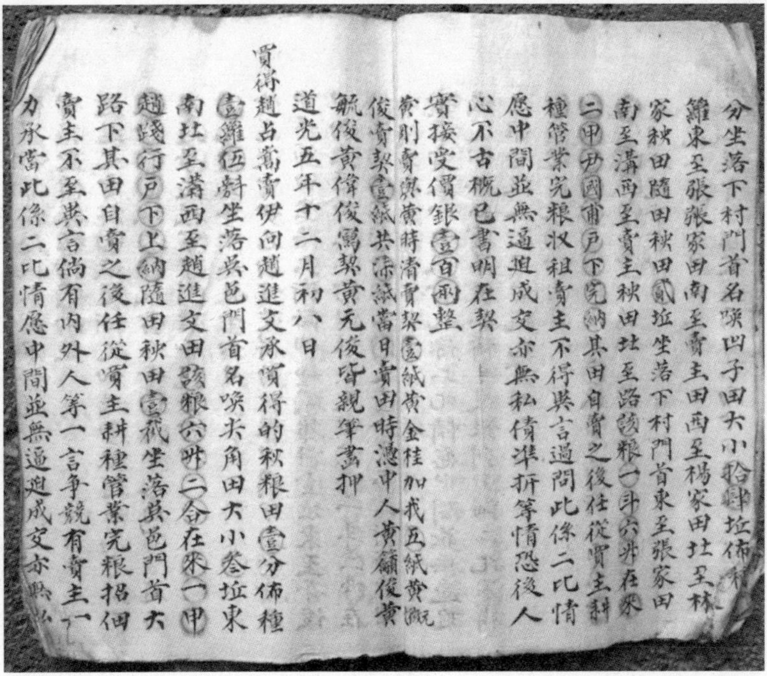
分坐落下村門首名喚凹子田大小拾肆坵佈種
籮東至張張家田南至賣主田西至楊家田北至林
家秋田隨田秋田貳坵坐落下村門首東至張家田
南至溝西至賣主秋田北至路該粮一斗六升在來
二甲尹國甫戶下完納其田自賣之後任從買主耕
種管業完粮收租賣主不得異言逼問此係二比情
愿中間並無逼迫成交亦無私債準折等情恐後人
心不古概已書明在契
實接受價銀壹百兩整
黄則賢與黄特濟賣契壹紙黄金桂加找五紙黄[illegible]
俊賣契壹紙共添紙當日賣田時憑中人黄[illegible]俊黄
毓俊黄偉俊爲契黄元俊皆親筆書押
道光五年十二月初八日
買得趙占嵩賣伊向趙進文承買得的秋粮田壹分佈種
壹籮伍斛坐落與邑門首名喚尖角田大小叁坵東
南北至溝西至趙進文田該粮六升二合在來一甲
趙錢行戶下上納隨田秋田壹截坐落與邑門首大
路下其田自賣之後任從買主耕種管業完粮招佃
賣主不至異言倘有內外人等一言争競有賣主一
力承當此係二比情愿中間並無逼迫成交亦無私

路下其田自賣之後任從買主耕種管業完粮招佃
買主不至異言倘有内外人等一言争競有賣主一
力承當此係二比情愿中間並無逼迫成交亦無私

債準折等情恐後人心不古概已書明在契
實接受價銀伍拾貳兩整
趙進文賣契壹紙趙新學文加找壹紙趙占嵩賣契壹紙加找壹紙共肆紙當日賣田憑中人趙吉梦趙占華趙學文代字李剛體皆親筆畫押
道光十五年十二月十六日
買得黃選俊賣伊己面分受得的秋粮田貳分其壹分名喚半節田坐落上街路佈種貳籮計壹坵東至奇俊田南至溝西至其軫田北至天田該粮一斗二升在來二甲番尊賢户下上納又壹分坐落上街路佈種貳籮計壹坵東至番元圭田南北至溝西至英俊田該粮一斗在來三甲番慕賢户下上納其田自賣之後任從買主耕種管業完粮收租賣主不得異言過問倘有内外人等一言争競有賣主一力承當此係二比情愿中間並無逼迫成交亦無私債準折等情恐後人心不古概已書明在契
實接受價銀壹百［肆］拾兩陸錢整

黃氏家族文书抄录册 2–09

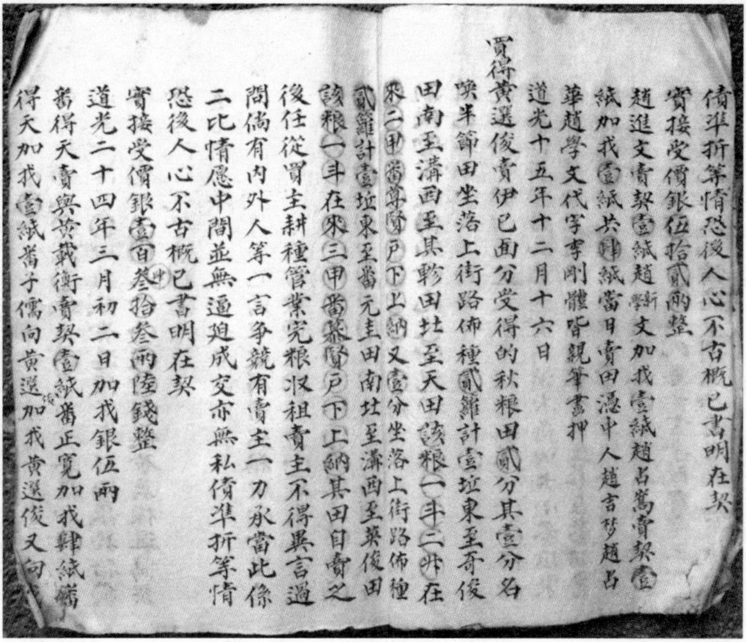
倚準折筭情恐後人心不古概已書明在契
實接受價銀伍拾貳兩整
趙進文賣契壹紙趙新文加找壹紙趙占蔦賣契壹
紙加找壹紙共肆紙當日憑中人趙吉芳趙占
華趙學文代字李剛體皆親筆畫押
道光十五年十二月十六日
買得黃選俊賣伊已面分受得的秋粮田貳分其壹分名
喚半節田坐落上街路佈種貳籮計壹坵東至喬俊
田南至溝西至其夥田北至天田該粮一斗二升在
米二甲黃等賢戶下上納又壹分坐落上街路佈種
貳籮計壹坵東至黃元圭田南北至溝西至英俊田
該粮一斗在米三甲黃慕賢戶下上納其田自賣之
後任從買主耕種管業完粮汉祖賣主不得異言遁
間倘有內外人等一言争競有賣主一力承當此係
二比情愿中間並無逼迫成交亦無私債準折等情
恐後人心不古概已書明在契
實接受價銀壹百叁拾叁兩陸錢整
道光二十四年三月初二日加找銀伍兩
番得天賣與黃載衡賣契壹紙番正寬加找肆紙番
得天加找壹紙番子儒向黃選加找黃選俊又向

道光二十四年三月初二日加找銀伍兩
番得天賣與黃載衡賣契壹紙番正寬加找肆紙番
得天加找壹紙番子儒向黃選［俊］加找黃選俊又向□

家加找壹紙以上皆半節田的紙番明天賣與黃□伍賣契壹紙加找壹紙番仁寬向黃奎伍加找貳紙以上皆陳家溝田的紙黃選俊并賣契壹紙共拾貳紙當日賣田憑中人黃登俊黃國俊黃英俊選寫契黃選俊皆親筆畫押

道光十五年十二月十六日

買得黃英俊祖父遺留已面分受得的秋粮田壹分坐落本村上街路名喚大田佈種叁籮計壹坵東至賣主田南北至溝西至段家田該粮二斗在來二甲番慕賢户下上納隨田秧田壹坵坐落上街路頭東至石頭堆南至路西至元龍秧田北至東溢秧田其田自賣之後任從買主耕種管業完粮收租賣主不得異言過問倘有內外人等一言争競有賣主一力承當此係二比情愿中間並無逼迫成交亦無私債準折等情恐後人心不古概已書明在契

實接受價銀壹百伍拾兩整

道光二十七年十二月二十七日黃鑒臨加找銀拾兩

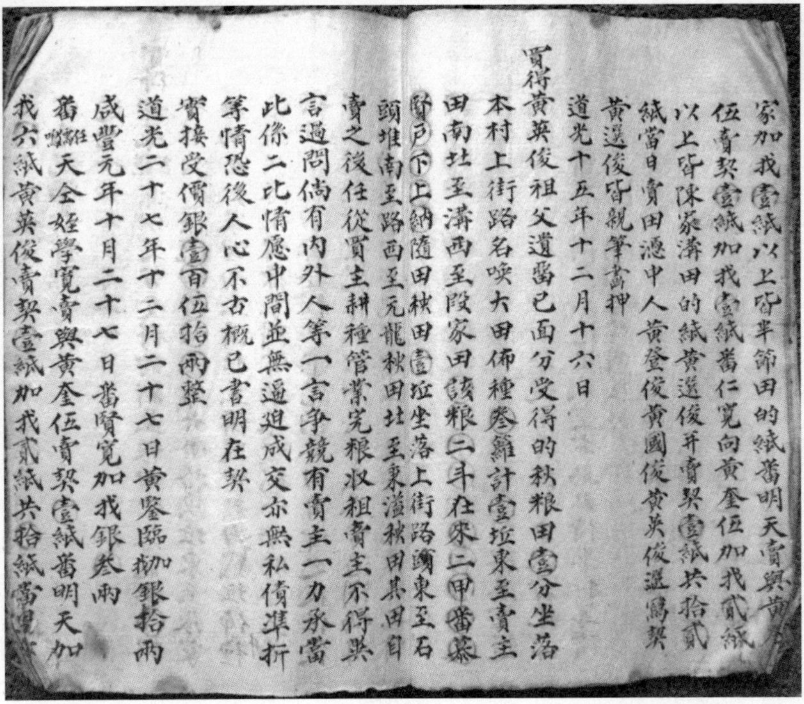
家加找壹紙以上皆半節田的紙番明天賣與黄
伍賣契壹紙加找壹紙番仁寬向黄奎伍加找貳紙
以上皆陳家溝田的紙黄還俊并賣契壹紙共拾貳
紙當日賣田憑中人黄登俊黄國俊黄英俊還爲契
黄還俊皆親筆畫押
道光十五年十二月十六日
買得黄英俊祖父遺畱已面分受得的秋粮田壹分坐落
本村上街路名喚大田佈種叁籮計壹坵東至賣主
田南北至溝西至段家田該粮二升在冬二甲番蔡
賢戶下上納隨田秧田壹坵坐落上街路頭東至石
頭堆南至路西至元龍秧田北至東澢秧田其田自
賣之後任從買主耕種管業完粮收租賣主不得異
言過問倘有内外人等一言爭競有賣主一力承當
此係二比情愿中間並無逼迫成交亦無私債準折
等情恐後人心不古概已書明在契
實接受價銀壹百伍拾兩整
道光二十七年十二月二十七日黄鑾臨加找銀拾兩
咸豐元年十月二十七日番賢寬加找銀叁兩
番任嗚儒天仝姪學寬賣與黄奎伍賣契壹紙番明天加
找六紙黄英俊賣契壹紙加找貳紙共拾紙當

咸豐元年十月二十七日番賢寬加找銀叁兩
任
番儒天仝姪學寬賣與黃奎伍賣契壹紙番明天加
鳴
找六紙黃英俊賣契壹紙加找貳紙共拾紙當□□

田憑中人黄名俊黄選俊黄登俊黄國俊代字□
宦皆親筆畫押
道光十六年正月二十日
笣
買得黄鳳翼賣伊父分受得的新垦粮田坐落龍華寺門
騫
首名喚小短擺田佈種叁籮大小拾玖坵東至張家
田南至尹家田西至溝北至溝随田秧田貳坵佈種
叁籮坐落下村徐家門首該粮一畝八分共合三斗
六升在［來］一甲黄登程户下完納其田自賣之後任從
買主耕種管業完粮收租賣主不至異言過問倘有
内外人等一言争競有賣主一力承當此係二比情
愿中間並無逼迫成交亦無私債準折等情恐後人
心不古概已書明在契
實接受價銀壹百貳拾兩整
陳國柱賣與黄天命老契税尾貳紙黄天相賣與徐
姓贖回過契壹紙黄天命賣與李登級壹紙加找壹
紙李登級賣與我　租壹紙至黄登洋杜賣與黄登

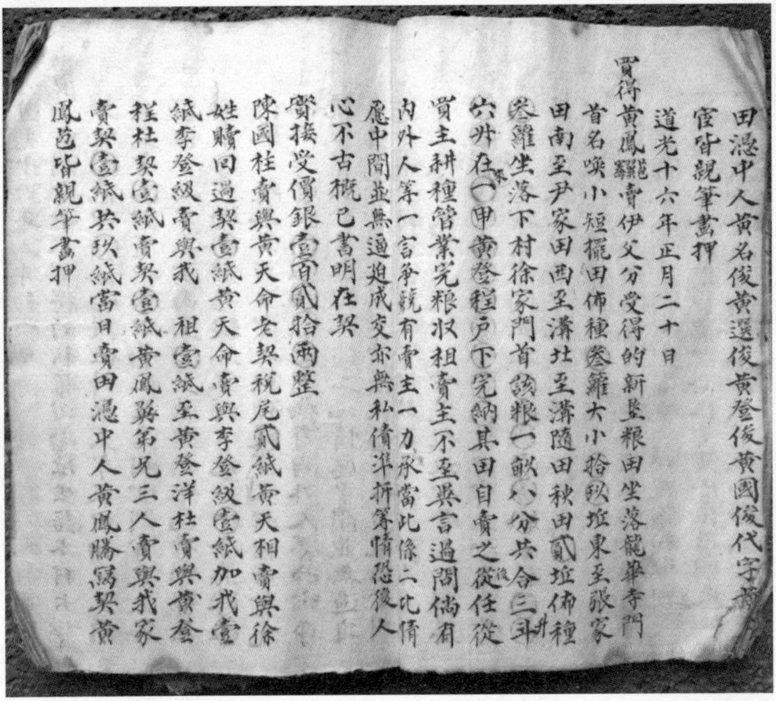
田憑中人黃名俊黃選俊黃登俊黃國俊代字黃
宦皆親筆畫押
道光十六年正月二十日
買得黃鳳翿賣伊父分受得的新墾粮田坐落龍華寺門
首名喚小短擺田佈種叁籮大小拾玖坵東至張家
田南至尹家田西至溝坵至溝隨田秋田貳坵佈種
叁籮坐落下村徐家門首該粮一畝八分共合三斗
六升在一甲黃登程戶下完納其田自賣之後任從
買主耕種管業完粮收租賣主不至異言過問倘有
內外人等一言爭競有賣主一力承當比係二比情
願中間並無逼迫成交亦無私債準折等情恐後人
心不古概已書明在契
實接受價銀壹百貳拾兩整
陳國柱賣與黃天命老契稅尾貳紙黃天相賣與徐
姓贖回過契壹紙黃天命賣與李登級壹紙加找壹
紙李登級賣與我 祖壹紙至黃登洋杜賣與黃登
程杜契壹紙賣契壹紙黃鳳翼弟兄三人賣與我家
賣契壹紙共玖紙當日賣田憑中人黃鳳騰寫契黃
鳳苞皆親筆畫押

程杜契壹紙賣契壹紙黃鳳翼弟兄三人賣與我家賣契壹紙共玖紙當日賣田憑中人黃鳳騰寫契黃鳳苞皆親筆畫押

道光十六年二月初八日

買得黃雲開賣伊承買得的秋粮田壹坵坐落本村大擺名喚大擺田佈種壹籮伍㪷東至李家田南北至溝西至賣主田隨田秧田壹坵坐落祠堂門首東至李家秧田南北至溝西至賣主秧田該粮九升一合在［來］二甲黃時安户下完納其銀頭有九升一合其粮米有九升八合其田自賣之後任從買主耕種管業完粮收租賣主不至異言過問倘有内外人等一言争競有賣主一力承當此係二比情愿中間並無逼迫成交亦無私債準折等情恐後人心不古概已書明在契

實接受價銀伍拾兩整

道光十八年十二月初三日黃雲開加找銀拾兩此加找無紙皆黃雲開親筆批在契

黃金鋭當與黃公侯過契壹紙加找貳紙黃定國賣與許廷獻贖回過契壹紙黃雲開賣契壹紙共伍紙當日賣田憑中人黃汝華代字黃朝陞皆親筆畫押

道光十六年十月二十八日

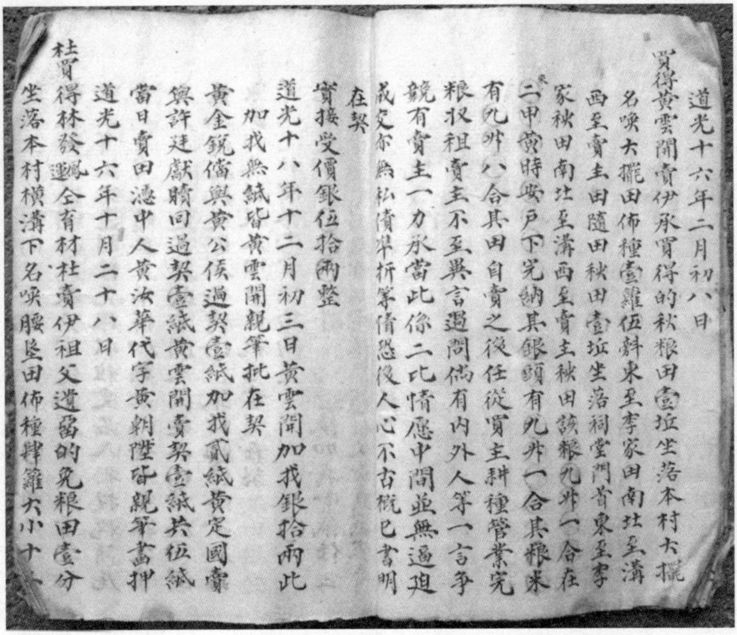
道光十六年二月初八日
買得黃雲開賣伊承買得的秋粮田壹坵坐落本村大攏
名喚大攏田佈種壹籮伍斛東至李家田南北至溝
西至賣主田隨田秋田壹坵坐落祠堂門首東至李
家秋田南北至溝西至賣主秋田該粮九升一合在
二甲黃時安戶下完納其銀頭有九升一合其粮米
有九升八合其田自賣之後任從買主耕種管業完
粮收租賣主不至異言過問倘有內外人等一言爭
競有賣主一力承當此係二比情愿中間並無逼迫
成交亦無私債準折等情恐後人心不古概已書明
在契
實接受價銀伍拾兩整
道光十八年十二月初三日黃雲開加找銀拾兩此
加找無紙皆黃雲開親筆批在契
黃金銳備與黃公候過契壹紙加找貳紙黃定國賣
與許廷獻贖回過契壹紙黃雲開賣契壹紙共伍紙
當日賣田憑中人黃汝華代字黃朝陞皆親筆畫押
道光十六年十月二十八日
杜買得林發鳳運仝育材杜賣伊祖父遺留的免粮田壹分
坐落本村橫溝下名喚腰埧田佈種肆籮大小十

杜買得林發鳳運仝育材杜賣伊祖父遺留的免粮田壹分
坐落本村橫溝下名喚腰埧田佈種肆籮大小十□

坵東至楊姓田南北至溝西至黄姓田該粮叁□□
升貳合在局料任正枝户下完納其田自杜賣之後
任從買主永遠耕種完粮收租更名入册投税請尾
有力不得取贖無力不得加找永爲黄姓子孫之業
賣主子孫永遠不得異言問及係是二比情愿中間
並無逼迫成交亦無私債準折等情此係落筆無踪
永斷割藤恐後人心不古槪已書明在契
實接受杜價銀壹百伍拾兩整
先年林永萃賣與任三奇賣契壹紙加找壹紙任三
奇又賣與李紹唐賣契壹紙李紹唐又賣與我家賣
契壹紙至林發鳳運杜賣與我家杜契壹紙杜結壹紙
共陸紙當日憑中人林發富代字楊應貴皆親筆畫押
道光十七年九月十七日
儅買楊文燦跕赤粮田貳分共老契税尾壹聯其田俱坐
坐落五板橋官溝下其粮言定楊姓完納除上粮運
役之外每年實去龍江丁家山楊姓倉房内納取穀

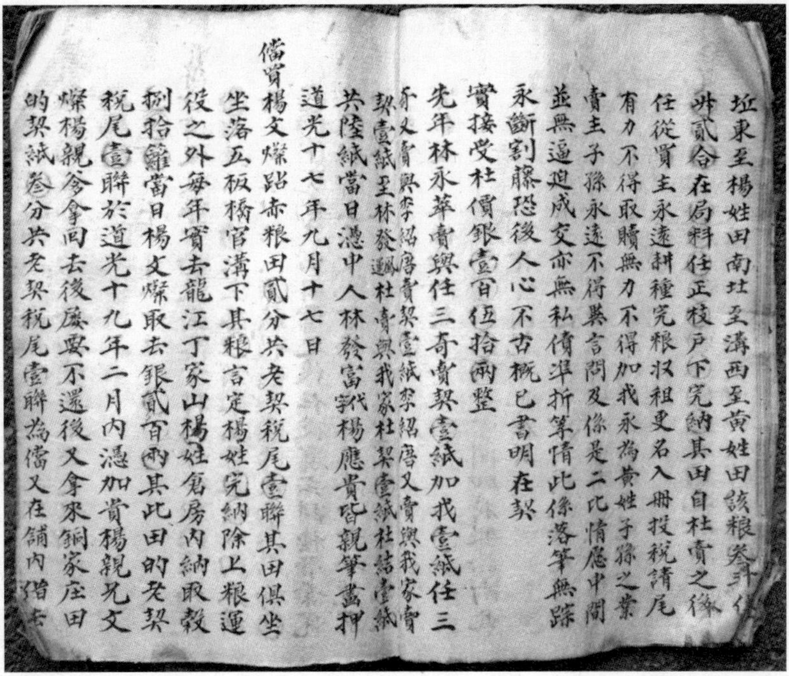
坵東至楊姓田南坵至溝西至黄姓田該粮叁升伍
升貳合在局料任正枝戶下完納其田自杜賣之後
任從買主永遠耕種完粮收租更名入冊投税請尾
有力不得取贖無力不得加找永為黄姓子孫之業
賣主子孫永遠不得異言問及係是二比情愿中間
並無逼迫成交亦無私債準折等情此係落筆無踪
永斷割藤恐後人心不古概已書明在契
實接受杜價銀壹百伍拾兩整
先年林永華賣與任三奇賣契壹紙加找壹紙任三
奇又賣與李紹唐賣契壹紙李紹唐又賣與我家賣
契壹紙至林發鳳杜賣與我家杜契壹紙杜續壹紙
共陸紙當日憑中人林發富代字楊應貴皆親筆畫押
道光十七年九月十七日
備買楊文燦路赤粮田貳分共老契税尾壹聯其田俱坐
坐落五板橋官溝下其粮言定楊姓完納除上粮運
役之外每年實去龍江丁家山楊姓倉房內納取穀
捌拾籮當日楊文燦取去銀貳百兩其此田的老契
税尾壹聯於道光十九年二月內憑加貴楊親兄文
燦楊親爹拿回去後屢要不還後又拿來銅家庄田
的契紙叁分共老契税尾壹聯為償又在舖內借去

捌拾籮當日楊文燦取去銀貳百兩其此田的老契
税尾壹聯於道光十九年二月内憑加貴楊親兄文
燦楊親爹拿回去後屡要不還後又拿來銅家庄田
的契紙叁分共老契税尾壹聯爲償又在舖内借去

銀壹百伍拾兩每年納租穀陸拾籮此銅家庄田叁
分共抵償銀叁百伍拾兩整每年共交租穀壹百肆
拾籮

道光十八年十月二十日
買得黃偉俊秋粮田壹段坐落下村門首佈種叁籮大小
拾坵並秧田肆坵坐落田頭東至番家秧田南至溝
西至番家田北至路該粮貳斗弍升在來二甲黃仕
超户下完納其田自賣之後任從買主耕種管業完
粮收租賣主不至異言倘有内外人等一言争競有
賣主一力承當此係二比情愿中間並無逼迫成交
亦無私債準折等情恐後人心不古概已書明在契
實接受價銀壹百伍拾伍兩整
於道光二十四年二月十六日黃懷仁禄加找銀伍兩
黃韋氏賣契壹紙黃啓後祥賣契壹紙加找弍紙黃偉
俊賣［契壹］紙黃懷仁禄加找壹紙共陸紙當日賣田憑中人

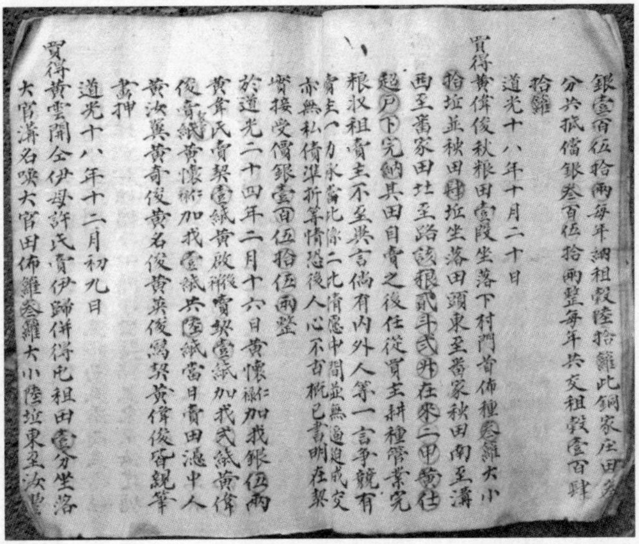

黃汝翼黃奇俊黃名俊黃英俊寫契黃偉俊皆親筆
畫押
道光十八年十二月初九日
買得黃雲開仝伊母許氏賣伊歸併得屯租田壹分坐落
大官溝名喚大官田佈籮叁籮大小陸坵東至汝豊

黄氏家族文书抄录册 2–15

田南至楊姓田西至張姓田北至溝該粮柒斗伍升在屯租黄公錫户下完納又塘子貳箇坐落賣主門首大塘子坐落門首路下東至路南至溝西至番姓塘子北至黄姓塘子小塘子坐落路上東至汝建塘子南至巷口西至路邊竹林北至黄姓塘子其田自賣之後任從買主耕種管業完粮收租賣主不至異言倘有内外人等一言争競有賣主一力承當此係二比情愿中間並無逼迫成交亦無私債準折等情恐後人心不古概已書明在契

實接受價銀壹百兩整

黄汝豊玥歸併與黄雲開賣契壹紙黄原中加找塘子契壹紙黄汝華賣與汝亮塘子契壹紙黄汝亮轉賣與我［家］塘子契壹紙黄雲開賣契壹紙共伍紙當日賣田憑中人黄雲成黄雲書黄雲泰黄汝華代字黄佑廷皆親筆畫押

道光二十年正月十六日

買得趙澤厚伊祖父遺留的秋粮田貳分其壹分坐落旲

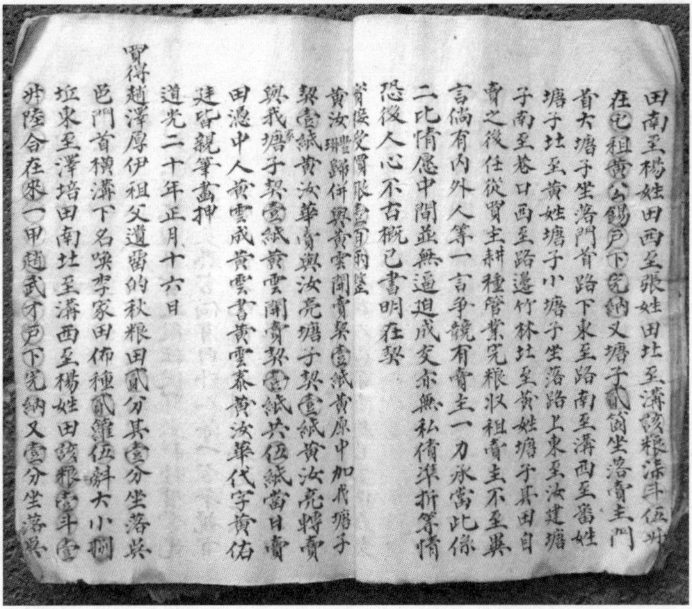
田南至楊姓田西至張姓田北至溝該粮斗伍升
在屯祖黄公錫戶下完納又塘子貳箇坐落賣主門
首大塘子坐落門首路下東至路南至溝西至當姓
塘子北至黄姓塘子小塘子坐落路上東至汝建塘
子南至巷口西至路邊竹林北至黄姓塘子其田自
賣之後任從買主耕種管業完粮叔祖賣主不至異
言倘有内外人等一言爭競有賣主一力承當此係
二比情愿中間並無逼迫成交亦無私債準折等情
恐後人心不古概已書明在契
賣後父買張姓田兩塋
黄汝禮歸併契黄雲閣賣契壹紙黄康中加戕塘子
契壹紙黄汝華賣與汝亮塘子契壹紙黄汝亮轉賣
與我塘子契壹紙黄雲閣賣契壹紙共伍紙當日賣
田憑中人黄雲成黄雲書黄雲泰黄汝華代字黄佑
廷皆親筆畫押
道光二十年正月十六日
買得趙澤厚伊祖父遺留的秋粮田貳分其壹分坐落與
邑門首横溝下名喚李家田佈種貳籮伍斛大小捌
坵東至澤培田南北至溝西至楊姓田該粮壹斗壹
升陸合在來一甲趙武才戶下完納又壹分坐落與

邑門首横溝下名喚李家田佈種贰籮伍斛大小捌
坵東至澤培田南北至溝西至楊姓田該粮壹斗壹
升陸合在來一甲趙武才户下完納又壹分坐落呉

邑河邊名唤沙田佈種壹籮伍斜大小肆坵東至澤
培田南至澤培西至寺田北至王姓田該粮壹畝柒
分伍厘在來一甲新墾趙維乾户下完納随田大秧
田壹坵坐落昗邑廟門首東至澤培［秧］田南西至楊姓
秧田北至路其田自賣之後任從買主耕種管業完
粮收租賣主不至異言倘有内外人等一言争競有
賣主一力承當此係二比情愿中間並無逼迫成交
亦無私債準折等情日後銀到田歸二比不得刁難
恐後人心不古概已書明在契
實接受價銀壹百柒拾兩整
趙孔誨賣契壹紙趙靈長賣契壹紙李閑夙賣契壹
紙老契共叁紙係同趙澤培共有趙澤培賣契壹紙
共有四紙當日賣田憑中人楊泰昌趙澤培代字李
剛體皆親筆畫押
道光二十年正月十六日
買得趙澤培賣伊祖父遺留的秋粮田貳分其壹分坐落
昗邑門首横溝下名唤李家田佈種貳籮伍斜大小
伍坵东南至溝西至澤厚田北至林姓田該粮壹斗

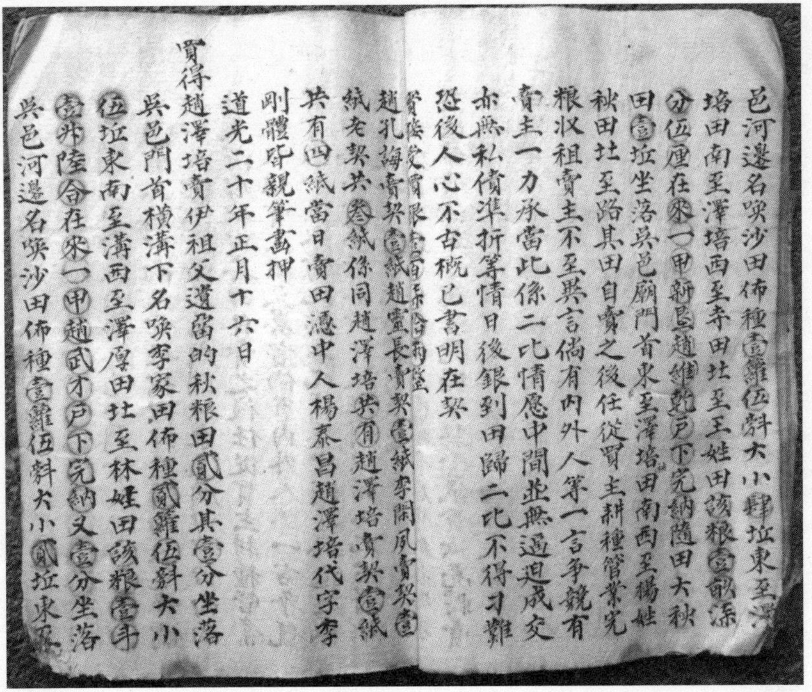

壹升陆合在來一甲趙武才户下完納又壹分坐落
吴邑河邊名喚沙田佈種壹籮伍斜大小贰坵東至

黄氏家族文书抄录册 2-17

觀音寺田南至趙姓田西至溝北至澤厚田該粮新墾壹畝柒分伍厘在來一甲趙乾維户下完納随田秧田貳坵其壹坵坐落昊邑寺門首名喚凹子秧田東至賣主秧田南至黄姓秧田北至溝西至趙粹儒秧田又壹坵坐落昊邑廟門口東至廟田秧田西南北至澤厚秧田其田自賣之後任從買主耕種管業完粮收租賣主不至異言倘有内外人等一言争競有賣主一力承當此係二比情愿中間並無逼迫成交亦無私債準折等情日後銀到田歸二比不得刁難恐後人心不古概已書明在契

實接受價銀壹百捌拾貳兩整

其老契叁紙係同趙澤厚合有俟贖田須要趙澤厚培同至方能将老紙棬還趙澤培賣契壹紙共肆紙當日賣田憑中人楊泰昌趙澤厚代字李剛體皆親筆畫押

道光二十一年十二月二十五日

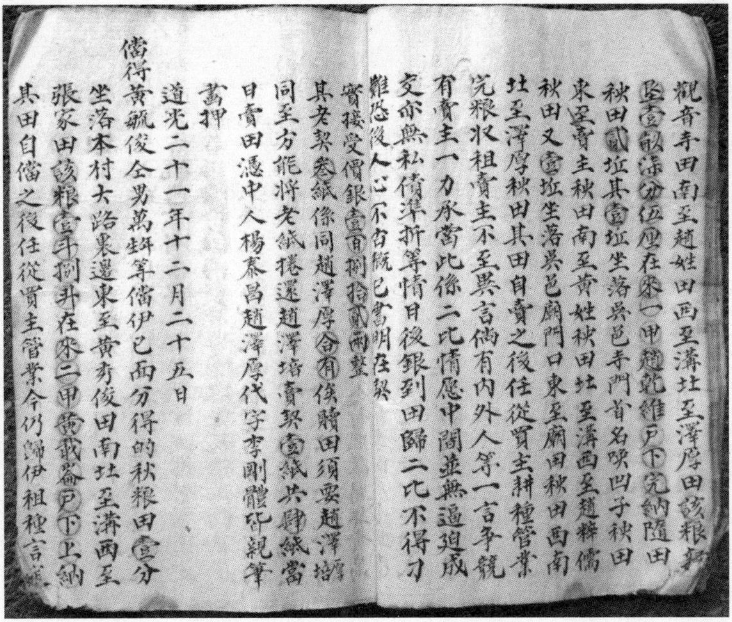
觀音寺田南至趙姓田西至溝北至澤厚田該粮[illegible]
陸壹畝柒分伍厘在來一甲趙乾維戶下完納隨田
秋田貳坵其壹坵坐落吳邑寺門首名喚凹子秋田
東至賣主秋田南至黃姓秋田北至溝西至趙粹儒
秋田又壹坵坐落吳邑廟門口東至廟田秋田西南
北至澤厚秋田其田自賣之後任從買主耕種管業
完粮收租賣主不至異言倘有內外人等一言爭競
有賣主一力承當此係二比情愿中間並無逼迫成
交亦無私債準折等情日後銀到田歸二比不得刁
難恐後人心不古恢已書明在契
實接受價銀壹百捌拾貳兩整
其老契叁紙係同趙澤厚合有係贖田須要趙澤培
同至方能將老紙捲還趙澤培賣契壹紙共肆紙當
日賣田憑中人楊春昌趙澤厚代字李剛體仝親筆
畫押
道光二十一年十二月二十五日
儅得黃毓俊仝男萬年生等儅伊己面分得的秋粮田壹分
坐落本村大路裏邊東至黃秀俊田南北至溝西至
張家田該粮壹斗捌升在來二甲黃載崙戶下上納
其田自儅之後任從買主管業今仍歸伊租種言定

儅得黃毓俊仝男萬年生等儅伊己面分得的秋粮田壹分
坐落本村大陆裏邊東至黃秀俊田南北至溝西至
張家田該粮壹斗捌升在來二甲黃載崙户下上納
其田自儅之后任從買主管業今仍歸伊租種言定

每年交租穀貳拾伍籮柒斜半除伊上粮運役之外
每年實交租穀貳拾貳籮俟至秋收之日將一色好
穀如数清交如有短少粿粒任從别招佃種儅人不
至異言此係二比情愿中間並無逼迫成交恐後人
心不古槪已書明在契
實儅名銀陸拾伍兩整
道光二十五年三月二十五日收還名銀肆拾貳兩
捲租拾肆籮每年交穀捌籮實欠銀貳拾叁兩整
有白象純杜賣與黄載崙賣契壹紙杜結壹紙黄萬
年儅契壹紙共叁紙當日憑中人黄照臨寫契黄萬
年皆親筆畫押
道光二十二年十月二十二日
買得番锦賢沐三甲粮田壹分坐落本村上街路名喚横
垦田大小叁坵佈種陸籮該粮叁斗壹升在來三甲
番元臣户下完納随田秧田壹坵坐落六单門首名
喚白泥秧田其田自賣之後任從買主耕種管業完
粮收租賣主不至異言倘有内外人等一言争競有
賣主一力承當此係二比情愿中間並無逼迫成交

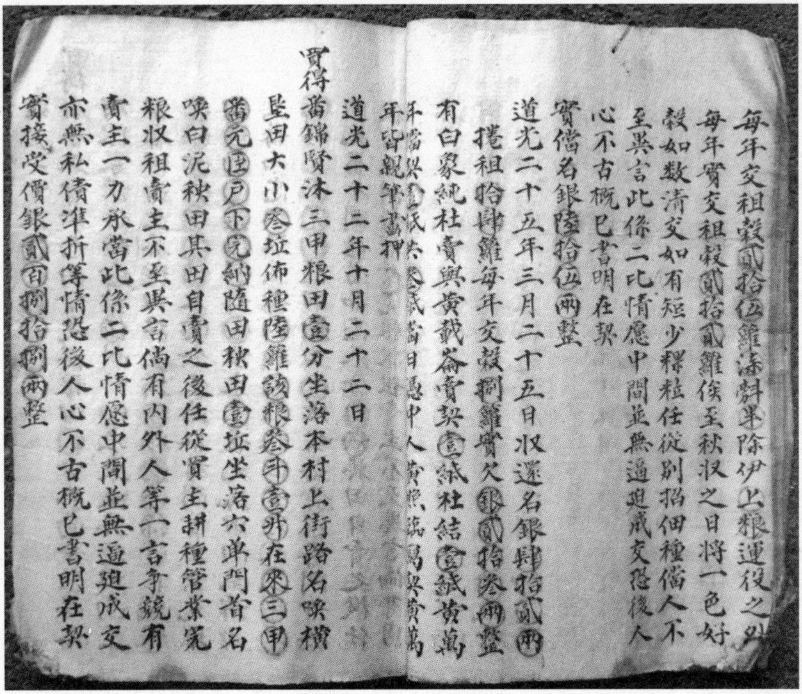

每年交租穀貳拾伍籮柒斛半除伊上粮運役之外
每年實交租穀貳拾貳籮係至秋收之日將一色好
穀如数清交如有短少釋粘任從別招佃種備人不
至異言此係二比情愿中間並無逼迫成交恐後人
心不古概已書明在契
實備名銀陸拾伍兩整
道光二十五年三月二十五日收還名銀肆拾貳兩
捲租捌肆籮每年交穀捌籮實欠銀貳拾叁兩整
有白象純杜賣與黃截崙賣契壹紙杜結壹紙黃萬
年當與壹紙共叁紙當日憑中人黃[illegible]、張鴻恩黃萬
年皆親筆畫押
道光二十二年十月二十二日
實得黃錦賢沐三甲粮田壹分坐落本村上街路名唤横
埾田大小叁坵佈種陸籮該粮叁升壹升在來三甲
黃元臣戶下完納隨田秋田壹坵坐落六单門首名
唤白泥秋田其田自賣之後任從買主耕種管業凭
粮收租賣主不至異言倘有內外人等一言爭競有
賣主一力承當此係二比情愿中間並無逼迫成交
亦無私債準折等情恐後人心不古概已書明在契
實接受價銀貳百捌拾兩整

亦無私債準折等情恐後人心不古概已書明在契
實接受價銀貳百捌拾兩整

道光二十三年八月初八日

買得番子正賣伊己面分受得粮田貳分其壹分坐落本村陳家溝佈種壹籮伍斜計壹坵東至其璉田南至宗睿田西至其璦田北至溝該粮壹斗柒升在職粮番維章户下完納又壹分坐落本村門首名喚瓦瑶田佈種壹籮伍斜計壹坵東至番元鳳田南至溝西至番品忠田北至番以熙田該粮伍升在來三甲番能修户下完納随田秧田壹坵坐落黄家巷門首仝胞兄番子開姪番品忠叁分均洒其田自賣之後任從賣主耕種管業完粮收租賣主不至異言倘有内外人等一言争競有賣主一力承當此係二比情愿中間並無逼迫成交亦無私債準折等情日後銀到田歸二比不得刁難恐後人心不古概已書明在契實接受價銀壹百肆拾叁兩整

咸豐五年十一月初一日番子正加找銀壹兩

番其惠賣與番祖寬賣契壹紙番子全年賣與番法愛寬

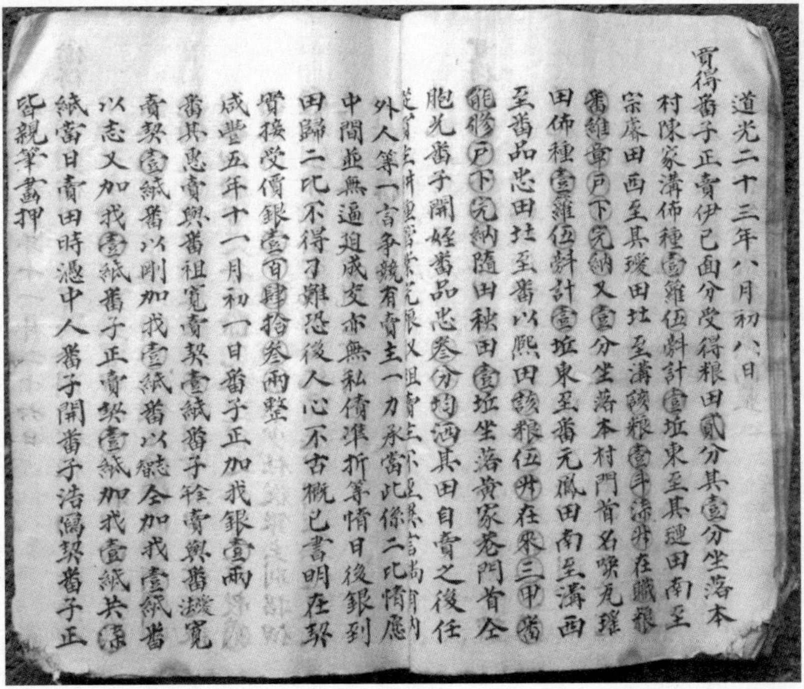

賣契壹紙番以剛加找壹紙番以志智仝加找壹紙番
以志又加找壹紙番子正賣契壹紙加找壹紙共柒
紙當日賣田時憑中人番子開番子浩寫契番子正
皆親筆畫押

道光二十三年十一月二十六日
儅得尙　直儅伊父承買尙登閣的屯粮田壹叚坐落老
丁溝大小拾叁坵東至曺田南至祥林田西至溝北
至登純田該粮叁斗額銀叁錢在下伍尙邦顯户下
完納随田秧田壹坵坐落本村門首其田自儅之后
仍租佃種言定每年除完粮運役之外實交租穀貳
拾叁籮不至短少粿粒如有短少任從銀主别招佃
種儅主不至異言此係二比情愿中間並無逼迫成
交恐後人心不古概已書明在契
實儅銀伍拾柒兩整
尙登舉杜賣與尙從彦杜契壹紙稅尾壹紙尙大林
賣與尙登閣賣契壹紙尙登閣賣與尙炳章賣契壹
紙尙　直儅契壹紙共伍紙當日儅田憑中人尙萃
代字尙友皆親筆畫押
道光二十四年二月初八日
買得番锦崑賣伊贖得番锦耀的秋粮田壹分坐落本村
楊家井門首横溝下佈種叁籮大小伍坵東至锦沛
田南北至溝西至黄姓田該粮壹斗陸升在來三甲

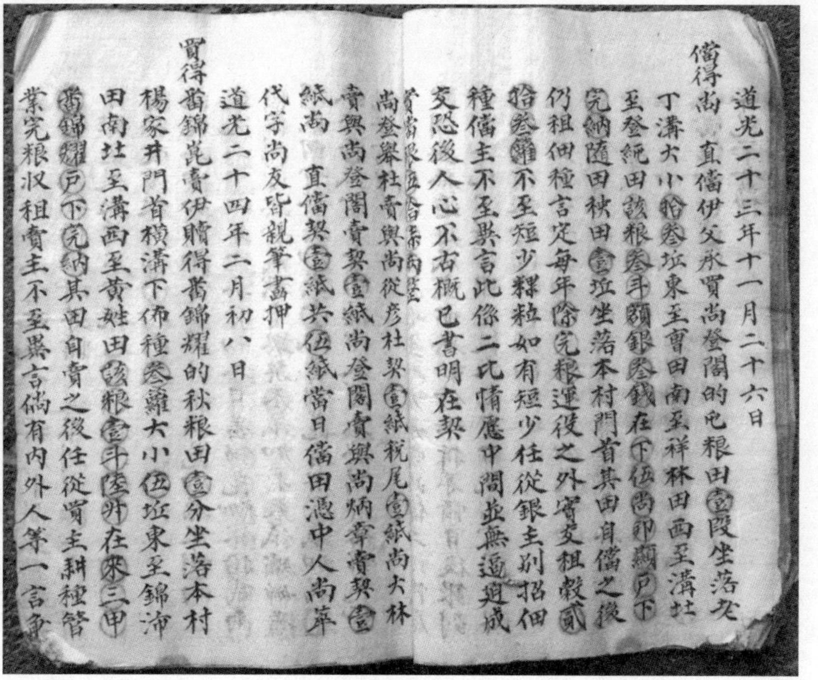
道光二十三年十一月二十六日
備得尚　直備伊父承買尚登閣的屯粮田壹段坐落荒
丁溝大小拾叁坵東至曹田南至祥林田西至溝北
至登統田該粮叁斗額銀叁錢在下伍尚卯甲户下
完納隨田秧田壹坵坐落本村門首其田自備之後
仍租佃種言定每年除完粮運役之外實交租穀貳
拾叁籮不至短少粿粒如有短少任從銀主別招佃
種備主不至異言此係二比情愿中間並無逼迫成
交恐後人心不古概已書明在契
尚登舉杜賣與尚從彥杜契壹紙稅尾壹紙尚大林
賣與尚登閣賣契壹紙尚登閣賣與尚炳章賣契壹
紙尚　直備契壹紙共伍紙當日備田憑中人尚萃
代字尚友皆親筆畫押
買得黃錦耀
道光二十四年二月初八日
黃錦莌賣伊贖得黃錦耀的秋粮田壹分坐落本村
楊家井門首橫溝下佈種叁籮大小伍坵東至錦沛
田南北至溝西至黃姓田該粮壹斗陸升在來三甲
黃錦耀戶下完納其田自賣之後任從買主耕種管
業完粮收租賣主不至異言倘有內外人等一言爭

番锦耀户下完納其田自賣之後任從買主耕種管
業完粮收租賣主不至異言倘有内外人等一言争

競有賣主一力承當此係二比情愿中間並無逼迫
成交亦無私債準折等情日後銀到田歸二比不得
刁難恐後人心不古概已書明在契
實接受價銀壹百壹拾兩整
道光二十六年十月初二日番锦崑加找銀捌兩
道光二十七年十二月初二日番锦崑加找銀拾贰兩
番锦耀賣與黄茂猷賣與契叁紙加找叁紙孀婦番
胡氏向黄登美加找壹紙番锦崑賣契壹紙加找贰
紙共拾紙當日賣田憑中人番立興寫契番锦崑皆
親筆畫押
道光二十四年十月初二日
儅得張啓林向龐尹姓承買得的粮田贰分其龐姓［田］壹分坐
落董庫門首佈種肆籮大小贰坵東至尙家田南至
溝外西至本家田北至溝外該粮贰斗玖升叁合額
銀贰錢贰分在后所一户龐宗保户下完納其伊又

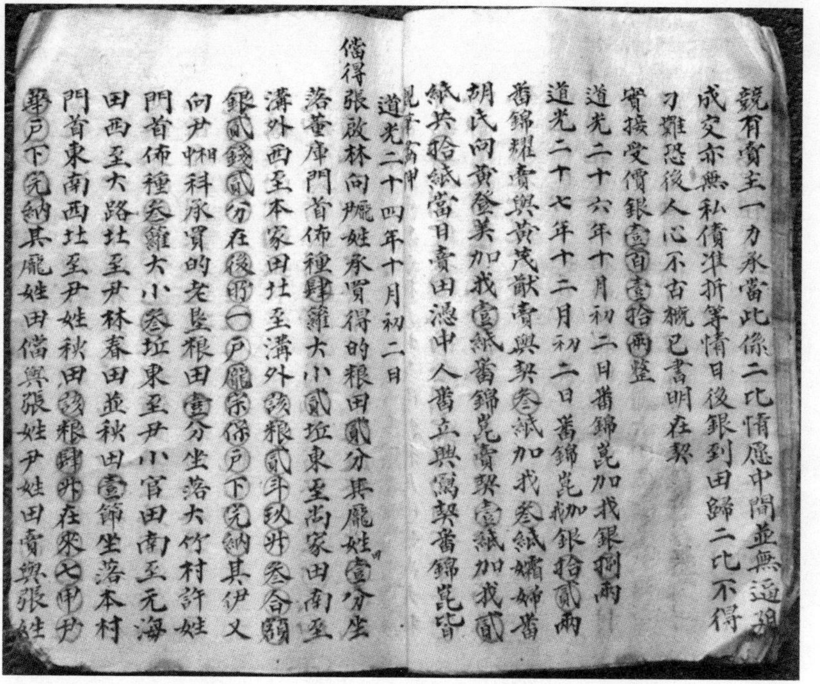
競有賣主一力承當此係二比情愿中間並無逼迫
成交亦無私債準折等情日後銀到田歸二比不得
刁難恐後人心不古概已書明在契
實接受價銀壹百壹拾兩整
道光二十六年十月初二日黄錦崑加找銀捌兩
道光二十七年十二月初二日黄錦崑加[illegible]銀拾貳兩
黄錦耀賣與黄茂猷賣與契叁紙加找叁紙嬸婶黄
胡氏向黄登美加找壹紙黄錦崑賣契壹紙加找貳
紙共拾紙當日賣田憑中人黄立興爲契黄錦崑皆
道光二十四年十月初二日
備得張啟林向麗姓承買得的粮田貳分其麗姓壹分坐
落董庫門首佈種肆籮大小貳坵東至尚家田南至
溝外西至本家田北至溝外該粮貳升玖升叁合額
銀貳錢貳分在後甲一戶麗宗係戶下完納其伊又
向尹相科承買的老垦粮田壹分坐落大竹村許姓
門首佈種叁籮大小叁坵東至尹小官田南至元海
田西至大路北至尹林春田並秋田壹節坐落本村
門首東南西北至尹姓秋田該粮肆升在來七甲尹
華戶下完納其麗姓田儅與張姓尹姓田賣與張姓

向尹相中科承買的老垦粮田壹分坐落大竹村許姓
門首佈種叁籮大小叁坵東至尹小官田南至元海
田西至大路北至尹林春田並秧田壹節坐落本村
門首东南西北至尹姓秧田該粮肆升在來七甲尹
華户下完納其麗姓田儅與張姓尹姓田賣與張姓

張啓林將伊二分田爲抵實儅去銀壹百兩整當日言定自儅之後每月每兩行息壹分伍厘俟週年之日本息一並清還不至短少拖欠如有短少拖欠任從銀主耕種管業完粮收租儅主不至異言此係二比情愿中間並無逼迫成交倘有内外人等一言争競有儅主一力承恐後人心不古概已書明在契

實儅銀壹百兩整

龐加佐等儅與劉姓儅契贰紙又儅與張姓壹紙加找贰紙尹相中科賣與張姓壹紙張啓林併儅契壹紙共柒紙

其田我家只招佃耕種董庫門首龐家田遞年完粮收租其尹姓大竹村之田仍歸張啓林完粮收租恐日後錯亂故此特批

道光二十五年正月二十三日

買得楊國選仝子啓學賣的官庄粮田壹分佈種陸籮坐落雷起潛名喚盧家田該粮一石一斗二升在官庄一户盧發秀户下完納随田秧田壹坵坐落寨後其

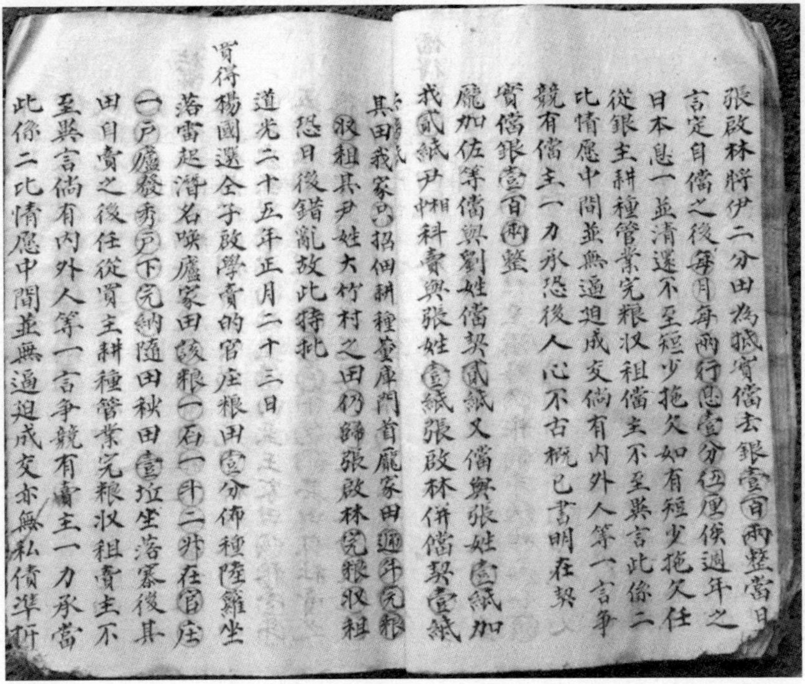

田自賣之後任從買主耕種管業完粮收租賣主不
至異言倘有内外人等一言爭競有賣主一力承當
此係二比情愿中間並無逼迫成交亦無私債準折

等情恐後人心不古槪已書明在契
實接受價銀壹百陸拾兩整
咸豐元年三月十六日楊啓學加找銀叁拾壹兩
道光二十五年十一月十一日

杜買得黄啓順忠啓時坤仝姪懷元杜賣伊祖父遺畱秋粮田
壹分坐落下村門首名喚楊老虎田佈種叁籮大小
叁坵東至段家田南北至溝西至王家田該粮壹斗
五升在來一甲租　登鶴户下完納其田自杜賣之
後任從賣主耕種管業完粮收租更名入册投税請
尾賣主子孫不得異言過問永爲買主子孫之業自
後有力不得取贖無力不得加找此係二比情愿中
間並無逼迫成交亦無私債準折等情係是落筆無
踪永斷割藤恐後人心不古槪已書明在契
實接受杜價銀壹百伍拾貳兩整
道光二十六年二月初六日

黄氏家族文书抄录册 2–23

買得韋啓運泰賣伊向趙姓承買的直粮田壹段坐落呉邑

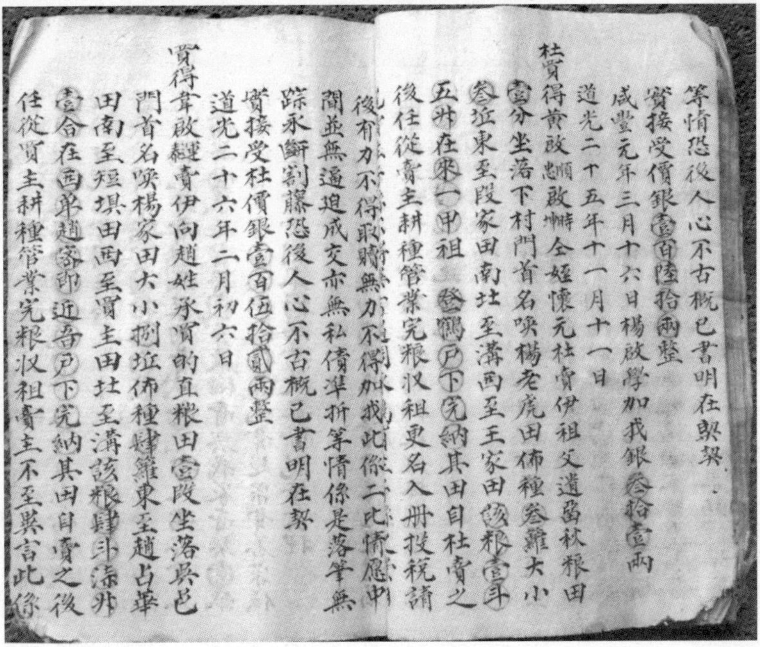
等情恐後人心不古概已書明在契
實接受價銀壹百陸拾兩整
咸豐元年三月十六日楊啟學加找銀叁拾壹兩
道光二十五年十一月十一日
杜賣得黃啟鯛啟艜仝姪懷元杜賣伊祖父遺留秋粮田
壹分坐落下村門首名喚楊老虎田佈種叁籮大小
叁坵東至段家田南北至溝西至王家田該粮壹斗
五升在米一甲祖　叁鯛戶下完納其田自杜賣之
後任從賣主耕種管業完粮收租更名入册投税請
後有力不得取贖無力不得加找此係二比情愿中
間並無逼迫成交亦無私債準折等情係是落筆無
踪永斷葛藤恐後人心不古概已書明在契
實接受杜價銀壹百伍拾貳兩整
道光二十六年二月初六日
賣得黃啟纏賣伊向趙姓承買的直粮田壹段坐落吳邑
門首名喚楊家田大小捌坵佈種肆籮東至趙占華
田南至短埧田西至買主田北至溝該粮肆斗柒升
壹合在西单趙密即近吾戶下完納其田自賣之後
任從買主耕種管業完粮收租賣主不至異言此係

門首名喚楊家田大小捌坵佈種肆籮東至趙占華
田南至短埧田西至買主田北至溝該粮肆斗柒升
壹合在西单趙密即近吾户下完納其田自賣之後
任從買主耕種管業完粮收租賣主不至異言此係

二比情愿中間並無逼迫成交亦無私債準折等情
倘有内外人等一言争競有賣主一力承當恐後人
心不古槪已書明在契
實接受價銀貳百貳拾叁兩整
趙占嵩先年賣與我家的賣［契］紙壹紙伊又儅與韋正
宗儅契壹紙又賣契貳［紙］韋啓運泰賣與我家賣契壹紙
共伍紙當日賣田憑中人侯占先韋超宗韋善宗侯
登先韋啓雲黄朝泰寫契韋啓泰皆親筆畫押
道光二十六年十月二十六日
買得毛占純仝子啓仁粮田貳分其壹分坐落毛家村名
唤沙田佈種肆籮又壹分坐落瑶墩名唤雙坵田大
小貳坵其田自賣之後仍歸賣主耕種其粮仍歸賣
主完納至癸亥年其雙坵田之粮柒升壹合在太二
甲毛廷宦户下完納我家上納
實接受餉銀壹百伍拾兩整
道光二十七年二月十五日

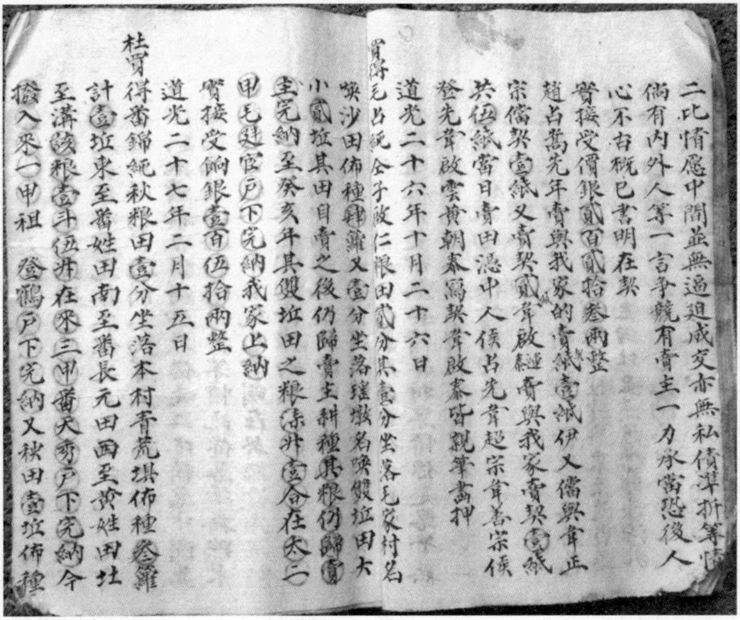

杜買得番锦純秋粮田壹分坐落本村青荒埧佈種叁籮
計壹坵東至番姓田南至番長元田西至黄姓田北
至溝該粮壹斗伍升在來三甲番天秀户下完納今
撥入來一甲租　登鶴户下完納又秧田壹坵佈種

肆籮坐落四单東至黄姓秧田南至陳姓塘子西至
李姓秧田北至賣主塘子其田自杜賣之後任從買
主永遠耕種管業完粮收租更名入册投税請尾賣
主子孫不得異言過問永爲買主子孫之業日後有
力不得取贖無力不得加找係是二比情愿中間並
無逼迫成交亦無私債準折等情此係落筆無踪永
斷割藤恐後人心不古概已書明在契
實接受杜價銀壹百叁拾肆兩整
實賣契貳紙加找叁紙杜結壹聯共陸紙當日杜賣
田時憑中人番锦祥番錦達番锦紳黄朝陽黄雲泰
代字番锦崑皆親筆畫押
内中還有秧田壹坵坐落陳家溝該直粮弍升佈種
貳籮係番如璵於嘉慶七年二月二十二日所賣其
後賣主將此陳家溝秧田壹坵取回又换與我家秧
田半坵坐落四单黄汝翼鋪子下東至黄姓秧田南
至賣主半節秧田西至李姓秧田北至塘子計壹紙
當日憑中人番如坤春番如川璋代字番祝山皆親筆畫押
此田於光

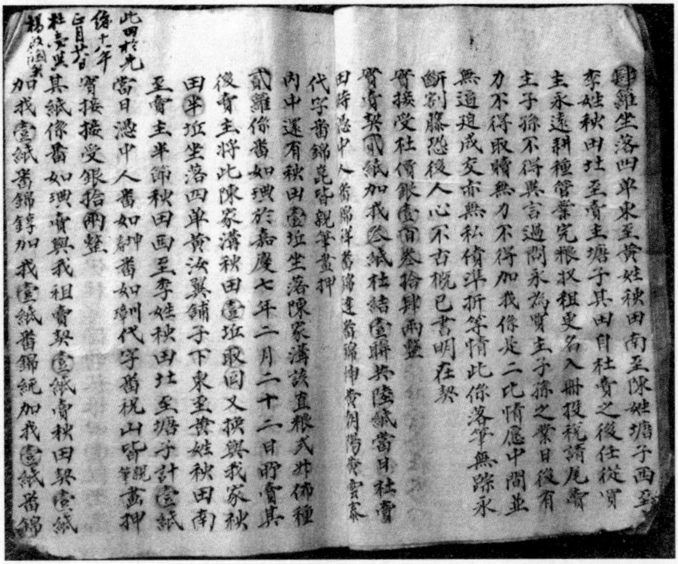
肆羅坐落四单東至黄姓秧田南至陳姓塘子西至
李姓秧田北至賣主塘子其田自杜賣之後任從買
主永遠耕種管業完粮収租更名入冊投税請尾賣
主子孫不得異言過問永為買主子孫之業日後有
力不得取贖無力不得加找係是二比情愿中間並
無逼迫成交亦無私債準折等情此係落筆無踪永
斷割藤恐後人心不古概已書明在契
實接受杜價銀壹百叁拾肆兩整
實賣契貳紙加找叁紙杜結壹聯共陸紙當日杜賣
田時憑中人番錦洋番錦達番錦伸黄僴陽黄雲泰
代字番錦崑皆親筆畫押
内中送有秧田壹坵坐落陳家溝該直粮弍外佈種
貳籮係番如璵於嘉慶七年二月二十二日所賣其
後賣主將此陳家溝秧田壹坵取回又换與我家秧
田半坵坐落四单黄汝翼鋪子下東至黄姓秧田南
至賣主半節秧田西至李姓秧田北至塘子計壹紙
當日憑中人番如紳番如瑚代字番梲山皆親筆畫押
此田於光
係十八年
正月廿八日　實接受銀拾兩整
杜賣與　其紙係番如璵賣與我祖賣契壹紙賣秧田契壹紙
楊啓潤矣　加找壹紙番錦錞加找壹紙番錦純加找壹紙番錦

緒十八年
正月廿八日　實接受銀拾兩整
杜賣與　其紙係番如璵賣與我祖賣契壹紙賣秧田契壹紙
楊啓潤矣　加找壹紙番錦錞加找壹紙番錦純加找壹紙番錦

純杜賣契壹紙共陸紙前所抄未明故又復録
道光二十七年三月十六日
買得毛宗顯仝子占傑賣伊杜買得的秋粮田壹叚坐落倪家舖門首佈種貳籮伍斘計壹坵東至小河南至宗壽田西至清真寺田北至宗會田該粮玖升貳合在太二甲毛廷宦户下完納其田自賣之後任從買主耕種管業完粮收租賣主不至異言此係二比情愿中間並無逼迫成交亦無私債準折等情倘有内外人等一言争競有賣主一力承當恐後人心不古槪已書明在契
實接受價銀玖拾壹兩整
毛宗恩賣與毛宗顯賣契壹紙毛宗顯賣契壹紙共貳紙當日賣田憑中人毛宗望毛占卓代字毛啓昶皆親筆畫押
道光二十七年十月初三日
買得張國瑾仝子兆紳縉賣伊秋粮田壹分坐落黄坡門首佈種叁籮秧田壹坵該粮玖升捌合在太八甲張志

黃氏家族文书抄录册 2-26

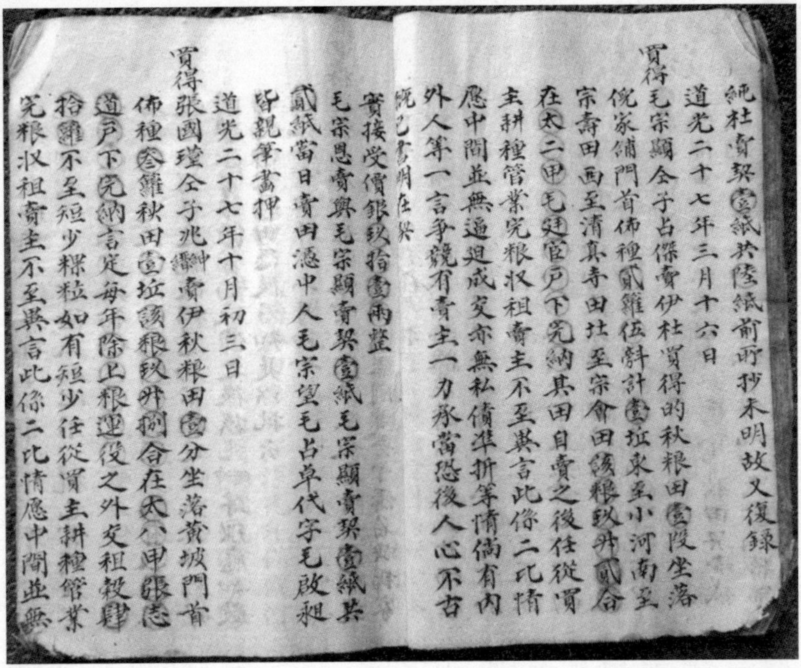
純杜賣契壹紙共陸紙前所抄未明故又復錄
道光二十七年三月十六日
買得毛宗顯仝子占傑賣伊杜買得的秋粮田壹段坐落
倪家舖門首佈種貳籮伍斛計壹坵東至小河南至
宗壽田西至清真寺田北至宗俞田該粮玖升貳合
在太二甲毛廷官户下完納其田自賣之後任從買
主耕種管業完粮收租賣主不至異言此係二比情
愿中間並無逼迫成交亦無私債準折等情倘有内
外人等一言爭競有賣主一力承當恐後人心不古
挽立賣明存照
實接受價銀玖拾壹兩整
毛宗恩賣與毛宗顯賣契壹紙共
貳紙當日賣田憑中人毛宗望毛占卓代字毛啟昶
皆親筆畫押
道光二十七年十月初三日
買得張國瓘仝子兆紳賣伊秋粮田壹分坐落黃城門首
佈種叁籮秋田壹坵該粮玖升捌合在太八甲張志
道户下完納言定每年除上粮運役之外交租穀肆
拾籮不至短少粿粒如有短少任從買主耕種管業
完粮收租賣主不至異言此係二比情愿中間並無

道户下完納言定每年除上粮運役之外交租穀肆
拾籮不至短少粿粒如有短少任從買主耕種管業
完粮收租賣主不至異言此係二比情愿中間並無

逼迫成交亦無私債準折等倘有内外人等異言爭
競有賣主一力承當恐後人心不古槪已書明在契
實接受價銀叄百叄拾伍兩整
其田自賣之後仍歸賣主耕種我家並未有收過租
穀念在甥舅之親故相寬而不相迫俟至張外祖母
國瑝張舅爹張舅媽成佛之後該兆紳縉等理應如數
補還清租種田恐後不知是以批云
道光二十七年十二月初十日

黃氏家族文书抄录册 2–27

買得番澤澎仝堂姪錦烺堂孫三多三級仝賣伊曾祖遺
留秋粮田壹分坐落倘家寨門首老丁溝名喚楊家
田計貳坵佈種叄籮其田上壹坵東至本家田南北
至溝西至本家田下壹坵东北至本家田南至溝西
至番姓田該粮陆升因先年已經撥歸伊本家賣與
中山寺楊家田内完納其田係番澤深先年備備價
向番元臣贖回其贖回之價銀已經如数找清自仝
賣之後任從買主耕種管業完粮收租賣主不至異
言此係二比情愿中間並無逼迫成交亦無私債準

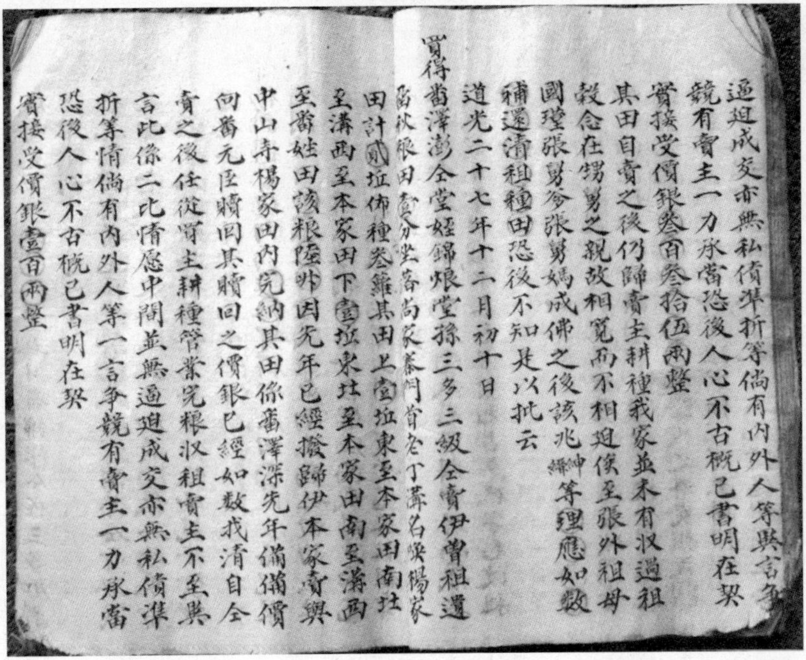
逼迎成交亦無私債準折等倘有內外人等異言争
競有賣主一力承當恐後人心不古概已書明在契
實接受價銀叁百叁拾伍兩整
其田自賣之後仍歸賣主耕種我家並未有收過租
穀念在甥舅之親故相寬而不相逼倭至張外祖母
國璽張舅爹張舅媽成佛之後該兆坤等理應如數
補還清租穀田恐後不知是以批云
道光二十七年十二月初十日
買得當澤澍全堂侄錦娘堂孫三多三級全賣伊曾祖遺
留秋粮田壹分坐落尚家寨門首名丁萧名樂楊家
田計貳坵佈種叁籮其田上壹坵東至本家田南址
至溝西至本家田下壹坵東址至本家田南至溝西
至當姓田該粮陸升因先年已經撥歸伊本家賣與
中山寺楊家田內完納其田係當澤深先年備價
向當元臣贖回其贖回之價銀已經如數找清自全
賣之後任從買主耕種管業完粮收租賣主不至異
言此係二比情愿中間並無逼迎成交亦無私債準
折等情倘有內外人等一言争競有賣主一力承當
恐後人心不古概已書明在契
實接受價銀壹百兩整

折等情倘有內外人等一言争競有賣主一力承當
恐後人心不古概已書明在契
實接受價銀壹百兩整

咸豐元年十二月二十五日番錦烺仝侄三多加找

銀貳兩

番元秀亮典與番元臣典契壹紙番澤澎等仝賣與我家賣契壹紙番锦烺仝侄三多加找壹紙共叁紙當日憑中人番焕揚番锦愷寫契番錦烺皆親筆畫押

道光二十八年十月二十一日

買得楊國顯賣伊向高姓承買得官庄田壹叚坐落倪家舖門首大小贰坵佈種贰籮东南至高姓田西至杜姓田北至溝該粮捌升伍合在官庄高成周户下完納其田自賣之後任從買主耕種管業完粮收租賣主不至異言此係二比情愿中間並無逼迫成交亦無私債準折等情倘有内外人等一言争競有賣主一力承當恐後人心不古槪已書明在契

實接受價銀捌拾伍兩整

高自連賣與楊姓壹紙加找贰紙楊國顯賣與孫雲漢壹紙共肆紙此田之賣契孫雲漢尚未寫契因先年恐楊姓碍滯不清故作孫雲漢承買所以未寫賣

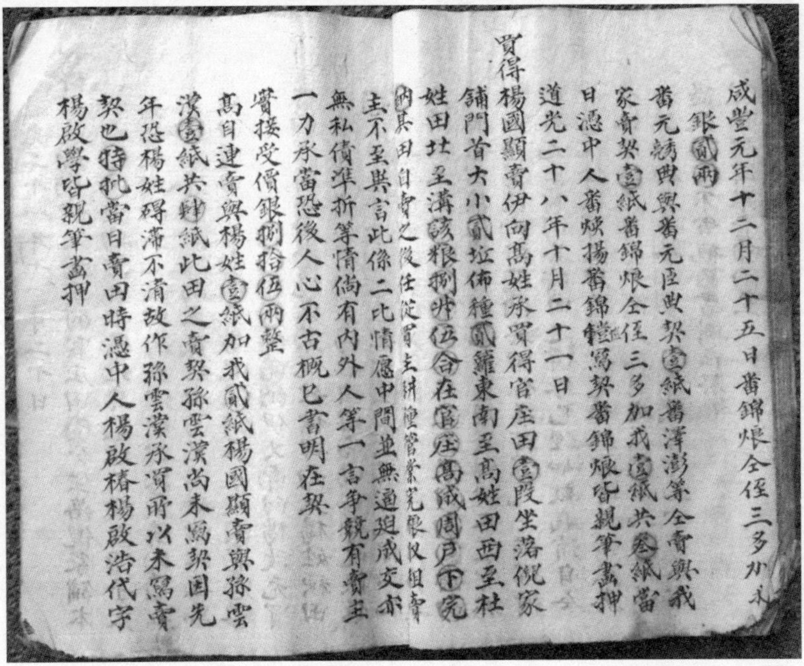

契也特批當日賣田時憑中人楊啓椿楊啓浩代字
楊啓學皆親筆畫押

黄氏家族文书抄录册 2-29

道光二十八年十一月二十日

買得楊啓浩賣伊父遺留的官庄田壹分坐落倪家舖本村門首佈種肆籮大小肆坵其貳坵名喚大塘子東至毛姓田南至毛姓田西至沙姓田北至溝又貳坵在大路邊東至路南至武姓田西至高姓田北至旲姓田随田秧田壹坵坐落倪家舖寨子後該官庄銀壹錢柒分在高成周户下完納伊又賣向楊啓元買得的大薗子田壹塊東至倪姓秧田南至楊姓秧田北至高姓薗子脚西至楊姓秧田其田自賣之後任［從］買主耕種管業完粮收租賣主不至異言此係二比情愿中間並無逼迫成交亦無私債過割不清倘有内外人等異言争競有賣主一力承當恐後人心不古概已書明在契

實接受價銀壹百捌拾叁兩整

高大儒賣與毛啓誥壹紙又贖回賣與楊國正壹紙楊啓元賣與楊姓大薗田壹紙楊啓浩併賣契壹紙共肆紙此田有遵照老紙高啓萬收執楊姓賣契書明特批當日賣田時憑中人楊國顯楊啓寬孫雲漢

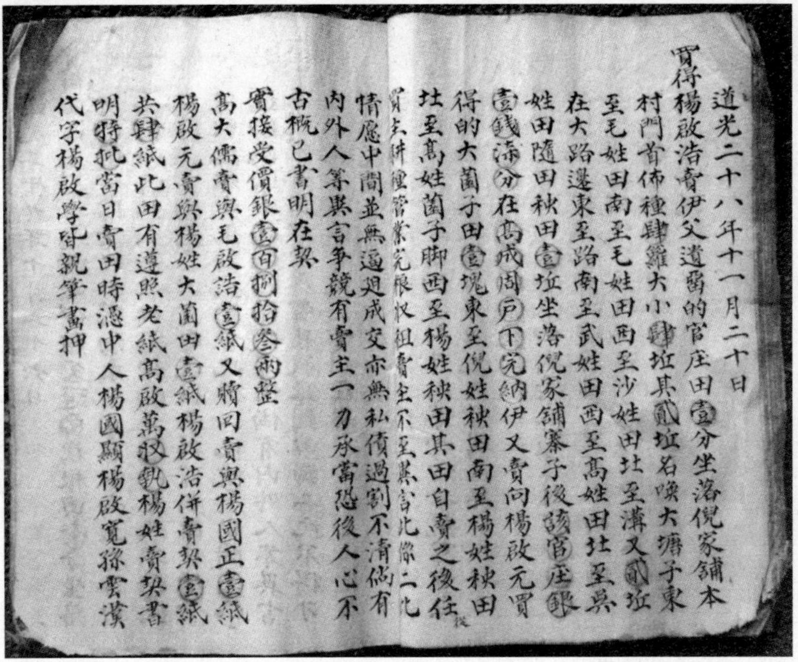

買得楊啟浩賣伊父遺留的官庄田壹分坐落倪家鋪本
道光二十八年十一月二十日
村門首佈種肆籮大小肆坵其貳坵名喚大塘子東
至毛姓田南至毛姓田西至沙姓田北至溝又貳坵
在大路邊東至路南至武姓田西至高姓田北至吳
姓田隨田秋田壹坵坐落倪家鋪寨子後該官庄銀
壹錢陸分在高成周戶下完納伊又賣向楊啟元買
得的大菌子田壹塊東至倪姓秋田南至楊姓秋田
北至高姓菌子脚西至楊姓秋田其田自賣之後任
買主耕種管業完糧収租賣主不至異言此係二比
情愿中間並無逼迫成交亦無私債過割不清倘有
内外人等異言爭競有賣主一力承當恐後人心不
古概已書明在契
實接受價銀壹百捌拾叁兩整
高大儒賣與毛啟浩壹紙又贖回賣與楊國正壹紙
楊啟元賣與楊姓大菌田壹紙楊啟浩併賣契壹紙
共肆紙此田有道照老紙高啟萬収執楊姓賣契書
明將批當日賣田時憑中人楊國顯楊啟寬孫雲漢
代字楊啟學皆親筆畫押

代字楊啓學皆親筆畫押

道光二十九年十月二十六日

買得王心正仝男應鈞昌賣伊祖父遺畱秋粮田壹分坐落河外佈種肆籮大小貳坵東至應召田南至應召田西至沙溝北至毛姓田該粮壹斗壹升在來二甲王萬有户下完納其田自賣之後任從買主耕種管業完粮收租賣主不至異言此係二比情愿中間並無逼迫成交亦無私債準折等情倘有内外人等異言争競有賣主一力承當日後銀到田歸二比不得刁難恐後人心不古概已書明在契

實接受價銀壹百貳拾肆兩整

咸豐三年四月初一日王心正加找銀貳兩

王心正賣契壹紙加找壹紙共貳紙當日賣田憑中人伯汝章王心有王應召寫契王應鈞皆親筆畫押

道光三十年正月二十八日

買得番子元賣伊祖父遺畱的秋粮田壹分坐落大坖佈種肆籮大小貳坵東至藥王［宫］田南北至溝西至番元臣田該粮壹斗捌升伍合在來三甲［張］番如德户下完

黃氏家族文书抄录册 2-30

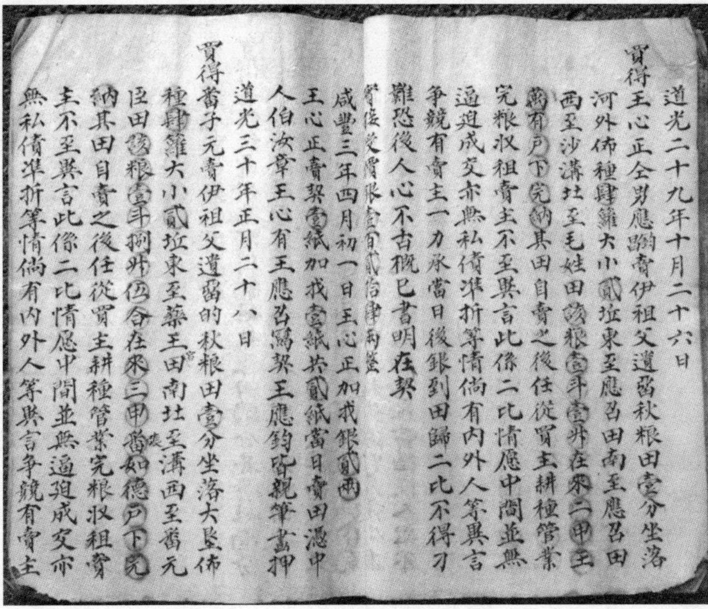
道光二十九年十月二十六日
買得王心正仝男應鵬賣伊祖父遺留秋粮田壹分坐落
河外佈種肆籮大小貳坵東至應召田南至應召田
西至沙溝北至毛姓田該粮壹升壹外在米二甲王
爵有戶下完納其田自賣之後任從買主耕種管業
完粮收租賣主不至異言此係二比情愿中間並無
逼迫成交亦無私債準折等情倘有內外人等異言
爭競有賣主一力承當日後銀到田歸二比不得刁
難恐後人心不古故已書明在契
嗣後交價銀壹百貳拾肆兩整
咸豐三年四月初一日王心正加找銀貳兩
王心正賣契壹紙加找壹紙共貳紙當日賣田憑中
人伯汝章王心有王應召爲契王應鈞皆親筆畫押
道光三十年正月二十八日
買得番子元賣伊祖父遺留的秋粮田壹分坐落大箐佈
種肆籮大小貳坵東至藥王田南北至溝西至番元
臣田該粮壹升捌外伍合在米三甲番如德戶下完
納其田自賣之後任從買主耕種管業完粮收租賣
主不至異言此係二比情愿中間並無逼迫成交亦
無私債準折等情倘有內外人等異言爭競有賣主

納其田自賣之後任從買主耕種管業完粮收租賣
主不至異言此係二比情愿中間並無逼迫成交亦
無私債準折等情倘有內外人等異言爭競有賣主

黄氏家族文书抄录册 2-31

一力承當恐後人心不古槪已書明在契

實接受價銀壹百柒拾兩整

番子惠元賣與張連榮過契壹紙番子元賣契壹紙共

貳紙當日賣田時憑中人番品揚番品耀代字番啟

榮皆親筆畫押

道光三十年二月初八日

買得番錦紱賣伊承買得黄番姓秋粮田貳分其黄姓壹分

係黄登俊所賣與伊坐落龍華寺門首名喚凹子田

佈種肆籮大小捌坵東至張姓田南至溝西至溝北

至楊姓田該粮貳斗肆升在來二甲黄逢聖户下完

納隨田秧田壹坵坐落頭单徐家門首東至徐家秧

田南至溝北至徐家秧田西至黄家［秧］田又番姓壹分

係番錦沺賣與伊坐落本村大路裏名喚羅照仕田

大小伍坵佈種叁籮該粮壹斗零伍合在來二甲番

如蘭户下完納其田東至番姓田南至陳姓田西至

番姓田北至溝隨田秧田貳坵坐落下村門首其田

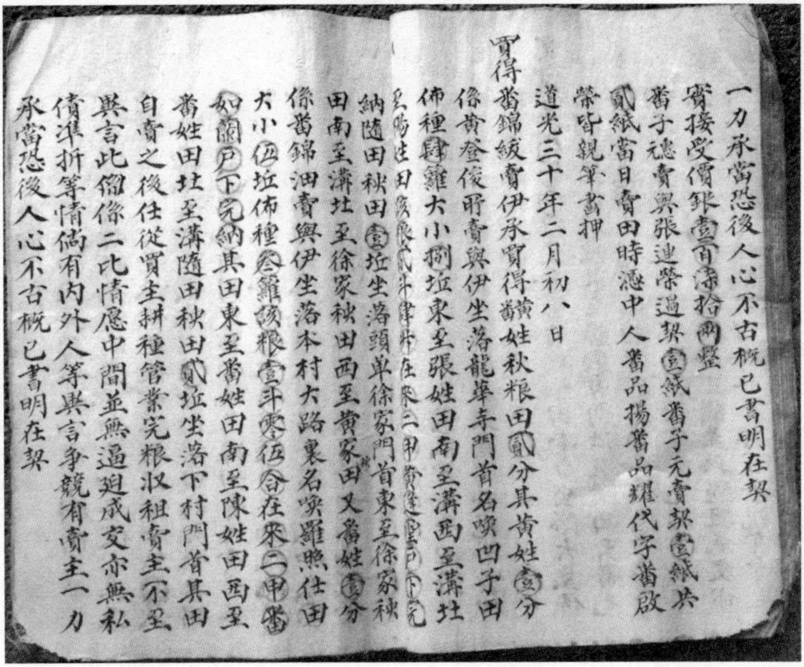

自賣之後任從買主耕種管業完粮收租賣主不至
異言此□係二比情愿中間並無逼迫成交亦無私
債準折等情倘有内外人等異言争競有賣主一力
承當恐後人心不古概已書明在契

實接受銀叁百兩整
咸豐二年三月初五日番錦紱加找銀捌兩
黃登俊賣與黃峙南贖回過契壹紙黃登俊賣與張廷傑贖回賣契壹紙黃登俊賣與番錦紱賣契壹紙加找壹紙又加找貳紙以上皆凹子田的老紙番錦洄賣與番錦佩贖回賣契壹紙番錦洄賣與黃登舉贖回賣契壹紙番錦洄賣與番錦紱賣契壹紙此上皆羅照仕田的老紙番錦紱賣契合寫壹紙加找壹紙當日賣田時憑中人番立生代字黃雲泰皆親筆畫押
道光三十年十一月初十日
買得張連運賣伊父向尙姓承買得的屯粮田壹分計貳坵佈種壹籮陆斛其壹坵坐落尙家寨門首老丁溝下名喚四坵田東至登祥田南至番姓田西至炳章田北至溝又壹坵名喚槽子田東至炳章田南至番姓田西至登卓田北至富科田該粮壹斗叁升在下伍尙邦顯户下完納随田秧田壹節佈種壹籮陸斛坐落尙家寨尹姓門首小井下東至尹姓秧田南至

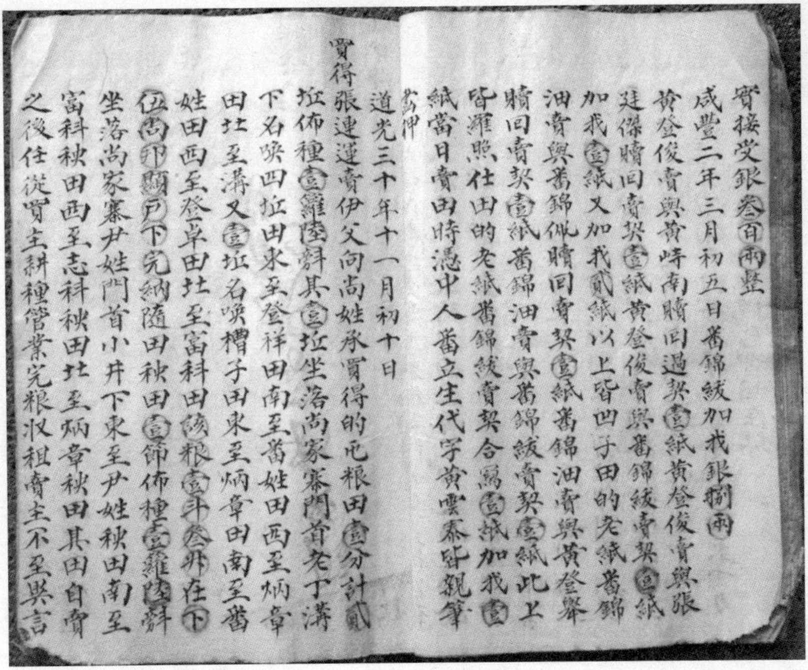
實接受銀叁百兩整
咸豐二年三月初五日黃錦絨加找銀捌兩
黃登俊賣與黃峙南贖回過契壹紙黃登俊賣與張
廷傑贖回賣契壹紙黃登俊賣與黃錦絨賣契壹紙
加找壹紙又加找貳紙以上皆四子田的老紙黃錦
洄賣與黃錦佩贖回賣契壹紙黃錦洄賣與黃登舉
贖回賣契壹紙黃錦洄賣與黃錦絨賣契壹紙此上
皆羅照仕田的老紙黃錦絨賣契合爲壹紙加找壹
紙當日賣田時憑中人黃立生代字黃雲泰睹親筆
黃錦伸
道光三十年十一月初十日
買得張連運賣伊父向尚姓承買得的屯粮田壹分計貳
坵佈種壹籮陸斛其壹坵坐落尚家寨門首老丁溝
下名喚四坵田東至登祥田南至黃姓田西至炳章
田北至溝又壹坵名喚槽子田東至炳章田南至黃
姓田西至登卓田北至富科田該粮壹升叁合在下
伍尚邦顯戶下完納隨田秧田壹節佈種壹籮陸斛
坐落尚家寨尹姓門首小井下東至尹姓秧田南至
富科秧田西至志科秧田北至炳章秧田其田自賣
之後任從買主耕種管業完粮收租賣主不至異言

富科秧田西至志科秧田北至炳章秧田其田自賣
之後任從買主耕種管業完粮收租賣主不至異言

此係二比情愿中間並無逼迫成交亦無私債準折
等情倘有內外人等一言争競有賣主一力承當恐
後人心不古槪已書明在契
實接受價銀玖拾伍兩整
尙登孝杜賣與尙元林老契稅尾壹聯尙元林賣與
尙炳章賣契壹紙尙登國賣與張儒玉賣契壹紙張
連運賣契壹紙共肆紙當日賣田時憑中人黃啓昌
周時泰黃雲泰代字張連運皆親筆畫押
咸豐元年二月初八日
璇

買得番澤浩仝子錦順賣伊祖父遺留己面分受得的秋
□
粮田壹分坐落矣比陳家溝佈種叁籮伍斘大小肆
坵東至黃姓田南北至溝西至番姓田隨田秧田壹
坵坐落羊乂溝下名喚小成秧田佈種伍籮東至子
成秧田南至黃姓秧田西至番錦衣秧田北至溝該
粮貳斗貳升在來三甲番存敬户下完納其田自賣
之後任從買主耕種管業完粮收租賣主不至異言

黃氏家族文书抄录册 2-33

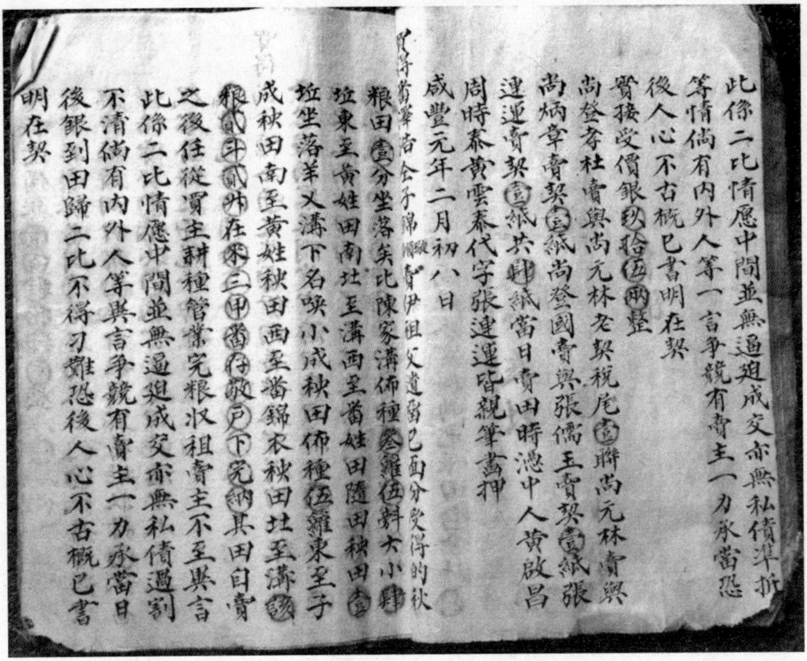

此係二比情愿中間並無逼迫成交亦無私債準折
等情倘有内外人等一言争競有賣主一力承當恐
後人心不古概已書明在契
實接受價銀玖拾伍兩整
尚登孝杜賣與尚元林老契税尾壹聯尚元林賣與
尚炳章賣契壹紙尚登國賣與張儒王賣契壹紙張
連運賣契壹紙共肆紙當日賣田時憑中人黄啟呂
周時泰黄雲泰代字張連運皆親筆畫押
咸豐元年二月初八日
實得黄華浩全子錦[illegible]賣伊祖父遺留已面分受得的秋
粮田壹分坐落矣比陳家溝佈種叁籮伍斛大小肆
坵東至黄姓田南抵王溝西至黄姓田隨田秧田壹
坵坐落羊义溝下名喚小成秋田佈種伍籮東至子
成秋田南至黄姓秋田西至黄錦衣秋田抵至溝邊
粮貳斗貳升在米三甲黄仔敬戶下完納其田自賣
之後任從買主耕種管業完粮收租賣主不至異言
此係二比情愿中間並無逼迫成交亦無私債過割
不清倘有内外人等異言争競有賣主一力承當日
後銀到田歸二比不得刁難恐後人心不古概已書
明在契

此係二比情愿中間並無逼迫成交亦無私債過割
不清倘有内外人等異言争競有賣主一力承當日
後銀到田歸二比不得刁難恐後人心不古概已書
明在契

實接受價銀壹百肆拾肆兩整
番有彩賣與番國琦老契壹紙杜結壹紙番澤浩典
與許姓贖回典契壹紙許姓寫與番姓收付壹紙番
澤浩賣契壹紙共伍紙當日賣田時憑中人黃鳳竹
代字番錦衣皆親筆畫押
咸豊元年十月十二日
買得尚　濂仝子之茂賣伊向番姓承買得的屯粮田壹
分坐落尚家寨門首中溝田其田溝上貳坵溝下半
坵東至尚姓田南至溝西北至尚姓田該粮叁斗額
來柱
銀叁錢在下伍尚邦顯户下完納随田秧田壹坵坐
落尚家寨許姓門首其田自賣之後任從買主耕種
管業完粮收租賣主不至異言此係二比情愿中間
並無逼迫成交亦無私債準折等情倘有内外人等
異言爭競有賣主一力承當日後銀到田歸二比不
得刁難恐後人心不古概已書明在契
實接受價銀壹百貳拾叁兩整
許先朗賣與許必秀賣契壹紙許必秀賣與番元臣

黃氏家族文书抄录册 2-34

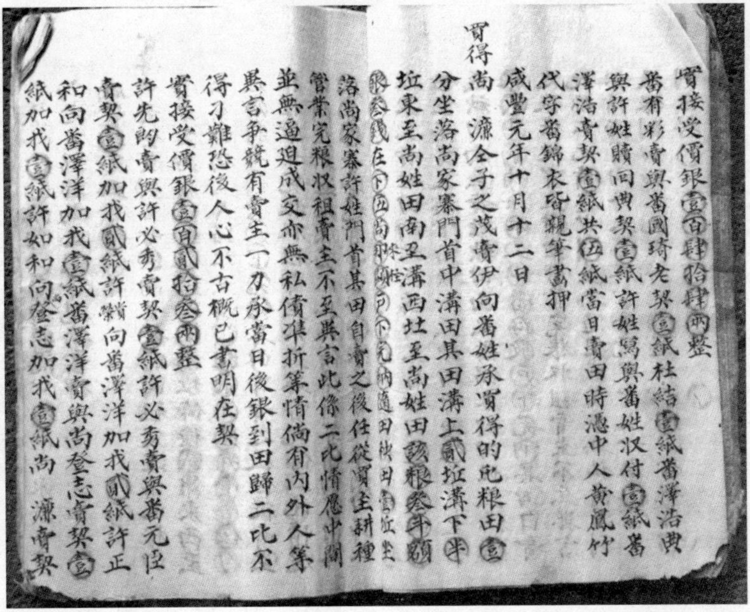

買接受價銀壹百肆拾肆兩整
番有彩賣與番國琦老契壹紙杜絕壹紙番澤浩典
與許姓贖回典契壹紙許姓寫與番姓收付壹紙番
澤浩賣契壹紙共伍紙當日賣田時憑中人黃鳳竹
代字番錦衣哈親筆畫押
咸豐元年十月十二日
買得尚 濂全子之茂賣伊向番姓承買得的民粮田壹
分坐落尚家寨門首中溝田其田溝上貳坵溝下半
坵東至尚姓田南至溝西北至尚姓田該粮叁斗[illegible]
粮叁錢在下五甲尚[illegible]户下完納[illegible]
落尚家寨許姓門首其田自賣之後任從買主耕種
管業完粮收租賣主不至異言此係二比情愿中間
並無逼迫成交亦無私債準折等情倘有內外人等
異言爭競有賣主一力承當日後銀到田歸二比不
得刁難恐後人心不古概已書明在契
實接受價銀壹百貳拾叁兩整
許先朗賣與許必秀賣契壹紙許必秀賣與番元臣
賣契壹紙加找貳紙許榮貴向番澤洋加找貳紙許正
和向番澤洋加找壹紙番澤洋賣與尚登志賣契壹
紙加找壹紙許如和向登志加找壹紙尚 濂賣契

賣契壹紙加找壹紙許榮貴向番澤洋加找貳紙許正
和向番澤洋加找壹紙番澤洋賣與尙登志賣契壹
紙加找壹紙許如和向［尙］登志加找壹紙尙　濂賣契

壹紙共拾壹紙當日賣田時憑中人尙　永尙　璽
尙之才寫契尙之茂皆親筆畫押
咸豐二年正月十六日
買得尹文全文順仝賣伊向番姓贖囘祖父遺畱屯粮田
壹分坐落矣比大路邊大小叁坵佈種貳籮東西至
本家田南至大路北至溝該粮貳斗叁升壹合伍勺
在局料尹國安户下完納其田自賣之後任從賣主
耕種管業完粮收租賣主不至異言此係二比情愿
中間並無逼迫成交亦無私債準折等情倘有內外
人等異言争競有賣主一力承當日後銀到田歸二
比不得刁難恐後人心不古槪已書明在契
實接受價銀陸拾兩整
咸豐三年四月二十四日尹朝寶加找銀肆兩
尹成尧賣與番會寬贖囘賣契壹紙尹文超賣與番
錦佩贖囘賣契壹紙加找貳紙尹文全順仝賣契壹紙
尹朝寶加找壹紙共陸紙當日賣田時憑中人尹朝
憲黃鳳騰代字尹朝貴皆親筆畫押

黃氏家族文书抄录册 2-35

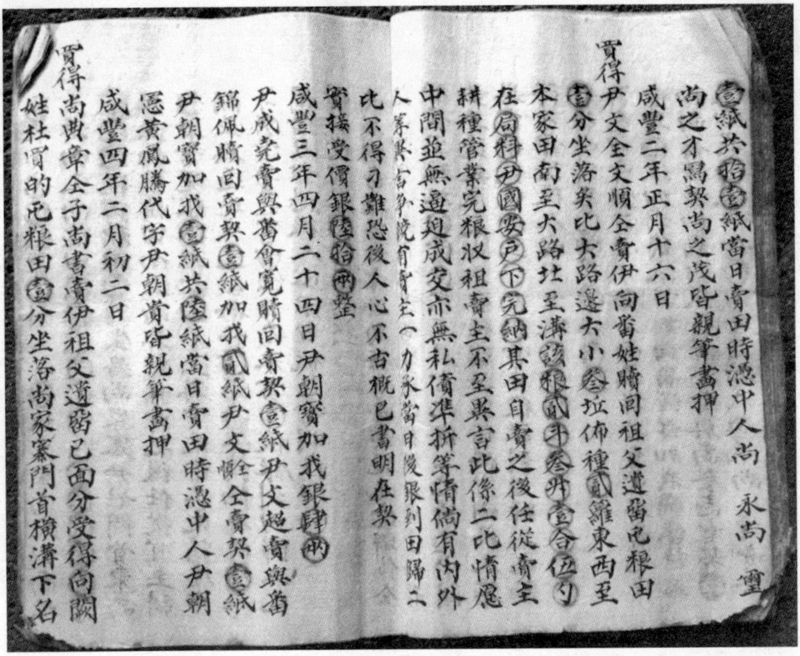

咸豊四年二月初二日

買得尙典章仝子尙書賣伊祖父遺畱己面分受得向闕

姓杜買的屯粮田壹分坐落尙家寨門首橫溝下名

喚長田佈種貳籮伍斘大小肆坵東至尙友田南北
至溝西至尙德田該粮貳斗玖升在下伍闞金美户
下完納隨田秧田壹節坐落尙家寨尹姓門首東西
北至尙姓秧田南至路其田自賣之後任從買主耕
種管業完粮收租賣主不至異言此係二比情愿中
間並無逼迫成交亦無私債準折等情倘有内外人
等異言争競有賣主一力承當日後銀到田歸二比
不得刁難恐後人心不古槪已書明在契
實接受價銀捌拾伍兩整
其契闞存德等杜賣與尙登秀老契税尾壹聯係仝
尙友仝有[俟]贖田之日不得獨自抽回尙典章尙友
仝儅契壹紙尙典章賣契壹紙當日賣田時憑中人
尙直尙吉代字尙友皆親筆畫押
咸豐四年二月初四日

買得尙　友賣伊祖父遺留已面分受得向闞姓杜買的
屯粮田壹分坐落尙家寨門首横溝下名喚長田佈
種貳籮伍斘大小叁坵東至尙之茂田西至尙書田
南北至溝該粮貳斗玖升在下伍闞金美户下完納

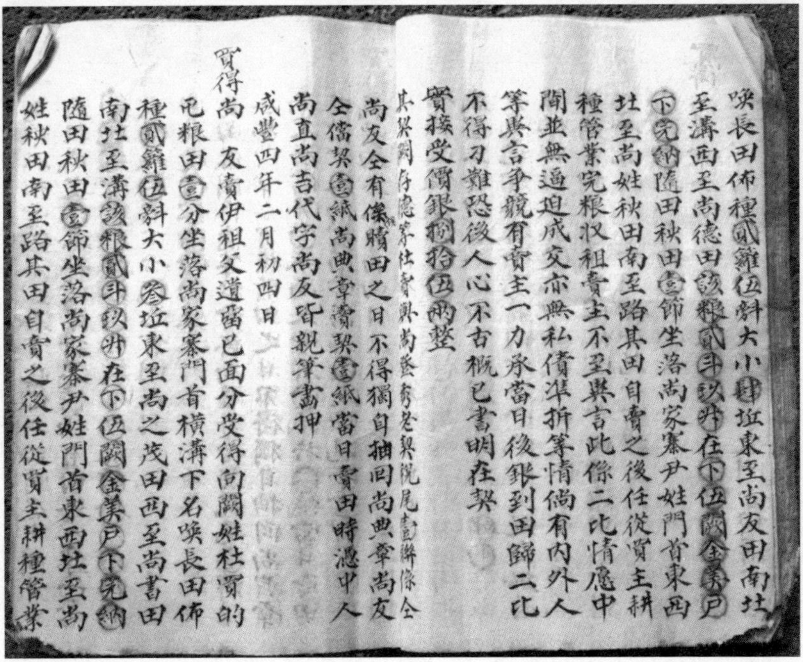

唉長田佈種貳籮伍斛大小肆坵東至尚友田南北
至溝西至尚德田該粮貳斗玖升在下伍甲金葉戶
下完納隨田秧田壹節坐落尚家寨尹姓門首東西
北至尚姓秧田南至路其田自賣之後任從買主耕
種管業完粮收租賣主不至異言此係二比情愿中
間並無逼迫成交亦無私債準折等情倘有內外人
等異言爭競有賣主一力承當日後銀到田歸二比
不得刁難恐後人心不古概已書明在契
實接受價銀捌拾伍兩整
其契開存應寡杜賣與尚發秀老契說尾壹聯係仝
尚友仝有僚贈田之日不得獨自抽回尚典章尚友
仝備契壹紙尚典章齎契壹紙當日賣田時憑中人
尚直尚吉代字尚友皆親筆畫押
咸豐四年二月初四日
買得尚友賣伊祖父遺留已面分受得向關姓杜買的
屯粮田壹分坐落尚家寨門首橫溝下名唉長田佈
種貳籮伍斛大小叁坵東至尚之茂田西至尚書田
南北至溝該粮貳斗玖升在下伍甲金葉戶下完納
隨田秧田壹節坐落尚家寨尹姓門首東西北至尚
姓秧田南至路其田自賣之後任從買主耕種管業

隨田秧田壹節坐落尙家寨尹姓門首東西北至尙
姓秧田南至路其田自賣之後任從買主耕種管業

完粮收租賣主不至異言此係二比情愿中間並無逼迫成交亦無私債準折等情倘有內外人等一言争競有賣主一力承當日後有力取贖無力不得加找恐後人心不古槪已書明在契

實接受價銀柒拾兩整

其田係闕存德等杜賣與尙登秀老契稅尾壹聯係仝尙典章合有俟贖田之日不得獨自抽回尙典章尙友仝儅契壹紙尙友賣契壹紙共叁紙當日賣田時憑中人尙直尙書寫契尙友皆親筆畫押

咸豐四年二月初四日

買得尙　友賣伊祖父遺留已面分受得杜稅屯粮田壹分坐落尙家寨河外河邊佈種壹籮伍斜大小貳坵東至河南西北至番姓田該粮壹斗额銀壹錢在下伍尙邦顯户下完納随田秧田壹坵坐落尙家寨門首其田自賣之後任從買主耕種管業完粮收種租賣主不至異言此係二比情愿中間並無逼迫成交亦無私債準折等情倘有內外人等異言争競有賣主一力承當日後銀到田歸二比不得刁難恐後人

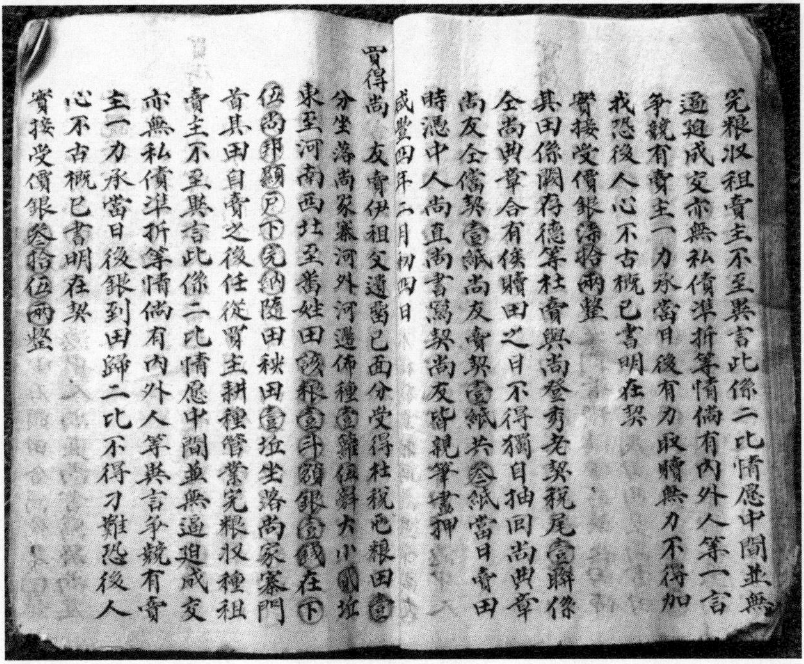
完粮收租賣主不至異言此係二比情愿中間並無
逼迫成交亦無私債準折等情倘有內外人等一言
爭競有賣主一力承當日後有力取贖無力不得加
找恐後人心不古概已書明在契
實接受價銀漆拾兩整
其田係闔存德等杜賣與尚登秀老契稅尾壹聯係
全尚典章合有俟贖田之日不得獨自抽回尚典章
尚友全備契壹紙尚友賣契壹紙共叁紙當日賣田
時憑中人尚直尚書寫契尚友皆親筆畫押
咸豐四年二月初四日
賣得尚　友賣伊祖父遺留已面分受得杜稅毛粮田壹
分坐落尚家寨河外河邊佈種壹籮伍斛大小貳坵
東至河南西北至黃姓田該粮壹斗額銀壹錢在下
伍尚邦顯户下完納隨田秋田壹坵坐落尚家寨門
首其田自賣之後任從買主耕種管業完粮收種祖
賣主不至異言此係二比情愿中間並無逼迫成交
亦無私債準折等情倘有內外人等異言爭競有賣
主一力承當日後銀到田歸二比不得刁難恐後人
心不古概已書明在契
實接受價銀叁拾伍兩整

心不古概已書明在契
實接受價銀叁拾伍兩整

其田有老契稅尾壹聯仝小石頭田合寫儅契壹紙
尙友又賣契壹紙當日憑中人尙直尙書寫契尙友
皆親筆畫押
咸豐四年二月初四日
買得尙　友賣伊祖父遺畱已面分受得屯粮田壹叚坐
落尙家寨門首名喚小石頭田佈種壹籮伍斘大小
伍坵東北至溝南至登庠田西至本伍田該粮壹斗
伍升額銀壹錢伍分在下伍闕金美户下完納其田
自賣之後任從買主耕種管業完粮收租賣主不至
異言此係二比情愿中間並無逼迫成交亦無私債
準折等情倘有內外人等異言爭競有賣主一力承
當日後銀到田歸二比不得刁難恐後人心不古槪
已書明在契
實接受價銀叁拾伍兩整
尙登明賣與尙登秀賣契貳紙尙友仝河田合寫儅
契壹紙尙友賣契壹紙共肆紙當日賣田時憑中人
尙直尙書寫契尙友皆親筆畫押
咸豐五年正月初十日

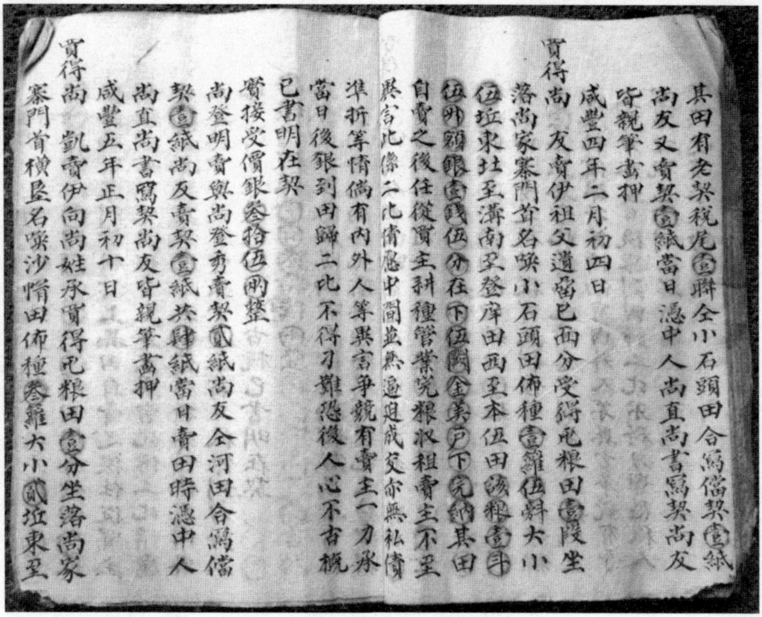
其田有先契税尾壹聨仝小石頭田合爲備契壹紙
尚友又賣契壹紙當日憑中人尚直尚書寫契尚友
皆親筆畫押
咸豐四年二月初四日
買得尚　友賣伊祖父遺留已面分受得屯粮田壹段坐
落尚家寨門首名喚小石頭田佈種壹籮伍斗大小
伍坵東抵至澥南至登岸田西至本伍田[illegible]粮壹斗
伍升額粮壹錢伍分在下伍甲金美户下完納其田
自賣之後任從買主耕種管業完粮收租賣主不至
異言此係二比情愿中間並無逼迫成交亦無私債
準折等情倘有内外人等異言爭競有賣主一力承
當日後銀到田歸二比不得刁難恐後人心不古概
已書明在契
實接受價銀叁拾伍兩整
尚登明賣與尚登秀賣契貳紙尚友仝河田合爲備
契壹紙尚友賣契壹紙共肆紙當日賣田時憑中人
尚直尚書寫契尚友皆親筆畫押
咸豐五年正月初十日
買得尚　凱賣伊向尚姓承買得屯粮田壹分坐落尚家
寨門首横埂名喚沙帽田佈種叁籮大小貳坵東至

買得尚　凱賣伊向尚姓承買得屯粮田壹分坐落尚家
寨門首横埂名喚沙帽田佈種叁籮大小貳坵東至

尙姓田西至尙吉田南北至溝該粮叄斗额銀叄錢伍分在下伍尙邦顯户下完納随田雙合秧田壹坵坐落尙家寨門首横溝上其田自賣之後任從買主耕種管業完粮收租賣主不至異言此係二比情愿中間並無逼迫成交亦無私債準折等情倘有内外人等異言争競有賣主一力承當日後銀到田歸二比不得刁難恐後人心不古槪已書明在契

實接受價銀壹百叄拾［柒］兩整

其紙尙姓王氏仝男尙景升賣與尙崇武景懷尙景秀杜賣與尙登紀尙登紀儅與尙登甲尙登紀又杜賣與尙登甲共老契税尾壹聯計叄紙尙燦章賣與尙炳章壹紙加找壹紙尙可加找與尙凱叄紙尙凱賣契壹紙共玖紙當日賣田時憑中人尙可尙直尙吉代寫契尙凱皆親筆畫押

△道光二十五年正月二十三日

買得楊國選仝子啓學賣伊向盧姓承買得的官庄粮田壹叚坐落雷起潛名唤盧家田佈種陆籮大小玖坵

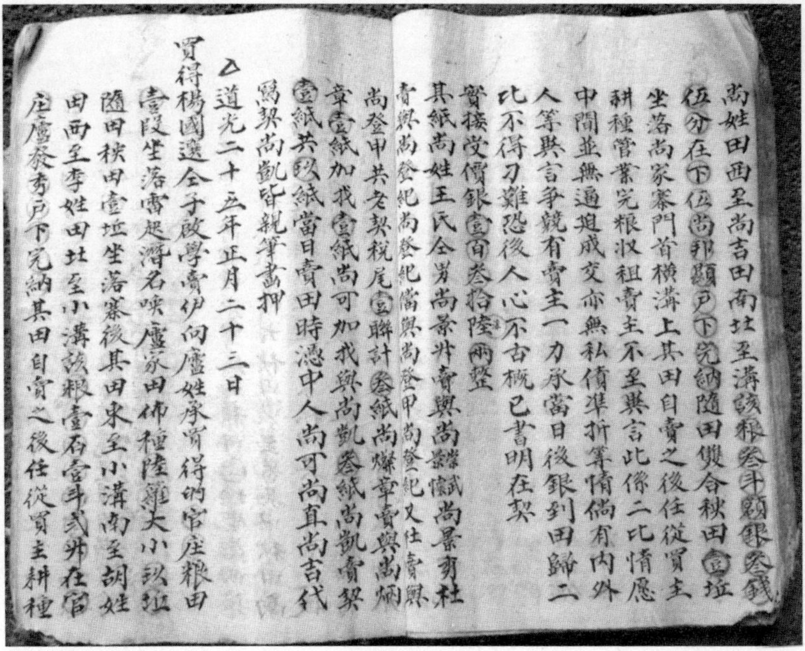
尚姓田西至尚吉田南北至溝該粮叁斗[illegible]銀叁錢
伍分在下伍尚邦顯户下完納隨田雙合秧田壹坵
坐落尚家寨門首横溝上其田自賣之後任從買主
耕種管業完粮收租賣主不至異言此係二比情愿
中間並無逼迫成交亦無私債準折等情倘有内外
人等異言争競有賣主一力承當日後銀到田歸二
比不得刁難恐後人心不古槪已書明在契
實接受價銀壹百叁拾陸兩整
其紙尚姓王氏全男尚景升賣與尚燦武尚景有杜
賣與尚登紀尚登紀當與尚登甲尚登紀又仕賣與
尚登甲共老契税尾壹聨計叁紙尚燦章賣與尚炳
章壹紙加找壹紙尚可加找與尚凱叁紙尚凱賣契
壹紙共玖紙當日賣田時憑中人尚可尚直尚吉代
爲契尚凱皆親筆畫押
△道光二十五年正月二十三日
買得楊國選全子啟學賣伊向盧姓承買得納官庄粮田
壹段坐落雷起灣名喚盧家田佈種陸籮大小玖坵
隨田秧田壹坵坐落寨後其田東至小溝南至胡姓
田西至李姓田北至小溝該粮壹石壹斗弍升在官
庄盧發秀户下完納其田自賣之後任從買主耕種

隨田秧田壹坵坐落寨後其田東至小溝南至胡姓
田西至李姓田北至小溝該粮壹石壹斗弍升在官
庄盧發秀户下完納其田自賣之後任從買主耕種

管業完粮收租賣主不至異言倘有内外人等一言
争競有賣主一力承當今恐人［心］不古立此賣契爲據
實接受價銀壹百弍拾玖兩整於咸豊元年三月十六日楊國選仝子
啓學加找去名銀叁拾壹兩整

加找叁紙共玖紙

其老契係盧鼎賣與鄧聯盛賣契壹紙鄧能儒轉賣與明皆賣契壹紙明東來轉賣與
胡大昌賣契壹紙盧國奉安賣與胡啓賢武聯登賣契壹紙盧國鳳賣與楊國選壹紙楊國選新賣壹紙

丙寅年腊月十六日

買得李焕學賣伊向黄姓承買得的秧田壹坵坐落四单
馬班溝佈種玖籮名喚大秧田東至番其甲秧田南
至路西至文宫秧田北至本家秧田其田自賣之後
任從買主耕種管業日後有力取贖無力不得加找
分厘恐有家族内外人等一言争競有賣主一力承
當如若取贖銀到田歸二比不得刁難係是二比情
愿其中並無逼迫等情恐口無憑立此賣契爲據
實接受價紋銀捌兩净整
其老契係黄士珍鵷賣與番其芳賣契壹紙番瑞藻賣

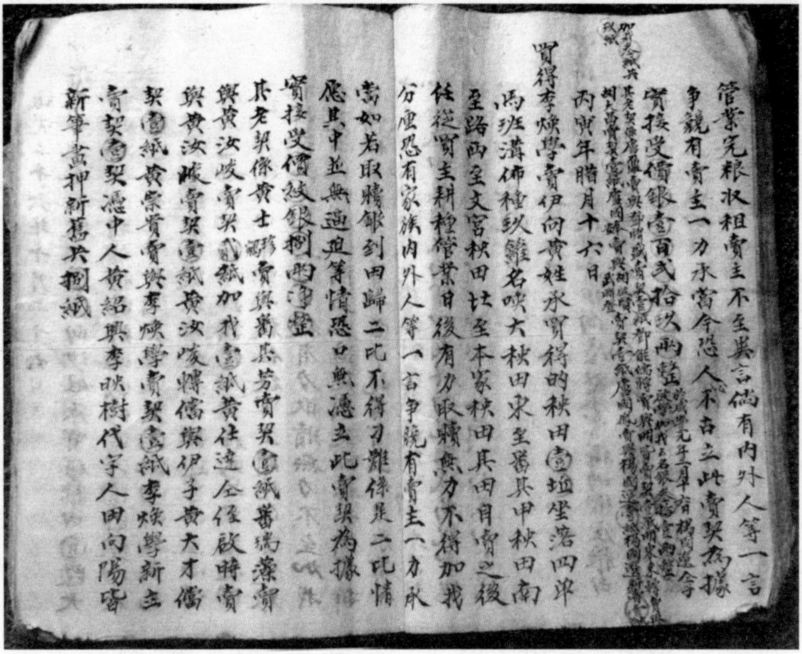

與黄汝峻賣契貳紙加找壹紙黄仕達仝侄啓時賣
與黄汝峻賣契壹紙黄汝峻轉當與伊子黄大才當
契壹紙黄崇貴賣與李焕學賣契壹紙李焕學新立
賣契壹紙憑中人黄紹興李映樹代字人田向陽皆
新筆畫押新舊共捌紙

黄氏家族文书抄录册 2-41

道光二十六年十月二十六日

買得毛占純仝子啓仁賣伊向沙姓承買得粮田壹段大

小伍坵坐落村傍佈種肆籮該粮壹斗壹升叁合在

一户沙正廷户下上納其田東至荒地南西北至毛

姓田又壹段名喚雙坵田坐落大路邊東西至小溝

南至毛姓田北至大路［佈種弍籮］該粮七升在太二甲毛廷宦

户下上納其田自賣之後任從買主耕種管業完粮

收租賣主不至異言日後有力取贖無力不至加找

係是二比情願中間並無逼迫成交亦無私債準折

等情倘有内外人等一言争競有賣主一力承當今

恐人心不古立此賣契爲據

實賣粮田弍段佈種陸籮實接受餉銀壹百伍拾

兩整

其沙姓［田］老契係沙潤科於道光二十年二月十八日

賣與毛占純價名銀玖拾叁兩其湲坵田契係［毛］宗順

賣與毛宗毓贖回賣契壹紙另有楊啓學於道光二

十一年正月二十八日儅與毛占純儅契壹紙儅銀

肆拾兩儅契壹紙毛占純仝子啓仁於道光二十一

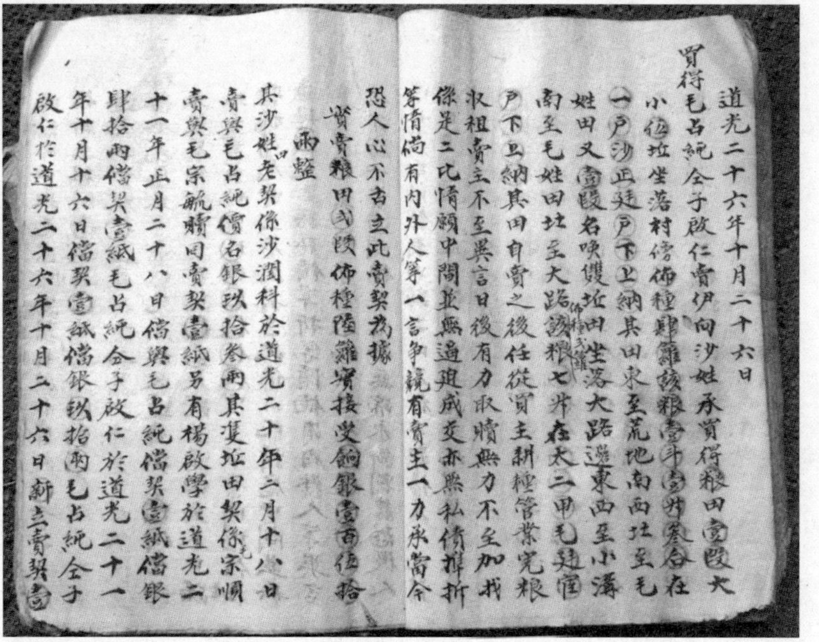
道光二十六年十月二十六日
買得毛占純仝子啟仁賣伊向沙姓承買得粮田壹段大
小伍坵坐落村傍佈種肆籮該粮壹斗壹升叁合在
一戶沙正廷戶下上納其田東至荒地南西坵至毛
姓田又壹段名喚饅坵田坐落大路邊東西至小溝
南至毛姓田坵至大路佈種弍籮該粮七升在太二甲毛廷富
戶下上納其田自賣之後任從買主耕種管業完粮
收租賣主不至異言日後有力取贖無力不至加找
係是二比情願中間並無逼迫成交亦無私債準折
等情倘有內外人等一言爭競有賣主一力承當今
恐人心不古立此賣契為據
實賣粮田弍段佈種陸籮實接受價銀壹百伍拾
兩整
其沙姓老契係沙潤科於道光二十年二月十八日
賣與毛占純價名銀玖拾叁兩其漫坵田契係宗順
賣與毛宗毓贖回賣契壹紙另有楊啟學於道光二
十一年正月二十八日當與毛占純當契壹紙當銀
肆拾兩當契壹紙毛占純仝子啟仁於道光二十一
年十月十六日當契壹紙當銀玖拾兩毛占純仝子
啟仁於道光二十六年十月二十六日新立賣契壹

年十月十六日當契壹紙當銀玖拾兩毛占純仝子
啓仁於道光二十六年十月二十六日新立賣契壹

紙憑中伊叔毛宗顯旺寫契毛啓仁皆親筆畫押毛啓
仁新立租約壹紙共陸紙
道光二十九年正月二十二日

黄氏家族文书抄录册 2-42

買得番奎元奎正等賣伊先年祖父遺留塘子弍個坐落
三单巷口脚東至井路南至大路並溝西至巷口路
北至買主地自杜賣之後任從買主管業圍檻住座
投税請尾賣主不至異言此係二比情愿中間並無
逼迫成交亦無私債準折等情倘有内外人等異言
争競有賣主一力承當永爲黄姓子孫之業賣主子
孫不得一言過問係是落筆無踪永斷割藤恐後人
心不古槪已書明載契
實接受杜價銀拾玖兩整
有新立杜結壹紙杜賣契壹紙共弍紙憑中人伊堂
兄番奎印奎成奎彰璧照黄鳳騰番品傑代字番奎印皆
親筆畫押

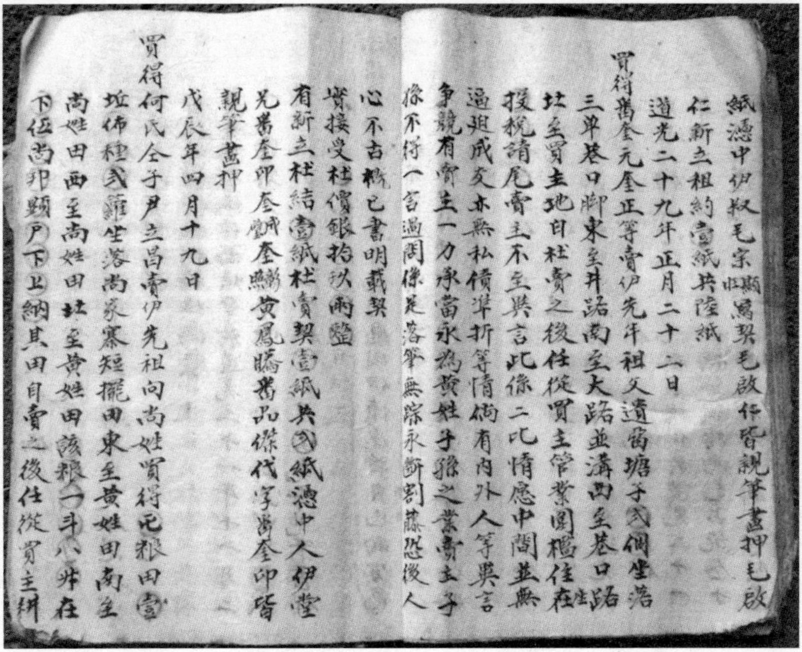

戊辰年四月十九日
買得何氏仝子尹立昌賣伊先祖向尙姓買得屯粮田壹
坵佈種弍籮坐落尙家寨短擺田東至黄姓田南至
尙姓田西至尙姓田北至黄姓田該粮一斗八升在
下伍尙邦顯户下上納其田自賣之後任從買主耕

種管業完粮收租賣主不至異言倘有内外人等一言争競有賣主一力承當日後有力取贖無力不至加找係是二比情愿中間並無逼迫成交今恐人心不古立此賣契爲據

實接受田價銀捌拾伍兩整

有老契壹紙係尚焕章於道光二十一年十一月二十日賣與尹文周價銀壹百壹拾兩新立賣契壹紙

憑中人尹文富陳上才代字人尹至尧皆親筆畫押

道光二十二年三月十八日

黄氏家族文书抄录册 2-43

儅得尚安貴仝子華春爲因應用伊情愿將自己面分屯粮田壹坵佈種壹籮坐落河内東至尚安全田南北至溝西至黄汝俊田該粮柒升五合在下伍尚邦顯户下完納其田自儅之後言定每年每兩行息二分五厘不至短少分厘如有短少分厘任從銀主耕種管業完粮收租儅主不至異言年月無論遠近銀到田歸二比不得刁難今恐人心不古立此儅契爲據

實儅净銀肆拾兩整

當日憑中人尚安厚尚銀寫契尚安貴皆親筆畫押

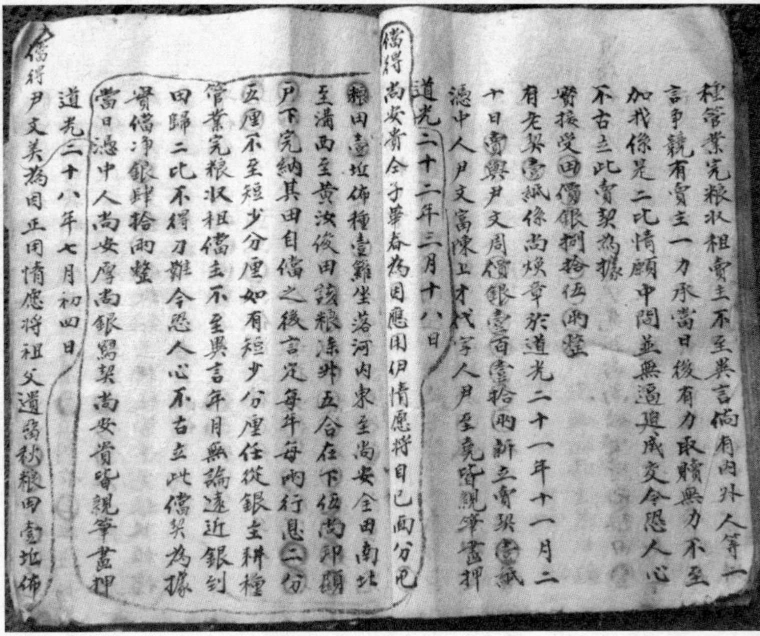

儅得尹文美爲因正用情愿將祖父遺畱秋粮田壹坵佈

道光二十八年七月初四日

種叁籮坐落老丁溝東至本户軍田南北至溝西至
闞成明田其秧田坐落楊乂溝壹坵門前三坵通長
自當之後言定每年每兩行谷息伍㪷不至短少粿
粒如有短少拖欠任從銀主耕種管業完粮收租當
主不至異言恐後人心不古立此當契爲據
實當名銀弍拾肆兩整每年交穀息拾弍籮
其田有老契遵照壹紙係闞成林於雍正四年八月
初六日杜賣與尹仁合爲業接受價銀弍拾弍兩今
新立當契壹紙共弍紙當田時憑中人尹文容尹文
周寫契尹文美皆親筆畫押該粮七畝在新垦上完
戊辰年十月二十一日

買得尚之仁賣伊先祖向夏萃承買得秋粮田壹叚佈種
肆籮坐落毛家村大小叁坵東至杜家田南至小溝
西至毛家田北至洗布河該粮弍斗在來三甲趙奇
即尚登榜户下完完納自賣之後任從買主耕種管
業完粮收租賣主不至異言日後有力取贖後無力
不至加找係是二比情願中間並無逼迫成交亦無
私債準折等情倘有内外人等異言争競有賣主一

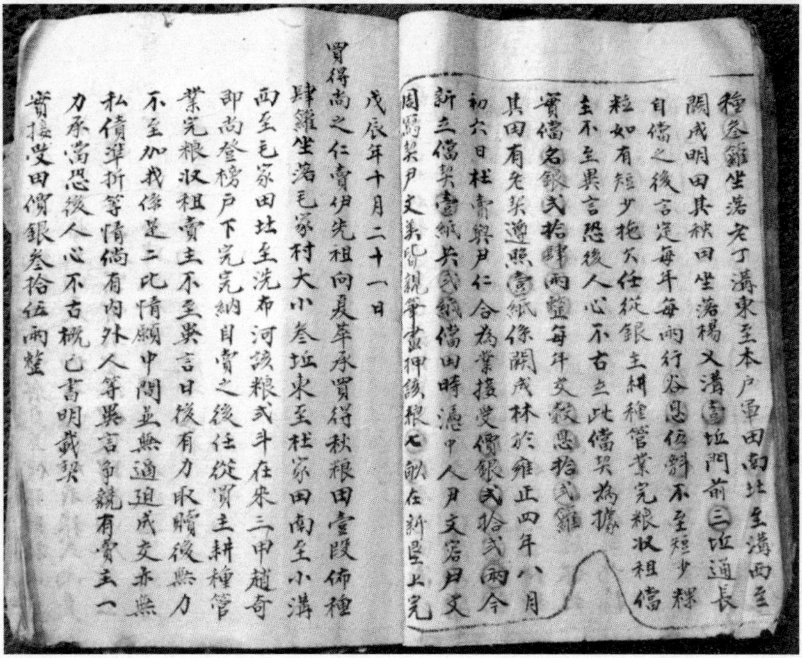

力承當恐後人心不古概已書明載契
實接受田價銀叁拾伍兩整

其田有老契叁紙係趙藜賣與夏萃價銀肆拾兩賣
契壹紙趙藜又向夏萃加找壹紙加找銀弍兩夏
萃转賣與尙安富賣契壹紙價銀肆拾兩今新立
賣契壹紙共肆紙今賣田時憑中人連進張約尊
尙大春代字尙之文皆親筆畫押

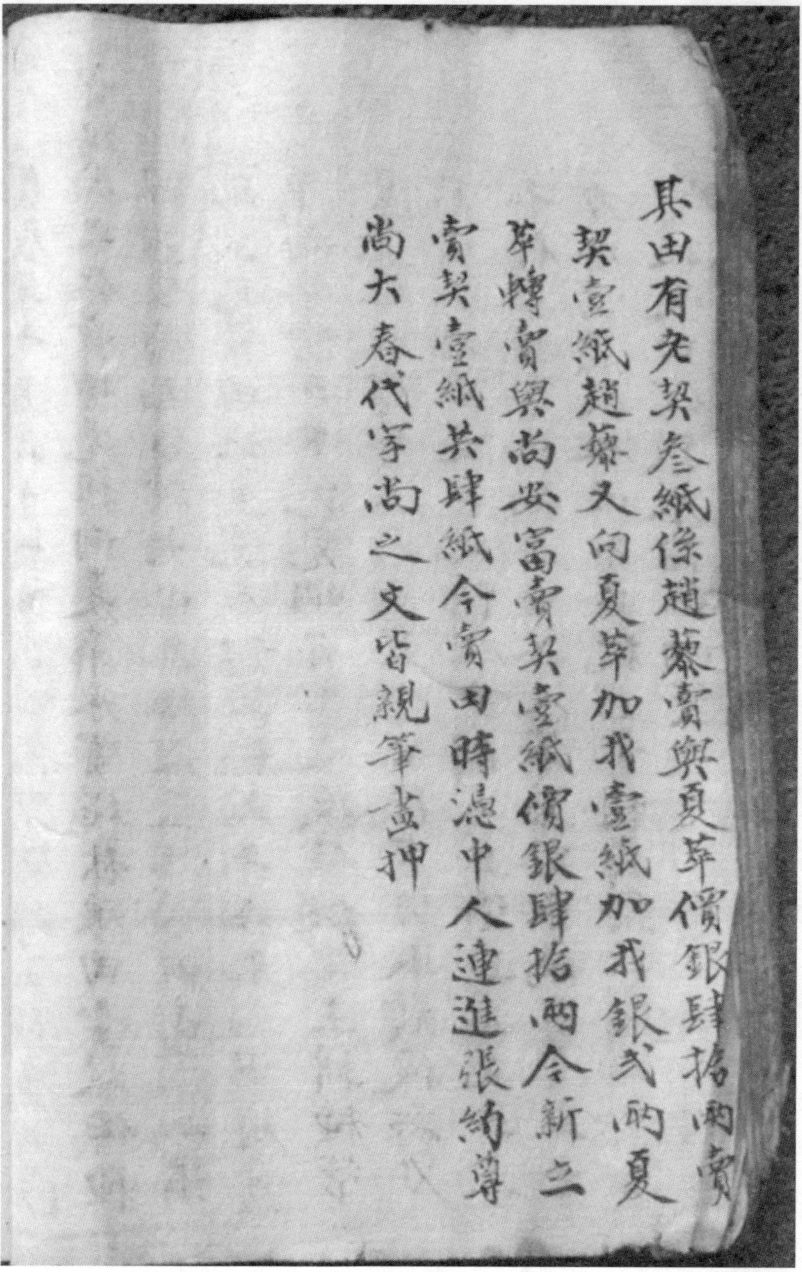

其田有老契叁紙係趙蔡賣與夏萃價銀肆拾兩賣契壹紙趙蔡又向夏萃加找壹紙加找銀弍兩夏萃轉賣與尚安富賣契壹紙價銀肆拾兩今新之賣契壹紙共肆紙今賣因時急中人連進張納尊尚大春代字尚之文皆親筆畫押

今將買得龍江田畝又及開録

道光十三年三月初八日

買得彭澤延彭奎南彭慶延彭生才仝合族等爲因修理祠堂缺少費用仝賣伊先祖彭天華向晏名高承買得遺留宗祠用六甲粮田壹叚坐落龍江上營甲名喚河口田東至江邊南至鐵廠坡並消塘西至坡脚北至田頭該粮叁畝合米陸升在用六甲晏加升户下完納其田自賣之後任從買主招佃耕種完粮收租賣主不至異言過問此係二比情愿中間並無逼迫成交亦無私債準折等情倘有内外人間等一言

黄氏家族文书抄录册 2–46

今將買得龍江田畝又及開錄

道光十三年三月初八日

買得彭澤延彭奎南彭慶延彭生才仝合族等為因修理祠堂缺少費用仝賣伊先祖彭天華向晏名高承買得遺留宗祠官六甲粮田壹段坐落龍江上營甲名喚河口田東至江邊南至鐵廠坡並消塘西至坡脚北至田頭該粮叁畝合米陸斗在官六甲晏加升户下完納其田自賣之後任從買主招佃耕種完粮收租賣主不至異言過問此係二比情愿中間並無逼迫成交亦無私債準折等情倘有内外人爭等一言

争競有賣主一力承當日後有力取贖無力不得加
找不拘年月遠近銀到田歸二比不得刁難恐後人
心不古概已書明在契
又將杜興石軍粮田壹段皆分受着彭天華之分佈
種貳籮坐落龍江上營東至彭成玉田南至晏姓田
西至彭倫田北至路並坎該粮壹斗貳升在彭加年
户下完納
實接受價銀壹百捌拾貳兩整
迎
又晏逢時加找銀拾伍兩整
遇
其田共貳段其晏姓所賣河口田壹段其粮我家完
納每年實收租穀玖拾捌籮又加找穀捌籮其軍粮
田壹段其粮租穀仍歸賣主收納
晏姓賣與彭姓壹紙加找叁紙彭姓分单合同壹紙
彭姓賣與白姓贖回過契壹紙彭姓賣與我家賣契
壹紙加找壹紙晏連運時歸併與晏迎遇逢時歸契壹紙晏

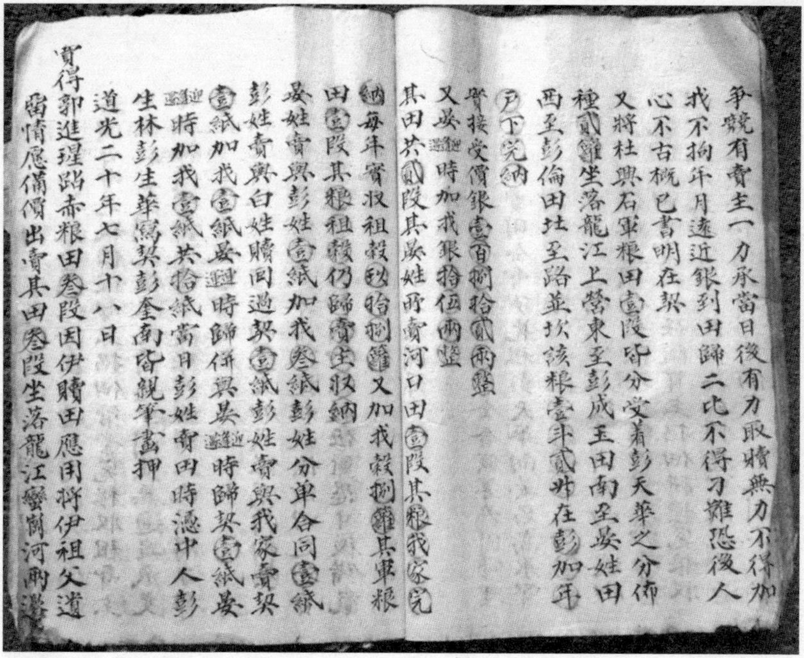

迎
逢時加找壹紙共拾紙當日彭姓賣田時憑中人彭
遇
生林彭生華寫契彭奎南皆親筆畫押
道光二十年七月十八日
買得郭進瑅跕赤粮田叁段因伊贖田應用將伊祖父遺
留情愿備價出賣其田叁段坐落龍江蠻岡河兩邊

東至尹家田南至蠻岡小溝西至尹家田北至舊溝
高垦該跕赤銀壹錢伍分在自賣郭志蒼户下完納
其田自賣之後任從賣主招佃管業完粮收租賣主
不至異言過問此係二比情愿中間並無逼迫成交
亦無私債準折等情日後銀到田歸二比不得刁難
恐後人心不古概已書明在契
實接受價銀壹百陸拾兩整又加找銀貳拾兩整
其賣田之年黄姓並未有收過租穀俟贖田之年黄
姓亦當照数全收又加找加租穀伍籮恐日後錯亂
當日亦批在契
郭仲選老契稅尾壹聯賣契壹紙加找叁紙郭進堭
賣契壹紙加找壹紙共柒紙當日賣田時憑中人郭
進林代字郭志相皆親筆畫押
道光二十一年正月十二日
佑
俊
買得張啓煥賣伊祖承買得任姓的鋌粮田壹叚坐落龍
江蠻丙名喚那號田其田下半分佈種肆籮伍㪷東

黄氏家族文书抄录册 2-48

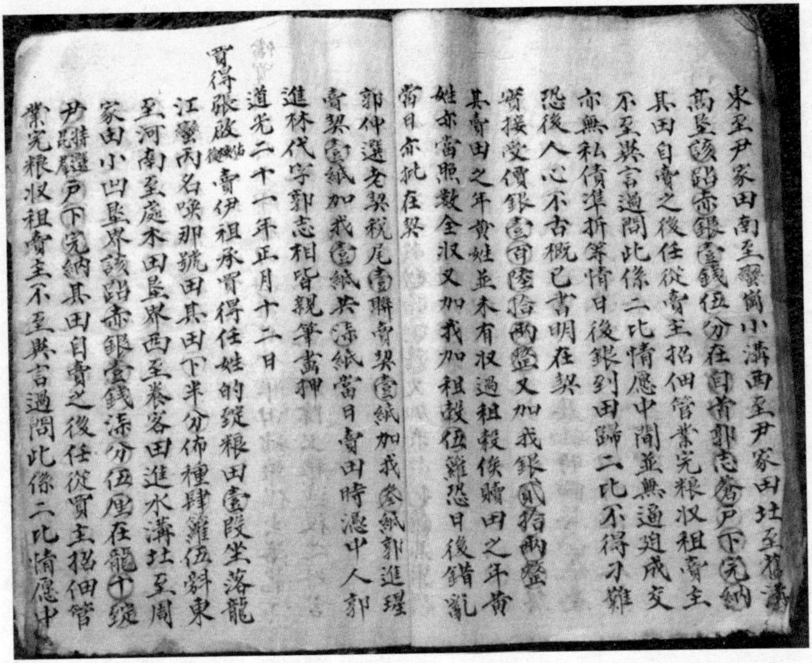

至河南至處木田塍界西至養客田進水溝北至周
家田小凹塍界該踮赤銀壹錢柒分伍厘在龍十錠
尹昆羣特選戶下完納其田自賣之後任從買主招佃管
業完粮收租賣主不至異言過問此係二比情愿中

間並無逼迫成交亦無私債過割不清日後银到田
歸二比不得刁難恐後人心不古概已書明在契
實接受價銀壹百陸拾兩整
任姓實賣於張姓賣契壹紙借契壹紙加找壹紙張
姓實賣契壹紙共肆紙
道光二十一年十一月初十日
儅買周宗林六甲粮田叁籮自首粮田肆籮俱坐落龍江
上營其粮言定儅主自完每年除上粮運役之外言
定實交租穀貳拾肆籮
實接受價銀伍拾兩整
道光二十二年四月初十日借去銀拾两言定每年
行穀息伍籮
道光二十三年七月二十日借去銀肆兩言定每年
行穀息貳籮是年未交
道光二十五年三月初四日加找銀捌兩加租穀肆
籮
共取去銀柒拾貳兩整
道光二十一年十二月初十日

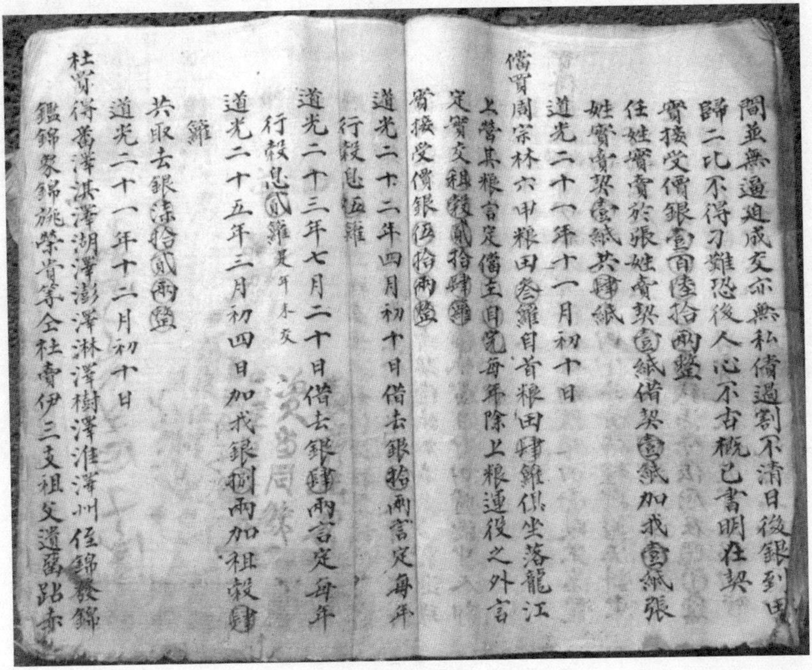
閤並無逼廹成交亦無私債過割不清日後銀到田
歸二比不得刁難恐後人心不古概已書明在契
實接受價銀壹百陸拾兩整
侄姪實賣於張姓賣契壹紙借契壹紙加找壹紙張
姓實賣契壹紙共肆紙
道光二十一年十一月初十日
備買周宗林六甲粮田叁籮自首粮田肆籮俱坐落龍江
上營其粮言定備主自完每年除上粮運役之外言
定實交租穀貳拾肆籮
實接受價銀伍拾兩整
道光二十二年四月初十日借去銀拾兩言定每年
行穀息伍籮
道光二十三年七月二十日借去銀肆兩言定每年
行穀息貳籮是年本交
道光二十五年三月初四日加找銀捌兩加租穀肆
籮
共取去銀柒拾貳兩整
道光二十一年十二月初十日
杜買得番澤淇澤湖澤澎澤淋澤樹澤淮澤州侄錦發錦
鑑錦象錦旗榮貴等仝杜賣伊三支祖父遺留跕赤

杜買得番澤淇澤湖澤澎澤淋澤
樹澤淮澤州侄錦發錦
鑑錦象錦旗榮貴等仝杜賣伊三
支祖父遺留跕赤

黄氏家族文书抄录册 2-50

粮田叁叚坐落龍江蠻蚌其壹叚名喚大硝塘田東南至賣主田西至坡北至大河佈種陸籮又壹叚名喚那亂田東至河南西至溝北至坡佈［種］壹籮又壹叚名喚小河田東西至河坡南至河北至張姓田佈種壹籮該貼赤銀叁錢在太三甲内龍十錠番念修户下完納其田自杜賣之後任從買主永遠管業招佃耕種納粮收租更名入册投税請尾賣主子孫永遠不得異言過問永爲黄姓子孫之業此係二比情愿中間並無逼迫成交亦無私債準折等情倘有内外人等一言争競有賣主一力承當日後有力不得取贖無力不得加找係是落筆無踪永斷割藤恐後人心不古概已書明在契

實接受杜價銀伍百伍拾兩整

共契據叁紙

道光二十三年八月十六日

買得周建猷粮田壹叚佈種貳籮坐落龍江上營寨左名喚園子田又屯粮田壹叚佈種貳籮五剁坐落上營名喚黄落池田又軍粮田壹叚佈種叁籮坐落上營

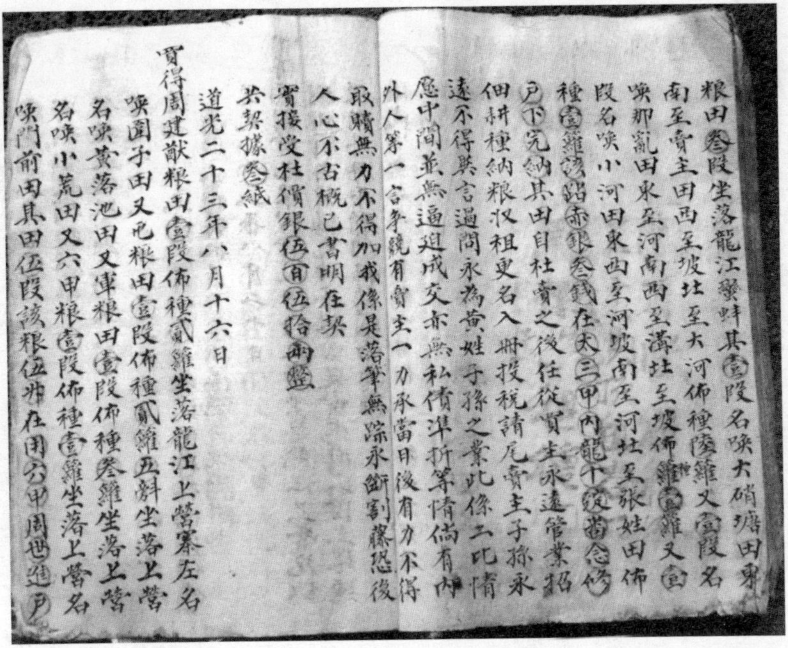
粮田叁段坐落龍江蟹蚌其壹段名喚大硝塘田東
南至賣主田西至坡址至大河佈種陸籮又壹段名
喚那亂田東至河南西至溝址至坡佈籮壹籮又壹
段名喚小河田東西至河坡南至河址至張姓田佈
種壹籮該粮赤銀叁錢在大三甲内龍千從當念修
户下完納其田自杜賣之後任從買主永遠管業招
佃耕種納粮收租更名入冊投税請凡賣主子孫永
遠不得異言遍問永為黄姓子孫之業此係二比情
愿中間並無逼迫成交亦無私債準折等情倘有内
外人等一言爭競有賣主一力承當日後有力不得
取贖無力不得加找係是落筆無踪永斷割籐恐後
人心不古槪已書明在契
實授受杜價銀伍百伍拾兩整
共契據叁紙
道光二十三年八月十六日
買得周建猷粮田壹段佈種貳籮坐落龍江上營寨左名
喚園子田又乇粮田壹段佈種貳籮五斛坐落上營
名喚黄落池田又連粮田壹段佈種叁籮坐落上營
名喚小荒田又六甲粮壹段佈種壹籮坐落上營名
喚門前田其田伍段該粮伍升在用六甲周世進户

名喚小荒田又六甲粮壹叚佈種壹籮坐落上營名
喚門前田其田伍叚該粮伍升在用六甲周世進户

下完納其粮言定賣主自上除上粮運役之外每年
實納租穀捌拾玖籮
實接受價銀貳百兩整
道光二十三年十二月二十五日加找銀拾兩零伍錢
道光二十五年四月十六日收還銀肆拾兩零伍錢
過期未補特批其粮今我家遞年完納特批
道光二十三年八月二十日
買得萬國賢屯粮田壹段佈種叁籮坐落龍江上營花椒
樹田脚名喚楊先田其粮言定賣主自上除上粮運
役之外每年實納租穀貳拾柒籮
實接受價銀陸拾兩整
道光二十六年十一月二十日
買得段　秀仝男成鳳軍粮田貳分坐落龍江上營佈種
伍籮其壹段名喚壹籮種又壹段名喚黄樂池麻栗
［樹］田該粮壹斗肆升在左下周于憲户下完納
實接受價銀壹百玖拾伍兩整
咸豐四年正月二十九日

黄氏家族文书抄录册 2-51

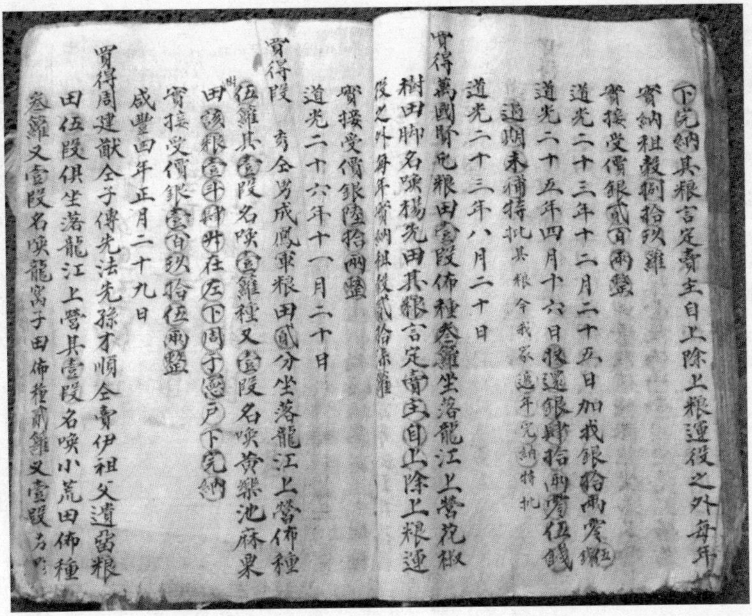

買得周建猷仝子傳先法先孫才順仝賣伊祖父遺畱粮
田伍段俱坐落龍江上營其壹段名喚小荒田佈種
叁籮又壹段名喚龍窝子田佈種貳籮又壹段名喚

黄落池田佈種貳籮伍𥝱又壹叚名唤圍子田佈種貳籮又壹叚名唤門前田佈種壹籮其田伍叚共佈種拾籮零伍𥝱該粮伍升在用六甲周世進户下完納當日實接受田價銀叁百壹拾兩整其田自賣之後任從買主耕種管業完粮收種賣主不至一言倘有内外人等異言争競有賣主一力承當此係二比情愿中間並無逼迫成交恐後人心不古㮣已書明載契

其田周傳先租種小荒田壹叚佈種叁籮又龍窝子田佈種壹籮每年頂租穀伍拾籮周法先租種黄落池田壹叚佈種貳籮伍𥝱又龍窝子田佈種壹籮每年頂租穀陸拾籮周才順租種圍子田壹叚佈種貳籮每年頂租穀弍拾伍籮又周傳先周法先周才順租門前田壹叚佈種壹籮頂租穀叁拾籮特批

黄氏家族文书抄录册 2–52

黄落池田佈種貳籮伍斛又壹段名喚園子田佈種
貳籮又壹段名喚門前田佈種壹籮其田伍段共佈
種拾籮壹伍斛該粮伍外在用六甲周世進户下完
納當日嘗接受田價銀叁百壹拾兩整其田自賣之
後任從買主耕種管業完粮収種賣主不至一言備
有内外人等異言争競有賣主一力承儅此係二比
情愿中間並無逼迎成交恐後人心不古概已書明
載契
其田周傳先祖種小荒田壹段佈種叁籮又龍窩
子田佈種壹籮每年項祖穀伍拾籮周法先祖種
黄落池田壹段佈種貳籮伍斛又龍窩子田佈種
壹籮每年項祖穀壹拾籮周才順祖種園子田壹
段佈種貳籮每年項祖穀弍拾伍籮又周得先月
法先周才順租門前田壹段佈種壹籮項祖穀叁
拾籮特批

今將先年買得横坡山祖塋地契原録於後

立賣賣墳地人楊先彩先位先學先科先周先魁文啓文秀文焕文贊等有祖遺山地一處爲族中糧務多端年需應酹缺乏適因黄姓禮求義讓只得憑中出賣與

正君黄先生名下寔接受時值價銀伍兩整其地東至凹南至岩西至凹北至古塜五丈外四至開明在契自賣之後落筆無踪任從扦葬不致異言倘有内外人等一言争競有賣地人一面承當恐後無憑立此賣賣墳地文約永遠存照

今將先年買得橫坡山祖塋地契原錄於後

立實賣墳地人楊先彩先位先學先科先周先魁文啟文秀文煥文贊等有祖遺山地一處為族中糧務多端年需應酬缺乏適因黃姓禮求義讓只得憑中

出賣與

正君黃先生 名下寔接受時值價銀伍兩整其地東至四南至岩西至四址至古塚五丈外四至開明在契自賣之後落筆無踪任從扦塋不致異言倘有內外人等一言爭競有賣地人一面承當恐後無憑立此賣

賣墳地文約永遠存照

實賣墳山以處實接受銀伍兩整
乾隆十八年三月十八日立實賣墳地人楊先彩先位先
學先周先科先魁文啓文秀文煥文贊親筆畫押
憑中生黃欽聘
人李春芳代字生黃開泰皆親筆畫押

黃氏家族文书抄录册 2-54

今將印寨山祖塋甘結録後
立甘結人黃正存黃正鼎黃璦爲因有印寨山壹處
有黃正鼎父故欲葬此山在正存以爲己業正鼎以
爲己官山正存聞知阻住告正鼎盜葬正鼎告正存
掘塚挑棺控經
本州
本府本縣學師争訟不已有族人黃石裔黃龍昇黃龍門等
念祖宗一脉不忍二比相傷在中勸觧同詣 隍祠
明誓將此地與正鼎葬父週圍肆丈任從正鼎安葬
正存日後不得阻撓正鼎亦不得侵佔係是闔族讁
議二比情愿中間並無逼勒等情日後二比拜掃不
得異言参傷恐後無憑立此合同爲照
雍正八年十一月十九日立合同甘結人黃石裔黃龍昇

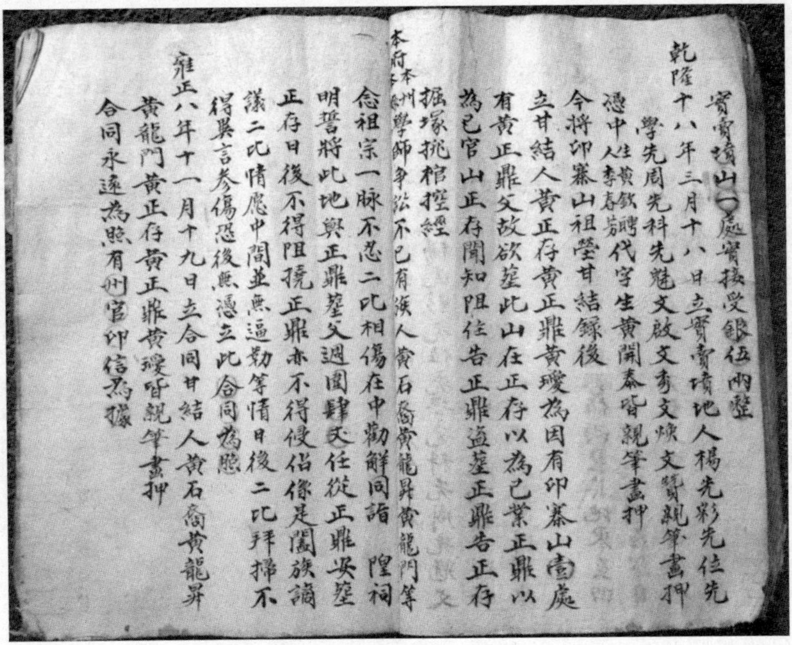
賣賣墳山一處實接受銀伍兩整
乾隆十八年三月十八日立賣賣墳地人楊先彩先位先
學先周先科先魁文啟文秀文煥文賢親筆畫押
憑中人生員黄欽聘李春茹代字生黄開泰皆親筆畫押
今將印寨山祖塋甘結錄後
立甘結人黄正存黄正鼎黄瓔為因有印寨山壹處
有黄正鼎父故欲葬此山在正存以為已業正鼎以
為已官山正存聞知阻住告正鼎盜葬正鼎告正存
掘塚拋棺控經
本府本州本縣學師爭訟不已有族人黄石喬黄龍昇黄龍門等
念祖宗一脈不忍二比相傷在中勸解同詣 隍祠
明誓將此地與正鼎葬父週圍肆丈任從正鼎安葬
正存日後不得阻撓正鼎亦不得侵佔係是闔族議
議二比情愿中間並無逼勒等情日後二比拜掃不
得異言參傷恐後無憑立此合同為照
雍正八年十一月十九日立合同甘結人黄石喬黄龍昇
黄龍門黄正存黄正鼎黄瓔皆親筆畫押
合同永遠為照有州官印信為據

黄龍門黄正存黄正鼎黄瓔皆親筆畫押
合同永遠爲照有州官印信爲據

今將每年所應完之粮数綜録於后

太三甲内龍十筵番念修該跕赤銀叁錢係杜買得番澤淇等杜賣的龍江田共叁段坐落蠻蚌其一段名喚大硝塘田又壹叚名喚那亂田又壹叚名喚小河田

龍十筵尹特選崑羣該跕赤銀壹錢柒分伍厘係買得張啓煥佑全俊賣的龍江田坐落蠻丙名喚那號田

龍三筵楊定豫該跕赤銀貳錢壹分捌厘係買得楊葉著賣的龍江田坐落丁家山名喚十叚田

自首郭志蒼該跕赤銀壹錢伍分係買得郭進理賣的龍江田坐落蠻崗河兩邊

今將每年所應完之粮數綜錄於后

太三甲内龍十錠黃念修該跕赤銀叁錢係杜買得畨澤洪等杜賣的龍江田共叁段坐落蠻蚌其一段名喚大硝塘田又壹段名喚那亂田又壹段名喚小河田

龍十錠尹特選崑犀該跕赤銀壹錢柒分伍厘係買得張啟[illegible]仝賣的龍江田坐落蠻兩名喚那琉田

龍三錠楊定豫該跕赤銀貳錢壹分捌厘係買得楊業著賣的龍江田坐落丁家山名喚十段田

自首郭志蒼該跕赤銀壹錢伍分係買得郭廷理賣的龍江田坐落蠻崗河兩邊

以上龍江田之粮肆柱有銀頭無米上粮之時只須
去庫房单上銀頭可也

用六甲晏加陞叁畝共合陆升　係買得彭澤延仝合
族等賣的龍江田坐
落上營名喚河口田

用六甲周世進伍升　係買得周建猷賣的龍江田坐
落上營

太二甲毛廷宦玖升贰合　係買得毛宗顯賣的倪家
舖門首田

太二甲毛廷宦柒升壹合　係買得毛啟仁賣的雙垳
田坐落倪家舖瑶墩門首

來一甲

祖
登鶴壹斗伍升　係杜買得黃啟時
順杜賣的
矣比田坐落頭单名喚楊
老虎田

祖　登鶴壹斗伍升係杜買得番錦純杜賣的
　　矣比田坐落青荒垻
新墾　祖　登鶴拾伍畝共合叁斗係杜買得黃成德
　　杜賣的矣比河田
祖　登鶴玖畝共合壹斗捌升係杜買得番品
　　重杜賣的矣比
　　河田
徐純仁壹斗貳升係買得徐長春賣的矣比灣
田
黃登程壹畝捌分共合叁升陸合係買得黃鳳
翼賣的矣比
苞
龍華寺門首小短擺田
趙踐行陸升貳合係買得趙占嵩賣的昊邑尖
角田
此二柱其米共完二斗
四升
趙武才壹斗壹升陸合係買得趙澤厚賣的昊
邑李家田
趙武才壹斗壹升陸合係買得趙澤培賣的昊
邑李家田

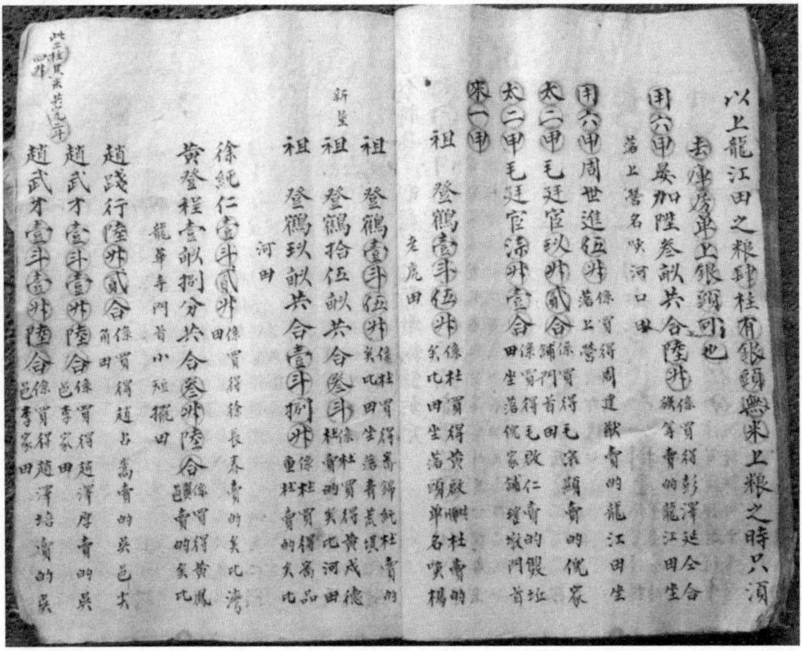

以上龍江田之粮肆杜有銀頭無米上粮之時只須
去庫房单上銀頭可也
用六甲晏加陞叁畝共合陸升 係買得彭澤廷全合族等賣的龍江田坐
落上營名唤河口凼
用六甲周世進伍升 係買得周建獻賣的龍江田坐落上營
太二甲毛廷官玖升貳合 係買得毛濟顯賣的倪家鋪門首田
太二甲毛廷官添升壹合 係買得毛政仁賣的[illegible]田坐落倪家鋪[illegible]門首
來一甲
祖 登鶴壹斗伍升 係杜買得黃啟[illegible]杜賣的[illegible]田坐落[illegible]名唤[illegible]
老虎田
祖 登鶴壹斗伍升 係杜買得[illegible]純杜賣的[illegible]田坐落[illegible]
新置
祖 登鶴拾伍畝共合叁斗 係杜買得黃戍[illegible]杜賣的[illegible]河田
祖 登鶴玖畝共合壹斗捌升 係杜買得[illegible]杜賣的[illegible]
河田
徐純仁壹斗貳升 係買得徐長泰賣的[illegible]田
黃登程壹畝捌分共合叁升陸合 係買得黃[illegible]賣的[illegible]
龍華寺門首小[illegible]田
趙踐行陸升貳合 係買得趙[illegible]高賣的[illegible]田
趙武才壹斗壹升陸合 係買得趙澤厚賣的[illegible]李家田
趙武才壹斗壹升陸合 係買得趙澤培賣的[illegible]李家田

來一甲
趙乾維叁畝伍分共合七升只有壹畝伍分又完在趙必昌柱
内貳畝係買得趙澤厚、培賣的旲邑河邊沙田其田是壹分伊二人係各自賣
來二甲
尹國輔壹斗陸升係買得黃文元、徵俊賣的矣比頭单小凹子田
番尊賢壹斗貳升係買得黃選俊賣的矣比六单上街路半節田
番慕賢貳斗係買得黃英俊賣的矣比六单上街路大田
黃時安玖升壹合係買得黃雲開賣的矣比門首大擺田
其米有玖升捌合
黃仕超貳斗貳升係買得黃偉俊賣的矣比頭单烟墩下田
王萬有壹斗壹升係買得王心正賣的矣比河外河田
番如蘭壹斗零伍合係買得番錦紱賣的矣比大路裏羅照仕田
黃逢聖貳斗肆升係買得番錦紱賣的矣比龍華寺門首凹子田
來三甲
番元臣叁斗壹升伍合係買得番錦賢賣的矣比橫垦田
番慕賢壹斗係買得黃選俊賣的矣比六单上街路田
番錦耀壹斗陸升係買得番錦崑賣的矣比楊家井橫溝下田
番能修伍升係買得番子正賣的矣比瓦瑶田
張如德壹斗捌升伍合係買得番子元賣的尙家寨大垦田
番存敬貳斗貳升係買得番澤浩賣的矣比陳家溝田
以上之粮頭銀概歸庫房完納可也

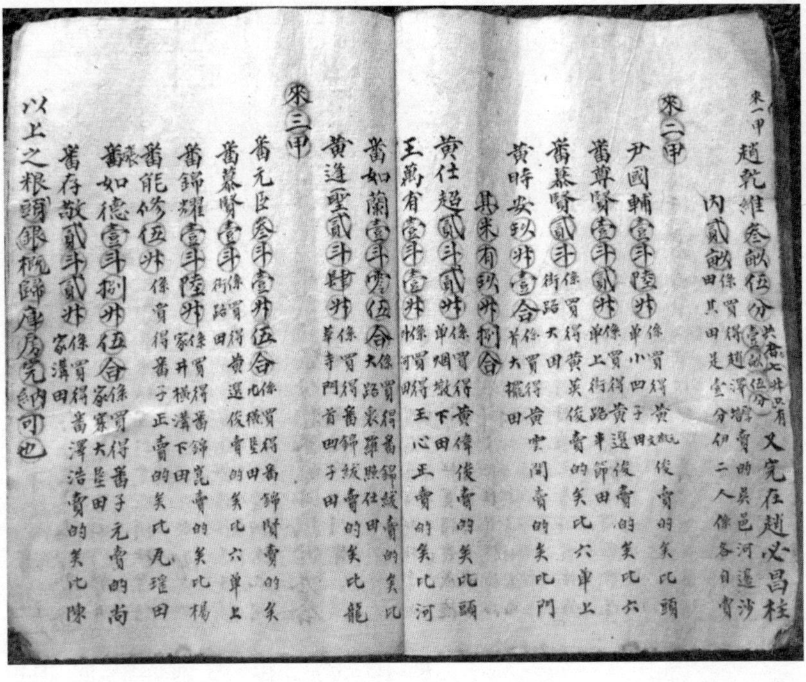

来一甲

趙乾維叁畝伍分共叁七升只有壹畝伍分文完在趙必昌柱

內貳畝係買得趙澤增賣的吳邑河邊沙田其田是壹分作二人係各自賣

来二甲

尹國輔壹斗陸升係買得黃文紈之後賣的矣比頭單小四子田

番尊賢壹斗貳升係買得黃選後賣的矣比六單上街路串節田

番慕賢貳斗係買得黃英後賣的矣比六單上街路大田

黃時安玖升壹合係買得黃雲閣賣的矣比門首大擺田

其米有玖升捌合

黃仕超貳斗貳升係買得黃偉後賣的矣比頭單烟墩下田

王萬有壹斗壹升係買得王心正賣的矣比河小河田

番如蘭壹斗零伍合係買得番錦紱賣的矣比大路衆華照仕田

黃進聖貳斗肆升係買得番錦紱賣的矣比龍華寺門首四子田

来三甲

番元臣叁斗壹升伍合係買得番錦賢賣的矣比板壁田

番慕賢壹斗係買得黃選後賣的矣比六單上街路田

番錦耀壹斗陸升係買得番錦亮賣的矣比楊家井橫溝下田

番能修伍升係買得番子正賣的矣比凡瑄田

番泰如德壹斗捌升伍合係買得番子元賣的尚家寨大壁田

番存敬貳斗貳升係買得番澤浩賣的矣比陳家溝田

以上之根頭銀概歸庠房完納可也

黃氏家族文书抄录册 2–58

局料

祖　登鶴陸畝捌分肆厘共合伍斗陸升壹合

　係杜買得王三錫杜賣的矣比門首大

　擺田

祖　登鶴叁斗貳升係杜買得李作楨杜賣的

　吴邑尖担田

任正枝叁斗伍升貳合係杜買得林發鳳賣的

　矣比腰埾田

尹國安貳斗叁升壹合五勺　係買得尹文全順賣

　的賣比大路邊田

番自艾叁斗捌升係買得番自金賣的矣比河

　外河田

後所龎宗保該額銀貳錢貳分粮米貳斗玖升叁合

　係張啓林儅的田坐落董庫門首

下伍

尙邦顯壹斗叁升係買得張連運賣的矣比老

　丁溝四坵田

尙邦顯叁斗係買得尙　凱賣的尙家寨門首

　沙帽田

尙邦顯壹斗係買得尙　友賣的尙家寨河外

　河邊田

闞金美壹斗伍升係買得尙　友賣的尙家寨

　門首名喚小石頭田

闞金美伍斗捌升係買尙毓才尙　友仝賣的

　尙家寨門首横溝下田名喚

　長田其田是壹分伊二人各自賣

尙來杜叁斗係買得尙　濂賣的尙家寨中溝

　田

屯租黃公錫柒斗伍升係買得黃雲開賣的矣比大

　路裏大官溝田

西单趙密即近吾肆斗柒升壹合　係買得韋啓運泰賣

　的吴邑楊家田

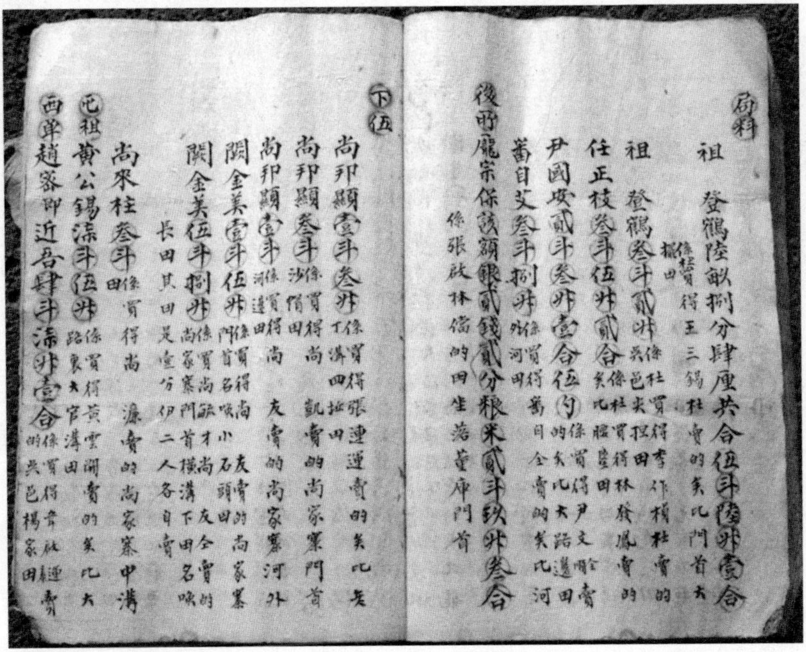

殿料

祖　登鶴陸畝捌分肆厘共合伍斗陸升壹合 係賛買得王三錫杜會的矣比門首大擺田

祖　登鶴叁斗貳升 係杜買得李作楷杜會的矣邑尖坵田

任正枝叁斗伍升貳合 係杜買得林發鳳會的矣比脂崖田

尹國安貳斗叁升壹合伍勺 係買得尹文明全會的矣比大路邊田

蕃自艾叁斗捌升 係買得蕃日全會的矣比河外河田

後所龐宗係該額銀貳錢貳分粮米貳斗玖升叁合

係張啟林儒的田坐落董庫門首

下伍

尚邦顯壹斗叁升 係買得張連運會的矣比矣丁溝四拉田

尚邦顯叁斗 係買得尚凱會的尚家寨門首沙備田

尚邦顯壹斗 係買得尚友會的尚家寨河外河邊田

閔金美壹斗伍升 係買得尚友會的尚家寨門首名喚小石頭田

閔金美伍斗捌升 係買尚缺才尚友全會的尚家寨門首橫溝下田名喚

長田其田是壹分伊二人各自會

尚來柱叁斗 係買得尚濂會的尚家寨中溝田

乜祖黃公錫濂斗伍升 係買得黃雲湖會的矣比大路東大官溝田

西半趙密即近吾肆斗濂升壹合 係買得黃秋經會的共邑楊家田

東单番維章壹斗柒升係買得番子正賣的矣比陳
家溝田
職粮番維章貳斗捌升係買得番自明賣的矣比青
荒垻田
左下周于憲壹斗肆升係買得叚　秀賣的龍江田
坐落上營其田貳叚其壹叚
名喚壹箩種又一叚名喚黃樂池龐粟
樹田
以上之粮銀頭概歸吏房完納可也
官庄
一户盧發秀該粮壹石壹斗肆升係買得楊國
潛田名喚盧家田　選賣的雷起
高成周該銀壹錢柒分係買得楊啓浩賣的倪
家舖田
高成周該粮捌升伍合係買得楊國顯賣的倪
家舖田
以上之粮有銀頭無米其銀頭概歸穀倉房完納可
也
下伍

黃氏家族文书抄录册 2-59

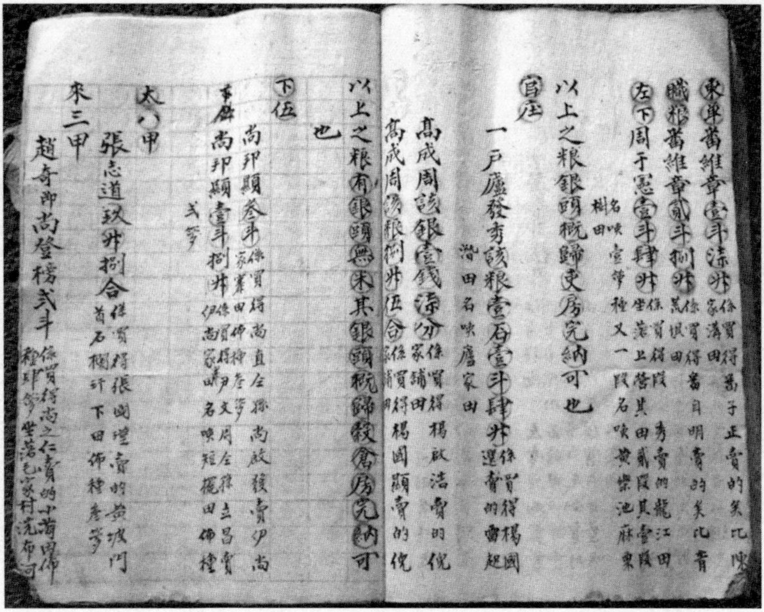

尙邦顯叁斗係買得尙直仝孫尙啓發賣伊尙
家寨田佈種叁簩
尙邦顯壹斗捌升係買得尹文周仝孫立昌賣
伊尙家「寨」田名喚短擺田佈種
弍簩

太八甲
張志道玖升捌合係買得張國瑆賣的黃坡門
首石欄玗下田佈種叁簩

來三甲
趙奇即尙登榜弍斗係買得尙之仁賣的小海田佈
種肆簩坐落毛家村洗布河

屯粮［彭加年即］萬國賢一斗二升係萬國賢賣的上營楊先田
佈種叁箩
自首周世曾一畝半係周宗材擋的上營田佈種伍箩
屯粮周于憲二升五合係周建猷賣的上營園子田佈種二箩
屯粮周于憲五升係周建猷賣的上營黄樂池田佈種二箩五斛
屯粮周于憲七升三合係周建猷賣的上營小荒田佈種叁箩
屯粮周于憲七升三合係周建猷賣的上營龍窝子田佈種弍箩
用六甲周世俊
于憲五升八合五勺係周建猷賣的上營门前田佈
種一箩
左下周于憲一斗四升係段秀賣的上營黄樂池厤栗
樹田又一箩種田共佈種六箩

今將完粮起科正额開録於后
一八里民粮每石該正额銀壹兩陸錢壹分叁厘加
平頭壹錢房費肆分每石共合銀壹兩柒錢
伍分叁厘
一屯粮每石該正额銀捌錢捌分加平頭壹錢房費

黄氏家族文书抄录册 2–60

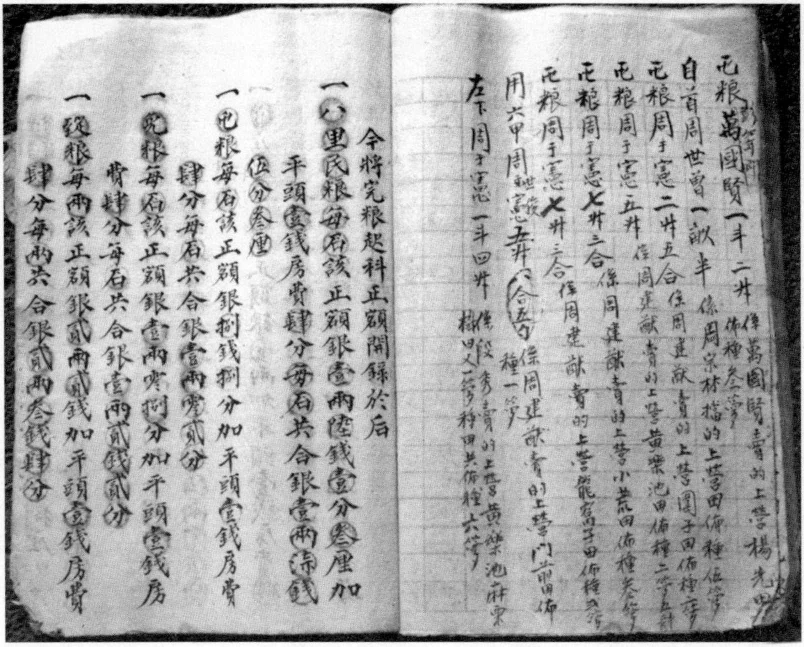

肆分每石共合銀壹兩零貳分

一兗粮每石該正額銀壹兩零捌分加平頭壹錢房
費肆分每石共合銀壹兩貳錢貳分

一錠粮每兩該正額銀貳兩貳錢加平頭壹錢房費
肆分每兩共合銀貳兩叁錢肆分

一籽粒粮每兩該正額銀貳兩壹錢叁分捌厘加平
頭壹錢房費肆分每兩共合銀貳兩貳錢柒
分捌厘
一跕赤粮每兩該正額銀肆兩玖錢壹分捌厘加平
頭壹錢房費肆分每兩共合銀伍兩零伍分
捌厘
一官庄粮每兩該正額銀壹兩加平頭壹錢房費肆
分每兩共合銀壹兩壹錢肆分
一秋粮米每石正額陸斗陸升加房費鼠食陸升每
石共合卯升柒斗貳升
以上完粮正額開明顯著完粮之時務宜照數按算
兑合市平量合卬升納之可也

黄氏家族文书抄录册 2–61

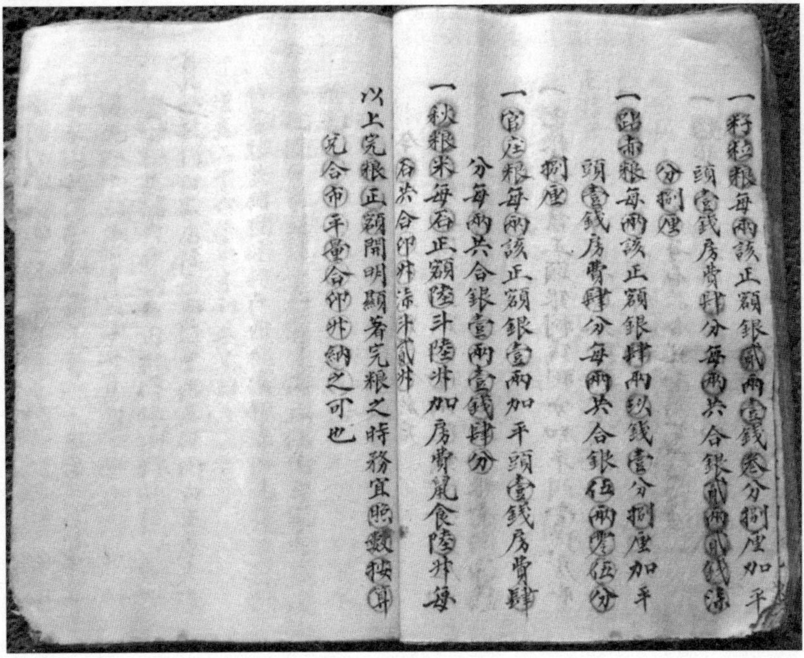
一籽粒粮每两該正額銀貳两壹錢叁分捌厘加平
頭壹錢房費肆分每两共合銀貳两貳錢柒
分捌厘
一路南粮每两該正額銀肆两玖錢壹分捌厘加平
頭壹錢房費肆分每两共合銀伍两叁伍分
捌厘
一官庄粮每两該正額銀壹两加平頭壹錢房費肆
分每两共合銀壹两壹錢肆分
一秋粮米每石正額陸斗陸升加房費鼠食陸升每
石共合卯升柒升貳升
以上完粮正額開明顯著完粮之時務宜照數按升
完合市平量合卯升納之可也

今將所批得街保鋪子一一開録於後
道光二十六年九月二十柒日向
黄選俊批得白家［店］鋪子壹箇坐落五保街白家店右邊
第二格並鋪内什物在内批價銀柒拾兩整
道光二十六年十月初二日向
番品一批得白家店鋪子壹箇坐落五保街白家店左邊
第一格並鋪内什物在内批價銀捌拾兩整
道光二十五年十月二十七日向
江西吴象山批得管家會鋪子壹所又澤枯會楼子壹所
坐落六保街心由鋪面直通至伙房後牆脚至周姓

黄氏家族文书抄录册 2-62

今将所抵得街保舖子一一開録於後

道光二十六年九月二十柒日向

黄選俊抵得白家舖舖子壹箇坐落五保街白家店右邊

第二格並舖内什物在内抵價銀柒拾兩整

道光二十六年十月初二日向

黄品一抵得白家店舖子壹箇坐落五保街白家店左邊

第一格並舖内什物在内抵價銀捌拾兩整

道光二十五年十月二十七日向

江西吳象山抵得管家會舖子壹所又澤枯會樓子壹所

坐落六保街心由舖面直通至伙房後牆脚至周姓

之牆脚爲止批價白銀弍百捌拾兩净整係仝朝□
兄仝伙批朝泰兄面跕三股之一伊兑出銀玖拾叁
兩叁錢叁分我家面跕叁股之弍出銀壹百捌拾陸
兩陸錢柒分遞年應收之舖租亦是按股均分特批
道光二十六年十月初二日向
江西吴梅占批得澤枯會楼子伙房壹所又管家會舖面楼子
壹所弍所相連由舖面直通至牆脚以周姓之後牆
爲界坐落六保街心每年至四月十月上萬壽宫管家會租
銀陸兩伍錢又清明日期上萬壽宫澤枯會租銀玖
兩批價餉銀肆百伍拾兩净整係仝朝輔兄仝伙伊
面跕壹半兑出餉銀弍百弍拾伍兩我家面跕壹半
兑出餉銀弍百弍拾伍兩遞年應收之舖租亦是按
股均分是以特批

黄氏家族文书抄录册 2–63

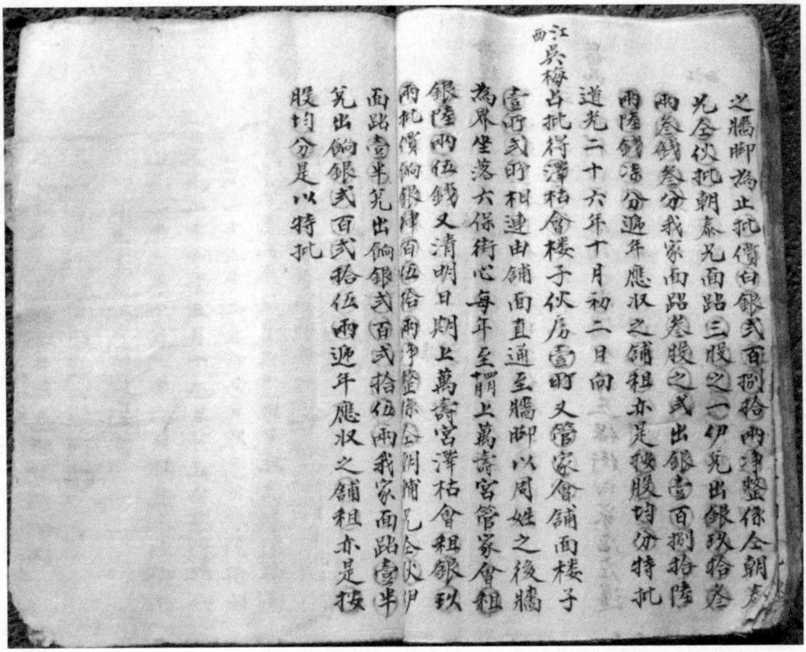
之腦脚為止抵價白銀弍百捌拾兩净整係仝朝泰
先仝伙抵朝泰先面路三股之一伊兄出銀玖拾叁
兩叁錢叁分我家面路叁股之弍出銀壹百捌拾陸
兩陸錢済分遞年應収之舗租亦是按股均分特抵
道光二十六年十月初二日向
江西吳梅占抵得澤枯會樓子伙房壹間又管家會舗面樓子
壹所弍間相連由舖面直通至腦脚以周姓之後牆
為界坐落六保街心每年至期上萬壽宮管家會租
銀陸兩伍錢又清明日期上萬壽宮澤枯會租銀玖
兩抵價銄銀肆百伍拾兩净整係仝朝補兄仝伙伊
面路壹半兄出銄銀弍百弍拾伍兩我家面路壹半
兄出銄銀弍百弍拾伍兩遞年應収之舗租亦是按
股均分是以特抵

今將所放賬物一一開録於後
道光二十年十二月初四日
承　言定年息分半有稅尾老契
鑽禹夏先生借去餉銀肆百兩
相　壹聯抵償
道光二十二年三月二十四日收息银陸拾兩
道光二十三年三月初四日收息白銀陸拾兩
道光二十四年五月十九日收息白銀陸拾兩
道光二十五年十月二十九日收息银伍拾兩
十一月三十日收息白銀伍兩
十二月二十八日收息白銀伍兩
二十七年三月初二日收息白銀陸拾兩

黃氏家族文书抄录册 2-64

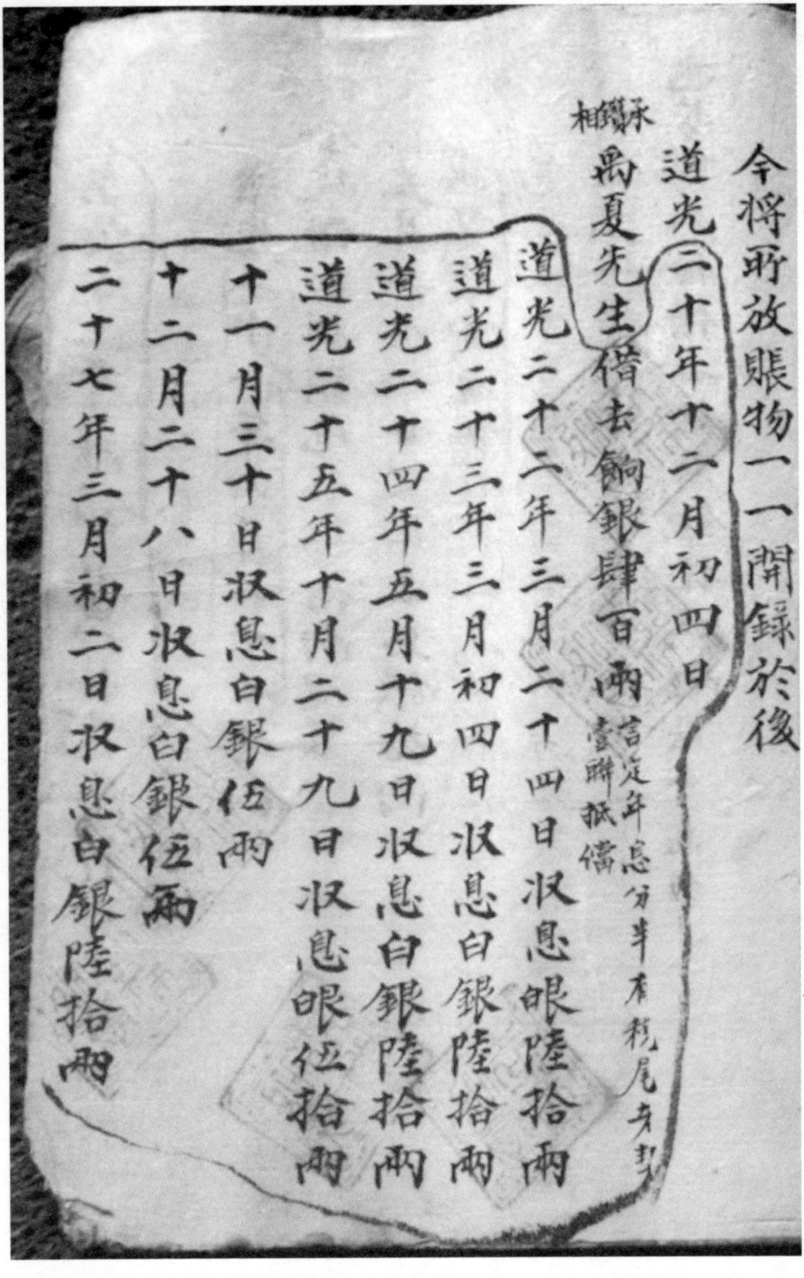
今將所放賬物一一開錄於後
道光二十年十二月初四日
承繼相 禹夏先生借去餉銀肆百兩 言定年息分半本利尾交契 壹聯抵償
道光二十二年三月二十四日收息銀陸拾兩
道光二十三年三月初四日收息白銀陸拾兩
道光二十四年五月十九日收息白銀陸拾兩
道光二十五年十月二十九日收息銀伍拾兩
十一月三十日收息白銀伍兩
十二月二十八日收息白銀伍兩
二十七年三月初二日收息白銀陸拾兩

第一编　腾冲玉璧村文书（下）·黄氏家族文书抄录册

光绪十三年此銀黄福元收记

道光二十一年四月二十七日

後

董叚全政借去新銷九名銀拾兩息壹分

庫

五月二十一日又借去名銀拾兩

此帳黄武元收记

道光二十一年十二月十九日

兆芳楊三爺借去新名銀拾伍兩息二息分

道光二十二年正月二十八日

國璒張大舅爹借去新名銀弍拾伍兩息分半

道光二十三年八月十六日借去名銀拾陸兩壹錢

道光二十七年二月初三日借去名銀拾兩

道光二十二年三月十八日

黄氏家族文书抄录册 2-65

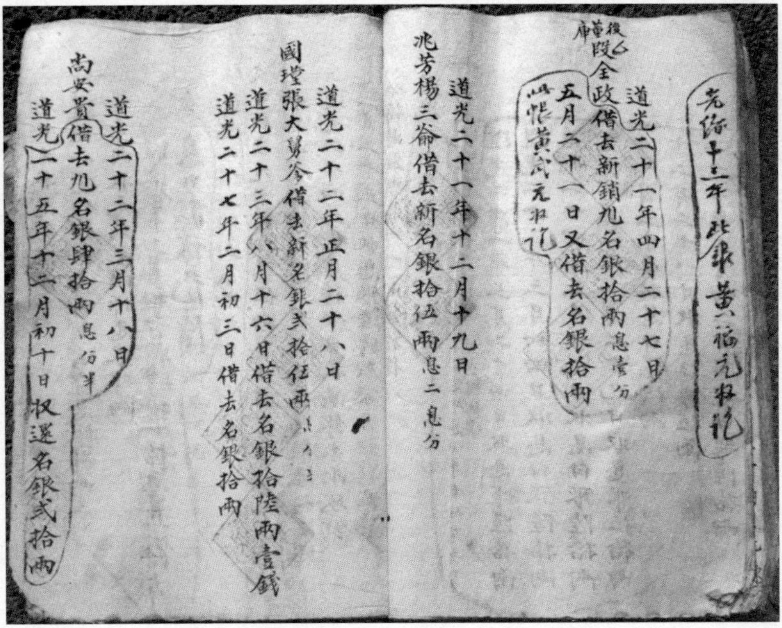

尙安貴借去九名銀肆拾兩息分半
道光二十五年十二月初十日收還名銀弍拾兩

仝日又收息銀陸兩
道光二十八年收瓦弍千块作息銀肆兩
三月内收瓦弍千块作息銀肆兩
光绪十八年三月初三日收净艮拾兩其餘本
　息如数□记清
　道光二十二年五月十九日
尹文周借去九名銀捌拾伍兩息壹分叁厘
道光二十三年十月二十九日收息銀陸兩伍銭
道光二十四年二月初十日收息銀叁兩玖銭
三月二十五日收息銀陸銭五分
道光二十五年四月二十二日收息銀肆兩玖銭六分
五月初二日收息銀壹兩伍銭肆分
戊辰年四月十九日尹立昌仝母何氏礼求義讓情愿將伊
先[祖]遺畱屯粮田佈種弍箩賣帰我家作收本艮其息如数□
去清
　道光二十三年十二月十九日
萬國賢借去名銀陸兩息壹分半係帮伊税契

黄氏家族文书抄录册 2-66

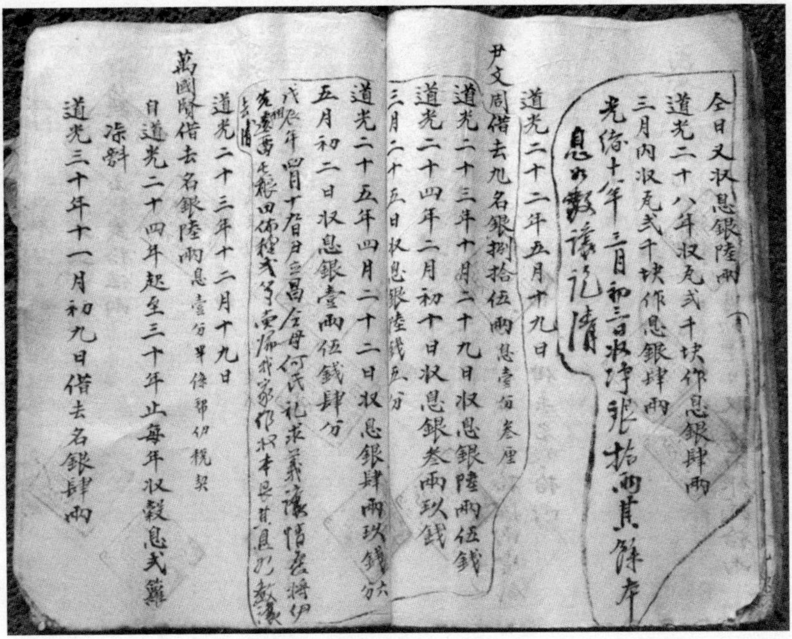

自道光二十四年起至三十年止每年收穀息弍籮

柒斛

道光三十年十一月初九日借去名銀肆兩

道光二十三年二月初十日
黄存新借去名銀弍拾伍兩息壹分

道光二十三年三月初八日
丁六龍借去名銀伍兩每年行穀息弍箩五斛
自道光二十四年起至三十年每年收穀弍籮伍斛

道光二十三年閏七月初七日
高啓萬借去名銀弍拾兩息壹分半
黄福元收记

道光二十三年十二月二十五日
馬金榮借去銀壹兩

道光二十三年十一月初六日
鳳樹叔借去九名銀壹百兩息壹分弍厘

黄氏家族文书抄录册 2-67

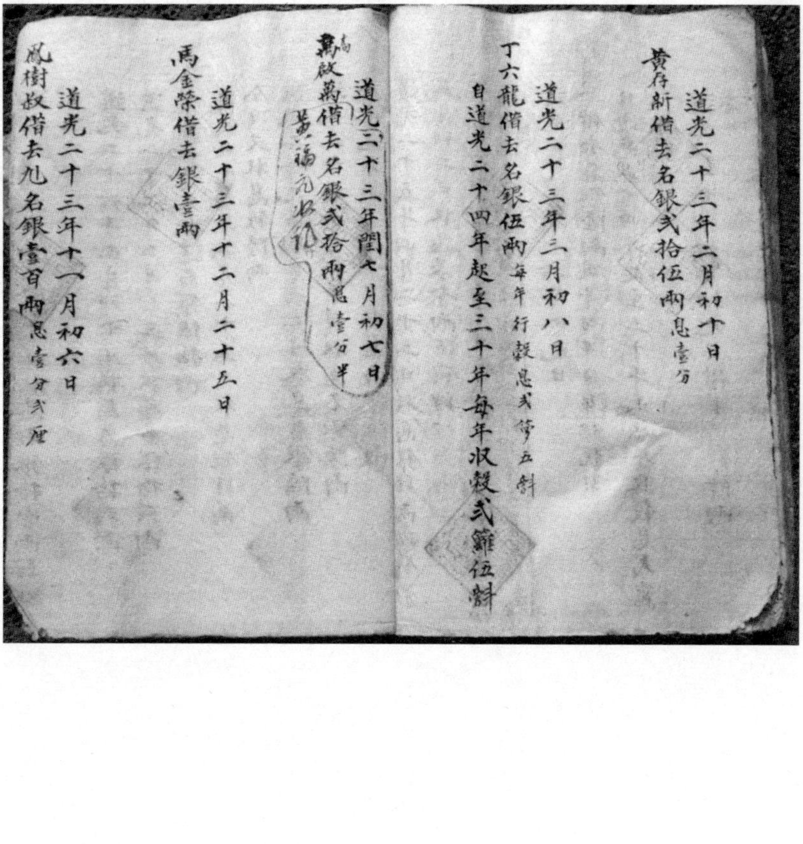

道光二十三年二月初十日
黄存新借去名銀弍拾伍兩息壹分

道光二十三年三月初八日
丁六龍借去名銀伍兩每年行穀息弍箩五斛
自道光二十四年起至三十年每年收穀弍籮伍斛

道光二十三年閏七月初七日
尚萬啟萬借去名銀弍拾兩息壹分半
黄六福元收訖

道光二十三年十二月二十五日
禹金榮借去銀壹兩

道光二十三年十一月初六日
鳳樹啟借去九名銀壹百兩息壹分弍厘

道光二十五年正月二十日收息名銀拾壹兩肆錢
柒分
道光二十六年正月初十日收息名銀拾弍兩
道光二十七年二月初三日收息名銀拾弍兩
八月二十日收還名銀伍拾兩
道光二十八年二月二十五日收息銀肆兩
仝日又收息銀陸兩
道光二十九年二月初三日收息名銀陸兩
道光三十年三月初六日收息名銀陸兩
咸豐元年二月初十日收息名銀陸兩
咸豐三年三月初五日收息名銀陸兩
咸豐四年二月初四日收息名銀陸兩
咸豐五年二月初四日收息名銀陸兩

道光二十三年十一月十九日
履中張先生借去名銀壹百兩息壹分弍厘
十一月二十日又借去白銀伍拾兩零弍錢伍分

黄氏家族文书抄录册 2-68

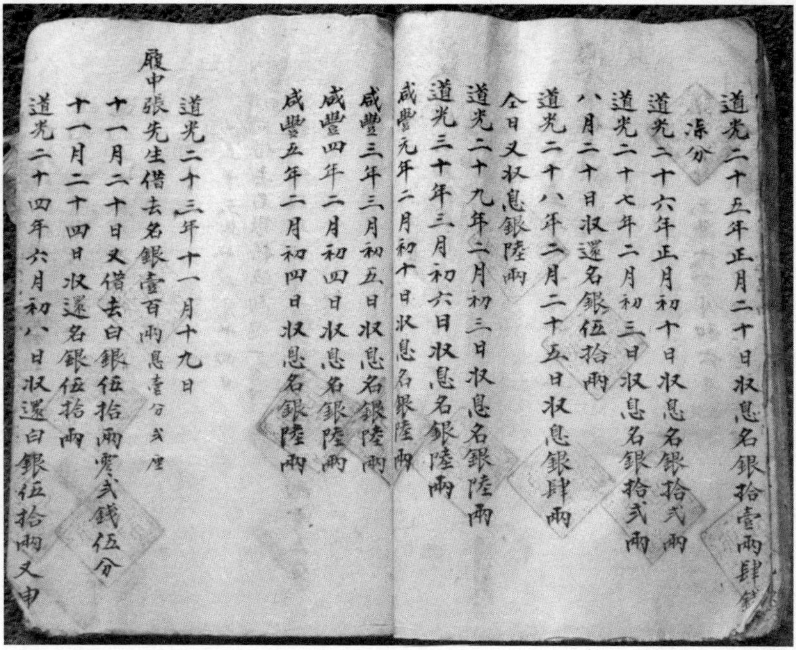
道光二十五年正月二十日收息名銀拾壹兩肆錢
滚分
道光二十六年正月初十日收息名銀拾弍兩
道光二十七年二月初三日收息名銀拾弍兩
八月二十日收還名銀伍拾兩
道光二十八年二月二十五日收息銀肆兩
仝日又收息銀陸兩
道光二十九年二月初三日收息名銀陸兩
道光三十年三月初六日收息名銀陸兩
咸豐元年二月初十日收息名銀陸兩
咸豐三年三月初五日收息名銀陸兩
咸豐四年二月初四日收息名銀陸兩
咸豐五年二月初四日收息名銀陸兩
道光二十三年十一月十九日
殿中張先生借去名銀壹百兩息壹分弍厘
十一月二十日又借去白銀伍拾兩實弍錢伍分
十一月二十四日收還名銀伍拾兩
道光二十四年六月初八日收還白銀伍拾兩又申

十一月二十四日收還名銀伍拾兩
道光二十四年六月初八日收還白銀伍拾兩又申

水銀肆兩伍錢下欠水銀伍錢
道光二十四年六月初八日重
道光二十五年六月十三日收還銀伍拾兩下欠息銀五兩

周文科
道光二十三年十二月十四日
同借去名銀拾伍兩息一分半

萬榮勳
道光二十六年四月十四日收息銀伍兩零五分

明小貴借去名銀壹兩伍錢弍分
道光二十三年十二月二十五日
道光二十四年又借去名銀壹兩

東昇劉三表叔借去名銀弍兩
道光二十四年四月二十六日

黃氏家族文书抄录册 2-69

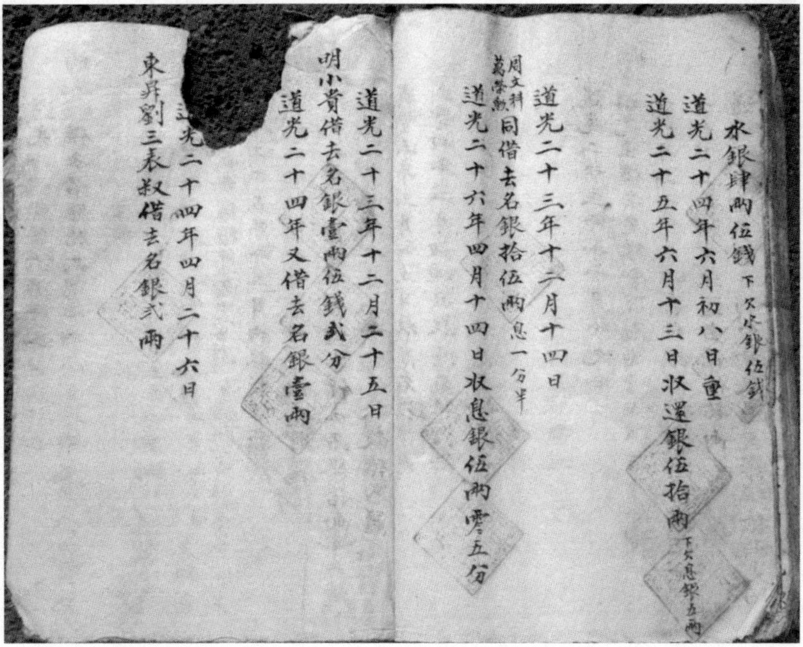

水銀肆兩伍錢 下欠水銀伍錢
道光二十四年六月初八日重
道光二十五年六月十三日收還銀伍拾兩 下欠息銀五兩
道光二十三年十二月十四日
周文科 葛學敏 同借去名銀拾伍兩 息一分半
道光二十六年四月十四日收息銀伍兩零五分
道光二十三年十二月二十五日
明小貴借去名銀壹兩伍錢貳分
道光二十四年又借去名銀壹兩
道光二十四年四月二十六日
東昇劉三表叔借去名銀弍兩

道光二十四年六月十二日
楊鳳書周借去名銀拾兩息二分

□光二十四年八月二十九日
□□去名銀拾肆兩息五𢁺
□□二十五年十二月内收穀柒籮
道光二十七年十一月内收穀拾肆籮
道光二十八年七月初六日借去名銀拾兩
道光二十九年十月二十八日收穀拾弍籮
扵光绪十六年二月十三日收净艮拾伍兩玖錢壹
分其餘本息銀兩如数□清所抵之契弍帋如数捲還

□二十四年八月二十三日
□爺借去白銀弍百兩息一分二厘
□二十六年二月二十一日收還白銀壹百兩又
收息銀拾柒兩叁錢以準壹百兩一年半之息又收息
銀拾叁兩以準壹百兩一年之息仝日抽回賣契壹紙

黄氏家族文书抄录册 2-70

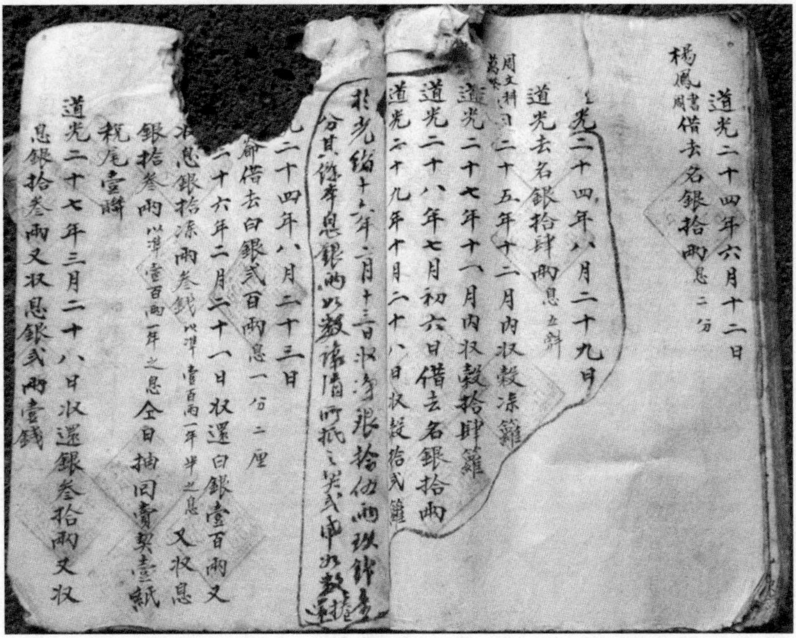

税尾壹聨
道光二十七年三月二十八日收還銀叁拾兩又收
息銀拾叁兩又收息銀弍兩壹錢

道光二十八年二月初三日收息銀玖兩
道光二十九年二月初四日收息銀玖兩
九月三十日收息銀玖兩
道光三十年十二月二十一日收息銀玖兩

□□二十四年十月初一日
□□去老名銀伍拾兩息一分半
又借去白銀伍拾兩
□光二十五年十二月十七日收息名銀柒兩伍錢
□光二十六年六月初六日收息白銀柒兩伍錢
□收田壹分名喚龐家田佈種叁箩清

□□二十五年正月二十四日
□□□上名銀拾陸兩息一分半
道光二十五年二月二十七日
汝材兄借去銀弍拾兩

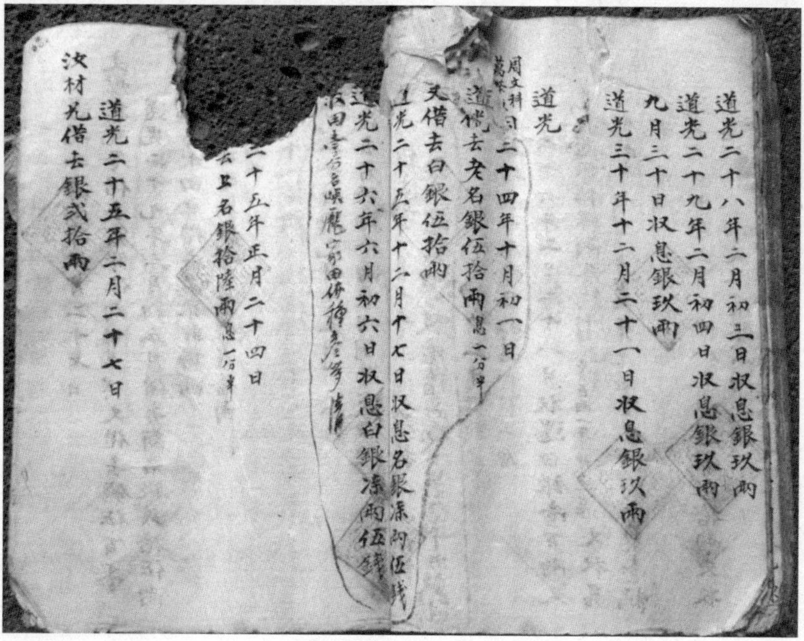
道光二十八年二月初三日收息银玖两
道光二十九年二月初四日收息银玖两
九月三十日收息银玖两
道光三十年十二月二十一日收息银玖两
道光
周文科
道光二十四年十月初一日
借去老名银伍拾两息一分半
又借去白银伍拾两
道光二十五年十二月十七日收息名银柒两伍钱
道光二十六年六月初六日收息白银柒两伍钱
二十五年正月二十四日
去上名银拾陆两息一分半
道光二十五年二月二十七日
汶村光借去银弍拾两

道光二十五年五月二十七日
文燦楊親爹借去名銀伍兩息分半又借去錢伍百文
道光二十九年三月初五日借去新名銀弍拾伍兩
□□十四日借去名銀肆拾兩
□□二十五日借去名銀弍拾兩

道光二十六年九月十五日
借去名銀肆拾兩息月利一分二厘
□光二十七年六月十六日借去新名銀肆拾伍兩
□月二十日借去新名銀伍拾伍兩
□□十一日借去新名銀肆兩陸錢係帮開與黃雲泰
肉銀
□□　十九年六月初六日借去新名銀伍兩伍錢
□□　係伊買棺木用
□□三十年二月初九日借去凈名銀弍拾叁兩
收田壹段佈種捌箩清

道光二十六年七月初三日
李永春借去名銀弍拾兩

黃氏家族文书抄录册 2-72

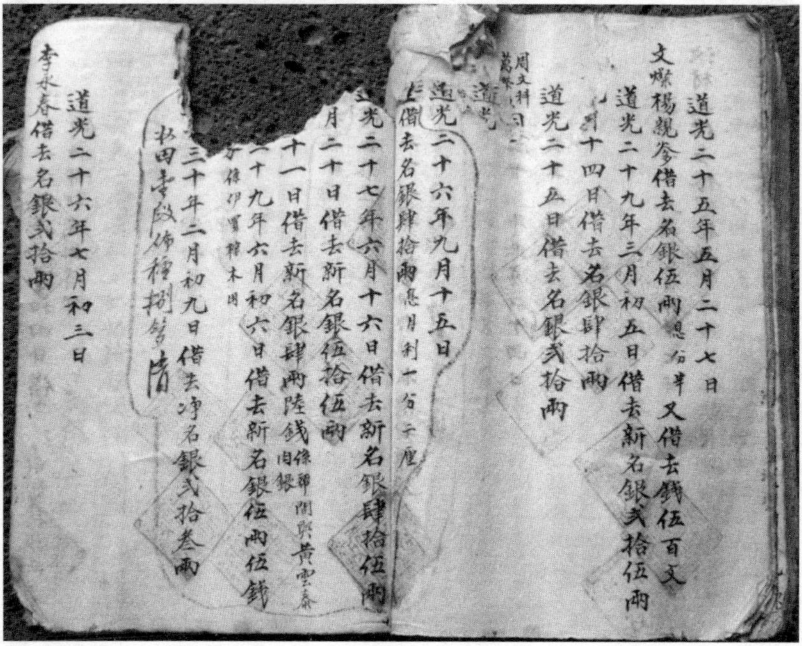

道光二十五年五月二十七日
文崃楊親家借去名銀伍两息谷半 又借去錢伍百文
道光二十九年三月初五日借去新名銀弍拾伍两
月十四日借去名銀肆拾两
道光二十五日借去名銀弍拾两
道光二十六年九月十五日
借去名銀肆拾两息月利一分二厘
道光二十七年六月十六日借去新名銀肆拾伍两
月二十日借去新名銀伍拾伍两
十一日借去新名銀肆两陆錢
二十九年六月初六日借去新名銀伍两伍錢
三十年二月初九日借去净名銀弍拾叁两
道光二十六年七月初三日
李永春借去名銀弍拾两

道光二十九年二月初四日借去净白銀拾玖兩壹
　錢　係帮伊開土貨銀
□□二十七年六月二十四日
□□白銀肆兩
□光二十六年十一月初七日
□借去銀伍兩
□光二十七年二月二十二日又借去銀柒兩
□一月内收穀陆籮
□□　二十八年至三十年每年收穀肆籮
□□　年十一月十七日借去新名銀肆兩

　　道光二十七年三月二十八日
紹生周老夫子借去新名銀伍拾兩息八厘有六保舖子寫立僧契
　　一契爲抵每年補舖租銀八兩
　道光二十七年七月初五日又借去名銀伍拾兩
　自道光二十八年至咸豐元年每年收息銀捌兩

黄氏家族文书抄录册 2-73

道光二十九年二月初四日　借去淨白銀拾玖兩　

錢　條郎汐閒土借銀

道光二十七年六月二十四日

借去白銀肆兩

周文科日
萬味保
進

道光二十六年十一月初七日
借去銀伍兩

光二十七年四月二十二日又借去銀肆兩
一月內收穀陸籮
光二十八年至三十年每年收穀肆籮
元年十一月十七日借去新名銀肆兩

超生周左夫子借去新名銀伍拾兩
息八壹有大保鋪子寫立標買
一契先取每年補錦銀捌兩

道光二十七年三月二十八日

道光二十七年七月初五日文借去名銀伍拾兩
自道光二十八年至咸豐元年每年收息銀捌兩

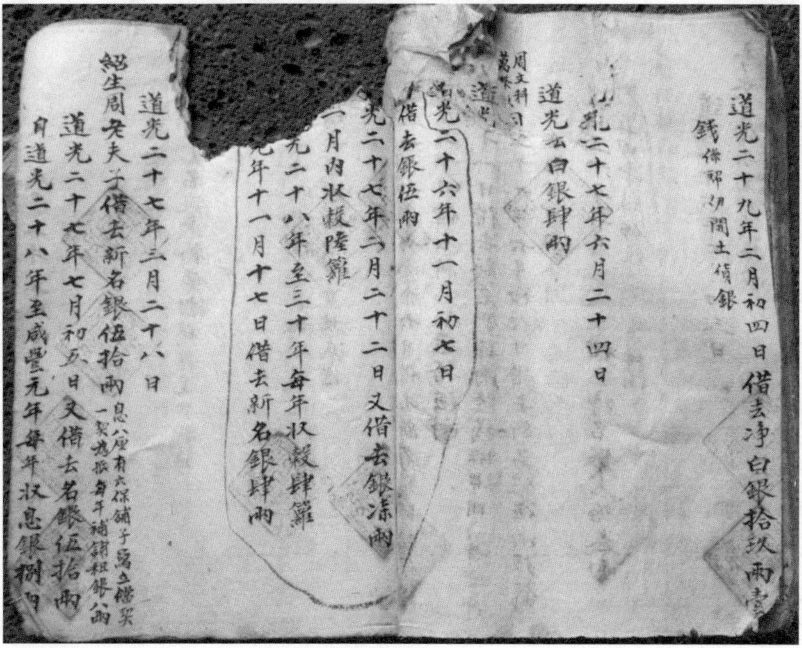

又自咸豊二年至咸豊五年每年收息名銀捌□

道光二十七年十月二十一日

□去名銀弍拾伍兩徐帮□與銅匠

□□　十七年十二月初八日

□借去名銀拾兩有房地底償

□光二十八年四月初六日

□生借去彵銀壹百兩言定利息月利一分二厘

□□二十九年八月初九日

□□周新爺借去名銀拾兩息一分二厘初民周先生手

黄氏家族文书抄录册 2–74

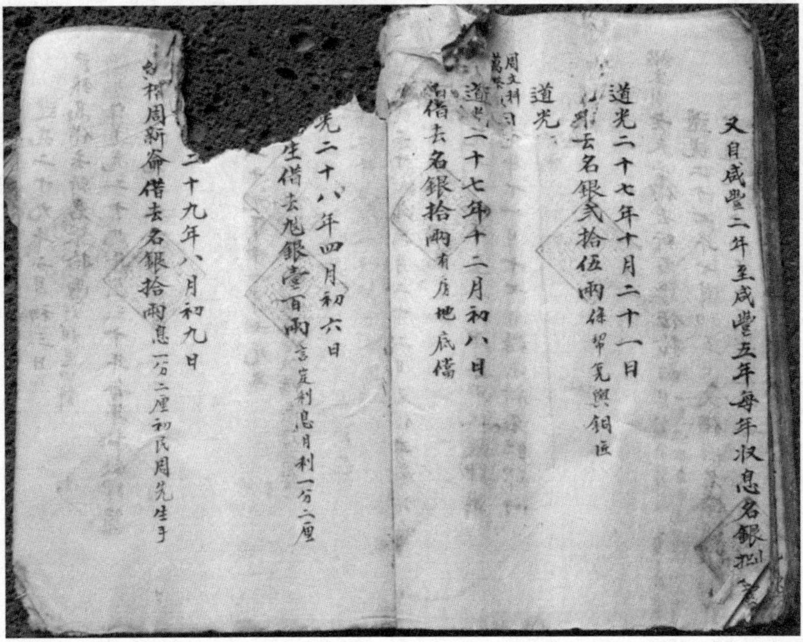
又自咸豐二年至咸豐五年每年收息名銀捌

道光二十七年十月二十一日
去名銀弍拾伍兩 係帮凭與銅匠

道光

周文

道光二十七年十二月初八日
借去名銀拾兩 有庄地底備

光二十八年四月初六日
生借去旭銀壹百兩 言定利息月利一分二厘

二十九年八月初九日
相周新命借去名銀拾兩 息一分二厘 初氏周先生手

道光二十九年二月初三日
尹鎮高借去新名銀拾兩行租息四斘
自道光二十九年至三十年每年收穀肆籮
咸豐元年收谷肆籮

□□十九年十一月十九日
□去白銀肆拾兩將房屋抵償息一分二厘

□光二十九年十一月十七日
□兄借去新名銀壹百兩年息一分二厘
□四年十月初四日收息名銀肆拾兩
□收還本名銀弎拾壹兩

道光二十九年十二月二十四日
樹職楊親兄借去名銀拾兩

黄氏家族文书抄录册 2-75

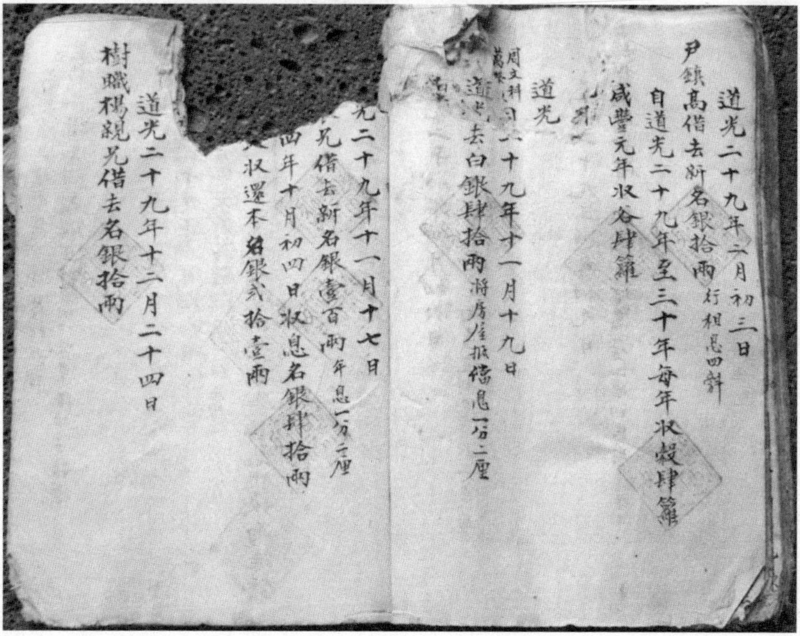

道光二十九年二月初三日
尹鎮高借去新名銀拾兩 行租息四斛
自道光二十九年至三十年每年收穀肆籮
咸豐元年收谷肆籮

道光

周文科 萬祿 同
道光二十九年十一月十九日
借去白銀肆拾兩 將房屋抵借息一分二厘

[illegible]光二十九年十一月十七日
[illegible]光借去新名銀壹百兩 年息一分二厘
[illegible]四年十月初四日收息名銀肆拾兩
[illegible]收還本名銀弍拾壹兩

道光二十九年十二月二十四日
樹職楊覲光借去名銀拾兩

道光二十九年十一月初九日
王名開借去新名銀伍兩息一分半係伊子接親

□二十九年八月初八日
□　白銀捌拾兩年息一分二厘
□　三十年至咸豐四年每年收息銀玖兩陸錢

□光三十年十一月十七日
□借去新名銀玖兩息一分半
□元年收猪一口合銀叁兩弍錢

□一十九年十一月十九日
□去新名銀弍拾捌兩息一分半
道光三十年四月初六日收還名銀弍拾柒兩柒錢
陸分

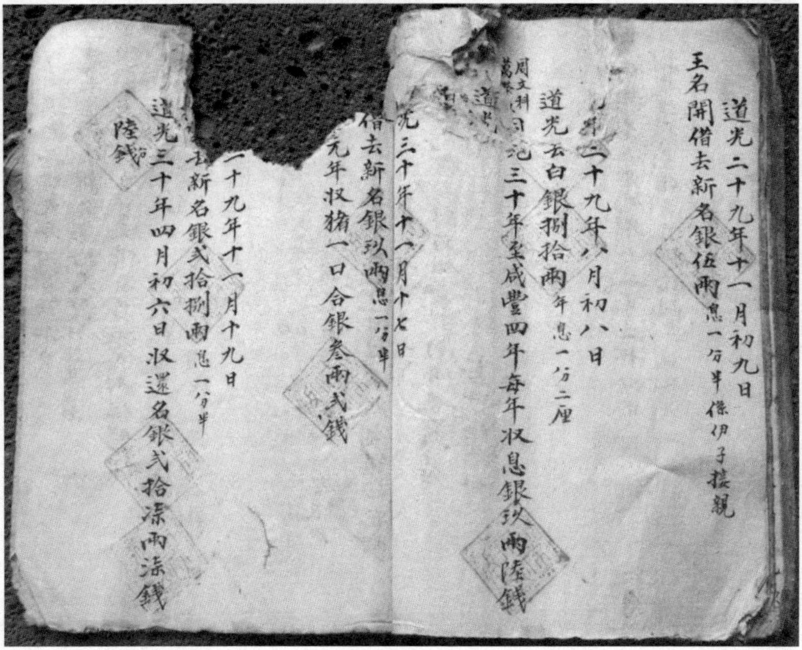
道光二十九年十一月初九日
王名開借去新名銀伍兩 息一分半 係伊子接親
二十九年八月初八日
道光去白銀捌拾兩 年息一分二厘
周文琳 萬綠
三十年至咸豐四年每年收息銀玖兩陸錢
光三十年十一月十七日
借去新名銀玖兩 息一分半
元年收豬一口合銀叁兩貳錢
一十九年十一月十九日
新名銀貳拾捌兩 息一分半
道光三十年四月初六日收還名銀貳拾柒兩柒錢
陸錢

道光二十九年四月初二日

趙恩運借去新名銀拾弍兩行穀息四斛

四月十七日又借去名銀弍兩伍錢

□□　十月十八日收穀伍籮陸斛

□□十年二月十八日借去九名銀拾兩

□□十九年十二月初六日

□□借去新名銀伍拾兩息一分將田契抵儅

□□三十年二月初十日借去新名銀伍拾兩

□□三十年十二月二十七日收息名銀拾兩

□□元年臘月二十九日收息名銀拾兩

□□年臘月三十日收息名銀玖兩陸錢伍分

□□名銀伍兩

黄氏家族文书抄录册 2-77

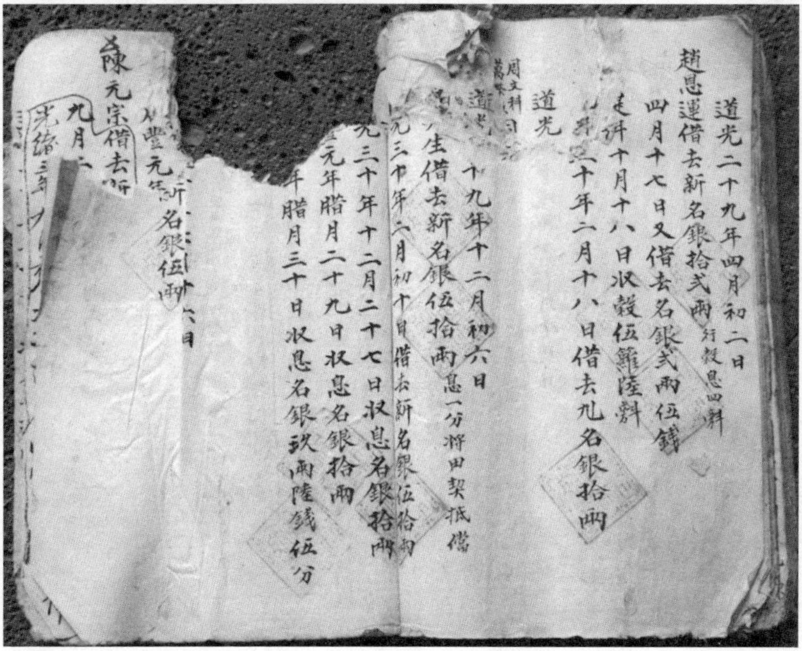

道光二十九年四月初二日
趙思連借去新名銀拾弍兩 行穀息四斛
四月十七日又借去名銀弍兩伍錢
十月十八日收穀伍籮陸斛
三十年二月十八日借去九名銀拾兩
道光
十九年十二月初六日
生借去新名銀伍拾兩息一分將田契抵償
光三十年二月初十日借去新名銀伍拾兩
光三十年十二月二十七日收息名銀拾兩
豐元年臘月二十九日收息名銀拾兩
年臘月三十日收息名銀玖兩陸錢伍分
陳元宗借去
咸豐元年 新名銀伍兩
九月
光緒三年

□□□□□二十年十二月三十日
□□□□新名銀捌兩弍錢
□□□□年二月十五日
□□□□新名銀拾壹兩
□□□□　十日借去名銀弍兩叁錢
□□□□年二月二十三日借去九名銀伍兩
□□□□元年二月初十日
榮
□□□□爹仝子時芳借去净足水白銀壹百伍拾兩又
蔡
□□□□□□頭白銀肆錢伍分息一分二厘
□□□□□□六月二十九日收還尨白銀伍拾兩
咸豐元年八月二十三日
△陳元宗借去新名銀弍拾伍兩息一分半

黄氏家族文书抄录册 2-78

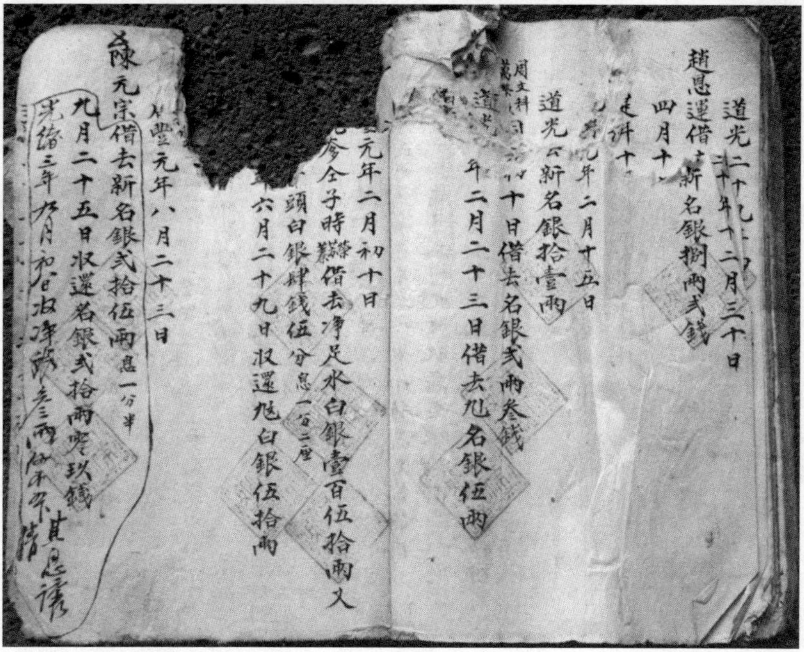

九月二十五日收還名銀弍拾兩零玖錢
光绪三年九月初八日收净艰叁兩伍分其息□
清

道光二十九年十月二十六日
黄坤啓借去名銀捌兩壹錢言定交谷息弍箩五㪷
□□□□四年九月十四日
□□□□去名銀拾伍兩息分半
□□□□元收记
□□□□十八年六月初八日
□□□□去名銀肆拾伍兩息二分
□□□□十八年十一月二十［四］日收息銀伍兩
□□□□年八月二十九日
□□爹借去名銀壹百伍拾兩言定谷息四㪷
道光十八年收穀陸拾籮
道光二十年五月内收穀陸拾箩
十二月内收穀伍拾籮外讓谷十箩
道光二十二年十一月收谷肆拾壹箩

黄氏家族文书抄录册 2–79

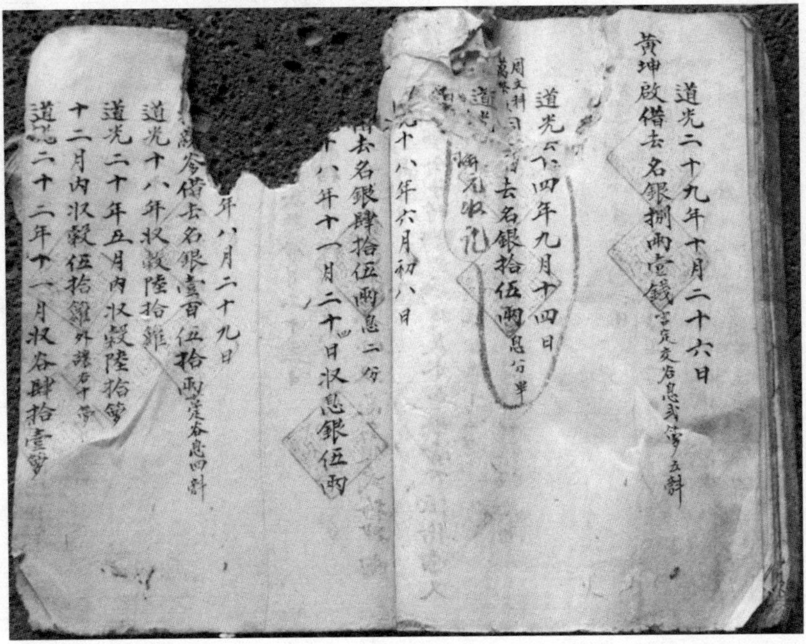

道光二十九年十月二十六日
黄坤啟借去名银捌两壹錢 [illegible]息貳箩五斗
道光廿四年九月十四日
周文科 [illegible] 同借去名银拾伍两 息[illegible]
道[illegible]
[illegible]收記
[illegible]光十八年六月初八日
[illegible]借去名银肆拾伍两 息二分
[illegible]十八年十一月二十四日收息银伍两
[illegible]年八月二十九日
[illegible]借去名银壹百伍拾两 定谷息四斗
道光十八年收穀陸拾箩
道光二十年五月内收穀陸拾箩
十二月内收穀伍拾箩 [illegible]
道光二十二年十一月收谷肆拾壹箩

道光二十三年十一月十六日收穀陸拾籮

道光二十年六月十四日
□□去名銀拾伍兩息分半

□□□　六年八月二十三日
□□□爺借去照净名銀贰百兩息一分二厘
□□□二十七年十月初一日收息名銀弍拾肆兩

□□□□□年八月二十一日
□□□□□拾兩息分半後言定每兩只行谷息五斛
□□□□□年四月二十日收穀息銀壹兩弍錢五分
□□□□□壹段清

咸豐五年三月初八日
品傑番三新爺借去净足水白銀弍百兩其息言定月利一分算

黃氏家族文书抄录册 2-80

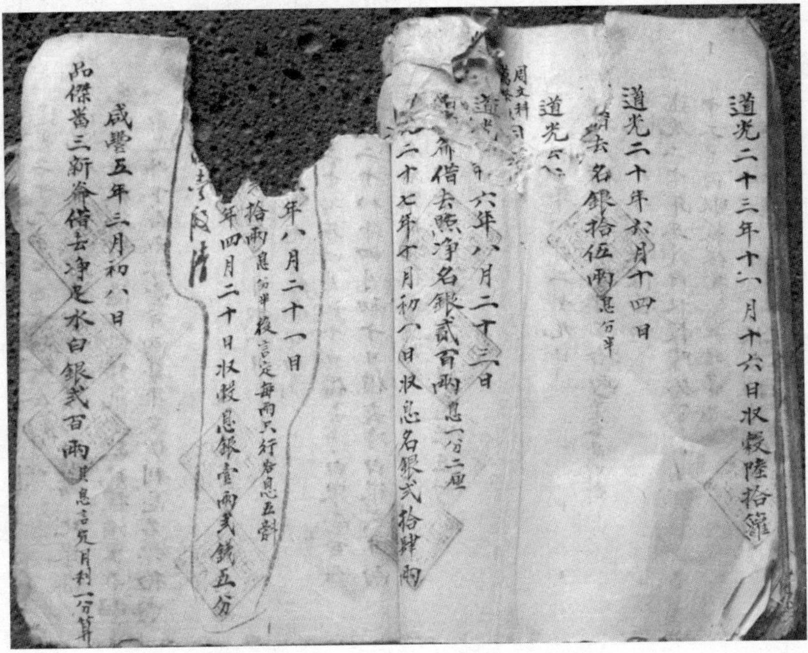
道光二十三年十二月十六日收谷陆拾箩
道光二十年六月十四日
借去名银拾伍两 息分半
道光廿六
周文斌
道光二十六年八月二十三日
斋借去照净名银贰百两 息一分二厘
道光二十七年十月初八日收息名银贰拾肆两
年八月二十一日
拾两 息分半 后言定每两只行谷息五升
年四月二十日收谷息银壹两贰钱五分
清
咸丰五年三月初八日
品杰当三新斋借去净足水白银贰百两 其息言定月利一分算

道光二十九年七月十一日仝面算明
濟順中記借用招弟名銀壹百兩息週年一分此銀係
先父在時放與別人恐日後錯亂今故此撥清出找招
弟之外下存名銀壹百兩每年交伊利息名銀拾兩

道光
□□□□□六年十月初二日
□□□□□去旭本銀壹百兩
□□□□二十七年四月初十日借去凈白銀壹百兩
□□□□二十八年四月初十日借去凈白銀弍百兩
□□□□二十八日借去白銀伍拾兩
□□□□初一日借去白銀伍拾兩
□□□□□日借去白銀壹百兩
□□□□□八日借去紋銀伍拾兩
□□□□□六日借去白銀伍拾兩
□□二十九年四月十五日借去凈白銀伍拾兩

黃氏家族文书抄录册 2-81

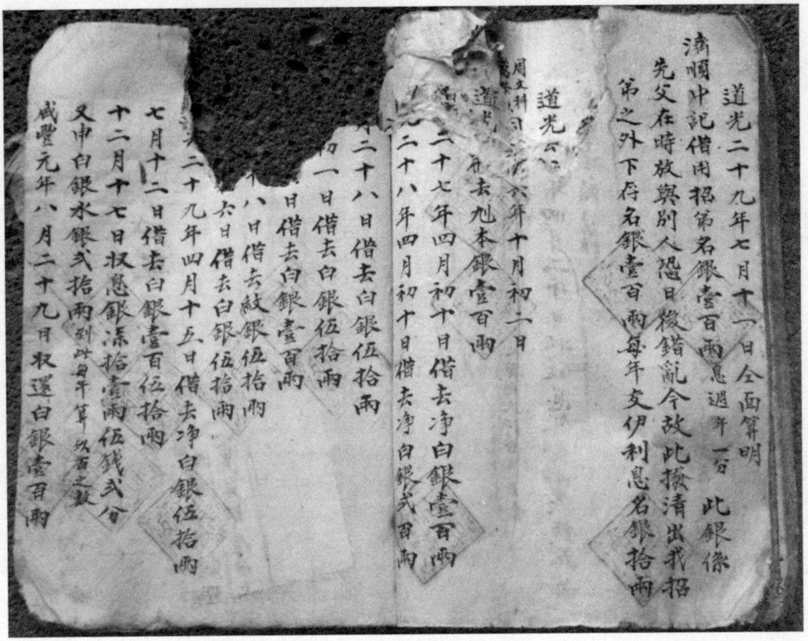

七月十二日借去白銀壹百伍拾兩
十二月十七日收息銀柒拾壹兩伍錢弍分
又申白銀水銀弍拾兩到此每年算玖百之数
咸豐元年八月二十九日收還白銀壹百兩

黄氏家族文书抄录册 3（1–28）

黄氏家族文书抄录册 3–01

今將先祖分關合同抄録於後
立分關合同文約人黄登鶴登雄登程登彩等荷
地之生成延祖宗之發越先考戊達公誕育予弟
四人少植産業而椿庭早寂頼先妣程氏撫育維
創翃婚娶家業初安田荆秀發詎忍分金公藝□
難言柝爨但食口日增子姓日熾欲全手足之誼
和氣以致祥所有公治産業和同分析各自支持
業庶始終和氣克全天倫者也一登鶴面分分得
首新製房地壹所計正房三格廳房一座□□□
廂房兩格大門壹□□□□地壹塊□□□□□

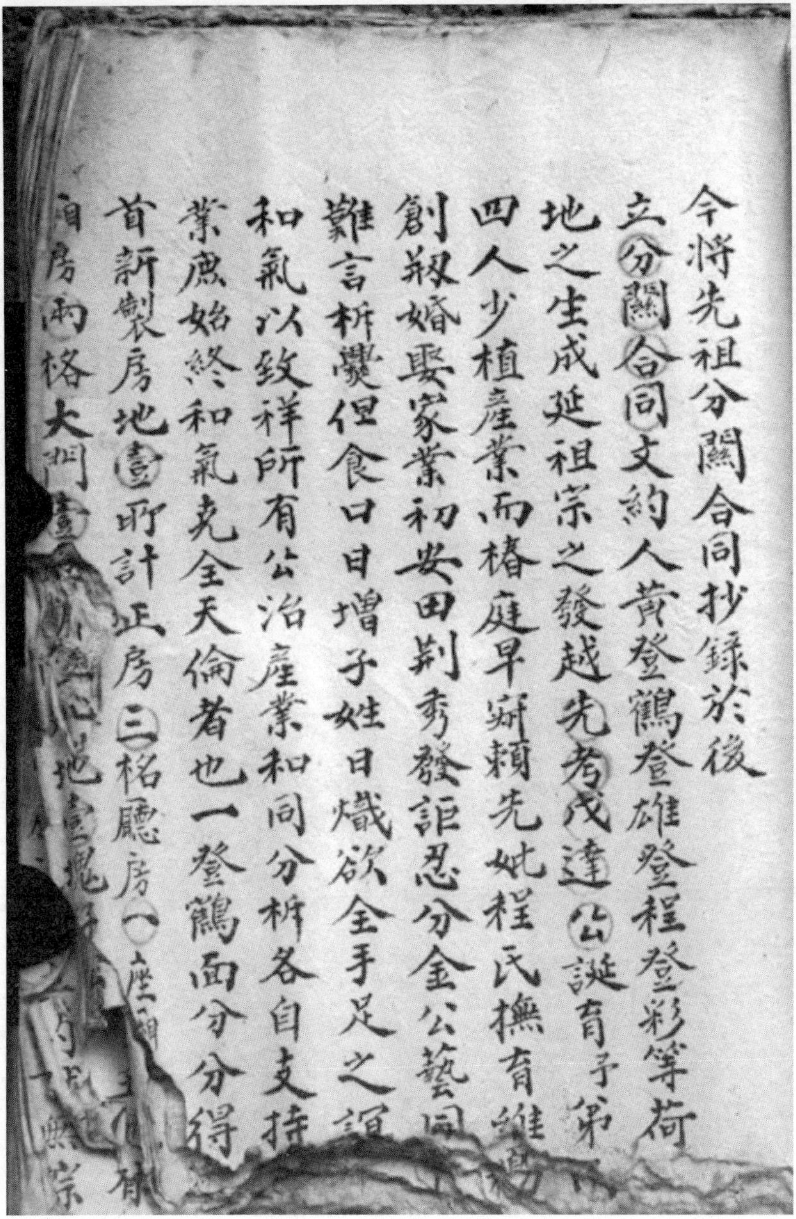
今將先祖分關合同抄錄於後
立分關合同文約人黃登鶴登雄登程登彩等荷
地之生成延祖宗之發越先考茂達公誕育子弟[illegible]
四人少植產業而椿庭早逝賴先妣程氏撫育維[illegible]
創叙婚娶家業初安田荊秀發詎忍分金公藝同[illegible]
難言析爨但食口日增子姓日熾欲全手足之誼
和氣以致祥所有公治產業和同分析各自支持
業庶始終和氣克全天倫者也一登鶴面分分得
首新製房地壹所計正房三格廳房一座[illegible]
廂房兩格大門壹[illegible]心地壹塊[illegible]宗

伍籮其田粮数坐□□□□照契紙□□□□
又木釭倉壹聯石釭壹箇水牛壹支□□□□
居動用器皿什物彼時一一四分均分此係上同
天地神明祖宗拈鬮日後子孫各管各業務敦雍睦當
創業之維艱而守成者亦不易也是以憑家族寫
分鬮合同永遠至囑
嘉慶十二年正月二十八日立分鬮合同文約人黄登□
登雄登彩登程同立皆親筆畫押
登鹤收執憑家族人戊德叔登第兄登玉弟鳳聯姪
鳳彩姪代字姪巻書皆親筆畫押

今將先父分鬮合同抄録於後
立分鬮合同文約人黄鳳詔鳳池仝姪朝輔朝棟等
荷　天地之生成延　祖宗之發越　先考登鶴公
誕育予兄弟四人胞兄鳳儀早逝朝輔承嗣胞弟鳳
岐亦早逝朝棟承嗣憶　先君精勤創業裕後有□
而　堂母内助經營光前攸賴擬梁孟之高雅效□
平之完成復念剏業艱辛守成不易襲先業而少

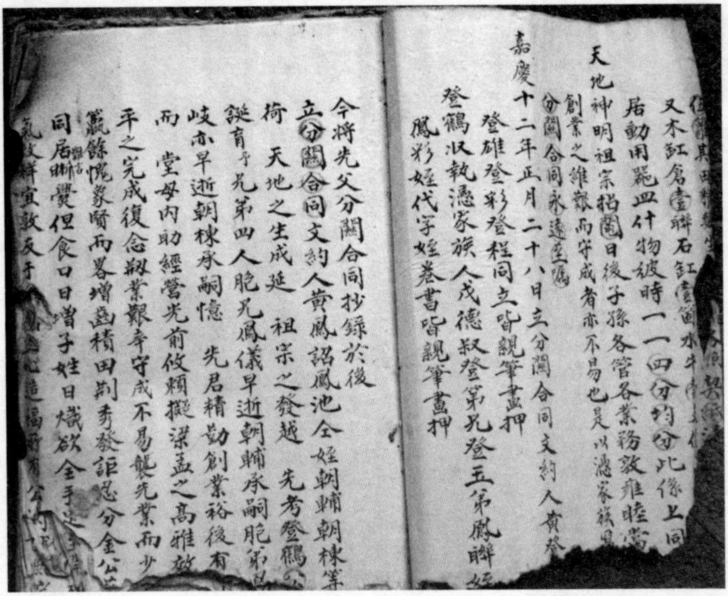

鸁餘愧象賢而畧增鹵積田荊秀發詎忍分金公□
同居［難言］晰爨但食口日增子姓日熾欲全手足□□□
氣致祥宜敦友于□□□心造福所有公□□□□

匀分晰各自支持□□□始終和氣克全□
鳳池面分分得外面新修右邊房地壹所□□□
灶房空地二小塊在內計正字三格左邊厢樓二格
與鳳詔的同樑共柱上下以中柱爲隔界右邊厢□
三格廳房三格廳房外面樓子三格廳房外右邊□
子三格其正房山尖兩夹隔界一圤直通後捲棚□
入鳳池面上其廳房山尖兩夹界一圤面楼山尖兩
夹界一圤自楼梯上下俱分入鳳詔面上其廳房面
前路與鳳詔同走大門并巷道亦與鳳詔打合同走
又花園中間隔心牆一垛亦與鳳詔打合又分得番

子年賣四单地壹塊番子文賣四单地壹塊番品琮
賣四单地壹塊使女壹口名蓮香其有各人面分分
得之田各照清单契據管業分得放借在外之銀兩
銀會亦各照分得銀兩賬薄收取至於家居什物動
用器皿牛馬彼時俱一一四分均分自分之後務□
克勤克儉積少成多曰富曰貴綿遠悠長此係鬮□
老幼公同歡悅分晰其中並無偏袒恐後無憑立

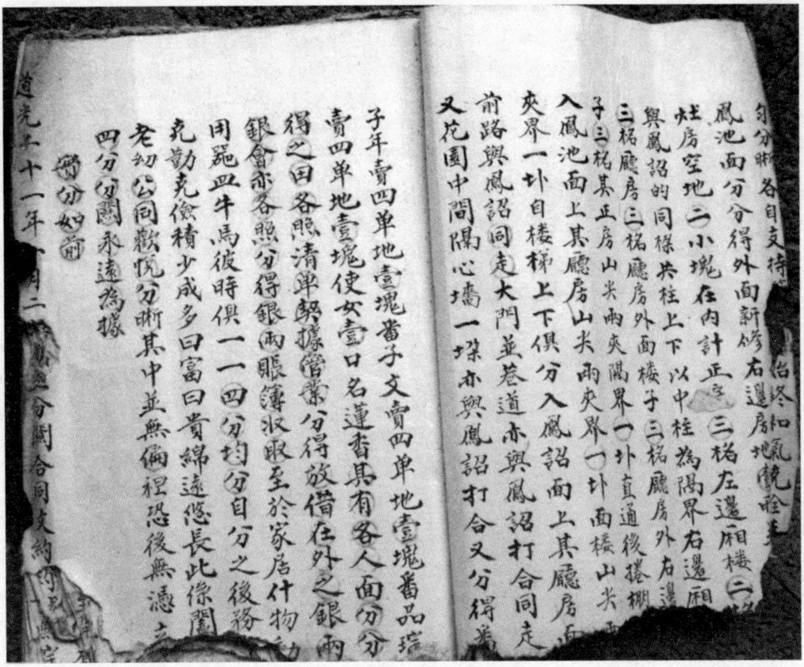

分晰各自支持……
鳳池面分分得外面新修右邊房地……
灶房空地二小塊在内計正字三格左邊厢樓二……
與鳳詔的同樣共柱上下以中柱為隔界右邊厢
三格廳房三格廳房外面樓子三格廳房外右邊
子三格其正房山尖兩夾隔界一圤直通後捲棚
入鳳池面上其廳房山尖兩夾界一圤面樓山尖……
夾界一圤自樓梯上下俱分入鳳詔面上其廳房……
前路與鳳詔同走大門並巷道亦與鳳詔打合同走
又花園中間隔心墻一堵亦與鳳詔打合又分得……

子年賣四单地壹塊番子文賣四单地壹塊番品瑄
賣四单地壹塊使女壹口名蓮香其有各人面分分
得之日各照清单契據管業分得放借在外之銀兩
銀會亦各照分得銀兩賬簿收取至於家居什物……
用騾四牛馬彼時俱一一四分均分自分之後務
克勤克儉積少成多曰富曰貴綿遠悠長此係闔
老幼公同歡悅分晰其中並無偏袒恐後無憑立
四分分關永遠爲據
實分如前
道光二十一年……月二……分關合同文約……

四分分關永遠爲據

實分如前

道光二十一年十月二□□立分關合同文約□□□

鳳池仝姪朝□□棟皆親筆畫押
鳳池收執
其有向黃生後呈俊黃開國李煥樑等杜買得之地
契因沾連税契未便分拆交鳳詔收存各照分□
管業日後鳳詔子孫不得藉契生端批據
憑中人族兄萬開祊弟鳳竹堂弟鳳騰鳳翼鳳苞
字生許載甫皆親筆畫押

今將所買得之地照契抄録於後
立實永遠杜賣地契文約人張廷韶廷興爲因乏用
情願將父買到吳姓地壹叚大塘子壹箇坐落車家
巷東至黃家牆脚南至廷彩地廷彩路出買主地塘
子上邊宽捌尺爲定西至番姓塘子北至巷口四□
開明載契情願憑中立約出賣與
登鶴黃大兄名下爲業實接受價銀肆拾玖兩整自賣□
後任從買主圍欄住坐永遠爲業賣主不至異言有
力不至取贖無力不至加找恐有家族内外□□
言争競有賣主一力□當古云賣田千年□□□

黃氏家族文书抄录册 3-05

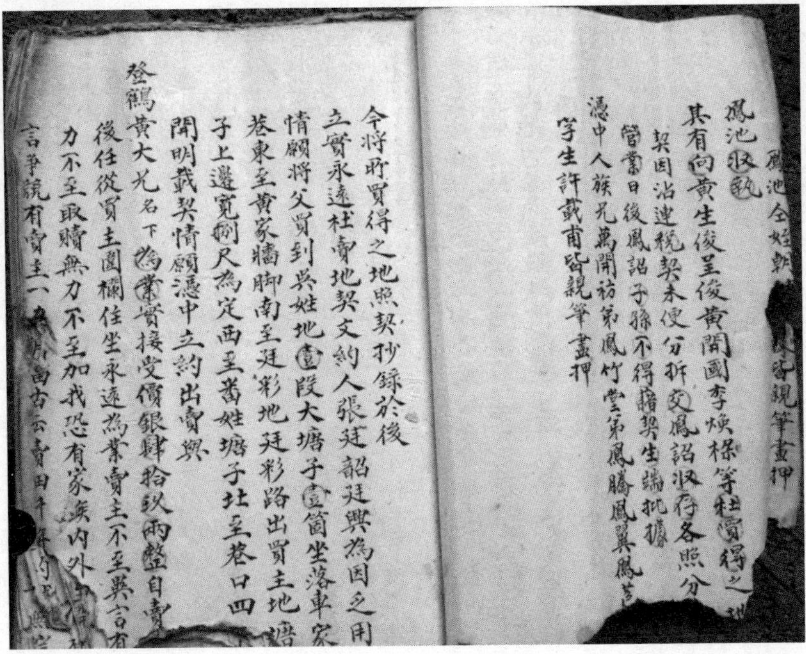

鳳池仝姪……皆親筆畫押
鳳池（收）（執）
其有（向）黄生俊呈俊黄閬國李焕樑等杜（賣）得之
契因治連税契未便分拆（交）鳳詔（收）存各照分
管業日後鳳詔子孫（不）得擡契生端批據
憑中人族兄萬開祐弟鳳竹堂弟鳳騰鳳異鳳……
字生許戴甫皆親筆畫押

今將所買得之地照契抄錄於後
立賣永遠杜賣地契文約人張廷韶廷興爲因乏用
情願將父買到吳姓地（壹）段大塘子（壹）箇坐落車家
巷東至黄家牆脚南至廷彩地廷彩路出買主地塘
子上邊寬（捌）尺爲定西至番姓塘子址至巷口四
開明載契情願憑中立約出賣與
登鶴黄大光名下（爲）（業）實接受價銀肆拾玖兩整自賣
後任從買主園欄住坐永遠爲業賣主不至異言有
力不至取贖無力不至加找恐有家族內外
言爭競有賣主一……

落筆無踪恐後人心□□立此出賣地契□□□
實賣杜契地壹叚大塘子壹坵實接受價銀□□
兩整
嘉慶五年十月初二日立實杜賣地契文約人張廷詔
興皆親筆畫押
當日憑中人伊堂兄張廷彩者貴王約尊沛堯尹
兄代字生張品一俱親筆畫押
其有老契壹紙係吳啓胤啓祚於乾隆四十五年十
二月初六日杜賣於張維漢接受價銀弍拾伍兩整
先祖　登鶴公於嘉慶十三年六月初九日投税請
尾共粘作壹聯
立實杜賣永遠地契文約人張廷彩同男學高爲因
［應］用情願將祖父買到王吳二姓地基壹塊小塘子壹
箇東至黄厢牆脚南至廷詔地西至楊家井北至買
主地四至開明載契情願憑中立約出賣與
登鶴黄大兄名下爲業實接受價銀肆拾陸兩整自賣□
後任從買主圍欄住坐永爲黄姓世守之基賣主□

黄氏家族文书抄录册 3-06

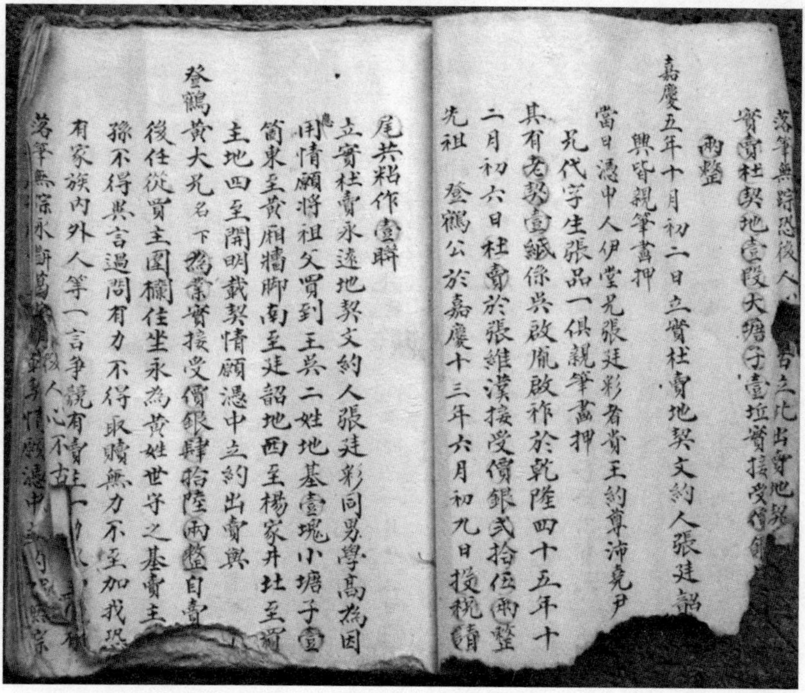
落筆無踪恐後人[illegible]立此出賣地契
實賣杜契地壹段大塘子壹坵實接受價銀
兩整
嘉慶五年十月初二日立實杜賣地契文約人張廷詔
興昌親筆畫押
當日憑中人伊堂兄張廷彩者貴王約尊沛堯尹
兄代字生張品一俱親筆畫押
其有老契壹紙係典啟胤啟祚於乾隆四十五年十
二月初六日杜賣於張維漢接受價銀弍拾伍兩整
先祖　登鶴公於嘉慶十三年六月初九日接税讀
尾共粘作壹聯
立實杜賣永遠地契文約人張廷彩同男學高為因
急用情願將祖父買到王吳二姓地基壹塊小塘子壹
筒東至黃廂牆脚南至廷詔地西至楊家井北至羅
主地四至開明載契情願憑中立約出賣與
登鶴黃大兄名下為業實接受價銀肆拾陸兩整自賣
後任從買主園欄住坐永為黃姓世守之基賣主
孫不得異言過問有力不得取贖無力不至加找恐
有家族内外人等一言争競有賣主一力[illegible]
落筆無踪永斷[illegible]人心不古[illegible]

孫不得異言過問有力不得取贖無力不至加找恐
有家族内外人等一言争競有賣主一力□□□
落筆無踪永斷□□□人心不古□□□□□□

为據
實杜賣地壹塊實接受價銀肆拾陸兩整
嘉慶六年八月初五日立實杜賣地契文約人張彩仝
男學高皆親筆畫押
其有巷口出買主地寬八尺爲定批據
當日憑中人伊堂弟張廷韶伊胞弟張廷玩者鳳

三

約尊如棠番大兄登漢黄約兄登亮黄兄弟仕斌
黄先生代字生伊堂弟張品一俱親筆畫押
其有老契弍紙係吳之熙之昌爲因伊兄之儁身故
無處出辦將此地於乾隆七年十一月十二日杜
賣於王者相接受價銀陸兩賣契壹紙王翠顯於乾
隆叁拾玖年六月二十一日杜賣於張自寬接受價
銀叁兩伍錢賣契壹紙共計弍紙新立杜賣契壹紙
先祖　登鶴公於嘉慶十三年六月初九日曾投稅
請尾
立實永遠杜賣地契文約人張廷韶廷興爲因乏□

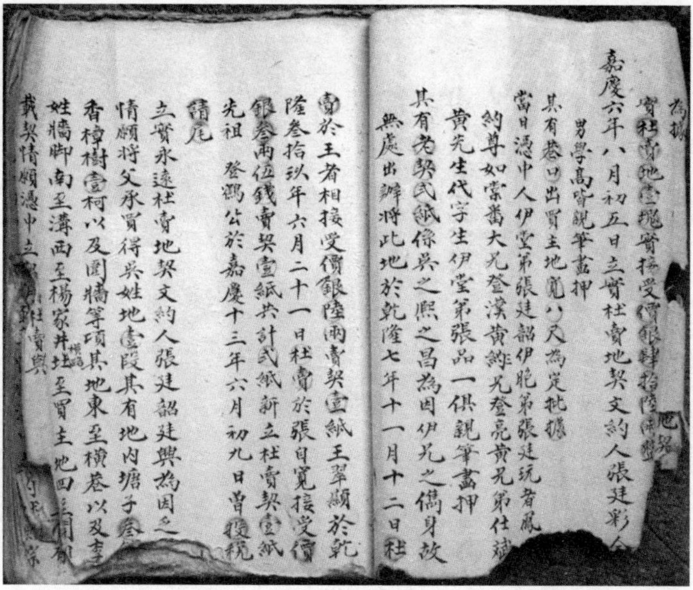

情願將父承買得吴姓地壹段其有地内塘子叁□
香樟樹壹柯以及圍牆等項其地東至横巷以及李
姓牆腳南至溝西至楊家井［横路］北至買主地四至開□
載契情願憑中立□□杜賣與

登鶴黃大兄名下永遠爲□實接受價銀伍拾□□□
賣之後任從買主圍欄住坐賣主不至異言□□□
云賣田千年有主賣地落筆無踪係是二比情願中
間並無私債逼迫等情倘有家族内外人情等一□
争競有賣主一力承當恐後人心不古立此杜賣□
契永遠爲據
實賣地壹叚塘子叁箇實接受杜價銀伍拾陸兩整
嘉慶七年十一月二十九日立杜賣地契文約人張廷詔
廷興皆親筆畫押
當日憑中人伊堂兄張廷萬伊堂姪張學高代字生
伊兄張品一俱親筆畫押

其有老契壹紙係吳起學爲因移居乏用情願將此
祖遺地壹塊於乾隆四十九年二月初二日杜賣
與張維漢接受價銀叁拾陸兩整新立杜契壹紙
先祖 登鶴公於嘉慶十三年六月初九日曾投稅
請尾共粘作壹聯

立實杜賣地契文約人李聯標同母倪氏爲因乏用

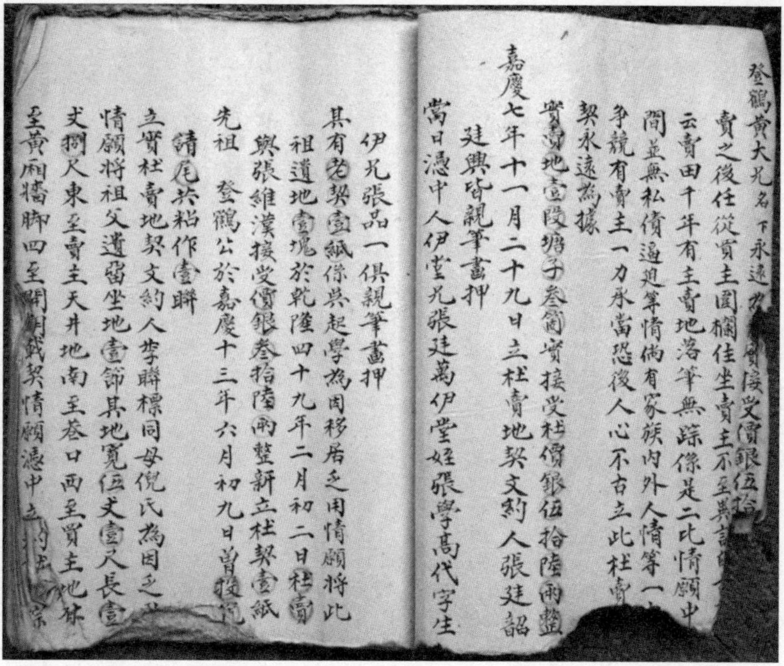
登鶴黃大光名下永遠為[illegible]接受價銀伍拾[illegible]
賣之後任從買主園欄住坐賣主不至異言[illegible]
云賣田千年有主賣地落筆無踪係是二比情願中
間並無私債逼迫等情倘有家族內外人等[illegible]
爭競有賣主一力承當恐後人心不古立此杜賣
契永遠為據
實領地壹段塘子叁個實接受杜價銀伍拾陸兩整
嘉慶七年十一月二十九日立杜賣地契文約人張廷詔
廷興皆親筆畫押
當日憑中人伊堂兄張廷萬伊堂姪張學高代字生
伊兄張品一俱親筆畫押
其有老契壹紙係其起學為因移居乏用情願將此
祖遺地壹塊於乾隆四十九年二月初二日杜賣
與張維漢接受價銀叁拾陸兩整新立杜契壹紙
先祖　登鶴公於嘉慶十三年六月初九日曾接[illegible]
請尾共粘作壹聯
立賣杜賣地契文約人李瞬標同母倪氏為因乏[illegible]
情願將祖父遺留坐地壹節其地寬伍丈壹尺長壹
丈捌尺東至賣主天井地南至巷口西至買主地北
至黃廂牆腳四至開明載契情願憑中立[illegible]

情願將祖父遺畱坐地壹節其地寬伍丈壹尺長壹
丈捌尺東至賣主天井地南至巷口西至買主地北
至黃廂牆腳四至開明載契情願憑中立□□□□

登鶴黃大先生名下爲業實接受價銀肆兩整自賣□□
任從買主圍欄住坐賣主不得異言古云賣田千年
有主賣地落筆無踪係是二比情願中間並無逼迫
成交亦無私債〔準〕折等情倘有内外人等一言争競有
賣〔主〕一面承當恐後人心不古立此杜賣地契爲據
實杜賣地壹節實接受價銀肆兩整
嘉慶七年十二月初二日立杜賣地契文契約人李聯標
同母倪氏俱親筆畫押
當日憑中人黃登第黃登廣李占科代字張廷偉俱
親筆畫押

先祖 登鶴公於嘉慶十三年六月初九日曾投税
請尾
立實永遠杜賣地契文約人張廷興爲因乏用情願
將父買得吳姓地壹塊坐落本巷溝邊東至廷偉牆
脚南至溝西至巷北至巷四至開明載契情願憑中
立約出杜賣與
登鶴黃大兄名下爲業實接受價銀叁拾伍兩整自賣之

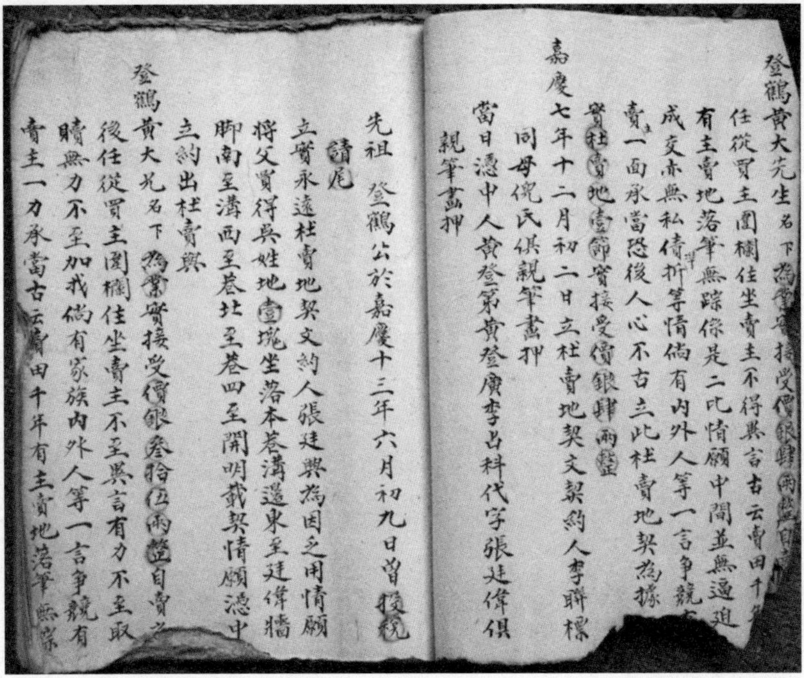

後任從買主圍欄住坐賣主不至異言有力不至取
贖無力不至加找倘有家族内外人等一言争競有
賣主一力承當古云賣田千年有主賣地落笔無踪

此係二比情願中間並無逼迫成交恐後人心不古
立此杜賣地契永遠爲據
實杜賣地壹塊實接受價銀叁拾伍兩净整
嘉慶九年二月十一日立實杜賣地契文約人張廷興親
筆畫押
當日憑中人伊族兄張廷偉伊胞兄張廷韶伊堂弟
張廷錫伊堂姪張學高俱親筆畫押代字伊堂兄
張廷萬亦親筆畫押
先祖　登鶴公於嘉慶十三年六月初九日曾投税
請尾

立實杜賣永遠地契文約人張廷偉仝男文品爲因
應用情願將祖父遺畱自己面分地壹塊東至賣主
巷口薗子石庄南至買主地北至番黄二姓直巷西
至買主地四至開明載契情願憑中立約出杜賣與
登鶴黄大兄名下爲業實接受價銀拾伍兩整自杜賣之
後任從買主圍欄住坐起房盖屋永爲黄姓世守之
業賣主子孫不得異言過問古云賣田千年有分賣

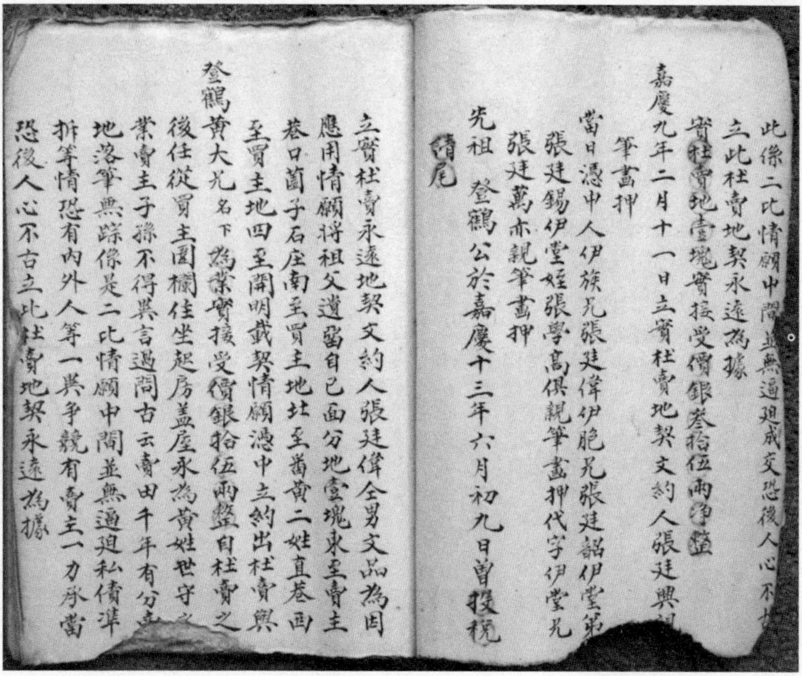
此係二比情願中間並無逼迫成交恐後人心不古
立此杜賣地契永遠為據
賣杜賣地壹塊實接受價銀叁拾伍兩净鎣
嘉慶九年二月十一日立賣杜賣地契文約人張廷興
筆畫押
當日憑中人伊族兄張廷偉伊胞兄張廷韶伊堂弟
張廷錫伊堂姪張學高俱親筆畫押代字伊堂兄
張廷萬亦親筆畫押
先祖　登鶴公於嘉慶十三年六月初九日曾投稅
清尾
立賣杜賣永遠地契文約人張廷偉仝男文品為因
應用情願將祖父遺留自己面分地壹塊東至賣主
巷口菌子石庄南至買主地北至黃黃二姓直巷西
至買主地四至開明載契情願憑中立約出杜賣與
登鶴黃大兄名下為業實接受價銀拾伍兩整自杜賣之
後任從買主園欄住坐起房蓋屋永為黃姓世守之
業賣主子孫不得異言過問古云賣田千年有分無
地落筆無踪係是二比情願中間並無逼迫私債準
拆等情恐有內外人等一異爭競有賣主一力承當
恐後人心不古立比杜賣地契永遠為據

地落筆無踪係是二比情願中間並無逼迫私債準
拆等情恐有内外人等一異争競有賣主一力承當
恐後人心不古立此杜賣地契永遠爲據

嘉慶十二年四月初四日立實杜賣地契文約人張廷偉
　仝男文品皆親筆畫押
當日憑中人伊堂兄張廷揚伊堂弟張廷奇寫契張
　偉俱親筆畫押
以上所買得之杜契地陸塊其契共粘作壹聯　先
祖　登鶴公於嘉慶十三年六月初九日投税請
　　　　　弍
尾共實税契貳百零伍兩特批

立實歸併地文約人堂弟黄鳳翼鳳苞鳳騫爲因正
用情願將父遺畱自己分受得坐地壹塊坐落三单
東至巷道南至堂兄鳳騰地西至巷口北至巷道坐
落
　坐四至開明載契情願憑中立約出杜歸併與
鳳池堂兄名下爲業自杜歸之後任從池兄圍欄［住］坐起房
盖屋不至異言過問係是二比情願中間並無逼迫
成交亦無私債準拆等情倘有内外人等一言争競
有鳳翼弟兄一力承當此係落筆無踪永斷割藤恐

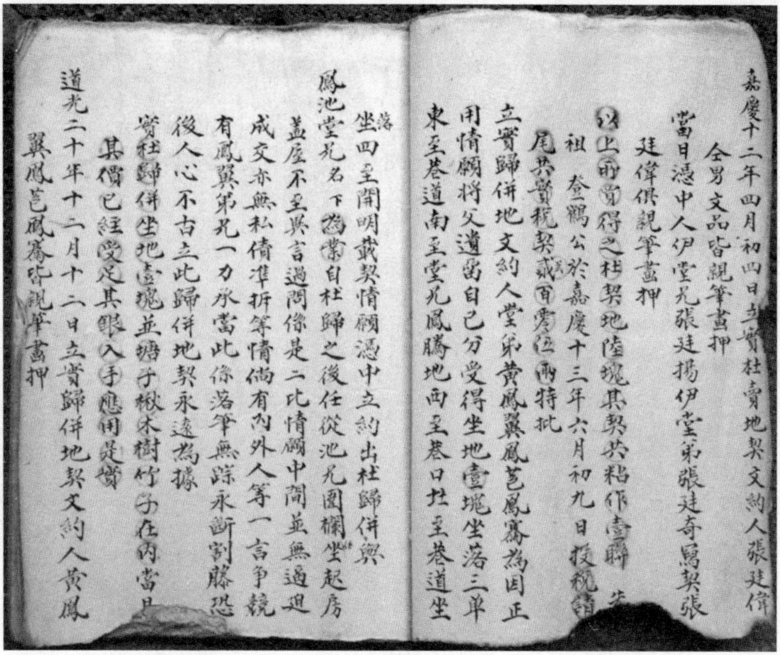
嘉慶十二年四月初四日立賣杜賣地契文約人張廷偉
全男文品皆親筆畫押
當日憑中人伊堂兄張廷揚伊堂弟張廷奇寫契張
廷偉併親筆畫押
以上所買得之杜契地陸塊其契共粘作壹聨　先
祖　登鶴公於嘉慶十三年六月初九日投稅請
尾共實稅契貳百零伍兩特批
立實歸併地文約人堂弟黃鳳翼鳳苞鳳騫為因正
用情願將父遺留自己分受得坐地壹塊坐落三單
東至巷道南至堂兄鳳騰地西至巷口灶至巷道坐
落
坐四至開明載契情願憑中立約出杜歸併與
鳳池堂兄名下為業自杜歸之後任從池兄園欄坐起房
蓋屋不至異言遏阻係是二比情願中間並無逼迫
成交亦無私債準折等情倘有內外人等一言爭競
有鳳翼弟兄一力承當此係落筆無踪永斷割藤恐
後人心不古立此歸併地契永遠為據
賣杜歸併坐地壹塊並塘子楸木樹竹子在內當日
其價已經受足其銀入手應用是實
道光二十年十二月十二日立賣歸併地契文約人黃鳳
翼鳳苞鳳騫皆親筆畫押

後人心不古立此歸併地契永遠爲據
實杜歸併坐地壹塊並塘子楸木樹竹子在內當□
其價已經受足其銀入手應用是實
道光二十年十二月十二日立實歸併地契文約人黃鳳
翼鳳苞鳳騫皆親筆畫押

當日憑堂兄黄鳳騰鳳嶺寫契鳳苞皆親筆畫押
其此地老契壹紙係張姓賣出先祖　登鹤公投税
時共粘作壹聯批據

立實歸併永遠地契文約人堂叔鳳騰鳳翔爲因正
用情願將父遺畱自己分受得坐地壹塊坐落三单
東至朝品地南至張家巷石頭堆濠溝西至井並番
姓塘子北至朝勷地併樹木塘子在内其有坐落四
至開明載契情願憑中立約永遠歸併與
朝勷贵堂姪名下永遠爲業其地價已經受足入手應用比
時銀地兩相交明此係落筆無踪有力不得取贖無
力不得加找係是二比情願中間並無逼迫成交亦
無私債準折等情自歸併之後任從朝勷圍欄住坐
起房盖屋管業鳳騰弟兄不至異言日後子孫亦不
得異言過问倘有内外人等異言争競有鳳騰翔弟兄
一力承當恐後人心不古立此永遠歸併地契爲據

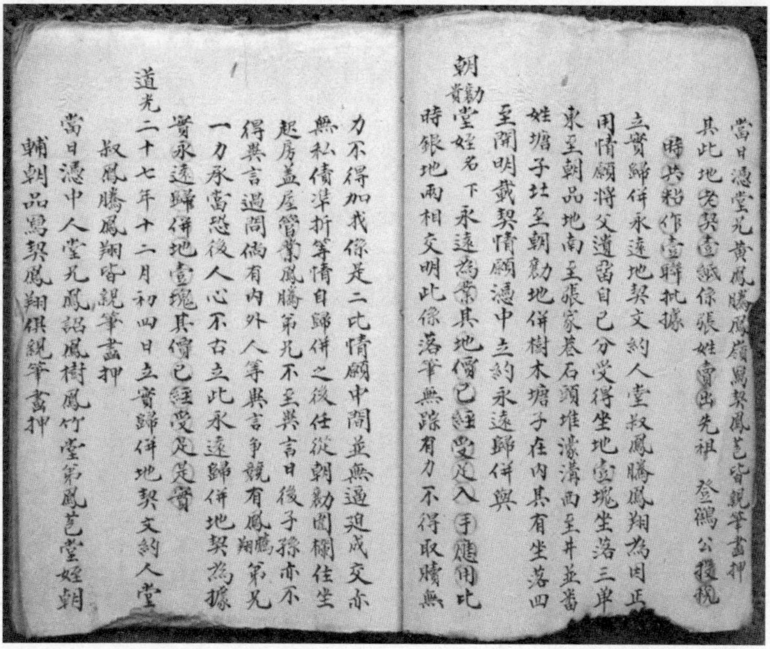

當日憑堂兄黃鳳騰鳳嶺寫契鳳芑皆親筆畫押
其此地老契壹紙係張姓賣出先祖 登鶴公接親
時共粘作壹聯執據
立實歸併永遠地契文約人堂叔鳳騰鳳翔為因正
用情願將父遺留自己分受得坐地壹塊坐落三岔
東至朝品地南至張家巷石頭堆濠溝西至井並當
姓塘子北至朝勳地併樹木塘子在內其有坐落四
至開明載契情願憑中立約永遠歸併與
朝勳堂姪名下永遠為業其地價已經受足入手應用比
時銀地兩相交明此係落筆無踪有力不得取贖無
力不得加找係是二比情願中間並無逼迫成交亦
無私債準折等情自歸併之後任從朝勳闌欄住坐
起房蓋屋管業鳳騰弟兄不至異言日後子孫亦不
得異言過問倘有內外人等異言爭競有鳳騰弟兄
一力承當恐後人心不古立此永遠歸併地契為據
實永遠歸併地壹塊其價已經受足是實
道光二十七年十二月初四日立實歸併地契文約人堂
叔鳳騰鳳翔皆親筆畫押
當日憑中人堂兄鳳詔鳳樹鳳竹堂弟鳳芑堂姪朝
輔朝品寫契鳳翔俱親筆畫押

實永遠歸併地壹塊其價已經受足是實
道光二十七年十二月初四日立實歸併地契文約人堂
叔鳳騰鳳翔皆親筆畫押
當日憑中人堂兄鳳詔鳳樹鳳竹堂弟鳳芑堂姪朝
輔朝品寫契鳳翔俱親筆畫押

其此地老契壹紙係張姓賣出先祖　登鶴公稅契
時共粘作壹聯批據
立實杜賣永遠地契文約人番子年爲因乏用情願
將自己杜賣得坐地壹塊坐落四単番家巷東至巷
道南至李景相地其南至之直牆係是番姓之牆日
後李姓若有一言賣主一力承當西至番自文地北
至番品朝牆並巷口四至開明載契情願憑中立約
出杜賣與
父
登鶴黄大舅父名下爲業實接受價銀叁拾叁兩淨整自
杜賣之後任從買主圍欄住坐永遠管業日後賣主
子孫不得一言過問此係落筆無踪永斷割藤倘有
家族内外人等異言爭競有賣主一力承當係是二
比情願中間並無逼迫成交亦無私債準折等情恐
後人心不古立此杜賣地契永遠爲據
實杜賣地壹塊實接受價［銀］叁拾叁兩整
嘉慶二十四年三月初二日立杜賣地契文約人番子年

黄氏家族文书抄录册 3–13

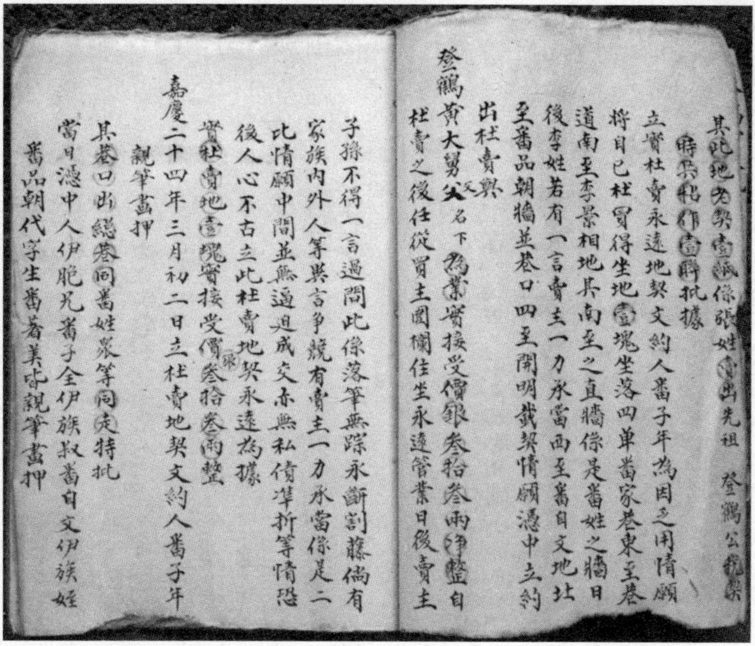

其此地先契壹紙係張姓賣出先祖　登鶴公執契
時出粘作壹張批據
立賣杜賣永遠地契文約人番子年為因乏用情願
將自己杜買得坐地壹塊坐落四単番家巷東至巷
道南至李景相地其南至之直牆係是番姓之牆日
後李姓若有一言賣主一力承當西至番自文地北
至番品朝牆並巷口四至閙明載契情願憑中立約
出杜賣與
登鶴黄大舅父名下為業實接受價銀叁拾叁兩淨整自
杜賣之後任從買主圍欄住坐永遠管業日後賣主
子孫不得一言過問此係落筆無踪永斷葛藤倘有
家族内外人等異言爭競有賣主一力承當係是二
比情願中間並無逼迫成交亦無私債準折等情恐
後人心不古立此杜賣地契永遠為據
實杜賣地壹塊實接受價銀叁拾叁兩整
嘉慶二十四年三月初二日立杜賣地契文約人番子年
親筆畫押
其巷口出総巷同番姓衆等同走特批
當日憑中人伊胞兄番子全伊族叔番自文伊族姪
番品朝代字生番著美皆親筆畫押

親筆畫押

其巷口出総巷同番姓衆等同走特批

當日憑中人伊胞兄番子全伊族叔番自文伊族姪

番品朝代字生番著美皆親筆畫押

其有老契壹紙係番錦彰錦環仝姪品璨於嘉慶十
五年二月初八日杜賣與番子年接受價銀伍拾
兩整新立杜賣契壹紙先父　鳳池於道光十九年
十一月二十九日投稅請尾與番自文杜賣之地
契共粘作壹聯批據

立賣杜賣地契永遠文約人番自文爲因應用情願
將祖父遺畱自己分受得坐地壹塊長陸丈寬陸丈
其地坐落四单番家巷東至番子年地南至黃李二
姓地其南至之直牆係是番姓之牆日後黃李二姓
若有一言有番姓一力承當西至胞兄自儒地北至
巷道其巷口出総巷同番姓衆等同走日後番姓衆
等不得異言阻撓其四至坐落開明載契情願憑中
出杜賣與
登鶴黃大叔名下爲業實接受價銀弍拾叁兩淨整自杜
賣之後任從買主圍欄住坐永遠管業日後買主子
孫不得異言過問此係落筆無踪日後倘有家族人
等一言爭競有賣主一力承當係是二比情願中間

黃氏家族文书抄录册 3–14

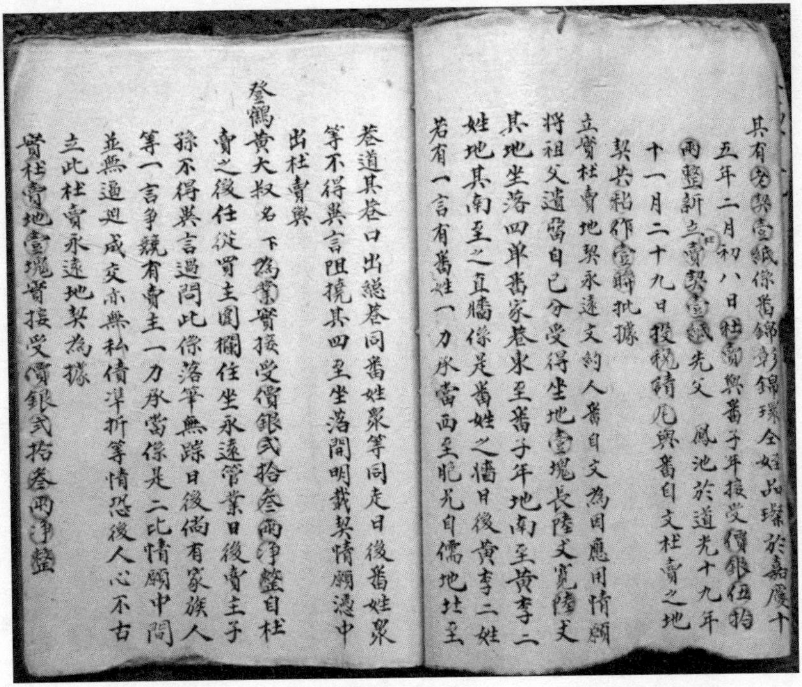

並無逼迫成交亦無私債準折等情恐後人心不古
立此杜賣永遠地契爲據
實杜賣地壹塊實接受價銀弍拾叁兩净整

嘉慶二十四年三月初二日立杜賣地契文約人番自文
親筆畫押
當日憑中人伊堂兄番自發伊堂姪番子年番錦璧
伊族孫番品朝代字生番著美皆親筆畫押
其有老契壹紙係番橋元同母謝氏於嘉慶三年十
月十九日杜賣與番子連接受價銀弍拾伍兩整
新立杜賣契壹紙共弍紙先父　鳳池於道光十
九年十一月二十九日投稅請尾與番子年杜賣
之地契共粘作壹聯批據

立實永遠杜賣地契文約人黃炌張炘章灼章同母
寸氏爲因應用情願將父向李姓杜買得坐地壹塊
坐落四单東至李占元地南至直巷道西至黃汝峻
地北至買主地其巷道同李占奎等打合同走坐落
四至開明載契情願憑中立約出杜賣與
鳳池族叔名下爲業實接受杜價銀肆拾伍兩整自杜賣
之後任從買主圍欄住坐起房盖永爲子孫世守基
業賣主子孫永遠不得異言過問係是落筆無踪當

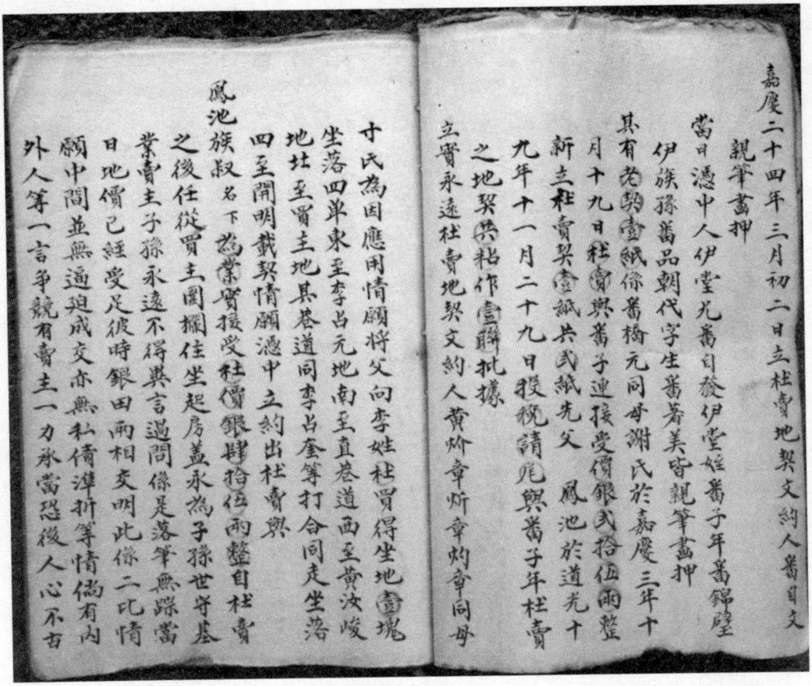
嘉慶二十四年三月初二日立杜賣地契文約人黄自文
親筆畫押
當日憑中人伊堂元黄自發伊堂姪黄子年黄錦璧
伊族孫黄品朝代字生黄著美皆親筆畫押
其有老契壹紙係黄楊元同母謝氏於嘉慶三年十
月十九日杜賣與黄子迎接受價銀弍拾伍兩整
新立杜賣契壹紙共弍紙先父　鳳池於道光十
九年十一月二十九日投稅請尾與黄子年杜賣
之地契共粘作壹聯執據
立賣永遠杜賣地契文約人黄炌章炘章灼章同母
寸氏為因應用情願將父向李姓杜買得坐地壹塊
坐落四单東至李占元地南至直巷道西至黄汝峻
地北至買主地其巷道同李占奎等打合同走坐落
四至開明載契情願憑中立約出杜賣與
鳳池族叔名下為業實接受杜價銀肆拾伍兩整自杜賣
之後任從買主圍攔住坐起房蓋永為子孫世守基
業賣主子孫永遠不得異言過問係是落筆無蹤當
日地價已經受足彼時銀田兩相交明此係二比情
願中間並無逼迫成交亦無私債準折等情倘有內
外人等一言爭競有賣主一力承當恐後人心不古

日地價已經受足彼時銀田兩相交明此係二比情
願中間並無逼迫成交亦無私債準折等情倘有內
外人等一言爭競有賣主一力承當恐後人心不古

立此杜賣地契永遠爲據
實杜賣地基壹塊實接受杜價銀肆拾伍兩淨整
道光二十一年七月二十五日立杜賣地契文約人黃炌
章炘章灼章仝母寸氏皆親筆畫押
當日憑中人伊伯父黃濟國伊叔父黃觀國伊祊兄
黃美章寫契黃炌章俱親筆畫押
其有老契壹紙係李占元於嘉慶十八年六月二十
五日杜賣與黃經國接受價銀拾叁兩整新立杜
賣契壹紙共弍紙先父　鳳池於道光二十二年
正月二十八日共粘作壹聯投稅請尾批據

立實杜賣永遠地契文約人番品琮同母劉氏爲因
應用情願將祖父向李姓杜買得坐地壹塊坐落四
单東至黃汝俊牆腳南至李占林李煥金牆腳西至
橫巷道路北至直巷道路其巷道走古直巷道并古
橫巷道坐落四至開明載契情願憑中立約杜賣與
鳳池黃新爺名下爲業實接受杜價銀玖拾兩整自杜賣
之後任從買主園欄住坐起房盖屋永爲黃姓子孫

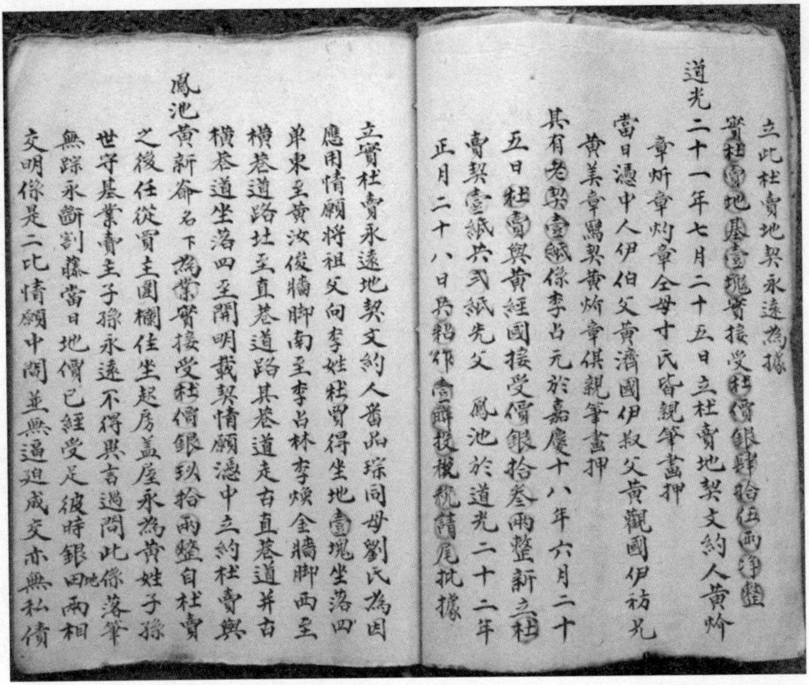
立此杜賣地契永遠為據
實杜賣地基壹塊實接受杜價銀肆拾伍兩淨整
道光二十一年七月二十五日立杜賣地契文約人黄炌
章炘章灼章全母寸氏皆親筆畫押
當日憑中人伊伯父黄濟國伊叔父黄觀國伊祐兄
黄美章寫契黄炌章俱親筆畫押
其有老契壹紙係李占元於嘉慶十八年六月二十
五日杜賣與黄經國接受價銀拾叁兩整新立杜
賣契壹紙共弍紙先父　鳳池於道光二十二年
正月二十八日共粘作壹聯投稅稅請尾批據

立賣杜賣永遠地契文約人番品琮同母劉氏為因
應用情願將祖父向李姓杜買得坐地壹塊坐落四
界東至黄汝俊牆脚南至李占林李煥金牆脚西至
横巷道路北至直巷道路其巷道走古直巷道并古
横巷道坐落四至開明載契情願憑中立約杜賣與
鳳池黄新爺名下為業實接受杜價銀玖拾兩整自杜賣
之後任從買主圍欄住坐起房蓋屋永為黄姓子孫
世守基業賣主子孫永遠不得異言過問此係落筆
無踪永斷割藤當日地價已經受足彼時銀田地兩相
交明係是二比情願中間並無逼迫成交亦無私債

世守基業賣主子孫永遠不得異言過問此係落筆
無踪永斷割藤當日地價已經受足彼時銀田地兩相
交明係是二比情願中間並無逼迫成交亦無私債

準折等情倘有內外人等一言爭競有賣主一力承
當恐後人心不古立此杜賣永遠地契爲據
實杜賣地基壹塊實接受杜價銀玖拾兩整
道光十八年十一月二十二日立杜賣地契文約人番品
琮仝母劉氏親筆畫押
當日憑中人黃鳳騰伊叔番錦鈺番瀚如代字伊叔
番鳴九皆親筆畫押
其有老契壹紙係李迎選仝姪景鳳於嘉慶三年八
月二十六日杜賣與番自得接受價銀弍拾伍兩
將新立杜賣契壹紙共粘作壹聯　先父鳳池於
道光十九年十一月二十九日投稅請尾批據

黃氏家族文书抄录册 3–17

立實永遠杜賣地契文約人尹際會際厚爲因應用
情願將父向番姓杜賣得坐地壹塊坐落四单其地
東至黃淳武巷道路南至黃登五牆腳並伊弟兄牆
腳西至大門巷道路北至際厚牆腳其巷道原有古
巷道打［合］同走坐落四至開明載契情願憑中立約出
杜賣與

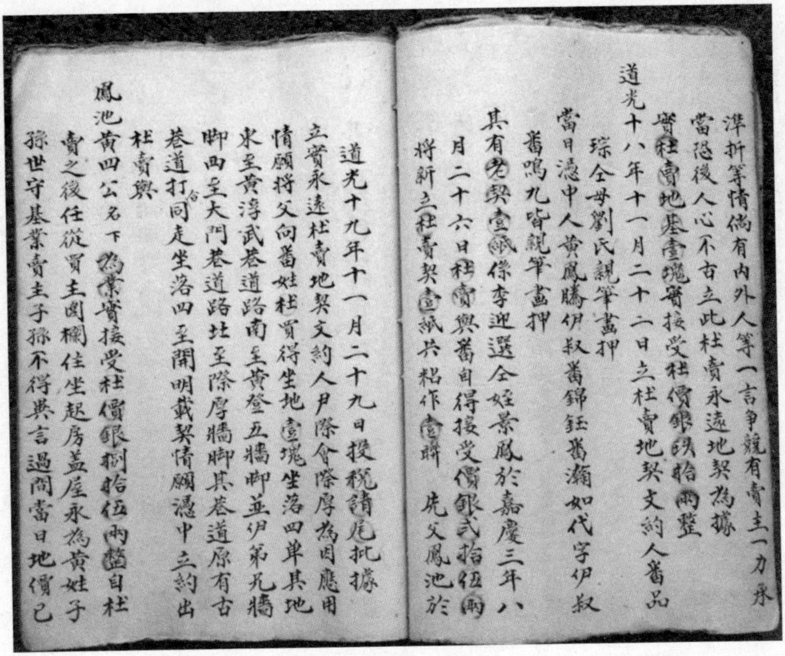
凖折等情倘有内外人等一言争競有賣主一力承
當恐後人心不古立此杜賣永遠地契爲據
實杜賣地基壹塊實接受杜價銀玖拾兩整
道光十八年十一月二十二日立杜賣地契文約人番品
琮仝母劉氏親筆畫押
當日憑中人黄鳳騰伊叔番錦鈺番瀚如代字伊叔
番鳴九皆親筆畫押
其有老契壹紙係李迎選仝姪景鳳於嘉慶三年八
月二十六日杜賣與番自得接受價銀弍拾伍兩
將新立杜賣契壹紙共粘作壹聨　先父鳳池於
道光十九年十一月二十九日投税請尾抵據
立賣永遠杜賣地契文約人尹際會際厚爲因應用
情願將父向番姓杜買得坐地壹塊坐落四单其地
東至黄淳武巷道路南至黄登五牆脚並伊弟元牆
脚西至大門巷道路北至際厚牆脚其巷道原有古
巷道打台同走坐落四至開明載契情願憑中立約出
杜賣與
鳳池黄四公名下爲業實接受杜價銀捌拾伍兩整自杜
賣之後任從買主園欄住坐起房盖屋永爲黄姓子
孫世守基業賣主子孫不得異言過問當日地價已

鳳池黃四公名下爲業實接受杜價銀捌拾伍兩整自杜
賣之後任從買主園欄住坐起房盖屋永爲黃姓子
孫世守基業賣主子孫不得異言過問當日地價已

經受足彼時銀地兩相交明係是落筆無踪永斷割
藤此係二比情願中間並無逼迫成交亦無私債準
折等情倘有内外人等一言爭競有賣主一力承當
恐後人心不古立此永遠杜賣地契爲據
實杜賣地基壹塊實接受杜價銀捌拾伍兩凈整
道光二十四年九月二十二日立杜賣地契文約人尹際
會際厚皆親筆畫押
當日憑中人鳳騰黃大公伊表兄黃存錦伊血姪尹
壽林代字伊胞弟尹際茂俱親筆畫押
其有老契壹紙係番如桂之妻賈氏爲因年老無子
將夫所留地壹塊情願憑家族於道光六年五月
十四日杜賣與尹開爲業接受杜價銀弍拾陸兩
尹開於道光六年十二月十三日投稅請尾新立
杜賣契壹紙共弍紙批據
立實永遠杜賣地契文約人番錦沛仝子立德立科
爲因應用情願將祖父遺留坐地壹塊坐落四单東
至黃登品地南至黃濟國牆腳西北至直巷道路其

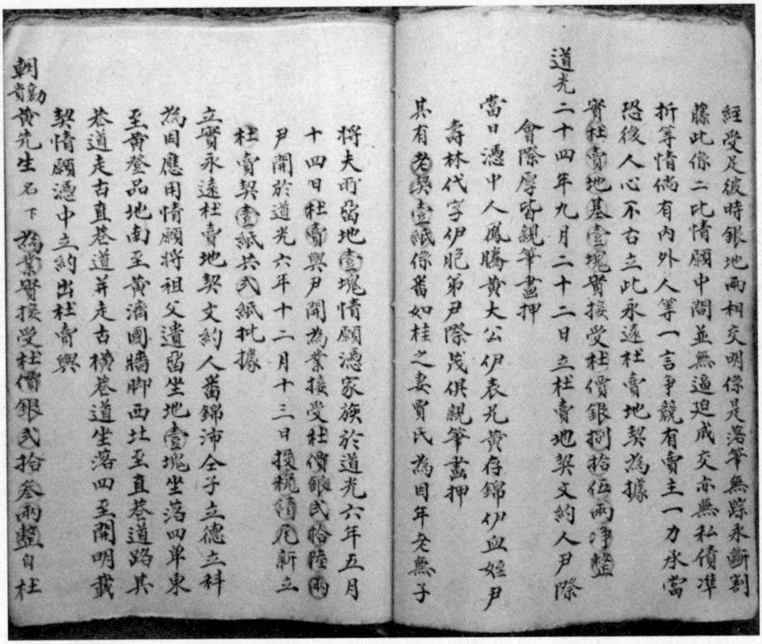
經受足彼時銀地兩相交明係是落筆無蹤永斷割
藤此係二比情願中間並無逼迫成交亦無私債準
折等情倘有内外人等一言爭競有賣主一力承當
恐後人心不古立此永遠杜賣地契為據
實杜賣地基壹塊實接受杜價銀捌拾伍兩净整
道光二十四年九月二十二日立杜賣地契文約人尹際
會際廖皆親筆畫押
當日憑中人鳳騰黄大公伊表兄黄存錦伊血姪尹
壽林代字伊胞弟尹際茂俱親筆畫押
其有老契壹紙係當如桂之妻賈氏為因年老無子
將夫所當地壹塊情願憑家族於道光六年五月
十四日杜賣與尹開為業接受杜價銀弍拾陸兩
尹開於道光六年十二月十三日接稅續尾新立
杜賣契壹紙共弍紙批據
立實永遠杜賣地契文約人黄錦沛仝子立德立科
為因應用情願將祖父遺留坐地壹塊坐落四址東
至黄登品地南至黄濟國牆脚西北至直巷道路其
巷道走古直巷道并走古横巷道坐落四至開明載
契情願憑中立約出杜賣與
朝貴勤黄先生名下為業實接受杜價銀弍拾叁兩整自杜

巷道走古直巷道并走古横巷道坐落四至開明載
契情願憑中立約出杜賣與
朝貴勤黄先生名下爲業實接受杜價銀弍拾叁兩整自杜

賣之後任從買主圍欄住坐起房盖屋永爲黃姓子孫世守基業賣主子孫不得異言過問當日地價已經受足彼時銀地兩相交明係是落筆無踪永斷割藤此係二比情願中間並無逼迫成交亦無私債準折等情倘有內外人等異言爭競有賣主一力承當恐後人心不古立此杜賣地契永遠爲據

實杜賣地基壹塊實接受杜價銀弍拾叁兩整

道光二十六年三月二十五日立杜賣地契文約人番錦

沛仝子立德立科皆親筆畫押

當日憑中人黃朝剛伊弟番錦淵伊子番立秀代字

伯子龍俱親筆畫押

其紙新立杜賣契壹紙杜結壹紙共弍紙批據

立實永遠杜賣地契文約人番錦池同姪番玉品爲因應用情願將祖父遺留坐地壹塊坐落四単東至買主地南至黃汝俊地西至賣主地北至巷道路坐落四至開明載契情願憑中立約出杜賣與

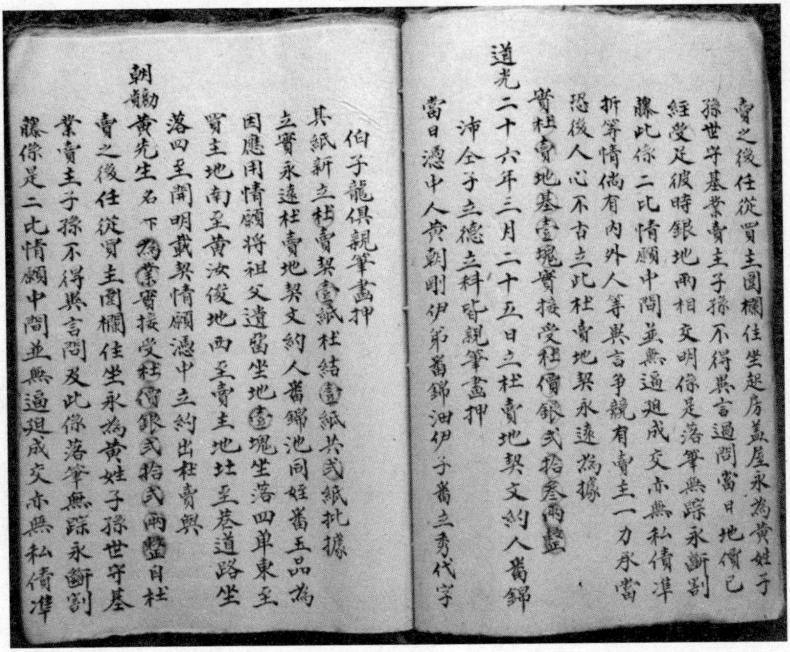

朝勤貴黃先生名下爲業實接受杜價銀弍拾弍兩整自杜
賣之後任從買主圍欄住坐永爲黃姓子孫世守基
業賣主子孫不得異言問及此係落筆無踪永斷割
藤係是二比情願中間並無逼迫成交亦無私債準

折等情倘有內外人等異言爭競有賣主一力承當
恐後人心不古立此杜賣地契永遠爲據
實杜賣地基壹塊實接受杜價銀弍拾弍兩淨整
道光二十六年四月二十四日立杜賣地契文約人番錦
池同姪玉品皆親筆畫押
當日憑中人伊堂弟番錦忠伊族姪番品湖代字黃
雲泰俱親筆畫押
其紙新立杜賣契壹紙杜結壹紙共弍紙批據

今將所儅得之房地契照原契抄錄於後
立儅房地契文約人番立秀爲因短少口粮應用情
願將自己面分分得廳房壹間廳房地壹塊又厢楼
壹間厢楼地壹塊情願憑中出儅與
朝勷貴黄先生名下實接受價銀拾陸兩淨整自儅之後當
日之言定每月每兩行息壹分伍厘俟至一年本息
清還不至短少分厘如有短少任從銀主圍欄住坐
儅主不至異言情願彼時搬讓係是二比情願中間

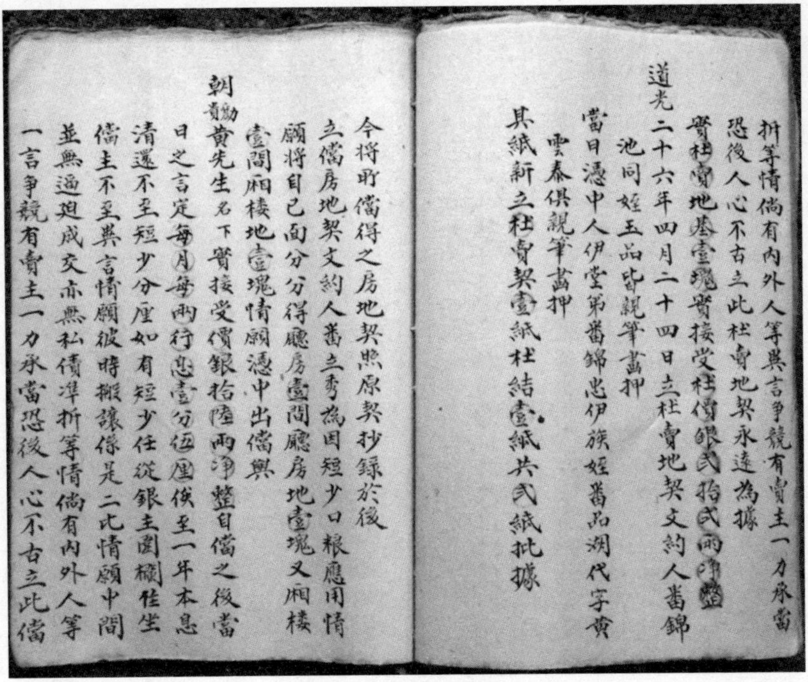
折等情倘有內外人等異言爭競有賣主一力承當
恐後人心不古立此杜賣地契永遠為據
實杜賣地基壹塊實接受杜價銀弍拾弍兩淨整
池同姪玉品皆親筆畫押
道光二十六年四月二十四日立杜賣地契文約人黃錦
當日憑中人伊堂弟黃錦忠伊族姪黃品洲代字黃
雲春俱親筆畫押
其紙新立杜賣契壹紙杜結壹紙共弍紙批據

今將所當得之房地契照原契抄錄於後
立當房地契文約人黃立秀為因短少口粮應用情
願將自己面分分得廳房壹間廳房地壹塊又廂樓
壹間廂樓地壹塊情願憑中出當與
朝勷黃先生名下實接受價銀拾陸兩淨整自當之後當
日之言定每月每兩行息壹分伍厘俟至一年本息
清還不至短少分厘如有短少任從銀主閣樓住坐
當主不至異言情願彼時搬讓係是二比情願中間
並無逼迫成交亦無私債準折等情倘有內外人等
一言爭競有賣主一力承當恐後人心不古立此當

並無逼迫成交亦無私債準折等情倘有內外人等
一言爭競有賣主一力承當恐後人心不古立此當

契爲據
實償廳房壹間廳房地壹塊又廂房壹間廂房地壹
塊實接受價銀拾陸兩淨整
道光二十五年正月二十四日立償房地契人番立秀親
筆畫押
當日憑中人伊胞兄番立德伊胞弟番立科代字黃
佑廷俱親筆畫押
其有老契壹紙係伊父番錦沛給與番立秀分關合
同壹紙新立償契壹紙共弍紙批據

黃氏家族文书抄录册 3–21

立償房地文約人黃熊氏同子鳳華情因有王氏伯
母身故氏同夫安埋用去銀拾壹兩其房地氏同子
住坐今因氏有病家中一無出辦情願將房地轉償
與
朝貴勷族孫相公名下實償名銀拾兩整其銀言定每年行
息伍錢不至短少如有短少任從銀主圍欄住坐償
主不至異言無論年月遠近銀到契歸二比刁難此

契為據

儅備廳房壹間廳房地壹塊又廂房壹間廂房地壹
塊儅接受價銀拾陸兩事鑒

道光二十五年正月二十四日立儅房地契人黃三秀親
筆畫押

當日憑中人伊胞兄黃三德伊胞第黃六科代字黃
佑建俱說筆畫押

其有為勢壹紙俵伊父黃錦沛給與黃三秀分關合
同壹紙新二儅契共式紙批據

立儅房地文約人黃熊氏同子鳳華情因有王氏伯

母身故氏同夫安理用去銀拾壹兩其房地氏同子
住坐今因氏有病家中一無出辦情願將房地轉儅
與

朝勳族孫相出名下儅儅名銀拾兩整其銀言定每平行
憑伍錢（不至短少如有短少任從銀主間佳生儅
主不至異言連近銀到契歸二此刀難此
俵二此情願中間並無逼迫成交俵有內外人等一
言爭競有儅主一力承當恐後人心不古立此儅契
為據

實儅房地壹塊實儅銀拾兩整

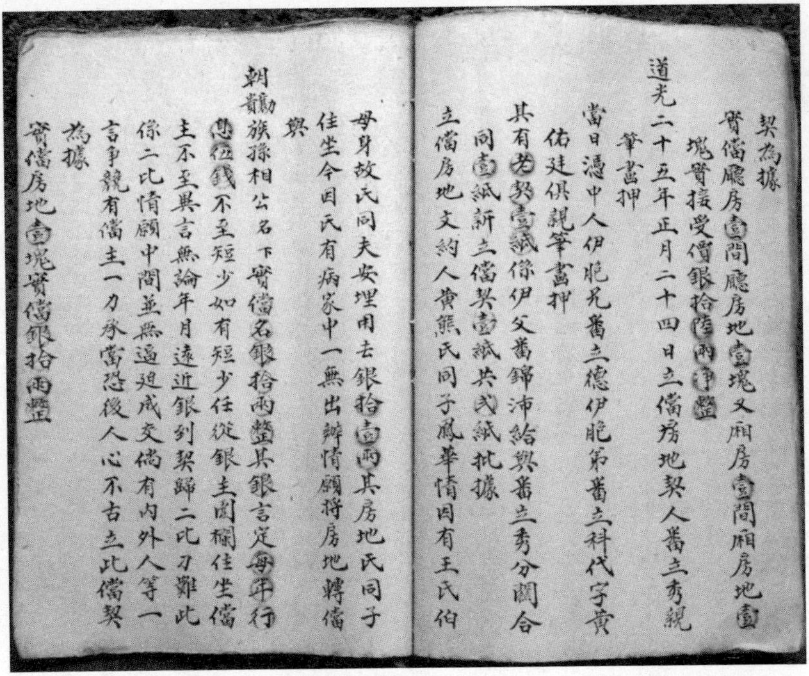

係二比情願中間並無逼迫成交倘有內外人等一
言爭競有儅主一力承當恐後人心不古立此儅契
為據

實儅房地壹塊實儅銀拾兩整

道光二十七年十一月初四日立儅房地文約人黃熊氏

仝子鳳華皆親筆畫押

當日憑中人伊堂姪黃鳳陞伊堂孫黃朝剛代字伊

堂姪黃鳳朝俱親筆畫押

立實儅大門廳房廂房牛檻文約人王心正仝男應

鈞爲因貿易無本家中應用不敷情願將自己所坐

大門廳房廂房牛檻壹所情願憑中立約出儅與

朝勷貴

黃先生名下實儅餉銀肆拾兩淨整自儅之後言定

每年每兩行息壹分弍厘俟週年之日本息一並清

還不至短少拖欠如有短少拖欠任從銀主將房屋

變賣償還儅主不至異言此係二比情願中間並無

逼迫成交亦無私債準折等情儅有內外人等一言

爭競有儅主一力承當當今恐人心不古立此儅契

爲據

實儅大門廳房廂房牛檻壹所坐落三单實儅銀肆

拾兩淨整

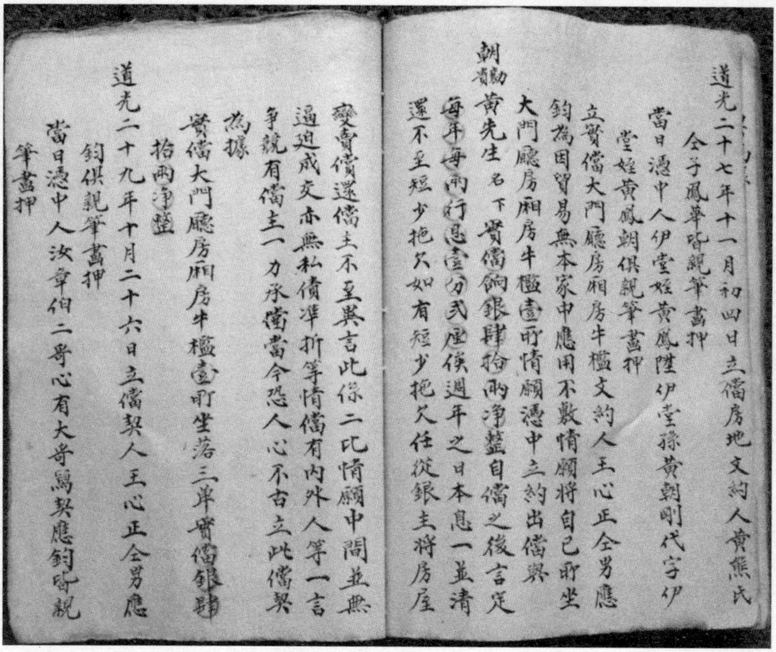

道光二十七年十一月初四日立儅房地文約人黄熊氏
仝子鳳華皆親筆畫押
當日憑中人伊堂姪黄鳳陞伊堂孫黄朝剛代字伊
堂姪黄鳳朝俱親筆畫押
立賣儅大門廳房厢房牛欄文約人王心正仝男應
鈞為因貿易無本家中應用不敷情願将自己所坐
大門廳房厢房牛欄壹所情願憑中立約出儅與
朝貴勳黄先生名下實儅価銀肆拾兩淨盤自儅之後言定
每年每兩行息壹分弍厘俟週年之日本息一並清
還不至短少拖欠如有短少拖欠任從銀主将房屋
變賣償還儅主不至異言此係二比情願中間並無
逼迫成交亦無私債準折等情儅有内外人等一言
爭競有儅主一力承擋當今恐人心不古立此儅契
為據
實儅大門廳房厢房牛欄壹所坐落三岸實儅銀肆
拾兩淨盤
道光二十九年十月二十六日立儅契人王心正仝男應
鈞俱親筆畫押
當日憑中人汝章伯二哥心有大哥寫契應鈞皆親
筆畫押

道光二十九年十月二十六日立儅契人王心正仝男應
鈞俱親筆畫押
當日憑中人汝章伯二哥心有大哥寫契應鈞皆親
筆畫押

黃氏家族文书抄录册 3-23

今將所批儅之鋪子照原契抄錄於後

立批鋪人黃選俊爲因應用情願將父向李姓批得自己面分分受鋪子壹箇坐落五保街白家店內右邊第弍箇所有家居什物在內情願憑中立約出批與

鳳池族叔員下實接受批價銀捌拾兩净整自批之後任從住坐貿易批主不至異言係是二比情願中間並無逼迫成交亦無私債準折等情恐後無憑立此批約爲據

實批頂鋪面壹箇實接受批價銀捌拾兩净整

今将所批償之鋪子照原契抄録於後

立批鋪人黄選俊為因應用情願将父向李姓批得

自己面分分受鋪子壹箇坐落五保街向家店内右

邊第弍箇所有家居什物在内情願憑中立約出批

與

鳳池族叔首下實接受批價銀捌拾兩净整自批之後任

從住坐貿易批主不至異言倘是二比情願中間並

無逼迫成交亦無私債準折等情恐後無憑立此批

約為據

實批項鋪面壹箇實接受批價銀捌拾兩净整

黃氏家族文书抄录册 3-24

道光十六年正月十六日立批鋪人黃選俊親筆畫押
當日憑中人伊胞兄黃登俊伊胞弟黃英俊黃國俊
寫契黃選俊俱親筆畫押
其有老契壹紙係李廷馨於嘉慶八年閏二月初三
日批與黃奎五接受價紋銀陸拾兩新立批契壹
紙計弍紙批據

立實批頂鋪子文約人番品一爲因應用情願將父
所分受得白家巷店門首頭一格鋪子壹格並樓子
地板家居什物等項在内今情願憑中出批頂與
朝勷黃大先生名下爲業實接受價銀捌拾兩凈整自批
頂之後任從黃姓坐住開張管業批主不至異言係
是二比情願中間並無逼迫成交亦無私債準折等
情倘有内外人等異言爭競有批主番姓一力承當
此係落筆無踪永爲黃姓子孫已業恐口無憑立此
批契爲據
實批頂白家店門首頭壹格鋪子壹箇實接受批價
銀捌拾兩凈整

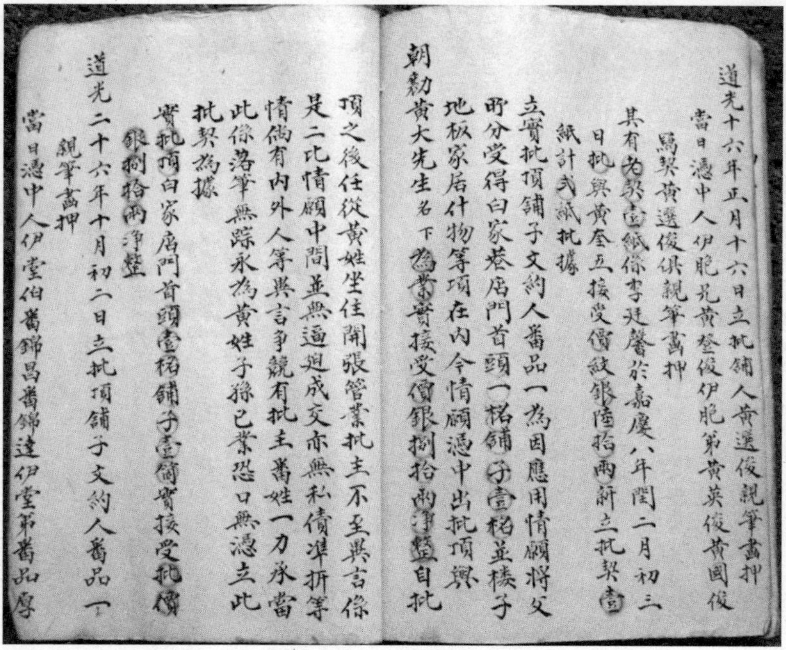
道光十六年正月十六日立批舖人黄選俊親筆畫押
當日憑中人伊胞兄黄登俊伊胞弟黄英俊黄國俊
寫契黄選俊俱親筆畫押
其有老契壹紙係李廷馨於嘉慶八年閏二月初三
日批與黄奎五接受價紋銀陸拾兩新立批契壹
紙計弍紙批據
立賣批頂舖子文約人番品一為因應用情願將父
所分受得白家巷居門首頭一格舖子壹格並樓子
地板家居什物等項在内今情願憑中出批頂與
朝勅黄大先生名下為業實接受價銀捌拾兩淨整自批
項之後任從黄姓坐住開張管業批主不至異言係
是二比情願中間並無逼迫成交亦無私債準折等
情倘有内外人等異言爭競有批主番姓一力承當
此係落筆無踪永為黄姓子孫已業恐口無憑立此
批契為據
實批項白家居門首頭壹格舖子壹間實接受批價
銀捌拾兩淨整
道光二十六年十月初二日立批頂舖子文約人番品一
親筆畫押
當日憑中人伊堂伯番錦昌番錦達伊堂弟番品厚

道光二十六年十月初二日立批頂舖子文約人番品一

親筆畫押

當日憑中人伊堂伯番錦昌番錦達伊堂弟番品厚

朝泰黃先生伊姑父鳳竹黃先生代字伊血叔番錦

鱗皆親筆畫押

其有老契壹紙係番子信於道光十二年閏九月［二］十

日批頂與番錦春麟番雲龍爲業實批價銀壹百零肆

兩整其有子信老紙因先年失落倘子信日後尋

出以爲故紙當日亦曾批據在契又每年上與明

姓鋪租銀肆兩弍錢伍分亦曾批據新舊共弍紙

立實批鋪面伙房文約人吳象山同男元魁爲因年

邁

遭回籍情願將先年領得　萬壽宮管家會鋪面楼

子壹所澤枯會伙房楼子壹所坐落六保街心貳所

相連從鋪面直通至伙房格界止併家居什物等項

在內情願憑中出批與

朝泰勷輔黃先生三位名下實接受價白銀貳百柒拾伍兩淨

整自批之後任從黃姓住坐領管開張貿易吳姓不

至異言係是二比情願中間並無逼迫成交亦無包

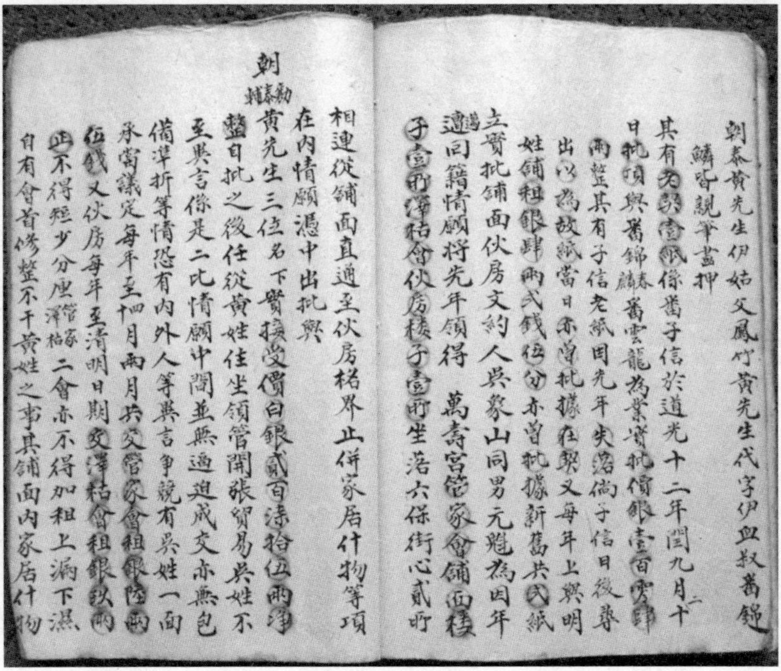

朝春黃先生伊姑丈鳳竹黃先生代字伊血叔黃錦
麟得親筆黃押
其有先祖當紙係黃子信於道光十二年閏九月二十
日批項與黃錦麟黃雲龍為業實批價銀壹百零肆
兩整其有子信老紙因先年失落倘子信日後尋
出以為故紙當日亦曾批據在契又每年上與明
姓舖租銀肆兩弍錢伍分亦曾批據新舊共弍紙
立賣批舖面伙房文約人吳象山同男元魁為因年
遭迴籍情願將先年領得　萬壽宮管家會舖面様
子壹所澤枯會伙房様子壹所坐落六保街心貳所

朝
朝春勳
相連從舖面直通至伙房樁界止併家居什物等項
在內情願憑中出批與
黃先生三位名下實接受價白銀貳百柒拾伍兩淨
盤自批之後任從黃姓住坐領管開張貿易吳姓不
至異言係是二比情願中間並無逼迫成交亦無包
備準折等情恐有內外人等異言爭競有吳姓一面
承當議定每年至四十月兩月共交管家會租銀陸兩
伍錢又伙房每年至清明日期交澤枯會租銀玖兩
正不得短少分厘管家澤枯二會亦不得加租上漏下濕
自有會首修整不干黃姓之事其舖面內家居什物

備準折等情恐有內外人等異言爭競有吳姓一面
承當議定每年至四十月兩月共交管家會租銀陸兩
伍錢又伙房每年至清明日期交澤枯會租銀玖兩
正不得短少分厘管家澤枯二會亦不得加租上漏下濕
自有會首修整不干黃姓之事其舖面內家居什物

另有批单開明恐口無憑立此批約爲據
實批鋪面伙房楼子弍所實接受批價白銀貳百柒
拾伍兩整是實
道光二十五年九月二十六日立批鋪面伙房楼子文約
人吳象山同男元奎俱親筆畫押
堂日憑中人夏承禹兄張昆璧兄張東銘兄黃鐘鳴
兄番品俊兄家鎭安姪家永清姪李煥玉兄李梓
先生代字人伊胞姪吳梅占皆親筆畫押
其此所向吳象山批之鋪子壹箇係同朝泰兄同批
伊面跕三分之一出白銀玖拾叁兩叁錢叁分我
家面跕三分之二出白銀壹百捌拾陸兩陸錢柒
分外有批单壹紙又吳姓向萬壽宫租約壹紙交
與朝泰兄收執恐日後錯亂爲此特批
立實批頂鋪面伙房楼子文約人吳梅占爲因應用
不敷情願將先年批頂得　萬壽宫管家會鋪面楼
子壹所又澤枯會伙房壹所上下楼房厢楼馬房天
井在內坐落六保街心二所相連從鋪面直通至伙

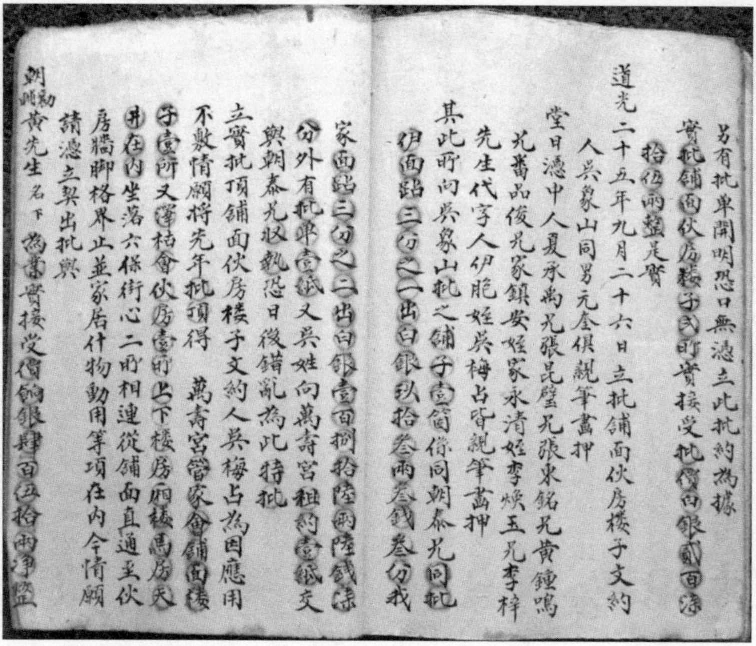
另有批單開明恐口無憑立此批約爲據
實批鋪面伙房樓子弍所實接受批價白銀貳百漆
拾伍兩整是實
道光二十五年九月二十六日立批鋪面伙房樓子文約
人吳象山同男元奎俱親筆畫押
堂日憑中人夏承爵兄張昆璧兄張東銘兄黃鍾鳴
兄番品俊兄家鎮安姪家永清姪李煥玉兄李梓
先生代字人伊胞姪吳梅占皆親筆畫押
其此所向吳象山批之鋪子壹間係同朝泰兄同批
伊面貼三分之一出白銀玖拾叁兩叁錢叁分我
家面貼三分之二出白銀壹百捌拾陸兩陸錢陸
分外有批單壹紙又吳姓向萬壽宮租約壹紙交
與朝泰兄收執恐日後錯亂爲此特批
立實批頂鋪面伙房樓子文約人吳梅占爲因應用
不敷情願將先年批頂得　萬壽宮管家會鋪面樓
子壹所又澤枯會伙房壹所上下樓房兩棟馬房天
井在內坐落六保街心二所相連從鋪面直通至伙
房牆腳格界止並家居什物動用等項在內今情願
請憑立契出批與
朝勷輔黃先生名下爲業實接受價餉銀肆百伍拾兩淨整

房牆腳格界止並家居什物動用等項在內今情願

請憑立契出批與

朝勷輔黃先生名下爲業實接受價餉銀肆百伍拾兩淨整

自批之後任從黃姓管業住坐開張貿易吳姓不致
異言係是二比情願中間並無逼迫成交亦無私債
準折等情倘有内外人等異言爭競有吳姓一力承
當此係落筆無踪有力不得取贖無力不得加找議
定至四十月兩月共交管家會租名銀柒兩又伙房租
每年至清明日期交澤枯會租名銀玖兩不得短少
分厘　萬壽宮會管家澤枯會亦不得加租其有上漏下濕
自有管家澤枯會會首修理不干黃姓之事其黃姓批得
舖内家居什物等項另有批单開明今恐人心不古
立此批契爲據

道光二十六年十月初二日立批舖面伙房楼子文約人
　吳梅占親筆畫押
　當日憑中人張昆璧叔鳳竹黃先生家鎮安兄番品
　　俊兄家永清兄黃朝泰兄血叔吳象山寫契吳梅

黃氏家族文书抄录册 3–27

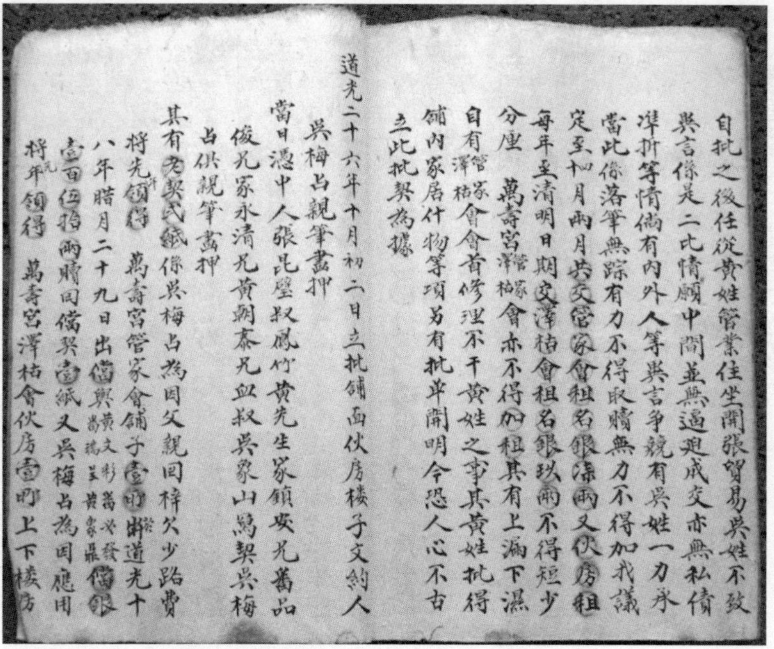
自批之後任從黄姓管業住坐開張貿易吳姓不致
異言係是二比情願中間並無逼迫成交亦無私債
準折等情倘有内外人等異言爭競有吳姓一力承
當此係落筆無踪有力不得取贖無力不得加找議
定至四月兩月共交管家會租名銀柒兩又伙房租
每年至清明日期交澤枯會租名銀玖兩不得短少
分厘　萬壽宮澤枯管家會亦不得加租其有上漏下濕
自有澤枯管家會會首修理不干黄姓之事其黄姓批得
鋪内家居什物等項另有批单開明今恐人心不古
立此批契為據
道光二十六年十月初二日立批鋪面伙房楼子文約人
吳梅占親筆畫押
當日憑中人張昆璧叔鳳竹黄先生家鎮安兄蕃品
俊兄家永清兄黄朝泰兄血叔吳家山爲契吳梅
占俱親筆畫押
其有老契弍紙係吳梅占為因父親回梓欠少路費
将先年領得　萬壽宮管家會鋪子壹所於道光十
八年腊月二十九日出當與黄文彩番必發番瑞呈黄象鼎當銀
壹百伍拾兩贖回當契壹紙又吳梅占為因應用
将先年領得　萬壽宮澤枯會伙房壹所上下楼房

占俱親筆畫押
其有老契弍紙係吳梅占爲因父親回梓欠少路費
將先［年］領得　萬壽宮管家會舖子壹所於道光十
八年腊月二十九日出當與黄文彩番必發 番瑞呈黄象鼎當銀
壹百伍拾兩贖回當契壹紙又吳梅占爲因應用
將［先］年領得萬壽宮澤枯會伙房壹所上下楼房

馬房天井在內憑衆於道光二十年四月初八日
出典與黄文彩番瑞呈典價銀伍拾兩贖回典契壹紙新
立批契壹紙共叁紙批據
其此向吳梅占所批得之鋪子壹箇由鋪面直通至
伙房牆脚係同朝輔兄同批伊面跕壹半出餉銀
弍百弍拾伍兩我家面跕壹半亦出餉銀弍百弍
拾伍兩恐日後錯亂爲此特批

立當鋪契文約人周紹生情有已面分受楼房鋪面
壹所坐落六保街心前至街溝後至周姓牆脚左與
鴻順號同柱「爲至」右與祥泰號同柱爲至年收租銀捌兩
今因應用情願立約出當與
朝勷黄大兄弟名下實受新銷名銀壹百兩整自當之後
任憑黄姓管業收租日後有力取贖不拘年月遠近
銀到鋪歸無力不至加找恐口無憑立此當約爲據
實當鋪面壹所實受當價銀壹百兩整
道光二十七年三月二十日立當鋪契文約人周紹生親

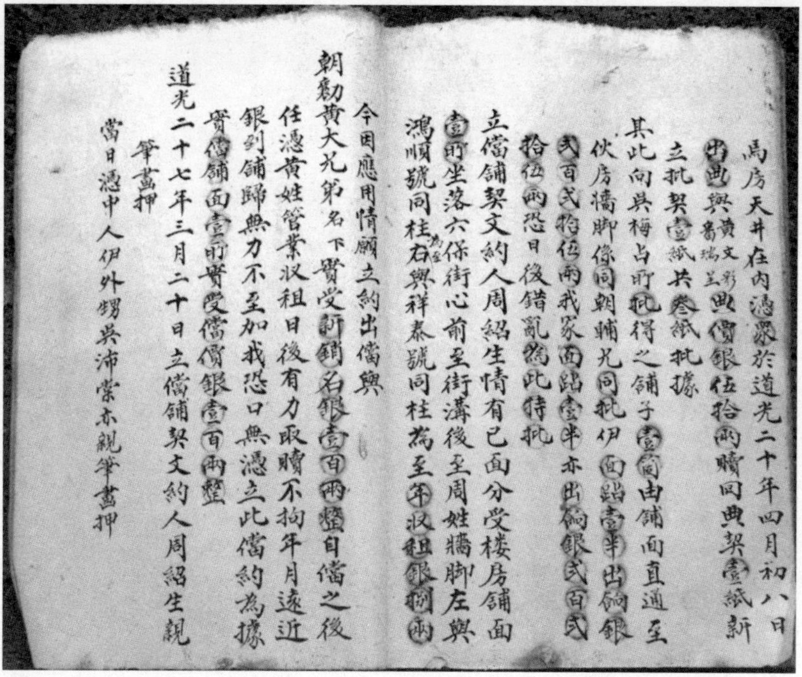
馬房天井在内憑衆於道光二十年四月初八日
出典與黄文彩番瑞芝典價銀伍拾兩贖回典契壹紙新
立批契壹紙共叁紙批據
其此向吳梅占所批得之鋪子壹間由鋪面直通至
伙房墻脚係同朝輔兄同批伊面踏壹半出備銀
弍百弍拾伍兩我家面踏壹半亦出備銀弍百弍
拾伍兩恐日後錯亂為此待批
立當鋪契文約人周紹生情有已面分受楼房鋪面
壹所坐落六保街心前至街溝後至周姓墻脚左與
鴻順號同柱為至右興祥泰號同柱為至年收租銀捌兩
今因應用情願立約出當與
朝勳黄大允弟名下實受新鑄名銀壹百兩整自當之後
任憑黄姓管業收租日後有力取贖不拘年月遠近
銀到鋪歸無力不至加找恐口無憑立此當約為據
實當鋪面壹所實受當價銀壹百兩整
道光二十七年三月二十日立當鋪契文約人周紹生親
筆畫押
當日憑中人伊外甥吳沛棠亦親筆畫押

筆畫押

當日憑中人伊外甥吳沛棠亦親筆畫押

玉璧村分关书

宣統二年庚戌歲清和朔五日吉立

定寵拈着第弍分

華字號

分萬世不易

閿

王定宠 –01

宣统二年王姓分关文书（01–07）

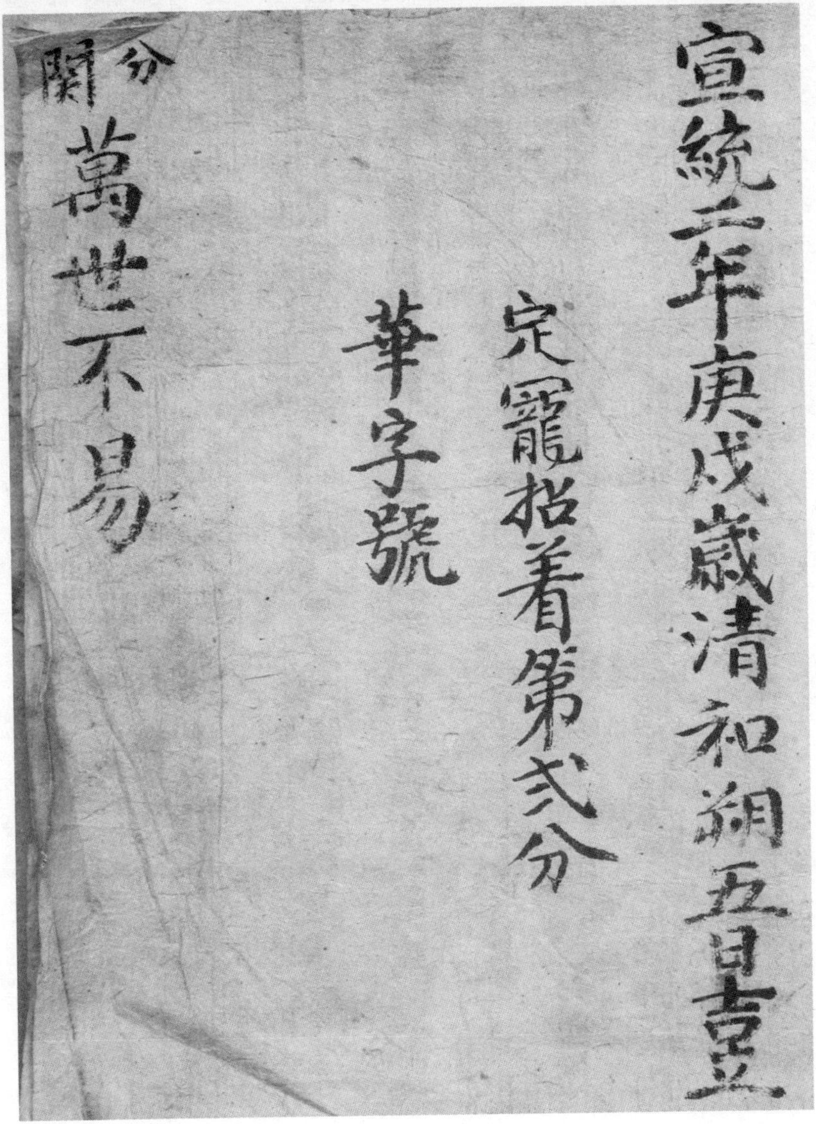

宣統二年庚戌歲清和朔五日吉立

定罷拈着第弍分

華字號

分關萬世不易

王定宠 -02

蓋闻木有本千枝萬業水有源千条萬
派遡其原乃尙書王大人之家系當時
修造騰城功昭千古始祖王暉
戢載先祖之
分枝阀阅華美勤劳昭著于奕世迨及
我祖忠勤弗遑基業少有傳至我父
叔同
心和睦立業新集略厚有餘什物雖多
叔兮于丙申年底壽终之後迨後父領弟
兄十有餘年阅歷家務駝板貿易早
夜逩馳置買田地房居什物穀種甚多
粮畝不少週親完娶攻書數年卒勤戊
申春月父故修碑立墓佳城壽藏父兮
母兮叔與嬸也迄今大略躊躕勞苦只将
孟姓賣與大硝塘粮田壹形約種書
載契內騎馬駝馬抽提以抵立家劬劳

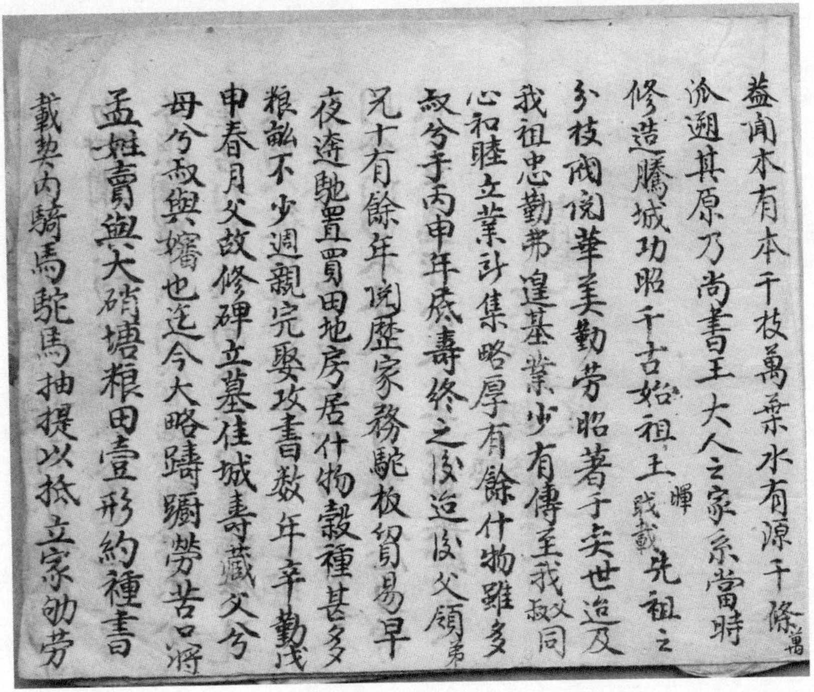

蓋聞本有本千枝萬葉水有源千條萬
派遡其原乃尚書王大人之家系當時
修造騰城功昭千古始祖王諱戩載先祖之
分枝茂阅華美勤劳昭著于奕世迨及
我祖忠勤弗遑基業少有傳至我父叔同
心和睦立業鈄集略厚有餘什物雖多
叔兮于丙申年壽終之後迨後父領弟
兄十有餘年阅歷家務駝板貿易早
夜遊馳置買田地房居什物穀種甚多
粮飲不少週親完娶攻書數年辛勤戊
申春月父故修碑立墓往城壽藏父兮
母兮叔與嬸也迄今大略躊躇勞苦口將
孟姓賣與大硝塘粮田壹形約種書
載契內騎馬駝馬抽提以抵立家劬劳

所有買契曲契田租水利活利家居動用器

物牛馬欄逐一均分四分分心已悅服

各照鬮單分関管理剩餘未分之

產活利賬物同收茲不隱瞞係憑

族明人從中損搭上有 天地神明

宗祖陰中鑒照如斯而已書立合

同分関四本各执不負先君心力當

代之幸盛作後人之幸盛無窮矣

家族 王 國經（十）

倫（花押）

定綱（十）

請憑

鄰親 嚴世海（花押）

楊守文（花押）

奉請書錄分関愚夷叔楊守文（花押）

王定宠 -03

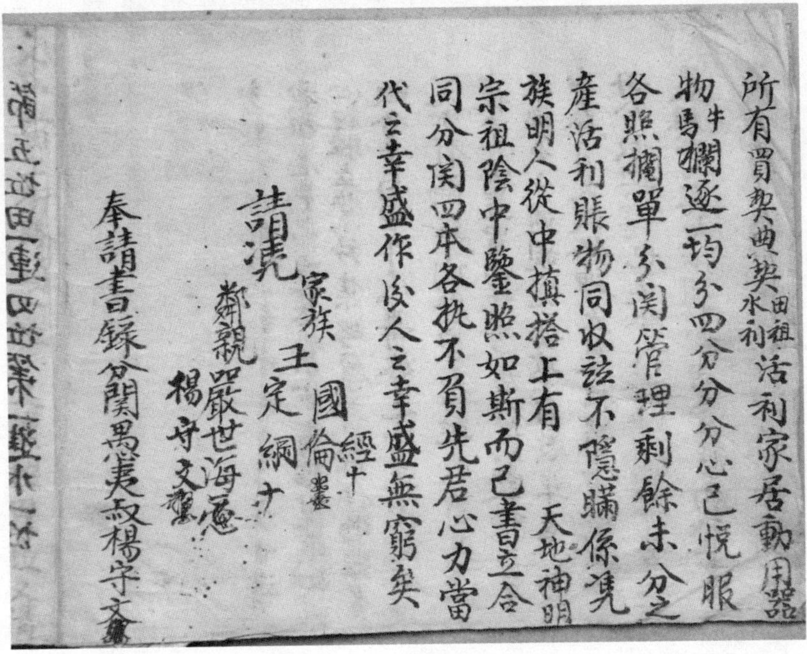
所有買契典契田祖水利活利家居動用器
物牛馬欄逐一均分四分分分心已悅服
各照攔單分関管理剩餘未分之
產活利賬物同收茲不隱瞞係憑
族明人從中摃搭上有 天地神明
宗祖陰中鑒照如斯而已書立合
同分関四本各執不負先君心力當
代之幸盛作後人之幸盛無窮矣
請憑 家族 王 國倫 經十
王定綱 十
鄰親 嚴世海
楊守文
奉請書錄分関愚表叔楊守文

宣統二年四月初六日記已分本家之田
门首田坂田壹拾名喚墩子田上頭與定藻
分着二長田隔埕下齊換溝田之溝朝東
橫頭直溝西至國倫叔典出之田隔埕木頭
田秧田分着第三坵第四坵佈種壹箩
叁㪷半　又门首秧田路上湾秧田弍坵
顶着新秧田下半一横坵［共］播種弍箩
伍㪷又國倫隔埕上長秧田一坵上齊坂
田頭下齊溝佈種壹箩伍㪷門首秧
田連木頭田種伍箩叁㪷半又分得
大搭田大進水一坵又第四坵　又大四方田
一坵小長田一坵同定藻均分三分之中分
着一分　分着辣蒜田一坵扯上街路上一
節五坵田一連四坵第一進水一坵
又五坵田上街路頭一坵　又漢秧田一坵又溝
上定文轉出來之壹連弍坵　大廂栗樹
定元寫出之田一坵　大竹園田分着長田
大的一坵　又大田頂着顺大路一坵小長尖

王定宠 —04

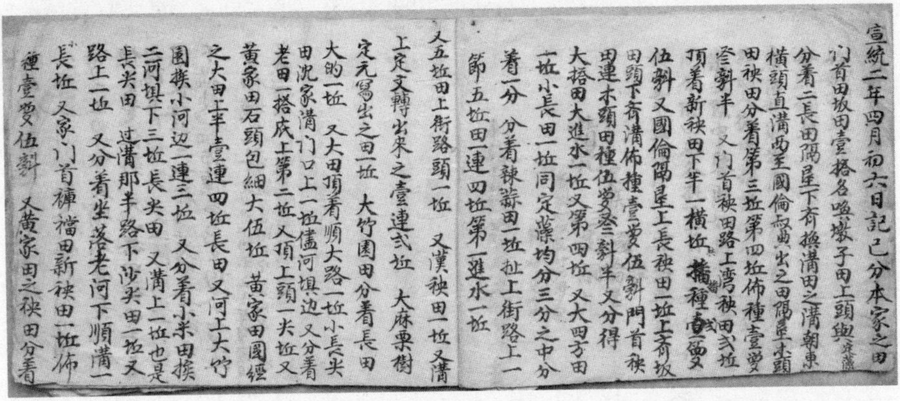
宣統二年四月初六日記己分本家之田
门首田坂田壹搭名喳墩子田上頭與
分着二長田隔星下奇換溝田之溝朝東
横頭直溝西至國倫取出之田隔星水頭
田秧田分着第三坵第四坵佈種壹籮
叁斛半　又门首秧田路上湾秧田弍坵
頂着新秧田下半一横坵　播種壹籮又
伍斛　又國倫隔星上長秧田一坵上奇坂
田頭下奇溝佈種壹籮伍斛　門首秧
田連水頭田種伍籮叁斛半　又分得
大搭田大進水一坵又第四坵　又大四方田
一坵　小長田一坵同定藻均分三分之中分
着一分　分着辣蒜田一坵　扯上街路上一
節五坵田連四坵第一進水一坵
又五坵田上街路頭一坵　又漢秧田一坵又溝
上定文轉出來之壹連弍坵　大麻栗樹
定元寫出之田一坵　大竹園田分着長田
大的一坵　又大田頂着順大路一坵　小長尖
田沈家溝门口上一坵儘河埧边　又分着
老田一搭底上第二坵又頂上頭一尖坵又
黄家田石頭包細大伍坵　黄家田國經
之大田上半壹連四坵長田又河上大竹
園挨小河边一連三坵　又分着小米田挨
二河埧下三坵長尖田　又溝上一坵也是
長尖田　过溝那半路下沙尖田一坵又
路上一坵　又分着坐落老河下順溝一
長坵　又家门首裤襠田新秧田一坵佈
種壹籮伍斛　又黄家田之秧田分着

田沈家溝门口上一坵儘河埧边又分着
老田一搭底上第二坵又頂上頭一尖坵又
黄家田石頭包細大伍坵　黄家田國經
之大田上半壹連四坵長田又河上大竹
園挨小河边一連三坵　又分着小米田挨
二河埧下三坵長尖田　又溝上一坵也是
長尖田　过溝那半路下沙尖田一坵又
路上一坵　又分着坐落老河下顺溝一
［小］長坵　又家门首褲襠田新秧田一坵佈
種壹籮伍斛　又黄家田之秧田分着

在國倫叔之長秧田下壹横坵佈種
壹箩叁㪷　又大硝塘新秧田順硝
塘田二坵四方田　又順溝壹長坵佈
種壹箩伍㪷　又小搭田秧田王空廣
之隔垦下壹坵　又二河埧边一坵路上
一小長坵共三坵佈種弍箩七㪷山脚
下横秧［田］一坵佈種壹箩均分两半一
半佈種伍㪷其由四分均分之後有單頭田
一坵在石頭包空寵同弟兄提
與龍招作仁義念頭同箩

一記典契銀頭錢文開錄
孟發昌杜契一帋價錢肆拾千文
楊柯成典田二形價錢弍拾叁千文
孟嗣昌典田一形價銀叁拾肆兩　又一形價弍拾千文
孟必昌典田一形價錢叁拾千文

王定宠-05

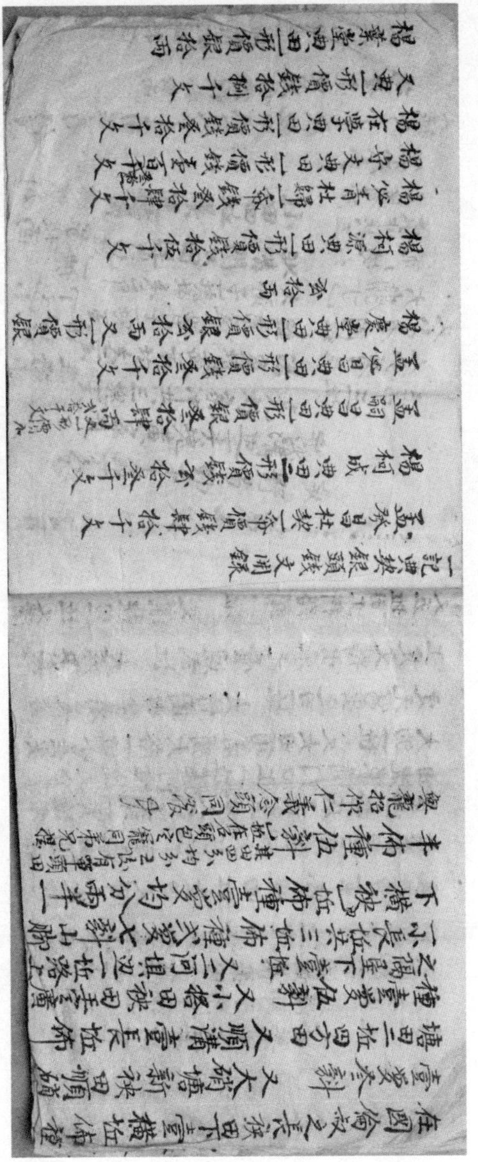

楊慶堂典田一形價銀弍拾兩又一形價銀
弍拾兩
楊柯源典田一形價錢拾伍千文
楊必青杜歸一帋錢叁拾肆千文
楊守文典田一形價錢壹佰［叁拾］千文
楊在學典田一形價錢叁拾千文
又典一形價錢拾捌千文
楊葉堂典田一形價銀拾兩

盖其昌典田乙形價銀肆拾伍兩
楊慶堂典田乙形價銀拾弍兩
又錄新分之莜地代後又分之田拈着仍是
第弍分野狗洞下半節作乙分
分着沙溝边乙尖塊　　又黄家硊磘刘
家冲共三块作乙分　　又分着湯家坟面
前乙块分弍分　雞素菁漕子乙塊
大嶺子乙塊已面分着佈種弍卩之乙分
又分着國經叔典與沙溝门口之小田四坵
又分着吳廷培典與之老田乙形在路下
之第三坵外又分楊柯林乙㕑價不拾四千文☆
定寵（花押）定　奇（十）
玉樹齊芳
定藻（花押）定　啓（十）

王定宠—06

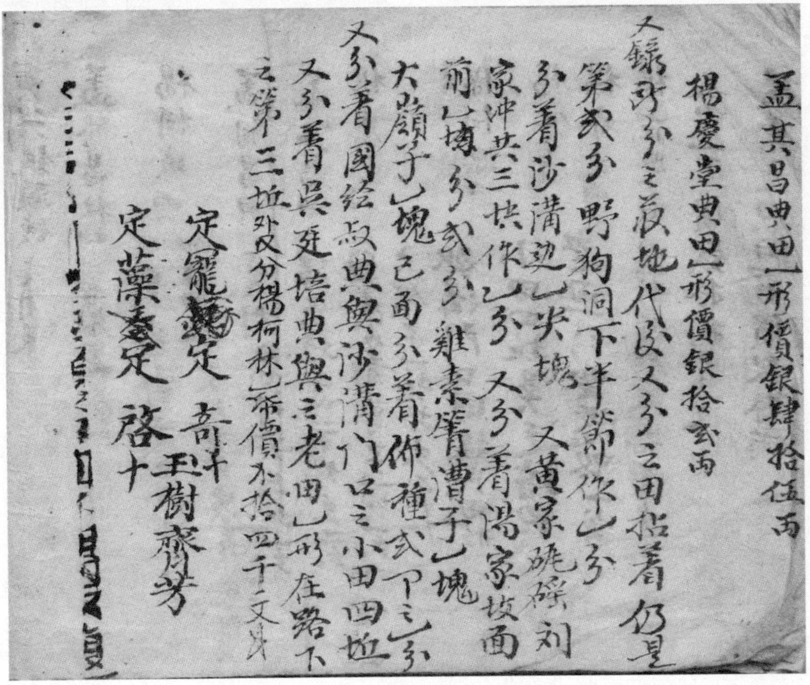
盖其昌典田一形價銀肆拾伍両
楊慶堂典田一形價銀拾贰両
又録取分之荍地代良又分之田指着仍是
第贰分 野狗洞下半節作一分
分着沙溝边一尖塊 又黄家碾磔刘
家冲共三塊作一分 又分着湯家坡面
前一塊分贰分 雞素箐漕子一塊
大嶺子一塊已面分着佈種贰[illegible]之一分
又分着國結叔典與沙溝门口之小田四坵
又分着吴廷培典與三老田一形在路下
之第三坵外又分楊柯林一形價本拾四千二文[illegible]
定[illegible]定 奇十
玉樹齋[illegible]
定藻[illegible]定 啓十

王定寵堤下修碑盖物消塘田弍答

下半答三坵孟之龍轉出來一分上分单

吳廷芳一分價艰壹百弍拾刄共有七坵

孟永昌一分［四坵］合作銅錢壹百千文

孟嗣昌一分［三坵］合作銅錢五十千文

王定宠一07

王足麗堤下修碑蓋物消塘田兩答
下牛答三坵孟之龍轉出來一分上分单
吴廷芳一分價艮壹百兩拾兩共有七坵
孟永昌一分四坵合作銅錢壹百千文
孟嗣昌一分三坵合作銅錢五十千文

番氏分關証書

番 -01

民国二十二年番姓分关文书（01–08）

番氏分關証書

番-02

從來木有其本木固則枝葉茂水有其源源深則流不竭此古今不易之理也然而水流分派樹大分枝亦所未免茲　番氏弟兄三人長曰培恩次曰志恩三曰和恩原籍騰衝玉璧村住民因先輩地方遭遇猓匪兵燹遂貿易太平街迄今已三代矣現弟兄膝下培　四□□女志生二子一女和生四子人口重多生活高昂因之弟兄共相□□□各薪另爨所有租遺房屋即現受之產業以及家居什物騾馬□□概作三份均分天井大門共同出入其有「騰越祖茔大鴉口二處之」墳山俱作公共凡各所分獲受份之產業一載明分關但志收入之外賬雖多提出丁姓欠款□

從來木有其本本固則枝葉茂水有其源源深則流不竭此古今不
易之理也然而水流分派樹大分枝亦所未免茲當代弟兄三人
長曰培恩次曰志恩三曰和恩原籍騰衝玉璧村住民國先畢地方遭
遇個匪兵變遂貿易太平街迄今已三代矣現弟兄膝下培四[illegible]
女志生二子一女和生四子人口重多生活高昂因之弟兄共相[illegible]
各薪另爨所有祖遺房屋即現買之產業以及家居什物騰爲[illegible]
（培恩[illegible]另立）
概作三份均分天井大門共同出入其有墳山須作共先各所分[illegible]
份之產業一載明分關但志收入之外賬雖多擬出丁姓欠款[illegible]

第一编　腾冲玉璧村文书（下）· 玉璧村分关书

壹千圓以作彌補胞兄培胞弟和二人平均收用其有和所分受得大□
樓比廂［之］房頭不均培志兩胞兄又幫出和弟修理費洋弍百壹□
圓自此分晰之後各照分關管理再不得異言爭兢伏冀宗支□
衍慶世系繁昌庶不負先人之遺意焉恐口無憑立此分關存□
附錄其外有各所經手收入負出即會款諸項等□
概歸經手人自行負責各清手續至若舖中所存
各［貨］以及往來之新賬老賬會項全數歸與
胞長兄自行收解以免手續混淆又提紫騾一匹其半價歸伊
找補再行
今將所分受之房屋田產騾馬等項開列於后
一培恩分受得柳樹凹右首田半份扯秧田向戈姓杜買得
秧田貳坵此份隨田秧田一坵與左份共同
右首舖面樓房一隔舖面屋山偏厦樓房一□□
正面左首小房子一隔街外路下龍潭頭地第二段並□
騰越溝脚田一份扯番德智借款銀拾壹兩捌錢
烏騾騍一匹小銅香炉一座大銅花缾一支銅統一対
二庄鑼鍋一支白銅洗臉盆一面銅手炉一個騎鞍一照礳一盤

番—03

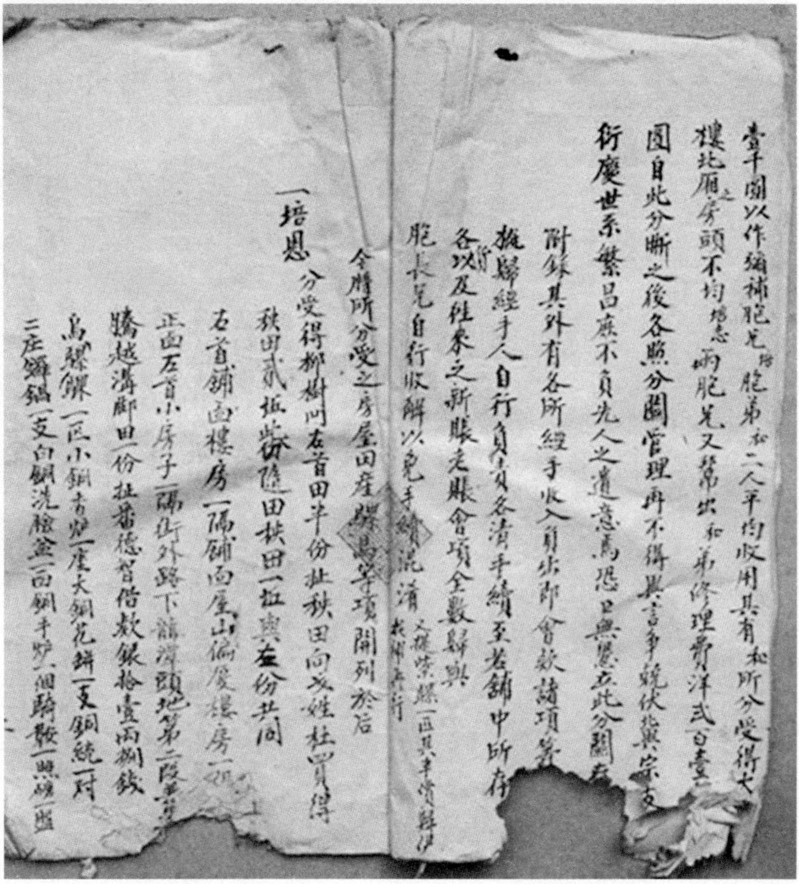

壹千兩以作貼補胞兄培胞弟和二人平均收用其有和所分受得街大
樓此廂房之頭不均培恩兩胞兄又幫出和弟修理費洋弍百壹
園自此分斷之後各照分關管理再不得異言爭競伏冀宗支
衍慶世系繁昌庶不負先人之遺意爲恐日無憑立此分關存
附錄其外有各所經手收入買米即會款諸項
概歸經手人自行負責各清手續至若鋪中所存
各貨以及往來之新賬老賬會項全數歸與
胞長兄自行收解以免手續混淆　又撥榮緣一匹其半價歸伊長兄自行
今將所分受之房屋田産財物等項開列於後
一培恩　分受得柳樹河右首田半份址秋田向及姓杜買得
秋田貳坵 址 [illegible] 田挨田一坵與左份共同
右首鋪面樓房一隔鋪面屋山偏厦樓房一所
正面左首小房子一隔街外路下 [illegible] 頭地第二段 [illegible]
騰越溝邊田一份址番德哲借款銀拾壹兩捌錢
烏蒙騾一匹小銅香爐一座大銅花瓶一支銅統一對
二座銅鍋一支白銅洗臉盆一面銅手爐一個騎鞍一照麻一盤

一志恩 分受得柳树凹右首田半份栽工六個負担小典洋
肆拾圓零五角田後隨有秧田一坵與右份共同
街外路下龍潭頭地第三段第五段
左首鋪面樓房一隔正面樓房一大隔
騰越青荒埧田一份扯小横巷三单地基平塊
海騮善騾一匹銅馬催一架銅火鍋子一架銅壺大□□□
大銅香炉一座小銅花缾一支炟酒壺一把
騎鞍一照石杵臼一個

一和恩 分受得懶狗睡覺蔣家墳田一份柳樹凹二籮種
秧田一坵跑馬廠大地一塊
騰越河外田一份扯井頭間房屋地基
街外龍潭頭地頭一段中間第四段
北厢房大門樓直通賣米街口
銅獅子蠟台一对小大銅籮鍋弍［口］銅洗臉盆一面
小大銅茶壺弍把銅飯添一個
還騮善馬一匹［騎］鞍弍照石礳一盤
銅香爐貳座

番—04

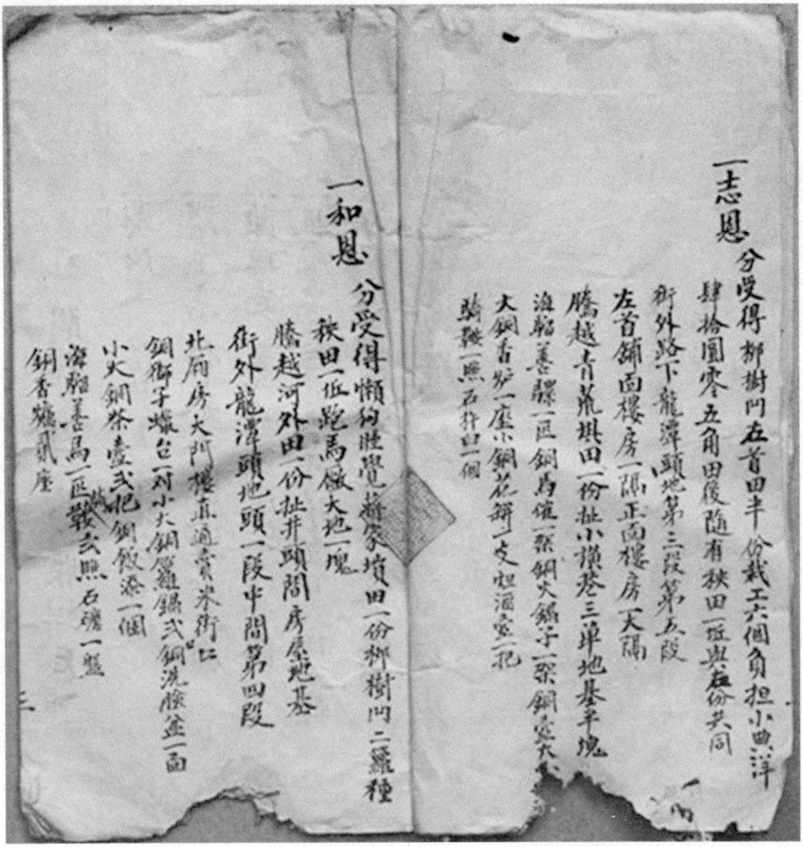
一志恩 分受得柳樹門左首田半份栽工六個角担小曲洋
肆拾圓零五角田後隨有秧田一坵與左份共同
街外路下龍潭頭地第三段第五段
左首鋪面樓房一間正面樓房一大間
騰越青菜坝田一份並小擯巷三單地基半塊
海船善騾一匹銅烏催一架銅大鍋子一架銅瓮大
大銅香炉一座小銅花瓶一支烟酒壺一把
騎鞍一盤石杵臼一個

一和恩 分受得懶豹胜覺抹家墳田一份柳樹門二籮種
秧田一坵跑馬廠大地一塊
騰越河外田一份並井頭間房屋地基
街外龍潭頭地頭一段中間第四段
北厢房大門樓直通當米街口
銅獅子燭台一對小大銅鑼鍋式 銅洗臉盆一面
小大銅茶壺式把銅飯碗一個
海船善馬一匹騎鞍一盤石碾一盤
銅香爐貳座
三

計開外欠內公共之賬列后

一吳汝文　借款本洋銀肆百圓

一羅玉宗　借款本洋銀肆拾五圓

一陳德志　欠借款本洋銀五拾圓

一楊成東　借款本洋銀壹百弍拾五圓

一戈雲宗　借款本洋銀柒拾五圓

一楊　昌　借款本洋銀五拾圓

一羅才宗　借款本洋銀五拾圓

番－05

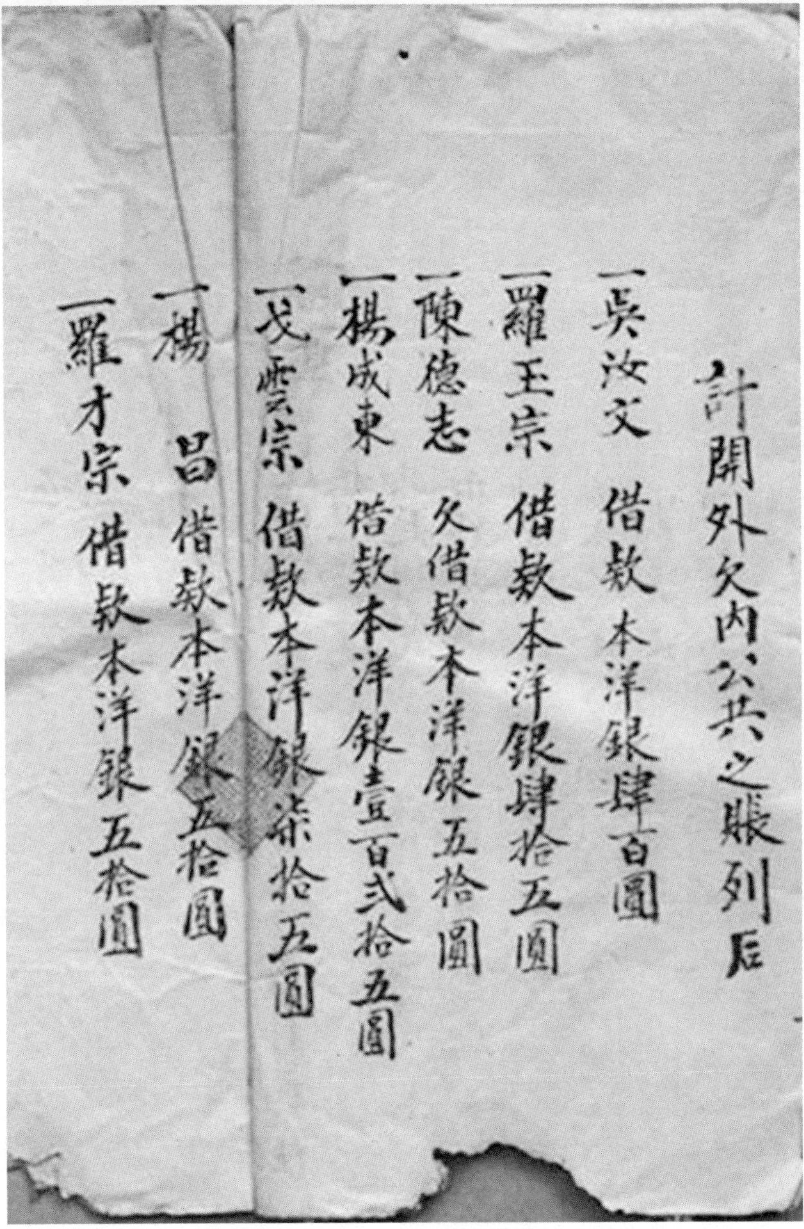

計開外欠內公共之賬列后

一吳汝文 借欵本洋銀肆百圓

一羅玉宗 借欵本洋銀肆拾五圓

一陳德志 欠借欵本洋銀五拾圓

一楊成東 借欵本洋銀壹百弍拾五圓

一戈雲宗 借欵本洋銀柒拾五圓

一楊　昌 借欵本洋銀五拾圓

一羅才宗 借欵本洋銀五拾圓

計開公共等項下列后

一騾馬叁匹

一母腰地一块

一西邊山向陳買得樓木樹五棵

一石水缸一個

一頁棹一張

一驢子［本金］一股

一龍杆一架

民国二十二年十月初八日立合［同］分關人志恩 和恩（十）

此上

大胞兄 培恩 名下收存

番—06

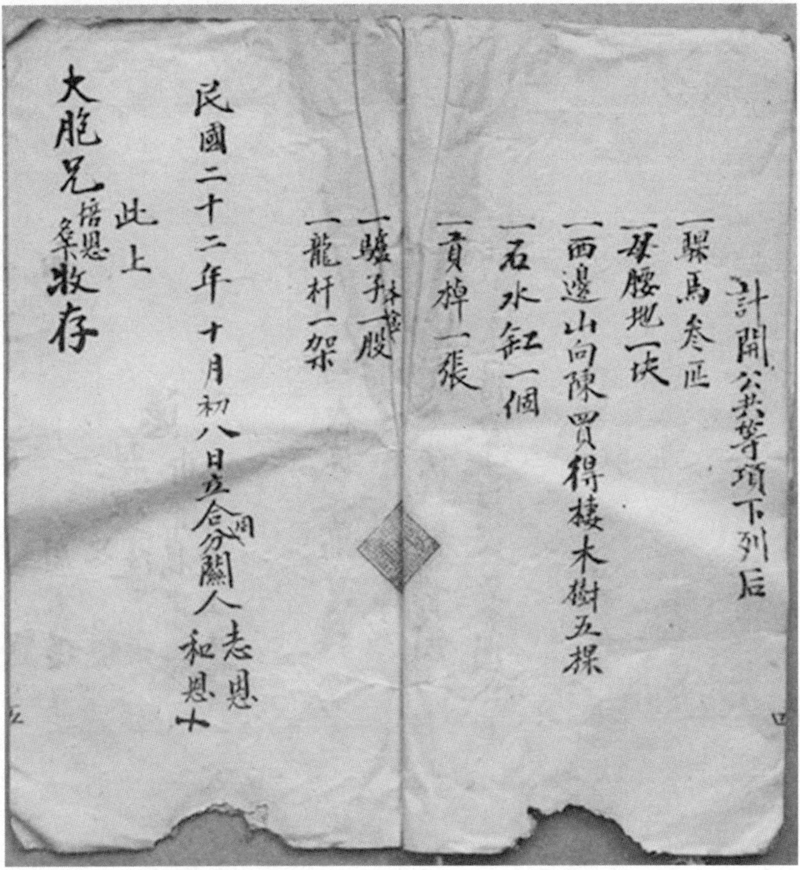
計開公共等項下列后
一騍馬叁匹
一麥腰地一坵
一西邊山向陳買得棲木樹五棵
一石水缸一個
一貢棹一張
一驢子林蒼一股
一龍杆一架
民國二十二年十月初八日立合同分關人志恩、和恩十
大胞兄培恩、条恩收存
此上

憑

親誼　周鳳樓（十）

戈　禮（印）

陸子潔（花押）

街鄰　楊宗超（印）

陸玉廷（印）

代字人萬星樓（花押）

添十三字改四字

番—07

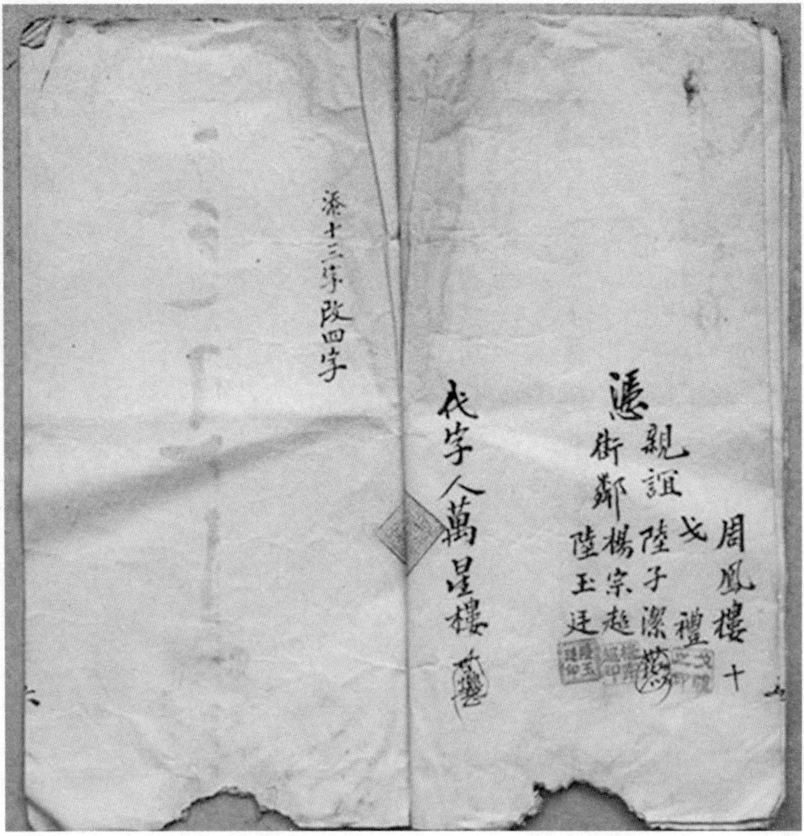

憑
親誼 周鳳樓 十
戈 禮
陸子潔
街鄰 楊宗超
陸玉廷
代字人 萬星樓

添十三字 改四字

番—08

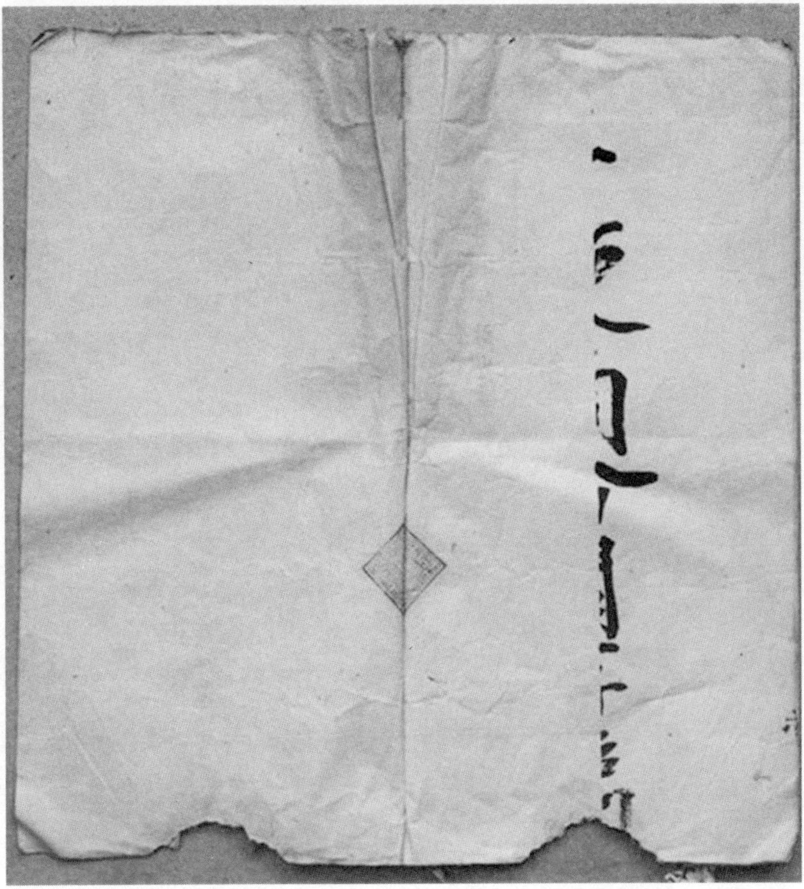

中華民國弍十捌年古曆叁月初八日立
王正楊存

壽

永遠芬芳

王正杨 -01

民国二十八年王姓分关文书（01-14）

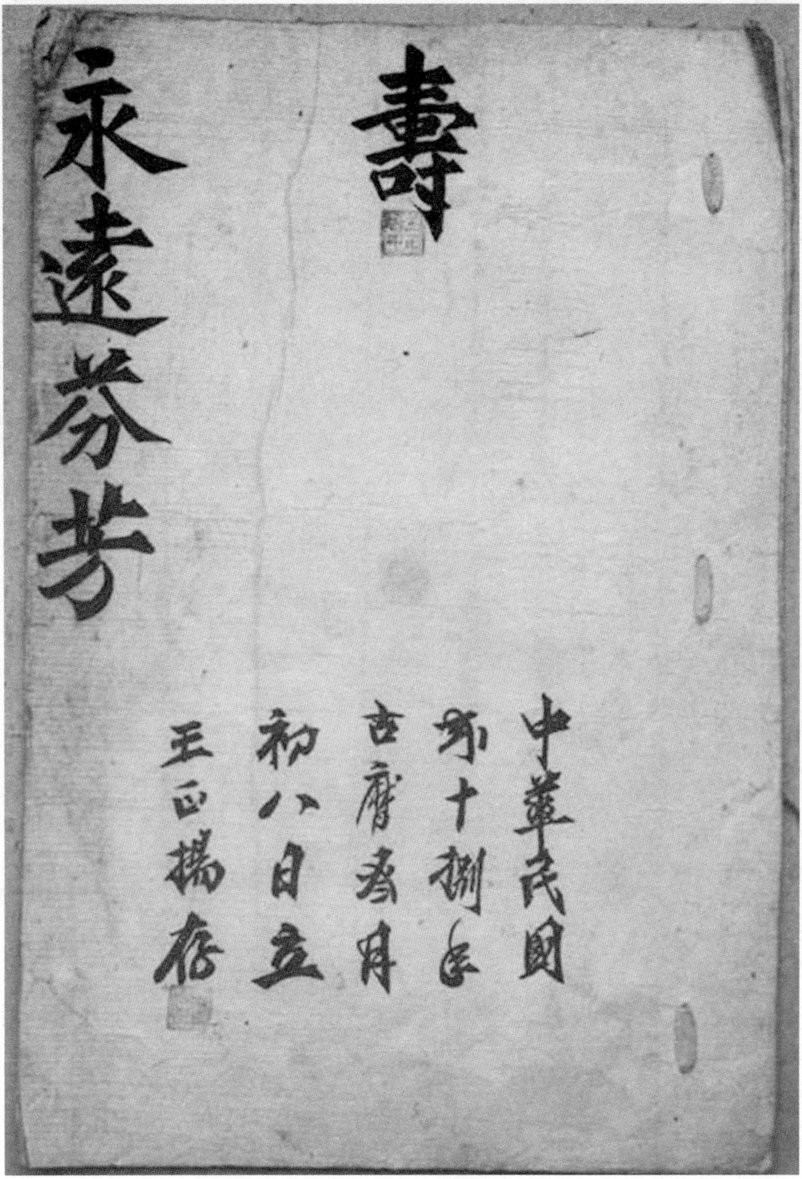
壽

永遠芬芳

中華民國
叁十捌年
古曆叁月
初八日立
王正揚存

立实遵從遺囑分關合同憑抶人王正茂正揚正洲弟兄等因去歲先父辭塵惟有老母王楊氏竹玉年邁身衰壽將六旬難以督調家務且而世逢丰歲饑饉之際國難繁雜之稖然而家務实屬冗繁淆雜故飭吾弟兄三人遵從遺訓堂囑作此樹大枝分源遠派流按古今之理及遵遺囑將先父昔日分得之業以及睦續承置得之田產地業房舍地基牛支馬疋家居什物紅黑經濟契約簿記除抽老母養老之資外田

王正杨 -02

立实遵從遺囑分關合同憑據人王正茂正揚正洲弟兄等
因去歲先父辭塵惟有老母王楊氏竹王年邁身衰壽
將六旬難以督調家務且而世逢丰歲饑饉之際國
難繁雜之穐然而家務实屬冗繁淆雜故飭吾弟
兄三人遵從遺訓堂囑作此樹大枝分源遠派流按
古今之理及遵遺囑將先父昔日分得之業以及
睦續承置得之田屋地業房舍地基牛支馬疋家居
什物經黑經濟契約簿記除抽老母養老之資外田

地肥磽相搭賬物多寡相扯動用好歹相敷房基輕
重相搵憑請家挨親戚遵從萱堂遺囑作此三份
均分拈鬮爲定以後不得妄爭從另爨之後各管各業
各報遺囑自然神天鑒佑另運增新人文閥閲百福
駢臻家家增吉慶戶戶耀門庭援立遵從遺囑及挨
親在位人員合同分関憑據三本各存一本爲證是实
兹将家居什物田產地業房舍地基牛支馬疋契約簿
記動用器皿逐細開列登錄於后
王正揚拈着地基上壹段長拾丈零伍尺中以石椿爲界
　廂樓壹格；牛樓貳格；地槤壹格，廚房壹格；

其坂田

一形坐落敦子田尾貳坵又搭弍長田壹坵
一形坐落石頭包進水口大小田一坵；一形坐落上街路順溝壹小坵
一形坐落大消塘裡壹坵達大小柒坵又搭上汗垻田坡脚大小叁坵
一形坐落中達田尾巴壹小長坵又底上上來的第四坵
一形坐落小米田下壹坵；一形坐落大竹園大小壹連叁坵

王正杨 -03

地肥磽相搭賬物多寡相扯動用好歹相敷房基輕
重相搵憑請家族親戚尊從萱堂遺囑作此三份
均分拈鬮為定以後不得妄爭從另爨之後各管各業
各報遺囑自然神天鑒佑另運增新人文闢閥百福
駢臻家家增吉慶户户耀門庭援立尊從遺囑及族
親在位人員合同分關憑據三本各存一本為證是实
茲將家居什物田產地業房舍地基牛支馬足契約簿
記動用器皿逐細開列登錄於后

王正揚拈着地基上壹段長拾丈零伍尺中以石椿為界
廂樓壹格、牛樓貳格、地樓壹格、廚房壹格、

其垻田

一形坐落敦子田尾貳坵又搭弍長田壹坵
一形坐落石頭包進水口大小叁坵、一形坐落上街路順溝壹小坵
一形坐落大消塘裡壹坵連大小柒坵又搭上洋填田坡脚大小叁坵
一形坐落中達田尾巴壹小長坵又底上上來的第四坵
一形坐落小米田下壹坵、一形坐落大竹園大小壹連叁坵

一形坐落外河田底上上来的第贰坵
其秧田
一形秧田坐落木頭田壹連貳坵佈種壹籮肆㪷
一形秧田坐落水碓房壹尖坵播種陸㪷
一形秧田坐落坡脚壹坵播種玖㪷一形坐落大汗壩秧田壹坵種壹籮陸㪷
一形秧田坐落老乾河順溝第壹坵佈種壹籮
一形秧田坐落大消塘壹達陸坵中間弍坵佈種貳箩
一形秧田坐落消溏欄杆田壹坵佈種柒㪷
其蕎地
坐落大滾蕩下壹塊佈種捌㪷
坐落湯家坟后首壹塊此地名曰長圤子地佈種肆㪷
坐落湯家坟面前壹块此地名曰長圤子地佈種弍㪷半
坐落大白坟壹塊佈種肆㪷
坐落篆山壹塊佈種肆㪷
其耕牛
王正茂王正揚弍人同分大水肑劏壹条王正洲分得大黄牛

王正杨 -04

一形坐落外河田底上上來的第貳坵

其秋田

一形秋田坐落木頭田壹連貳坵佈種壹籮肆斛

一形秋田坐落水碓房壹尖坵播種陸斛

一形秋田坐落坡脚壹坵播種玖斛一形坐落大汗塓秋田壹坵日種壹籮陸斛

一形秋田坐落老乾河順溝第壹坵佈種壹籮

一形秋田坐落大消塘壹連陸坵中間弍坵佈種貳籮

一形秋田坐落消溏欄杆田壹坵佈種柒斛

其蕎地

坐落大滚蕩下壹塊佈種捌斛

坐落湯家坟启首壹塊此地名曰長卝子地佈種肆斛

坐落湯家坟面前壹块此地名曰長卝子地佈種弍斛半

坐落大白坟壹塊佈種肆斛

坐落篆山壹塊佈種肆斛

其耕牛

王正茂王正揚弍人同分大水㸷剼劃壹条王正洲分得大黄牛

肕割弍条¡下有山羊弍拾叁支驮馬壹疋未分批明爲正

其倉櫃

王正揚分着雙格櫃壹個¡馬槽櫃壹格¡小平頭櫃壹個；抽屜棹壹個¡大銅罐壹個¡馬氈壹個¡戥子壹把¡板橙壹支¡

其外借着之黑賬

王正揚拈着之賬開列如下

还清孟定芳的柒拾陸元正有借契壹帋

还　清王周氏的壹佰贰拾元正有借契壹帋

王定本的拾伍元正

李善榮的肆元正

寸自德的叁元正

还清　嚴福春的柒元正

还清　周楊氏的伍元正

还清　李必洪的壹元弍毫正

外有未分之借賬開列如下

王正杨 –05

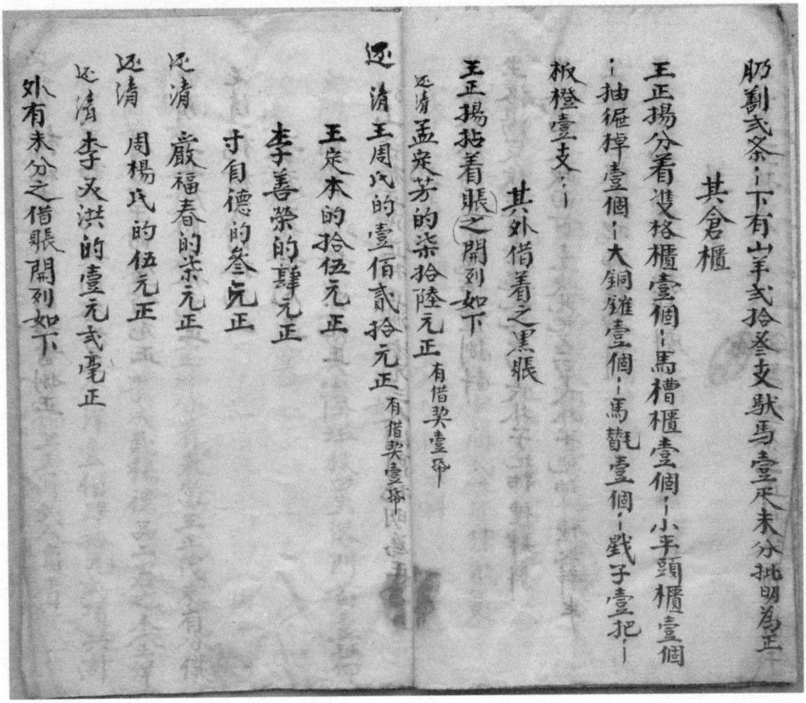

肋劃弍条、下有山羊弍拾叁支、馱馬壹疋未分批明為正

共倉櫃

王正揚分着樓格櫃壹個、馬槽櫃壹個、小平頭櫃壹個

、抽屜桌壹個、大銅鑼壹個、馬氈壹個、戥子壹把、

板櫈壹支、

共外借着之黑賬

王正揚拈着賬之開列如下

还清 孟定芳的柒拾陸元正 有借契壹張

还清 王周氏的壹佰弍拾元正 有借契壹張

王定本的拾伍元正

李善榮的肆元正

寸自德的叁元正

还清 嚴福春的柒元正

还清 周楊氏的伍元正

还清 李及洪的壹元弍毫正

外有未分之借賬開列如下

还清　楊福春的英圓肆看捌正
　　馬和初的英圓叁看正
　　周自學的壹佰元正
还清　王正發的弍拾元正
还清　楊柯成的拾元正
　　李道義拾元正
　　郭自然拾壹元正
以上柒柱正茂正揚正洲弟兄三人同開批明爲正
　其老母之養老開列如下
大門壹格·田坐落大長田大小陸坵秧田坐落門首壹坵佈
種壹籮弍斛莜地未提是实
　　其僕人
来有来富弍人王正揚分着来有王正洲分着来富王正茂未有分［着］僕
人因昔年先父借着雲岩鄉李成武楊德品二君之本金洋
壹佰肆拾元楊德沛君之本金洋壹佰肆拾元弍項共計
两佰捌拾元此弍项借款歸王正揚王正洲弍人負責還高

王正杨一90

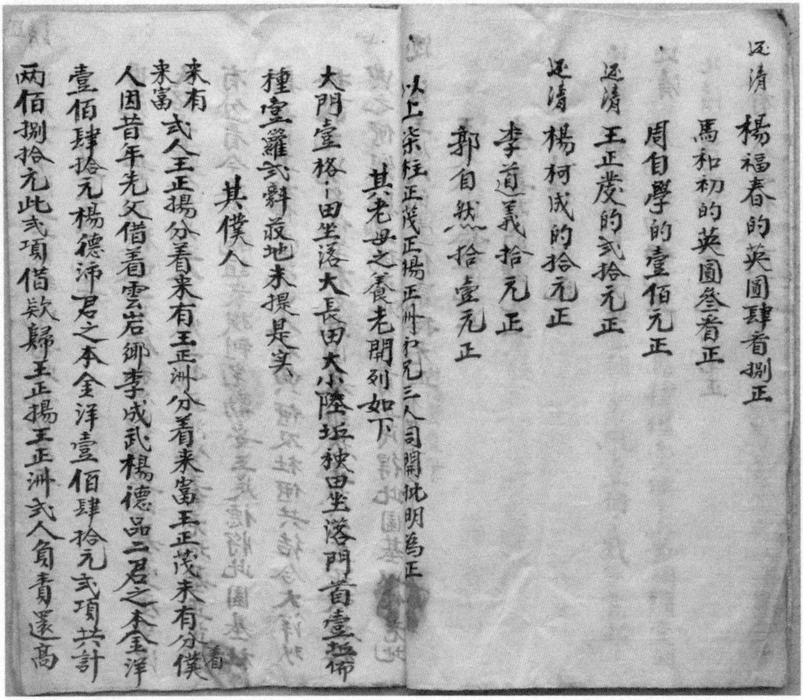

还清 楊福春的英圆肆看捌正
馬和初的英圆叁看正
周自學的壹佰元正
还清 王正茂的贰拾元正
还清 楊柯成的拾元正
李道義拾元正
郭自然拾壹元正
以上宗柱正茂正揚正洲弟兄三人同開批明爲正
其老母之養老開列如下
大門壹格：田坐落大長田大小陸坵秧田坐落門首壹坵佈
種壹籮貳斛菸地来提是实
其僕人
来有 来富 貳人王正揚分着来有王正洲分着来富王正茂来有分僕看
人因昔年先父借着雲岩鄉李成武楊德品二君之本金洋
壹佰肆拾元楊德沛君之本金洋壹佰肆拾元貳項共計
兩佰捌拾元此貳項借款歸王正揚王正洲貳人負責還高

还清　還底不干涉王正茂絲毫特此批明爲正

其正茂之地基

因先年正茂向族叔王定德私受得典契地基壹座坐落大路上邊令弟兄三人另炊正揚正洲分着老地基正茂未有分着今承蒙親誼家挨到宅勸妥王定德將此園基杜歸正茂其杜價當凴中人代典價及杜價共結合大洋玖拾貳元凴名化字在外此園基雖然正茂出名承授然杜典之價銀歸正揚正洲負責正茂得此園基以作老地基份均之数当凴批明爲正

王正洲拈着地基下壹段長拾丈零伍尺中以石椿爲界

；正房壹所¡牛棬弍格¡

其坂田一形坐落蕀小米田上壹坵

壹形坐落郭子田進水口貳坵¡一形坐落中達田弍坵搭頭上壹坵

壹形坐落大濱子大小叁¡一形坐落沙溝門口大小叁坵

壹形坐落黃家田上壹坵¡一形坐落蕀蒜田壹坵

壹形坐落汗秧田順溝壹坵¡一形坐落外河田尾壹坵搭上頭上壹坵

王正杨—07

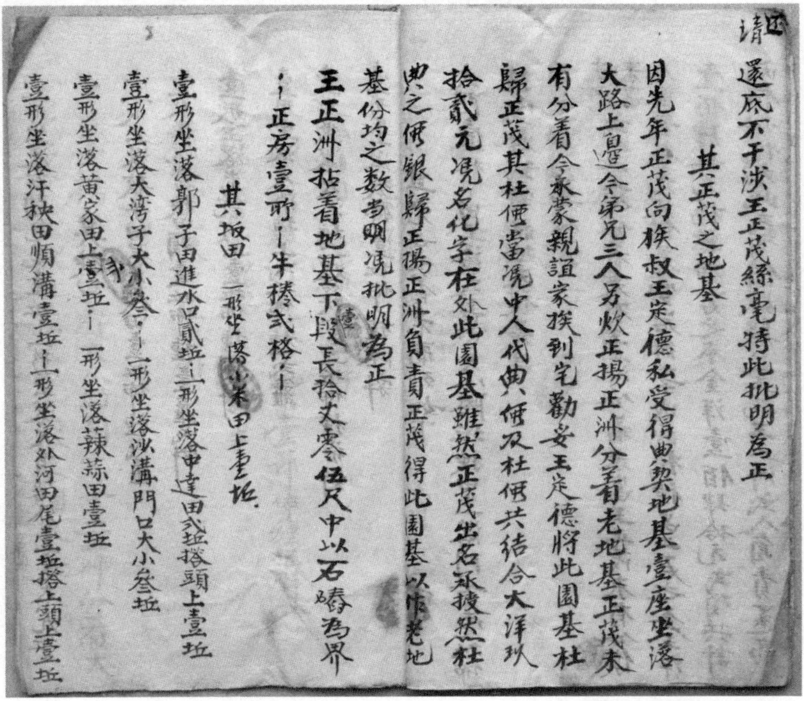

請
還庥不干涉王正茂絲毫特此批明為正

其、正茂之地基

因先年正茂向族叔王定德私受得典契地基壹座坐落
大路上邊今弟兄三人另炊正揚正洲分着老地基正茂未
有分着今承蒙親誼家族到宅勸妥王定德將此園基杜
歸正茂其杜價當憑中人代典、價及杜價共結合大洋玖
拾貳元憑名化字在外此園基雖然正茂出名承接然杜
典之價銀歸正揚正洲負責正茂得此園基以作老地
基份均之數当明凭批明為正

王正洲拈着地基下段長拾丈零伍尺中以石礄為界
、、正房壹所、、牛楱貳格、、

其、坡田 一形坐落小米田上壹坵
壹形坐落郭子田進水口貳坵、、一形坐落中達田貳坵搭頭上壹坵
壹形坐落大湾子大小叁坵、、一形坐落泌溝門口大小叁坵
壹形坐落黄家田上壹坵、、 一形坐落辣蒜田壹坵
壹形坐落汗秧田傾溝壹坵、、一形坐落外河田尾壹坵搭上頭上壹坵

第一编 腾冲玉璧村文书（下）·玉璧村分关书

壹形坐落石頭包尾壹坵¡一形坐落大消塘外壹達大小九坵
其秧田
壹形坐落敦子田尾大秧田壹坵佈種弍籮
壹形坐落湾秧田頭壹坵佈種壹籮弍斘
壹形坐落老乾河上壹坵佈種捌斘
壹形坐落大消塘上弍坵佈種弍籮
壹形坐落大消塘一双筷下壹坵佈種柒斘
壹形坐落坡脚壹坵佈種陸斘
其荍地
坐落野狗洞壹塊佈種陸斘
坐落湯家墳後首長圤子地下壹節不種伍斘
坐落椐榛箐壹塊佈種壹斘半
坐落老酸地壹块佈種陸斘
其耕牛
王正茂王正揚弍人同分着大水肕剨壹条王正洲分着大
黄牛弍条有馱馬壹疋山羊弍拾叁個未分

王正杨—08

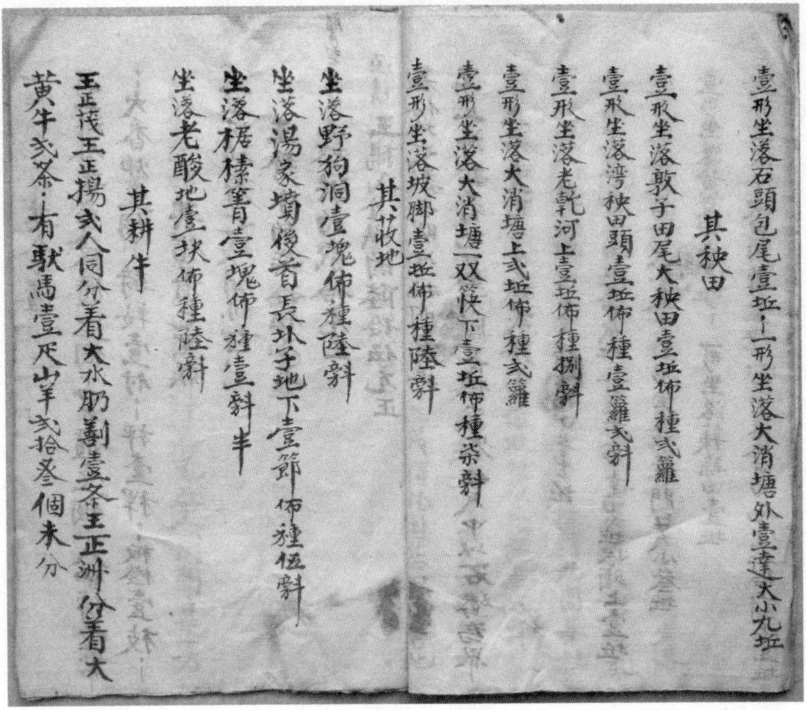
壹形坐落石頭包尾壹坵、一形坐落大消塘外壹達大小九坵

其秋田

壹形坐落敦子田尾大秋田壹坵佈種貳籮

壹形坐落灣秧田頭壹坵佈種壹籮貳斛

壹形坐落老乾河上壹坵佈種捌斛

壹形坐落大消塘上貳坵佈種貳籮

壹形坐落大消塘一双筏下壹坵佈種柒斛

壹形坐落坡脚壹坵佈種陸斛

其荍地

坐落野狗洞壹塊佈種陸斛

坐落湯家墳後背長朴子地下壹節佈種伍斛

坐落椐榛箐壹塊佈種壹斛半

坐落老酸地壹块佈種陸斛

其耕牛

王正茂王正揚貳人同分着大水牯壹条王正洲分着大

黄牛貳条·有馱馬壹疋山羊貳拾叁個未分

其倉櫃

王正洲分着雙格櫃壹個、四方櫃壹個、八仙棹壹席

；大香炉壹個、騎鞍壹付、秤壹稈、板櫈壹枝、

其借着之黑賬

王正洲拈着之賬開列如下

王珍才的柒拾伍元正

腊月初七日还清王啓洪的貳拾元正

还清王楊氏金娥的陸拾伍元正

楊連甲的貳拾捌元正

魏玉田的陸元正

王楊氏金蕎的叁元正

腊月初七日还清小妹招的叁元正

外有柒柱未分正茂正揚正洲弟兄叁人同開是实

王正茂

正茂拈着庭房壹所羊棬貳格　其拈着之坂田

一形坐落敦子田中貳坵

王正杨—09

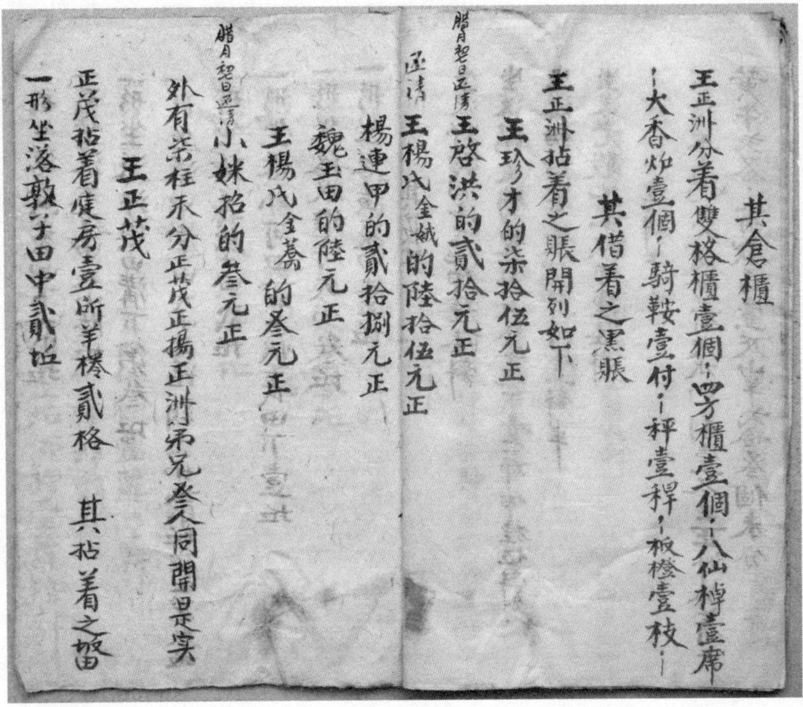

其倉櫃

王正洲分着雙格櫃壹個、四方櫃壹個、八仙棹壹席、大香炉壹個、騎鞍壹付、秤壹稈、板櫈壹枝

其借着之黑賬

王正洲拈着之賬開列如下

王珍才的柒拾伍元正

臘月廿日還清 王啓洪的貳拾元正

還清 王楊氏金娥的陸拾伍元正

楊連甲的貳拾捌元正

魏玉田的陸元正

王楊氏金蓁的叁元正

臘月廿日還清 小妹拈的叁元正

外有柒柱禾分正茂正揚正洲弟兄叁人同開是实

王正茂

正茂拈着庭房壹所并樓貳格

一形坐落𦔮子田中貳坵　其拈着之皆

一形坐落黄家田下贰坵
一形坐落大達田大小陸坵
一形坐落汗塡田溝下第叁坵
一形坐落中達田大小陸坵頭上第貳坵底上第叁坵
一形坐落義學田貳坵
一形坐落外河田一雙筷長田下壹坵
一形坐落水碓房大小叁坵
一形坐落黄家田壹坵
一形坐落秧田脚大四方田壹坵
一形坐落中達田周家田叁坵
一形坐落上街路邊壹坵
一形坐落裡洛漕壹坵
其秧田
一形坐落碾子房壹坵佈種壹籮陸斜
一形坐落小灣田壹坵佈種肆斜
一形坐落門首大秧田壹坵佈種壹籮陸斜

王正杨 -10

一形坐落黄家田下貳坵
一形坐落大達田大小陸坵
一形坐落汗填田溝下第叁坵
一形坐落中達田大小陸坵頭上第貳坵底上第叁坵
一形坐落義學田貳坵
一形坐落外河田一發筏長田下壹坵
一形坐落水碓房大小叁坵
一形坐落黄家田壹坵
一形坐落秧田脚大田旁壹坵
一形坐落中達田周家田叁坵
一形坐落上街路邊壹坵
一形坐落裡落漕壹坵

其秧田

一形坐落碾子房壹坵佈種壹籮陸斛
一形坐落小湾田壹坵佈種肆斛
一形坐落門首大秧田壹坵佈種壹籮陸斛

一形坐落大消塘壹達大小陸坵着尾巴貳坵佈種壹籮陸剏
一形坐落消塘邊壹坵佈種肆剏
一形坐落一雙筷上壹坵佈種柒剏
一形坐落大汗埧尖田壹坵佈種柒剏
一形坐落老乾河壹坵佈種捌剏

其拈着之荍地

坐落大滚蕩路上壹塊佈種貳剏
坐落大冲子壹塊佈種剏半
坐落後頭山長圤子地壹塊又搭上左邊壹塊弍块
之種共是貳剏半
坐落湯家坟后首四方地壹塊佈種陸剏
坐落单坟大小貳块佈種肆剏
坐落大領子壹塊名曰花猪草地佈種四剏

其分着之倉櫃

大倉壹個，雙格櫃壹個，小雙櫃壹個，
小銅鑵壹個，大銅洗臉盆壹個，八仙棹壹

王正杨-11

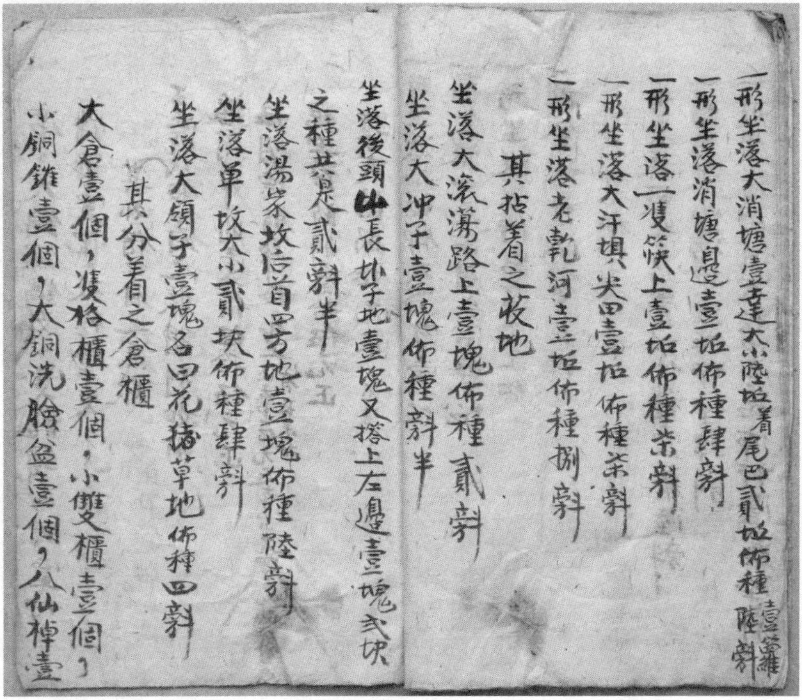
一形坐落大消塘壹邉大小陸坵着尾巴貳坵佈種壹籮陸斗
一形坐落消塘息邉壹坵佈種肆斗
一形坐落一隻筷上壹坵佈種柒斗
一形坐落大汗塡尖田壹坵佈種柒斗
一形坐落老乾河壹坵佈種捌斗
其拈着之莜地
坐落大滚滂路上壹塊佈種貳斗
坐落大冲子壹塊佈種斗半
坐落後頭山長坡子地壹塊又搭上左邉壹塊弍坎
之種共是貳斗半
坐落湯家坡后首四方地壹塊佈種陸斗
坐落單坡大小貳坎佈種肆斗
坐落大嶺子壹塊名曰花猪草地佈種四斗
其分着之倉櫃
大倉壹個，隻格櫃壹個，小雙櫃壹個，
小銅鑼壹個，大銅洗臉盆壹個，八仙棹壹

席，大銅鑼鍋［壹］支，斐龍頭馬鐙壹付，
戥子壹把，板橙壹支，
其外借着之黑賬
王正茂拈着之賬開列如下
潘弼舜的壹佰伍拾伍元正
伍明德的肆拾元正还去壹佰元之本下久四十元的利
有帋未抽
楊玉茂的的叁拾伍元正
李友信的拾元正　还清
楊大清的拾［伍］元正
孟連周的九元正
武茂盛的伍元正
孟運發的肆元正
嚴學春的壹元弍毛正
楊學詩的肆拾陸元正有借契一紙
除猪壹口負學詩肆拾六元之賬代字人照单所
批是实
外有以上

王正杨 -12

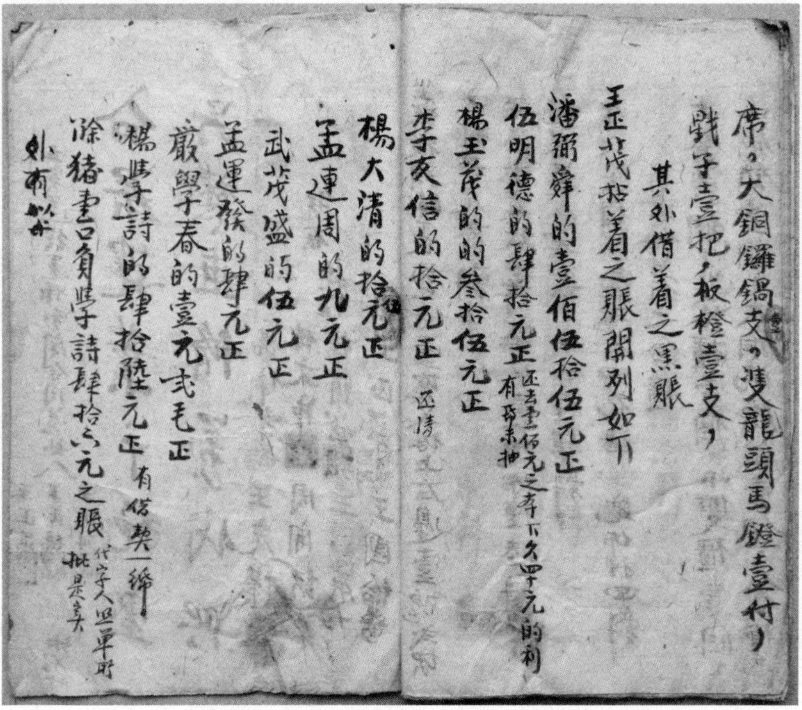
席々大銅鑼鍋支々雙龍頭馬鐙壹付，
戥子壹把，板櫈壹支，
其外借着之黑賬
王正茂拮着之賬開列如下
潘鄧舜的壹佰伍拾伍元正
伍明德的肆拾元正　还去壹佰元之本下欠四十元的利　有两条抽
楊玉茂的叁拾伍元正
李友信的拾元正　还清
楊大清的拾元正
孟連周的九元正
武茂盛的伍元正
孟運發的肆元正
嚴學春的壹元弍毛正
楊學詩的肆拾陸元正　有借契一紙
徐豬妻口負學詩肆拾〻元之賬　代字人[illegible]　批是实
外有[illegible]

立实遵從遺囑分関合同凴扻 王正茂（印）
王正揚（印）弟兄等
王正洲（印）

分居建業千稔盛

另爨垂脩萬代興

凴在

家族 楊体孝（花押） 王定藻（印）
楊文虎（印） 周開統
楊顯然（印） 王正庠（十）

親祖 王正華（印） 王國綸（花押）

代筆 廻龍鄉契交張睿灼（印）

中華民國二十八年古歷三月初捌日吉旦□□

王正杨－13

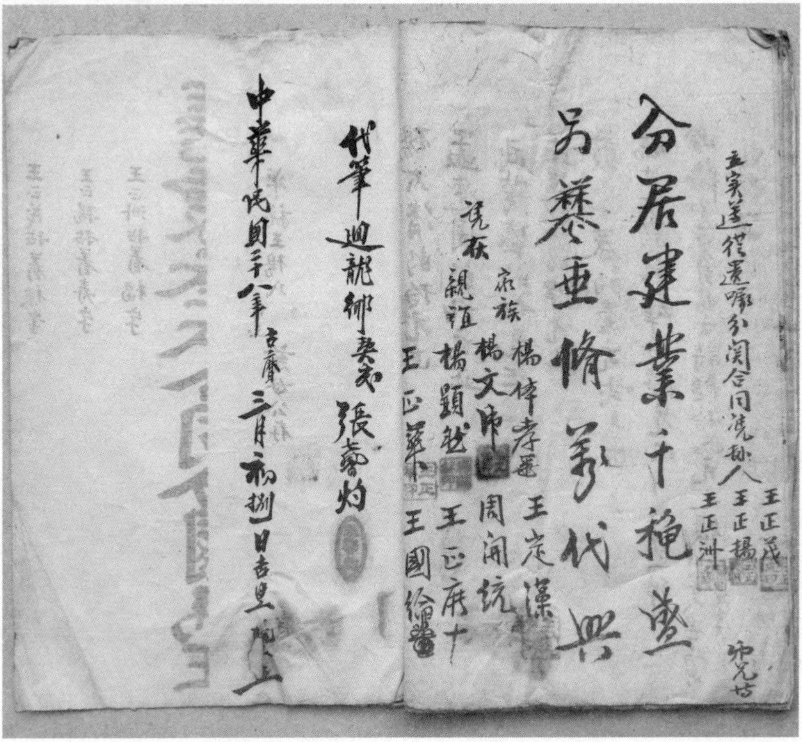
立実遂從還嘱分関合同凭証人 王正茂 王正揚 王正洲
分居建業千穐盛
另爨垂脩萬代興
凭在 家族 楊偉孝 王定藻
楊文帥 周開統
親誼 楊顯鉞 王正庚
王正華 王國綸
代筆 迴龍鄉契約 張壽灼
中華民國三十八年 己丑 三月初捌日吉旦立 上

王正茂拈着禄字
王正揚拈着寿字
王正洲拈着福字
憑據叁□合同分關爲証
竹玉
单稿王楊氏　　慈母公存

王正杨 -14

王正茂拈着禄字

王正揚拈着寿字

王正洲拈着福字

單禍王楊氏 竹玉 慈母公存

立分關遺囑母尹氏所生二子長子自福次子自祥 荷蒙天地眷佑祖宗栽培俱與婚配
各有家室子孫予近晚年难以掌管因將祖遺均分二分與長子次子各自管業具家下牛
馬器皿难與细数勿庸備记其有小寨田四至寬泛难以评搭故爾分租不分田凡小寨田租二子
各收乙半喇鴍田租二子亦各分收乙半孟家寨亦各分收乙半其有樹薗自福面分着荒田
樹薗乙塊康家地上凳小樹薗乙塊平子祖塋地乙塊自祥面分着康家地大樹薗乙塊内有山
和五柯白花樹乙柯未分康家地下凳樹薗乙塊大小二塊分入自祥面其老家房屋坐地未分房
頭薗子地未分房後薗子地未分此係遺囑爾弟兄照契管業勿庸翻悔自然皇天眷佑日盛
月新继继承承永覩昌熾未艾也因分立關遺囑永遠爲據

咸豐元年又八月十六日　立分關母尹氏子自福（十）
　　　　　　　　　　　　　　　　　　　祥（花押）各收乙紙

族 大昌（花押）
凴中 祖藺 懷定（花押）
堂叔 曰堂（十）

自祥親筆

子 嗣 繁 昌

自福收執

咸丰元年尹氏分关书

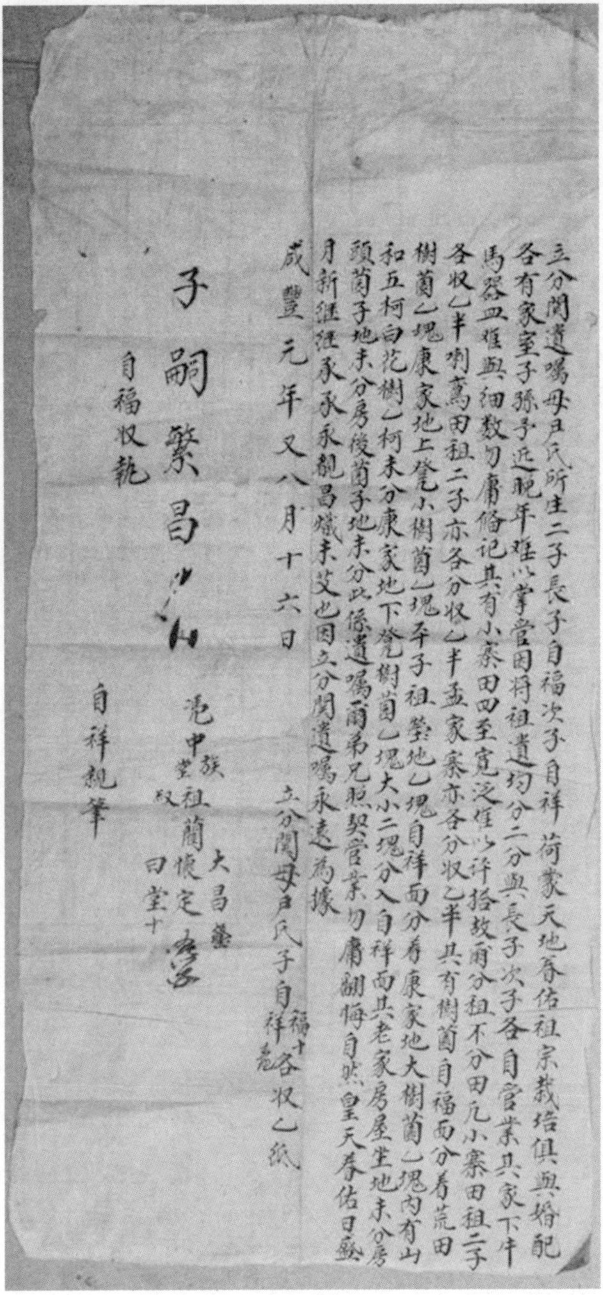

立分関遺囑母尹氏所生二子長子自福次子自祥荷蒙天地眷佑祖宗栽培俱與婚配
各有家室子孫予近晚年难以掌管因将祖遺均分二分與長子次子各自管業其家下牛
馬器皿难與细数勿庸備记其有小寨田四至寛泛难以评搭故爾分租不分田凡小寨田租二子
各收乙半喇嵩田租二子亦各分收乙半孟家寨亦各分收乙半其有樹菌自福面分着荒田
樹菌乙塊康家地上瓮乞小樹菌乙塊杀子祖墊地乙塊自祥面分着康家地大樹菌乙塊内有山
和五柯白花樹乙柯未分康家地下瓮乞樹菌乙塊大小二塊分入自祥面其老家房屋地未分房
頭菌子地未分房後菌子地未分此係遺囑爾弟兄照契管業勿庸翻悔自然皇天眷佑日盛
月新继继承承永綿昌熾未艾也因立分関遺囑永遠為據

立分関母尹氏子自福十 自祥 各收乙紙

咸豐元年又八月十六日

憑中族堂祖叔蘭懷定 大昌 日堂十

子嗣繁昌

自福收執

自祥親筆

民国四年张德发收存房屋分关书

立分關憑據人張配坤同子德安、和姪德發、懷、昌等情緣先年盖有房屋弍廳
左邊配坤德懷面居住右邊德昌德發面居住歷年　相沿居住未曾分授
清晰恐代遠年久子孫難免拌乱特请
合族绅志和衷切商将兩屋平均分配田中厢直分爲二住左邊者应補
右邊價銀弍百捌拾兩配坤同德懷面分住左邊德昌德發面分住右邊
其大门巷道现仍公共同行若日後分门别户仍以中厢正中直至月宫
门各分界线各立门户大门楼欸暫且仍歸右邊管惟兩屋之地從
昌面有一半今昌面亦願作爲四分均分昌面子孫日後不得異言
其面前園地一塊作爲公存合價銀四百兩後日何人有力先欲修盖出
照空價補出不得藉故達難以乘和好此係彼此和睦相商併無相强
各情但願日後子孙相愛相親無傷同氣之雅有倫有敘永敦協和之風
恐日後子孙無憑立此分關爲據

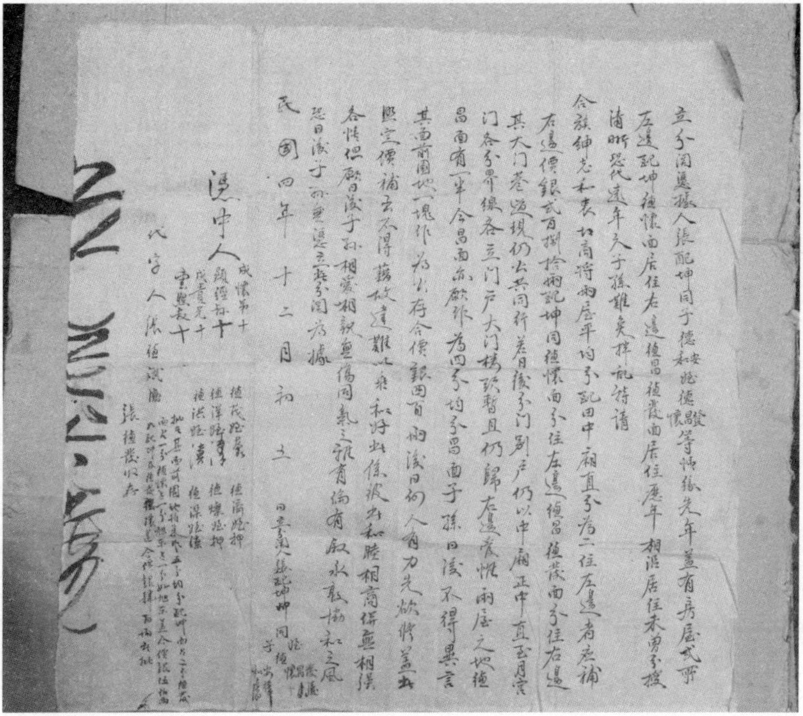

立分関遗嘱人張配坤同子德和、德安、德懷、德發等，情緣先年盖有房屋貳所，
左邊配坤、德懷面居住，右邊德昌、德發面居住，歷年相沿居住，未曾分撥
清晰，恐代遠年久，子孫難免推乱，特請
合族鄉老和表，切商將兩屋平均分配，田中廂直分為二，住左邊者應補
右邊價銀貳百捌拾兩，配坤同德懷面分住左邊，德昌、德發面分住右邊。
其大門巷道現仍出共同行，若日後分門别户，仍以中廂正中直至月[illegible]
门各分界線，各立门户，大门楼頭暫且仍歸右邊，[illegible]兩屋之地德
昌面有一半，今昌面亦献作為四分，均分昌面子孫，日後不得異言。
其面前園地一塊，作為公存，合價銀四百兩，後日何人有力先修蓋者，
照定價補去，不得藉故違難。以来和好，此係彼此和睦相商，俱無相强
各情，但願日後子孫相愛相親，無傷同氣之誼，有倫有叙，永敦協和之風。
恐日後子孫無憑，立此分関為據。

民國四年十二月初 立

同立分関人張配坤同子德[illegible]

凭中人 成懷弟十 顔經林十 成貴兄十 雲興表十

德茂 德滿押 德洋 德操押 德洪 德渠

代字人張德斌(?)

張德發收存

發（花押）

昌（花押）

懷（十）

民國四年十二月初五日立分關人張配坤同子姪德

安（花押）

和（花押）

成懷弟（十）　德茂姪（花押）　德濟姪押

憑中人　顯經叔（十）　德洋姪（花押）　德燦姪押

成貴兄（十）　德洪姪（花押）　德深姪

雲照叔（十）　批在其面前園地將來作五分均分配坤面占二分德發

代字人　張德斌（花押）　亩占一分德懷占一分旭东占一分如旭東盖合價銀伍佰兩

如配坤及德發德懷盖合價銀肆百兩此批

張德發收存

民国十七年李玉志李玉祥兄弟分关书

立分關憑據人李玉志李玉祥今弟兄二人樹大分枝理所必然特請憑親族將　祖遺房屋
田產地業牛支馬疋家具什物等項於○ᑫ
祖宗位前均分弍份玉志分得老家壹所共計正房壹间厢房兩间廳房壹间大门外未勸之石頭
約有弍百個之左共合大洋捌百元即補玉祥面大洋肆百元限期拾年　拾年內玉志不得催促
玉祥拾年外玉祥出外修理不得任遷延又分得蘇家营田捌斜長保坡頭田壹籮大灣田
害田坡田小河邊田共壹籮馬弍疋大猪壹口以上爲一份玉祥分得老家右邊向李大發承買之
地基壹個進得老家玉志補未大洋肆百元老坪田壹籮老毛針田沙石頭田共壹籮伍斜水
牛壹条代小猪壹口大猪壹口以上又爲一份外有長保坡田壹籮小汗田叁斜此二柱未有分受
其有長保坡樹地壹块望天寨樹地弍块上李作昌償來之地基弍個以及賬目往來銀會租息
俱載清册各执壹本爲據自分之後各照分關管業不得互相爭競有傷祖人一脉而忘手足
之情定卜家道興隆後裔蕃昌之兆可預賀也○ᑫ
民國十七年八月十四　　日立分關憑據人李玉志（十）李玉祥（花押）
批分關內所載公存之長保坡田壹箩又憑親族分歸玉祥面合大洋叁百元即補玉志面大洋壹百伍
拾元 o9 批內塗小汗田祥志字五字
添長保坡祥志字五字小汗田叁斜分歸玉志面○ᑫ
民國十八年「十二月」初二日憑中证说合玉祥分得老家右边地基
壹個「玉志」即補玉祥地價大洋壹拾弍元永歸玉志管業
其上李作昌歸併地基弍個玉祥補去地價大洋陸拾

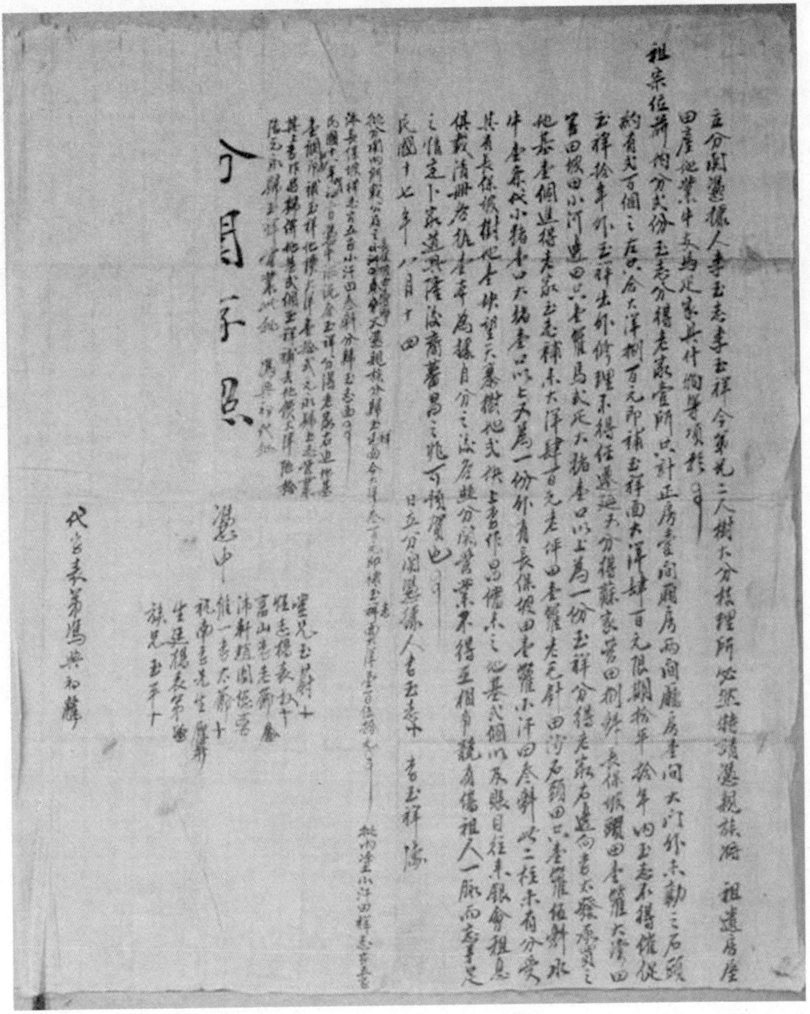

立分關遷據人李玉志李玉祥今弟兄二人樹大分枝理所必然憑親族將 祖遺房屋
田產地業中支爲足家具什物等項[illegible]
祖宗經辦內分爲式份玉志分得老家壹所以計正房壹向廂房兩向廂房壹間大门外未動之石頭
約有式百個之左右合大洋捌百元即補玉祥國大洋肆百元限期拾年拾年內玉志不得催促
玉祥拾年外玉祥出外修理不得任遷延大分得蘇家營田捌[illegible]長保坝羅田壹籮大滄田
營田坝田小河邊田只壹籮馬式斤大豬壹口以上爲一份玉祥分得老家右邊向書[illegible]之
地基壹個並得老家玉志[illegible]大洋肆百元老伴田壹籮大元斤田灣石頭田只壹籮伍斗永
件壹張[illegible]小豬壹口大豬壹口以上爲一份外有長保坝田壹籮小洋田叁斗此二組未有分受
其有長保坝樹地壹塊望天寨樹地式塊[illegible]地基式個[illegible]日後來服會祖
保戴清册存執壹本為據自分之後居址分派管業不得互相爭競有傷祖人一脈而[illegible]
之[illegible]立下永遠興隆後裔蕃昌之兆可據證也
民國十七年八月十四 日立分關遷據人李玉志十 李玉祥(押)

[illegible]

分關字照

憑中
堂兄玉蔚十
姪志穩表叔十
富山李志衛(押)
沛軒楊國樑[illegible]
能一李本榮十
禮南李光生(押)
生廷楊表弟(押)
族兄玉平十

代字表弟馮興和 撰

陆元永归玉祥管业此批　凴典初代批

分關存照

堂兄玉蔚（十）
怪志楊表叔（十）
富山李老爺（花押）
沛軒趙團総（花押）
凴　中　維一李太爺（十）
祝南李先生（花押）
生廷楊表弟（花押）
族兄玉平（十）

代字表弟馮典初（花押）

民国三十一年张鸿达收执田契分关书

立田契分關文約人張鴻達鵬達鵾達爲因先年祖人向尹姓典得蓋斌粮田壹段佈種弍籮放得租穀[illegible]今情愿请凭中証立約作三份均分每人面上應得租穀[illegible]俟至秋收之日當照数分收不得借故争競其田先父在生時曾當與族祖母姚氏管業茲於民國二十八年經鵬達面向外借來週年乂分息新幣[illegible]業已贖回借用之期一年零九個月息以乂分算合新幣[illegible]二柱共該本息[illegible]三份均攤每人應招新幣[illegible]今已爲因揾出將此欵還清新贖回之原契及請照執文現归鵬達管理其逓年應完耕地稅率亦按三份均招彼此不得異言此因設尹姓攔撥比此負責此係三方情愿其中並無逼迫相強等弊恐口無凴特立此田契分關爲據是實〇〇〡

民國卅一年陰曆八月初六日立田契分關人鴻達（押）

鵬達（押）

鵾達（押）

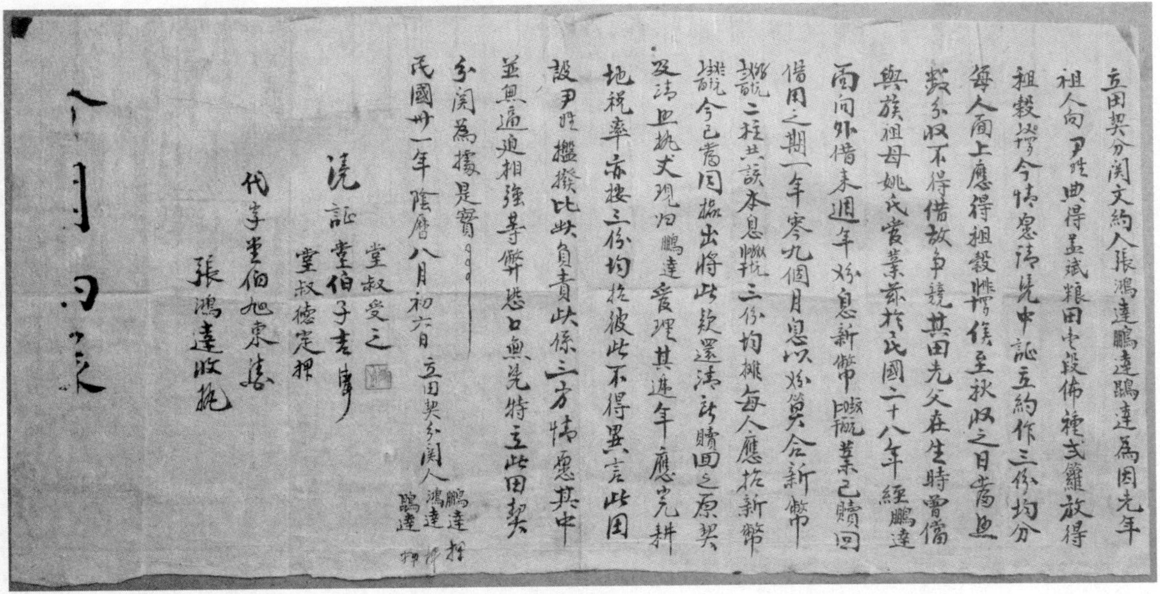

凴証　堂叔受之（印）
堂伯子吉（花押）
堂叔德定（押）
代字　堂伯旭東（花押）
張鴻達收執

立分關文约人藺汝益汝尭同堂弟汝綱汝能爲因先祖在生時分居未將田產山地樹薗等項均分恐年遠錯
誤今请
憑親族作二份均分汝益弟兄分得李家田小寨田螞蝗凹田松树凹田共计租穀柒拾陸籮補得□□叁拾萬
元又分
得兩乂凹樹薗一块黄泥坡树薗一块捲槽凹山地一块现住坐基一個順隔心［墻］直到後山大石垠汝綱
弟兄分得啞吧田计收
租穀捌拾捌箩補給汝益弟兄國幣叁拾萬元又分得汝益左邊坐基一個及左邊之荆竹薗一块順隔心［墻］
直到後山大
石垠又分得康家地树薗［上鑿］一块老洋河寨後山地一块内中葬有汝益祖父墳墓一塚以後認墳不得
認地並石得继
续再葬又分得溝頭荒田薗地一块其坐基後之荒地各份歸各份管理其汝益弟兄面上之树薗内现有大树
共计弍
拾玖棵分歸汝綱弟兄以爲建屋之材又有大石条弍條亦分與汝綱弟兄至各家分受之田其後此之租穀即
有加減亦
各份歸各份負責其汝益樹薗内分與汝綱弟兄之大樹係有伍棵雜樹其成材之樹实有弍拾捌棵至象棬凹
田亦分
歸汝益弟兄但未清丈是以無有執执照自今以後各照分關管業不得互相爭奪自然
皇天默佑特立分關二張各执一張永遠爲证

民国三十六年藺氏兄弟分关书

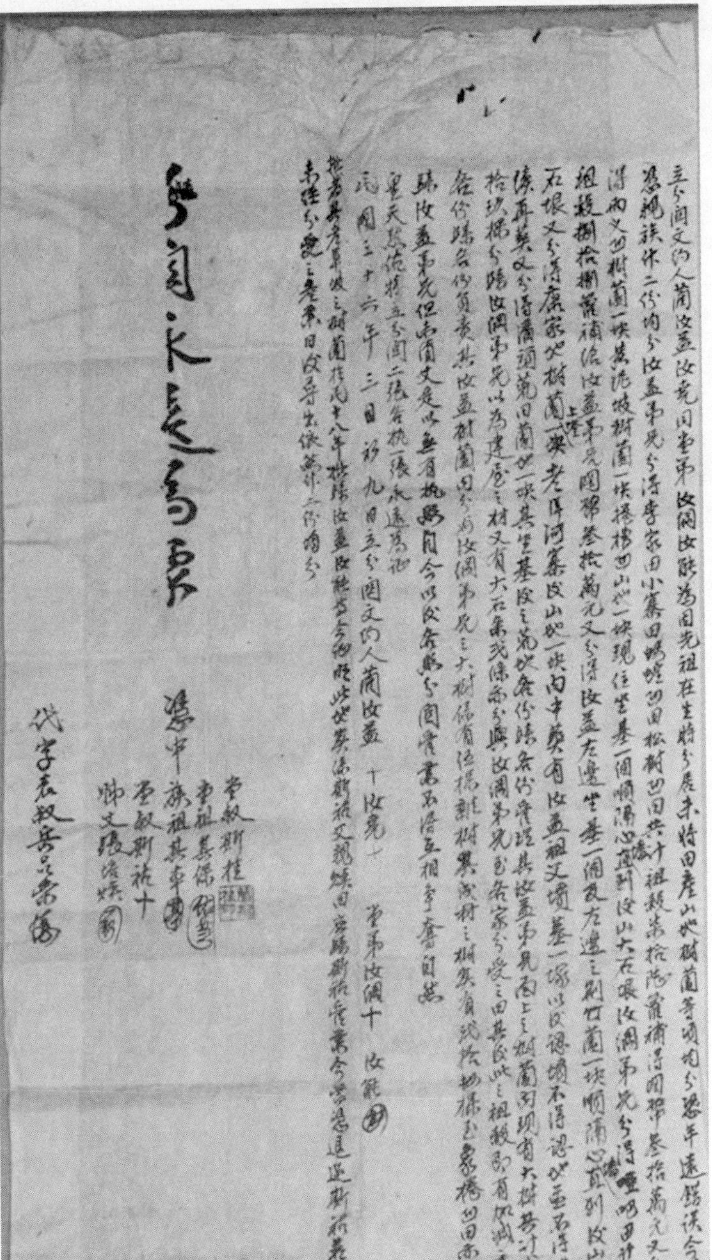
立分関文約人藺汝益、汝堯同堂弟汝綱、汝聡，為因先祖在生時分居未將田產山地樹園等項均分，恐年遠錯誤，今請
憑親族作二股均分，汝益弟兄分得李家田、小寨田、螞蟥凹田、松樹凹田共十[illegible]祖輩[illegible]茂密補得同帮叁拾萬元文分
得和文凹樹園一块、萬德坡樹園一块、揚柳凹山地一块、現住宅基一個，順滴心直到汝山大石根；汝綱弟兄分得[illegible]田并坡
祖輩樹拾樹叢補給汝益弟兄同帮叁拾萬元文，分得汝益左邊宅基一個及左邊之[illegible]園一块，順滴心直到汝山大
石根，又分得康家地樹園一块、上[illegible]老尾河寨汝山地一块，內中葬有汝益祖父墳基一塚，以汝認墳不得認地，亦不得進
讓再葬，又分得蒲頭菀田園地一块，其宅基汝之菀地各分踩各分管理，其汝益弟兄南上之樹園引現有大樹[illegible]
拾株稞分踩汝綱弟兄以為建屋之材，又有大石寨[illegible]係亦分與汝綱弟兄自各家分受之田，其汝此之祖輩所有[illegible]
各分踩各分管業，其汝益樹園內分與汝綱弟兄之大樹[illegible]新樹果[illegible]樹之樹家有[illegible]於地標立界樁，凹田亦分
踩汝益弟兄，但此關文是以無有挽悔，自今以後各執分関管業，不得互相爭奪，自甚
皇天鑒察，特立分関二張，各執一張，永遠為凭。
民國三十六年三月初九日立分関文約人藺汝益十 汝堯十 堂弟汝綱十 汝聡（押）
批出[illegible]樹園於[illegible]八年[illegible]汝益汝[illegible]文[illegible]
[illegible]分與[illegible]二股均分

分関永遠為憑

憑中 堂叔斯桂（印） 堂祖其保（押） 族祖其亭（押） 堂叔斯祥十 [illegible]文[illegible]（押）
代字表叔吳[illegible]宗（押）

民國三十六年三月初九日立分關文約人藺汝益（十）汝尧（十）堂弟汝綱（十）汝能（花押）

批者其老草坡之樹藘於民國十八年批歸汝益汝能等今证照此地实绿斯祜文親贖回应歸斯祜管業今當

憑退達斯祜若有

未经分受之產業日後尋出依然作二份均分

分關永遠爲據

堂叔斯桂（印）

壹祖其保（花押）

憑中　族祖其本（花押）

堂叔斯祜（十）

姊丈張培煥（花押）

代字　表叔岳品榮（花押）

彩丞處置家事的遺囑

彩丞處置家事的遺囑

余因病處危篤恐不能久居人世竊思生平毫無所常仰賴　天地覆載　祖宗庇蔭兢業至心無時或釋到今命數將終難顧目前故特將　祖父遺留下之家產田園各事開載明白付與價娶妻楊氏秀英暨長子金澤次媳劉氏老美三子金祥計茨溝田壹分佈種叁籮耕地稅載坐落劉家寨弍坵內附着一坵列號〨十〡号叁畝弍分壹釐〨十〢号弍畝弍分陸釐列中上則在業戶謝炳昌名下完納做楊氏秀英養老遞年之用度耕地稅歸楊氏完納又老鴛嘴田壹分佈種捌籮耕地稅載坐落劉家寨名喚馬料田共柒坵列號〣百〥十〇号壹分五釐列中上則〡百〨十〥号弍畝柒分〡百〨十〣号弍畝陸分叁釐〡百〨十〩号叁畝五分陸釐〣百〥十〇号捌分捌釐〣百〥十〦号壹畝陸分五厘〣百〥十〣号柒分捌釐此陸柱均列中上則在業戶謝炳昌户下完納以做金澤劉氏老美金祥三家世守之業此田□能分定耕種分好後不得翻悔稅同楹上不得售賣須當遵我遺訓如有違悖我言者可將我之遺囑呈到公堂請　明公理論或　法庭請官做主治该毀訓不肖之罪其家業園地暫時只能同座同種如後有力的不拘那家可商量出去園地上建房一所亦可前吾原配李氏明德在生所有之金手飾及匣中之衣服什物器皿是我手上治的一切均付楊氏秀英收用我前立有簿記一本應存應賣之物均開明在簿可照書行事以建綺羅祖塋之墳墓以爲紀念又楊氏秀英百年後或自遺存之物當歸爾三家分受想楊氏秀英是我晚年續娶之妻因我年力衰邁未嘗得厚就我不在更望闔家老幼總以將言寬待勿使该煩惱以表素昔殷勤敬我之意有子有孫勿論男女六歲卽送入學校讀書不可疎懈爾姊妹來時總□從優愛重勿使该等生氣以下諸人余不能一一吩咐願该自愛

张彩丞处置家事遗嘱

彩丞處置家事的遺囑

彩丞處置家事的遺囑

余因病處危篤恐不能久居人世竊思生平毫無所常仰賴 天地覆載 祖宗庇蔭繞業之心無時哉釋到今命數將終難顧目前故特將 祖父遺留下之家產田園各事開載明白付與僥娶妻楊氏秀英暨長子金澤次媳劉氏老美三子金祥 計茨溝田壹分佈種叁籮耕地税載坐落劉家寨弍坵內附着一坵列號[illegible]叁畝弍分壹釐[illegible]弍畝弍分陸釐列中上則在業戶謝炳昌名下完納撥楊氏秀英養老遺年之用度耕地税歸楊氏完納又老鴦嘴田壹分佈種捌籮耕地税載坐落劉家寨各岥馬料田共柒坵列號[illegible]壹分五釐列中上則[illegible]弍畝柒分[illegible]弍畝陸分叁釐[illegible]叁畝五分陸釐[illegible]捌分捌釐[illegible]壹畝陸分五釐[illegible]柒分捌釐此陸柱均列中上則在業戶謝炳昌戶下完納以撥金澤劉氏老美金祥三家世守之業此田只能合定耕種分得後不得翻悔税同糧上不得售賣須當遵我遺訓如有違悖我言者可將我之遺囑呈到公堂請 明公理論或 法庭請

官做主治該數訓不肖之罪其家業園地暫時只能同座同種如後有力的不拘那家可商量出去園地上建房一所亦可前吾原配李氏明德在生所有之金手飾及匣中之衣服什物器皿是我手上治的一切均付楊氏秀英收用我前立有簿記一本應存應賣之物均開明在簿可照書行事以建綺羅

祖塋之墳墓以為紀念又楊氏秀英百年後或有遺存之物當歸爾三家分受想楊氏秀英是我晚年續娶之妻因我年力衰邁未嘗得厚就我不在更望闔家老幼繼以將言寬待勿使該煩惱以表素昔殷勤敬我之意有子有孫勿論男女六歲即送入學校讀書不可疏懈爾妯娌來時德望從優愛重勿使該等生氣以下諸人余不能一一吩咐顧該自愛

玉璧村综合文书

乾隆三年十一月初六日沈汉章卖田给徐存仁徐怀仁的卖契

立實賣田契生沈漢章爲因乏用情愿將父遺秋粮田乙段坐落矣比湾田下半分隨田秋粮弍斗四升秧田一大坵扳田大小四坵其田東至本家田西至本家田南北至溝憑中賣與徐存仁徐懷仁二人名下爲業實接受價艮肆拾伍兩整自成之後任從耕種上納中間並無私債準折逼迫成交等情倘有內外人等異言争競賣主一面承當日後有力任從取贖無力不得加找今恐無憑立此賣契存照〇

實接受價艮肆拾伍兩整　外有店租一箩

其田在來二甲上粮

乾隆三年十一月初六日

立實賣田契　生　沈漢章（花押）

同男　沈之振（花押）

沈之趾（花押）

堂弟　沈　澄（十）

李如玉（十）

李璨然（花押）

憑中　段一潮（花押）

黃良佐（十）

賣契永遠存照

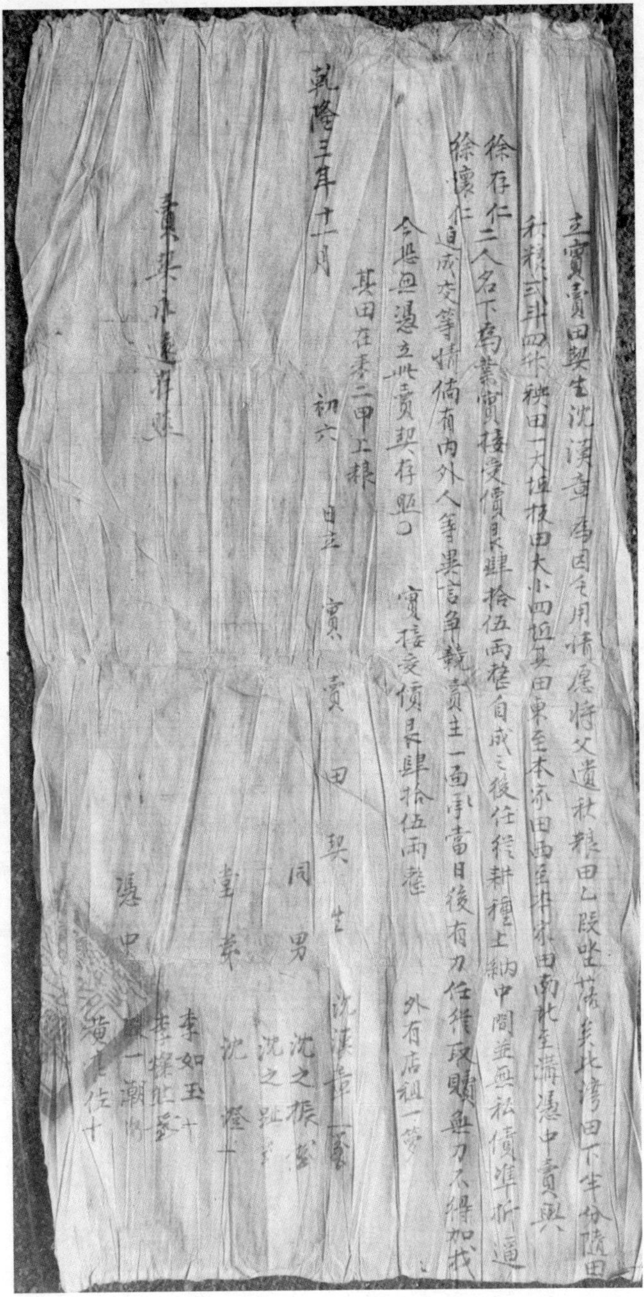

立賣田契生沈漢章，為因乏用，情愿將父遺秋糧田乙段，坐落[illegible]北灣田下半分，隨田秋糧弍斗四升，秧田一大坵，板田大小四坵。其田東至本家田，西至坪家田，南北至溝，憑中賣與徐存仁、徐懷仁二人名下為業。實接受價銀肆拾伍兩整，自成之後，任從耕種上納。中間並無私債準折逼迫成交等情，倘有內外人等異言爭競，賣主一面承當。日後有力任從取贖，無力不得加找。今恐無憑，立此賣契存照。

實接受價銀肆拾伍兩整　外有店租一[illegible]

其田在秀二甲上糧

乾隆三年十二月初六日立賣田契生　沈漢章

同　男　沈之振　沈之踪

堂　叔　沈燈 十

憑　中　李如玉 十　楊燦　一潮　沈[illegible]位 十

賣契永遠存照

立實加找杜契生沈漢章同男之振之趾爲因有祖遺秋粮田壹分先年曾出賣與

徐存仁
徐怀仁
楊孚遠
楊遇春

名下接受過價銀玖拾兩整其四至坐落粮数俱在先契之內今又找銀拾兩前後共合壹百之数自

找之後

任從買主更名造冊納粮耕種日後有力不得取贖無力不得加找係是二比情愿中間並無逼迫成

交等情

恐後無憑立此杜契永遠存照

實接受過田價銀壹百兩是實 o

憑弟沈漢（十）
　　　　澄（十）

同男之振親筆
　　　趾（花押）

乾隆伍年七月初二日　立實加找杜契生沈漢章（花押）

憑中黃石軒（花押）
　　叚一潮（花押）

永遠存照

乾隆五年七月初二日沈汉章粮田加找与徐存仁等的加找杜契

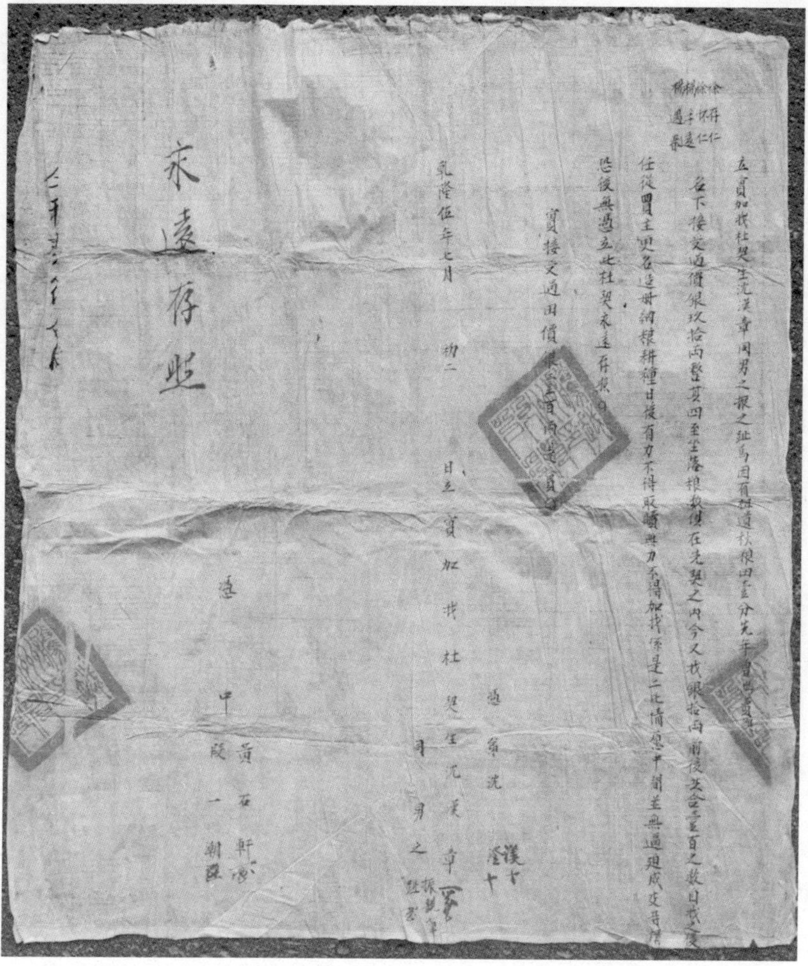
立賣加找杜契生沈漢章同男之振之祉爲因有祖遺秋糧田壹分先年已曾賣與
名下接受過價銀玖拾兩整其四至坐落糧數俱在先契之内今又找銀拾兩前後共合壹百之數日後之
任從買主更名過册納糧耕種日後有力不得取贖無力不得加找係是二比情愿中間並無逼迫成交等情
恐後無憑立此杜契永遠存照。
實接交過田價銀壹百兩整
乾隆伍年七月 初二 日立 賣加找杜契生沈漢章
同男之振 之祉
凴族 沈漢士 登十
凴中 黄石軒 段一謝
永遠存照

乾隆七年十一月十二日吴之熙等卖住居地与王者相的地契

立實賣地契文約人吴之熙吴之昌爲因兄之雋身故無處出辦情愿將祖父遺留自己面分住居地壹塊其地東至吴趙二家墻脚南至之祥起周地西至墻脚荒塘子小井在內北至之祥地其路有賣主原出車家巷古路走倘之祥争競有賣主一面承當四至開寫在契明白情愿立契出賣與

王者相名下永遠爲業言定接授地價銀陸兩净整自賣之後任從買主圍欄修砌墻垣搬移起盖房屋住坐當日銀地兩相交付明白中間並無私債逼迫强買壓賣等情倘有家族內外人等争競賣主一面承當係是二比心服自愿古語云賣田千年有分賣地落筆無踪日後賣主不得借事生端二家各不得翻悔如有此等執約赴官咎治恐後無憑立此實賣地契文約存照〇

有父在時因閑遊賭博將小荒塘子混賣別人之熙三弟兄無知日後有人尋出賣契以爲故帋〇

实賣地壹塊接授價銀陸兩净整〇

吳之昌（十）

乾隆柒年拾壹月拾貳日　立实賣地契文約人　吳之熙（十）

兄吴之紹（十）

憑族侄吴起周（十）

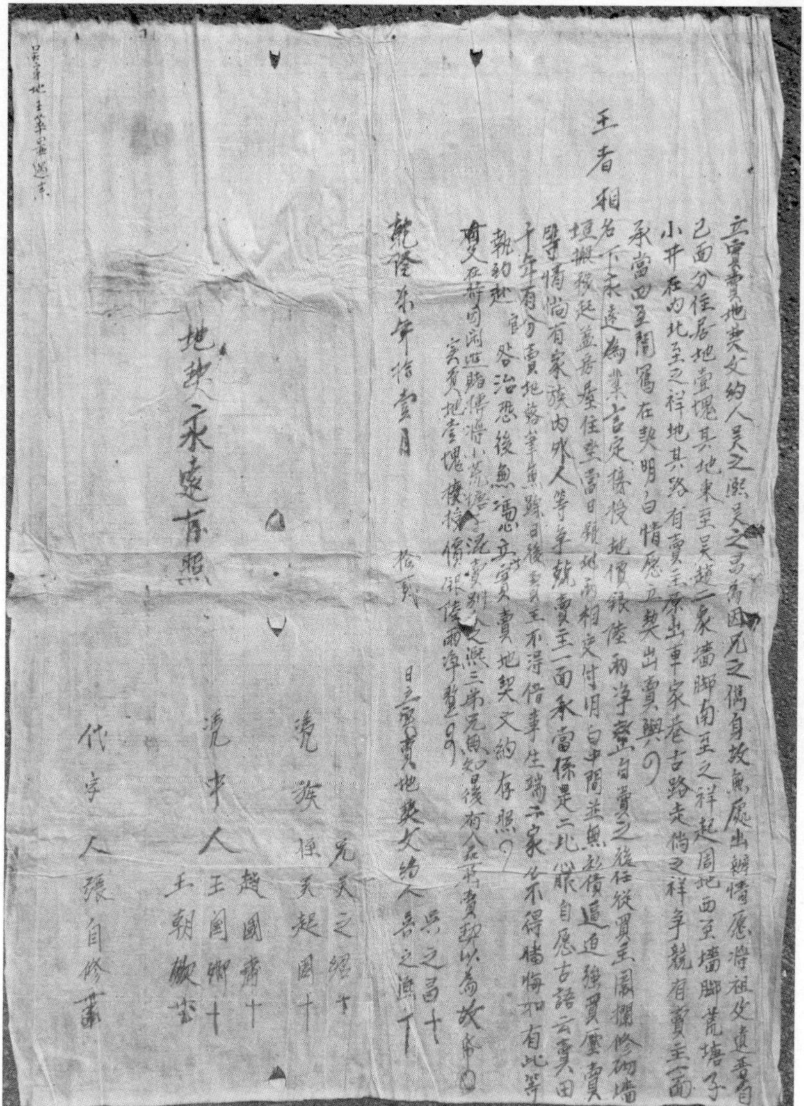
立賣地契文約人吴之澂、吴之孟，為因兄之偶身故，無處出辦，情愿將祖父遺吾自
己面分住居地壹塊，其地東至吴趙二家墻脚，南至之祥起周地，西至墻脚荒塘子
小井在内，北至之祥地，其路有賣主原出車家巷古路走，倘之祥爭競，有賣主一面
承當，四至闊窄寫在契明白，情愿立契出賣與
王香相名下永遠為業，言定接授地價銀陸兩淨，兌自賣之後，任從買主隨擺修砌墻
垣，擬按起蓋房屋住坐，當日親地兩相交付明白，中間並無私債逼迫、强買壓賣
等情。倘有家族内外人等爭競，賣主一面承當，係是二比心甘自愿。古語云：賣田
千年有分，賣地落筆無賤，日後賣主不得借事生端，二家各不得藉悔，如有此等
執拗，赴官叅治。恐後無憑，立此賣地契文約存照。
實賣地壹塊，價銀陸兩淨整。

乾隆柒年拾壹月拾貳日立賣地契文約人 吴之孟 十
吴之澂 十
兄 吴之緒 十
憑族 侄 吴起國 十
趙國齋 十
憑中人 王國卿 十
王朝欽
代字人 張自修 書

地契永遠存照

趙國庸（十）

王国卿（十）

王朝欽（花押）

憑中人

代字人　張自修（花押）

地契永遠存照

吴家地王翠显過來

立實賣地契文約人王世賢爲因年老無子力若無人故地將祖父遺留自己分得坐基［壹］槐情愿東至張王二［性］詳脚南至張廷要地西至黃登科地［北］至王家地四至開明在契情愿出賣與○○

外孫白光美名下永遠爲業實接授價銀伍兩浄整自賣之後任從買主惟蘭柱□係是二比情愿中間並無私債［准拆］等情儻有內外親族人等争競賣主一面承當賣田千年有分賣地落筆無琮恐有人心不古立約賣地永遠爲據⊙○

△實接授價銀伍兩浄整○○

乾隆貳拾捌年柒月貳拾陸　日立實賣地契文約人王世賢（十）

侄王者貴（花押）

△其巷口元更右路日後翠顯以實主同走　憑侄孫王翠顯（十）

王巳槐（十）

憑族侄王盛槐（十）

王者荣（十）

王富槐（十）

憑中　王世孛（十）

憑侄孫王翠明（十）

永　遠　柱　坐

代字黃公明（花押）

乾隆二十八年七月二十六日王世贤卖地与外孙白光美的地契

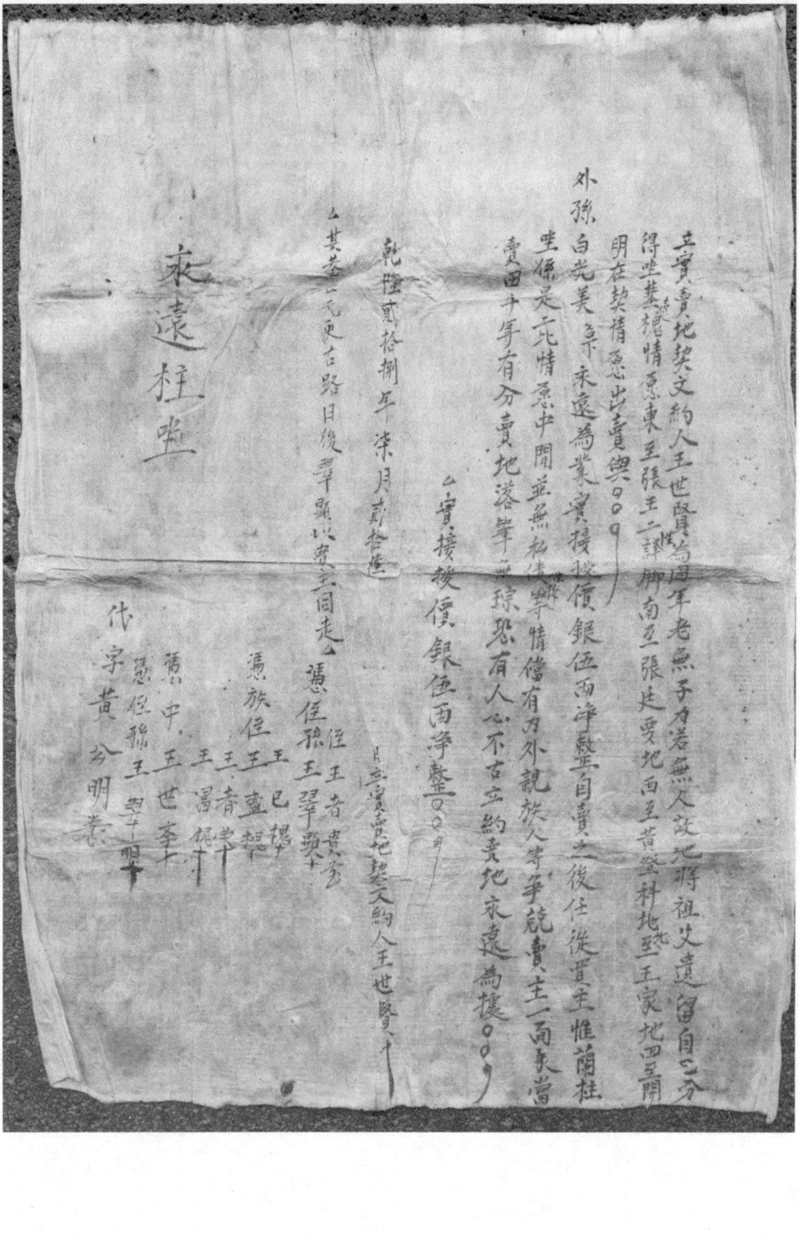
立賣地契文約人王世賢為因年老無子力弱無人故此將祖父遺留自己分
得坐基塊情愿東至張王二姓脚南至張廷要地西至黃登科地北至王家地四至開
明在契情愿出賣與
外孫白先美名下永遠為業實接授價銀伍兩淨整自賣之後任從買主惟蘭桂
坐係是二比情愿中間並無私債准折等情倘有乃外親族人等爭競賣主一面承當
賣田十年有分賣地落筆無琮恐有人心不古立約賣地永遠為據
實接授價銀伍兩淨整
乾隆貳拾捌年柒月貳拾壹日　立賣地契文約人王世賢十
其基山元更古路日後準與以買主同走
憑侄孫王翠顯十　侄王者貴
憑族侄王盛超　王青棠十　王已裸十
憑中王世奎十　王昌銀十
憑侄孫王翠明十
代字黃公明
永遠柱坐

乾隆三十五年二月十九日吴启光等卖地与王六等杜契

立實杜賣文約人吴啓胤啓光啓祚有祖遺留自己面分兎粮田壹叚大小陸坵隨田陸畝捌分肆厘在兎伍单董恩冊名上納其田坐落矣比馬班巷門首横溝下名喚大擺田□至李家田南北至溝西至李家田四至粮数冊名俱書明在契情愿凴中寫立杜後文約出賣與

王六
七先生二位員下永遠爲業實接受時値凈價銀壹百壹拾兩整自杜賣之後認從買主耕種完粮過户入冊投官税契日後啓胤弟兄有力不得取贖無力不得加找此係二比情愿中間並無逼迫成交亦無私債準折倘有内外親族人等異言争競賣主一面承當恐後無凴立此杜後文約永遠存照○

實賣兎粮田壹叚大小陸坵實接受價銀壹百壹拾兩整○

乾隆叁拾伍年貳月拾玖日　立實賣杜後文約人吴啓胤（十）

婊伯黄思洛（花押）

凴　姑父侯朝膺（花押）

堂兄吴啓周（十）

杜契永遠存照

代字　侯封元（花押）

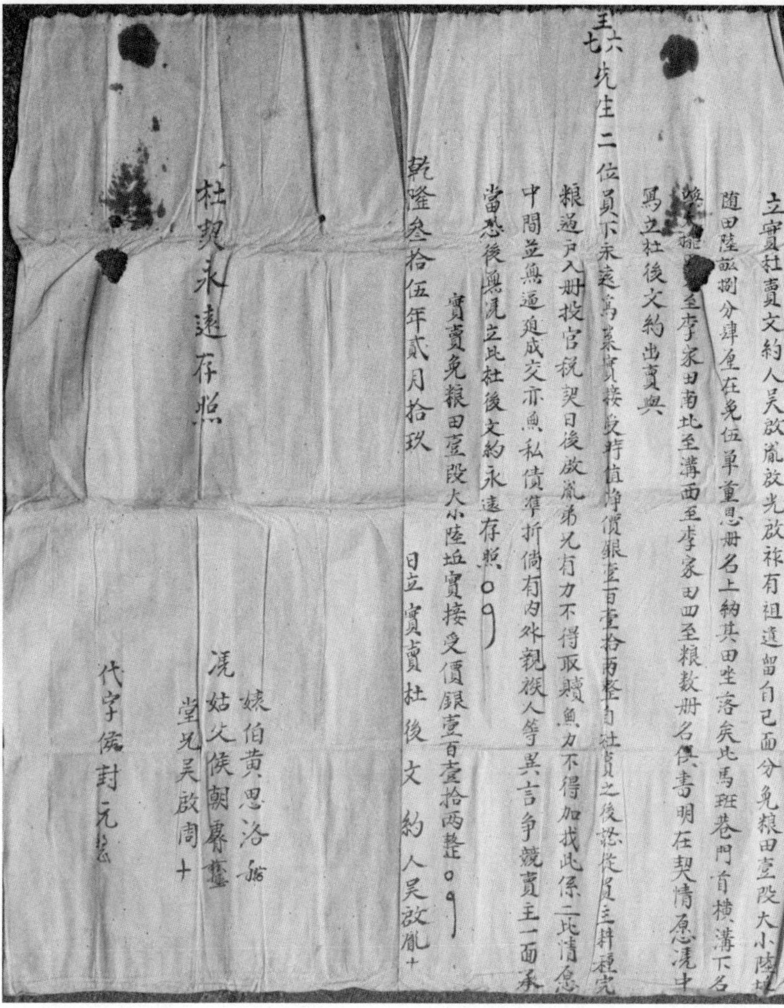
立實杜賣文約人吴啟胤啟光啟祿有祖遗留自己面分免粮田壹段大小陸坵
隨田陸畝捌分肆厘在免伍單童思册名上納其田坐落矣比馬班巷門首横溝下名
[illegible]至李家田南北至溝西至李家田四至粮数册名俱書明在契情愿凂中
寫立杜後文約出賣與
王六七先生二位員下永遠為業實接受時值淨價銀壹百壹拾兩整自杜賣之後聽從買主耕種完
粮過戶入册投官税契日後啟胤弟兄有力不得取贖無力不得加找此係二比情愿
中間並無逼迫成交亦無私債準折倘有内外親族人等異言争競賣主一面承
當恐後無凴立此杜後文約永遠存照○
實賣免粮田壹段大小陸坵實接受價銀壹百壹拾兩整○
乾隆叁拾伍年貳月拾玖 日立實賣杜後文約人吴啟胤 十
杜契永遠存照
凂 姑丈侯朝[illegible]
嫉伯黄思洛 [illegible]
堂兄吴啟周 十
代字侯封元 [illegible]

乾隆三十五年四月初十日弟瀚清归并田地与堂兄亶清的归并文约

立歸併文約弟瀚清爲因乏用情愿將分得自己受分秧田叁坵坐落陳家巷門首東至李家田南至小溝西至番家田北至路四至開明載契憑［中］出歸併契劵歸與堂兄亶清名下實接價銀拾陸兩整自歸之後永爲兄長世守之業後日不致異言恐后無憑立此歸約爲據○

實受銀拾陸兩整○

乾隆三十五年四月初十日　　立歸併弟瀚清（花押）

永遠歸併　　憑弟肇清（十）

派清（十）

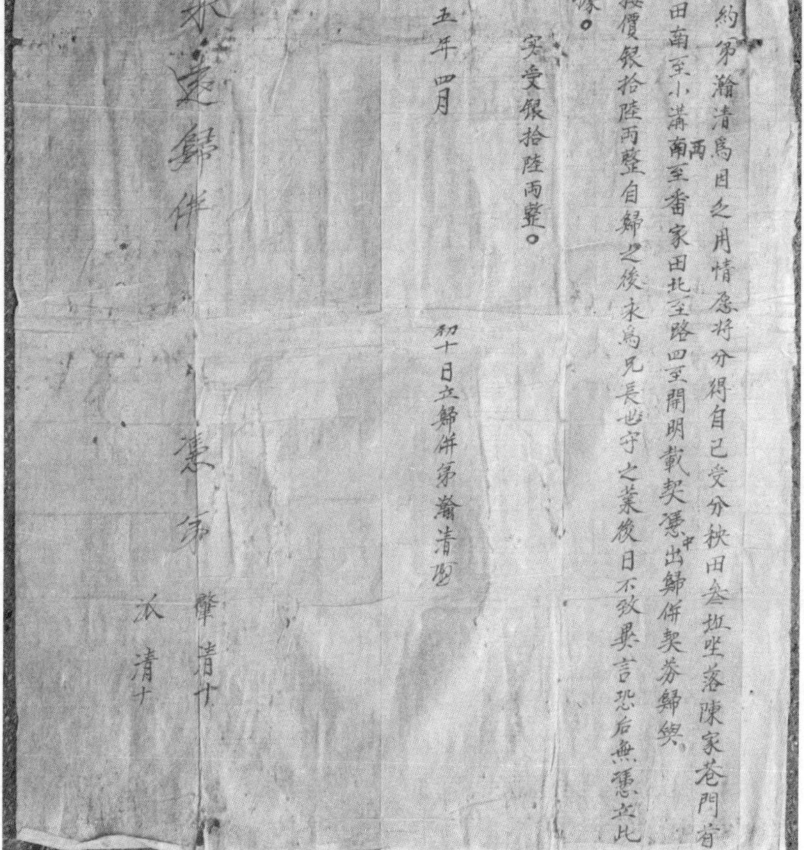

立歸併文約弟瀚清為因乏用情愿将分得自己受分秧田叁坵坐落陳家巷門首
東至李家田南至小溝西至番家田北至路四至開明載契憑中出歸併契劵歸與
堂兄璽清名下實接價銀拾陸兩整自歸之後永為兄長世守之業後日不致異言恐后無憑立此
歸約為據。

實受銀拾陸兩整。

乾隆三十五年四月　初十日立歸併弟瀚清押

永遠歸併

憑弟　馨清十
泳清十

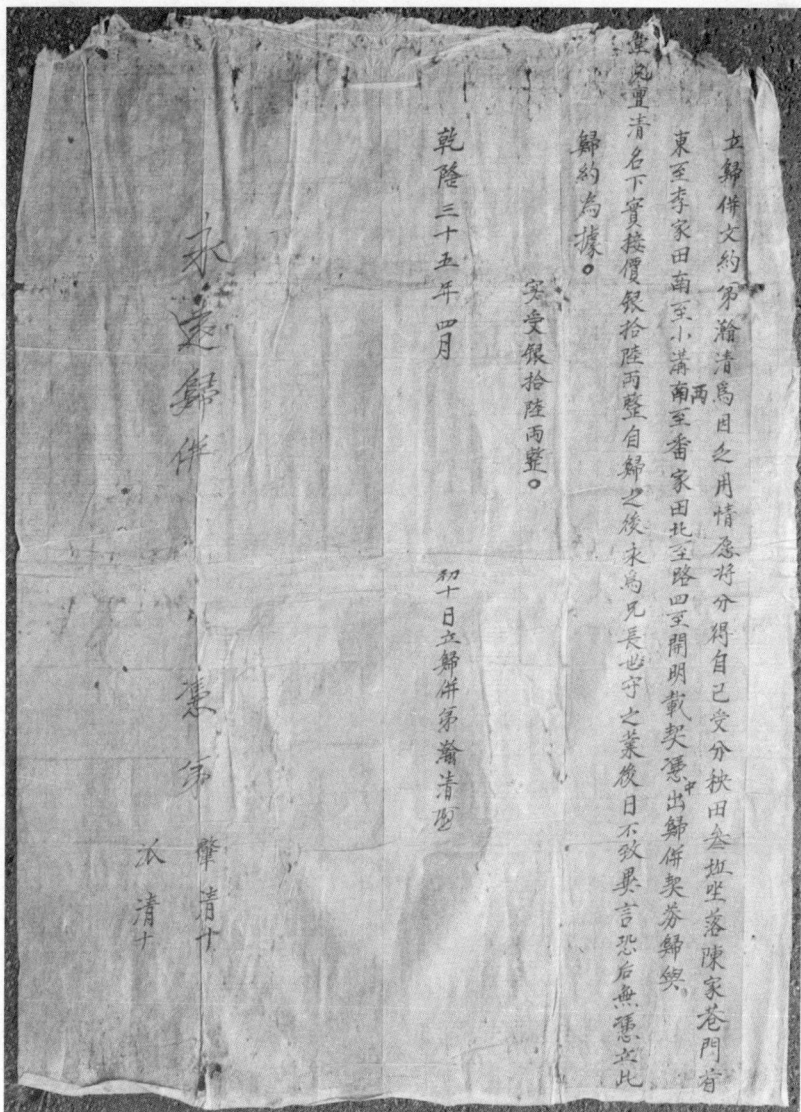

契
州字壹千叁百拾叁號
尾
雲南等處承宣布政使司爲遵
旨議奏事奉准　户部咨開議覆河南布政使富明條奏買賣田産應請嗣後布政司頒發給民契尾格式編列
號数前半
幅照常細書業户等姓名買賣田房数目價銀税銀若干後半幅於空白處預鈐司印以備投税時將契價
税銀数目大字填
寫鈐印之處令業戶書明當面騎字截開前幅給業戶收執後幅同季冊彙送布政司查核等因奉
旨依議欽遵咨院行司奉此令號騰越州請頒契尾前來合就編號同簿印發凡有典當活契仍欽遵
上諭不必投税外其杜賣田房産業永不加找取贖者照例眼同買主投税按價每兩收税銀叁分將契尾前幅
填給業戶
收執後幅截繳查核須至契尾者
計開
楊敷遠
業戶徐存懷仁買田貳段坐落矣比用價銀　壹百兩8錢8分納税銀叁兩 錢 分 厘 毫
楊遇春

乾隆三十五年九月二十九日云南等处承宣布政使司给徐存仁等的契尾

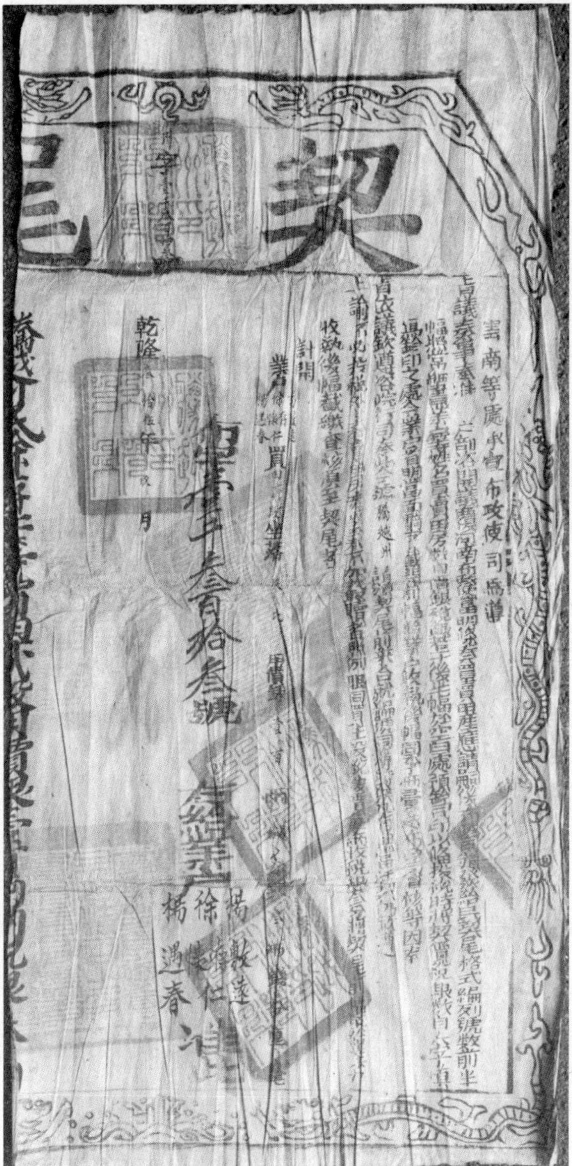

布字壹千叁百拾叁號右給業戶楊敷遠
徐存懷仁　准此
楊遇春

乾隆叁拾伍年玖月廿九

契
州字壹千伍百柒拾貳號
尾

雲南等處承宣布政使司爲遵
旨議奏事奉准 戶部咨開議覆河南布政使富明條奏買賣田產應請嗣後布政司頒發給民契尾格式編列
號数前半
幅照常細書業戶等姓名買賣田房数目價銀稅銀若干後半幅於空白處預鈐司印以備投稅時將契價
稅銀数目大字填
寫鈐印之處令業戶書明當面騎字截開前幅給業戶收執後幅同季冊彙送布政司查核等因奉
旨依議欽遵咨院行司奉此令號騰越州請頒契尾前來合就編號同簿印發凡有典當活契仍欽遵
諭不必投稅外其□賣田房產業永不加找取贖者照例眼同買主投稅按價每兩收稅銀叁分將契尾前
幅填給業户
收執後幅截繳查核須至契尾者
計開
業戶畨文選買田壹段坐落矣此青荒埧用價銀 肆 拾 兩錢分納稅銀 壹 兩貳錢8分8厘8毫

乾隆三十六年三月初十日云南等处承宣布政使司给番文选的契尾

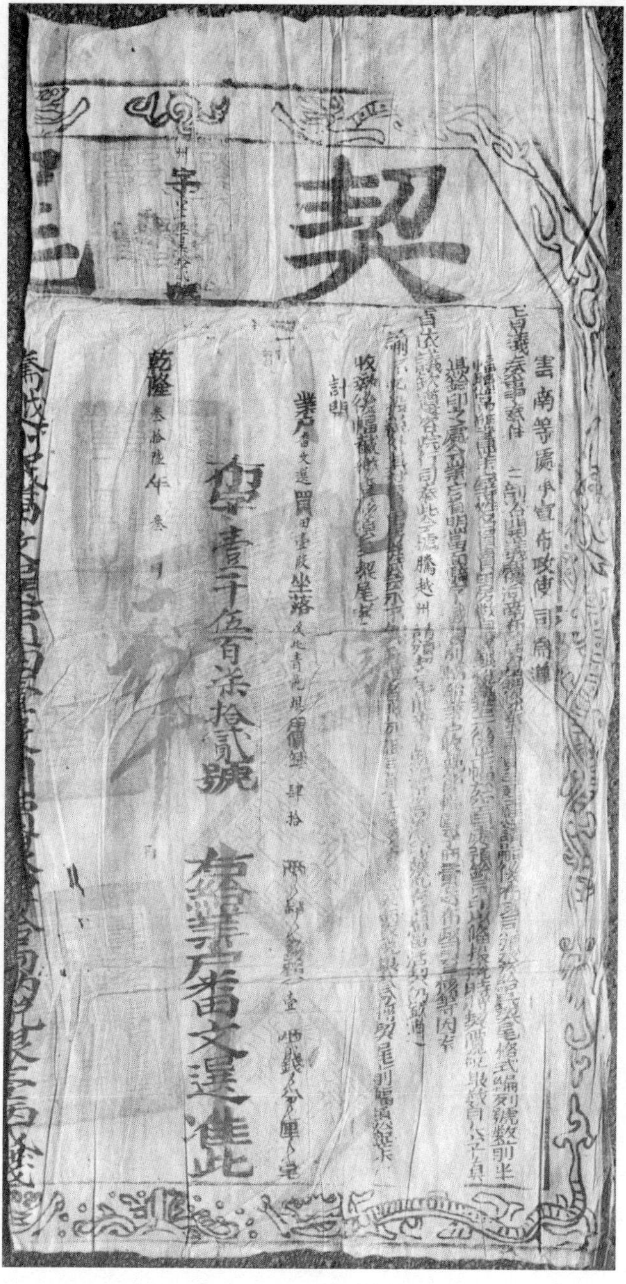

布字壹千伍百柒拾貳號　右給業戶畨文選准此

乾隆叁拾陸年叁月初十日

乾隆三十七年四月十八日尚登举杜卖军田与族祖尚从彦的杜断契文

立實賣杜断田契文約人尙登舉爲因應用情有乾隆叁拾六年向尙登廣弟兄二人買得軍田杜契壹叚大小二坵內代壇田壹小坵東至尙景才田南至賣主田西至尙祥林田北至溝秧田叁坵坐落門首其板田坐落老丁溝該糧米叁斗額銀叁錢在本伍尙納四至数粮開明在契情愿憑中立杜出賣與〇〇〇族祖尙從彦名下永爲世業實接授價銀玖拾兩净整自杜賣之後認從買主照契管業耕種照契納粮日後有力永不得取贖無力永不得加找任從買主更名即冊請頒稅尾賣主不得異言係是二比情愿中間並無強買押賣亦無私債准拆等弊當日銀田兩相交割明［白］倘有親族內外人等異言爭競登舉一面承當今恐人心不古立此杜断文約永遠存照△△〃

實杜賣如前實接授價銀玖拾兩净整〇〇〇

乾隆叁拾柒年四月十八日　立實賣杜断田契文約人尙登舉（十）

包弟　尙登齐（十）

憑堂弟　尙登進（十）

兄　尙登廣（十）

憑中人　□在朝（十）

憑族叔　尙秀林（花押）

依口代字人　尹自儒（花押）

田苗茂盛

五谷豐登

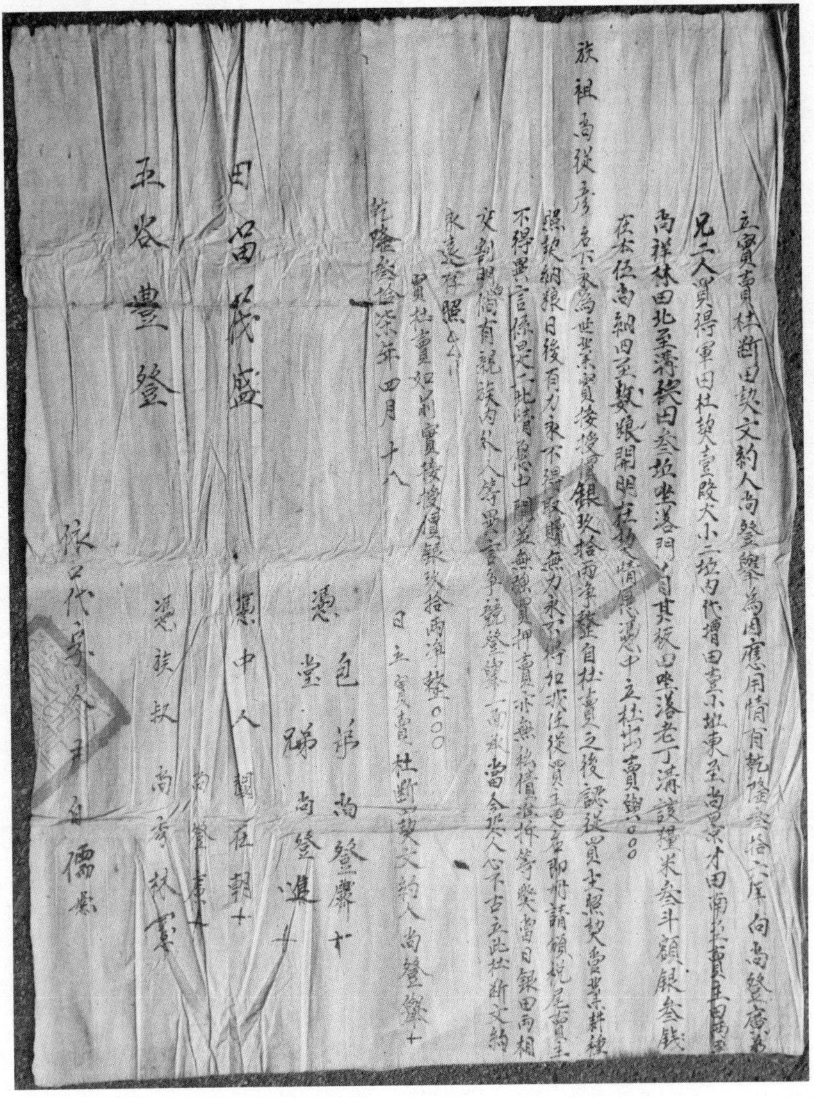

立賣杜斷田契文約人尚登舉，為因應急用，情願將乾隆叁拾六年向尚登庸弟
兄二人買得軍田杜契壹段，大小二坵，內代增田壹小坵，東至尚□□才田，南至□買主田，西至
尚祥林田，北至溝。秧田叁坵，坐落羽□，其板山嘴，落老丁溝，該糧米叁斗，額銀叁錢
在本伍尚翱田至數，塊開明，在親族情願憑中立杜出賣與
族祖尚從彥名下，承為世業，實價受授價銀玖拾兩，淨整。自杜賣之後，認從買主照契管業耕種，
照契納糧。日後有力，永不得取贖；無力，永不得加找。任從買主建蓋，即行請領稅契，
不得異言。係是二比情愿，中間並無逼勒、押賣，亦無私債準折等弊。當日銀田兩相
交割。倘有親族內外人等異言爭競，登舉一面承當。今恐人心不古，立此杜斷文約
永遠存照。

實杜賣如前，實受授價銀玖拾兩，淨整。

乾隆叁拾柒年四月十八日立賣杜斷契文約人尚登舉 十

胞弟 尚登麟 十

憑 堂弟 尚登進 十

憑中人 □在朝 十

尚登□ 十

憑族叔 尚秀林 □

依口代字 尚□ 自儒 書

田留發盛

五谷豐登

立實賣地契文約人王翠顯爲因乏用情愿将伯父買到吾之昌弟兄二
人坐基一塊東至黄湘墻脚南至吾之詳地西至之詳小塘子頭比至之
詳地四至開明在契情愿凴中出賣與の
自寛張三公名下實接授價銀叁兩伍錢净整自賣之後任從買主圍欄修砌此係
二比情愿中間並無私債逼迫強買壓賣等情古語云賣地落筆無
踪倘有家族人等争競賣主一面承當恐後無凴立此實賣地契
永遠存照の

實賣地契一塊接授價銀叁兩伍錢整の

王翠顯（十）

乾隆叁拾玖年陸月二十一日　立實賣地契文約人

有老契一帋買主收存　凴叔祖王朝欽（花押）

凴叔王盛槐（十）

吳起周（十）

凴中張相漢（花押）

地契永遠存照　代字人黄茂春（花押）

乾隆三十九年六月二十一日王翠显卖坐基地与张自宽契约

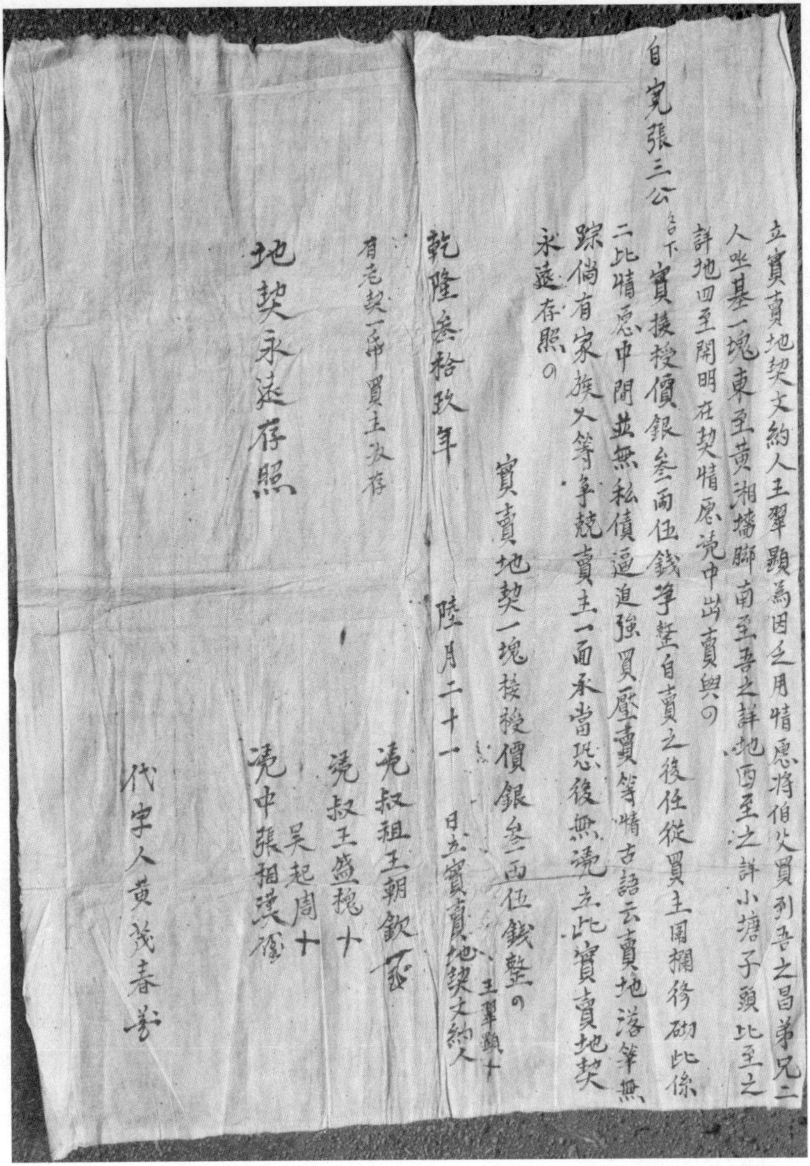

立實賣地契文約人王翠顯為因乏用情愿將伯父買列吾之昌弟兄二
人坐基一塊東至黄湘墙脚南至吾之詳地西至之詳小塘子頭北至之
詳地四至開明在契情愿浼中出賣與の
自寬張三公名下實接授價銀叁兩伍錢筆盤自賣之後任從買主圍攔修砌此係
二比情愿中間並無私債逼迫強買壓賣等情古語云賣地落筆無
踪倘有家族人等爭競賣主一面承當恐後無憑立此實賣地契
永遠存照の

實賣地契一塊接授價銀叁兩伍錢整の

乾隆叁拾玖年陸月二十一日立實賣地契文約人 王翠顯十

浼叔祖王朝欽（押）
浼叔王盛槐十
吴起周十
浼中張相漢（押）

有老契一帋買主收存

地契永遠存照

代字人黄茂春（押）

乾隆四十五年十二月初六日吴启祚等卖地基与张维汉二哥的地契

立實賣地契文約人吳啓胤啓祚爲因缺少應用情願將祖父遺留自己地基壹塊作落車家巷東至王家墻脚南至買主地西至畨姓塘子北至巷內有塘子［壹］坵四至開明在契今凴中立約出賣與
維漢張二哥名下接授價銀貳拾伍兩净整自賣之後任從買主圍欄修造此係二比情願中間並無逼迫私債準折等情倘有家族內外人等争競賣主一面承當恐後無凴立此賣契永遠爲據。
實賣地基壹塊塘子二坵接受價銀貳拾伍兩净整
乾隆四十五年十二月初六日　立賣地契文約人吳啓胤（十）
啓祚（十）
凴中生黃鳳鳴（花押）
地契永遠爲據　依口代字生徐聯標（花押）

立實賣地契文約人吳啟胤啟祚為因缺少應用情願將祖父遺留自己地基壹
塊作落車家巷東至王家墻脚南至買主地西至番姓墻子北至巷內有墻子壹
坵四至閱明在契今憑中立約出賣與
維漢張二爺名下接授價銀貳拾伍兩淨整自賣之後任從買主圖翻修造此係二比情願中
間並無逼迫私債準折等情倘有家族內外人等爭競賣主一面承當恐後
無憑立此賣契永遠為據
實賣地基壹塊墻子二坵接受價銀貳拾伍兩淨整
乾隆四十五年十二月初六日立賣地契文約人吳啟胤十 祚十
憑中 生 黃鳳鳴 押
依口代字 生 徐聯標 押

地契永遠為據

立賣田契文約人周德順爲因應用情愿將祖遺屯粮軍田壹段坐落上營新寨
籲家龍東南至本軍田西北至溝隨田粮柒升叁合在周于憲户下上納情愿憑中
立契出賣與
堂弟周德昌名下管業耕種实接受價銀伍拾兩整净自賣之後任從買主收租納粮其田言定年
月不拘遠近銀到田歸二比不得刁难倘有內外人等異言争競賣主一面承當
恐後無憑立此賣契爲據是实㇃　外田邊香果樹伍棵

实賣粮田一段实接受價銀伍拾兩整是实其戥係秤戥㇃
外有德順出賣彭姓契約二歸並德昌收執㇃

乾隆四拾柒年十月初十日　立賣田契人周德順（十）
賣契爲據　堂兄　周德明（花押）
周德時（十）
族叔　周緯（花押）
憑中人　盧子俊（花押）
黄君奇（花押）
晏明高（花押）
代字人　彭天貴（花押）

乾隆四十七年十月初十日周德顺卖屯粮军田地与弟周德昌德田契

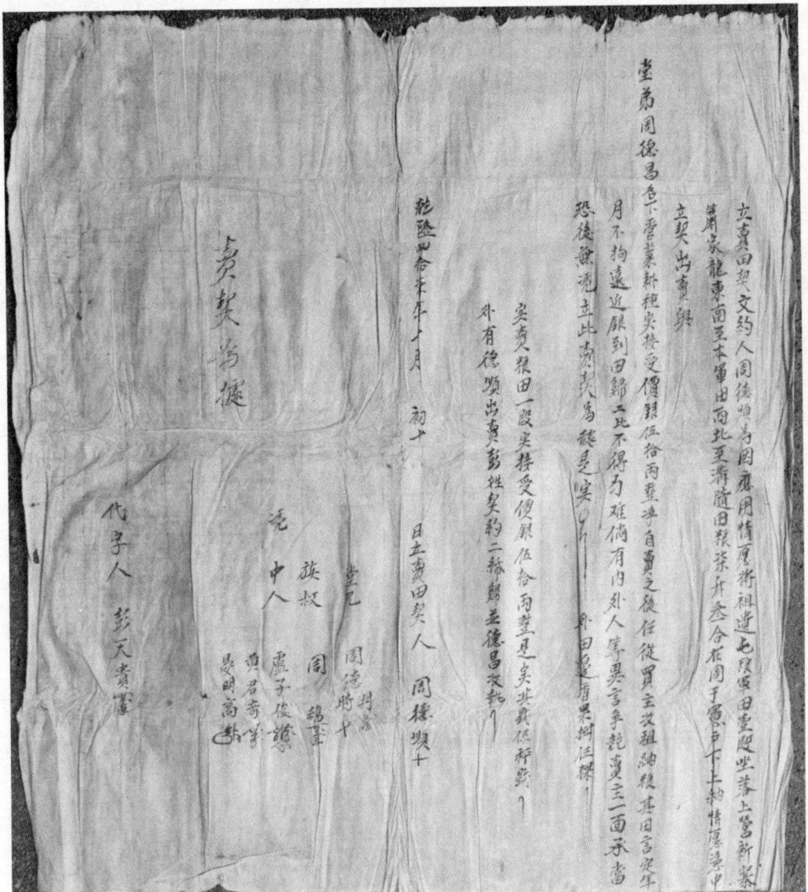

立賣田契文約人周德順，為因應用，情愿將祖遺屯[illegible]田壹坵，坐落上營新寨[illegible]家龍，東南至本軍田，西北至灌溉田，糧柒升叁合，在周于[illegible]戶下上納，情愿憑中立契出賣與堂弟周德昌名下管業耕種，實接受價銀伍拾兩整，淨自賣之後，任從買主收租納糧，其田言定年月不拘遠近，限到田歸，二比不得刁難。倘有內外人等異言爭競，賣主一面承當。恐後無憑，立此賣契為據是實。

外田邊插果樹伍棵。

實賣糧田一段，實接受價銀伍拾兩整是實，其錢伍拾戥。

外有德順出賣彭姓契約二紙歸並德昌收執。

乾隆四拾年十月初十日立賣田契人 周德順（十）

堂兄 周德明（十） 周德將（十）

族叔 周錦章

憑中人 盧子俊 禹君奇 吳明高

代字人 彭天貴

賣契為據

立實賣秧田文約人趙良材有祖父遺留分受自己面分秧田壹坵
坐落矣比村門首東至徐家塘子南至路西至張家秧田北至任家
塘子四至開明在契凴中立約出賣與○
尹發順
名下接受價銀玖两净整當日銀田两相交明自賣之後有力不得取贖
無力不得加找此係二比情愿中間並無逼迫準折等情倘有內外親族一
應人等異言争競賣主一面承當恐後無凴立此實賣秧田文約永遠爲據
實賣秧田壹坵接受價銀玖两净整○
乾隆四十九年八月二十二日　立實賣秧田文約人趙良材（十）
弟　趙良弼（十）
賣契永遠爲據　凴中人　玉吉李約尊（十）
思老張户尊（十）
借筆

乾隆四十九年八月二十二日赵良材卖秧田地与尹发顺的卖契

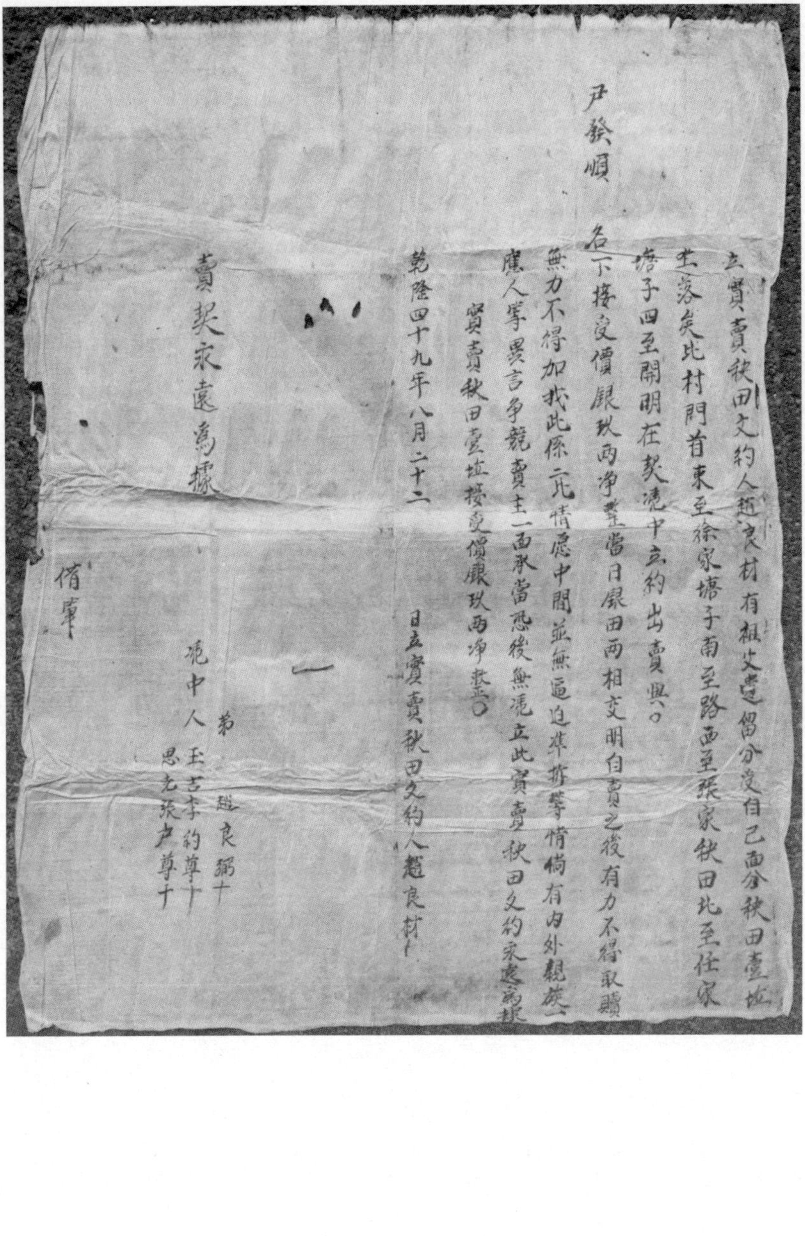
尹發順
立實賣秋田文約人趙良材有祖父遺留分受自己面分秋田壹坵
坐落矣比村門首東至徐家塘子南至路西至張家秋田北至任家
塘子四至開明在契憑中立約出賣與
名下接受價銀玖兩净整當日銀田兩相交明自賣之後有力不得取贖
無力不得加找此係二比情愿中間並無逼迫準折等情倘有內外親族人
應人等異言爭競賣主一面承當恐後無憑立此實賣秋田文約永遠為據
實賣秋田壹坵接受價銀玖兩净整◯
乾隆四十九年八月二十二日立實賣秋田文約人趙良材
弟　趙良弼十
憑中人　王吉李約草十
思充張尹尊十
賣契永遠為據
倩筆

立賣田契文約人畨其惠爲因乏用情愿將祖父遺留面分本田壹坵出賣與
族侄祖寬　名下接受價銀叁拾叁刄净整其田坐落陳家溝東至其璉田南至宗膚田西至
其璦田北至溝隨田植粮壹斗柒升四至粮数開明在契自賣之後任從買主管業
納粮耕種日後有力取贖無力不得加找係是二比情愿中間並無逼迫成交異無私債
準折倘有內外人等異言賣主一面成當恐後無憑立此賣約爲據〇=
實接受净銀叁拾叁刄整〇=
乾隆伍拾壹年貳月拾陸日立賣田文約人畨其惠（十）
其銀伍刄一稱銀平
凴堂弟畨其任（十）
侄畨以閏（十）
賣約存據
衣口代字舫弟畨合明（花押）

乾隆五十一年二月十六日番启惠卖田与族侄祖宽的田契

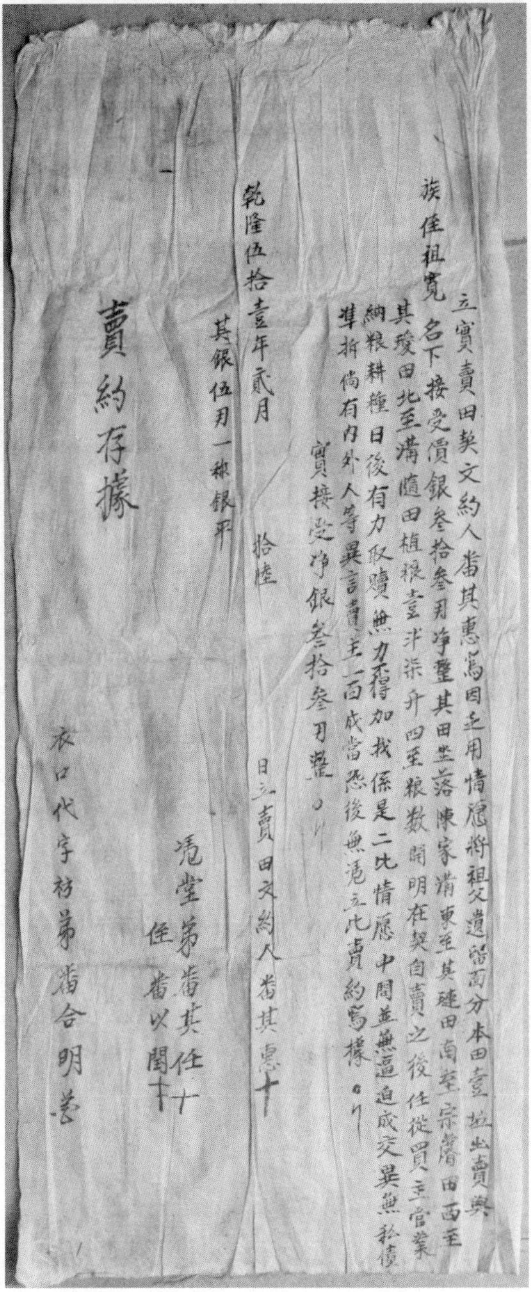
立實賣田契文約人崙其惠爲因乏用情愿將祖父遺留名分本田壹坵出賣與
族侄祖寬名下接受價銀叁拾叁両浄鏨其田坐落陳家溝東至其璉田南至宗璿田西至
其璲田北至溝隨田植粮壹斗柒升四至粮數開明在契自賣之後任從買主管業
納粮耕種日後有力取贖無力不得加找係是二比情愿中間並無逼迫成交異無私債
準折倘有內外人等異言賣主一面成當恐後無憑立此賣約爲據 〇[illegible]
實接受浄銀叁拾叁両鏨 〇[illegible]

乾隆伍拾壹年貳月 拾陸 日立賣田文約人崙其惠 十
其銀伍両一秤銀平

凭堂弟崙其任 十
侄崙以閣 十

賣約存據

衣口代字族弟崙合明筆

立實賣鋪子房地文約人李聯陞李聯標兄弟二人有祖父遺留塘房門首鋪子一格簡蓬一個上齊木料瓦片下齊墻角地基情愿出賣與○ꝗ鄰親國召畨大爹名下爲業實接授净銀肆兩整自賣之後不得取贖不得加找任從買主違蘭修整住坐此係二比情愿中間並無逼迫成交亦無私債準折等情倘存內外親族人等異言爭競聯陞聯標二人一面承當恐後人心不古立此賣契文約存照○ꝗ

實賣鋪子房地净銀肆兩整○ꝗ

立賣鋪子文約人李聯陞（花押）李聯標（十）

乾隆五十四年四月初五日

契內塗字一個○○

憑中代字人張廷偉（花押）

鋪地文約存照

乾隆五十四年四月初五日李联升李联标兄弟卖铺子房地给番国召的地契

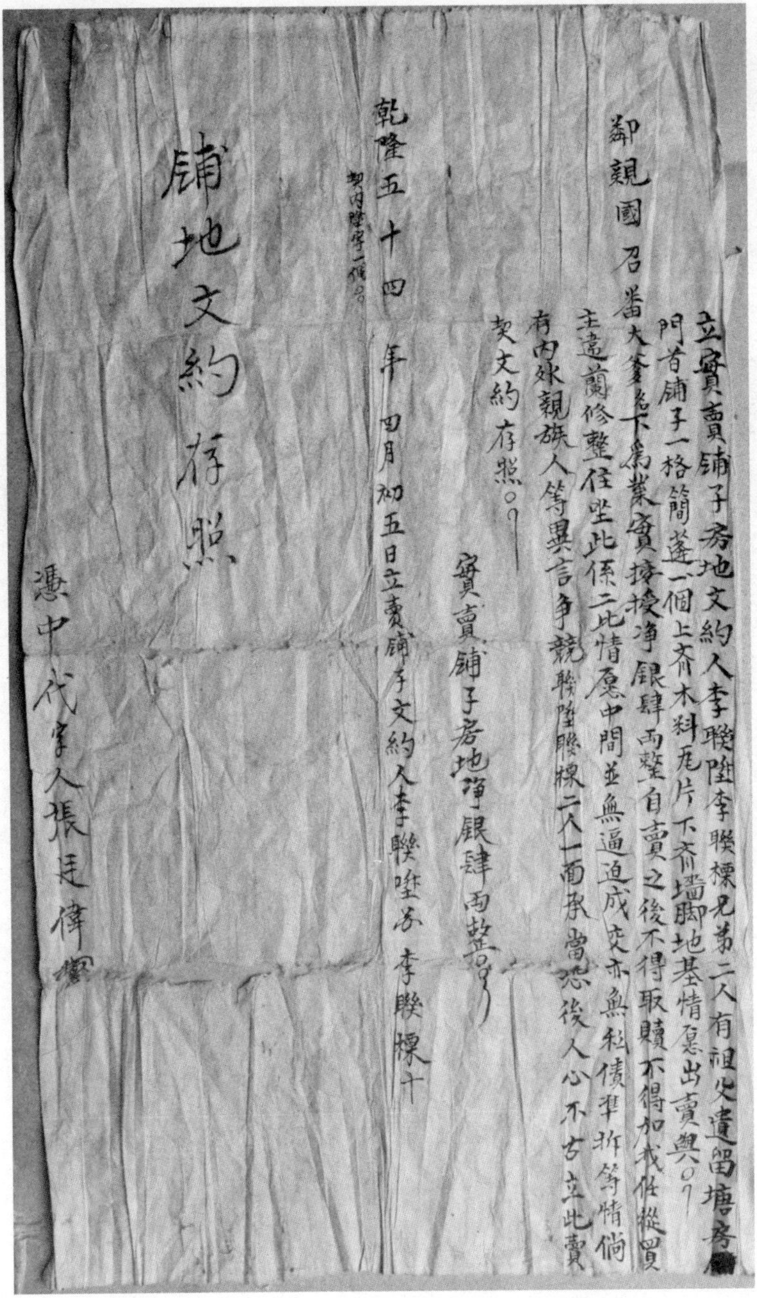

立賣鋪子房地文約人李聯陞李聯標兄弟二人有祖父遺留塘房
門首鋪子一格簡蓬一個上齊木料瓦片下齊墻脚地基情愿出賣與
鄰親國召蕃大爹名下爲業實接授淨銀肆兩整自賣之後不得取贖不得加找任從買
主遠蘭修整住坐此係二比情愿中間並無逼迫成交亦無私債準折等情倘
有内外親族人等異言爭競聯陞聯標二人一面承當恐後人心不古立此賣
契文約存照。
賣鋪子房地淨銀肆兩整
契内壓字一個
乾隆五十四年四月初五日立賣鋪子文約人李聯陞 李聯標 十
鋪地文約存照
憑中代字人張廷偉

乾隆五十四年七月十二日许廷英将缅青大村龙井田典与寸方育的典田契

立典田契文約人許廷英爲因應用情愿將祖遺職粮田貳坵並秧田乙坵坐落緬箐大村龍井其田東至典主田南至黄姓田西至大路北至典主田四至開明該粮壹斗五升在一户南单許思忠户下完納今凴中出典與

方育寸大爺名下接受價銀壹百兩整遞年收租肆拾箩自典之後任從銀主照契管業收租納粮日後不拘年月遠近銀到契歸無力不得異言加找此係二比情愿中間並無逼迫等情亦無私債準折倘有內外人等異言争競典主一力承當恐后無凴立此實典文約爲據〇ୗ

實典職粮田壹叚受價銀壹百兩是实〇ୗ

乾隆五十四年七月十二日　立典田契文約人許廷英（花押）

〇〇當年租息寸姓全收俟贖田之日租歸典主不得異言〇ୗ

凴中　寸復元（十）

族弟　許朝甫（十）

親筆

典契存照

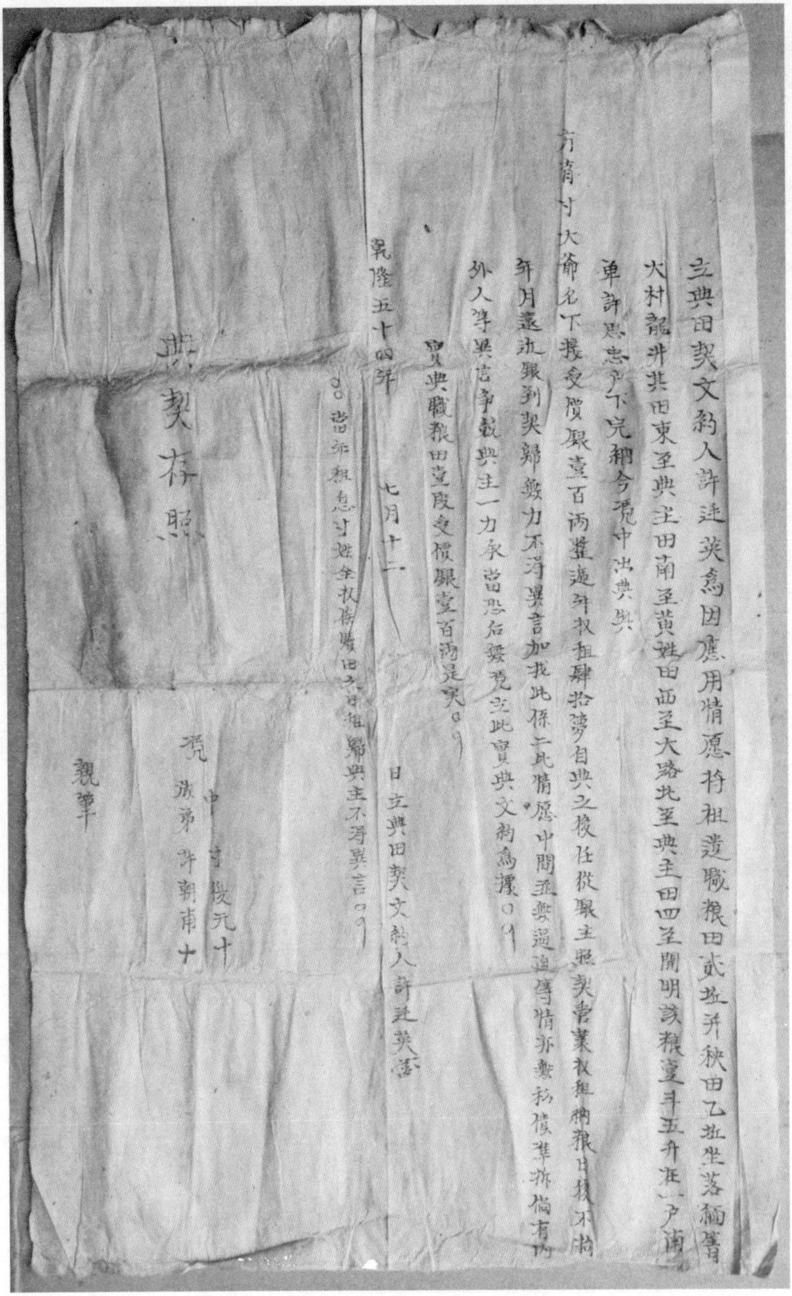
立典田契文約人許廷英為因應用情願將祖遺職粮田贰坵并秧田乙坵坐落緬箐
大村龍井其田東至典主田南至黄姓田西至大路北至典主田四至開明該粮壹斗五升在□戶南
单許思忠户下完納今憑中出典與
方前寸大爺名下授受價銀壹百兩整遞年收租肆拾籮自典之後任從銀主照契書業收租納粮日後不拘
年月遠近銀到契歸無力不得異言加找此係二比情愿中間並無逼迫等情亦無私債準折倘有內
外人等異言爭執典主一力承當恐後無憑立此實典文約為據○○
實典職粮田壹段受價銀壹百兩是實○○
○○當補租息寸姓全收候贖田之日租歸典主不得異言○○
乾隆五十四年　七月十二　日立典田契文約人許廷英（押）
憑中　寸俊元十
族弟　許朝甫十
親筆
典契存照

乾隆五十五年十月初二日番以刚加找田与族兄（番）祖宽的加找田契

立加找田契文約人畨以剛爲因父故情願立契找到
族兄祖寛名下净銀柒兩整其田四至糧数俱在前契自加找之後有力取贖無力不得再找係
是二比情愿中間並無逼迫等情恐後無憑立此加找爲據○
實加找净銀柒兩整○○

同弟劉保（十）

乾隆五十五年十月初二日　　立加找田約人畨以剛（十）

其戳係是云平○

憑　叔畨之掄（花押）

堂弟畨以廣（花押）

加找爲據

依口帶字生黄萬開（花押）

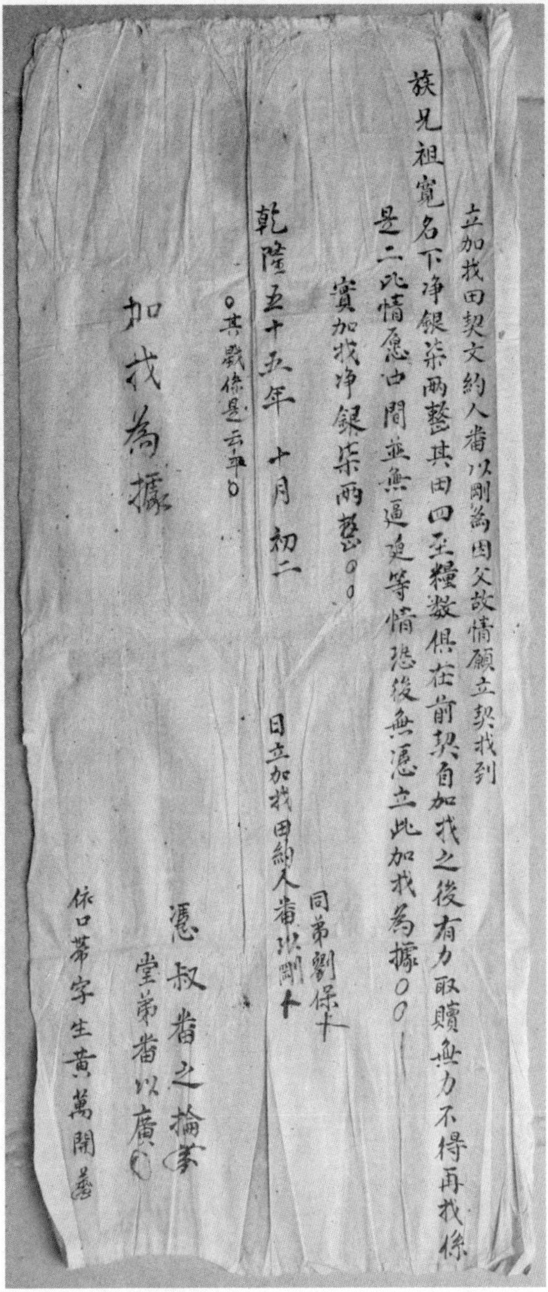

立加找田契文约人沓以刚為因父故情愿立契找到

族兄祖寛名下净银柒两整其田四至粮数俱在前契自加找之後有力取赎無力不得再找係

是二比情愿由間並無逼迫等情恐後無憑立此加找為據○○

實加找净银柒两整○○

乾隆五十五年 十月 初二 日立加找田約人沓以剛十

同弟劉保十

○其戥係是云平○

加找為據

憑 叔 沓之掄筆

堂弟沓以廣

依口弟字生黄萬開

立典田契文約人畨元秀亮同血侄澤深樹爲因父故情愿將父養老田貳坵該粮六升在耒二甲田家貴户下上納其田上壹坵東至尙家田南北至溝西至本家田下壹坵東北至本家田南至溝西至買主田四至粮数坐落開明在契憑中立契出典與

堂兄元臣名下實接受净銀柒拾壹兩整自典之后任從買主管業納粮耕種典主無得異言年月不拘遠近銀到田歸買主不得刁难田有好歹買主自見係是心服情愿並無逼迫成交亦無私債準折等情儻有

内外人等争

競賣主一力承當恐后人心不古立此典約爲據

實典田貳坵接受净銀柒拾壹兩整

乾隆五十五年十月初二日　立典田契文約人畨元秀（花押）亮（十）同血侄澤深（押）樹（十）

乾隆五拾陸年十二月十五日找净銀玖兩整〇

婊　黄金鋭（花押）

憑䄛兄畨占華（十）

堂弟畨元直（十）候（花押）

代字堂弟畨元達（花押）

賣契存照

嘉慶拾叁年澤深贖回新旧加找共叁帋

價銀共玖拾伍兩净整澤深批此具

乾隆五十五年十月初二日番元秀等将田典与堂兄（番）元臣的典田契

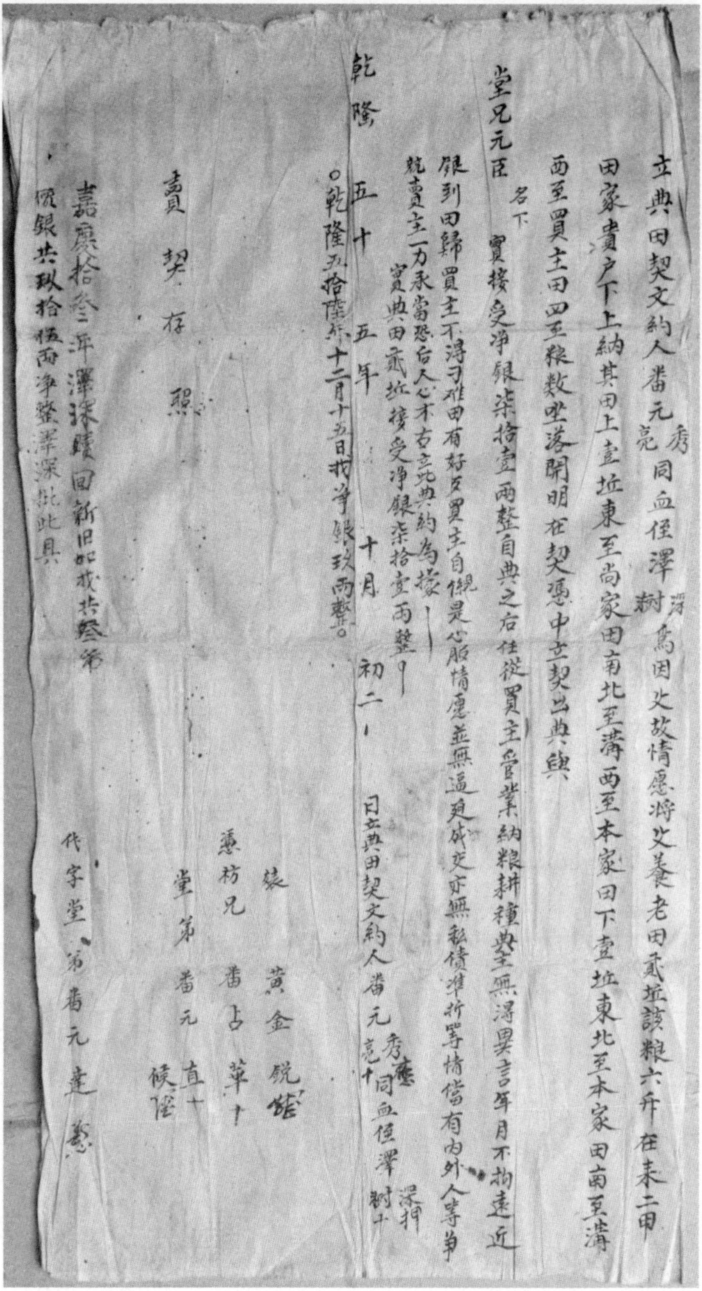

立典田契文約人番元秀亮同血侄澤樹深為因乏故情愿將父養老田貳坵該粮六升在耒二甲
田家貴戶下上納其田上壹坵東至尚家田南北至溝西至本家田下壹坵東北至本家田南至溝
西至買主田四至粮數坐落開明在契憑中立契出典與
堂兄元臣名下實接受淨銀柒拾壹兩整自典之后任從買主管業納粮耕種典主無得異言年月不拘遠近
銀到田歸買主不得刁難田有好歹買主自認是心服情愿並無逼迫成交亦無私債准折等情倘有內外人等异
説賣主一力承當恐后人心不古立此典約為據
實典田貳坵接受淨銀柒拾壹兩整
〇乾隆五拾陸年十二月十五日找淨銀玖兩整。
乾隆五十五年十月初二日立典田契文約人番元秀亮同血侄澤樹深押
族　黄金銳
憑族兄　番占革
堂弟　番元直
候侄
代字堂弟番元達
賣契存照
嘉慶拾叁年澤琛贖回新旧如数共叁弟
價銀共玖拾伍兩淨整澤深批此具

乾隆五十七年八月初六日寸方育将缅青大村龙井田典与周二爷的卖契

立賣田文約人寸方育爲因應用不足情願將買得許廷英職粮田貳坵並秧田乙坵坐落緬箐大村龍井其田東至典主田南至黄姓田西至大路北至典主田［四］至開明該粮壹斗五升在一户南单許思忠户下完納今又憑中出賣與

周二三爺員下接授價銀壹百兩整遞年收租肆拾箩自賣之後任從銀主照契管業收租納粮日後不拘年月遠近銀到契歸無力不得異言加找此係二比情願中間並無逼迫等情亦無私債準折倘有內外人等異言争競賣主一力承當恐后無凴立此實典文納爲據○٩

實賣職粮田壹叚受價銀壹百兩是實許姓田契一紙交付銀主收執○٩

乾隆伍十七年八月初六日　立賣田契文約人寸方育（十）　仝男寸堷嶸親筆

凴中寸式玉新爺（花押）

凴枋叔寸安賢（十）

賣契存照

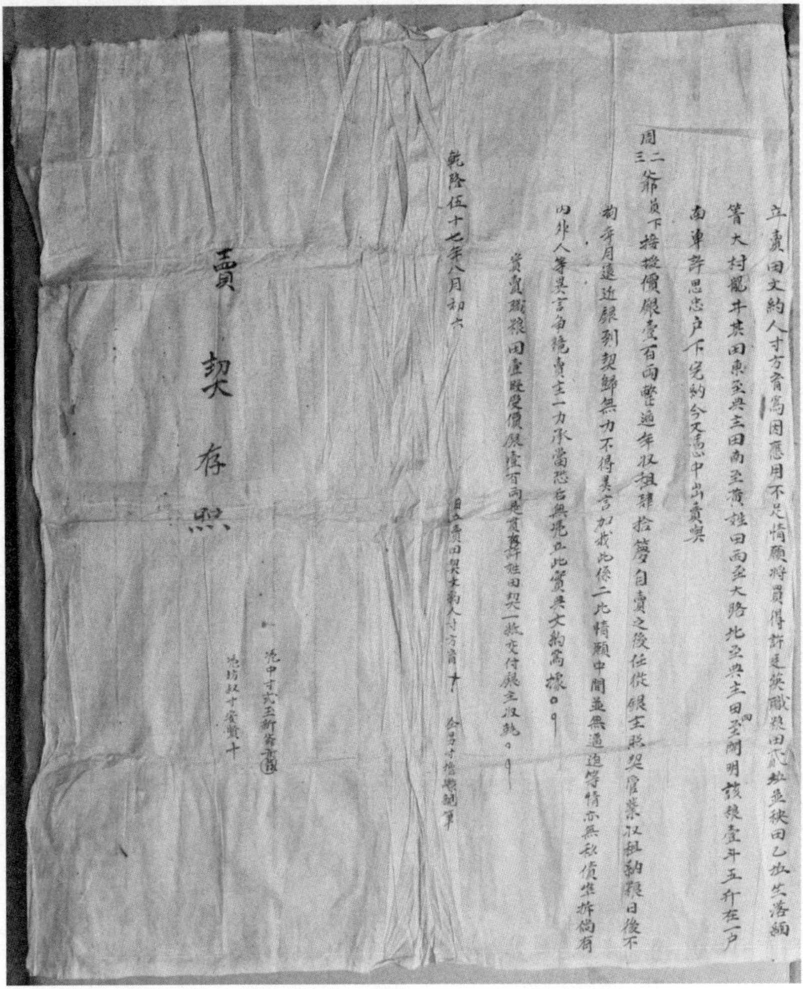
立賣田文約人寸方育爲因應用不足，情願將買得許廷英臧粮田貳坵，並秧田乙坵，坐落緬
箐大村龍井，其田東至與主田，南至賣姓田，西至大路，北至與主田，四至開明，該粮壹斗五升，在一戶
南東許思忠戶下完納。今憑中出賣與
周二爺、周三爺名下，接授價銀壹百兩整，遞年收租肆拾籮。自賣之後，任從銀主照契管業，收租納粮。日後不
拘年月遠近，銀到契歸，無力不得異言加找。此係二比情願，中間並無逼迫等情，亦無私債准折。倘有
以外人等異言，自擋賣主一力承當。恐后無憑，立此賣契文約爲據。
實賣臧粮田壹段，受價銀壹百兩，是賣許姓田契一紙，交付銀主收執。
乾隆伍十七年八月初六　日立賣田契文約人寸方育　十　代字寸增魁筆
憑中寸式玉　新爺　押
憑親叔寸發貴　十
賣契存照

立加找田契文約人徐聯朝仝姪徐耀修爲因老母身故無處出辦
情愿立約加找到
楊應國名下净銀拾捌兩前後共合伍拾捌兩之数其有粮数四至俱在原
契自找之後有力取贖無力不致加找不拘年月遠近銀到田
歸二比不得刁难恐後無凴立此加找文約爲據
實加找紋銀拾捌兩前後共合伍拾捌兩净整

乾隆六十年二月初六日　立加找文約人徐聯朝（十）
徐耀修（十）

凴中　李之番（十）
徐聯魁（十）
徐聯漢（十）

加找代字生　徐聯標（花押）

加找爲據

乾隆六十年二月初六日徐联朝与杨应国的加找田契

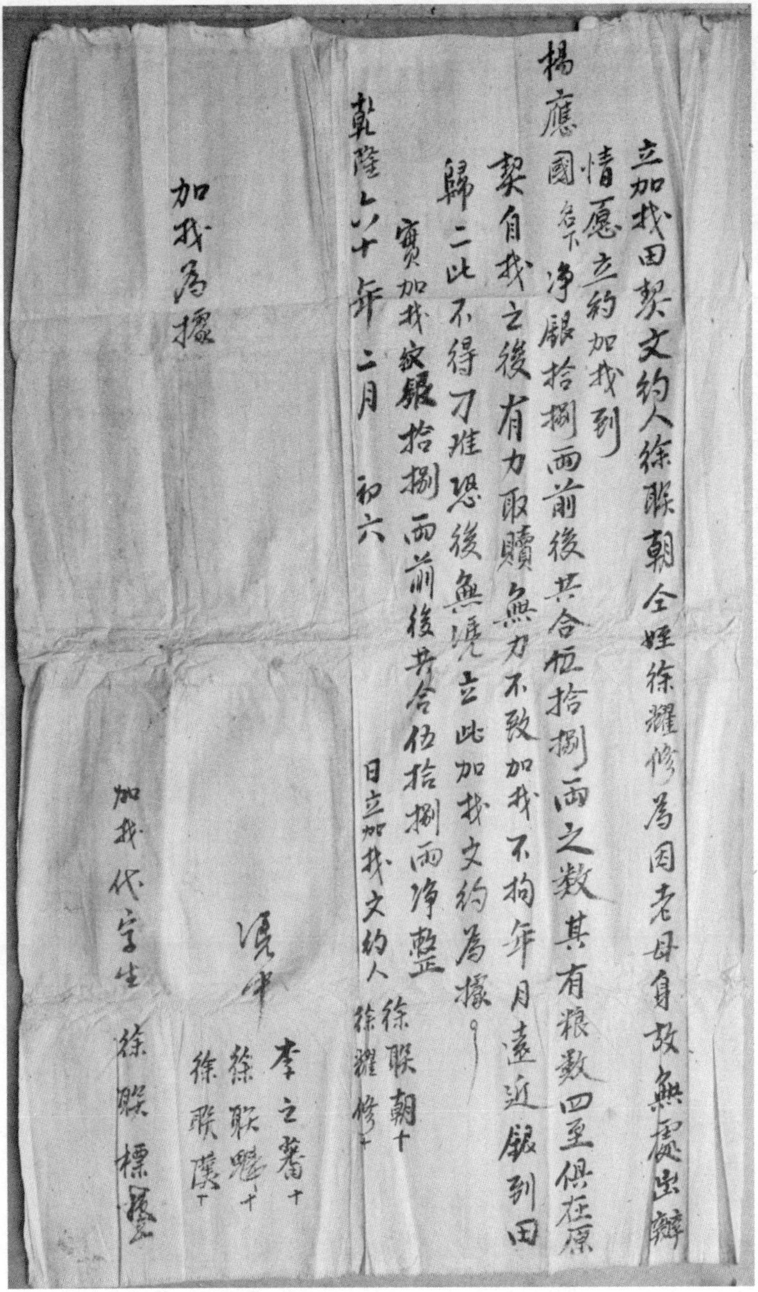

立加找田契文約人徐聯朝仝姪徐耀修為因老母身故無處出辦
情愿立約加找到
楊應國名下淨銀拾捌両前後共合伍拾捌両之數其有粮數四至俱在原
契自找之後有力取贖無力不致加找不拘年月遠近銀到田
歸二比不得刁難恐後無憑立此加找文約為據
實加找銀拾捌両前後共合伍拾捌両淨盡
乾隆六十年二月初六日立加找文約人徐聯朝十
徐耀修十
憑中 李之蕃十
徐聯魁十
徐聯漢十
加找代字生 徐聯標
加找為據

乾隆六十年二月十七日番以志等与（番）祖宽的加找田契

立加找田契人沓以志
　　　　　　　　剛爲因應用情愿立約加到○ɋ

族兄祖寬名下净艮拾兩整四至粮数開明在前契自加之後有力取贖無力不得

加找係是二比情愿具中並無逼迫成交亦無私債準折等情恐後無憑立

此加找爲據○ɋ

實加净銀拾兩整○○ɋ　　　所加是實○○ɋ

乾隆六拾年二月十七日　　　立加找田契人沓以志（十）
　　　　　　　　　　　　　　　　　　　剛（十）

其艮平戥五兩一秤

憑中沓其任（十）
　　沓以潤（十）

代字沓以學（花押）

加找爲據

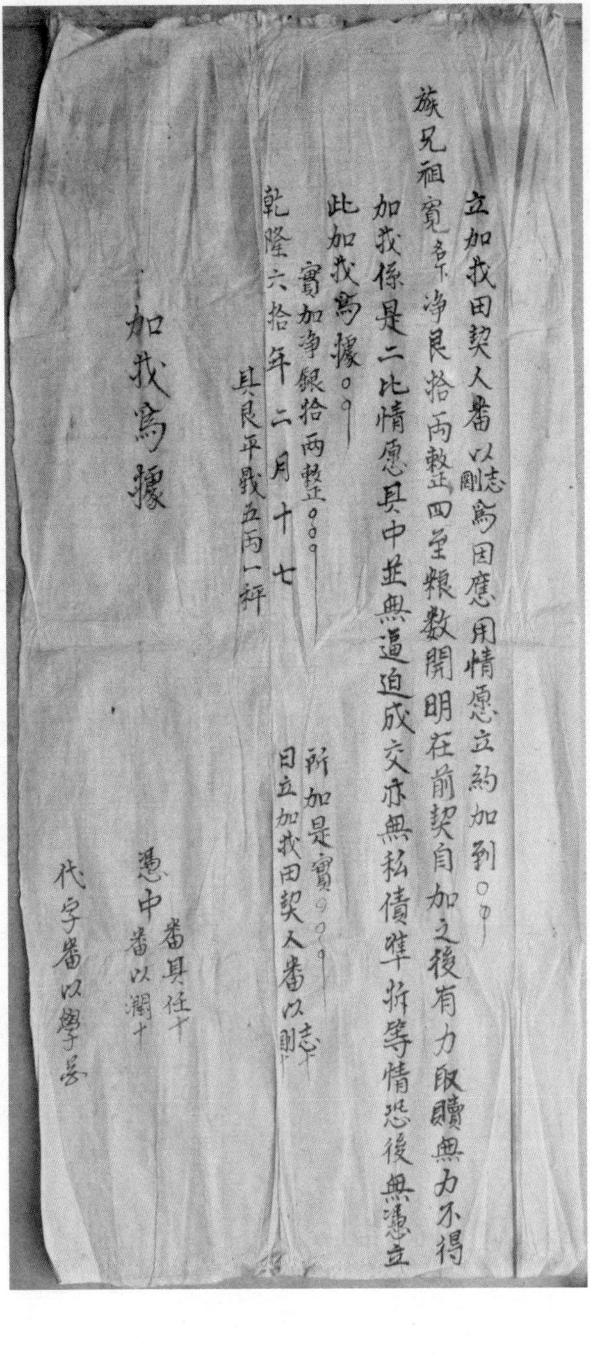
立加找田契人番以剛志為因應用情愿立約加到〇〇
族兄祖寬名下淨艮拾兩整四至粮数開明在前契自加之後有力取贖無力不得
加找係是二比情愿具中並無逼迫成交亦無私債准折等情恐後無憑立
此加找為據〇〇
實加淨銀拾兩整〇〇〇
乾隆六拾年二月十七
具艮平戥五兩一秤
日立加找田契人番以剛志十
所加是實〇〇〇
凴中 番具任十
番以潤十
代字番以學筆
加找為據

立賣田契契文約人晏名高爲因乏用情愿將自己分面六甲粮田一段坐落本寨名喚河口田
其田東
至江邊南至鐵廠坡並消塘西至坡脚北至田頭四至開明在契憑中立契出賣與
彭天華
名下接授價銀壹百两净整自賣之後其田任歸賣主耕種買主年納租谷柒拾伍箩除粮伍箩遞
年實收柒拾箩田有好歹買主自見係是二比情愿倘有内外人等一言争競有賣主一面承當中
間並無逼迫等情亦無私債準折恐口無憑立此賣契爲據是實
實賣粮田一段接授價銀壹百两净整遞年收租柒拾伍除粮伍箩實收柒拾箩〇〇
當日言定年月不俱遠近銀到續紙田歸
乾隆六十年十月初十日立賣田文約人晏名高（十）
其戳是賣主雲戳
兄
賣契 弟 晏壽高（花押）
爲據 憑中人 彭現玉（十）
段仕敏（十）
志科筆

乾隆六十年十月初十日晏名高将卖田与彭天华的田契

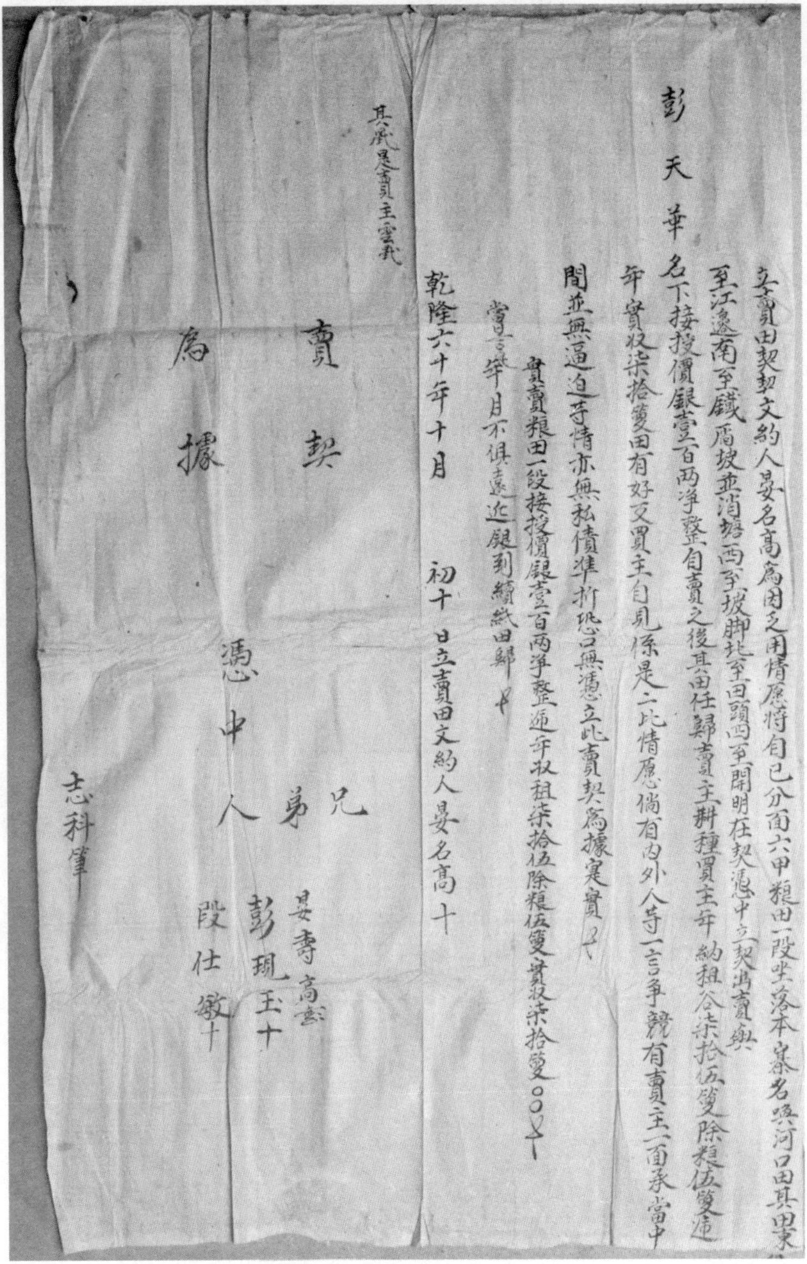

立賣田契約文約人晏名高為因乏用情愿將自己分面六甲粮田一段坐落本寨名河口田其田東
至江邊南至鐵廟坡並消塘西至坡脚北至田頭四至開明在契憑中立契出賣與
彭天華名下接授價銀壹百兩淨整自賣之後其田任歸賣主耕種買主年　納租谷柒拾伍籮除粮伍籮逐
年實收柒拾籮田有好歹買主自見係是二比情愿倘有內外人等一言爭競有賣主一面承當中
間並無逼迫等情亦無私債準折恐口無憑立此賣契為據是實 ×
實賣粮田一段接授價銀壹百兩淨整逐年收租柒拾伍除粮伍籮實收柒拾籮 ○○×
當立契年月不俱遠近照到續紙田歸 ×
乾隆六十年十月　初十　日立賣田文約人晏名高 十
其田是舍賣主雲武
賣　契　　兄　晏壽高 押
為　據　　弟　彭現玉 十
憑中人　段仕徽 十
志科筆

契
州字伍千柒拾貳號
尾

雲南等處承宣佈政使司爲遵
旨議奏事奏准　戶部咨開議覆河南布政使富明條奏買賣田產應請嗣後布政司頒發給民契尾格式編列
號數前
半幅照常細書業戶等姓名買賣田房數目價銀稅銀若干後半幅於空白處預鈐司印以備投稅時將契
價稅銀
數目大字填寫鈐印之處令業戶看明當面騎字截開前幅給業戶收執後幅同季冊彙送布政司查核等
因奉
旨依議欽遵咨院行司奉此今據騰越州請頒契尾前來合就編號同簿印發凡有典當活契仍欽遵
上諭不必投稅外其杜賣田房產業永不加找取贖者照例眼同買主投稅按價每兩收稅銀叁分將契尾前幅
填給業
戶收執後幅截繳查核須至契尾者
計開

嘉庆三年四月十二日云南等处承宣布政使司给尚兆林的契尾

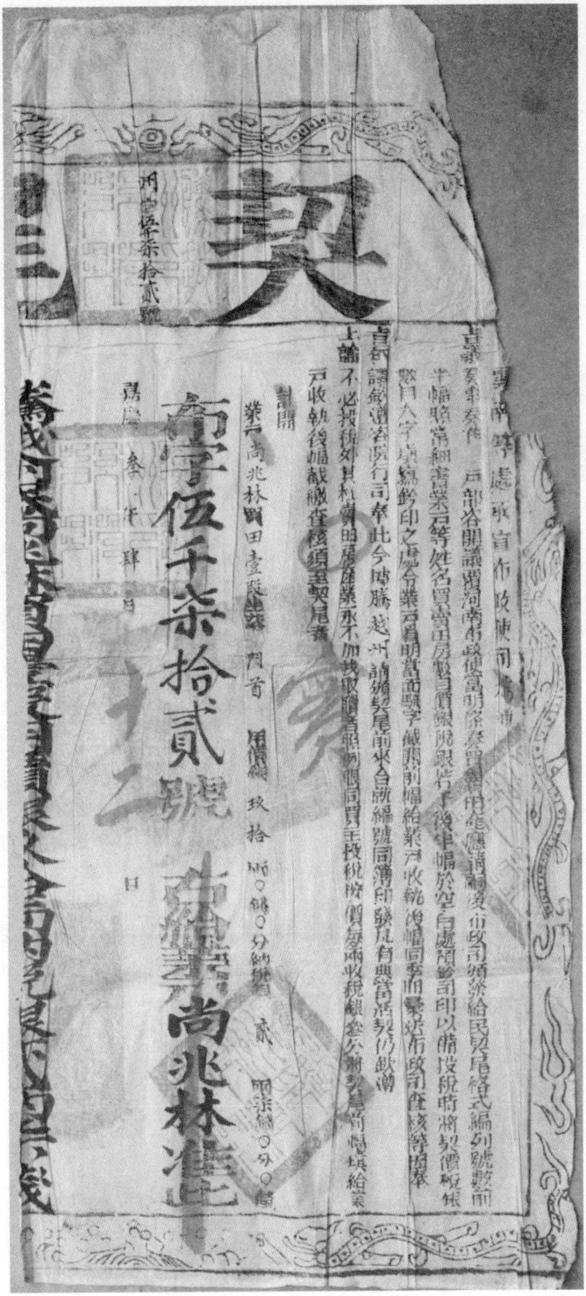

業戶尚兆林買田壹叚坐落門首用價銀 玖 拾 兩〇錢〇分納稅銀 貳 兩柒錢〇分〇釐

布字伍千柒拾貳號　右給業戶尚兆林准此

嘉慶叁年肆月十二　日

嘉庆三年十月十九日谢氏等卖地与堂叔子连的杜卖地契

立實杜賣地契文約謝氏仝男橋元爲因乏用情愿凂家族將祖遺已面荒地壹塊

立契實杜賣與

堂叔子連名下議作時値價銀貳拾伍兩浄整其地東至巷南至李景相墻西至自儒墻北至本家墻脚四至書明載契自出賣之後任從子連圍欄永遠管業此係落筆無踪日後有力不得取贖無力不得絲毫妄加地有好歹買主自見此係二比情愿其中並無強逼等情亦無私債準折恐後人心不古立此實杜賣地契文約永照

〇實杜賣地壹塊接受浄價銀貳拾伍兩整

仝男橋元（十）

嘉慶三年十月十九日　立實杜賣地契文約　謝氏（十）

堂叔　澤寬（十）

堂兄　富寬（十）

子洋（十）

生錦堂（花押）

馨香萬代

地契永照

發達千秋

凂族祖　元臣（花押）

叔生自明（花押）

存　敬（十）

代字族祖生元秀（花押）

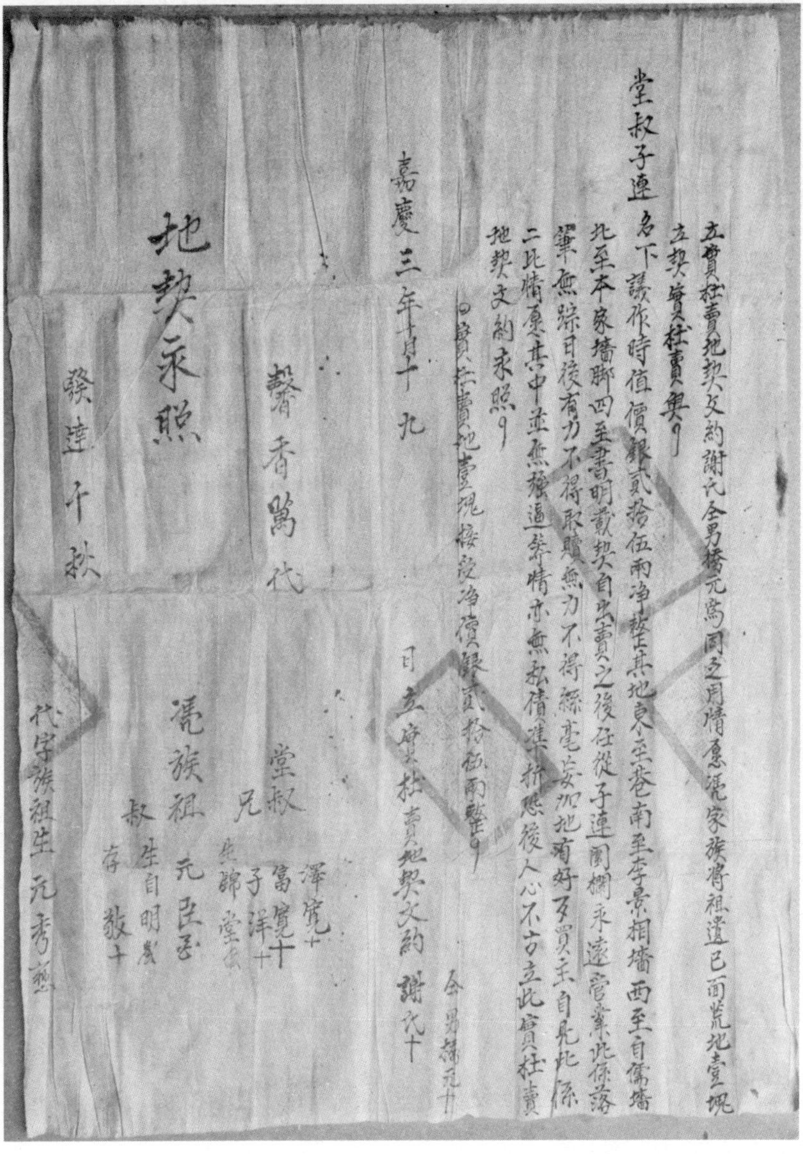
立賣杜賣地契文約謝氏仝男播元爲因乏用情愿將家族曾祖遺已面荒地壹塊
立契賣杜賣與
堂叔子連名下議作時值價銀貳拾伍兩净整其地東至巷南至李景桐墻西至自儒墻
北至本家墻脚四至書明載契自出賣之後任從子連開擱永遠管業此係落
筆無踪日後有力不得取贖無力不得添毫安加地有好歹買主自見此係
二比情愿其中並無殘逼等情亦無私債準折恐後人心不古立此賣杜賣
地契文約永照。
嘉慶三年十月十九 日立賣杜賣地契文約謝氏十 仝男播元十
日賣杜賣地壹塊接受净價銀貳拾伍兩整。
馨香爲代
堂叔 富寬十 澤寬十
兄 子洋十 先錦 堂依
憑族祖 元臣
叔 生自明 存敬十
地契永照
發達千秋
代字族祖生 元秀

立賣田文約人畓子年仝弟畓子全爲因乏用情愿將父承買直粮田一坵
坐落陳家溝東至買主田南至其玥田西至其父田北至溝該粮一斗七升四
至粮数開明在契情愿凴中立約出賣與〇〇
堂叔畓愛法寬名下實接受價銀伍拾兩净整自賣之後任從買主耕種管業
完粮有力取無力不致加找係是二比情愿當日銀紙相交並無私債準
折恐後人心不古立此賣約爲凴〇〇

實接受價銀伍拾兩整〇

立賣田文約人畓子年（花押）
子全（十）

嘉慶六年正月十六日

其銀係是云平兑〇

凴中人畓至寬（十）
寿寬（十）

賣約存照

清筆

外有老紙一張加約二張銀主收存〇

嘉庆六年正月十六日番子年等卖田地与番庆宽的卖约

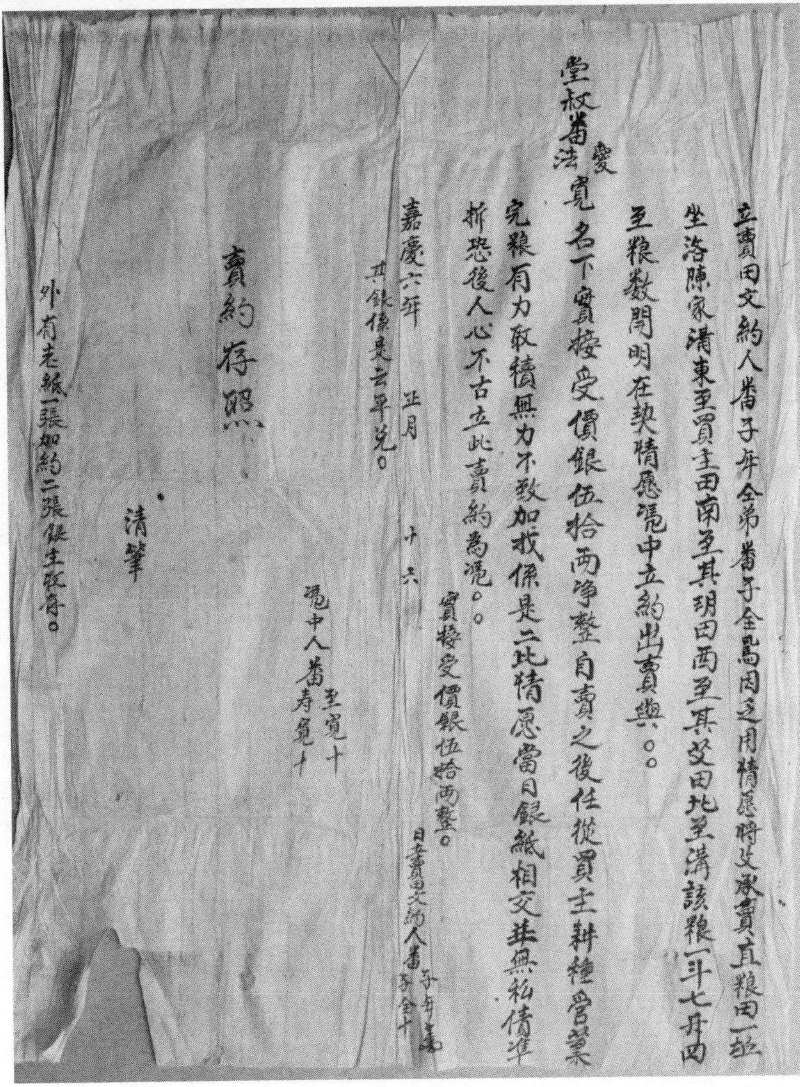
立賣田文約人番子年仝弟番子仝昌因乏用情愿将父承買直粮田一坵
坐洛陳家清東至買主田南至其玥田西至其叒田北至溝該粮一斗七升四
至粮數開明在契情愿凴中立約出賣與。。
堂叔番法愛寬名下實接受價銀伍拾两净整自賣之後任從買主耕種管業
完粮有力取績無力不致加找係是二比情愿當日銀紙相交並無私債準
折恐後人心不古立此賣約為凴。。
實接受價銀伍拾两整。
嘉慶六年　正月　十六　日立賣田文約人番子年壽 子仝十
其銀係是云平兑。
凴中人番王寬十 寿寬十
賣約存照
清筆
外有老紙一張加約二張銀主收存。

嘉庆八年三月二十九日许廷英卖田地与周爱亭的杜断契

周愛亭三新爺

立實杜斷過割文約生許廷英爲因先年急迫使用將祖遺已靣粮田貳坵秧田壹坵出典與
寸芳育
受過時値價銀壹百兩整糧壹斗伍升又因寸姓急于使用將田轉典與
員下照所典原價銀壹百兩受足因前賣田之時索糧出賣今廷英家貧賠納
不起只得控經
州主已蒙羞傳到案英自知情虧凂中親友從中說合求請認糧四斗寫立杜契出具杜結聽
凴周姓執約赴 官投
稅更名過冊尋荒抵補永不過問出立杜契接受周姓時値價銀壹百兩整其田坐落緬箐大
村龍井東至寸姓田南至
黃姓田西至大路北至典主田四至開明隨秧田壹坵當日銀契兩相交明中間並無私債准
折逼迫等情倘有許姓
家族內外人等異言爭競英等一力承當恐後無凴立此永遠杜斷文約爲據

實杜斷田貳坵秧田壹坵隨糧肆斗播種貳籮接受時値價銀壹百兩整

嘉慶捌年叁月貳拾玖日　立杜斷過割文約生許廷英（花押）同男天寵（十）

凴胞弟許廷顯 先（十）

憑中 恒富李新爺（花押）
曉堂解先生（花押）

依口代字人解清（花押）

立實杜斷過割文約生許廷英爲因先年急迫使用將祖遺己面糧田貳坵秋田壹坵出典與寸芴育受過時值價銀壹百兩整糧壹斗伍升又因寸姓急于使用將田轉典與

周愛亭三新爺

員下照所典原價銀壹百兩受足因前賣田之時索糧出賣今廷英家貧賠納不起只得控經

州主已蒙差傳到案英自知情虧凂中親友從中說合求請認糧四斗寫立杜契出具杜結懇凂周姓執約赴 官投

税更名過冊尋荒抵補永不過問出立杜契接受周姓時值價銀壹百兩整其田坐落緬箐大村龍井東至寸姓田南至

黃姓田西至大路北至典主田四至開明隨秋田壹坵當日銀契兩相交明中間並無私債准折逼迫等情倘有許姓

家族內外人等異言爭競廷英等一力承當恐後無凂立此永遠杜斷文約爲據

實杜斷田貳坵秧田壹坵隨糧肆斗播種貳籮接受時值價銀壹百兩整

嘉慶捌年叁月 貳拾玖 日立杜斷過割文約生許廷英 同男天寵十

凂胞弟許廷 顯 先十

凂中 恒富李新爺 晚堂解先生

依口代字人 解清

立實賣田契文約人尙大林仝子登達爲因應用向族內買得軍粮田一叚
分受自己面分大小三坵坐落老丁溝下東至曹田南至祥林田西至溝北至登
純田該粮叁斗額銀叁錢其有秧［田］二坵坐落本村門首在尙邦显户下完納其
田四至開明在契情愿出賣與
族侄尙登閣　名下爲業實接受净銀壹百壹拾弍兩净整自賣之後任從買主耕種管業
完納日後有力取贖無力加找年月無論遠近銀到田歸二比不得刁難恐有內外
親族人等異言争競賣主一面承當今恐人心不古立此賣契爲據〇9
實賣屯粮田一叚接受净銀壹百壹拾弍兩净整〇9
嘉慶玖年二月初二日　實賣田契文約人尙大林（十）
仝子尙登達（十）
其銀伍拾兩天秤兑〇9
其有老契一紙歸買主收執〇9　胞兄尙兆林（花押）
弟尙元林（十）
侄尙登玥（十）
田苗茂盛　尙登昌（十）
五谷豐登　憑中人　尙富章（十）
代字人　尙登颺（花押）
嘉慶十五年八月廿日大林向登閣加艮貳兩同子登達代字人登庠（十）

嘉庆九年二月初二日尚大林卖田地与尚登阁的卖田契

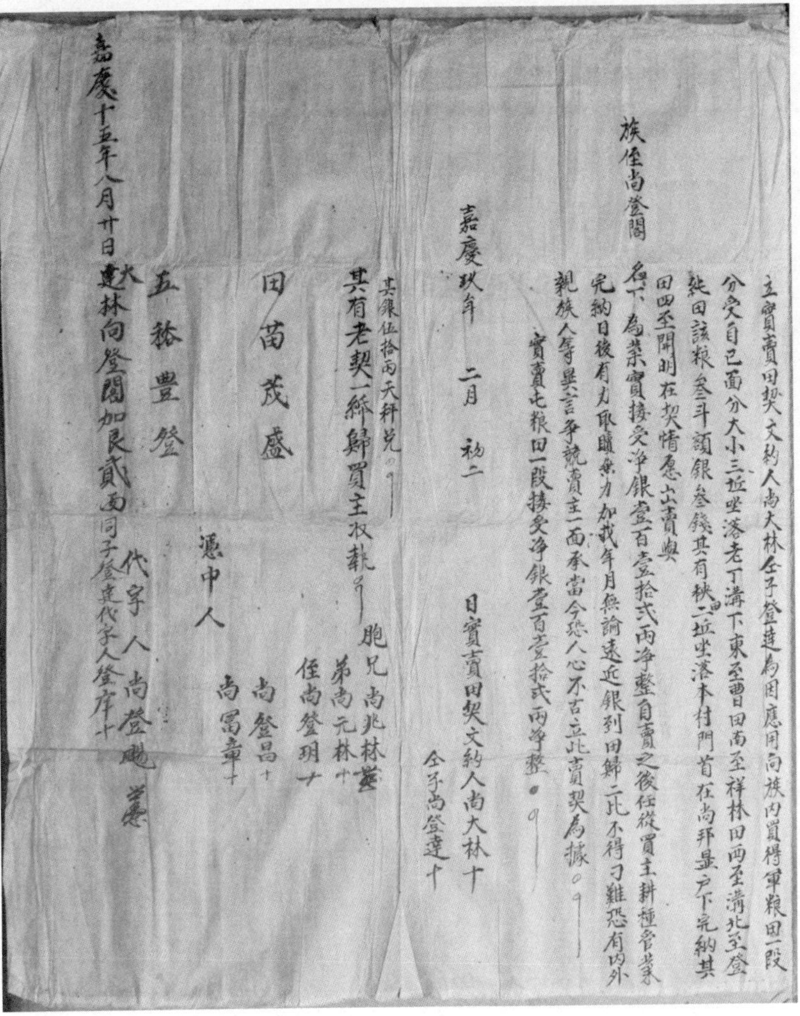
立賣賣田契文約人尚大林仝子登達為因應用向族内買得軍粮田一段
分受自己面分大小三坵坐落老丁溝下東至曹田南至祥林田西至溝北至登
紀田該粮叁斗頭銀叁錢其有秧田二坵坐落本村門首在尚邦显户下完納其
田四至開明在契情愿出賣與
族侄尚登閣
名下為業實接受净銀壹百壹拾弍两净整自賣之後任從買主耕種管業
完納日後有力取贖無力加找年月無論遠近銀到田歸二比不得刁難恐有内外
親族人等异言争競賣主一面承當今恐人心不古立此賣契為據
實賣屯粮田一段接受净銀壹百壹拾弍两净整
嘉慶玖年 二月 初二 日實賣田契文約人尚大林十
仝子尚登達十
其有老契一紙歸買主収執
其粮伍拾两天秤兑
胞兄尚兆林
弟尚元林十
侄尚登明十
田苗茂盛
尚登昌十
尚冨章十
憑中人
五穀豐登
代字人尚登飈
嘉慶十五年八月廿日大遣林向登閣加良貳両 同子登達代字人登庠十

第一编 腾冲玉璧村文书（下）· 玉璧村综合文书

嘉庆十年八月初十日番以智与番爱宽的加找田契

立加找文约文人畨以智爲因乏用情愿立約加到ㄋ
族兄愛寬名下净銀叁兩整自加之後有力取贖無力不得再加係是二比情愿中間並無［逼］迫等情
恐後人心不古立此加找爲據ㄋ　添逼字一個
實加找净艮叁兩净整ㄋ
嘉慶十年八月初十日　立加找文約人畨以智（十）
畨以潤（十）
任（十）
凴中畨其玉（十）
蘭（十）
加找爲據
代字畨以學（花押）

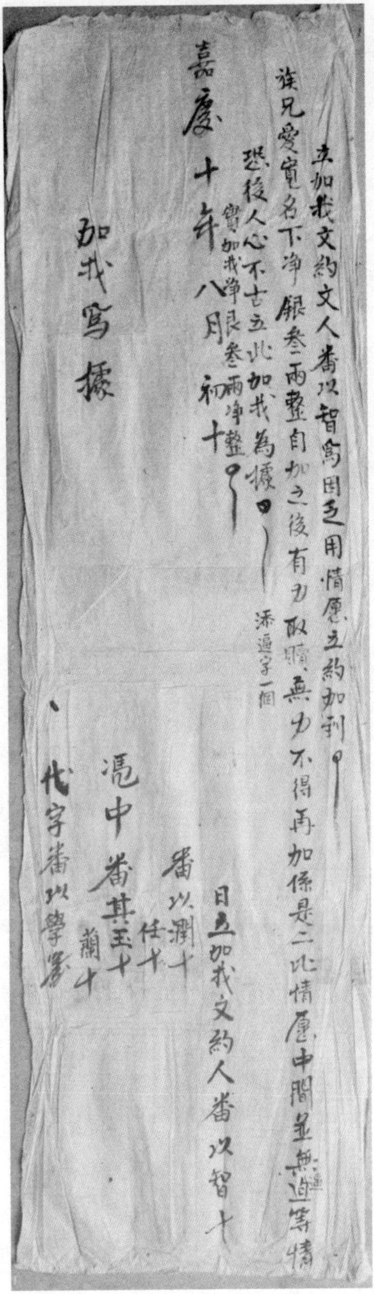

立加找文約文人番以智爲因乏用情愿立約加到
族兄愛寬名下净銀叁两整自加之後有力取贖無力不得再加係是二比情愿中間並無逼迫等情
恐後人心不古立此加找爲據
添逼字一個
實加找净銀叁两净整
嘉慶十年八月初十日　立加找文約人番以智十
憑中　番以潤十
任十
番其玉十
蘭十
代字　番以學筆
加找寫據

嘉庆十三年三月二十日晏名高与彭天华的加找田契

立加找文約人晏名高爲因應用情願立約加找到

彭天華名下實加找田價銀貳拾捌兩整自加找之後其田任賣主耕種

買主遞年收租其田坐落名喚俱在原契書明年月不拘遠近

銀到田归不得刁难恐後無憑立此加找田契爲據寔實〇

實加找田契銀貳拾捌兩共弍紙合共銀壹百貳拾捌［兩］整遞年實

納谷柒拾籮寔實

嘉慶十三年三月二十日　　立加找田契文約人晏名高（十）

弔突三字　　堂侄晏志清（十）

其有前二月十八日寫立加找一紙比時後

失落日後彭姓跟絢出來以爲故紙

憑中人段文鳳

彭呈玉

志科筆（花押）

立加找文約人晏名高爲因應用情願立約加找到

彭天華名下實加找田價銀貳拾捌兩整自加找之後其田任賣主耕種買主遞年收租其田坐落名喚俱在原契書明年月不拘遠近銀到田归不得刁难恐後無憑立此加找田契爲據是實。

實加找田契銀貳拾捌兩共弍紙合共銀壹百貳拾捌两整遞年實納谷柒拾籮是實

嘉慶十三年三月二十日立加找田契文約人晏名高十

堂侄晏志清十

其有前二月十八日寫立加找一紙比時後失落日後彭姓跟尋出來以爲故紙

憑中人　段文鳳

彭呈玉

志科筆

立當秧田文約人倪祖良爲因乏用情愿将自己分授園後秧田壹坵出當與

鳳書楊姑爺各下實當銀柒伍錢净整自當之後當日言定每年納水利谷六羅四秋收之日将異色

好谷粮交如數不至短少科埶如有短少任從銀主将秧田自耕當主不得異言過問日後有

立取贖銀到契歸二比不得刁難恐後人心不古立此當契文約存照是實

實當銀柒刃伍錢净整

立當秧田文約人倪祖良（十）

嘉慶十四年正月廿三日

內天将字

憑忠人謝興選（十）

當約爲據

當主清筆

嘉庆十四年正月二十三日倪祖良当秧田与杨书凤的当约

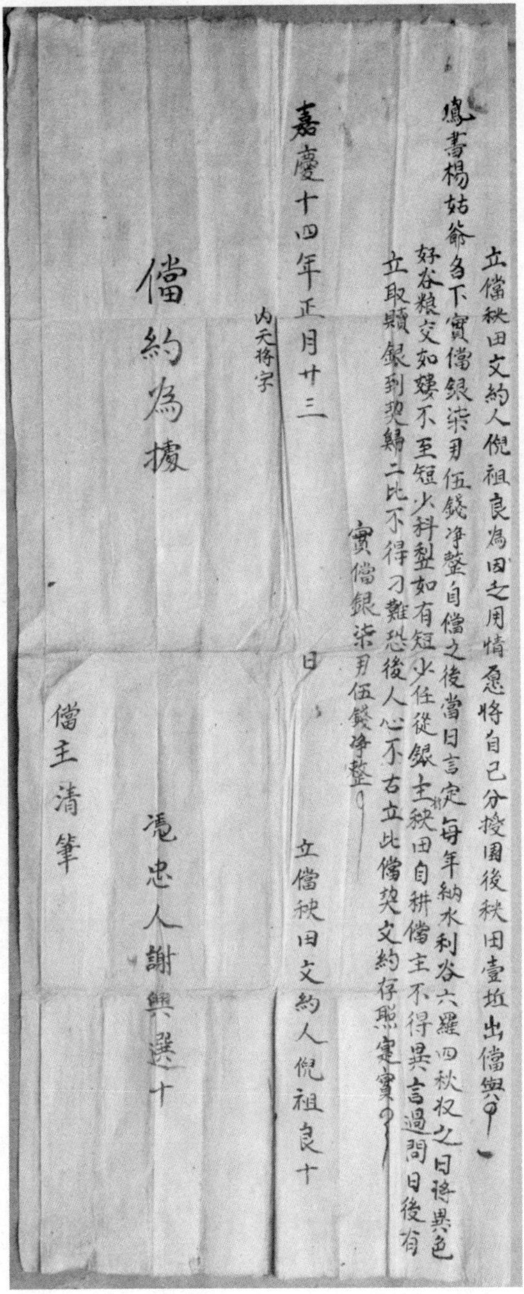

立當秋田文約人倪祖良為因之用情急將自己分授園後秋田壹坵出當與
鳳書楊姑爺名下實當銀柒両伍錢净整自當之後當日言定每年納水利谷六羅四秋收之日將異色
好谷粮交知嫂不至短少科盤如有短少任從銀主秋田自耕當主不得異言過問日後有
立取贖銀到契歸二比不得刁難恐後人心不古立此當契文約存照是實
實當銀柒両伍錢净整
嘉慶十四年正月廿三日
立當秋田文約人倪祖良十
內天將字
當約為據
憑中人謝興選十
當主清筆

立實賣地契文約人畨錦彰爲因乏用情愿仝胞弟錦環侄品璨立約杜賣與
族兄畨子年名下爲業議作價銀伍拾兩净整其地東至巷南至李景相墻西至自儒墻北至橋元墻四至書明
在
契自賣之後任從子年園欄永遠管業此係落筆無踪日後有力不得取贖無力不得妄加此係二
比
情愿其中並無逼迫等情恐口無憑立此杜賣地契存照
實杜賣地壹塊實接授净銀伍拾兩整

嘉慶十五年二月初八日　立實杜賣地契文約人畨錦彰（花押）仝侄品璨（十）
環（十）
恒（十）
憑中兄子揚（十）
侄　橋元（十）
地契存照
畨錦彰親筆

嘉庆十五年二月初八日番锦彰卖地与番子年的地契

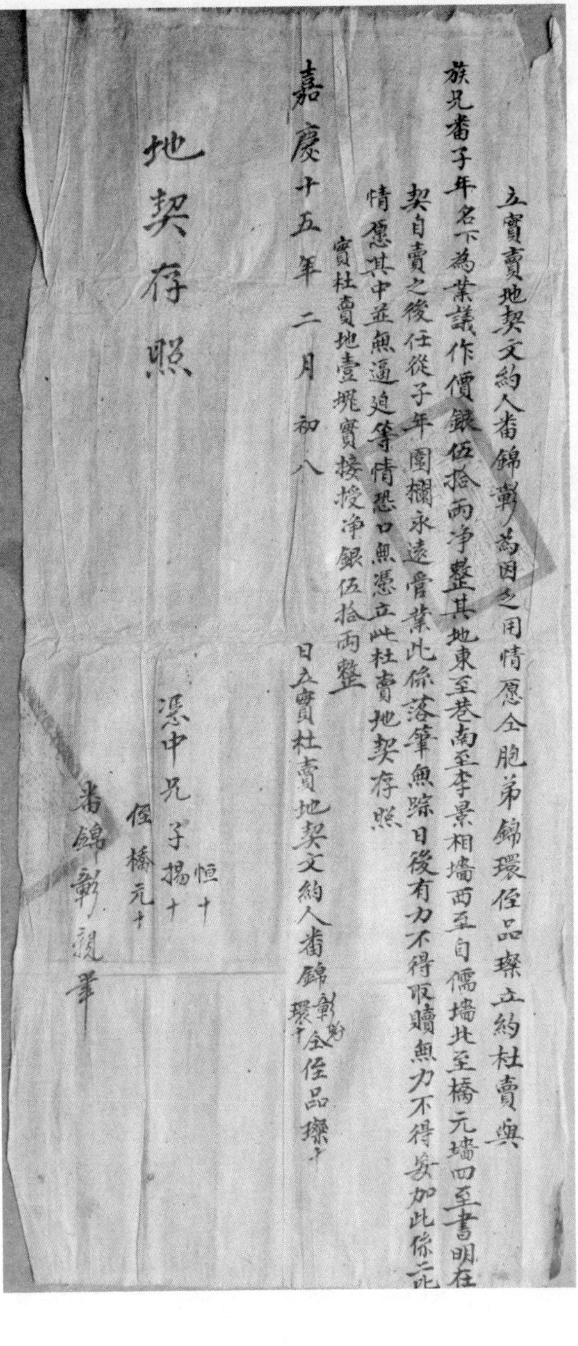
立實賣地契文約人者錦彰爲因乏用情愿仝胞弟錦環侄品璨立約杜賣與
族兄者子年名下爲業議作價銀伍拾兩凈整其地東至巷南至李景相墻西至自儒墻北至橋元墻四至書明在
契自賣之後任從子年圍欄永遠管業此係落筆無踪日後有力不得取贖無力不得妄加此係二比
情愿其中並無逼迫等情恐口無憑立此杜賣地契存照
實杜賣地壹塊實接授凈銀伍拾兩整
嘉慶十五年二月初八日立實杜賣地契文約人者錦彰 錦環 仝侄品璨
地契存照
憑中兄子揚 恒
侄橋元
者錦彰親筆

嘉庆十五年二月二十日晏志珍与彭天华的加找田价文约

立加找田價文約人晏志珍爲因乏用情愿立約加找到
天華彭二哥名下加找田價銀壹拾壹兩整凈自加之後認從買主納粮管業其田
名四至粮数俱載原契書明其帋前後叁帋共合田價銀壹百叁拾玖
兩整凈係是二比情愿中間並無逼迫等情亦無私賬承交其田年
月不拘遠近銀到田歸買主不得刁難倘有内外人等一言争兢賣
主一面承當恐後無憑立此加找田契是实
○实加田價銀壹拾壹兩前後叁帋共合田價銀壹百叁拾玖兩整凈是实

嘉慶十五年二月二十日　立加找田價文約人晏志珍（十）
胞兄晏志科（花押）
龍科林（十）
彭呈玉（十）
憑中人 楊啓芳（十）
吳之今（十）

加找存照

代字晏志成（花押）

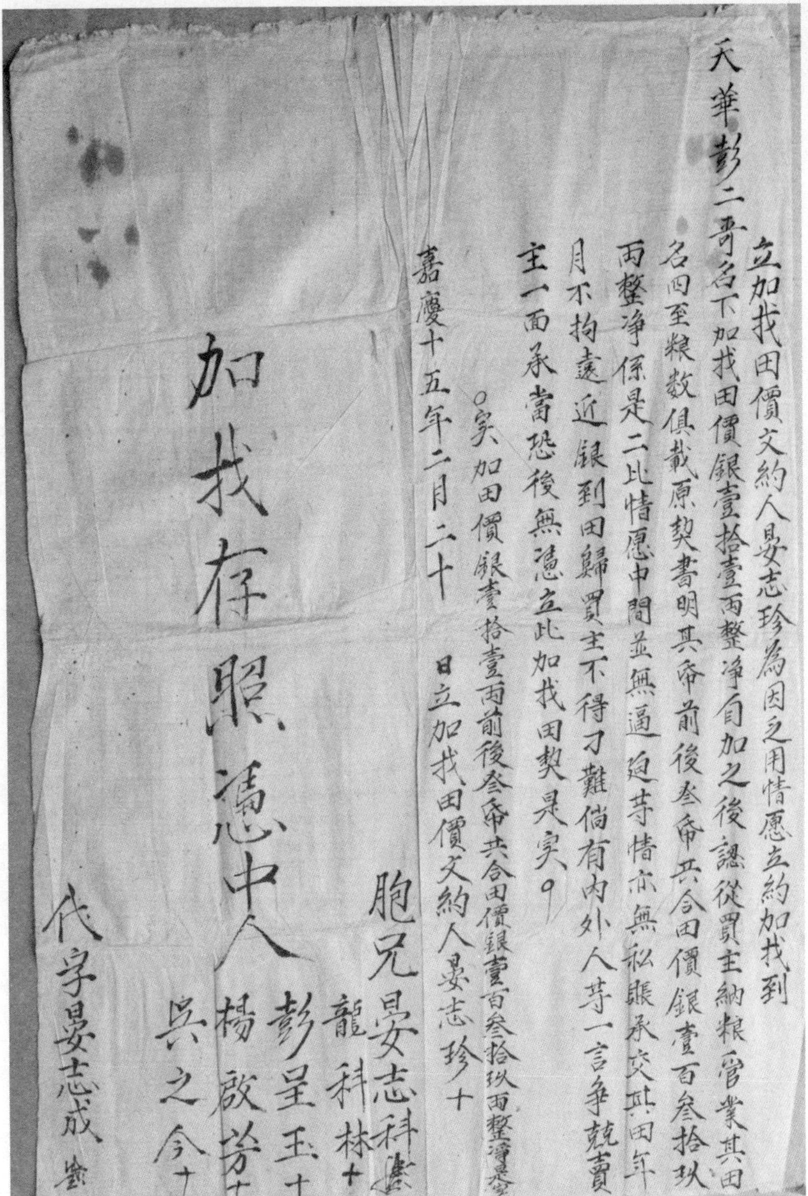

立加找田價文約人晏志珍為因乏用情愿立約加找到
天華彭二哥名下加找田價銀壹拾壹両整凈自加之後謹從買主納粮管業其田
名四至粮数俱載原契書明其前後叁帋共合田價銀壹百叁拾玖
両整凈係是二比情愿中間並無逼迫等情亦無私賬承交其田年
月不拘遠近銀到田歸買主不得刁難倘有內外人等一言爭競賣
主一面承當恐後無憑立此加找田契是实。
○实加田價銀壹拾壹両前後叁帋共合田價銀壹百叁拾玖両整凈是实
嘉慶十五年二月二十　日立加找田價文約人晏志珍十
加找存照　憑中人　胞兄晏志科
龍科林十
彭呈玉十
楊啟瑩十
吳之令十
代字晏志成

嘉庆十七年二月初二日尚登阁卖田与堂侄炳章的卖契

立實轉賣田契文約人尚登閣仝子翠章爲因應用情愿將向大林承買
得本伍屯粮田壹叚大小叁坵坐落老丁溝該粮米叁斗額銀叁錢在尙邦顯户
下完納秧田弍坵坐落村前四至粮数坐落開明在契情愿憑中立約賣與〇ዓ
堂侄炳章名下爲業實接授價銀壹百壹拾两净整其田自賣之後任從買主照契
管業耕種完粮彼時銀田两相交明日後有力取贖無力加找銀到田歸二比不
得刁难係是二比情愿中間並無強買壓賣亦無私債逼迫成交等倫恐有
内外人等異言争競賣主一面承當恐後無憑立此轉賣田契爲據〇ዓ

實賣屯粮田壹叚大小叁坵實接授價銀壹百壹拾两净整〇ዓ

嘉慶十七年二月初二日　立實賣田契文約人尚登閣（十）仝子翠章（十）

其有向大林承買壹紙老契税尾壹聯新旧共叁紙並交買主收執是實〇ዓ
其銀係天平伍拾两一兑〇ዓ

兄登魁（十）
胞弟登昌（十）
登鋭（十）
憑中人登志（十）
登秀（花押）
荣章（十）
代字人登安（花押）

賣契壹紙
與爲憑據

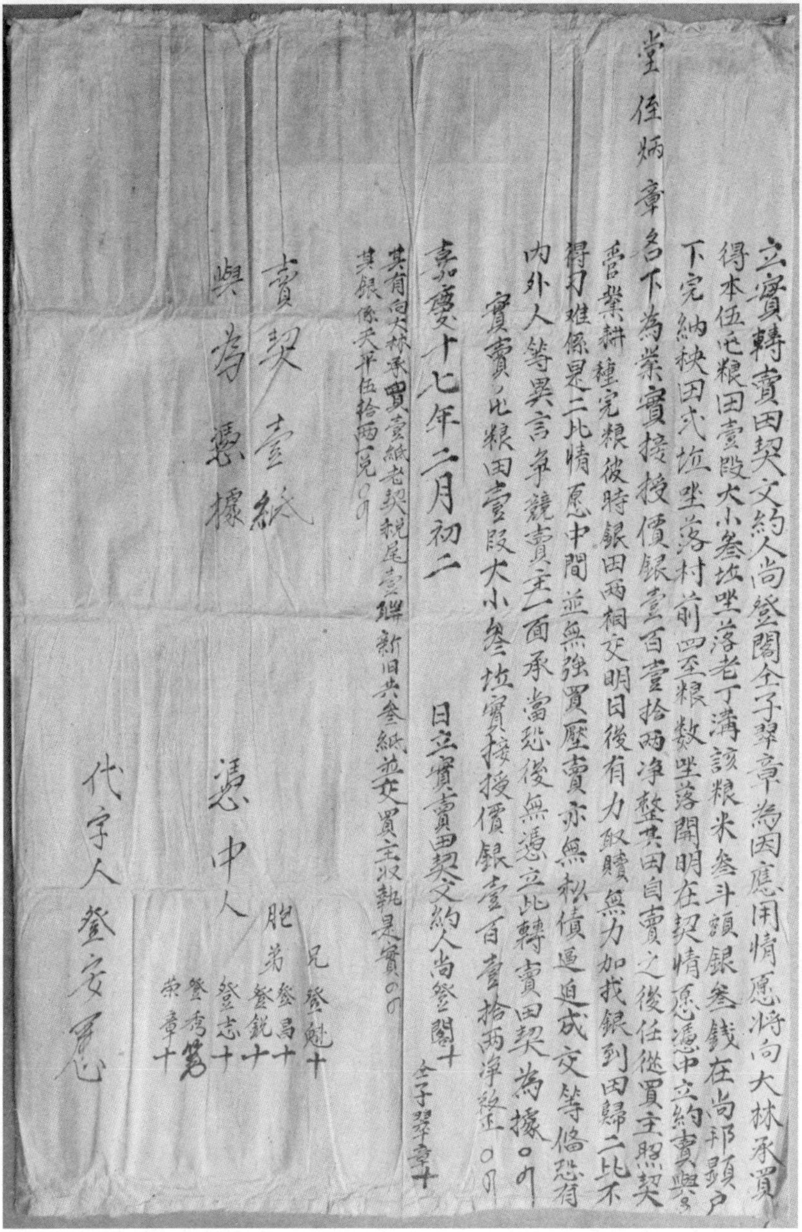

立實轉賣田契文約人尚登閣仝子翠章為因應用情愿將向大林承買得本伍屯粮田壹段大小叁坵坐落老丁溝該粮米叁斗領銀叁錢在尚邦顯戶下完納秧田弍坵坐落村前四至粮數坐落開明在契情愿憑中立約實與堂侄炳章名下為業實接授價銀壹百壹拾兩凈整其田自賣之後任從買主照契管業耕種完粮彼時銀田兩相交明日後有力取贖無力加找銀到田歸二比不得刁难係是二比情愿中間並無强買壓賣亦無私債逼迫成交等弊恐有内外人等異言争競賣主一面承當恐後無憑立此轉賣田契為據○吋

實賣比粮田壹段大小叁坵實接授價銀壹百壹拾兩凈整○吋

嘉慶十七年二月初二 日立實賣田契文約人尚登閣十 仝子翠章十

其有向大林承買壹紙老契稅尾壹張新旧共叁紙並交買主収執是實○吋

其銀係天平伍拾兩○吋

賣契壹紙

與為憑據

憑中人 兄登魁十 胞弟登昌十 登銳十 登志十 登秀筆 榮章十

代字人登安應

立當田契文約人龐加佐加荣加愷加品侄登早登揚登全登玉登紀登華云龍
登照有祖父遺留屯粮田一段坐落董庫門首今因公玉無處半秦愿
立約儅矣𠃌
建侯劉大叔名下部種四箩其田貳邱東至尙家田南至溝外西至本家田北
至溝外四至開名在契實儅銀拾伍兩整自儅之後任從劉建侯耕種
邦粮米陸升銀頭壹銭壹分日後龐姓不得異言浄兢不至年月遠
近銀道田歸二比不得刁難恐口無憑立約爲契言定粗谷叁拾羅每
兩出除下粗谷捌邦是實〇𠃌 實儅銀拾伍兩整出粗谷拾貳羅是實

玉（十）
荣（十） 全（十）
嘉慶十九年二月初二日 實儅田契文約人龐加佐（十） 侄龐登揚（十）
愷（十） 早（十）
內整種字二个內添除下二字 品 紀（十）
照（十）
華（十）
田 玉
云龍（十）
勳 旺
憑中人黃在文（十）
代字人龐 高（花押）

嘉庆十九年二月初二日庞加佐当田与刘建侯的当田契

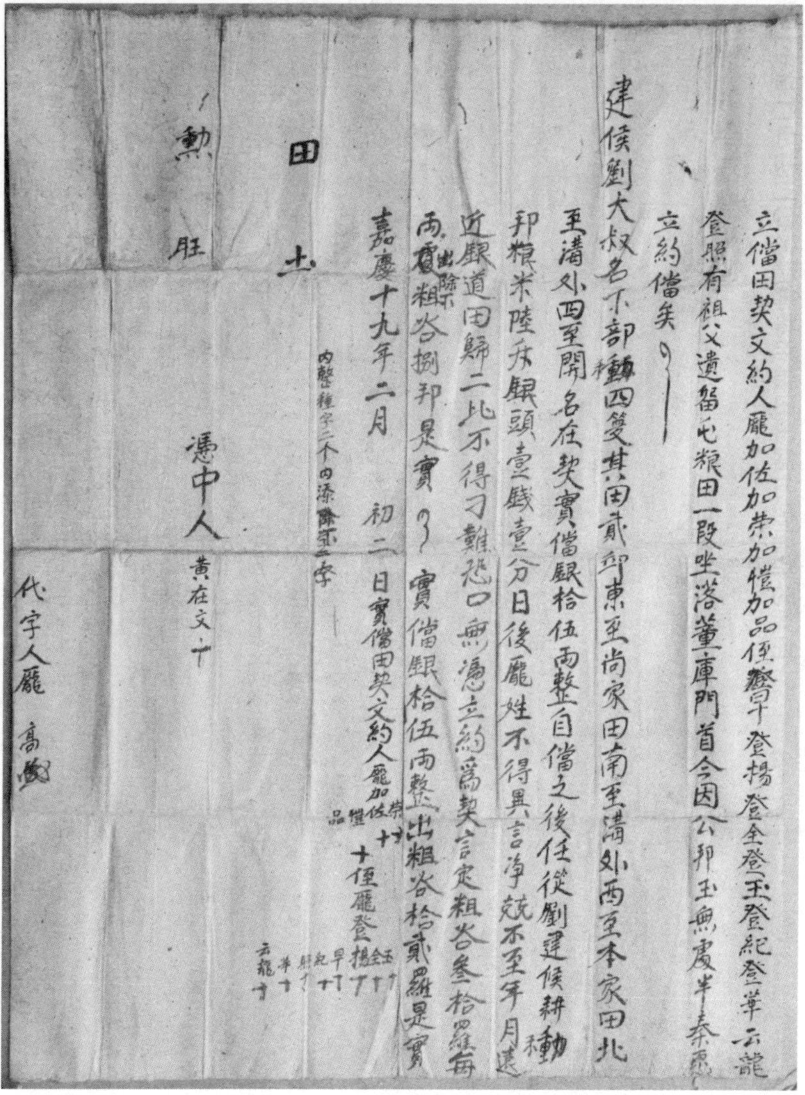

立當田契文約人麗加佐、加荣、加愷、加品，侄登十、登揚、登全、登玉、登紀、登華、云龍

登照，有祖父遺留乇糧田一段，坐落董庫門首，今因公邦玉無處半奈

立約備矣

建侯劉大叔名下部種四𡕒，其田貳坵，東至尚家田，南至溝外，西至本家田，北

至溝外，四至開名在契，實當銀拾伍兩整，自當之後，任從劉建侯耕種

邦糧米陸升，銀頭壹錢壹分，日後麗姓不得異言淨兢，不至年月遠

近，銀道田歸，二比不得刁難，恐口無憑，立約為契，言定粗谷叁拾羅，每

兩（出除）粗谷捌邦，是實　實當銀拾伍兩整，出粗谷拾貳羅，是實

嘉慶十九年二月　初二日　實當田契文約人麗加佐十　加荣十　加愷　加品　十　侄麗登十　登揚十　登全十　登玉十　登紀十　登早十　登華十　云龍十

內塗種字二个，內添除字二字

憑中人　黃在文　十

代字人麗高

田土

勳　肚

立实凴據人彭瑞同子國英有先人遺留軍粮田壹處坐落本寨脚名喚杜貝石均分叁分下分壹羅齊西至以路爲界代荷花七壹羅共壹分分着彭瑞中分弍羅分着天華上分弍羅分着彭瓆惟恐後日子孫忿争所以凴家族情愿出掳與　族叔彭天華自出據之後各自照垦界管業不致侵佔如有等情認隨族叔執據加倍罚處恐後無凴立此凴據永遠存照。

立实凴據人彭瑞（十）同子國英（十）

堂叔　彭天文（十）

族叔　彭天祥（十）

凴族兄生彭昆山（花押）

彭典重（花押）

中人　段文秀（十）

彭　鈺（花押）

代字人彭　璣（花押）

嘉慶弍拾年二月初二日

凴據永遠存照

嘉庆二十年二月初二日彭瑞等将军粮田出据与彭天华的凭证

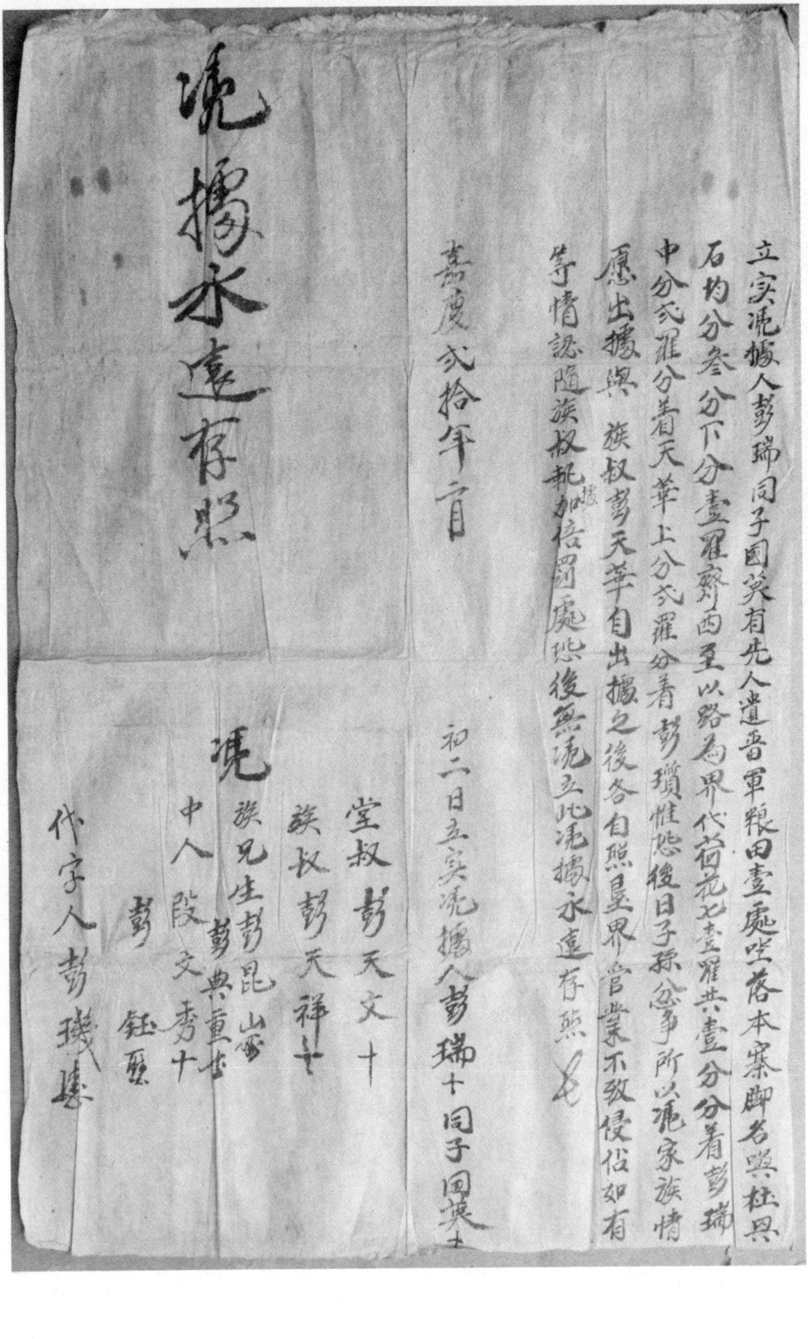

立实凭據人彭瑞同子国英有先人遗晋軍粮田壹處坐落本寨脚名與柱與石均分叁分下分壹羅齊西至以路為界代荷花乜壹羅共壹分分着彭瑞中分弍羅分着天華上分弍羅分着彭瓚惟恐後日子孫忿爭所以凭家族情愿出據與　族叔彭天華自出據之後各自照星界管業不致侵佔如有等情認隨族叔耗擾加倍罰處恐後無凭立此凭據永遠存照

嘉慶弍拾年二月　初二日立实凭據人彭瑞十　同子国英十

堂叔　彭天文十

族叔　彭天祥十

凭　族兄生彭昆山十

彭典重十

中人　段文秀十

彭鈺押

代字人彭璣書

凭據永遠存照

嘉庆二十年三月初二日庞加佐当田与刘建侯的当田契

立當田契文約人龐加佐加愷加荣登早登玉登紀登全云龍登華登照登揚加品登云有祖父於留粮田壹段不種四籮坐落董庫門首東至尙姓田南至三丘六半接田西至本姓田北至尙姓田四至開名在契拾肆分奏愿出當與ๆ

建候劉大叔名下實當銀貳拾貳两整其銀人名爲主每年納粮壹斗條銀壹錢龎宗保户下上納完粮自當之後任從劉姓耕種管業有力取速無力不得加找系是貳比奏愿並無逼迫臣交如有家族人等異言争競拾肆分成當銀到田歸貳比不得刁難恐口無憑立此當契爲據

立實當銀貳拾貳两整是實ๆ

嘉慶貳拾年三月初二日　立當田契是實龎加品（十）

荣（十）
愷（十）
佐（十）
云龍（十）
全（十）
紀（十）
玉（十）
龎登早（十）

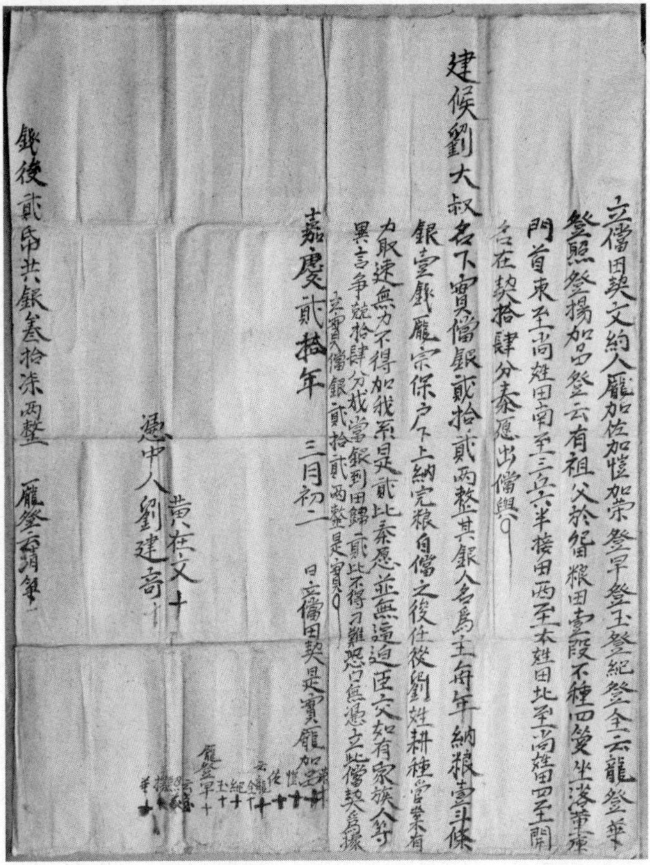

云（花押）

照（花押）

揚（十）

華（十）

黄在文（十）

憑中人劉建奇（十）

錢後貳帋共銀叁拾柒兩整　龎登云清筆

立實賣塘契文約人尹鳳成爲因應用情愿將祖父遺留塘子一坵坐落門首東至路南至張姓秧田西至任姓塘子北至陳姓塘子四至開明在契情愿立約出賣與自修徐新爺員下實接授價銀拾叁兩净整自賣之後任從買主管業圍攔耕種賣主不得異言恐有親族人等亦言争競賣主一面承當係是二比情愿中間並無私債準折等情日後有力取贖無力不得加找恐後人心不古立此賣契爲據〇

立實賣塘契文約人尹鳳成（十）

〇實賣塘子一坵接授價銀拾叁兩净整

嘉慶二十一年八月二十六日

〇有老契一帋買主收執〇

憑中人尹鳳傳（十）

徐敬修（十）

賣契爲據

代字人徐聯朝（花押）

嘉庆二十一年八月二十六日尹凤成卖塘子与徐自修的卖契

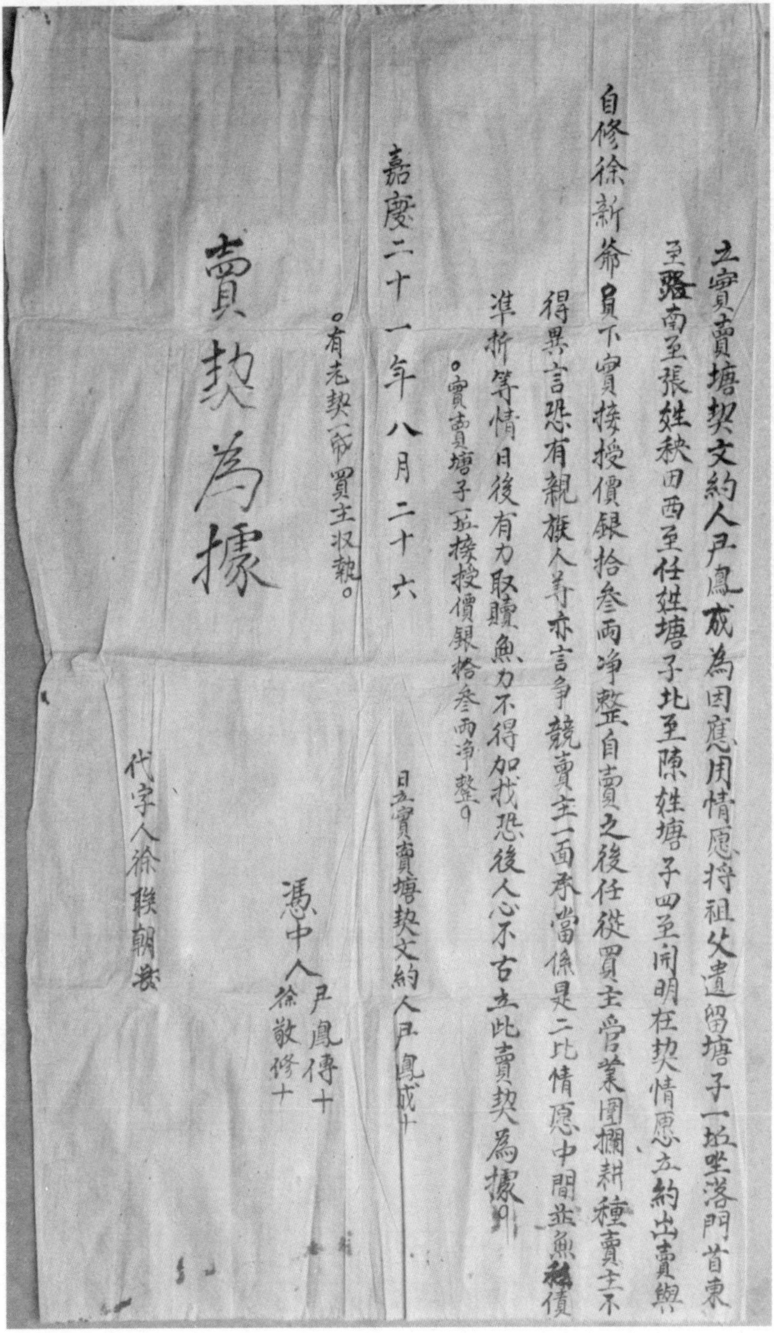
立賣塘契文約人尹鳳成為因應用情愿將祖父遺留塘子一坵坐落門首東
至路南至張姓秋田西至任姓塘子北至陳姓塘子四至開明在契情愿立約出賣與
自修徐新爺名下實接授價銀拾叁兩凈整自賣之後任從買主管業圍攔耕種賣主不
得异言恐有親族人等亦言争競賣主一面承當係是二比情愿中間並無私債
準折等情日後有力取贖魚力不得加找恐後人心不古立此賣契為據。
○實賣塘子一坵接授價銀拾叁兩凈整○
嘉慶二十一年八月二十六日立實賣塘契文約人尹鳳成十
○有老契一紙買主收執○
憑中人 尹鳳傳十
徐敬修十
賣契為據
代字人徐聯朝書

立實賣塘契文約人尹鳳成爲因應用情愿將祖父遺留塘子一坵坐落门首東至路南至張姓秧田西至任姓塘子北至陳家塘子四至開明在契情愿立約出賣與自修徐新爺员下實接授價銀拾叁兩净整自賣之主後任從買主管業圍攔耕種賣主不得異言恐有親族人等亦言争競有賣一面承當係是二比情愿中間並無私債準折等情日後有力取贖無力不得加找恐後人心不古立此賣契爲據

〇實賣塘子一坵接授價銀拾叁兩净整ꝰ

嘉慶二十一年八月二十六日　立實賣塘契文約人尹鳳成（十）

憑中人尹鳳傳（十）
徐敬修（十）

賣契爲據

代字人徐聯朝（花押）

嘉庆二十一年八月二十六日尹凤成等卖塘子与徐长春的卖契

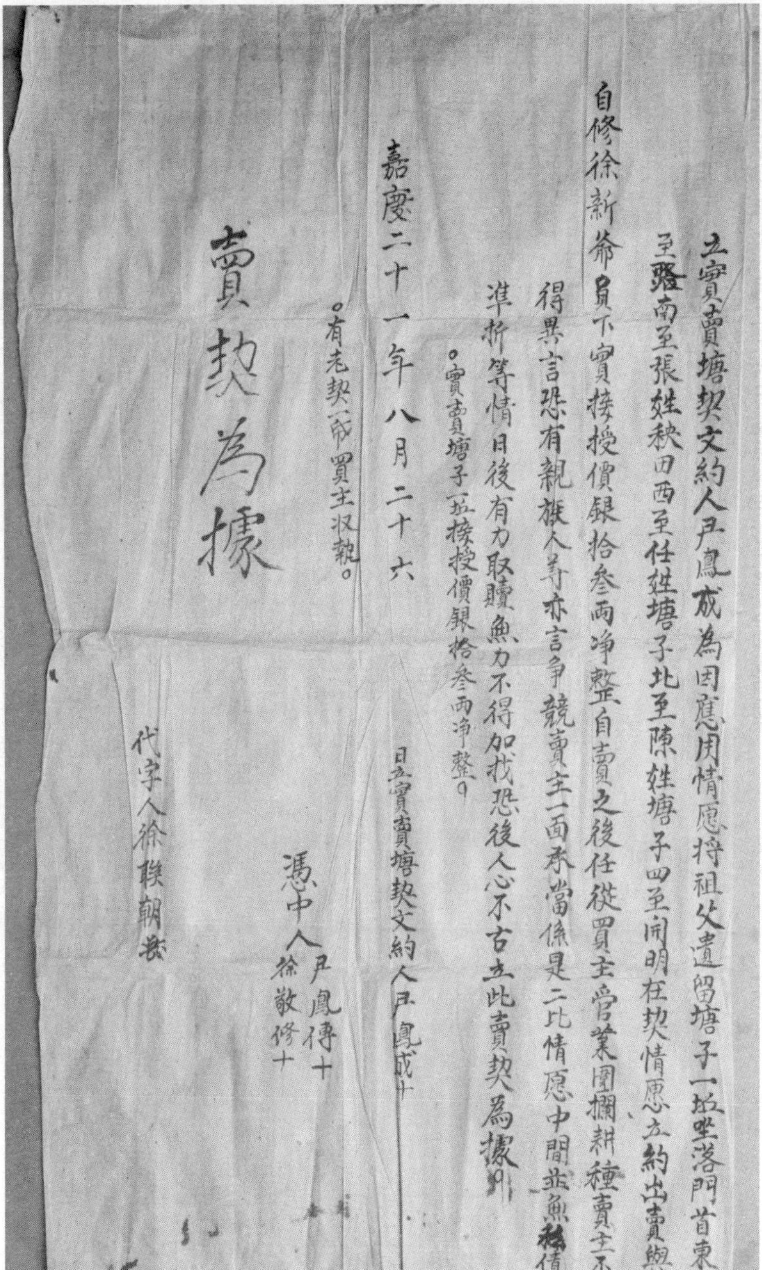
立賣塘契文約人尹鳳成為因應用情愿将祖父遺留塘子一坵坐落門首東
至路南至張姓秧田西至任姓塘子北至陳姓塘子四至開明在契情愿立約出賣與
自修徐新爺名下實接授價銀拾叁兩净整自賣之後任從買主管業圍擱耕種賣主不
得異言恐有親族人等亦言争競賣主一面承當係是二比情愿中間並無私債
準折等情日後有力取贖無力不得加找恐後人心不古立此賣契為據外
。實賣塘子一坵接授價銀拾叁兩净整。
嘉慶二十一年八月二十六日立賣塘契文約人尹鳳成十
。有老契一紙買主収執。
憑中人 尹鳳傳十
徐敬修十
代字人徐聯翩書
賣契為據

嘉庆二十一年十一月二十六日晏志科与彭天华的加找田契

立實加找田契文約生晏志科仝侄相時爲因乏用情愿立約加找到
彭天華名下接受加找銀柒拾壹兩自加找之後任隨買主納粮管業其田名
四至俱在原契書明彼時言定有力取贖無力不致加找原契加找四次共合
價銀貳百壹拾壹兩整凈年分不拘遠近銀到田歸此係二比情愿於
中並無逼迫等情恐後無凴立此加找田契爲據。
實加找田價銀柒拾壹兩壹連四帋共價銀貳百壹拾壹兩寔實。
嘉慶二十一年十一月二十六日　立加找田契文約生晏志科（花押）仝侄相時（十）

堂弟晏志顯（十）
中生彭天齡（花押）
加找　　彭呈玉（花押）
爲據　　憑在人　楊仕玉（花押）
李棹寬（十）
親筆

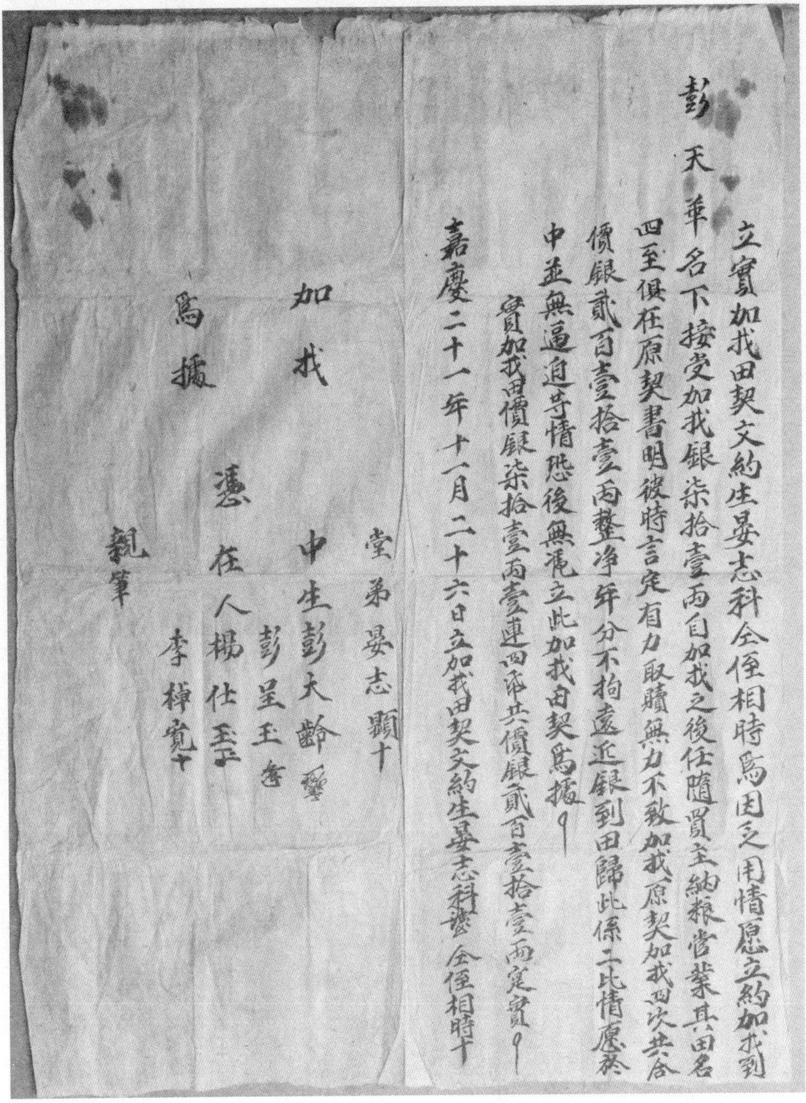
立賣加找田契文約生晏志科仝侄相時爲因乏用情愿立約加找到
彭
天
華名下接受加找銀柒拾壹兩自加找之後任隨買主納粮當業其田名
四至俱在原契書明彼時言定有力取贖無力不致加找原契加找田价共合
價銀貳百壹拾壹兩整淨年分不拘遠近銀到田歸此係二比情愿憑
中並無逼迫等情恐後無憑立此加找田契爲據。
實加找田價銀柒拾壹兩壹連四次共價銀貳百壹拾壹兩寔實。
嘉慶二十一年十一月二十六日立加找田契文約生晏志科 仝侄相時十
堂弟晏志顯十
中生彭天齡
彭呈玉
憑 在人楊仕玉
李椑寬十
加找
爲據
親筆

嘉庆二十三年二月十一日庞有得当田与张学盛的当契

立當田契文約人龐有得龐加品龐加榮龐登早龐登揚龐登全登照登玉登紀登華
加佐爲因應用情有祖父遺留屯粮田一分布種叁箩坐落董庫門首東至尙姓田南
北至溝西至登早云龍田該粮弍斗九升三合額銀頭弍錢弍分在後所一户龐宗保户下
完納四至粮数開明在契係是合族分受拾叁分半之田拾叁分半之人情愿立契當與ᑫ
張學盛名下實當田價銀伍拾兩净整自當之後任從銀主耕種納粮管業其田拾年之後芳能
取贖拾年之內不德取贖加找倘有內外人等異言爭競當主一力承當係是二比情愿中間
並無逼迫私債準折等情彼時銀契兩相交明今恐人心不古立此當契爲據ᑫ
實當屯粮田一分佈種叁箩接受田價銀伍拾兩整是實ᑫ

佐（十） 玉（十） 紀（十）

嘉慶二十三年二月十一日 立當田契文約人龐有德十加品（十）登早（十）登照（十）登華（十）

荣（十） 楊（十） 全（十）

內添田字一个ᑫ銀主補出刘建侯犁口銀伍錢整

龐姓當以刘建侯二帋新旧三帋銀主收執ᑫ

當 契

爲 據

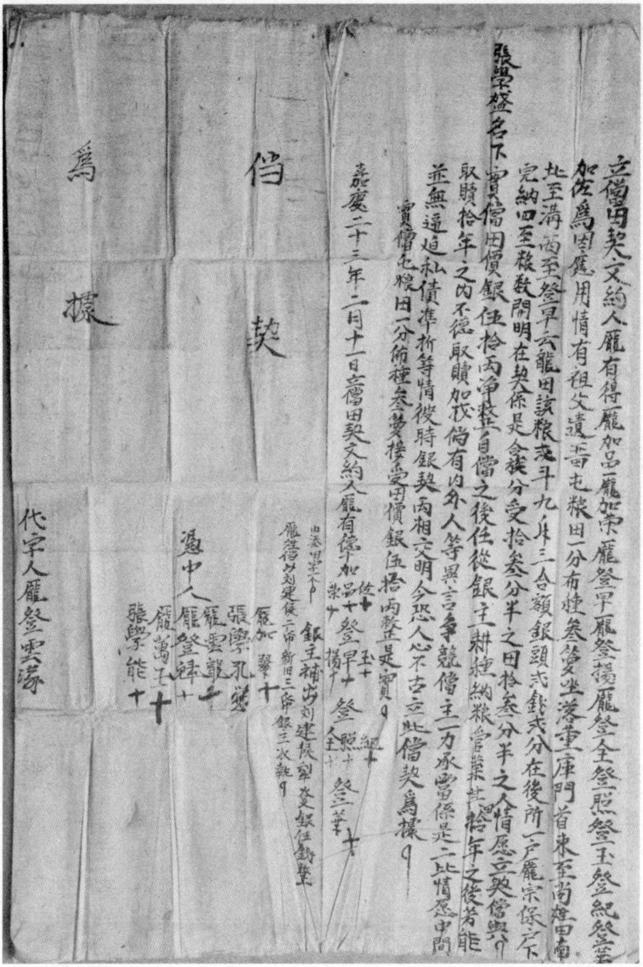
立當田契文約人龐有得、龐加品、龐加宗、龐登早、龐登揚、龐登全、登照、登玉、登紀、登華
加佐，爲因無用，情有祖父遺下屯粮田一分，布種叁箩，坐落董庫門首，東至尚姓田，南
北至溝，西至登早、云龍田，該粮夫斗九升三合，額銀頭式錢式分，在後所一戶龐宗保戶下
完納，四至粮數開明在契，係是合族分受拾叁分半之田，拾叁分半之人，情愿立契當與
張學盛名下，實當田價銀伍拾兩，淨整，自當之後，任從銀主耕種納粮，管業拾年之後，若能
取贖，拾年之内不德取贖加找，倘有内外人等異言爭競，當主一力承當，係是二比情愿，中間
並無逼迫私債準折等情，彼時銀契兩相交明，今恐人心不古，立此當契爲據。
實當屯粮田一分，布種叁箩，接受田價銀伍拾兩，整足是實。
嘉慶二十三年二月十一日立當田契文約人龐有德十、加品十、加宗十、佐十、登早十、登揚十、玉十、登全十、登照十、紀十、登華十
此添田字一个
銀主補出劉建侯契交銀伍錢整
憑中人　龐加翠十　張學孔　龐雲龍十　龐登魁十　龐萬玉十　張學能十
代字人龐登雲
當　契　爲　據

龐加翠（十）
張學孔（花押）
龐雲龍（十）
憑中人龐登魁（十）
龐萬玉（十）
張學能（十）
代字人龐登雲（花押）

立實歸併吐退文约人周建候周建高周建典同弟兄爲因應用同祖分受得公産屯粮田壹叚佈種叁箩其田名喚小荒田該粮七升三合在周于現户下上纳東至河尙田隔埂南至肖十五田隔埂西至于性田隔埂北至挾溝四至粮数開明在契情願吐退與

同周建猷
侄周進先

二位名下永爲己業實授價銀陸拾叁兩整净入手應用自吐退之後任隨建猷同侄進先纳粮耕種管業四枝弟兄同聑心已悦服情愿吐退日後四枝子孫永遠不得異言過問係是二比情愿中間並無逼迫等情異無私債準折恐後無憑立此歸併吐退爲業實是

〇實歸併吐退田叁箩該粮七升三合受價銀陸拾叁兩整净是實

道光二年十月十八日實　　歸併吐退田契文约人周建候（十）典（十）高（十）

周建伯（十）

堂弟　周建鄉（十）

周文明（十）

周建安（十）

周達先（十）

堂侄　周惠先（十）

永遠
爲業

道光二年十月十八日周建侯等吐退田与周建猷的归并吐退田契

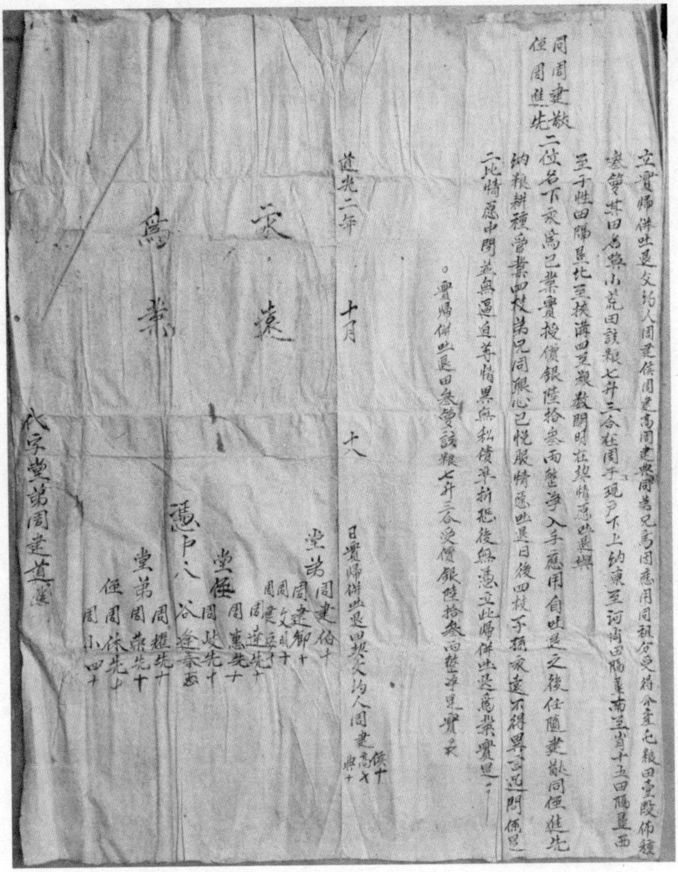

周岐先（十）

凭中人　谷逢春（画押）

周耀先（十）

堂弟　周荣先（十）

侄　周休先（十）

周小四（十）

代字堂弟周建道（花押）

道光七年三月十二日周建章与段勋的加找田契

立實加找田契文约人周建安周建章建孝建高建猷建極建典建文建業建伯建卿建道惠先林鳳孝先等爲因先年有德順将自己粮田弍箩賣與德昌德昌又轉賣與段姓其原價建猷已經加足今因合族同心修立祖太肃氏碑記所有費用銀兩其德順後人面上無有出處情愿叔侄弟兄帮德順後人加找到

段勳名下實加找田價銀弍兩净足以作打碑费用自加之後認隨段姓管業纳粮其田原加找叁帋共合價艮伍拾弍兩整净其有粮数四至俱在原契书明日後艮到田歸二比不得刁难恐後無憑加找爲據是實

實加找田價銀弍兩連前共銀伍拾弍兩其轉契加找共叁帋段姓收其德順原帋周建猷收是實

道光七年三月 十二日 立實加找田契文约人周建安（十）

伯（十）

仝建孝（十） 文（十）

建章（十） 典（十） 林鳳（十）

建高（十） 建猷（十） 惠先（十）

建極（十） 業（十） 孝先（十）

晏志顕（十） 卿（十）

憑中人 晏志成（花押） 道（花押）

邹紹周（花押）

晏志深（十）

代字人周名標（花押）

加找

存照

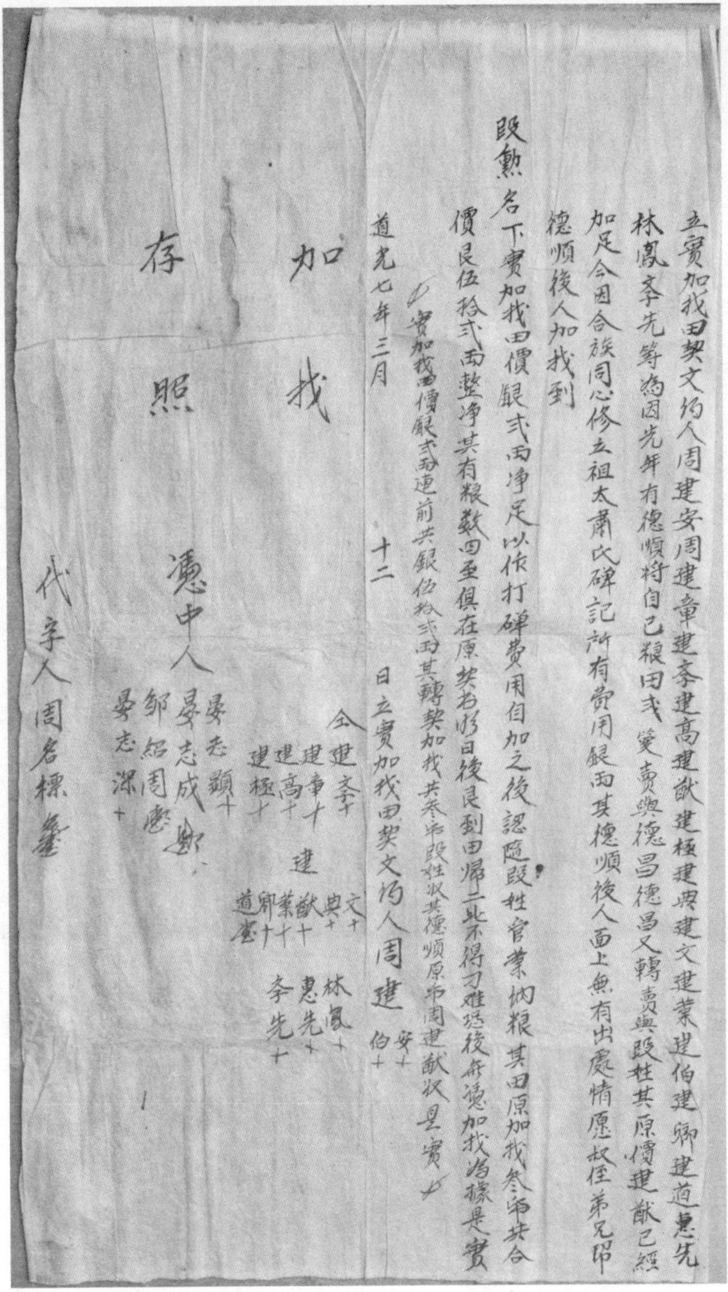
立賣加找田契文約人周建安周建章建李建高建猷建極建典建文建業建伯建卿建道惠先林鳳李先等為因先年有德順將自己糧田弍叚賣與德昌德昌又轉賣與段姓其原價建猷已經加足今因合族同心修立祖太肅氏碑記所有費用銀兩其德順後人面上無有出處情愿叔侄弟兄邱德順後人加找到段勳名下賣加找田價銀弍兩淨足以作打碑費用自加之後認隨段姓當業納糧其田原加找叁帋共合價艮伍拾弍兩整淨其有糧數田丘俱在原契為將日後艮到田歸二比不得刁難恐後無憑加找為據是實

賣加找田價銀弍兩連前共銀伍拾弍兩其轉契加找共叁帋段姓收其德順原帋周建猷收是實

道光七年三月十二日立賣加找田契文約人周建安十 伯十

仝建李十 建章十 建高十 建極十 建文十 典十 猷十 業十 卿十 道壐十 林鳳十 惠先十 李先十

憑中人 晏志顯十 晏志成 鄒紹周 晏志深十

代字人周名標

加找

存照

道光十年十一月初六日赵占嵩当田与常正宗的当契

立儅分单田契文約人趙占嵩爲因乏用情願将祖父遺留楊家［田］一段坐落昊邑弍水溝□□□□□□溝西至徐家田該粮三斗趙□□□□纳四至粮開明在契情願出儅與ㄅ

正宗常親爹名下接受價銀伍拾两净整自儅之後言定每月每两行息二分不致短少分厘如有短少任從銀主耕種管業完粮儅主不致異言今恐人心不古立此儅契爲據ㄅㄅㄅ

立實儅分单田壹叚播種四羅實儅銀伍拾两整○ㄅ

道光拾年十一月初六日　立儅分单文約人趙占嵩（花押）

儅契爲據　凴中　母旧張文魁（花押）

堂兄趙占華（十）

親筆

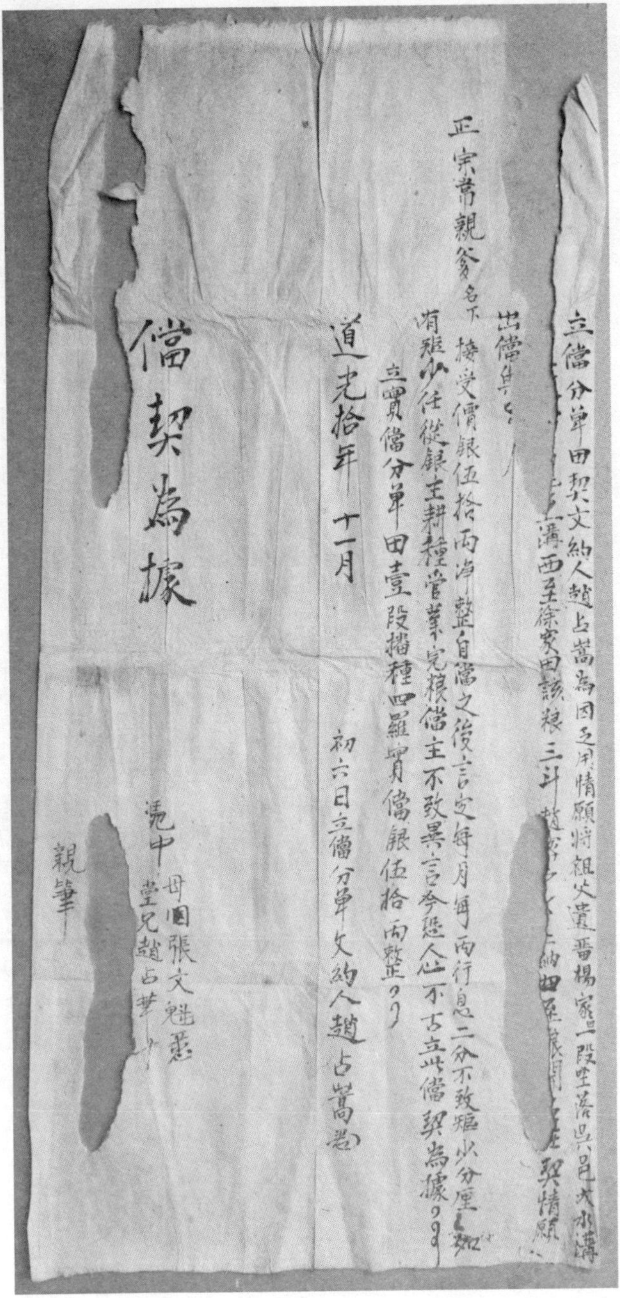
立當分單田契文約人趙占嵩爲因乏用情願將祖父遺留楊家一段坐落與邑大水溝
[illegible]溝西至徐家田該粮三斗[illegible]納田[illegible]契情願
出當與
正宗常親爺名下接受價銀伍拾兩净整自當之後言定每月每兩行息二分不致短少分厘如
有短少任從銀主耕種管業完粮當主不致異言今恐人心不古立此當契爲據
立實當分單田壹段播種四籮實當銀伍拾兩整
道光拾年　十一月　初六日立當分單文約人趙占嵩　書
當契爲據
憑中　母舅張文魁　墨
堂兄趙占華　押
親筆

道光十年十一月十六日周德富杜卖归并田与周建猷的杜卖归并文约

立賣杜断歸併文約人周德富仝孫國興國彥爲因乏用情愿将祖父遺
西田屯粮田壹𠩄坐坐落黄落池佈種貳箩伍帮該粮伍升在于憲户下上納
其田東至溝南至張姓田隔埂西至溝北至堂侄建有田隔埂四至粮数開
明在契情愿憑家族杜賣歸併與△
周建猷 名下實受杜價歸併銀陸拾捌两净入手應用自杜賣歸併之後任隨買
主納粮耕種永爲己業杜賣子孫永遠不得一言過問倘有内外人等一言争
競有杜賣歸併主一面承當恐後無憑立此杜賣永遠爲據
△實杜賣歸併接受價陸拾捌两是实

道光十年十一月十六日　立歸併杜賣文约人周德富（十）同孫國興（十）
　　　　　　　　　　　　　　　　　　　　　　　　國彥（十）

堂弟　周德開（十）
孫[生]周　澍（花押）
周建有（花押）
周建道（花押）
憑中人　周文明（十）
晏志成（花押）
叚　紋（花押）
謝承奎（花押）

歸併
永遠
一

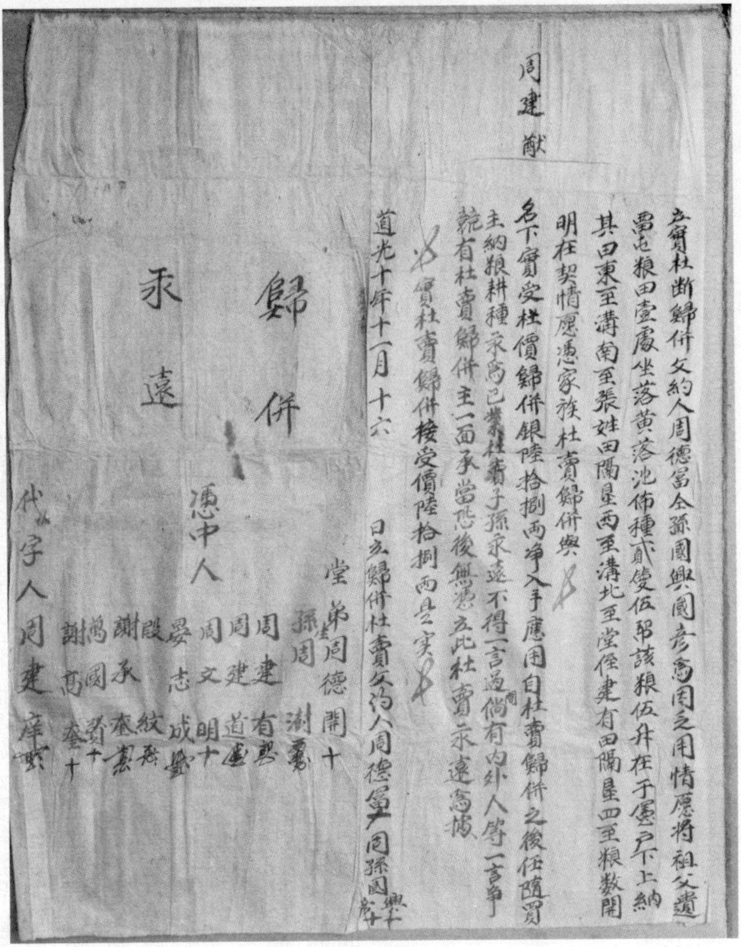
周建猷
立賣杜斷歸併文約人周德留仝孫國興、國彥，為因乏用，情愿將祖父遺
留屯粮田壹處，坐落黄落池，佈種貳斗伍升，該粮伍升，在于□戶下上納。
其田東至溝，南至張姓田隔埂，西至溝，北至堂侄建有田隔埂，四至粮數開
明在契。情愿憑家族杜賣歸併與
名下，實受杜價歸併銀陸拾捌两，凈入手應用。自杜賣歸併之後，任隨買
主納粮耕種，永為己業，杜賣子孫永遠不得一言過問。倘有內外人等一言爭
執，有杜賣歸併主一面承當。恐後無憑，立此杜賣永遠為據。
實杜賣歸併接受價陸拾捌两是實
道光十年十一月十六日立歸併杜賣文約人周德留、同孫國興（十）、國彥（十）
歸併
永遠
堂弟周德開（十）
孫侄周澍霖
周建有
周建道
周文明
晏志成
殷紋孫
謝承奎
萬國賢（十）
謝高奎（十）
憑中人
代字人周建庠（花押）

萬國賢（十）
謝高奎（十）
代字人周建庠（花押）

立實典契文約人彭澤延彭奎南彭慶延彭生財爲因合族人等建修祠堂缺乏
修理費用情願将族内先祖天華公先年向晏姓承買得遺留歸祠堂用六甲粮田
壹段其田坐落龍江練上營甲名喚河口田该粮叁畝在晏加陞户下完纳贝田四至俱在先年
天華公承買契内書明今因修理不足合族情願書立典契實典與
玉麟白老新爺员下实典净銀伍拾兩整修理人等入手应用自合族出典之後每年白姓向佃户撥取租谷
叁拾箩贝田任從銀主白姓执契照至管業招佃耕種收租完粮彭姓合族人等不致異
言倘有内外人等異言争競有彭澤延等一力承當無論年月遠近銀到田還銀主不得刁难恐
後無凴立此典契爲據

实典用六甲粮田壹段实典净銀伍拾兩整遞年纳租谷叁拾箩是实

道光十一年十月二十四日　立實典契文約人彭澤延（花押）彭慶延（花押）
奎南（花押）生財（十）

生康賛虞（花押）

典契存照　凴中族内彭生林（十）
華（十）

生奎南親筆（花押）

道光十一年十月二十四日彭泽延等典田与白玉麟筹祠堂维修款的典契

立實典契文約人彭澤廷、彭奎南、彭慶廷、彭生財，為因合族人等建修祠堂缺乏
修理費用，情願將族內先祖天華公先年向晏姓承買得遺留歸祠堂用六甲糧田
壹段，田坐落龍江練上營甲，名喚河邊田，該糧叁甌，任晏加陞戶下完納，其田四至俱在先年
天華公承買契內書明。今因修理不足，合族情願書立典契，實典與
玉麟、白老新翁名下，實典淨銀伍拾兩整，修理人等入手應用。自合族出典之後，每年白姓向佃戶撥取租谷
叁拾籮，其田任從銀主白姓執契照至查業，招佃耕種，收租完糧，彭姓合族人等不敢異
言。倘有內外人等異言爭競，有彭澤廷等一力承當。無論年月遠近，銀到田還，銀主不得刁難。恐
後無憑，立此典契為據。
實典用六甲糧田壹段，實典淨銀伍拾兩整，遞年納租谷叁拾籮是實。
道光十一年十月二十四日立實典契文約人彭澤廷畫、彭奎南畫、彭慶廷畫、彭生財十

生康贊虞書

憑中族內彭生林十、彭生華十

典契存照

生奎南親筆書

道光十二年三月十九日周林仕将军粮田归并与周文明的归并田契

立實歸併田契文約人周林仕爲因官欵無有出辨情願将祖父遺留軍粮田壹叚佈種弍籮
此田先父曾杜賣與堂祖周德成爲業田價未足［予爲］身欠官谷一無丝毫上納具禀
所主台前蒙斷取贖找餘完欵今社長副追邀完納請中将此田［变賣］其田坐落寨左名喚凹子
田東至坡南至文富田隔埂西至張姓田隔埂北至溝该粮弍升伍合在于憲祖户下上納四至
坐落田名等項開明載契情願凴差請親族立契歸併與△
堂叔周文明名下實接受歸併［特値］田價銀伍拾弍兩弍錢净足入手完欵自歸併之後任隨堂叔文明納
粮耕
種管業林仕子孫永遠不得過問倘有家族弟兄一言争論有林仕一力承當係是二比心
情服悦於中並無相强等情亦無私債準折恐無凴據立此歸併永遠存照△
實歸併軍粮田壹叚佈種弍籮该粮弍升伍合接受歸併價銀伍拾弍兩弍錢是實
道光十二年三月十九日　立實歸併田契文约人周林仕（十）
○内批予爲二字 又添特値二字　再添变賣二字○
堂弟周林科（花押）
歸併田
差黄文極（十）
契爲據
鐸晏志成（花押）

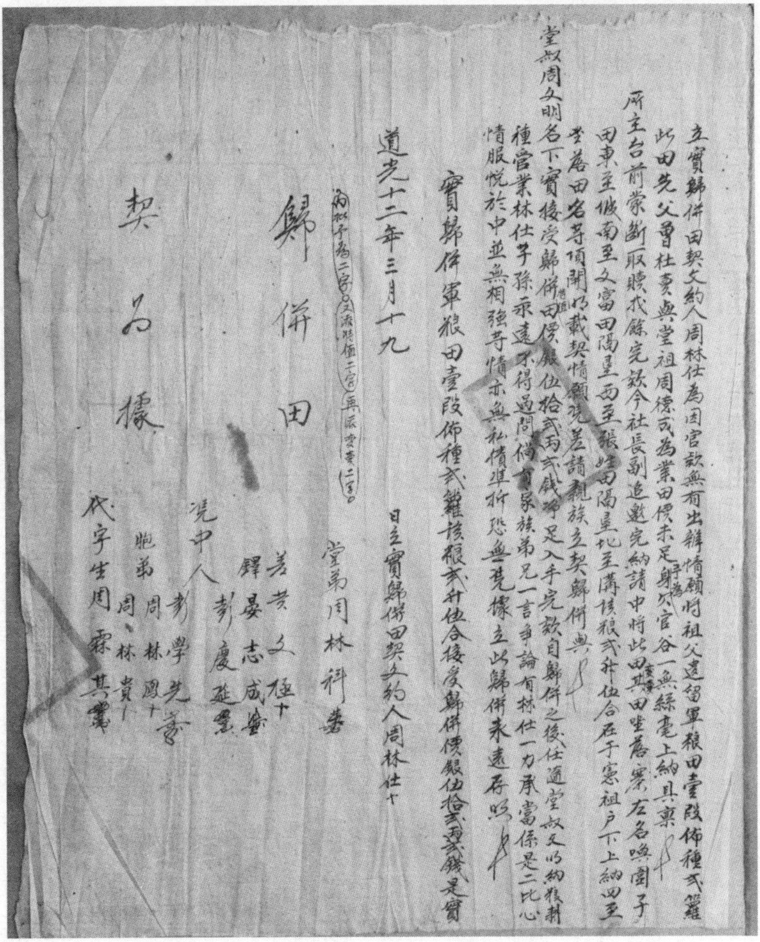

凴中人彭慶延（花押）
彭學先（花押）
胞弟　周林鳳（十）
周林貴（十）
代字生周霖其（花押）

道光十二年十月二十六日赵占嵩卖田与□□□的卖契

立實賣田契文約人趙占嵩有祖父遺留直粮田一段大小柒度布種四籮名喚楊家田坐落呉邑門首其田東至占華田南至短垻趙姓田北至□南至黃□田該粮四斗六升二合在趙密户下上納四至粮数開明在契爲因先年出賣與黃姓壹帋姓壹帋請凴親族欠勸今立約出賣與ᑫᑫᑫ□□□□□□□□□實接受價銀貳百壹拾叁兩净整自賣之後任從買主管業耕種完粮比時銀田兩相交明日後有力取贖無力不得加找此係二比情愿倘有内外人等異言争競有趙姓人等一面承擋恐後無憑立此賣契爲據ᑫᑫᑫ

實賣直粮田一段大小柒度實接受價銀貳百壹拾叁兩整ᑫᑫ

立實賣田契人趙占嵩（花押）

道光十二年十月二十六日

〇内天力两二字有贖回黄姓賣契一帋加契一帋交買主收存還回占嵩分单一帋不得別抵亦不干碍此田□□

大忠胡老先生（花押）

母旧張文魁（花押）

凴中伯父趙□□

堂兄趙占華（十）

占嵩親筆（花押）

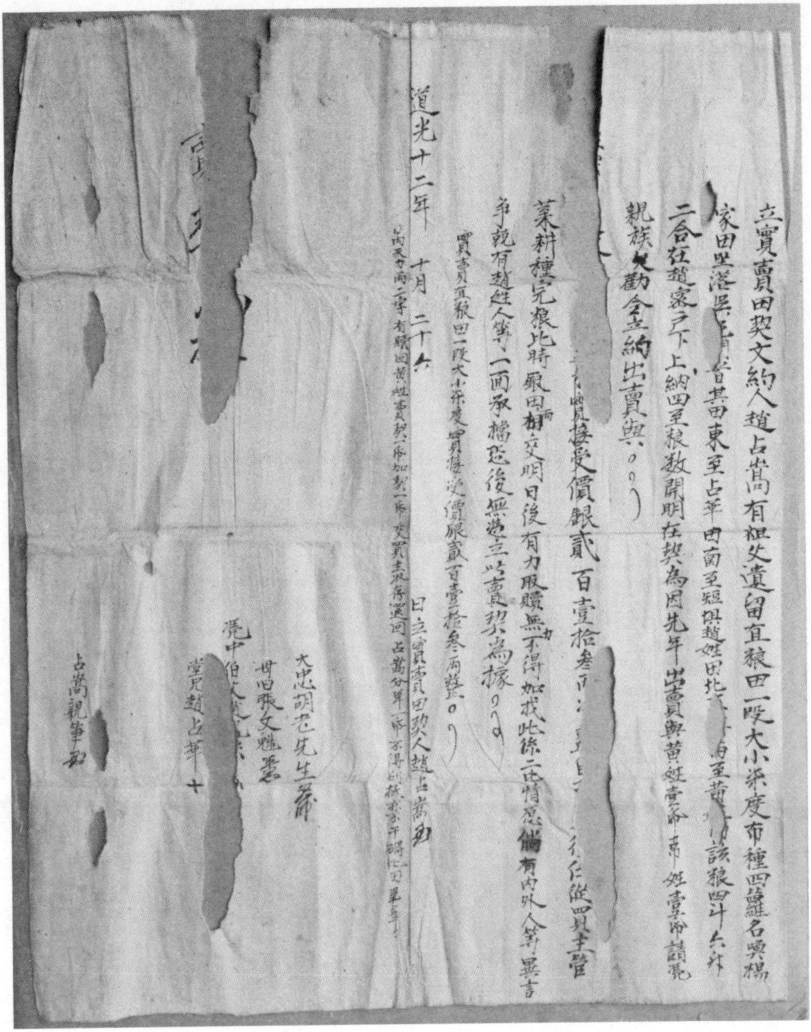
立實賣田契文約人趙占嵩，有祖父遺留宜粮田一段，大小柒度，布種四籮，名喚楊
家田，坐落[illegible]首，其田東至占華田，南至短與趙姓田，北至[illegible]，該粮四斗六升
二合，在趙家戶下上納，四至粮數開明在契。為因先年出賣與黃姓壹[illegible]，姓壹佰，請憑
親族人勸合，立約出賣與[illegible]
[illegible]接受價銀貳百壹拾叁兩[illegible]，任從買主管
業耕種完粮，比時賣田價銀交明，日後有力取贖，無力不得加找，此係二比情愿，倘有內外人等異言
爭執，有趙姓人等一面承擋，恐後無憑，立此賣契為據。
實賣貝宜粮田一段大小柒度，實接受價銀貳百壹拾叁兩整。
道光十二年 十月 二十六 日立實賣田契人趙占嵩 押
內添字兩[illegible]，有贖回黃姓賣契一張、加契一張，交買主收存，還回占嵩分單一張，不得[illegible]
大忠胡老先生 押
世田張文魁 押
憑中伯[illegible]
堂兄趙占華 十
占嵩親筆 押

立賣田文约人畨錦田爲因乏用将祖父遺留名煥
籮照士田壹分大小伍坵佈種叁籮該粮壹斗零伍合在如
蘭户下上纳東至畨姓田南至陳姓田西至端立田北至溝四
至粮数開明在契情愿憑中立约出賣與○○ᑫ
堂兄錦佩名下實接受價銀陸拾两净整自賣之後任從買主耕
種管業完粮當日銀契相交係是二比情愿恐有家族
人等争競賣主一面承當有力取贖無力不至加找恐後無憑立此賣
契爲據○○ᑫ

實接價銀陸拾两净整

道光拾肆年正月拾八日　立賣田文约人畨錦田（十）

○其銀係天秤兑○

○其粮米二如蘭户下上纳○　紡弟錦達（十）

○誰田秧田贰坵座落下村門首○　憑中　隣侄尹集周（十）

○内圓字二个忝字二个○

賣契爲據　代字紡弟錦應（花押）

道光十四年正月十八日番锦田卖田与番锦佩的卖契

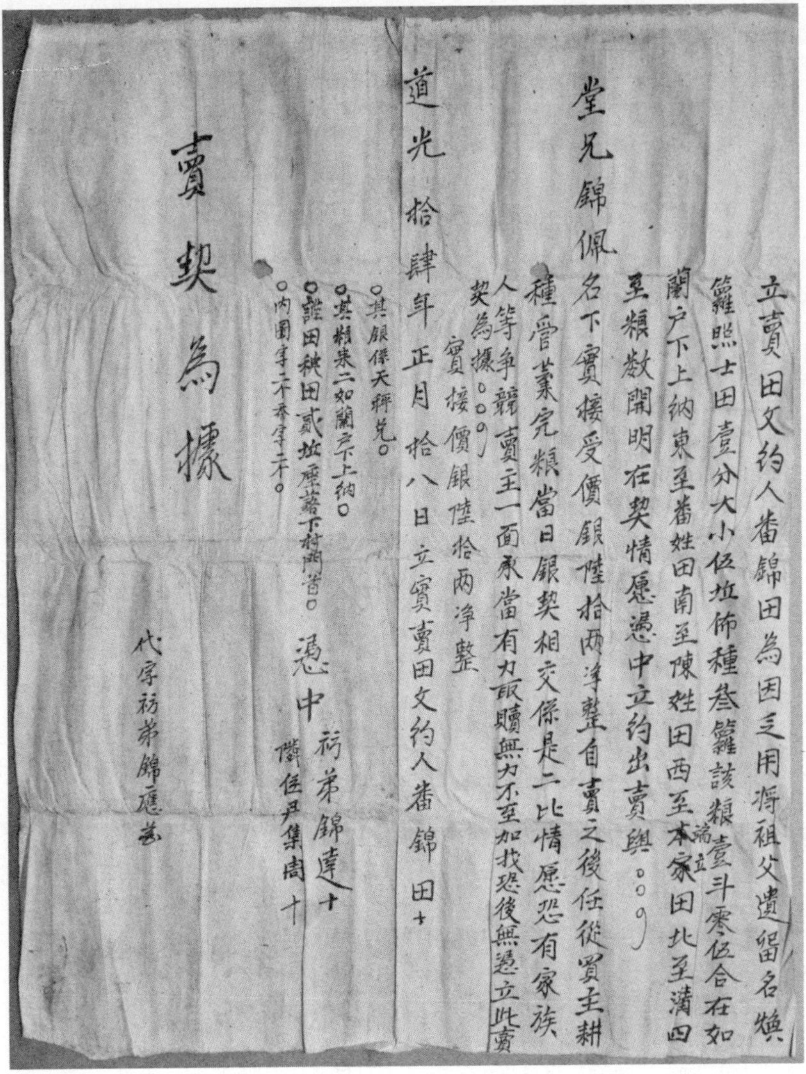
立賣田文约人番錦田為因乏用將祖父遺留名煥
籮照士田壹分大小伍坵佈種叁籮該粮壹斗零伍合在如
蘭户下上納東至番姓田南至陳姓田西至本家田北至滿四
至粮数開明在契情愿憑中立约出賣與。。。
堂兄錦佩名下實授受價銀陸拾兩淨整自賣之後任從買主耕
種管業完粮當日銀契相交係是二比情愿恐有家族
人等爭競賣主一面承當有力取贖無力不至加找恐後無憑立此賣
契為據。。。
實授價銀陸拾兩淨整
道光拾肆年正月拾八日立實賣田文约人番錦田十
。其銀係天秤兑。
。其粮米二如蘭户下上纳。
。雖田秧田貳坵壓落下村門首。
。内圖字二个本字二个。
憑中 祈弟錦達十
隣任尹集周十
代字 祈弟錦應書
賣契為據

立加找田文約人龐雲龍龐登楊龐登全龐登華龐登早登紀登林登和金春萬春生春
等爲因家族公事乏用情愿立約加找到ｑｑｑ
啓照張四哥　名實加找民銀拾伍兩净整其田四至粮数佈種坐落俱在前契書明自加之
後有力取贖無力不致加找銀到契歸二比不得刁難今恐人心不古立此加找
爲據實是ｑｑｑ
實加找民銀拾伍两净整是實ｑｑｑ

華（十）
全（十）
早（十）
紀（十）
林（十）
和（十）
金春（十）
萬春（十）
生春（十）

道光拾伍年正月十六日　立加找田契人龐云龍（十）龐登揚（十）　合族人等（十）

五谷
豐登

憑中人學能張三叔（十）
啓應張大哥（十）

代筆龐遇春（花押）

道光十五年正月十六日庞云龙等与张启照的加找田文约

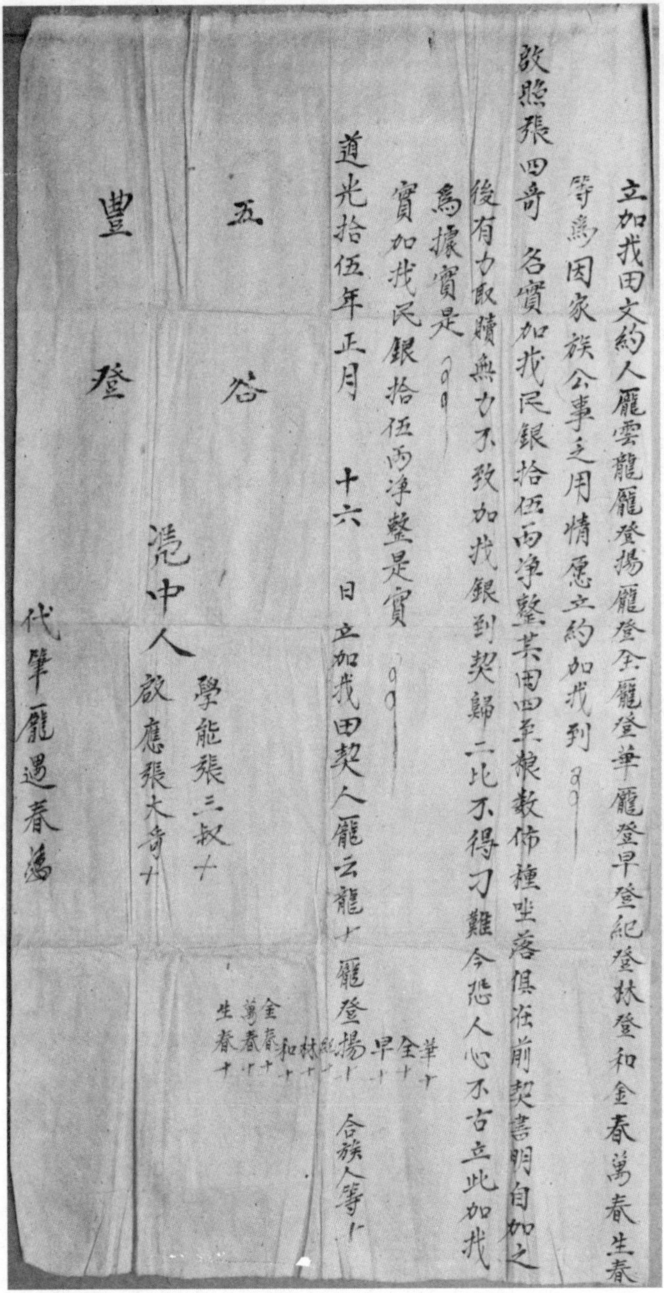

立加找田文約人龐雲龍龐登揚龐登全龐登華龐登早登紀登林登和金春萬春生春
等為因家族公事乏用情愿立約加找到
欽照張四哥 名實加找民銀拾伍兩淨整其田四至根數佈種坐落俱在前契書明自加之
後有力取贖無力不致加找銀到契歸二比不得刁難今恐人心不古立此加找
為據實是
實加找民銀拾伍兩淨整是實
道光拾伍年正月 十六 日 立加找田契人龐云龍十 龐登揚十 華十 全十 早十 紀十 林十 和十 金春十 萬春十 生春十 合族人等十
五 谷
憑中人 學能張三叔十 啟應張大哥十
豐 登
代筆龐遇春為

立賣田契文约人趙占嵩爲因乏用情愿立约將祖遺田
一渡共合前七渡歸入
□□□□宗名下爲業接受價銀拾兩净整四至粮数俱在前契
開明自重賣之後任從買主耕種完糧勿論年遠近銀
到田還買主不得刁難此係二比情愿中間並無逼迫等情恐後無
凴立此賣契爲據□

實賣價銀拾两净整□

道光拾伍年正月二十日　立賣田文约人趙占嵩（花押）

田契　趙占鰲（十）

爲據　凴中　胡助顯（花押）

代筆□

道光十五年正月二十日赵占嵩卖田与□□□的卖田契

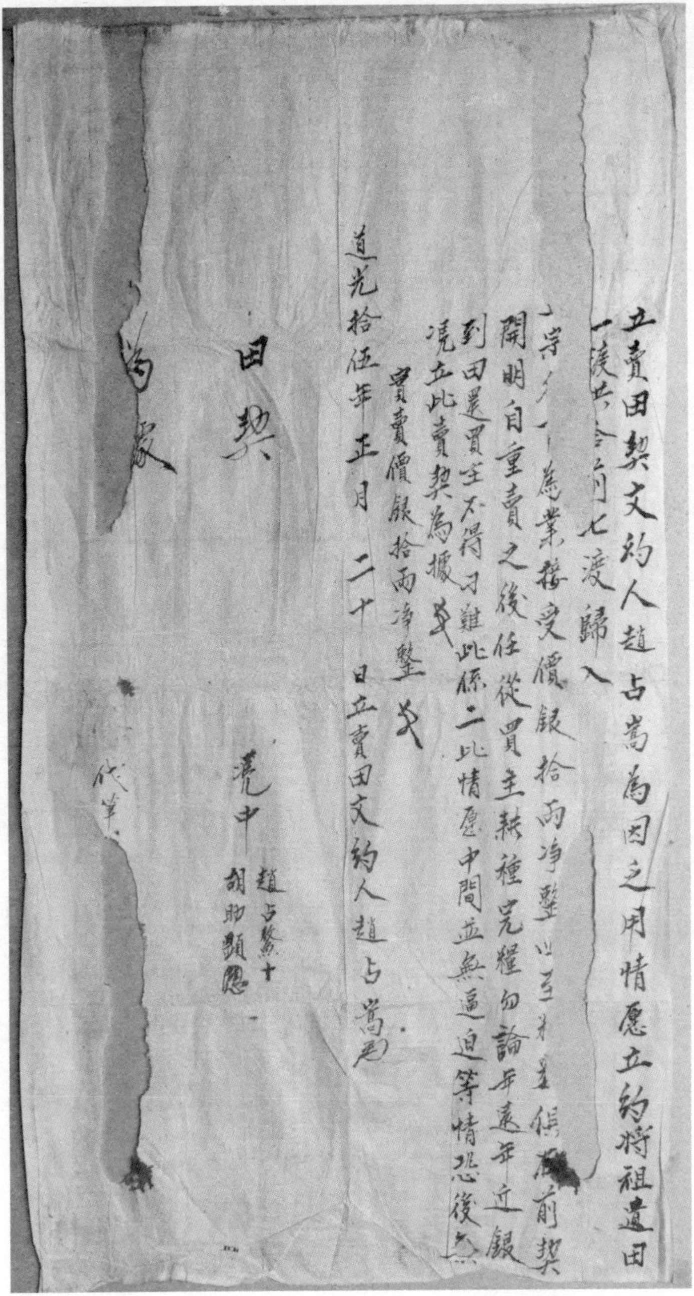

立賣田契文約人趙占嵩為因之用情愿立約將祖遺田
一段共合[illegible]七渡歸入
[illegible]為業接受價銀拾兩淨整以至[illegible]保[illegible]前契
開明自重賣之後任從買主耕種完糧勿論年遠年近銀
到田還買主不得刁難此係二比情愿中間並無逼迫等情恐後無
憑立此賣契為據
實賣價銀拾兩淨整
道光拾伍年正月二十日立賣田文約人趙占嵩
憑中 趙占鰲十
胡朋顯恩
田契
代筆

第一编 腾冲玉璧村文书（下）· 玉璧村综合文书

立實吐退歸併文約人晏連時晏連時爲因所欠段姓房價無着田租無歸
因段姓追及房價無奈只得請家族親鄰理求堂兄将河口田已面分受得壹半
先年父出賣與彭姓受過價銀壹百零伍兩伍錢情願請憑親族歸併與
逢
堂兄遇時侄國華四位名［下］永遠爲業連前賣與［堂］兄向彭姓加找銀肆拾陸兩净整代前共合
云
價銀壹百伍拾壹兩伍錢净整入手應用自歸併之後認隨堂兄子孫永遠爲
業運時弟兄之子孫永遠不得異言過問係是自服情願於中並無逼［壓］等
情係是弟兄歸併不比異姓買賣日後不得藉官私一言過問恐後無憑立此歸
併永遠爲據○
○實永遠歸併河口田壹半受價銀壹百伍拾壹兩伍錢整净是實○

道光十六年二月十二日　立歸併吐退人晏連時（十）
運時（十）
兄　晏昆山
堂　晏如山（十）
弟　晏荣時（十）
晏有時（十）

永遠
爲據

道光十六年二月十二日晏连时等吐退归并田与堂兄晏遇时的归并吐退田契文

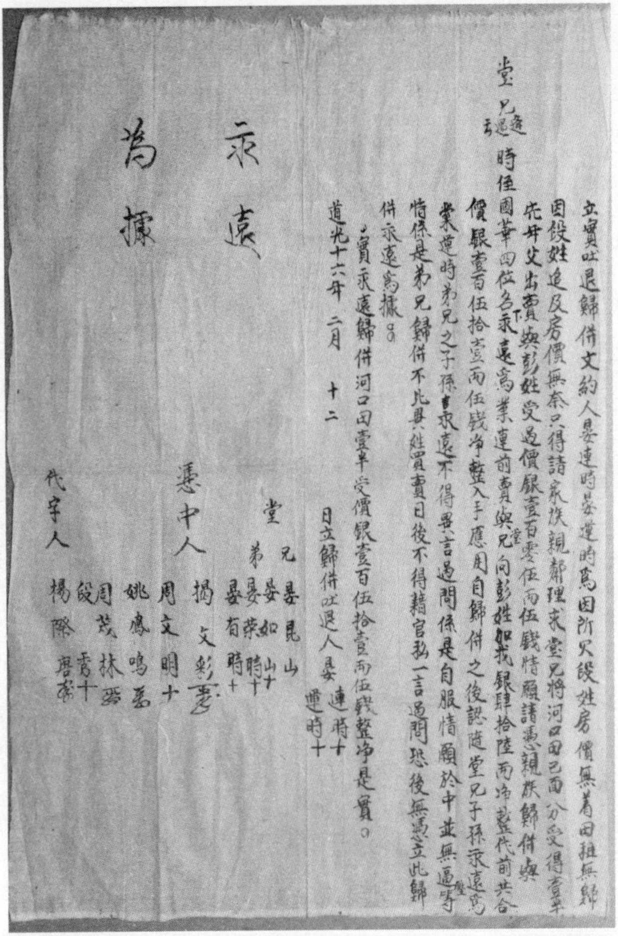

憑中人　揭文彩（花押）

周文明（十）

姚鳳鳴（花押）

周茂林（花押）

段　秀（十）

代字人　楊際唐（花押）

立實賣田契文约人周斈先爲因應用情愿将自己分受得屯粮田壹箩
坐落小荒田東至何尙田南至周文建田埂西至白姓田隔埂北至買主
田隔埂其粮一升八玉合半在周于现户下完納四至粮数開明在契憑
家族親鄰出賣與
血叔
周建猷名下实接受田價銀弍拾兩整净入手應用自賣之後任隨
買主納粮照至管業日後有力取贖無力不致加找年月不
拘遠近銀到田歸二比不得刁難係是二比情愿中間並無逼迫
等情恐後無憑立此賣爲據○○q
实賣屯粮田壹箩受價銀弍拾兩整净是实○○q
道光十七年九月二十六日　立賣田契文约人周斈先（十）
賣契　憑中人　谷逢春（花押）
爲據　堂叔周建卿（十）
代字堂叔周建道（花押）

道光十七年九月二十六日周学先卖田与周建猷的卖契

立實賣田契文約人周李先，為因應用，情愿將自己分受得屯糧田壹丘，坐落小荒田，東至尚田，南至周文建田，西至白姓田，北至買主田，隔至其糧一升八合半，在周于現戶下完納，四至糧數開明在契。憑家族親鄰出賣與

血叔周建猷名下，實接受田價銀弍拾兩整，淨入手應用。自賣之後，任隨買主納糧照契管業。日後另力取贖，無力不致加找，年月不拘遠近，銀到田歸，二比不得刁難。係是二比情愿，中間並無逼迫等情。恐後無憑，立此賣契為據。

實賣屯糧田壹丘，受價銀弍拾兩整是實。

道光十七年九月二十六日立賣田契文約人周李先

賣契為據

憑中人　谷廷春　押

堂叔　周建卿　十

代字堂叔周建道

立實歸併田契文約人周德春仝侄祥爲因應用情愿将自己分受得左下軍粮田弍箩坐落
石城其田東至周德佑田隔埂南至龔姓田隔埂西至溝北至彭姓田隔埂該粮七升三合在周于
憲户
下完納四至田名粮数書明載契憑中出立歸併與
堂侄周文科名下永爲己業實接受歸併田價净銀肆拾伍兩整自歸之後認隨堂侄文科永遠納粮管業予叔
侄二人
子子孫孫日後永遠不得壹言過問此係二比心情意願於中並無相强等情倘有内外人等一言
争競有
德春叔侄一面承當恐後無憑立此歸併永遠存照
○实歸併左下軍粮弍箩接受田價銀肆拾伍兩净整是实ꝗ
道光十八年二月十六日　實立永遠歸併田契文約人周德春（十）仝侄周文祥（十）

黄文芳（十）
楊枝芳（花押）
憑中人　張　仁（十）
周文張（十）

永　遠　存　照

代字人楊超林（花押）

道光十八年二月十六日周德春归并军田与周文科的归并田契文

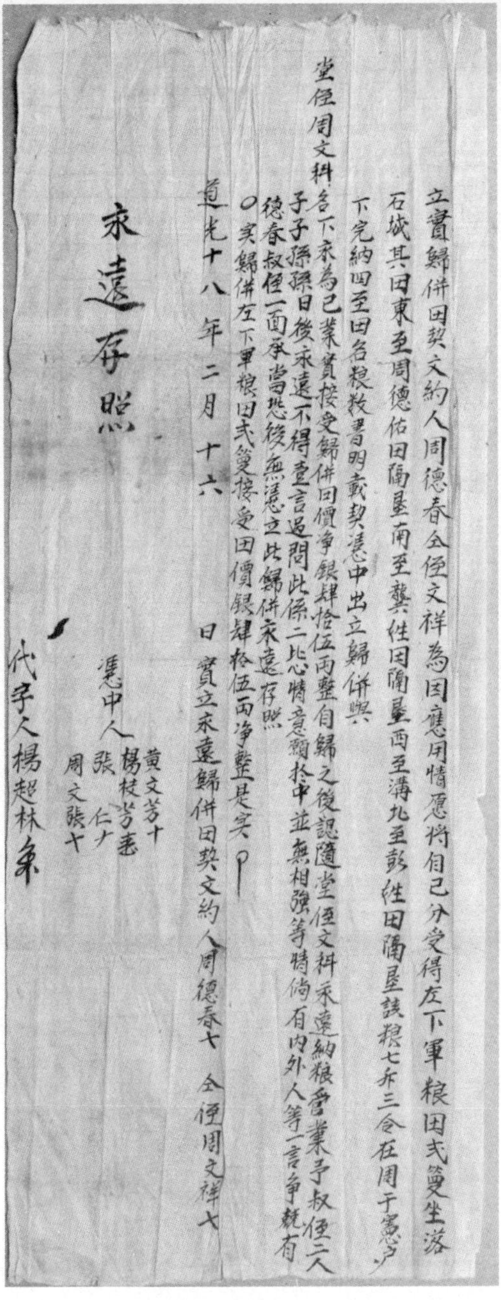
立賣歸併田契文約人周德春仝侄文祥爲因需用情愿将自己分受得左下軍粮田弍笺坐落
石城其田東至周德佑田隔埂南至龔姓田隔埂西至溝北至彭姓田隔埂該粮七升三合在周于寓户
下完納四至田名粮数書明載契憑中出立歸併與
堂侄周文科名下永爲己業賓接受歸併田價净銀肆拾伍两整自歸之後認隨堂侄文科永遠納粮管業子叔侄二人
子子孫孫日後永遠不得壹言返問此係二比心情意願於中並無相强等情倘有内外人等一言争競有
德春叔侄一面承當恐後無憑立此歸併永遠存照
〇实歸併左下軍粮田弍笺接受田價銀肆拾伍两净整是实
道光十八年二月十六日 賓立永遠歸併田契文約人周德春十 仝侄周文祥十

永遠存照

憑中人 黄文芳十 楊枝芳押 張仁十 周文張十

代字人楊超林

道光十九年十月十六日周文明归并军田与周建猷的归并田契文

立實歸併田契文約人周文明爲因應用情願向侄承買得歸併軍粮
田壹段佈種弍籮坐落寨左名喚園子田該粮貳升伍合在周于憲祖户下
上納其田東至坡南至文富田隔埂西至張姓田隔埂北至溝四至粮数開明在
契情願請中立契凴家族親零出歸併與
堂弟周建猷名下永遠爲業實接受歸併田價銀伍拾貳兩貳錢整净入手應用自賣
歸併之後任隨買主子孫永遠耕種納粮管業日後文明子孫永遠再
不得異言過問反服倘有家族内外人等一言争論有歸併人一面承當
此係二比心服情願於中並無逼迫等請亦無私债準折恐後無凴
立此歸併永遠存照爲據
○實歸併軍粮田壹段佈種貳籮該粮貳升伍合接受歸併價銀伍拾弍兩弍錢

道光十九年十月十六日　立實歸併田契文約人周文明（十）

歸併田　　萬國賢（十）
契爲據　憑中人　段　秀（十）
代字人　萬荣勳（花押）

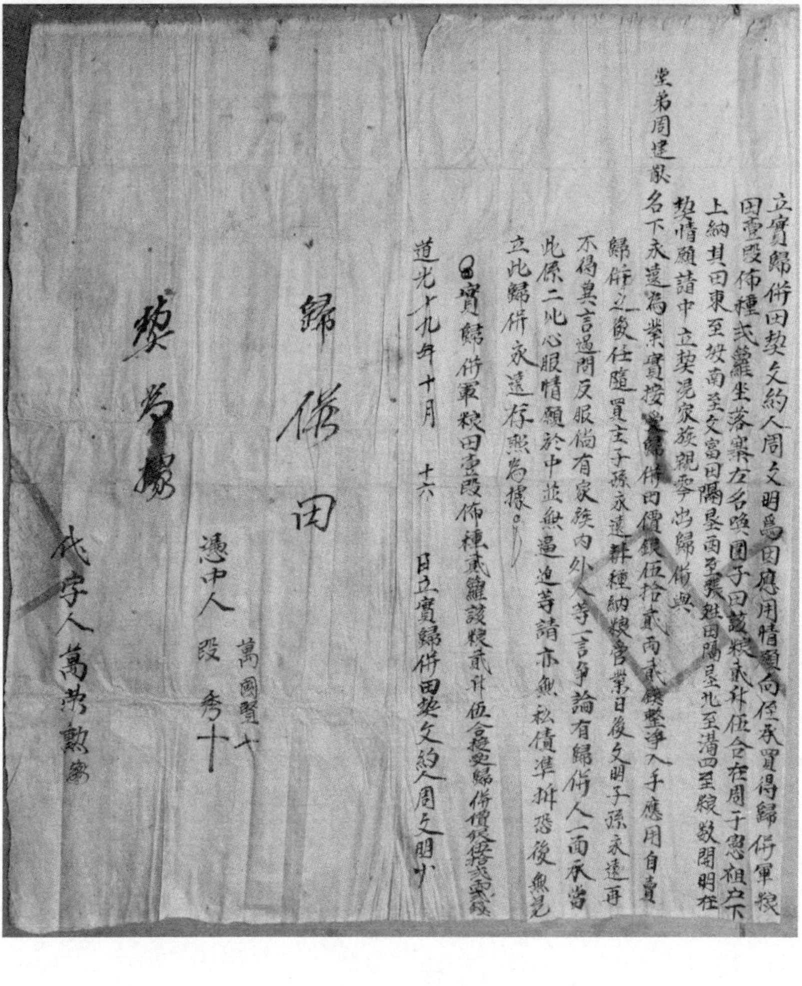
立實歸併田契文約人周文明爲因應用情願向侄承買得歸併軍粮
田壹段佈種弍籮坐落寨左名喚園子田該粮貳升伍合在周于恩祖户下
上納其田東至殁南至文富田隔埂西至龔姓田隔埂北至溝四至粮数開明在
契情願請中立契凴家族親房出歸併與
堂弟周建猷名下永遠爲業實接受歸併田價銀伍拾貳两貳錢整入手應用自賣
歸併之後任隨買主子孫永遠耕種納粮管業日後文明子孫永遠再
不得異言過問反服倘有家族内外人等一言争論有歸併人一面承當
此係二比心服情願於中並無逼迫等請亦無私債準折恐後無憑
立此歸併永遠存照爲據。
日實歸併軍粮田壹段佈種貳籮該粮貳升伍合接受歸併價銀伍拾弍两貳錢
道光十九年十月　十六　日立實歸併田契文約人周文明+
歸併田
契爲據
萬國賢十
憑中人　段　秀十
代字人萬兆勳

立賣田契人尙煥章仝子尙極爲因應用情願将分得祖遺靣分
屯粮田壹坵坐落短垻田東至畨姓田西至美章田南北至溝該米壹
斗八升額銀壹錢捌分在下伍尙邦顕冊柱完納四至粮数開明在契憑中出賣與
文周尹兄弟名下爲業接受價銀壹百壹拾△△两净整自賣之後任隨耕種管業出
役完粮日後不拘年月遠近有力取贖無力加找二比不得刁難係是
彼此情願中間並無强買壓賣亦無私債準折逼迫成交等情當
日銀田與銀两相交明恐有内外人等異言争競賣主一力承當今
恐人心不古立此賣契爲據○○٩

實賣屯粮田壹坵接受價銀壹百壹拾兩净整○○٩

道光二十一年十一月二十日　立賣田契人尙煥章十仝子尙極十

文美（十）
憑在見尹富高（十）
文開（十）
堂弟典章（十）

賣契壹纸
以爲憑據

憑　尙
胞兄　燦章（十）

十行旁添田銀贰字
又添下伍弍字

道光二十一年十一月二十日尚焕章卖田与尹文周的卖契

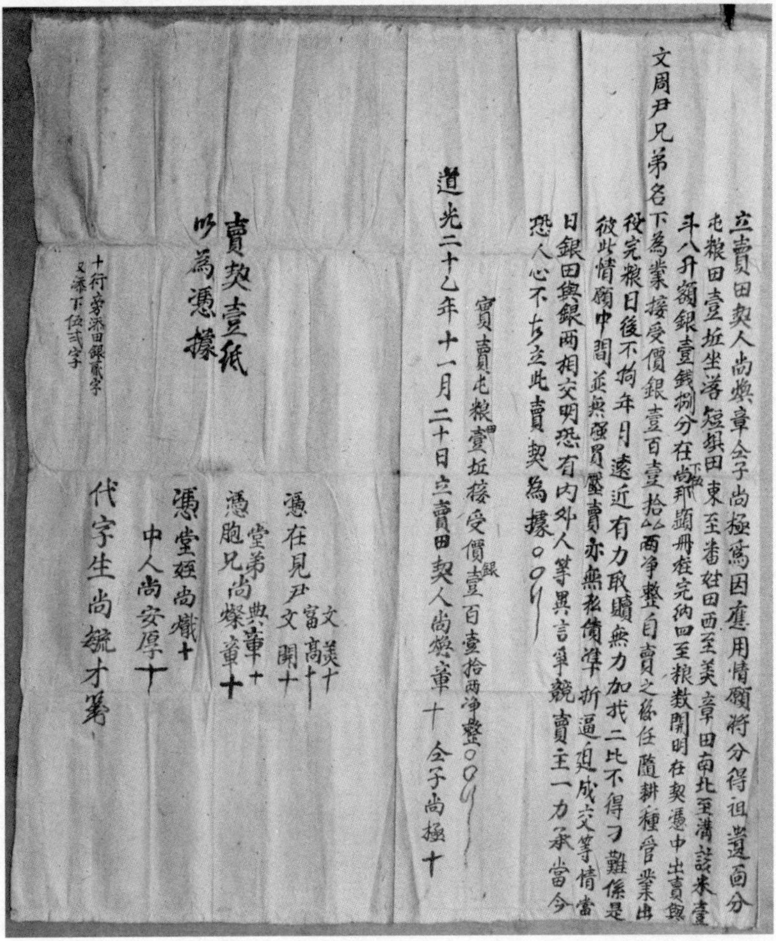
立賣田契人尚煥章仝子尚極爲因應用情愿將分得祖遺面分
屯粮田壹坵坐落短坝田東至番姓田西至美章田南北至溝該米壹
斗八升𧐐銀壹錢捌分在尚下寨邦顯冊夜完納四至粮数開明在契憑中出賣與
文周尹兄弟名下為業接受價銀壹百壹拾両淨整自賣之後任隨耕種管業出
役完粮日後不拘年月遠近有力取贖無力加找二比不得刁難係是
彼此情愿中間並無强買壓賣亦無私債準折逼迫成交等情當
日銀田與銀兩相交明恐有内外人等異言爭競賣主一力承當今
恐人心不古立此賣契為據
實賣屯粮田壹坵接受價銀壹百壹拾両淨整
道光二十七年十一月二十日立賣田契人尚煥章十　仝子尚極十
憑在見尹文美十　文富十　文高十　文開十
憑胞兄尚燦章十　堂弟典章十
憑堂姪尚熾十
中人尚安厚十
代字生尚毓才筆
賣契壹紙
以為憑據

憑堂姪　尚熾（十）
中人尚安厚（十）
代字生尚毓才（花押）

立加找田價文約人龎登華登全登早登紀登榜登元登彩登和萬春
金春逢春連春生春遇春合族老幼等爲因族內公事應用不敷情
愿将合族祖父分受遺留十三分半之田一段坐落田坵四至粮数前契書
明立約加找到
啓麟张三哥　名下实加找市用九一名銀肆拾伍兩净整自加之後有力取贖
無力不得再行加找分厘其儅契一帋刘姓過契二帋加找二帋前後共伍
帋俱係二比情愿當時銀契两相交明中間一無私賬准拆並無逼迫成交
銀到契歸二比不得刁难今恐人心不古立此加找田價後日爲據是实
实加找田價銀肆拾伍兩連前实儅加共銀壹佰壹拾兩整
道光二十二年正月二十五日　立加找田價文約人龎登華（十）合族等
加找　凴中　李龍張三爹（十）
爲據　代筆龎萬春（画押）

道光二十二年正月二十五日庞登华等与张启麟的加找田价文约

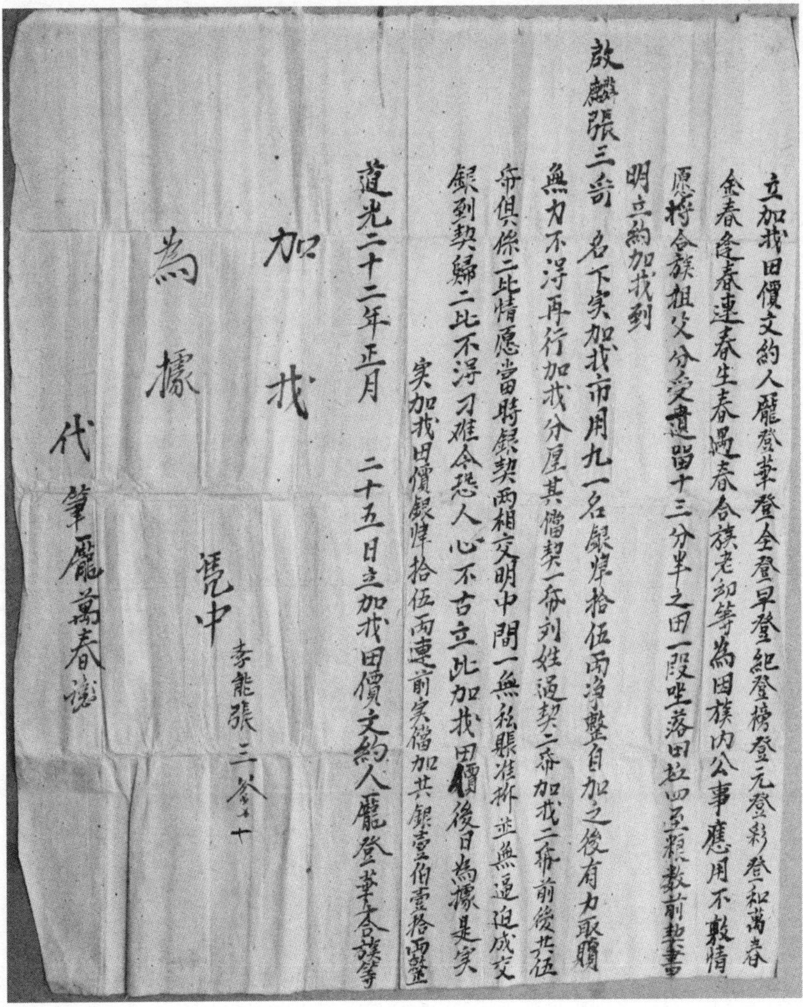

立加找田價文約人龐登華登全登早登紀登榜登元登彩登和萬春
余春逢春連春生春遇春合族老幼等為田族内公事應用不敷情
愿將合族祖父分受遺留十三分半之田一段坐落田垃四至粮数前契書
明立約加找到
啟麟張三爺 名下实加找市用九一名銀肆拾伍両淨整自加之後有力取贖
無力不淂再行加找分厘其當契一帋列姓退契二帋加找二帋前後共伍
帋俱係二比情愿當時銀契兩相交明中間一無私賬準折並無逼迫成交
銀到契歸二比不淂刁难今恐人心不古立此加找田價後日為據是实
实加找田價銀肆拾伍両連前实當加共銀壹佰壹拾両整
道光二十二年正月 二十五日立加找田價文約人龐登華合族等
加找
為據
凴中 李能張三叅十
代筆龐萬春謹

立永遠歸併田契文约人沓錦沺仝子立荣立周爲因乏用情愿将祖父遺留
名唤箩照士田壹分大小伍坵佈種叁箩該粮壹斗零伍合在来二甲沓如
蘭户下上纳東至沓姓田南至陳姓田西至錦沺田北至溝四至粮数開明
在契隨田秧田贰坵坐落下村門首情愿憑家族立约歸併與ᑫ
祊弟錦绶名下實接受價銀壹佰肆拾伍兩整自歸之後任從買主耕種管業完粮錦
沺子孫永遠不得過問恐有家族人等争競有錦沺一面承當係是二比
情愿其中並無逼迫承交恐口無憑立此永遠歸併爲據是實ᑫ
實歸併「田」壹分大小伍坵佈種叁箩實接受價銀壹佰肆拾伍兩整ᑫ
道光弍拾叁年十一月二十六日立歸併田契文约人祊兄錦沺＋仝子立荣（十）
周（十）
内忝田字一個ᑫ

憑中
祊弟錦崑（花押）
德（十）
堂侄立秀（十）

代字族侄品傑（花押）

永遠歸併爲據

道光二十三年十一月二十六日番锦沺归并田与弟锦绶的归并田契文约

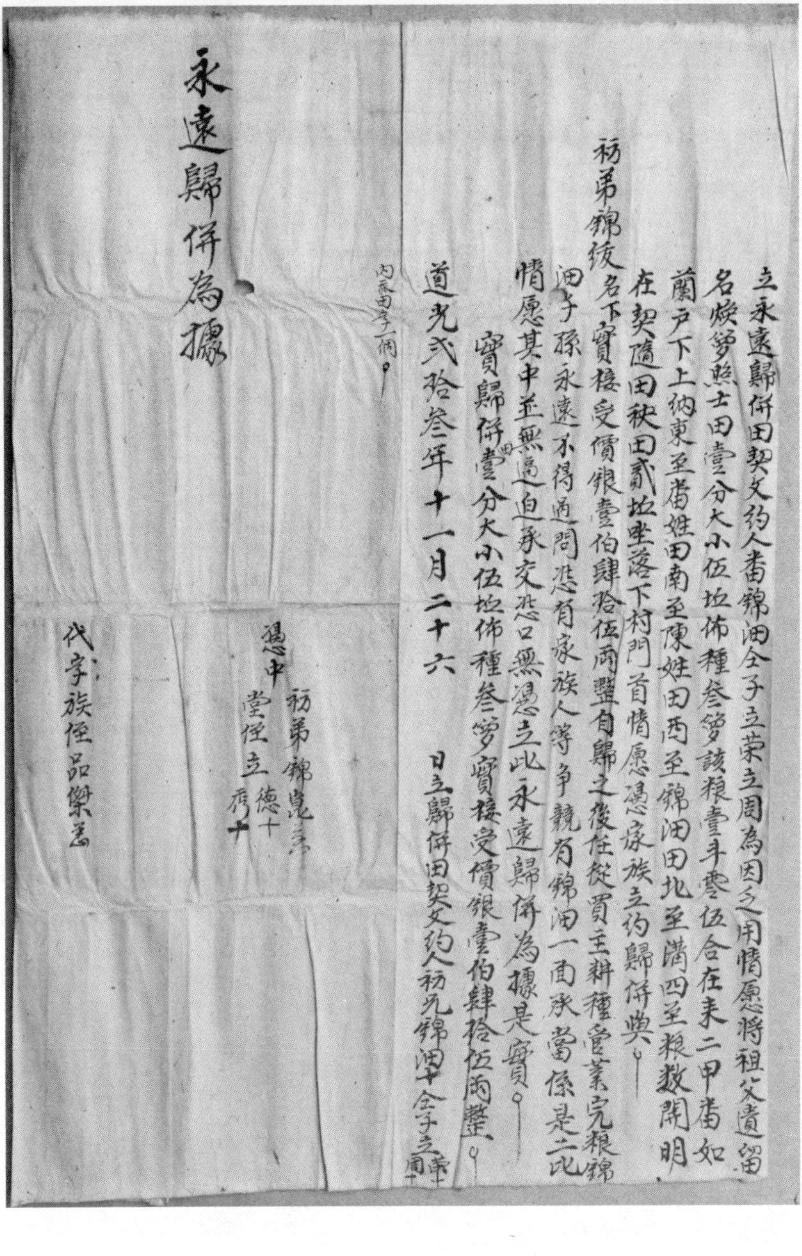
永遠歸併為據

立永遠歸併田契文約人番錦洄仝子立榮、立周，為因乏用，情愿將祖父遺留

名燦箩熟土田壹分，大小伍坵，佈種叁箩，該糧壹升零伍合，在耒二甲番如

蘭戶下上納。東至番姓田，南至陳姓田，西至錦洄田，北至溝，四至糧數開明

在契。隨田秋田貳坵，坐落下村門首。情愿憑家族立約歸併與

祊弟錦绂名下，實接受價銀壹伯肆拾伍兩整。自歸之後，任從買主耕種管業，完糧。錦

洄子孫永遠不得過問，恐有家族人等爭競，有錦洄一面承當，係是二比

情愿，其中並無逼迫田承交，恐口無憑，立此永遠歸併為據是實。

實歸併壹分，大小伍坵，佈種叁箩，實接受價銀壹伯肆拾伍兩整。

內添田字一個

道光弍拾叁年十一月二十六日立歸併田契文約人祊兄錦洄十仝子立榮十 立周十

憑中 祊弟錦崑
堂侄立德十 立虎十

代字族侄品樂書

契

府字一萬五千五百三十號

尾

雲南等處承宣布布政使司爲遵

旨議奏事奉准 戶部咨開議覆河南布政使富明條奏置買田産應請嗣後布政司頒發給民契尾格式編列

號數前

半幅照常細書業户等姓名買賣田房數目價銀稅銀若干後半幅於空白處預鈐司印以備投稅時将契

價稅銀

數目大字塡寫鈐印之處令業戶看明當面騎字截開前幅給業戶收執後幅同季冊彙送布政司查核等

因奉

旨依議欽遵咨院行司奉此今據騰越廳請頒契尾前来合就編號同簿印發凡有典當活契仍欽遵

上諭不必投稅外其杜賣田房産業永不加找取贖者照例眼同買主投稅按價每兩收稅銀叁分将契尾前幅

塡給業

戶收執後幅截繳查核湏至契尾者 實

計開

道光二十四年正月二十八日云南等处承宣布政使司给周建猷的契尾

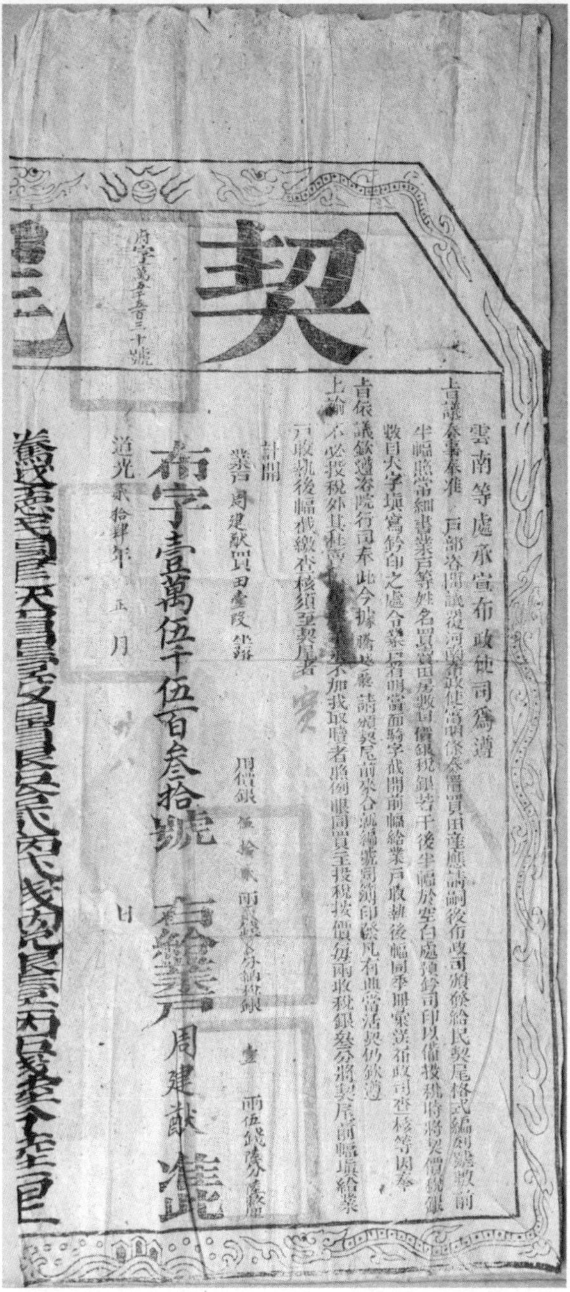

業戶周建猷買田壹叚坐落用價銀伍拾貳兩貳錢分納稅銀壹兩伍錢陸分陸釐

布字壹萬伍千伍百叁拾號右給業戶周建猷　准此

道光貳拾肆年正月　廿八日

立实加找田契文约人周時昌爲因家下應用情願立约

加找到

叔祖周建猷名下实加找田價銀陸兩整净入手應用自加之後其田明

四至粮数俱在愿契書明日後有力取贖無力不致加找

分厘係是二比情原中間並無逼迫等情恐後無立此加

找永遠爲據

实加田價銀陸兩整前後共合田價銀伍拾捌兩整净是实

道光二十六年二月二十二日　立加找出契文约人周时品

○内添合字一個○

○此時又加銀叁批明○

周時賢（十）

周敬先（十）

周贵先（十）

周林荣（花押）

周華先（十）

憑中人　李云鹏（十）

谢才昌（花押）

周林先（十）

加找

爲據

道光二十六年二月二十二日周时昌与周建猷的加找田契文约

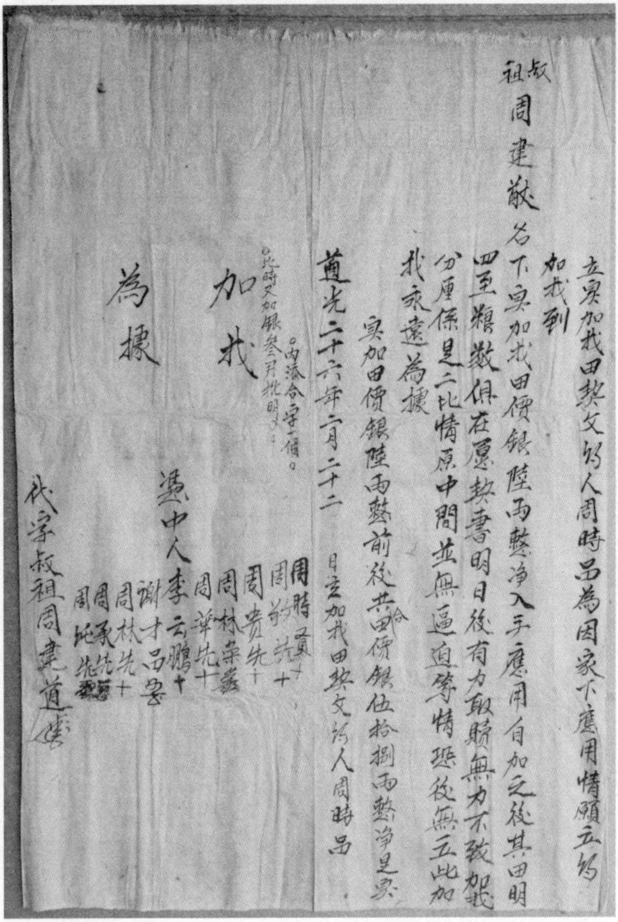
立実加找田契文約人周時品為因家下應用情願立約
加找到
叔祖周建敞名下実加找田價銀陸兩整淨入手應用自加之後其田明
四至糧數俱在原契書明日後有力取贖無力不致架
分厘係是二比情原中間並無逼迫等情恐後無憑立此加
找永遠為據
実加田價銀陸兩整前後共合田價銀伍拾捌兩整淨是実
道光二十六年六月二十二日立加找田契文約人周時品
○内添合字一個○
○此時又加銀叁月批明又○
加找
為據
周時貴十
周粹先十
周貴先十
周林崇
周華先十
憑中人李云鵬十
謝才品
周林先十
周承先
周純先
代字叔祖周建道

周承先（花押）

周纯先（花押）

代字叔祖周建道（花押）

立實加找契文約人畨兆良爲因伯母身故應用不敷情愿立加找到畨子正族兄名下實加找浄人名銀壹兩整其田四至粮数俱在老契書明恐口無憑立此加找爲據是實

〇立實加找浄人名銀壹兩整

咸豐伍年十一月初一日　立實加契文約人畨兆良（十）

加找爲據　憑中人畨兆全（十）

畨兆瑞（十）

代字人畨兆麟（十）

咸丰五年十二月初一日番兆良与番子正的加找田契文约

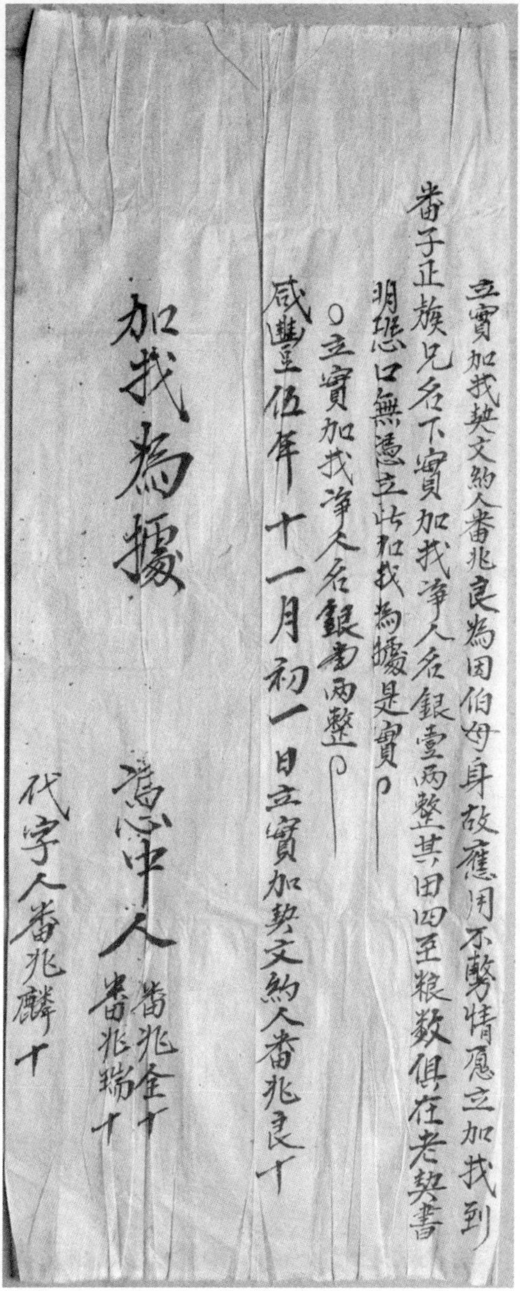

立實加找契文約人畨兆良為因伯母身故應用不敷情愿立加找到
畨子正族兄名下實加找淨人名銀壹两整其田四至粮数俱在老契書
明恐口無憑立此加找為據是實
〇立實加找淨人名銀壹两整〇
咸豐伍年十一月初一日立實加契文約人畨兆良十
加找為據
憑中人 畨兆全十
畨兆瑞十
代字人畨兆麟十

光绪十年八月初二日卖田受银记录

今將老母壹典如金李二兄田
價计開
倪家鋪目芽塘田一分［佈種四箩］又路邊田
一分［佈種弍箩］共佈種陸箩價艮壹百弍
拾兩 賣田之年買主收租此批
□大擺田一分佈種伍箩價艮壹
□□□□田之年買主收租此批
又將福元賣的计開
吴邑尖担田一分佈種三箩又矣比
小凹子田一分佈種三箩價艮壹百
壹拾弍兩弍錢
尙家寨長田一分佈種伍箩又双
圻田一分佈種弍箩價艮壹百叁
拾壹兩
矣比烟墩下田一分佈種四箩又横
埧田一分佈種陸箩價艮壹百八
十六月
尙家寨纱情田一分佈種叁箩
又小石頭田一分佈種壹箩伍斜
價艮捌拾叁兩七錢
光绪拾年八月初二日立

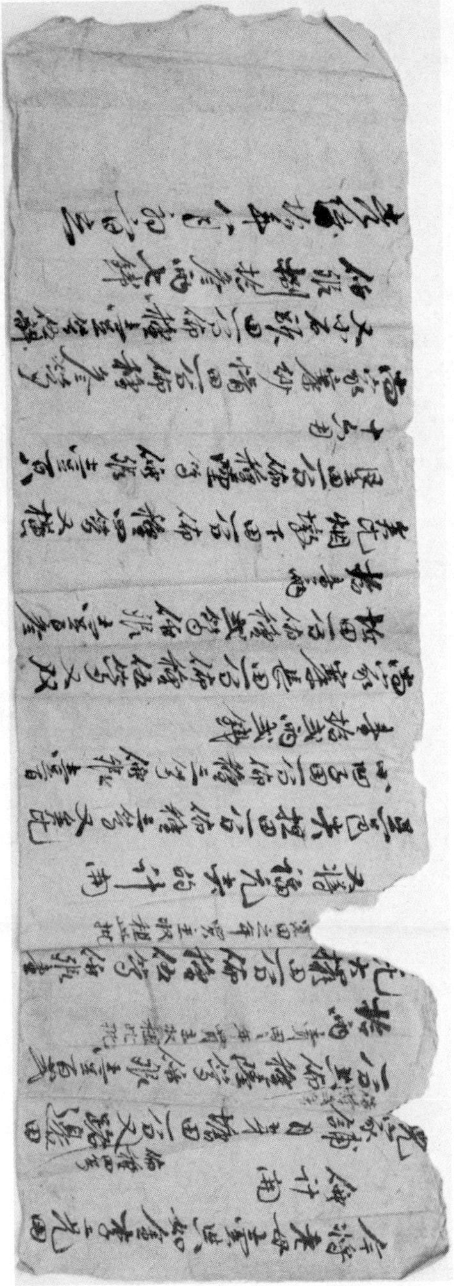

批者其有沙田老契伍紙係與李家田仝写在契
相聨不能分拆今於光绪卄六年二月初九日黄△△
［備用］取贖李家田將此老契［五帋］取囘日後取贖沙田之時
其老契向黄△△取拿［不干買主之事］當日憑中人许△△
爲証是以［光绪］卄六年二月初九日［△△△］特批

光绪二十六年二月初九日批条

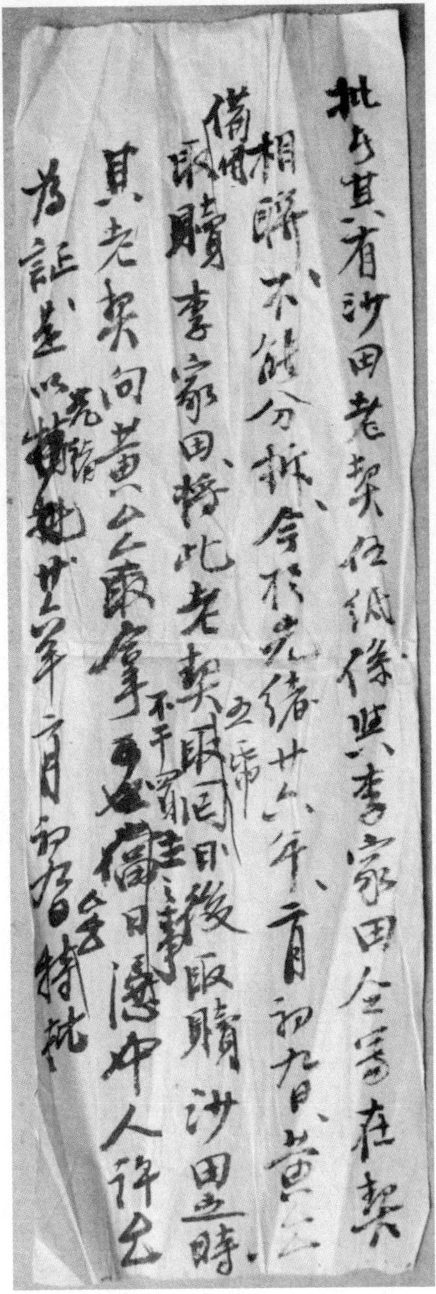
批与其有沙田老契在紙係與李家田合寫在契
相聯，不能分拆，今於光緒廿六年 月初九日，黄公
備價取贖李家田，將此老契五張取回，日後取贖沙田之時，
其老契向黄公取拿，不干羅姓之事，當日憑中人許公
為証。是以光緒廿六年 月初九日 許公字特批

8 憑票借到　抽票塗銷

下關銀行庫市平公估銀壹千兩議定每兩月息玖厘

用至九月底本息如數清償不致欠少分厘恐口

無憑立此爲據　九月廿九日兑清

補去息廿两　經手李枝新

本息还清　認保　銷票

光緒三十二年七月初一日下關德興祥借票

光绪三十二年七月一日下关德兴祥向下关银行的借票

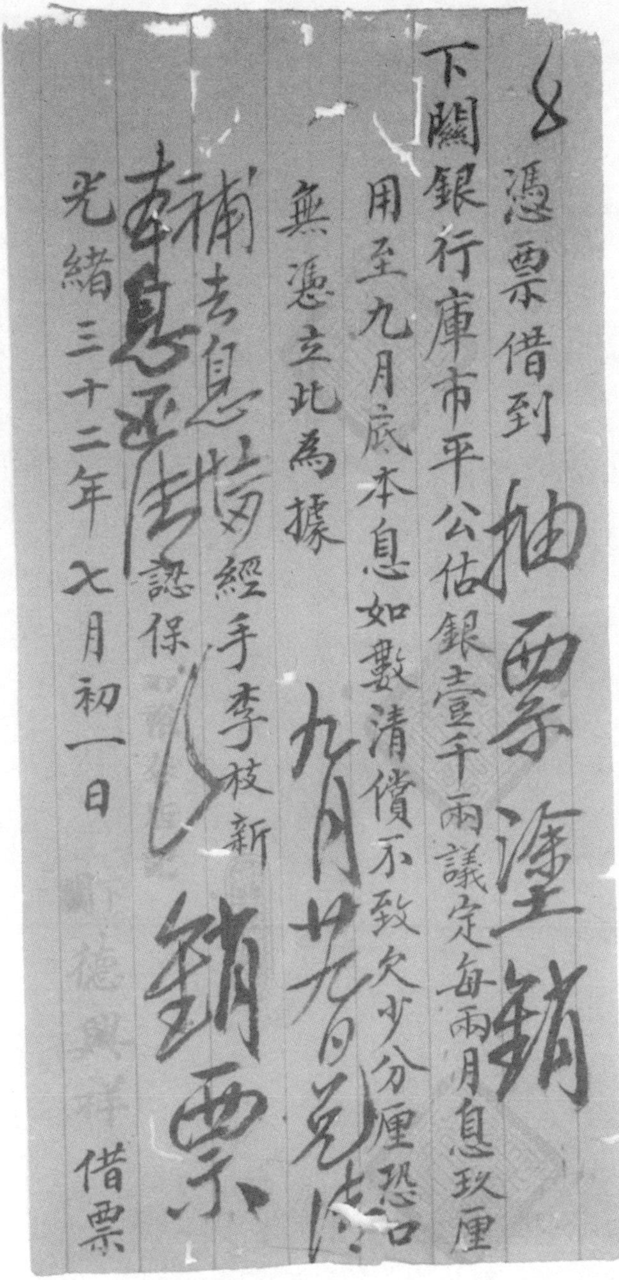

8

憑票借到　抽回票塗銷

下關銀行庫市平公估銀壹千兩議定每兩月息玖厘

用至九月底本息如數清償不致欠少分厘恐口

九月廿九日兑清

無憑立此為據

補去息　經手李枝新

銷票

認保

光緒三十二年七月初一日　借票

癸亥年四月初一日

克義張先生　借去足水紋銀拾兩言定每年交穀息捌

篣此銀係大孃：手取

癸亥年四月十二日

△就　尹老爺　借去足水紋銀拾兩言定每年交穀息捌

篣此銀係伊妻手取收清

癸亥年四月借银记录

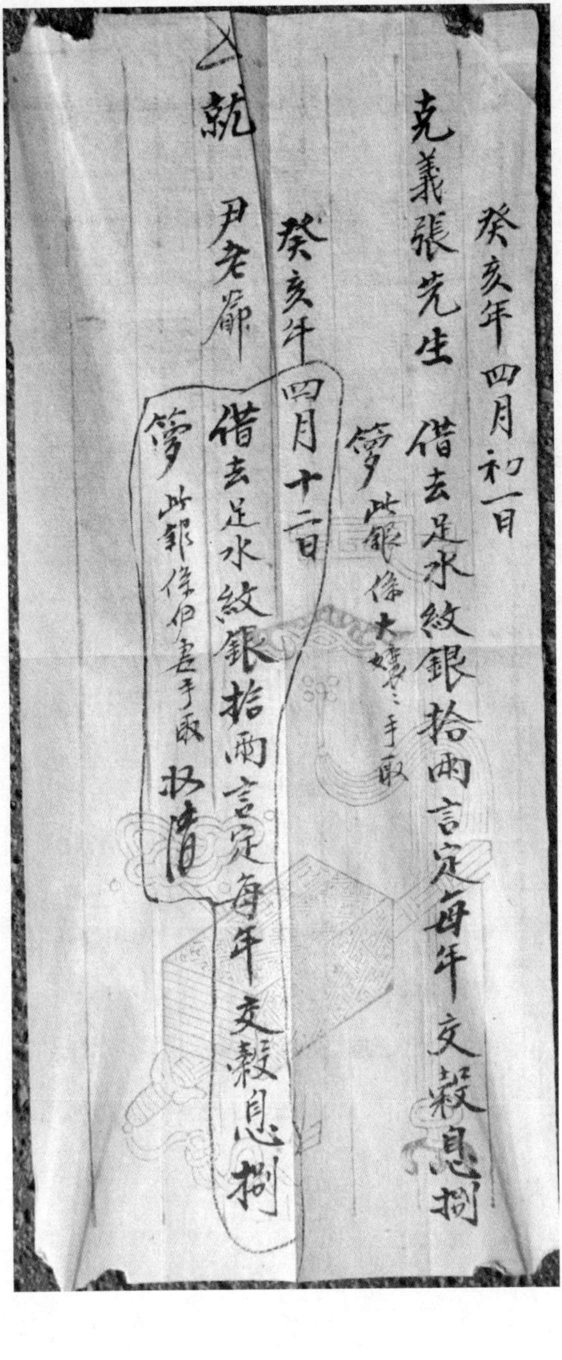
癸亥年四月初一日
克義張先生 借去足水紋銀拾兩言定每年交穀息捌
箩 此銀係大嬸々手取
癸亥年四月十二日
借去足水紋銀拾兩言定每年交穀息捌
尹老爺 箩 此銀係伊妻手取 收清
就

立实兑换地舖田產文约人彭大纪兹因予曾買得街上方地基壹段修造舖屋壹格其地東至街南至本家宗堂地西至石砍脚北至堂兄地今因無心貿易適大成族兄向楊姓承買得田壹段坐落大窪子佈種壹箩價銀壹佰元兹將舖屋地園合價銀捌拾元再補艰弍拾元以爲完滿佰元之数兩相兑換爲此立兑換文约與

族兄大成　名下自兑換之後其舖地任隨住坐經商耕管其田即由予招佃種植各管各業永遠不致反悔若有內外人等異言爭競各向自應一力承當此係二面心甘意願中間並無相强等情恐口無憑故立此兑換地契永遠爲據是实

民國十四年正月二十八日　立兑換文约人彭大纪（花押）

大德弟（十）

憑中人大國弟（花押）

啓學侄（十）

兑換

啓文侄（花押）

文契

啓定親筆

民国十四年正月二十八日彭大纪与族兄兑换地铺田的文契

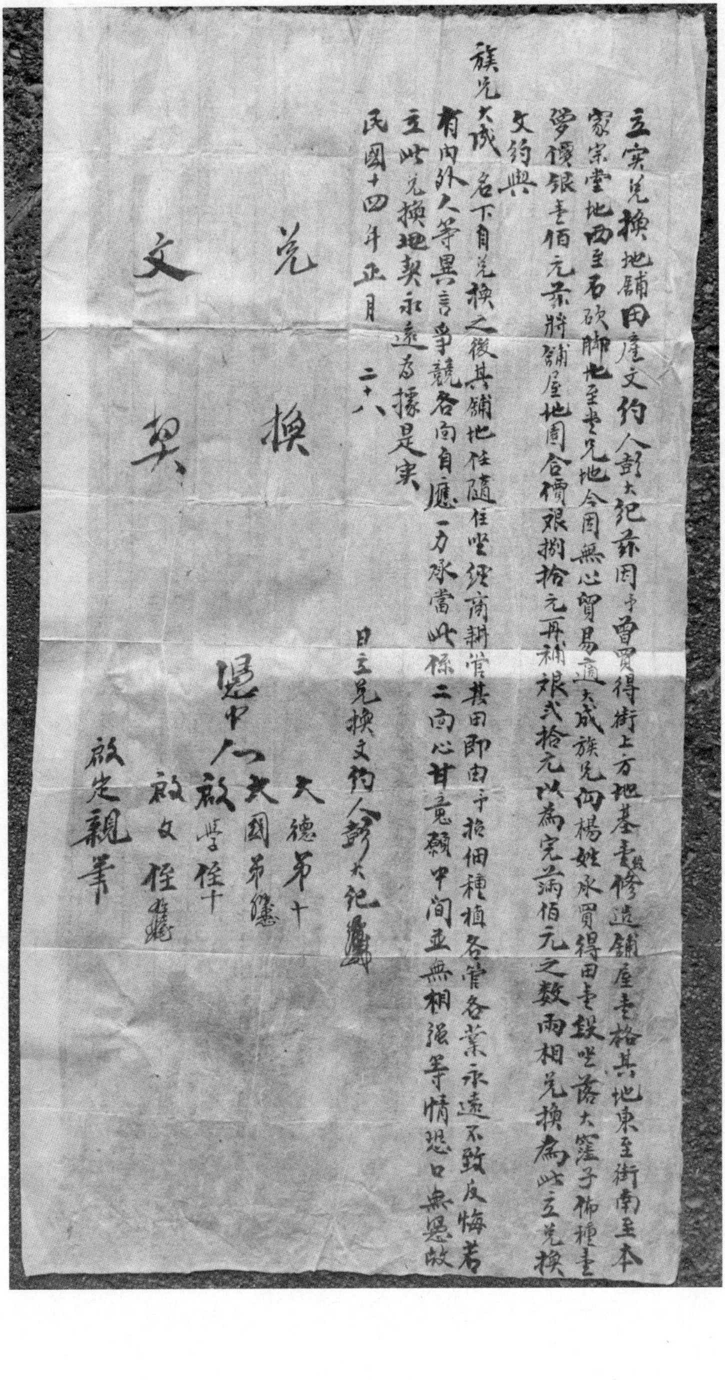
立实兑换地舖田屋文约人彭大纪系因于曾买得街上方地基壹段修造舖屋壹格其地東至街南至本
家宗堂地西至石砍脚北至兑地合同無心貿易適大成族兄向楊姓承買得田壹段坐落大窪子佈種壹
箩價銀壹佰元系將舖屋地同合價銀捌拾元再補銀弍拾元以為完滿佰元之數兩相兑換為此立兑換
文約與
族兄大成名下自兑換之後其舖地任隨任坐經商耕管其田即由于抢佃種植各管各業永遠不致反悔若
有内外人等異言爭競各向自應一力承當此係二面心甘意願中間並無相强等情恐口無憑故
立此兑換地契永遠為據是实
民國十四年正月二十八日立兑換文約人彭大纪（押）

兑換
文契

凭中人 大德 第十
大國 弟（押）
叔 學 侄十
叔文 侄（押）
叔定親筆

民国二十一年三月初一日杨森廷向李玉智借龙元抵地文约

立實借用龍元抵地文約人楊森廷爲因
正用不敷情有先年向族叔懷增杜買得墝地一
塊名喚大坡地坐落丁家地右边窝子大小三橙東
至坡頭李玉倉地南至丁家地西至田边垦子北至
抵主植垦今情願請憑硬保立約抵借到○ｑ
玉智李表兄名下實借用龍元伍拾块净整二比當面
言定每年每块行水利谷壹斛六合遞年共量勺
利谷捌籮俟至冬收之日將田中一色好谷如数清
掏不得拖欠升合如有拖欠等弊任從銀主追究
保人而保人將借主所抵之地出售以償此欵借主
不致異言無論年月遠近銀到契還銀主不得刁
難倘有內外人等争競有抵主一力承當此係二比情
願於中並無逼迫等情恐口無凴立此借字爲據○○
○○實借抵如前○ｑ
民國二拾一年三月初一日　立借銀抵地人楊森廷（花押）
批借銀之年全利還銀之年無利○ｑ

借字
为據

承還銀人胞兄發廷（花押）
憑中人血侄文鳳（十）
族侄文興（押）
書字借主親筆

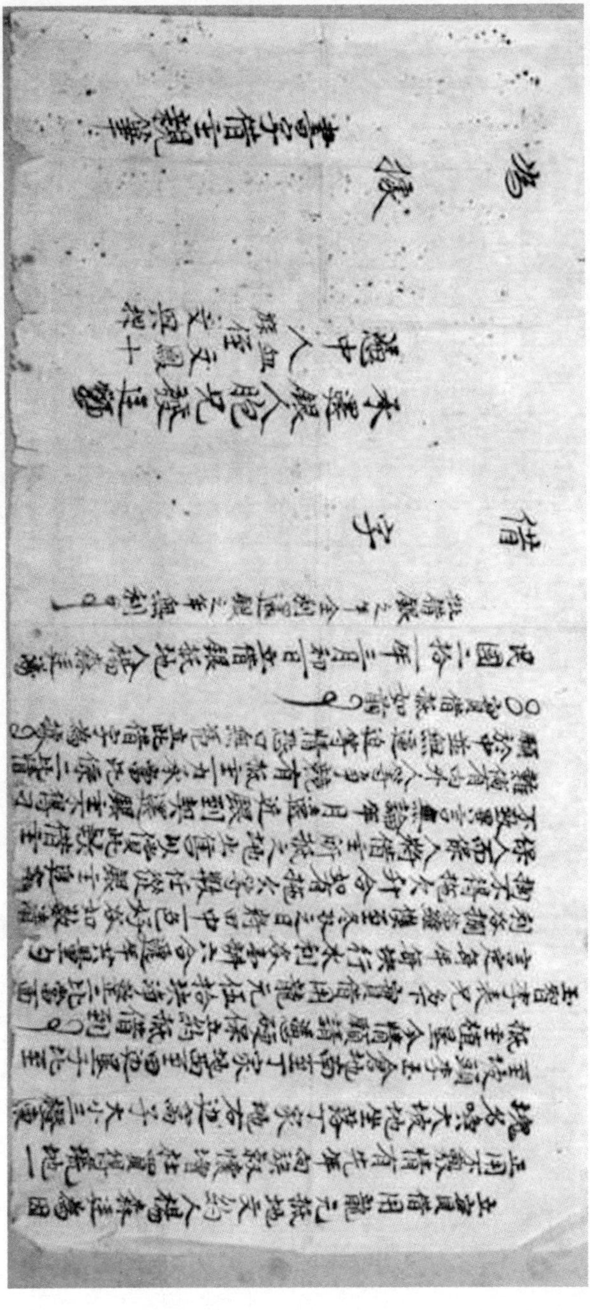

七月初九日映槐往来银兩记录

謹將

三叔大人　来往開

呈

一用艰壹拾陸兩肆錢五分上粮用係映珍交存

一用上營晏姓租谷鈔肆百文寫周大黑田用

一用錢陸百文開打墻盖瓦堆石用

一用銀弍兩玖錢捌分開木料

一用錢弍百文開與泥水匠

一用銀壹拾叁兩零五分不知作何用

以上共用銀叁拾貳兩肆鈔捌分

錢壹千貳百文

一来錢弍百文林姓帀儀用

一来銀壹拾五兩柒錢弍分還龔中兄用

一来錢壹百文開差脚用

一来銀壹兩玖鈔六分交捐輸用

一来錢壹百文

以上共来銀壹拾柒兩陸錢捌分

錢肆百文

两抵兑除之外實欠壹拾肆兩捌錢

錢捌百文

錢婜〡〤算合艰伍錢柒分

二共合銀壹拾伍兩叁鈔柒分

玆取来许姓銀貳拾兩除兑除下

實長銀肆　兩陸錢叁分

此將長銀如数送来懇祈收入

伏乞

廣佈宏仁

大施惻隱俯如所

请以濟燃眉而救蟻命戴

德不忘矣

七月初九日姪映槐病中頓

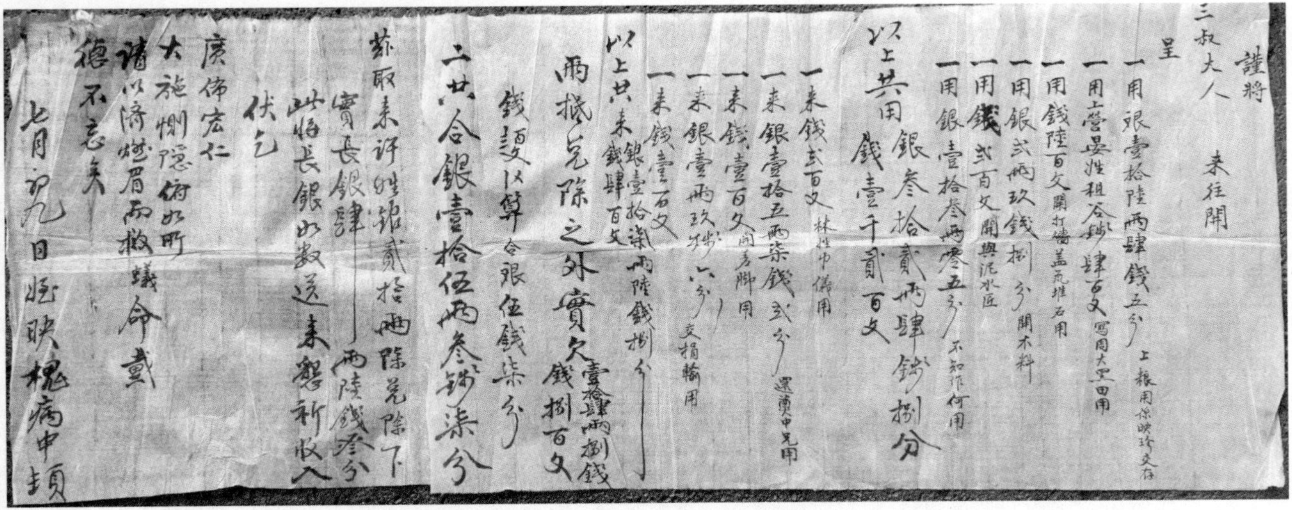

謹將
三叔大人　来往開
呈
一用银壹拾陸兩肆錢五分　上報用係映琦支存
一用营晏姓租谷銀肆百文　写周大安田用
一用錢陸百文開打墙盖瓦堆石用
一用銀弍兩玖錢捌分　開木料
一用錢弍百文開與泥水匠
一用銀壹拾叁兩叁錢五分　不知作何用
以上共用銀叁拾貳兩肆錢捌分
錢壹千貳百文
一来錢弍百文　林姓中備用
一来銀壹拾五兩柒錢弍分　還黄中兄用
一来錢壹百文　兩弟脚用
一来銀壹兩玖錢六分　交捐輸用
一来錢壹百文
以上共来銀壹拾柒兩陸錢捌分
錢肆百文
兩抵兑除之外實欠銀壹拾肆兩捌錢
錢捌百文
錢摃以算合銀伍錢柒分
六共合銀壹拾伍兩叁錢柒分
祈取来評雖銀貳拾兩除兑除下
實長銀肆兩陸錢叁分
此皆長銀所數送来盤祈收入
伏乞
廣佈宏仁
大施惻隱俯如所
請以濟燃眉而救蟻命戴
德不忘矣
七月初九日　姪映槐病中頓

云南大学　中国边疆研究丛书

林文勋　主编

腾冲契约文书资料整理与汇编

第二编
第三编

吴晓亮
贾志伟　主编

人民出版社

目录

第二编　腾冲商业文书

光绪二十九年三月荣昌公电码书（1—26）

调拨单

发单

凭据类

其他

第三编　腾冲曩姓文书及其他

戍守腾冲龙川江渡口曩姓契约、执照等文书（1–41）

其他

第二编
腾冲商业文书

光绪二十九年三月荣昌公电码书（1—26）

1

光绪二十九年三月荣昌公电码书

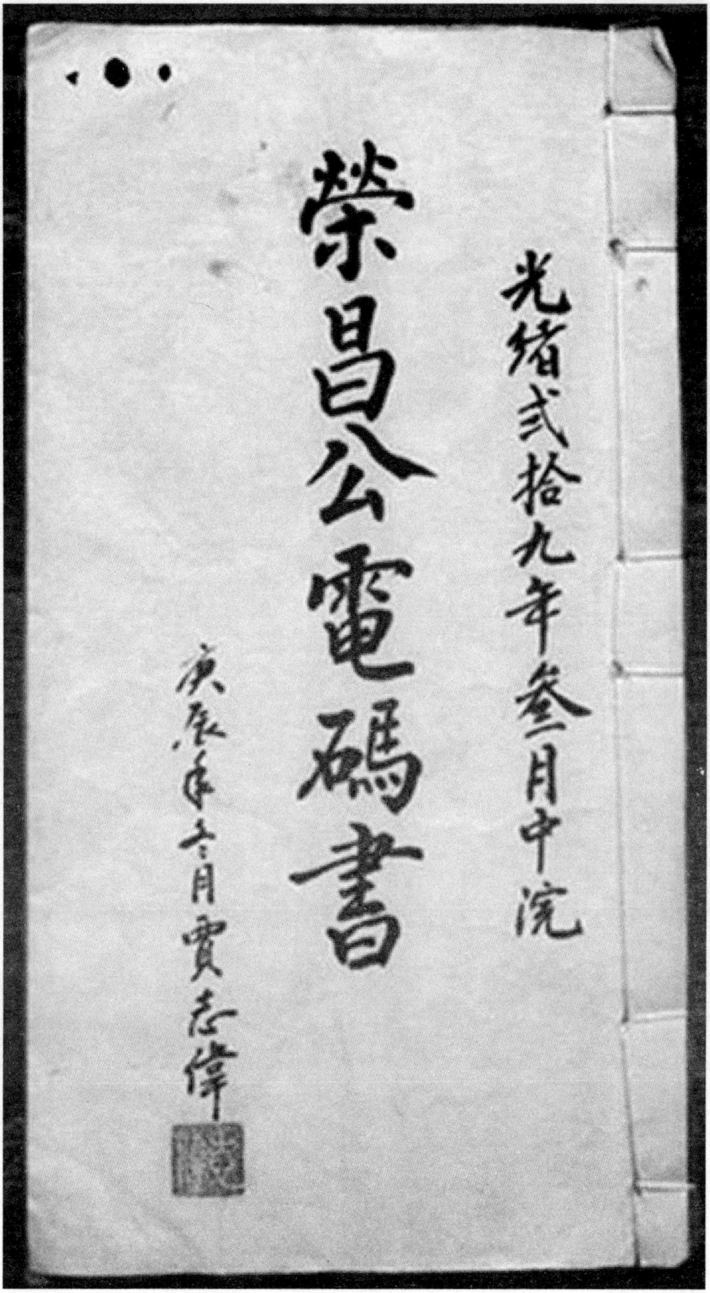

电码书-1

电码书-2

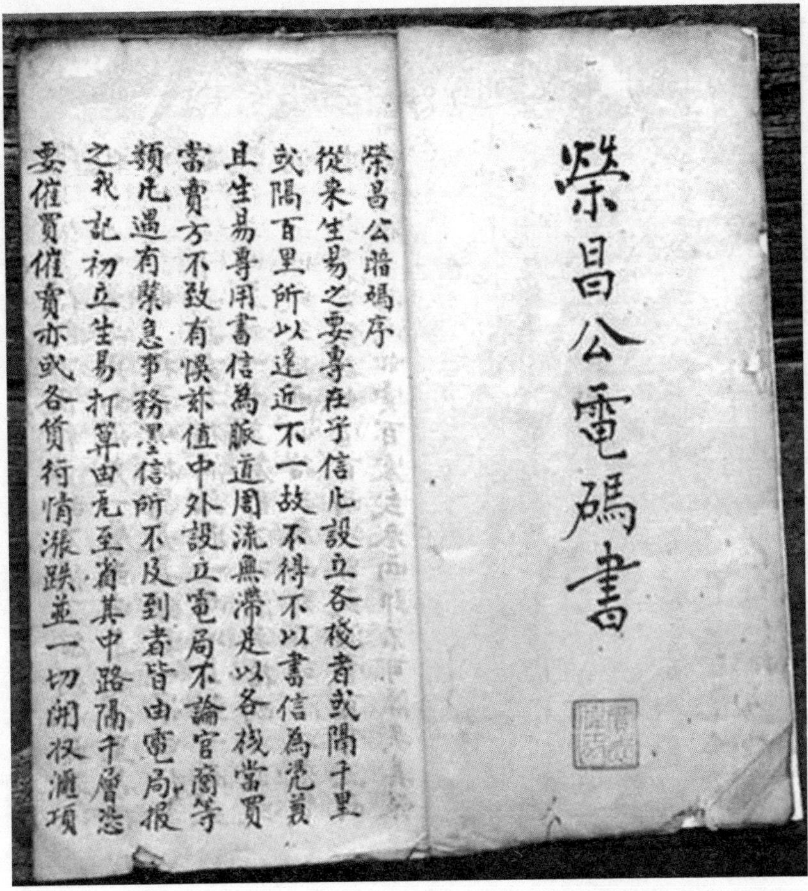
榮昌公電碼書

榮昌公暗碼序
從來生易之要專在乎信凡設立各棧者或隔千里
或隔百里所以遠近不一故不得不以書信為憑義
且生易專用書信為脈道周流無滯是以各棧當買
當賣方不致有惧亦值中外設立電局不論官商等
類凡遇有緊急事務累信所不及到者皆由電局報
之我記初立生易打算由瓦至省其中路隔千層恐
要催買催賣亦或各貨行情漲跌並一切開收滙項

电码书·3

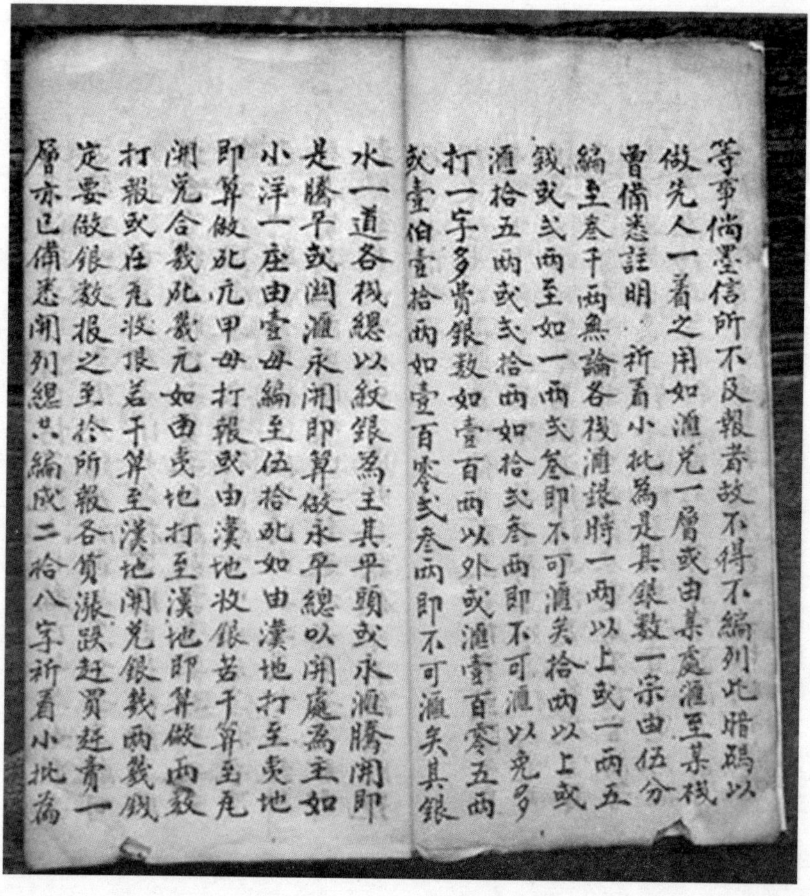
等事備墨信所不及報者故不得不編列此暗碼以
做先人一着之用如滙兑一層或由某處滙至某棧
曾備悉註明　祈看小批爲是其銀數一宗由伍分
編至叁千兩無論各棧滙銀將一兩以上或一兩五
錢或弍兩至如一兩弍叁即不可滙矣拾兩以上或
滙拾五兩或弍拾兩如拾弍叁兩即不可滙以免多
打一字多費銀數如壹百兩以外或滙壹百零五兩
或壹伯壹拾兩如壹百零弍叁兩即不可滙矣其銀
水一道各棧總以敘銀爲主其平頭或永滙騰關即
是騰平或騰滙永關即算做永平總以關處爲主如
小洋一座由壹毋編至伍拾死如由漢地打至夷地
即算做死亢甲毋打報或由漢地收銀若干算至亢
關兑合數死數亢如由夷地打至漢地即算做兩叙
打報或在亢收銀若干算至漢地關兑銀幾兩數餞
定要做銀數报之至拾所報各貨漲跌趕買趕賣一
層亦已備悉開列總共編成二拾八字祈看小批爲

电码书 -4

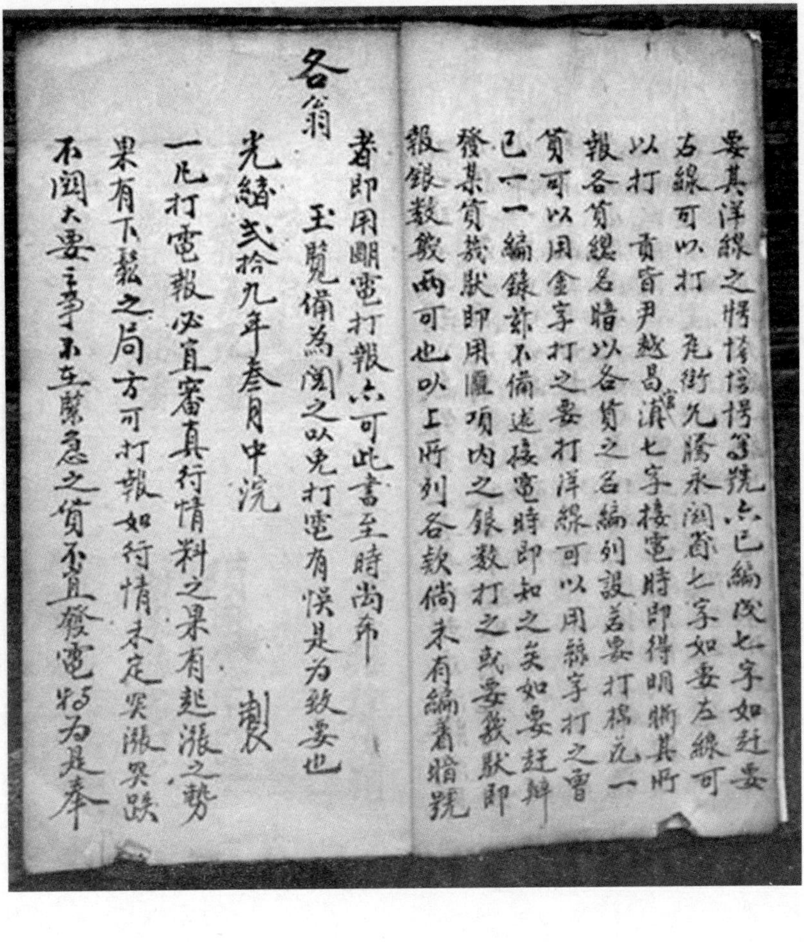
要其洋綫之悄搭搭携寫號亦已編成七字如赶要
右綫可以打　元街允騰永潤商七字如要左綫可
以打　貢官尹越昌濱七字接電時即得明晰其所
報各貨綫名暗以各貨之名編列設若要打棉花一
貨可以用金字打之要打洋綫可以用絲字打之曾
已一一編錄嶽不備述接電時即知之矣如要赶辦
發某貨裁默即用匯項內之銀數打之或要裁默即
報銀數數兩可也以上所列各款備未有編着暗號
者即用暗電打報亦可此書至時尚希
玉覽備爲閱之以免打電有悮是爲致要也
各翁
光緒式拾九年叁月中浣　製
一凡打電報必宜審真行情料之果有起漲之勢
果有下瀉之局方可打報如行情未定哭漲哭跌
不闋大要之事不至緊急之貨不宜發電務爲是奉

电码书-5

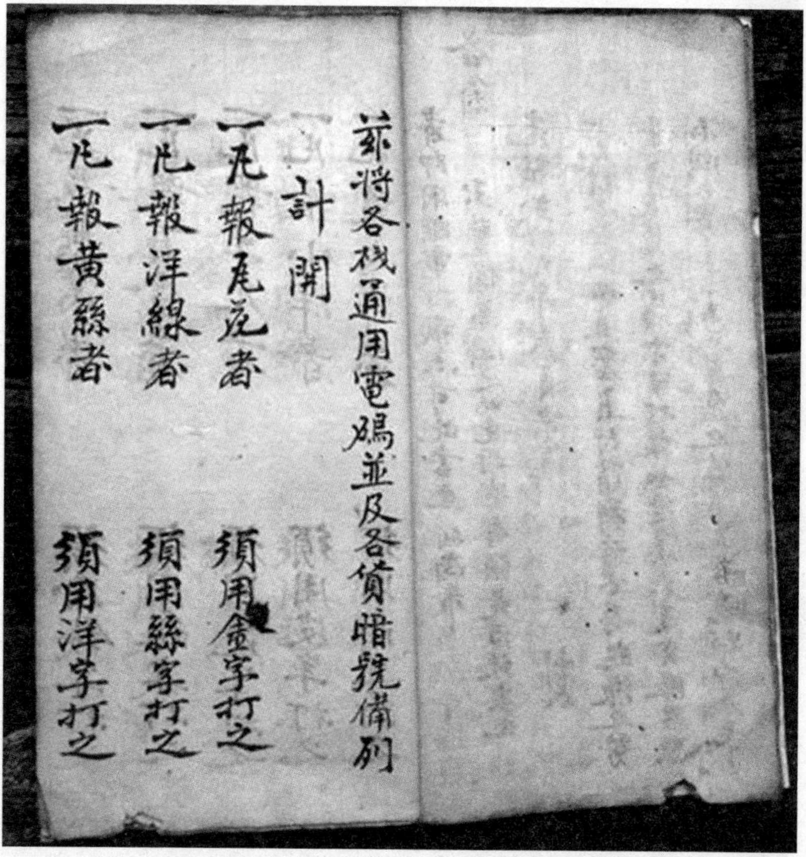
茲將各棧通用電碼並及各貨暗號備列
計開
一凡報尾茂者　須用金字打之
一凡報洋線者　須用絲字打之
一凡報黄絲者　須用洋字打之

电码书-6

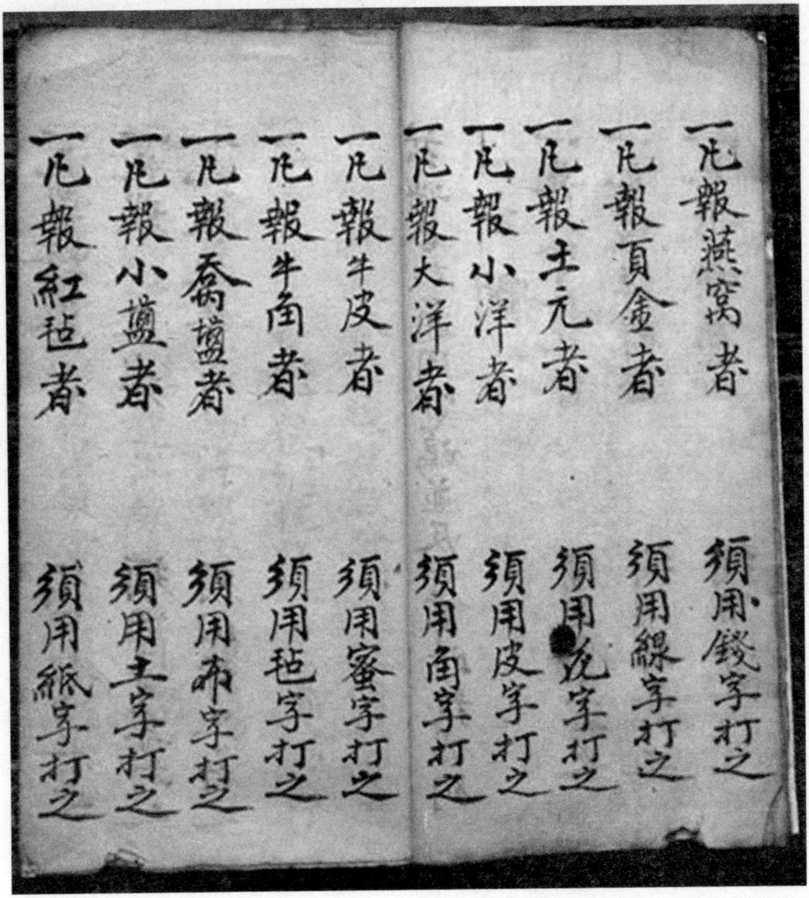

一凡報燕窩者　須用錢字打之
一凡報頁金者　須用線字打之
一凡報土元者　須用兑字打之
一凡報小洋者　須用皮字打之
一凡報大洋者　須用角字打之
一凡報牛皮者　須用蜜字打之
一凡報牛角者　須用毡字打之
一凡報喬塩者　須用布字打之
一凡報小塩者　須用土字打之
一凡報紅毡者　須用紙字打之

电码书-7

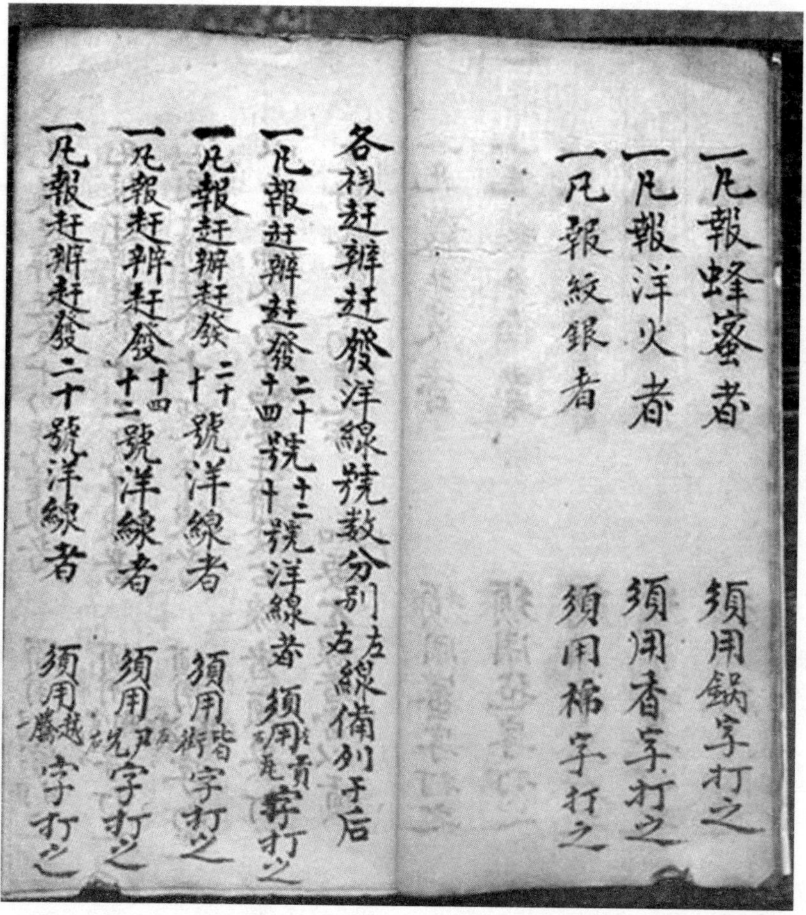
一凡報蜂蜜者　須用鍋字打之
一凡報洋火者　須用香字打之
一凡報絨銀者　須用棉字打之

各樣趕辦趕發洋線號数分别左右線備列于后
一凡報趕辦趕發二十四號十二號十號洋線者　須用貢寄字打之
一凡報趕辦趕發二十號十號洋線者　須用皆街字打之
一凡報趕辦趕發十四十二號洋線者　須用尸光字打之
一凡報趕辦趕發二十號洋線者　須用越騰字打之

电码书-8

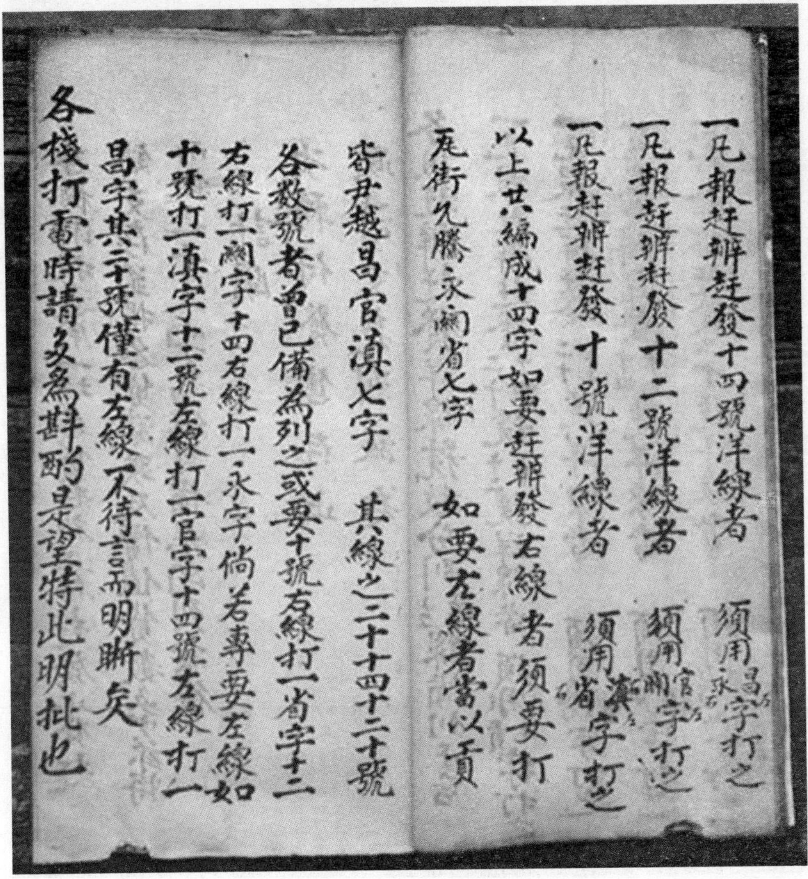

一凡報趕辦趕發十四號洋線者　須用昌永字打之
一凡報趕辦趕發十二號洋線者　須用官閩字打之
一凡報趕辦趕發十號洋線者　須用省滇字打之
以上共編成十四字如要趕辦發右線者須要打
尾衛九騰永閩省之字　如要左線者當以背
尹越昌官滇之字　其線之三十十四十二十號
各機號者曾已備為列之或要十號右線打一省字十二
右線打一閩字十四右線打一永字倘若專要左線如
十號打一滇字十二號左線打一官字十四號左線打一
昌字共三十號僅有左線一不待言而明晰矣
各機打電時請多為斟酌是望特此明批也

电码书-9

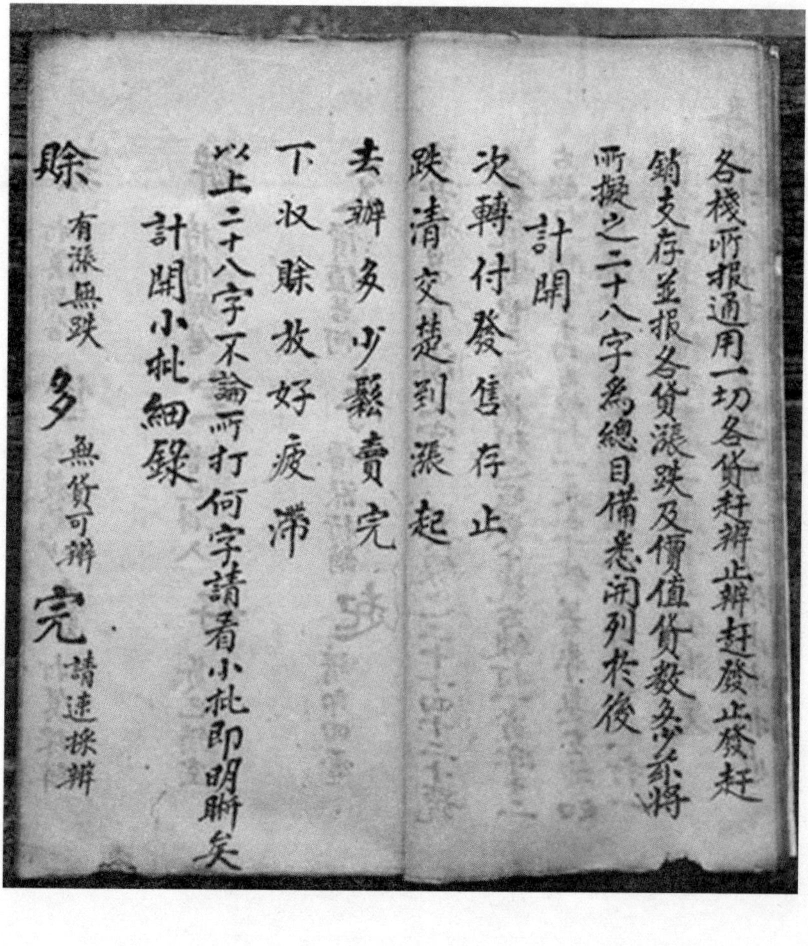

各棧所報通用一切各貨赶辦止辦赶發止發赶
銷支存並報各貨漲跌及價值貨數多少並將
所擬之二十八字為總目備悉開列於後
計開
次轉付發售存止
跌清交楚到漲起
去辦多少懸賣完
下收賖放好疲滯
以上二十八字不論所打何字請看小批即明晰矣
計開小批細錄
賖 有漲無跌
多 無貨可辦
完 請速採辦

电码书-10

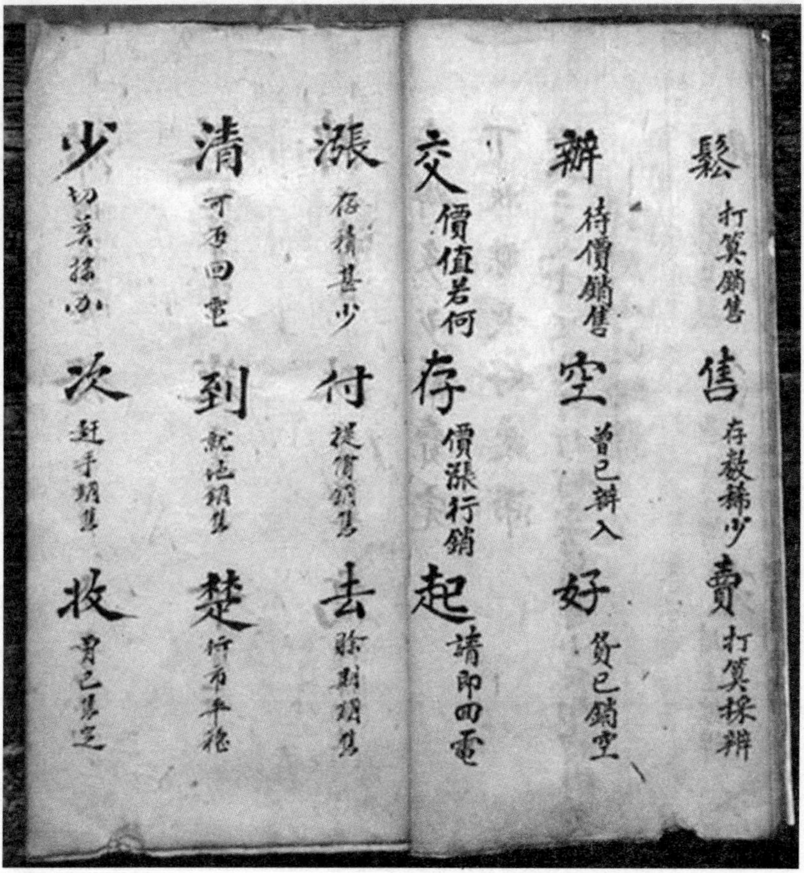

鬆 打算銷售　售 存數稀少　賣 打算採辦
辦 待價銷售　空 曾已辦入　好 貨已銷空
交 價值若何　存 價漲行銷　起 請即回電
漲 存積甚少　付 提貨銷售　去 除對銷售
清 可否回電　到 就地銷售　楚 行市平穩
少 切莫採辦　次 趕手銷售　收 貨已售空

电码书-11

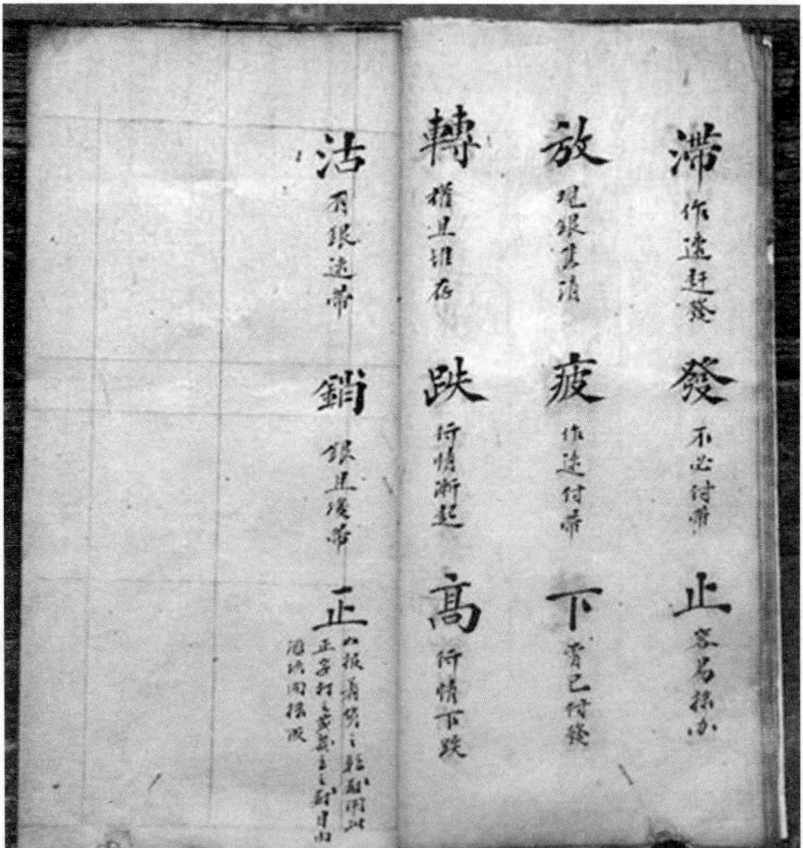
滞 作速赶發
發 不必付帶
止 容易採办
放
疲 作速付帶
下 貨已付發
轉 權且堆存
跌 行情漸起
高 行情下跌
沽 有銀速帶
銷 銀且緩帶
正

电码书 -12

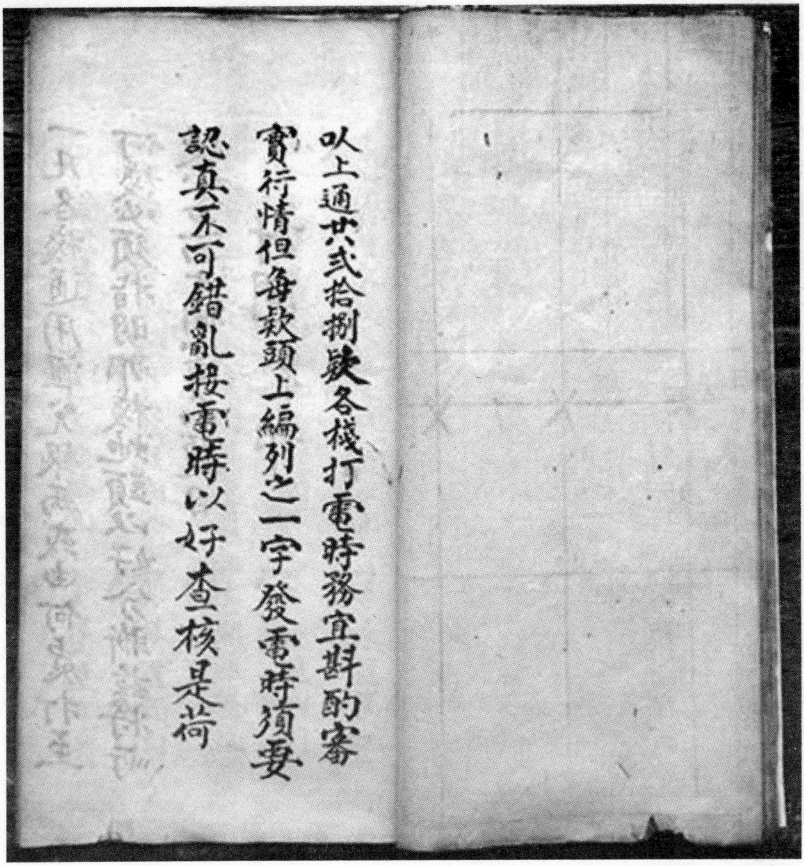
以上通共弍拾捌款各栈打電時務宜斟酌審
實行情但每款頭上編列之一字發電時須要
認真不可錯亂接電時以好查核是荷

电码书-13

一凡各棧通用滙兑銀兩或由何處打至何棧必須指明那棧地頭以好分晰茲將所擬定之四十個字爲題目

計開 亻部

便 騰滙永収

使 永滙騰闹

借 幽滙永収

任 幽滙騰闹

估 无滙騰収

伏 騰滙永闹

佩 永滙幽収

仙 幽滙永闹

作 騰滙幽収

行 无滙騰闹

似 永滙騰収

仁 永滙幽闹

倘 幽滙騰収

仿 騰滙幽闹

仍 騰滙尾收

电码书-14

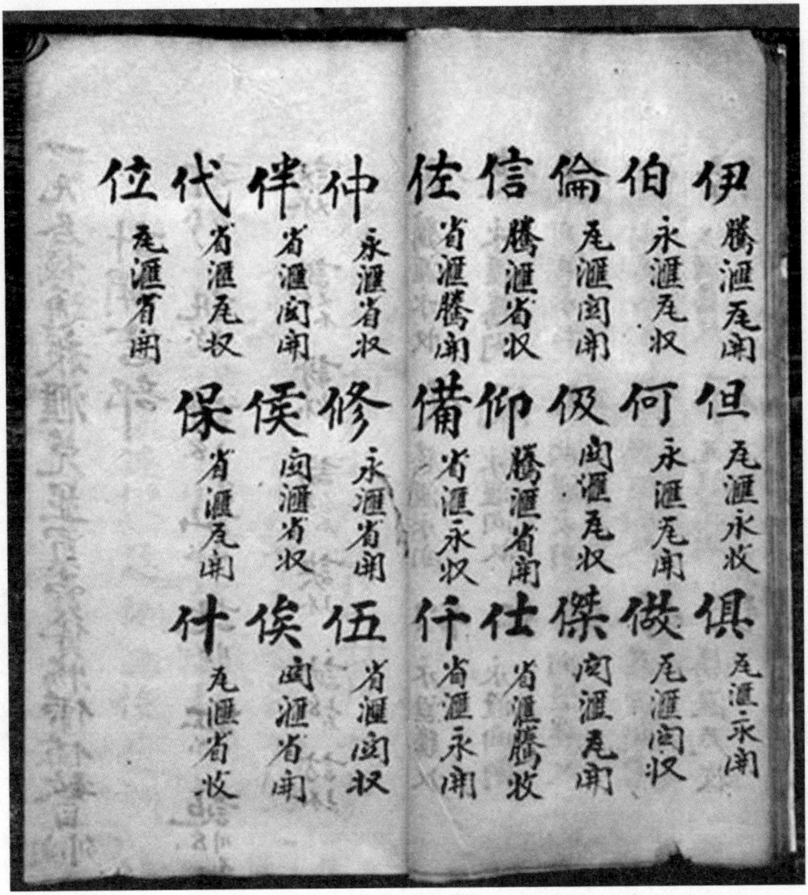

伊 腾滙尾闹
伯 永滙尾收
倫 尾滙阅闹
信 腾滙省收
佐 省滙腾闹
仲 永滙省收
伴 省滙阅闹
代 省滙尾收
位 尾滙省闹

但 尾滙永收
何 永滙尾闹
伋 阅滙尾收
仰 腾滙省闹
備 省滙永收
修 永滙省闹
侯 阅滙省收
保 省滙尾闹

俱 尾滙永闹
儆 尾滙阅收
傑 阅滙尾闹
仕 省滙腾收
仟 省滙永闹
伍 省滙阅收
俟 阅滙省闹
什 尾滙省收

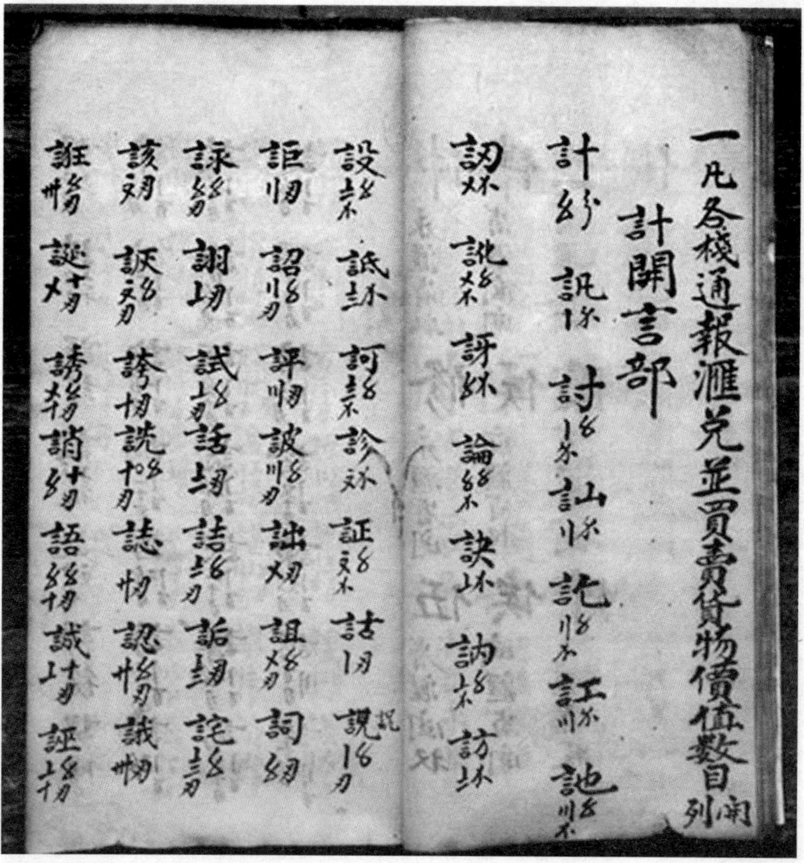

一凡各棧通報滙兑並買賣貨物價值數目開列

計開言部

計 訊 討 訕 託 訌 訑

訒 訛 訝 論 訣 訥 訪

設 詆 訶 診 証 詁 說

詎 詔 評 詖 詘 詛 詞

詠 詡 試 話 詰 詬 詑

該 訞 誇 誂 誌 認 誐

誆 誕 誘 誚 語 誠 誣

电码书-16

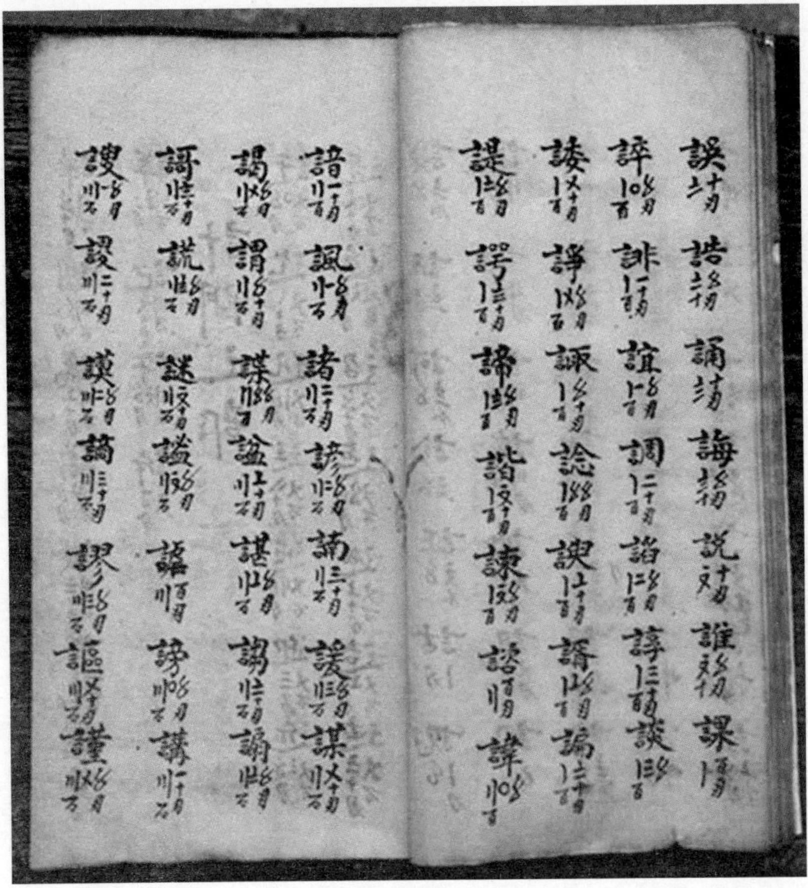

电码书-17

計開之部

譁　謝　譌　謠　讃　　　誅　讗

詳　記　許　許

迂　迅　迤　迢　逃　迦　迎　近

迁　迅　迤　迤　逃　迦　造　迪

逌　返　迭　進　逑　迷　述　道

迊　退　送　造　逃　逅　逆　道　透

通　道　透　逐　途　連　逛　逝　選

逖　運　逗　逡　通　逛　逝　選

遫　造　遂　逢　連　遄　遠

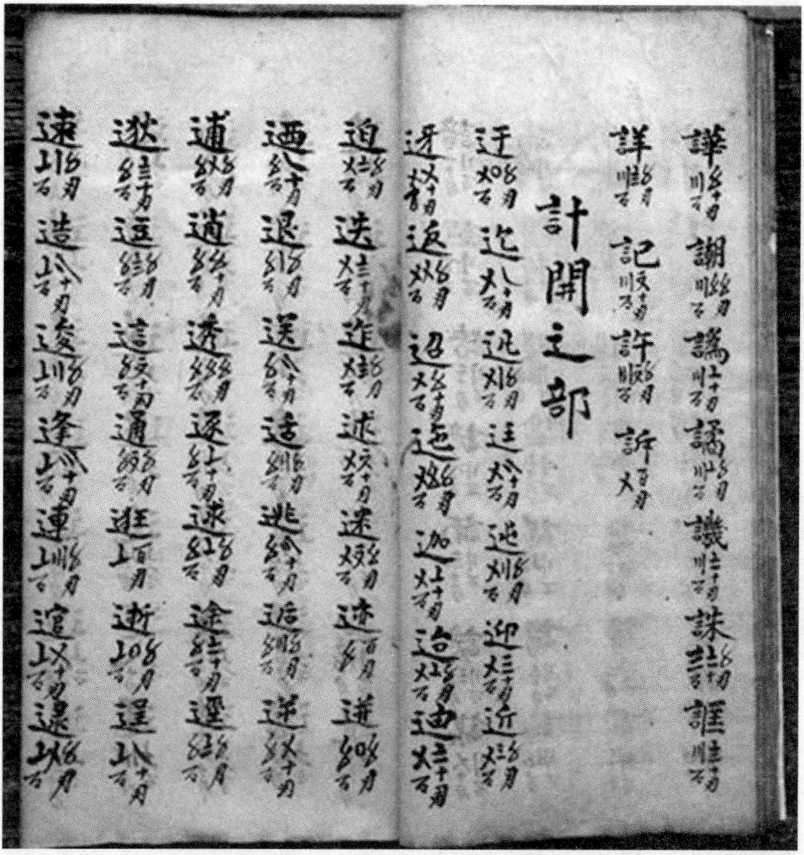

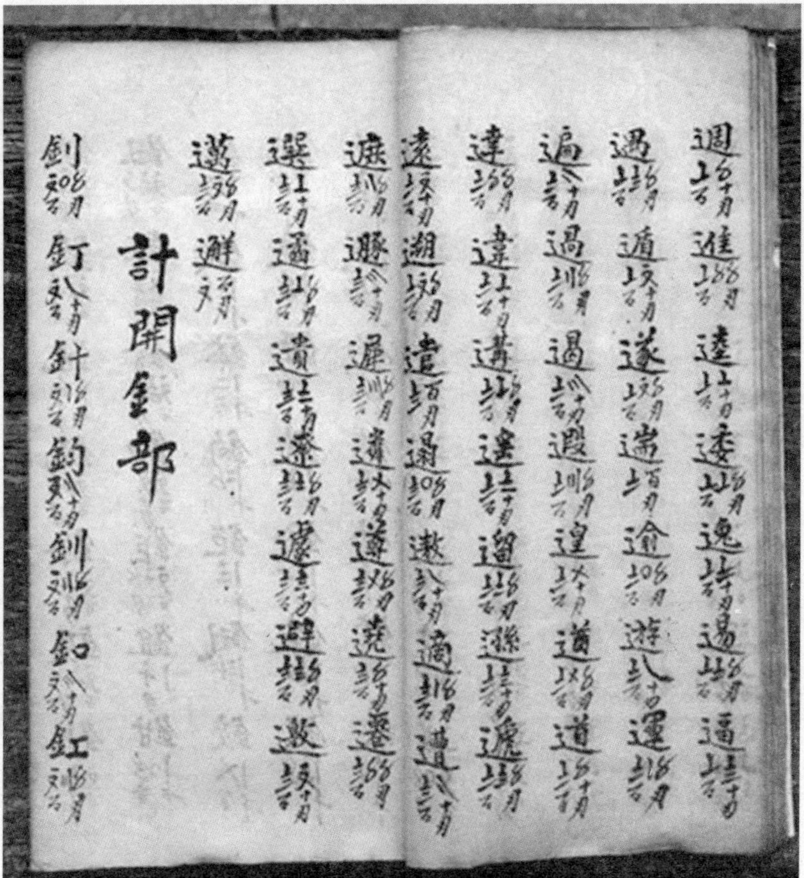

計開金部

电码书-19

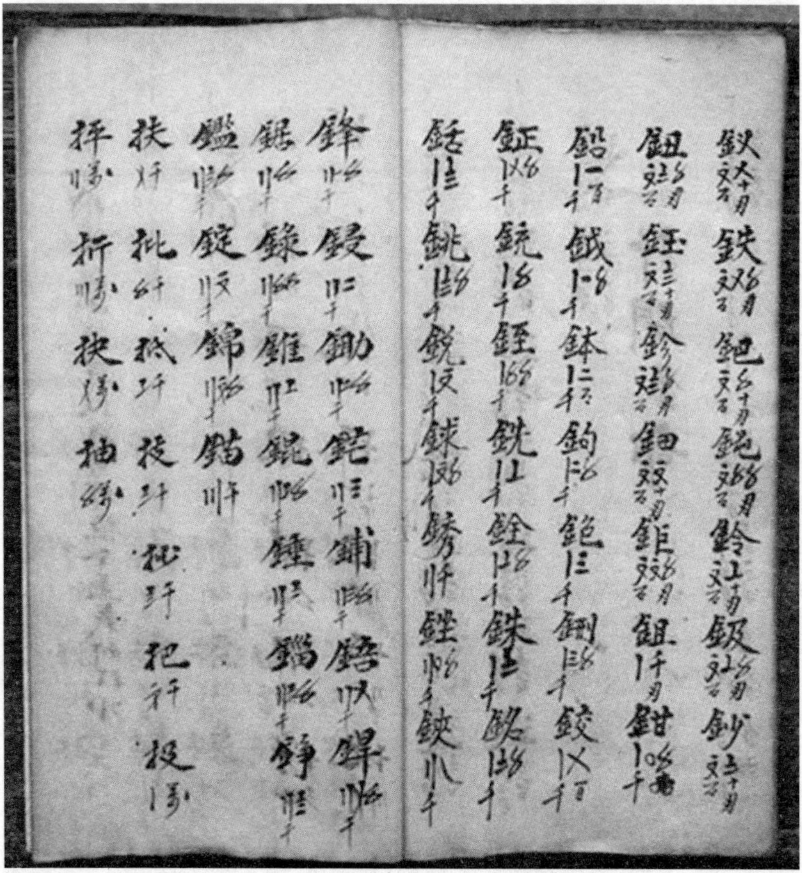

电码书 -20

一元各役通报小洋并报头实博值令並载列核准

斗闲

土部

土　埔　堰　隶　堞　墚　将
硬　珈　地　圻　址　坻　玫

均　珆　珊　玫　坏　坑　硌
坡　坤　坢　坭　坪　坢　坣
珑　垠　珆　垣　垤　埙　埃
埋　城　埭　埏　垸　琬　琦
推　坪　埕　堤　堪　墙　塔

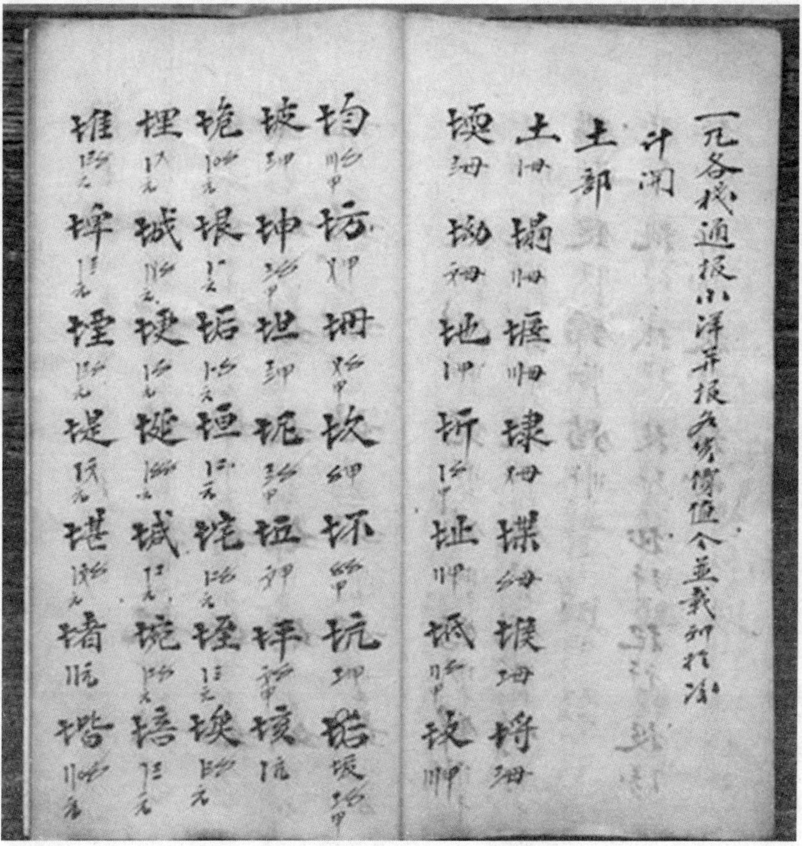

塊　奴　妍　女　姐
墻　妈　姈　姓　姑
好　妙　妹　娍　奴
妁　姚　姆　母　姓
如　妗　姊　姐　妮
妃　姑　姝　始　妮
妞　妯　妽　姍　姚

婭　姻　娜　姝　婧
媒　姥　媚　姻　娓
婷　娓　娠　娃　姞
婷　娓　娣　娉　婧
媒　婚　娥　娌　姨
媚　媛　娘　娌　婕
媒　婦　娟　娘　姬

媚　媽　婿　媳　媽　媿

嫂　嫌　嫐　嫖　婦　嫩

宕　宗　官

宅　宇　守　安　宋　宏　宓　宜

容　宣　堂　宦　宫　宁　宴

宵　家　容　宿　寂　寄　寅

密　寘　富　寐　寢　高　定

寂　寬　察　寨　寰　寵　賣

寨　書　襄　蔡　寵　崒

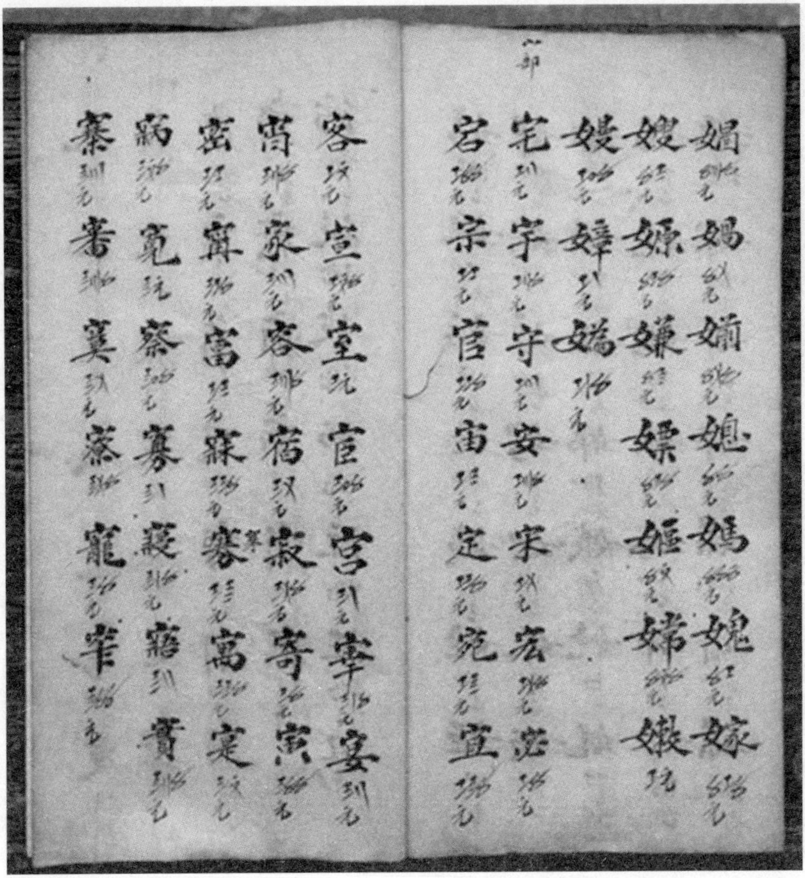

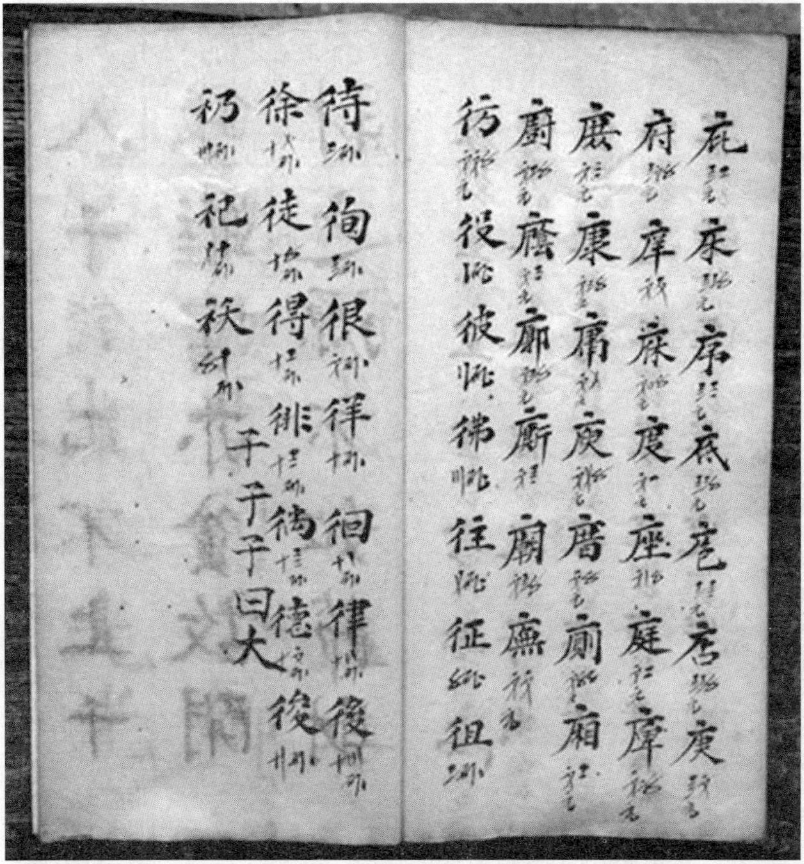
庇 床 序 底 庵 唐 庚
府 庠 麻 度 座 庭 庳
廒 康 庸 庾 廗 廁 廂
廚 廕 廊 廝 廟 廡
彷 役 彼 彿 往 征 徂
待 徇 很 徉 徊 律 後
徐 徒 得 徘 徜 德 徙
彴 祀 祆
干 于 子 曰 大

电码书 -24

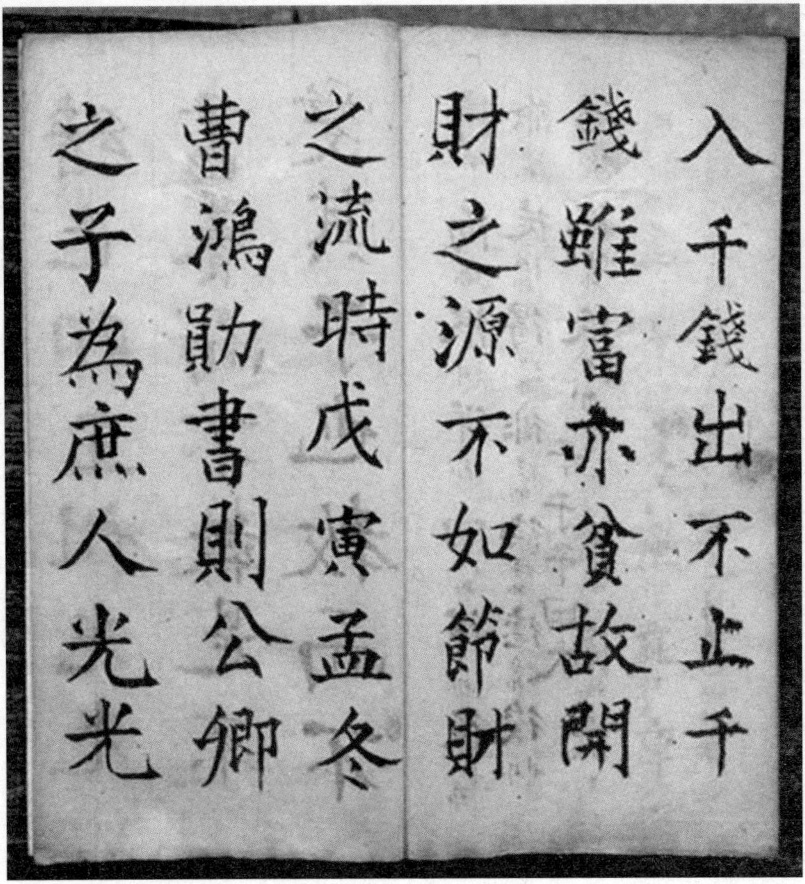
入千錢出不止千
錢雖富亦貧故開
財之源不如節財
之流時戊寅孟冬
曹鴻勛書則公卿
之子為庶人光光

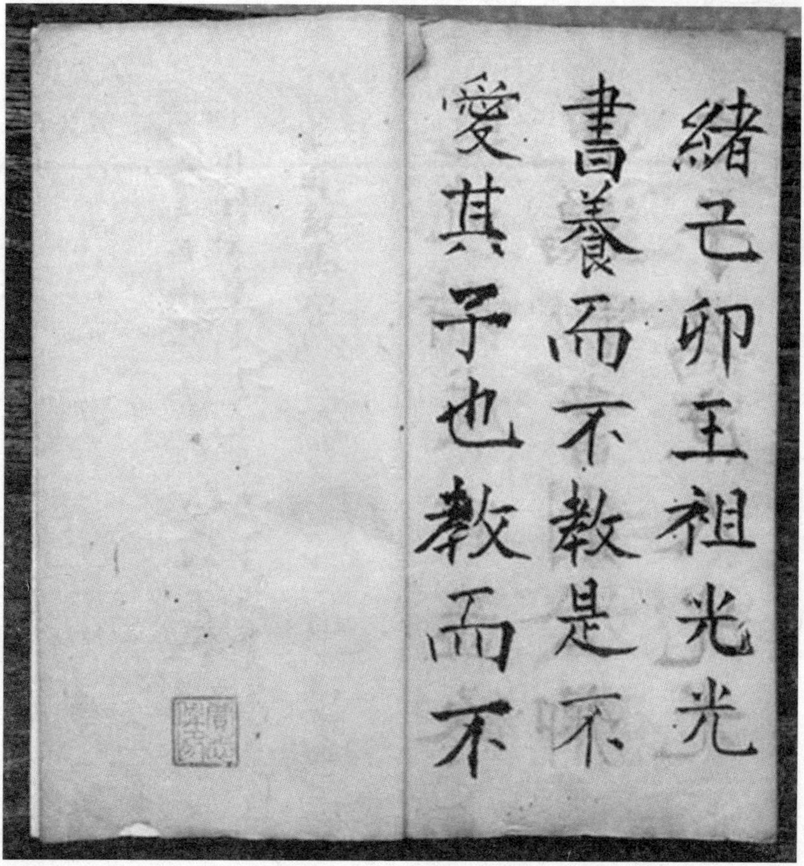
緒己卯王祖光光
書養而不教是不
愛其子也教而不

电码书 -26

调拨单

1 戊子年正月二十一日永昌仁裕合调龙陵仁裕合（第弍单）棉花马帮调拨单

兹在街付雲成段咼頭之牲口運龍交
仁裕合記　第弍单
棉花弍拾伍它共多上百十斤
至龍之时若爲騐號照数查收倘有差斤水漬等弊请同［该］脚追
究收禁立请回龍恐口無凴此發单爲據此
上
仁裕合汝楷许先生　台前查照查收
用興合
戊子正月二十一日 愚宗弟许發迤　自街發单

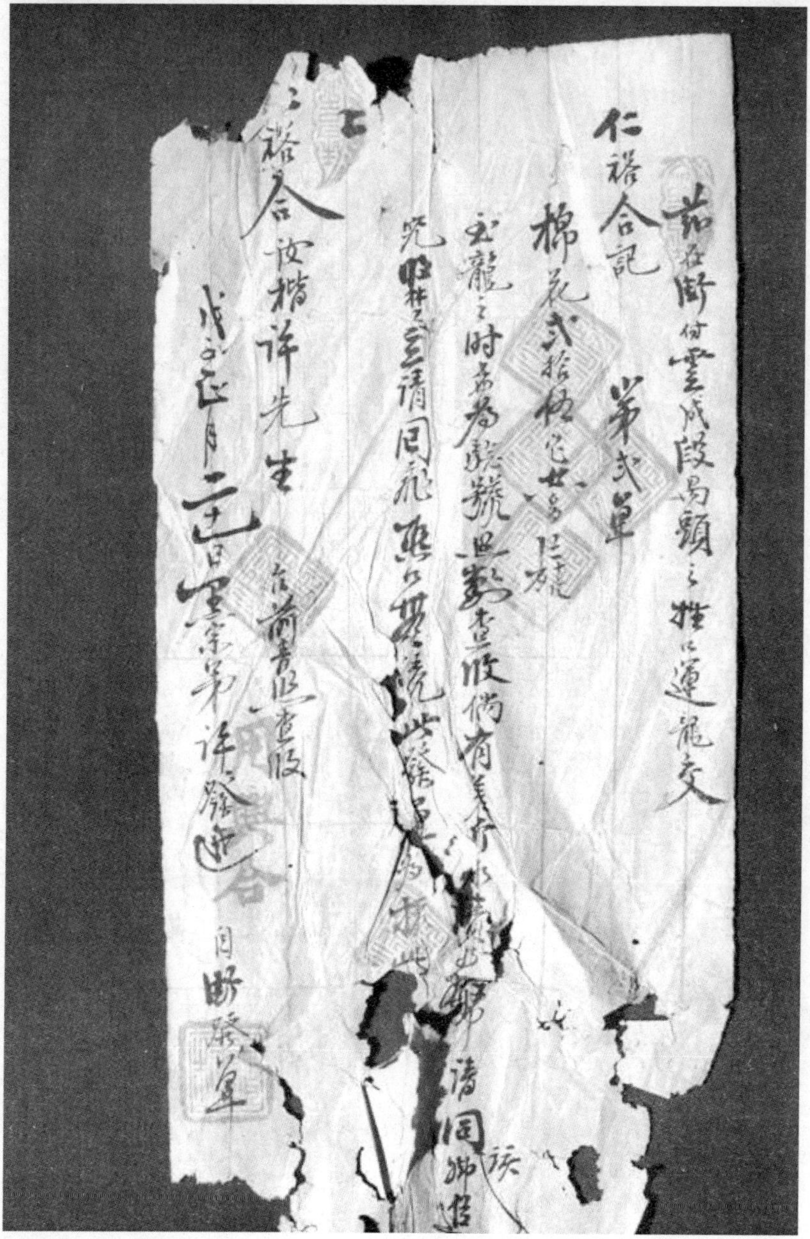
仁裕合記
第弍單
棉花弍拾伍包
仁裕合
汝楷許先生
正月二十日

2 光绪十四年十二月二十四日永昌仁裕合记调龙陵仁裕合（第式拾四单）大盐13驮的调拨单

今自永付張德中老贩牲口運龍交

仁裕合 第式拾四单

大塩拾叁馱言定脚至龍每它文上艮陆錢算永未支龍全開至

日祈爲照数查收倘有差失破壞该脚照市扣赔恐口無憑立

此發单爲據

上

汝楷叔台大人 台前专照

光绪十四年十二月二十四日自永昌仁裕合記發单

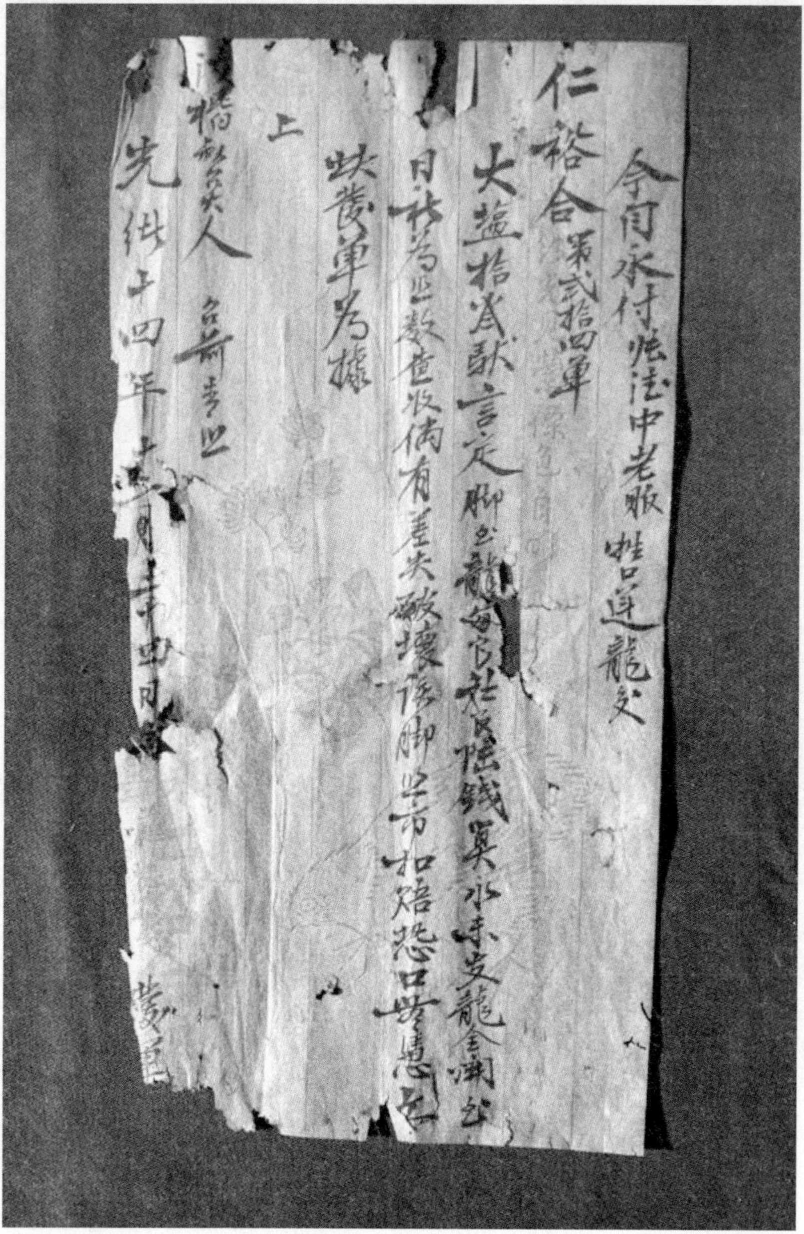

第二编　腾冲商业文书·调拨单

今自永付何珍芳牲口運龍交
仁裕合　第弍拾陆单
大塩拾駄言定脚至龍每它⿱⿰文上艮銀陆錢算永未交龍全開至
日祈爲照数查收倘有差失破壞等弊该脚照市扣赔
恐口無憑立此發单爲據
上
汝楷許先生　台前专照
光绪十四年十二月二十五日自永昌仁裕合記

3　光绪十四年十二月二十五日永昌仁裕合（第弍拾陆单）大盐10驮的调拨单

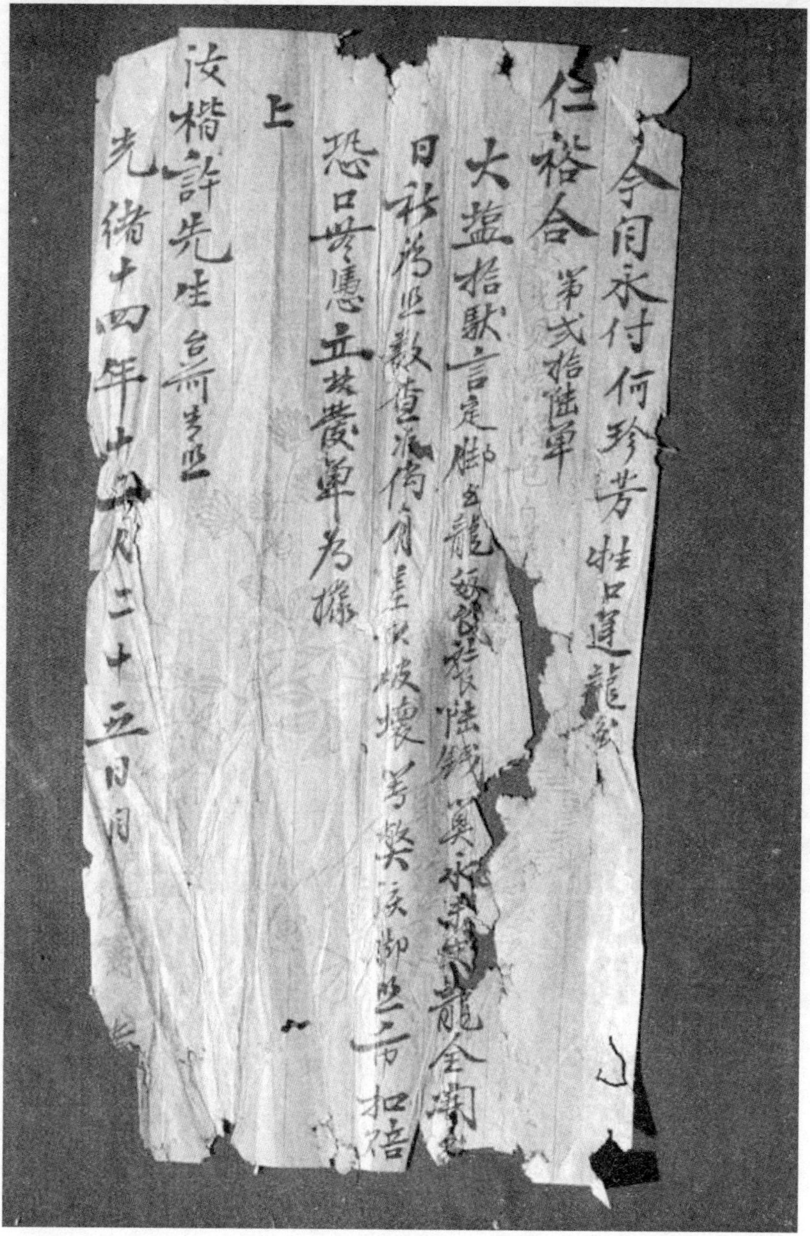
今因永付何珍芳 娃口蓮龍銀
仁裕合 第式拾陆单
大盤拾馱言定脚□龍每馱□□陆钱□□永□□□龍全□
日於□照数查□倘有甚□破壞等弊該脚照□□扣倍
恐口無憑立此發單為據
上
汝楷許先生 台前 □照
光緒十四年□□月二十五日 同

4 光绪十五年新正初四日仁裕合许汝楷调拨单 2 页

十〥年春正月初四日龍〤〢十号信奉腾轉岩兄美□
敬啓者於昨付刘三樑老带腾交龍〤〡十号信壹封
谅必接展回信在途矣不代龍之遥祝耳昨
收永付龍大塩〨〤它每它娘〡〥於出售大塩十〥它價现
娘〣〥今有廖金成運龍大塩〨〤〥它昨價娘〣〤出售如
我号之项自之看景消售请新各翁纳心可
也龍安存花未有消賣後自当委主消售但
出售洋剪绒〥十尺價現娘□目下龍中艮價〨〤罗
賣希少龍之拙見如有賣主上下一二採办代
瓦趁此接来龍中我号共收存娘〤〢百办罗得
艮〤〥〦後有安时之人付腾採办艮代瓦亦可
土元價十月左右闻尹万林言及腾办存小泥米之果是
否请新代龍〤〣疋如有大票付代於腊月廿九日厘金[官]换
以来之伊心姓如何如未有大票以作小票付代可也此

裕合记 老爺
先生 台照 十〥年新正初四日 许汝楷 托

春正月初四日瑞祥号信奉腾转言比美哉

敬启者抬账付刘三叔言

谅水接展同信在途笑 弟腾孟瑞孔场信壹封

收永付瑞大盐旺兑也 不代瑞言遥兑耳抬账

银两今有廖金成 瑞州程出售大盐拾也憬现

我弟引瑞自言看昙油售 运瑞大盐桃也账俱

也瑞安存花未有消售谅 请新各细也半

出售洋煎饿肯只便 消有当委王消售便

卖希火瑞言扶见如有卖王五六拥办成

无起此接来瑞中我号共收存银料办买得

根料佩没有委时点人付腾搭办限代兑亦寻

兑便惧若开此事敖言及腾办搭小泥未寻累是

罣清断代瑞二此有大票付代搭腾用五月夏金镆

以来子伊心姓如有大票代搭小票付代递此

茂侨祀老爷尊照 比手致书

先生台照 拾壹载新正月 许茂格

托

其花當面过付並無差□□少言定一□□
差斤水漬失遺等弊该脚照市賠償恐□□
立此發单爲據此　批者是日李二朝在□□
上　壹百文合银卅净卅至时□□
仁裕合记许先生□照查收
己丑新正月二十四日自新街仁裕合記發单

5　己丑年正月二十四日蛮允仁裕合（第单）马帮调拨单

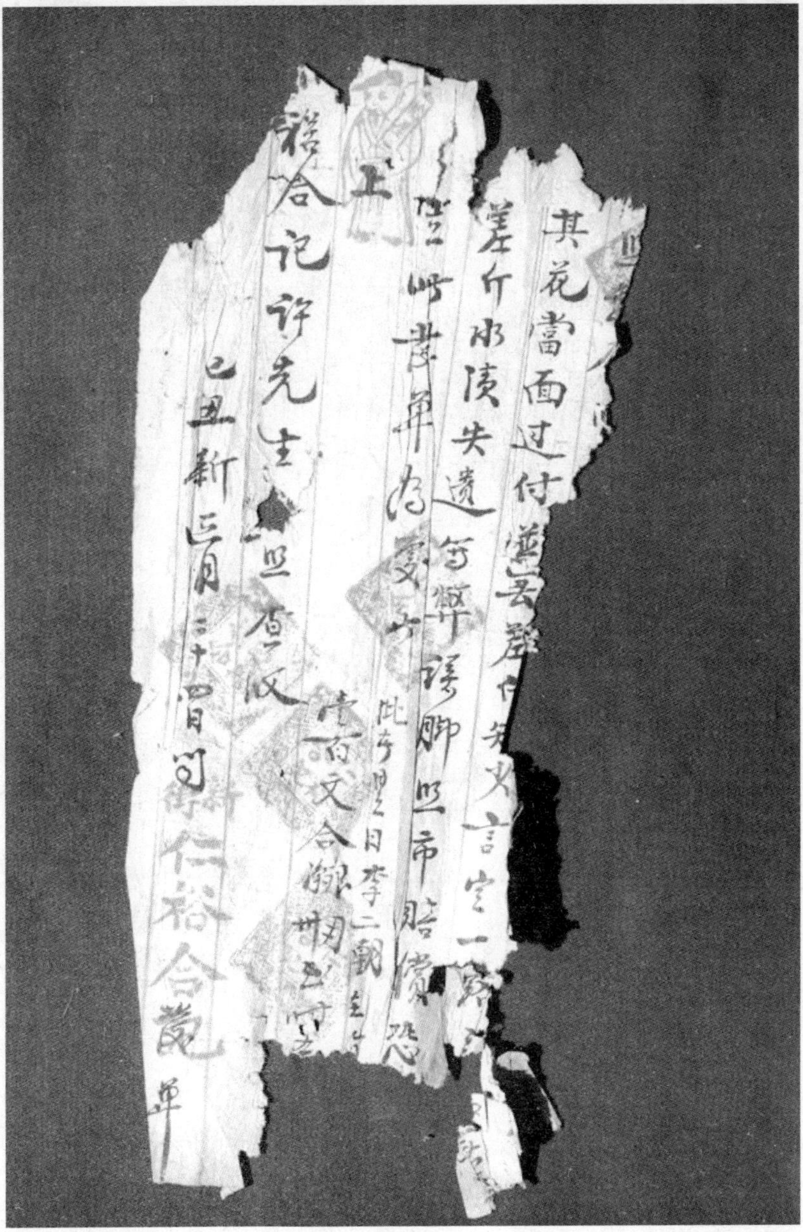
其花當面过付
差斤水债失遗
此批单内叙
照市赔偿恐
此系日李二叔
裕合记许先生
照原价
己丑新正月二十四日
仁裕合
单

今自街付硔路在朝李老板牲口直運龍交
仁裕合
全色花拾壹 它 共□ 881斤砝 碼皮上書明
至时祈为照数查收力至龍请照市開一路沿
途倘有差斤小漬失遺等弊该馬主照
赔償恐口無凴特立發单爲據此
批者今在街现支用〣艮肆元肆甲正
上
汝楷许大先生 騐照查收
庚寅年腊月廿六日 愚弟段大本
今自街付硔路光至趙老板牲口直運龍交
仁裕合
全色花□弍 它 共□ 881斤砝 碼皮上書明
至时祈爲照数查收至龍力请照市開一路
沿途倘有差斤水漬失遺等弊该馬主
照市赔償恐口無凴特单爲据此
批者今在街现支用 〣艮 肆元正給 艮 扣除

6 庚寅年腊月二十六日永昌仁裕合记的马帮调拨单2张

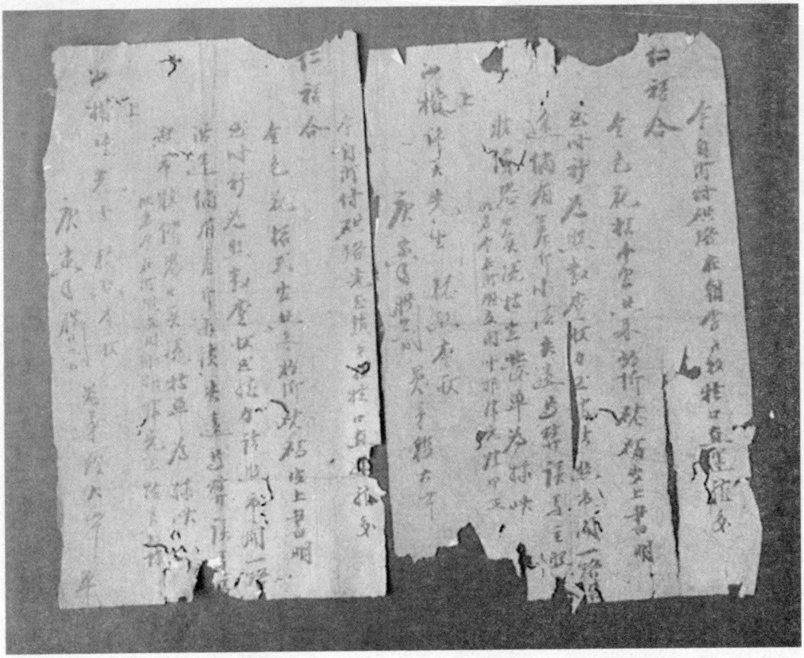

上

汝楷许先生 騐照查收

庚寅年腊月廿六日 愚弟段大本 单

7 庚寅年腊月二十六日调拨单

今自街付硔路九二趙老板牲口直運龍交

仁裕合

全色花□陆它共□〦〨〡斤𥑮碼皮上書明

至时祈爲照数查收力至龍请照市開一路沿

途倘有差斤水漬失遺等弊该馬主照市

賠償恐口無憑特立發单爲據此

上

批者今在街現支用拾捌元作〣净娘算合〣〤〦月

至□□爲扣除

汝楷许 大先生

騐照查收

庚寅年腊月廿六日愚弟段方本 单

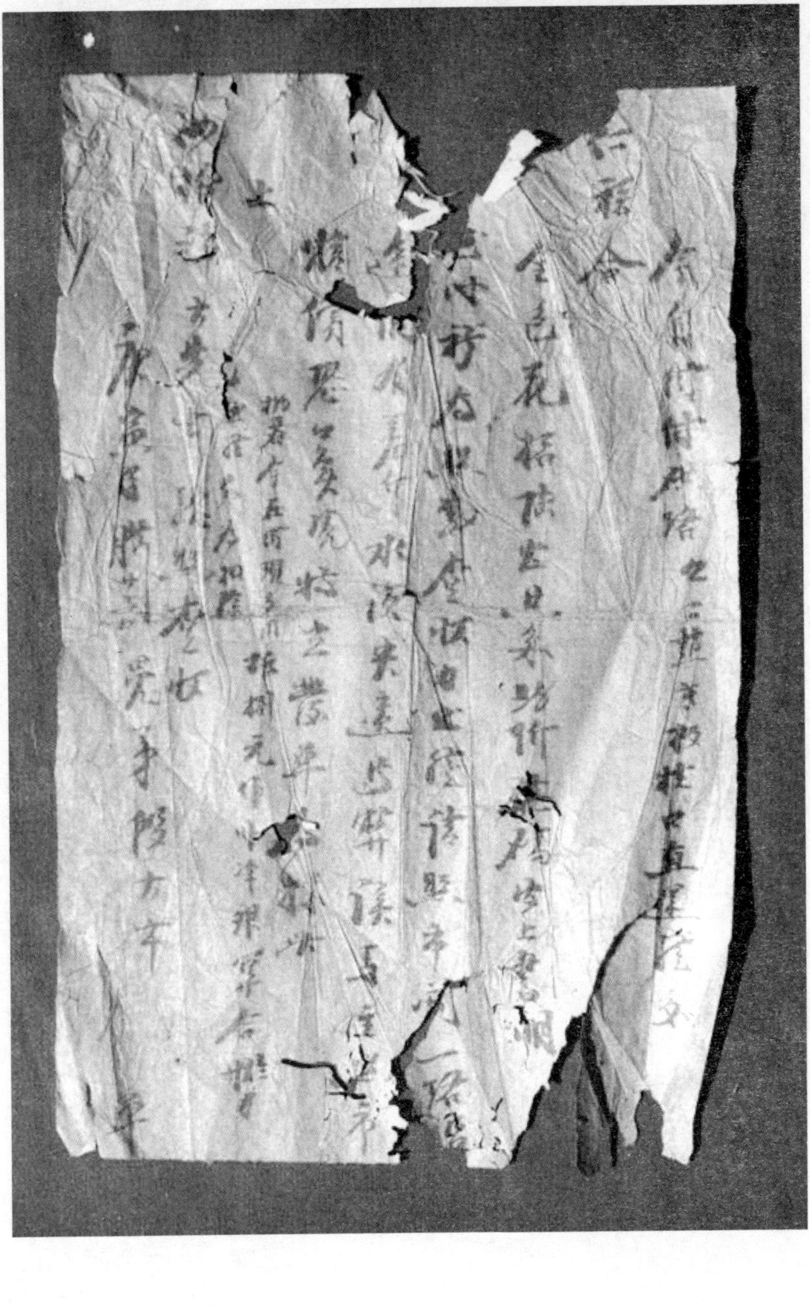

8　己亥年二月初一日杨含育寄忠和号白线等调拨单

今在街付瞿思成鍋頭之牲口運騰交
忠和號
白線拾弍馱
草標壹馱　共计拾肆馱
小褌十
扣布壹馱扣布廾疋共计□卅疋
至时祈爲照數查收言定由街至騰每馱開给脚力尫
伍分
銀壹〆正倘有差失永漬等弊该脚户照市全賠
川廾
恐口無凴立此發单爲據
上
騰兄
敬福翁
润膏楊新爺　台前查收
己亥年二月初一日族弟楊含育街　顿首　發单

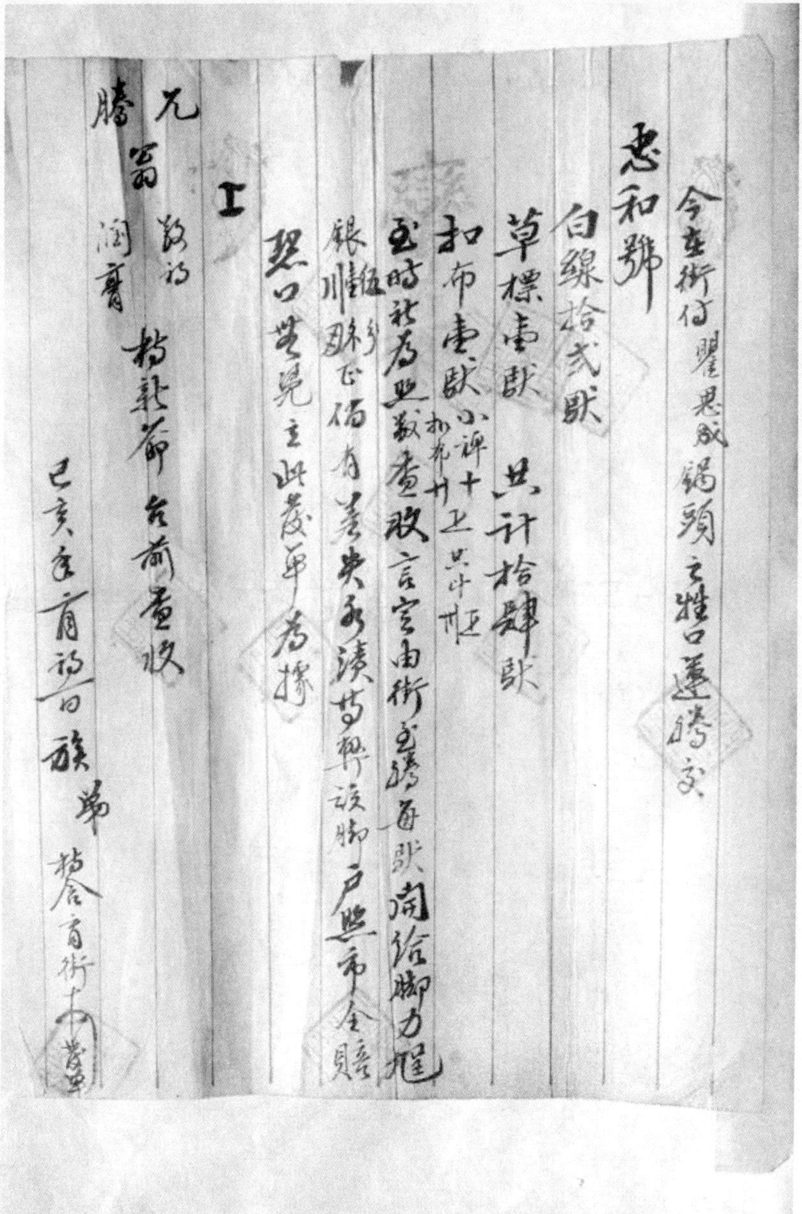

今在街付瞿思成锅头之雅口運騰交

恳和號

白線拾弍駄

草標壹駄　共計拾肆駄

和布壹駄　小評十十　和布廿工　只廿卅工

至時祈為照數查收，言定由街至騰每駄開給脚力

銀伍兩　川脚下　倘有差失，該腳户照市全賠

恐口無憑，立此發單為據

工

元富
致候
潤齋
楊乾節台前查收

己亥年　月　日　旗弟
　　　　　合街

9　己亥年二月初二日杨含育寄含荫的调拨单

胞弟含蔭　入照

啓者於月初一日街付瞿思成锅頭之牲口拴騰交線褲十〤乞前信一一叙明今来书語不冗贅耳於初二日街付藺自廣锅頭之牲口運騰交仨元干鱼捌馱共浄重〤斤〥两至时按数查收可耳耑此字達批者其脚每馱開给弍两玖錢可耳

旭銀

己亥年二月初二日胞兄含育街　泐

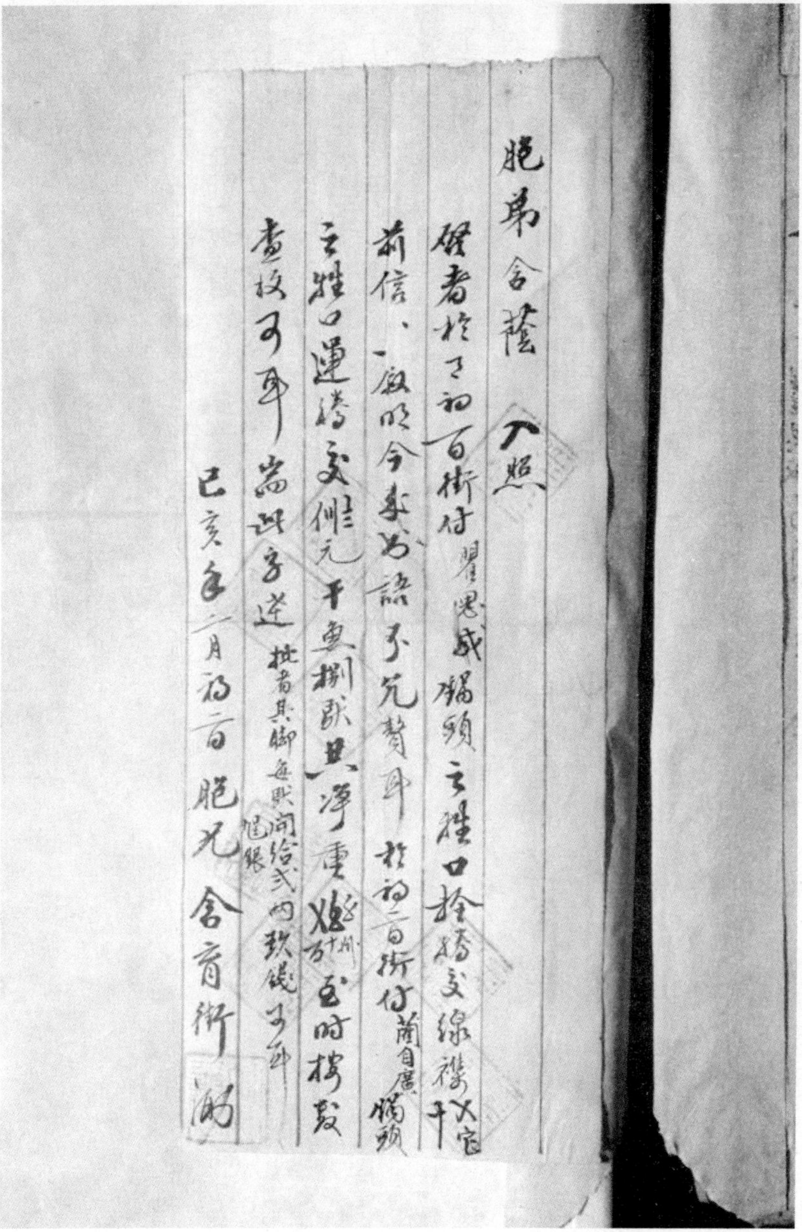

胞弟合蔭 入照

啟者於本初一日衔付碧恩成號頭云祥口撥儎交綠樣千文宅

前信，一啟收今來為請予兌賛爲 於初二日衔付蘭自晟號頭

云祥口運儎交俤元千奧捌欽丑，淨重儎十州方至時撥發

查收可耳 當此字達 批：有其御無欺間給弍兩玖錢手此 恩銀

己亥年二月初二日 胞兄合育衔 謝

第二编　腾冲商业文书·调拨单

10 光绪二十九年八月二十二日含毓自腾冲寄往缅甸含宽书信兼调拨单

騰信奉

再敬啓者柃月之二十一日接展由弄来信一函内云等語一切已悉弄付周锅頭運騰之洋大扣箱草標式箱铜油壹支照数收入脚力開清祈勿錦念耳騰之艮價值大鬆由此数日以来換主全無目下之價只在纠拾左右據来函所云弄之價值尚未大跌我號在弄所收售得之艮趁此價未下跌赶速覔主兑換转出艮来方不改吃亏是为至要又楊開五前借之艮弍仟昨伊在騰已算还来壹仟下欠之壹仟祈在弄向伊所拿仍然換做艮可也惟上明光換線之事近来布價高昂兼之来数不有难以採買如在此刻再買不就亦不打算前去兑换照今之布價即便换得亦难蒦利其有楊志興之賬如遇着望祈收要是盼餘容後申耑此佈□

上

含寬賢弟先生　台照

光绪二十九年八月廿二日堂兄含毓頓　自騰忠和号寄

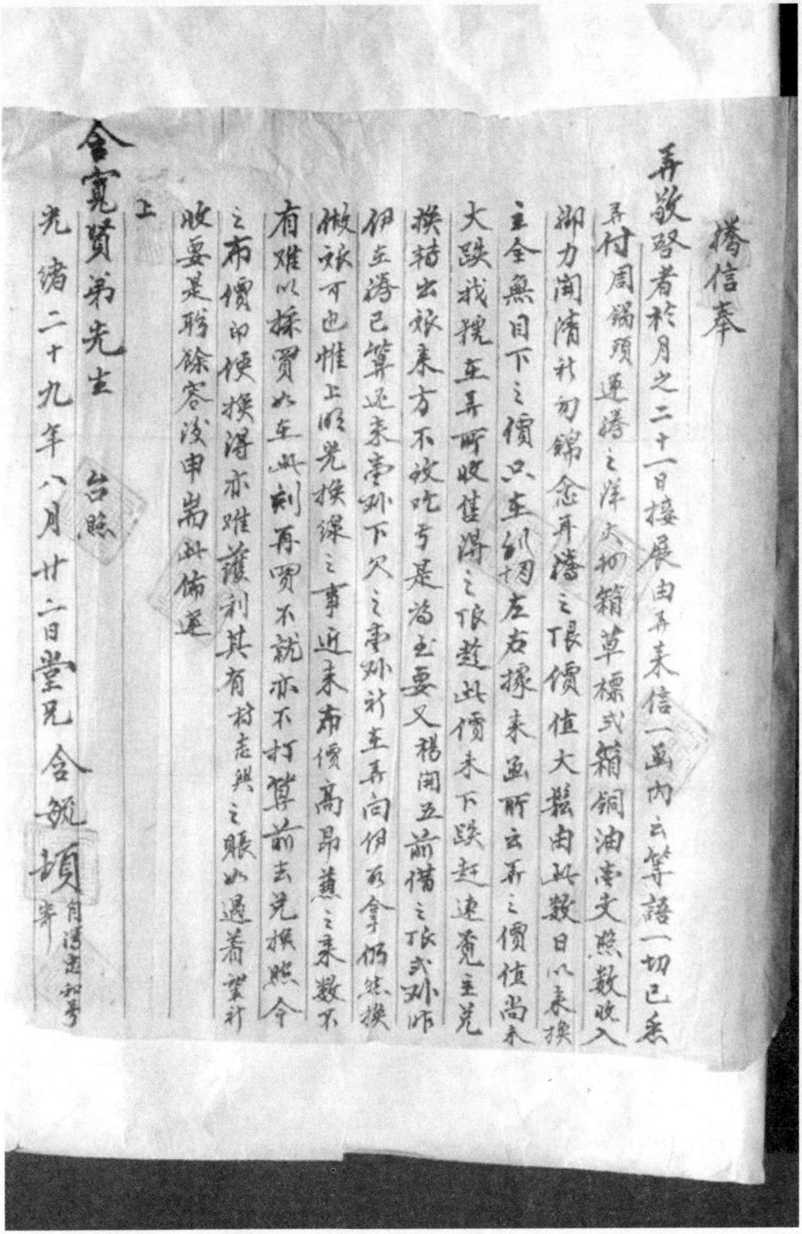

騰信奉

弟敬啓者於月之二十一日接展由弟來信一函內云等語一切已悉

弟付周錫頣運騰之洋火物箱草標式箱銅油壹文照數收入

御力閩清於初錦念弟騰之賬價值大概由此數日以來換

主全無目下之價只在紗綢左右據來函所云弟之價值尚未

大跌我攏在弟所收進騰之賬趁此價未下跌趕速覓主兌

換結出銀來方不致吃虧是為至要又稍閑五前備之賬式外師

伊在騰已算還來壹外下欠之壹外於在弟向伊取拿仍然換

徹銀可也惟上緬兌換之事近來布價高昂蓋之來數不

有難以採買如在此刻再買不就亦不打算前去兌換照令

之布價即使換得亦難獲利其有初志與之賬如過着望於

收妥是所餘容後申端此佈達

上

合寬賢弟先生 台照

光緒二十九年八月廿二日 堂兄 合銳 頓 寄 自騰由和號

11 光绪三十年三月二十五日蛮允铭兴祥给茂兴盛书信兼调拨单

茂興盛允字奉

騰敬呈在于月之十八日允換单付陈自茂之牲口運騰交草標乙□

力市銀〤〣十九日收到街付楊仲一運允交檀香柒㐂力每市 艮〢〣

仝日換单付李白登之牲口運騰交洋釘〸〣古月弍 㐂 牙粉弍包

力每市 艮〤〣二十三日允付羅正林運騰交核主□又付 李天萬 蕭本茂 運

騰交核□陸㐂力每市 艮〣〨月同日換单付周正纯之牲口運騰交

自来火拾㐂洋□ 帋 三㐂硼砂一㐂牛乳一㐂力每市 艮〣〢在街支过

壹元弍甲所付上之各貨谅必一一清收不待言也允中開费昨

允滙騰还羅正林艮拾柒〢肆〆五分兹又滙騰还楊本翠

艮弍拾七〢壹〆九分均有滙票各乙張刻下谅蒙抽票兑楚

除滙外尚不敷 艮 弍十餘金有妥立望带允接济以资急需是

爲致奉 餘不缕達□此

上

茂興盛宝號

盛祥楊大新爺 台前青鉴

三十年三月廿二五日字蛮 允铭興祥記 顿首

茂興國九兄大人 奉

僑敎呈正于月之十日光換單付陳目茂之□□□□□□□□□保□取

又兩銀捌月十九日於州衙付楊仲達□□□禮□□水力每兩□□□月

全日換單付□□登之□□達□□□□辛衍□古月□□□牙□□

力每□□□月二十三日光付羅正桥□達□□□□□□□□□

□□□桥水□□□每兩□□□同日換單付同正桥之□□達□□

自□火給水□五每三□□□□□陳牛乳□□□□□□□□□在街□□□

□先爺□□□□□所付上之□賀謙必一馮收不□□□也九中湖黄□

□□□□□羅正桥神路□□□□□□□□又□□傳正楊□□

□□給已□□□□□□□□□□有□□□昨刻不□□□□□□□

□□□外□不□□□□□□□安□□□□□□□□□需是

為□□□□□□□□□此

台前大鑒

                    茂興國主鋪
                    國祥謙大秋爺

三十年三二廿九日 月

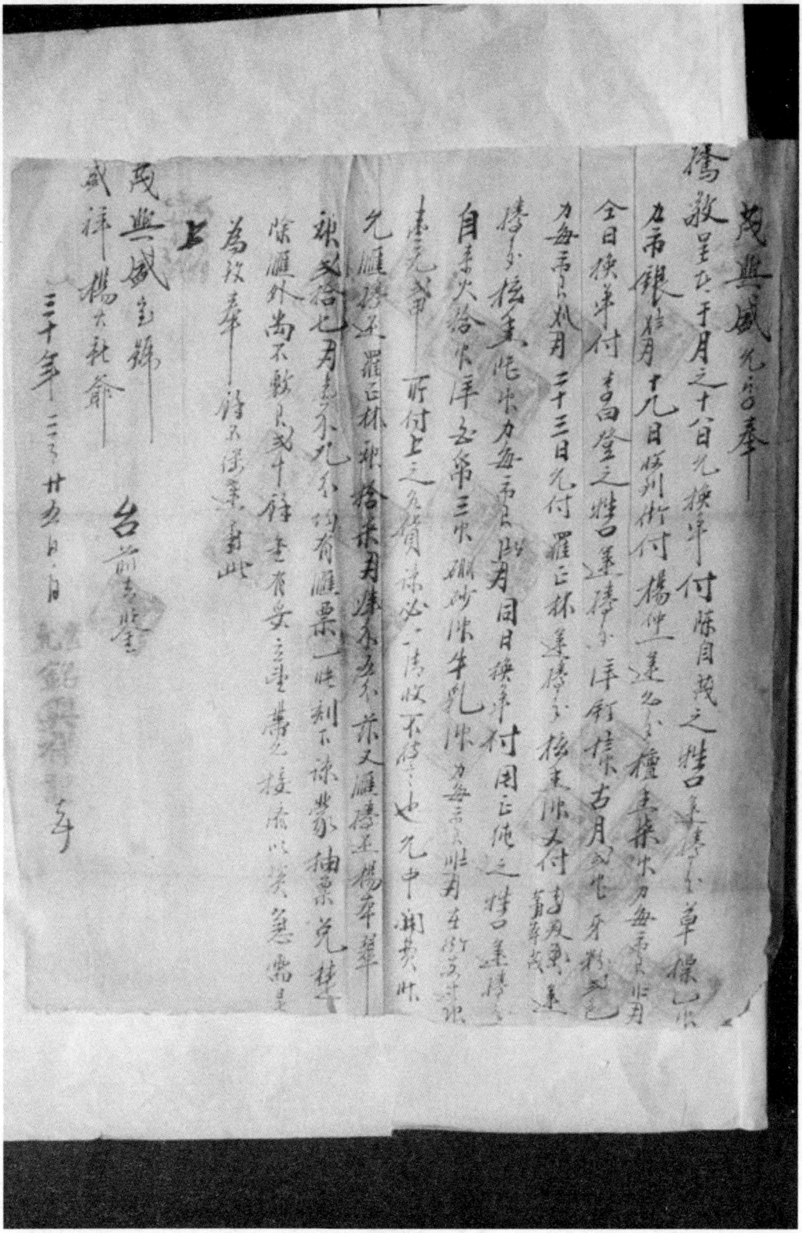

街信奉
腾启者 枍 十八日由街付張自學之牲口運騰交〢〥元□
油乂 它 力每根〥〧随有發单代呈谅必到
腾不待祝也兹又付杨大生之牲口由街運腾
價〢〣元干鱼拾駄每支净重〹〥砙共净重
〥百砙共去合娘〣〥砙 加每口包紮各項開消
娘〡甲 共去娘 〡元脚力照發单開给但 中
之缚纱開費请腾即付妥代弄交利豐盛
此係请伊老代为招呼此娘切勿遲延
是所望也其干鱼一貨请腾照市以見
利一点方可出亦不必久存後次若有
好的又爲办發幾 它 可也惟是蔴線
一事如街中有主亦高下一二出售如全
無售主又爲打紧可也其洋火单標
绞有脚又为採办一二發腾其打紧發
街之棕盖下存之線一支未知可单付発
以否如不發新为不必發来可也今因顺
便特此佈呈

12 杨含宽自新街寄含毓书信兼调拨单

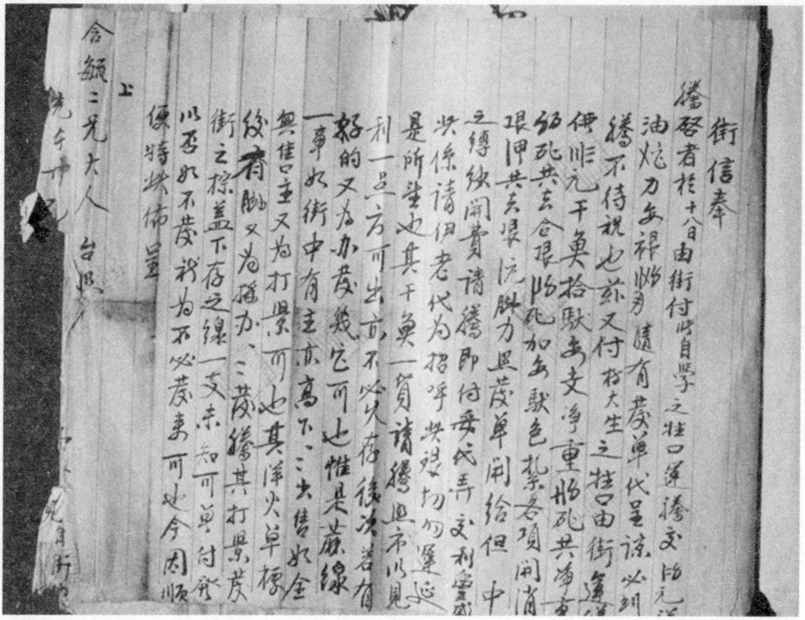

上

含毓二兄大人 台照

光绪□□

13 光绪三十一年九月二十三日杨含宽自街寄忠和号牛乳等调拨单

今自街付茂順李老販之牲運騰交
忠和號记
牛乳壹馱计叁精草標叁馱洋油伍馱共玖
到時请祈照號照数查收其脚言定由街
至騰每馱開给䄠弍两伍鈔伍分其貨当
面交付清迫無舛錯倘有差失等项向锅
頭追问特此为據其脚未支至日開给
全力可也
上
利豐盛 老爺
新爺 台照
忠和號楊大新爷台照查收
光绪卅乙年九月廿三日弟杨含寬自街發单

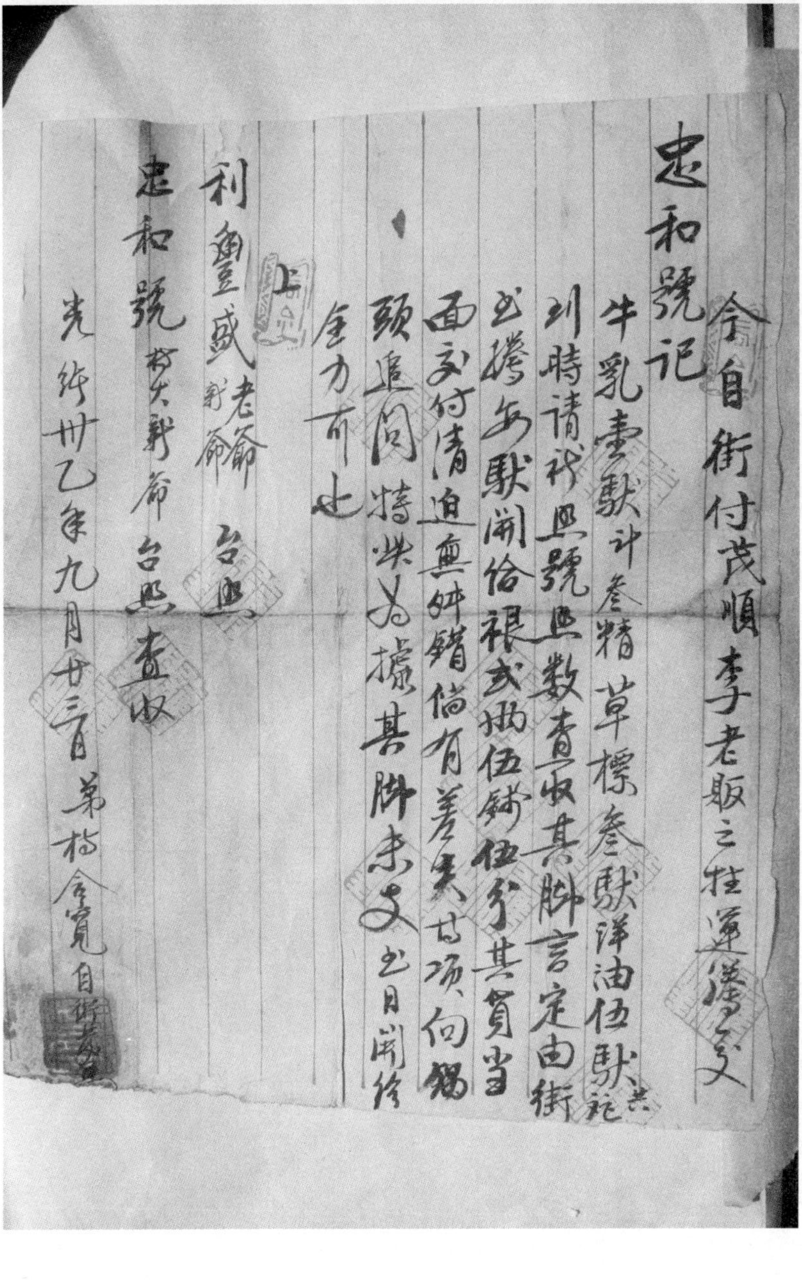
忠和號記
今自街付茂順李老販之桂運灣文
牛乳壹駄計叁精草標叁駄洋油伍駄共
到時請代照號照數查收其腳言定由街
出騰每駄開給銀貳拾伍錢伍分其貨當
面交付清追無舛錯倘有差失古項向鍋
頭追問特此為據其腳未支出日開給
全力所止
上
利豐盛老爺台照
忠和號楊大新爺台照查收
光緒卅乙年九月廿三日第楊今寬自街

14

光绪三十一年九月二十三日杨含宽寄含毓书信兼调拨单

街信奉
騰敬啓者 枍月之十九日付張自學運騰之洋油〤它信
壹函廿一日由街付楊君生之牲口運騰〣元干
鱼拾駄力每〢〨廾現脚未支隨带呈信一
書未知可单收蒦否兹由街付李茂顺
之牲口拴騰交價〡〨元洋油伍駄去合娘〢〨洒
價〡〨元草標叁駄计〨箱欠〨条共〢〨〨以打
成叁它共去合娘〡〨〢洒價〢〨洒牛乳壹駄计
叁精去合娘〤〨洒共计〤〦之数脚力言定
至騰每根〢〨〩現力未支至日開给伊全
力可也所發騰之各貨请祈照騰市價挽
主划景消售其干鱼目下街中每百砣
在〤〨元之價洋火老庄的尚未有来如有亦
打景採办一二發其餘别貨未審至今
騰中市價漲抵以否祈为示知可耳
但發街之蔴線一貨目下街中实为难
售在街做線者只刘声興李德中二人其
李德中尙存有七八它有刘聲興老只还價弍

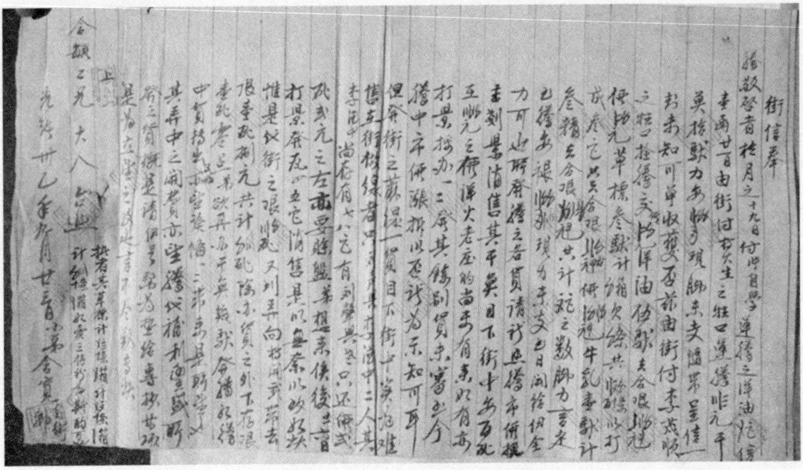

砇弍元之左亦要賒盤弟想来俟後五六日
打景發瓦四五它消售是以無奈以致如此
惟是代街之娘〃砇又到弄向楊開武带去
㫰壹砇捌元共计〩〣除办貨之外下存㫰
壹砇零点弟欲再办干鱼幾駄發騰如騰
中貨转出银两亦望凑俻一二带来是所望也
其弄中之開費亦望騰代補利函至盛所
癸之貨概是请伊号帮为垫给専抄等项
是为立望之致也言不尽叙専此
上　　批者其草標计〤〨十条〤箱计〤〥十条一箱
合毓二兄大人　台照　计〩〣十条一箱如賣之時祈为斟酌可也
光绪卅乙年九月廿三日小弟含寛自街
泐

15 丙午年二月十七日永昌福裕店调元升恒宝寸静斋小盐的调拨单

计取
寸静斋小盐叁称
共毛重叁百弍拾陆斤
元升恒宝號宣
光绪卅三年二月十七日永昌福順店記单

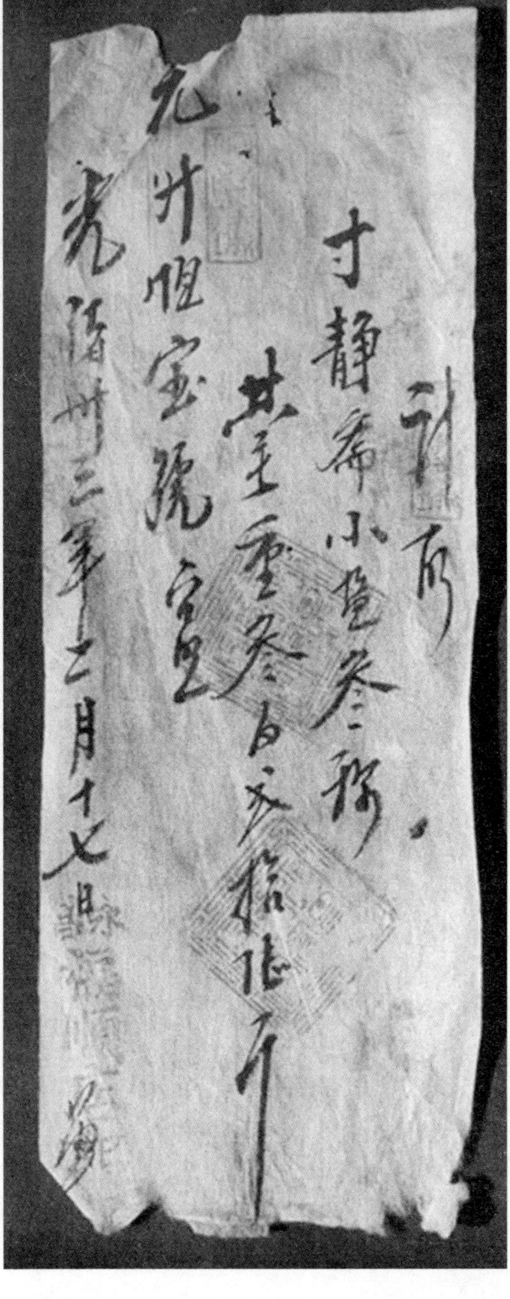

16 丙午年九月十六日永昌福裕店调元升恒宝号王大金的调拨单

王大金□碼

□□□□□□□□□

□[illegible]□

[illegible]毛重□

除皮[illegible]漂[illegible]净重叁千玖百〇九两柒錢

[illegible]合市銀叁百柒拾伍两叁[illegible]叁分

请代扣平[illegible]

抽[illegible]只银[illegible]

上

□□恒寶號　財照

丙午□□十六日

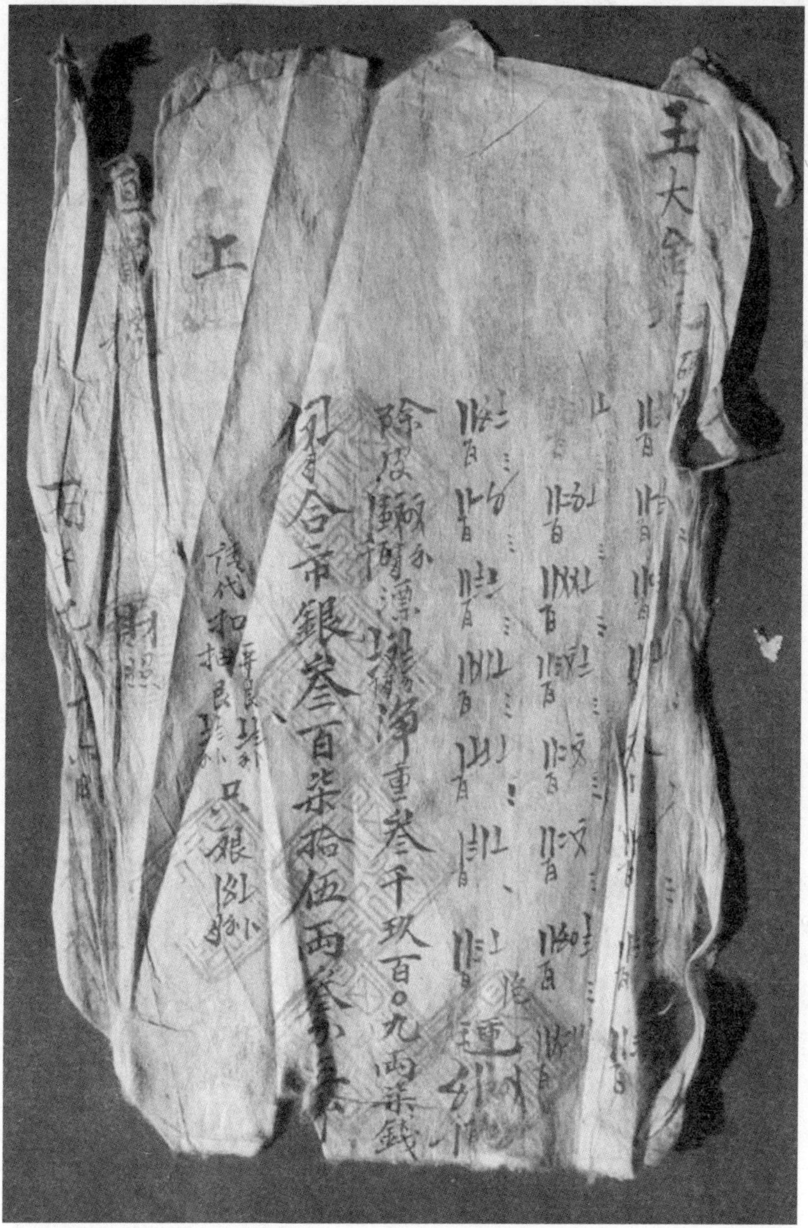
王大
上
淨重叁千玖百〇九兩柒錢
合市銀叁百柒拾伍兩

17 丙午年十月初二日永昌福裕店调元升恒宝三和号棉花六担的调拨单

計售與

三和號棉花陆担碼 [illegible] [illegible] [illegible] 毛重□

除皮廿斤净重陆百乙拾九斤

價[illegible]算合粮[illegible]旭 称合娘壹百捌拾陆两□

上

元升恒寶號　財照

丙午十月初二日永昌福裕店記　单

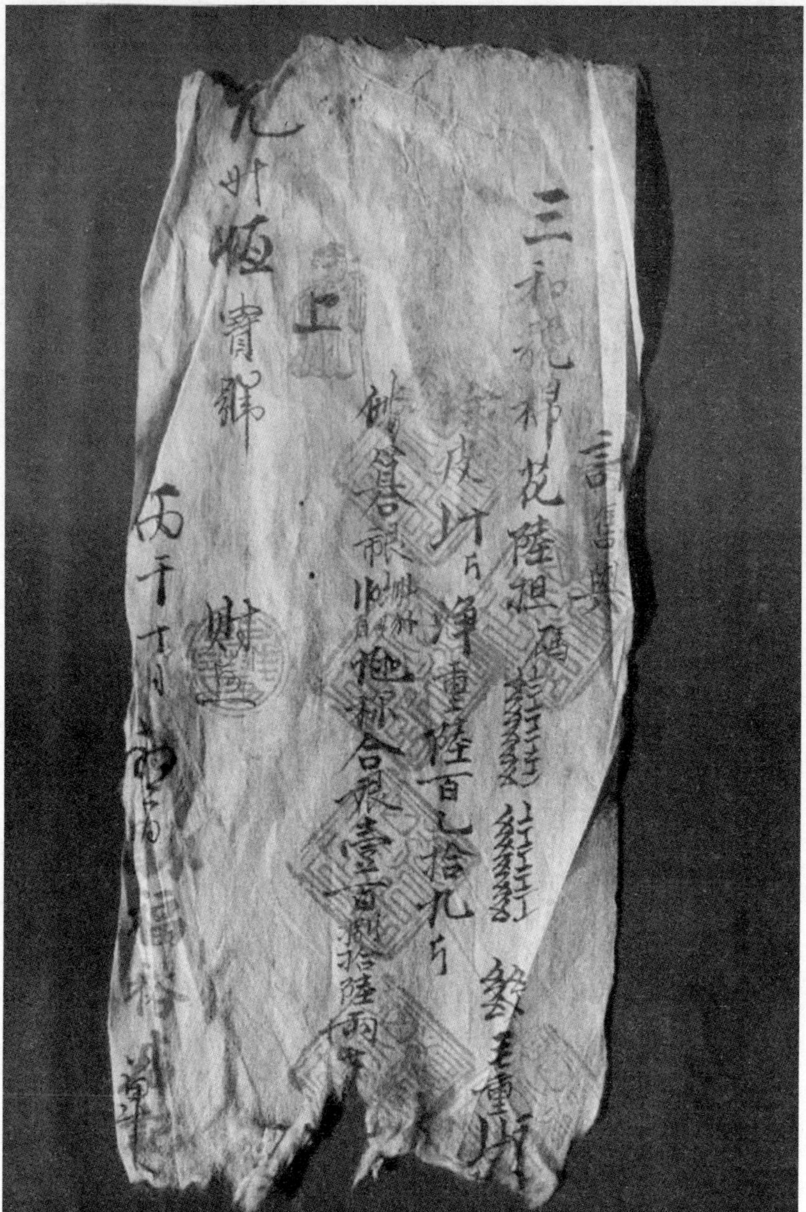

18 丙午年十月十六日永昌福裕店调三和号棉花3担调拨单

計售與
三和號棉花叁担碼[illegible] [illegible]毛重[illegible]
除皮卅斤净重叁百〇玖斤
作算合銀□旭称合娘玖拾壹两捌[illegible]五卜
上
元升恒寶號　財照
丙午十月十六日永昌福裕店記　單

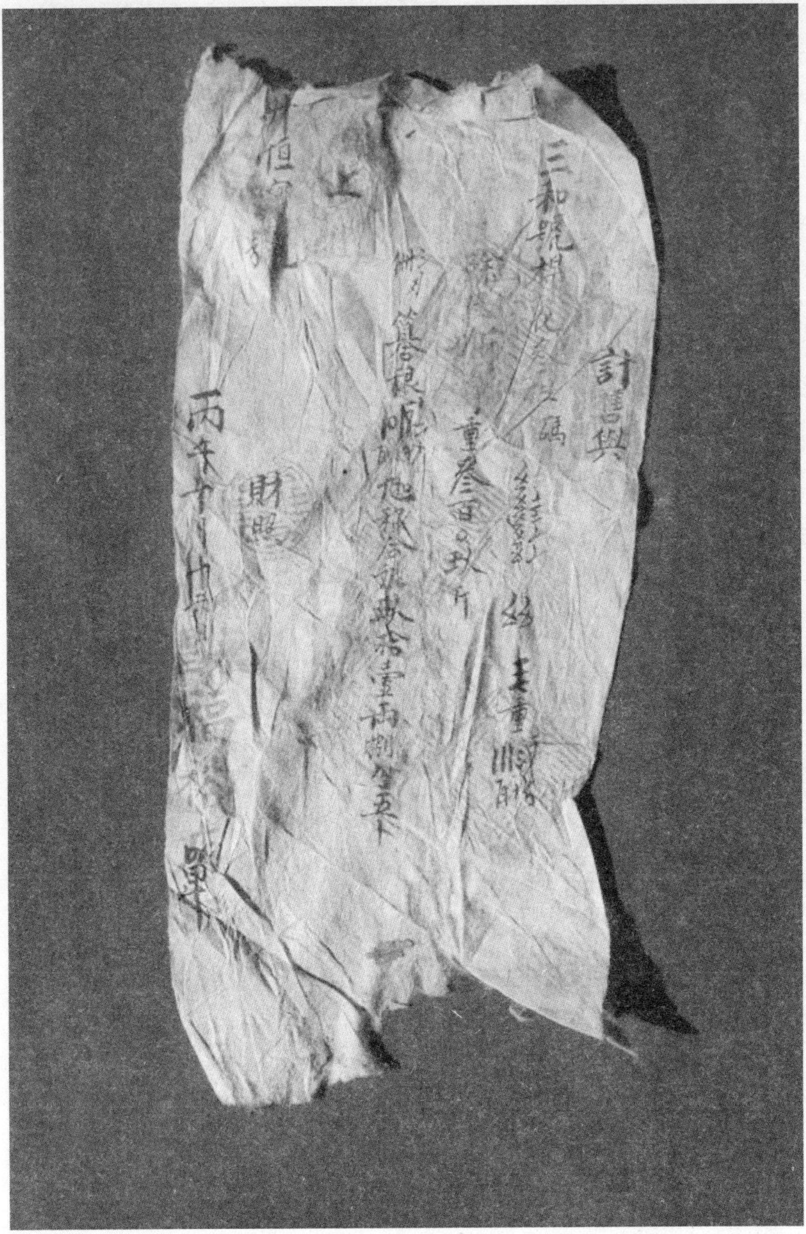

19

丙午年十月十八日永昌福裕店调元升恒宝莫如发棉花的调拨单

计售与 [illegible]

莫如髮棉花叁担碼[illegible] [illegible]毛重[illegible]□

除皮卌斤净重叁百〇玖斤

上

元升恒寶號　财照

丙午十月十八日永昌福裕□□单

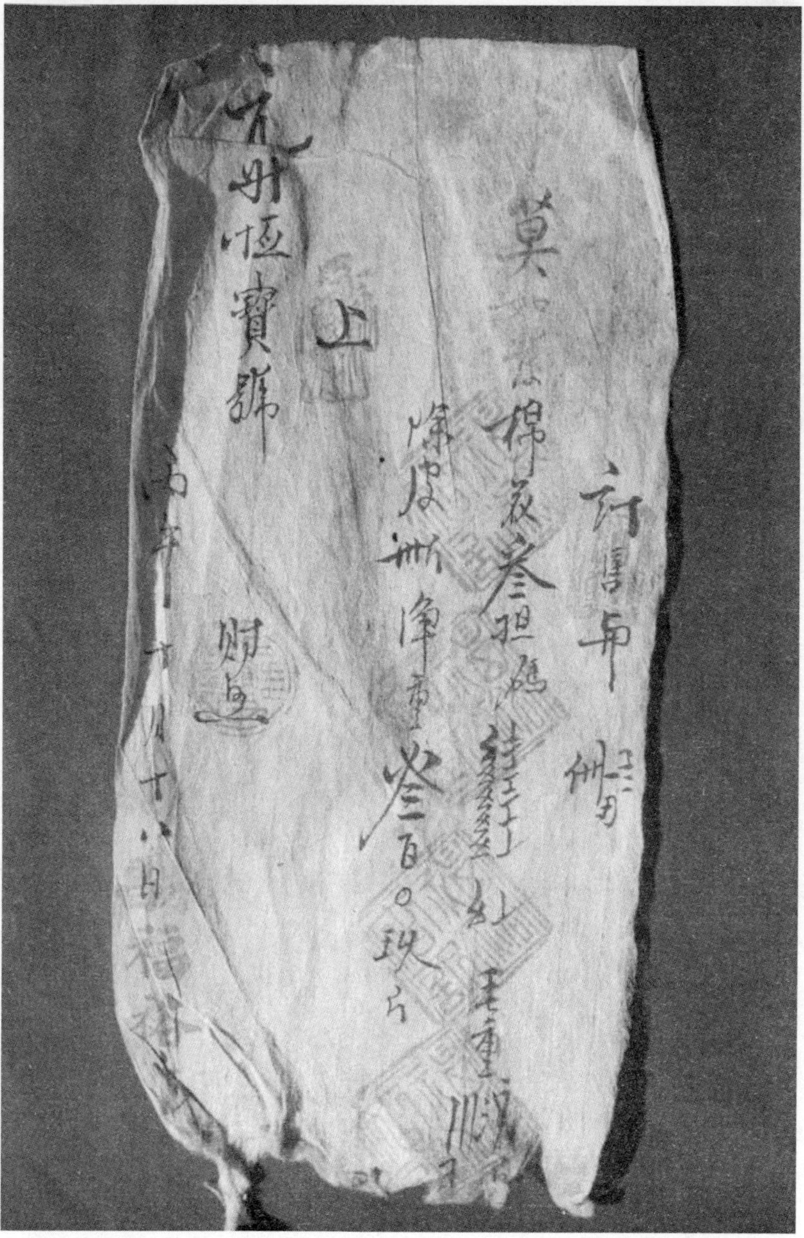

20 丙午年冬月二十一日永昌福裕店调元升恒熟铁一驮的调拨单

新起給
元升恒熟鉄壹駄合課银若干容日向小店取兑可也
上
合税銀壹錢玖分
貴税局老師爺　升照
丙午冬月廿壹日永昌福裕店記單

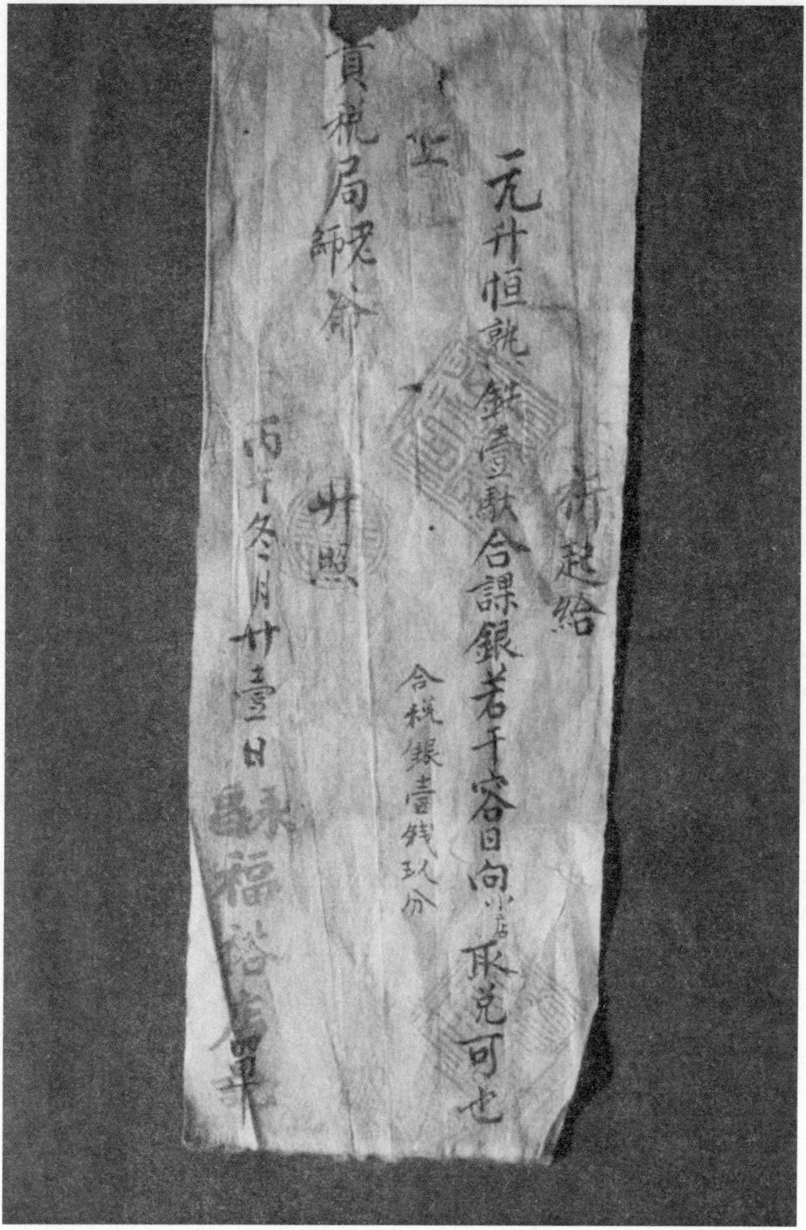
元升恒號鈔壹駄合課銀若干容日向小店取兑可也
新起給
合稅銀壹錢玖分
上
貢稅局經紀爺 卅照
丙午冬月廿壹日
永福給單

21 光绪三十二年仝月十三日西董董香楼右线调拨单 2 张

運永交
□□□□弍□□
□□右線貳拾陸馱 每□□包 共計〤百〦十〣包
日祈爲照數查收龍至永言定□□□□給□
银壹两壹钱伍分在龍未支到永請祈金數
開兑可也其線當面交貨清白並無差少倘
有差少失落水漬等情祈向該脚照市賠償
恐口無憑特此發单爲據
上　　計票子拾壹張
□董大老爺　台前驗收
光绪三十二年仝月十三日　□□□

許□□馱□□
□□□照数□□□力言定□□□市□壹两陆
□分在腾未支过□银□两□
其货当面交货並无差少设途中
弊該脚户认照市清償恐口
上

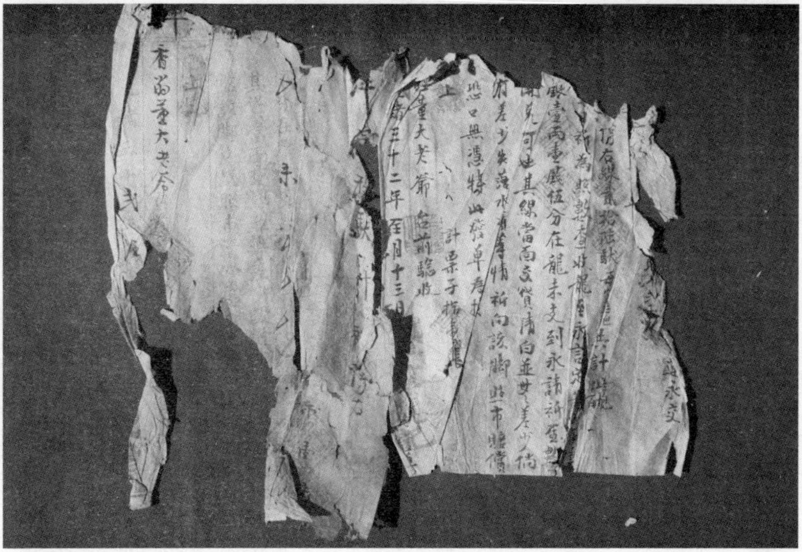

香翁董大老爺台前
光绪三十弍年全□□

22 丙午年全月十六日永昌福裕店调元升恒熟铁的调拨单[1]

祈起給
元升恒熟鉄弍百斤合课艮若干
容後向小店取兑可也
上
贵釐局師老爺　升照
□□全月十六日永昌福裕店記单

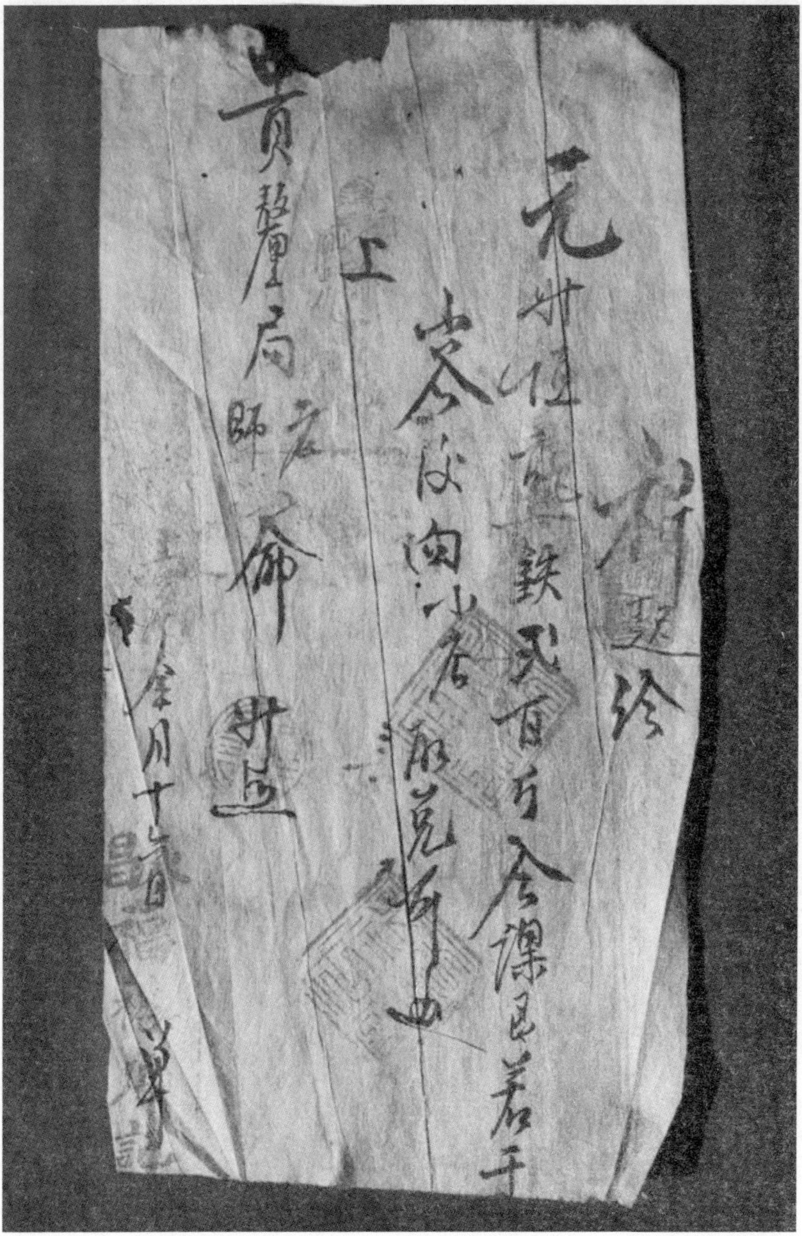
上
貴釐局
師座
命

23

丙午年全月十六日永昌福裕店调元升恒熟铁的调拨单 2

祈起给

元升恒熟鉄弍馱合课艮若干

容後向小店取兑可也

上　合税銀贰錢玖分

貴税局老師爺　升照

□□全月十六日永昌福裕店記单

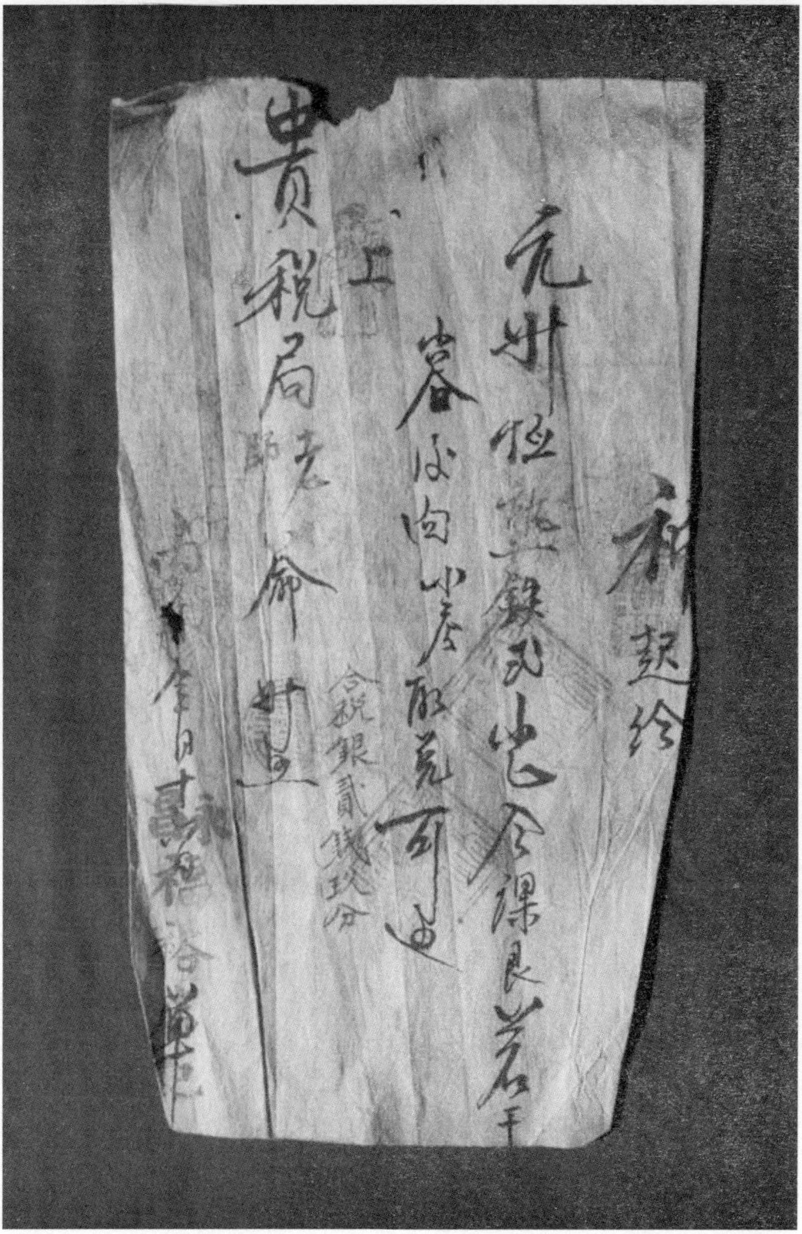

24 丙午年仝月二十二日永昌福裕店调元升恒熟铁的调拨单 1

祈起給
元升恒熟鉄弍它该课若干容
日向小店取兑是荷
上　合税銀貳錢玖分
貴税局老爺　升照
師
丙午仝月廿二日永昌福裕店記

贵税局老
师爷

元升恒兴铁瓦
昌业店瓦瓦是
否该谋

令税银贰钱玖分

雨今月廿三

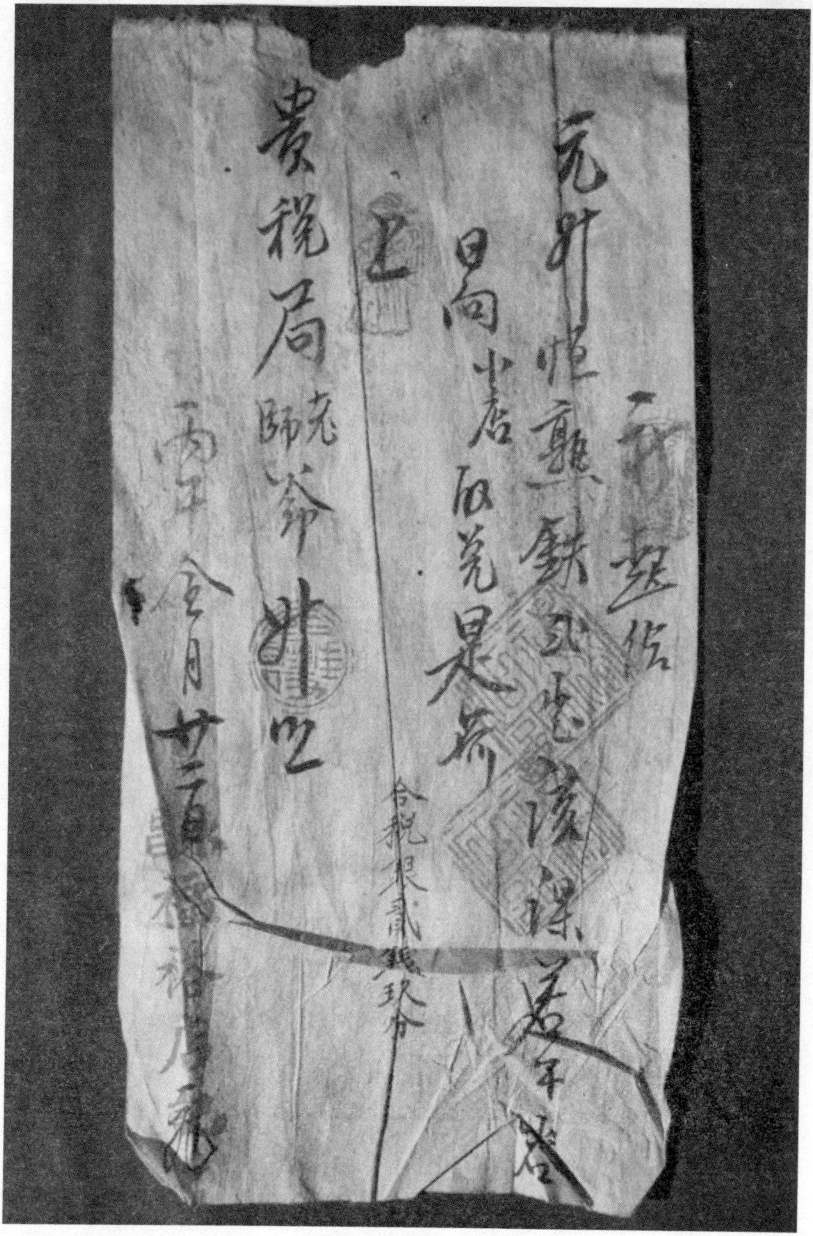

25 丙午年仝月二十二日永昌福裕店调元升恒熟铁的调拨单 2

祈起給
元升恒熟鉄弍它该课若干容日向小店
取兑是荷
上
貴鳌局師老爺　升照
丙午仝月廿二日永昌福裕店記□

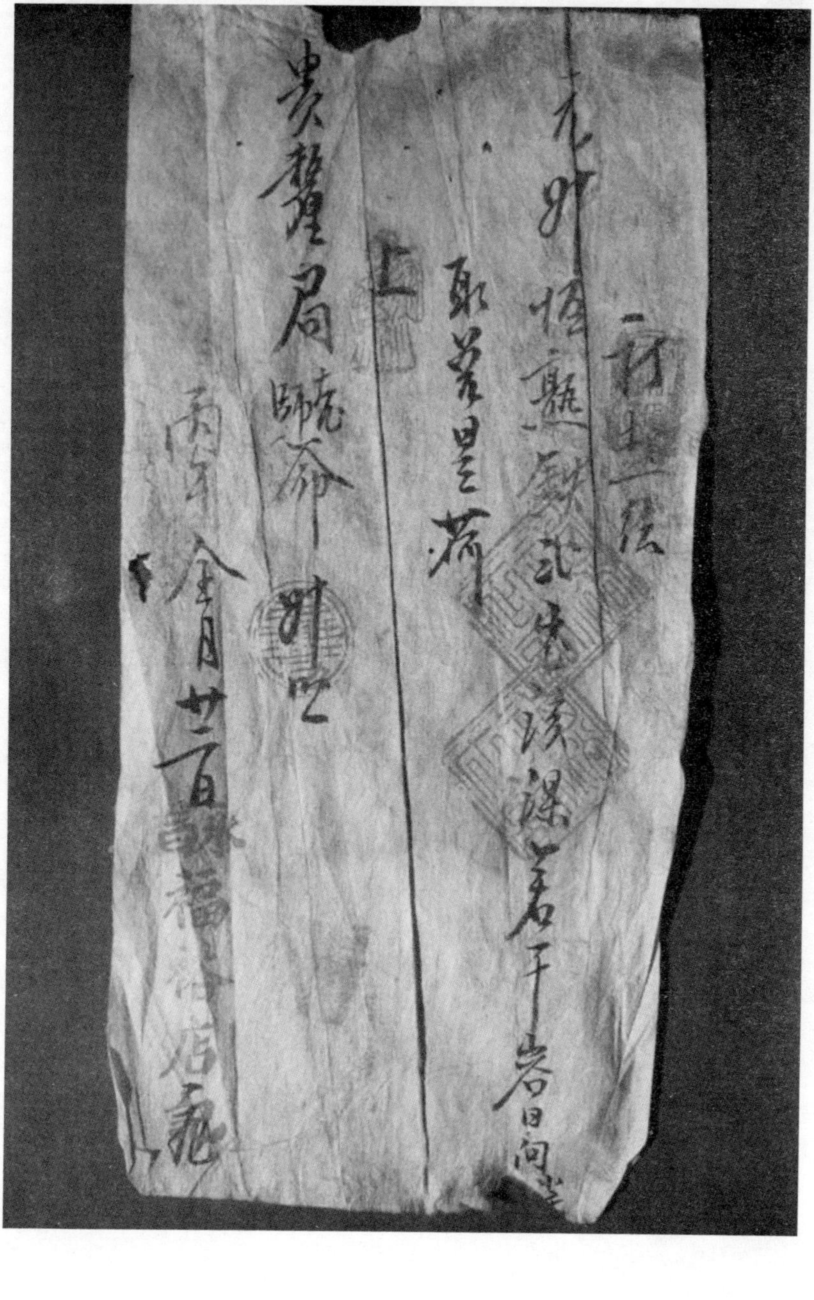

26 丁未年二月初五日永昌福裕店调元升恒宝棉花的调拨单 44 张

□□□

棉花捌担碼　毛重

上

元升恒寶號 台照

永

丁未三月初四日 福裕店記 单

昌

棉花式拾担碼

計髮闕

棉花式拾担碼　毛重

上

元升恒寶號

茲收到

棉花□拾叁担碼

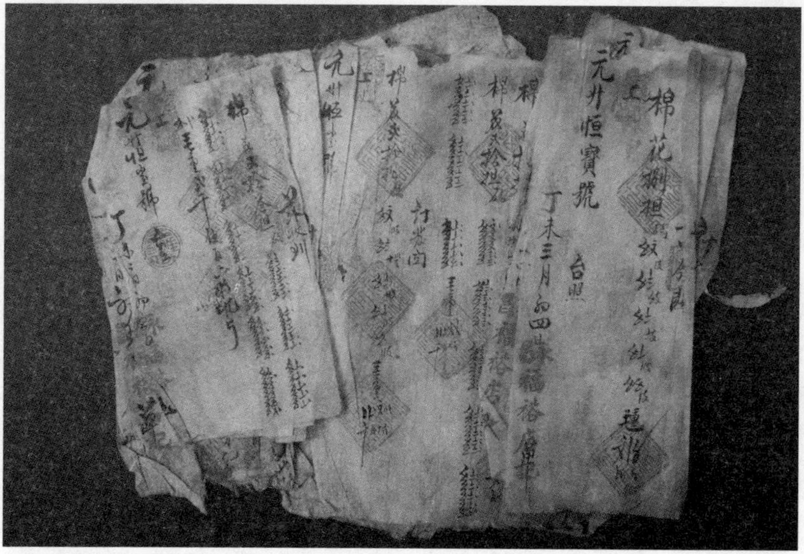

〥〣毛重弍千伍百六□□斤

上

元升恒寶號　台照

丁未二月初五日永昌福裕店記　单

27 丁未年二月十四日永昌福裕店调元升恒宝棉花的调拨单

兹收到

棉花拾担碼 〨〡〨〡〨〡〨〡〨〡　〨〡〨〡〨〡〨〡〨〡　〨〡〨〡〨〡〨〡〨〡

〨〡〨〨〨〨〨〨〨〨　毛重 [illegible]

上

元升恒寶號　□□

丁未二月十四日永昌福裕店記　单

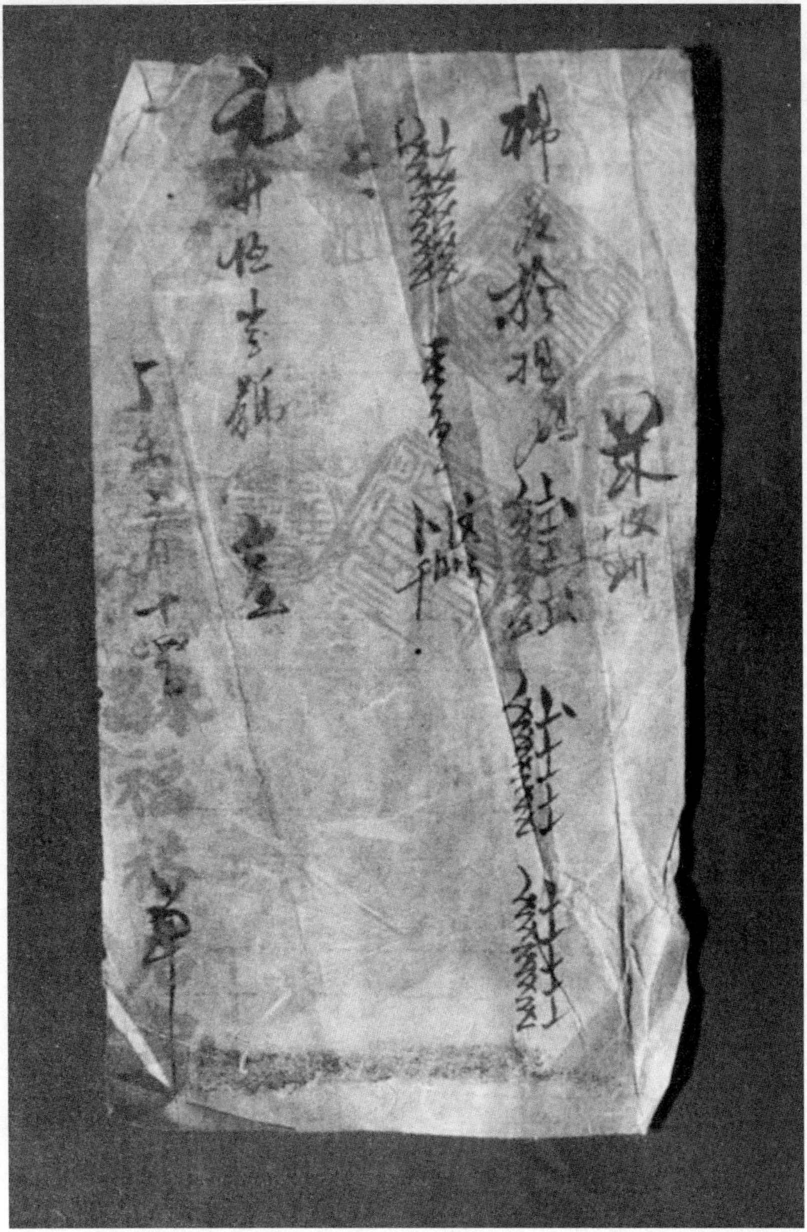

28

丁未年二月十八日永昌福裕店调元升恒宝棉花的调拨单

订自發關

棉花拾伍担碼[illegible] [illegible] [illegible]

[illegible] [illegible] [illegible] 毛重[illegible]

上

元升恒寶號 鴻照

丁未年二月十八日永昌福裕店記单

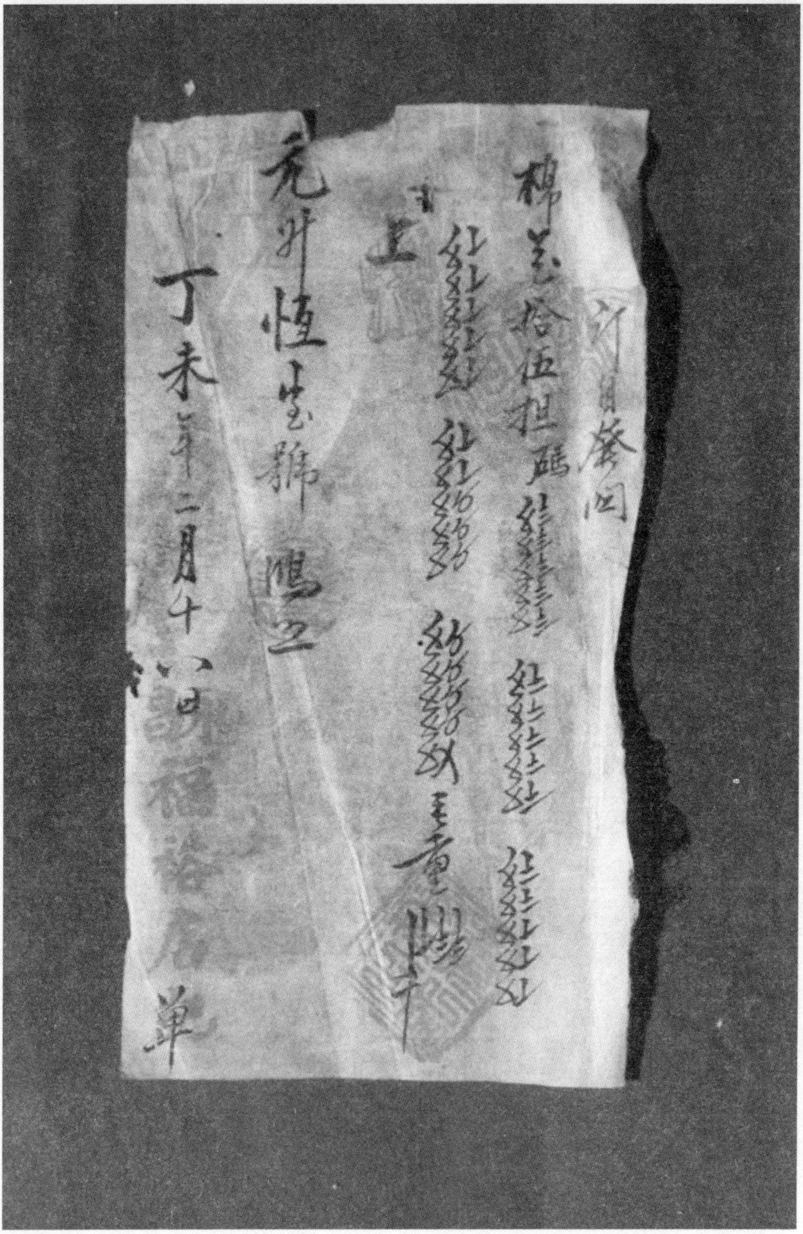

棉花拾伍担
元升恒宝號 鴻兄
丁未年二月十一日
單

29

丁未年二月二十四日永昌福裕店调元升恒熟铁的调拨单

祈起给
元升恒熟鉄壹馱合课艮若干
容後向小店　取兑是荷
上　合税銀壹錢玖分
貴税局老
師爺　财照
光绪丁未年二月廿四日永昌福裕店記

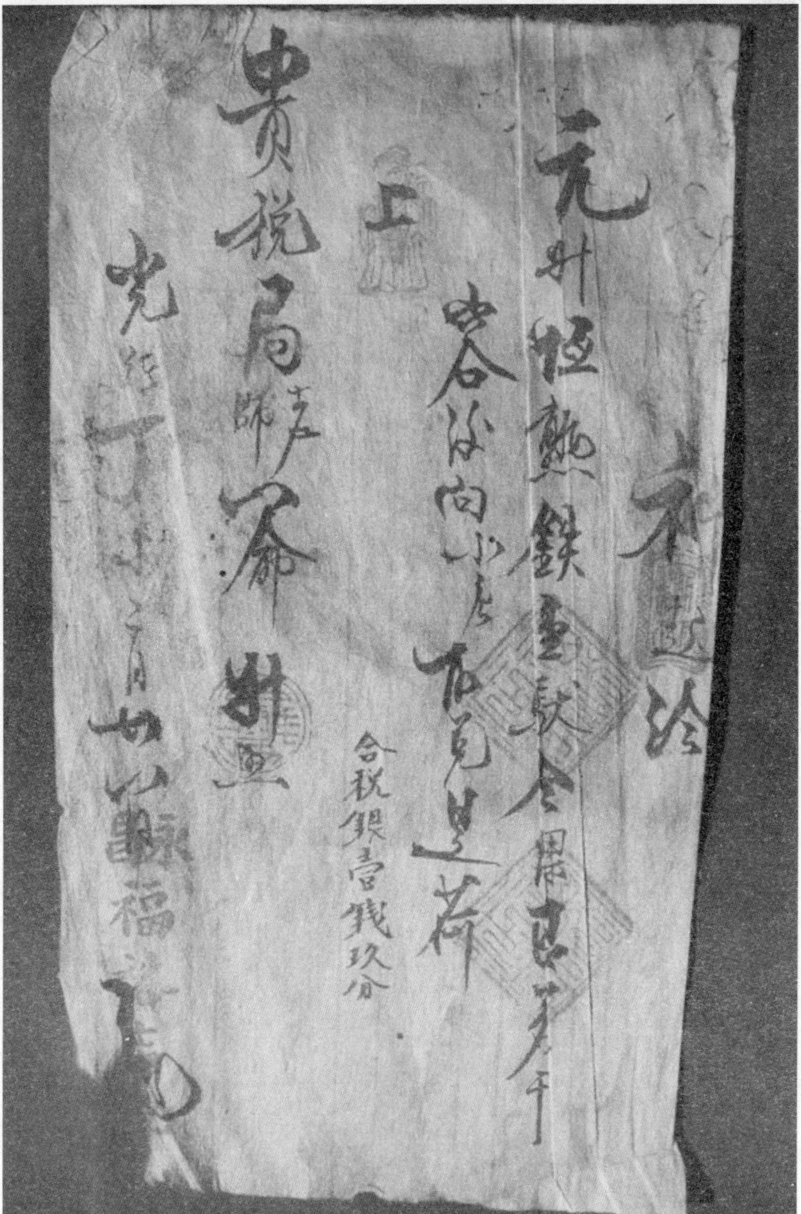

30 丁未年二月二十八日永昌福裕店调元升恒熟铁的调拨单

祈起给
元升恒熟铁壹百斤合课艮若干
容後向小店　取兑是荷
上
貴鼇局師老爺　升照
光绪丁未二月廿八日永昌福裕店記

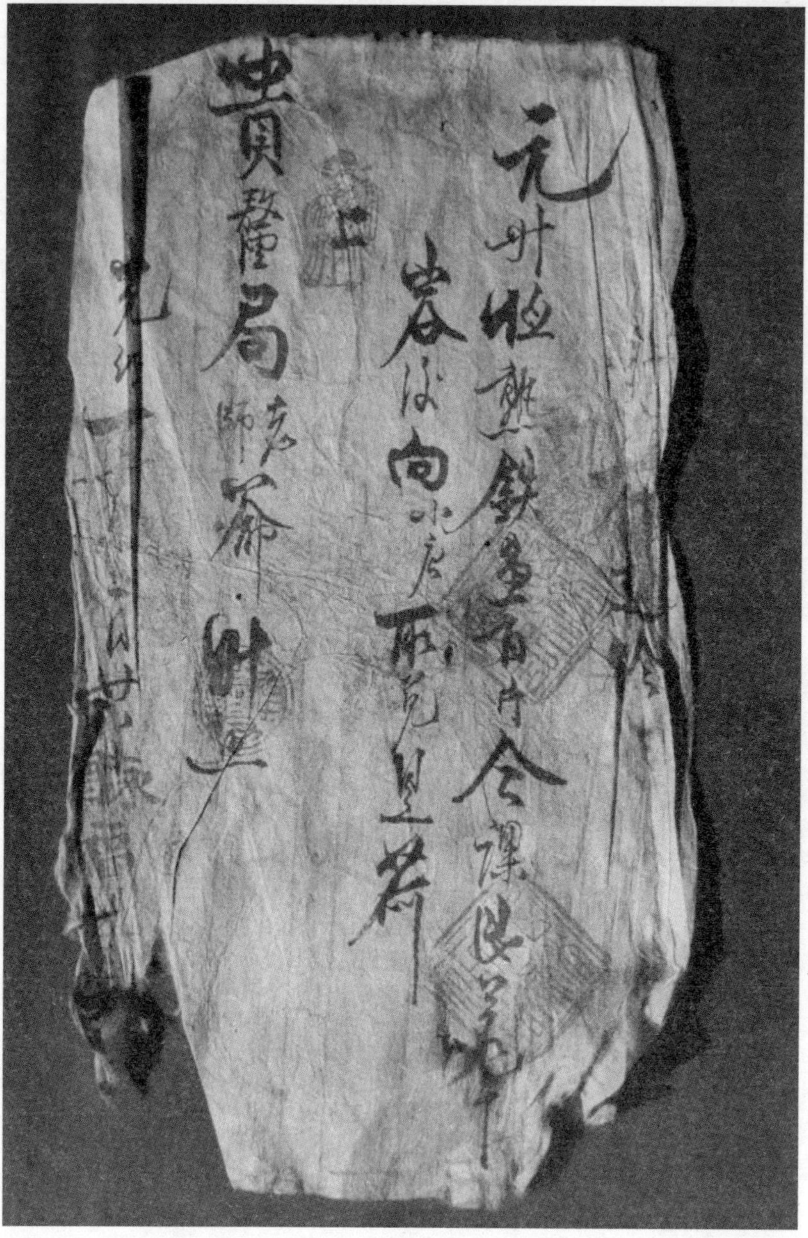

31 丁未年三月十四日永昌福裕店调元升恒宝王斌棉花的调拨单

计售与

王斌棉花叁担碼[illegible] 毛重[illegible]

除皮卅斤净重叁百壹拾叁斤

□合□□□加称工娘捌拾伍两壹钱五□

上

元升恒寶號　财照

丁未三月十四日永昌福裕店記

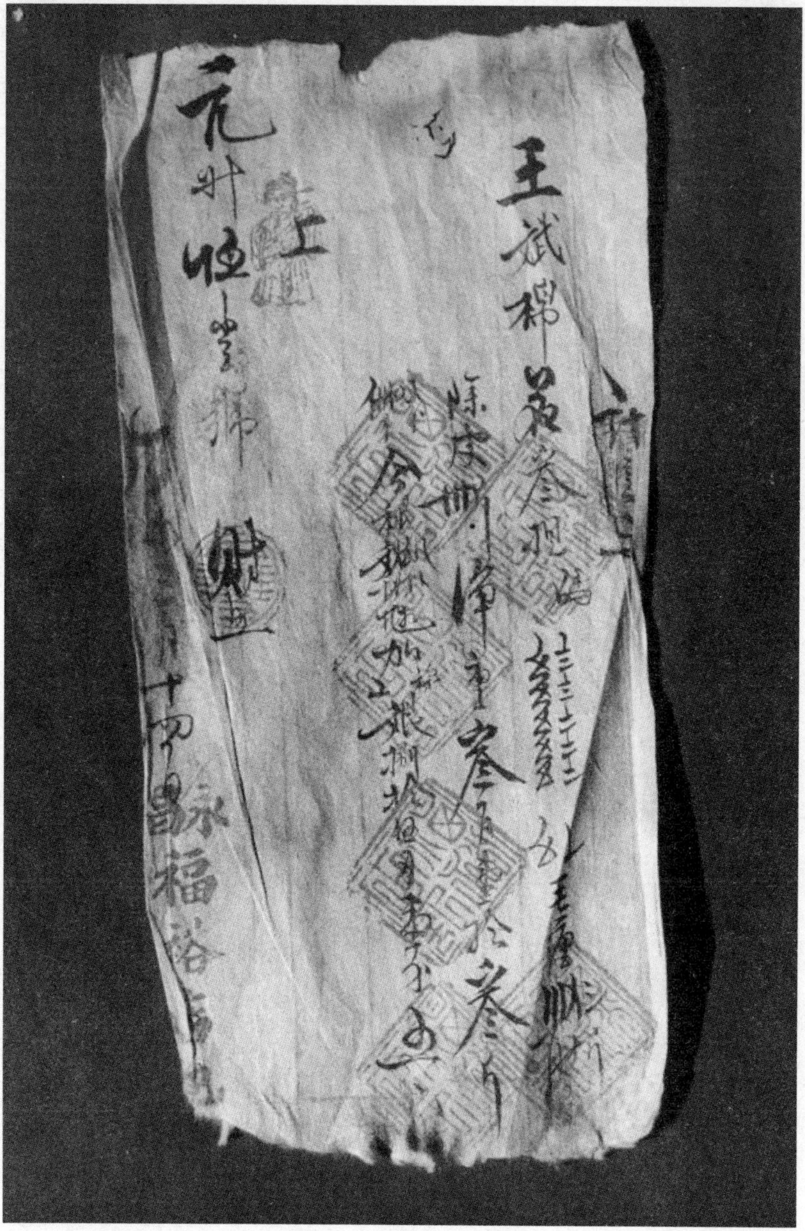

32 丁未年三月十九日永昌福裕店调元升恒宝三和号棉花的调拨单

計售與

三和號棉花叁担碼[illegible] [illegible]毛重[illegible]

除皮卅斤净重叁百〇肆斤

上

元升恒寶號　鴻照

丁未叁月十九日昌永福裕店記单

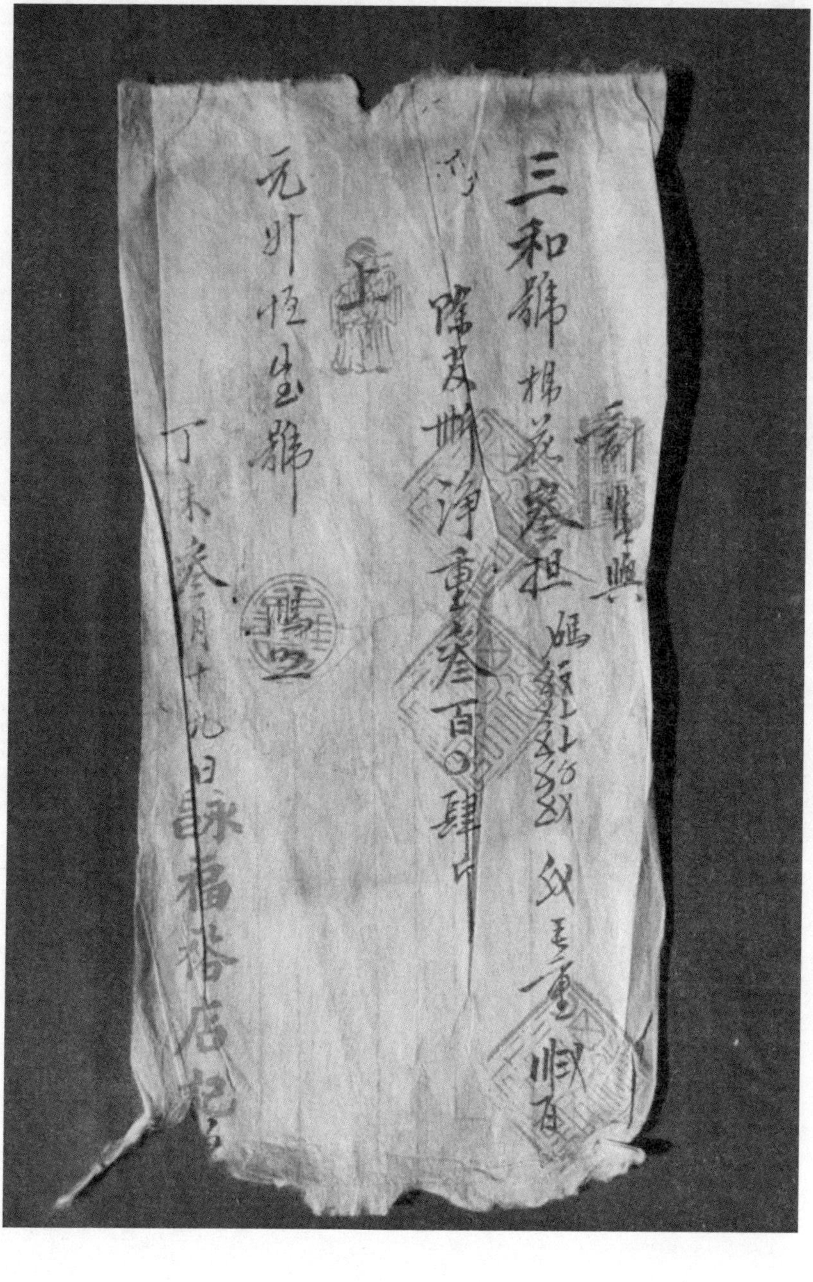
三和號棉花叁担
隆发號淨重叁百〇肆斤
元川恒生號
丁未叁月十九日
永福裕店記

33 丁未年四月二十五日永昌福顺店调寿记黄丝的拨单

討取

王大徑黃丝拾肆捆碼[illegible]

共净重[illegible]以[illegible]作合抱價　實兑合銀

上代扣平工[illegible]重□四分實兑合銀

台照

壽記大號

卅三年四月廿五日永昌福順店記　碼重

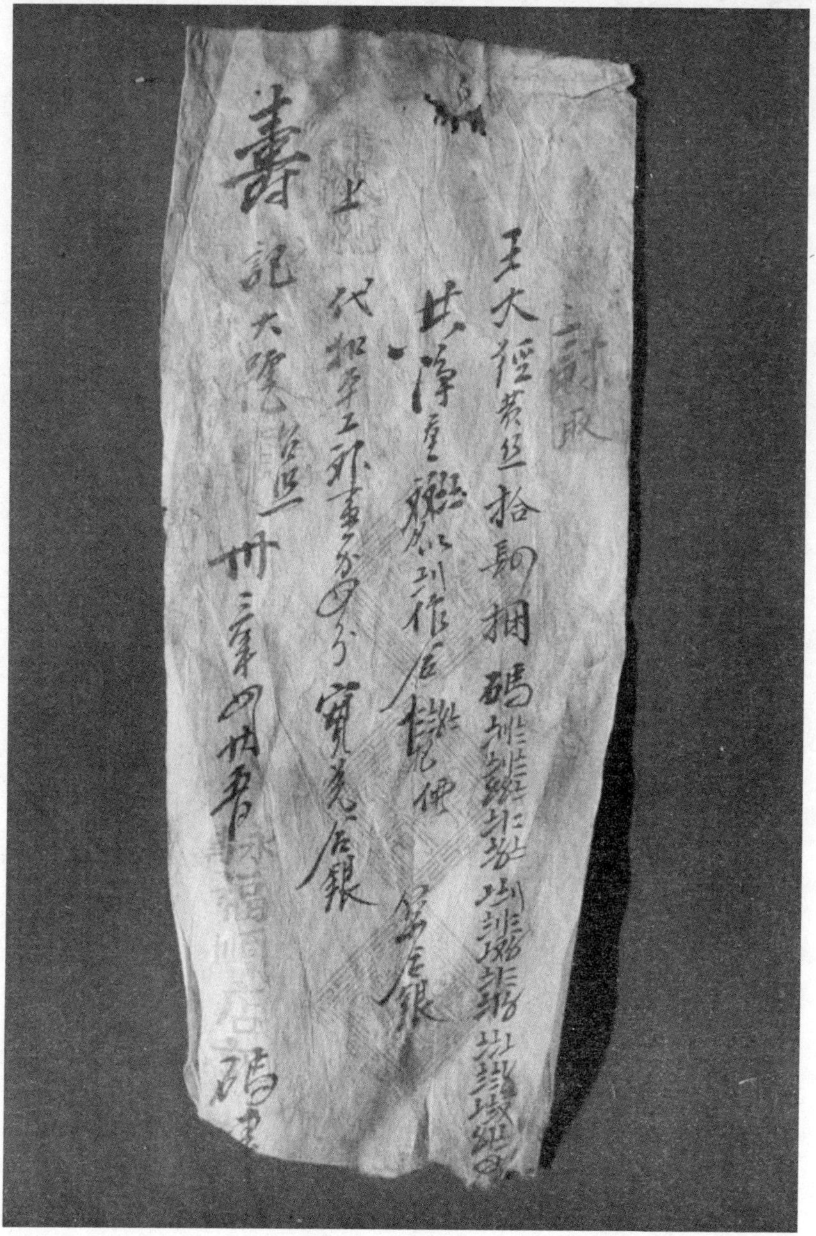

34

光绪三十三年五月十九日永昌福顺店调元升恒宝福顺栈号黄丝的拨单

□□

福顺□號黄丝肆捆碼[illegible]共净重[illegible]

上 以[illegible]作合廿抱[illegible]算合银[illegible]

元升恒寶號台照

卅三年五月十九日永昌福順店記 单

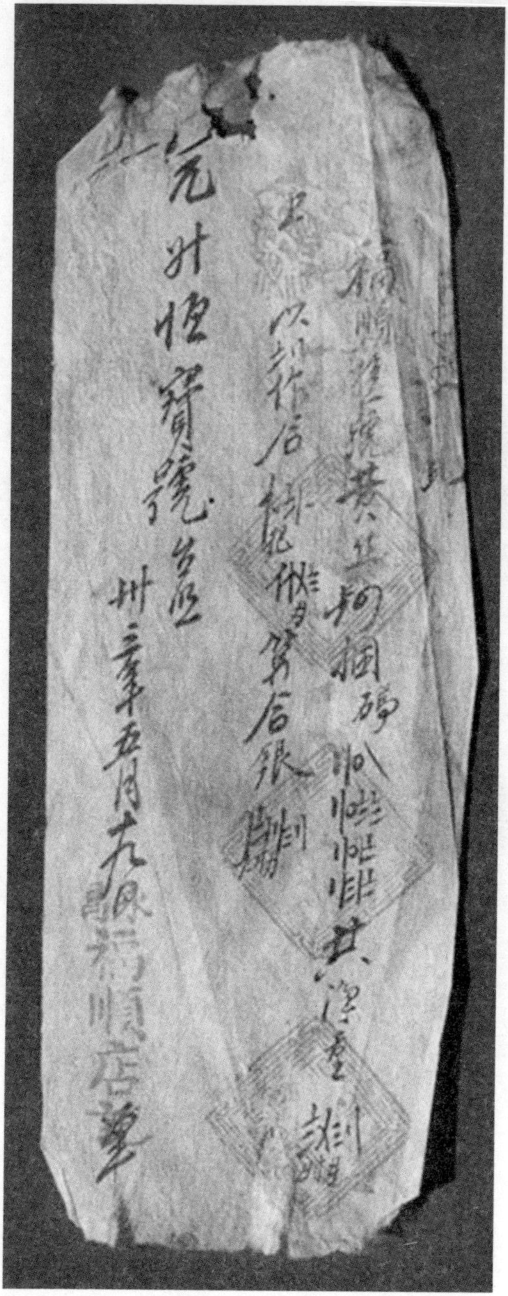
外收寶號台照
卅二年五月九日

35 丁未年九月十一日永昌福裕店调元升恒宝仁兴号棉花的调拨单

言□

仁興號□□ 毛重 □

除皮 漂并净重捌□□拾五□

□算根玖拾肆并五分一✕

代扣平抽只 实合市

上

元升恒寶號 财照

□九月十一日 昌永福□□

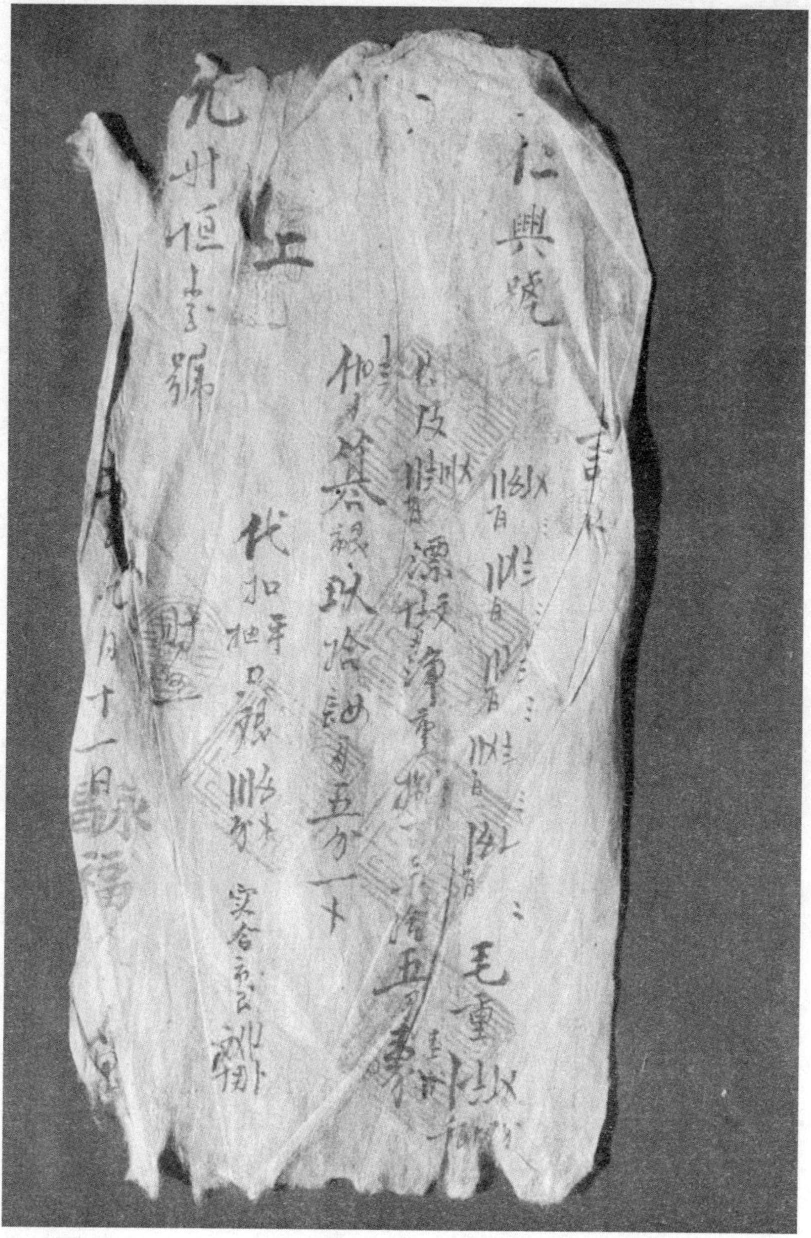

仁興號

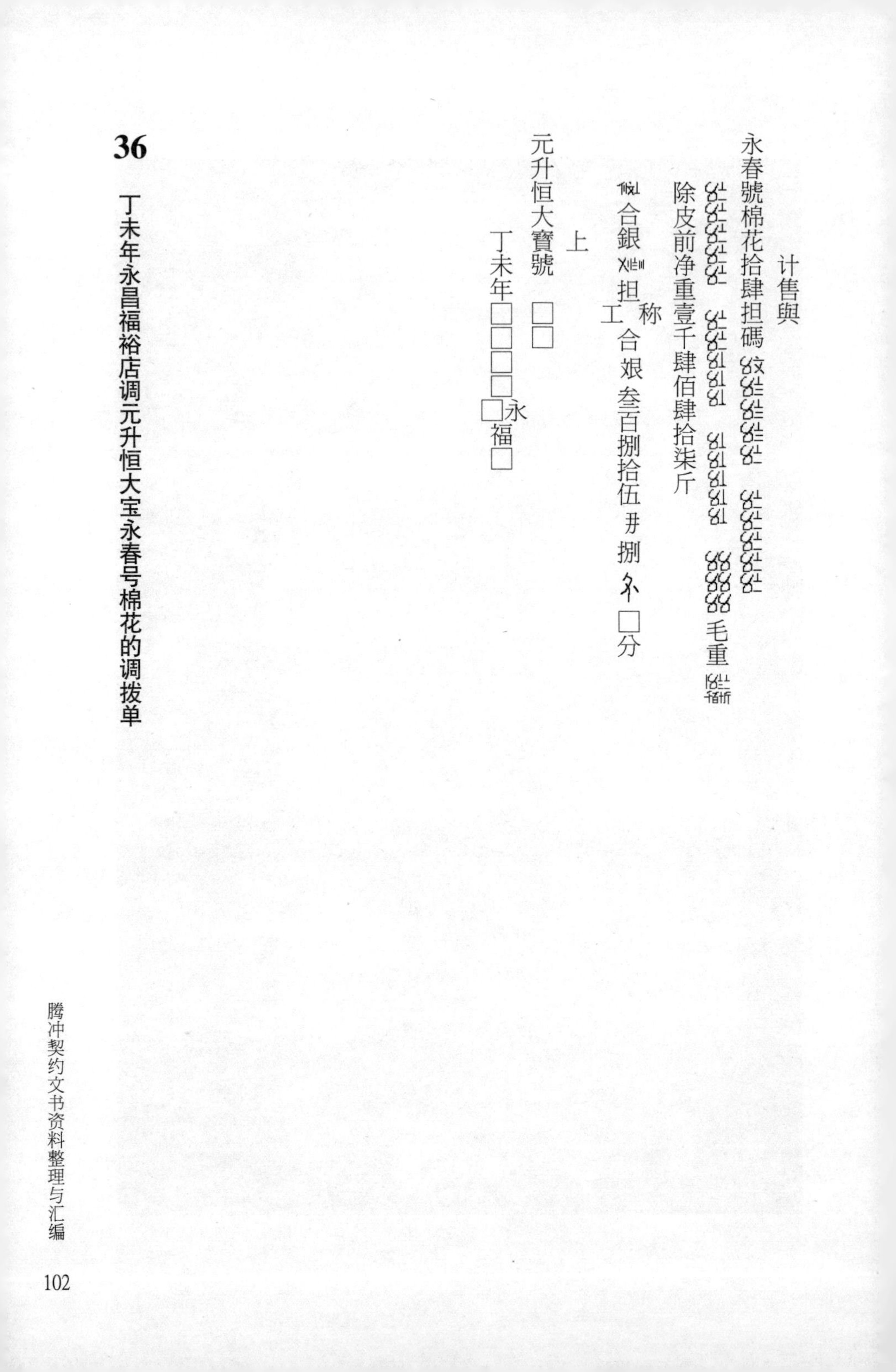

36

丁未年永昌福裕店调元升恒大宝永春号棉花的调拨单

计售與

永春號棉花拾肆担碼 [illegible]

[illegible] 毛重 [illegible]

除皮前净重壹千肆佰肆拾柒斤

[illegible]合銀[illegible]担称工合娘叁百捌拾伍[illegible]捌[illegible]□分

上

元升恒大寶號 □□

丁未年□□□□□永福□

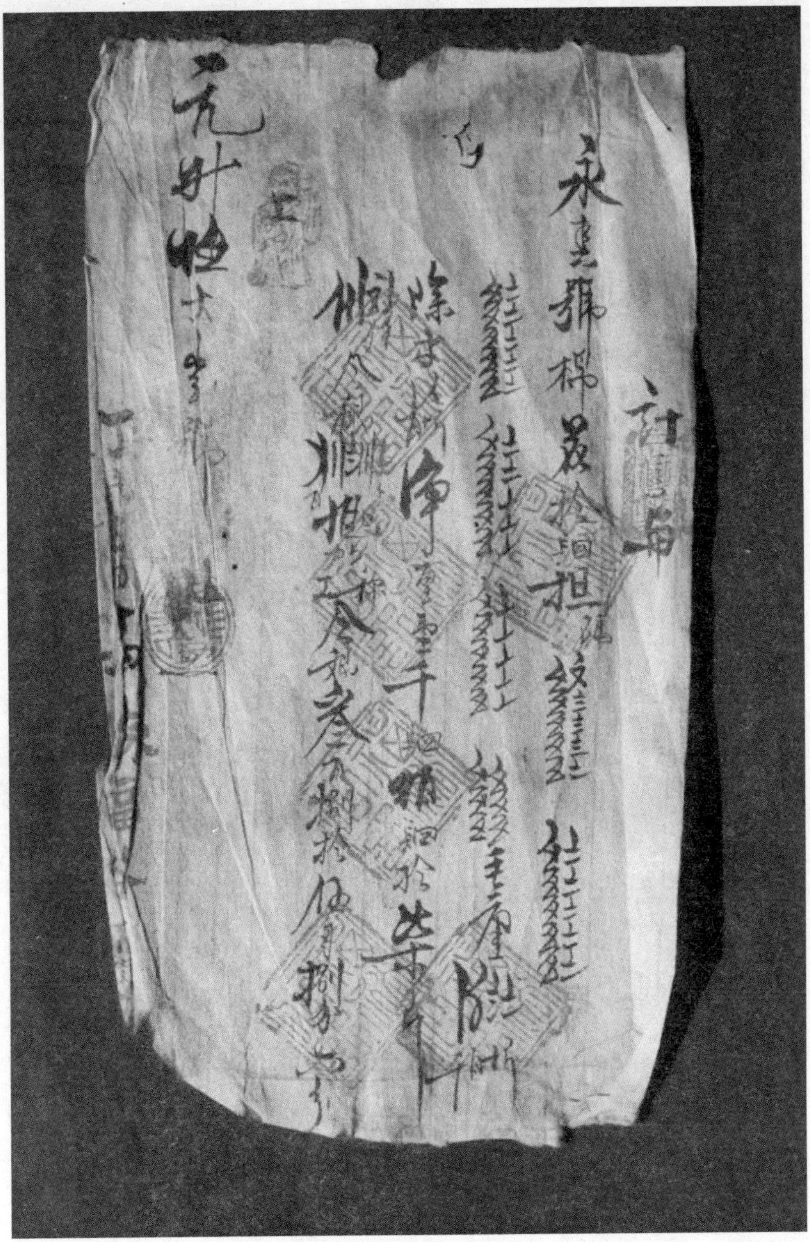

37 丁未年永昌福裕店调元升恒王老板棉花的调拨单

计取
元升恒棉花壹担碼〥〨 毛重〡〤斤
除皮折净重壹百〇肆斤
〦合旭艮〤两〡加称工合艮弍拾五两七钱七分
上
王老贩□
光□□ 初一日 永昌福裕店記单

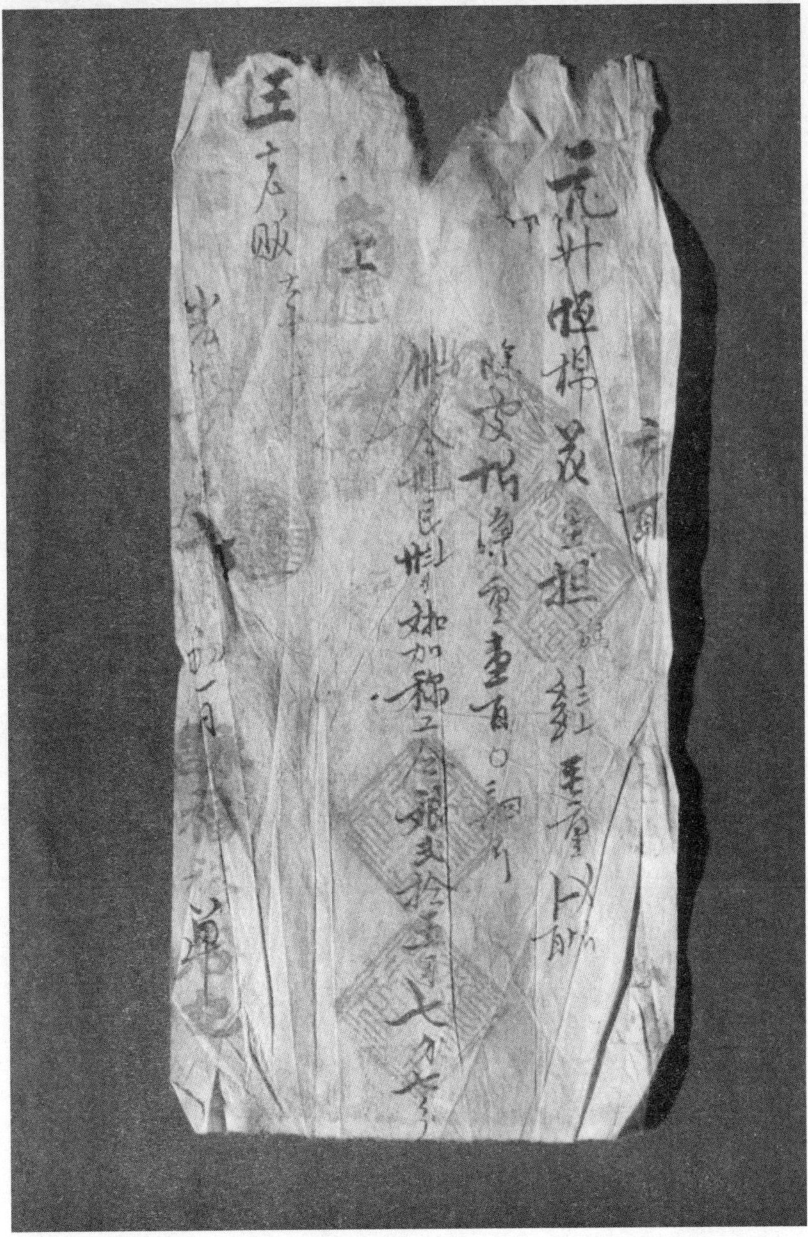

38

丁未年永昌福裕店调元升恒宝炳记黄丝的调拨单

書□
炳記黃丝碼〤〨〣〢〣〣〥108〨〤 共净重□
以〣〢作合丝〸〢〣把
〸〤〡合市銀壹百四拾捌两柒〤四卜
代扣平娘〡〨〤
上
元升恒寶號 财照
□□□月念五日永昌福裕□□

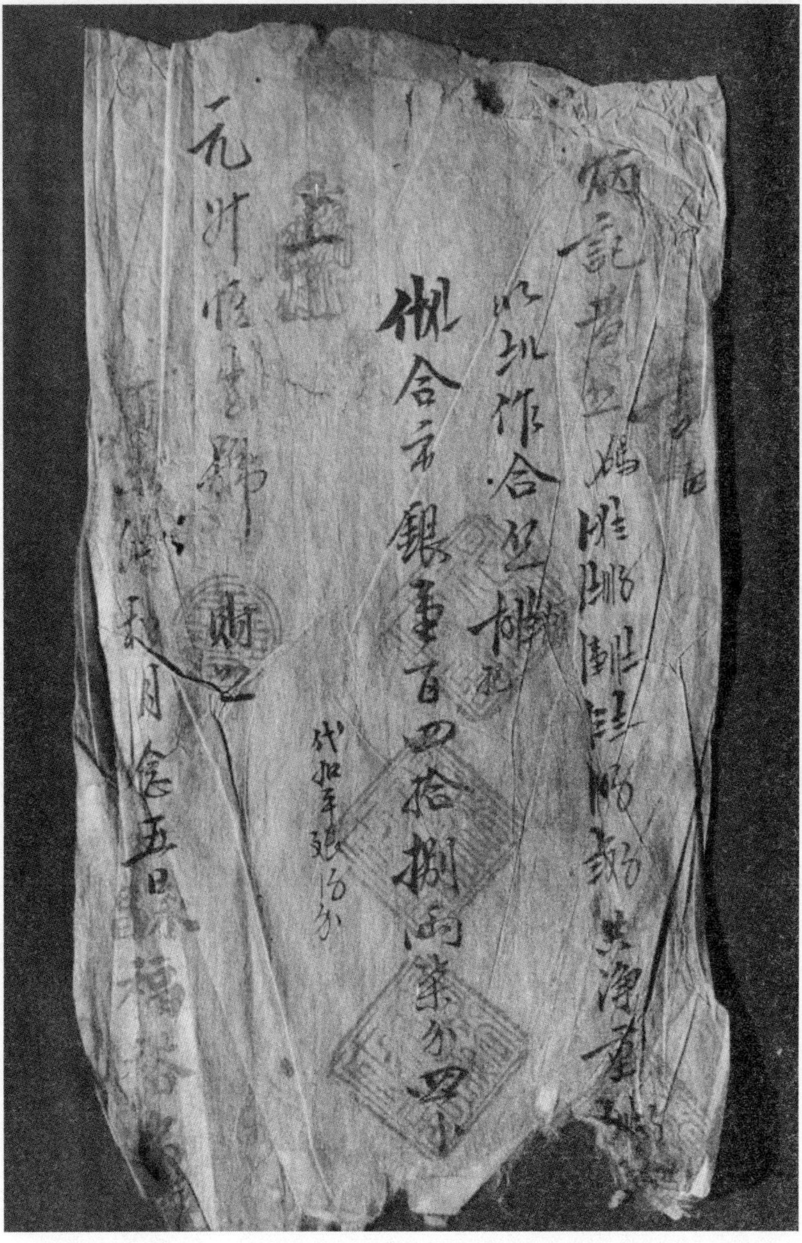

39

丁未年永昌福裕店调元升恒宝寸敬斋石门盐的调拨单

計取

寸静斋石门塩肆称碼 〨〡〨〡〨〡〨〨〨〨 〨〨〨〨〨〤 毛重 〤〤〢百斤

上

元升恒寳號 财照

丁未□月廿三日永昌福裕店記

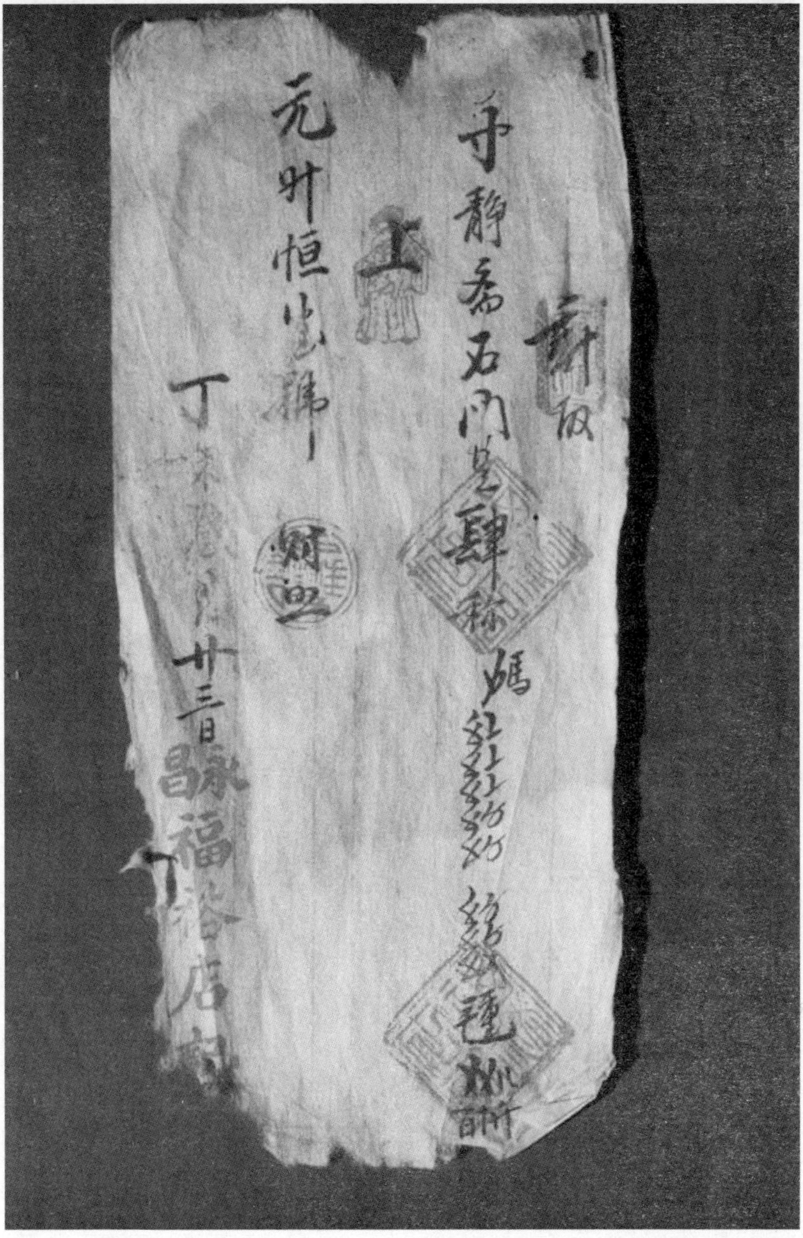

40 丁未年永昌福裕店调元升恒黄丝的调拨单

祈起給
元升恒黄絲拾斤□课艮若干容後向小店取兑可也
上
貴税局老爺師爺　□照　合税銀叁錢肆分
□□□月廿一日永昌福裕店記　单

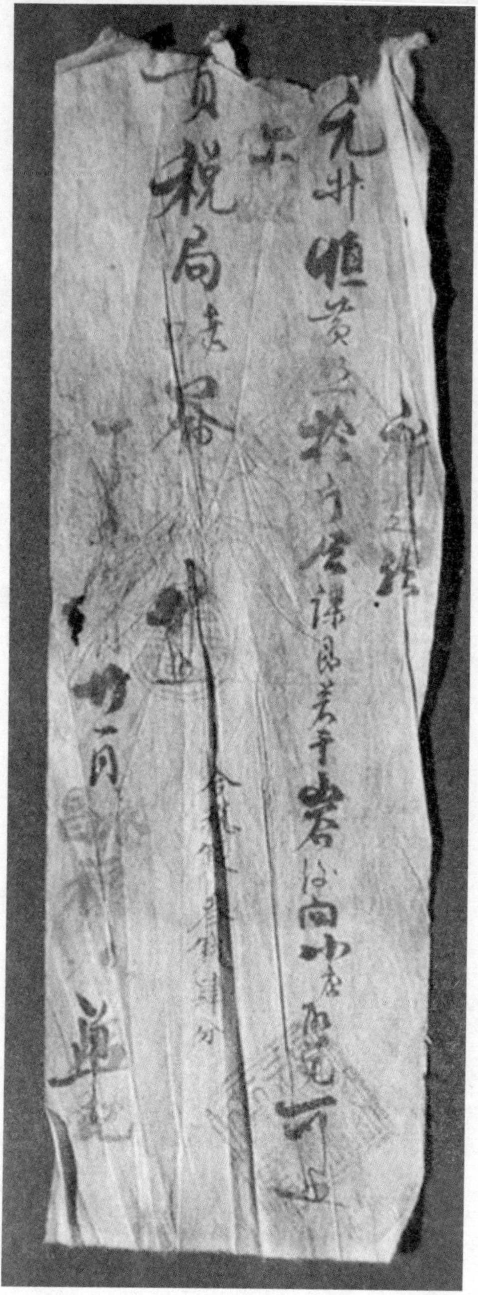

41

丁未年永昌福裕店调元升恒大棉花的调拨单[1]

計現售

棉花壹担碼[illegible]毛重□除皮折净重□

[illegible]合尬 艮[illegible] 加工称合娘 弍拾肆开□

上

元升恒大號　财照

丁□七月十六日永昌福裕□□

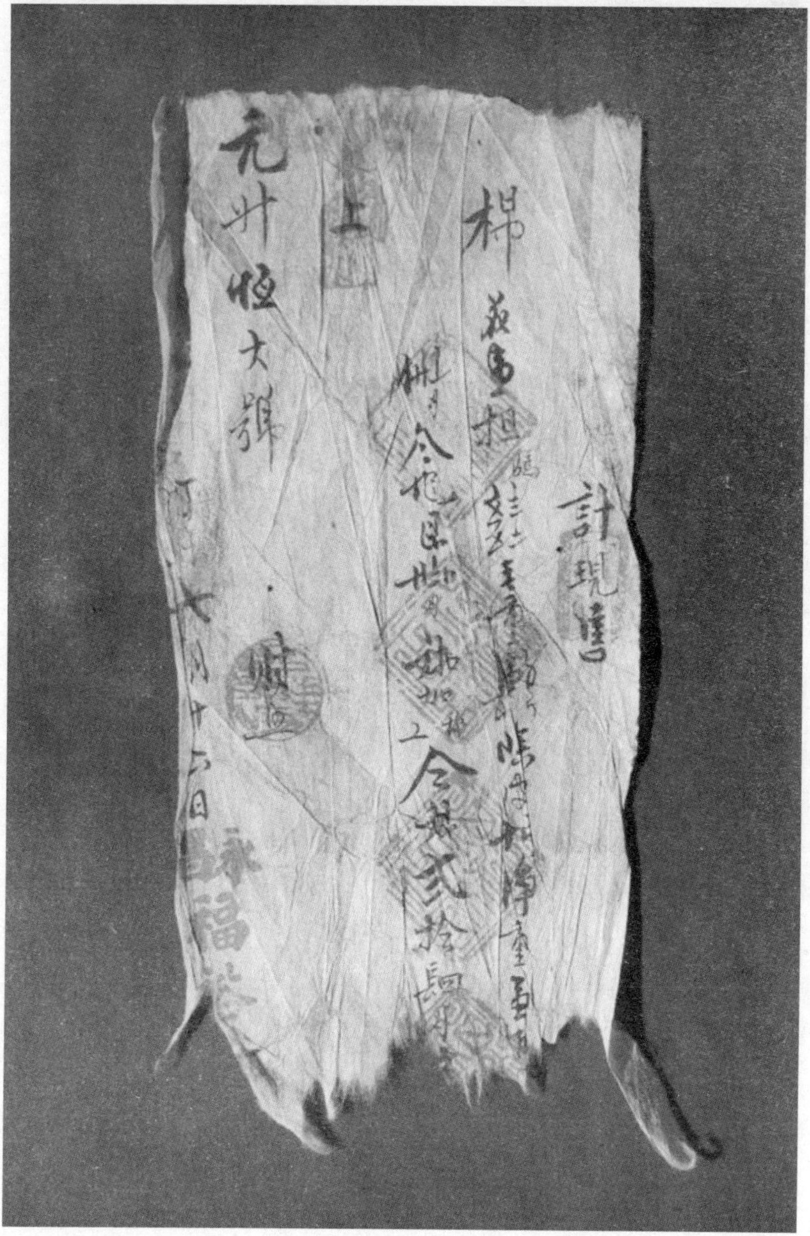

42

丁未年永昌福裕店调元升恒宝棉花的调拨单2

兹收到

棉花捌担碼[illegible] [illegible] [illegible]

[illegible]毛重[illegible]

上

元升恒寶号　财照

丁未二月十六日永昌福裕店記　单

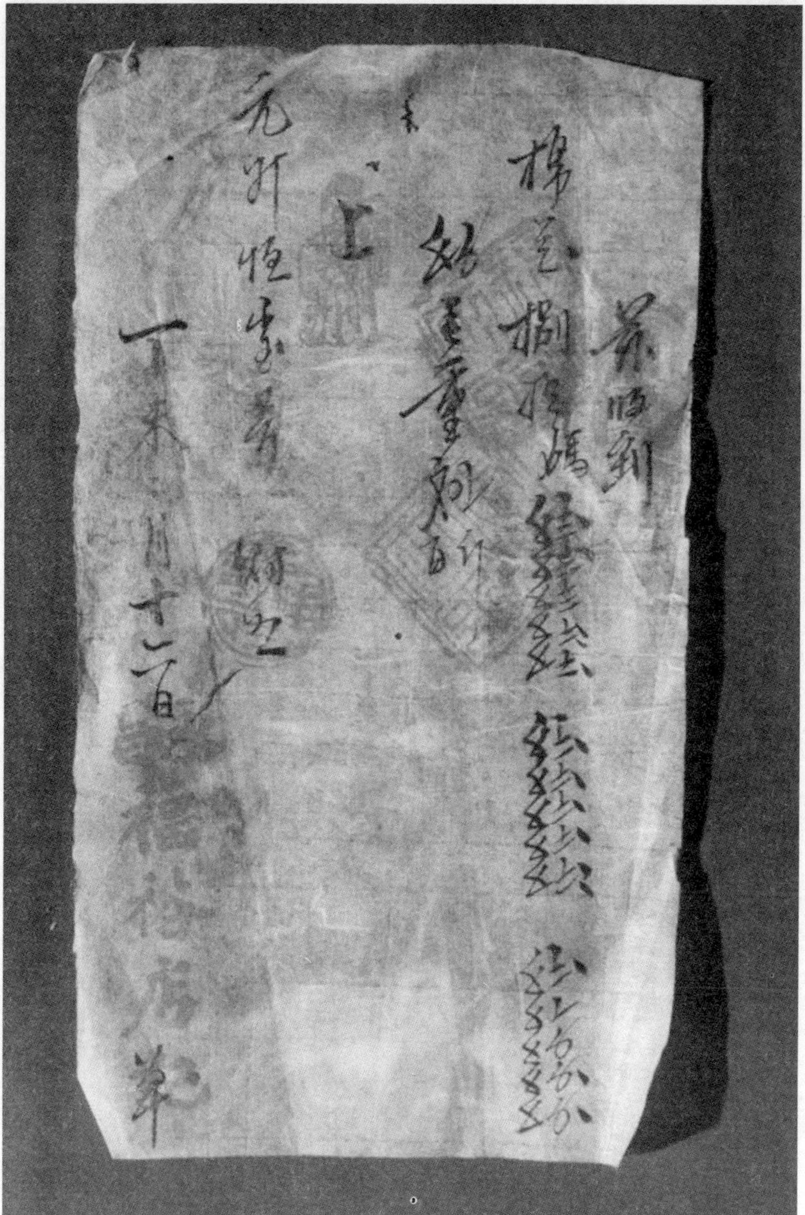

发　单

1　戊子年正月二十一日用兴合许汝楷调仁裕合商号（第吉单）发单

□带至密只那交
□華记寶號收轉
許敬臣先生　钧啓
自瓦城□□
今在街付順昌廖丙頭之牲口運龍交
仁裕合記　第吉单
棉花叁拾它多幺斤卜百
至日希为照號照数查收倘有差斤水漬等弊脚人一□□请向该力是
问今恐口無凴　特立此發单为據此
仁裕合汝楷許先生　台前青照查收
戊子正月二十一日愚宗弟许發達自街申發单

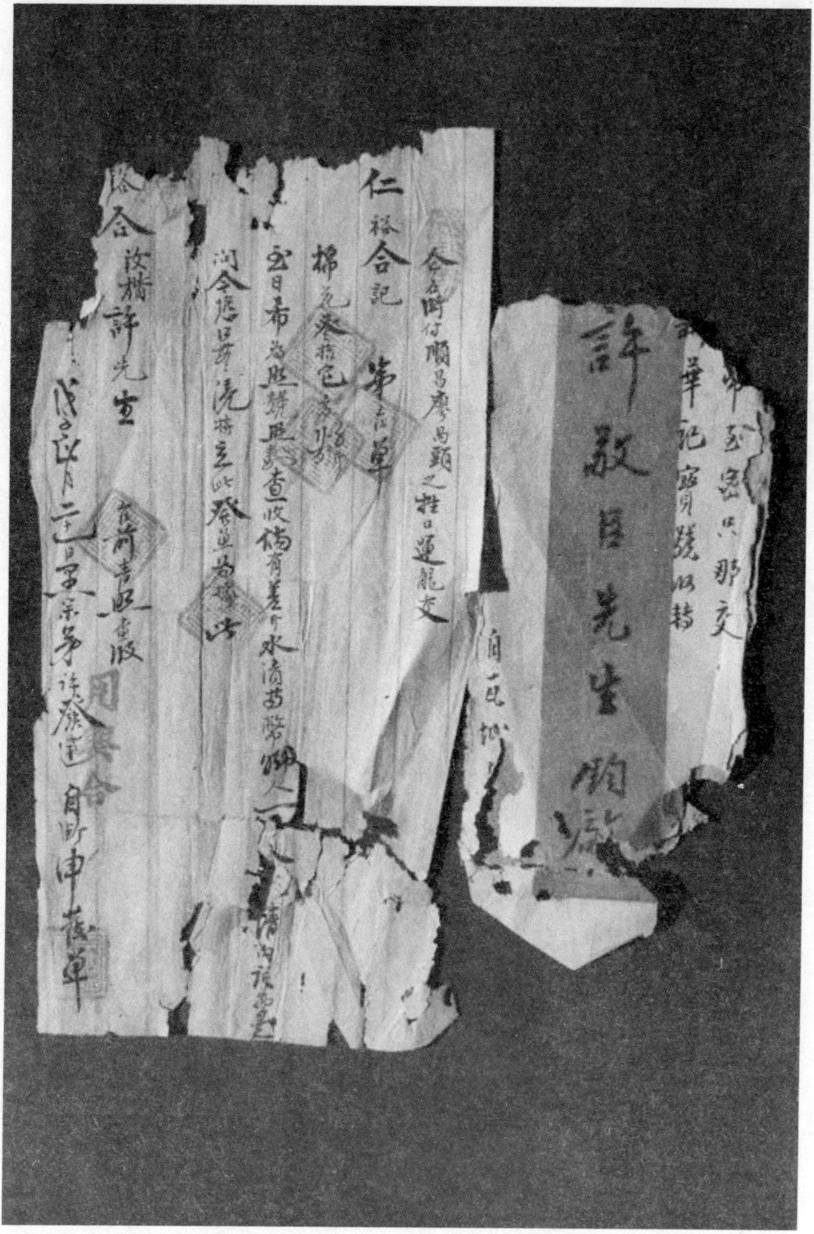

2 发龙陵仁裕合（第五单）老牛发单

今自永付何呙頭余老浩之老牛運龍交
大塩拾貳它議定脚至龍每它九银[illegible]算永現支去净纹
銀叁两至日祈爲照数查收找補尾脚倘有差失水漬等弊
该脚照市扣賠恐口無憑立此發单爲據
仁裕合記第五单

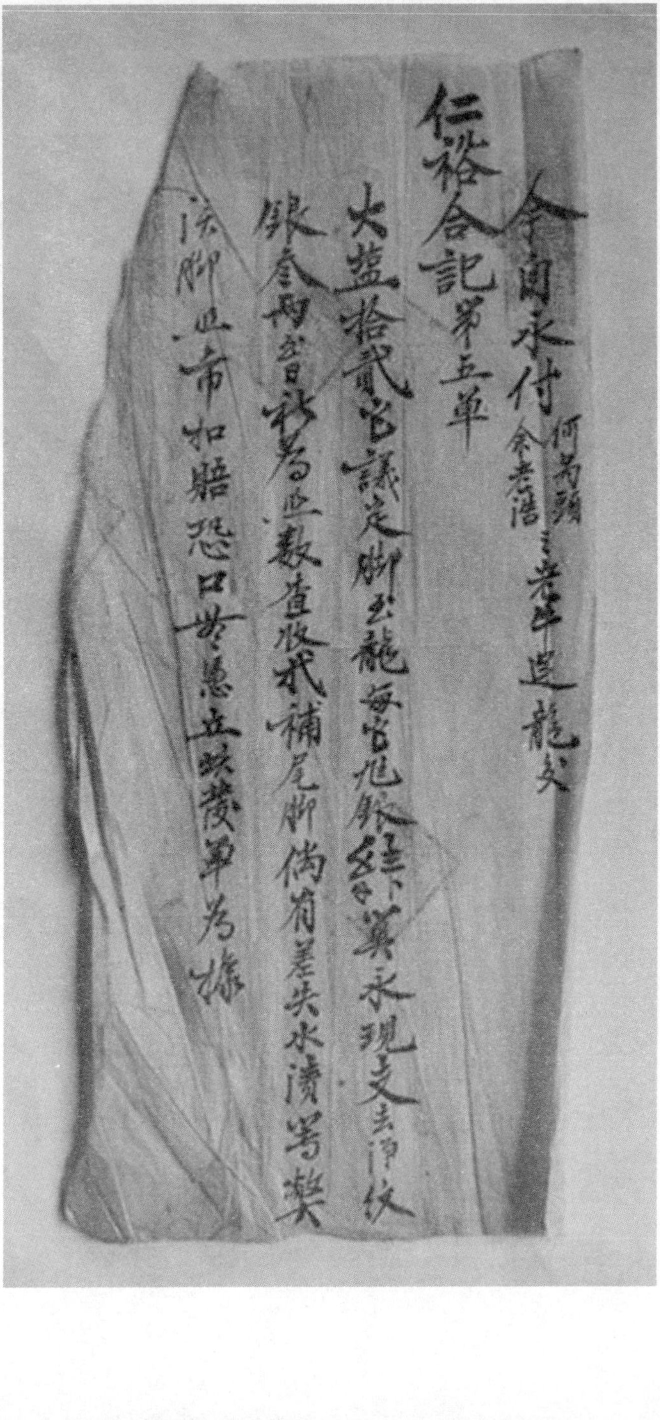
今向永付何芳踊、余老湛、三老年邑龍文
仁裕合記第五单
火盐拾贰包，议定脚银龙每包纸银弍两系现交，去银一仗
银叁两，余找为照数查收，代补足脚。倘有差失水渍等弊
该脚照市扣赔，恐口无凭，立此发单为据

3 发龙陵仁裕合（第七单）老牛发单

今自永付永仁張呙頭 余老浩 老牛運龍交

仁裕合記第七单

大塩貳拾壹它議定脚至龍每它尢三艮〨〢卜算永現

支用艮五两貳角五分至日祈爲照单照数查收找補尾脚倘有

失落破壞该脚全赔恐口無憑立此發单为據

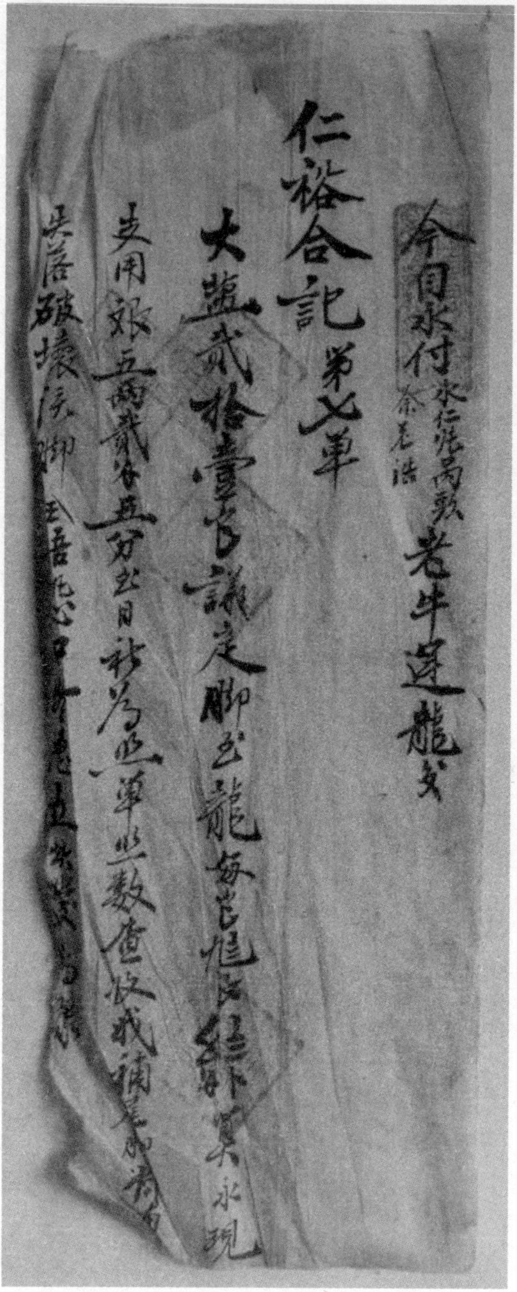
今日永付永仁號局款 茶老浩 老牛達龍父

仁裕合記第七單

大鹽貳拾壹包議定腳洋龍每包恒[illegible]緬[illegible]實來現

支用銀五兩貳錢五分五日初為憑單照數查收或補[illegible]

長落破壞俱腳[illegible]

4 光绪十四年冬月十九日永昌仁裕合记发龙陵仁裕合（第弍拾弍单）牲口发单

今自永付蘇雲春牲口運龍交
仁裕合記第弍拾弍单
大塩拾九它永文上艮價〣一廾算
至龍脚每它文上艮算永支文上艮銀〤〥至日祈爲查收找補尾脚
倘有差失破懷水漬等弊该脚照市加赔恐口無憑立此内单爲據
上
汝楷許先生　台前专照
光绪十四年冬月十九日自永昌永昌仁裕合記　内發单

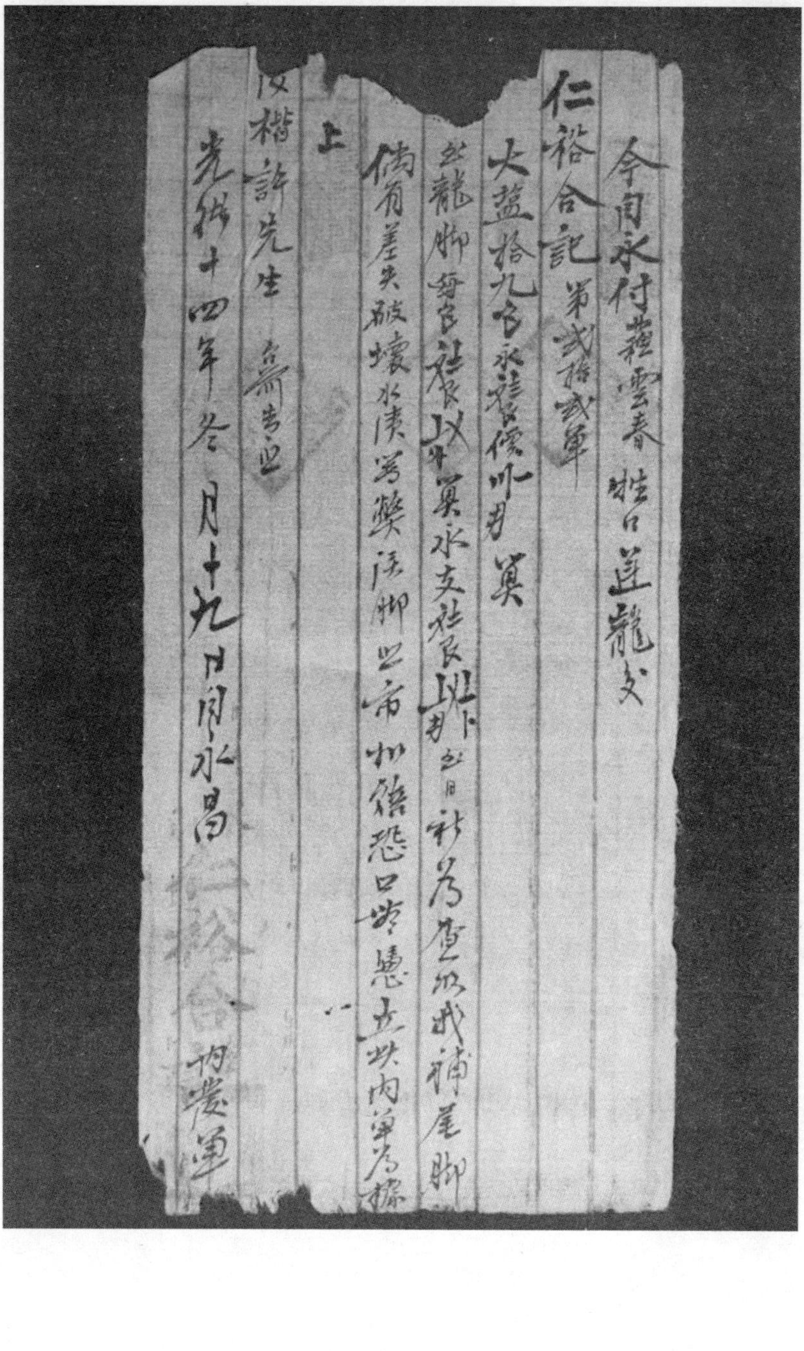
今向永付藉雲春 姓口 莲龍文
仁裕合記 第貳拾貳單
大盐拾九包永彰号價叭一另算
又龍脚每包挂價叭一另算水交挂價叭一另下 又日 补為查收 或補尾脚
倘有差失破壞水漬等弊，詳脚照帝如額恐口無憑立此内單為據
上
汲楷許先生 台照
光緒十四年冬月十九日開永昌 仁裕合 内發單

5

十四年冬月二十六日永昌仁裕合记发龙陵仁裕合（第二拾三单）牲口发单

今自永付李二朝牲口運龍交
仁裕合記第二拾三单
大塩貳拾四㐌前買之價〣一丹文亖巽
该脚至龍每㐌文亖良以每单永米支龍全開倘有差少失落水漬等
弊破壞该脚照市扣賠恐口無憑立此發单为據未有外单
十〤年冬廿六日□□□目　發单

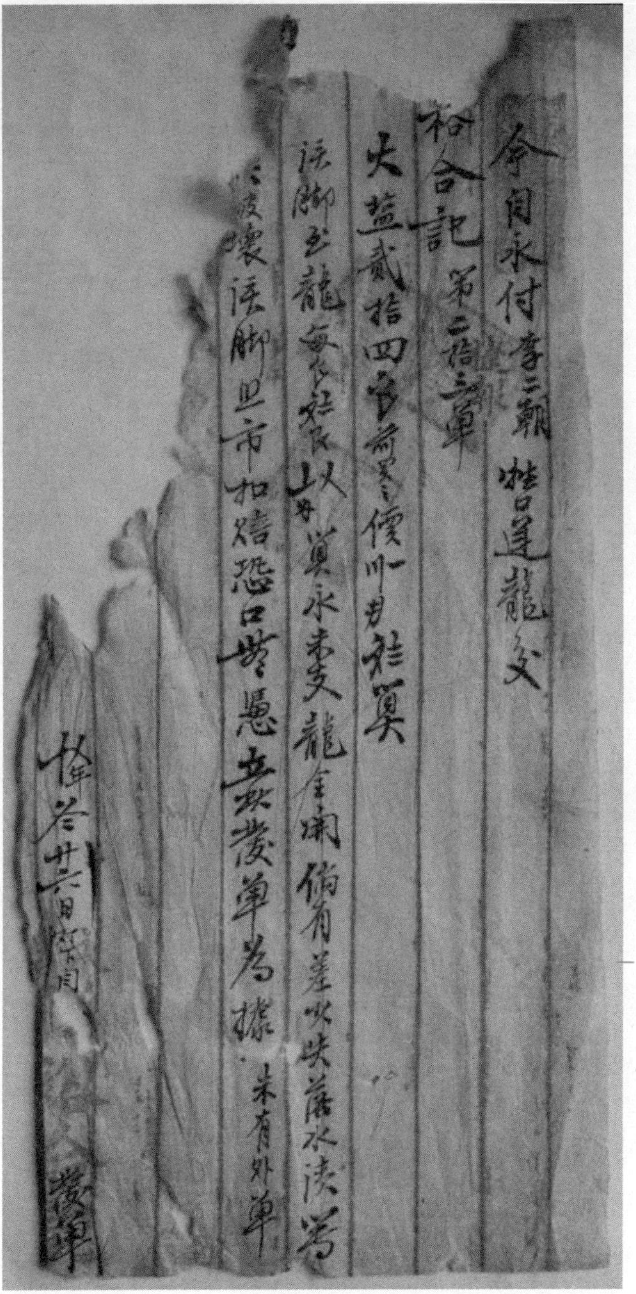
今自永付李二顺 搭送龍文
裕合記第二結章單
大鹽貳拾四背每背便川力拾箕
該腳至龍每馱姑艮人以每箕永永孝交龍全兩倘有差欠失落水淡為
…壞該腳照市扣賠恐口無憑立此發單為據 未有外單
年 月廿六日 發單

今自永付廖金成牲口運龍交
仁裕合第式拾五单
大塩拾肆馱言定脚至龍每它䢘艮陆錢㒷永未龍全開至
日祈爲照数查收倘有差少破壞该脚照市扣赔恐口無憑
□此發单爲據
上
□□叔台大人台前专照
光绪十四年十□月二十四日

6 光绪十四年十二月二十四日发龙陵仁裕合（第式拾五单）牲口发单

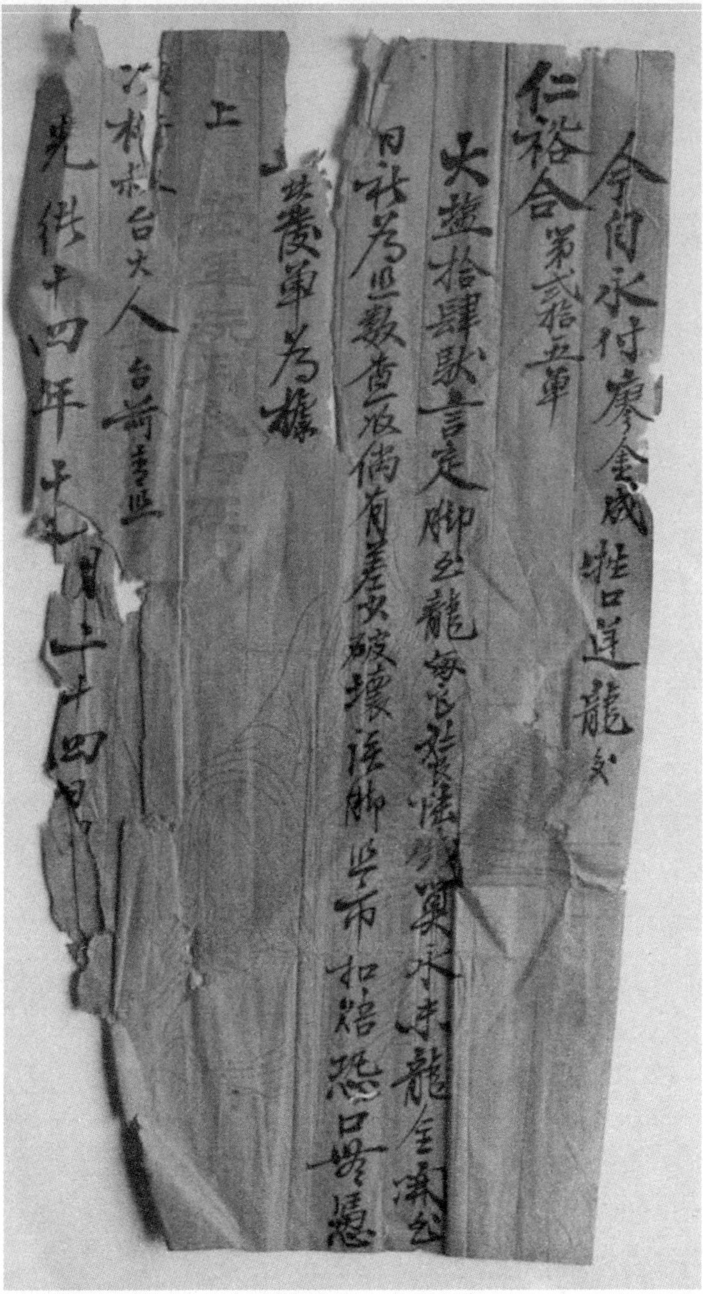

今向永付廖金成牲口蓮龍父
仁裕合第贰拾五单
大盐拾肆驮言定脚些龍每包
日祇為照數查收倘有差失破壞短脚照市扣賠恐口無憑
發单為據
上
村求台大人台前查照
光緒十四年十月二十四日

7 发龙陵仁裕合（第式拾七单）牲口发单

今日永付楊本林老販牲口運龍交

仁裕合記第式拾七单

草菓五馱共毛重〦〣斤

粉絲式馱共毛重〢〦斤

大塩叁拾玖馱言定脚至龍每它〦〢艮〤〧算粉絲草菓脚每它〦〢艮〦〥算

総共㭍共该合〦〢银式拾七两叁钱八分永未支龍全開倘有差斤失落水漬破

壞该脚照市扣赔恐口無憑立此發单□□□并付草菓□□□

上

汝楷許□□

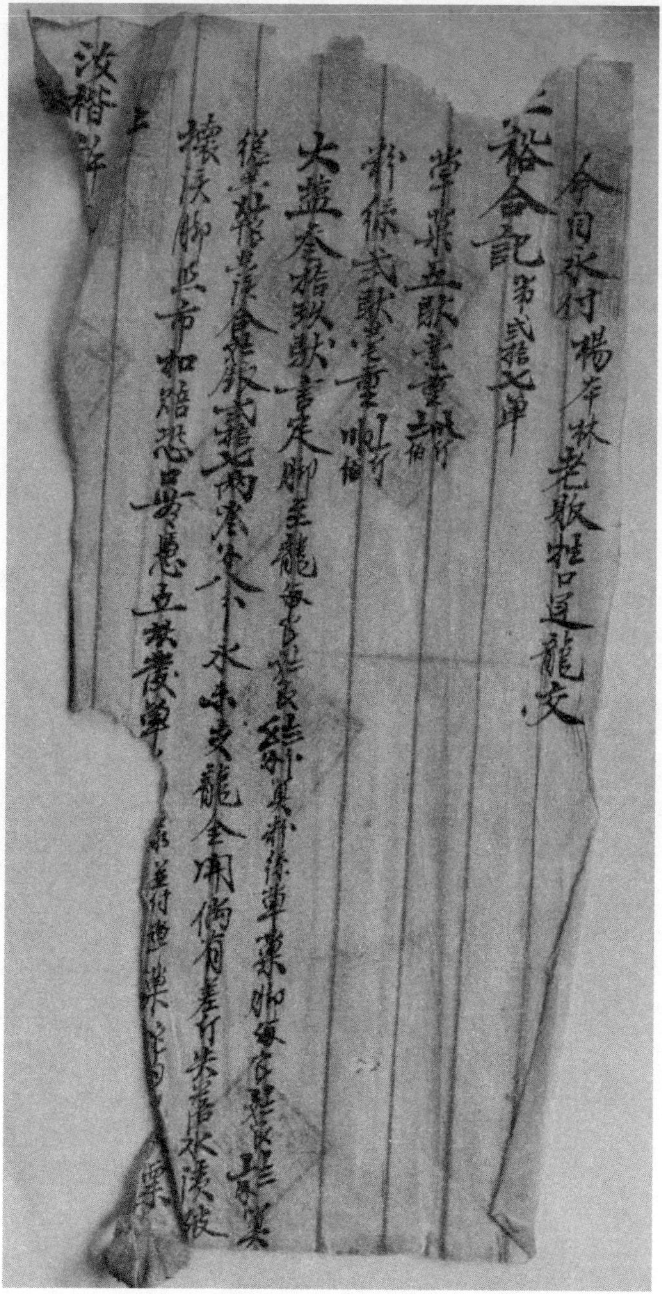

8 光绪十五年二月十八日发龙陵仁裕合（第弍拾八单）牲口发单

今日永付王永珍老贩牲口運龍交
仁裕合記第弍拾八单
大塩拾陸馱内有小破壹同
该脚至龍每 它文丄艮纟三外算永未支龍全開至日祈爲照数查收倘
有差失破壞等弊该脚照市扣赔恐口無憑立此發单为據
上
汝楷許先生　台照
光绪十五年二月十八日自

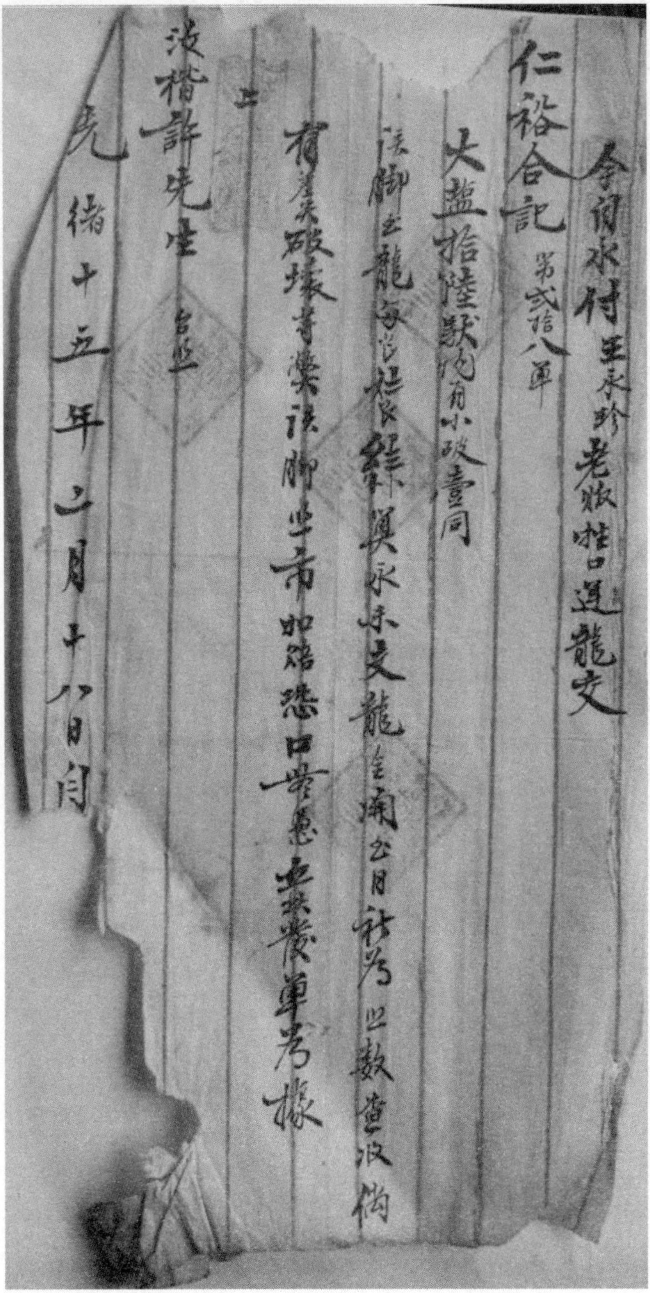
今由永付王永珍老版喈運龍文
仁裕合記 第貳拾八單
大鹽拾陸馱 內有小破壹同
該脚力龍每馱銀錢與永昌足色交龍全開公平秤以數查收倘
有差失破壞者概該脚力之事如貽誤口當恐立發單為據
上
汝楷許先生 台照
光緒十五年二月十八日 自

9 光绪十五年发龙陵仁裕合（第弍九单）牲口发单

今日永付余老浩老贩牲口運龍交
仁裕合記第弍九单
大塩拾六它價娘[illegible]算
上蘇扇子㤞共计壹佰把價[illegible]此價至鬆之極关祈剗消可也
至日祈为照数查收每它[illegible]算永未支龍全開倘有
破濫该脚照市扣赔恐口無憑立此内单爲據
上
汝楷許先生　台照
光绪十五年□□□

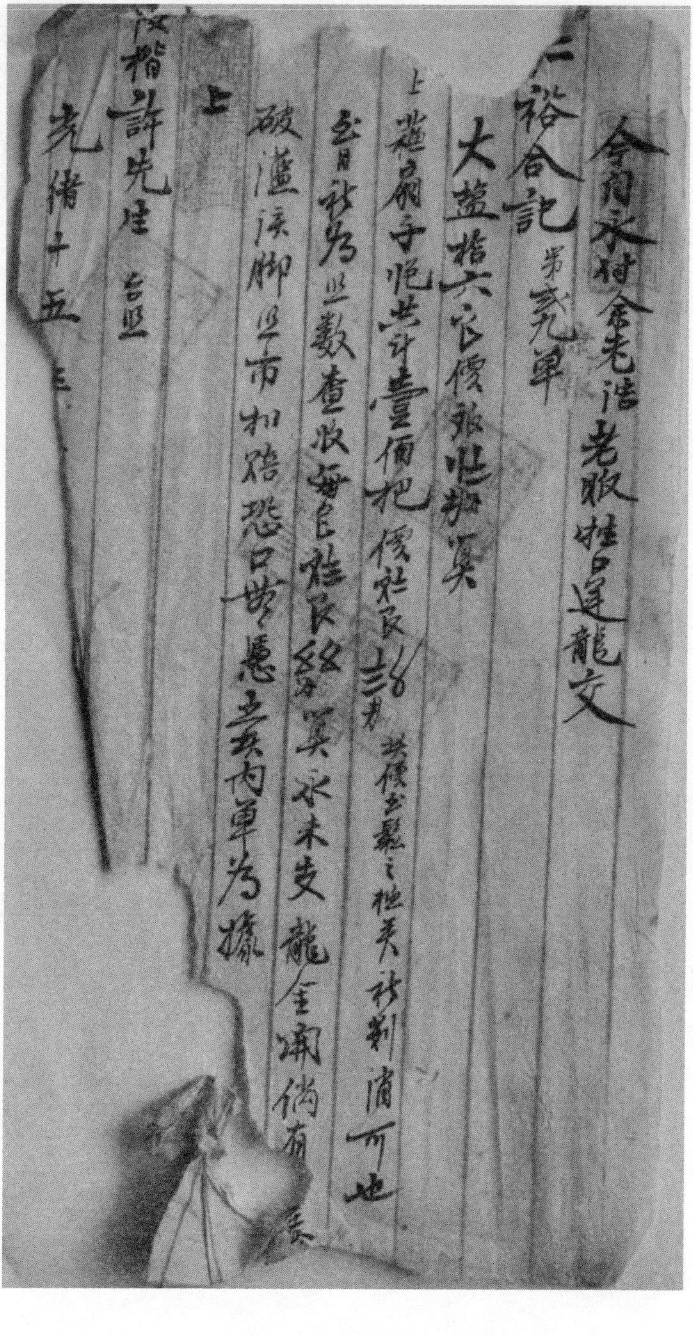
今有永村余老浩老服姓廷龍文
二裕合記 第貳九單
大盤揩六包僾張叱拗算
上 蓮扇子恍共計壹佰把 僾社艮 共僾去艮桃美秋剎清所也
言明秋爲照數查收每艮㝢艮銘算 永未支 龍全 倘有 長
破蘆滇脚照市相賠 恐口無憑 立發單爲據
上
侄揩許先生 台照
光緒十五 三

10

光绪十五年三月发龙陵仁裕合（第叁拾单）牲口发单

令自永付廖金成老板牲口運龍交
仁裕合第叁拾单
橘饼肆它
大塩捌它
至日祈爲查收開給力艮塩脚每它㐌艮六夕橘餅脚每它㐌艮七夕算永
未支至日照数兑给倘有差失破壞等弊該脚照市全赔恐口無
憑立此發单爲據
上
汝楷许先生　台照
光绪十五年三月□□□

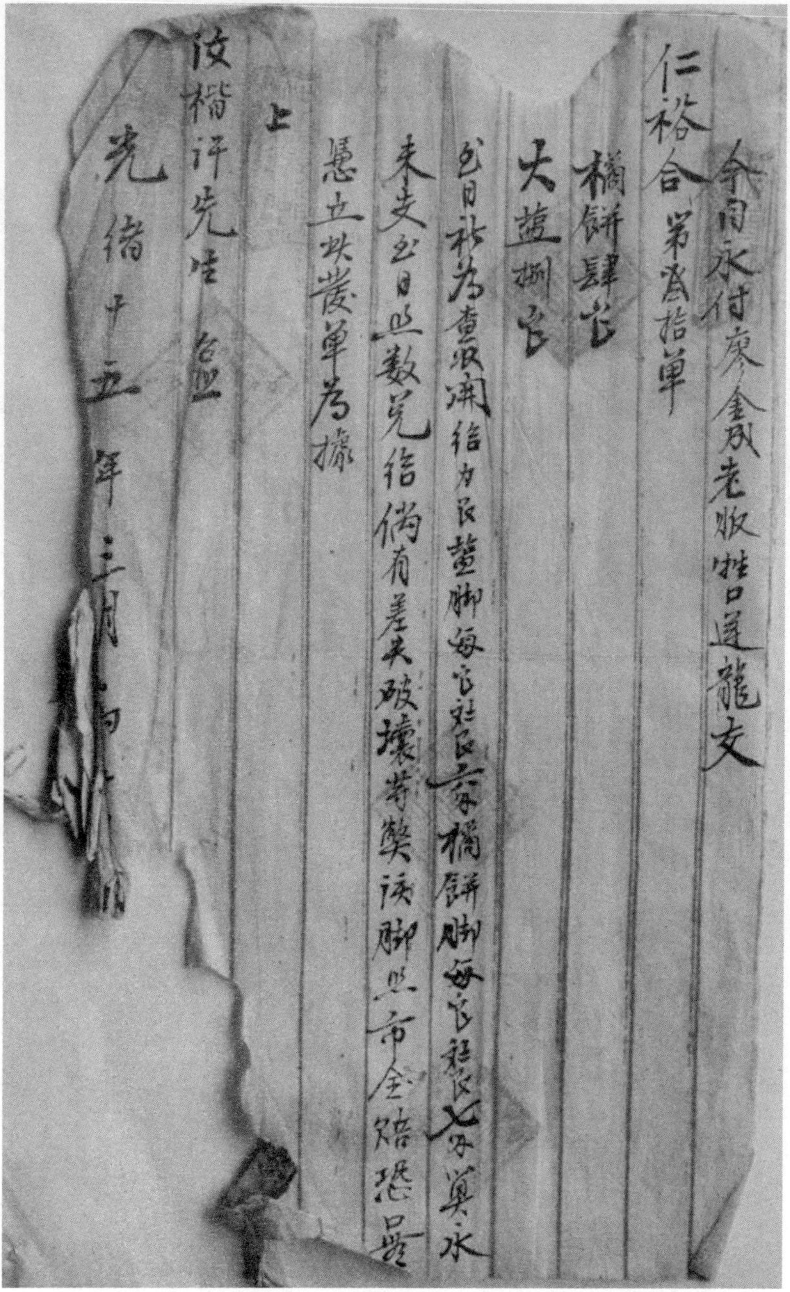
今向永付交金成老板姓□道龍交
仁裕合第叁號單
橘餅肆包
大盐捌包
外日补为查取澜结力良蓋脚每包社良六分橘餅脚每包社良七分莫水
未交外日照数完结倘有差失破壞等弊该脚照市全賠恐無
憑立此發單為據
上
段楷评先生台照
光緒十五年三月　日

11

发龙陵仁裕合（第四拾弍单）牲口发单

今自永付趕雲春老販牲口運龍交

仁裕合第四拾弍单

草帽拾弍包计六它

诀脚每它纹良一升弍分算在永支用去净銀叁两六分□玖

龍找至日祈爲照数查收倘有差少失落水渍等弊诀脚

照市扣赔恐口無憑立此浂单爲據

上

汝楷許□□□

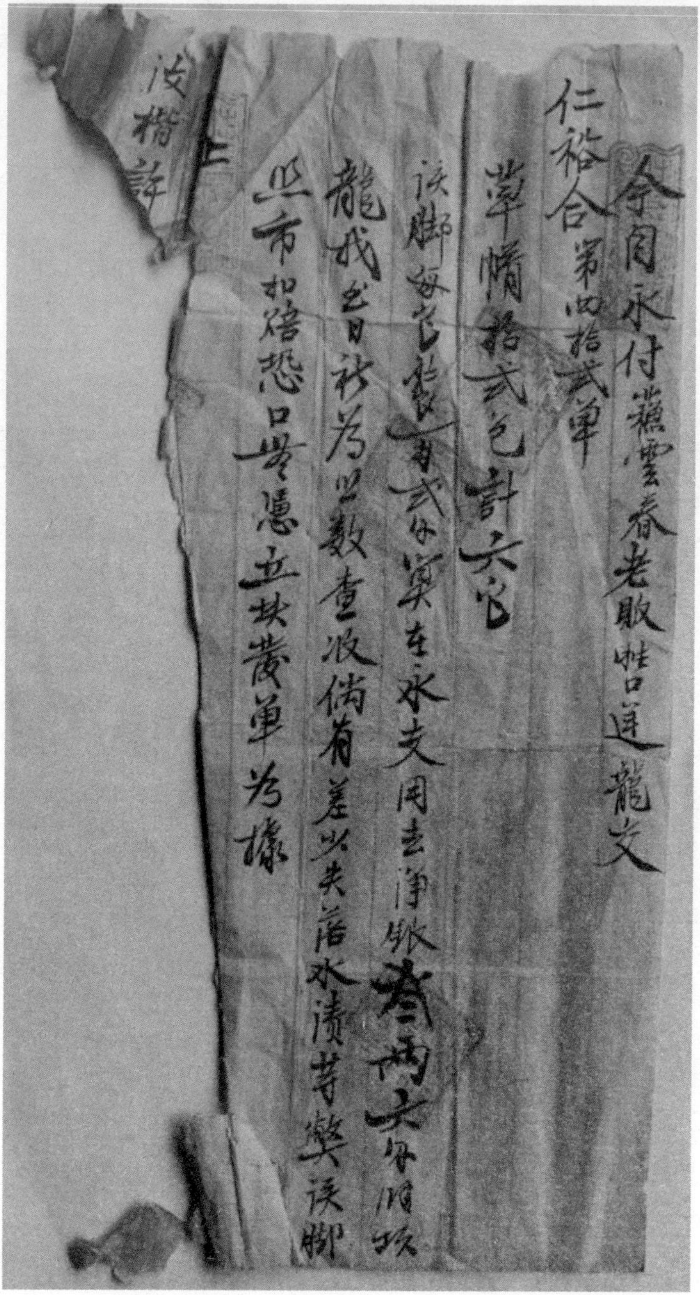
今因永付藕雲春老販姓口運龍文
仁裕合第四拾弍單
草帽拾弍包計六包
該腳每包錢每弍分算在永支用去淨銀叁兩六分順收
龍哉各日到為照數查收倘有差以失落水漬等弊該腳
照市加倍恐口無憑立此發單為據
汝楷許
上

12

光绪十五年八月初八日永昌仁裕合记发龙陵仁裕合（第四拾八单）大盐牛帮发单

今自永付楊四洪老牛運龍交

仁裕合記第四拾八单此单塩□正安‖乇

大塩肆拾六乇

言定脚至龍每乇紋銀六〆算永支去紋銀拾叁両捌錢

至日祈爲查收找補尾脚倘有差失破藍等弊该

脚照市扣賠恐口無憑立此發单爲據

上

汝楷許先生　台照

光绪拾五年八月初八日自永昌仁裕合記發单

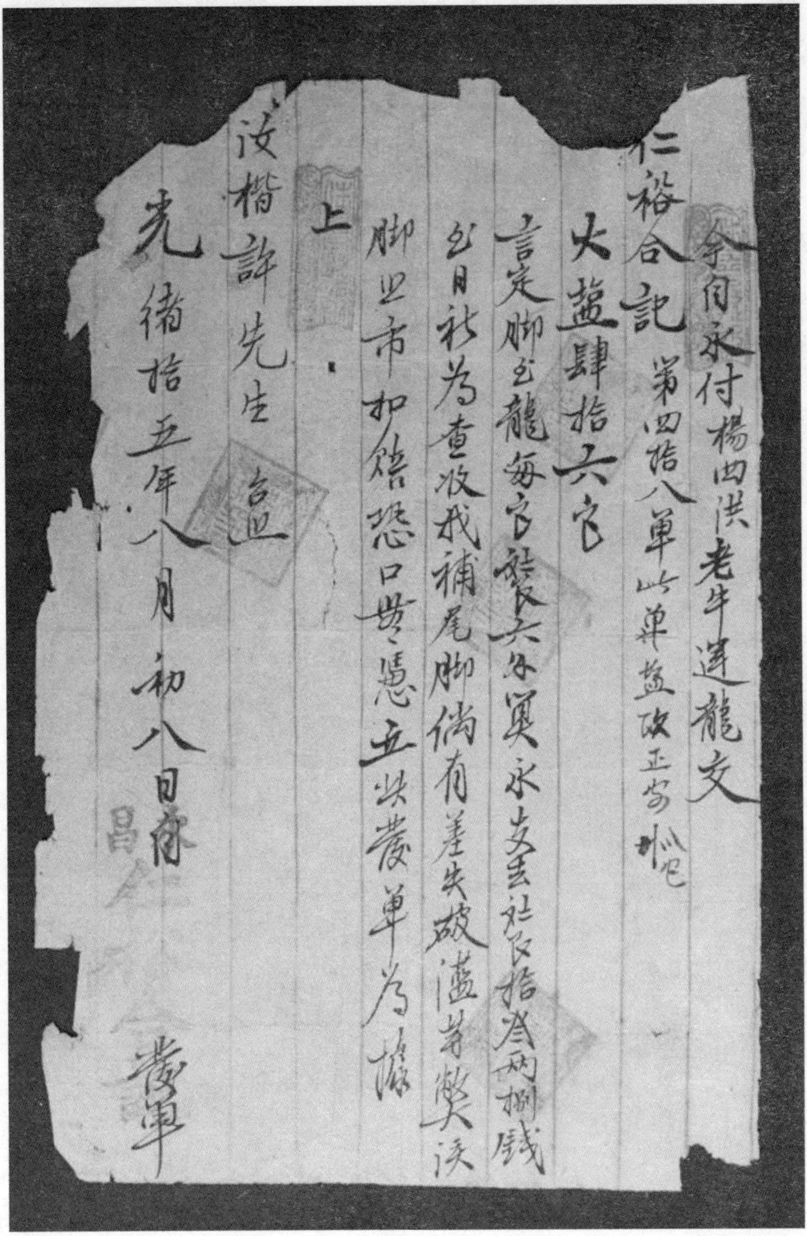
今由永付楊由洪老牛進龍文
仁裕合記　第四拾八單　此單共盐砍正写扒包
大盐肆拾六包
言定脚至龍每包發銀六分買永支去社銀拾叁两捌錢
至日秤為查收我補尾脚倘有差失破濫等弊該
脚照市扣賠恐口無憑立此發單為據
上
汝楷許先生台照
光緒拾五年八月初八日發
發單

今自永付楊生帶龍交
仁裕合第四拾九单
中庄缎子六疋计叁包
言定帶脚艮六毋至日祈爲查收開給力艮倘有差失等
弊该脚全賠恐口無憑立此外单爲據　並付厘票一張
上
汝楷许先生台照
龍税应该若干祈掛小记取兑可也
光绪十五年八月廿三日自永昌仁裕合記　外单

13　光绪十五年八月二十三日永昌仁裕合记发龙陵仁裕合（第四拾九单）缎子的马帮发单

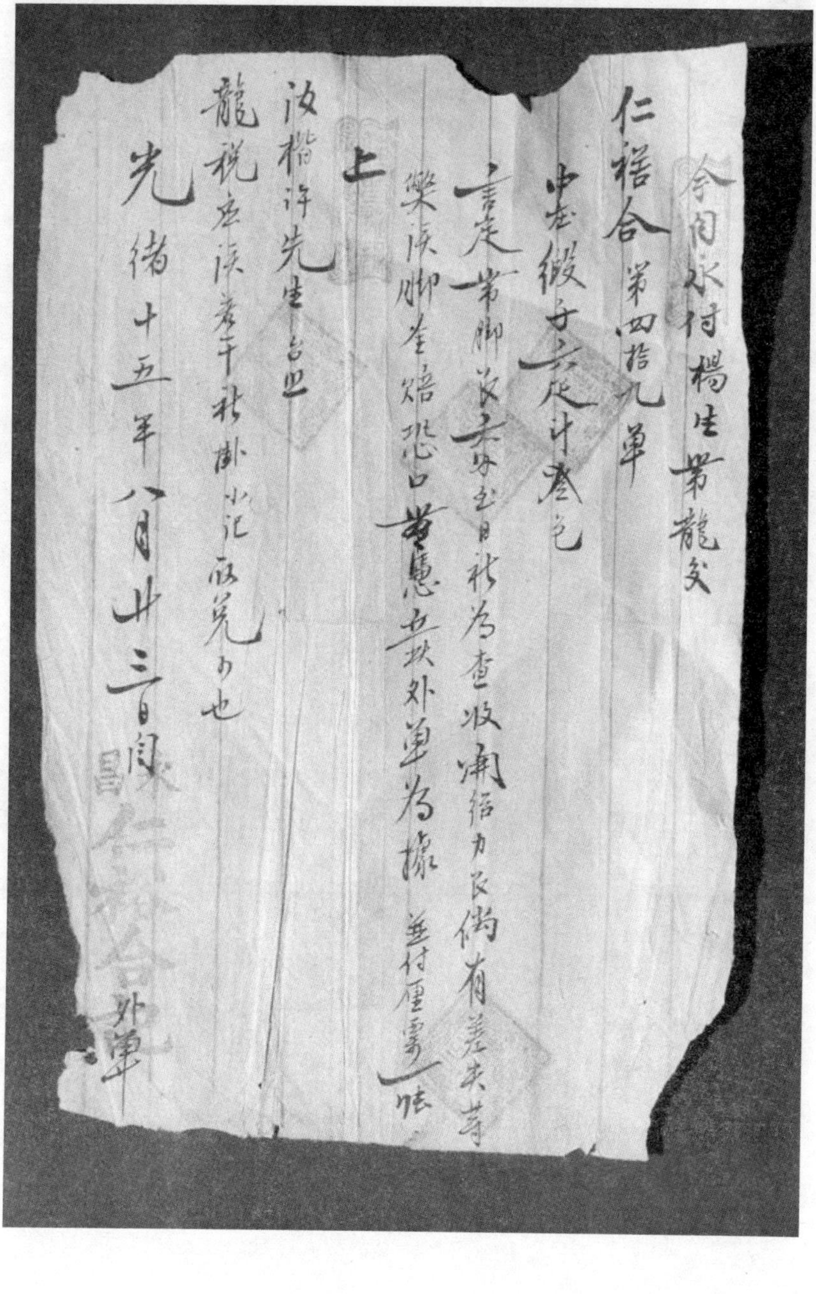

今因永付楊生弟龍交
仁稽合第四拾九單
出老緞子六疋計叁包
言定一笫脚良六兩五日抵為查收凍缗力良倘有差失等
樂俵脚夫賠恐口無憑立此外單為據　並付厘票一張
上
汝楷許先生台照
龍税在俵差千秋掛小汇政苑力也
光緒十五年八月廿三日立
昌　仁稽合外單

14

发龙陵仁裕合（第陆拾单）老牛发单

令自永付楊四洪 楊顯才 呙頭老牛運龍交

仁裕合记 第陆拾单

大塩貳拾捌㐌共计[illegible]

言定脚至龍每㐌 纹银 六分算永支去 纹银 [illegible]龍

找尾脚 纹银 捌两四分至日祈爲照数查收登賬倘

有差尖破壞水漬等弊该脚照市扣賠恐口無

憑立此發单爲據

上

□□□

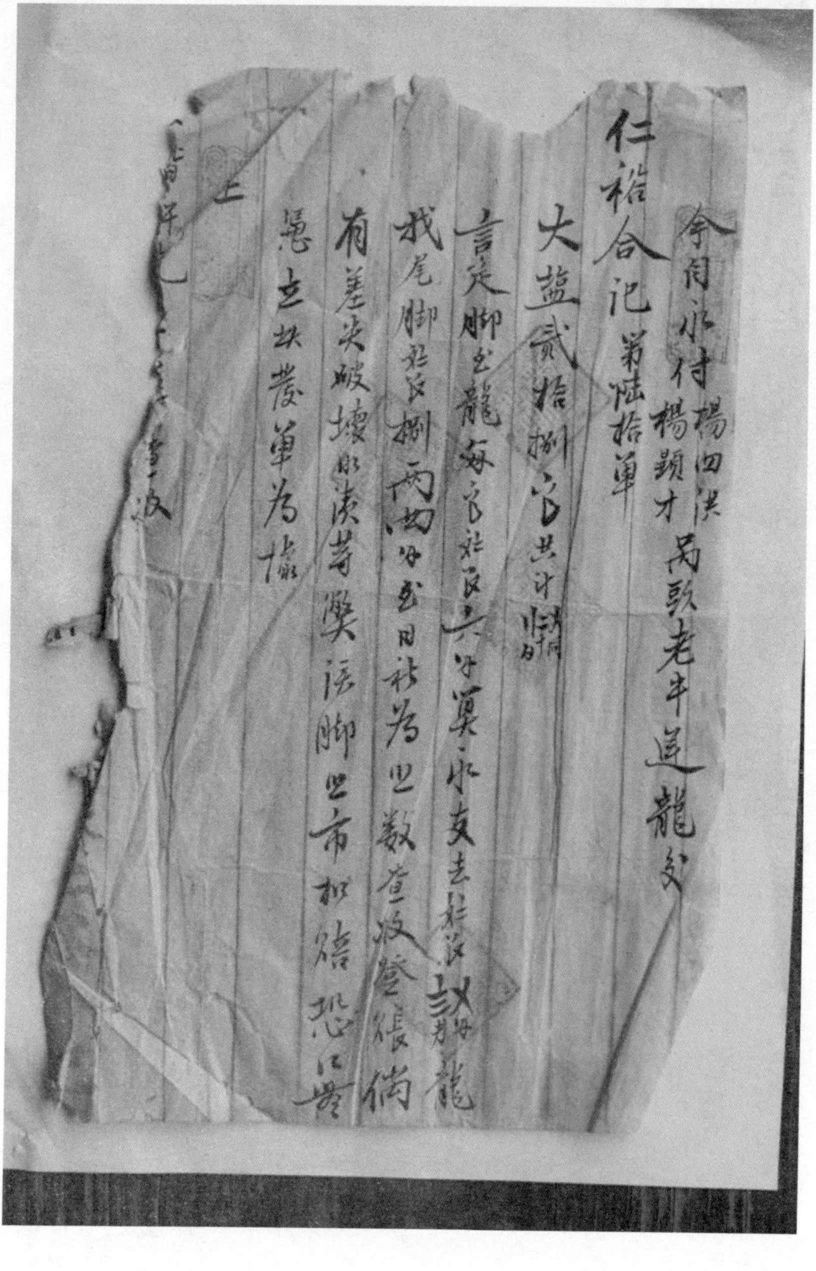

今因不付楊四洪
楊顕才 另駄老牛逞龍交
仁裕合记第陆拾单
大盐贰拾捌包 共计
言定脚玄龍每包
找尾脚 捌两
有差失破壞
凴立此發單為據

15 光绪十五年十二月二十一日永昌仁裕合记发龙陵仁裕合（第七拾一单）牲口发单

今自永付 楊仲一牲口運龍交

仁裕合第七拾一单

上好大塩肆拾它共计〢〣両

言定永至龍脚每它 文〦〡艮〢〣分 算永未支至日祈照数查

收開給脚銀此塩当面交付並勿破濫倘有差失水漬破

壞等弊该脚照市全賠恐口無憑立此發单爲據

上

汝楷许先生　台照

光绪十五年十二月二十一日灯下永昌仁裕合記单

今因水冲杨仲一姓口遇龙卖

仁裕合第又拾一单

告大盐肆杨官共□叶川□

一言永玉龙脚每□□□□绵莫永来支□日社□数查

收闲络脚郷收盐当面交付甚四坡盐倘有差失水陈加

瑷芽奖□脚□巴市全熄恕口惠立此炭草为凭

上

杨汗先生台□

民件十五年十□月□□日收□

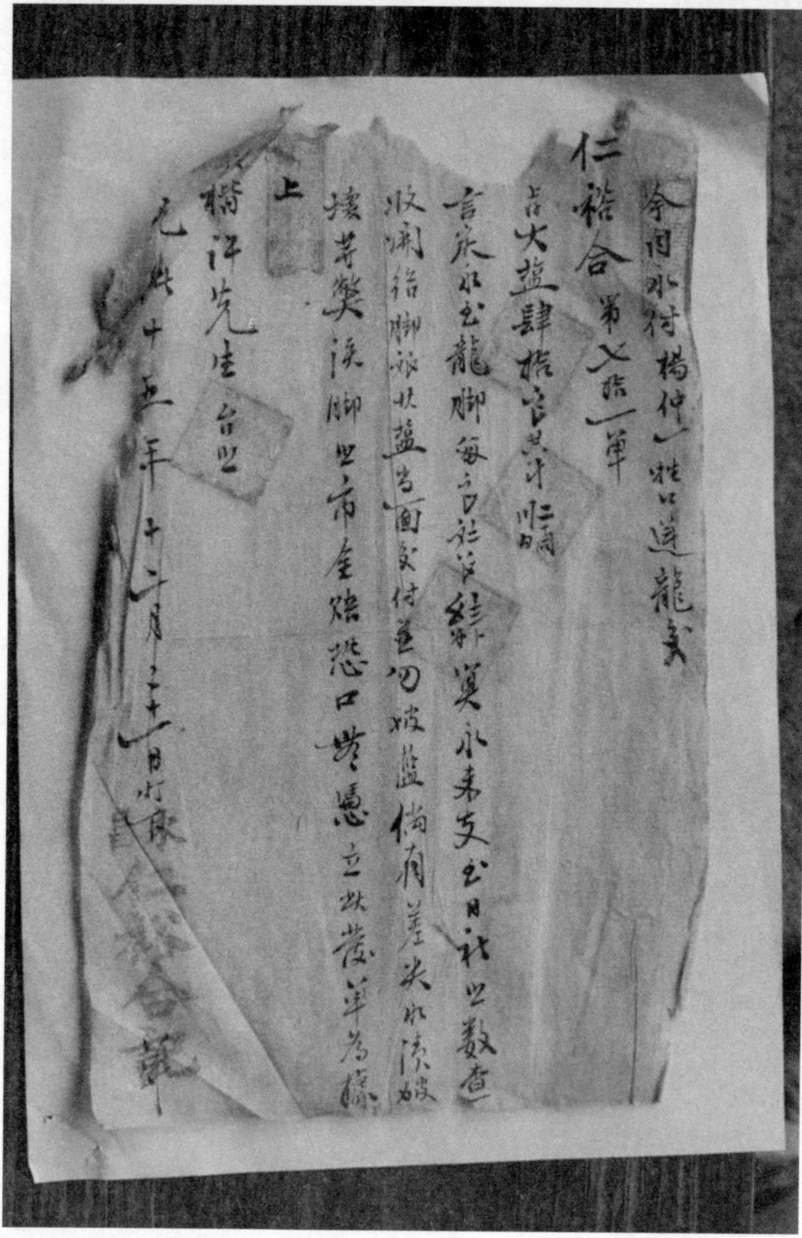

今自永付何珍方牲口運龍交係𠫊塩𠀤十𠆢半未有發单
□合記第五单
大盐拾馱
言定脚至龍每𠆢𠔿艮五𠂊算至日祈爲照数查收開给
力艮倘有差失破壞等弊该脚照市全賠恐口無
憑立此發单爲據
上
汝楷许先生　台照
光绪拾七年二月□□　　發单

16 光绪十七年二月□□□□合记发龙陵仁裕合（第五单）牲口发单

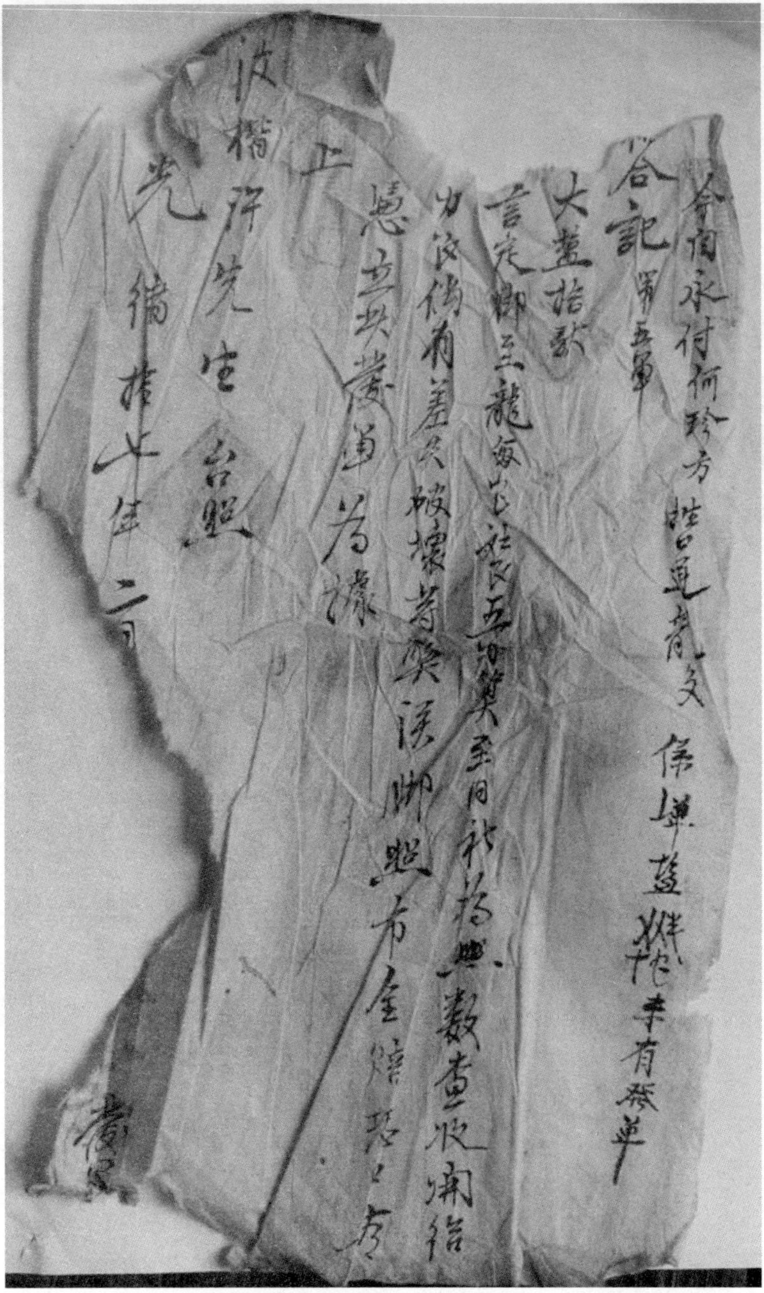
今由永付何珍方　皆通省文　係單益號記本有發单
合記　第五號
大盤結款
言定腳至龍每……五分算至日秋為無數查收閑結
如途倘有差失破壞等與該腳照布全賠
憑立出發單為據
上
復楷拜先生台照
光緒七年二月

17

发龙陵仁裕合（第七拾二单）牲口发单

今自永付杜大少爺 牲口運龍交
仁裕合記 第七拾二单
上庄大塩拾七 它 共计 [illegible]
言定脚至龍每 它 [illegible] 算永支大塩 [illegible] 合 [illegible] 此
□至龍請找至日希爲照数查收倘有差失水漬破
壞该脚照市扣赔恐口無憑立此单爲據
上
□许先生 台前查照

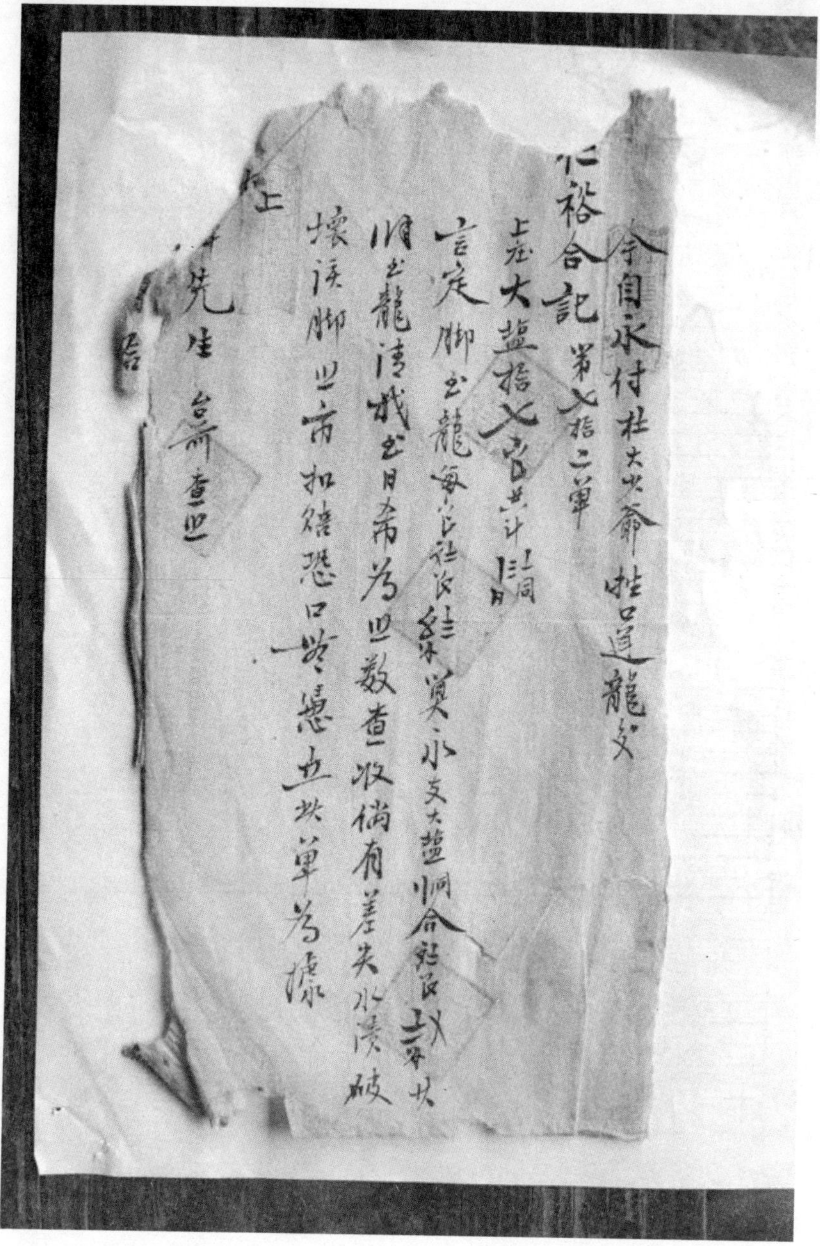
今自永付杜大老爺 姓□道龍文
□裕合記 第七拾二單
上庄大鹽拾七包 共計拾貳
言定腳至龍 每包腳銀結算大小支大鹽個合銀□拾□兩
順至龍陵城至日當為照數查收 倘有差失水濕破
壞該腳照市扣結 恐口無憑 立此單為據
□上
□先生 台前 查照

18 庚寅年新正月十六日永昌仁裕合记发龙陵仁裕合（第七拾叁单）牲口发单

今自永付王永珍牲口運龍交
仁裕合記第七拾叁单
　提庄上好大塩叁拾五它
言定永至龍脚每它銀六錢算永支用銀叁兩至日
祈為照数查收開給尾脚倘有差失水漬破濫等弊
該脚照市扣赔恐口無憑立此發单為據
　上
楷许先生　台前查收
　庚寅年　新正月十六日自永昌仁裕合記

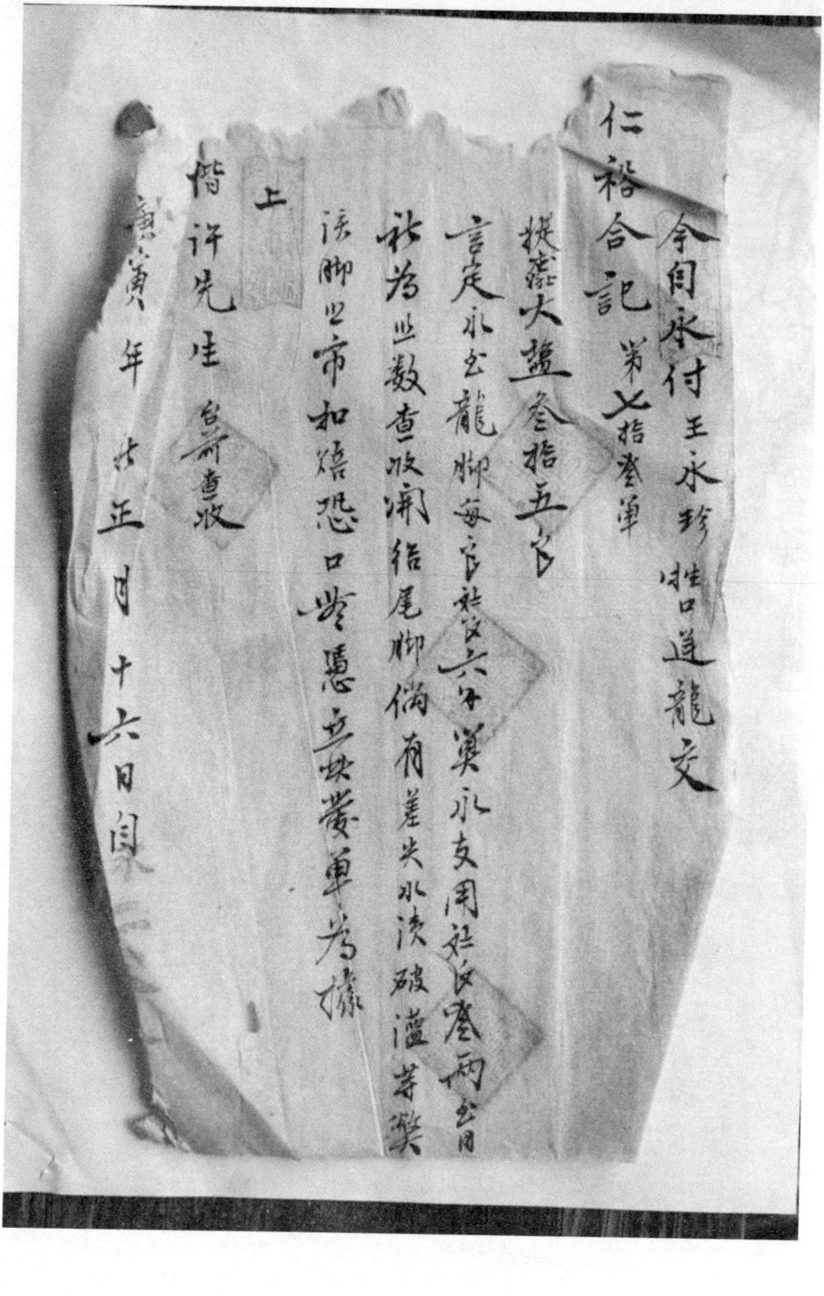

今自永付王永珍牲口運龍交
仁裕合記第七指叁單
揀選大盤叁指五包
言定永出龍腳每包社銀六分冀永支用社銀叁兩出用
社爲此數查收潮結尾腳倘有差失水浸破爛等弊
該腳照市加倍恐口無憑立此發單爲據
上
偕許先生台前查收
庚寅年壯正月十六日自

19 三月初七日永昌仁裕合记发龙陵仁裕合（第捌拾四单）牲口发单

今自永付世魁楊新爹牲口運龍交此兰6俾未有發单

仁裕合記 第捌拾四单

大塩贰拾六它

言定永至龍脚每它文艮六夂五分永未支至日祈查收開脚倘

有差失破壊水漬等弊该脚照市全賠恐口無憑立单爲據

上

楷许先生台照

□□年三月初七日自永昌仁裕合記

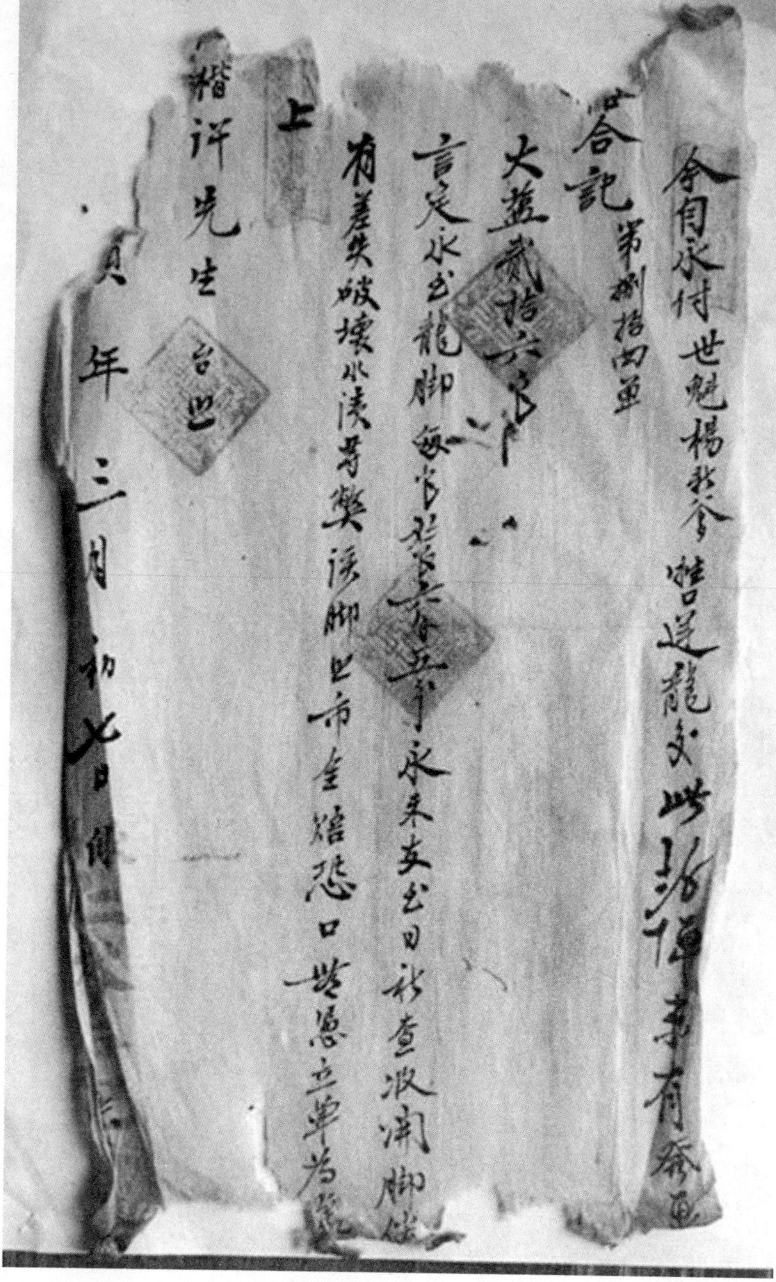

今自永付世魁楊我今嵤送龍文此 傳 有
合記 第捌拾四面
大盤貳拾六下
言定永昌龍脚每下銀壹兩五錢 永來支昌日於查收 潮脚俟
有差失破壞水漬等弊該脚照市全賠 恐口無憑 立單為照
上
楷評先生 台照
年 三月 初七日 備

20 发龙陵仁裕合（第玖拾单）老牛发单

自永付楊在登 張存聘二位呙頭老牛運龍陵交
□□合記 第玖拾單
大塩五拾壹馱壹支
言定脚至龍每乇䢒六夂捌分算永現支用去䢒合捌兩五夂四分
□該尾脚艮至龍請補到日祈爲照數查收倘有差失破壞水漬
等弊該脚照市全賠恐口無憑立此發单爲據
□□生 台照

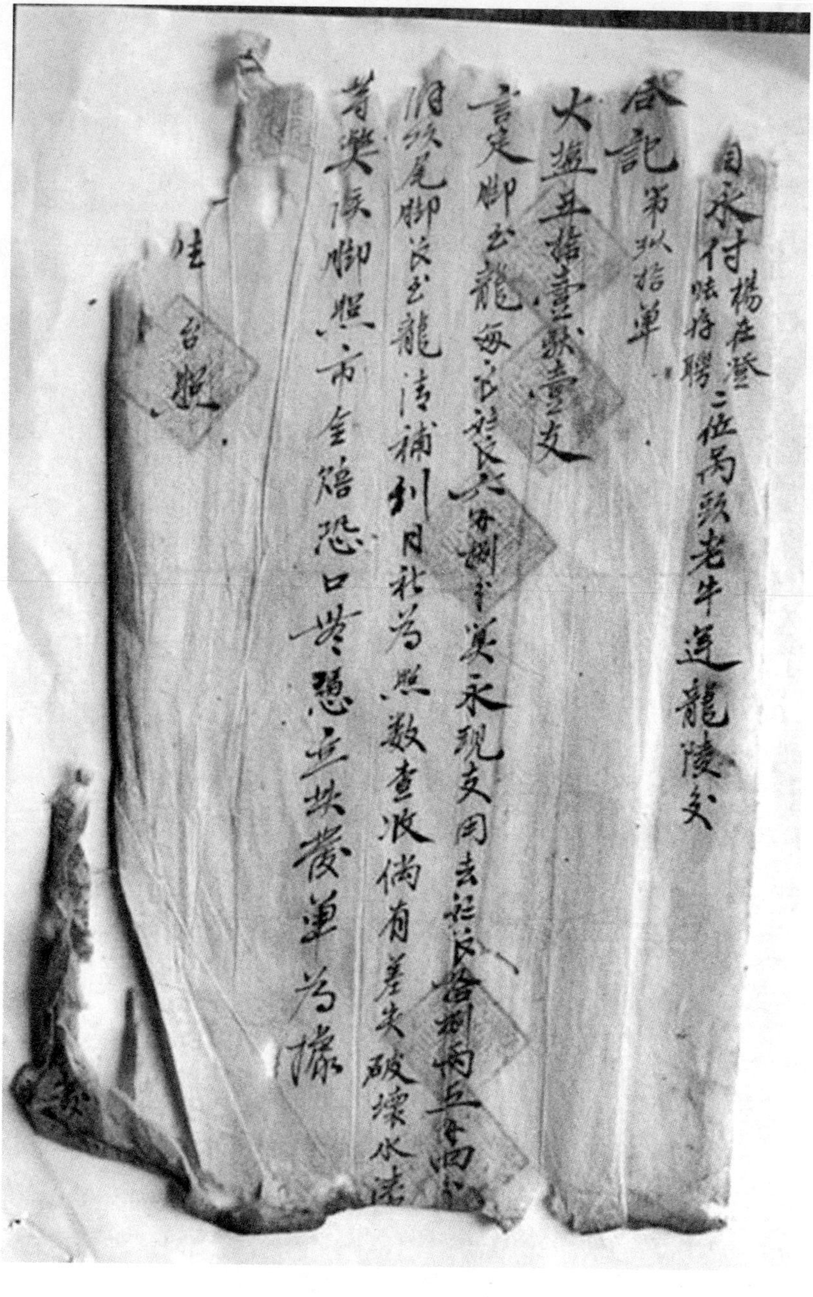
自永付楊在登、味存騁二位為頭老牛道龍陵交
合記第玖拾單
大盤五拾壹馱壹支
言定脚玄龍每馱去起長大洋捌元算，永現交，同去起長洋捌兩五錢四
內除尾脚玄龍清補，到日再為照數查收，倘有差失破壞水漬
着落該脚照市全賠，恐口無憑，立此發單為據。
台照

21 光绪三十年三月二十四日蛮允铭兴祥发美兴祥右线4驮煤油5驮的发单

今在 允换
街单付周正纯之牲口運騰交
美興祥 吉单
四人刂十号右線肆馱 在街支过現力□肆甲
号手煤油伍馱
到日請照数查收每力言定給㞍銀綫捌
油叁兩伍錢
倘有差少失落水漬等弊該力户認承全賠此據
上
允代上专鈔去每艮卄又
公帮艮玖亇共卄即
查照
请交付周正纯帶允立用
勿悮爲盼
忠和號
寶號含毓
美興祥
愷楊 祈布照
光緒三十年三月廿四日允 蛮允铭興祥記 发单

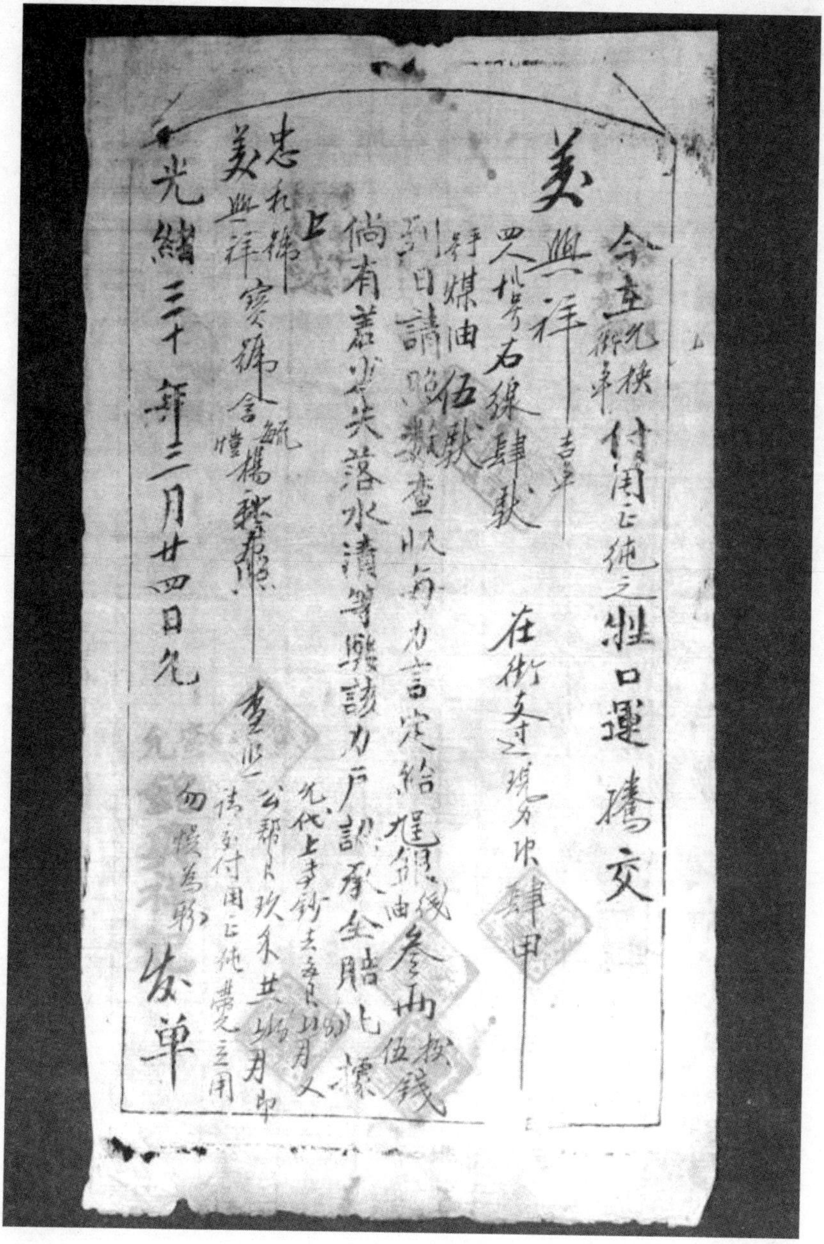
今在 付周正纯之牲口運 騰交
美興祥 吉号
四只挑号右線肆馱 在衙交寸之現分收肆甲
籽煤油伍馱
到日請照數查收，每力言定給堤銀錢叁兩伍枚錢
倘有蔫少失落水漬等弊，該力户認承全賠
上
忠和號
美興祥寶號 台 騰越
光緒三十年三月廿四日 允
勿悮為要 發單

22 光绪三十三年六月十四日元升恒发单

今在腾付□□□

小赵 □□

元 元升恒记

升 興盛和

鹿嫩茸 壹架 重□

恒 至日祈爲照數查收腳力言定每架給紋銀▷兩▷錢

▷分在騰0支過0銀0兩0錢0分收日給開▷力

發 其貨當面交貸並無差少設途中有失落水漬等

弊該腳戶認照市清償恐口無憑立此爲據

单 上 □□騰给

蘭廷董先生台前查照

光緒三十三年六月十四日 發單

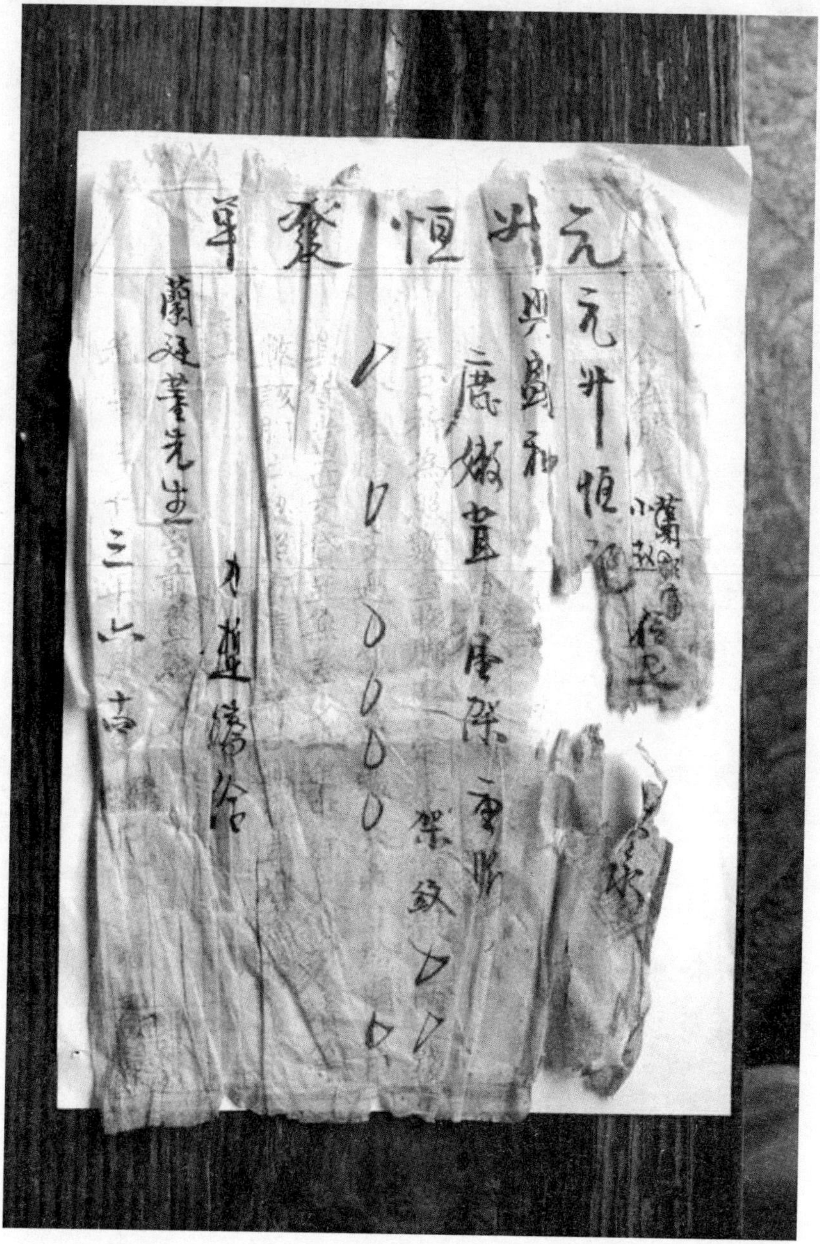
元興恒發單

蘭廷蕃先生

23 民国八年完月十七日龙陵风廷记商号调南坎子光记火炮等发单

今在龍付李朝結之牲口運坎
子光记第□□
肆
發
鄧記真足一千炮弍馱弍計每支弍肆拾壹封
馮記真足一千炮壹馱每支計肆拾封
俟至日祈爲照数查收由龍至坎脚力每馱給英洋捌甲正
其貨當面交付清楚若有差失水漬該力户全賠此據
單
上
子光楊君　台照查收
民國八年完月拾七日自小记　發單
批者祈洋冋昌老師爺照余小記付往南坎土炮肆正该［税］款若祈記小記之賬

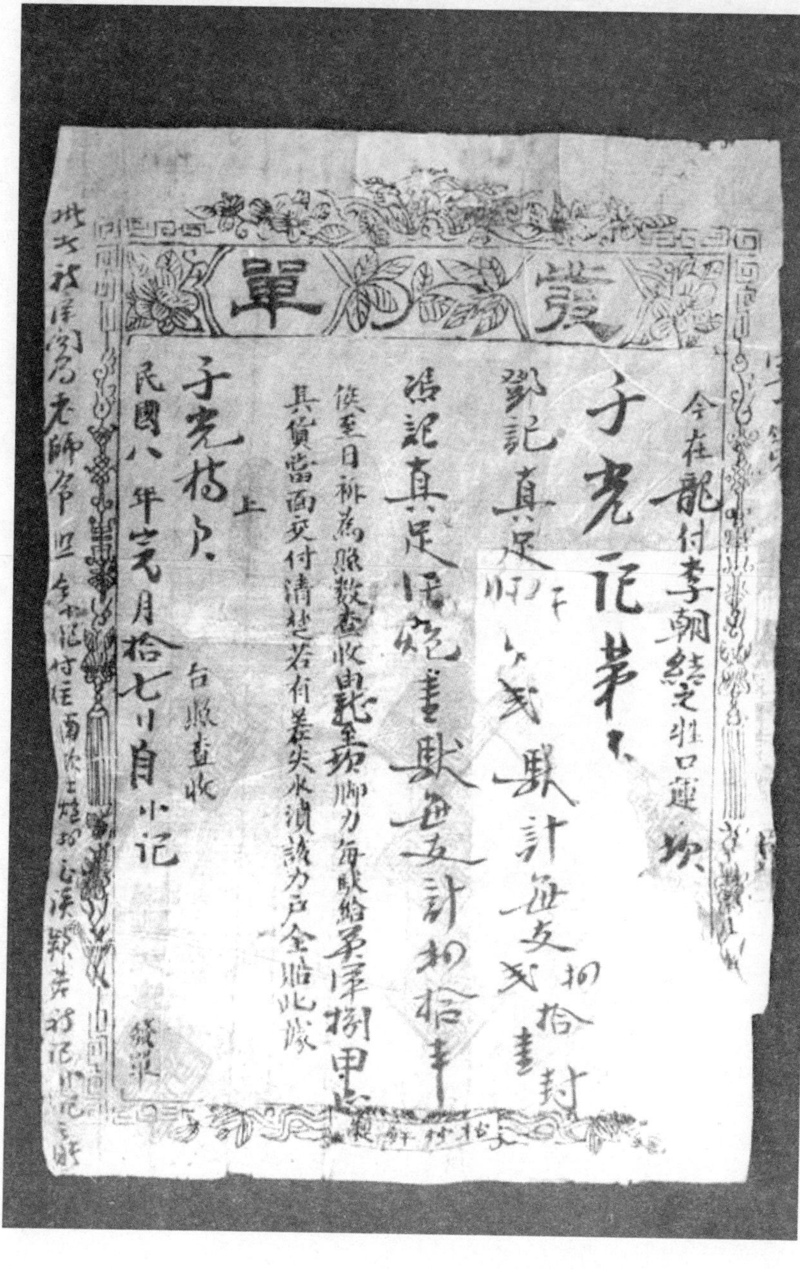
發單
今在龍付李朝緒之牲口運 驮
于光記第 號
劉記真足 斤 钱 馱 計叁支 捌拾叁封
張記真足 色壹馱叁支 計捌拾叁
俟至日祈為照數查收 脚力每馱給
具貨當面交付清楚若有差失水漬該力户全賠此據
于光裕號 上
台照查收
民國八年 月拾七日 自 小记

凭据类

祈起给
元升恒出丝伍斤合课艮□千容後向小店取兑可也
上
貴釐局老師爺　财照　娘〣〥[illegible]
丁未四月廿六日永昌福裕店記　单

1　丁未年四月二十六日永昌福裕店调厘局黄丝的发票

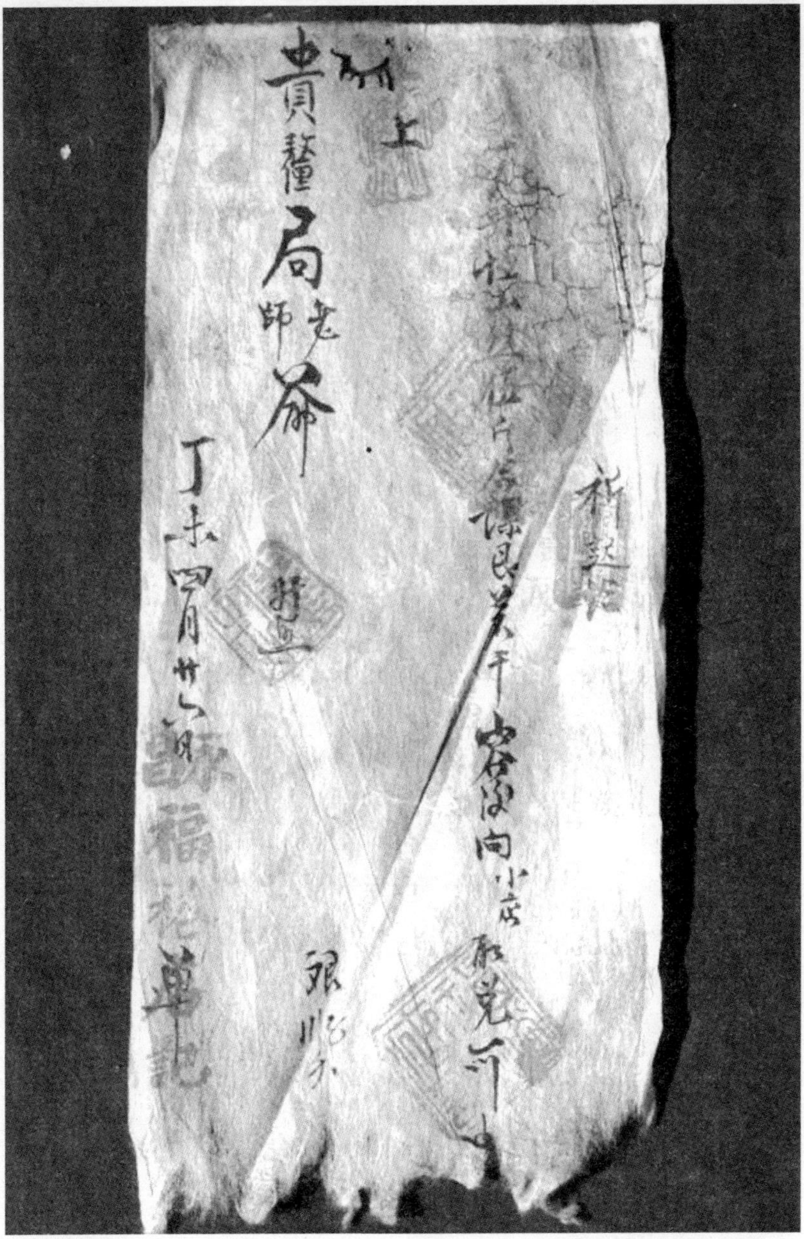

憑飛在永滙用到⅄
國經趙老板　名下關足平×艮壹佰叁拾捌兩陸錢整
⅄言定至關如数清还票至時請新照票清兑勿
得拖欠短少恐口無憑特立此艮滙票爲據
⅄上　玖月十二日此艮已兑清票已銷記
德興祥關棧子清李先生　台照抽票兑給ȣ
光緒三十三年玖月初五日自永昌德興祥滙票

2　光绪三十三年九月初五日永昌德兴祥汇下关赵国经的汇票

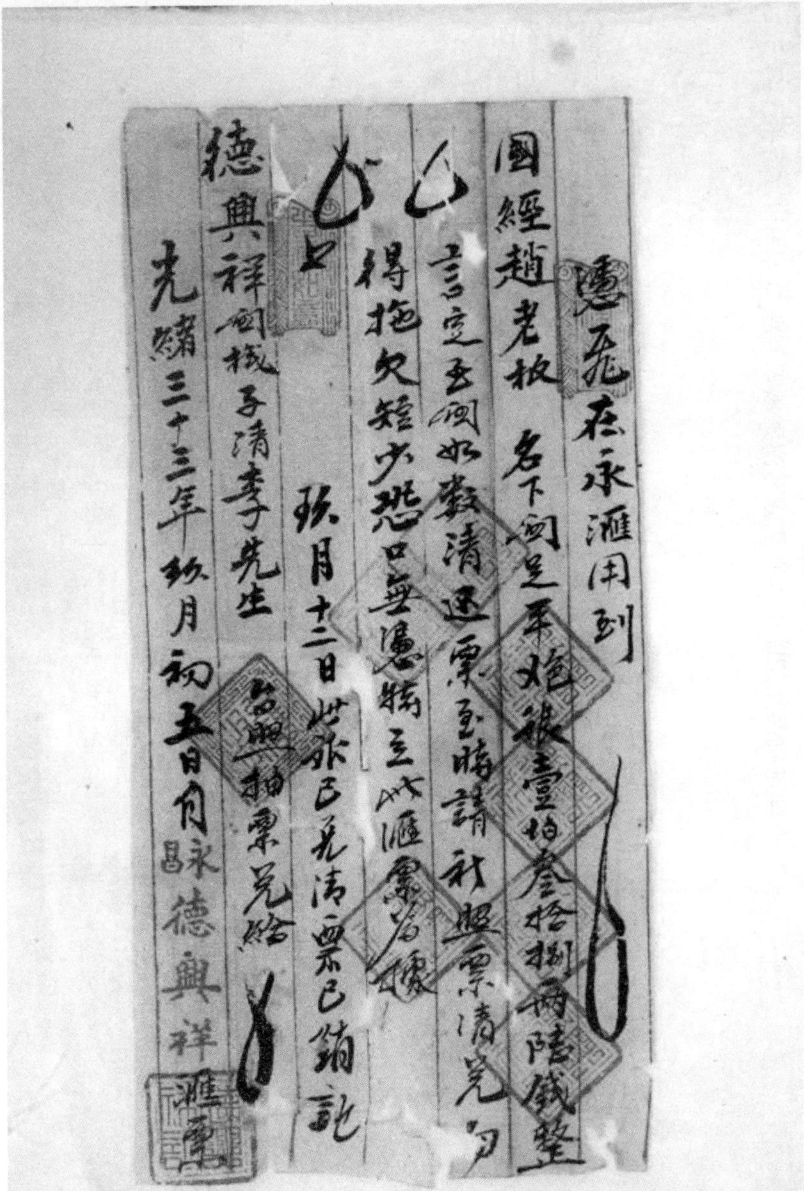

憑兑在承滙用到

國經趙老板名下向足平炮銀壹佰叁拾捌兩陸錢整

言定至向如數清還票至時請祈照票清兑勿

得拖欠短少恐口無憑特立此滙票爲據

玖月十二日此票已兑清票已銷訖

德興祥向梭子清李先生當照抽票兑給

光緒三十三年玖月初五日自永昌德興祥滙票

3

民国七年四月二十一日腾冲济善医院给豫顺兴拨还春延记收据凭证

憑证收到
豫順興交來撥還春延記之借欵大龍元伍佰块整
外有息銀叁拾伍块尚未兑还由七年九月十八日起至本年四月十八日
止共计七個月之息銀月息一分照算
民国七年四月廿一日騰衝濟善醫院圖記　收条

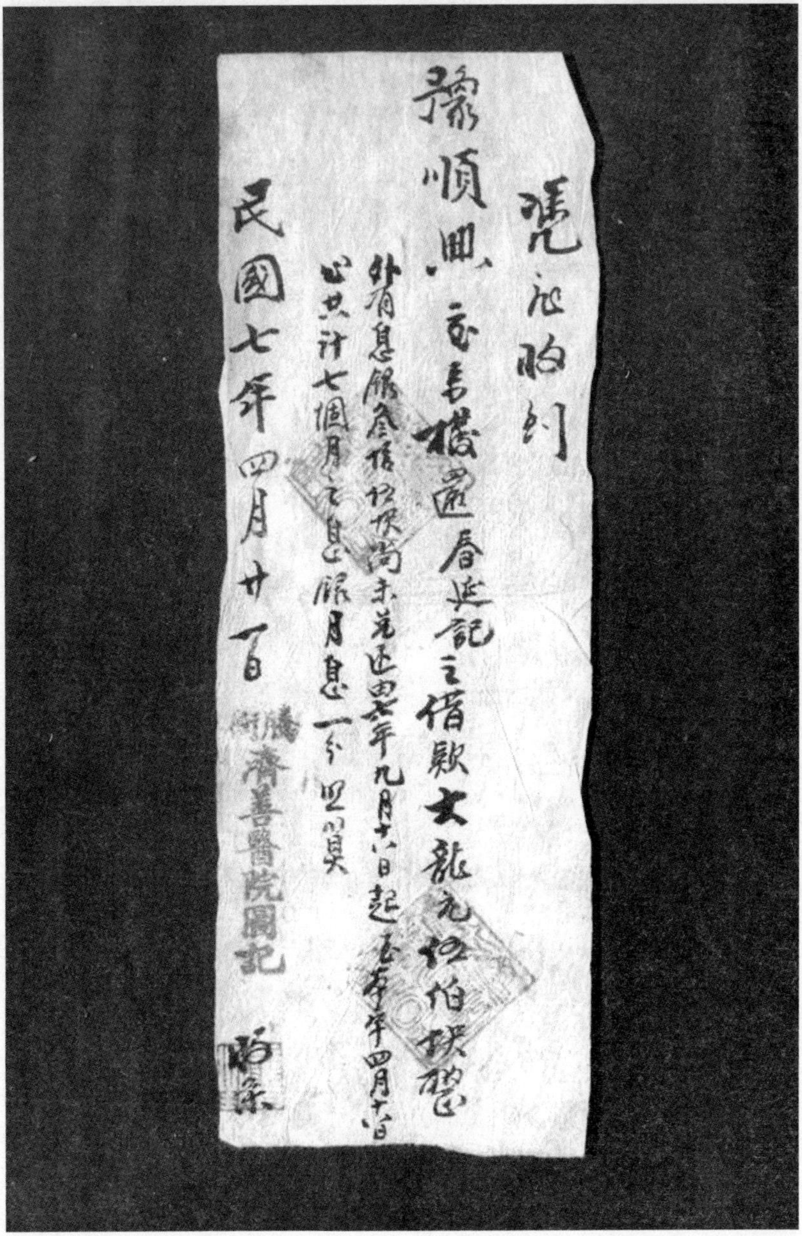
憑此收約
豫順興今收到樓遐春延記之借款大龍元拾伯玖圓
外有息銀叁拾伍兩尚未兑由去年九月十六日起至本年四月十日
以共計七個月之息銀月息一分四算
民國七年四月廿一日
騰衝濟善醫院圖記

4 民国九年二月八日腾越关土货出口正税单

騰越關土貨出口正税單

騰越關監督兼道尹　爲徵收出口正税事據
中國商楊子先投報貨物當經遵照光緒二十年中英續議
滇緬界商務第九條內載出口土貨照中國通商海關税則減十
分之四完納正税呈驗號收稟請發給税單前來合
税單該商運貨出口一路概免重徵一則　分關即將此
單呈驗繳銷須至税單者
計開
土炮□□□□□
計柒䭾
生牛皮弍□□拾个
完納正税銀弍两弍钱弍分
右照給中國商楊子先收執
民國九年二月八日給限到　分關日繳銷

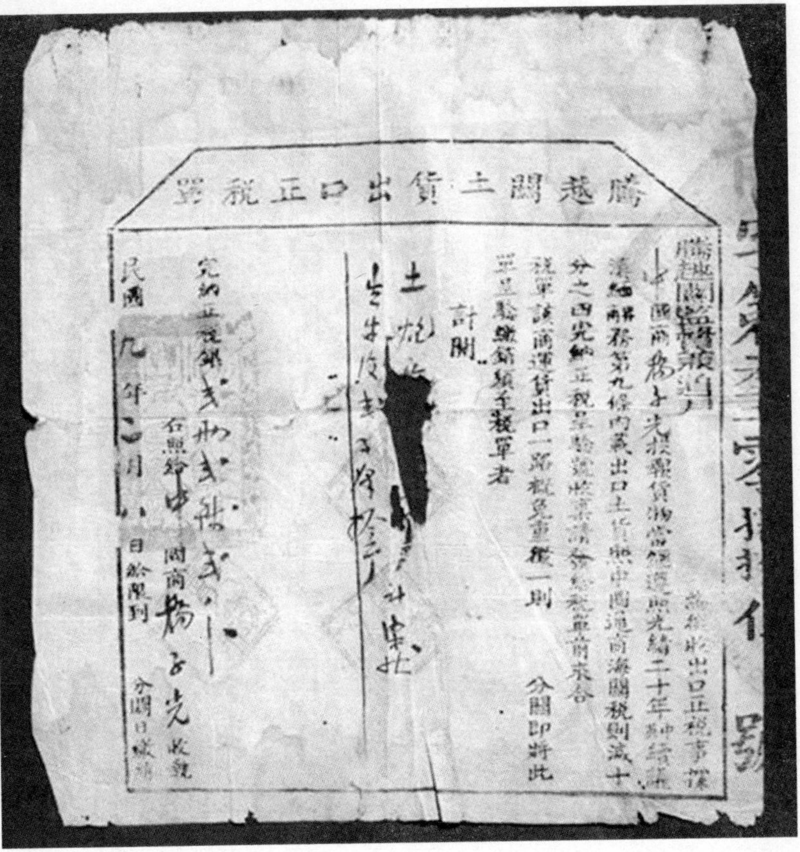

騰越關土貨出口正稅單

騰越關監督兼稅務司　　　　為發給出口正稅事照

中國商楊子先投報貨物當經遵照光緒二十年中緬條

滇緬條務第九條內載出口土貨照中國通商海關稅則減十

分之四完納正稅等語茲據該商完納稅單前來合　　分關即將此

稅單該商運貨出口一路概免重徵一則

單呈驗繳銷須至稅單者

計開

土　　生牛皮　　封　　捌拾　　共

完納正稅銀　　　　　　　　

右照給中國商楊子先收執

民國九年二月　　日給限到　　分關日繳銷

5 民国九年瓦城文利昌汇票存根1

民國九年𡻕（岁）次庚申　立

義利昌

滙票

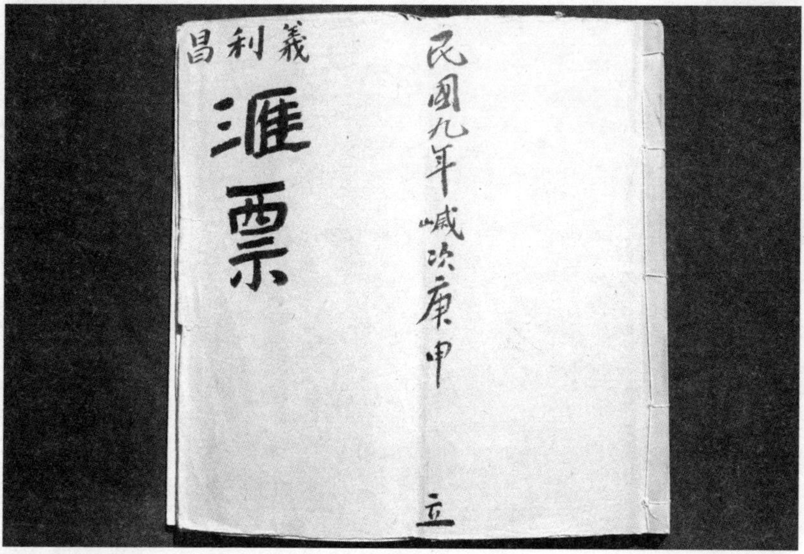
義利昌
滙票
民國九年嵗次庚申
立

6 民国九年瓦城义利昌汇票存根2

昌利義

滙票存根

茲由瓦第十號滙用到
茂佩祥員下小洋壹자五元議定至 兑还
该号手收小洋乙자五元限期 日清還
號
先生 支理
立滙票人
中華民國年陽曆八月七
陰曆六月十五日
滙票

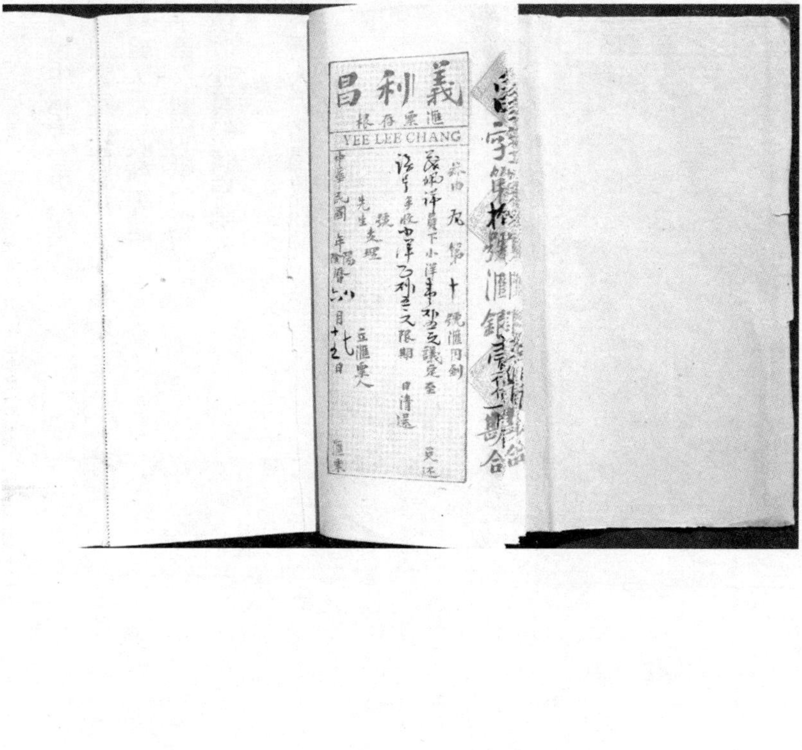
義利昌
滙票存根
YEE LEE CHANG

7 民国十年三月八日契纸费收据

契紙費收據

爲發給收據事據尹名楊中稱今有尹建中甘願杜與田憑中楊家富面議定杜價[illegible]理合申請發給契紙以憑填給 主 收執等語並繳到契紙費伍角除發給杜字第[illegible]號契紙一張並將契紙費伍角照章核收外合填收據發給該申請人收執此給

右據給申請人尹名楊收執

中華民國十年三月八日

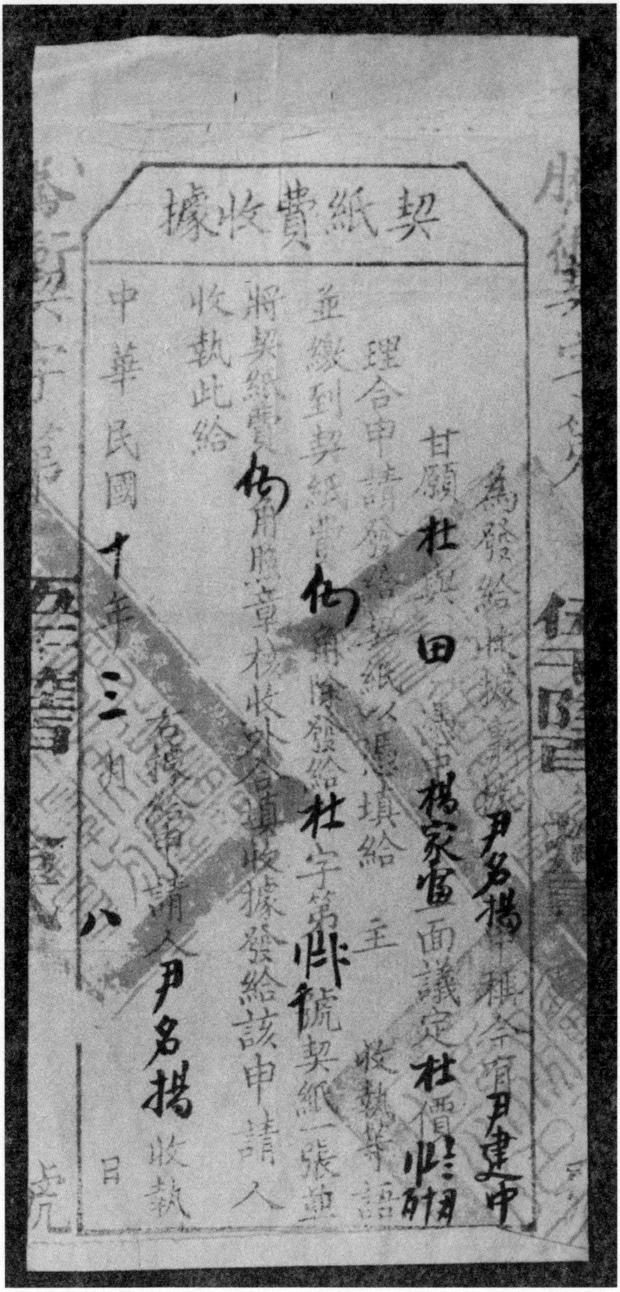
契紙費收據

為發給收據事據尹名揚稱今有尹建中
甘願杜賣田[illegible]楊家富面議定杜價肆[illegible]
理合申請發給契紙以憑填給　主　收執等語
並繳到契紙費伍角前來除照發給杜字第肆千號契紙一張並
將契紙費伍角照章核收外合填收據發給該申請人
收執此給
中華民國十年三月八日
右據給申請人尹名揚收執

8 民国十八年弄栈经理人林正深存货单

兹将存货録列

一存鈌咼三馱〡〤〥合銀〤〡砤

一存〡〤〥牛奶〢〣〸〥合銀〢〦元

一存〡〇〥洋油〢〣合銀〡〦元

一存〡〇条油〡〣合銀〦〥甲

一存人号草標〸〤〥合合銀〤甲

一存条草票〦条合銀〣甲

一存〡〇小草帽〸〥顶膠帽〢顶銀〤〥甲

一存鞋子〢双毡子〡科合銀〤甲

一存〡〇戒煙丸〸〥合合銀〡〦元

一存〢〇草纸头〦〥合銀〡〦元

一存白纸〤面張合銀〤甲

一存底線〣〥合銀〣甲

一存帽圈〡〦合銀〣甲

一存粉絲〢〥砤合銀〣甲

一存信封信紙 銀〡甲

一存草煙二葉子合銀〥〡甲

一存柴米共合銀〡〥元

兹将現賬開録

一張倫所烟欠銀〣元收

一張元所烟欠銀〡〦元来銀〡〦元

一杜朝云所烟欠銀〣〥甲收

一吳三□所鈌咼欠銀〤〥甲来銀〡甲

一羅局专所烟欠銀〣甲

一李荣廷天婦供去銀〡甲六月十五来銀〡甲

一南坎小侯所鈌咼欠銀〤甲

一南坎小林英所烟欠銀〡〥元收

一□□坎蒙所烟欠銀〡〦元收

一□坎屯所烟欠銀〤甲收

一顿允□所鈌咼欠銀〤甲

一存灘三脭墊三銀〦元

一存印□處墊三銀〥元收

一梯胼听牛奶〥〸欠銀〡〥甲□

以上〸〤柱共结合弍□叁元四甲正

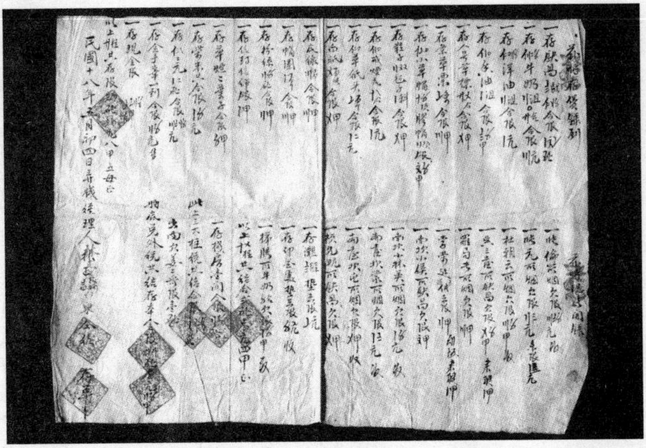

一存佺元仁□合艮〢〥元
一存金手辜一到合艮〡〥元售
一存現金艮〢〥甲〨元
以上柱共存艮肆肆砭元八甲五母正
叁元〡〥甲

一存棧房壹间合艮〡〥□
以上三大柱統共結合艮〩〢〥□
出内欠姜二哥艮壹□
冊底兑外統共結存本金艮捌砭

民國十八年五月初四日弄栈經理人林正深昌仝结　存单

憑飛今在兑滙用到
楊福光先生名下英洋叁砤正言妥至干岩交與
贾绍文先生名下大洋陸百弍拾元今在兑言明其
款俟見票后通容十二三日即照数清交不致
延悮此係人票两認遺失作廢恐口無憑特
立此滙字爲據是实在崖交贾绍文收大洋弍百元
面生记卄大洋壹百元
實滙用英洋叁砤至岩交大洋陸百弍拾元正
此上五月廿五日卄大洋壹百捌拾元
五月廿八日卄大洋玖拾元
丁德渊先生 台照抽票兑洋爲盼
民國二十五年又三月十四日經手人 滙飛

9 民国二十五年三月十四日从（抹）允汇至干崖的凭飞

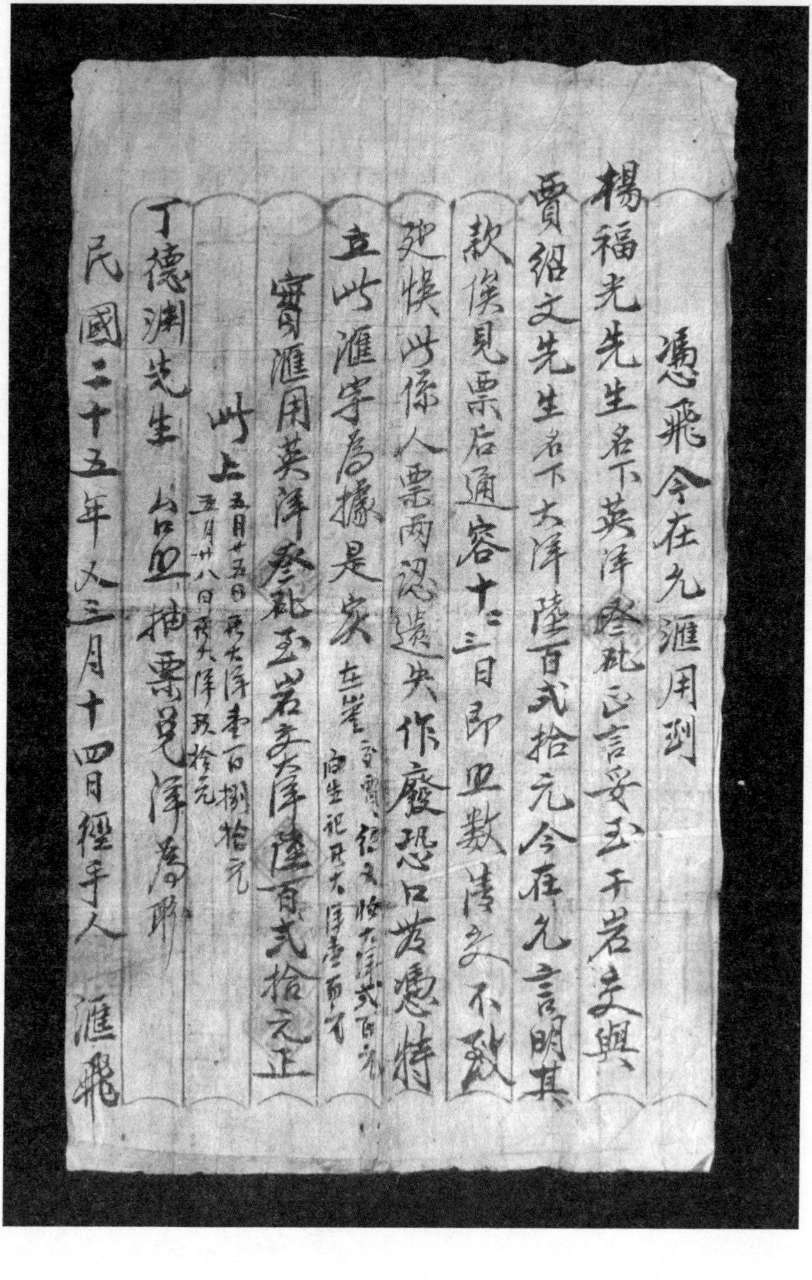

憑飛今在允滙用到

楊福光先生名下英洋叁佰正言妥玉千岩交與

賈紹文先生名下大洋陸百弍拾元今在允言明其

款俟見票后通容十二三日即照數清交不誤

兑快此係人票兩認遺失作廢恐口無憑特

立此滙字為據是實　立筆　李靈、張文收大洋弍百元　向生記兑大洋壹百元

實滙用英洋叁佰玉岩交大洋陸百弍拾元正

此上　五月十五日兑大洋壹百捌拾元　五月廿八日兑大洋玖拾元

丁德渊先生　台照　抽票兑洋為聯

民國二十五年又三月十四日經手人　滙飛

其　他

1 民国八年完月十七日龙陵风廷记商号调南坎商号清单

今時小记代办土炮肆它清单開呈

計開

付李朝结之牲口運坎交力每〣甲

〤真足仟炮弍䭾每支计〢〨丰　合洋〡〤〥元

〣真足仟炮壹䭾每支计〤〸丰　合洋〣〥〥元

一加本城税每它壹〥共好　合洋〡毛

一加本城自治每它弍〥共〣卜　合洋卜元

一加商務抽收每它弍〥共〣卜　合洋卜毛

一加洋關每每它弍〥共〣卜　合洋卜元

以上計〤柱共算合大洋壹百弍拾肆元肆角捌先〇

子光表兄大人惠鑒敬達者迩□生易實務□随意不赴可□耳兹啓兹接兄金章弍道内云各事概为拜领知之新勿〔念也〕接兄信後本宜即就囘奉奈因弟囘腾未在龍境弟扵本月初十日□龍□下看兄来之函内云命弟採办各庄工炮□後即仝美麗记分德真足仟弍它真足仟炮□□坨憑记買德仟记惟此憑记之招牌是小记仝该订办至腊底招牌尚在好不能有悮然约之款祈兄

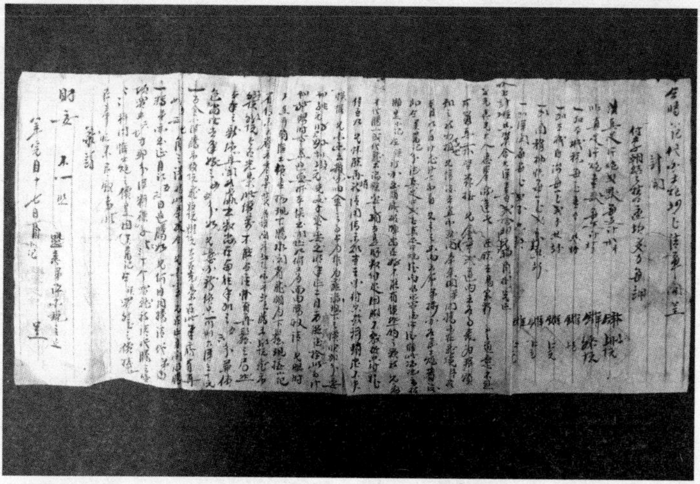

才代騰一或代龍不論餘要之项本是将数付足因脚不敷故只付〤〻
俟至如兄怀能再【销】祈请用信示知当之办付只数科銷忠不失
惧惟兄来函云夥办油傘之事暂为作为罷论现下之價〣那分要
如ㄨ元州只那划ㄨ元先交□傘要至明年正二月方能得此事计
划無眼时無益迫要折本俟至開正如何又为面由騰叙请兄眼时
□□□□□惟土貨壹物现下騰永闗省龍頗为下鬆现接小记
省信来云省市零星□□该闗□□□□□騰□□㐬龍市
炆㐬炆㐬左右光景此價萬不能有注□有再鬆之局然
本年之新貨且闻各處出数尚在與往年加之五六分兼倘
色尚比去年好之肆五分如兄意办新貨只可划大洋三十元
一百金小洋騰炆㐬市龍炆㐬炆㐬左右光景在此年□有再
三四五六七角之谱特此奉报仝兄來示云兄在正月间回騰
一转弟亦至正月初五六日返騰如兄何日回騰请代弟由
坎買五六七寸那〤洋料碟子二三十个買就祈请代騰之望
之望科用惟土炮之價是因美麗记仝该買〤坨之價特此
在奉忙不尽叙专此

敬請

財安　不一照愚表弟许小锐之正
八年完月十七日自小记　呈

2 腾越盛裕兴记清单

民國十三年九月十二日

耴〢〥毛淨馬〥〡付　合大洋〢〥毛

十月耴大洋〔叁〕元

十四年九月〤花〥毛線〡料　合大洋〥角

十月花大洋拾元

十五年三月耴〣毛馬〥〢付　合大洋〦角

□耴大洋拾元

廿日花〤毛線小稍1对　合大洋〤角

四月耴大洋弍佰元鎳一

五月花大洋拾元交兵费

廿日花〢〥元〣秅圻　合大洋□元

六月花大洋伍元

又花〢〥元〣秅圻　合大洋〢〥元

又花〣毛牛乳一瓶　合大洋〣毛

廿日花大洋壹佰元鎳一

七月花大洋伍角□蹄胸壳

八月花〤毛馬〥〡付　合大洋〦毛

九月花大洋伍拾元鎳一

民國十五年三月十五日

借来大洋伍佰元鎳一脭

民國十六年二月十八日

来㑒釘子皮净重卌〡砣鋅洋〡〤元

冬月十日来大洋拾玖元

腊月二来〤〤毛猪肉卌〡□鋅洋〡〤元

至此共来大洋〥〦〤〤〥元

以借来大洋〥元每月行息一分至四月初八日

花大洋〣〦元行一月息共合大洋〥元尚存

大洋〣〦元又由四月〡〥日算起至六月廿八日

花大洋〡〦元又行二个半月息共合

大洋〢〥元又由六月卅日起尚花大洋〣〦元

又算起至九月初二日花大洋〥〡元

又行二个月息大洋〤元尚花大洋〡〥〥元

又由此算起至九月十五日花大洋〥〡元

又行半个月息大洋〢〥角尚存大洋

〡〦元又推算至腊月尾又行叁个月

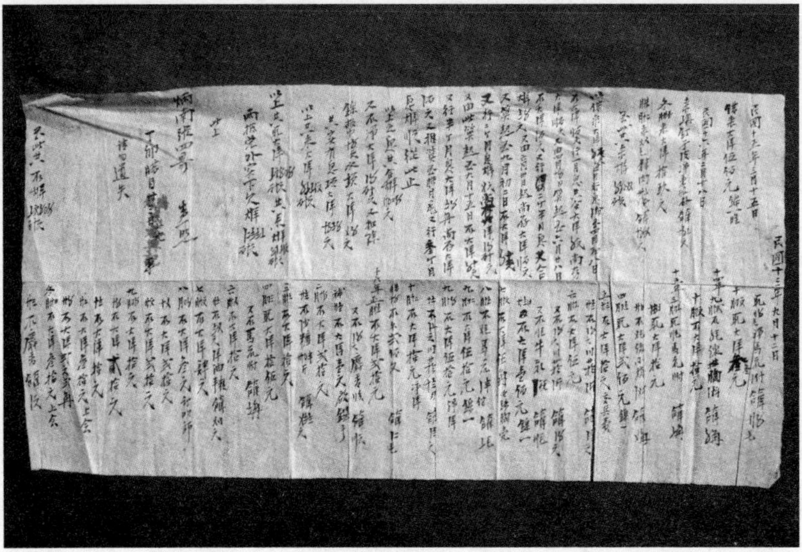

息大洋〢〧從此止
以上之息共合大洋〢〇〣〤元
又花淨大洋〡〤〩元又扣除
鎳幣十〤元水项大洋〤〤元
共实有息项大洋十〢〇〤元
以上共来大洋〤〢〤〩元
以上共耴大洋〡〤〤〇〤〩 万千元共来大洋〤〢〤〩 万千元
两抵兑外实下欠大洋〡〢〣〣 万千元
此上
炳南張四哥　查照
丁卯腊月廿三日小记　单
请勿遺失
至此共花大洋〡〤〤〇〤 万千元

九月〢〥花大洋伍拾元□洋
〢〦花〡〦元〣秒〢〦两　合大洋〡〧元
十月十二花大洋拾元凈洋
腊〢〥花〩弍佰文　合大洋〡〢毛
又花〡〥元麝香□　合大洋〣元
十六年正花月〢〧大洋弍拾元
補壹花大洋壹元啓鑑手
二月〢〥花大洋弍拾元
〢〧花沙糖〣〢斤　合大洋〤〧元
三月〢〦花大洋拾元
四月〡〧大洋拾伍元
又花馬元〢付　合大洋
六月〢〤花大洋拾元
〢〦花〤元洋油〢〦　合大洋〤〡元
七月〢〩花大洋肆元
八月〡〥花大洋叁元订吹師
〢〤花大洋弍拾元
〢〩花大洋弍拾元
九月〡〥花大洋拾元

〸〨花大洋贰拾元
〸〣花大洋拾元
〹〢花大洋叁拾元上会
〺〨花大洋弍元弍角
冬月〢日花大洋叁拾元上会
〹〣花麝香　合大洋〡元

3 民国十三年冬月二十三日寸尊爱姜成仑合伙经营朝盛昌的合同

立合同憑據人寸尊愛姜成崙□□人賴神祐利以義生是故点石有術物華称天寶之異分金無信人傑地靈之奇玆余等二人議定成立朝盛昌弍號開设於騰越伍保街並缅甸□□一栈一氣貫通脭股作拾股均算寸尊愛榀出本金英□伍仟盾占資本□□股尊愛住新街面占人力脭叁股人本二共占柒股一姜成崙住騰越面□□脭叁股以上共合拾股之数其本金以伍仟盾作基礎爲號中事務各業一栈隨時圍持無分尔我雖乏管鮑之舉常存雷陳之念其新街一栈铺租人□□食一切零用尊愛作底每年由號内帮抬英洋叁佰盾其騰栈人工舖□□食谋用全盤歸公支用一道每脭每年準支用大洋叁拾元倘有多用按照□分行息自此成立之後各人盡心竭力以圖永久方不愧人天最〔要〕者仝夥如仝命必須認真錢文俗云財明義不疏此乃要信一者先清内患二者必除弊端三者以禦外侮何以内患銀錢出入事歸經手人擔負责任不得虛入虛出若正需使用当公則歸公当私則私又弊端者及重大之事何也人興財如無水不得□心私弊凡買一物一貨漲耊不能料定買後從速報價不得循延以待價定則爲指少報每以每報少又不得將公存之銀取贖自私用以圖益利俟后结算総賬先歸本然後方利若能我等將此事認真一心一德自然大發財源利興日增以免弊错之擾之必永遠長久之策願我同人無分尔我当爲樑爲往各盡其能係是二比心□意願故立此合夥凴據弍張各执壹張以作

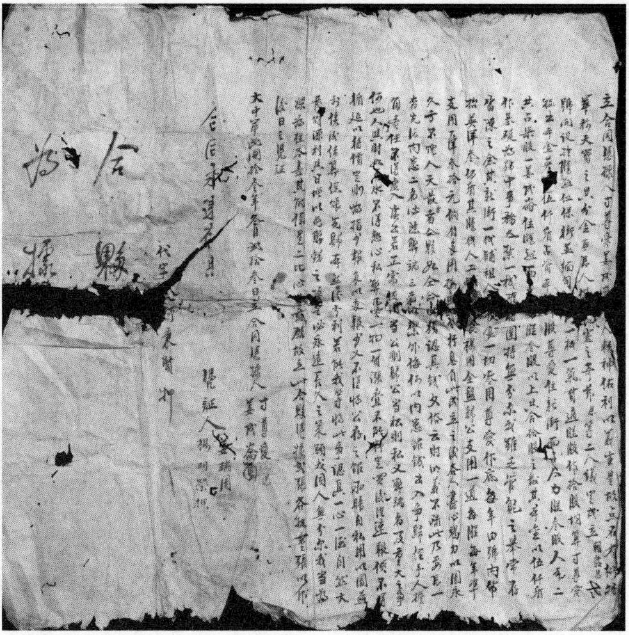

後日之凴証

大中華民國拾叁年冬月弍拾叁日立合同凴據人　寸尊愛（花押）

姜成崙（花押）

合同永遠存照　凴証人　姜瑞周

楊明榮（押）

代字人何秉賢押

合　夥

爲　據

4 民国十四年一月十日旅缅云南同乡会公断词 1

緬京雲南同鄉會公斷詞

一件據騰越王者興報告胞弟王世興奪産謀財請求公斷到會當經本會傳集兩造詢問歷年經過情形地方廳高等廳大理分院各處審理連年訴訟迄無清晰兹據双方情形由各會員公議並由王者興弟兄二人承認遵斷合將事實理由列後

一祖業一項乃父現在該弟兄三人應如何分法路遠難以調查明晰况事屬家庭未便遽爲下一斷定之詞應俟弟兄回籍再爲分剖惟生易一項王者興由省運回大錫四駄由乃父王芝茂手運回家中已有鴻發昌證明至復由王者興取去一節双方争執各據一詞迄無一確實之證明□□□□□□□□□□

緬京雲南同鄉會公斷詞

一件據騰越王者興報告胞弟王世興奪產謀財請求公斷到會當經本會
傳集兩造詢問歷年經過情形地方廳高等廳大理分院各處審理連
年訴訟迄無清晰茲據双方情形由各會員公議並由王者興弟兄二人承認
遵斷合將事實理由列後

一祖業一項乃父現在該弟兄三人應如何分法路遠難以調查明晰況事屬家庭
未便遠為下一斷定之詞應俟弟兄回籍再為分剖惟生易一項王者興由省
運回大錫四馱由乃父王芝茂手運回家中已有鴻發昌證明至復由王者興取
去一節双方爭執各據一詞迄無一確實之證明[illegible]

會員董輔臣（押）
會員解士義（十）
會員楊利浦（押）
會員張　朗（押）
中華民國十四年一月十號　　公斷詞

5　民国十四年一月十日旅缅云南同乡会公断词 2

No. 93 Value Rs.

Sold to

of Mandalay

Date 9-1-1925

DALPATBHAI

會員董鶴臣押

會員解士義十

會員楊利浦押

會員張朗揮

中華民國十四年一月十號

公斷詞

杉陽邊塩分局造
報五月份轉運騰衝永濟公司雲喬喇邊塩暨銀元收支各款清册
每稱司碼稱一百斤共淨重四萬七千七百五
□斤
百零七□七筒
司碼稱一
一除轉運永□　□邊塩一百四十八稱
至二百五十七单止
每稱司碼稱一百斤共淨重二萬四千八百斤
自二百一十五单起
一除轉運永局　喇邊塩一百□□□□
至二百五十七单止
每稱司碼稱二百斤共淨重一萬八千二百斤
杉陽邊塩分局造
報四月份轉運騰衝永濟公司雲喬喇邊塩暨銀元收支各款清册
杉陽邊塩分局造
報七月份轉運騰衝永濟公司雲喬喇邊塩暨銀元收支各款清册

6　杉阳边盐分局转运腾冲永济公司清册

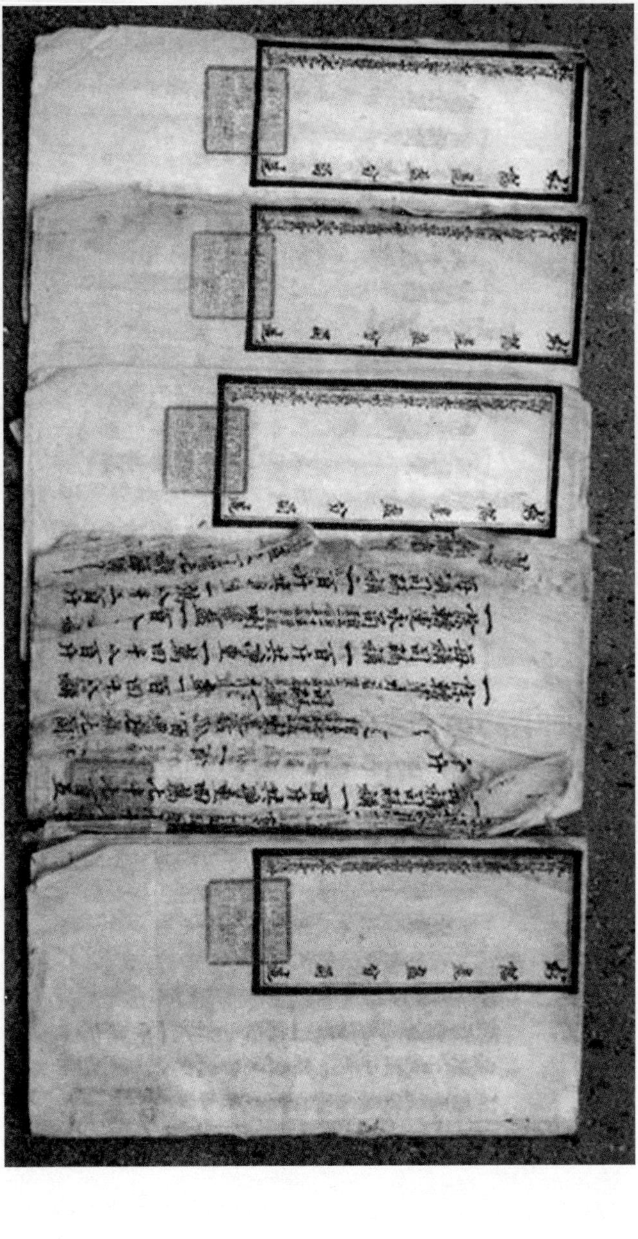

杉陽邊塩分局造
報六月份轉運騰衝永濟公司雲喬喇邊塩暨銀元收支各款清冊

注：民国二十一年，腾冲粮食受灾减产，李曰垓组织商会牵头从缅甸进口大米三千驮，规定出缅马帮回来时三分之一的牲口必须运大米。时蔡盛昌倡平粜局，凡筹款、采米及调查贫户、计日给票等事，均亲任之。

7

民国二十一年腾冲官绅结束平粜撮影

民國二十一年騰衝官紳結束平糶攝影
萬商雲集
惠存
騰衝商會敬贈

8 民国三十一年十二月十四日沦陷时腾冲丝绵同业公会启事

啓者吾騰自入夏以来情形変異倉促之间不遑應付乃至各奔一方吾行中人素昔往來繁冗有若干事宜手續未佀若不急謀解决將來之糾紛实不堪設想是以特由大董綺羅和順發起招集同人於十二月廿 十一月十三日起至廿四日 十七日止齐集綺羅水映寺俾名收交者得枍当場解决從专名清手續既免賬務之累耳無日之夏統希凡有関係者接到通知後即应相邀約枍期内前來幸勿觀望自悞至于专次之聚会餐宿俱備惟值天寒之際尙望來者多帶行李为要

騰衝丝棉同業公会圖記

卅一年十二 十一月十四 初七日　家倫照抄

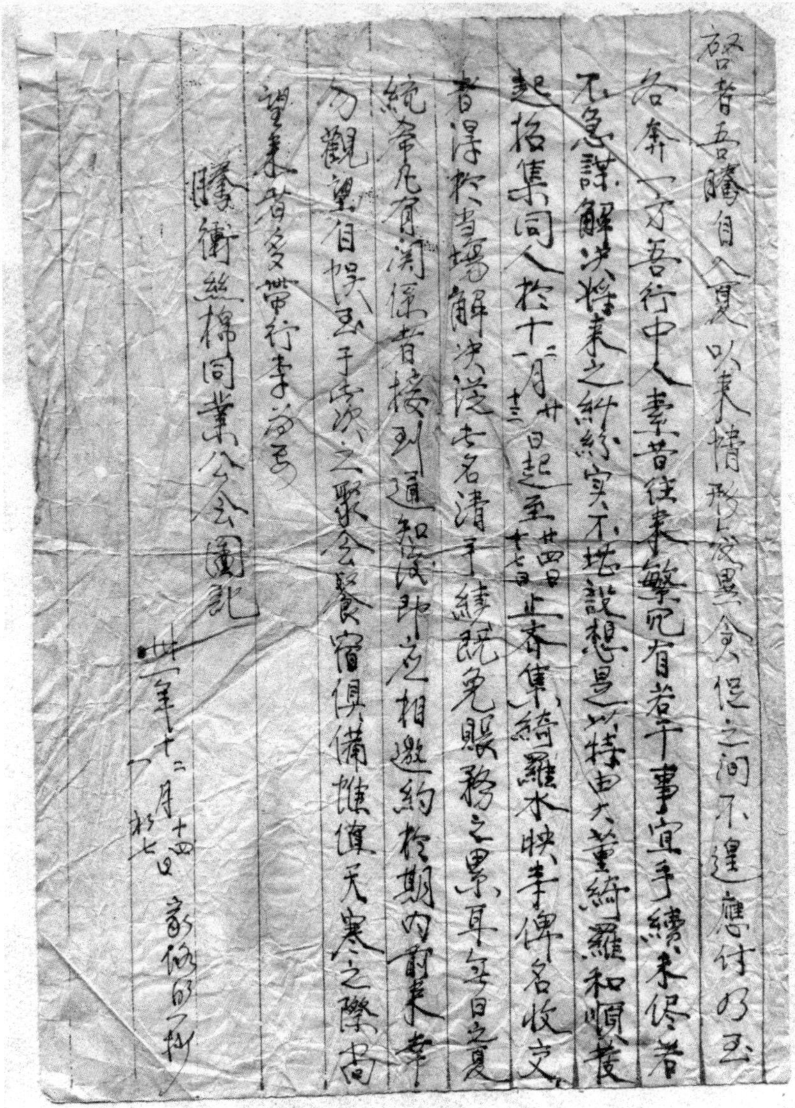

啓者吾騰自入夏以來情形改異，倉促之間不遑應付，乃至
各業一方吾行中人素昔往來繁冗，有若干事宜手續未終者，
不急謀解決，將來之糾紛實不堪設想，是以特由大董綺羅和順號
起，招集同人於十二月廿日（十三日）起至廿四日（十七日）止，在本街綺羅水映李傳名收文
者得於當場解決，從去名清手續，既免賬務之累，再無日之憂。
統希凡有關係者接到通知後即互相邀約，於期內前來李
府觀望，自悞至于決之聚会，餐宿俱備，惟值天寒之際，尚
望來者多帶行李為要
騰衝絲棉同業公会圖記
卅一年十二月十四日（初七日）　[illegible]

9 民国华盛荣商号生意锦囊

生意錦囊

合伴經營勿謂開張之易为商貿易當思守鋪之難店中貨物錢銀常
宜提點早晚门户火烛最要關防神敷庇佑之恩香火貴乎诚敬灶为
一鋪之主服事當致殷勤火烛勿點神阁恐有不測之虞乾柴勿放灶唇
斯無失火之患口角春风務期留心扳客至诚忠厚不宜假意待宾有
客自当款洽不必吝慳無客正宜節廉奚容濫用零油躉塩持家
之秘诀防飢禦盗未雨而绸缪温柔以處衆伴和氣生财寬厚以待客
官有容乃大唱弹博奕固非生易之經勤笔勉思乃是營谋之至要日裡
不宜昼寢恐悮生涯晚间切戒夜遊谁候门户勿聚無益之朋店中暢飲
勿招浪蕩之子鋪裡賭錢谷米不可抛殘正法罪归家長在鋪常宜檢点
勿徒倚信下人椅桌器皿不可縱横地下灶前四时洒掃求全责備殊非處伴之
公器使因材斯为用人之道算数務湏覆過開單必要对明店中伴衆
不宜偏听讒言各鎮客繁務宜择交誠寔老病孤客不可顺情久留違禁
貨頭不宜貪多堆積雅麗管店切不可请恐犯鸡奸之條长大丫鬟切
勿入店湏防狐媚之事自已生意店中或可住家合伴經營鋪裡奚
容娶妾客至则親手捧茶方为敬爱客去则親身奉送乃見
周旋遜順卑辞谦卦六爻皆吉度人推已恕字终身可行開價不高必
称貨真價实还錢虽少不宜怒氣生嗔得水行舟湏知見利莫忘

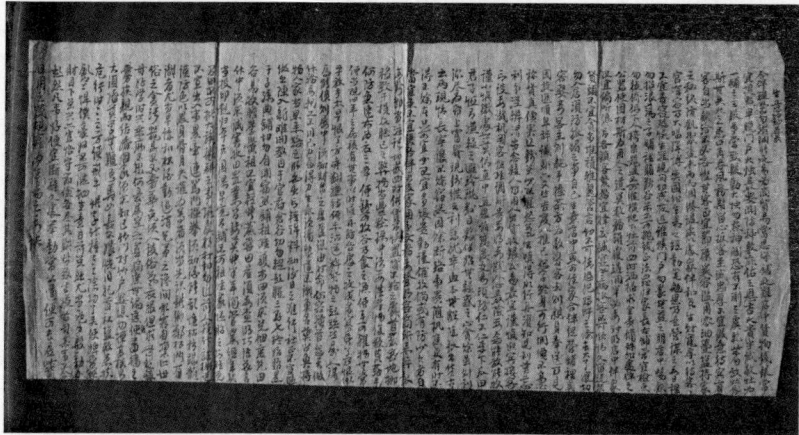

利分涇辨渭当念疑人勿用人出貨收銀交易最宜谨慎迎宾接客言谈要識机関客性难调所贵要将要就人心最險要念能放能收谨小慎微處世莫信直中直思前度後交易須防仁不仁李下瓜田君子恒有嫌疑之避玲瓏数目夥伴始無疑惑之心貪赊虽则利深尽为希上富貴現錢縱云利薄犹幸血本無虧随銀出货古云两現情長寧讓不赊窃恐因赊断路事贵随机應变有时不得不赊者只可宜少不宜多賬贵勤谨催收倘或有防少欠者自當宜急不宜缓各件所支家用分文務要登明客商所來貯銀每封即当注记切戒四时借贷有悮置貸不給之虞首嚴密地挪移致干損众肥已之弊物当豐稔採買須要从容物値歉荒落手何防急速布爲衣之本價钱可收谷乃食之源價平可糴物無常價当覌旧年之居積有無事以时通再訪各處之收成多寡賣了乃恨似乎放手太早恨了方賣翻嫌待價未沽逆料貨物之起跌皆屬人謀焉能億则屡中須知財帛之虚盈総由時命何容搔首怨天做作務要親工不用已力焉得力生意須循熟道不識鱼名莫问鱼持物人家当思來路之明每出言輕许料知後日之难行社正不宜滥做出陳入新难開数目于官府倉谷切勿輕题糴三存七終始貽累于子孫典鋪切勿自開窃恐鋪租难獲当田須求兑佃庶幾田谷易收贍學糞租不宜輕買蒸嘗田產須要查明巧语花言作中須求诚实收田置業有錢莫買半年閒管業經年契

当投印税归本户国课早完有舖不可租住家怀胎之言难免
有田不可批大族據耕之事堪虞相打切勿近前人推作証衙吏
不宜出入事累牵連罵鬥揮拳湏知酒能乱性枯精竭髓
謹防色以累身骨肉失歡为尊者湏当先認错郷鄰相鬥有
識者尤当早講和杯酒勤邀消兑第之谗间冰霜自凛止世
俗之贪污器具不必奢華免使人谈俗氣衣服但求齊整慎
毋好学时兴桑麻不辍何憂屡空乏貧嫡庶無偏庶［免］使萧薔之
衅挨親而结婚姻家湏求知已竹门对竹户娶媳勿揀高楼男
大湏婚莫学無韁逸馬女長不嫁恍同犯首私塩救患扶
危行时时之方便戒牛惜字作種種之陰功丫头使婢常察
飢寒悍僕豪奴不可縱肆生意目前虽旺尤当勉力殷勤钱
財目下虽兴亦恪守節儉各尽其職毋致生嫌各司其事不令
起怨凡事好便宜断難久處举動常公道便可长居此皆
日用之箴规寔为生易之要诀

第三编
腾冲曩姓文书及其他

戍守腾冲龙川江渡口曩姓契约、执照等文书(1—41)

曩氏—01

曩氏 –02

明正統三年六月思任法龍氏據之黔國公沐昂江南定遠人統兵
恢復旋失七年王驥字尚德東鹿人永樂進士兵部尚書
統兵［三］征麓川又復之十年三月升守禦爲騰衝軍民指揮
使司議建石城侍郎楊甯歙縣進士刑部主事候璡相
繼監督率南征將士萬五千以都指揮李昇江南嘉定人
爲首築石城經始於十年冬落成於十三年春時以爲極边
第一城也驥三征平息設龍川江土驛丞刀鳥猛本姓龍共江
南上元人［也］功授百夫長賜姓刀與曩忠本姓梁南京安定
人功授指揮僉事賜姓曩戍守龍川江渡口差發占赤［至］萬
歷年岳鳳破干崖永昌大理蒙
化景東等處劉綎南昌人鄧子龍江西豐城人統曩忠孫
曩尚擒鳳父子往攻蛮暮等處平之三十二年刀承爵思
得先祖鳥猛統眾微勞予歷代世襲招同征有功之輩曩尚
當驛師士將怕眼一庄以爲居食王来聯冠帶土舍
清順治十八年吳逆叛改［土］驛設巡檢曾將怕眼失落仝人
善報粮 即 冊東至江南至蛮蚌河西至蛮蚌塡北至蛮壘河云；

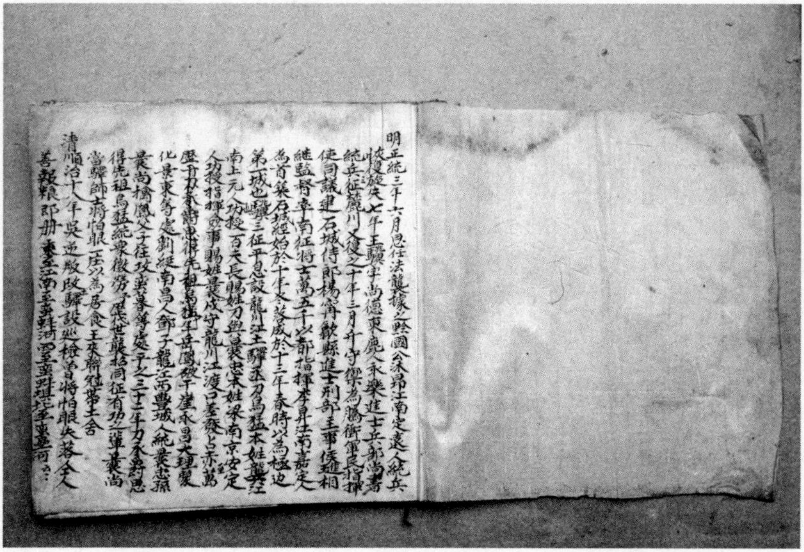
明正統三年六月恩任法龍曩據之黔國公沐昂江南定遠人統兵
恢復旋失七年王驥字尚德東鹿人永樂進士兵部尚書
統兵征麓川又復之十年三月升守[illegible]為騰衝軍民指揮
使司議建石城侍郎楊寧歙縣進士刑部主事侯璡相
繼監督率南征將士萬五千以都指揮李昇江南嘉定人
為首築石城經始於十年冬落成於十三年春時以為極边
第一城也驥三征平息設龍川江土驛丞刀烏猛本姓曩江
南上元人功授百夫長賜姓刀與曩忠本姓梁南京安定
人功授指揮僉事賜姓曩戍守龍川江渡口蓋發占赤萬
壓[illegible]刀[illegible]得先祖烏猛守[illegible]岳鳳[illegible]干崖永昌大理蒙
化曩東等處劉綎南昌人鄧子龍江西豐城人統曩忠孫
曩尚擒鳳父子往攻蠻暮等處子之三十二年刀永[illegible]恩
得先祖烏猛統衆[illegible]勞子孫世襲指同征有功[illegible]曩尚
當驛師[illegible]將怕[illegible]一斥以為居食王來[illegible]冠帶土舍
清順治十八年吳逆叛敗驛設巡檢曩將怕[illegible]失落全人
善報糧部冊[illegible]

立轉賣田契文約生馬子建今將先年備價向童人善
買得怕眼跕田一寨坐落龍江怕眼寨今因乏用情願
立約轉賣與
鉄兆元相公員下當憑接受價銀伍拾兩云云
康熙四十七年三月十八日立轉賣田契文約生馬子建親筆
云云原主童止卿 先賣與馬士英爲業因馬士英过接田
價具控本卅贖囬又原然出賣與
鉄兆元相公 員下爲業接受時値價銀壹佰兩云云
康熙四十七年十一月十四日立賣田契文約人童止卿
立加找田價文約人童止卿 同男庲康又向
鉄兆元相公　員下實接受加找田價銀壹佰叁拾兩 今因原
價不敷又加找銀弍拾兩云云
康熙五十七年二月十九日立加找田價文約人卿童止卿男童庲 康
立典賣田契文約生人鉄俊陞云云今當憑中証将跕田分折壹
半出典賣與
蔡彩芝
二位　名下接受田價銀柒拾兩淨整云云
許尔玉

曩氏 —03

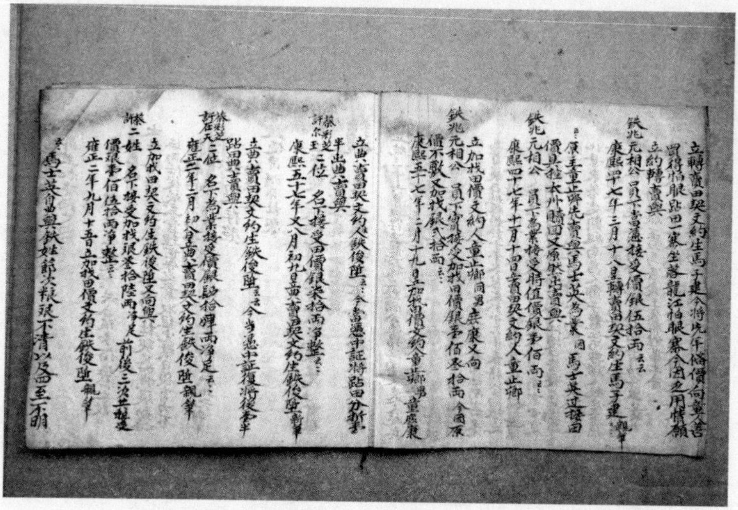

康熙五十七年又八月初九日立典賣田契文約生鉄俊陞新筆

立典賣田契文約生鉄俊陞云云今当憑中証復將後壹半

跕田典賣與

蔡彩芝

許在天　二位　名下爲業接受價銀肆拾肆兩淨足云云

雍正二年二月初八日立典賣田契文約生鉄俊陞親筆

立加找田契文約生鉄俊陞又向與

蔡

許　二姓　名下接受加找銀叁拾陸兩淨足前後三次共接受

價銀壹佰伍拾兩淨整云云

雍正二年九月十五日立加找田價文約生鉄後陞親筆

云云馬士英自典與鉄姓節次粮銀不清以及四至不明

告經先任
廣州主批委踊丈四次云云
立典賣田契文約生鉄兆元云云　共合娘壹佰伍拾两之数云云
因具控
本州蒙恩当堂審断着令寫立杜契又加找娘肆拾
伍兩任從娘主管理世守之業收租完粮日後有力不
得取贖無力不得加找云云
雍正十三年閏四月初九日立典賣契文約生鉄兆元親筆
杜契存照
批照过
布政使司頒発杜契
立賣契人鉄兆元係騰越州管下五保住人今有祖
父遺留跕田一處凂中出賣與
許翼廷
名下永遠爲世守之業接受價紋娘弍佰肆
蔡元秩

曩氏 –04

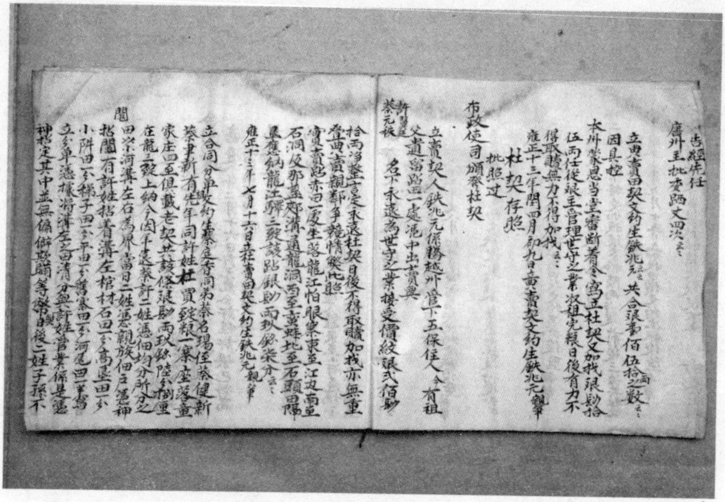

拾兩淨整言定永遠杜契日後不得取贖加找亦無重
叠典賣親鄰爭競情弊此照
實賣跕赤田一處坐落龍江怕眼寨東至江边南至
石洞及那盏 郏 溝通龍洞西至蛮蚌北至石頭田隔
垦應納龍江驛三錠該跕銀肆兩玖錄柒分云云
雍正十三年七月十六日立杜賣田契文約生鉄兆元親筆

立合同分单父约生蔡庭香同弟蔡名瑒侄蔡健新
蔡聿新有【祖】先年同許姓杜買粮一寨座落童
家庄四至俱載老契共該條 娘䎀兩玖鈽陸分捌厘
在龍三 錠 上納今因年遠蔡許二姓憑佃均分所分之
田以小河溝左右爲界當日二姓憑親族佃戶憑神
拈鬮有許姓拈着溝左棺材石田一分高埂田一分
小阱田一分梯子田一分平田一分舊寨田一分河尾田一半寫
立分单憑據將溝左之田清分與許姓管業係是憑
神拈定其中并無偏僻欺瞞等弊日後二姓子孫不

得異言争競其有寨子荒山牧廠仍作公土任憑
二姓及曩姓同居同牧其粮艮各完弍两 四 鉩
捌分弍厘恐後無憑立此合同分单爲據因此寫立着
實契據憑親誼佃戶交與
鼎許　二先生　桂許大相公收執
所分是实
嘉慶八年二月十二日立合同分单文约生 蔡庭香　蔡健新
蔡名場　蔡聿新
有当日税尾老契蔡姓收执
憑中人 曩佐礼　郭鳳選
合同凴據　許其擴 憑佃　楊名成 香親筆
嘉慶八年二月十六日許元鼎仝許桂許梁已將高
埾田舊寨田小阱田共三分杜賣與
楊廷選名下爲業
仝日又將梯子田平田河尾田半分共弍分半杜賣與
楊能靜名下爲業

曩氏－05

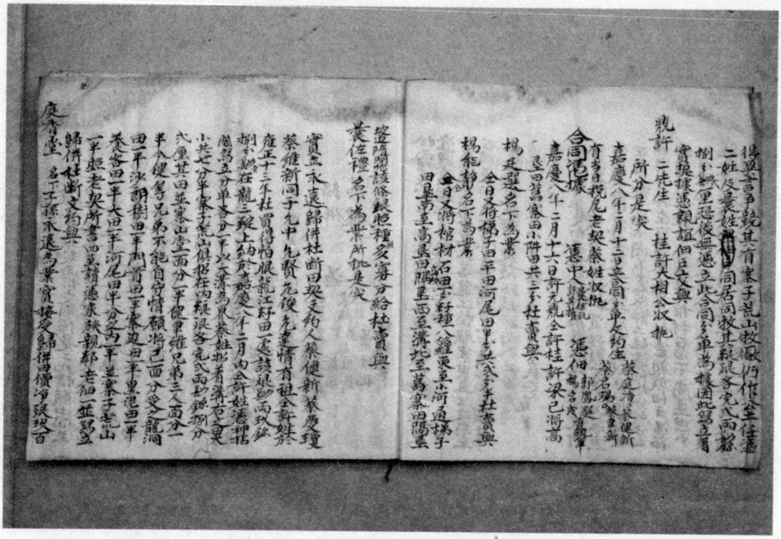

仝日又將棺材石田一分籽種八籮東至小河通梯子
田垦南至高垦田高坎隔垦西至溝北至舊寨田隔垦
坡边随開該條銀照種數多寡分給杜賣與
曩佐禮名下爲業所批是实

實立永遠歸併杜断田契文约人蔡健新蔡慶瓊
蔡維新同子允中允贤允俊允達情有祖仝許姓於
雍正十三年杜買得怕眼龍江籽田一處該娘𢀹兩玖鉩
捌分𢀹厘在龍三錠上納於嘉慶八年二月內仝許姓憑神拈
鬮寫立分单各分一半以大溝爲界蔡姓拈着溝右之田大
小共七分半寨子荒山俱拈在內粮娘各完弍兩𢀹鉩捌分
弍厘其田並寨山堂面分一半健聿维兄弟三人面分一
半今健等兄弟不能自守情願將已面分受之龍洞
田一半沙郎樹田一半門首田一半寨边田一半黑泥田一半
養客田一半大田一半河尾田半分之內一半並寨子荒山
一半照老契所書四至請憑家族親鄰老佃一並寫立
歸併杜断文约與
庭香堂　名下子孫永遠爲業實接受歸併田價净娘玖百

两净整自歸併杜断之後任從堂庭香子孫更名即册纳
粮管業收租當日 艮[田]契兩相交明係是二比情願中间並
無逼迫成交亦無私債準折等情日後健聿維兄弟
三人子孫永遠不得異言过问亦不得借端妄生觊觎
倘有内外人等異言争競健等兄弟三人一力承当恐
後無憑立此永遠杜断歸併文約爲據
實永遠歸併杜断跕赤粮田七分半之中每分各一半並寨
子荒山一半實受歸併田價 艮玖百兩是實
蔡健新
嘉慶二十二年五月十一日立實永遠歸併杜断田契文约生 蔡慶 瓊
蔡維新
同子 蔡允忠　蔡允達
蔡允賢　蔡允俊
批明此契光緒间段大倫收执民國時段大培收执

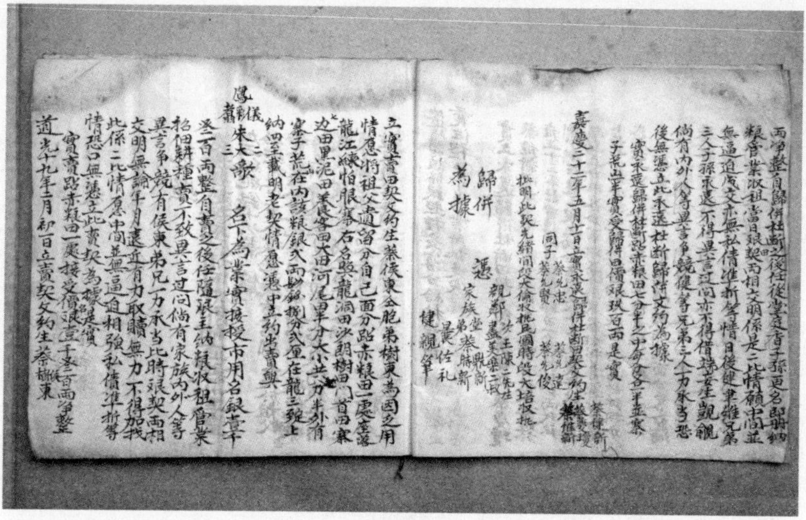

歸併
為據

憑　親鄰　次王陳二先生
盡美樂二叔
家族堂蔡鼎新
弟　時新
㬇佐礼
健親筆

立實賣田契文約生蔡侯東仝胞弟樹東爲因乏用
情愿將祖父遺留分自己面分跕赤粮田一處座落
龍江練怕眼寨右名喚龍洞田沙朗樹田门首田寨
[七]边田黑泥田養客田大田河尾田半分大小共分半外有
寨子荒[山]在內該粮銀弍兩貽錸捌分弍厘在龍三錠上
納四至載明老契情愿憑中立约出賣與
儀　二
鳳彩　朱大歆　名下爲業實接授市用名銀壹千
㬇　三
叁百兩整自賣之後任隨 娘 主纳粮收租管業
招佃耕種賣不致異言过问倘有家族內外人等
異言争競有侯東弟兄一力承当此時 娘 契兩相
交明無論年月遠近有力取贖無力不得加找
此係二比情愿中间並無逼迫相強私債準折等

情恐口無憑立此賣契爲據是實

實賣跕赤粮田一處接受價[名]艮壹千叁百兩净整

道光十九年二月初一日立賣契文约生蔡侯樹東

賣契
存據

憑中人
啟齋明新爺
潤生金新爺
堂弟蔡肇東

此據轉在茨塘楊自宏收執　侯東　親筆

執　照

奏署騰越撫民府補用府即補直隸州正堂
加五級紀錄十次　蔡
給照遵守事今據龍江練曩紹網呈報於祖父
曩占鰲於道光年向楊加爵買田三段佈種柒
籮五斛價銀陸百壹拾两該龍三錠粮捌銭五分冊
載蔡元秩户下完納其田坐落銅家庄寨後東至

曩氏 -07

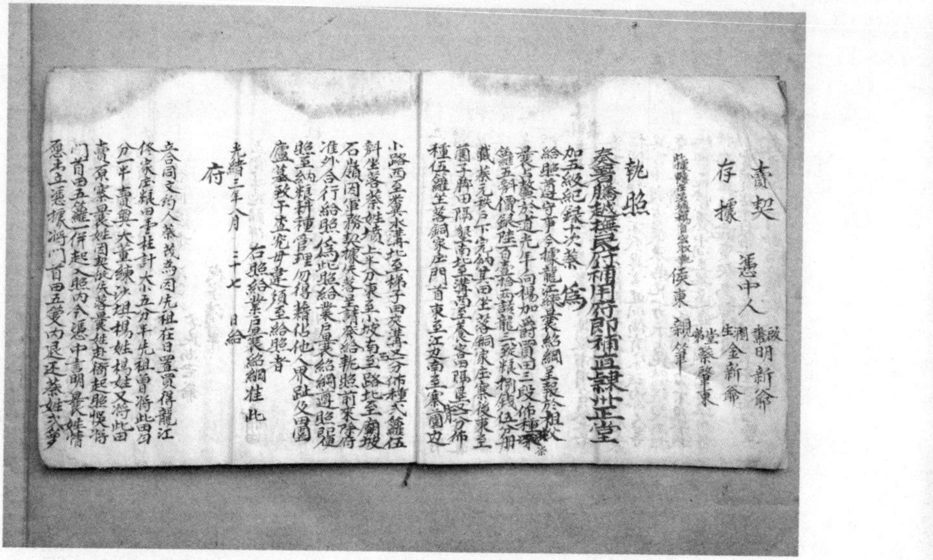

薗子脚田隔壄南北至溝西至養客田隔昰又一分佈
種伍籮坐落銅家庄門首東至江边南至寨［背］薗边
小路西至糞水溝北至梯子田夾溝又一分佈種弍籮伍
斜坐落蔡姓墳上半分東至小坡南［西］至路北至廟坡
石嶺因軍務契據失落呈請 発 給執照來除府
准外合行給照爲此照給業戶曩紹綱遵照即便
照至納粮耕種管理勿得藉佔他人界趾及田園
廬墓致干查究毋違須至給照者
右照給業戶曩紹綱准此
光緒三年八月　三十七　日給
府

立合同文约人蔡茂爲因先祖在日置買得龍江
佟家庄粮田壹柱計大小五分半先祖曾將此田勻
分一半賣與大董練沙埧楊姓楊姓又將此田
賣原寨曩姓因契纸失落曩姓赴衙起照悞將
门首田五籮一併起入照內今憑中言明曩姓情
愿出立憑據將门首田五箩内退还蔡姓弍箩

伍斛以後勿論此田多寡萘 曩二姓各管一半不
得争多競少今 萘 姓情愿出立合同仍将此田一
並租與曩姓耕種收租完粮恐口無憑立此
合同文約爲據是實
光緒十八年四月初六日立合同文約人 萘茂
合同爲據　憑中人 楊立荣
具
安民尚老爺
代字清筆

立實吐退歸併田契文約人朱培元朱完元情因
道光年間有
儀
先祖鳳彩三位向萘姓承賣得龍江練佟家庄粮
翥
田一處共計八分半同萘姓二分均分爲因軍需歸
公撥入丁口叁分其餘伍分半寫立吐退任还萘姓
管理爲有小灣田籽種叁簭其田坐落佟家庄寨

曩氏－08

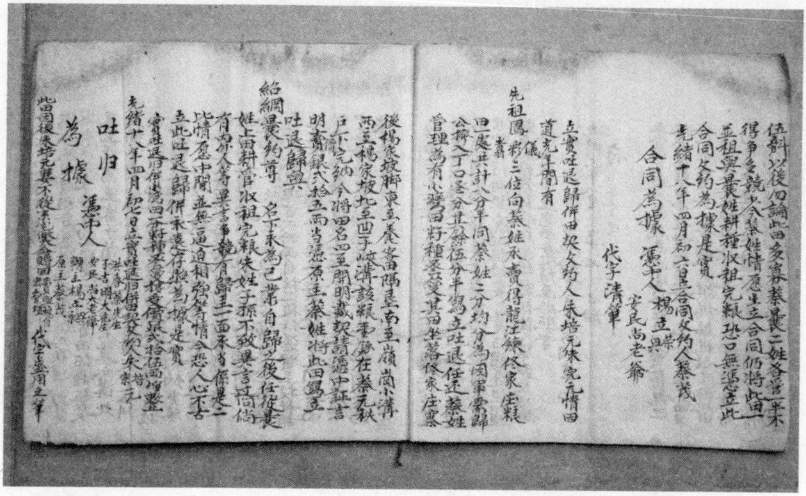

後楊家坡脚東至養客田隔埂南至嶺崗小溝
西至楊家坡北至凹子峽溝該粮壹鈽在蔡元秩
户下完纳今将田名四至開明載契請憑中証言
明賣價銀弍拾五兩当憑原主蔡姓将此田寫立
吐退歸與
紹綱曩约尊　名下永爲已業自歸之後任從曩
姓上田耕管收租完粮朱姓子孫不致異言过问倘
有内外人等異言争競有歸主一面承当係是二
比情愿中間並無逼迫相強等情今恐人心不古
立此吐退歸併永遠存照爲據是實
實吐退归併小湾田一分籽種叁箩接受價 艮弍拾伍兩净整
光绪十八年四月初七日立實吐退归併田契文约人朱培(宗)元

洪春 蔡 先生
子吉明大先生
安民尙大老爺

吐归　憑中人
為據

轉主楊立興(永)

原主蔡茂

此田因後朱培元妻不從來宅獘命贖囬賣與楊自宏管理 代字盛用之筆

曩氏—60

立杜賣田契田结文约人蔡尹氏仝子蔡茂長孫蔡
鴻春爲因［性］情相合愿将先祖遺留之粮田弍段坐
落龍江佟家庄至内一段名喚门首田佈種伍箩
東至江边南至寨子薗边小路西至冀水溝北
至梯子田夾溝一段名喚寨後田佈種弍箩伍斜
東至薗子［田］脚隔埂南至溝西至養客田隔埂該
龍三 錠 粮 艮 捌錛伍分在蔡元秩户下完纳坐落
田名四至籽種粮数開明載契其田先祖抵擋與楊
姓接受过價 艮 弍兩整楊姓將源價轉償曩姓今
原主蔡姓情愿請憑親族人等立契杜断與
紹綗曩约尊　名下永遠爲業接受價 艮 弍百弍拾
两［前二次先祖接受过楊姓田價艮弍百两］二次共合艮肆百弍拾两自杜之後任憑買主投稅請
尾更名即册賣主子孫永遠不致異言过问倘有内
外人等争競有賣主一面承当係是二比情愿異
中並無逼迫相強恐後人心不古立此杜断田契爲
據是實
杜断粮田二段佈種柒箩伍接受價 艮壹百弍拾两整
外有批明其有门首田伍箩任归曩姓管理黑泥田

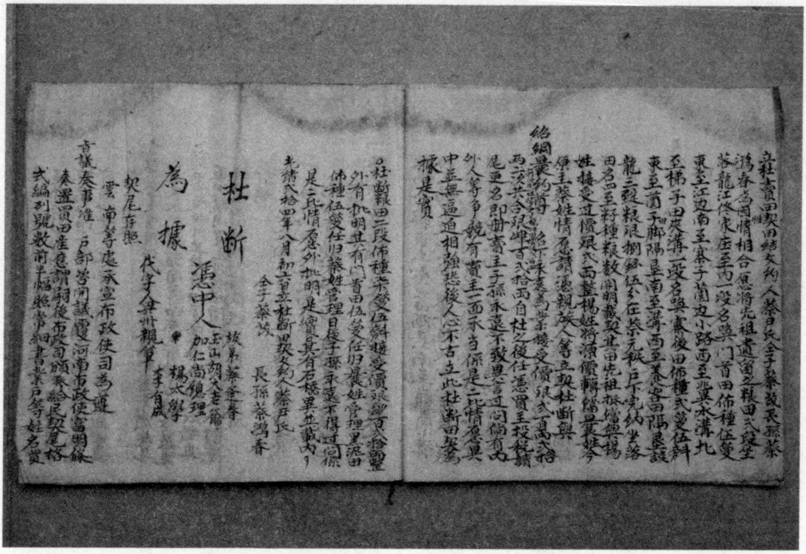

佈種伍箩任归蔡姓管理日後子孫永遠不得过问係
是二比情愿外批明是實○其有石橋異載內9
光緒弍拾四年八月初六日立杜断田契文约人蔡尹氏
仝子蔡茂　長孫蔡鴻春
族弟蔡逢春
杜断　憑中人玉山胡大老爺
加仁尚總理
為據　楊太學
李有成
代字人貝州親筆
契尾存照
雲南等處承宣布政使司爲遵
旨議奏事准　户部咨開議覆河南布政使富明條
奏置買田產應謂嗣後布政司頒發給民契尾格
式編列號數前半幅照常細書業戶等姓名買

賣田房数目價税艰若干後半幅於空白處
預鈐司印備投税時将契價税銀数目大字
填寫鈐印之處令業戶看明當面騎字截開
前幅給業戶收執後幅同季冊彙送布政司查
核等因奉
旨「依」議欽遵咨院行司奉此今據騰越廳請頒契尾
前來合就編號同簿印 發 凡有典當活契仍欽遵
上諭不必投税外其杜賣田房產業永不加找取贖並
照例眼同買主投税按價每两收税銀叁分将契尾
填給業戶收執後幅截繳查核須至尾者
計開
業戶曩紹綱買田弍分坐落龍江佟家庄田價肆百弍
拾兩納税銀拾弍两陸鈽
布字壹萬玖千拾叁號 右給業戶曩紹綱准此
光绪二十五年五月 日填給
騰越廳民曩紹綱買田二分用價銀肆百弍拾兩税銀拾弍兩陸鈽

曩氏 -10

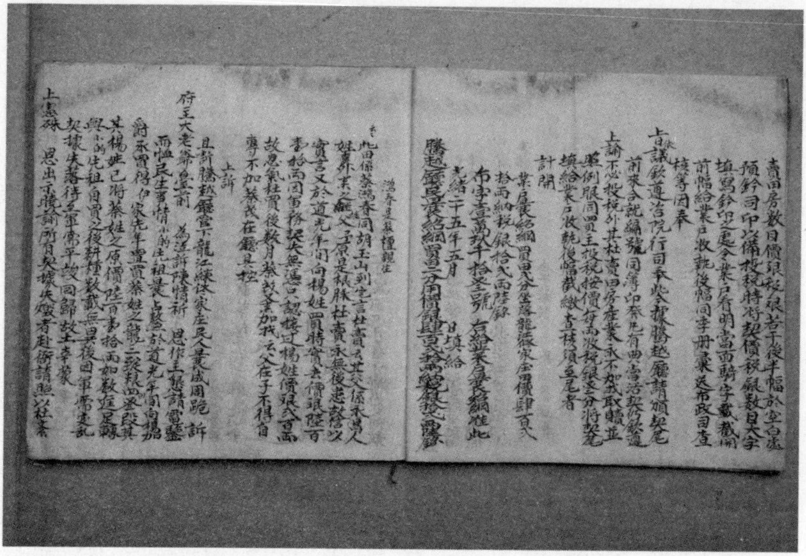

鴻春是蔡檀親生

云云此田係蔡鴻春同胡玉山到宅言杜賣云其父係永昌人
姓袁外来之［繼］父予原是根脉杜賣永無後患故信以
實言又於道光年间向楊姓買時實去價艮陸百
壹拾兩因軍務契失無憑只認接过楊姓價艮弍百兩
故忍氣杜買後数月蔡改又来加找云父在子不得自
專不加蔡茂在廳具控

上訴

且訴騰越廳管下龍江練佟家庄民人曩成周跪　訴
府主大老爺臺前　爲泣訴陳情祈　恩作主鑒請電鑒
而恤民生事情小的先祖曩占鰲於道光年间向楊加
爵承買得伊家先年置買蔡姓之龍三　鋌 粮田叁叚其
楊姓已将蔡姓之原價陸百壹拾兩如数進足轉
與小的先祖自買之後耕種数載無異後因軍需变乱
契據失落待至軍需平竣回歸故土幸蒙
上憲殊　恩出示曉諭所有契據失燬者赴衙請照以杜紊

乱小的之父曩紹綱於光緒三年赴衙請照自領照之下照至
管紹未敢搀越兹於光緒三十四年有蔡鴻春親至小的
宅內言此田係伊家賣出伊情願前來杜賣伊當即與
小的憑中言定加補伊杜價娘 弍百弍拾兩孰知伊臨書
契時言僅接楊姓之娘 弍伯兩惟小的先祖實兌交
楊姓加爵陸百壹拾兩今有伊之親族人楊立與
立永共知其小的豈能甘忍又不憶萘 鴻春再三蜜
語所言已經杜斷與你何在書寫銀数多少乃小的
夷心春心直信以爲真不防伊藏禍至今有害當日
作杜［價］娘 共肆百弍拾兩契載萘 对子孫不致過问今
黑永未乾伊何得起心不良拉扯朱姓充入卷金之
田冤運小的有錯妄行誣控蒙　恩票傳小的遵
奉之下午夜忖思其朱姓並不甘運小的如小的先［祖只］向楊
姓承買與朱姓並不干涉但前後之田價捌百餘兩一
但遭伊託哄夷人縮價所杜至今又何得仗強凌弱小的
故情非得已何敢呈首案前况且素守鄉愚又何敢
滋生訟累小的若不懇　恩燭照破奸則涇渭難得生
矣萬般無奈只得縷細含情邀叩

曩氏 -11

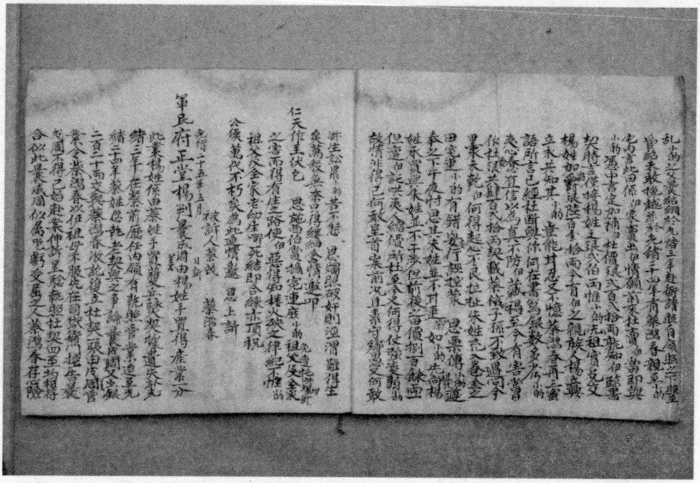

仁天作主伏包　恩施西伯賞摘冤運庋 小的祖父及全家免遭托哄埋計
之害而得有生之路使伊惡得知樓火殃之律紀不惟小的
祖父及全家老幼生啣死結即合練亦預祝
公侯萬代不朽矣爲此迫情邀　恩上訴

被訴人 蔡茂 蔡鴻春

光緒二十五年五月　日訴

軍民府正堂楊判囊成周美由楊姓手置得産業一分
此業楊姓係由蔡姓手買獲兵燹契據遺失於光
緒三年在蔡前廳任內領有執照管業迨至光
緒二十四年蔡姓忽執老契與之争論囊成周又出銀
二百二十兩交與蔡鴻春收訖復立杜契一張由成周美管
業令蔡鴻春以伊祖母不服先在司獄衙门控告囊
成周不得已始赴案伸訴呈驗執照杜契四至均相符
合似此囊成周似屬吃虧受屈之人蔡鴻春存心險

詐仍欲籍老契田畝爲多混與巧辯不知曩成周
一業而出两次之價尤不得平安管業天理何存國
法安在自應飭曩成周照契耕管各取遵结销
案惟查 蔡 鴻春人甚狡滑先邀約一濫棍冒
充胡大老爺到曩宅恐嚇既得便宜復生貪謀
現到堂供曩姓已再補 艮二百餘金了事爲
姚正㒷尹發春二人刁唆始行翻悔姚尹二人受曩
姓賄托許銀一百五十两包打有理官事如予從
寬剖断 蔡 鴻春必退有後言且言贿托之事有
碍本府衙门関防不能不認真根究應飭蔡
鴻春將造謠言之人送案訊究如無其人則是
蔡 鴻春逞刁應行 嚴 究不貸蔡 鴻春着
管押曩成周美交差候案两造呈驗各據已
當堂 發还
光绪二十五年　八月　十八日堂判
云云二十六年 蔡 茂仝子姪鴻春逢春壽春等到宅生
端又言異外有石橋田禾杜予等素來畏事只得又
請憑言和再加 艮 陸拾两寫立切結一張存照

曩氏－12

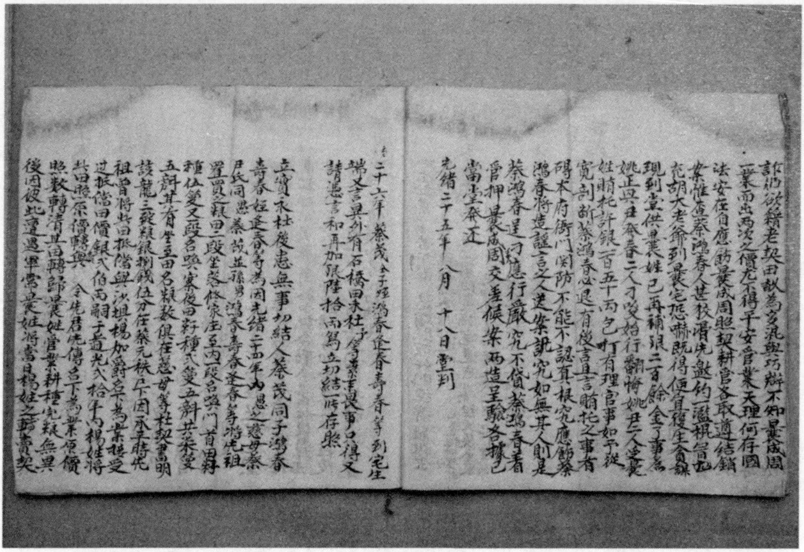

立實永杜後患無事切結人 蔡 茂同子鴻春
壽春姪逢春等爲因光緒二十四年内愚之慈母 蔡
尹氏同愚 蔡 茂並孫男鴻春壽春逢春等将先祖
置買之粮田二段坐落佟家庄至内一段名喚门首田籽
種伍箩又一段名喚寨後田籽種弍箩五斛共柒箩
五斛其有坐至田名粮数俱在慈母等杜契書明
該龍三 錠 粮銀捌錢伍分在 蔡 元秩戶下因承平時先
租曾將此田抵擋與沙埧楊加爵名下爲業接受
过抵儅田價銀弍伯两嗣于道光弍拾年内楊姓將
此田照原價轉［賣］與　令先君先傳名下爲業原價
照数轉清其田轉歸曩姓管業耕種完粮無異
後因彼此遭遇軍需曩姓將當日楊姓之轉賣契

及蔡姓抵賣與楊姓之抵賣契據失落至地方清
平時光緒三年內曩楊二姓同商稟呈
上憲頒請執照一帋交付曩姓遵守管業蔡姓亦無一異
意至光緒二十四年八月內愚之慈母等爲因要用情願
復將此田杜賣與 曩先傳之子曩紹綱名下以爲已業
前後共實接受時值杜價杜結銀肆百弍拾兩整净入
手應用當即銀田契照兩相交明曩業已投稅請尾即
冊过户管業耕種完粮無異因慈母等杜賣田時愚因
有事在屋未有同歷其事愚只期有一段名喚石橋田
不在杜賣柒籮伍㪷至內所以愚本年冬月朔復來
跟理今曩姓復出將慈母等書立之杜契稅尾四至
驗明其石橋田實係门首田四至亦無紊乱迺承在
事親鄰不忍參商於中說合勸令曩姓復出與愚
等銀陸拾兩以敦雁好飭愚等加立與曩姓永杜後
患無事憑據一帋以免後生異說二比心情樂爲是
以愚等情願加書此切結與

曩氏 -13

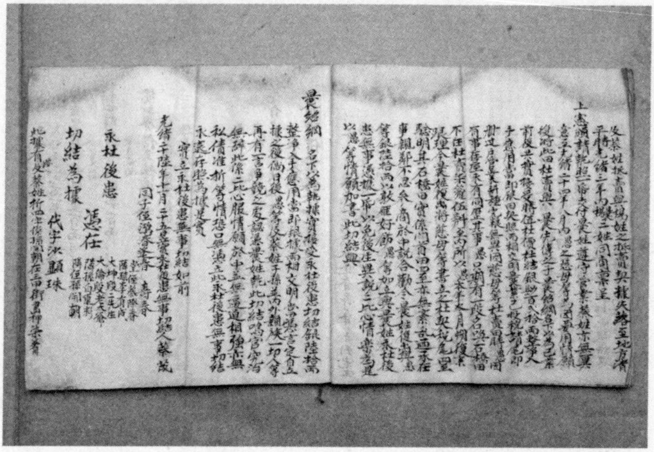

曩紹綱　名下以爲執據實接受永杜後患切結銀陸拾兩
整凈入手應用當即銀據兩相交明當憑言定自立
據之後倘日後愚等及蔡姓子孫並內外親族一切人等
再有一言爭競之認憑曩姓執此切結鳴官究治
無辞此係二比心服情願於中並無逼迫相強亦無
私債准折等情恐口無憑立此永杜後患無事切結
永遠存照爲據是實
　實立永杜後患無事切結如前
光緒二十陸年十一月二十五日立實永杜後患無事切結人蔡茂
同子侄鴻春逢春　壽春
堂侄蔡際春
隣孫李有成
大坤段二先生
憑在　大倫段老太爺
隣孫白連彩
隣侄孫開朝
永杜後患
切結為據
代字沙顯珠
此據有［跡］及蔡姓折四字係孫開朝在三甲街書押柒着

光绪二十四年八月初四日與蔡姓言定田價貳百
弍拾兩正已面一無出辦與向
楊自宏借来紋 娘 壹百兩　三十年五月初四日还清
仝日又向
尚必相借来纹 娘 壹百两 三十年五月初四日还清
仝日又向
楊新春借來紋 娘 弍拾兩 三十年五月初四日还清
以上三柱共借來紋 娘 弍百弍拾兩作柒分均抬每分
抬着 娘 叁拾壹兩肆鈽叁分卜

光绪二十五年五月初三日蔡姓具控自無娘鈽
用費欠缺向
楊自宏　借来纹 娘 伍拾兩 还清
仝日又向
尚自重借来纹 娘 壹百两 还清
以上弍柱共借来纹銀壹百伍拾两　作柒分均抬
每分抬着 娘 弍拾壹两肆鈽叁卜
八月十八日　府正堂楊判二十五日請憑結明從投稅

曩氏 −14

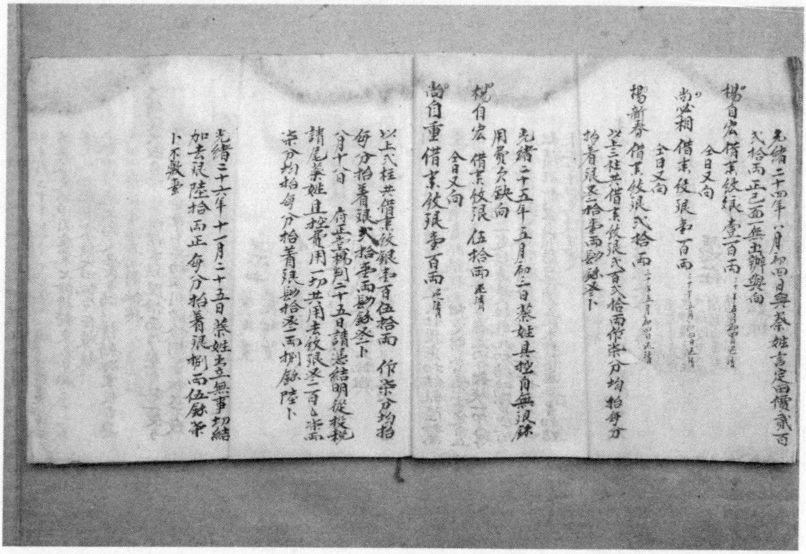

請尾蔡姓且控費用一切共用去紋 娘 叁百△柒兩
柒分均抬每分抬着 娘 肆拾叁兩捌鉨陆卜
光绪二十六年十一月二十五日蔡姓出立無事切結
加去 娘 陸拾兩正每分抬着 娘 捌兩伍鉨柒
卜不敷壹

於光緒二十年腊月十八日曩紹綱同弟紹虞侄成炳
另居分火將田薗産業七份耕種未立分関二十二年
曩成炳就將寨後大田抵借在段姓云云
立抵田借银文约人曩成炳云云 情願將寨後名喚
大田佈種肆箩四至開明抵與
大倫段大叔名下實抵借本 娘 陸拾兩净整自抵之後当
憑中証言妥每年共納谷利肆拾捌箩秋收不致
短少粿粒云云 其银水九八色银主戥云云
光绪二十二年十二月十六日立抵契借 娘 文约人曩成炳
憑中 曩成量
曩聯洪
代字彭湯洪

曩氏 -15

立抵田借 娘 文约人曩成炳云云 情願将门首石橋
田佈種壹箩四至開明載契憑中土抵與
大倫段大叔名下實抵借 娘 弍拾伍兩凈整如手應
用自抵後言定每兩每年行利谷利八斘至秋收
之日将上好谷子如数糧清不致短少粿粒云云

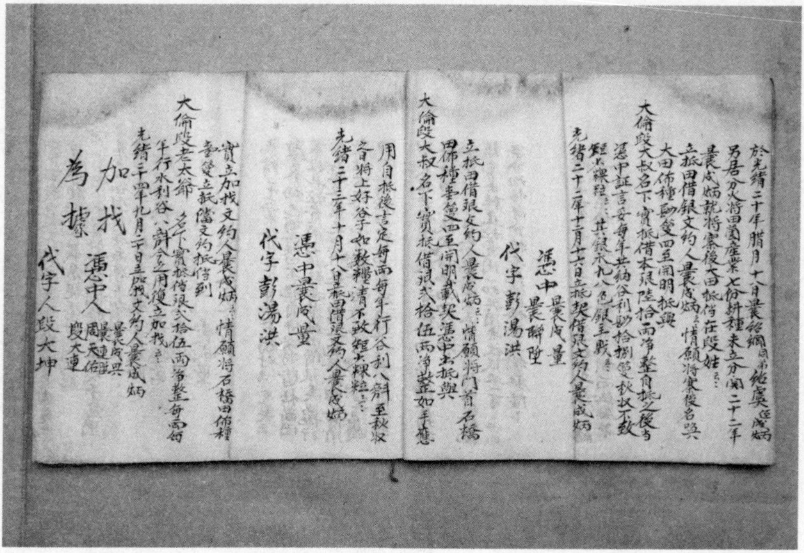

光緒二十三年十月十八日立抵田借艮文约人曩成炳

憑中曩成量

代字彭湯洪

實立加找文約人曩成炳云云 情願將石橋田佈種

壹箩立抵儅文約抵借到

大倫段老太爺　名下實抵借艮弍拾伍两净整每两每

年行水利谷八斛今乏用復立加找云云

光緒三十四年九月二十日立加找文约人曩成炳

加找

為據　憑中人　曩成貝

曩連陞

周天佑

段大連

代字人段大坤

實立加找田契文約人曩成炳云云 情願将寨後大
田其佈種四至具載原契憑中加找到與
段大倫 名下實接加找 艮 捌拾兩浄整入手應用
其息谷照前每兩每年捌斛云云
光緒二十五年二月初六日立加找人曩成炳
加找 曩連陞
為據 憑中人 曩成貝
曩成量
代字人曩成茂

贖

光緒二十五年八月二十六日曩成炳对弟成美云
所言今炳已面之粮田不能自守欲将此田杜断因
蔡姓具控费用之銀鉩並蔡姓田價 艮 美弟概行
幫墊及幫还成茂 艮 六两以上毫無出辦又借用
段姓本 艮 共壹百捌拾兩將已面之[田]爲抵望弟贖
囬[願]將此田杜归與弟美忘问段姓之息清否即
向楊自宏名下借來小洋弍砣 作合纹 艮 捌拾两仝
成炳將小洋交入段德昌手伊比即開言年、利谷
未清此項只准利谷 艮 不能得贖美一听此言塊

曩氏-16

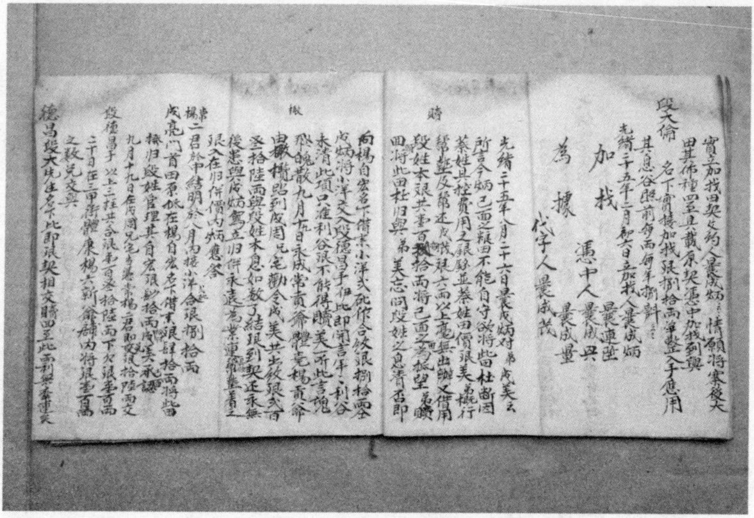

檄

飛魄散九月十九日永成常貢爺體堯楊貢爺
由檄欖跕到成周兄宅勸令成美共出紋 艮 弍百
叁拾陸兩與段姓本息如数了結 艮 到契还永無
後患與成炳寫立归併永遠爲業連［具控］幫 墊着之
艮入在归併價內炳應答

常

二君於中結明於八月內接小洋［弍砃］合艮 捌拾兩

楊

成亮门首田原抵在楊自宏名下借來 艮 肆拾兩將此田
撥归段姓管理其自宏 艮 肆拾兩撥归成美［已面］承認
九月十九日在成周兄宅当憑常楊二君即兌 艮 拾陸兩交
段德昌手　以上三柱共合 艮 壹百叁拾陸兩下欠 艮 壹百兩
二十日在三甲街體康楊六新爺 舗 內將 艮 壹百兩
之数兑交與
德昌段大先生名下此即 艮 契相交贖田至此兩利無忘坐連矣

於光緒二十三年七月內曩成亮向段姓借來娘 陸拾
兩將淺塘田作抵向［楊］姓借來娘 肆拾兩將门首田作抵
今撥楊姓 娘 肆拾两归成美之面将门首田撥归段
姓合娘 壹百两段姓願干將淺塘田退还成亮受门
首田共合價 娘 壹百兩正以了此事
其楊姓 娘 肆拾兩又借小洋二砼共合［娘］壹百弎拾兩成美将
寨後田作抵兩得其宜
　　二十五年九月十九日憑常楊二君 拵 批

立實歸併田契文約人曩成炳爲因家下應用
不敷情願將自己分受面分粮田一段名喚寨後田
又一段名喚门首田先年曾抵償與段姓經今利
息未清情願出立歸併實歸與
叔父曩紹裕　　名下永遠爲業實將抵與段姓本
息一一歸清歸併銀兩在在接足自歸之後
成炳後世之人永遠不得过问異言其有籽種
四至粮数俱在老契書明係是二比情願於中並無
逼迫相強等情設有後日翻悔暗憑祖宗鑒

曩氏 -17

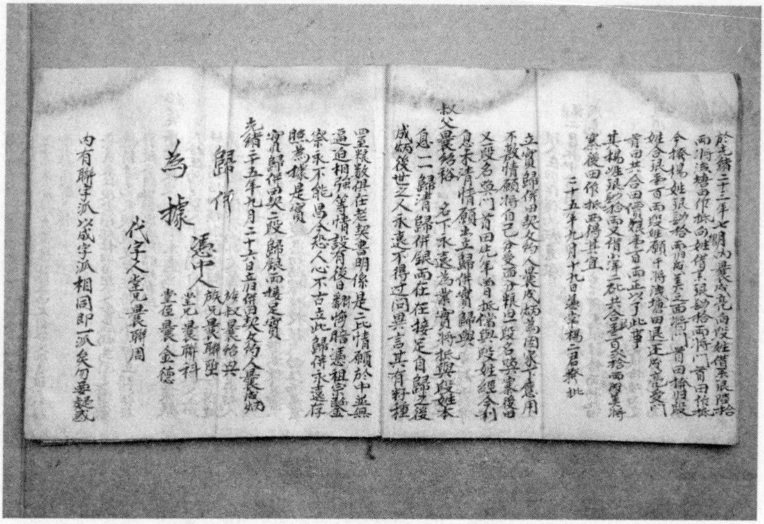

察永不能昌今恐人心不古立此歸併永遠存
照爲據是實
實歸併田契二段歸銀兩接足實
光緒二十五年九月二十六日立归併田契文约人曩成炳
族叔曩绍贝
歸併　族兄曩聯陞
為據　憑中人　堂兄曩聯科
堂侄曩金德
代字人堂兄曩聯周
内有聯字派以成字派相同即一派矣勿要疑惑

二十八年成炳欠黃姓舊寨田之租谷又加去娘 弍拾伍
兩出結存照爲據
立實永杜後患切結杜归田契人曩成炳爲因乏用不敷
情願請凴家族親友在証將先年曾立歸併在
前致今情願出立加結切段與
紹虞曩老叔父　名下永遠爲業實接受田結據銀
弍拾伍兩浄整入手應用自杜結之後任從叔父上田
耕管別招佃種收租完粮出結子孫永遠不得
異言过问倘有内外人等異言争競有出結［之］人
一力承当係是二比心服情願於中並無逼迫相強
等情今恐人心不古此切結永遠存照爲據是實
實立永遠杜後患切結據接授銀弍拾伍兩是實
光緒二十八年十一月二十六日立永杜後患切結杜归田
契人　曩成炳

切結

為據

曩氏-18

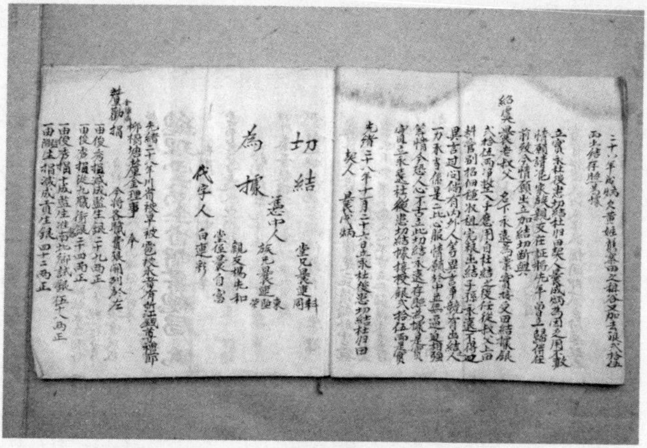

堂兄曩連科 周

憑中人

族兄曩連東 陞 榮

親友楊先和

堂侄曩自富

代字人　白連彩

光緒二十八年川省被旱被雹被水者有折江錢尊禮郎

柳樹塘鳌金理事　奉

鳌［金總局］勸捐　今将各職費艮開列於左

一由俊秀捐減成監生銀二十九两正

一由俊秀捐從九職銜銀二十四两正

一由俊秀捐十成監生准［應］南北鄉試銀伍十八两正

一由附監生捐減成貢生銀四十二两正

一由廪生捐減成貢生艮三十兩正
一由增生捐減成貢生艮三十三兩正
以上捐例開列明晰均爲四川辦賑奏准勸捐
如有捐者先將銀及三代年貌籍貫
身材住址来　釐局開明再塡實收或
先塡給實收　再爲繳銀亦可奉
釐金總局　八文實收　勸捐　柳樹塘局特此謹白
總理雲南全省捐書總局爲
札開遵单抄報事奉
雲南等等處承宣布政使司布政使李　詳請
以於光緒二十九年五月日案奉
四川秦晉賑捐功名一案九品曩成美
雲南巡撫部院兵部侍郎林　案准
雲貴總督西林巴圖魯丁　案奉檄
旨吏部咨文案呈具各省詳請於光緒二十九
年正月初八日發執各廳州縣具貢監各執

曩氏 -19

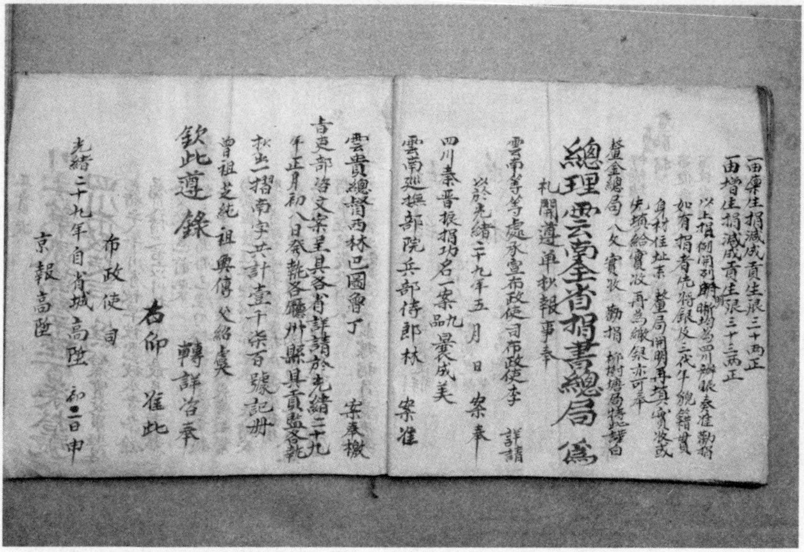

抄出一摺南字共計壹千柒百號記册
曾祖芝純祖與傳父紹虞
欽此遵錄　　　轉詳咨奉
　　　　右仰　准此
　布政使　司
光緒二十九年自省城高陞　初二日申
　京報高陞

正實收

川字第貳萬叁千陸百柒拾號

四川布政使司　爲給發實收事照得

光緒二十八年川省被旱被雹被水者九十餘

屬災情之重以川北一帶爲最民無葢藏

人多菜色前蒙

聖恩 發 帑三十萬兩已經勻撥被災各屬幸顧

日前之急然冬賑春撫爲日方長災廣賑繁

尙需鉅款經署理總督部堂岑　奏請按

照各省賑捐章程開辦賑捐所有虛銜

封典貢監等項按等餉例以四成實銀上兑應試監

生仍收十成實艮其翎枝一項按照歷辦賑

捐章程艮数收捐奉

旨允准通飭遵辦在案茲據捐員曩成美

現年貳拾柒歲身中面白無髟須係雲南騰

越廳人由俊秀報捐從九品職銜交

正項實銀　叁　拾　貳　兩

曩氏 -20

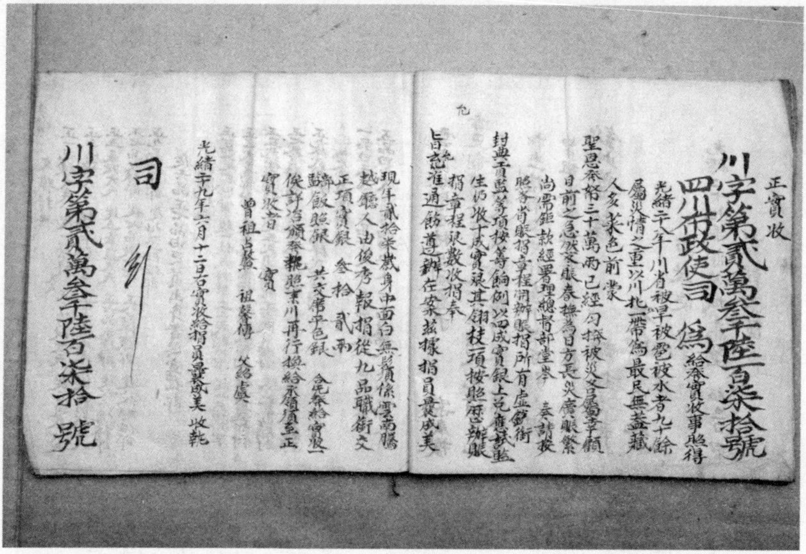

部
監飯照銀　共交席平色銀　合先𢆯給實收一
俟詳咨頒𢆯執照来川再行换給承領須至正
實收者　　實
　曾祖占鰲　祖馨傳　父紹虞
光緒二十九年六月十二日右實收給捐員曩成美　收執
司　　纠
川字第貳萬叁千陸百柒拾號

又将文武封典開列

文職封典

正一光綠大夫　從一榮祿［大夫］　正二咨政大夫　從二通奉大夫

正三通議大夫　從三中議大夫　正四中憲大夫　從四朝議大夫

正五奉政大夫　從五奉直大夫　正六品承德郎　從六品儒林郎

正七品文林郎　從七品徵仕郎　正八品佟職郎　從佟職佐郎

正九品登仕郎　從九登仕佐郎

從六品正七品由吏員出身者俱宣德郎

武職封典

正一品建威將軍　從一振威將軍　正二武顯將軍　從二武功將軍

正三武義都尉　從三武翼都尉　正四昭武都尉　從四宣武都尉

正五武德騎尉　從五武德佐騎尉　正六武累騎尉　從六武累佐騎尉

正七武信騎尉　從七武信佐騎尉　正八奮武校尉　從八奮武佐校尉

正九修武校尉　從九修武佐校尉

文武妻室封典

一品曰夫人　二品亦夫人　三品曰淑人　四品曰恭人

五品曰宜人　六品曰安人　七品曰孺人　八九亦孺人

文武封典

曩氏 -21

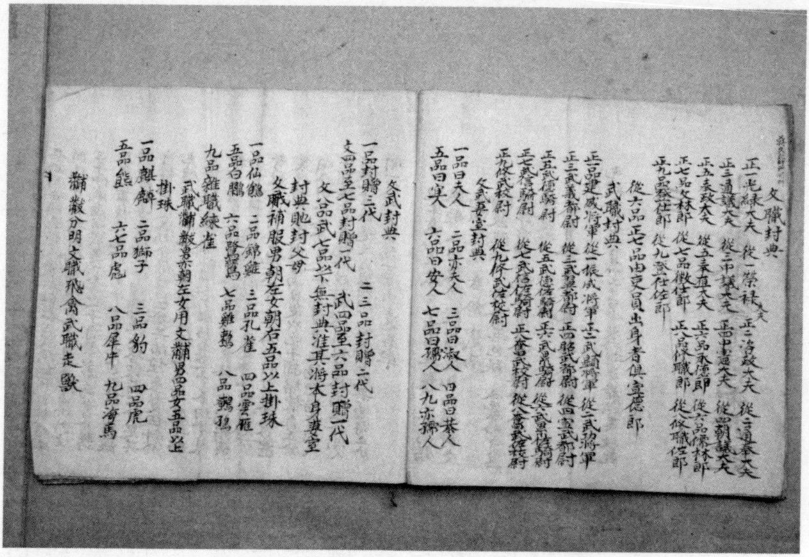

一品封贈三代　　二三品封贈二代

文四品至七品封贈一代　武四品至六品封贈一代

文八品武七品以下無封典准其将本身妻室

封典貤封父母

文職補服男朝左女朝右五品以上掛珠

一品仙鶴　二品錦雞　三品孔雀　四品雲雁

五品白鷳　六品鷺鷥　七品雞鶒　八品鵪鶉

九品雜職練雀

武職黼黻男亦朝左女用文黼男四品女五品以上

掛珠

一品麒麟　二品獅子　三品豹　四品虎

五品熊　六七品彪　八品犀牛　九品海馬

黼黻分明文職飛禽武職走獸

曩氏-22

立分関合同憑據人曩紹綱紹虞同姪孫自標紹綱所生三子長連科仲成周次子之子自富紹虞所生三子仲成廣次成美長子之子自荣等爲書分契以防後乱事情於光緒二十年十二月十八日已請憑親族將家下之房屋地產什物酌議品搭彼時二分楚其自標之先父成炳分得粮田二分共佈種叁箩伍斛於光緒二十五年九月二十六日自標先父已归併與紹虞管理其餘之「粮」田紹綱之子與紹虞之子二分均分自分授以来曾管理十有餘年未有争論今紹綱紹虞同子姪孫輩「等合商先前分授未書」分関合同恐後子孫篡乱亦無憑可考故再請憑親族書立分関合同將所分授之產業什物一一書明在內日後以免子孫埽攘自立分関合同之後各管各業不得爭長競短倘有那人子孫異言爭競任隨親族罰銀陸拾兩立分関人不致一言係是人情願個個心服恐後無憑特立分関一樣三帋各執一帋永遠存照

謹將分授之粮田附録于后

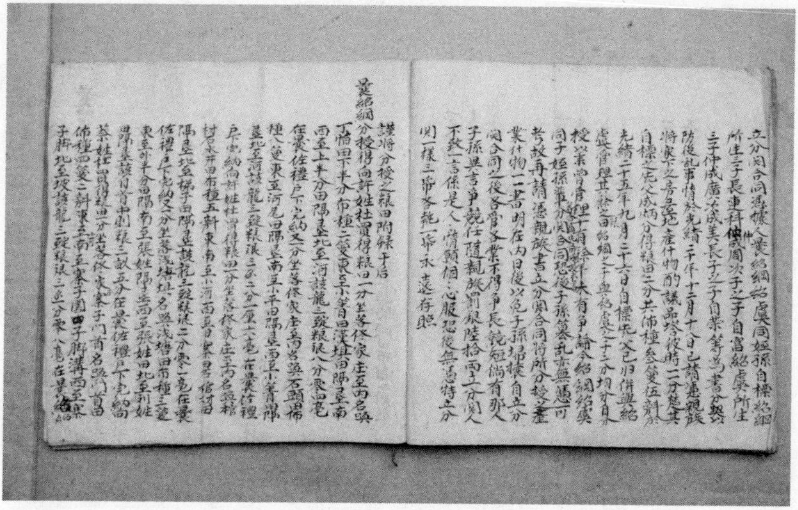

曩紹綱分授得向許姓杜買得粮田一分坐落佟家庄至内名唤
丁怕田下半分布種二箩東至小菁田漢埧田隔垦南
西至上半分田隔垦北至河該龍三 錠 粮 娘 八分零四毫
在曩佐禮戸下完納又一分坐落佟家庄至内名唤石頭田佈
種八箩東至河尾田隔垦南至小平田隔垦西至小菁田隔
垦北至河該龍三 錠 粮 娘三 ゟ二分一厘六毫在曩佐禮
戸下完納向許姓杜買得粮田一分坐落佟家庄至内名唤棺
材泵井田布種五斛東南至小河西至日寨田石棺材田
隔垦北至梯子田隔垦該龍三 錠 粮 娘 二分零一毫在曩
佐禮戸下完納又一分坐落淺塘埧名唤淺塘田布種三箩
東至外半分田隔南至張姓隔垦西至張姓田北至刘姓
田隔垦該自首中則粮三畝五分在曩佐禮戸下完納向
蔡姓杜買得粮田一分坐落佟家［庄］寨子门首名唤门首田
佈種四箩二斛東至小河南至寨子園子脚溝西至寨
子脚北至坡該龍三錠粮三 娘 三尔一分零八毫在曩紹

綱戶下完納
曩紹虞分授得向許姓杜買得粮田一分坐落佟家庄至內
名換丁怕田上半分布種二籮東至小箐田隔埂南至坡
西至曩成貝田隔埂北至下半分田隔埂該龍三 錠 粮八分
零四毫在曩佐禮戶下完納向許杜買得粮田一分坐落佟
家庄至內名喚棺材石田佈種七籮五斛東至寨左小
河南至高埂田高坎隔埂西至溝北至旧寨田隔埂該
龍三 錠 粮 艮二钱七分五厘五毫在曩佐禮戶下完納又
一分坐落淺塘垻名喚淺塘田外半分布種三籮東至江边
南至張姓田隔埂西至張姓田隔埂北至裡半分田隔埂
該自首中則粮三畝五分在曩佐禮戶下完納向蔡姓
杜買得粮田二分坐落佟家庄至內 一分名喚石橋田布種
二籮東至江边南至河西至大路北至坡又一分名门首田布
種一籮三東至寨左小河南至嶺崗坡西北至寨左
小河該龍三 斛錠 粮 艮一 ゑ 捌分零三毫在曩紹綱戶下
完納先祖開挖得粮田一分名喚塘頭田布種二斛該
站赤粮 艮 八厘在曩佐礼户下完納
曩自標分授得向蔡姓杜買得粮田二小分坐落佟家庄至內

曩氏 -23

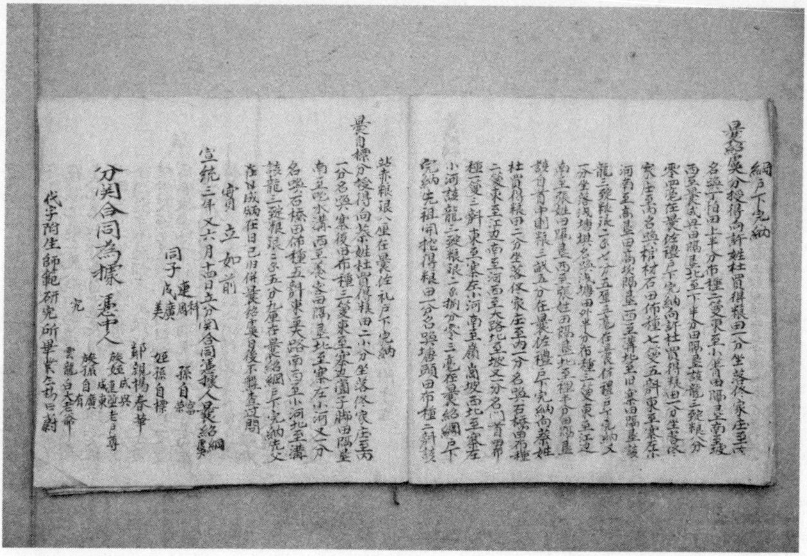

一分名喚寨後田布種三箩東至寨边薗子脚田隔埂
南至吃水溝西至養客田隔埂北至寨左小河又一分
名喚石橋田佈種五 斛東至大路南西至小河北至溝
該龍三錠粮艮二一ゟ五分九厘在曩紹綱戶下完納先父
成炳在日已归併曩紹虞日後不盤查过问

實 立 如 前

宣統三年又六月十四日立分関合同憑據人曩紹綱 虞

同子 成連 周科 美廣　　孫自富 栄

姪孫自標

鄰親楊春華

成貝

分関合同爲據　憑中人　族姪　連陞老戶尊

成東

族孫自廣

有

雲龍白大老爺

究

代字附生師範研究所畢業生楊曰蔚

立分關合同憑據人曩成廣弟成美侄匀榮等
竊聞兄弟之義翕和爲尊叔姪之情雍睦爲
上我兄弟叔姪等自少至長親愛咸知雖無大被
同眠之情亦有灼艾分痛之義伯壎仲篪何忍
分门别户叔慈姪孝奚致此界彼疆然木之大者
枝必歧源之遠者流自别誰謂有姜氏之友愛
而無效田氏之分財哉爰將家中房屋地基田產
及一切什物品搭均分三分自分之後堂上双親生
時則輪流奉養終時則公同殯葬務各爭先盡
孝勿容推諉分後須各管各業不得爭長競短
亦不得乱作妄爲当念先人创業之艱難宜
思今日守成之不易更冀门闾顯耀阀阅
光昌不特僅能先前亦且可以乘裕於後
耳恐口無憑立此分關合同憑據一樣三帋
各執一帋永遠存照爲據
謹將所分得之房屋地基田產附于左
曩成廣面上分[受]得祖遺粮田三分坐落棺材坡名
喚外分石棺材[坡]田佈種三箩八斜東至寨左小

曩氏－24

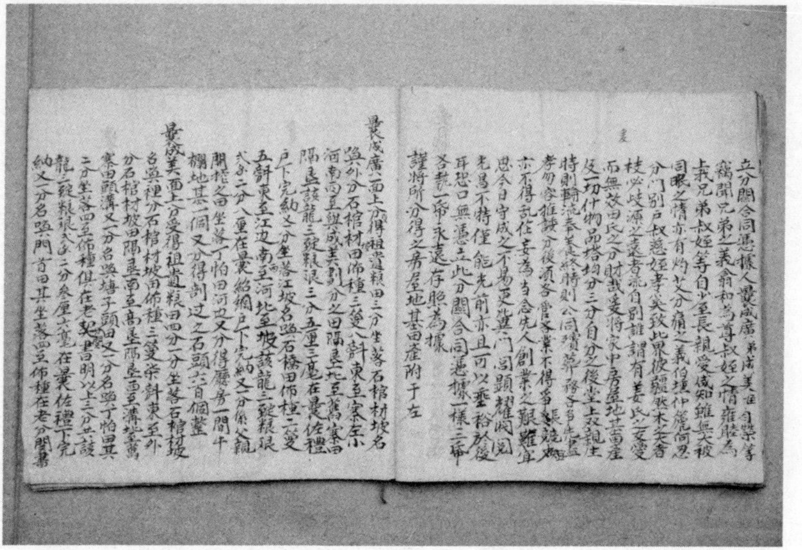

河南西至與成美劃分之田隔埂北至舊寨田
隔埂該龍三錠粮娘三分五厘三毫在㠭佐禮
戶下完納又一分坐落江坡名喚石橋田佈種二箩
五斛東至江边南［西］至河北至坡該龍三錠粮娘
弍ゑ二分八厘在㠭紹綱戶下完納又一分係父親
開挖之田坐落丁怕田河边又分得廳房一間牛
欄地基一個又分得剖过之石頭六百個整
㠭成美面上分受得祖遺粮田分一分坐落石棺材坡
名喚裡分石棺材坡田佈種三箩柒斛東至外
分石棺材坡田隔埂南至高埂隔埂西至溝北至舊
寨田頭溝又一分名喚塘子頭田又一分名喚丁怕田其
二分坐落四至佈種俱在老契［分関］書明以上三分共該
龍三錠粮娘弍ゑ二分叁厘六毫在㠭佐禮下完
納又一分名喚門首田其坐落四至佈種在老分関書

書明該龍三筳粮娘七分七厘在曩紹綱戶下完納
然此分之秧田坐落在寨後田脚又分得正房一間原
坐之四合頭地基一個整
曩自榮面上分受得祖遺粮田二分一分坐佟家庄寨後
名唤寨後田該龍三筳粮娘二钱八分八厘又一分坐落
江边名唤淺塘田該自首中則粮三畝半其二段之佈
種四至俱在老分関書明此淺塘田之粮均入曩佐
禮戶下納又分得廂房兩間老房子［左边］之閑地
基一個整
實立如前
民國元年八月十六日立分闕合同憑據人曩成廣
弟成美　姪　自榮
鄰親李有成
兄曩成周
堂姪曩自忠
姪曩自富
曩自標
分闕合同憑據爲據　憑中

曩氏－25

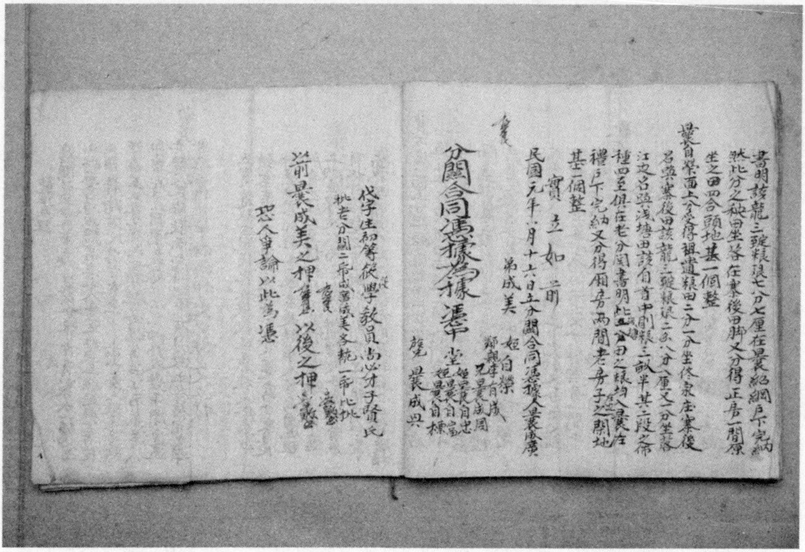

族兄　曩成㒷

代字生初等筱［筱］學教員尚必才子賢氏

批老分關二帋成廣成美各執一帋比批

以前曩成美之押（花押）　以後之押（花押）

恐人爭論以此爲憑

曩氏－26

龍江鱼課

竊聞龍江以大董二練山梁之分界古有聚水一塘内畜

小紅魚名曰［大］魚塘畜魚之人年送紅魚至騰越廳署後

魚塘崩踏沿人鳴官究查　上憲差人跟尋從水

源尋至江边見有范世顯晚鳳楊等沿江吊魚差人

即带此二人到廳載課沿江完纳於咸豊年間遭遇

狐假虎威 兵燹人民離散至光緒初年原归故土有孫開文開

狐假虎威

貴将蕭宗華拴鎖押斃［逼］完課之人立據

立實遵照古規頂完鱼課銭粮憑據人佟家庄

新寨蛮丙怕連碗嶺邦听曩戞弯子寨曩

淜堡田寨邵姓各處寨長持事人等爲因先祖

所管之江上至楊柳垻下至懐衣半垻遞年應

上納鱼課银弍两多有將攢押放各寨承當每

有格外倍墊之累故此將所管之江開明四至界

止載契情愿遞年照数別豆粮银弍两情愿請

請孫姓赴衙邦完課銀所有需費遞年江租銀

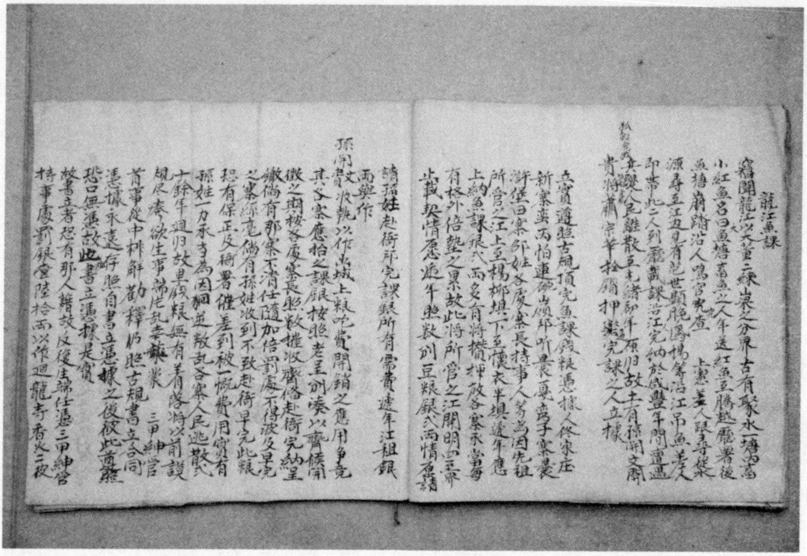

两與作

孫開文

貴收執以作出城上粮吪費開銷之應用争竟

其各寨應抬之課銀按照老呈𠛪凑以齊候開

徵之期按各䖏寨長照数摧收齊備赴衙完納呈

繳倘有那寨不清任隨加倍罰䖏不得波及早完

之寨絲毫倘有孫姓收到不致赴衙早完此粮

恐有保正及衙署催差到被一慨費用實有

孫姓一力承当爲因狪逆叛乱各寨人民逃散弌

十餘年迴归故里銭粮無有着落将以前謨

規尽㾪欲生事端片乱幸□蒙　三甲紳管

首事從中排解勸釋仍照古規書立合同

憑據永遠存照自書立憑據之後彼此遵照

恐口無憑故此書立憑據是實

故書立者恐有那人籍故反復生端任憑三甲绅管

持事䖏罰銀陸拾两以作迴龍寺香火二皮

不致異言此立是實每年上納魚課銀弍两净整永遠有

照爲據

光緒八年七月二十六日立合同憑據孫開文貴及各夷村寨長人等

佟家庄寨長曩紹綱抬着銀弍两

新寨之長刀有亮抬着銀弍两

蛮丙寨長范先德抬着銀壹两

怕連寨長楊新春抬着銀弍两

晚嶺寨長邵文礼抬着娘伍两

邦听寨長蕭宗華抬着娘伍两

曩戞寨長馬大老抬着娘壹两

曩滸寨長楊有春抬着娘壹两

堡田寨長邵太武抬着娘壹两

以上共娘弍两整

實立合同憑據人

孫開文貴同执一帋

怕連楊新春执一帋

憑中人 三甲紳晉

尙加仁

尙自泰

郭宏吉

常自詒

楊秀林

曩氏-27

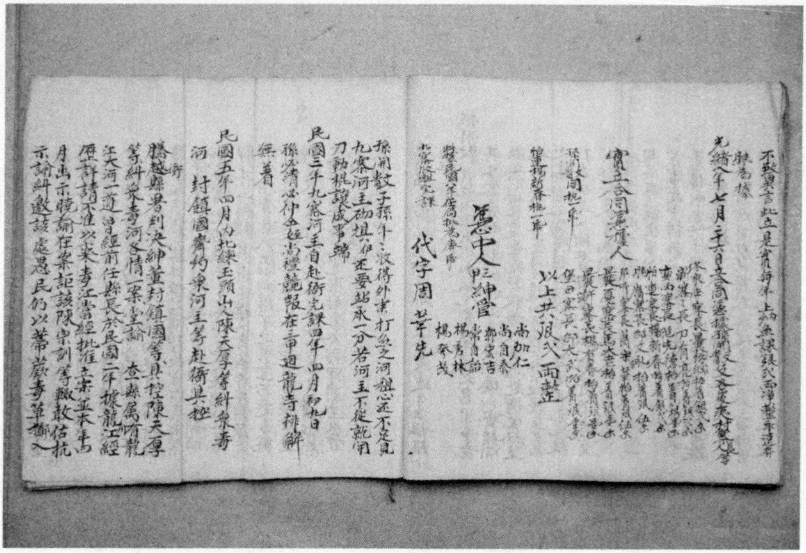

此據民國八年在局批爲廃𠔇　楊癸茂
九寨收租完課　　代字周華先

孫開　文
貴子孫年年收得外来打魚之河租心还不足見
九寨河主砌填伊还要站承一分若河主不從就開
刀動棍讓成事端
民國三年九寨河主自赴衙完課四年四月初九日
孫必清必仲仝姪尙禮競報在三甲迴龍寺排解
無着

民國五年四月内此練玉頭山人陳天厚等糾衆毒
河　封鎮國齊约衆河主等赴衙具控
騰衝縣署判决紳董封鎮國等具控陳天厚
等糾衆毒河各情一案堂諭　查縣屬有龍
江大河一道曾經前任縣長於民國二年據龍川江經
歷詳請不准以薬毒江當經批准立案並本年四
月出示曉諭在案詎該陳宗訓等輒敢估抗
示諭糾邀該處愚民仍以蒂蕨毒草擲入

江心以致水中動物概被毒斃沉浮江流数十里
臭氣熏蒸沿江居民疑爲天災流行而［渔］户之歇業
以致管有渔業之封鎭國　楊維明　張燦東
曩成美　何世科　白連彩　李林祥　張相賢等
八姓赴衙縣起訴該陳宗訓等竟謂以薬臨江
毒魚係属鄉人習慣不獨納課河主即封鎭
國等八姓而言無阻撓之權即長官亦素未禁
止悻悻其詞上堂駁辯殊属夜郎自大顢頇
妄爲當堂誥誡昔日成湯見人張網四面湯
解其三所謂君恩足以及禽獸者耳該陳宗
訓等将毒薬於江心所得不过十之三而受毒斃
貪
者豈祗十之九實属有干天和本應照律重
辦以儆貪残姑念鄉愚無知業已自知錯悮叠
次俯首邀恩從寬照妨害公務罪罰金叁百
元以示懲儆特此堂諭
民國五年六月二十七日
道尹由批第二十八號據騰衝縣民陳宗訓等以貪残
暴虐實弊殃民等情上訴封鎭國一案由狀及

曩氏 -28

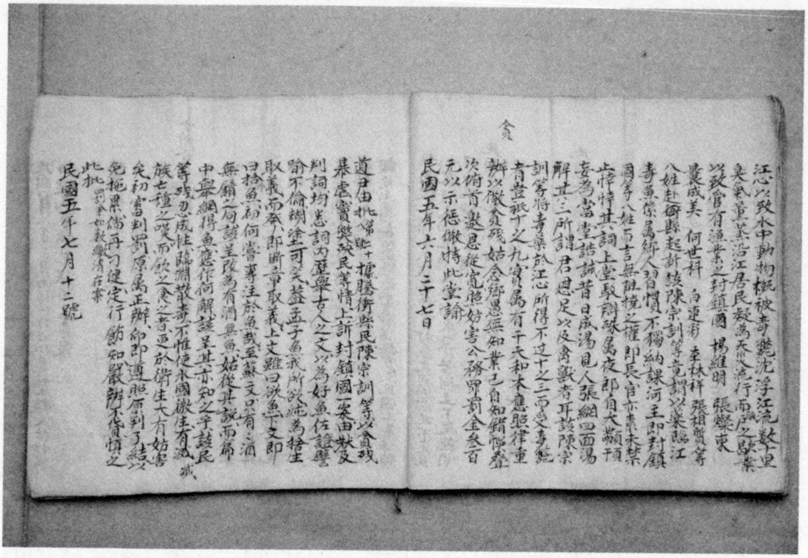

判詞均悉詞内歷舉古人之文以爲好魚佐證譬喻不倫糊塗可笑蓋孟子魚我所欲純爲捨生取義而發即断章取義上文雖曰欲魚下文即曰捨魚初何嘗專注於魚哉至蘇文只有、酒無餚之句該呈改爲有酒無魚姑從其説而篇中舉網得魚應作何解該呈其亦知之乎該民等残忍成性臨淵散毒不惟使水國微生有滅　滅族亡種之嘆而飲之食之者更於衛生大有妨害矣初審判罰原属正辦仰即遵照原判了結以免拖累倘再刁健定行飭知嚴辦不貸慎之

此批　罰金如数繳清在案

民國五年七月十二號

民國八年三月内孫必祥必仲齊聚族人估搶漁
佃讓成事端完課河主具報

騰衝縣管下龍江練丁怕甲夷民曩成美 范開荣
蕭成林 邵太禄 曩自忠 楊先開衆夷民等

具報

分所公局團總保董臺前報爲霸利忘課喜鵲食肉老鴉
當災懇請究問除强携弱事情民九寨自先祖
以来𠫵駐江边耕耘納户頂着魚課艆頭弍两九寨
分抬其江上則管至楊柳埧下則管至黄鴛牛埧遞
年巡江捕魚完課並無差参爲遭兵燹夷民逃散至光
緒初年　上憲有示令民归家赴業衆民囬归故土
照章上納奈民不曤條耗將艆凑備央請孫開文貴代
名帮完至八年分孫開貴承充本練保正估勢
威赫加刑索綑逼寫凴據估錠獨霸收租耗不完
課反主爲客强霸悪奪欺民無方至民國三年民抬
課無出砌小欗酧欵該要悪抽租不遂聚衆逞兇
碎欗幸有中人解釋不然生命否乎民被伊

曩氏 −29

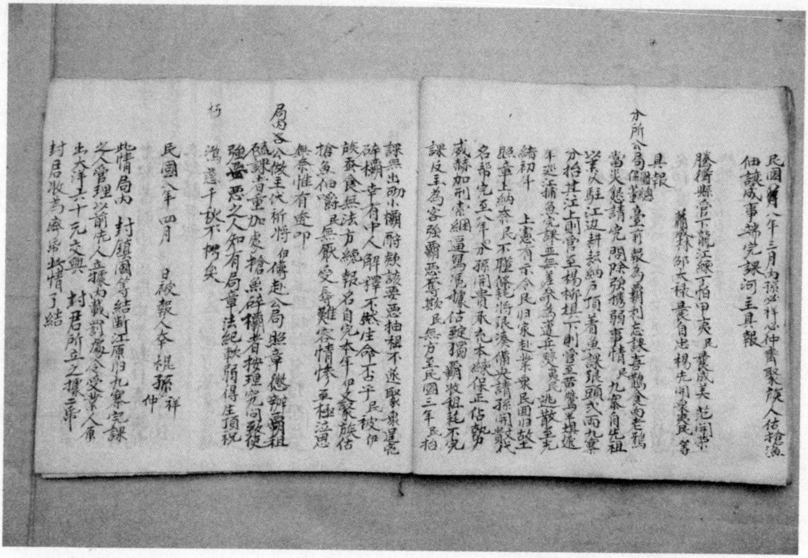

族蚕食無法方緫報名自完本年伊又聚族估
搶魚佃嚼民無厭受辱難容情惨至極泣思
無奈惟有逵叩
局内各公做主伏祈将伊傳赴公局照章懲辦霸租
磕課者重加處搶魚碎欄者按理究问致使
强要悪之人知有局章法紀軟弱得生頂祝
朽
　鴻慈千秋不朽矣
民國八年四月日被報人𡘙棍孫必祥
仲
此情局内 封鎮國等結断江原归九寨完課
之人管理以前先人立據内載罰處令受業人原
出大洋六十元交與 封君所立之據二帋
封君收爲瘵帋此情了結

立實永歸併寨子荒山约人楊載勤同弟
載慎情有先祖同蔡曩楊三姓同買有
寨子荒山壹處名喚佟家庄予已面壹份有
老契書明同爲管理其老契杜賣與楊
日長君收执今予情愿請凴將已面壹份
立契歸併與
貴寨众位人等名下永遠爲世守基業實接
受歸併價龍元伍拾塊整自歸併之後永
爲貴寨世守之業予子孫永遠不致異言过
问倘有内外人等争論有歸併主一力承当
此係二此情願于中並無相强等情恐後無
凴立此歸併永遠爲據是實
實归併已面寨子荒山壹份實接受归併價
龍元伍拾塊整
民國九年三月二十四日立永遠归併文约人楊載勤
　　　　　　　　　　　　　　　　　　　　慎
外批其田至内荒山不归賣在内
歸併　　　　載慧甫時愚
　　　憑中人
爲據　　　　載聰

曩氏 -30

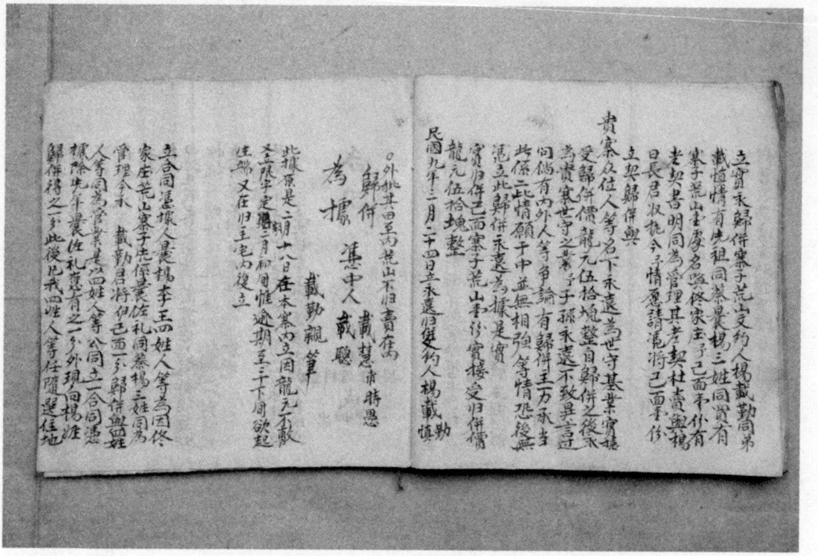

載勤親筆

此據原是二月十八日在本寨内立因龍元不敷
又立限字定期二月初旬惟逾期至三十下旬欲起
生端又在归主宅内復立

立合同憑據人曩楊李王四姓人等爲因佟
家庄荒山寨子先係曩佐礼同蔡楊三姓同爲
管理今承　載勤君将伊已面一分歸併與四姓
人等同爲管業是以四姓人等公同立一合同憑
據除先年曩佐礼應有之一分外現向楊姓
歸併得之一分此後凡我四姓人等任隨選住地

基無論何姓圍有園子須要讓作地基與路
路不得刁难每開挖一新基須出龍元式塊以
存作公項除作地基之外任隨壙地開挖圍園
音然
栽種彼此不得禁阻此係俱各心悅誠服並
無相强等情惟望同敦和睦閤寨興昌恐
後無憑立此合同爲據
内批凡我寨人等須當遵守此據如有翻悔
悖據等情任憑執此憑據報經地方紳首從
重罰處不得有違特此内再批明
實立如前
民國九年二月十九日立合同憑據人佟家庄合寨
曩楊李正暨閤寨老幼人等同立

同立人曩成
贠荣美周科廣
成
有東和忠

合同

曩氏—31

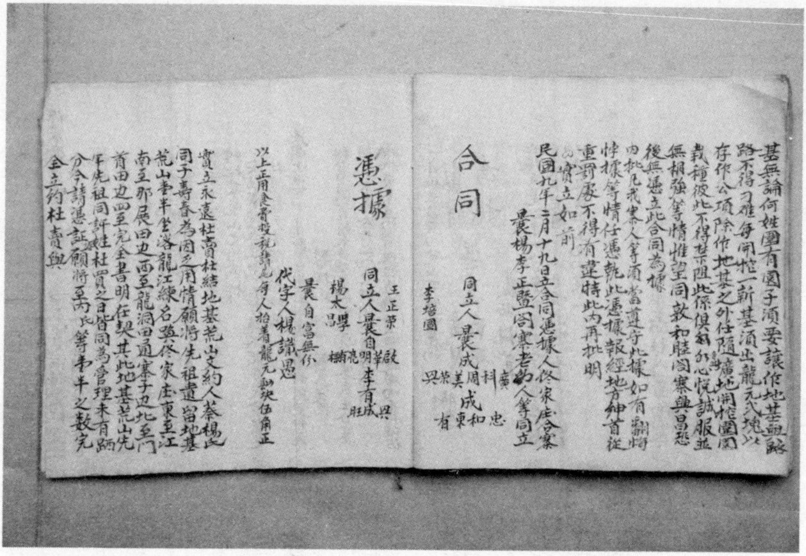

李培國
王正荣啓
華
憑據　同立人曩自明李有成㒷
亮旺
楊太學有
昌標
曩自富無份
代字人楊識愚
以上正用食費投税請尾每人抬着龍元肆块伍角正

實立永遠杜賣杜結地基荒山文約人蔡楊氏
同子壽春爲因乏用情願将先祖遺留地基
荒山壹半坐落龍江練名喚佟家庄東至江
南至那展田边西至龍洞田通寨子边北至门
首田边四至完全書明在契其此地基荒山先
年先祖同許姓杜買之日皆同爲管理未有踮
分今請憑証證願將至内氏等壹半之数完
全立约杜賣與

曩氏 –32

佟家庄貴寨衆位名下爲業實入手接受杜價龍
元壹佰肆拾块整自杜之後任隨貴寨人等
執契入衙投税請尾住坐耕管永爲貴寨子
孫世守之業立杜契人子孫永遠不致異言过
问日後杜主縱遇冠婚喪祭等事亦不致睥
睨仙厘此係二此銀契两交于中並無逼迫相
強等情倘有内外人等異言争競有杜主
一力承当不干買主之事恐後無憑立此杜賣杜
結地基荒山文约爲據

○实杜賣地基荒山壹半名喚佟家庄实入手接受
杜價龍元壹佰貳拾块正

民國十二年十月初十日實立永遠杜賣杜結文约人
蔡楊氏　仝子　蔡壽春

批西南角内有積水魚塘壹個段姓與佟寨家庄合寨
同管永爲公共之物只許同爲積水不許開田
再批東南至内有段姓魚塘田大田二段在内不得侵佔
再批蔡健新杜归與蔡庭香歸併一帋段植收执

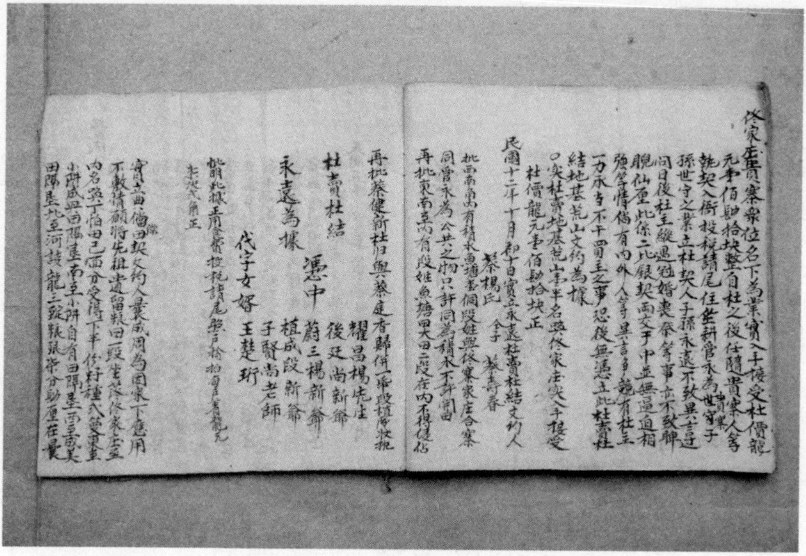

耀昌楊先生

杜賣杜結　後廷尚新爺

永遠爲據　憑中　蔚三楊新爺

植成段新爺

子賢尚老師

代字女婿　王楚珩

批明此據正用食費投税請尾照户擒拾每户着龍元

柒块弎角正

儅

實立典儅田契父约人曩成周爲因家下應用

不敷情願将先祖遺留粮田一段坐落佟家庄至

内名喚丁怕田已面分受得下半份籽種弍箩東至

小阱成與田隔埂南至小阱自有田隔埂西至成美

田隔埂北至河該龍三錠娘粮柒分鋂厘在曩

佐禮户下完納今将坐落田名籽種四至粮数開明
在契請憑親族實立典儅與
曩成美 名下爲業實接受田價紋艮壹佰叁拾
候
两净整入手應用自典儅之後當面言定遞
年共拗水息谷肆拾壹箩弍斛俟至冬收之日
将田中一色好谷如数拗清不致短少升合如若
短少任隨銀主納田别招佃種典主不致異言
彼即銀契两相交明並無私債準折無論年
遠年近銀到契歸二此不得刁难倘有内外人等
異言争競有典主一力承当係是二此心服意
願中间並無逼迫相强等情今恐人心不古立此
典儅田契文约爲據是實
實典儅粮田一段籽種弍箩接受田價纹壹佰叁
拾两遞年共扶水息谷肆拾壹箩弍斛
民國五年六月二十八日立典儅田契文约人曩成周
批明 儅【田】之年息谷扶一半还艮之年扶一半其艮尚超大老爺秤兑

曩氏 -33

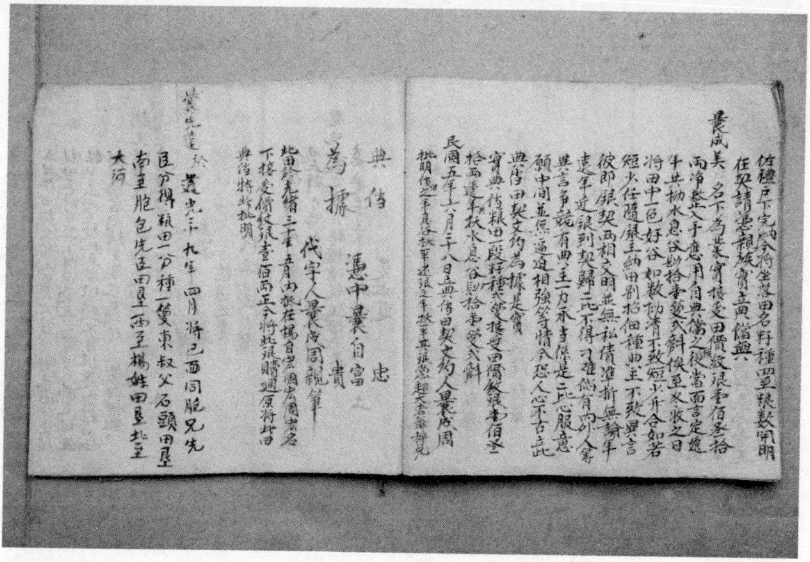

典佁　　　　　忠
爲據　憑中曩自富
　　　　　　貴
　　代字人曩成周親筆
此田於光绪三十年五月内抵在楊自宏國宏周宏名
下接受價纹艮壹佰两正今将此艮贖迴原將此田
典佁特此批明

曩先達於道光三十九年四月将已面同胞兄先
臣分得粮田一分種一箩東叔父石頭田塁
南至胞包先臣田塁西至楊姓田塁北至
大河

立归併田契文约人曩之道云云将已面分受得粮田[種]五斛名喚小阱田東至之貴田垦南至楊姓姓田垦西至坡北至漢埧頭又有祖遺留粮田伍斛名喚石门坎坐落大石頭後云云愿归併與胞兄曩之仁　名下接受田價艮六十兩正

嘉慶二十二年十一月十九日立

弟之學

憑中　堂兄之宏

胞弟之貴

代字曩占鳌

立归併田契文约人曩之貴愿已面分受得粮田[種]五斛名喚小阱田云云情原归併與胞兄曩之[仁]名下接授價艮𠮵拾兩正

嘉慶二十三年八月初七日　立

曩之道

憑中　李如沛

李如林

代字親筆

曩氏 -34

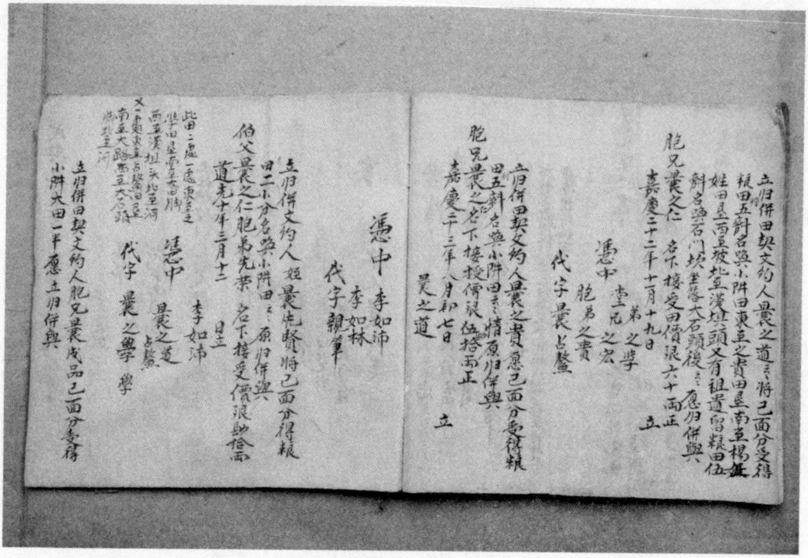

立归併文约人姪曩先賢将已面分得粮
田二小分名唤小阱田云云原归併與
伯父曩之仁胞弟先荣　名下接受價艮䦉拾兩
道光十年三月十二　日立
李如沛
此田二處一處東至之　曩之道
學田垦南至大田脚　憑中　占鼇
西至漢坦头北至河
又一處東至占鼇田垦
南至大路西至大石頭　代字　曩之學　學
脚北至河
立归併田契文约人胞兄曩成品已面分受得
小阱大田一半愿立归併與

成贝胞弟名下接受價艮弍拾伍兩正
光绪十七年二月十二　日立
曩連陞
憑中　曩成礼
代字生員尚珹

立杜結杜归文约人胞兄曩成品仝子自綱愿
杜結杜归與
胞弟成贝名下接受杜結艮陞兩不得过问云云
光緒三十一年九月初二日　立
堂弟曩成荣
憑中人　表兄白連彩
姪曩自有
代字人　曩成美
（花押）

立實归併杜归田契文约人曩成林即成荣仝子
自廣自發自萬原将祖遺分受得小阱田溝
坝佈種壹箩愿立归併杜归與
堂兄成贝名下爲業接受價艮弍拾兩归併子孫不

曩氏-35

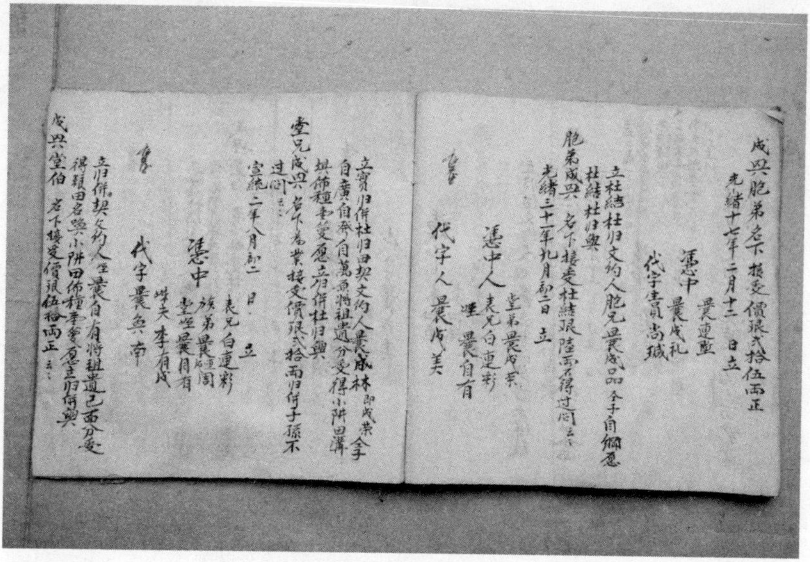

过问云云
宣統二年八月初　二日　立
表兄白連彩
憑中　族弟爨連成周
堂姪爨自有
妹夫李有成
（花押）　代字爨奂南

立归併[田]契文约人姪爨自有将祖遺已面分受
得粮田名喚小阱田佈種壹箩愿立归併與
成贝堂伯　名下接受價娘伍拾兩正云云

大中華民國壬子年九月初六日立

連彩白大老爺

憑中　兄曩自廣

姑父　李有成

（花押）　代字 曩成美

立實杜归永杜後後患田契文约人曩自有爲

因應用不敷愿立杜归與

成貝堂伯　名下接受杜归艆弍拾伍兩姪子孫永遠

得过问云云

民國五年二月十六　日　立

曩成周

憑中人　曩自廣

曩自忠

（花押）　李有成

楊太昌

代字曩成美

立實抵侶田契文约人曩自寛爲因家下應用不

曩氏 -36

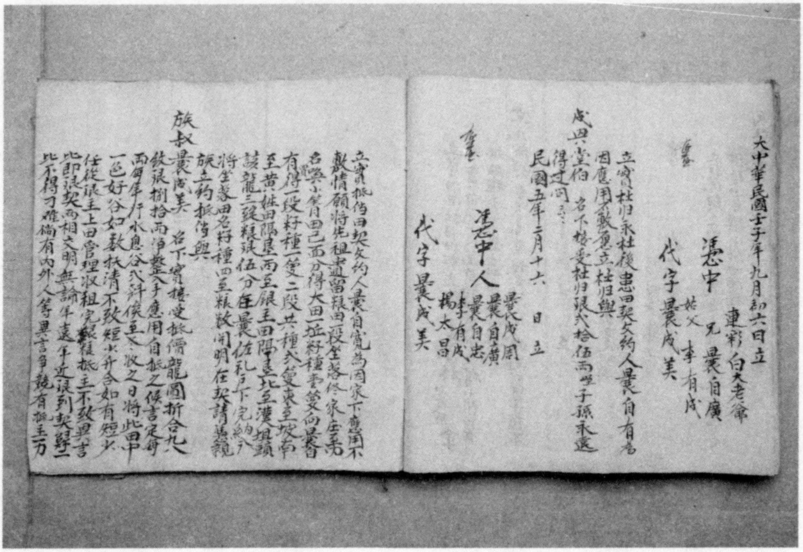

敷情願将先祖遺留粮田一段坐落佟家庄至内
名喚小箐田已面分得大田一坵籽種壹箩向曩自
有［買］得一段籽種一箩二段共種弍箩東至坡南
至黄姓田隔埂西至銀主田隔埂北至漢埧頭
該龍三碇粮艮伍分在曩佐礼户下完納今
将坐落田名籽種四至粮数開明在契請憑親
族立约抵佾與
族叔曩成美　名下實接受抵價龍圓折合九八
纹艮捌拾兩净整入手應用自抵之候言定每
兩每年行水息谷弍斛俟至冬收之日将此田中
一色好谷如数扶清不致短少升合如有短少
任從艮主上田管理收租完粮抵主不致異言
此即艮契兩相交明無論年遠年近艮到契歸二
此不得刁难倘有内外人等異言争競有抵主一力

承当此係二比心服情願于中無逼迫相强等
情今恐人心不古立此抵佾田契爲據是實
○實抵粮田二段籽種弍箩接受抵價龍圆折
合九八纹娘捌拾兩净整每兩每年行水息谷
弍斛是實
民國十八月初二日實立抵佾田契文约人曩自寬
内批明抵田之年利谷扶一半还娘之年扶一半
其老归併二帋抵主收执曩自有典賣一帋白姓
一帋娘主收执

曩自有
憑中人 曩自廣
曩自敔

代字 李治國

曩氏 –37

實立抵挡田契文约人曩自寬爲因家下
下應用不敷情願将堂叔成林即成杜归来
粮田一段坐落佟家庄至内名喚小箐田籽種
壹箩東至自恒田隔埂南至大田脚西至成
周田隔埂北至大河該龍三錠粮娘壹分在曩

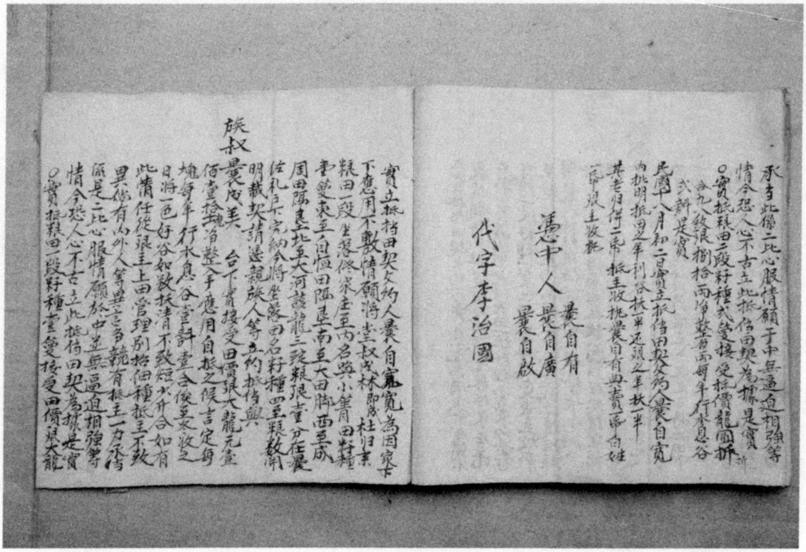

佐礼户下完納今将坐落田名籽種四至粮数開
明載契請憑親族人等立约抵佁與
族叔曩成美 台下實接受田價艆大龍元壹
佰壹拾塊净整入手應用自抵之候言定每
塊每年行水息谷壹斛壹合俟至冬收之
日將一色好谷如数扶清不致短少升合如有
此情任從艆主上田管理别招佃種抵主不致
異倘有内外人等異言争競有抵主一力承当
係是二比心服情願於中並無逼迫相强等
情今恐人心不古立此抵佁田契爲據是實
○實抵粮田一段籽種壹箩接受田價艆大龍

圓壹佰壹拾塊言定每塊每年行水息谷
壹斛壹合是實
民國十四年十月初二日實立抵佾田契文约人曩自寬
批明抵田之年收利一半贖田之年收利一半
收
有［先］賢归併一帋抵主收执成林归併一帋娘主［收］执
憑中　族弟曩自啓
堂弟曩自有
代字堂弟曩自萬

立實賣松樹文约人楊兆先同子楊文開爲因
正用将自己所種之松樹壹連坐落曩滸名
喚倒樹平東至乾塘子口南至楊姓祖營西至
坎子頭北至馬鞍山脚四至樹林書明情愿
請憑中立约出賣與
曩先荣名下實接受價娘叁两捌鈢净整自賣之
傳
後當日二比言定松山借與買主禁畜以作陸
續取採立约早晚管看此係二比情愿中間
並無逼迫成交亦無松價準折倘有賣主老幼

曩氏-38

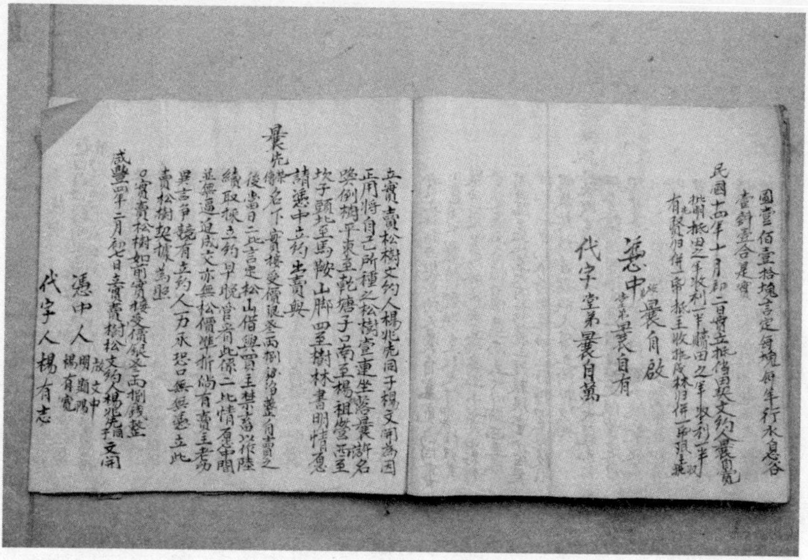

異言争競有立约人一力承恐口無無憑立此
賣松樹契據爲照
○實賣松樹如前實接受價銀叁兩捌錢整
咸豊四年二月初七日立實賣樹松文约人楊兆先同文開
故文中　子
憑中人　明顯陽
楊有寬
代字人楊有志

執照

轄沿邊土司

欽加同知御調署騰越軍民府事兼管保商營務

邱北縣正堂加三級紀録六次李　爲

發給執照以便遵守事案據該民等稟稱先祖楊

相時於光道年間向馬姓杜買得山地一形名喚小

曩滸東至石碏轉過紅土坡横路南至托盤田

並小凹子挟溝直下江边西至江北至石碏凹子

直通石硐該自首墾十五畝冊載楊相時户下完

納買後請照管理因軍契失墾賞給照以免後

患得其永遠遵守等情到府據此除批准外

合行給照爲此照給業户龍江練民人楊文思

楊體伸楊如雲楊如科等遵照即便按至

傳管耕種完粮永遠遵守但不得藉照侵

佔他人界址田薗盧墓致干未便懍遵毋

違切切湏至給照者

楊文思楊如雲

右照給龍江練業户　楊體伸楊如科 等准此

曩氏 -39

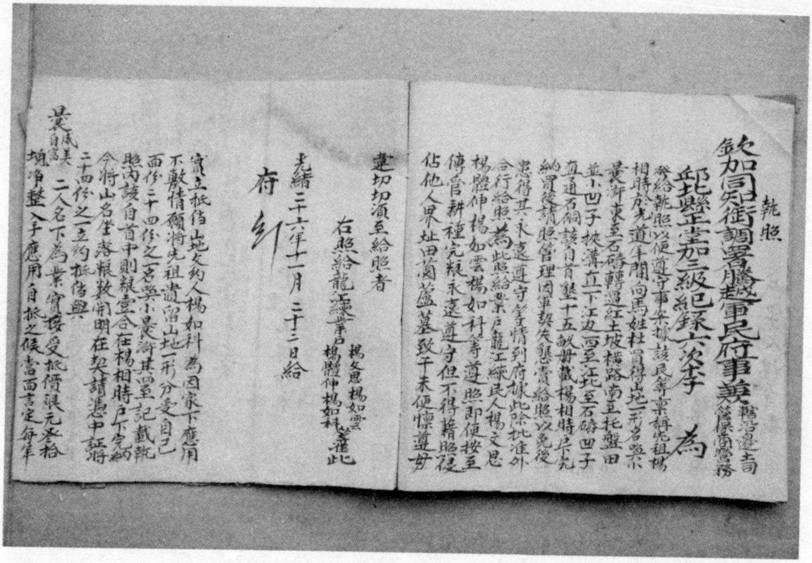

光緒二十六年十一月二十三日給

府纠

實立抵佁山地文约人楊如科爲因家下應用
不敷情願将先祖遺留山地一形分受自己
面份二十四份之一名喚小曩滸其四至記載執
照内該自首中則粮壹合在楊相時户下完納
今将山名坐落粮数開明在契請憑中証将
二十四份之一立约抵佁與
曩成美
自富
二人名下爲業實接受抵價娘元叁拾
塊净整入手應用自抵之候當面言定每年

行息陸塊自己願坎伐柴柒分手半與償銀主
一年之息不致短少尺寸如有此情任從銀主拿
山管理抵主不致異言倘有内外人等異言争
論有抵主一力承当係是二比心服情願於中並
無逼迫相强等情今恐人心不古立此抵佾爲據
山地文约爲據是實
○實立如前
民國十四年前四月十二日實立抵佾山地文约人楊如科
批明或銀主自己坎伐每年準十五拏

憑中堂弟楊如洲
胞弟楊如本
山
代字如科親筆

實立典賣田契文约人曩成周仝子自明自亮自
啟自開自太自㒷自尧等爲因家下應用不敷
情願将先祖遺留粮田一段坐落童家庄至内名喚
丁怕田已面分得下半份布種式箩東至自寬小阱田隔埂
南西至上半份成美田隔埂北至河該龍三錠粮娘柒分

曩氏-40

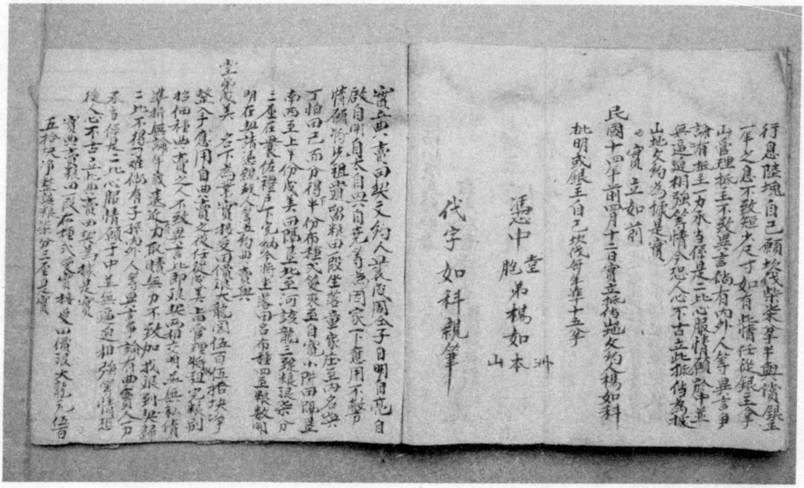

三厘在曩佐禮户下完納今将坐落田名布種四至粮数開
明在契請憑親族人等立约典賣與
堂弟成美　名下爲業實接受田價艮大龍园伍百伍拾块净
整入手應用自典賣之後任從成美上田管理将［收］租完粮別
招佃種典賣之人不致異言此即艮契两相交明並無私債
準折無論年歲遠近有力取贖無力不致加找艮到契歸
二比不得刁难倘有子孫内外人等異言争論有典賣人一力
承当係是二比心服情願于中並無逼迫相強等情恐
後人心不古立此典賣田契爲據是實
實典賣粮田一段布種弍箩實接受田價艮大龍元伍百
五拾块净整該粮柒分三厘是實

民國十六年正月十六日立實典賣田契文约人曩成周
仝子自明自亮　自啓 自開　自太　自興　自尧
典賣　曩自寬
爲據　憑中人楊太昌
曩自廣
代字人曩自忠

曩氏 -41

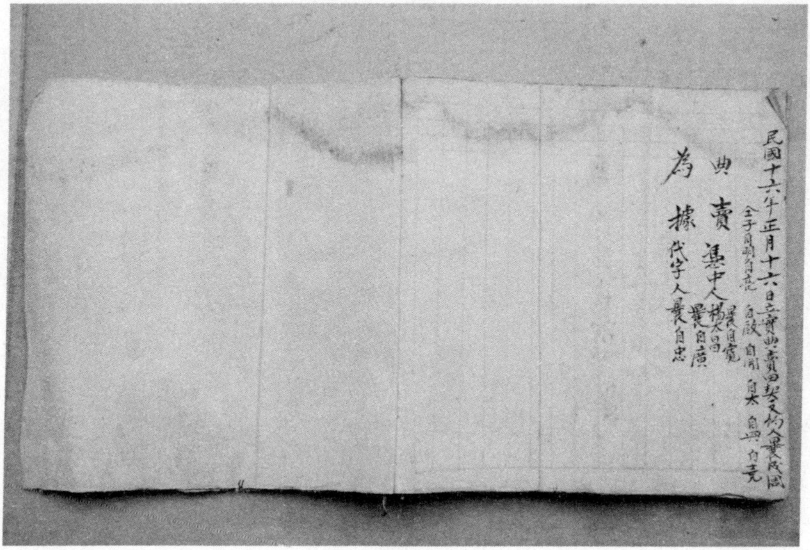
民國十六年正月十六日立賣典賣田契文約人曩成國
全子自明自亮 自啟 自開 自太 自興 自亮

典賣憑中人楊太昌 曩自寬 曩自廣

為據 代字人曩自忠

其　他

1　嘉庆二十年二月初二日彭瑞等将军粮田出据与彭天华的凭证

立实凴人彭瑞同子國英有先人遺留軍粮田壹處坐落本寨脚名喚杜⿰山貝石均分叁分下分壹羅齊西至以路爲界代荷花七壹羅共壹分分着彭瑞中分弍羅分着天華上分弍羅分着彭瓉惟恐後日子孫忿争所以凴家族情愿出㨿與　族叔彭天華自出㨿之後各自照㙶界管業不致侵佔如有等情認隨族叔執加倍罰處恐後無凴立此凴㨿永遠存照
嘉慶弍拾年二月初二日立实凴㨿人彭瑞（十）同子國英（十）

堂叔　彭天文（十）
族叔　彭天祥（十）
凴族兄生彭昆山（花押）
彭典重（花押）
中人　叚文秀（十）
彭　鈺（花押）
代字人彭　璣（花押）

凴㨿永遠存照

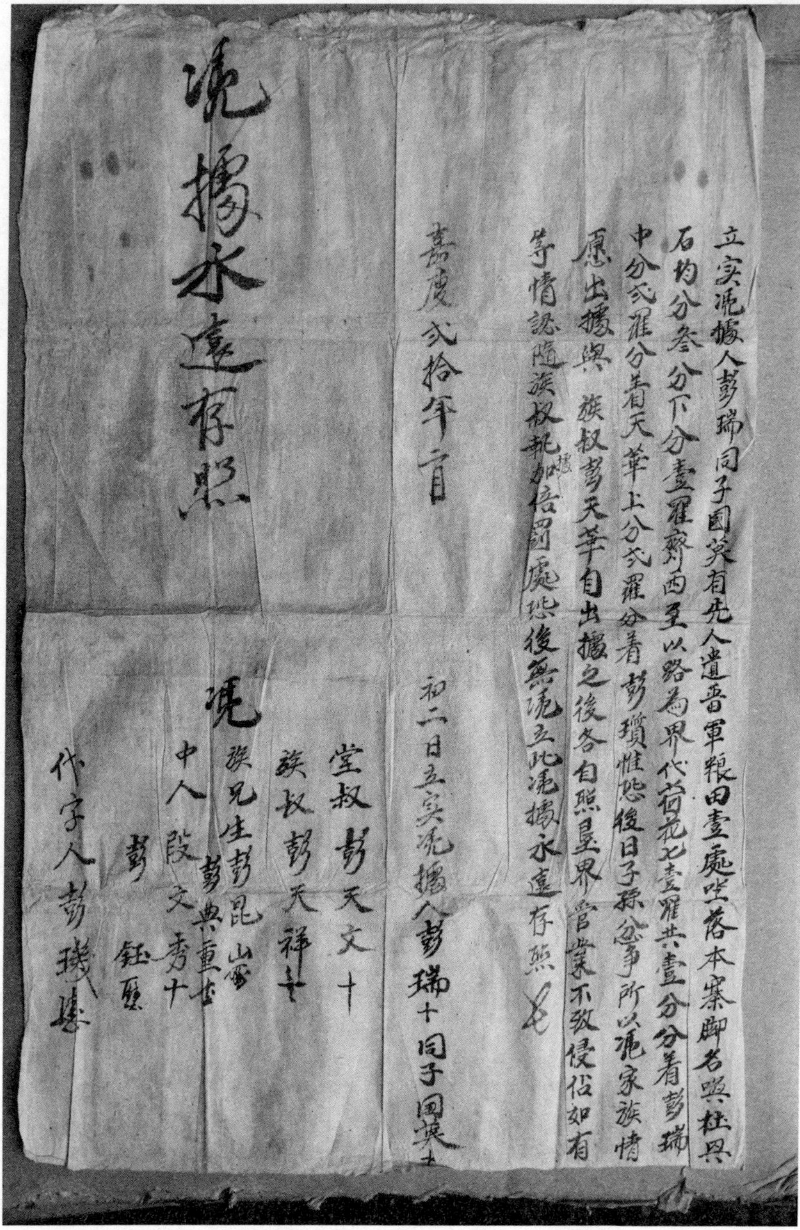
立实凭据人彭瑞同子国英有先人遗晋军粮田壹處坐落本寨脚名與杜吳
石钧分叁分下分壹罗齐西至以路為界代苗花七壹罗共壹分分着彭瑞
中分弍罗分着天華上分弍罗分着彭瓒惟恐後日子孙忿争所以凭家族情
愿出据與族叔彭天華自出据之後各自照界管業不致侵佔如有
等情認随族叔𧩙加倍罰處恐後無凭立此凭据永遠存照
嘉庆弍拾年 月 初二日立实凭据人彭瑞十 同子国英十
堂叔 彭天文十
族叔 彭天祥十
凭 族兄生彭昆山
彭典重十
中人 段文秀十
彭钰
代字人彭璣
凭据永遠存照

立租舖子文約人梁正耀情因貿易凴中立約租到
子尹許二老爺 名下硐砕山面新舖子三隔議定踊地板
一隔造與貨厨一架做擋槓二間遞年納租銀陸兩
陆錢以坐三年爲定即不三年亦不致異言要納三年
之租不得異言如三年以後不拘多年任凴坐主至于一
後门坐土用着自行開整圍深圍浅一点以坎子爲準
以凴坐□圍整其租銀無論那日久舖均弍拾弍年元旦
算起此係二比情願并無相强特恐人心不古立此租
約为據໑໑ 實租舖子三隔納租銀陸兩陸錢正໑໑໑

租約
凴中許 傳道（十）
懷謹（十）
為據
代字 梁正鎰（花押）
壹 臘
光緒弍拾弍年正月廿日立約人梁正耀押
批者其租銀以逓年清兑五子修理自今整後惟来修去丢坐主自行修理此據内改字一個腊字一個是實又
改修字一個

2 光绪二十二年正月二十日租用洞坪商铺三格的契约

立祖鋪子文約人梁正耀情因貿易憑中立約粗到
子尹許〻二老爺 名下硐砰山面新鋪子三隔議定踊地板
一隔造與貨厨一架做攔櫃二隔遞年納粗銀陸兩
陸錢以坐三年為定即不三年亦不致異言要納三年
之祖不得異言如三年以後不拘多年任憑坐主至于
後門坐主用着自行開整園深園淺一点以坎子為準
以憑坐主園整其租銀無論那日交鋪均弍拾弍年元旦
算起此係二比情願並無相強特恐人心不古立此租
約為據 實租鋪子三隔納租銀陸兩陸錢正

租約 憑中 許傳道 十
懷謹 十
為據 臈 代字 梁正鎰 隱

光緒弍拾壹年正月廿日 立約人 梁正耀 押

批者其祖銀以逝年清完至于修理自今整修惟來修去去坐主自行修理此據內改一字一個臈字一個是實又改修字一個

第三编 腾冲曩姓文书及其他·其他

3 民国七年四月二十三日腾冲济善医院拔还春延记的借款单

濟善醫院撥还春延记借欵龍元　百块由六年九月十八日起
〥　月息一分照算

七年二月廿八日取去本龍元〡百块由起　至此　计借〇〥月十天　该息〥块〣角

三月廿日　取去本龍元〤十块由起　至此　计借〇〦月〢天　该息〤〣〢块

四月初一日取去本龍元廿块由起　至此　计借〇〦月廿〢天　该息〡〢三块

四初六日　取去本龍元廿块由起　至此　计借〇〦月廿〣天　该息〢〡〣块

十一日取去本龍元廿块由起　至此　计借〦月廿〣天　该息〦〡〣块

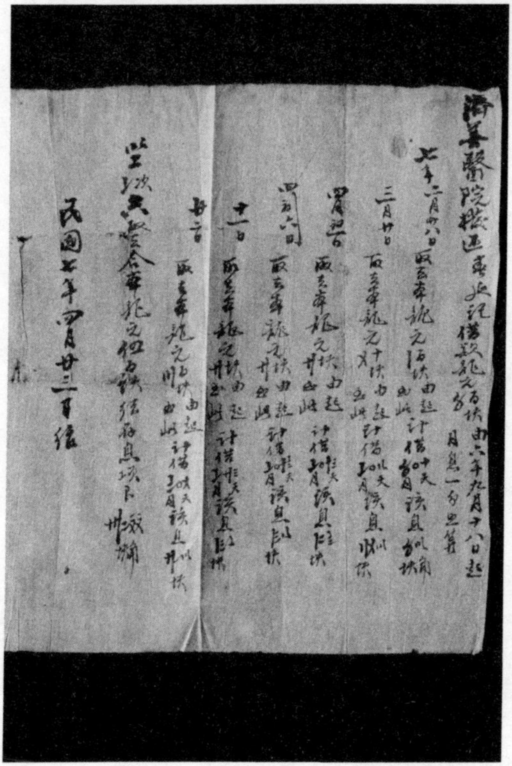

廿二日取去本龍元川百块由起　计借〇乂天　至此亠月　该息川廿块

以上亠次共取去合本龍元伍百块结存息项艮效角卌块

民国七年四月廿三日结

4 民国十七年五月杨含显等控告赵思增盗买粮田的报告[1]

報告

具報告人小西练杨含顯杨大鸿杨含蔭杨大瓊等爲盜買粮田大干法纪祈请律究以除姦貪而剪刁风等情因先年杨含顯向胡世炳承買軍粮田叁萝大小叁坵此時承買过溝另招佃種奈因内親面上覆租给故宗仁耕種後因伊遞年租谷不清方将此田另租给胡芳賢耕種本年突出財毫赵思增未知为何串弊将此田從中盜種於本年五月初一日予到赵思增府上跟问此田交涉该悪尚敢东吱西唔窃查此田自民國九年向胡世炳承買遞年收租耕晋業異不幸胡世炳棄世该子胡宗仁抗租不缴欠至壹百叁拾箩有奇该杜姓之原賣老契亦转歸杨含顯之手層層契纸未抽

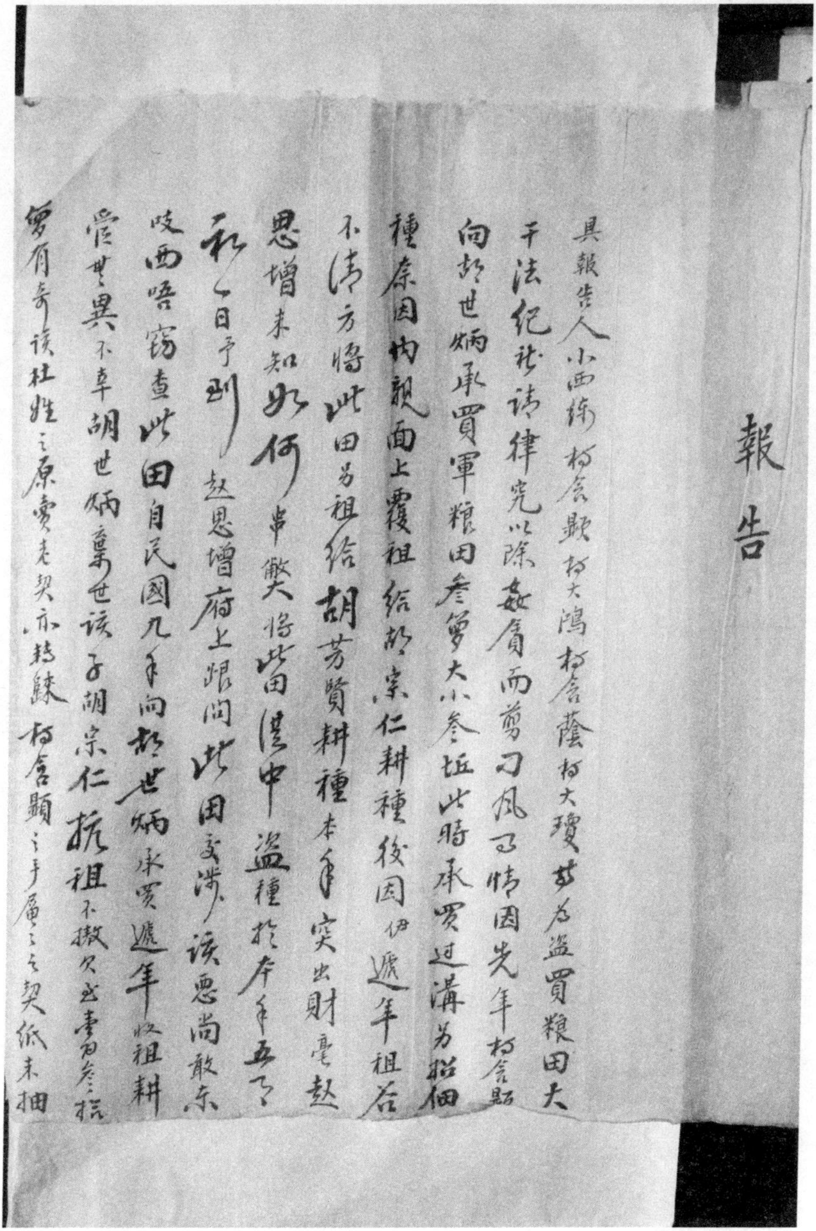

報告

具報告人小西練 杨含馥 杨大鸿 杨含蔭 杨大瓊 等为盗買粮田大
干法纪恳请律究以除奸贪而剪刁风刁情因先年杨含馥
向杨世炳承買軍粮田叁箩大小叁坵此時承买过满另招佃
種奈因内親面上覆祖给杨宗仁耕種後因伊遞年租谷
不清方將此田另祖给胡芳贤耕種本年实出财毫赵
思增未知如何串弊將此田從中盗種於本年五月
初八日予到 赵思增府上跟問此田交涉該恶尚敢东
岐西唔窃查此田自民國九年向杨世炳承买遞年收租耕
管無異不幸胡世炳棄世該子胡宗仁抗租不繳欠成壹百叁拾
箩有奇該杜姓之原賣老契亦持録 杨含顯之手屡之之契紙未抽

该赵思增胆敢于中盗買此田律出何條该赵思增財胆包天惡毒
以極若不投盼地方理處眼见強生弱死世之良善何以安生層
層闋接之文约能以爲廢契纸否杒貴练亦多盼望世上有無此
理请诸公品質予楊姓所執胡姓契纸新老转契租约層層
在手原買價艮未償租谷惡抗该赵思增胆敢盗買此田無
奈惡何惟有備情投叩
貴练約尊紳首　台前作主该惡赵思增傳赴公所律究盗買偷
賣之罪務令该［惡］将原買價艮賠出欠租如数清償外加罰處以
儆後效鄉风丕振良善得生項祝無涯矣爲此具報
民國十七年五月日　　具
被告趙思增　　拟誊時要作正寫

5 民国十七年五月杨含显等控告赵思增盗买粮田的报告2

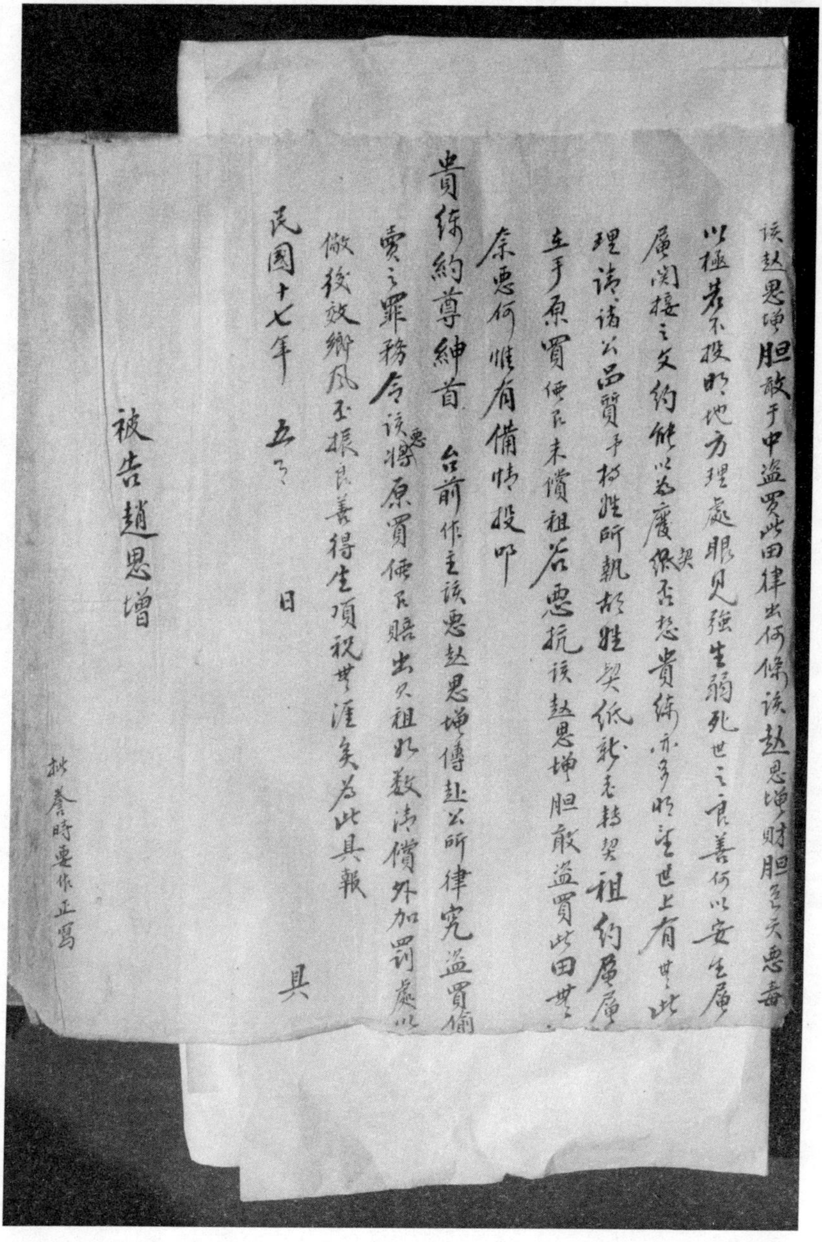

該赵恩坤胆敢于中盗買此田律出何條該赵恩坤財胆包天恶毒
以極若不投明地方理處眼見強生弱死世之良善何以安生屢
屢閲接之文約能以為處係契否想貴練亦多明證世上有無此
理請諸公品質手持雅所執故雅契紙新系轉契祖約屢屢
在手原買価艮未償祖答恶抗該赵恩坤胆敢盗買此田無之
奈恶何惟有備情投叩
貴練約尊紳首　台前作主該恶赵恩坤傳赴公所律究盗買備
賣之罪務令該恶將原買価艮賠出以祖水數清償外加罰處以
儆後效鄉風玉振良善得生頂祝無涯矣為此具報
民国十七年　五月　日　具
被告趙恩增
批　叁時惠作正寫

6 民国十七年六月杨含显等报呈赵思增恶夺田产的报告

具報呈小西練住民楊含顯楊大鴻楊含蔭楊大瓊
爲明知故爲串盜買產懇請傳理追還以懲貪狡□
良業事情于民國九年有民楊含顯向貴練大营已故之胡
世炳承買得軍糧田三箩大小三坵不但有胡姓之賣契可凴且
有胡姓向杜姓之原老賣契交歸民收執作証自買此田之日
比即踋點田畝撥招佃戶事事交涉清楚因胡姓誼属內親
由該子胡宗仁認佃耕種年納租谷二十四箩不意胡宗仁連
年蒂欠竟差租谷一百〔柒〕十六箩之多乃將此田另招胡芳賢
佃耕尙有該租約可據突有貪田垂涎仗財作膽欲謀此
田之趙思增擅敢向此田原主〔家族〕杜應祥〔等〕將此田串弊盜買昂
然自充田主膽敢到田耕犁恶將此田估奪栽種是属
霸恶已極窃思千年田地契约为凴想民向胡宗仁之父
承買此田係有層層契據该趙思增既欲谋買此田理
應由胡姓將民契约贖回歸還杜姓然後向杜姓明目彰
膽正式買田方昭公理况前年民闻趙思增覬涎此田即
向伊逐细声明現民執有胡杜二姓之新老契约既要買
田必先將手續办清〔而〕盜賣此田之杜應祥去歲亦曾將此
田原委面叙清白至本年正月伊到民家取贖此田民请中证

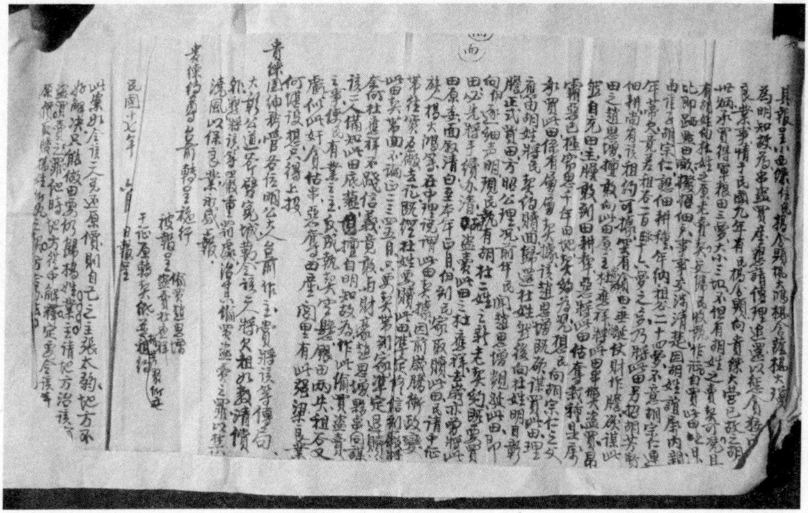

族人楊大鸿等在中理说谓此田契據因前岁騰衝政變
带往寶石廠去论既經杜姓要贖此田準定修信到廠將
此田契带囬不論正二三四五月只要契带到家準定退贖
奈何杜應祥不踐信義竟敢与財豪趙思增夥串同謀
该二人備知此田底蕴擅自明知故爲作此偷買盜賣
之事使民有業之主反成執契空懸银田两失租谷又
虧似此奸貪估串惡奪田産閭里有此强梁良業
何堪设想只得上投
贵練團绅矜管各位明公大人台前作主賞將该等傳局
大彰公道斧劈寃城勒令该二人將欠租如数清償
外懇將该等嚴重罰處治其偷買盜賣之罪以禁
澆風以保良業永感上報
贵練约尊台前轉呈施行

被報呈　偷買趙思增
　　　　盗賣杜应祥

干证原轉契纸並「胡芳賢所立」租约

民國十七年六月日報呈

此案如今该二人兑还原價則自己之主張太弱地方不

好解決只能做田要仍歸楊姓業主请地方治该□
盜買賣之罪他時地方從中解釋定要令该等□□
原價取贖楊姓所執之契方合办□□

7 民国二十年阳历七月二十日杜契官纸 1

比照官佈眷存之草稿

杜　契　官　帋

□契人范元明同子國治孫明振祥爲因家用不敷衣食急迫無所措手情願将先父遺留之□
一塊坐落小西練楊家坡與大寬邑之交界名喚范家地東至大路南至邀街路西至李英才地及李
公地北至上節至李蔚昌地下節至李際昌地其地西至係成凸字形原因此地之上從地之中間凸
入李英才及李姓公地内一小塊長四丈七尺寬五丈四尺現繪［有圖］形爲據其地之面積寬壹拾捌丈
長拾丈今將地形四至丈尺書明在契故請憑家族中証人等甘願立契杜賣斷與ᑫᑫᑫ
靈五仁翁名下永爲己業實接受杜價大洋伍百圓整自杜賣之後任隨買主投税請尾圍欄
耕種修造管業賣主子孫永遠不得過問此係雙方心悦意願其中並無逼迫相强等情亦
無私債準折當憑比即銀契两相交明倘有内外人等異言爭競有賣主一力承當其有老
紙軍燹失落此外若有新紙當契尋出概爲廢契恐後無憑立此杜契爲據是實ᑫᑫᑫ

實杜賣園地壹塊實接受杜價大洋伍百圓整

中華民國二十年陽曆七月二十日立契人范元明（十）同子國治（十）孫明振祥（十）

其洪（十）
揆（花押）　大楷（押）
中證人　明士任（押）　楊生貴（押）
廉　大廷（花押）
盛大興（花押）

限自立契日起
於六個月投税

代字明士超（花押）

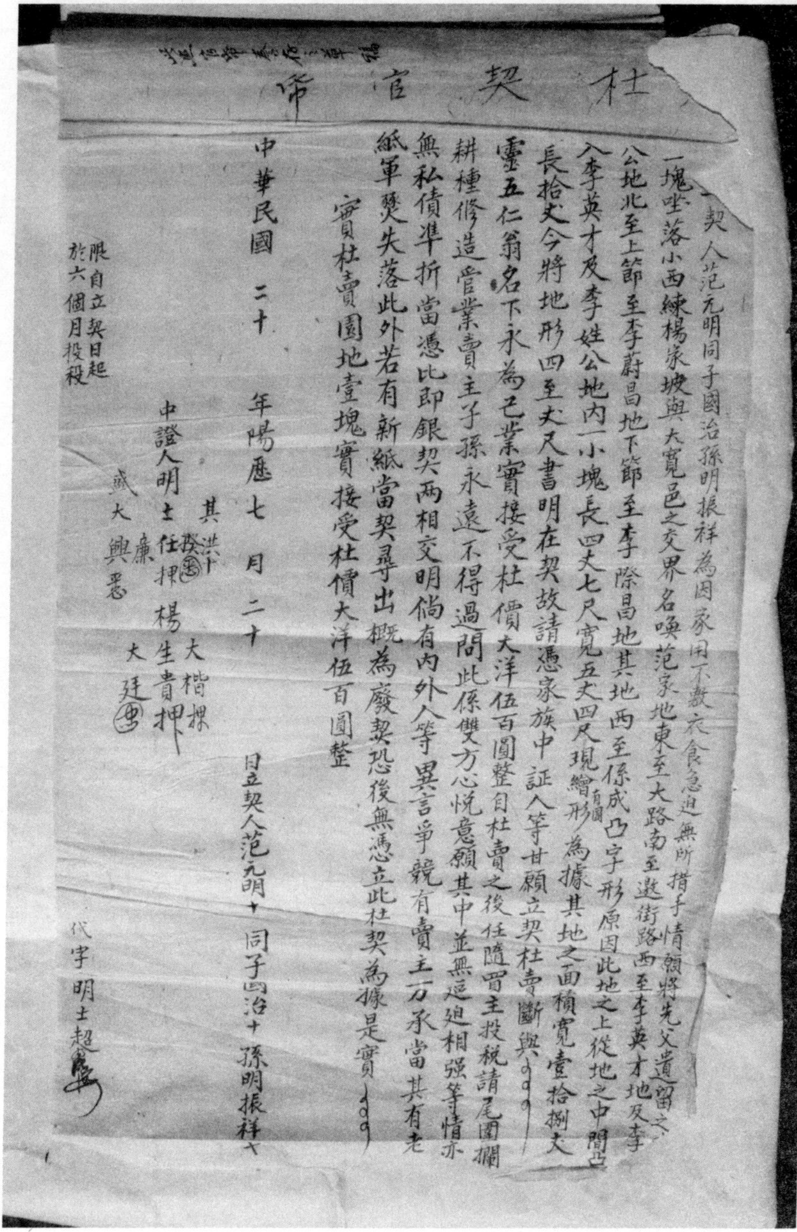

杜契官紙

立杜契人范元明同子國治孫明振祥為因家用不敷衣食急迫無所措手情願將先父遺留之
一塊坐落小西練楊家坡與大寬邑之交界名喚范家地東至大路南至遊街路西至李英才地及李
公地北至上節至李蔚昌地下節至李際昌地其地西至係成凸字形原因此地之上從地之中間凸
入李英才及李姓公地內一小塊長四丈七尺寬五丈四尺現繪形為據其地之面積寬壹拾捌丈
長拾丈今將地形四至丈尺書明在契故請憑家族中証人等甘願立契杜賣斷與
靈五仁翁名下永為己業實接受杜價大洋伍百圓整自杜賣之後任隨買主投稅請尾圖欄
耕種修造管業賣主子孫永遠不得過問此係雙方心悅意願其中並無逼迫相强等情亦
無私債準折當憑比即銀契兩相交明倘有內外人等異言爭競有賣主一力承當其有老
紙單契失落此外若有新紙當契尋出概為廢契恐後無憑立此杜契為據是實
實杜賣園地壹塊實接受杜價大洋伍百圓整

中華民國二十年陽歷七月二十日立契人范元明十 同子國治十 孫明振祥十

其洪押 大楷押
中證人明士任押 楊生貴押
康 大廷押
戚大興押

限自立契日起於六個月投稅

代字明士超押

范元明親口指繪范家園之
圖形附扵杜契上沾存
堂弟明士超依口
代批（花押）
照誊之草稿

8 民国二十年阳历七月二十日杜契官纸2

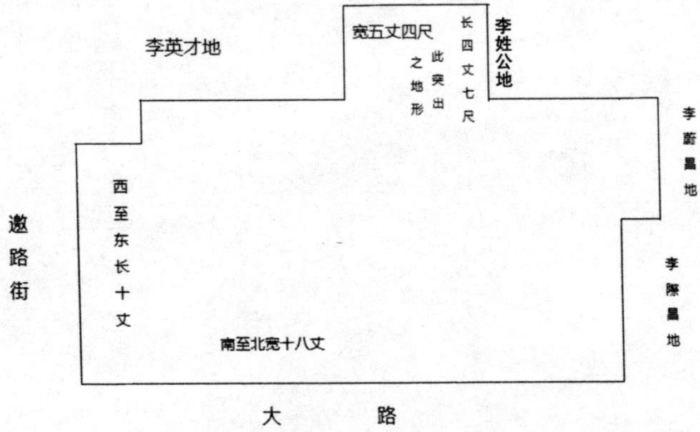

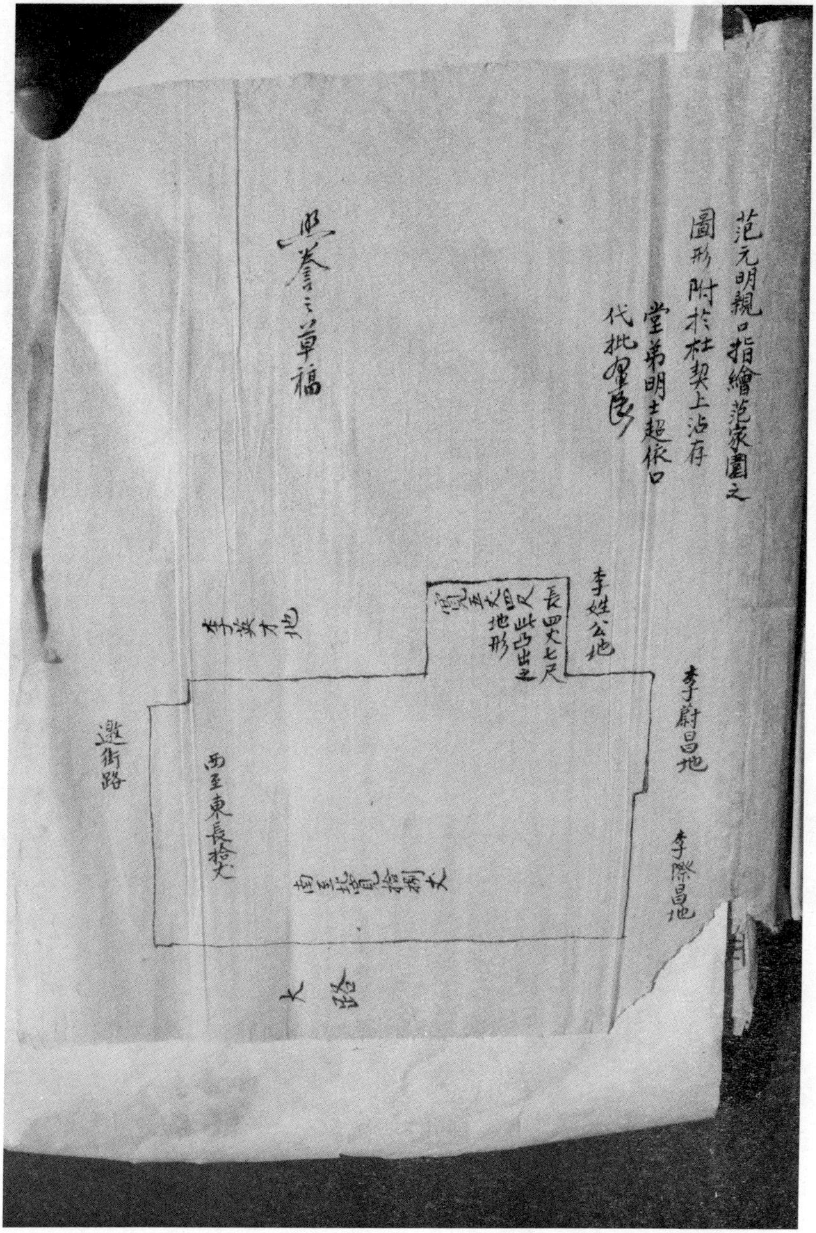
范元明親口指繪范家園之
圖形附於杜契上沾存
堂弟明士超依口
代批
李姓公地
李蔚昌地
李際昌地
邀街路
西至東長拾丈
大路

完二十二年项下

来七乂

甲　刘開林户下　粮叁斗卄二年分〢元

即废曆腊月　國曆廿三年二月七日　董其有完字

廿□日

9　民国二十三年二月七日刘开林完粮单

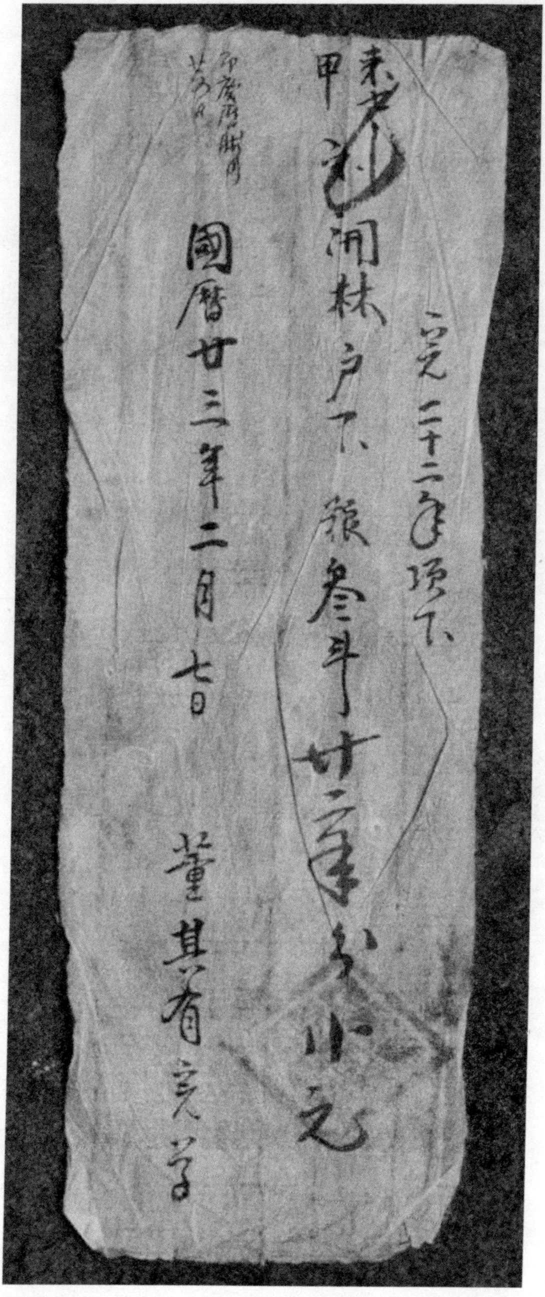
完二十二年項下
來[illegible]澗林户下粮叁斗廿二年分小元
甲
國曆廿三年二月七日
董其有完字

名喚白泥田壹坵

祝靜安　　爲據

在

上中伍分號馬等則

□

雲南國民政府並財政廳

騰衝縣建設發電廠一事　經龍雲

主席簽署　我與政府幾次商討決定

運建騰衝發電廠　以便往後戰局之需

現決定之

(一)雲南省財政出资八千萬元（銀元）

(二)騰衝縣出资二千萬銀元民羣積资

伍佰元（銀元）

(三)進口西門子二台機组

(四)進口丹麥水泥两佰吨

(五)沙石縣境特选

(六)工程人员　西門子上海公司　丹麥公

10　民国二十三年五月三日李根元报省财政厅建设发电厂的请示

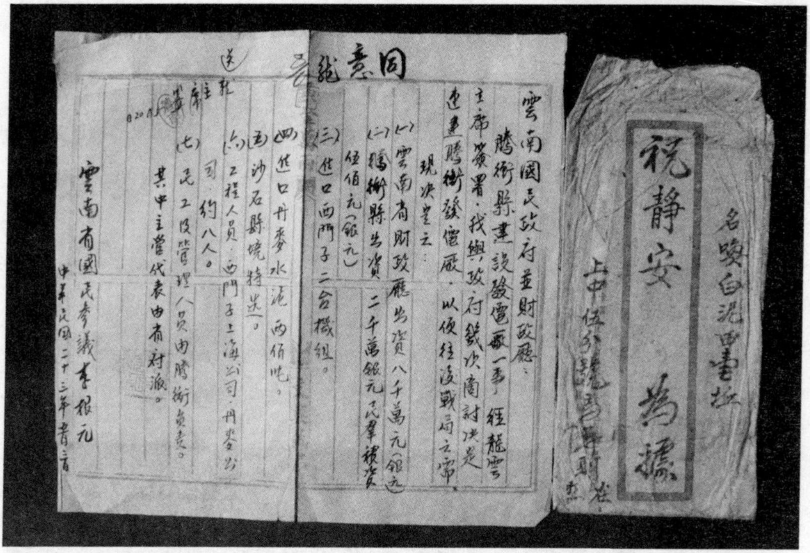

司　约八人

（七）民工及管理人员由騰衝負責

其中主管代表由省府派

雲南省國民参議李根元

中華民國二十三年五月三日

11

张宝廷藏缅甸借款买卖合同书

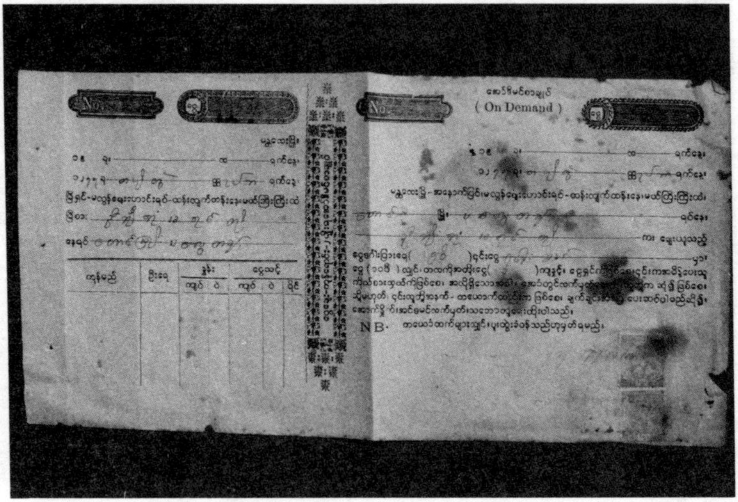

后 记

本书的整理是从2014年1月11日开始的。那是凛冽的冬日，虽然腾冲和顺的阳光明媚，但数九天吹过的寒风仍然令人瑟瑟发抖。我带着云南大学中国经济史研究所的青年教师田晓忠、董雁伟、黎志刚和博士生丁琼来到和顺乡。博士生刘明飞的妈妈刘冬青为我们安排了价格便宜、设备齐全的客栈，又带我们去到腾冲文书的主要收藏者贾志伟先生的家中。由于双方对契约的珍爱以及对契约价值的认识高度一致，腾冲契约文书整理与汇编的工作很快就展开了。

需要特别提到的是贾志伟先生。他是腾冲的文化人，是当地的书法家及收藏家。2013年第一次与他接触时，就被他那种对家乡的挚爱以及为了收藏地方文化宝物的艰辛付出深深地打动。此前，我主持云南省博物馆馆藏契约文书的整理汇编工作，成果由人民出版社正式出版，为人们认识和研究云南社会做了一些实际的工作并得到学界的认可。我知道云南民间还有很多资料，且多是未开垦的处女地，作为一名云南的学者，特别是云南大学中国经济史学科的研究人员，继续扩大领域搜集资料，完成更多的整理汇编工作义不容辞。我对贾志伟先生藏品丰富早有耳闻，但对他是否愿意将藏品供我们整理、研究，心里丝毫没有底。毕竟，我们没有富足的经费购买私藏作品。当我说明了自己的身份和拜访的来意后，他热情而自豪地将自己的藏品一一地展示，不仅没有提出分毫要求，还十分爽快地答应与云南大学中国经济史研究所联合，一同完成对腾冲契约文书的整理与汇编。此后，他把自己完成并整理的照片、资料无私地提供给我们，把自己熟悉的地方知识、文字知识传授给我们，有了贾先生的支持，我们的工作顺利开展。难忘在他家中欣赏丰富的藏品，难忘他一个字一个字帮我们辨识、指正……

此书稿的完成，要感谢云南大学中国经济史研究所的青年教师和学生。由于贾志伟先生的藏品多，虽然他提供了不少图片资料，但仍然有许多需要拍照汇集。想起当时董雁伟、黎志刚、田晓忠、丁琼他们每天将书桌抬到院场内，将资料小心翼翼地放置其上，一幅幅一帧帧地拍摄（董世林也不时客串加入其中）；晚上他们又汇总、分类、编目，那样地投入，那样地辛苦。也许是识得宝藏，宝藏遇到知音，大家再苦再累也是乐乐呵呵的，完全没有在意寒风的侵袭。

资料汇集是第一步，文字录入则是继其之后的一项非常枯燥、乏味和颇具难度的工作，承担这一工作的就是云南大学中国经济史研究所的硕士研究生——褚质丽、沙丽、谢华香、韩喜燕、蒋家秋、程悦然、何卯、洪毓敏、李瑞红、李雪江、魏艳伟、肖仕华、杨月芳、余劲松等同学。面对契约中古人那些“不规范”的文字（主要是以今人的标准看来）、因人而异且风格各异的手写体，奇奇怪怪的文字布局，他们皆知难而上，日复一日，没有怨言。他们对文字录入做了大量的工作，功不可没。

文字录入后的校对、分目、编排又是一项颇具难度、深度和高度的工作，这一工作主要由我统筹，由博士生胡燕、王建和曹宇完成。胡燕一次次校对，一次次修正，在边学习边工作的情况下完成了文稿的初次至五次的校对；2016年，在贾志伟先生的指导下，胡燕与王建完成了对一些难以识读的文字进行辨识、改正、校对等工作；2017年，合成稿主要由曹宇和胡燕再次精校和和细致梳理后完成；2018年5月，文稿最终完成。

筚路蓝缕，以启山林。一路走来，前辈学者对契约文书的整理与研究为我们的工作提供了宝贵的经验与参考。贾志伟先生的精心收藏和无私奉献，使得一幅幅、一册册珍贵的资料得以呈现在世人面前，感谢之情与敬意难以言表。云南大学中国经济史研究所的老师和研究生们，从腾冲和顺乡对文书的一一拍照、汇集和分类，到东陆园中的文字录入、校对及整理汇编，他们的默默付出和艰辛程度只有纯粹的学人可以体味。整个资料的收集、整理、编辑过程长达 4 年，厚厚的书稿凝聚了所有参与者的心血和汗水！

书稿得以付梓出版，我们诚挚感谢云南大学中国经济史学科建设的经费支持！感谢云南大学中国经济史研究所、云南大学历史系以及兄弟院校各位老师的指导、支持与帮助！感谢人民出版社张秀平等各位老师的支持与帮助！

《腾契约文书资料整理与汇编》付梓之际，正值云南大学中国经济史学科的奠基人李埏先生逝世 10 周年，这一成果是我们对先生最真诚的祭奠和礼拜！高山仰止，虽不能至，心向往之。我们以自己的行动告慰先生——您种下的公孙树年复一年地茁壮成长，如今已是枝繁叶茂……

吴晓亮谨识
2019年11月